跨学科教材、创新型商法教材

商法与企业经营

第二版

主　编　周林彬　官欣荣　董淳锷
副主编　冯　曦　陈胜蓝　张　瀚

图书在版编目(CIP)数据

商法与企业经营/周林彬,官欣荣,董淳锷主编. —2版. —北京:北京大学出版社,2024.4
ISBN 978-7-301-34258-9

Ⅰ.①商… Ⅱ.①周…②官…③董… Ⅲ.①商法—中国—高等学校—教材 ②企业经营管理—高等学校—教材 Ⅳ.①D923.99 ②F272.3

中国国家版本馆CIP数据核字(2023)第141676号

书　　　名	商法与企业经营(第二版) SHANGFA YU QIYE JINGYING(DI-ER BAN)
著作责任者	周林彬　官欣荣　董淳锷　主编
责 任 编 辑	王　晶　吴佩桢
标 准 书 号	ISBN 978-7-301-34258-9
出 版 发 行	北京大学出版社
地　　　址	北京市海淀区成府路205号　100871
网　　　址	http://www.pup.cn
新 浪 微 博	@北京大学出版社　@北大出版社法律图书
电 子 邮 箱	编辑部 law@pup.cn　总编室 zpup@pup.cn
电　　　话	邮购部 010-62752015　发行部 010-62750672　编辑部 010-62752027
印 刷 者	河北滦县鑫华书刊印刷厂
经 销 者	新华书店 787毫米×1092毫米　16开本　40.25印张　1030千字 2010年5月第1版 2024年4月第2版　2024年4月第1次印刷
定　　　价	118.00元

未经许可,不得以任何方式复制或抄袭本书之部分或全部内容。
版权所有,侵权必究
举报电话:010-62752024　电子邮箱:fd@pup.cn
图书如有印装质量问题,请与出版部联系,电话:010-62756370

目 录

1　导论　为什么要学商法?

- 1　一、什么是商法
- 8　二、商法在中国的产生与发展及规律
- 17　三、商法与中国入世:从国内标准到国际标准
- 23　四、商法与和谐社会建立:从正式、实体制度到非正式、程序制度
- 26　五、商法与市场法律体系的完善:从特别私法到私法、公法规范的结合
- 30　六、商法与中国企业经营:走出"三论"误区
- 40　七、商法课程的设置与意义:从美国到中国
- 42　八、学习商法的方法:领悟商法之道
- 45　九、本书的定位和特点
- 46　本章小结
- 46　思考与练习
- 46　案例分析

|第一编　商事主体|

51　引言　"资管计划"具有法律主体资格吗?

- 52　一、商事主体的界定及设立
- 58　二、商事主体的分类

63　第一章　主体法定与交易安全

- 63　一、主体法定
- 73　二、企业形态的选择
- 79　三、交易安全
- 84　本章小结
- 85　思考与练习

| 85 | 案例分析 |

87　第二章　商事人格与营业能力

88	一、商事人格及商事人格权
104	二、营业能力
120	本章小结
120	思考与练习
121	案例分析

122　第三章　企业改制与营业转让

122	一、企业改制
138	二、营业转让
144	三、我国现行法对营业转让的规定
147	本章小结
148	思考与练习
148	案例分析

149　第四章　解散清算与破产重整

149	一、公司解散
157	二、公司清算
162	三、企业破产
180	本章小结
180	思考与练习
181	案例分析

第二编　商事行为

| 185 | 引言　将空置房屋作为民宿出租是否构成商事行为？ |

185	一、商事行为的概念及特征
190	二、商事行为的基本分类
192	三、商事行为的种类
193	四、商事行为法体系
194	五、商事行为制度与企业经营管理

196　第一章　买卖与合同

- 196　一、什么是商事买卖
- 203　二、买卖的开始:买卖合同的订立
- 212　三、买卖的核心:买卖合同的履行
- 217　四、违约与救济
- 227　五、企业合同管理和风险防范
- 234　本章小结
- 235　思考与练习
- 235　案例分析

238　第二章　融资与担保

- 238　一、融资
- 247　二、融资担保
- 254　三、融资担保中的"人保"
- 260　四、融资担保中的"物保"
- 273　五、非典型担保
- 278　本章小结
- 279　思考与练习
- 279　案例分析

280　第三章　中介与代理

- 280　一、商事中介
- 285　二、商事代理
- 303　三、特许经营
- 311　本章小结
- 311　思考与练习
- 312　案例分析

314　第四章　运输与保险安全

- 314　一、运输
- 325　二、保险
- 339　本章小结
- 340　思考与练习

| 340 | 案例分析

342 第五章 结算与信托

| 342 | 一、结算方式
| 352 | 二、票据
| 368 | 三、信托
| 382 | 本章小结
| 382 | 思考与练习
| 382 | 案例分析

|第三编 商事管理|

| 387 | 引言 "雪糕刺客"引发的思考

| 388 | 一、商事管理的概念
| 389 | 二、商事管理的基本原则

392 第一章 政府规制

| 392 | 一、政府规制的基本理论
| 395 | 二、商事管理中的经济性规制
| 407 | 三、商事管理中的社会性规制
| 423 | 本章小结
| 423 | 思考与练习
| 424 | 案例分析

426 第二章 商会自治

| 426 | 一、商会：商业活动中一种重要的组织形态
| 433 | 二、商会自治与企业经营
| 438 | 三、商会自治与市场竞争
| 441 | 四、商会自治与商事管理
| 443 | 五、商会自治与企业的权利救济
| 449 | 六、商会自治规范及其法律适用
| 453 | 本章小结
| 453 | 思考与练习

| 454 | 案例分析

455　第三章　公司治理

| 456 | 一、公司治理的概念及法律特征
| 462 | 二、公司治理的组织结构
| 466 | 三、股东权制度
| 473 | 四、董事的法律义务与责任
| 485 | 五、公司章程
| 491 | 六、公司治理与社会责任
| 494 | 本章小结
| 494 | 思考与练习
| 495 | 案例分析

|第四编　商事救济|

499　引言　多元纠纷解决机制的创新发展

| 499 | 一、商事权利、商事纠纷与商事救济
| 500 | 二、商事救济的多元性

505　第一章　私力救济

| 505 | 一、什么是私力救济
| 513 | 二、商事活动中的私力救济
| 517 | 三、认真对待私力救济
| 522 | 本章小结
| 522 | 思考与练习
| 523 | 案例分析

524　第二章　商事调解

| 525 | 一、商事调解的概念与特征
| 531 | 二、商会商事调解
| 541 | 三、非独立商事调解程序
| 547 | 四、商事调解协议的执行
| 549 | 本章小结

| 549 | 思考与练习 |
| 549 | 案例分析 |

551　第三章　商事仲裁

551	一、商事仲裁
560	二、商事仲裁协议
571	三、商事仲裁的程序
576	四、商事仲裁裁决的执行
578	五、商事仲裁制度的新发展
581	本章小结
581	思考与练习
581	案例分析

582　第四章　商事诉讼

583	一、什么是商事诉讼？
594	二、"如何打官司"：商事诉讼的具体程序
608	三、商事诉讼风险防范
615	本章小结
615	思考与练习
615	案例分析

617　结语　深化市场化改革背景下的商法与企业经营

617	一、企业层面：民营企业产权法律保护
621	二、社会层面："商法与商业网络"的交织和互动
627	三、国家层面：新时代中国法治经济建设的新特点
631	四、后续发展与持续关注

634　修订后记　作始也简，将毕也巨

导　论

为什么要学商法？

　　商法调整着生产、销售与服务的诸多领域。从这一程度上看，商法决定着我们的生活水准。我们也许可以改用一下毛泽东曾经用过的比喻：人们离不开商法，"就像鱼儿离不开水"。

——〔法〕伊夫·居荣

一、什么是商法

（一）商法是关于商事活动的法律规范的总称

　　所谓"商法"，简言之，是关于市场交易的法律规范的总称。在《牛津法律大辞典》中，"商法"被认为是"内涵很不确定……其内容主要涉及合同、代理、租赁、汇票和支票，以及破产等"①。而在法国学者看来，"商法"似乎从未得到一个一致认可的定义，"只能大体上说，'商法'是在民法之外，专门规范大多数生产、销售与服务活动的一个私法分支"②。

　　从比较商法的角度看，英国法上的"商法"（Business Law）主要指商事组织的法律，美国法上的"商法"（Commercial Law）主要指商事行为的法律。大陆法系诸国（例如德国、法国、日本）将"商法"一般定义为商人进行商事行为的法律。

　　我国商法学界将"商法"一般定义为调整商事关系的法律规范的总称。

 背景资料

商法的官方解释

　　时任全国人大常委会法工委主任乔晓阳在为全国人大常委会做的"关于中国特色社会主义法律体系的构成、特征和内容"讲座中，将商法谓为"民法中的一个特殊部分，是在传统民法基础上为适应现代商事交易迅速便捷的需要而发展起来的一个新的民法部门。商法调

---

① 〔英〕沃克：《牛津法律大辞典》，李双元等译，法律出版社2003年版，第149页。
② 〔法〕伊夫·居荣：《法国商法》（第1卷），罗结珍等译，法律出版社2004年版，第2页。

整的是自然人、法人之间的商事关系,主要包括公司、破产、证券、期货、保险、票据、海商等方面的法律"①。这表明,一是商法只是民法规范的一部分,现行立法实行的是民商合一的立法模式;二是商法规范具有特殊性,民法规范不能掩盖商法规范的特殊性。

我国党和政府规范性文件从国家层面已确认并使用"商事制度""商事关系"等称谓,"深化商事制度改革,清理废除妨碍统一市场和公平竞争的各种规定和做法,支持民营企业发展,激发各类市场主体活力……"②,立法上也规定"商事"的概念,如《优化营商环境条例》③第19条:"国家持续深化商事制度改革,统一企业登记业务规范,统一数据标准和平台服务接口,采用统一社会信用代码进行登记管理。"

相关问题
何谓"商"？——从经济到法律

"商"这一概念在《韦氏词典》里是指"商品交换或买卖之行为"④。在现代社会,"商"的概念已发展成经济学、法学等多学科用语。从经济学意义上讲,"商"即用于农业、工业等生产者与消费者之间,直接媒介财货交易、调剂供需,而从中获取利润之行为。

法律意义上的"商"大致分为四种:

第一,直接媒介财货交易的"固有商",如交易所交易、买卖商交易、证券交易、票据交易、海商海事活动等。其商事活动纳入传统买卖法调整范围。第二,间接以媒介货物交易为目的的"辅助商",如货物运送、仓储、代理、行纪、居间、包装等。其商事活动纳入现代服务贸易法的调整范围。第三,与固有商和辅助商有密切联系或者为其提供商业条件的营业活动,如银行、信托、承揽、制造、加工。其商事活动也被纳入现代服务贸易法的调整范围。第四,仅与辅助商有牵连关系的营业活动,如广告宣传、保险、旅馆营业、饭店酒楼、旅游服务、娱乐营业、信息咨询等。其商事活动也被纳入现代服务贸易法的调整范围。

现代社会,可谓无业不商,"商"的范围依各国采取"例举式"或"概括式"立法技术而定,立法的规定不仅要符合商业发展的经济规律,也要符合政治与法律规律,例如博彩业在不同国家或地区的合法性存在差异,即便当地法律允许博彩业的经营,政府对赌场的监管体制也不相同。⑤

---

① 乔晓阳:《十二届全国人大常委会组成人员履职学习第一讲——关于中国特色社会主义法律体系的构成、特征和内容》,载中国人大网,http://www.npc.gov.cn/npc/c541/201306/4f1ffbf3b2054e559ee143e8a35f9949.shtml,2023年12月1日访问。
② 参见习近平:《决胜全面建成小康社会 夺取新时代中国特色社会主义伟大胜利——在中国共产党第十九次全国代表大会上的报告》。
③ 本书中涉及的法条除特别注明外,均指中华人民共和国法律法规。
④ 〔美〕梅里亚姆—韦伯斯特公司编:《韦氏词典》,世界图书出版公司1996年版,第161页。
⑤ 不同国家或地区博彩业经营合法性和政府管理模式的相关介绍,参见王薛红:《博彩业发展与中国政府政策选择》,中国财政经济出版社2008年版,第172—213页。

相关问题
何谓"商事"？——商事仲裁与调解的先决条件

商事仲裁：我国在1986年加入《承认及执行外国仲裁裁决公约》（即《纽约公约》）时提出了商事保留，即中国仅对按照中国法律属于契约性和非契约性商事法律关系所引起的争议适用该公约。

而根据《联合国国际贸易法委员会国际商事仲裁示范法》（简称《国际商事仲裁示范法》）的规定，商事是指具有商性质的事项，所谓"契约性和非契约性商事法律关系"，具体是指由于合同、侵权或者根据有关法律规定而产生的经济上的权利义务关系，例如货物买卖、财产租赁、工程承包、加工承揽、技术转让、合资经营、合作经营、勘探开发自然资源、保险、信贷、劳务、代理、咨询服务和海上、民用航空、铁路、公路的客货运输争议等，但不包括外国投资者与东道国政府之间的争端。

《联合国关于调解所产生的国际和解协议公约》（即《新加坡调解公约》）规定"商事调解"的适用范围不包括消费者保护、雇佣劳务、抚养、婚姻、继承等纠纷。

随着新技术不断变革，市场经济活动从内容到形式亦变幻多姿，资本经营、智力投资、科技开发与服务、电子商务活动等无不被纳入现代"商事"的范畴。

在学理上，广义的"商事"概念是指有关商的一切事项，如商事登记、商事组织、商事合同、商事账簿、商事管理、商事征税、商事诉讼、商事仲裁等。狭义的"商事"概念专指传统商法所规范的事项，主要以公司、票据、证券、保险、海商和破产等六种事项为限。

相关问题
何谓"商事关系"？——商事关系的特征

商事关系是指平等主体之间基于营利性活动所形成的社会关系，其特点包括：

第一，目的营利性。商事活动目的是获得经济利益（利润）。经营盈利多少，并不影响营利性的认定。商人所营之利究竟为国家所有、集体所有还是个人所有，也不影响营利性的认定。

第二，形式营业性。营利的形式标准是营业，营利必须营业。营业性一般考虑时间的持续性、外观的公示性以及执业的合法性。营利性的界定可参考《美国统一商法典》中"正常业务中（in ordinary course of business）"的概念，即指当事方的任何商业交易活动，都必须在正常业务中以正常方式进行，如汽车经销商买卖游艇或珠宝时就不属于正常业务。

第三，主体商人性。商事活动主体主要是商人。这一特点有利于与自然人、市民及其他自由职业者相区别。而商人资格的取得必须经过法定程序。从商事主体特性进行商事立法是德国"主观主义商事立法"的特点。[①]

第四，行为交易性。商人活动，是典型的"为卖而买，为买而卖"活动。从交易行为特性

[①] 《德国商法典》第1条规定：(1) 本法典所称的商人，是指经营营业的人。(2) 商事营利事业指任何营利事业经营，但企业依照性质或者规模不需要以商人方式设置的营业经营的，不在此限。

进行商事立法是法国"客观主义商事立法"的特点。①

第五,理念服务性。商业理念是以生产、生活和社会为宗旨。服务贸易法律制度应该从传统货物贸易法律制度中独立出来。②

相关案例一
汤某龙诉周某海股权转让纠纷案③

原告汤某龙与被告周某海签订了《股权转让协议》及《股权转让资金分期付款协议》。双方约定:周某海将其持有的某公司6.35%的股权转让给汤某龙,股权转让款分四期付清。协议签订后,汤某龙依约向周某海支付第一期股权转让款。后因汤某龙逾期未支付约定的第二期股权转让款,周某海向汤某龙送达了《关于解除协议的通知》,以汤某龙根本违约为由,提出解除双方签订的协议。次日,汤某龙即向周某海转账支付了第二期股权转让款,并按照约定的时间和数额履行了后续第三、四期股权转让款的支付义务。周某海以其已经解除合同为由,如数退回汤某龙支付的四笔股权转让款。汤某龙遂向法院提起诉讼,要求确认周某海发出的解除协议通知无效,并责令其继续履行合同。法院查明,周某海所持有的某公司6.35%的股权已经变更登记至汤某龙名下。

法院在判决中指出,本案买卖的标的物是股权,因此具有与以消费为目的的一般买卖不同的特点:一是汤某龙受让股权是为了参与公司经营管理并获取经济利益,并非满足生活消费;二是周某海作为有限责任公司的股权出让人,基于其所持股权一直存在于目标公司中的特点,其因分期回收股权转让款而承担的风险,与一般以消费为目的分期付款买卖中出卖人收回价款的风险并不等同;三是双方解除股权转让合同,也不存在向受让人要求支付标的物使用费的情况。因此本案不宜简单地适用《合同法》第一百六十七条规定的合同解除权。法院另结合案涉合同的目的、履行情况、诚实信用原则、交易安全原则,支持了汤某龙的诉讼请求。

---

① 《法国商法典》第L110-1条:法律视以下所列为商事行为:1.任何为再卖出而买进动产,不论是按实物原状卖出还是经制作与加工之后再卖出;2.任何为再卖出而买进不动产,但买受人是为了建造一幢或多幢建筑物而将其整体或分区卖出而实施的行为,不在此限;3.为买进、认购或卖出不动产、营业资产、不动产公司的股票或股份而进行的任何中介活动;4.各种动产租赁业;5.各种制造业、行纪业、陆路或水路运输业;6.各种供货、代理、商业事务所、拍卖机构、公众演出业务;7.各种汇兑、银行与"居间"业务,"电子货币发行与管理活动"以及所有的支付服务活动;8.公立银行的各种业务;9.批发商、零售商和银行业之间的各种债权债务关系;10.任何人之间的汇票。第L110-2条:法律同样视以下所列为商事行为:1.任何内水与外海航运船舶之建造业,以及此种船舶的任何买进、卖出与再卖出;2.各种海运业;3.船桅设备、船上设备与给养的任何买卖;4.船舶的各种租赁、整体借用与出借;5.与海商贸易有关的各种保险及其他契约;6.就船员薪金与房租订立的各种约定与协议;7.为服务于商船的海上人员订立的各种契约。

② 参见WTO《服务贸易总协定》。

③ 最高人民法院指导案例67号。

相关案例二
中关村在线与员工股权纠纷案——员工股票期权关系属于劳动关系还是属于商事关系?①

为维持员工对公司的忠诚度,被告中关村在线公司与部分技术骨干员工签订了《劳动合同》,其中有条款约定:"乙方工作满 12 个月后,可以获得甲方分配的股权 8 万股;自乙方获得第一笔股权之日起,乙方每工作满一年可以获得甲方分配的股权 8 万股。如果甲方在乙方获得第一笔股权期满之前上市,乙方可以提前获得第一笔甲方分配的股权。"后来部分员工在签订《劳动合同》的一年后离职,按约定可获得中关村在线公司的股权 8 万股,但中关村在线公司否认"股权激励"的约定合法有效,也拒绝承认离职员工享有股权。李志伟等 7 名员工向法院提起诉讼。经审理,法院以劳动纠纷超过劳动仲裁时效为由,判决原告败诉。

现代商事交易与传统民事交易的区别

一是交易主体从自然人到公司。例如,2005 年《日本公司法典》的编纂标志着所有公司形态的商事主体(乃至民事公司)都通过《日本商法典》以外的单行法另行规范。②

二是交易客体从特定物到种类,涉及商品种类化产生转卖及权利证券化等商法制度。例如 2008 年美国次贷危机的风险累积来源于次级抵押贷款(SML)的资产证券化(ABS)。③

三是交易目的从实际利用到转卖营利。例如《美国统一商法典》规定卖方交付所有权凭证,如提单或仓单,则卖方已完成了货物所有权转让的义务。④

四是交易过程从为买而卖到为卖而买。例如《美国统一商法典》规定当卖方是商人时,卖方需提供货物具有商销性的默示担保。⑤

五是交易对价从等价到不等价,由此产生保护投机交易、形式公平、风险负担商法原理。例如美国并购交易法中的 Earn-out 机制。⑥

六是交易链由短到长(交易安全重要)。例如《美国统一商法典》中的价款超级优先权(PMSI)适用于保障供应链金融的交易安全。⑦

七是交易特点从短期性到长期性。例如《美国统一商法典》充分保障票据在多次流通后的受让人的权利,尤其是正当执票人的权利将获得最大限度保护。⑧

八是交易条件从任意到定型(自治规范与格式合同)。例如国际贸易术语的使用,以及

---

① 《中关村在线期权纠纷一审宣判 前员工集体败诉》,https://m.techweb.com.cn/internet/2005-05-23/3165.shtml,2023 年 12 月 16 日访问。
② 参见沈贵明:《基本商事主体规范与公司立法》,载《法学》2012 年第 12 期。
③ 参见雷良海、魏遥:《美国次贷危机的传导机制》,载《世界经济研究》2009 年第 1 期。
④ 参见《美国统一商法典》第 1-201 条第 15 款。
⑤ 参见《美国统一商法典》第 2-314 条。
⑥ Earn-out 机制的相关介绍,参见张巍:《资本的规则》,中国法制出版社 2017 年版,第 14 页。
⑦ 参见《美国统一商法典》第 9-103 条。
⑧ 参见潘琪:《美国〈统一商法典〉解读》,法律出版社 2020 年版,第 256—261 页。

国际掉期与衍生工具协会(ISDA)主协议及相关附件被作为国际衍生品交易的通用文本。

相关案例
孙某山诉南京欧尚超市有限公司江宁店买卖合同纠纷案[①]

原告孙某山在被告欧尚超市购买"玉兔牌"香肠15包,其中价值558.6元的14包香肠已过保质期。孙某山到收银台结账后,即径直到服务台索赔,后因协商未果诉至法院,要求欧尚超市江宁店支付14包香肠售价十倍的赔偿金5586元。法院判决被告欧尚超市江宁店赔偿原告食品价值十倍的赔偿金5586元。法院在裁判理由中指出:只要在市场交易中购买、使用商品或者接受服务是为了个人、家庭生活需要,而不是为了生产经营活动或者职业活动需要的,就应当认定为"为生活消费需要"的消费者。本案原告并未将所购食品用于再次销售,被告也无证据表明原告购买食品用于生产经营,故原告应当被认定为消费者,受《食品安全法》第96条保护,法律也未对消费者的主观购物动机做限制性规定,故被告需要承担食品价款十倍的惩罚性赔偿。

(二)商法作为一个法学概念,具有多元性的特点

从法律渊源来区分,可分为形式商法(例如商法典)和实质商法(例如商事单行法)。

从公私法属性来区分,可分为商私法(例如公司法)和商公法(例如证券法)。

从所属法域来区分,可分为大陆法系商法(例如《德国商法典》)和英美法系商法(例如《美国统一商法典》)。

从适用地域来区分,可分为国内商法(例如《日本公司法典》)、区域商法(例如《欧盟公司法指令》)和国际商法(例如《联合国国际货物销售合同公约》)。

从法律渊源来区分,可分为商事基本法(由立法机关制定)、商事特别法(由立法机关或行政机关制定)和商事自治法(由商会或行业协会制定)。对于商事自治法的法源地位,《日本商法典》第1条规定:"关于商业,本法无规定的,适用商业习惯法,无商业习惯法时,适用民法。"韩国、瑞士也有类似立法例。

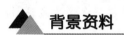

各国商法的立法模式

民商分立模式:是指在民法典以外,制定一部独立的商法典,以规范商事领域的交易关系。民商分立又有三种模式:商事行为法模式,又称为客观主义模式或法国商法模式,即只要行为的性质属于商事行为,无论行为人是否为商人,都将其认定为商事行为而适用商法;商人法模式,又称为主观主义模式或德国商法模式,即只要是商人所从事的行为,都将其纳

---

① 最高人民法院指导案例23号。

入商法调整的范围;折中主义模式,它是客观主义与主观主义相结合模式。《日本商法典》既采用法国商法模式,又仿效德国商法模式,将商事行为模式和商人观念同时作为其立法基础。

民商合一模式:是指只制定民法典,而不再另定商法典,商法作为民法的特别法对待。瑞士首开先河,另有意大利、泰国属于此一模式。

英美法模式:以美国为代表,美国为了克服州际商事立法差异给市场交易带来的不利影响,从1940年开始由各州政府代表组成的"统一州法全国委员会"与美国法学会通力合作,在1952年颁布了《美国统一商法典》。由于该法典并非联邦议会或州议会所制定,故属于民间示范法的性质,并没有法律约束力,只有在州议会予以承认后才能在各州适用。

相关问题
中国大陆实行"民商合一"的含义

时任全国人大常委会副委员长王晨在《关于〈中华人民共和国民法典(草案)〉的说明》中指出:"我国民事法律制度建设一直秉持'民商合一'的传统,把许多商事法律规范纳入民法之中。"①从立法上看,根据《民法典》第11条的规定,"其他法律对民事关系有特别规定的,依照其规定",表明作为民事特别法的商事单行法优先于民事一般法(即《民法典》)适用的原则。

我国实行的不是绝对民商合一也不是绝对民商分立,而是有分有合、民法法典化和商法单行化的折中模式。所谓的"分",就是《民法典》与商法分别立法、商法通则与各个商事单行法分别立法,不再制定一部包罗所有商法规范的商法典。所谓的"合",就是对某些领域将商法规范与民法规范融为一体,如商事合同与民事合同融于统一的合同法之中,商事信托与民事信托融入统一的信托法之中。

背景资料

商法典的世界地图②

一、地理因素。截至2016年11月,全球195个国家和地区中有66个有以商法(Commercial Law, Commercial Code, or Commerce Act)等为内容的法典、法案。从国土面积的角度看,商法(典/法案)的存在概率随着国家国土面积排名的增加而递增,其原因可能在于国内市场的逐渐增大而倒逼商事规则的统一调整。

二、经济因素。最富的和最穷的国家都有商法典,GDP排名41—80(居中)的国家拥有

---

① 王晨:《关于〈中华人民共和国民法典(草案)〉的说明》,载中国人大网,http://www.npc.gov.cn/npc/c30834/202005/50c0b507ad32464aba87c2ea65bea00d.shtml,2023年12月1日访问。
② 参见蒋大兴、薛前强:《商法典的世界地图》,北京大学商法圆桌论坛"制定商法典——商法典编纂的全球印象"会议论文,2017年12月30日。

商法典的数量最多,为 19 个;排名前 80 的将近一半的国家都有。经济发展水平可能和商法典有关系,法典对经济具有促进功能。

三、历史因素。大陆法系有商法典的国家较多,英美法系较少,可能和殖民化的传统存在关系。

四、商法典的兴衰。有商法衰落的国家,如意大利、科威特,但这些国家并不拒绝商法的法典化。也有商法发展复兴的国家,如土耳其、非洲 17 国、巴西。

五、从经济角度:GDP 前三的国家只有一个没有商法典;从裁判角度:我国每年商事案件呈上升趋势,且居高不下;从经济活跃度:2016 年我国平均每天新增 1.2 万户商事主体。

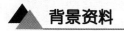

背景资料

非洲商法协调组织 OHADA(法语"Organisation pour l'Harmonisation en Afrique du Droit des Affaires"的缩写)

成立非洲商法协调组织的目的是完善法语非洲国家的商事法律制度,为法语非洲国家商业的发展提供良好的法律环境。由于历史原因,大多数非洲国家的法律制度非常落后,并且内容迥异。这种落后、多样化的法律制度不利于当地投资与贸易的发展,不利于地区一体化的实现。为此,非洲大陆上许多重要组织都积极推动本地区法律的统一化与协调化进程,如西非经济共同体、南部非洲发展共同体等,但成效最为显著的当数非洲商法协调组织。了解该组织的法律制度,不但有利于我国企业或个人更好地在该地区进行投资、贸易,而且对于我国如何推动东南亚乃至整个亚洲地区贸易与投资法律制度的协调,也具有重要的借鉴意义。

二、商法在中国的产生与发展及规律

(一) 商法在中国的引进和发展:从近代到现代

商法文明源于商成于史。商法的历史可谓源远流长,早在古希腊和古罗马的法律当中就有关于商品交易的法律规范的萌芽。古代罗马法前身是万民法(最早的国际商法)。

按通说,随着中世纪地中海沿岸贸易的兴起而被广泛适用的欧洲商人法、商事习惯法乃为现代商法的正式起源,那时商事仲裁庭和商事法院也逐步建立起来。"正是这个时期,近代西方商法的基本观念和制度才得以形成,商法在西方才第一次逐渐被人们看作是一种完整的、不断发展的法律体系。"①这个时期的商法以商人习惯或商事习惯法的形式出现,是"商

---

① 〔美〕哈罗德·J.伯尔曼:《法律与革命——西方法律传统的形成》,贺卫方等译,中国大百科全书出版社 1993 年版,第 406 页。

人所有、商人所得、商人所享"[1],而未掺入国家意志。到了近代,商人习惯法在重商主义的国家理论和实践的作用下,打上了国家法的烙印。[2] 近代《法国商法典》《德国商法典》的颁行,标志着商法真正发展成为一个具有独立地位的法律部门。

相关问题
关于商法起源的不同观点

第一种观点:源于古希腊。有观点认为,近代商法起源于古希腊的法律甚至是更早的楔形文字法。古希腊人制定的《罗得法》为以后的海损和海上保险及海商信用制度奠定了基础,并且这些制度为后来的海商法所吸收。根据该法,如果船舶遇难,为了保全船舶及剩余货物而将一部分货物抛弃,那么,所有的船主和货主必须分担损失。此即现代共同海损法之渊源。

第二种观点:近代商法起源于罗马法,罗马法后期万民法中关于代理、冒险借贷、海运赔偿等规定构成了早期商法的基本内容。万民法意即"各民族共有的法律",用来调整罗马公民和异邦人之间以及异邦人和异邦人之间的法律关系,是罗马私法体系中继市民法之后逐渐形成和发展起来的一个重要组成部分。万民法产生的直接动力是商品经济的发展和海外贸易的需要。

第三种观点:商法形成于中世纪的商人法或者商事惯例。为了回报商人对教廷"十字军"东征的资助,教廷对解决商人间交易纠纷的商法规则及商事法庭设在商人聚集的城市予以特许存在,从而推动了城邦经济与商人阶层的形成。这是美国法学家伯尔曼在法学名著《法律与革命》中提出的,也是目前商法学界较为流行的观点。

相关问题
近代西方商法的发展及特点

一、近代欧洲大陆法系国家商法的统一适用与商法典的产生——近代欧洲大陆法系国家商法趋向成熟标志的商法法典化的过程,是具有跨民族、跨国家性质的中世纪商人法被纳入欧洲大陆法系国家的国内法的法律适用过程,也是打破商人特权法的界限并通过国内法的形式统一法律适用的过程——1807年《法国商法典》是现代社会资本主义国家第一部独立的商法典。

二、近代英国对中世纪商人法的移植与国内商法的成文化——近代英美法系国家商法趋向成熟的标志。无论是一些商法规则成文化的过程,还是一些商法判例法形成的过程,都是中世纪商人法的实体法与程序法被纳入英美法系国家的国内法的过程,也是打破商人特

---

[1] See generally, Charles Donahue, Jr., "Medieval and Early Modern Lex Mercatoria: An Attempt at the Probatio Diabolica", 5 *Chi. J. Int'l L.* 21 (2004).

[2] 重商主义是16世纪至18世纪中叶在欧洲一些国家进行资本原始积累的阶段代表商业资产阶级利益,脱离神学和伦理学,而以政治经济为主要对象的一种经济理论和政策体系。这一理论主要是在新大陆、新航线被发现后,随着欧洲庄园经济的解体,受文艺复兴的影响以及马丁·路德宗教改革的影响,近代民族国家兴起,新兴商业资产阶级和封建国家狂热追求金银货币,对一国财富的增长、财富的实现,以及与此相关的生产和流通最初的理论探索和概括。重商主义对资本主义的商事立法起了指导和奠基的作用,对以后的商事立法产生了较大的影响,确立起了"哪里有贸易,哪里就有法律"的基本法治思想。

权法界限、统一法律适用的过程——在总结大量商业习俗基础上形成商业判例法,内容涉及商业财产、合同、救济方面,曼斯菲尔德大法官将其编纂为商事判例集,在这些判例中使用的商法习俗规得到了较全面和彻底的阐述并形成了英美商法的重要规则。①

三、法律适用对近代商法的成熟,起到了举足轻重的作用。这种成熟不仅表现在商法法源形式,由分散、不统一的成文法或不成文法律,变为集中、统一的法典化和成文化的法律,而且在法律制度与规范内容上,由约束力较弱的商人习惯法(民间法),变为约束力较强的国内法。

背景资料

罗马法与商法

《学说汇纂》Digest 14.2.9 中提到有一个商人,他的船在意大利遇难后,又遭到海盗的洗劫和税务管理的压迫,他向安东尼皇帝要求补偿时,安东尼皇帝说:"诚然,我是这个世界的领主,但海洋的领主却是法律,因此如我们的法律无相反规定的话,这个问题只能依罗得法处理。"而《罗得法》就是最早的商法,其作为古罗马万民法,被古罗马法学家编入《学说汇纂》,并成为商法起源于国际商法法律适用的一个例证。

东方商业文明萌芽要早于西方,在我国甚至较早出现了财货交易的市场及对应的市场管理制度。《周礼·秋官·朝士》有载"凡民间货财者,令以国法行之"。但中国几千年来以农耕经济占主导地位,城市的政治、军事化功能色彩浓厚突出,从商者为四民之末(士、农、工、商)。在"以农为本、重农轻商"的国策和儒家思想的影响下,商人历朝换代始终无法形成独立的阶层,始终没有像 19 世纪西方资本主义国家那样制定出独立的商法典。② 尽管如此,越来越多的文献研究表明,中国古代虽不曾产生法典意义上的商法规范,但调整与商业有关的法律制度及实践,在我国自古即有。③ 它们散见于封建统治者制定的各种律令中关于买卖、钱庄银票、手工作坊、店铺牌匾等的商事规则以及商人行会自治规约之中,从春秋战国至明清时期的律法均有涉及商的内容,南宋更有大量记录商法判例的《名公书判清明集》问世④,清末民初"商会理案"成为商事秩序的维护中坚力量。应当指出,中国特色商法文明的

---

① See generally, R. M. Goode, "Twentieth Century Developments in Commercial Law", 3 *Legal Stud*. 283 (1983).

② 梁启超在《论中国成文法编制之沿革得失》中关于商法有一段经典论述:"我国法律之发达,垂三千年。法典之文,万牛可汗。而关于私法之规定,殆绝无之。夫我国素贱商,商法之不别论,无足怪者,若普通之民法,据常理论之,则以数千年文明之社会,其所以相结合相维护之规律,宜极详备。乃至今日,而所恃而相安者,仍属不文之惯习。而历代主权者,卒未尝为一专典以规定之,其散见于户律户典者,亦罗罗清疏,曾不足以资保障,此实呱呱怪事也。"转引自范忠信选编:《梁启超法学文集》,中国政法大学出版社 2000 年版,第 120 页。

③ 参阅李功国主编:《中国古代商法史稿》,中国社会科学出版社 2013 年版。断代商业法制的具体研究,可参见郑颖慧:《宋代商业法制研究——基于法律思想视角》,法律出版社 2010 年版;赵晓耕:《宋代官商及其法律调整》,中国人民大学出版社 2001 年版;邱澎生:《当法律遇上经济:明清中国的商业法律》,台湾五南图书出版有限公司 2008 年版;任先行:《商法原论》,知识产权出版社 2015 年版。

④ 范健等:《商法学》,高等教育出版社 2019 年版,第 21 页。

复兴离不开本土传统商法的赓续和发扬。

清末"预备立宪"和"变法修律"运动兴起,为救亡图存、通商惠工,晚清政府洞察到西方国家"商务为上下注意,风气既开,经营尽善,五洲万国,无货不流",乃缘"凡诸要端,国家皆设官以经理之,又立法以鼓舞之",遂于1904年由伍廷芳等奉职制定了《钦定大清商律》,包括《商人通例》九条和《公司律》一百三十一条,后颁布《商会简明章程》,并在日本人的指导下修订《钦定大清商律》。① 惜乎当时社会经济环境颓废,没有真正实行。1907年和1909年在上海召开两次全国商法大会,由专人制定商法草案,由商会协助进行商事习惯调查与整理,并通过商事习惯调查与理由书报政府备案。张家镇等人也编著了《中国商事习惯与商事立法理由书》。

1914年,民国政府对《大清商律草案》进行修改后,以《中华民国商律》之名颁布施行。1929年南京国民政府决定采取民商合一立法体例,将商法总则内容(经理人及代办商、商事行为部分的交互计算、行纪、仓库、运送营业、承揽运送及隐名合伙)囊括并入民法典债编之中,而公司、保险、票据、海商外加商业登记等法律法规无法融为一体,便予以单行立法,作为民事特别法的一个整体来对待,名曰"商事法"。这一民商合一的立法传统延续至今,逐渐演化成为区别于其他大陆法系国家(大多数大陆法系国家采取民商分立的立法体例)商事立法的"中国特色"。

新中国成立之后,废除"六法全书",一度实行高度集中的计划经济体制,由国家对商业实行计划管理,国营商业和供销合作社垄断了市场,商贩和农民自由贸易被当作"资本主义尾巴"割掉,商法随之失去经济基础。

改革开放后尤其是自1992年确立市场经济体制以来,商法在中国的实践与理论得到发展。为了适应市场经济体制改革和加入WTO的需要,立法机关制定了许多商事单行法律和法规,商事仲裁和商事诉讼活动日趋扩大,商事仲裁和商事审判的专业机构在依法解决各类商事纠纷中也发挥着越来越举足轻重的作用。在学科建设和理论体系建设方面,自1998年颁布的《普通高等学校本科专业目录》确定商法为14门核心课程之一以来,目前大学里已普遍开设商法课程,商法知识体系开始逐渐成熟,内容也不断丰富。2001年,中国法学会组建成立了商法学研究会,这标志着商法学科和商法学理论的地位和独立性得到了更广泛的肯定。

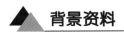

中国大陆的商事立法与商事审判

随着市场经济体制改革的深入,经济活动亟待商事立法的调整,自20世纪90年代开

---

① 1904年1月,清朝政府正式颁布了《钦定商律》,这是我国最早的商法,基本上沿袭德国、日本等国商法体制。《钦定大清商律》由《商人通例》和《公司律》两部分组成。《商人通例》共9条,对于商人的身份和经营权利作了比较具体的规定,如"凡经营商务贸易、买卖贩运货物者,均为商人","凡商人营业,或用本人真名号或另立店号某记某堂签名字样,均听其便","商人贸易无论大小,必须立有流水账簿,凡银钱货物出入以及日用等项,均宜逐日登记","商人所有一切账册及关系贸易来往信件留存十年,十年以后留否听便"等。《公司律》为11节131条,包括:公司分类及创办呈报法、股份、股东权利各事宜、董事、查账人、董事会议、众股东会议、账目、更改公司章程、停闭、罚例。

始,我国商事立法进入全面发展的快车道,如《海商法》(1992年)、《公司法》(1993年、1999年、2004年、2005年、2013年、2018年、2023年)、《担保法》(1995年,2020年编纂入《民法典》)、《票据法》(1995年、2004年)、《保险法》(1995年、2002年、2009年、2014年、2015年)、《证券法》(1998年、2004年、2005年、2013年、2014年、2019年)、《合同法》(1999年,2020年编纂入《民法典》)、《个人独资企业法》(1999年)、《合伙企业法》(1997年、2006年)、《信托法》(2001年)、《证券投资基金法》(2003年、2012年、2015年)、《企业破产法》(2006年)、《中外合作经营企业法》(1988年、2000年、2016年9月、2016年11月、2017年)、《中外合资经营企业法》(1979年、1990年、2001年、2016年)、《外资企业法》(1986年、2000年、2016年)、《电子商务法》(2018年)、《外商投资法》(2019年,"三资企业法"同时废止)、《市场主体登记管理条例》(2021年)、《期货和衍生品法》(2022年)等商事单行法形成了较为完备的商事法规体系。

最高人民法院在1979年9月设立了经济审判庭。1983年9月第六届全国人大第二次会议根据形势的发展,对《人民法院组织法》进行了修改,决定各级人民法院普遍设置经济审判庭。1984年前后开始在广州、上海、青岛、天津、大连等10个城市设立海事法院,专门负责审理涉外和国内的第一审海事案件和海商案件。2000年8月,最高人民法院在原来的老民庭基础上建立了现在的民一庭,在过去经济庭的基础上建立了民二庭,在原来知识产权庭的基础上建立了民三庭,交通庭改为了审理海事海商和涉外民商事案件的民四庭。此外,还成立了金融法院和国际商事法庭。至此,"商事审判"格局全面形成。

相关问题
我国商事立法模式的选择

新中国成立以来,我国仍采民商合一体制。但随着我国大统一、多层次市场的拓展,"入世"后与国际接轨步伐的加快,深受民商合一体制影响的"零售"式民商事立法对于规范日益复杂化的商事交易愈来愈捉襟见肘。人们开始进一步思考:在商法体系内部能否从各单行法中抽象出一般的商事规则?各法之间(包括商事单行法之间,单行法与行政法规之间,以及行政法规之间)的重叠、冲突、疏漏又如何协调、消除、弥合?商事活动总则性规定(营业、商号、商事责任及诉讼时效等)的大面积"缺席"如何补齐?近年来,学者主要从立法模式论出发,提出如下几种主张:《民法典》模式、《民商法典》模式、《商法典》模式以及《商事通则》模式。

王保树教授曾将《商事通则》的"特色"总结为"通、统、补":对各个商事单行法规定中具有共同性、一般性的商法原则和制度进行统一规定(如商法适用、商法时效、商人标准等);对其他商事单行法未曾规定而又非常必要的商法问题进行补充规定(如商事登记、商事代理、商事账簿、商号及商誉、营业及转让等);协调好民法、商法的各自适用范围和次序(如《商事通则》的适用优先于《民法典》);为我国转型经济条件下市场秩序的调整提供基础性的原则和制度。[①]

---

① 参见王保树:《商事通则:超越民商合一与民商分立》,载《法学研究》2005年第1期。

(二) 商法与中国市场经济：从法律依据到"生产要素"

1. 市场经济是法治经济

文明历史较短的西方世界在近现代发达于文明历史较长的东方世界的"谜底"，在于西方世界的商品经济与民主法治历史早于东方世界：

古罗马的兴盛与其第一个建立了商品社会的世界性法律——罗马法（市民法和万民法）息息相关，尤其是万民法最早奠定了国际商法的基础，大大推动了世界范围的贸易往来与繁荣。罗马帝国衰亡后的很长一段时间内，《国法大全》被弃而不用，西方世界也失去了"规范"的罗马法。直至欧洲在文艺复兴后的重新振兴，研习罗马法的学术风气重新兴起，这一阶段被称为"罗马法复兴"，相关研究成果成为西方世界规范市民社会的法律的主要基础。①

近代法兰西帝国的强大，与其发展资本主义自由商品经济，出台民商法典相辅相成。《法国民法典》确立了所有权绝对和契约自由原则，奠定了近代民法中的财产法基础，其中不许国家干预个人的意思自由等规定有力地促进了资本主义的发展和社会经济的活力。②

现代美国摆脱经济危机进而发展成为强国，与罗斯福新政下一系列商事法律颁行密不可分。例如 1933 年出台的《国家工业复兴法案》鼓励各行业的贸易协会制定对整个行业具有约束力的"公平竞争规则"，以实现控制生产、提高价格的目的，避免行业内的过度竞争。③

大国崛起，法律是金盾；经济增长，制度是杠杆。正如以研究经济发展史与新制度经济学闻名于世的诺贝尔经济学奖得主诺斯教授揭明的那样，西方世界兴起的"谜底"在于包括法律在内的制度起了伟大的杠杆作用。

在新制度经济学派看来，"法律制度"不再只是涉及社会、政治及经济行为的行动规则，而是被作为一种重要的"生产要素"（传统经济学一般认为生产要素只包括劳动力、土地、技术和货币）来对待。这些要素是经济领域里的变量，而这些变量又是对经济增长的反映。法律不能仅仅满足于提供"静态"的用于调整市场经济关系的依据，还应该通过建立有效率的交易制度安排，为市场经济提供"动态"的激励机制和发展引擎。

拓展知识

"将制度作为经济增长泉源"之新制度经济学

新制度经济学（New Institutional Economics，缩写为"NIE"），以诺贝尔经济学奖得主科斯、诺斯、威廉姆森教授为主要代表，被誉为 20 世纪 60 年代以来经济学领域中最为引人瞩目的发展成就之一。"NIE"一词最早由美国著名经济学家、诺贝尔经济学奖获得者威廉姆森教授提出，区别于以凡勃伦、康芒斯、米歇尔、阿里斯等为代表的制度经济学（或称旧制度经济学）。NIE 以 1937 年科斯的《企业的性质》发表为肇端标志。科斯的贡献在于将制度框架、交易成本引入到对经济活动的分析之中。NIE 以研究制度对于经济发展的影响以及经

---

① 参见〔美〕约翰·亨利·梅利曼：《大陆法系》（第 2 版），顾培东、禄正平译，法律出版社 2004 年版，第 9—10 页。
② 参见谢怀栻：《大陆法国家民法典研究》，载《外国法评译》1994 年第 3 期。
③ 参见〔美〕劳伦斯·弗里德曼：《二十世纪美国法律史》，周大伟等译，北京大学出版社 2016 年版，第 187—191 页。

济发展如何影响制度的演变为主要内容,是经济学、法学、组织理论、政治科学、社会学、人类学等多学科理论融合的结晶。

对照我国,我们拥有引以为豪的"四大发明",而机械钟、铸铁、独轮车、拱桥等也都为国人所创,但1906年以前专利制度一直缺席,承认财产权的绝对性的商法制度及其实施机制尚付阙如。正如科技史大师李约瑟指出的那样,这套法制公器"与中国社会的价值观念及社会组织原则相抵触"①。由于发明创造缺乏法律激励,不能得到应有的商业化收入,分工专业化、生产规模化也不能通过技术发明加深、拓展,导致大多工业技术都停留在萌芽阶段,甚至胎死腹中。

1992年中国通过修宪确立了市场经济体制,迎来了几千年未有之变局。市场经济以市场为主要手段进行资源配置,并通过一系列法律制度来实现,正如有学者指出的,现代市场经济的一个重要特征就是崇尚法治,把法律作为对经济运行实行宏观调控和微观调节的最主要手段,其他各种手段也都必须纳入法治的范围,并要求整个社会生活的法治化与之相适应。所以,现代市场经济必然是法治经济。②

2. 法治经济的核心是商法经济

市场经济是自主经济,商事主体法律(例如公司法和合伙企业法)是自主经济的主体法律基础。市场经济要求从法律上明确市场主体资格、权利,及维护权利的程序。商法通过制定商人法,以确认市场主体的入市资格、提升其营业能力、保护其商事权益为己任。

市场经济也是契约经济,商事行为法(例如合同法和票据法)是契约经济的行为法律基础。市场经济的本质特征是经济关系的契约化,而契约以法律对契约原则、方式以及结果的确认和保护为前提。商法中通过对商事合同的规范、调整,制定以及明确规范商事行为的规则(例如企业融资规则、票据支付规则),满足了沿着契约化的方向实现经济关系的法治化的需求。

市场经济还是竞争经济和风险经济。商事管理法(例如竞争法和保险法)是竞争经济和风险经济的法律保障。公平竞争是市场经济的灵魂,市场通过竞争达到优胜劣汰,实现资源的优化配置。要保证市场主体的法律地位平等,消除各种歧视与壁垒,形成统一的市场,为国际市场创造条件。市场经济发展到现在,虚拟经济成分比重越来越大,2008年全球性金融危机告诉我们,无论是在企业微观经济活动中,还是于国民经济宏观管理领域内,风险防范任重而道远。商法通过健全的且包括政府规制、商会管理、公司治理在内的商事管理制度,以及多元化的商事权利救济制度,使企业经营责任、风险尽量限缩至可控范围之内。

拓展知识

好的法律制度在于减少交易成本

我国著名经济学家吴敬琏认为,中国企业的重要特点是制造成本很低,而交易成本很

---

① 潘吉星编:《李约瑟文集》,辽宁科学出版社1986年版,第297页。
② 参见文正邦:《论现代市场经济是法治经济》,载《法学研究》1994年第1期。

高①,入世前外资企业无法享受制造成本低的优势,但入世后外资企业与中国企业相比,既可以享受到低成本优势,同时又享有低交易成本优势。因此,入世后中国企业真正面临的竞争压力就在于交易成本相对较高。为此,吴敬琏呼吁,中国企业目前最重要的是应当尽量降低交易成本,而主要途径则是改善制度。这不但要致力于改善企业制度,而且要加快完善与市场相关的一系列市场制度,同时也应当在全社会层面包括社会政治、法律制度的改善方面加快步伐。

按照科斯定理②,公司作为市场价格机制的一种替代,其主要通过"将公司外部交易变成公司内部交易"的制度安排,降低公司的外部交易成本,提高公司的经济效益。而作为商法核心内容的公司法,这一公司契约组织的具体条款主要是通过"公司内部交易规则的标准化"降低公司内部交易成本,提高公司的经济效益。再以商法为例,各类商事法律制度说到底是人与人之间发生的经济关系,是进行交易活动的一种方式,这种方式的不同决定了交易成本大小的不同。交易成本的节约能使当事人的经济收益增加,因此人们就会在不同的商事法律制度中进行选择,以最小化交易成本。人们在一定的条件下,采取一种商事法律制度而不采取另一种制度,其根本原因之一,就在于前者的交易成本低于后者,所以节约交易成本就成为商事法律选择和商事法律改革的目的。在现实生活中,如果甲地办某事比乙地办同样一件事情的费用较高,就说明甲地的办事效率低。针对当前存在的"走后门"或"关系经济",我们认为,"走后门"根源于行业不正之风,这股风气使得市场主体尤其是企业在从事生产经营活动中,不仅要考虑技术、资金和人员,而且要考虑到与有关部门打交道的费用支出,而如果诸如请客送礼之类的交际费用高,说明"交易成本高";交易成本高,又根源于办事的制度不合理或不公平。而克服这种不合理或不公平的根本措施,是建立不用请客送礼就能办事的制度,这种制度更多地表现为规范办事人行为的有关商事法律制度和规范。因此,从交易成本意义上看,商事法律是为节约交易成本而产生的。现代企业管理所强调的"向管理要效益"应修改为"依法管理要效益",才是正确的观点。

背景资料

《中共中央关于全面推进依法治国若干重大问题的决定》关于法治经济的规定

社会主义市场经济本质上是法治经济。使市场在资源配置中起决定性作用和更好发挥政府作用,必须以保护产权、维护契约、统一市场、平等交换、公平竞争、有效监管为基本导向,完善社会主义市场经济法律制度。健全以公平为核心原则的产权保护制度,加强对各种所有制经济组织和自然人财产权的保护,清理有违公平的法律法规条款。创新适应公有制

---

① 交易成本,简单地说是为达成一项交易、做成一笔买卖所要付出的时间、精力和产品之外的金钱,如市场调查、情报搜集、质量检验、条件谈判、讨价还价、起草合同、聘请律师、请客吃饭,直到最后执行合同、完成一笔交易,都是费时费力的。交易成本也被称为关系费用。
② 1991年诺贝尔经济学奖得主、美国芝加哥大学法学院教授科斯通过生产的制度结构分析,得出一个核心论点:产权明晰是企业绩效的关键或决定性因素。这里的产权明晰主要包括双层含义:产权法律归属上的明确界定与产权的有效率配置或产权结构上的优化配置。这一核心论点被学者进一步总结为科斯定理。科斯第一定理是当交易成本为零的时候,产权界定与资源配置的效率无关。科斯第一定理表明,当交易成本为零的时候,资源配置的效率与法律无关。科斯第二定理是当交易成本不为零的时候,产权的界定与资源配置的效率有关。科斯第二定理表明,当交易成本不为零的时候,资源配置的效率与法律有关。

多种实现形式的产权保护制度,加强对国有、集体资产所有权、经营权和各类企业法人财产权的保护。国家保护企业以法人财产权依法自主经营、自负盈亏,企业有权拒绝任何组织和个人无法律依据的要求。加强企业社会责任立法。完善激励创新的产权制度、知识产权保护制度和促进科技成果转化的体制机制。

加强市场法律制度建设,编纂民法典,制定和完善发展规划、投资管理、土地管理、能源和矿产资源、农业、财政税收、金融等方面法律法规,促进商品和要素自由流动、公平交易、平等使用。依法加强和改善宏观调控、市场监管,反对垄断,促进合理竞争,维护公平竞争的市场秩序。加强军民融合深度发展法治保障。

市场机制不可缺少民法、商法、经济法之间的有机配合,但与调整市场经济关系的民法、经济法的方法和理念有所不同,商法以调整商人(例如企业)关系为己任。它确立了"崇自治、尚效率、重营利、贵简捷"的品格,并形成了商法营利性的特征,是与市场交易关系最直接的市场经济法律。

相关问题
商法的营利性

"无利非商",营利性是商法的主要特征,"营利"也是商法的关键词。商法的营利性可以从下列三个方面解读:

第一,商法是规定以营利为目的的商人营业行为的法,但商法并不"惟利是图"。

第二,商法的营利性特征,决定了商法及其适用应采取效率优先的价值取向。商法中的一些重要制度、重要规则的确立以及商事立法的原则,无不与营利有关。例如《民法典》第933条规定有偿委托合同解除时,守约方可请求赔付可得利益。

第三,商法的效率优先不能绝对化,应通过相应的公法制度和强行规范兼顾公平、维护安全、矫正失衡的利益关系,由此产生商法交易便捷与安全原则。例如《民法典》第496条规定格式条款提供方违反提示及说明义务的,相对方有权主张该格式条款不成为合同内容,倾向性地保护经常在交易中被动接受商家所提供的格式合同的消费者一方。

相关案例
吴声威与北京爱奇艺科技有限公司网络服务合同纠纷案[①]

原告吴声威是被告爱奇艺公司的黄金 VIP 会员。爱奇艺公司提供的 VIP 会员服务合同第3.5条约定:"超前点播剧集,根据爱奇艺实际运营需要,就爱奇艺平台上部分定期更新的视频内容,爱奇艺将提供剧集超前点播的服务模式,会员在进行额外付费后,可提前观看该部分视频内容的更多剧集,具体的点播规则以爱奇艺平台实际说明或提供为准。"该合同导言2款还约定:"双方同意前述免责、限制责任条款不属于《合同法》第40条规定的'免

---

① 北京市第四中级人民法院(2020)京04民终359号民事判决书。

除其责任、加重对方责任、排除对方主要权利'的条款,即您和爱奇艺均认可前述条款的合法性及有效性,您不会以爱奇艺未尽到合理提示义务为由而声称协议中条款非法或无效。"吴声威向法院提起诉讼,认为在电视剧《庆余年》播出过程中爱奇艺公司又推出的"付费超前点播"模式,使其需要额外付费才能看最新剧集,损害了其会员权益,同时主张VIP会员服务合同被爱奇艺公司单方面更改,该协议中亦存在多处违法条款,应属无效。一审法院判决确认服务协议导言第2款内容无效,第3.5条中的内容对原告吴声威不发生效力,爱奇艺公司向吴声威连续15日提供吴声威原享有的"黄金VIP会员"权益,使其享有爱奇艺平台卫视热播电视剧、爱奇艺优质自制剧已经更新的剧集的观看权利,并赔偿吴声威公证费损失等。二审法院维持了原判。

相关问题
《民法典》对营利法人之界定

《民法典》第76条对"营利法人"概念作出了定义:"以取得利润并分配给股东等出资人为目的成立的法人,为营利法人",明确采用"取得利润"和"分配利润"两个目的标准来界定"营利性"。营利法人的立法定义直接体现出法人及其成员追求营利的主观要素,而行为营利性或者营业实际是商事主体为追求营利目的的客观表现。

《民法典》对"营利法人"概念之界定,厘清了营利法人的内涵和外延,重新界定了营利的范围,解决了商法长期未能解决的核心范畴问题。

三、商法与中国入世:从国内标准到国际标准

WTO的宗旨也在于尽量统一各国之间的贸易规则(包括横向的商事活动规范和纵向的贸易监管规范),减少贸易摩擦,以实现利益共赢。中国加入WTO后,按照中国"国内经贸法律与WTO规则相一致或曰不抵触"的入世承诺,市场经济法律应当以国际标准为主,商法是国际标准法律之典型。

WTO规则主要以发达资本主义国家的贸易规则为主,而主要发达资本主义国家的贸易规则主要是商法规则,因此WTO的大部分规则都与商事活动有关。

国内商法与WTO规则等国际条约、惯例接轨,使国内商法发生了"你中有我、我中有你"的交叉关系(例如竞争法的域外管辖效力),形成了商法国际性的特点。

在经济全球化的背景关系中,国际商法与国内商法具有一些相同的市场经济规律和原理,并产生一些相同的商事规则(例如《联合国国际货物销售合同公约》《国际商事合同通则》),进而在相同经济规律和原理这一"重经济、轻政治"的意义上,国际商法与国内商法有趋同化的趋势。当然,国内商人适用国际商法时仍然存在一些例外,比如在国际商事惯例(例如《国际贸易术语解释通则》)的适用中,当事人意思自治原则不得违反我国强制法规

定等。①

从营商环境持续优化背景看,随着我国改革开放的全面深入推进和"一带一路"倡议的加速落地实践,对市场化、法治化、国际化营商环境持续优化提出了更多期许。我国商法面临如何从本土规范统一到对接互联互通的国际贸易法则,促进国际法律交往的体系化需求,为国内外"用户"减少搜寻法条成本、消除个规冲突、避免法律漏洞的风险。申言之,我国已成为GDP世界第二大经济体,在"一带一路"倡议引领下,互联互通的经济交往提出了与国际交易规则接轨的更迫切需求,如何"提升我国商法规则在国际市场竞争中的制度性话语权"②,从一个法治后进者向领跑者的角色转换,从商事法制的输入向示范模式转变,使中国商法文明不仅成为中国商人的"经济语言",更可提升为世界商法的通用语言,将国际通行的意思自治、商业合理性、善意等原则以中国化的一般条款形式加入商事法律文件,不失为补齐国内商法短板、存异求同,又能对接国际商法的有效捷径。

 背景资料

商法的国际性

商法具有国际性的特点,所以有"国际商法"的概念,但无"国际民法"的概念。而对商法的国际性的研究,则有利于国际商法的建立。③ 商法的国际性具体体现为国际社会订立了有关商事活动的大量国际公约,例如1978年的《联合国海上货物运输公约》、1980年的《联合国国际货物销售合同公约》、1996年的《电子商务示范法》等。受此影响,各国商法的内容日益趋同化,其中有关国际货物买卖、船舶碰撞、海难救助和共同海损等规定几乎无甚差别。恰如德国学者李佩斯所言,尽管20世纪以来世界各国所经历的私法统一化过程各有差异,但"法律的统一总是首先从商法开始的"。④

区域性商事立法也日益走向统一化。在欧洲地区推动区域商法统一的机构主要是欧盟,已取得了《欧洲公司规则》《欧洲破产规则》《跨国合并指令》《关于建立公司的欧洲公约》《关于适用欧洲国际商事仲裁公约的协定》等成果,并正在审议《欧洲共同买卖法》的草案文本。在拉丁美洲从事商法统一的机构主要是泛美会议和美洲国家组织,其中泛美会议已经

---

① 国内法规范按其性质可以分为强行法与任意法,强行法具有强制力,必须绝对服从,不得违背,通常这些强行法规范涉及一国重要的政治制度或经济领域的命脉,关乎整个国家社会利益,因此国际商事惯例的适用不得突破这一限制。例如我国法院在处理对外担保案件时,即认为我国对外担保行为及其所涉及外汇或外债行为实行严格控制,《外汇管理暂行条例》《外汇管理条例》《外债统计监测暂行规定》《最高人民法院关于适用〈中华人民共和国担保法〉若干问题的解释》第6条有关对外担保的审批登记的规定属于国家的强制性规定,法院必须无条件适用这些规定,参见何文龙:《对外担保案件诸问题研析》,载广东省高级人民法院编:《中国涉外商事审判热点问题探析》,法律出版社2004年版,第137—148页。
② 杨临萍:《当前商事审判工作中的若干具体问题》,载《人民司法》2016年第4期。
③ 国际商法是指调整私人之间跨国商事关系的法律规范的总称。国际商法调整的主要是私人之间的跨国商事关系,国际商法调整的主要是商事实体关系,还包括程序关系。国际商法调整的主要是跨国商事关系,但不排除调整与跨国商事关系密切相关的一些国内商事关系,这一特点也使国际商法与国内商法存在交叉。因为国际商法调整的是私人之间的商事交易关系,可以分为商事主体内部交易关系和外部交易关系。商事主体的内部交易关系一般是由各国的国内法规定的,国际性的法律规范主要集中在商事主体的外部交易关系。因此,商事主体的内部交易关系既属于国际商法的调整对象,也是国内商法的调整对象。国际商法和国内商法在商事主体法方面存在交叉。
④ 〔法〕丹尼斯·特伦:《民商分立的沿革》,方流芳译,载中国人民大学法律系编:《外国民法论文选》(第2辑),校内资料,第11页。

颁布了《国际私法法典》(又称为《布斯塔曼特法典》),而美洲国家组织也针对国际货物买卖、拉丁美洲公司及企业国际规则的统一国际货物运输等商事领域取得了诸多统一法成果。非洲地区推动商法统一化的机构主要是非洲商法协调组织,其已经制定了《非洲一般商法统一法》《合作社统一法》等区域统一商法,是目前世界上区域商法统一化和国际化程度最高的国际组织之一。作为世界经济最为活跃的地区之一,东亚各国对区域内贸易法的国际统一尤为重视,《亚洲合同法原则》(PACL)一经提出就引起了包括联合国国际贸易法委员会(UNCITRAL)等国际组织和各国学者的关注。①

同时,商法频繁的修改中越来越注重与国际上的法律协调化。例如《捷克斯洛伐克新商法典》中就吸收了《维也纳国际买卖公约》中关于交付的方式和出卖方的担保义务的规定。此外,具有伊斯兰教传统的土耳其在2008年也进行了"脱亚入欧"进程中的"新商法改革",总的指导精神及主要规则是向瑞士法和欧盟法看齐。

在国际商法的法律适用方面,国际商事条约原则上优先适用于国内商法规范。在我国商事法律规范中,有不少优先适用国际条约的规定,例如《海商法》第268条第2款、《票据法》第96条第2款、《民用航空法》第184条第2款。当然,上述规定仅适用于具体的商事领域(海商、票据、民用航空领域),对一般商事关系的调整缺乏规定,以致其他商事领域(即非海商、票据或民用航空领域)的国际条约或国际商事惯例的法律适用没有明文依据。

此外,商法的产生发展也存在否定之否定规律:古代商法以国际商法为主——近代商法以国内商法为主——现代商法以国际商法为主。从商法的发展历程来看,商法历经了国际法——国内法——国际法的发展轨迹,随着经济全球化的进一步加深,世界商法目前正处于再次国际化的阶段。在国际商业合作和争端如此频繁的当下,需要在充分借鉴国际商事制度理念和规则的基础上,结合我国国情,总结出一套兼具民族性与国际性的商事法律规范,实现中国商法的国际化。

相关问题
国际商事惯例的选择适用

国际商事惯例(例如国际贸易价格术语中的FOB规则和CIF规则)是在国际商事交往中得到商人的反复实践和普遍遵守的任意性规范。

涉外商事关系的当事人可以在合同中选择适用国际商事惯例(例如《最高人民法院关于审理信用证纠纷案件若干问题的规定》第2条),但不得违反法律的强制性规定。

当事人选择适用国际商事惯例的,应当采用书面形式。

国际商事惯例的查明,可以由当事人、商会或行业组织、政府相关部门或者专家提供。在立法方面,由于《民法典》第10条并未对国际商事惯例等商事自治规范予以必要重视,我国民商法体系对国际商事惯例的适用将缺乏民商事基本法的支持,这进一步反映了《民法典》编纂中商法条款的"加入不足"问题。在司法方面,最高人民法院对国际商事惯例的适用态度从相对积极变为了相对消极。最高人民法院于2006年颁布施行的《最高人民法院关于审理信用证纠纷案件若干问题的规定》第6条将国际商会制定的《跟单信用证统一惯例》作为优先适用的规则,而2016年开始实施的《最高人民法院关于审理独立保函纠纷案件若干

---

① 参见韩世远:《亚洲合同法原则:合同法的"亚洲声音"》,载《清华法学》2013年第3期。

问题的规定》第5条却规定,当事人必须明示协议一致援引国际商会《见索即付保函统一规则》时,人民法院才予以适用。这在一定程度上说明了最高人民法院对待国际商事惯例从相对肯定到相对谨慎的态度转变。①

相关案例一
渣打银行(中国)有限公司诉张家口联合石油化工有限公司金融衍生品种交易纠纷案②

2011年9月15日,原告渣打银行与被告张家口石化公司签订ISDA2002主协议及其附件(以下简称"主协议")。2014年2月14日,张家口石化公司签署《布伦特原油—买入绩效互换》2月份交易条款。2014年3月7日,双方签订3月份交易条款,双方约定就布伦特原油开展互换交易;在《风险确认》中,张家口石化公司向渣打银行确认及承认:张家口石化公司已经基于自身的判断对是否订立交易以及交易是否合适或适当做了最终决定。同日,渣打银行特别就布伦特原油价格跌破执行价格的亏损风险向张家口石化公司进行说明,张家口石化公司最终确认进行系争交易。2014年5月28日、2014年9月17日,渣打银行与张家口石化公司的授权交易员齐某通话,就系争交易向张家口石化公司提示油价下跌风险。张家口石化公司均表示了解且希望按原约定3月份交易条款执行。2014年11月11日,张家口石化公司致函要求提前终止《布伦特原油—买入绩效互换》协议,并表示不再承担11月10日后的损失。2014年11月27日,渣打银行向张家口石化公司发出《提前终止通知》,指定2014年12月2日为主协议项下所有未完成交易的提前终止日。

2014年12月3日,渣打银行向张家口石化公司发出《提前终止金额计算报告》及其附件,要求张家口石化公司支付提前终止款项。

渣打银行因索赔未果,向法院提起诉讼,要求张家口石化公司向渣打银行支付互换交易项下欠付的提前终止款项。

法院认为,本案是因2014年国际石油价格暴跌,导致客户为止损提前解除合约而引发违约。衍生品交易是合同当事人对未来的不确定性进行博弈,在金融机构对产品交易结构、蕴含风险进行充分揭示的情况下,当事人应对交易过程中可能产生的收益或亏损有一定的预期,并在此基础上自主作出商业判断,由此订立的交易协议应系双方当事人真实意思表示。当事人要求终止交易符合协议约定构成该方之违约事件的,金融机构依据协议享有违约事件发生后提前终止的权利。

ISDA主协议为场外衍生品交易提供了适用于国际市场的标准化合约,作为国际惯例和国内行业规则被广泛采用并为交易参与方所熟知。法院在对违约责任进行认定时,应以《合同法》为基本依据,同时充分考量ISDA主协议相关规定及金融衍生品交易的自身特性,并以诚实信用原则和商业合理性原则为基础,计算提前终止款项的相应市场公允价值。

---

① 参见徐璟航、范健:《中国商法国际化的制度困境和发展路径——以民法典编纂中的国际化得失为镜鉴》,载《商业经济与管理》2020年第12期。
② 上海金融法院(2020)沪74民终533号民事判决书。

相关案例二
General Reinsurance Corporation v. Forsakringsaktiebolaget Fennia Patria[①]

被告芬兰芬尼亚保险公司(Forsakringsaktiebolaget Fennia Patria)承保了英国的欧洲货运公司(Eurocan Ltd)运输和销售价值2700万芬兰马克特种纸张的财产保险,专门承保因为非人为火灾造成的风险。这批纸张运到欧洲后全部储存在安特卫普港仓库中。

对于该笔业务,芬尼亚保险公司采取了再保险商业处理。芬尼亚保险公司与以原告德国通用再保险公司(General Reinsurance Corporation)为首的28家保险公司开展了辛迪加再保险合作,约定当超过1500万芬兰马克的保险标的额时,由再保险公司集体承担剩余保险理赔义务,在1500万芬兰马克保险标的额内则由芬尼亚公司自己承担理赔义务。

1977年2月11日,因一场大火,在仓库中储存的纸张全部毁损灭失。然而就在1977年2月14日,芬尼亚保险公司指示它的经纪人向再保险人发出修改保单的通知,将原来1500万芬兰马克的自保额修改为2500万芬兰马克,还告知将这种修改效力追溯至1977年2月1日,也就是说只有超过2500万芬兰马克的保险标的损失时,才由再保险人承担理赔义务。

1977年2月15日,在再保险商大多已经在修改保单上签名首字母后,由于了解到火灾的规模程度,芬尼亚保险公司通知所有再保险商取消其于1977年2月14日发出的保单修改通知。除了通用再保险公司以外,其他27家再保险公司均同意了芬尼亚保险公司的修改指令。但随后通用再保险公司代表所有再保险商只同意承担200万芬兰马克的理赔份额,这导致芬尼亚保险公司在垫付了理赔金后,就剩余价值1000万芬兰马克的保险责任。芬尼亚保险公司提起了对通用再保险公司的诉讼。

法院根据证人的证言查明在伦敦的再保险业市场中存在一种"减记交易惯例"(writing down trade usage)的"重合性多数人行为"[②],该惯例允许保险经纪人单方面地减少再保险人承担的保险额度和随时修改再保险的条件,以满足让再保险人平均负担再保险额度,从而在保障再保险交易得以足额完成的同时又不至于让再保险的整体保险额度超过100%。

法院在审理确认本案中国际商事惯例的客观要素时,虽然将这种要素视为事实问题,需要通过当事人举证来证明交易市场中确实存在确定的"重合性多数人行为",但同时法院又明确了识别"重合性多数人行为"的规范标准:

一是充当国际商事惯例客观方面的多数人行为模式必须有客观且可操作的识别标准,而不能只是专家证人的主观感觉;

二是证人必须向法官阐明这种多数人行为模式在相关交易市场的成立理由;

三是如果不按照这种多数人的行为模式从事交易会产生怎样的负面客观后果。

并且,对于确认本案中国际商事惯例的主观要素时,Christopher Slade大法官指出:"在特定的市场环境下,对于经常遵守的习惯做法,区分这种做法的形成究竟是源于当事人的一种惯习(habitual)的好意施惠,还是在法律上能够产生约束力的法律权利性要求的规则,在

[①] General Reinsurance Corporation v. Forsakringsaktiebolaget Fennia Patria [1983] QB 856.
[②] 裁判机构通过咨询相关专家证人的方式,来判断某种行为模式是否构成在具体交易环境下的"重合性多数人行为"(congruent majority conduct),是识别国际商事惯例的可行方法。

解决本案的实体问题上具有非常重要的意义。"因此,在识别国际商事惯例时,必须认真分析当事人是否接受这种惯例的主观状态。如果在市场中从事相同类型交易的当事人对于违反国际商事惯例的行为会产生批判与排斥的同行压力(peer pressure),受到此压力的当事人假若出现由于受制于这种同行压力而接受惯例的主观状态,裁判者可以考虑将该国际商事惯例视为对当事人具有约束力的规则。

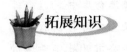
拓展知识

坚持统筹推进国内法治和涉外法治[①]

统筹推进国内法治和涉外法治的现实意义

统筹推进国内法治和涉外法治是维护世界和平稳定与发展繁荣、构建人类命运共同体的必由之路。"当前,百年变局和世纪疫情交织叠加,世界进入动荡变革期,不稳定性不确定性显著上升。人类社会面临的治理赤字、信任赤字、发展赤字、和平赤字有增无减,实现普遍安全、促进共同发展依然任重道远。同时,世界多极化趋势没有根本改变,经济全球化展现出新的韧性,维护多边主义、加强沟通协作的呼声更加强烈。我们所处的是一个充满挑战的时代,也是一个充满希望的时代。"[②]通过统筹推进国内法治和涉外法治,加强与各国在法治领域的交流合作,有利于实现共赢共享,让和平的薪火代代相传,让发展的动力源源不断,让文明的光芒熠熠生辉。

涉外法治是国家以法治的方式参与国际事务和全球治理的重要实践。统筹推进国内法治和涉外法治,秉持共商共建共享的全球治理观,加快推动涉外法治建设,有利于营造和平稳定的国际环境、睦邻友好的周边环境、平等互利的经贸环境、互信协作的安全环境。

2018年12月中央经济工作会议中首次提出"制度型开放"这一关于国家开放战略的最新表述,彰显了中国全方位对外开放步入新的阶段,其意旨在通过法治力量推动开放朝着更加深入、全面、系统和公平的方向发展,营造法治化的一流营商环境。国际化营商环境的构建是中国不断融入世界贸易体系的过程,从对外贸易的政策性开放向整体性构建市场化、法治化、国际化营商环境方向发展。进一步提高我国开放水平,放宽市场准入条件,进一步推动自主开放、提高协议开放水平,是推动我国经济迈向更高水平的开放阶段的必由之路。这就对我国涉外法治建设提出了更高要求,我国涉外法律体系必须与国际规则对接,以保障积极稳步地推进中国对外开放的国际化、法治化发展,也预示着我国未来的涉外法律变革必将对国际法治产生深刻影响。[③]

[①] 《习近平法治思想概论》编写组:《习近平法治思想概论》,高等教育出版社2021年版,第209—211页。
[②] 习近平:《同舟共济克时艰 命运与共创未来——在博鳌亚洲论坛2021年年会开幕式上的视频主旨演讲》,人民出版社2021年版,第2—3页。
[③] 郑辉:《在统筹推进国内法治和涉外法治中实现制度型开放》,载《上海人大月刊》2022年第10期。

四、商法与和谐社会建立：从正式、实体制度到非正式、程序制度

市场经济环境下，"和谐社会"的构建离不开商事关系的"和谐"。正如孟德斯鸠在其著作《论法的精神》中讲道："哪里有商业，哪里就有文明""关于贸易的法律使风俗纯良，贸易的自然结果是和平"。中国人所谓的"和气生财"亦即此理。

为了完成和谐的社会转型，商法应致力于商人之间关系和谐，商人和消费者之间关系和谐，商人与政府、非政府组织之间关系和谐，以及国内商人与外国商人之间关系和谐。

和谐社会以法律正式规范为制度基础，但更强调道德、习俗、惯例、信用等非正式规范的调整作用。商法起源于商事习惯并以商事习惯作为主要内容，所以商法除了重视国家商事立法之外，还强调对商事习惯法、民间法、商事惯例和当事人约定等非正式规范的适用，后者对于避免贸易摩擦、节约交易成本、减少诉讼和国家强制执行的适用以及构建和谐社会无疑都具有重要作用。

鉴于此，当前中国商法理论与司法实务应该围绕和谐社会所需要的"和谐法治"，进行商法制度的建设也应作出如下的重点转移：

（一）从注重正式商法规范到注重非正式商法规范

正式商法规范一般是指国家通过立法、司法活动创设出来的商事法律、法规，包括国内法意义上的制定法和判例法，以及国际法意义上的国际商事公约、条约和协定。其中，国内法还可以区分为法律、法规、规章、条例、司法解释等。

非正式商法规范一般是指由商事主体经协商约定而成，或者在长期商事活动中自发形成的商事活动行为规范，主要表现为各种商事惯例、企业章程、行业规范等私法性规范，一定意义上还包括国家的商事政策。① 广义的非正式商法规范，还包括对商法实施有重要影响的社会网络。②

相关问题
习惯与交易习惯

《民法典》第 10 条规定："处理民事纠纷，应当依照法律；法律没有规定的，可以适用习惯，但是不得违背公序良俗。"习惯包括民事习惯和交易习惯。

《民法典》明确规定"习惯""当地习惯""交易习惯""风俗习惯"的有 37 个条款，分别为总则编第 10 条、第 140 条、第 142 条，物权编第 289 条、第 321 条，合同编第 480 条、第 484 条、

---

① 商业政策与商业领域的行政法规、规章、条例都是行政机关以政府文件的形式向社会公布的，因此具有较强的相似性。应该说，商业领域的行政法规、规章和条例本身也属于广义的商业政策的范畴。但是商业政策与商业领域的行政法规、规章、条例也有区别性：第一，两者的审批程序不同，前者可以由行政机关自行制定发布，后者往往需要立法机关的审批和备案；第二，两者的性质不同，前者仅是政府文件，只在特殊情况下具有法律规范的性质，而后者的本质属性就是法律规范；第三，两者的司法适用规则不同，前者在司法实践中更多的是参照作用，后者是《立法法》明确规定的法律渊源之一，可以在司法裁判中直接引用。商事法律实践当中，"商业政策"作为"法律渊源"的地位正在不断式微，大部分的法官、仲裁员和律师已不再将其作为法律渊源进行直接援引。目前，商业政策在法律实践中仅体现为"间接式"的影响。

② 社会网络是特定时空范围内相对稳定的一种人与人之间或组织之间的相互关系。相关拓展分析详见本书结语。

第 509 条、第 510 条、第 511 条、第 515 条、第 558 条、第 599 条、第 680 条、第 888 条,人格权编第 1015 条等。另外,第 602 条、第 603 条、第 616 条、第 619 条、第 626 条、第 627 条、第 628 条、第 637 条、第 709 条、第 721 条、第 757 条、第 782 条、第 831 条、第 833 条、第 858 条、第 875 条、第 889 条、第 902 条、第 955 条、第 963 条规定依据第 510 条,第 827 条规定依据第 619 条,这些条款的适用也都涉及习惯。

关于习惯的认定,可参考适用《最高人民法院关于适用〈中华人民共和国民法典〉总则编若干问题的解释》第 2 条的规定:"在一定地域、行业范围内长期为一般人从事民事活动时普遍遵守的民间习俗、惯常做法等,可以认定为民法典第十条规定的习惯。当事人主张适用习惯的,应当就习惯及其具体内容提供相应证据;必要时,人民法院可以依职权查明。适用习惯,不得违背社会主义核心价值观,不得违背公序良俗。"

交易习惯一般由主张适用的一方当事人证明,但当事人也可以向法院申请,由法院依职权调取证据。因为交易习惯相对零散,且具有地域性与多样性等特点,因此针对特定行业的交易习惯,行业协会商会组织、交易所等制定的章程、行业规范、业务规则等皆可以成为认定内容的依据。

相关问题
商法、民法、交易习惯的适用规则

采民商合一立法体例的国家大多遵循"商业事项,有商法适用商法,无商法适用交易习惯,无交易习惯适用民法"的适用规则。

"商法作为民法的特别法"的法源地位决定了"商法优先,民法补充"的适用规则。

我国受民商合一的立法体例的制约,商事法律没有规定的事项,适用民事法律;民事法律没有规定的,适用交易习惯。

合同、章程或合伙协议另有约定,优先适用约定。

交易习惯及约定,不得违反法律、行政法规的强制性规定,不得违背公序良俗。

相关案例
富邦租赁公司与亚纳世公司融资租赁合同纠纷案[①]

因作为承租人/出卖人的被告亚纳世公司欠付租金,作为出租人/买受人的原告富邦租赁公司向法院提起诉讼,要求解除《售后回租融资租赁合同》、返还租赁物等。天田公司申请作为有独立请求权的第三人参加诉讼,请求确认案涉租赁物归其所有,由其取回。经法院查明,亚纳世公司向天田公司购买案涉租赁物且未付清货款,机器所有权仍属于天田公司,而亚纳世公司在没有取得所有权的情况下,将机器售后回租无权处分给富邦租赁公司。二审法院认为,售后回租这种非典型的融资租赁业务,租赁物所有权转移以约定生效时发生效力,这和动产以交付方式发生所有权转移效力的普遍原则相区别,融资租赁公司更应当审查

[①] 广东省广州市中级人民法院(2015)穗中法金民终字第 635 号民事判决书。

租赁物的采购合同、发票等产权转移凭证等证明材料,这属融资租赁行业的交易习惯。出租人没有证据证明其在签订《融资租赁合同》时审查了涉及租赁物的买卖合同及发票等有关权属的证明材料,没有尽到合理注意义务,其受让租赁物不属于善意,因此不能善意取得租赁物。

(二) 从注重商事权利的公力救济实体与程序制度,转到注重包括"私了"在内的多元化的商事权利私力救济实体与程序制度

无论是在中世纪的商人法中,还是在现代国际商法的发展过程中,程序法是商法不可分割的一部分。[①] 协调程序法与实体法,强调两者的兼容,不仅符合形式与内容相统一的法律制度理性的诉求,而且符合市场经济体现的社会化大生产规律所要求的程序正义与实质正义的统一。因此,程序规则与实体规则合为一体,程序正义与实质正义熔于一炉,商法体系得以充实和发展。而且,与其他私法部门如民法体系规范偏重于伦理性有着明显的不同,商法呈现出技术性色彩浓厚的特征。

相关问题
商法的技术性(专业性)

与其他私法部门如民法体系规范偏重于伦理性有着明显的不同,商法呈现出技术性色彩浓厚的特征。

例如在《保险法》中,有数学及统计上的精算方法,测定保险事故发生的概然率,务使约束支付的保险金额,与取得保险费总额,保持基本平衡;如《公司法》中的董事会召集程序和决议的方法,董事及监事选举的方法,股票的发行、交易制度;如《海商法》中关于共同海损的认定以及理算的规定等;如《票据法》中关于票据的设权性、文义性、定型性、票据行为的独立性、执票人的追索权、票据的抗辩等,均为与票据的结算、支付、信用等功能密切相关的技术性规范。

商法的技术性特点,要求从事商法实务的专业人士不仅要懂商法,还要懂经济、管理及技术知识,由此对专业人士提出了更高的专业责任要求(而专家责任是一种特殊侵权责任)。

相关案例
宣春华与财通证券股份有限公司杭州东湖南路证券营业部证券交易代理合同纠纷案[②]

2008年1月8日,原告宣春华作为甲方,被告财通证券公司作为乙方,签订了《证券交易

---

① 首先,商人参与商事法院的裁判。这样有助于单个商事案件的公正解决,同时它也有助于使商法与教会的、王室的甚至是城市的控制相隔离,并维护商人的特权。其次,这些法院无疑是统一的,具有现代调解和仲裁庭的性质。无论处理争议的法院设在何处,地方惯例有何区别,他们都明确地适用相同的商业惯例,从而促进了商人法的普遍性和统一性。最后,商事法院中迅速、非正式和公平的程序原则适应了商业需要。总之,将商事纠纷解决的法律规范视为商法的不可分割的一部分,体现了历史和逻辑的统一。
② 浙江省杭州市中级人民法院(2020)浙01民终696号民事判决书。

委托代理协议》,就委托证券公司代理证券(包括证券衍生品)交易及其他相关事宜达成协议,其中约定:身份资料等重要资料变更时,甲方应及时通知乙方并按乙方要求办理变更手续,如乙方有理由认为甲方向其提供的资料、证件严重失实,可要求甲方限期纠正,甲方不能按期纠正或拒不纠正的,乙方可视情形依法终止其与甲方的委托代理关系或暂停甲方对其账户的使用。宣春华在《开户申请表》中填写了其姓名、性别、出生日期、国籍、证件类型、证件号码、证件有效期、固定电话、联系地址等身份信息。2019年3月29日,财通证券公司在其网站及手机APP发布公告,告知开展个人客户身份信息核实工作和更新工作。2019年7月30日,财通证券公司以宣春华身份信息不完整为由中止提供金融服务,对其股票交易账户进行冻结。2019年8月14日,财通证券公司解除宣春华股票交易账户的冻结,但又于同日以宣春华未更新电话号码、职业代码为由进行冻结。后因财通证券公司未解除冻结,宣春华诉至法院,主张财通证券公司存在违法和违约行为。

二审法院判决财通证券公司支付宣春华赔偿金。法院对于金融机构采取账户限制措施的合理性问题,认定财通证券公司在宣春华已实际知晓客户身份核实需求及拒不提供的后果,但仍拒绝配合提供相关信息阶段,对其账户采取限制措施的行为符合金融机构操作的流程规范,但同时指出财通证券公司在善尽告知义务前和已获知客户的相应身份信息后,对宣春华账户采取的限制措施构成违约,在支持金融机构履行反洗钱职责的同时,保护了客户的合法权益,合理地平衡了当事人之间的利益。

相关问题
"商事救济"是否纳入"商法"理论体系

"商事救济"并不简单地等同于商事诉讼,还涉及商事仲裁、商事调解以及私力救济等问题。从商法的发展历史来看,现代商法的很多具体制度,最早也是商人们在早期的商事仲裁、调解或诉讼等商事权利救济过程中,通过实践逐步形成的。因此,以"商人"为主体来研究商法制度的实施,不可避免地会涉及"商事救济"问题。商事仲裁和商事诉讼对于商事实体法的发展、统一和完善,发挥着重大的作用,因为作为商法渊源的一般法律原则和惯例,只有通过仲裁和诉讼才能更好地得到确定。比如许多现代的国际贸易惯例都是在国际商事仲裁当中被确认、宣示以及发展起来的,所以商事仲裁和诉讼对于商法的产生和发展,举足轻重。

五、商法与市场法律体系的完善:从特别私法到私法、公法规范的结合

(一) 市场法律体系的完善在于各个法律部门的划分合理与分工调整适当

划分法律部门的根据主要在于法律调整的社会关系即调整对象。明确商事关系的特点和范围,有助于商法体系完善和商法的正确适用。

商法调整商人因实施商事行为而发生的商事关系。非商人实施商事行为发生的社会关系,适用商法,其他法律另有规定的除外。比如民办学校的投资办学活动,《民办教育促进法》作了规定的,仍应适用《民办教育促进法》。

(二) 商事关系的类型及其商法制度

传统观点认为,商法调整的商事关系是私人之间的商事关系,所以商法的规则主要是私法规则,具体表现在:第一,当事人之间的交易建立在意思自治的基础上;第二,商法旨在保障商人营利;第三,商法主体承担的责任主要是对已经造成的权利损害和财产损失给予填补和救济,表现出补偿性和恢复原状性;第四,任意法规范性质的商人自治法在商法中占有重要地位。而商法所调整的商事关系可以细分为以下五个部分:

1. 商流关系

(1) 商业经营者与商品生产者之间的买卖关系;

(2) 商业经营者与经营者之间的购销关系;

(3) 商业经营者与消费者之间的买卖关系;

(4) 传统商法主要是买卖法。

2. 物流关系

物流关系主要在商品的买卖中为实现商品的实体运动。主要是有关海运、陆运、空运、水运方面的货物运输和仓储保管、承揽加工等方面的法律、法规。

3. 资本流关系

(1) 在商业资本日益证券化和信用化的情况下,商业资本更加人格化了,这就更需要专门的法律加以调整了,所以应把票据、保险、商业银行、商业投资等金融法制度纳入商法体系。

(2) 现代资产流动的特点:财产资本化——资本权利化——权利证券化——证券流通化;

(3) 现代商法主要是金融法。

4. 企业管理关系

按照科斯定律,企业是对市场的一种替代。为了降低交易成本,调整企业内部关系的公司治理规则,是公司法的核心内容,也是商法区别于民法的一个典型例证。公司企业法也是现代商法的核心内容之一。

5. 商事管理关系

商法调整一定范围的商事管理关系。商事管理中,除了国家政府机关对商事主体进行管理外,广义上还包括对商业自治性组织——例如商会、行业协会、同业公会等——的协调和管理。

相关问题
商法与民法的适用:一般法与特别法的关系

第一,《公司法》《海商法》《票据法》《保险法》《信托法》等商法为民法的特别法。商法有特别规定的,优先适用商法的特别规定;商法没有特别规定的,适用民法的规定。

第二，《民法典》第10条确认了商业惯例的法源地位，具体的法律适用思路为：对于法律没有规定的立法漏洞，法官在裁判时应参照民俗习惯和商业惯例。

第三，商法的适用以民法为依托，商法的许多规范必须结合民法的规范才能完成对独立案件的调整。

第四，商事案件的法律适用面临三类规范选择：第一类，商事规范（例如有关商事留置权的特别规定），需直接适用于商事案件；第二类，民法与商法的共通规范（例如意思表示规则），亦得直接适用于商事案件；第三类，民法规范，需通过商法体系内的有效性论证之后方得适用。

由于现代商人生产经营的社会性规律，要求商人依法承担社会责任，以及市场经济宏观调控和微观管制的需要，"没有不受政府监管的商事活动"，由此与交易密切相关的商事管理关系也被纳入现代商法的调整范围。故此，商法研究不仅应该包括传统私法层面的原则和制度，也应该涵盖与商事活动具有密切关系的公法层面的原则和制度（例如商事管理法）。这一商法公法性的特征，使商法与作为传统私法的民法明显区别开来，并与经济法关系密切。①

相关问题
商法与经济法的区别

第一，经济法调整的是国家在组织、协调、管理市场经济联系中发生的经济关系，商法所调整的是营利性主体在商事营业性活动中所发生的商业流通经济关系；

第二，商事关系主体以公司企业为主，而经济法主体以国家管理机关为主；

第三，商法大多是商事习惯法和商事惯例，经济法主要是各种成文法律；

第四，商法多采取自律性和非权力性方法，而经济法多采取他律式和权力式的方法；

第五，商法以私法性质为主，着重保护社会经济主体的利益，而经济法以公法性质为主，侧重于国家整体经济生活的调整。

商法意义上的商事管理虽然在有关政府对市场的监管方面，与经济法意义上的市场管理相同或相似，但商法意义上的商事管理与经济法意义上的市场管理是不同的。商事管理主要包括商人的内部管理与行业协会的外部管理。

相关问题
商法原则——公平竞争原则

公平竞争原则是民法中的平等原则和公平原则在商法中的体现。公平竞争不仅是商事活动的基本精神，也是市场经济的基石之一。公平竞争原则在内容上主要体现在两个层面：第一，商事活动中各主体之间的法律地位是平等的，主体地位平等是实现公平竞争的前提，是市场经济客观规律在商法中的体现。离开了商事主体之间的地位平等，商事活动中的公

---

① 有关商法公法化的论述详见本书第三编引言。

平竞争、等价有偿将不可能实现。在我国市场经济的建设和发展过程中,商事主体地位平等的原则尤为重要,无论商事主体的性质是什么,无论是国有企业、集体企业还是私营企业,无论是大企业还是小企业,无论是个人还是组织,在市场中的法律地位一律平等,不允许有差别对待。第二,法律要保障各类商事主体参与商事活动的机会和起点是公平的。相较于实质公平,商法应侧重于保障商事活动的形式公平,即保障所有商事主体都有公平参与市场竞争的机会,营造公开、公平、公正的市场环境。

相关问题
商法原则——社会责任原则

社会责任原则是指公司、企业等商事主体不仅对其成员负有责任,而且应对成员之外的劳动者、债权人、供应商、客户、社区以及公共利益负有责任。同时,社会责任不仅包含法律明文规定的责任,也强调法律尚未明文规定而根据一般社会观念或道义应承担的非法定责任。[1] 随着我国市场经济的发展,各类商事主体的规模和数量也与日俱增。但是,由于对营利的过度追求,违反法律法规以及违背社会公德、商业道德的行为频频发生,由此导致公司债权人、消费者、职工的利益遭到侵害,有些行为也严重影响和破坏了社会、市场应有的正常秩序。

《民法典》第86条规定了营利性法人的社会责任:"营利法人从事经营活动,应当遵守商业道德,维护交易安全,接受政府和社会的监督,承担社会责任。"此外,商事主体的社会责任还应当"超越法律",即以非强制性的软法推动这一制度的落实,例如证监会颁布的《上市公司治理准则》等。

虽然社会责任是一个宽泛的概念,法律不可能也没有必要对每一项社会责任予以明确列举,但在商法中明确商事主体的社会责任无疑具有重要的意义:一方面有利于预防商事主体滥用市场地位和经济力量,鼓励公益捐赠、环保活动等各种形式的社会公益行为;另一方面有利于保护利益相关者的合法权益。

从实用主义的角度,作为适用商法最多的主体,商人或许可以不明白"民商合一"、不理解"调整对象",但是却需要清楚地知道:商事活动需遵循哪些商事管理制度(例如商事登记、商事账簿),被侵害的商事权利应如何实现法律救济等现实问题。在此意义上,传统商法以商事主体和商事行为为主的私法制度体系需要改进,应该遵循商人偏重的实用主义的逻辑,按照商法兼容性的特点,从公法与私法结合的层面上,完善中国的商法制度体系。这种兼容反映了一种"实用主义"的法学思潮[2],也是商法这一特别私法区别于传统民法的一个重要的

---

[1] 参见赵旭东编:《商法总论》,高等教育出版社2020年版,第42—43页。
[2] 法律实用主义是以实用主义哲学为基础的法学流派,源于一种注重行动和效果,反对传统和权威的实用主义思潮。在美国,首先将实用主义哲学应用于法学的是美国著名法学家、法官霍姆斯,他所提出的一个广为人知的实用主义法律名言就是"法律的生命不在于逻辑,而在于经验"。霍姆斯认为法官不能从法哲学的信条出发,而要从实证的社会状况出发来进行裁判。其后,罗斯科·庞德则创立起了与实用主义法学传统有密切联系的社会学法学,强调法律的社会目的与效果,批判简单地依法条进行概念的逻辑分析的"机械主义法学",反对法哲学理论的闭关自守,提倡法学流派的"大联合"以及汲取其他社会科学的成就。实用主义法学的另外一个重要人物就是曾任美国联邦最高法院大法官的本杰明·卡多佐。他在《司法过程的性质》等著作中主张,法官在探求制定法的含义时必须做的并不是确定当年立法机关对某个问题是如何想的,而是要猜测立法机关当年不曾想到的要点,要重视法律文字和法律精神之间的反差。

特征。

相关问题
商法的兼容性

"兼容"一般指把多个要素包容在一起且相互之间并不冲突。而制度兼容就是把多种制度包容在一起,协调好各制度之间的关系,发挥制度的最大效用。商法是公法与私法、实体法与程序法、国内法与国际法等多种制度兼容的典型。

商法为什么要将这些看似矛盾的要素兼容起来?首先,从哲学角度看,公法与私法、国内法与国际法、实体法与程序法都是一对矛盾。矛盾之间是对立统一的。我们不能仅看到矛盾间的对立,也不能只看到矛盾间的统一。其次,从经济学角度看,公法与私法、国内法与国际法、实体法与程序法间是一种博弈关系,它们是制度间的博弈。根据博弈论的核心观点,博弈主体相互作用时的合力的效率一定要大于分力的效率。因此制度间协调就显得更加有效率。最后,从法学的角度看,在现代法治下,部门法之间并没有泾渭分明的界限,彼此间的相互渗透、相互配合、相互衔接已经在立法实践中显现出来。研究相邻部门法之间的关系,并非是在两者之间建造一座坚固的分水岭,相反,研究部门法彼此之间的角色分工和互动作用,尤其是彼此之间的衔接配合才是研究部门法之间关系的意义和价值所在。由此可见,商法并不是简单地将各个要素兼容起来,其要协调好各个要素,使各个要素间保持一定的比例关系,实现要素间的平衡,进而达到发展的最佳效果。一般学者可以将商法的兼容性称为"商事法的多元性"。也正是在这一兼容性的基础上,使得无论是在资本主义市场经济国家还是社会主义市场经济国家,无论是在大陆法系国家还是英美法系国家,商法都具有普遍的适应能力,因此,商法的移植和借鉴较民法或其他公法更具有可行性。

六、商法与中国企业经营:走出"三论"误区

企业是国民经济的细胞。企业经营和法律须臾不可分离,因为法律构成了企业交易、竞争的基础,左右着企业经营决策的方向。华尔街有句格言:"如果你想赚钱,就去找 MBA,如果你想保住你的钱,就去找 MJS(Master of Juridical Science)。"其中 MBA 大家皆知是工商管理硕士学位,是企业家的摇篮;而 MJS 则指法律硕士学位,是律师的摇篮。[①] 这话准确地说明了法律对企业经营至关重要。

美国商法名家罗纳德·A.安德森在《商法与法律环境》一书的前言中是以"法律与商业联姻"之说来表达这二者的亲密关系的,他指出:"只要我们瞥一眼报纸的商业版,就会意识到商业与法律的结合是多么紧密,无论是好是坏,企业的设立、数十亿美元的合并、市场竞争、技术创新以及其他各种商业事件都有可能牵涉到法律规制或法律诉讼。不对法律环境、

---

① 美国《时代》周刊 1998 年评出全美 500 家最大的律师事务所,其中一半以上由哈佛 MJS 创立,MJS 专为未来律师所设,被视为"律师界的 MBA"。哈佛大学法学院前院长欧文·格雷思沃尔德曾指出:"一个奇怪的现象是,美国许多大公司的总裁不是来自哈佛商学院,而是出自哈佛法学院。因此,在我看来,一个哈佛 MJS 学位,完全抵得上一个哈佛 MBA 学位。"参见林正编:《哈佛辩护——哈佛法学院 MJS 案例教程》(上册),改革出版社 1999 年版,封页。

法律目的以及如何运用法律以获得保护和优势有所了解,经理人就别指望获得成功。"①法律的地位在现代经济发展中越来越举足轻重,此点已被越来越多的企业家们感同身受。但确实也存在着一些不容乐观的现象或认识"误区",要求经营者认真对待法律风险、强化法律风险防范意识。

(一) 企业法律风险的特征

何谓法律风险? 国务院国资委发布的《中央企业全面风险管理指引》曾提出:"企业风险"是指未来的不确定性对企业实现其经营目标的影响。企业风险一般可分为战略风险、投资风险、财务风险、市场风险、运营风险、法律风险等,是企业在其经营活动中,客观存在的预期目标与实际发生结果出现负面差异的可能性。"法律风险"是最重要的企业风险之一,它是指企业预期与未来实际结果发生差异而导致企业必须承担法律责任,并因此给企业造成损害的可能性,即企业在经营过程中由于故意或过失违反法律义务或约定义务可能承担的责任和损失。企业没有遵循法律规则,就存在着要承担不利法律后果的可能性。法律风险跟其他风险既有联系,又有区别,法律风险有以下特征②:

1. 企业法律风险发生的原因具有法定性或约定性

企业的所有经营活动离不开法律的调整,企业的任何行为都要遵守法律的规定。法律是贯彻企业经营活动始终的依据,例如设立个人独资企业要依据独资企业法,破产也要依据破产法,交易活动要遵守合同法。一旦企业违反了法律或合同约定,或者出现侵权行为以及不履行法律义务,就会发生风险。例如企业改制为公司,出资人数、出资比例和出资方式是否符合规定,是否办理了验资的手续,对于这些公司法都作了严格的规定,违背这些规定可能会引发风险。

相关案例

(1) 刘汉及其企业汉龙集团违法案③

曾经的四川首富刘汉及其企业汉龙集团在发展的过程中,通过各种非法手段竞标,并骗取银行等金融机构贷款,涉及了大量金融犯罪案件。该违法案主犯刘汉、刘维被判死刑,其创办的汉龙集团被罚款 3 亿元——法律风险会让企业瞬间垮掉!

(2) 三株口服液致死案④

1994 年三株口服液上市,在随后的短短三五年内,便开创了资产达四十多亿元的三株基业。在最鼎盛时,三株公司在全国所有省、自治区、直辖市和绝大部分地级市注册了 600 个子公司,在县、乡、镇有 2000 个办事处,各级行销人员总数超过了 15 万。但"三株王国"的

---

① 〔美〕罗纳德·A. 安德森等:《商法与法律环境》,韩健等译,机械工业出版社 2003 年版。
② 摘自国务院国资委政策法规局副局长于吉在"2008 中国城市国资论坛:解放思想与国资改革"会议中所作的题为《关于国有企业风险防范与控制的几个问题》的讲话,本部分"(一) 企业法律风险的特征"的案例未注明出处的皆引自该讲稿。
③ 《刘汉、刘维等 5 人被执行死刑 被执行前与亲属会见》,载央广网,https://news.cnr.cn/native/gd/20150209/t20150209_517694061.shtml,2023 年 12 月 16 日访问。
④ 邵源:《"企业做大"与"泰坦尼克号"》,载新华网,http://www.jjckb.cn/gd/2008-01/04/content_80207.htm,2023 年 12 月 16 日访问。

终结者竟是湖南常德的一位乡下老人。这位老人服用了儿子买来的三株口服液不久后死亡,家属认为三株口服液是致死的罪魁祸首,于是诉诸法庭。1998年常德市中级人民法院判决三株口服液为不合格产品。这条爆炸性新闻,使一家年销售额曾经高达80亿元、累计上缴利税18亿元、拥有15万员工的庞大"帝国"轰然倒塌。三株案件告诉我们,法律纠纷的事前管理和防范比法律纠纷的事后救济机制更为重要。

2. 企业发生法律风险具有强制性

企业在经营过程中,如果违反了法律的规定或者是侵害了其他单位、企业和个人的合法权益,就要承担相应的法律责任。而法律责任是具有强制性的,法律风险一旦发生,企业就处于要承受其责任的被动境地。

3. 企业法律风险发生的形势具有关联性

风险体系中,很多法律是相互联系的,有的时候是相互交叉和重叠的。企业发生的财务风险、销售风险,往往包含着法律的风险。

4. 企业法律风险的后果具有可预见性

企业法律风险事前可防可控,事后对法律责任的追究事前是可以预见的,是可以通过各种有效手段加以防范和控制的。比如公司出资人、董事、监事、高级管理人员违反了《公司法》要承担的法律责任是明确的,因此唯有加强普法教育,才能防微杜渐。

相关案例
四川新光硅业多晶硅投资项目引发内幕交易"窝"案[①]

该案中涉案者吕道斌本身就是上市公司的董事长;张瑜婷是新光硅业的办公室秘书,参加了新光硅业第十四次股东会会议并负责作会议记录、拟定会议纪要;薛东兵、刘晓杨、段跃钢作为川投集团的工作人员,也通过不同渠道获悉了内幕信息。他们本该作为内幕信息知情人,禁止在相关信息公开前买卖股票,却因无知和贪婪,利用内幕信息违规买卖股票。要么是不懂法,要么是理解不深,不知道后果的严重性,都是用本人的账户买卖股票,有人在证监会来调查时,还问证监会工作人员"这事情有多严重"。法律不会因为违法者的无知而宽恕。他们的内幕交易行为,违反了证券市场"公开、公平、公正"的原则,侵犯了投资公众的平等知情权和财产权益。除了没收违法所得外,他们还被各处以3万元罚款,有的还将受到党纪处分。

5. 企业法律风险的发展趋势具有国际性

中国企业跨出国门,在技术和管理上与国外企业存在差距。并且,与作为竞争对手的国外企业相比,我国企业在风险预防及管理方面也很滞后。

---

① 参见张欢:《多晶硅项目引发内幕交易 多家公司董事长遭处罚》,载《中国证券报》2009年9月2日。

相关案例
中兴通讯因违反美国出口管制法被制裁[①]

  2010年,联合国就伊朗核问题通过决议,决定对伊朗实行第4轮制裁。随后美国宣布对伊朗实施出口禁令。2012年中兴通讯就因向伊朗国有电信公司出售通信产品,其中含有大量美国技术公司制造的零部件,接受FBI调查。根据美国《连线》等媒体报道,中兴通讯在美国德克萨斯州子公司的法律顾问Ashley Kyle Yablon,于2012年5月份向FBI举报了中兴通讯,并且允许执法人员从他的工作电脑中复制相关档案。

  中兴通讯2011年的内部机密文件《关于全面整顿和规范公司出口管制相关业务的报告》《进出口管制风险规避方案——以YL为例》明确表示:"目前,公司最大的风险是正在进行中的伊朗业务……""我公司的转口业务,尤其是其中在伊朗开展的业务,有可能会使得公司被美国列入黑名单。一旦被列入黑名单之后,我公司可能会失去美国产品的供应链……""我们公司的很多技术和零部件都由美国的供应商提供……一旦我们公司违反了美国相关的出口管制法,美国政府可能会禁止国内供应商向我公司提供产品……"。可见,中兴通讯明知可能已经触犯了美国的出口管制法,却依然通过层层转运的方式企图蒙混过关,最终把产品卖给了伊朗。从性质上来看,中兴事件属于企业违规的案件。该企业法务部门在2011年起草了《关于全面整顿和规范公司出口管制相关业务的报告》,其中介绍了违反美国出口管制法的风险,提出希望进一步对伊朗业务操作标准化以控制风险。2012年在立案后中兴通讯雇佣的外国合作律师向FBI举报,但外国律师不仅没能保护公司,反而成了中兴通讯被美国严厉处罚的导火线。2013年11月,中兴通讯不顾企业法务部门的反对意见,决定重启对伊朗的转运业务。2014年中兴通讯高层领导及秘书的电脑在美国机场被海关进行严格检查,2份机密文件被美国政府获取,2份文件中明确表明了中兴通讯将管制物品再出口至受制裁国家的事实及具体的操作方案,后来正是这2份文件成了中兴通讯认罪并与美国和解中的重磅证据。

  梳理整个事件可以发现,中兴通讯法务部门从一开始就知道向伊朗出口可能带来的风险,在美国开始调查公司之后也极力反对重启对伊朗出口,但建议没有被采纳。在美国法院立案调查和初次处罚后,中兴通讯仍缺乏依规应对举措,导致公司在出口管制方面完全失控且美国对中兴通讯进行了高额处罚。

  2016年3月24日,中兴通讯以及中兴康讯被授予临时出口许可,2016年8月19日、2016年11月18日,美国商务部工业安全局做出了两次延期决定,最终的期限为2017年2月27日。2016年4月6日,中兴改组董事会,创始人侯为贵、总裁史立荣离职。在《关于全面整顿和规范公司出口管制相关业务的报告》上签名的几个高管也相继离职。2017年3月7日,中兴通讯宣布,公司已经与美国政府就美国政府出口管制调查案件达成和解。作为和解协议的一部分,中兴通讯同意支付892,360,064美元的刑事和民事罚金,给美国商务部工业安全局300,000,000美元的罚金被暂缓,罚金是否支付取决于未来7年公司对协议的遵守并继续接受独立的合规监管和审计。

[①] 参见刘俊霞:《"中兴事件"视角下美国贸易出口管制及风险防范》,载《对外经贸实务》2018年第11期。

(二) 企业法律风险的控制和管理

凡事预则立,中国企业跨出国门对所面临的国际化法律风险防范应有"未雨绸缪"之举。[①] 但就企业法律风险防范而言,现实中无论是国有企业还是民营企业,无论是大企业还是小企业,都面临着如何防范法律风险的问题。据调查,世界500强名录中,每过十年就有1/3的企业在名录上消失,最近这几年每年公布国内500强企业的淘汰率是20%左右。之所以会出现上述情况,原因主要是很多企业对于法律风险缺乏防范的主动性和积极性。对于企业的这种意识和心态,本书将其形象地总结为"花瓶论""障碍论"以及"病急投医论"的"三论"误区:

一是"花瓶论",即认为法律仅为企业经营管理的一种摆设,可有可无,犹如"花瓶"一样装点门面,特别是看到"别的企业公司设了法律事务机构、聘请了大牌律师",我也不甘人后,设立一个摆摆样子,美其名曰"上档次、讲规范",但骨子里觉得法律不如财务、税务那么重要。财务管理的重要性已经得到中国企业的认可,而在企业内部建立法律事务管理系统究竟有无价值以及价值何在——这尚未得到中国企业的普遍认同,日常工作中更是缺少足够的法律意识和法律思维,往往将法律靠边站了去。例如在起草公司章程时,很多公司的章程千篇一律、千人一面,照搬《公司法》条文或市场监管部门提供的模本,像小学生做填空题一样,完全忽视了个性化的具体条文设计,一旦矛盾激化,则纠纷四起,酿成不可挽回之后果。

二是"障碍论",即认为法律不仅不能为公司创造价值,反而觉得碍手碍脚,束缚企业经营,使管理环节与流程变得复杂、繁琐,增加了管理费用,降低了运作效率,甚至声称"什么法律顾问之类应当完全取消",简直就是莎士比亚在《亨利六世》中那句著名台词的翻版:"我们要做的第一件事,杀了所有的律师。"

三是"病急投医论",此种观点认为企业需要法律无外乎"遇纠纷、打官司"才"临时抱佛脚"而已,一旦官司了结,如何痛定思痛总结教训,充分运用法律武器,化解乃至避免风险,便懒得去深思熟虑甚至抛到九霄云外去了。有一则典故可以恰当映射这一观点。《鹖冠子》载,魏文王有一次问扁鹊,精通医术的兄弟三人中到底哪位最好。扁鹊说,长兄最好,中兄次之,我最差。魏文王又问,为什么你最出名呢?扁鹊说,我长兄治病,是治于病情未发作之前,由于一般人不知道他事先能铲除病因,所以他的名气无法传出去。我中兄治病,是治于病情初起之时,一般人以为他只能治轻微的小病,所以他的名气只及于乡里。而我是治于病情严重之时,在经脉上穿针管来放血,在皮肤上敷药,所以都以为我的医术最高明,名气因此响遍天下。扁鹊三兄弟行医的故事可以从多重角度解读,就扁鹊自知"名声在外,实际最差"的谦词来看,我们可以认识到,"良医者,常治病发之前",与医圣张仲景非常重视的"上工治未病"如出一辙,这对于非到诉讼才请律师的企业,无疑具有很大的教育意义。好的法律顾问应重在法律风险预防,在企业经营管理的阶段就介入进来,而不是事后纠纷的"江湖救急"。正所谓"事后救济不如事中控制,事中控制不如事前消除"。

[①] 日本经验值得借鉴。据说日本厂商聪明之极,他们研究美国法律发现,产品价值含量中50%是美制的,则可认为是美国货,享有美制产品同样待遇。于是,日商将一件产品的大部分零件在本土制造,一个大件到美购买,使美制价值含量达50%,组装后返销美国,取得了最大收益。美国人明知被日本人占了便宜,也是无可奈何。

背景资料

企业法律合规的价值[①]

法学界普遍认为,企业合规有重要价值。其价值主要体现在以下四方面:

(一) 企业合规有利于防范违规风险,促进企业治理和社会治理

法律法规、行业准则、企业规章制度就是企业的生命线,"合规"是企业健康发展的重要保障;"违规"是企业风险的重要根源。例如,违规决策可致决策风险,违规订约可致交易风险,违规管理财物可致财物安全风险,等等。这些因违规所致的各种风险,都有可能使企业造成经济损失、声誉损害及其他负面影响。企业合规作为企业的一种重要治理方式,它通过制度制定、风险识别、合规审查、风险应对、责任追究、考核评价、合规培训等有组织有计划的管理活动,有利于增强企业及其员工的规则意识,抑制以至消除企业内生性的各种违规意识和行为,防范各种违规风险,促进企业治理,保障企业健康发展。

(二) 企业合规有利于企业高质量发展,从而促进整个经济高质量发展

在新时代,经济要高质量发展,作为微观经济主体的企业就必须合规守法。首先,高质量发展以防止企业风险为前提,只有守法经营、合规运作,才能防范企业风险包括违法犯罪风险,从而使高质量发展具备必要的前提和基础。其次,高质量发展必须满足产品高质量,这就需要企业在研发产品、提高质量、完善服务、规范经营、打造品牌、树立良好形象上下苦功夫,而不能寄希望于走"旁门左道"、违法违规。再次,高质量发展要有良好的营商环境。而良好的营商环境既需要公权力部门去创造和维护,也需要市场主体去创造和维护。最后,高质量发展以科技创新为第一动力,企业既是科技创新的主体,又是维护他人创新成果的主体。如果任由一些企业侵犯知识产权,将他人创新成果据为己有,企业创新就会失去安全保障。

(三) 企业合规有利于推进企业依法治理,从而促进依法治国

党的十八届四中全会作出了全面推进依法治国的重大决策部署。全面推进依法治国,企业必须依法治理。因为市场经济本质上是法治经济,包括企业在内的市场主体,"是我国经济活动的主要参与者、就业机会的主要提供者、技术进步的主要推动者,在国家发展中发挥着十分重要的作用"。没有企业的依法治理,法治经济就不可能建成,依法治国就没有法治经济这一基础的支撑,依法治国也就难以全面推进。企业只有依法治理,把其经营管理活动纳入法治轨道,整个经济才能规范运行,有序发展,"法治经济"才能建成。

(四) 企业合规有利于我国企业参与国际市场竞争,促进更高水平对外开放

随着改革开放的深入和"一带一路"倡议的实施,我国越来越多企业走出国门,到海外经营、投资、上市,参与国际市场竞争。我国企业合规起步晚,对国际规则不熟悉,使得走出国门的一些企业在合规方面难免遇到一些问题,加上与所在国意识形态上的差异,因而容易受到西方一些国家的联合打压,"不合规"是对我企业实施打压的极好理由。因此,合规已经成为国际竞争力的重要方面,成为我国企业参与国际竞争的"通行证"和重要制度保障。我国企业只有把"合规"作为企业发展的重要战略,坚持不懈地推进,认真补强这一短板和弱项,

---

[①] 参见朱孝清:《企业合规中的若干疑难问题》,载《法治研究》2021年第5期。

才能大步流星地走向世界,搏击国际市场。

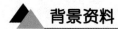 **背景资料**

企业法律风险的实证分析[①]

根据有关企业法律风险的研究,初步统计有2000多个法律风险点,几乎涉及了企业的各个方面,从企业设立、出资、担保、法人治理,到兼并收购、高管、知识产权法律风险等。中国100强企业法律风险分值最高为97分,最低仅16分,中间值是42分,与发展中国家的基准持平。《财富》中国100强企业法律风险评分最高的5家企业如下:(1)联想(Lenovo)97分;(2)TCL 93分;(3)海尔(Haier)81分;(4)中海油(CNOOC)71分;(5)中粮集团(COFCO)68分。而《财富》世界100强企业法律风险分值最高为150分,最低60分,中间值是100分,其前五名为:(1)微软(Microsoft)150分;(2)惠普(Hewlett-Packard)142分;(3)华特迪士尼(Walt Disney)135分;(4)洛克希德·马丁(Lockheed Martin)130分;(5)思科(Cisco Systems)130分。

分数越高表示企业所面临的法律风险越高,但分值并不表示该企业由于面临一定的法律风险,就一定会遭受实际的经济损失。分值实际对应的是法律风险防范和法律事务管理方面的法律经费支出。统计对比表明:中国企业法律风险管理投入严重不足,企业法律顾问的数量也远远低于世界平均水平,但部分中国企业已跨入跨国公司之列,法律风险与国外跨国公司类似。美国企业支出的平均法律风险费用占企业总收入的1%,与法律风险评分的分值相对应,中国企业应该投入0.5%,但实际投入只有不到0.02%,美国企业投入是中国的50倍还多。美国企业平均支付相当于公司每年总收入1%(或100个基准点)的费用用于法律风险防范,而欧盟公司平均支付公司每年总收入0.7%(或70个基准点)的金额用于法律风险管理。

法律风险评分从一定程度表明中国企业法律风险防范水平不高。从现实意义上讲,企业法律风险是由于未实施或未有效实施法律控制措施,使得企业利益发生损失的可能性。企业法律风险一旦发生,引发的后果有:商业利益损失、企业商誉受损、高管人员责任。有时甚至是颠覆性的灾难。故此,提升法律风险意识→加大法律风险投入→落实法律风险管理,是企业家必须慎重考虑的三部曲。

以经济学中著名的"木桶理论"看来,决定木桶能盛多少水的不在于最长的一块木板,而在于最短的那一块。对企业法律风险的防范不够,对企业法务工作的重要性认识不足,日益成为我国许多企业"最短的桶板之一"。因此,作为经理人,应将学法用法列为刻不容缓的一大必修课,构建起企业权益保护与经营边界的防火墙——将法律意识和风险意识渗透到经营的每一个环节和流程中。

[①] 参见江山:《中国企业100强法律风险报告》,载《法人杂志》2005年第4期。

相关问题
企业法律风险控制中的三个定律

一是"木桶效应":决定木桶容量大小的不是其中最长的那块木板,而是其中最短的木板;

二是"莫菲定律":看似一件事好与坏的概率相同的时候,事情都会朝着糟糕的方向发展;

三是"归零定律":"一招不慎,全盘皆输。"

相关问题
企业法律风险识别方法[①]

风险识别,是指通过一系列的系统分析方法,如对资料的整理甄别等,识别风险的存在及性质,借此作出适当应对的行为。企业在经营中会遇到一系列风险,如决策风险[②]、管理风险[③]、非经营风险[④]等。各种不同的风险应配置不同的识别方法,下面介绍法律应如何识别经营中的法律风险[⑤]:

一是信息甄别法。通过律师的调查资料了解企业法律状态,经过律师收集企业设立、运营、发展、流程等历史状况信息,企业曾经经历以及正在面临的法律事务信息,企业各部门与法律风险有可能存在联系的信息等,经过专业分析,得出对识别法律风险有帮助的资料情况。信息甄别是贯穿收集和整理资料的全过程的,而且在收集资料的过程中,可能会不断发现有新的信息需要收集。

二是流程图分析法。在风险管理学领域,流程图分析法早已被广泛运用,用来描绘企业内任何形式的流程。比如产品流程、服务流程、财务会计流程、市场营销流程、分配流程等。

三是风险事故树法。这种方法将法律风险事件置于树的顶端,可能导致该法律风险的原因作为树的分支且通过一个节点连接。并通过原因事件进一步分支连接,将得到法律风险发生原因的层次性图表,能够系统分析企业某项法律风险发生的各种原因,以及原因之间的相互关系。

四是组织结构法。组织结构图反映了一个企业管理结构和部门之间的关系,通过部门之间相互联系或者工作协调的结构图显示出法律风险如何在部门之间的协作中出现。

---

① 参见郝新东:《企业法律风险的识别与分析方法》,载法律快车网,https://www.lawtime.cn/article/lll10381706510382215900246781,2023年3月1日访问。

② 决策风险指企业决策层在决策判断时可能产生的风险,包括但不限于资产质量与财务指标的判断风险、行业前景与投资进入的判断风险、人力资源配置的判断风险。

③ 管理风险指企业管理层在经营管理时可能产生的风险,包括但不限于管理队伍与管理体系的建设风险、营销与市场开发的拓展风险、产品与技术研发的实施风险。

④ 非经营风险指由于客观环境的变化而给企业带来的难以抗拒的风险,包括但不限于立法调整导致的法律风险、国内经济环境恶化导致的经营风险、国际经济环境恶化导致的经营风险、战争和自然灾害等不可抗力导致的经营风险等。

⑤ 包括直接的法律风险即法律原因导致的或者由于经营管理时缺乏法律支持而带来的各类企业风险,例如企业决策判断时缺乏法务支持而导致的决策风险,企业管理体系中合同管理、知识产权管理、管理人法律意识等欠缺而导致的管理风险,立法调整而导致的非经营风险等;间接的法律风险指非法律原因给企业带来的各种法律后果,例如财务风险带来的法律风险、企业经营失败后给股东带来的企业清算责任、企业决策在实施中不可抗力导致的经营失败给企业带来的民事赔偿以及法律纠纷。

五是风险因素分析法。因素分析法是依据分析风险因素与法律风险的关系,从而确定风险因素对法律风险的影响方向和影响程度的一种方法。

相关问题
企业法律风险控制——企业法务管理的目的

所谓公司治理,是指公司为实现最佳经营业绩,对公司所有权与经营权所作的结构性制度安排。传统的公司治理结构主要调整的是股东大会、董事会、监事会和管理层在公司决策、经营等方面所形成的相互制衡关系。但出于公司防范法律风险、减少公司损失的需要,合规机制逐步被纳入公司治理的结构之中。在一定程度上,合规管理与业务管理、财务管理一起,被并称为企业管理的三大支柱,成为当代公司治理结构的重要组成部分。企业建立合规计划,始于20世纪90年代的美国。后来逐渐得到其他西方国家的普遍接受。一些国际组织也通过制定国际公约的方式,将企业合规的最低标准推向全世界。

对于"企业法律风险控制"概念,国际ISO组织发布的ISO31000《风险控制原则与实施指南》是这样定义的:企业风险控制是一个过程,受企业的董事会、管理层和其他人员的影响,应用于企业的战略制定及各个方面,旨在确定影响企业的潜在重大事件,将企业的风险控制在可接受的程度内,从而为实现企业的目标提供合理保证。

企业法律风险控制的意义在于,通过运用科学的方法和工具,全面、系统地识别和分析企业面临的法律风险,建立全面、规范、动态的法律风险控制能力,降低企业法律风险,确保企业发展战略实施和经营发展,为企业的科学决策、依法交易保驾护航。

企业法务管理是企业内部专人负责法律事务的处理,具体指企业法务管理。企业法务管理是指为适应企业外部环境变化、企业内部治理的需要,企业内部以总法律顾问为主导,以具有法律专业素养的法律顾问组成的法务部门为主体,主要以公司治理、法律风险管理为职责,通过建立健全法律风险管控体系,对企业内外部法律风险进行有效管理的过程。主要内容是合规管理内控与风险管理。

与其相关联的是"企业合规"概念。企业合规制度产生于美国。20世纪80年代,美国在《组织量刑指南》中建立了合规量刑激励政策,即如果一个企业具有完备的刑事合规风险控制机制并得到有效实行,则将会大幅减少针对该企业违规行为的罚款;如果企业还主动向司法机关提供违法信息并积极配合调查,则将会进一步降低罚款金额,甚至低于企业因违法行为所获得的利润。在20世纪90年代,合规管理业务在美国得到爆发式的增长。标志事件是1991年美国《联邦量刑指南》把《组织量刑指南》加入其中,把刑事合规作为不起诉的重要依据。这可以理解为在单位犯罪量刑规定中加入合规的奖励机制,如果企业建立了有效的合规风险控制机制并得到了有效的贯彻执行,那么可以给企业以宽缓的刑事处罚。此外合规还包括暂缓起诉协议制度。

近年来,我国最高人民检察院也开始在检察工作中探索刑事合规制度。2020年3月,最高人民检察院启动涉案违法犯罪依法不捕、不诉、不判处实刑的企业合规监管试点工作,并确定6个基层检察院为试点单位。

相关问题
合规在公司治理中的作用

一个公司一旦建立有效的合规计划,就会带来公司治理结构的显著变化。

首先,企业通过建立有效的合规计划,可以避免企业整体利益的损失。准确地说,合规无法直接帮助企业创造商业价值,却可以帮助企业避免重大的经济损失。而唯有建立有效的合规计划,企业才能在遵守法律法规的前提下开展经营活动,具有一个相对公平的经营环境和秩序,从而获得整体的利益保障。

其次,合规机制的引入,可以使企业避免因为被定罪判刑或者受到监管处罚而付出极为惨痛的代价。在美国20世纪发生的安然事件和安达信事件中,联邦司法部对这两家企业提起刑事诉讼,最终导致两家企业相继破产,数以万计的公司员工失业,当地经济出现严重震荡。唯有建立有效的合规计划,企业才能避免上述最坏的结局,从而获得长远健康发展的机会。

最后,通过建立合规计划,企业可以承担更大的道德责任和社会责任,并树立良好的社会形象,获得长久的商业信誉,从而实现可持续的业务增长。在一个法治社会中,企业一旦建立合规计划,不仅可以减少多方面的损失,还可以获得一系列商业回报。一个在合规经营中成长的企业,也将因其合规经营而受益,并最终成为业内的模范企业,进而实现"百年老店"的目标。[①]

相关问题
企业法律风险管理意识、思路和方法

一是风险与收益共存的意识;

二是程序与规则的先行意识;

三是合法性与合理性相结合的审查意识;

四是事先预防优于事后补救的意识;

五是激励与约束并重的意识;

六内部与外部相结合的意识;

七是法律防范与其他防范相结合的意识;

八是重点防范融入全程防范的意识。

企业法律风险控制让目的企业避免损失而非阻止交易,法律风险控制服务于企业经营管理创新——企业法律风险控制要由"违法不能为之"的惯常思路改变为"如何将可能违法经营活动的风险降到最低程度"的思路。

有效的企业法律风险管理方法包括:一是避免风险——法律规避;二是降低风险——减少导致风险的因果关系;三是转移风险——免责或保险、担保;四是保留风险——建立风险基金。

---

① 陈瑞华:《企业合规制度的三个维度——比较法视野下的分析》,载《比较法研究》2019年第3期。

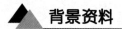 **背景资料**

《涉案企业合规建设、评估和审查办法(试行)》

2022年4月19日,全国工商联、最高人民检察院、司法部、财政部、生态环境部、国务院国有资产监督管理委员会、国家税务总局、国家市场监督管理总局、中国贸促会研究制定并发布了《涉案企业合规建设、评估和审查办法(试行)》(以下简称《合规建设办法》),为依法推进企业合规改革试点工作,规范第三方监督评估机制相关工作有序开展指明方向。《合规建设办法》细化了企业合规整改之"规",将企业合规整改流程分为三步,即涉案企业合规建设、涉案企业合规评估、涉案企业合规审查,这是一般涉案企业合规整改必由之路。

从实施主体来看,建设、评估和审查的主体分别是涉案企业、第三方监督评估组织和负责办理案件的人民检察院(也规定了第三方机制管委会参与审查),《合规建设办法》对三方的任务职责进行细化明确,具有实操性。

七、商法课程的设置与意义:从美国到中国

(一) 商法是美国工商管理教学中重要的必修课

美国密歇根大学商学院曾在EMBA学生中作过调查,这些在企业中身居高级职位的人选出了最具价值的八门课程,其中商法名列第六。在他们看来,研究商法的十大理由是:(1) 了解企业经营管理的法律规则;(2) 熟悉对企业经营自由的法律限制;(3) 对竞争对手的可能的错误行为形成警觉意识;(4) 认识到法律对企业家之行为的限制;(5) 能够与律师沟通;(6) 做一个更见多识广的公民;(7) 拓展职业才能;(8) 探索企业决策之令人着迷的复杂性;(9) 增加对企业伦理问题的认识;(10) 开阔眼界,了解法律和商业,很令人兴奋。[①]

美国商法课程的体系范围包括很广,如在很有影响的《商法与法律环境》课程中,其涉及合同、票据、破产、保险、代理、雇佣等方面的法律原则和理念,与《美国统一商法典》并不严格对应一致。这与大陆法系的商法课程体系存在较大差别。大陆法系国家一般都有商事制定法,其内容主要包括公司、证券、票据、破产、海商等。这种法律体系基本上与教科书内容相互对应,有的法学课程甚至直接将商事法律作为教材使用。

(二) 我国商法教学是改革开放后的产物

从教学方面看,自1998年商法被国家教育主管部门列入法学本科专业14门核心课程以来,也成为法律硕士的一门重要课程,不仅为法科所必修,在其他形式的法律知识培训研

---

① See Nancy K. Kubasek, Bartley A. Brennan & Neil Browne, *The Legal Environment of Business: A Critical-Thinking Approach*, 3rd ed., Pearson Education, Inc., 2003, p. 21.

讨中,商法也备受青睐。① 除了法科教育外,MBA以及其他经济管理类专业也纷纷开设,教育部考试中心与英国剑桥大学合作举办的"商务管理"专业中,将"商法"课程作为其中的一门必修课。

学习商法课程,至少有三个方面的意义:(1) 掌握有关法律规则的制度理性(即有关"为什么"的问题),掌握效率、公平、信用等市场经济基本理念,体会商事法律制度在科学配置资源、平衡利益关系、规范市场行为和维护经济秩序方面所采用的方法,培育现代商事法律意识;(2) 懂得商业律师的实务操作技术(即有关"如何做"的问题),全面、准确地了解各有关商法规则的含义和它们的相互联系,以融会贯通,付诸应用,解决现代商务的诉讼和非诉讼法律问题;(3) 发现商法规则漏洞,为推进完善商事立法、司法而贡献力量。

诚然,商法的独立性至今仍受到一些来自不同方面的质疑。这些质疑有源自传统民事思维的禁锢,对广泛开展商法的理论和实践视而不见;也有缘于我国商法学的教学与科研起步较晚、忽视了商法基础理论问题的研究,导致商法至今未真正成为一门独立的法学二级学科。但是,如前所述,商法作为一个相对独立的部门法有其必要性和可能性,这是商法学科独立性的实践基础;而更重要的是,商法教学科研活动在我国法学、经济学、管理学、国际贸易专业等领域广泛而持久地开展,以及近十年英美法知识对我国法学教学与科研活动影响日趋扩大,都使得我国商法学科作为一门独立的二级法学学科的条件已经成熟。因此,我国商法及其学科独立进程的基本战略与策略应当是:加强基础理论研究,注重与实务部门(全国人大、最高人民法院、司法部、商务部)的密切合作,通过中国法学会商法学研究会,将法学、经济学、管理学及国际贸易学领域的商法教学科研人员集中在一起开会研讨,定期与不定期出版商法刊物与丛书,使我国商法沿着"独立理论—独立课程—独立专业—独立学会—独立学科—独立法律部门"的方向健康发展。

2020年11月16日至17日,党的历史上首次召开的中央全面依法治国工作会议,将习近平法治思想明确为全面依法治国的指导思想。习近平总书记强调,"要坚持统筹推进国内法治和涉外法治"。在涉外法治建设中,坚持以习近平法治思想为引领,加强涉外法治人才培养,尽快补齐涉外法治人才严重短缺和能力不足的短板,为加快涉外法治工作战略布局提供人才保障尤为重要。

背景资料

《关于实施法律硕士专业学位(涉外律师)研究生培养项目的通知》②

教育部学位管理与研究生教育司和司法部律师工作局联合下发了上述通知,对选取部分高校实施法律硕士专业学位(涉外律师)研究生项目进行了安排。

为什么在这样一个时机,从党和国家的最高层,到政府的相关部门都在强调涉外法治人

---

① 如早在1997年中国法官协会与美国有关方面联合举办了中外证券法期货法研讨班,以解审理证券、期货案件的燃眉之急,即如何在一穷二白("穷"者谓此类新型商事纠纷的本土司法审判经验之极度匮缺,"白"者指当时证券法、期货法皆为空白,两法尚未出台)之情形下依照零碎法规进行审理业已发生的证券期货纠纷。

② 《教育部关于实施法律硕士(涉外律师)研究生培养项目的通知解读》,载微信公众号"uncle莱斯利",2021年2月23日。

才的重要性？用教育部这个通知的原话来说："当今世界正经历百年未有之大变局，全球治理格局正在发生深刻调整，国际环境日趋复杂，不稳定性不确定性明显增加。"而随着"我国日益走近世界舞台中央，更加深度参与全球治理，我国企业和公民'走出去'步伐不断加快"，因此涉外法治人才培养的重要性，已经提到了一个非常急切的地步。要参与全球竞争、要进一步进入巨变世界的中心舞台，要保护国际外交政治关系中的国家利益，要保护全球化经营的中国企业的利益，要保护和世界发生更加深刻链接的中国公民的利益，通晓全球规则和惯例、熟知涉外法律规则的大量人才必不可少。往更大的角度看，这是国家软实力的重要体现，是国家全球影响力的重要表现，是在涉外关系中保护中国各利益方利益的强大武器。可以想象一下，如果有大批的中国涉外律师在全球各地，代表中国政府、企业、个人，在政治上、在国际关系上、在商业上、在法律上保护我方利益，这并不亚于一支拥有强大先进武器装备的"铁军"。

因此，教育部从实施法律硕士专业学位（涉外律师）研究生培养项目着手，初步选定了15所高校来试点进行涉外法律服务人才的培养，以便探索和创新涉外法治高层次人才培养模式。

八、学习商法的方法：领悟商法之道

"工欲善其事，必先利其器。"商法作为一门"显学"，其内容和体系博大精深。因此无论是在入门阶段还是深造时期，"如何研习商法"本身都是一个需要"研习"的基础性问题和前提性问题。

一是概念分析法。认识和解决法律问题的方法离不开基本概念工具。由于商法调整内容体系博大精深加之变动频繁，故概念在商法中的地位及正当用途更应备受重视。如果没有概念、原则和理论引导法律思想，法官不能依据法律思维作出裁判。与在民法里我们区别财产权利与义务、区别债权与债务一样，在商法里，既借用了民法里的固有概念如法人，也包含了公司社员权利（股东权利）与义务、信义义务与"商业判断准则"等商法学科特有的概念、范畴。

二是案例分析法。目前在 MBA、EMBA 教学讲堂上大行其道的案例分析其实最早源于法律教育，哈佛法学院前院长克里斯托弗·哥伦布·郎得尔于1870年前后将其使用于哈佛大学的法学教育之中，在法律领域中开了先河的案例分析法启发了医学教育和商业教育领域。案例分析法特征有二：其一是要依据案件事实去寻找法律依据，其二是必须将抽象的法律规范适用于具体案件事实。可见这是一个双向互逆，互相说明的过程。[①]

三是科际整合法（Interdisciplinary integration）。商法学以研究人类纷繁迁异的商事法律现象为己任，因此为避免停留于表面现象的简单分析，应深入探讨其内在联系和本质规律，包括商法的制定和实施的规律、商法的发展和市场经济的协调、各种具体商法制度的发展、商法的调整运行机制、商法的法意识研究等，商法入门者与深造者们应注重多种学科及其方法的运用。譬如，历史的方法、比较的方法、综合的方法、法社会学分析方法、法经济学

[①] 参见钱卫清：《公司诉讼》，人民法院出版社2006年版，第13页。

分析方法、法解释学方法等。一言以蔽之,科际整合法首当必备,而其中又以法经济学分析方法和法社会学分析方法尤其值得注意。

一方面,在所谓的"经济学帝国主义"侵入时代,从卡拉布雷西(Guido Calabresi)、科斯(Ronald Coase)和波斯纳(R. Posner)等学者的先驱性著作中,我们可以认识到经济理论在法律政策中的作用。"经济人""理性行为"概念的发展给我们提供了估价法律经济效率和更为精确地预测特定法律规则效果的工具。从商法理论研究看,法律经济分析带来一股新风。① 从商法实践方面看,有关公司上市、企业并购、资产重组、企业破产、公司改制、投资融资等非诉讼业务,均需主办律师具备经济学分析思维,才更能得心应手,决胜市场千里。试想,对企业管理、金融、财会知识一窍不通者,能胜实操之重任吗?

法经济学分析的主要方法②

第一,实证分析与规范分析。③

规范分析的目的在于给出改革法律制度的建议。与传统法学规范分析成为注释法学方法的附属不同,其使用的基本方法是激励分析、最优化分析,来探讨应该制定什么样的法律即研究"为什么"(ought)的问题。例如按照激励分析方法得出的中心结论是:在交易成本不为零的世界,权利的初始界定影响着资源配置效率,其中权利应赋予最珍视它的人。④

实证分析则是运用经济学理论和方法来预测法律的效果、解释特定的法律为什么会存在,即研究"是什么"(is)的问题,着重于分析法律制度的实施效果,分析法律规则约束下法律要追求的目标有没有实现。也就是说不对既有法律规则进行规范判断,专注于分析在法律规则的约束下,所有的相关主体付出的成本是什么、得到的收益是什么、是否都满足了激励约束原则、是否只是一部分人实现了利益最大化。

第二,成本收益分析。⑤

成本收益分析最早源于会计财务分析,目前被广泛运用于政府决策分析。通过权衡不同决策方案的成本、收益来对各种方案进行评价,为政府决策提供了可操作性、客观性标准。制度取舍应以成本和收益为依据。更重要的是,依据"科斯定律",所有的法律规则诸如"财产、合同和侵权的法律规则对各种不同的行为会带来隐含的费用",成本收益分析方法把微观经济学中所使用的成本收益分析法引入制度变迁理论,通过将某一法律决策的成本、收益进行货币化衡量,从而为不同法律政策方案之间的选择提供了一种有效的客观标准:收益大于成本时方案可行,净收益高的方案更佳。

---

① 如弗兰克·伊斯特布鲁克和丹尼尔·费希尔所著的《公司法的经济结构》对诸如公司合同、有限责任、投票权、信义原则、商业判断规则与股东派生诉讼、公司控制权交易等问题作了新古典主义经济学的分析和契约化解释论理精辟,令人耳目一新,成为美国 1978 年以来引证率最高的 50 本法学学术著作之一。其将法律和经济学原理结合起来,用科斯定理等经济理论解析公司法律制度的方法可以被堪称为"只能来模仿、无法去超越"的一个典范。

② 参见周林彬等:《法律经济学:中国的理论与实践》,北京大学出版社 2008 年版,第 50 页。

③ 参见《法律经济学:中国的理论与实践》第五章关于法律经济学研究中定量分析的论述。

④ See generally, R. H. Coase, "The Problem of Social Cost", 3 *J. Law Econ.* 1 (1960). 科斯在该文中充分利用了实证分析和规范分析。

⑤ 参见《法律经济学:中国的理论与实践》第三章关于科斯定理、第八章关于交易费用理论的论述。

第三,博弈分析。①

博弈分析的行为假设与法律行为具有更高的一致性。法律不仅关注个体对法律规则的反映,更关注在法律规则下行为人之间的相互反映。博弈论所分析的对策行为的基本特征就是行为的形成不仅是自身约束条件的函数,同时也是博弈对方行为的函数。这与法律关系中当事人的行为模式是一致的。在既定的法律关系中,任何一方当事人的行动选择,既受到自身因素的影响,也必然受到其他当事人行为的影响。并且这一行为也将影响当事人今后的决策。因此将法律规则下行为人之间的行为互动归结为对策行为,比新古典经济学的行为假设更加准确。

博弈论具有和法律分析结合的天然的优势,因为它们都是处理特定情境之下不同主体之间产生的关系。博弈分析,在谈判分析的基础之上,引入了一种新的均衡——行为均衡,这和法律关系是一致的。可以看到,所谓纳什均衡就是给定对方的最优策略后己方的最优策略是什么,而这个最优策略所指的就是一种行为反应。如囚徒困境中最优策略就是做"坦白"这样一种行为。而谈判分析只是建立在一种利益均衡之上。这样博弈分析就是更清晰地说明了法律分析所要追求的目标——找出一种理想的行为模式。并且博弈论突破了新古典经济学无外部性、信息完全和竞争充分的假设,运用了不同于新古典经济学的分析方法,具有比新古典经济学更强的解释力和预测力。

另一方面,运用法社会学的实地调查方法来进行研习亦颇为重要。正如泰勒教授在《公司立法的复杂性是否妨碍了企业成功?》一文中倡导运用"希尔顿式的调查方法"来研究商人对香港公司立法的态度。② 所谓"希尔顿式调查",即在希尔顿饭店用过一顿丰盛晚餐后,就商人对上述立法的态度所进行的详尽谈话,亦可以发放调查表形式收集意见。③

四是理念参详法。商法法条万千,规范交易层出不穷,对于忙于企业经营的人来说,宜按管精、管用的原则来加以把握商法体系内容,反复研究商法的原理精髓,求证于案例和企业实践的事实,参详、领悟商法之道,化解商业风险。商法的理念在于"防控市场风险",促进财富最大化,如公司股东的有限责任制度是为了分散投资风险、公司董事的信义义务是为了避免道德风险、企业的工商登记管理是为了减少交易风险、证券市场的强制信息披露是为了化解广大投资者的投资决策风险。

从商法知识的顺向逻辑结构上看,基本贯穿"理"(商法的理论精髓)——"法"(商事立法的形式与具体内容)——"案"(商事活动中发生的实际案例与司法判例)的线索,打好"三基"(基础知识、基本概念、基本理论),又将"三实"(实战、实用、实务)结合起来,最终参悟出商法之道。按老子的话说,"道生一,一生二,二生三,三生万物","道"的问题一解决,即商法基本原理性的东西理清了,适用规则、分析案例、解决商务问题便水到渠成。

---

① 参见《法律经济学:中国的理论与实践》第三章关于科斯定理、第八章关于交易费用理论的论述。
② See generally, ELG Tyler, "Does the Complexity of Companies Legislation Impede Entrepreneurship? The Hong Kong Experience (Oct. 21—22, 1994)" (unpublished paper) (delivered at the Conference on Market Forces and the Law held in Peking University).
③ 参见魏振瀛、王贵国编:《市场经济与法律》,北京大学出版社1995年版,第94页。

九、本书的定位和特点

　　法律的生命在于实践。从商法的实用性立场出发，为了实现"书本上的商法"向"行动中的商法"这一商法教学与研究重点转变，本书打破了传统商法教材的编写体例和内容，分四编论述了商事主体、商事行为、商事管理、商事救济制度的主要理论与实践问题。再从商法教学的目的出发，立足于商法的"基础理论"，结合"企业经营"的实践需要，以"相关案例""拓展知识""背景资料"和大量详尽的概念及问题的注释作为教学辅助材料。本书主要是为满足法学、管理学专业的本科生和研究生，特别是法律硕士、EMBA、MBA 的商法教学需要而编写的一本具有体例新颖性、内容实用性、学科交叉性、问题前沿性以及案例典型性的商法教材。当然，本书也可作为企业经营人士或法律实务界人士的商法教学参考用书。无论读者是否来自不同的学科（法学、经济学、管理学等）、不同的层次（本科生、研究生等）、不同的群体（学生、教师、企业家、律师、法官等），都能开卷有益。这里，将本书的定位和特点再作如下说明：

　　一是体例的新颖性。本书克服了传统商法教材单纯以文字阐述为主的局限，力求实现"理论与实践相结合""基础知识与前沿理论相结合""法条与案例相结合""主文观点与背景资料结合"以及"主文文字与附加图示相结合"的新特点。

　　二是内容的实用性。即克服传统商法教材以理论介绍为主的局限，力求以企业的生产经营为核心，少空谈晦涩理论，多研究实务操作问题。本书既有法学理论的介绍，也有重点法条和案例的研究，同时还有企业经营管理的实践研究，因此适合法学、经济学、管理学等不同学科的本科生和研究生使用。

　　三是学科的交叉性。本书既体现了"以法学为主，经济学、管理学为辅"的学科理论交叉结合，还体现了法学内部"以商法为主，民法、经济法为辅""以实体法为主，程序法为辅""以国内法为主，国际法为辅"以及"以国家法为主，民间法为辅"的交叉结合。在学科交叉与部门法交叉研究的问题上，本书围绕商法研究这一中心，力求材料之间逻辑的内在一体性，从而避免成为不同学科资料的拼凑（即"两张皮"现象）。

　　四是问题的前沿性。本书紧扣市场化改革和经济全球化背景下企业经营出现的亟待解决的商法新理论与实务问题，以及商法学界与实务界对传统或主流商法理论与实务提出的创新理论与实务观点，在系统介绍学科知识的基础上，选择最新的、有代表性的"商法案例（诉讼、仲裁）""商法社会热点问题""商事立法与司法难点问题"进行问题研究。

　　五是案例的典型性。本书所选取的都是与商法前沿问题密切相关的最新案例和典型案例，具体包括立法案例、司法判例、行政执法案例、仲裁案例，也包括企业经营活动中与立法、司法或行政执法有关的具体事例，此外还有与法律相关的非法律案例，如社会热点问题等。

　　应特别指出，转型中国的市场机制和市场化法治基础比较薄弱，使得我国企业经营中既融合着合法的制度规范的色彩，又包含着不合法的人情纽带、权力滥用的内容。对于现实商业生活中大量存在的关系腐败，商事法律制度在具体实施中遭到规避等问题，迫切需要我们从"法外之法"的角度去探究现实中执法无力的症结所在，思考如何使移植的国外先进的商事法律制度更好地适应于中国的社会环境。因此，关注非正式商法规范及其相关的非法律因素或曰"法外因素"（例如经济、社会、文化因素）对商法制定和实施影响的理论与实践问题,就成为本书编写体例和内容的又一个特色。

当然,本书的编写体例和内容,并不代表商法理论体系的一种界定和穷尽,而是商法教材内容与形式创新的一种开端和探索。本书既可作为高等院校法律和工商管理专业本科学生的商法教科书使用,也可做高等院校 EMBA、MBA、法学硕士、法律硕士的商法教科书使用,对广大商法理论与实务工作者学习与研究商法也有参考价值。

本章小结

商法是调整商事活动的法。市场经济是法治经济,法治经济的核心是商法经济,此为社会经济发展的历史与当代实践所证成。我国目前没有商法典,而是由一系列商事法规群体的制定与实施共同构筑了商事活动所赖以生存的商法环境。中国市场经济的建设与和谐社会的构建,依赖于正式商法规范和非正式商法规范的相辅相成。

企业作为国民经济细胞,法律风险防范任重道远。企业法律风险是指企业预期与未来实际结果发生差异而导致企业必须承担法律责任,并因此给企业造成损害的可能性。企业经营者应树立法律风险防范意识,要走出"花瓶论""障碍论""病急才投医论"的"三论"误区,加强法律风险防范的控制和管理,尤其是事前的控制。

企业经营管理中商法的学习与研究至关重要。而重视商法学习的方法论问题无论是对于商法的入门者还是深造者,都是一个基础和前提。概念分析法、案例分析法、科际整合法(尤以法经济学分析方法和法社会学分析方法为重)、理念参详法(领悟商法之道)有助于学有所成、学以致用。

思考与练习

1. 为何说市场经济是法治经济,法治经济的核心是商法经济?
2. 《左传·襄公十一年》载:"尚书曰:'居安思危。'思则有备,有备无患。"阅读下面的材料,思考:(1)什么是企业法律风险?企业法律风险有何特征?(2)结合企业经营中的实际问题,谈谈如何确立法律风险防范意识?

华为公司的创始人任正非写过一篇著名的文章《华为的冬天》,对华为在迅速发展过程中面临的风险进行了全面的剖析,他每一天都要提醒自己,企业离破产只有一步之遥。他认为公司从上到下,如果没有真正认识到危机,当危机来临的时候,就会措手不及。在德国奔驰公司前董事长艾莎德·路透任职期间,他的办公室里挂着恐龙的照片,下面写了一句警言:在地球上消失的庞然大物比比皆是,对环境反应迟钝的恐龙灭亡了。

3. 商法课程的重要性如何,其学习方法有哪些?

案例分析

1. 对比以下案例与本章"相关案例"之"渣打银行(中国)有限公司诉张家口联合石油化工有限公司金融衍生品种交易纠纷案"[①],思考商事关系中商业经营者与消费者之间关系

---

① 2020年全国法院十大商事案例之四。

(Business-to-Customer),较商业经营者与经营者之间关系(Business-to-Business)的法律规制有什么不同?

2018年,中国银行推出了原油宝投资产品,该产品与外国原油期货产品交易挂钩,供中华人民共和国境内销售。原油宝产品内部分为英国原油品种以及美国原油品种,对应的标的分别为伦敦国际石油交易所的"布伦特原油期货合约"和芝加哥交易所的"WTI原油期货合约"。广大用户在通过中国银行的资产风险评估(R3等级)、签订相关用户协议、开立保证金账户并缴纳等额保证金后,可以购买原油宝进行投资。一般交易时间为北京时间8:00至次日凌晨2:00,最后交易日的交易时间为8:00至22:00。原油宝可以通过人民币或美元结算,不提供杠杆,以"T+0"方式交易(一日内可多次进行交易)。而在对应的期货合约到期前,投资者可以选择手动平仓(即售出所持合约)或系统自动到期轧差(即临近交割时售出所持合约并同时购入等量下一期合约,资金差额由消费者补齐)。

2020年4月3日,芝加哥商品交易所公告允许原油期货类产品达到负价格;经过压力测试、确认负价格情况下系统可以有效运行后,芝加哥商品交易所于4月15日正式修改交易规则。

本次原油宝产品穿仓事件涉及的产品为"WTI原油"期货合约。合约的到期日期为2020年5月,结算交割日期为北京时间4月21日,交割方式为美国俄克拉荷马州库欣镇的管道以及储罐网络系统。受疫情、原油贸易战等多方面因素影响,2020年初的原油价格原本已经偏低,而更糟糕的是在4月底时,库欣地区的储油已满,另行寻找储存原油地址需要付出高昂的运输成本以及租金费用,难以进行实物交割;而中国银行此时仍然持有大量原油2005期货合约需要售出。

4月21日临近最终交割结算日,中国银行依旧持有大量WTI原油期货合约且难以实物交割,不得不降价进行平仓。按照原油宝产品的交易机制设计,在结算交割日前一天的22:00就停止交易。但是此时芝加哥商品交易所尚未收盘,并且此时的规则允许进行负价格交易,在4月21日凌晨,WTI原油期货合约跌至负值,当天最终结算价为—37.63美元/桶,原油宝用户保证金账户中的资金不仅亏空,而且欠下中国银行巨额交割款。

事后,江茂均向法院提起诉讼,要求判定《中国银行股份有限公司金融市场个人产品协议》无效并赔偿江茂均的保证金以及本金损失。随后全国各地的原油宝客户均向人民法院提起诉讼:在原油宝产品穿仓事件中,中国银行原油宝产品存在设计不合理、虚假宣传的缺陷;在交易过程中,中国银行也没有尽到注意与提醒义务,在风险控制方面存在过失。请求法院判决中国银行赔偿用户保证金以及本金损失、认定中国银行存在虚假宣传行为、认定原油宝金融产品为非法期货产品等。

2020年5月,中国银行公布,在穿仓事件发生后,近80%的原油宝用户与中国银行达成调解协议,其中中国银行给予投资者20%的本金补偿,免除消费者的额外交割费用,负油价损失将由中国银行自行承担。江茂均一案同样达成了调解协议,赔偿原告20%的本金损失并退还保证金。

2. 结合《民法典》第171条的规定,分析以下案例中A、C公司、D各自应当承担的法律责任,思考C公司可能通过哪些方式,有效防控法定代表人擅自以公司名义对外提供担保的法律风险,并思考B银行可以采取什么措施,有效防控作为借款人或担保人的公司"逃脱"责任的法律风险?

2004年8月至2005年3月,A与B银行签订四份借款合同,共计借款230万元,并以自有机器设备提供抵押担保,未办理抵押登记。对上述借款,C公司与B银行签订四份《保证合同》,约定C公司为A前述借款提供连带责任保证,保证期间为自主合同确定的借款到期之次日起两年,合同均加盖C印章,法定代表人处由D签字。借款到期后,A仅偿还部分本金,其提供的抵押物已灭失。B银行分别于2007年8月29日、12月23日在当地报刊对A及担保单位C公司发出逾期贷款催收公告,并分别于2007年9月3日就第一笔、2008年6月13日就第二笔、第三笔、第四笔借款向C公司留置送达督促履行保证责任通知书。2010年,因A及C公司均未履行还款义务,B银行遂向法院提起诉讼,请求A偿还借款本金及利息;C公司、D共同承担连带保证责任;B银行对案涉抵押物优先受偿。

法院查明,C公司在工商行政管理部门登记注册的法定代表人为案外人E,而A向B银行借款时所提供的C公司的营业执照上则显示法定代表人为D。B银行将A、C公司起诉至法院时,法院以案件有经济犯罪嫌疑为由将该案件移送公安局。公安局对该案作出刑事技术鉴定书,结论为:案涉保证合同上C公司公章系伪造,D签字真实,附有的股东会决议上,D签字真实,其他的股东签名均不是本人所签。

第一编　商事主体

> 一种有效的经济组织是经济增长的基本要求,如果这样的组织存在着而一个社会又希望增长,那它就会增长。
>
> ——〔美〕诺贝尔奖得主　道格拉斯·诺斯

引 言

"资管计划"具有法律主体资格吗？

1. 在"BW公司控制权之争"中，B公司旗下的J公司及其控制的相关资管计划违法违规行为中，九个资管计划是否符合上市公司收购人条件的规定引发争议。九个资管计划根据《基金公司特定客户资产管理业务试点办法》和《证券公司客户资产管理业务办法》分别设立，既不是法人，也不是自然人，不符合《公司法》股东规定的条件，因不具有股东资格，无法在登记主管机关办理登记。根据《证券法》及中国证券登记结算公司提供的信息，九个资管计划为W公司的证券持有人。按《公司法》《证券法》和《上市公司收购管理办法》的规定，资管计划所持股票可以进行买卖，但是不具备收购人条件，不能参与"举牌"。有学者提出，资管计划可给出一个资产负债表，能用一张资产负债表来覆盖就能成为一个会计主体，其实非常像一个准法人。① 但法律上对其主体性质仍待明确。

2. 在债券市场上，由于资管计划参与认购公司债券，一旦发生债券本息的兑付纠纷，债券发行人以原告不适格为由进行抗辩已经成为常态。在一些涉及债券本息兑付的纠纷中，登记结算机构的持有人信息往往显示某某资管计划为持有人，而向法院起诉者则是资管计划的管理人。② 有观点提出，资管计划管理人起诉需要征得委托人的同意，或认为资管计划的委托人才是适格原告。

上述案例带给我们的思考是，在金融市场中，证券公司、信托公司等具有资产管理职能的金融机构往往通过其发起设立的证券投资基金、资管计划等参与金融市场投资，在股权认定和股东权利行使上，资管计划、证券投资基金持股的情形非常普遍，一旦发生资管计划纠纷或因债券发行人不能兑付本息而产生债券纠纷，往往产生权利主体和诉讼主体资格上的争议。这样的案件中发行人能否以资管计划的管理人非适格原告、不构成商事主体为由进行辩解呢？

随着现代社会不断商化、资产证券化大行其道，"人皆可为商"已演化为"万物皆可证券化"，"何为商事主体"问题已日益突出。我国现行法框架下，司法实践中能否将信托财产及资管计划列为商事主体的原告尚存争议。这就需要我们对商事主体作一界定，明晰其设立条件及权利、义务。企业经营者也只有在了解了完整的相关商事主体立法规制基础上才能更好地一展宏图。

---

① 刘燕：《资管计划的结构、功能与法律性质——以券商系资管计划为样本》，载《投资者》2018年第3期。
② 曹明哲：《资管计划、信托财产主体化与适格原告——以债券纠纷为例的分析》，载《仲裁研究》2020年第3期。

一、商事主体的界定及设立

(一) 商事主体的内涵

不同的法律部门各有其自己所确认的特定主体。如民法上有确认的民事主体,经济法上有自己所概括的经济主体,行政法上有自己所规定的行政主体,而商法上则有"商事主体"。

所谓商事主体,简称商事主体,指依照商法规定,以自己的名义从事商事活动,并以此为业,享有商事权利并承担商事义务的组织和个人。

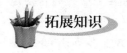

商事主体的定义——广义与狭义

如何界定商事主体?就国内而言,不同书上有不同的定义。

归纳起来,不外乎三类:一是狭义说。商事主体专指以营利为目的、经核准登记取得营业资格、从事商品生产和经营的个人和组织。①持此见解者为主流,只不过有的将"商事主体"表述为"经营主体"②或"市场交易主体/市场主体"③。二是中义说。即我国《民法典》在规定了"营利法人"的基础上又规定了介乎"营利法人与非营利法人"之间的特殊法人(中间法人),互助性经济组织合作社也包括在内。三是广义说。商事主体为商事法律主体的简称,是指依照商法的规定,具有商事权利能力和商事行为能力,能够以自己的名义参加商事法律关系,并在其中享有商事权利、承担商事义务的公民和组织。此说包括了商人、商会、商事主管机关(如商业登记主管机关、金融主管机关、证券主管机关)④。

传统商法上,商事主体主要表现为商自然人。作为特定社会阶层,在欧洲 11 世纪中叶随着城市的兴盛,商人阶层在从事贸易活动中逐渐壮大。代表商人利益的行会以自立规约辖制商事活动,并形成了中世纪商人习惯法。这一时期的商人具有特殊身份和利益,在从事商事交易中享有特权,但并不具有确切的国家法律上的地位。19 世纪以后,随着商品经济的发展,商业职能与生产职能密切结合,社会普遍商化,商人不再是社会上的特定阶层,不再存在所谓的商人特权和利益,各国商法将商人作为一个私法上平等主体的概念固定下来。

---

① 参见李玉泉、何绍军:《中国商事法》,武汉大学出版社 1995 年版,第 29 页;该定义只适于我国的商事主体,在德国存在免于登记的法定商人。
② 王保树、袁建国、崔勤之:《经营法学》,法律出版社 1990 年版,第 13 页。
③ 徐学鹿:《商法总论》,人民法院出版社 1999 年版,第 187 页。
④ 参见雷兴虎:《商法学教程》,中国政法大学出版社 1999 年版,第 27—39 页。

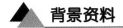
背景资料

西方法律关于商人的界定及分类

在采用民商分立制的国家和个别采取民商合一制的国家,法律中均明确规定了商人概念。例如:《法国商法典》第 L121-1 条规定:"实施商事行为并以其为经常性职业的人是商人。"[①]《德国商法典》第 1 条规定:"本法典所称商人是指经营、营业的人。营业指任何营利事业,除非该企业在种类和规模上,不需要以商人方式为业务经管。"[②]《日本商法典》第 4 条规定:"本法所谓商人是指用自己的名义以从事商事行为为职业的人。"[③]《美国统一商法典》第 2-104 规定:"商人是指从事某类货物交易业务或者职业关系以其他方式表明其对交易所涉及的货物或者做法具有专门知识或技能的人,也指雇佣因职业关系表明其有此种专门知识或者技能的代理人、经纪人或者其他中介人的人。"而且该法典第 2-104 条正式评注指出,凡是掌握某类货物交易专门知识或从事贸易实践者,或二者兼备者均可属商人之列。银行职员、大学教师具备有关贸易专门知识,当这些人士从事某种货物交易时,均可被视为商人。[④]

关于商人分类,以是否注册登记为要件,可分为法定商人、注册商人和任意商人。此分类以德国商法为典型。

法定商人指从事法定的特定商事行为的商人。构成这类商事主体资格是以从事法律规定的营业行为为其要件,而不以登记机关进行登记为要件,又称必然商人或免登记商人。

注册商人指依法进行注册登记,并以其核准的营业范围为其商事行为的商人,该种类商事主体须以注册登记为要件,故又称应登记商人。

任意商人指依法由其自主决定是否办理登记注册手续的商人。这类商事主体有登记权利而无登记义务。如农业、林业方面的经营者。

100 年来因上述分类规定复杂繁琐而不合时宜,如对于法定商人营业的封闭式列举中没有包括新的典型服务商事行为;登记行为对"法定商人"只具有宣示效力。因此,《德国商法典》修订时"商人"概念及分类被大大简化,对法定商人、注册商人一视同仁,保留了农林业的任意商人形式。

依照商事行为与商事主体形态相结合的标准,可以分为固定商人和拟制商人。日本学者根据其本国商法规定提出:固定商人指以营利为目的,有计划地反复持续地从事商法所列举的特定的营业行为的商人。特点在于:一是所施行为有营利的目的;二是以营业行为为职业。拟制商人是指商法推定将其视为商人。如依店铺或其他类似店铺设备以从事贩卖物品为事业的人,或经营矿业的人。

依照经营规模的不同,可分为大商人和小商人。大商人又称"完全商人",是指以法律规定的商事行为为经营范围,完全符合法定标准的商人。一般大商人经营法定营利性行为,设

[①] 《法国商法典》(上册),罗结珍译,北京大学出版社 2015 年版,第 15 页。
[②] 《德国商法典》,杜景林、卢谌译,中国政法大学出版社 2000 年版,第 3 页。
[③] 《日本商法典》,王书江、殷建平译,中国法制出版社 2000 年版,第 3 页。
[④] ALI,NCCUSL:《美国〈统一商法典〉及其正式评述》(第 1 卷),孙新强译,中国人民大学出版社 2004 年版,第 43 页。

立程序、条件严格,为典型商法人组织。小商人又称"不完全商人",指营业规模小、设备简单,经营范围较小的商人。德国、日本、意大利均有"小商人"这一规定,一般不适用有关商事登记、商号、账簿之义务性规定。

值得指出的是,随着社会变迁加速,以商个人形态出现的商事主体形式已远远不符合市场经济发展要求。现代经营主体如公司、合伙企业、其他企业甚至个人独资企业等应运而生,这些组织已经不完全是单个的个体,而是一种属于法律人格的组织形式。由于商事个人的概念显然不能囊括于作为团体的商事组织,而公司法人的概念也无法涵盖非法人形态的商事组织,于是,具有一定经济规模和组织形式的"企业"便与商法联体,成为商法的规范中心,也是商事主体的主要代表。

拓展知识

商法向企业法、金融商法拓展之趋势

在日本,私法上主流观点通常认为在以个人为主的普通市民生活之外,企业及其活动所引起的社会经济关系存在特殊之处,再加上企业在现代经济生活中的重要作用,故需要由特殊的法律加以规范。商法正是在民法之外另行制定的规范企业关系的法律规范的总称。

在德国,许多学者认为商法是企业的对外私法,德国商法近100多年的演进展露出商法向企业法发展的苗头。在法国,有的学者建议将商法改为"企业法",以强调商事主体的组织形式。1999年8月颁布的《澳门商法典》则将商业企业确定为该法典体系中的基本概念,以替代建立于个人主义和自由主义理念之上的1888年之《葡萄牙商法典》。

当商品市场向金融市场发生转换,商事交易发展成虚拟资本交易,系统性风险防范提上日程,公权力介入和金融功能性监管成为刚需。法官对纠纷处理及其对金融市场和金融交易的理解,也构成司法规则调整或重建的重要组成部分。① 根据我国金融监管体制,为了金融安全考虑,违背强行法规范禁令和央行发布的金融监管规章的金融创新服务合同(包括投资理财协议)应作无效处理,而违背银保监会、证监会规范性文件的交易行为则应结合司法政策具体问题具体分析,实务中出现违反"保险规章与公序良俗"的案例,作无效处理。

(二) 商事主体的特征

特征是指一事物区别于他事物的征象、标志等。从不同于一般民事主体的特征来看,作为特殊主体的商事主体,其特征主要表现在:

1. 商事主体的资格或身份经登记而取得。任何组织和个人能够作为商事主体参加商事活动,并在其中享受权利、承担义务,是由商事法律、法规确认和赋予的。无论是作为自然人的商人还是具备法人资格的企业,本质上都属于法律的拟制,是因法律赋予其权利能力和行为能力而成为商事主体。同时,在程序上这种主体身份或资格必须经过商业登记取得营

---

① 参见楼建波:《金融商法的逻辑:现代金融交易对商法的冲击与改造》,中国法制出版社2017年版,第2页。

业执照,否则即为依法应予取缔的无照经营或非法经营,从事金融、证券等特殊行业经营的商事主体的成立还必须获得特许审批。

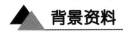 **背景资料**

流动商贩能否获得商事主体的身份？

2004年我国商事登记主管机关工商总局曾发布《关于发挥工商行政管理职能作用促进个体私营等非公有制经济发展的通知》,规定创新登记管理机制,大力推行个体工商户分层分类登记管理改革。对农村流动商贩实行备案制,免于工商登记,对农民进入集贸市场销售自产农副产品的,可不予登记。2017年《无证无照经营查处办法》规定,不属于无证无照经营的活动包括:(一)在县级以上地方人民政府指定的场所和时间,销售农副产品、日常生活用品,或者个人利用自己的技能从事依法无须取得许可的便民劳务活动;(二)依照法律、行政法规、国务院决定的规定,从事无须取得许可或者办理注册登记的经营活动。

商法学界对于流动摊贩是否属于商事主体,持论不一,肯定说认为:其一,流动摊贩属于商事主体,并且属于商个人,因为他们符合独立从事经营活动、依法承担权利和义务的商个人的特征。[①] 其二,把流动摊贩当作无名商事主体。[②]

否定说认为,流动摊贩不属于商事主体:其一,构成商事主体的要件是应拥有独立财产和自主意思,且以营利为目的、有组织性和持续性的企业经营活动场所,流动摊贩作为一种无固定经营场所的主体,不一定会进行工商登记,便不具备企业身份;其二,从法律规范角度来看,流动摊贩不适合套用商事主体强制登记、制作账簿等义务性规定。

本书观点:应给予流动摊贩自由选择是否登记为商人的权利,纳入法律有序管理之轨。

2. 商事主体具有特殊的商事能力,即享有特定的商事权利并承担商事义务的能力。商事主体具有特殊的商事能力是指商法所赋予的、商事主体能够参加商事法律关系并在其中享有商事权利(营业权)和承担商事义务的资格或能力,它包括商事权利能力和商事行为能力。不具有此种能力的个人和组织不能成为商事主体。

3. 商事主体以从事营利性活动为其常业。商事主体的商事行为通常以营业的方式进行,即以获取利益为目的连续、稳定地从事范围确定的经营活动。此一特点使商事主体将偶尔从事商事行为者区别开来。商事主体一定以从事商事活动为前提,但从事商事活动不一定都是商事主体,只有以商事活动为业者才是商事主体。

4. 商事主体是以自己名义从事营业活动。商事主体是以自己的名义独立进行商事活动,并取得商事权利和承担商事义务,商事主体必须有自己的名称、独立的财产和意思表示、特定的营业场所。这里注意四点:一是独立型的商业辅助人可以视为商事主体,譬如独立的代理商虽然是以他的委托人的名义行为,并且经营委托人的营业,但他仍然本身属于商事营

---

① 任尔昕、郭瑶:《我国商个人形态及其立法的思考》,载《甘肃政法学院学报》2009年第6期。
② 李建伟:《从小商贩的合法化途径看我国商个人体系的建构》,载《中国政法大学学报》2009年第6期。

业——即他自身的代理企业。① 二是应与非独立型的商业辅助人有所区别,此类商业辅助人又称商业使用人,是指通过聘请和雇佣关系,从属于特定营业主或法定代表人,在企业组织内部服从营业主和法定代表人的指挥和命令,在外部商事业务上以代理人身份辅助其与第三人进行交易的人。其在商事交易过程中,从属于商事主体,受商事主体委任或支配,辅助商事主体开展商事经营活动。三是即使用他人名义从事经营的人,实质上属于自身营业的,事实营业者与形式上的名义人均可为责任承担者②,之所以追究形式上的名义人责任乃是依商法外观法理为了保护善意相对人利益之需要。四是公司的分支机构一般不能构成一个独立的商事主体,其只能以总公司的名义进行经营,总公司也为此承担连带责任。

相关案例
分公司不具有法人资格,总公司应担连带之责③

安厦公司是一家建设工程施工企业,卞某曾挂靠在安厦公司名下从事建筑施工。2007年为了经营之便,经同意卞某在其所在地设立一个安厦公司的分公司,自己担任分公司负责人。不久安厦公司被告知银行账户被法院诉讼保全,冻结了180万元。原来是分公司收了建设单位的工程款却迟迟未能按期开工,建设单位起诉要求解除施工合同,退还预付款,并赔偿损失。

卞某在安厦公司名下挂靠经营期间,安厦公司对卞某所有合同盖章把关,卞某所做工程的工程款完全在安厦公司监控之下。分公司设立后,分公司合同的签订、钱款的收支全部由卞某说了算。而卞某赌性难改,最后把建设单位预付的工程款输光,还被公安机关拘留。工程无法按时开工,建设单位见势不妙就提起诉讼。安厦公司以事先与卞某的一份协议抗辩,其中约定,安厦公司只负责办理相关手续,分公司由卞某自主经营,自负盈亏,分公司的债务全由卞某承担。然而,法院判决安厦公司对分公司的全部债务必须承担连带责任。

评析:我国《公司法》第13条第2款规定:"公司可以设立分公司。分公司不具有法人资格,其民事责任由公司承担。"分公司只是公司的分支机构,是公司的一个组成部分。分公司一般是由公司根据其生产经营的需要而设立,且可异地设立。安厦公司与卞某签订的协议实际上是一个内部承包合同。它并非无效,但属于另外一个法律关系,即安厦公司的内部管理关系。建设单位起诉分公司并要求安厦公司承担连带责任有法可依,安厦公司在承担了对建设单位的民事责任后,可以依据其与卞某的承包合同向卞某追偿。

值得注意的是,我国民事诉讼法上承认了法人依法设立并领取营业执照的分支机构具有诉讼主体的资格(可以自己的名义参加诉讼),并且人民法院可以裁定执行企业法人其他分支机构的财产。人民法院在执行工作中如果发现分公司的资产不足以清偿债务或不方便执行,可以依职权裁定追加被执行主体,把作为法人的公司甚至其他分公司追加为被执行人,以尽快实现债权人权利。

---

① 〔德〕C. W. 卡纳里斯:《德国商法》,杨继译,法律出版社2006年版,第36页。
② 《最高人民法院关于适用〈中华人民共和国民事诉讼法〉的解释》第59条规定:"在诉讼中,个体工商户以营业执照上登记的经营者为当事人。有字号的,以营业执照上登记的字号为当事人,但应同时注明该字号经营者的基本信息。营业执照上登记的经营者与实际经营者不一致的,以登记的经营者和实际经营者为共同诉讼人。"
③ 张妍婷:《设个分公司,惹出麻烦一大堆》,载《钱江晚报》2009年3月24日。

(三) 设立商事主体的条件

商事主体为法律之拟制主体,因而需具备一定条件,主要有以下四个:

1. 名义独立。无论是何种商事主体类型,包括商自然人、商合伙、商法人,都必须拥有自己的姓名或名称。实行名义独立,不仅将商事主体与不具有独立资格的商业组织内部机构、商业辅助人区别开来,还要将其与民事主体及其他商事主体相区别,并能够以此名义与第三人发生法律关系。对于商自然人而言,既可以以自己的姓名作为商号,也可以另起商号;对于商合伙、商法人来说,意味着能够以组织的名称与第三人进行商事活动,而非以法定代表人或组织成员的名义。

2. 资产独立。即商事主体都拥有独立于投资者的财产。按股东出资与公司财产的"资产分割"理论①,商事组织法界定了可用于满足企业债权人求偿权的"资产池",企业也只有借助资产分割功能,才能确立独立的资产,成为真正自负盈亏的市场主体。我国公司法上设有注册资本制度;对商个人、商合伙而言,尽管我国商事立法并无法定最低资本要求,但这些商事主体在其登记成立和从事商事活动时只有拥有独立的财产,才有从事商事活动的物质基础,才有可能从事商事经营活动,从而成为一个商事主体。

拓展知识

"1元钱能当老板吗?"

从理论和法律制度要求上看,是极可能"1元钱当老板"的。对于个人独资企业来说,亦即以极少量的资本即可投资设立一个个人独资企业,表达了个人独资企业法虽无明确的法定资本要求,但规定在其登记成立之时,须具备一定数额的实物或其他形态的资本,以维持其正常的生产经营活动。如《个人独资企业法》第8条规定,设立个人独资企业应当具备的条件之中要求"有投资人申报的出资"与"有固定的生产经营场所和必要的生产经营条件"。

我国《合伙企业法》第17条第1款规定:"合伙人应当按照合伙协议约定的出资方式、数额和缴付期限,履行出资义务。"很明显,合伙企业不仅要求合伙人出资,而且还要求"实际缴付"。这样,合伙企业当然能够获得其生产经营所必需的独立的财产。

对于投资设立公司而言,2013年12月28日,我国立法机关对《公司法》作出重大的修正,关于公司资本制度的变革举措有三:一是将注册资本由实缴制改为认缴制,除法律、行政法规以及国务院决定对公司注册资本实缴有另行规定的以外,取消了关于公司股东(发起人)应自公司成立之日起两年内缴足出资、投资公司在五年内缴足出资的规定;二是取消了一人有限责任公司股东应一次足额缴纳出资的规定,转而采取由公司股东(发起人)自主约定认缴出资额、出资方式、出资期限等,并记载于公司章程的方式;三是放宽了注册资本的登记条件,除对公司注册资本最低限额另有规定的以外,取消了有限责任公司、一人有限责任公司、股份有限公司最低注册资本分别应达到3万元、10万元、500万元的限制,不再限制公

---

① 李清池:《商事组织的法律结构》,法律出版社2008年版,第55页。

司设立时股东(发起人)的首次出资比例以及货币出资比例。申请人申办设立登记手续时,如资金不到位,可以"零首付"。① 2023 年新修订的《公司法》为减少注册资本虚化,平衡公司股东、债权人等各方主体利益,进一步完善了注册资本认缴登记制度,规定自公司成立之日起 5 年内缴足;对股份有限公司募集设立引入授权资本制,允许公司章程或股东会授权董事会发行股份,同时要求发起人全额缴纳股款,而对发起设立的股份有限公司实行注册资本实缴制。

3. 经营自主。商事主体能按照自己的意愿,自主选择交易活动。对商个人而言强调不受他人制约,对商组织体而言强调对外发生商事关系,是组织体的共同意志而不是个人意志或成员意志的简单相加。在公司组织中,股东会成为最高决策机关,公司章程自治则是经营自主的集中体现。

4. 责任有限(或相对独立)。公司法人中股东出资者以出资额为限承担有限责任,法人以其全部财产对其后果承担独立责任。商合伙先以其全部财产承担相对独立责任,不足部分由合伙承担无限责任。商个人虽以其个人所有的财产对自己的行为后果承担责任,但一般先以其经营财产赔偿为主,商个人的资产相对其生活资料仍有一定独立性。

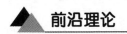

前沿理论

公司股东有限责任待遇之例外

曾任哈佛大学校长的伊洛特(Charles W. Eliot)认为,"有限责任是基于商业目的而产生的最伟大的法律上的发明"。

但在法律规定的特殊情形下,也存在"股东有限责任待遇之例外",其被称为"揭开公司面纱",又称"公司人格否认""股东直索责任",是指控制股东为逃避法律义务或责任而违反诚实信用原则,滥用法人资格或股东有限责任待遇致使债权人利益严重受损时,法院或仲裁机构有权责令控制股东直接向公司债权人履行法律义务、承担法律责任。公司人格否认制度与股东有限责任制度既对立又统一,共同构成了现代公司制度的核心内容。我国 1993 年《公司法》并未规定揭开公司面纱制度,曾致实践中滥用公司法人资格,违法侵占和转移公司财产、逃避债务、欺诈坑害债权人的情形大量发生。鉴于此,为保障商事交易安全,2005 年《公司法》第 20 条第 3 款导入了揭开公司面纱制度,其规定"公司股东滥用公司法人独立地位和股东有限责任,逃避债务,严重损害公司债权人利益的,应当对公司债务承担连带责任"。

二、商事主体的分类

商事主体的分类问题是商事主体概念的进一步深化,有助于商事主体立法及司法的完

---

① 石少侠、卢政宜:《认缴制下公司资本制度的补救与完善》,载《国家检察官学院学报》2019 年第 5 期。

善。依不同标准,可以有不同分类。

以组织形式责任制度为标准,商事主体可分为商自然人、商合伙、商法人。

商自然人,又称商个人或个体商人。它是指依照商法规定,独立从事营利性行为,并享有商事权利和承担商事义务的自然人。在我国,生产力的最小单位其实不仅是以自然人的个体形式存在,而是以"户"为单位,此为中国一大特色。它是指在法律允许的范围内,依法经核准登记,从事工商经营活动的自然人或者家庭。

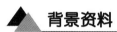 **背景资料**

商个人的典型形态——个体工商户

个体工商户是商个人形态的一种典型,指在法律允许的范围内,依法经核准登记,从事工商经营活动的自然人或者家庭。个体工商户是我国社会主义市场经济发展的实践创举,丰富了百姓生活的"烟火气","批发和零售业""住宿和餐饮业""居民服务、修理和其他服务业"一直是个体工商户最集中的行业。但"文化、体育和娱乐业""科学研究和技术服务业""信息传输、软件和信息技术服务业"增幅位居前列。据国家市场监督管理总局发布的最新数据显示,十年来我国市场主体总量实现历史性突破。截至2022年8月底,登记在册的市场主体达1.63亿户,相比2012年底的5500万户,净增超1亿户,年平均增幅12%。其中,个体工商户从4060万户增加至1.09亿户,迈上历史新台阶。

1. 资格与范围

根据国务院2022年颁行的《促进个体工商户发展条例》,有经营能力的公民以及香港特别行政区、澳门特别行政区永久性居民中的中国公民,台湾地区居民可以按照国家有关规定申请从事工商业经营,依法经核准登记后为个体工商户。

2. 权利与义务

个体工商户除依法享有我国民法上的物权、债权、人身权及知识产权外,还享有生产经营场地使用权、原料与货源等购销权、开户贷款权、拒绝乱摊派与乱收费等商事经营权利。国家加大对个体工商户的字号、商标、专利、商业秘密等权利的保护力度。同时,个体工商户也应遵守法律义务,办理税务登记,申报纳税,不得漏税、偷税、抗税等。依规定不得从事下列活动:(1) 投机诈骗,走私贩私;(2) 欺行霸市,哄抬物价,强买强卖;(3) 偷工减料,以次充好,短尺少秤,掺杂使假;(4) 出售不符合卫生标准的、有害人身健康的食品;(5) 生产或者销售毒品、假商品、冒牌商品;(6) 出售反动、荒诞、诲淫诲盗的书刊、画片、音像制品;(7) 法律和政策不允许的其他生产经营活动。

个体工商户依法与招用的从业人员订立劳动合同,履行法律、行政法规规定和合同约定的义务,营业执照及副本和临时营业执照不得转借、出卖、出租、涂改、伪造。根据2022年新通过的《促进个体工商户发展条例》的规定,个体工商户可直接变更经营者或转型为企业,扫去了"先注销再设立"的旧制桎梏,避免了字号商标的可能丢失风险。

3. 责任承担

依2022年新通过的《促进个体工商户发展条例》的第6条规定:"个体工商户可以个人经营,也可以家庭经营。"《民法典》第56条规定:"个体工商户的债务,个人经营的,以个人财产承担;家庭经营的,以家庭财产承担;无法区分的,以家庭财产承担。"

以个体户字号名义办理信用卡,债务如何承担?

2014年6月,被告玉林市某经营部向原告某商业银行申请办理信用卡,签订《信用卡申请表》《信用卡章程》《领用合约(商务差旅卡)》等协议。经营部的经营者梁某在申请单位申明栏抄录"本单位已阅读全部申请材料,充分了解并清楚知晓该信用卡产品的相关信息,愿意遵守领用合约(协议)的各项规则"。被告启用信用卡后,开始透支消费并产生逾期违约债务。截至2022年2月,经核算,被告尚欠原告信用卡透支本金、利息、违约金合计90万元。原告某商业银行通过短信、APP推送消息、公告等多种方式催讨未果后向法院提起诉讼,请求法院判令梁某、玉林市某经营部共同偿还案涉债务。

玉州区法院审理后判决认为,被告玉林市某经营部、经营者梁某向原告申办信用卡,并透支消费产生案涉债务,因被告玉林市某经营部属个体工商户性质,系由被告梁某个人经营,二被告实际为法律上的同一主体,二被告均应对透支涉案信用卡所产生的债务承担清偿责任。

《最高人民法院关于适用〈中华人民共和国民事诉讼法〉的解释》第59条规定:"在诉讼中,个体工商户以营业执照上登记的经营者为当事人。有字号的,以营业执照上登记的字号为当事人,但应同时注明该字号经营者的基本信息。营业执照上登记的经营者与实际经营者不一致的,以登记的经营者和实际经营者为共同诉讼人。"

《最高人民法院关于民事执行中变更、追加当事人若干问题的规定》第13条规定:"作为被执行人的个人独资企业,不能清偿生效法律文书确定的债务,申请执行人申请变更、追加其出资人为被执行人的,人民法院应予支持。个人独资企业出资人作为被执行人的,人民法院可以直接执行该个人独资企业的财产。个体工商户的字号为被执行人的,人民法院可以直接执行该字号经营者的财产。"

个体工商户可以是从事个体工商经营的单个自然人,也可以是家庭,经营者对经营活动自负盈亏,承担无限责任。故经营者从事民商事活动应该提高自身法律意识、遵循诚信原则,以保护自身合法权益。①

商合伙,是介于商自然人和商法人之间的一种商事主体形态。在我国,商合伙称为合伙企业,是指由各合伙人订立合伙协议,共同出资、合伙经营、共享收益、共担风险,并对合伙企业债务承担无限连带责任的营利性组织。依据我国2006年《合伙企业法》商合伙形态里又包括了有限合伙和普通合伙,我国《合伙企业法》第2条第3款明确规定:"有限合伙企业由普通合伙人和有限合伙人组成,普通合伙人对合伙企业债务承担无限连带责任,有限合伙人以其认缴的出资额为限对合伙企业债务承担责任。"该制度为投资人开创了新的投资方式,

---

① 陈俊均、黄双:《以案释法|以个体户字号名义办理信用卡,债务如何承担?》,https://m.thepaper.cn/baijiahao_17821256,2022年5月1日访问。

提供了一种新的投资工具。

有限责任合伙，又称为特殊的普通合伙，《合伙企业法》第二章第六节称之为"特殊的普通合伙企业"——实质上指有限责任合伙，对应英文为"Limited Liability Partnership"，缩写为 LLP，其实在我国最初引进该制度时即表述为"有限责任合伙"。它是移植近来流行于美、英的一种新市场中介组织形式。它不同于"有限合伙"，是指各合伙人在对合伙债务承担无限责任的前提下，对因其他合伙人的过错、疏忽、不当、渎职等行为造成的合伙债务以自己在合伙中的利益为限承担有限责任。因它在有限责任和纳税等方面具有其他企业组织形式所不具备的特长，为专业服务机构之佳选。

美国形式多样的合伙制

商事主体法定主义一般为各国通例，在美国，法律上允许设立的商业组织形式多样，仅以合伙制企业而言，就有普通合伙（General Partnership，缩写 GP）、有限合伙（Limited Partnership，缩写 LP）、有限责任合伙（Limited Liability Partnership，缩写 LLP）、有限责任有限合伙（Limited Liability Limited Partnership，缩写 LLLP）、有限责任企业（Limited Liability Company，缩写 LLC）等多种形式。

以有限责任有限合伙为例，它在美国与有限合伙一样，主要适用于风险投资行业，它将有限合伙与有限责任合伙的优势相结合，不仅作为有限合伙人的出资人受有限责任保护，而且作为普通合伙人的基金管理人也享有有条件的有限责任的保护——即普通合伙人只对自己的过失给风险投资企业造成的损失承担无限责任，而对其他普通合伙人在管理风险投资基金过程中产生的过失不承担连带责任。① 有限责任有限合伙（LLLP）作为有限合伙（LP）的一种特殊责任形式，适用《美国修订统一有限合伙法》[Revised Uniform Limited Partnership Act(RULPA1985)]与《美国统一有限合伙法》[Uniform Limited Partnership Act (ULPA2001)]，越来越多的州依据 RULPA1985 与 ULPA2001 的相关原则颁布相关立法，允许在本州设立有限责任有限合伙企业，其前提条件必须是一个有限合伙企业，在纳税方面允许 LLLP 按合伙方式或按公司方式自由选择。

有限责任企业是流行于美国的一种新型组织形式，又译为有限责任公司，其与传统的有限公司(close corporation)截然不同，类似于所有合伙人均为有限合伙人的合伙企业，其不受美国联邦或州的任何《公司法》规范约束，而是另起炉灶。1977 年怀俄明州制定了美国第一部《有限责任企业法》，到 1995 年为止，所有的州都相继制定《有限责任公司法》。为提供模范法(model act)或统一法(uniform act)指导，美国统一州法委员会制定了《统一有限责任企业法》[Uniform Limited Liability Company Act (ULLCA)]，2006 年 12 月该法又作了进一步修订。

商法人，指具有商事权利能力和商事行为能力，能够独立进行商事经营活动，并享有商

---

① 沈四宝、郭丹：《美国合伙制企业法比较评析及对中国法的借鉴意义》，载《甘肃政法学院学报》2006 年第 2 期。

事权利和承担商事义务的社会组织。商法人与商自然人、商合伙的区别之处在于：商法人是依照法定条件、程序设立的社会组织，拥有自己独立的财产，有自己的名称、机构、场所，能独立承担法律责任。按照我国《民法典》第76条规定，以取得利润并分配给股东等出资人为目的成立的法人，为营利法人，具体包括有限责任公司、股份有限公司和其他企业法人等。这里"其他"包括国有企业、集体企业、外商投资企业法人，等等。

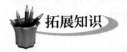

SPV的法人资格问题？

依托结构化商事交易，内部关系上，证券化交易以特殊目的载体（SPV）作为资产信用的载体，SPV承担着发行债券、隔离风险和受让风险的任务。特殊目的载体具有资产隔离功能，创始机构与SPV之间人格独立，债券转让实现了拟证券化的资产从原始权益人转入SPV，因此创始机构不能实际控制资产，这部分资产独立于创始机构的资产负债表，实现了风险隔离。外部关系上，投资者在利益受损时可以起诉发行人、证券公司和中介机构，这些机构都对有价证券的瑕疵承担某种保证责任，对消费者来说可以将这种合约关系作为整体对待，对外来看其有作为独立主体的特性。SPV在资产证券化中的独立作用正反映了作为客体的"资产"所潜藏的"主体化"之倾向，其交易构造准确无误地反映了原本作为交易的客体在内部权利变动过程中的主体化需要。

通常的学术定义和法律规则都表明，SPV必须有法律人格。SPV是资产证券化中资产的受让方和资产支持证券的发行人，此功能决定其必须具有法律人格，可以独立承担义务和享受权利。SPV可以是特殊目的公司（SPC）、特殊目的合伙（SPP）或者特殊目的信托（SPT）。其中，公司有法人资格而当然拥有法律人格，合伙没有法人资格但有法律人格，以信托契约完成的资产证券化中受托机构也有法人资格或法律人格。

应当强调的是，依据信托法理，资管计划本质为信托财产，信托财产主体化有立法政策和选择问题。以资产证券化为例，其属于典型的结构化商事交易模式，融资过程本身就体现为一种交易体系和安排，深刻反映了"客体主体化"的趋势。在我国现行法制下，以信托契约完成的资产证券化中信托资产不可能有法律人格或法人资格。在法理上，以SPT作为特殊目的载体依然存在法律障碍。因为作为大陆法系国家，我们通常不把信托视为独立的法律主体，信托无法成为证券发行主体。[1]

---

[1] 张国平：《论我国资产证券化中的特殊目的载体》，载《江海学刊》2013年第6期。

第一章

主体法定与交易安全

从早期福寿螺、苏丹红、红心鸭蛋等系列食品安全事件、阜阳婴儿奶粉事件、三鹿集团破产事件,到老字号国企武汉冠生园食品公司资产流失事件[①],再到新近 PtoP 网贷暴雷、"e租宝"非法集资[②]事件发生,无不引人深思准入市场资质/条件、维护交易安全、防范金融风险、增进民生福祉的新课题:商法作为规范市场经济交易流转的基本大法,应站在时代潮头,防止商人经商泥沙俱下、良莠不齐。据此,从事商事活动需要规定守法经营、遵守道德伦理、维护公共利益,以防范不法商人为所欲为。下面围绕"主体法定与交易安全"的有关商法原理与制度作一阐述。

一、主体法定

(一) 主体法定的内涵

商法上"主体法定"是指包括商事主体法定原则和制度规则的总和。其内容主要包括主体类型法定、程序法定、内容法定。商事主体类型法定是指商法对商事主体的类型作出明确规定,投资者只能按法定类型来设立商事主体,而不能任意创设法律未规定的商事主体形态。因此,投资者在创设或变更商事主体时,只能在法定范围内自由选择主体类型,否则无法得到法律的确认。目前,我国除了《个人独资企业法》允许设立个人独资企业之外,《公司法》对一人公司合法地位予以承认,《合伙企业法》也进行了修改,允许设立有限合伙,还出台了《农民专业合作社法》,可以说中国企业形态的法定主义已大体成型。

前沿理论

主体法定原则与我国企业形态的完善

尽管《民法典》创设了"营利法人"制度,但我国商事主体法定形态还有优化的空间。

---

① 刘柏煊、管昕:《冠生园违规改制致国有资产流失16年后纪检机关再启动调查》,载央广网,https://www.sohu.com/a/220838070_362042,2022年10月13日访问。
② "E租宝"案涉案金额达762亿余元,集资参与人达115万余人,涉及全国31个省、市、自治区,未兑付缺口380亿余元,为新中国成立以来最大的非法集资案件,案件审判、处置难度大。参见新浪财经报道以及安健:《e租宝案一审在京宣判,26人因集资诈骗等获刑》,载《人民法院报》2017年9月13日。

(1) 股份合作制企业的法律地位问题悬而未决。所谓股份合作制企业是以资金、实物、技术、劳动等作为股份，自愿组织起来从事经营，实行民主管理，以按劳分配与按资分配相结合，有公共积累，能独立承担法律及民事责任的法人经济组织。1993 年，党的十四届三中全会《关于建立社会主义市场经济体制若干问题的决定》就正式提出了股份合作制企业的概念，1995 年将《股份合作制企业法》列入立法规划，1997 年原国家体改委发布《关于发展城市股份合作制企业的指导意见》指出，积极试行股份合作制，但有意见认为，股份合作企业是中国特色的一个过渡的形态，不需要制定法律而被流产。至今仅有贵州、江西、陕西、河北、广东等省出台了股份合作企业条例。2007 年 7 月 1 日颁布施行的《农民专业合作社法》（2017 年 12 月 27 日作了新修订）明确了农民专业合作社与营利性组织不同，是指在农村家庭承包经营基础上，同类农产品的生产经营者，或者同类农业生产经营服务的提供者、利用者依法登记、自愿联合、民主管理的互助性经济组织。

而对于股份合作制企业、供销合作社等，仍没有相应法律作出规定。股份合作制企业是 20 世纪 90 年代国有企业、集体企业"改制"的路径选择之一，其目的是实现劳动合作和资本合作的有机结合，职工既是劳动者，又是出资人。近年来此类企业在"二次改制"之后逐渐向现代公司形式过渡，涉及诉讼增多，其事实认定和法律适用方面应适当地关注到股份合作制企业的特殊性质和当时我国经济社会发展的特殊背景，类推适用《公司法》规定时应加强解释说理（如二郎酒厂企业章程、企业决议无效及查阅企业会计凭证纠纷案）[1]。

(2) 对商事主体的立法标准不一。除了按责任形式进行分类外，还有按所有制进行立法，也有按投资（资金）形式如外商投资企业、内资企业和联营企业或按行业划分的工业、农业、商业企业等，造成进入或退出市场的不平等。

(3) 市场适应性包容度有待增强。随着市场创新步伐不断加快，商事主体法律形态的安排上也应适当超前些，商事主体法定形态越丰富多样，创业者选择企业类型的自由度就越大，创业者根据实际需要作出决策的自主性就越高。

"当一国法律内部存在可供选择的企业形式时，任何一部公司法中的强制性规范的作用不是限制企业形式的选择，而是促进企业形式的选择。因为，这种强制性规范便于公司对外公示其选择的企业形式，并使此种选择拘束公司。"[2]

商事主体内容法定是指从事商事活动的商事主体的财产关系和组织关系由法律明确加以规定，当事人不得擅自变更法定的财产关系和组织关系。这主要是因为法律为不同的商事主体设定了不同的规则，为了保障交易安全，法律也相应地为不同的商事主体规定了不同的财产和组织关系。如个人独资企业与合伙企业、公司制的企业的财产关系和组织关系就存在着明显的差异。

根据我国立法实际，商事主体内容法定主要体现在三个方面：

一是严格规定商事主体的营业能力，禁止党政、军队机关经办企业，杜绝官商不分、政企不分的行为。如 1986 年中共中央、国务院发布了《关于进一步制止党政机关和党政干部经商办企业的规定》；1998 年 7 月中共中央、国务院发文决定，军队、武警部队和政法机关一律

---

[1] 段建桦：《股份合作制企业的资本结构及法律适用问题研究》，载《法律适用·司法案例》2018 年第 14 期。
[2] 〔美〕克拉克曼、〔英〕戴维斯等：《公司法剖析：比较与功能的视角》，刘俊海等译，北京大学出版社 2007 年版，第 37 页。

不再从事经商活动,所办企业于1998年年底前与军队、武警部队和政法机关脱钩;11月又决定,中央党政机关必须在1998年年底以前与所办经济实体和管理的直属企业完全脱钩,不再直接管理企业,充分保障了市场主体的规范、有序竞争。

二是强化商事主体的商号、注册资本、财务制度、税利分配、财产责任等内容的规范化管理,禁止不正当竞争、虚假注册、偷税漏税等违法犯罪现象滋生。

三是组织关系的法定化不断完善。(1)企业经营的意思机构法定。企业形态越是完备,其经营意思机构的法定主义越是强化,不能任意设立意思机构。这在公司法中规定最为明显,公司的三会(股东会、董事会、监事会)确立及分工很明确。(2)企业意思机构的权限法定。一般股东会、董事会、监事会的权限包括经理的权力都是法定,但是2005年《公司法》修改后,这些权限的严格法定主义出现了松动,如《公司法》总则中规定,公司对外投资和对外担保是依章程规定由股东会或董事会决定,新一轮《公司法》修订将进一步授权扩大董事职权范围,以迎接市场复杂多变情形下效率化决策之挑战。(3)法定代表人及其权限的法定主义。我国企业法中任何一个企业法定代表人都是法定,2005年《公司法》修改后,董事长、经理、执行董事可以为法定代表人。2023年新修订的《公司法》改为:由代表公司执行公司事务的董事或者经理担任法定代表人;不仅取消了"执行董事"提法,而且规定了法定代表人履职过错责任追偿制度。但是法定代表人的权限有哪些,《公司法》对此规定并不够明确。公司章程可以对经理的权限另作规定,经理一旦当了法定代表人后,权限有多大?对此《公司法》也不太明确。江平教授曾指出,"等到每一个商事主体的出资形态、责任形态、治理结构形态等都有法律规定它的时候,我们才可以说中国的企业法定主义已经真正完善。"①

相关案例一
对于发起人在公司设立阶段从事生产经营的取得利润如何处理?

我国《公司法》规定了公司设立的程序和方法等,没有设立中公司的概念,对设立中公司的概念及法律地位等问题,其他法律也没有相应的规定。当公司设立不能,对发起人在公司设立阶段从事生产经营的行为,虽可由市场监管部门进行处罚,但对于经营取得利润如何处理,未有法律明确规定。

一审[陕西省安康市中级人民法院(2009)安民初字第12号(2009年12月21日)]:公司设立失败后投资人有权撤回出资,并就公司设立期间所取得的收益请求分配;二审[陕西省高级人民法院(2010)陕民二终字第00019号(2010年9月17日)]:二审法院之所以驳回公司设立人分割收益的请求权主要是根据《公司法登记管理条例》第十九条的规定:预先核准的公司名称在保留期内不得从事经营活动。再审[陕西省高级人民法院(2012)陕民再字第00010号(2010年12月12日)]:再审法院的观点与一审法院的观点基本一致,《公司法司法解释三》规定了公司设立宣告失败后,各发起人对公司设立过程中产生的费用和债务承担责

---

① 摘自江平先生在"中国人民大学商法研究所成立暨新公司法、新证券法颁布一周年座谈会"的讲话,http://www.civillaw.com.cn/Article/default.asp?id=29247,2022年10月1日访问。

任,根据权利与义务相统一原则及公平责任原则,发起人对公司设立过程中所取得的收益也理应享有分配请求权。

相关案例二
南通双盈贸易有限公司诉镇江市丹徒区联达机械厂等买卖合同纠纷案

按照我国各类商事主体法的规定,每种商事主体应当依照调整该类商事主体的法律而设立,从设立之初便确定了其具体身份,不同商事主体之间不存在相互交叉的可能。但在司法过程中法院没有仅依据名义上登记的主体类型适用其法律规则,而是按事实上的商事主体类型来适用法律判解纠纷。被告联达机械厂登记为个人独资企业,但实际系合伙经营。江苏省高级人民法院依据《民法通则》《合伙企业法》判决合伙人承担连带责任。法官将此裁判规则总结为:在当事人约定合伙经营企业仍使用合资前个人独资企业营业执照,且实际以合伙方式经营企业的情况下,应据实认定企业的性质。各合伙人共同决定企业的生产经营活动,也应共同对企业生产经营过程中对外所负债务负责。合伙人故意不将企业的个人独资企业性质据实变更为合伙企业的行为,不应成为各合伙人不承担法律责任的理由。若按照商事主体法定理论,未经登记为合伙企业,绝无适用《合伙企业法》的空间,否则便模糊了不同商事主体之间的界限,为商事主体法定原则所不容。可见,法院坚持了实事求是的思路(商法上的尊重事实主义),登记企业形态与实际经营方式不同时,以实际经营方式为准,而不论其登记为何种商事主体。

商事主体程序法定是指商法要对商事主体设立时的程序作出明确规定,成立商事主体必须严格按照这些法定程序和步骤进行,否则,无法达到预期的法律后果。如设立有限责任公司不仅要具备法定条件,还必须履行设立登记程序,对涉及国家安全、公共利益和国计民生的特定行业和项目,法律、行政法规规定需要审批的,还要履行审批程序。公司登记机关核准后发给企业法人营业执照,公司即取得生产经营资格和法人资格,便可依法进入市场,从事商业活动。

总之,商事主体法定体现国家法律干预、控制的色彩,因其往往关系到各种商事法律关系的稳定和统一,关系到市场交易安全和第三人利益。商法上采商事主体法定原则旨在保障商事活动的繁荣,维护市场秩序的稳定。因此,商法采行大量的强行法规则对商事主体的市场准入加以严格的控制。

(二) 商事主体法定原则之"法"应当如何理解:是全国性的法还是其他?

按商事主体法定原则,实行法定主义是只有法律规定的才能设立,非法定主义则是指只有法律禁止的不能设立。从《个人独资企业法》《合伙企业法》《公司法》,再到2006年10月31日通过的《农民专业合作社法》,我国的市场经营组织立法日趋完善,尤其是《农民专业合作社法》有利于推进农业产业化经营进入依法发展的新阶段,从这个意义上讲,中国实际上可以说已经确立了商事主体(企业)法定原则。但问题是,这个"法"应当只是全国性的法律,还是包括了地方性法规或规章？譬如，为满足风险投资的强烈渴求，许多地方性法规（如2000年北京市人大常委会颁布的《中关村科技园区条例》、2001年北京市人民政府颁布的《有限合伙管理办法》、杭州市人民政府颁布的《杭州市有限合伙管理暂行办法》等）率先破茧、接踵而出。从积极意义上讲，这些法规（规章）制度的出台提供了权宜之平台，缓解了制度瓶颈之压力，并铺垫了统一有限合伙立法的经验。消极方面来看，会给不同区域不同市场的商事主体设立人为造成差异，并引发法制不统一的矛盾。可喜的是，2006年8月27日通过的《合伙企业法》，其中一大亮点就是写进了有限合伙企业制度，使该制度从地方法规迈向了一个全国性的立法现代化水平，为全国经营风险投资的有限合伙企业免遭类似北京天绿创业投资中心厄运、走向"柳暗花明"等创造了合法空间。

本书认为，商事主体法定原则之"法"应以全国人大（常委会）颁布的法律及国务院颁布的行政法规为准。理由在于，如果在商事主体类型创设上允许地方或部门诸侯割据式的立法格局，势必影响统一市场的形成。如前述地方法规有关有限合伙的规定率先出台，在司法适用的效力上存在瑕疵，无法解决有限合伙企业纠纷问题，因为立法层级低，不能直接以这些规章作为判案的依据。商事主体法定原则之"法"应当符合良法的标准，商事主体法定原则下的法定类型满足了一定时期人们创业的需要。

相关案例
商事主体法定之"法"若为部门法规，规则冲突如何避免[①]

《法制日报》曾报道：海南大源木材加工厂经工商登记，从事木片加工活动，开工不久即被省林业公安局查封，并宣布取缔。根据市林业部、公安局的文件：木材经营加工单位须先向林业主管部门审核同意取得许可证后，再向工商行政管理部门登记方可经营。但根据海南省人民代表大会常务委员会通过的《海南经济特区企业法人登记管理条例》，企业经营许可需经林业主管部门专项审批的，只有林业采伐这一项，木材加工不需要许可证。

上述法规之间的冲突，一方面反映了对市场主体和市场行为不同的立法观念，另一方面使市场主体处于一种无所适从的境地，所遭受的损失无法弥补。商事主体法定之"法"应以"法律、行政法规"为限。

（三）商事主体法定原则的意义

从国家立法者的角度看，采商事主体法定原则的立法意义在于：

1. 商事主体法定圈定了一个社会可以从事营利性经营活动的主体、范围，将政府、军事组织完全排除在商人范围之外，对于限定政府参与经济活动的行为范围确定了法律界限，对于抑制"全民下海"、泥沙俱下的混乱格局，具有积极过滤、防御作用。

2. 商事主体法定有助于推动各种类型的商事主体法律地位平等、权利义务一致的法律体系完善。商法是以平权为基础原则的法律制度，商事主体的法定主义赋予各类商事主体平等竞争的法律地位，也方便各主体各就各位，如同元素周期表那样能将各个化学元素有规

[①] 徐学鹿、梁鹏：《商法总论》，中国人民大学出版社2009年版，第345页。

律地排列。

3. 对国家市场监督管理、税收及市场经济法治秩序的维护具有极为重要的意义。对商事主体的法定通过商事登记这种要式法律行为,利用公权力干预商事活动的行为,有利于国家及时了解商事主体的经营状态,从而更好地实现对商事主体的法律调整和整个国家商事活动的客观规制,更好地建立商事秩序。

对于企业经营者而言,采主体法定原则的意义在于:

1. 商事主体形态的法定,有利于投资者根据制度约束性因素进行创业的抉择、筹划。任何一种组织皆有利有弊,关键取决于创业者根据自身的偏好需要和可能作出的选择。

2. 商事主体登记程序法定有利于提升自己合法的地位和持续发展的信誉。商事主体通过法定的登记程序公示自己的经营身份、经营状况、经营能力,确立了自身存在的合法根据,也为日后持续发展赢得商业信誉。此外,通过依法清算、注销程序也保证了市场的进入与退出都有始有终、有章可循。

3. 商事主体内容法定有利于社会交易安全和对第三人利益的维护。通过商事主体内容(法定代表人、公司组织、章程)法定公开化,商事交易相对人或社会对商事主体与经营相关的情况有了清晰的认识,从而防范交易欺诈风险,更明智地选择和决定自己的交易行为。

拓展知识

商法上法定强制主义还体现在哪些方面?

公示主义,是指商事主体对涉及利害关系人利益的营业事实,负有公示告知的义务。具体言之:(1) 公司登记的公示,即公司设立、增资、减资、注销登记公示;(2) 上市公司信息的公示,包括招股说明书、股票上市报告、财务报告的公示;(3) 公司债券募集办法的公示;(4) 船舶登记的公示等。至于公示的方法,除登记外,还应许可债权人随时查阅和抄录该公司的各种表册。而在票据法上,各种票据行为均以行为人的签名为要件,行为人的签名,即为其意思的公开表示。公示制度的价值在于为交易提供安全保障:(1) 交易者可通过权利登记簿或公示查明相对人是否有权利能力和行为能力;(2) 交易者可通过登记簿或公告了解其资信状况、财务状况、相关重大信息、履约能力,从而作出正确决策,减少盲目性;(3) 产生公示制度的公信力,使善意行为人本着对公示的信赖而为的交易行为与法律后果均受法律保护,并可借此对抗第三人和真正权利人。

强制主义,又称"干涉主义""要式主义",是指国家通过商法公法化的手段对商事关系施以强行法的规则。体现在:首先,现代各国商法多通过公法性的规范直接调控商事管理关系。例如,各国法中有关商业税收、商业登记、商业账簿、消费者保护、不正当竞争的禁止、商业垄断的限制等制度均直接体现了国家的干预。其次,现代各国商法日益偏重于使用强行法规则对商事活动加以控制。例如各国公司法对于公司设立条件的强行性规定及对于公司章程绝对记载事项的规定;票据法关于汇票、本票及支票绝对记载事项的规定;保险法关于保险合同应记载事项的规定,以及责任准备金、再保险、保险代理人与保险经纪人、保险业的监督管理等规定;破产法中的和解整顿、债权人会议、破产财产范围、债务清偿顺序等规定;各国商法对于标准合同的强行法限制,等等,均属公法性质的规定,体现了政府经济职权色

彩和干预意志。最后,现代商法在传统的私法责任制度之外,逐步发展了多种法律责任并存的法律调整机制。例如对于签发空头支票的行为,多数国家的票据法规定,出票人不仅应承担票据法上的民事赔偿责任,还应依情节承担行政责任甚至刑事责任。另外,保险法中关于保险人违反规定订立死亡保险合同的处罚,海商法中关于船长违反有关规定的处罚等规定,都是基于强制主义而设,以保护交易的安全。

(四) 违反商事主体法定原则的法律后果

商事主体法定原则体现在一系列商事立法的强制性规范之中。强制性规范又分为效力性规范和管理性规范(又称取缔性规范)。所谓效力性规范,指法律及行政法规明确规定违反了这些禁止性规定将导致行为无效的规范,情节严重者还将被追究刑事责任。所谓管理性规范或取缔性规范,指法律及行政法规没有明确规定违反此类规范将导致行为无效或者不成立,但会承担其他法律后果,如受到国家行政制裁的规范。应当指出,如果公法制裁方式已经足以达到强行法规范的制裁目的,则应避免产生无效的后果。德国联邦最高法院关于不动产中介人违法案的判例即体现了这样的司法理念。一个不动产中介人虽然不具备《营业条例》第34C条规定必须具备的营业许可证,但是仍然要求对方为其居间促成行为支付佣金。因为《营业条例》第34C条的规定,并不妨碍中介活动在私法上产生效力,并在经济上产生效果,它只是为了制裁违反社会秩序的行为。

商事主体类型法定主义应该缓和吗?

我国公司类型立法应遵守商事主体法定(包括商事主体的类型法定、内容法定、公示法定)原则毋庸置疑。

但法随事移,随着商业实践发展,公司类型的法定形态不断进化,有的形态如我国台湾地区"股份两合公司"曾"昙花一现",终被市场淘汰;也有新的公司形态如欧洲一人公司、美国的"LLC"、日本的"合同公司"涌现出来。商事主体类型的过于严格法定化虽可满足产业商业组织标准化管制需要,但充满强制规范的一体适用方式很可能限制了创意思维和商业形态的发挥。在我国商事司法实践中严格的商事主体法定主义已经有所缓和。

在商事立法上曾出现突破商事组织类型法定的桎梏,为市场创新打开制度缺口的先例。如1997年《合伙企业法》修订第二稿中曾讨论过有限合伙制,但当时没有有限合伙制的法定类型,所以最后表决草案时删去了有限合伙规范。但是后来商业形势发展超过了立法预期,在《合伙企业法》实施第二年,中国出现了由外资进入带动下的风险投资高潮,风险投资的有限合伙实践打开了《合伙企业法》的制度缺口,倒逼《合伙企业法》进行相应修订,增加"有限合伙企业"的立法供给,为创业投资企业采用"有限合伙"形态正名。在商事司法上,对商事主体(内容)法定原则亦有突破,法院在处理商事主体纠纷过程中,常常用类推适用的方法解决纠纷。① 如"Z诉温州市耀华印刷机械有限公司技术合作合同纠纷案"中,法官适用了《公司法》第 95 条股份有限公司的法律规定,判词指出,根据公司法理论,筹建中的有限责任公司全体设立人之间视同合伙法律关系,解决合同责任承担问题实际上采用了类推的司法技术。2010 年《最高人民法院关于适用〈中华人民共和国公司法〉若干问题的规定(三)》将发起人的内涵扩展到有限责任公司设立时的股东,统一了先公司合同的规则,并以缔约名义和合同利益归属为标准,具体规定了合同责任的分配规则。②

总之,严格的商事主体法定主义应有缓和,才能为商业创新、经济发展提供制度激励。

下面结合公司法、证券法、银行法的制度规范分别作一具体介绍。

首先,以公司瑕疵设立为例,瑕疵设立违反规定的情形不同会有不同的法律后果。所谓公司瑕疵设立(Defective Incorporation,又译为"缺陷"注册③),是公司设立过程中的常见问题,这些瑕疵设立的公司已经完成了公司的设立登记,但由于其实体或者程序要件的欠缺,所以瑕疵设立的公司在效力上是有不同的。一般关于公司设立的法律规制有两类要求:强制性要求和指导性要求,所谓强制性要求如注册证书必须包括公司的名称,如果公司注册时没有在注册证书中填入名称就属于不可原谅的"原则性"错误;所谓指导性要求通常是指注册程序中比较次要的"枝节性"问题,例如在注册时没有填写董事或注册人的地址等。针对发起人在公司注册时没有遵循注册要求的"强制性"规定的,法律上就不承认这样的公司;针对违反指导性要求——如果发起人在公司注册的时候没有遵守的仅仅是"指导性"的要求,即没有完成仅仅是"枝节性"的要求,法律就会认为这样的公司是"法律上的公司"。对于"法律上的公司"法律往往对公司股东提供有限责任的保护,避免他们个人承担责任。

拓展知识

注册登记人的法律责任

根据美国纽约州《商业公司法》第 402 条的规定而拟订的公司注册证书的示范文本的最后一段是注册人的签名和地址,并由注册人保证如果以上所述与事实不符,注册人愿按伪证罪受罚。英国的做法与此类似。在英国,注册公司需要向公司注册官提交公司章程(memorandum of association)、公司章程细则(articles of association)和注册已遵守登记法的法定声明(statutory declaration)。法定声明由注册代理律师或董事或公司秘书签署,并由其宣誓在注册书中如有虚假愿按伪证罪受罚。

其次,从公司法方面看,针对违反主体法定原则中的内容法定情形,规定了较完善的法

---

① 参考陈彦晶:《商事司法对商事主体法定原则的突破》,载《法学论坛》2017 年第 6 期。
② 《民法典》第一编总则中第三章法人第 75 条规定:"设立人为设立法人从事的民事活动,其法律后果由法人承受;法人未成立的,其法律后果由设立人承受,设立人为二人以上的,享有连带债权,承担连带债务。设立人为设立法人以自己的名义从事民事活动产生的民事责任,第三人有权选择请求法人或者设立人承担。"《民法典》实施后,最高人民法院于 2020 年 12 月 23 日发布二十九件商事类司法解释时,将上述《公司法司法解释(三)》第 2 条作了修改,删除了第 2 款,同时在第 1 款增加:"公司成立后合同相对人请求公司承担合同责任的,人民法院应予支持。"
③ 沈四宝:《西方国家公司法原理》,法律出版社 2006 年版,第 147 页。

律责任制度。一方面从责任形态看,我国公司法主要规定的是行政责任,因为主体法定原则在公司法中的贯彻更多地体现了国家对公司设立的管制性立场,创业者也必须以此为规,才可成方圆。

 背景资料

2023 年新修《公司法》关于公司筹办人、发起人、股东违反主体法定原则的若干规定

1. "违反本法规定,虚报注册资本、提交虚假材料或者采取其他欺诈手段隐瞒重要事实取得公司登记的,由公司登记机关责令改正,对虚报注册资本的公司,处以虚报注册资本金额百分之五以上百分之十五以下的罚款;对提交虚假材料或者采取其他欺诈手段隐瞒重要事实的公司,处以五万元以上二百万元以下的罚款;情节严重的,吊销营业执照;对直接负责的主管人员和其他直接责任人员处以三万元以上三十万元以下的罚款。"①

2. "公司未依照本法第四十条规定公示有关信息或者不如实公示有关信息的,由公司登记机关责令改正,可以处以一万元以上五万元以下的罚款。情节严重的,处以五万元以上二十万元以下的罚款;对直接负责的主管人员和其他直接责任人员处以一万元以上十万元以下的罚款。"②

3. "公司的发起人、股东虚假出资,未交付或者未按期交付作为出资的货币或者非货币财产的,由公司登记机关责令改正,可以处以五万元以上二十万元以下的罚款;情节严重的,处以虚假出资或者未出资金额百分之五以上百分之十五以下的罚款;对直接负责的主管人员和其他直接责任人员处以一万元以上十万元以下的罚款。"③

4. "公司的发起人、股东在公司成立后,抽逃其出资的,由公司登记机关责令改正,处以所抽逃出资金额百分之五以上百分之十五以下的罚款;对直接负责的主管人员和其他直接责任人员处以三万元以上三十万元以下的罚款。"④

5. "有下列行为之一的,由县级以上人民政府财政部门依照《中华人民共和国会计法》等法律、行政法规的规定处罚:(一)在法定的会计账簿以外另立会计账簿;(二)提供存在虚假记载或者隐瞒重要事实的财务会计报告。"⑤

另一方面,从责任主体看包括发起人、股东、公司等自然人和单位两类主体,值得注意的是,当公司构成商事犯罪责任主体时,其直接责任人员也难辞其咎。因为我国刑法采双罚制,在承认公司有商事行为能力的同时承认其具备了商事责任能力,也包括默认了其有犯罪能力,但毕竟公司为一拟制的法律主体,其意志往往由公司负责人支配,故该负责人在行公

---

① 《公司法》第250条。
② 《公司法》第251条。
③ 《公司法》第252条。
④ 《公司法》第253条。
⑤ 《公司法》第254条。

司违法犯罪之举时因属直接责任人员脱不了干系；企业经营者足当镜鉴，警惕此等风险。

再次，从证券法上来看，我国《证券法》上有许多规定体现了商事主体法定原则，违反了设立程序规定的则需要承担相应严格的法律责任。譬如，以证券公司为例，作为特种公司其设立、运行须同时符合《公司法》和《证券法》的要求。我国2019年《证券法》规定了证券公司的特殊性设立程序，即设立证券公司，必须经国务院证券监管机构审查批准。如第119条规定："国务院证券监督管理机构应当自受理证券公司设立申请之日起六个月内，依照法定条件和法定程序并根据审慎监管原则进行审查，作出批准或者不予批准的决定，并通知申请人；不予批准的，应当说明理由。证券公司设立申请获得批准的，申请人应当在规定的期限内向公司登记机关申请设立登记，领取营业执照。证券公司应当自领取营业执照之日起十五日内，向国务院证券监督管理机构申请经营证券业务许可证。未取得经营证券业务许可证，证券公司不得经营证券业务。"第122条还规定："证券公司变更业务范围，变更主要股东或者公司的实际控制人，合并、分立、停业、解散、破产，应当经国务院证券监督管理机构核准。"

而且，由于证券公司业务范围具有特殊性（经营业务包括证券承销业务、证券经纪业务、证券自营业务以及其他证券业务四类），依照《证券法》第120条[①]、第121条[②]规定也应经国务院证券监督管理机构批准。未经国务院证券监督管理机构批准，任何单位和个人不得以证券公司名义开展证券业务活动，情节严重触犯《刑法》的，还要被依法追究刑事责任。

最后，从商业银行法来看，为保障我国金融交易安全和市场秩序，商事主体类型法定原则贯彻得最为彻底，并上升到刑法规制范畴。根据《商业银行法》和有关银行法规的规定，设立商业银行或者其他金融机构，必须符合一定的条件，按照规定的程序提出申请，经审核批准，由中国人民银行或者有关分行发给《经营金融业务许可证》，始得营业。凡未经中国人民银行批准，擅自开业或者经营金融业务，构成犯罪的，依法追究刑事责任。这里所谓商业银行，是指根据《商业银行法》和《公司法》成立的，并经中国人民银行批准以"银行"名义对外吸收公众存款、发放贷款、办理结算以及开展其他金融业务，具有法人资格的，以实现利润为其经营目的的金融机构。所谓擅自设立商业银行，包括擅自设立一个原本不存在的商业银行，也包括未经批准，冒用其他商业银行或者商业银行分支机构名称进行活动。所谓其他金融机构，是指除银行及其分支机构以外，能依法参与金融活动、开展金融业务的，具有法人资格的组织。从我国目前的情况看，银行以外的其他金融机构，主要有以下几类：(1) 证券交易所；(2) 期货交易所；(3) 证券公司；(4) 期货经纪公司；(5) 保险公司；(6) 信托投资公司；(7) 融资租赁公司；(8) 农村信用合作社；(9) 城市信用合作社；(10) 企业集团财务公司；(11) 侨资、外资在我国境内设立的金融机构，等等。

擅自设立金融机构的行为是指未经中国人民银行批准，擅自设立商业银行、证券交易

---

① 该条规定："经国务院证券监督管理机构核准，取得经营证券业务许可证，证券公司可以经营下列部分或者全部证券业务：(一) 证券经纪；(二) 证券投资咨询；(三) 与证券交易、证券投资活动有关的财务顾问；(四) 证券承销与保荐；(五) 证券融资融券；(六) 证券做市交易；(七) 证券自营；(八) 其他证券业务。国务院证券监督管理机构应当自受理前款规定事项申请之日起三个月内，依照法定条件和程序进行审查，作出核准或者不予核准的决定，并通知申请人；不予核准的，应当说明理由。"

② 该条规定："证券公司经营本法第一百二十条第一款第(一)项至第(三)项业务的，注册资本最低限额为人民币五千万元；经营第(四)项至第(八)项业务之一的，注册资本最低限额为人民币一亿元；经营第(四)项至第(八)项业务中两项以上的，注册资本最低限额为人民币五亿元。证券公司的注册资本应当是实缴资本。国务院证券监督管理机构根据审慎监管原则和各项业务的风险程度，可以调整注册资本最低限额，但不得少于前款规定的限额。"

所、期货交易所、证券公司、期货经纪公司、保险公司或者其他金融机构的行为。依《刑法》上关于擅自设立金融机构的规定,犯本罪的,处 3 年以下有期徒刑或者拘役,并处或者单处 2 万元以上 20 万元以下罚金;情节严重的,处 3 年以上 10 年以下有期徒刑,并处 5 万元以上 50 万元以下的罚金。单位犯擅自设立金融机构罪的,对单位判处罚金,并对直接负责的主管人员和其他直接责任人员依上述对个人犯罪的规定处罚。

商事责任与商事法律责任之区别[①]

商事责任与商事法律责任应作仔细推敲,商事责任是指商事主体在商事活动中违反商事义务应承担的法律后果。其虽与民事责任在法律性质上同属于私法上的责任,但又是一种从民事责任分离出来的私法责任,有诸多不同,如适用主体为营利性的组织或个人;责任后果体现严格主义(要求主体注意义务更高),传统民法尊崇的个人责任和补充责任转化为各种形式的加重责任,连带责任和严格责任成为商事责任的典型形式。例如,《日本商法典》第 594 条规定:旅店、饭店、浴室等以招徕顾客为目的的店所的主人,对其接受顾客寄托物品的灭失或毁损,非证明其系不可抗力所致,不得免除损害赔偿责任。而民法中有偿保管人对保管物的毁损灭失一般承担过错责任。出于同样的考虑,对中介人、仓储者、海运者也基于业务的种类严格确定其具体义务。又如,《韩国商法典》第 62 条规定:"商人在其营业范围内代管物品的情形下,即使未领取报酬,也应尽善良管理人的注意义务。"

商事法律责任则含义更广,如商事法律上的责任制度包括行政责任(我国公司法上股东抽逃资金应被处罚)及刑事责任,如在《日本商法典》的公司编中,专门规定罚则一章,规定了违反公司法的犯罪行为,同时规定了相应的刑罚。[②]

二、企业形态的选择

(一) 企业的法律形态

企业为商事主体的主要表现形式。企业的概念源自经济学、经营学,是指"经营性的从事生产、流通或服务的某种主体,作为概括的资产或者资本和人员集合之经营体,企业也可以作为交易的客体"[③]。

所谓企业法律形态,是企业法或者商法所确定的企业组织的存在形式,它是撇开企业的经济实力、行业划分等经济区分后得到的法律意义上的企业类别。我国现行的企业法律体系里,主要有独资企业、合伙企业和公司企业三种企业法律形态。由于我国商事企业法律形态划分存在所有制标准与责任标准并存格局,故从所有制性质来看企业类别还有国有、集

[①] 我国也有学者将"商事责任"与"商事法律责任"不作区分,混同使用。参阅樊涛、王延川:《商事责任与追诉机制研究》,法律出版社 2008 年版,第 78 页。
[②] 赵新华:《论违反公司法犯罪——兼论中日有关理论及立法之异同》,载《法制与社会发展》1996 年第 6 期。
[③] 史际春:《企业和公司法》,中国人民大学出版社 2008 年版,第 2 页。

体、民营之分,国有企业是指企业全部资产归国家所有,包括按照《公司法》《合伙企业法》《个人独资企业法》规定登记注册的私营有限责任公司、私营股份有限公司、私营合伙企业和私营独资企业。按《市场主体登记管理条例实施细则》(2022年3月1日国家市场监督管理总局令第52号公布)第9条规定,目前我国创业者可依法申请登记的市场主体类型有:(1) 有限责任公司、股份有限公司;(2) 全民所有制企业、集体所有制企业、联营企业;(3) 个人独资企业;(4) 普通合伙(含特殊普通合伙)企业、有限合伙企业;(5) 农民专业合作社、农民专业合作社联合社;(6) 个人经营的个体工商户、家庭经营的个体工商户。分支机构应当按所属市场主体类型注明分公司或者相应的分支机构。

(二) 企业法律形态如何选择:必须考虑的几个因素

在企业法律形态的选择中,一些因素不能不加以考虑,这是投资必备指南。

"想开办商业的人所面临的一个根本问题是哪一种商业组织对于商业利益是最适应的。有几个因素要加以考虑,这些因素包括建立的难度、出资者的责任、税收考虑和资本需要。"①

(1) 投资者的法律责任

投资经商无不在追求个人(或团体)自身财富的最大化,但为交易安全起见,投资者的法律责任也相伴而来。比如,个人独资企业、普通合伙企业,一旦经营有所闪失,不但个人资产要用于抵债,合伙人也要承担无限连带责任。而在公司形态中为了刺激股东的投资积极性,使风险有所预期,对这种投资责任则进行限制,例如,有限责任公司股东对外承担有限责任,不会让股东以其他资产抵债。是故,投资者的法律责任是首要考虑因素。

拓展知识

有限合伙人的有限责任

有限合伙是一种类似于普通合伙的合伙企业,只是除了"普通合伙人"之外有限合伙还可以包括"有限合伙人"。有限合伙中普通合伙人的法律地位在所有范围与普通合伙企业里的合伙人几乎一模一样。他们拥有经营权、享受预先确定的盈利,而且在债务上承担与普通合伙企业合伙人同样的连带责任。在法律上,普通合伙人通常有表见代理权,这可以让他们用自己的身份使企业加入契约。有限合伙人类似于股份有限公司里的股东,只有有限责任,当负债时,他们的损失不超过各自的投资资本。因此他们没有直接经营权。有些合伙契约里包含支付有限合伙人股息的条文。设立或更改有限合伙的组合时,大多国家和地区都要求有限合伙人在有关部门登记,声明自己的资本。在代表企业时,有限合伙人必须声明自己所拥有的地位或权利,因为他们没有表见性的代理权和经营权。有限合伙人的有限责任大大激发了创业积极性,国外许多风险投资都以此为理想选择之一。

---

① Kenneth W. Clarkson 等:《韦斯特商法学》,东北财经大学出版社1998年版,第709页。

（2）设立条件、程序和费用以及出资方式

无论是做小本经营还是做大买卖，都得对未来选择企业形态的设立条件、程序和费用及出资方式有一考虑。例如，设立股份有限公司需有严格的条件、复杂的程序（向社会招股募集设立的需要证券主管部门审批）和较高的设立费用；相对而言，独资企业、合伙企业的设立条件较为宽松，设立程序较为简单，费用低廉；在出资方式上设立合伙企业允许以劳务形式出资，而公司则予禁止。

（3）企业的税赋问题

税赋问题直接关系企业收益。例如，独资企业、合伙企业不必缴纳企业所得税，但是其企业主和合伙人必须就其企业盈余分配所得缴纳个人所得税。根据《国务院关于个人独资企业和合伙企业征收所得税问题的通知》的规定，个人独资企业和合伙企业从 2000 年 1 月 1 日起，停止征收企业所得税，比照个体工商户生产经营所得征收个人所得税。"合伙企业的生产经营所得和其他所得，按照国家有关税收规定，由合伙人分别缴纳所得税。"（《合伙企业法》第 6 条）这样既彻底解决了"双重征税"问题，确立了合伙人依法纳税原则（合伙企业不必纳税），又在防止合伙人逃税方面作了严密规定，合伙企业取得生产经营所得和其他所得，无论是否向合伙人分配，均所不问，都应对合伙人征收所得税。而有限责任公司则应以其经营所得缴纳公司所得税，公司股东从公司取得税后利润的分配时，还要由各个股东分别就其分配缴纳所得税。

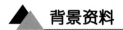 **背景资料**

我国企业所得税统一的制度演进

所谓企业所得税是指对中华人民共和国境内的一切企业就其来源于中国境内外的生产经营所得和其他所得而征收的一种税。

1994 年工商税制改革后实施《企业所得税暂行条例》，把原国营企业所得税、集体企业所得税和私营企业所得税统一起来，克服了原来按企业经济性质分设税种的弊端，实现了税制简化和税负公平，为进一步统一内外资企业所得税打下了良好基础。

2008 年 1 月 1 日起《企业所得税法》开始施行，1991 年 4 月 9 日第七届全国人民代表大会四次会议通过的《外商投资企业和外国企业所得税法》和 1993 年 12 月 13 日国务院发布的《企业所得税暂行条例》同时废止，从此告别企业所得税"双轨"时代，根据《企业所得税法》，统一后的内外资企业所得税率将定为 25%。

从整体上看，我国企业所得税的法定税率远高于 15%。但是，现行企业所得税针对某些特定产业和特定区域实行了力度较大的税收优惠，导致一些企业的实际税负率低于 15%。现行企业所得税税率优惠政策主要分为两类：一类是以鼓励特定产业发展为目标的高新技术类低税率优惠政策，另一类是以促进重点区域发展为目标的区域性低税率优惠政策。

我国在近几年对激励技术创新的企业所得税优惠政策进行了大幅优化。[①] 例如，自 2018 年 1 月 1 日起，经认定的技术先进型服务企业，减按 15% 的税率征收企业所得税；2018

---

① 冯海波、楼清昊：《多重约束条件下的我国企业所得税改革》，载《税务研究》2022 年第 4 期。

年7月国务院常务会议将企业研发费用加计扣除比例提高到75%的政策由科技型中小企业扩大至所有企业;2021年延续执行企业研发费用加计扣除75%的政策,将制造业企业加计扣除比例提高到100%;2019年1月1日起,固定资产加速折旧优惠的行业范围,扩大至全部制造业领域,等等。

(4) 投资者对企业生命周期的期望

投资创业者想做大做强,办成百年老店的话,需要对法律上规定的企业生命周期有一了解和长远计划。例如,有限责任公司、股份有限公司可无限永续地存在,而不受其股东生死去留的影响,如英国著名公司法专家指出股东如泰姆士河的河水川流不息,而公司一如泰姆士河永恒存在。相比而言,合伙企业、独资企业却受合伙人、企业主的个体情况影响至深,合伙人的选择也相当重要,随时可能"人走茶凉",因为个别合伙人的死亡、破产而解散。至于具体经营期限,《法国公司法》规定可以经营99年,我国《公司法》规定由公司章程自己决定。

(5) 企业成员对企业的控制程度及治理成本

在独资企业、合伙企业,投资者对企业享有绝对的控制权,事必躬亲、相对减少企业运营成本;而有限责任公司和股份有限公司的股东对自己的出资和公司的财产并不享有绝对控制权,聘用代理人(董事、经理)进行公司管理;为了监督,还设立了监事机构,治理成本较高。例如,就风险投资领域的企业形式选择而言,一般公司的设立交易费用、运营管理费按国家成本会计制度的规定,可达5%,但实际往往超出这个比例,合伙企业、基金管理成本大大低于这个幅度,基金是1.5%,合伙企业是1%—1.5%。[①]

(三) 主要企业法律形态的区别

不同的投资者目标追求不同,企业法律形态的抉择也会受到影响。

表 1-1-1

企业类别	有限责任公司	股份有限责任公司	合伙企业	个人独资企业
法律依据	《公司法》	《公司法》	《合伙企业法》	《个人独资企业法》
内部文件	公司章程	公司章程	合伙协定	无章程或协定
法律地位	企业法人	企业法人	非法人营利性组织	非法人经营主体
责任形式	有限责任	有限责任	普通合伙为无限连带责任,有限合伙企业中有限合伙人承担有限责任	无限责任
投资者	无特别要求,法人、自然人皆可	发起人为一人以上二百人以下,其中应当有半数以上的发起人在中华人民共和国境内有住所	完全民事行为能力的自然人,法律、行政法规禁止从事营利性活动的人除外	完全民事行为能力的自然人,法律、行政法规禁止从事营利性活动的人除外

---

① 参见朱少平:《股权投资与我国合伙企业法的解读》,http://www.linkshop.com/news/200771035.shtml,2022年10月2日访问。

(续表)

企业类别	有限责任公司	股份有限责任公司	合伙企业	个人独资企业
注册资本	从1993年最初立法规定的10万元降至3万元(2005年修订);2013年改为认缴资本制;2023年新修《公司法》进一步完善,要求5年内缴足	从股份有限公司最低注册资本1000万元降为500万元,2013年再改为实行资本认缴制,到2023年修改为发起设立公司的采实缴制、募集设立的引入授权资本制	协议约定	投资者申报
出资形式	股东可以用货币出资,也可以用实物、知识产权、土地使用权、股权、债权等可以用货币估价并可以依法转让的非货币财产作价出资	股东可以用货币出资,也可以用实物、知识产权、土地使用权、股权、债权等可以用货币估价并可以依法转让的非货币财产作价出资	约定:货币、实物、土地使用权、知识产权或者其他财产权利、劳务 注:有限合伙人不得以劳务出资	投资者申报
出资评估	委托评估机构	委托评估机构	可协商确定或评估	投资者决定
成立日期	营业执照签发日期	营业执照签发日期	营业执照签发日期	营业执照签发日期
章程或协议生效条件	公司成立	公司成立(募集设立的公司须经成立大会通过)	合伙人签章	(无)
产权性质	法人财产权	法人财产权	合伙人共有	投资者个人所有
财产管理	公司机关	公司机关	全体合伙人	投资者
出资转让	其他股东过半数同意	上市交易	一致同意	可继承
经营主体	股东不一定参加经营	股东不一定参加经营	合伙人共同经营或推举执行合伙人管理	投资者及其委托人
事务决定权	股东会	股东大会(新修《公司法》统称"股东会")	全体合伙人或从约定	投资者个人
事务执行	公司机关、股东无权代表	公司机关、股东无权代表	合伙人权利同等	投资者或其委托人
利亏分担	出资比例 可以例外协议	按出资比例	约定,未约定则按实际出资比例,无法确定出资比例的,则平均分配、分担	投资者个人
解散程序	先清算、注销并公告	先清算、注销并公告	注销	注销
解散后义务	无	无	5年内承担责任	5年内承担责任

不同的企业法律形态没有绝对的优劣高下之分,因人而异,法律仅仅是提供更多的丰富多彩的选择而已。

以寻求"小投资、效益快"且谋求对企业的直接控制权为目标者,独资企业是最有利的形态。这种企业的成员既是出资者,又是经营者,彼此间具有很强的人身信赖关系,企业整体凝聚力、向心力较强,易守商业秘密,投资者单独或者共同地享有决定企业一切事务的权利,可以直接将个人意志贯彻于企业经营中,比较符合以投资者的个人能力或者技术作为重要经营手段的小规模企业的需要,一般具有投资周期短、见效快的优势。其不利之处在于融资信用弱,由于我国尚未建立个人破产制度,为避免投资人转移风险、逃避责任,不允许独资企业宣布破产,因而,独资企业的经营者风险较大。

从投资者安全和个人偿债责任来看,有限责任公司、股份有限公司为最好的选择。一方面,这两种公司的股东只承担出资额范围内的有限责任,从而有效地限制了投资风险。另一方面,股东的股份,可以比较自由地转让,通过股份的转让收回投资,转移风险。《合伙企业法》中对有限合伙人的个人偿债责任的规定使得有限合伙的抗风险能力介于普通合伙和公司之间。总之,公司股东及有限合伙人的个人偿债责任均规定了有限责任形式,此为创业者化解投资风险的奥妙所在。

> **相关案例**
> 硅谷天堂与大康牧业对赌协议纠纷是否违背公司法"资本维持"原则?
>
> 2011年9月,浙江天堂硅谷与大康牧业首次合作便开创"PE+上市公司"模式的先河,后继者纷纷效仿。2015年10月8日,大康牧业因未履行此前对并购对象龙泉和养猪场的收购承诺,遭浙江天堂硅谷起诉索赔6652万余元,"PE+上市公司"破产论甚嚣尘上。2013年5月,大康牧业遭遇高管离职潮,鹏欣集团入主,而高管陆续离开导致了承诺无法兑现,硅谷天堂与大康牧业合作的首例"PE+上市公司"模式难产,最终对簿公堂。虽然12月底股权纠纷案以和解终了,双方共设农业并购基金,整合优质农业产业资源、技术项目,但仍需警惕并购整合风险。①

以广泛聚集资金、兴办大型企业为目标者,股份有限公司融资上市是较好选择。一方面股东投资承担有限责任,减少了风险;另一方面,它以股票发行的广泛的社会性和公开性以及对不同数量投资的兼容性,能够聚沙成塔、集腋成裘,广泛吸纳社会闲散资金,注入生产领域,把小规模的独立经济活动瞬间变成社会化大生产,从而实现规模效益。不过,设立股份有限公司及融资上市的费用、管理成本比较高昂,财务披露严格,而且受到市场监督,经营秘密保护难度加大,控制权也易被转移,因此对公司治理结构的完善提出了更高的要求。

总之,透过法律对各种企业的不同规定,可以发现,每一种企业法律形态都对投资者有利有弊,且权利与义务、利益与风险常结伴而行。创业者可以根据自己的实际情况作出明智选择。

---

① 刘彩萍:《硅谷天堂诉大康牧业 系首例市值管理争议案》,载财新网,https://finance.caixin.com/2015-10-13/100862678.html,2021年6月12日访问。

前沿理论

有限合伙企业能否成为上市公司的股东？

虽然2006年《合伙企业法》修改时有限合伙得到立法承认，但实施起来还步履维艰。当时《民法通则》只给出了自然人、法人两类民事主体，人们对于合伙企业的法律主体地位争议不一，禁止其开立证券账户成为国内私募基金发展桎梏，亦导致对有限合伙人能否成为创业板上市公司的股东，一度在法律层面上争议不小。否定派认为，2005年版《证券法》第166条规定："投资者申请开立账户，必须持有证明中国公民身份或者中国法人资格的合法证件。国家另有规定的除外。"2006年7月1日实施的《证券登记结算管理办法》也有类似规定，说明我国尚不允许有限合伙企业开立证券账户。肯定派则认为，我国《公司法》《证券法》《合伙企业法》均未明文禁止合伙企业（包括有限合伙企业）成为公司法人的股东；至于《证券法》第166条对有限合伙开户的限制性规定，更多的是技术层面，并非在于限制有限合伙成为上市公司股东。因此，监管层着力出台具体措施来予以解决。2019年修订后的《证券法》与2022年修订的《证券登记结算管理办法》均规定合伙企业（包括有限合伙企业）可以开立证券账户。

实践中，合伙企业作为上市公司的股东已经有不少先例。例如2004年11月，美国新桥收购深发展348,103,305股，成为以有限合伙名义入主上市公司的外资机构。上海联创永宣创业投资合伙企业目前拥有远望谷（15.66，0.30，1.95％）670万限售股，在金风科技（28.73，0.64，2.28％）上市时，曾经持有金风科技225万股。

三、交易安全

（一）交易安全的含义

所谓交易安全，商法上是指为了交易的确定性，保障交易相对人及利益相关者的利益，维护市场交易秩序所采取的强制性规定的原则和规则的总称。其又分为静态交易安全与动态交易安全的法律保护，两者是辩证统一关系。"静态交易安全"指真正权利人期望的安全，是"恒定财产"的安全。"动态交易安全"则适应社会经济交往的法律安全护航需要，因为只有交易当事人审视事实及后果并持有稳定预期后，可以合理地信赖权利获得不会有危险时才会采取法律行动。相比"静态交易安全"，"动态交易安全"优势更大。后者强调交易的稳定进行和对相关当事人权益的保护。

交易安全原则是商法精神内核的体现。商法除了与民法共有的诚实信用原则、公平原则、平等原则、意思自治原则之外，交易安全原则也是其重要原则之一。我国《民法典》总则编"营利法人"相关规定中对交易安全原则作了明确规定（参见《民法典》第86条）。

市场变化及商事交易风险对交易安全的立法安排提出了更高要求，为保护交易安全，商事法上创设了许多有效规则，包括信息披露、定型化交易、商事外观、严格责任等规则。

1. 信息披露规则。其旨在增强市场的透明度。在商事交易中,为保障交易安全,当事人必须事先获得准确可靠的信息,如了解相对人的法律地位、权利能力、资本状况、信誉好坏等。公司的设立、合并、分立、注销都必须公告;上市公司的招股说明书、公司财务会计报告、债务募集办法必须公告。交易越复杂,信息的充分性、准确性对交易安全就越重要。

2. 定型化交易规则。此规则是指商事交易在形式上必须严格依照法律的规定,任何交易当事人不得随意改变。商事交易虽强调意思自治,但为了使交易安全,对许多商事票据和商事文书均采取定型化和法定化。《海商法》中关于海上货物运送契约及载货证券的规定,关于提货单、托运仓单统一格式的规定,以及各种标准化合同及贸易价格术语的定型格式和内容的规定,都体现了商业交易定型化、法定化的要求。

3. 商事外观规则。即以交易当事人行为外观认定其行为所生的法律效果。依外观制度,交易行为完成后,为重视信用关系,避免给当事人造成意外损害,原则上不得撤销。这在民法上虽也有规定,如表见代理,但在各国商法上更普遍。如公司允许他人使用公司名义与第三人为法律行为,或知道他人表示为其代理人而不为反对表示的,如公司对股东代表的效力,类似股东的责任。对于公司不实登记的责任,商号借用的责任,表见经理人,表见董事等,均依其当事人行为的外观为准确认其行为效力。

4. 严格责任规则。主要体现在:一是实行无过错制度。即债务人无论是否有过错,均对债权人负责。如在货物买卖中,出卖人要对出卖物的品质和权利负全面担保责任,否则要承担瑕疵赔偿责任。二是负连带责任。股份公司的发起人,在公司不能成立时,对设立行为所产生的债务和费用负连带责任。

(二) 交易安全原则对商事法律适用的意义

从法经济学视角看,静态交易安全保护的静态利益涉及产权的初始界定,法律通过划分某一财产的权、责、利关系,规定人们对其拥有的资源可以做什么、不可以做什么。民法侧重静态利益、静态交易安全的保护,典型如物权保护。动态交易安全保护的动态利益一般指发生外观权利或意思表示与实质不符时,保护善意无过失第三者的信赖利益。商法中的交易安全原则强调从民事"静态交易安全"保护向商事"动态交易安全"保护转移。

商法原则体系化之问题

商法原则是商法规则与制度的总抽象和概括,贯穿于商事立法、司法和执法。

商事主体法定、交易安全原则属于商法原则的主要内容,统一于商法秩序体系之中①,商法原则体系构造中还包括:

(1) 确认和保护营利原则与企业社会责任原则相统一。前者集中体现于报酬请求权和

---

① 从法理上讲,为了实现商事秩序目的可以彼此共存,原则包含了规则所没有的一个维度,即所谓"分量的维度"(dimension of weight),两个规则冲突时,必有一个规则无效而被排除在法秩序之外,而两个原则冲突时则不涉及效力问题,只是在个案中分量较大的原则具有优先性,但这又并不会导致分量较小的另一原则无效,后者只是暂居幕后,而不会被排除于法秩序之外,而且这两个原则的优先顺位在另一个案中也可能会反转过来。

法定利息权,如《德国商法典》第354条第1款、《日本商法典》第512条以及《韩国商法典》第61条均规定了商人的报酬请求权。进言之,民法中当事人对报酬若无特别约定,一般推定为无偿的民事行为。后者公司社会责任原则不是对公司营利性原则的否定,而是对其作矫正和补充,二者在制约和平衡中实现各自利益的最大化。传统观点以个人(股东)本位为出发点,认为最大限度实现股东利润最大化是企业的最高甚至唯一目标。企业社会责任则以社会本位为着眼点,认为企业目标除实现股东利润最大化外,还应尽可能地维护和增进社会利益。

(2) 遵守商业道德与公共利益原则相统一。即"商事主体从事商事活动应当遵守商业道德,不得损害社会公共利益,不得侵害其他商人和消费者的合法权益",与从积极的角度提倡社会责任原则相反,该原则是从消极的角度对商事行为的"道德底线"和"合法底线"作出规定。

(三) 依法经商的制度空间

市场经济是法制经济,设计了商事权利依法保护和限制的门槛。为保障交易安全和防范市场风险,商事主体的营业以不侵害其他主体的合法权益和公共利益为界限,法律的限制实质上是从另一个角度保障营业权利的正当行使。对商事权利的限制受到公法包括刑法、经济法、劳动法和行政法以及民商法在内的私法的种种制约。

前沿理论

营商法律环境的经济学解释

德国学者德恩(Dahn)指出:"商法是一切法律中最为自由,同时又是最为严格的法律。"骤然视之,二者表相上极为矛盾。然就实质而言,商事交易贵求简便、迅速、富于弹性,以当事人自治、自决为宜,故商事自由色彩浓厚;但于商事主体贵在安全,营业组织健全与否直接关系到交易秩序与繁荣,影响国家和社会公共利益,自不宜当事人自行决定,故又多限制性规定。从经济学角度看,商人自利行为会产生两种外部性效应。如开个花店,飘香十里长街,这是产生好的外部性,不需要干预;但若办个造纸厂,排放污水就会产生坏的外部性。商人生产经营过程中产生的负外部性,表现为社会成本与个体成本的失衡,需要法律的纠正、干预和治理。因而,任由商人自治、滋生负外部性效应的"自由"要被法律所限制,甚至禁止。

一方面,公法上的限制表现在:

(1) 某些营业由国家独占经营,完全不准私人(自然人和法人)经营。如邮政、电报、电话、电力领域及各种专卖事业,如烟草专卖、盐专卖等国家规定的某些特殊限制的领域,一般不能随便由私人开办,还有诸如城市燃气等公共事业,铁路、公交等运输业,由于这类领域涉及国计民生,具有高度的公益性,一般由国家来经营。此外,对于毒品、淫秽书画、武器(枪支弹药)等的贩卖是完全禁止的。违反这种规定的行为在私法上无效、在公法上应受制裁。

相关案例
福州 IP 电话案

1997年9月,福州市马尾区的两位"网虫"陈锥、陈彦兄弟在自家开办的电器店按与中国香港地区、日本通话每分钟7元,与美国通话每分钟9元的价格私自经营起IP电话业务。福州马尾公安分局以涉嫌"非法经营罪"将其抓获。1999年1月20日,福州市中级人民法院裁定:网络电话不属于邮电部门统一经营的长途通信和国际通信业务,而是属于向社会放开经营的电信业务。陈彦等人的行为属于"无照经营"计算机信息服务业务和公众多媒体通信业务,但并不构成非法经营罪;福州中院作出裁决的第二天(1月21日),国家信息产业部电信管理局有关人士明确表态:IP电话确属电信专营。2000年4月28日最高人民法院发布《关于审理扰乱电信市场管理秩序案件具体应用法律若干问题的解释》,第1条规定:"违反国家规定,采取租用国际专线、私设转接设备或者其他方法,擅自经营国际电信业务或者涉港澳台电信业务进行营利活动,扰乱电信市场管理秩序,情节严重的,依照刑法第二百二十五条第(四)项的规定,以非法经营罪定罪处罚。"

评析:1997年《刑法》取消"投机倒把罪",2009年8月24日第十一届全国人大常委会第十次会议再次审议的关于修改部分法律的决定草案,还对《计量法》《野生动物保护法》《铁路法》《烟草专卖法》四部法律中有关"投机倒把""投机倒把罪"的规定也作了删改。但在法律的界限内依法经商仍是法律风险防范的底线。

(2) 对于某些营业,法律并不完全禁止,但从事这种营业的人应该事先报告或登记,取得许可。例如经营进出口商业的要取得许可证,经营旅店、旧货商店、爆竹制造、食品制造、饮食业的,要经有关主管机关的许可。违反这种规定的人要受行政制裁,但其行为在私法上仍有效。

(3) 不当营业行为的限制。如《反不正当竞争法》里规定了禁止掠夺性定价、不当有奖销售(超过5000元);又如竞业禁止的限制,按照国际惯例,存在营业上的利害关系的营利行为活动,一般要受到竞业禁止的限制。

另一方面来自私法上的限制如下:

(1) 主体类型制约。不同国家商人选择组织形式时多寡不一,不能随便乱设,如我国公司形态中只规定了两类,德国还有无限公司、两合公司,没规定的就不能任意创办——这就是所谓的商事主体法定主义,而且不同的商事主体拥有的自由度各不相同,一般越是大型商事组织涉及经济安全、市场秩序越密切,也越是需要法律严格规制。对此,本章第二部分已作具体解释。

(2) 商事能力限制。针对不同的法律主体有不同的要求。首先,基于对未成年人行为主体是否具备充分理解其行为意义和后果的意思表示(意思自治)能力的考虑,一方面为了保护未成年人身心健康及其合法权益,另一方面也保护第三人利益和交易安全,就形成了各国商事法律对未成年人商事权利能力的限制。其次,对于一些特殊身份的特类人员国家禁止营业,例如禁止党政机关(包括党委机关、国家权力机关、行政机关、审判机关、监察机关以及隶属这些机关编制序列的事业单位)及其干部乃至家属从事商事经营活动。最后是针对法人能力的限制,如为维护交易安全,我国《公司法》在有所放宽的基础上仍作了一些限制。

竞业禁止义务主体的范围

我国2023年新修《公司法》第183条、第184条、第186条规定,董事、监事、高级管理人员不得利用职务便利为自己或者他人谋取属于公司的商业机会,自营或者为他人经营与所任职公司同类的业务;其违反前款规定所得的收入应当归公司所有。从上述规定可知,竞业禁止义务的行为主体为董事、监事(2023年新修《公司法》新增主体)、高级管理人员,其承担竞业禁止义务的期间,应从任职之时开始,在离职之时结束;行为表现方式为利用职务便利、篡夺本应属于公司的商业机会;行为后果是将违反竞业禁止义务所得的收入归公司所有。

另应注意,因公民具有劳动的权利和选择职业的权利。因此,在没有法律依据和协议约定的前提下,不得长时期限制董事、高级管理人员离职后经营同类业务。

武汉正科电力技术有限公司监事损害公司利益责任纠纷案[(2017)鄂01民终4552号]裁判要旨指出,《公司法》第148条规定,董事、高级管理人员不得有下列行为:"……(五)未经股东会或者股东大会同意,利用职务便利为自己或者他人谋取属于公司的商业机会,自营或者为他人经营与所任职公司同类的业务"。作为公司的监事,不符合《公司法》第148条关于竞业禁止主体的规定。

值得一提的是,有些国家和地区竞业禁止义务还扩大到除董事、经理之外的其他雇佣人员。主要是为了保护其营业机密,防止员工离职后为同业服务,或为防止同业恶性"挖墙脚"进行不正当竞争。如要求计算机工作人员离职后2年内不得从事计算机行业相关的工作。同时,对营业机密的范围不断扩大。但为了平衡保护雇员利益,《德国商法典》规定,雇主虽可能对雇员提出竞业禁止的要求,但要以补偿雇员在竞业禁止期间的薪资为代价来换取雇员对竞业禁止的承诺。同时,营业机密的范围要加以限制。如该机密是否有特殊性,雇主是否付出金钱或精力来开发和保护该机密,以及同业间是否已普遍共知该机密等。

(3) 营业地点制约。无论生意大小,在实务中,都受到地理位置的制约。良好的创业构想必须在合适的营业地点实施,才能获得地理优势。黄金口岸往往带来不菲的营业利润,但营业地点的选择也并非纯粹由商家竞争自决,法律为了维护公共利益、公序良俗仍有规制之必要。根据德国的《商店打烊法》(又译《商店关门法》),除火车站、加油站等特殊地点外以及餐饮等特殊行业外,大大小小的百货公司和个体商店都应当在星期天关门停业,以免影响全体德国人的正常休息。

相关案例
药店布点限制距离,该还是不该?[①]

对于药店距离,"是政府设限,还是由市场决定?"2008年7月11日湖南省食品药品监督管理局召开了一场县以上城区药品零售企业合理布局的听证会,这在全国尚属首次。

---

① 宋华琳:《营业自由及其限制——以药店距离限制事件为楔子》,载《华东政法大学学报》2008年第2期。

2001年2月28日修订通过的《药品管理法》第14条第3款规定,药品监督管理部门批准开办药品经营企业,除依据本法第15条规定的条件外,还应当遵循合理布局和方便群众购药的原则。《北京市药品零售企业监督管理暂行规定》第9条第1款则规定:"药品零售企业之间应有350米的可行进距离(历史形成或药品监督管理部门另有规定的除外),繁华商业区内可不受间隔距离限制。"《上海市药品零售企业开办、变更暂行规定》第4条第2款还规定,药品零售企业原则上按本市常住人口7000人至10000人配置1个。新开办的药品零售企业,按照店与店之间相距不小于300米设置。一些省份,如湖北、贵州、广西等未作统一要求,由各市、州自行规定。①

(4) 营业时间限制。很多国家虽然不像德国那样规定商店必须在星期天停业,但是规定了商店每天的营业时间。尤其是可能影响到居民正常休息的一些行业,法律对其营业时间更是有限制。在我国,根据国务院2006年颁布的《娱乐场所管理条例》第28条的规定,每日凌晨2时至上午8时,娱乐场所不得营业。该条例所称的娱乐场所,是指以营利为目的,并向公众开放、供消费者自娱自乐的歌舞、游艺等场所。

综上,营业权利的公私法限制分析,可深化营商环境的积极保障和消极规定(限制性规定)的辩证理解,对于企业经营决策而言,经营者能在既定的制度约束条件下,制订正确的经营方针并作出决策计划。譬如,经济生活中借钱生钱,本为常事,但中国人民银行规定,禁止企业间私下借贷;后来司法解释也作了规定,企业之间进行拆借的,若有利息则被罚没,甚至罚款,还可能科以挪用资金的罪名。可见,了解商事自由的限制性规定与了解积极性规范一样至关重要,因为"对自由的限制换得了对自由的保障"。② 对于企业经营立法而言,以促进营商环境持续优化的理念来考虑法律制度安排问题尤其必要。法律激励创业者的能量可释放到最大限度,它是创造社会物质和精神财富的前提,它让社会充满潜力、活力和希望,商法环境还应不断优化,体现效率优先、兼顾安全的立法还有待继续优化。

本章小结

市场经济条件下,商事主体(个人和组织)在经济领域的发展空间,是推动现代社会经济发展的不可或缺的动力和源泉,法律激励创业者的能量可释放到最大限度,它是创造社会物质和精神财富的前提,它让社会充满潜力、活力和希望。对于立法者而言,应秉持主体法定的理念考虑各类商事企业法律形态的制度安排问题;对于企业经营者而言,可在既定的制度约束条件下,作出相应的经营决策和管理。

商事主体的法定原则包括主体类型法定、程序法定、内容法定。商人法律形态采取法定主义,这对于市场经济秩序主体地位的获得安全具有至关重要的意义,商事主体的自由选择总是在法定条件下作出自己的判断。我国目前仅有有限责任公司、股份有限责任公司、合伙企业、个人独资企业等企业形态,与发达国家相比,大有完善之必要,应当在法律安排上适当超前发展些。商事主体法定形态越丰富多样,创业者选择企业类型的自由度就越大,创业

---

① 张玲娜、夏三牛:《药店间距谁说了算?该不该为药店念紧箍咒》,载《医药经济报》2008年7月17日。
② 参见张平华:《私法视野里的权利冲突导论》,中国人民大学法学院2005年博士论文,第6—17页。

者根据实际需要作出决策的自主性就越高。

交易安全原则对于防范经营风险、优化营商环境不可或缺。商法上交易安全更强调动态交易安全。商法设计了登记公示、强制披露、严格责任等制度措施予以保障,以此为稳定交易预期提供坚实保障。

思考与练习

1. 如何理解商事主体法定制度?其具体内容包括哪些?
2. 如何理解商法上交易安全的具体含义?体现在哪些具体规则中?
3. 根据下面所列主体,回答以下问题:(1)哪些属于商事主体?(2)哪些属于商法人?
① 从事房地产经营的某有限责任公司
② 股票在上海证券交易所上市交易的某股份有限责任公司
③ 从事服装经营的个体户张某
④ 甲乙丙合伙创办的某"同心"商社
⑤ 某城市商业银行
⑥ 林某创办的个人独资企业
⑦ 某省财政厅
⑧ 某财经学院
⑨ 中国红十字会
4. 如何理解商事主体法定原则?其意义何在?谈谈你对"商事主体法定形态越丰富多样,创业者选择企业类型的自由度就越大"的认识和对商事主体立法完善的思考。

案例分析

1. 阅读下面侵害营业权的案例并结合国外立法,讨论我国营业权的私法救济之策。

2001年,甲某和乙某先后在一条街上相邻开了快餐店,甲某经营有方,生意红红火火。乙某则门庭冷落,生意无法经营下去,不久改开花圈店。乙某对甲某生意红火有气,便将样品花圈放在与甲某饭店相邻的一侧,但并没有逾界。甲某发现后,为了不影响自己的生意,用一张薄席拦在自己方一侧,使来本店吃饭的客人不能直接看到摆放的花圈。但是乙某随即架高花圈,甲某只得随之架高薄席。乙某最后将样品花圈吊在屋檐上,使甲某无法继续遮挡。甲某的生意日渐萧条。在该案例中,加害人乙某虽不对经营者的财产权实施直接侵害,但其破坏营业环境的行为干扰了经营者正常的经营活动,使其经济利益遭受了损害。①

2. 阅读下面"泛亚"案件,运用商法交易安全知识,说明资本风险防范启示有哪些?

泛亚注册成立于2011年2月16日,注册资本1亿,自称是全球最大的稀有金属交易所。泛亚事件的主因是推出"日金宝"理财产品网上融资。日金宝是由泛亚有色金属交易所打造的一款创新类自主理财增值服务。本质上是向买入稀有金属者提供借款所获得的利息,投资者认购后,相当于将钱提供给泛亚平台上的融资客户,投资者收取利息,融资客户支付利息,并许诺给投资者保本、零风险、高收益(达13.68%的预期年化收益率)、赎回方便等。

---

① 杨立新:《简明类型侵权法讲座》,高等教育出版社2003年版,第100页。

可 2014 年下半年起,A 股迎来大牛市,陆续有大量投资人将资金从泛亚取出投入股市,泛亚的资金压力逐渐增大。2015 年 4 月,泛亚的资金链开始出现问题,甚至引发日金宝的兑付危机,直到 12 月立案,均有多批次、大规模的投资者在昆明、上海、北京等泛亚分公司以及总公司聚集维权,涉及全国 20 个省份,22 万投资者,总金额达 400 亿元。受害者们比股市暴跌时的散户股民更缺承受力,流动性风险和兑付风险迅即爆发。泛亚案一共非法吸储 430 亿元,一审宣判公司被罚 10 亿元,实控人获刑 18 年。①

---

① 市界观察:《泛亚非法吸储 430 亿一审宣判,公司被罚 10 亿,实控人获刑 18 年》,https://baijiahao.baidu.com/s?id=1628782255595080563,2023 年 12 月 1 日访问。

第二章

商事人格与营业能力

AA 制旅游中发帖邀请人是否承担安全保障责任以及主体标准如何甄判？

2006 年 7 月 7 日，广西南宁的梁某在南宁时空驴行驿站发帖邀人去郊县森林旅游，费用 AA 制，每人 60 元左右。帖子一出，即有网友 13 人附和参加。不料 7 月 9 日夜晚露宿赵江峡谷时山洪暴发，一个网名叫"手手"的骆姓女孩被洪水冲走，罹难身亡。其后，手手的母亲状告驴友，要求另 12 名驴友赔偿 35 万元。10 月 19 日，南宁市青秀区人民法院开庭审理了这起我国首例遇难驴友家人状告一同出游的驴友案，并判决受害人手手、被告梁某与另外 11 名驴友按 2.5∶6∶1.5 的责任比例来承担该案的民事赔偿责任。被告梁某赔偿原告死亡赔偿金、精神损害抚慰金等约计 16.3 万元，被告陈某等 11 名驴友连带赔偿约 4.8 万元。该判决一出，令全国户外旅游界及法律界哗然；12 名驴友不服，上诉至南宁市中级人民法院。2007 年 3 月 13 日，案件在市中级人民法院开庭审理。二审期间，法院曾试图调解，但无结果。2009 年 2 月 25 日，市中级人民法院最终作出了改判。②

探险性户外自助旅游方兴未艾，上述案例触及此类旅游网友散户或俱乐部之类团体是否具有商事人格的问题，具备商事人格的商事主体一旦违反义务性规定，为了安全保障要求主体注意义务更高，承担的责任更重③。高度风险户外探险运动中的责任主体追责以民事裁判思维为准，当符实际，因为驴友俱乐部实行费用 AA 制，"驴头"也不具备营业能力，故也不应涉及商事严格责任问题。

本章探讨"商事人格和营业能力"，企业经营者需对商事人格（权）及营业能力（营业资格）的相关立法与法理有所了解，才能在商海鏖战中更好地维护自己的权益。

---

① 这里冠曰"商事人格"，乃因其为"商事人格权"享有之前提，业内对后者的研究方兴未艾。本书虽也主要阐述"商事人格权"（商号权、商誉权）等内容，却以"商事人格"为标题，一是为了与"营业能力"对称，二是指出"商事人格权"以"商事人格"的确认为条件，否则，皮之不存，毛将焉附。至于为何采"营业能力"之说，主要是借用了王保树教授书上受日本学者表达之概念（王保树：《商法总论》，清华大学出版社 2007 年版），其与坊间通称的"商事能力"无异（高在敏等编：《商法》，法律出版社 2006 年版，第 62 页）。

② 莫小松：《广西首例自助游引发赔偿案二审宣判驴友适当补偿"手手"父母》，载《法制日报》2009 年 2 月 27 日。

③ 在商法领域中，传统民法尊崇的个人责任和补充责任转化为各种形式的加重责任，连带责任和严格责任成为商事责任的典型形式。例如，《日本商法典》第 594 条规定：旅店、饭店、浴室等以招徕顾客为目的的店所的主人，对其接受顾客寄托物品的灭失或毁损，非证明其系不可抗力所致，不得免除损害赔偿责任。而民法中有偿保管人对保管物的毁损灭失一般承担过错责任。出于同样的考虑，对中介人、仓储者、海运者也基于业务的种类严格确定其具体义务。又如，《韩国商法典》第 62 条规定："商人在其营业范围内代管物品的情形下，即使未领取报酬，也应尽善良管理人的注意义务。"

一、商事人格及商事人格权

(一) 商事人格

商事人格是对商事主体资格的法律确认,是享有商事人格权的基础和前提,为法律对商事主体之拟制及确认之结果。

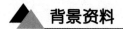

人格、人格权、商事人格的历史简考

欲了解商事人格,得先明确民法上的人格理论。现代民法中的人格即为法律主体资格,但在不同的历史时期不同的国家有着不同的内涵。

古罗马时期一个人必须具有自由权、市民权、家族权组成的身份状态(persona)时才算是拥有了完整人格(caput)。罗马法中人格是公私法兼容、人格身份并列、财产关系和人身关系合而为一。1804年《法国民法典》受个人自由主义思潮支配,个人与国家间存在的各种团体均被有意忽略,民法典没有赋予社团或财团以主体资格。随着商业活动频繁发生并呈现渐强之势,商业团体的主体资格终于通过1807年《法国商法典》得到确认;嗣后,1978年《法国民法典》修订,正式承认了法人的民事主体地位。与法国不同,《德国民法典》制定之际,商业活动发达,德国立法者受到经济共同体思想与社会连带观念影响,承认了法人的主体地位。但是,德国民法弃"人格"而代之以"权利能力"作为判断主体适格的标准,使法人与自然人通过权利能力的适格判断标准成为法律关系中的主体。

人格权是指民事主体依法所固有的、以人格利益为客体的、为维护主体的独立人格所必备的权利。人格与人格权一直以来被等同视之,人格被定义为各种具体的人格权——名誉、姓名等具体的人格权利益。实际上人格始于古罗马法,但人格权则是19世纪才产生的概念,两者并不相同。人格基于人的平等、尊严价值,其不能移转、不能带有经济利益;但与人格分离的人格权作为一种民事权利,具有转移和利用的可能性。基于此,本书将人格权与人格分离而论。正如民法上的人格与人格权相区别,商事人格也应与商事人格权区分开来。所谓"商事人格"是指依法确认和取得的商事主体资格。在商人自由从商的前国家商事立法时期,商人可能获得民事人格,但没有取得商事人格。在商人习惯法逐渐纳入国家法后,欧陆诸国遂开始了商事成文法的编纂运动,终于在国家法上确立了从事商事经营活动并以此为业的商人阶层的商事人格。

正如有论者指出的,"商事人格法律创制"已成为从事商事营业所必须具备的首要条件。即:具有一般人格——民法人格者,如果要从事合法的、持续的营利性经营活动,必须依法获得特殊人格——商事人格。总之,商事人格需要商事立法上的确认,也成为商事人格权形成的前提。

(二) 商事人格权

商事人格权是指商事主体为维护商事人格利益而享有的一系列商事权利之总称,包括商号权、商誉权、商业秘密权、商事信用权、企业徽标权(logo)等,它是独立于民法上的人格权、财产权之外的,继知识产权之后出现的兼具商事人格与财产双重属性的新型商事权利。

商事人格权的定义之争及法律属性

关于商事人格权的定义,有两种代表性观点。一种观点认为,所谓商事人格权,是指公民、法人为维护其人格中包含经济利益内涵在内的、具有商业价值的特定人格利益——商事人格利益而享有的一种民(商)事权利。这种观点是将传统人格权的商业开发利用"人格权商业化"纳入商事人格权范畴。① 这种定义不恰当地将"人格权商事化"现象等同于"商事人格权"。对于那些不以商业活动为业的人而言,其人格的财产价值通过对自然人的姓名、肖像及至声音等人格标识的商业利用得到挖掘与展现,是对传统人格权中忽视人格利益具有经济利益属性的一大修正。对这种作为民法主体上的人格权的商事化利用,有文章运用"商品化权"的概念予以解释,其本质上仍属于民法上的人格权范畴。在美国,此权利被表述为"形象公开权",是对名称、肖像等代表形象的标记进行商业利用的一种独占权,应划入知识产权领域。可见,一般自然人的"人格权商事化"不能等同于商法上的商事人格权。

另外一种观点认为,所谓商事人格权,是指商事主体所特有的经法律确认而以商事人格利益为客体的权利。本书倾向于后一种观点。商事人格权为商事主体所专属的权利,乃商事主体维持其法律人格所不可或缺者,其不享有自然人所享有的人格权——生命权、身体权与健康权。因此,有学者提出,商事人格权只能在商法的体系内获得解释。也就是说,商事人格权作为商事主体所专有的权利,只能解释成一种独立的商事权利,应在商法典或类似商事立法中予以明确规定。②

"商事人格权"作为一个尚未正式见之于商法教科书的新概念,是基于商事主体享有各种人格利益的实践需要。其特征主要体现在:

1. 商事人格权为商事主体所享有,其以商法上对商事主体之商事人格确认为存在前提。在我国,法人、合伙组织以及个体工商户一般须经商事登记取得商事人格身份,其中法人、合伙组织商号以及个体工商户的字号登记为必备登记事项。

2. 商事人格权是商事主体对其商事人格利益进行商业化利用的过程中产生的权利。③ 其不仅为区分商事主体提供不同的营业标记,而且商事主体在长期商事活动中创造性的劳动,使得这些营业标记成为其商业名誉及商业信用的载体。它不仅对权利人而言具有财产

---

① 程合红:《商事人格权刍议》,载《中国法学》2000年第5期。
② 范健、王建文:《商法基础理论专题研究》,高等教育出版社2005年版,第235页。
③ 张愈希:《商事人格权的界定》,载最高人民法院网,http://rmfyb.chinacourt.org/public/detail.php?id=103039,2009年11月22日访问。

价值,也能为他人合法利用并带来经济利益。

3. 商事人格权所保护的客体是商事人格利益。所谓商事人格利益,是指商事主体在商事活动中包含经济利益在内的特定人格利益。它与传统人格利益最大的不同,就是它具有财产属性,其经济价值的内涵能够为权利主体带来收益。商事人格利益的财产价值可以货币形式表现,主要有:(1)许可使用费,如个人姓名、肖像许可他人进行商业性利用的费用。(2)转让费用,如商号、商誉、商业秘密等可以进行转让,转让价格当事人双方在合同中可自行约定。(3)投资作价。我国2021年出台的《市场主体登记管理条例》第13条第2款基本沿用了2006年1月1日的《公司注册资本登记管理规定》(现已失效)第8条的内容,规定"出资方式应当符合法律、行政法规的规定。公司股东、非公司企业法人出资人、农民专业合作社(联合社)成员不得以劳务、信用、自然人姓名、商誉、特许经营权或者设定担保的财产等作价出资"①。在实践中出现被挂靠组织允许企业挂靠经营,其实是一种变相的信用投资。② 其他国家的法律一般许可以自己的姓名、名称和信用作为投资。(4)企业合并、分立、破产时的评估价值。商事人格利益的获利能力是确定其价值的重要因素。

4. 商事人格权具有可转让性和继承性。传统民法的人格权具有专属性,一般不可转让、不可继承。而商事人格权作为一种能够给权利人带来经济利益的、具有财产价值内容的权利,具有可转让性,能够成为可继承的一项权利。商事人格权的转让客体——商事人格利益也是一种经济资源。在市场经济条件下,资源应流向最能发挥其效用的地方,由价值规律决定其配置。人为限制商事人格利益转让和流通,有悖市场经济运行规律。

5. 商事人格权有特殊的救济方式。商事人格权特殊的法律属性,导致其受到侵害的方式具有特殊性,其救济方式也表现出综合性、多种类并以财产权保护方式为主的特点。(1)对商事人格权受到侵害时的救济,以财产损害赔偿为主。而且,这种财产损害赔偿除了适用侵权法上的基本原则外,在许多具体问题上还要适用《反不正当竞争法》以及《商标法》等特别法。(2)对商事人格权受到侵害时的救济通常以财产损失为限,并不包括精神损害赔偿。(3)对商事人格权的保护可以适用一些传统人格权受侵害时的责任方式。因为商事人格利益是包括人格因素和财产因素的复合利益,其人格因素决定了当商事人格权受到侵害时,可以适用一些人格权的救济方式,比如停止侵害、赔礼道歉、消除影响等。

相关案例
赵雅芝与上海琪姿贸易有限公司、上海诺宝丝化妆品有限公司侵害姓名权纠纷、肖像权纠纷案③

2005年5月16日,赵雅芝与诺宝丝公司签订《形象代言协议书》,约定赵雅芝允许诺宝丝公司合法使用其肖像为化妆品进行广告宣传,合约有效期为2005年7月31日至2006年7月31日。2012年1月9日,被告琪姿公司与被告诺宝丝公司签订协议书,约定诺宝丝公

---

① 该条例2022年3月1日起施行。《公司登记管理条例》《企业法人登记管理条例》《合伙企业登记管理办法》《农民专业合作社登记管理条例》《企业法人法定代表人登记管理规定》同时废止。

② 许多被挂靠组织尽管未向挂靠企业进行有形资产的投入,其信用却被挂靠企业实际利用,挂靠企业通过挂靠关系获得了他人所无法获得的经营资源和条件,被挂靠组织由此而取得管理费等名目的收益,进一步主张投资者的权益也是顺理成章的。

③ 参见《最高人民法院公报》2015年第9期。

司向琪姿公司提供品牌代言人赵雅芝等六大明星为"VZI"产品制作的影像广告宣传资料、协议有效期自2012年1月9日至2013年1月8日等内容。2012年,琪姿公司在其经营的网站上使用赵雅芝的姓名、肖像等。赵雅芝起诉请求停止使用其姓名及肖像并赔偿损失。

上海市浦东新区人民法院认为,被告未经赵雅芝同意,无权在双方协议约定期间届满后继续使用其姓名和肖像,也无权授权他人使用,行为侵犯了原告的姓名权和肖像权。原告作为影视明星,其姓名和形象在中国大陆具有较高知名度,加之原告良好的外形和在公众中所产生的良好声誉,使用其姓名和形象对相关产品进行宣传可提升该产品的影响力和可信度,对该产品的生产商或销售商亦可带来实际的利益。因此,原告的姓名和肖像具有一定的商业价值,对其姓名权和肖像权造成侵害,侵权人应当赔偿一定的经济损失。①

(三) 商事人格权的分类及其保护

商事人格权主要包括:商号权(企业名称权);商誉权(名誉权);荣誉权;商业形象权[如企业的形象设计即英文 CI(corporate identity)设计,具有标识作用,并具有一定的经济价值];企业徽标权(logo)。下面对商号权、商誉权、企业徽标权作一介绍。

1. 商号、商号权及其保护

商号,又可称为商事名称、商业名称,指的是商事主体在从事商事行为时所使用的名称,即商事主体在商事交易中为法律行为时,用以署名或让其代理人以之与他人进行商事交往的名称。它是企业对外交易的重要标识之一,在商事经营中用来彰显自己以区别于其他企业。商号的正当使用人用商号来表示其营业的统一性、独立性、持续性等。

(1) 商号的功能

首先,商号是商事主体法律人格的彰显。作为企业特定化的标志,商号是商事主体具有法律人格的表现。商号因为具有特殊的身份标识功能和识别价值,总是与特定的商事主体相联系,因而商号权具有很强的人身权的属性。

相关案例
福建顺昌虹润精密仪器有限公司诉济宁济润自控仪表有限公司等侵害企业商号权纠纷案②

商号体现为企业名称中的字号,是构成企业名称的核心部分,是区别不同企业主体的最显著标识。原告福建顺昌虹润精密仪器有限公司自2001年起开始使用"虹润"作为自己的字号,经十多年的持续宣传与使用,"虹润"字号在相关公众中已具有了较高的知名度,成为相关公众所熟知的商号。被告济宁济润自控仪表有限公司虽经国家登记机关合法登记后使用其名称,但其是在没有合法依据的情况下擅自在企业名称中使用"虹润"字样,且原告使用"虹润"字号在前,被告登记名称在后,原告的商号权可以对抗被告企业名称权。被告企业名称中的字号文字"虹润"与原告的字号文字相同,经营的商品与原告的亦类似,其行为足以引

---

① 引用自北大法宝,[法宝引证码]CLI.C.3387001。
② 山东省济宁市中级人民法院(2011)济民三初字第104号。

起相关公众对企业名称所有人的误认,使相关公众对市场主体及商品的来源产生混淆。被告将原告的字号使用在自己的企业名称中,亦作为字号使用,构成对原告商号权的侵犯,应当停止使用带有"虹润"字样的企业名称,并依法承担停止侵权、赔偿损失的民事责任。

相关案例
具有商号作用的企业名称简称依法受到保护

《最高人民法院公报》2014年6月所发布的第29指导案例"天津中国青年旅行社诉天津国青国际旅行社擅自使用他人企业名称纠纷案"中,明确地将企业名称的简称也纳入到《反不正当竞争法》第5条的适用之中,其裁判要点指出:对于企业长期、广泛对外使用,具有一定市场知名度、为相关公众所知悉,已实际具有商号作用的企业名称简称,可以视为企业名称予以保护。擅自将他人已实际具有商号作用的企业名称简称作为商业活动中互联网竞价排名关键词,使相关公众产生混淆误认的,属于不正当竞争行为。显然,从《反不正当竞争法》所明确规定的"企业名称"到最高人民法院指导案例所提出的"简称"都在法律保护之列。

其次,商号能为企业带来经济利益。作为商事主体的资信状况、营业风格、特色的象征,商号也是商事主体特定信誉的表现,商号的使用能为其所有者带来一定的经济利益,故商号权具有突出的财产价值。

背景资料

商号的市场价值

在商界,商号的价值不言而喻。"商名叫响,黄金万两。"美国石油公司埃克森(Exxon)为给公司品牌命名,专门组织心理学、语言学、社会学和统计学方面的专家,耗时六年,对55个国家的语言、民俗进行调查分析,提出了1万多个草案,最后选定了EXXON(埃克森)这一誉满全球的品牌名并为此支付了10亿美元的费用。[①]

再次,商号是建立消费信赖的基础。商号在现代市场经济中的地位越来越重要。商号之所以如此重要,原因在于"名字里包含了产品的承诺",消费者通过商号认识企业,企业通过商号向消费者传达信息,商号是搭建在企业与消费者之间的桥梁。没有商号,消费者便难以区别市场上繁多的商品及服务,难以建立消费信赖。商人对于自身商号及商号权的维护,就是维护商人自身的存在。

---

① 美国可口可乐公司前董事长罗伯特·士普·伍德鲁夫曾言:"即使可口可乐公司在全球的生产工厂一夜之间被大火烧毁,只要有可口可乐的品牌在,很快就可以重建可口可乐新的王国"。《产品取名——"埃克森"迄今最昂贵的改名》,载中华取名网,https://www.chinaname.cn/article/2007-2/669.htm,2023年10月30日访问。

相关案例
"蒙牛酒业"商号 vs 蒙牛驰名商标[①]

2004年8月,浙江义乌一名经销商打电话向蒙牛乳业公司投诉,说蒙牛酒业昂格丽玛江浙沪销售总公司(下称"蒙牛酒业")在招商中存在欺骗行为,而且蒙牛酒业的有关人员也解释说蒙牛酒业就是蒙牛乳业下属的公司。此一投诉让蒙牛乳业大吃一惊。紧接着,上海、江苏等地的投诉不断。经呼和浩特市工商局到江浙沪地区调查、走访,发现反映受骗的经销商大多是冲着蒙牛乳业这个知名品牌而来,其受骗的理由也大致相同,涉及的金额多达几百万元。

在蒙牛乳业公司的"蒙牛"商标权与蒙牛酒业公司的"蒙牛"商号权这起典型的权利冲突案例中,解决冲突的首要原则应当是在先权利原则。蒙牛酒业于2001年8月7日注册成立,而此时"蒙牛"(乳业)早已是全国驰名商标,根据当时生效的《驰名商标认定和管理暂行规定》和现行的《驰名商标认定和保护规定》,蒙牛乳业的在先的"蒙牛"驰名商标权应当足以阻止蒙牛酒业公司在后登记其"可能欺骗公众或者对公众造成误解"的"蒙牛"商号,也足以对抗在后蓄意"傍名牌"登记注册的蒙牛酒业的"蒙牛"商号权。换言之,第一,不应许可蒙牛酒业公司在后登记"蒙牛"商号;第二,应当撤销蒙牛酒业公司已经不正当登记的"蒙牛"商号。

---

(2) 商号权的性质

商号权是指商事主体的名称权,只有商号权才能准确地反映出商事主体的特殊属性。任何法律主体都必然要以一定的名义标识,并凭借该名义参与社会活动。在自然人,用以标识的名义为姓名;在公法人,其名义为相应机关名称;在商事主体,则为商号。

由于商号是商事主体出于营利目的而创设使用的一种有别于一般民事名称的特殊名称,作为商事主体的资信状况、营业风格、特色的象征,商号的使用能为其所有者带来一定的经济利益,因此,为保护商号所有人对其商号中蕴含的财产利益的享有,法律上一般规定,商号一经登记,便取得受保护之专用权。

不过,在对这种商号权的法律性质认识上,观点不一,主要有:(1) 人格权说。此说主张商号权为人格权的一种,主要因为商号为商事主体的特定化、人格化的重要标识,与姓名权实质无异,与自然人一样,商事主体均有权决定、使用和依照规定改变自己的名称,禁止他人干涉、盗用和假冒。自然人有其思想意志,有自己的人格,商事主体也一样有意志、有人格,因此商号权与姓名权一样,划入人格权序列。[②] (2) 财产权说。此说主张,商号一经商事主体登记后享有专有权,此权利与商誉的维护息息相关,商誉包含一定的经济价值和社会价值,属于无形资产,此项权利可以转让、继承,而作为人格权的名称权是不能作为转让或继承的标的的。[③] (3) 折中说(或双重性质权利说)。该说认为,商号权一方面有姓名权的排他效

[①] 徐君霞、郑国辉:《商标与商号权利冲突的立法对策》,载《商场现代化》2007年第1期。
[②] 于新循:《关于完善我国商号法律制度的几点建议》,载《重庆商学院学报》1998年第1期。
[③] 龙显铭:《私法上人格权之保护》,中华书局1948年版,第89页。

力,另一方面又可作为财产权进行转让和继承,因而兼具人格权与财产权的特性。[①] 其理由在于:一是商号作为表示自己名称之用,具有独立人格之基础,所生之权具有人格权之特征;二是商号和营业商誉等联系在一起,具有财产价值,可成为转让、继承之物,在这个意义上,商号权又归属财产权;三是国际公约把商号权视为知识产权(工业产权)的一种,如《保护工业产权巴黎公约》。一些国家的国内法也将商号纳入知识产权之列。而知识产权通常被认为兼具人格权与财产权的性质。因此,将商号权定位于人格权与财产权相结合的一种权利更为合理。

(3)商号权之限制

第一,商号权具有严格的地域性。除全国驰名的大企业的商号可以在全国范围内享有专用权外,其他商事主体的商号具有严格的地域性,甚至比一般工业产权更受地理范围之限制,诸如商号权的排他效力、救济效力只被限制在特定的省、市、县范围内。

第二,商号权转让受一定制约。为保障商号的社会公知、商事交易安全,避免与他人混同或致人误解,各国立法均对商号权转让作了一定限制,这种限制其实与商号权的人格权性质分不开。这种限制主要有两种立法模式:一是不得单独转让。即商号必须与营业本身一同转让,不得单独转让。如《瑞士债务法》第953条规定,一个已存企业的受让人必须为该企业重新选定商号。但如果经转让人明示或默示同意,受让人可保留原商号,只是得增加他是原企业的受让人字样。《日本商法典》第24条规定,商号限于和营业一起或废止营业的情况下,可以转让,如果原营业继续存在,则商号不得单独转让。在普通法系国家,商号为商誉的一部分,可随商誉一同转让,但不得单独转让。二是可以单独转让。这种立法以法国为代表。法国立法认为,商号为商业资产的一部分,可以自由转让,但商号转让后不得用于签名。

我国原《企业名称登记管理规定》第23条曾规定,企业名称可以随企业或者企业的一部分一并转让,企业名称只能转让给一户企业。企业名称转让后,转让方不得继续使用已转让的企业名称。转让方与受让方应签订书面合同或协议,报原登记主管机关核准。遵循的是"商号不得单独转让主义",即商号的转让必须随企业或者企业的一部分一并转让。2020年12月14日修订的《企业名称登记管理规定》对第23条规定作了删除,简化为第19条,规定"企业名称转让或者授权他人使用的,相关企业应当依法通过国家企业信用信息公示系统向社会公示",意味着商号转让更为自由、便捷。

值得注意的是,商号权转让涉及第三人利益时,如果新商事主体继续沿用原商号,对于原商事主体提供过信贷或享有对抗原商事主体的其他权利的善意第三人,各国立法均规定新商事主体必须对原商业债务承担法律责任。

相关案例
"吴良材"企业老字号争夺纠纷[②]

吴良材有限公司创始于清朝康熙五十八年(公元1719年),其前身为"澄明斋珠宝玉器号",1806年传到吴良材手里后,加挂招牌"吴良材眼镜店",以定配、定制眼镜为主。1926

[①] 王利明等:《人格权法》,法律出版社1997年版,第98页。阮赞林:《商号权的几个问题探讨》,载《商业经济与管理》2001年第5期。

[②] 陈忠仪、倪慧群:《上海终审一起企业字号权纠纷:判决原告不享有"吴良材"老字号使用权》,载中国法院网,http://www.chinacourt.org/html/article/200212/26/27764.shtml,2009年12月26日访问。

年,该店传至吴良材第五代后人吴国城经营,取名吴良材眼镜公司。1956年,吴国城将吴良材眼镜公司公私合营。在20世纪90年代,公司又先后改名为上海吴良材眼镜商店、上海吴良材眼镜公司、上海三联商业集团吴良材眼镜公司和上海三联(集团)有限公司吴良材眼镜公司。经营过程中,公司将"吴良材"注册为商品和服务商标,并在1993年被国内贸易部评为"中华老字号"。

2001年3月,吴国城子女吴自生等人在上海开设"吴县市上海吴良材眼镜有限公司静安分公司"。"三联吴良材眼镜公司"以侵犯其"吴良材"商标专用权为由,向工商部门投诉,工商部门对吴自生开设的公司进行了查处,并责令停止使用上述名称。吴国城、吴自生等人向上海市第二中级人民法院起诉,认为"吴良材"不仅是吴氏家族前辈的姓名,而且成为吴氏家族进行经营的品牌字号,同时也是吴氏家族的一项无形资产。"吴良材"三个字已经成为吴氏后人精神生活的重要组成部分。虽然公私合营时,吴良材眼镜公司被国家赎买,但是,当时合营入股的仅是有形财产,不包括"吴良材"字号这一无形财产。为此,请求法院确认原告对"吴良材"字号享有合法使用权。

上海市第二中级法院审理后认为,"吴良材"作为字号已经脱离吴良材个人而成为企业名称乃至企业整体的一部分。从"吴良材"字号的使用情况看,公私合营后,"吴良材"始终是被告企业名称的核心部分,而且被告为"吴良材"品牌的发扬光大作出了独有的贡献。而原告在公私合营后直至本案纠纷发生时的2001年3月,从未使用过"吴良材"字号,也未对被告使用该字号提出异议。因此法院判决原告对"吴良材"字号不享有使用权。吴国城、吴自生等不服,向上海市高级人民法院上诉,高级人民法院审理后作出维持原判的终审判决。

(4) 如何选用商号?

先贤尹文子有曰:"形以定名、名以定事、事以验名。"对企业名称的选用不能全凭自己的创意、想象,除了取好名字讲究学问外,企业名称的选取、使用还必须遵守相关法律规则。

首先,商事主体只准使用一个名称,这又叫商号单一原则,即在同一辖区内不得与已登记注册的同行业商事主体的商号相同或近似。商号的名称结构一般由四个部分组成,即行政区划、字号、行业、组织形式,其中"字号"为企业人格化之象征,可自由选定,其余行政区划、行业、组织形式为法定要求。

其次,商事主体不得使用以下名称:① 有损于国家、社会公益的名称;② 可能对公众造成欺骗或误解的名称;③ 外国国家(地区)的名称;④ 国际组织的名称;⑤ 政党名称、党政军机关名称、群众组织名称、社会团体名称、部队番号;⑥ 以汉语拼音字母(外文名称中使用的除外)、数字组成的名称;⑦ 其他法律、法规规定禁止使用的名称。

相关案例
公司能够冠以"资本家"之名称吗?

据新华社上海2003年9月10日电,36岁的研究生陆某来沪创业时突发奇想,意欲将自己的公司以"资本家"冠名,申办企业"上海资本家竞争力顾问有限公司",上海市工商局在"驳回通知"中指出:"资本家"一词来源于政治领域,是一个公认的具有特定政治内涵的概念,已经成为约定俗成的毫无歧义的专用的政治名词;将"资本家"用作企业名称与目前的社会风俗和文化氛围极不协调,因此不能作为企业字号使用。为此陆某向法院提起了行政诉讼。审理此案的上海市徐汇区人民法院作出一审判决,驳回诉请,认定"资本家"三字不能用作企业字号。法院也认为:"资本家"一词在目前的条件下如作为企业名称字号使用,确有误导公众认识的不宜之处,市工商局驳回该字号的注册申请,符合法规规章的规定。

又如,上海市金山区一家理发店挂出"最高发院"招牌。工商部门认为,"最高发院"牌匾内容涉嫌违反《广告法》相关规定,责令店主停止发布,并予以立案查处。学者则认为,"最高发院"的店名实际上是对"最高法院"的戏仿,因其涉及对特定第三人的利益冲突,尤其是法律法规中明确禁止的国家司法机关,不利于人民法院作为司法机关在社会生活中的权威性和严肃性,也不利于人们对理发店本身经营性质的准确认知,因此应予取缔。①

再次,设立分支机构的,商事主体及其分支机构的名称应符合下列规定:① 在名称中使用"总"字的,必须下设三个以上分支机构;② 不能独立承担责任的分支机构,其名称应当冠以其所属商事主体的名称,缀以"分公司""分厂""分店"字样,并应标明该分支机构的行业和所在地区行政区划名称或者地名,但其行业与其所属企业一致的,可从略;③ 能够独立承担责任的分支机构,应当使用独立的名称,并可以使用其所属企业的名称中的字号;④ 能够独立承担责任的分支机构再设分支机构的,其所再设立的分支机构不得在其名称中使用总机构的名称。

又次,联营商事主体的名称可以使用联营成员的字号部分,但不得使用联营成员的全部名称,且应注明"联营"或"联合"字样。

最后,商事主体是公司的,必须标明"有限责任公司"或"股份有限公司"字样。在商业银行、保险公司、证券公司的名称中应标明"银行""保险""证券"的字样。

拓展知识

我国商号保护制度的改革与完善

目前我国尚无专门的关于商号及商号权的全国性立法,商号还没有上升为法律概念,与商号有关的立法均是以企业名称的形式表现出来,但在不少法律文件中又散见商号、字号等字样,商号、字号、企业名称没有统一的法律界定,导致概念混乱。而关于企业名称的规定曾主要规定在原国家工商总局制定的《企业名称登记管理条例》及其实施办法和一些地方性法规中,立法级别低,此外在《民法通则》《反不正当竞争法》《产品质量法》《消费者权益保护法》中也曾有关于企业名称的规定。《民法典》在规定法人、个体工商户、个人合伙享有名称权的同时,又将个体工商户、个人合伙的名称称为"字号"。显然,我国法律将字号等同于商号,与商事主体名称具有等值功能。但商号基础性规则及驰名商号规定简略、模糊,法律位阶低,导致对商号权保护不周。

基于此,商法学界有学者提出以商号立法取代企业名称立法,如商号更具确定性和周延性,也更符合中国的用语习惯和商事传统;而且商号立法取代企业名称立法有助于实现法律

---

① 朱体正:《戏仿商业名称的规制路径——基于一则案例的评析》,载《上海商学院学报》2013年第2期。

之间的协调。学者们建议——应赋予商号独立的法律地位,明确商号权的商事权利属性,以商号立法代替现行的企业名称立法。具体而言,可在商事基本法或商号单行法中规定商号的基本规则,对商号界定[①]、商号选用、商号转让及许可使用、商号权保护等基础性规则作出相应规定。也有论者指出,以"企业名称"作为商事主体名称的统一术语,社会各界接受度更高,更符合我国法制传统与现行法律规定。企业名称规范有利于矫正市场乱象,体现自身价值,有效化解纠纷。[②] 除法律另有明确规定外,企业名称中行政区划、字号、组织形式等三部分应作强制性规定,行业或经营特点则应由企业自主决定是否标明以及如何标明。字号的选定应充分尊重意思自治,但应以不违反法律行政法规的强制性规定、不违背公序良俗、不损害他人合法权益为前提,同时赋予市场监管部门企业名称审查职责,拓宽利益相关主体知情与表达诉求、寻求救济的法律途径。

2. 商誉、商誉权及其保护

(1) 商誉的定义

商誉,是商事主体在长期经营实践中,靠逐步投入,慢慢积聚起来的为其拥有和控制的,能够带来超额经济利益的一种资源。企业名称的知名度可带来商誉价值,为了建立和提高自己的商誉,经营者每年要拿出一定的资金用于广告宣传、公益事业等,此为企业家们努力创造品牌和打造百年老店的动力源泉所在。反之,一旦商誉被毁,则有可能一蹶不振。

相关案例
南京冠生园因毁商誉而破产[③]

南京冠生园食品公司将陈馅翻新制成月饼出售一事,2001年被中央电视台《新闻30分》曝光后,其公司商誉受到了巨大损害,导致向南京市中级人民法院申请破产。2002年12月4日,南京市中院正式受理了这一破产清算案,这意味着"冠生园"这个老字号成了南京市第一家宣告破产的合资企业。与此同时,各地"冠生园"厂商深受其害,损失惨重。由于历史原因及企业名称立法制度上的缺陷,虽然遍布全国各地的"冠生园"厂商彼此并无任何联系,但在现代企业连锁经营盛行的情形下,消费者在无法弄清其彼此关系时,最直接、有效的方法就是选择拒绝"冠生园"的商品。

在普通法系,商誉由来已久,1810年英国法官曾将商誉恰当地解释为"企业给顾客们的商业信誉"。1867年加利福尼亚最高法院在一个判决中称:"商誉是一种老顾客经常光顾一个地方的可能性。它还是一种企业在未来仍然像过去一样继续增加营业利润和促成满足契

[①] 目前在我国不少法律文件中已经开始频繁使用商号或字号一词,如原国家工商总局制定的《"中华老字号"认定规范(试行)》就明确适用"字号"一词,《内蒙古自治区著名商标认定和保护办法》第21条规定:"不得擅自将与内蒙古著名商标相同或者近似的文字作为企业的字号或者店铺名称使用;不得擅自将与内蒙古著名商标所有人的企业字号或者店铺名称相同或者近似的文字作为本企业字号或者店铺名称以及未注册商标使用,但企业字号或者店铺名称登记在先的除外。"该条也存在企业字号、商铺名称等用语。《浙江省企业商号管理和保护规定》及《浙江省知名商号认定办法》等更是关于商号的直接立法。但由于缺乏商号基本规则,对商号缺乏一个统一的界定,导致对商号的理解混乱。因此需要在商事基本法中对其作出界定。

[②] 段威:《企业名称规范论:制度价值与规制路径》,载《中国政法大学学报》2022年第1期。

[③] 陶峰、汪晓东:《南京冠生园破产调查》,载《人民日报•华东新闻》2002年3月15日。

约要求的方法的可能性。"① 商誉作为一种财产权利,只能依附于企业,并没有独立存在的能力。

在我国,商誉并非法律概念,而仅是一个商业概念,《民法典》等基本法律中并未出现"商誉"这一用语,关于"商誉权"的保护只能比照适用《民法典》关于"法人名誉"的规定。在《反不正当竞争法》中出现了"商业信誉"和"商品声誉"等概念及规则,但一旦商誉侵权不是发生在企业之间,而是消费者侵犯商誉,则无法适用《反不正当竞争法》的规定。

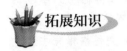

商标、商誉、品牌之区别、联系

商标,英文为"trademark",是指将某商品或服务标明是某具体个人或企业所生产或提供的商品或服务的显著标志。商标注册和保护制度帮助消费者识别和购买特定的产品或服务。

商誉,英文为"goodwill",是商品经济发展到一定阶段的产物,它表示的是一种商业信誉,是商品生产者或经营者在它们的生产、流通和与此有直接联系的经济行为中逐渐形成的,反映社会对其生产、产品、销售、服务等多方面的综合评价。

品牌,英文为"brand",是一个来自市场营销的术语,除了可指 logo 和法律工具之外,其定义达12种之多,在营销、管理学上是指"一厂商用于商品或服务的名称、称谓、设计、形象及其他任何识别于其他厂商商品或服务的特有部分"②。至今品牌还没有作为法律用语在我国的法律文书中普遍使用。但随着商业竞争加剧以及零售业不断变迁,全球企业界经历了一个从产品经营到品牌打造、品牌资产价值资本化的品牌资本运营阶段,从而进入了全新的品牌竞争时代,品牌成为资本价值和市场竞争经济的"原子核"。

(2) 商誉权

以商誉为客体的权利在法律上的表现为商誉权。商誉权是指商事主体等经营者对其所创造的商誉享有其利益并排除他人侵害的权利。其法律属性各说不一。

其一,人格权说。该种理论的要点在于将商誉权归类为人格权,以区别于具有经济内容的财产权。具体又分两种:① 单一人格权说,认为商誉属于法人名誉内容的一部分,法人的名誉与法人的商誉在本质上没有什么差异,商誉权即属于法人名誉权的重要组成部分。③ ② 特别人格权说,认为商誉权虽然有无形财产权性质,但财产性只是其非本质属性,只有人格权才是它的本质属性。商誉权的客体包括精神利益与财产利益,但后者不是直接的财产利益,而是含于商誉利益之中。因此,商誉权是一种有别于相关权利的特殊人格权。④

---

① 程合红:《商事人格权论——人格权的经济利益内涵及其实现与保护》,中国人民大学出版社 2002 年版,第 75—77 页。
② Bennet,'Brand',For an overview of the different brand approaches that have been developed by marketing and brand management scholars, see Heding/Knudtzen/Bjerre. pp. 20. ff.,转引自 Damiano Canapa(2016), *Trademars and Branda in Merger Control: An Analysis of the European and Swiss Legal Orders*, Wolters Kluwer, p. 10.
③ 张新宝:《名誉权的法律保护》,中国政法大学出版社 1997 年版,第 35 页。
④ 王娜加:《论侵害商誉权及其法律救济》,载《内蒙古师大学报》1999 年第 3 期。

其二,特殊的知识产权说。① 从权利本体内容来看,商誉权具有人身性和财产性双重属性。人身性表明商誉与主体相联系而存在,是企业特别人格形象的表现;财产性说明商誉区别于一般名誉与荣誉,具有相当的财产意义。从权利的产生来看,商誉的形成在于企业在生产经营、服务态度、技术创新、员工素质、商业文化、管理经验等方面所形成的良好能力,并由此获得社会、公众的普遍认可和积极评价。这种经营管理中的资信,具有无形财产价值属性,因此商誉权也应归于知识产权。

其三,复合权说。该种理论一般承认商誉权具有财产权与人格权的双重内容,有的主张"知识产权兼人格权说",认为商誉权兼具人身性(即人格权)和财产性(即知识产权),侵害商誉权的行为不仅侵犯了权利主体的知识产权,同时也侵犯了其人格权。这种侵权行为是一种竞合侵权,其侵犯的客体有两个,一是商品,表现为侵犯商品声誉;二是商誉主体,表现为侵犯商业信誉。②

上述诸说都有一定道理,为了加强商誉保护,防止侵权,商誉权应当被作为一种新型的、独立的商事权益来对待。它与名誉权不同,企业的名誉权是指企业在从事一切民商事活动中确立起来的名声、自身形象(包括但不限于财产状况、信用、声望、是否尽到社会责任等方面的评价)方面所得的权益,纯属人格权范畴,而商誉权则是具有浓厚的无形财产价值色彩的一种新型商事权益。两者因侵害人及侵害方式的不同而由不同的法律加以调整。"当一个企业的名誉被一般人(即非竞争对手)侵害时,其所侵害的是名誉权;当一个企业的名誉被其竞争对手以反不正当竞争法等规范的手段侵害时,其所侵害的是商誉权。"③

(3) 侵害商誉权的法律责任

目前,我国总体上对商誉权的保护尚处于不断完善阶段。对于侵害商誉权的行为,其相关法律责任规定可以从以下三方面来看:一是民事责任。根据《反不正当竞争法》(1993年)第14条的规定,"经营者不得捏造、散布虚伪事实,损害竞争对手的商业信誉、商品声誉",该条现更新为2019年《反不正当竞争法》第8条④,成为实践中商誉权保护的最主要依据。《反不正当竞争法》据此规定了相应的民事责任,经营者违反本法规定,给被侵害的经营者造成损失的,应当承担赔偿责任,被侵害的经营者的合法权益受到不正当竞争行为损害的,可以向人民法院提起诉讼,依此,可追究不正当竞争行为(商誉侵权人)的民事责任。如《"国内首创,独家生产"虚假广告不正当竞争案》,北京市第一中级人民法院终审判决敦化市华康制药厂赔偿中化四平制药厂商誉损失 227050 元。⑤二是行政责任。我国《商标法》和《专利法》对商标和专利侵权行为均规定有行政责任,但对于商誉诽谤行为的行政责任,暂未规定。三是刑事责任。我国《刑法》第221条规定:"捏造并散布虚伪事实,损害他人的商业信誉、商品声誉,给他人造成重大损失或者有其他严重情节的,处二年以下有期徒刑或者拘役,并处或者单处罚金。"

---

① 吴汉东:《论商誉权》,载《中国法学》2001年第3期。
② 参见梁上上:《论商誉和商誉权》,载《法学研究》1993年第5期。
③ 张新宝:《名誉权的法律保护》,中国政法大学出版社1997年版,第35页。
④ 条文内容为:"经营者不得对其商品的性能、功能、质量、销售状况、用户评价、曾获荣誉等作虚假或者引人误解的商业宣传,欺骗、误导消费者。经营者不得通过组织虚假交易等方式,帮助其他经营者进行虚假或者引人误解的商业宣传。"
⑤ 参见《"国内首创,独家生产"虚假广告不正当竞争纠纷案》,载北京市高级人民法院知识产权庭编:《北京知识产权审判案例研究》,法律出版社2000年版,第615—622页。

(4) 商誉权的法律保护制度

商誉作为商事主体获得超额收益的一种重要无形资产,在市场竞争中扮演越来越重要的角色。良好的商誉一旦形成,就能为权利人带来超出一般经营者平均利润的超额利润。然而商誉具有"建树缓慢,丧失迅速"的特征,良好的商誉来之不易,需建立于"经营者与顾客之间业已形成的良好关系和极度信任"①的基础上,因此对其保护非常关键。

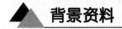

背景资料

影响商誉的重要因素

美国财务会计准则委员会20世纪60年代发表的第10号会计研究论文集将影响商誉的构成因素总结为15个方面:杰出的管理队伍;出众的销售经理或组织;竞争对手管理上的弱点;有效的广告;秘密的工艺技术或配方;良好的劳资关系;优秀的资信级别;高瞻远瞩的人员培训计划;通过向慈善活动捐款或派员工参与公益活动而建立的崇高社会威望;才能或资源的发现;有利的税收条件;与政府的良好关系;与另一家公司良好的协作关系;占有战略性的地理位置;竞争对手的不利发展。②

关于商誉的无形财产性质及其法律保护,一方面,在我国是通过国际的双边条约(如1982年我国与瑞典签订的《关于互相保护投资的协定》、1984年我国与法国签订的《关于互相鼓励和保护投资的协定》等)加以确认;另一方面,通过《民法通则》(如第五章"人身权"一节中专门规定了法人名誉权、荣誉权)(现修订为《民法典》第110条第2款规定"法人、非法人组织享有名称权、名誉权和荣誉权")、《反不正当竞争法》、《刑法》(该法第221条规定:"捏造并散布虚伪事实,损害他人的商业信誉、商品声誉,给他人造成重大损失或者有其他严重情节的,处二年以下有期徒刑或者拘役,并处或者单处罚金。"同时《最高人民检察院、公安部关于经济犯罪案件追诉标准的规定》指出:"捏造并散布虚伪事实,损害他人的商业信誉、商品声誉,涉嫌下列情形之一的,应予立案:1.给他人造成的直接经济损失数额在五十万元以上的;2.虽未达到上述数额标准,但具有下列情形之一的:① 严重妨害他人正常生产经营活动或者导致停产、破产的;② 造成恶劣影响的。")和一系列行政法规(如1992年财政部与国家体制改革委员会联合颁发的《股份制试点企业会计制度》、同年财政部发布的《企业会计准则》和《企业财务通则》)予以保护。

虽然我国通过民法、反不正当竞争法等有关法律法规对直接侵害商誉权的某些行为进行了一定规制,《商标法》《反不正当竞争法》《产品质量法》等法律对部分通过商誉权载体间接侵害商誉权的行为也作了一些规定,表明商誉权保护制度已在相关法律文件中得到一些

---

① 参看谢晓尧:《论商誉》,载《武汉大学学报(社会科学版)》2001年第5期。
② 周存攀:《刍议企业商誉的确认与计量的国际比较及会计处理》,载《商场现代化》2006年第28期。

反映①,但这些规范散见于多部法律之中,许多规范过于粗疏而缺乏可操作性。主要体现为:首先,我国法律并没有明确商誉权的法律地位。其次,我国目前对商誉的保护主要采用间接保护的方式,即对侵害商誉的行为,或确认为侵害法人人格权的行为,或视为不正当竞争的行为。这种保护方式并不是完整的独立的权利保护制度,且特别法没有细则性规定,因此在司法实践中多有不便。最后,我国法律对于侵害商誉权的法律责任规定不足。为了促进我国市场经济发展、维护市场良好秩序,需要完善我国的商誉权法律保护制度。

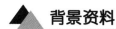

背景资料

境外关于商誉权的保护制度

1. 英美法系国家保护商誉的制度主要形成于判例法。

(1) 英国。1901年英国的国内税收专员诉穆勒案件中,法院认为商誉是"形成习惯的吸引人的力量",或者是"企业的良好名声、声誉和往来关系带来的惠益和优势"。②

(2) 美国。美国对产品诋毁和法人诋毁在普通法上作了规定。③ 此外,反不正当竞争法功不可没,如《联邦贸易委员会法》把商业活动中造成不公平竞争的不正当行为和欺骗性行为认定为非法。④ 随着商业发展,不正当竞争的适用范围进一步扩大,无论行为人是不是竞争者,只要对于特定的商事主体的商誉有所侵占或者侵害就应当受到竞争法的规制。⑤

2. 大陆法系国家主要是沿用侵权法或反不正当竞争法来保护商誉。

(1) 德国。《德国民法典》通过侵权行为法的规定在很大程度上保护了商誉权。⑥ 另外,德国反不正当竞争法对通过诋毁的方式侵害企业商誉权的行为进行了详细规定,并确认了其民事赔偿责任,其中第15条对以商业诽谤行为侵害商誉权规定了刑事责任。⑦

(2) 日本。《日本防止不正当竞争法》对侵害商誉权的行为进行了规制,并且规定了相

---

① 如《商标法》第60条规定,有侵犯注册商标专用权行为,引起纠纷的,由当事人协商解决;不愿协商或者协商不成的,商标注册人或者利害关系人可以向人民法院起诉,也可以请求工商行政管理部门处理。工商行政管理部门处理时,认定侵权行为成立的,责令立即停止侵权行为,没收、销毁侵权商品和专门用于制造侵权商品、伪造注册商标标识的工具,并可处以罚款。该规定虽然保护的是注册商标,客观上也对以冒用注册商标这一重要载体侵害商誉权的行为进行了规制。

② 梁上上:《论商誉和商誉权》,载《法学研究》1993年第5期。

③ 从联邦贸易委员会的有关规定和相关的案例考察,不正当行为主要包括对他人的商品、营业或者声誉进行侵害,或者通过非法手段损害正常的合同关系;欺骗性行为主要包括通过对商品说明、标志、价格或者宣传进行虚假的描述、表达误导消费者选择的行为。可以看出,通过编造、传播虚假信息或者对特定商事主体进行无端的诋毁都在该法规范的范畴以内。参看孔祥俊:《反不正当竞争法新论》,人民法院出版社2001年版,第631页。

④ 张今:《知识产权新视野》,中国政法大学出版社2000年版,第154页。

⑤ 孔祥俊:《反不正当竞争法新论》,人民法院出版社2001年版,第161—162页。

⑥ 《德国民法典》第824条规定:"(1)违背实情,声言或者传播可能危害他人的信用或者造成他人职业或者发展的其他损害的情况的人,虽然不知道不真实性,但应当知道的,也必须向他人赔偿由此发生的损害。(2)通知人不知道通知的不真实性,并且通知人或者通知的受领人对通知有正当利益的,通知人不因此而负损害赔偿义务。"参见《德国民法典》,陈卫佐译,法律出版社2004年版,第265页。

⑦ 该条规定:"(1)对他人的营利事业、企业主或企业领导人,对他人的商品或者服务,恶意声称或传播足以损害企业经营的虚假事实的,处以一年以下监禁或罚金。(2)在商业企业中,如虚假事实由其职员或受委托人声称或传播,则在企业主知道该行为的情况下,除职员或受托人外,企业主亦必须承担刑事责任。"邵建东:《德国反不正当竞争法研究》,中国人民大学出版社2001年版,第422页。

应的刑事责任。①

(3) 瑞士。1986年的《反不正当竞争法》突破了行为人与受害人必须是竞争者的限制，规定市场参与者的行为都可以构成不正当竞争，从而大大扩大了反不正当竞争法的调整范围。

(4) 希腊、葡萄牙、西班牙、意大利等国家都有类似的规定。②

3. 国际公约的保护。国际公约主要是从制止不正当竞争的角度对商誉权进行规定，并将其纳入到知识产权法律体系之中。主要的国际公约有：《保护工业产权巴黎公约》1967年斯德哥尔摩文本；1967年签订的《成立世界知识产权组织公约》；1993年世界知识产权组织制定的《对反不正当竞争的保护示范法草案》第5条。③

(5) 我国商誉权保护的法律体系之完善

随着市场经济和科学技术的发展，无形财产的价值逐步提高，需要立法者、企业经营者以及广大社会公众通过法治使商誉权得到更完善的保护。

一方面，要建立起包括商誉权的确立、使用与保护等制度在内的商誉保护法律体系。世界上许多国家虽没有单行的商誉法，但通过在商法典中专门规定"商誉条款"，实现对商誉权的有效保护。如像《埃塞俄比亚商法典》那样专设商誉保护条款，该法在关于"商誉和无形财产"的第130条"商誉的定义"中规定："商誉源于企业的创设和运作，根据商人与从他那里要求提供货物或是服务的第三方之间很可能发生的事实及关系的不同，它的价值会各有不同。"第131条对"商誉的保护"规定："商人可以以不正当竞争为由提起诉讼或依照……规定，设立法律的或契约上的禁令。"

另一方面，在商誉维护与管理、利用上必须进行变革。市场的竞争就是企业商誉、品牌的竞争，目前我国企业界还普遍缺乏对商誉这一无形资源的清醒认识，缺乏经营品牌的思路和创意。一些公司疏于无形资产管理，客观上对商誉造成一定的负面影响，削弱了竞争力。为此，企业要学会和掌握经营品牌战略，要充分开发、利用、盘活商誉等无形资产，正所谓"管理搭建平台，远见开拓眼界，变革塑造产业，影响力决定前程"。

此外，我国《公司法》应与国际规则接轨，可有条件地允许商誉、信用出资；实践中我们应做好科学评估，并应像对待房产那样办好无形资产过户登记手续，以便为实现财富最大化创造合法空间。

---

① 该法第1条规定："如果有人进行下列各项之一的行为时，因此而使营业上的利益可能受到损害的人可以请求制止这种行为：(1)在本法施行的地域内，使用相同或类似于众所周知的他人的姓名、商号、商标、商品的容器包装或其他表明是他人商品的标记，或者贩卖、推销或输出使用了这些标记的商品，以致与他人的商品发生混淆的行为；(2)在本法施行的地域内，使用相同或类似于众所周知的他人的姓名、商号、标章或其他表明是他人营业的标记以致与他人在营业上的设施或活动发生混淆的行为……"。第5条对处罚进行了明确："处应3年以下惩役或20万日元以下罚金"，"法人的代表人或法人和个人的代理人雇用人或其他工作人员，在有关该法人或个人的业务上实施了本条的违法行为时，除了应当处罚行为人以外对该法人或个人也应科处同条所规定的罚金刑"。陈晓旭、周济主编：《西方经济法规精选(一)》，改革出版社1994年版，第287页。
② 〔德〕巴：《欧洲比较侵权行为法》(上卷)，张新宝译，法律出版社2001年版，第61页。
③ 吴汉东：《论商誉权》，载《中国法学》2001年3期。

引进惩罚性赔偿制度进行商誉保护

其一,惩罚性赔偿金能够有效弥补补偿性赔偿金的不足,全面、完整地补偿商誉权人的损失。由于商誉具有无形性的特征,需要一定的载体加以体现。如果侵权人是通过侵犯一定的载体达到侵害商誉的目的,权利人可以诉诸该载体所属领域的相关法律获得救济。但是如果侵权人的行为没有侵犯载体,直接侵犯商誉权,则权利人因此遭受的损失很难完整地体现出来。因为对商誉的侵害,除了顾客退货、取消合同等直接损失以外,潜在损失往往无法确定,也难以取证。根据我国现行司法实践,通过综合考虑酌情裁量和依据直接损失证据确定赔偿数额方法均有缺陷,往往不足以弥补权利人的损失。惩罚性赔偿通过超出实际且有证据证明的损失的赔偿,有效弥补商誉权人的损失,以维持公平的竞争环境。

其二,惩罚性赔偿具有威慑作用。良好的商誉来之不易,且商誉一旦受到损害,影响将非常严重,修复的代价异常高昂。权利人一旦展开救济措施,必然消耗一定的社会资源。为了防患于未然,通过相对高昂的惩罚性赔偿制裁侵权人,对其他意欲实施侵害他人商誉行为的人起到警诫的作用,可以有效遏制商誉侵权案件的发生,节省社会资源,促进市场竞争良性发展。

3. 企业徽标(logo)权及其保护

企业徽标(logo)权是 logotype 的缩写,是通过文字、图形、颜色精心设计组合,起到对公司拥有徽标的识别和推广作用,让消费者记住公司主体和品牌文化。企业徽标(logo)权是企业拥有徽标等专属法益的一种新型商事人格权。国外 1995 年《葡萄牙工业产权法典》对企业徽标权专门有所规定。① 目前我国《著作权法》和《商标法》仅能保护 logo 设计人的版权和注册为商标的徽标专用权,但对企业徽标权的立法保护不尽完善。2017 年《反不正当竞争法》修订草案送审稿第 5 条曾引入"商业标识"概念,但《反不正当竞争法》修订案正式出台时作了删除,代之以分别列举具体标识(商品类标识、主体类标识和互联网商业标识 3 类)的具体形式+"等"字对其加以规定,对商业标识作了补充性具体立法保护,对于厘清司法审判中商业标识"搭便车"行为的法律性质,在《商标法》与《反不正当竞争法》之间规制"搭便车"行为,保护具有一定影响的商业标识具有重要意义。为了维护市场竞争秩序,对企业徽标(logo)权最好纳入商事人格权范畴予以正面立法保护。

相关案例
卡地亚婚纱公司广告宣传中将"Cartirena"用作自己的商业标识②

卡地亚国际有限公司是"卡地亚"和"Cartier"的注册商标专用权人,其商标核定使用在

---

① 参见〔葡〕乔治·曼努埃尔·高迪纽德·阿布莱乌,《商法教程》(第 1 卷),王薇译,法律出版社 2017 年版,第 293 页。
② 《卡地亚国际诉卡地亚婚纱侵权,侵犯商标专用权如何认定》,载法邦网,https://www.fabao365.com/shangbiao/15144/,2023 年 12 月 1 日访问。

宝石、首饰等奢侈消费品上，在2004年及2005年被国家商标局认定为驰名商标，在我国享有较高声誉。云南卡地亚婚纱摄影有限公司（以下简称卡地亚婚纱公司）经营范围为摄影及其相关的服务。

卡地亚婚纱公司在店头装饰和宣传中将"卡地亚那""Cartirena"用作其服务商标。卡地亚公司认为卡地亚婚纱公司的行为侵犯其注册商标专用权，而且构成不正当竞争，遂诉至法院。该案由昆明市中级人民法院一审。一审法院认为，卡地亚婚纱公司在市场交易中将"卡地亚"作为企业名称使用的行为，并未造成相关公众误认，不构成不正当竞争。同时，卡地亚婚纱公司使用"卡地亚那"和"Cartirena"作为服务标识，没有侵害卡地亚公司的注册商标专用权。判决宣判后，卡地亚公司上诉至云南省高级人民法院。

二审法院认为，卡地亚婚纱公司在企业名称中使用与卡地亚公司的卡地亚商标完全相同的文字，由于二者所涉及的公众相互关联，因此存在导致相关公众误以为卡地亚婚纱公司是卡地亚公司的关联企业或有隶属关系的可能。并且由于卡地亚公司的卡地亚商标已经被国家商标局认定为驰名商标，卡地亚婚纱公司的上述行为实际上利用了卡地亚公司基于该商标所产生的良好信誉，违背了反不正当竞争法规定的诚实信用原则和公认的商业道德，构成不正当竞争。同时，卡地亚婚纱公司使用的服务标识"卡地亚那"和"Cartirena"与权利人卡地亚公司的"卡地亚"和"Cartier"相比较，虽然二者在使用范围、文字外观等方面有所区别，但前者实际上是模仿后者的主要部分而来，两者的构成及发音非常相似。相关公众在卡地亚婚纱公司的服务场所看到"卡地亚那"和"Cartirena"服务标识，往往不会去区分二者在外观和用途上的区别，而是首先联想到卡地亚公司，进而误认为卡地亚婚纱公司与卡地亚公司之间有某种特定联系，如使用该标识经过卡地亚公司同意，或者卡地亚婚纱公司的服务质量由卡地亚公司担保等，而且这种误认还会淡化卡地亚公司驰名商标的显著性，存在损害该驰名商标品牌价值的可能。因此，二审法院认为卡地亚婚纱公司的行为已经侵害了卡地亚公司的注册商标专用权，改判由卡地亚婚纱公司承担停止侵权、赔偿损失等民事责任。

评析：在"卡地亚案"中卡地亚婚纱公司在广告宣传中将"Cartirena"用作自己的商业标识。虽然与原告公司经营范围不同，所提供商品和服务种类也不属于同一行业或类别，但二者均与时尚文化领域存在一定联系，构成广义的竞争关系。据此二审法院认为："卡地亚婚纱公司使用与卡地亚公司的驰名商标完全相同的文字作为企业名称的行为，实际上利用了卡地亚公司基于该商标所产生的良好声誉，违背了《反不正当竞争法》第2条规定的诚实信用原则和公认的商业道德，已经构成不正当竞争。"该案在认定商业标识"搭便车"行为时，通过拓展广义的竞争关系来扩大商业标识的保护范围。

二、营业能力

在我国，营业能力（营业资格）与商事主体资格的确立相同，其表现形式为获得营业执照，标志着商事主体成立后享有独立从事商事活动的权利及承担义务的资格和能力。

(一) 营业能力的概念与分类

所谓营业能力,是指从事营业活动的能力。[①] 在我国商法教科书上多使用"商事能力"之概念,是指商事主体独立从事商事活动、享有权利和承担义务的资格和能力,包括商事权利能力和商事行为能力。[②] 还有学者使用营业资格的概念,其与营业的权利能力无甚区别。[③] 此外,坊间相关的概念还有主体资格、经营范围、营业权能等。本书采用营业能力之表达,包括狭义与广义两种理解,狭义上的营业能力属于营业上行为能力的范畴,并认为营业能力的有无和范围的大小,既要依据民法有关行为能力一般规定而定,又要基于营业活动集团性、反复性及交易安全公示之要求,遵循商法上的特殊规定。广义上的营业能力包括营业资格(营业的权利能力)在内,是营业权利能力和商事行为能力的统一,实质上与商事能力概念等同。

广义上的营业能力又可分为抽象的营业(商事)能力和具体的营业(商事)能力。其中抽象营业能力是各种商事主体因经过商业登记而取得的经营资格,所有的商事主体的抽象营业能力是一致的;而具体营业能力是各个具体商事主体在其章程中规定的并在营业执照上载明的具体经营范围或领域,各商事主体的具体营业能力可以不同。[④] 区别抽象营业能力和具体营业能力之意义在于:(1)在实行商事主体资格和营业资格相分离的国家,商事主体经登记注册取得主体资格,理论上获得抽象的营业能力,具体的营业能力还须经营业登记,获得营业执照后方可具备开展具体营业的资格。(2)在实行商事主体资格和营业资格合一的国家,抽象的营业能力与具体的营业能力之区别只具有逻辑上区分之意义,但在有些场合,针对特殊类公司如证券商而言,其抽象的营业能力大体一致,在具体营业能力上存有差异,须依证券监管部门批准开展的业务而定。(3)法律效力认定有别:如不具备抽象营业能力,其经营活动一般无效。超越了具体营业能力从事的经营活动,应视情况而定,如超越部分属于国家专门许可或审批的部分,其行为无效,并受公法制裁;如超越部分不属于国家专门许可或审批的部分,其行为在私法上有效,但仍要承担公法上的法律责任(行政责任)。

(二) 营业能力的特征

商事主体在商法上的特殊资格和地位,是通过营业能力来界定的。相比而言,营业能力具有以下几点不同于民事主体能力的特征。

1. 营业能力是权利能力和行为能力的统一

商事主体从事商事行为,要有承担行为结果的资格和能力,因而它既要具备权利能力,又须具备行为能力。营业能力包含范围一致的权利能力和行为能力,这与民事能力中某些情况下仅有权利能力而没有行为能力的情况有别。

[①] 〔日〕上柳克郎等编:《商法总则·商事行为法》,日本有斐阁1993年版,第34页,转引自王保树:《商法总论》,清华大学出版社2007年版,第93页。
[②] 马克思主义理论研究和建设工程重点教材《商法学》编写组:《商法学》,高等教育出版社2019年版,第51页。
[③] 朱慈蕴:《营业规制在商法中的地位》,载《清华法学》2008年第4期。
[④] 参见吕来明:《论我国商事主体范围的界定》,载《北方法学》2008年第4期。

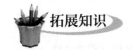 拓展知识

商事主体资格登记和营业资格登记，合二为一还是分而治之？

结合市场主体登记改革创新，我国的商事登记制度将主体登记和营业登记合二为一，其好处是可简化登记程序，提高办事效率。但两者合体在实践中也存在不少问题：一是法律逻辑上产生悖论。目前在市场监督管理和司法实践中，我国已经确认了企业法人资格与营业执照吊销相分离的原则（即营业执照吊销后法人资格仍然存在），但是"营业执照"自身"统一主义"的立法模式并未发生根本性改变，造成了企业设立时"主体资格"与"营业资格"二合一，而企业解散（如吊销营业执照）时"主体资格"与"营业资格"相分离的前后牴牾。二是双重标准的门槛过高。双重资格，意味着投资者要想设立一个企业，在注册登记时不但要具备法律规定的法人条件，同时还要取得经营项目的相关许可证或审批证件，登记部门才能核发营业执照。而在实践中，经营资格的审查往往涉及前置审批程序。许多部门前置审批条件过于严格、程序繁琐、范围过广、时限过长、费用过高，给投资者进入市场设置了层层门槛，既严重影响了市场准入的效率，又挫伤了投资者的积极性。三是难以解决监管责任与监管绩效问题。主体资格与营业资格不分，实践中难以厘清主体登记和营业登记的范围，使得监管部门之间互相推诿。同时，市场监管部门职权所限，对于专业性较强的行业（如环保、食品安全等），难以真正起到全方面的监管作用，使得前置审批制度设计初衷难以实现。

因此，有学者提出了由"统一主义"走向"分离主义"的解决思路①，建议将商事登记分为主体登记和营业登记，设立登记取得的仅仅是主体资格，是取得营业资格的前提，而营业执照不应是主体成立的标志，它是营业资格存在的客观载体。② 在这种体制下，营业资格由相关部门进行监管，主体资格由市场监管部门进行监管。因此，取得主体登记证以后，可以以此向行政机关申办行政许可；可以开展筹建活动，招聘工作人员；当营业执照被吊销而商事主体登记证没有被注销时，可以以商事主体身份从事清算、诉讼等活动。

商事登记制度改革进一步放宽了市场准入条件，体现在：一是实施注册资本认缴制，除了一些特殊行业要求注册资本必须达到或超过最低限额，不再要求注册资本实缴。二是市场主体在政府信用公示平台对企业一年经营情况进行登记报告，并向全社会公示，接受群众监督，不再实行企业年检制度。若未按时提交企业年报则将进入企业异常经营名录。三是

---

① 在具体模式选择上提出了"全面分离主义"和"部分分离主义"的设计，所谓"全面分离主义"立法模式，即将核准登记视为企业取得主体资格的程序，而将营业执照的签发视为取得营业资格的程序，同时建立两个相对独立的证明体系，即注册证作为其商事主体资格的证明，而营业执照作为其营业资格和营业权的证明；而"部分分离主义"的思路，是指企业等只要经过登记即能取得主体资格，此登记本身已经包含对企业一般经营资格和能力的认可，无须单独颁发营业执照加以证明，而若欲经营国家管制项目，则应经过政府有关部门的审批，由其颁发营业许可证。此种营业许可已经属于行政许可的范围，且不应作为登记的前置程序，而只能作为后置程序。前者得到一些学者赞同，参见冯果、柴娟：《我国商事登记制度的反思与重构——兼论我国的商事登记统一立法》，载《甘肃社会科学》2005 年第 4 期；也有一些学者倾向于后者，参见蒋大兴：《公司法的展开与评判：方法·判例·制度》，法律出版社 2001 年版，第 362—371 页；范健、王建文：《商法论》，高等教育出版社 2003 年版，第 595—596 页。

② 朱慈蕴：《我国商事登记立法的改革与完善》，载《国家检察官学院学报》2004 年第 6 期。还有观点认为设立登记中的主体资格登记为行政许可，登记生效，未经登记，不能成立；营业资格登记为行政确认，登记产生公示效力，未经登记，不得对抗善意第三人。参见广东省工商局外资处：《商事登记立法中的效力问题探讨》，载《中国工商管理研究》2009 年第 1 期。

对登记住所和经营场所的相关登记手续,交由地方政府自己规定。四是主体资格和经营资格不再捆绑,对没有明确规定必须前置许可的行业进行后置许可,经营范围可以自主填写,只要法律没有明确规定的,也不需要再行审批。五是电子营业执照和电子化登记,提高了登记效率。在市场主体信用信息公示制度方面要求市场主体主动公示企业信息,群众可以在公示平台上查询。对存在问题的市场主体实行"黑名单"制度,通过信用对市场主体进行约束。

2. 营业能力内容具有特殊性

营业能力是一种特殊的权利能力和行为能力,"是在民事能力基础上由商事特别法附加于商事主体的特殊权利能力和行为能力"①,这种特殊性是由商事主体的营利目的决定的。商事主体必须依法在其核准的营业范围内从事经营活动,因此不同的商事主体因其登记的营业性质和范围不同而具有不同的营业能力,某些从事特殊行业的营业能力受到法律限制,这与自然人具有普遍相同的民事权利能力不同。

"经营范围"的存废之争

在我国,经营范围曾一度是商事主体设立时的必要登记事项。那么,商事主体的营业能力是否受经营范围的限制?对此有观点认为,在不涉及许可经营项目的情况下,对于经营范围不应限定过死,这样不利于商人业务的开展,而且实践中,确实已存在不限定经营范围的做法,如《中关村科技园区企业注册登记管理办法》。但也有人认为,经营范围的登记仍有必要。一方面切合国家宏观调控的需要,国家统计局的数据,包括宏观调控等数据,都是依靠严格的"经营范围"登记;另一方面,不同经营范围的划分还涉及税收政策。对"经营范围"之规定的突破较早于合同法和公司法中得到反映,如《最高人民法院关于适用〈中华人民共和国合同法〉若干问题的解释(一)》第10条规定:"当事人超越经营范围订立合同,人民法院不因此认定合同无效。但违反国家限制经营、特许经营以及法律、行政法规禁止规定的除外。"由此看来,一般性的经营范围事实上已经无限制企业能力的功能,唯对"国家限制经营、特许经营以及法律、行政法规禁止经营"的范围仍然进行比较严格的管制。此外,2005年《公司法》也删掉了最早版本《公司法》第11条第3项关于"公司应当在登记的经营范围内从事经营活动"的规定。这使得公司超越经营范围从事经营活动,只要此种超经营行为不违反法律和行政法规有关市场准入的强制性规定,不违反公序良俗与诚实信用原则,就属合法有效。因此,强制要求营业能力限于登记的经营范围已无太大意义。

3. 营业能力获得的起止时间与民事能力的不同

营业能力始于商事主体开业登记,终于注销登记。商事行为能力的发生及终止,一般为商事主体营业执照的合法存续期间。民事能力的发生和终止因法人和自然人有所不同。自然人的民事权利能力始于出生、终于死亡,民事行为能力根据年龄和精神状况又分为无行为能力人、限制行为能力人和完全行为能力人;法人的民事权利能力和民事行为能力始于法人

---

① 范健:《商法》(第2版),高等教育出版社、北京大学出版社2002年版,第30页。

的成立,终于法人的终止。

商人何时取得营业能力(营业资格)?

商人营业能力的取得与消灭,即商事主体权利能力、行为能力的取得与消灭。进言之,商人资格应从有能力实施商事行为开始。但何时确定为有能力实施商事行为的开端? 换言之,营业前的准备工作应否视为开始实施商事行为? 学者对此看法不一:

其一为表白行为说。个人商事主体资格的取得,应以营业意思的特别表白行为作为其必要条件,诸如店铺的开设、开店广告的发布等。

其二为营业意思主观实现说。此观点认为开业准备是营业意思主观的实现,并视开业准备行为如店铺的借入、经理与员工的招聘和资金的筹措为附属商事行为,此行为的开始即为自然人商事主体的始期。

其三为营业意思客观认识可能说。此观点认为个人商事主体资格的取得应以营业意思的客观认识可能性为其必要。

其四是营业意思存在说。此观点认为从开业准备行为自身的性质产生了对营业意思存在的客观认识,在此场合下,可视行为者取得商事主体资格。

上述二、四论说为主流学说,得到日本最高法院的支持。[①] 日本最高法院在1958年6月19日的判决中认为:以开始营业为目的而进行准备活动,即成为商人,商人为营业而进行的准备行为也是商事行为。[②] 依此主张,自商事个人基于基本营业活动目的实施开业准备行为时,行为人取得营业能力。

值得注意的是,商事主体因自动终止营业,完成善后事务以及注销登记后,营业能力即行消灭。虽然德国学界的通说主张法人终止无须登记,解散、破产宣告、剥夺、撤销、目的完成之日即为终期,但大多数国家还是主张法人终止需要登记和公告。这是为了使社会公众知悉法人已经解散,事先防止第三人因不知情而与法人再发生交易活动受到损害,以维护社会交易的安全和稳定。

4. 商事主体经营管理的独立决策权

已取得营业主体资格的商事主体有权对其营业过程中的具体经营管理事项独立作出决策而不受其他主体的干涉或国家的不适当限制。经营管理的独立决策是一种具体的营业权能,它是取得一定法律形式的营业主体资格之后,由特定的商事主体在经营、管理方面所享有的一系列具体权利的集合,是营业主体实现其营利目的的基本手段。[③]

---

① 〔日〕鸿常夫:《商法总则》,日本弘文堂1994年版,第103—105页,转引自王保树:《中国商事法》,人民法院出版社2001年版,第49页。
② 〔日〕龙田节编:《商法略说》,谢次昌译,甘肃人民出版社1985年版,第12页。
③ 肖海军:《营业准入制度研究》,法律出版社2008年版,第66页。

(三) 营业能力的要件

1. 具有一定的营业人员和营业财产

营业人员是商人从事商事行为的人力因素,营业财产是营业能力的核心,是商人经商的物质基础和保障。就人数和规模而言,各国(地区)往往根据不同商事主体的种类而规定不同的人数要求。如对有限责任公司,多数国家和地区规定为 2 人以上,我国台湾地区"公司法"规定为 5 人,法国、德国、日本、美国等规定 1 人也可以发起设立公司,我国《公司法》仅规定了股东人数为 50 人以下;对股份有限公司,英国、法国、日本、我国香港地区和台湾地区规定为 7 人,德国规定为 5 人,挪威、瑞典规定为 3 人,意大利、瑞士、奥地利和我国《公司法》规定为至少 1 人。我国《合伙企业法》规定合伙人至少为 2 人以上。《个人独资企业法》规定除了有一个自然人投资外还要有必要的从业人员。

对于注册资本的要求,现代公司法上多采授权资本制,即公司只需交纳一定比例的注册资本,公司即可成立。我国企业法律为各种类型的商事主体规定了投资者认缴的出资额,并保留不同层次的最低注册资本门槛,例如:《商业银行法》规定,设立全国性商业银行的注册资本最低限额为 10 亿元人民币。设立城市商业银行的注册资本最低限额为 1 亿元人民币,设立农村商业银行的注册资本最低限额为 5000 万元人民币。注册资本应当是实缴资本。

2. 具有自己的商号

商号是商品生产经营者即商事主体出于营利目的而创设使用的一种有别于一般民事名称的特殊名称。商人用商号来表示其营业的同一性、独立性和连续性。独立的商号是商事主体独立性的表征,即使是商个人,在进行营业活动时也要使用独立于业主姓名的商业名称,以将商事主体与民事主体区别开来。作为商事主体的资信状况、营业风格、特色的象征,商号的使用能为其所有者带来一定的经济利益。

3. 表现形式——营业执照

营业执照系国家授权的企业登记机关依法给核准登记注册企业颁发的准予其从事生产经营活动的合法凭证,经核准登记注册的企业依此凭证在其核准登记的经营范围、期限、区域、行业内即取得了生产经营资格。领取《企业法人营业执照》成为企业成立的要件。

 背景资料

被吊销营业执照后企业主体资格及营业能力如何看待?

企业由于违法经营或者违反法律法规的规定被吊销营业执照,此时企业的主体资格是否存在?对此问题,商法学界存在以下几种观点:

1. 法人人格否定说。法人设立如果是为了不法目的,或者违反公共利益,而导致企业被吊销营业执照,则是对其人格的绝对否定,被吊销营业执照的企业法人丧失一切民事能力,必须终止一切活动。①

2. 行为能力消灭说。此说认为吊销营业执照仅是消灭企业的经营资格,并非消灭企

---

① 王建东:《关于〈企业法人营业执照〉效力的思考》,载《浙江省政法管理干部学院学报》2001 年第 6 期。

的主体资格,企业在一定范围内仍被视为存续,可以参加诉讼、清偿债务等一系列善后事务。①

3. 行为能力限制说。此说认为,企业被吊销营业执照之后,其主体资格仍然存在,只是其行为能力受到一定的限制,无法像正常的企业那样进行经营活动,类似于限制行为能力的自然人,只在清算意义上存在。②

评析:观点一与我国法律实践不尽符合,目前我国已确认企业法人资格与营业执照吊销相分离的原则,即营业执照吊销后法人资格仍然存在,只是企业营业能力受到限制,无法从事经营范围内的经营活动。观点二表述亦有不妥。观点三相对合理,即被吊销营业执照后企业主体资格仍然存在,营业能力消灭,其他行为能力(清算)保留。

(四) 营业能力的获得

商事登记是商事主体得到国家公权力的认可,获得营业能力的程序要件。商事登记(也称商业登记、商人登记)是指商人或商人的筹办人,为设立、变更或终止商人资格,依法由当事人将登记事项向登记机关提出申请,经登记机关审查核准,将登记事项记载于商事登记簿的综合法律行为。我国各商事单行法均规定商人于登记后正式成立。

1. 商事登记的意义

从法理上讲,商事设立登记的意义在于:

(1) 取得或变更、终止商事主体资格。欲取得商事主体资格,依各国法律规定,一般须经登记后才得到合法承认。例如在德国,注册商人应登记注册方可取得经营资格。在我国,只有依法进行了商事登记才能取得营业能力。而商事主体变更或终止,意味着其营业能力的变化或终结,亦须进行变更登记或终止登记。

(2) 起到公示作用,有利于交易安全保障。多数情况下对商事主体进行的登记,是确权行为,经登记产生的主要是公示效力。如在德国,1998年修订后的《德国商法典》规定,除股份有限公司和有限责任公司以外的所有商人均不以登记为其商人资格要件,商事登记只是具有公示的效力。我国澳门地区《商业登记法典》第1条则明确规定:商业登记之目的,为公开商业企业主及企业之法律状况,以保障受法律保护之交易之安全。商事登记法在申报事项上有明确登记公示要求,有助于相关当事人对相关交易主体资信能力进行了解,以便预测交易风险,从而为交易提供安全保障。

(3) 产生排他性效力。商事企业名称事项一经登记,就在所在区域产生排他性效力,其他企业不得擅自使用,否则视为侵犯该企业的名称权利。企业名称只有经法定程序注册登记后,才取得专有使用权,才具有排他性的效力。例如,《德国商法典》第29条规定,每一位商人都负有义务将他的商号向其商业所在地商事登记法院申报登记,只有申报登记才具有法律效力。我国2012年《企业名称登记管理规定》第3条、第29条也作了相应规定。

从企业经营管理角度看,商事登记的意义表现在:

(1) 从交易当事人来讲,可以提高商事活动效率。虽然登记会令商事主体有一定的成

---

① 许凌洁、罗静:《年检制度对商事主体资格的影响及适用建议》,载《当代法学》2002年第1期。
② 蒋爱荣:《吊销企业法人营业执照后的法律问题论纲》,载《政法论坛》2003年第6期。

本支出,但是经登记和公告后的各种信息意味着查询成本的降低,有助于交易主体便捷地获得相关信息,提高交易效率,因为以国家公信力为保障的商事登记信息资源更值得信赖。商事主体也同样希望交易相对人通过对商事登记信息的考察,产生与其进行商事交易的信赖基础,从而促进商事交易的顺利进行。①

(2) 有利于防范商事欺诈,维护经济秩序。经济秩序混乱往往与虚假出资、虚假披露、欺诈和隐瞒有关。商事登记相关法律要求商事主体准确披露有关信息,有利于减少信息不对称,增进交易互信,无疑为整个社会的经济运行提供透明、安全的保障。

(3) 便于主管机关有效管理和社会监督。通过商事登记,登记主管机关可了解商事主体的基本情况、市场的行情动态,把握好商事主体的市场准入和退出,及时监控市场运营,也有利于国家宏观调控的施行。而且,对商事主体的登记信息公开化,有助于加强社会公众的信赖和监督,与对国家服务管理的信赖相辅相成。

商事登记的法律性质

商法学界对于商事登记的法律性质界定主要有四种:

(1) 行政法律行为说。该学说认为商事登记行为主要体现的是一种国家意志,在性质上属于以公法为主要内容的行政法律行为,主要体现为行政确认行为。②

(2) 带有公法性质的行为说。该观点认为,商事登记本质上是国家利用公权力干预商事活动的行为,是一种公法上的行为,是作为私法的商法的公法性最为集中的体现。③"商业登记这一相对集中而系统化规范的群体并不是局部的公法化问题,而是整体性地表现为公法规范。"④

(3) 私法行为说。该观点将公司设立登记视为一种民事法律行为——民事许可,将公司登记解读为一种需受领的意思表示——民事许可。此说有其合理的现实意义:其一,符合公司设立登记制度的目的和本质功能,即通过民事法律行为创设一种私法上的主体。其二,符合公司设立登记制度的发展趋势。⑤ 我国现行公司设立登记制度改革方向将遵循公司设立自由理念,逐渐强化准则主义而弱化核准主义。⑥

(4) 公法行为与私法行为混合说。该观点认为,商业登记包括了两个方面的含义:一是国家管理监督措施,即国家为对商事营业实施行政管理或司法上的监督而采取的登记措施;二是当事人实施法律行为,即为了商事营业的设立、为了筹办营业的自然人或行将营业的组织体能够获得商事主体资格——商事人格,以及为了商事营业的变更、终止等应登记事项,

---

① 童列春、王勇:《商事登记法律性质辨析:法经济学的视角》,载《行政与法》2007 年第 12 期。
② 冯翔:《商事登记行为的法律性质》,载《国家检察官学院学报》2010 年第 3 期。
③ 范健主编:《商法》(第 2 版),高等教育出版社、北京大学出版社 2002 年版,第 58 页。
④ 李金泽、刘楠:《商业登记法律制度研究》,载王保树主编:《商事法论集》(第 4 卷),法律出版社 2001 年版,第 7 页。
⑤ 公司设立经历了自由设立、特许设立、核准设立、准则设立和严格准则设立的立法变迁;目前自由设立和特许设立已基本弃置不用,多数国家都在围绕核准主义和准则主义进行衡量取舍。
⑥ 蒋大兴:《公司法的展开与评判:方法·判例·制度》,法律出版社 2001 年版,第 374—376 页。

当事人向登记主管机关所实施的具有商事性质的法律行为或商事法律行为。[①]

评析：从应然的角度看私法行为说比较合理。对此可从各国或地区商事登记立法及其变革中寻到佐证，国外多将商事登记行为视为国家的义务，国家向社会提供的一项权威而统一的程序性服务，而非行政权力的运用和控制，其功能亦在于将市场主体的信用状况公开。而从实然的角度考察，行政法律行为说更贴近司法现实。现实中，一旦登记申请人与登记机关发生诉讼，则被视为行政诉讼，而非作为民事纠纷处理。

2. 强制登记原则

强制登记原则，又称成立要件主义。即登记是商事主体成立的必要条件，未经登记商事主体不得成立，不得以商事主体身份开展商事经营活动，登记具有商事主体的创设效力。我国目前实行的是强制登记原则，只要经商，就得登记，否则就构成无照经营，行为者将受处罚。根据我国现行法律，应当办理商事登记的商事主体主要有两类[②]：(1) 企业法人，包括有限责任公司与股份有限公司、全民所有制企业、集体企业、私营企业、联营企业、外商投资企业及其他性质的法人企业；(2) 不具备企业法人条件的企业或者经营组织，如个人合伙及独资企业、企业法人所属的分支机构、事业单位和科技类社会团体设立的经营单位、个体工商户等。[③]

强制登记原则的出现是市场经济的发展和国家对商事活动进行必要干预的体现，可以维护市场正常秩序及防止虚设的商人实施诈骗行为。但是绝对的强制登记也有一定弊病——不符合商法灵活变通的要求，且过度的强制也会降低效率。纵观各国相关商事登记立法，完全采取强制登记主义和完全采取任意登记主义的国家较少，大部分国家和地区都采取以强制登记主义为原则、以任意登记主义为补充的规定。

3. 登记流程

在我国，关于商事设立登记的程序主要分为五个阶段：名称预先核准登记、申请与受理、审查、核准发照、公告。而变更和终止登记则包括名称预先核准登记之外的四个阶段。国务院市场监督管理部门近年不断加强信息化建设，制定统一的市场主体登记数据和系统建设规范。县级以上地方人民政府承担市场主体登记工作的部门(以下称登记机关)亦持续优化市场主体登记办理流程，提高市场主体登记效率，推行当场办结、一次办结、限时办结等制度，实现集中办理、就近办理、网上办理、异地可办，提升市场主体登记便利化的程度。市场主体登记基本流程如下：

(1) 名称自主申报。依据《企业名称登记管理规定》(2020 年修订，2021 年 3 月 1 日起施行)，企业名称由申请人自主申报。企业登记机关对通过企业名称申报系统提交完成的企业名称予以保留，保留期为 2 个月。设立企业依法应当报经批准或者企业经营范围中有在

[①] 朱慈蕴：《我国商事登记立法的改革与完善》，载《国家检察官学院学报》2004 年第 6 期。

[②] 根据我国《企业法人登记管理条例》及其施行细则的规定，企业法人登记的范围包括：具备企业法人条件的全民所有制企业、集体所有制企业、私营企业、联营企业，在中国境内设立的外商投资企业和其他企业，应按下列所属行业申请企业法人登记。(1) 农、林、牧、渔、水利业及其他服务业；(2) 工业；(3) 地质普查和勘探业；(4) 建筑业；(5) 交通运输业；(6) 邮电通讯业；(7) 商业；(8) 公共饮食业；(9) 物资供销业；(10) 仓储业；(11) 房地产经营业；(12) 居民服务业；(13) 咨询服务业；(14) 金融、保险业；(15) 其他行业。

[③] 1998 年 10 月国务院发布《事业单位登记管理暂行条例》(2004 年修订)，明确区分了事业单位和事业单位举办的营利性组织，规定："事业单位依法举办的营利性经营组织，必须实行独立核算，依照国家有关公司、企业等经营组织的法律、法规登记管理。"

登记前须经批准的项目的,保留期为1年。在保留期内,不得用以从事经营活动,不得转让。保留期满,不办理设立登记的,其名称自动失效。

(2) 申请与受理。申请是指由商事主体创办人或商事主体提出的创设、变更商事主体或变更商事主体已登记的有关事项的行为。根据商事主体的不同,我国法律规定了不同的申请条件,申请时提交的文件和证件也各不相同。只有符合法定要求,登记主管机关才予以受理。登记机关收到申请人提交的符合规定的全部文件后,应发给申请人登记受理通知书。

(3) 审查。审查是指受理登记申请的机关,在接到申请者所提交的申请之后,于法定期限内,对申请者所提交的申请内容,依法进行审查的活动。我国目前采取实质审查原则,各商事主体须符合法律规定的登记条件。

(4) 核准发照。登记机关在收到申请人的申请及相关的材料并予以审核之后,应在法定期限内将审核结果即核准登记或不予登记的决定及时通知申请人。对于核准登记的商事主体,登记主管机关应当分别编定注册号码,在颁发的证照上加以证明,并记入登记档案。

(5) 公告。公告是指把即将登记的有关事项,通过特定的公开方式让公众周知。公告具有便于商事交易及社会公众监督、保障商事主体的合法权益等作用。商事登记之后,应当及时予以公告。

4. 登记事项

商事登记法律规范是规范商事登记行为,确定商事登记主管机关、登记内容、登记程序等事项,调整商事登记关系的法律规范的总称。我国关于商事登记的立法规定长期散见于各种法律法规中。[①]但是这些行政法规、部门规章和地方性法规所共同构成的商事登记立法体系,尚不完善,被有的学者斥为法规重叠、体系混乱、漏洞百出[②],这不仅影响了商事登记立法应有的权威,也增加了地域保护和行业保护堂而皇之进行权力寻租之可能。因此,为统一商事登记管理,优化营商环境,2021年我国颁行了《市场主体登记管理条例》。

拓展知识

《市场主体登记管理条例》关于撤销虚假登记的制度创新

2021年8月24日,国务院颁布《市场主体登记管理条例》,自2022年3月1日起施行。《市场主体登记管理条例》是深入贯彻落实中共中央、国务院关于深化"放管服"改革决策部署,体现改革成果,完善市场监管法规制度,整合现行关于市场主体登记管理的行政法规,尤对登记材料繁杂、"注销难"、虚假登记等突出问题作了有针对性的规定。在实践中,冒名登记和虚假登记是干扰正常登记的两种常见手段。《市场主体登记管理条例》针对提交虚假材料或者采取其他欺诈手段隐瞒重要事实取得市场主体登记的,采取了更加严厉的制裁和惩

---

① 如在制定了一般性法规《企业法人登记管理条例》之后,又依企业具体形态的不同分别制定了《公司登记管理条例》《合伙企业登记管理办法》等,此外还针对登记中的各个专项问题以部门规章进行规制,如《企业名称登记管理规定》《企业法人登记公告管理办法》《企业登记程序规定》《企业经营范围登记管理规定》《公司注册资本登记管理规定》《企业名称登记管理实施办法》等。除以上专门立法外,在实体法中如《公司法》《合伙企业法》等对商事登记亦有涉及。

② 任尔昕、石旭雯:《商法理论探索与制度创新》,法律出版社2005年版,第154页。

戒措施。相较于冒名登记,虚假登记在主观上比冒名登记更具欺骗性,因此,在惩戒措施上也更严格。《市场主体登记管理条例》第40条规定,提交虚假材料或者采取其他欺诈手段隐瞒重要事实取得市场主体登记的,受虚假市场主体登记影响的自然人、法人和其他组织可以向登记机关提出撤销市场主体登记的申请。

相关案例
虚假市场主体登记的撤销

北京某公司和A公司共同出资成立目标公司,其中,北京某公司控股,A公司参股。为逃避对目标公司的清算责任,北京某公司通过提供虚假债权公告,于2020年9月欺骗市场监督管理部门为其办理了注销登记。目标公司正处在清算阶段,A公司发现此情况后,立即委托律师向相关市场监督管理部门反馈,启动调查程序和追责程序。经过调查后,2021年8月,市场监督管理部门撤销了北京某公司的注销登记,恢复其存续状态。

新实施的《市场主体登记管理条例》明确了虚假登记行为应当承担的后果,包括撤销行为、诚信惩戒、罚款等措施。《市场主体登记管理条例》第44条(明确规定"提供虚假材料或者采取其他欺诈手段隐瞒重要事实取得市场主体登记的,由登记机关责令改正,没收违法所得,并处5万元以上20万元以下的罚款")和《刑法》中对虚假登记的处罚进行了细致全面的规定,不仅有行政责任,而且规定了刑事责任。

根据我国现行法律规范,商事企业设立登记的主要事项是:商号、商事企业的住所或者主要经营场所、负责人或法定代表人的姓名、开业日期、经济组织形式、经营范围、经营方式、资金总额、职工人数以及其他有关事项。商个人设立登记的主要事项是:商号、营业地址或流动营业的区域范围、姓名、住所、开业日期、经营范围、经营方式、资本总额、从业人数。除此之外,商事企业或商个人的印章、商店的字牌、银行的账户,都属应登记事项。在有的国家,法定代表人的签字也属于应登记事项。

 背景资料

各国关于登记事项的规定①

《德国商法典》规定,开始经营的基本商事业务、商号、企业地址、分支机构的开设、所有人及特别商事代理权的授予和撤销,以及股份有限公司和有限责任公司的组建等事项,必须在商事登记簿中进行登记。

《意大利民法典》第2196条规定,企业主在申请登记时,在申请书中应当载明下列事项:(1)企业主的姓名、出生地和出生日期、国籍;(2)商号;(3)企业目的;(4)企业所在地;(5)经管人或者代理人的姓名。

---

① 王伟民:《商事登记基本理论探讨——国外商事登记制度的启示、国内商事登记实例分析》,载《2003年度哈尔滨市工商行政管理系统获奖优秀理论文章调研成果选编论文集》。

《日本商事登记法》规定需要办理商业登记的共九类,其中有商号登记、未成年人登记、监护人登记、支配人登记等。

美国的商事登记中,除特殊行业外,无须许可。没有注册资金、经营方式的限制,经营范围载明在法律许可的范围内经营即可。

在澳大利亚和新西兰,公司注册证(即营业执照)的主要事项有公司名称、九位数字的公司编码号、企业类型、生效日期以及批准人。合伙和独资企业的注册更加简单。商事登记实质上就是对商号的核准。商号注册证(相当于我国合伙企业和个人独资企业的营业执照)只有两项内容,一是某商号是依法获准注册的,二是此证是何时何人签发的。另外,澳、新两国企业登记部门在商事登记中不核定经营范围,使企业有更大的经营活动空间。

5. 商事登记的效力

商事登记制度是以保守商事主体秘密和保障交易安全为出发点设立的,是商法上公示主义之典型体现。作为商事登记最重要的是法律上要有"效力"。商事登记的效力有"一般性效力""特殊性效力"以及"不属实的登记的效力"三种。

(1) 一般性效力。它又可分为消极性效力和积极性效力。《日本商法典》第12条规定:"应登记事项,非登记及公告后,不得以其对抗善意第三人。虽于登记及公告后,第三人因正当理由而未能得知时,亦同。"我们知道,商事主体的状况都可分为登记事项和非登记事项。非登记事项即使不登记也能和第三人对抗(如商事主体的有形财产机器、设备等),但应登记事项,只有在事实登记之后,才具有和非登记事项的事实相同的效力。这种从保护交易安全的观点出发而得到承认的登记的效力,被称为"一般性效力"。一般性效力的内容,按上述第12条来看,前段规定如果不进行登记便不能对抗善意第三人,这是指"商事登记"的"消极性效力";后段是说一旦进行了登记,便具有对抗第三人的效力,不管第三人知道还是不知道(除非有正当理由未知)。这称为"商事登记"的积极性效力。

(2) 特殊性效力。又包括创造性效力和强化性效力。"创造性效力"又叫"创设性效力",商事主体能够根据其设立的登记而依法成立,如果不进行设立的登记,商事主体便无法成立,也即无法取得经营资格,这种能把商事主体建立起来的效力就叫"创造性效力"或"创设性效力"。另外,商事主体一旦登记注册,其商号(商事主体的名称)亦作为"商号权"受法律保护,会产生更强的效力,达到社会公示的效果,这种效力可称为"强化性效力"或"宣示性效力"。

(3) 不属实的登记效力。"不属实"的登记也称虚假登记,日本、韩国以及我国澳门地区的商事立法规定了虚假登记的私法效力。《日本商法典》第14条规定:"因故意或过失而登记不实事项者,不得以该与事实不符之事项对抗善意的第三人。"《韩国商法典》第39条规定:"因故意或过失进行不符事实的事项的登记者,不得以此对抗善意的第三人。"《澳门商业登记法典》第21条规定:"一、下列情况之登记均属无效:a) 虚假之登记或根据虚假凭证缮立之登记……二、登记之无效,仅在由确定裁判宣告后方得主张。三、登记无效之宣告不影响善意第三人以有偿方式取得之权利,但以有关事实之登记先于无效之诉之登记者为限。"

可见,各国(地区)商法对于"不属实的登记",均规定登记行为自身无效,但基本上均承认对于第三人的公信力。譬如,甲非董事长,但却将甲是董事长这一不实的事项进行了登记,在此场合,商法保护那些相信该登记的人。

拓展知识

我国商事登记制度变迁三部曲与营商环境持续优化

一、新中国商事登记制度的雏形与发展

新中国成立后工商登记肇端于1950年12月政务院公布施行的《私营企业暂行条例》、1951年3月颁行的《私营企业暂行条例施行办法》。1962年12月,国务院颁布《工商企业登记管理试行办法》,规定要对个体工商业、集体企业、国营企业进行全面登记管理,从登记事项、监督管理到法律责任的法规雏形初现。

自1956年社会主义改造基本完成到1978年召开的党的十一届三中全会,企业、公司立法一度停滞。1978年以来,我国相继颁布了一系列商事登记法规,如1978年9月,国务院发布《关于成立工商行政管理总局的通知》,专门设立了负责商事登记的部级机构;1979年、1980年相继颁行《中外合资经营企业法》《中外合资经营企业登记管理办法》,将外商投资企业纳入企业登记管理体系之中。1982年国务院发布《工商企业登记管理条例》,废止了1962年《工商企业登记管理试行办法》。1985年,《公司登记管理暂行规定》颁布,对公司法人登记作了规定。1986年、1988年,相继出台《民法通则》《企业法人登记管理条例》。1994年,颁行《公司法》《公司登记管理条例》。《合伙企业法》《农民专业合作社法》实施后又相继颁布合伙企业、农民专业合作社等市场主体登记条例,对推动经济发展、规范市场主体经营起到举足轻重的作用。但鉴于立法分散零乱,亟需一部统一法规来推进新时期市场主体登记制度的发展。

二、新时期商事登记制度改革大事记

中共十八届二中全会中提出全国范围的商事制度改革。此次会议审议通过的《国务院机构改革和职能转变方案》要求改革工商登记制度,对按照法律、行政法规和国务院决定需要取得前置许可的事项除涉及国家安全、公民生命财产安全等外不再实行先主管部门审批、再工商登记的制度。

2013年10月,国务院常务会议讨论通过了《注册资本登记制度改革方案》,改注册资本实缴制为认缴登记制,改"先证后照"为"先照后证",改企业年检制为年报公示制,改市场巡查为随机抽查,简化了市场主体住所登记手续,推行电子营业执照和全程电子化登记管理。

2014年8月国务院颁布《企业信息公示暂行条例》。原国家工商行政管理总局还制定了《企业经营异常名录管理暂行办法》《企业公示信息抽查暂行办法》等五部文件加强对企业事中事后监管。

2015年6月《国务院办公厅关于加快推进"三证合一"登记制度改革的意见》,确定实施"三证合一"登记制度改革,推行"一照一码"。所谓"三证合一"也就是将企业依次申请的工商营业执照、组织机构代码证和税务登记证三证合为一证,提高市场准入效率;"一照一码"则是在此基础上更进一步,实现由一个部门核发加载统一社会信用代码的营业执照。

2015年上海市浦东新区、江苏省盐城市、浙江省宁波市等地开展企业简易注销登记改革试点。2016年12月26日原国家工商行政管理总局发布《关于全面推进企业简易注销登记改革的指导意见》,自2017年3月1日起全国范围内全面实行企业简易注销登记改革。2018年8月24日国家市场监管总局发布《关于进一步推进企业简易注销登记改革的通知》,打通工商、税务、商务、海关、人民银行、人力资源和社会保障等各部门办理企业市场退出业

务流程,实现透明全流程进度跟踪等功能的电子政务服务。

2019年国家市场监管总局发布《关于撤销冒用他人身份信息取得公司登记的指导意见》,明确了虚假登记问题的撤销程序和原则。

三、统一商事主体登记制度之建立及优化

2021年8月24日国务院发布、2022年3月1日起施行的《市场主体登记管理条例》解决了商事登记立法分散,不同主体登记规则、标准、程序不统一,效力不明确等问题,对以营利为目的从事经营活动的各类企业、个体工商户、农民专业合作社等市场主体登记管理作出统一规定,为市场秩序维护以及营商环境优化等提供了支撑。申言之:

(1)采取登记准则主义,取消企业名称预核准前置程序,压缩登记环节,精简申请材料,将"多证合一""证照分离""一照多址"等举措法律化。

(2)创设歇业制度,规定因自然灾害、事故灾难、公共卫生事件、社会安全事件等原因造成经营困难的,市场主体可以自主决定在一定时期内歇业。

(3)将"简易注销"上升为法律规范,解决注销难问题,降低退出成本。

(4)确立虚假登记的处理程序问题。

新时代持续优化营商环境背景下,市场准入大道至简,在简化程序、缩短时间和降低费用方面大幅降低制度性交易成本。2020年,北京和上海先后颁布了《优化营商环境条例》,以地方性法规固化了开办企业"一站式"服务的改革成果。在上海开办企业,从两年前的7个程序、22天、300元成本,陡然降至1个环节、2天、全程免费,商事主体设立便利度显著提升。①

(五)营业能力的法律限制

1. 对非营利组织营业能力的限制

非营利组织以非营利之公益事项为其设立、存在、管理之目的,自然不能直接从事具有竞争性质的营业性投资,如其要进行营业性投资或直接从事营业活动,就必须取得行政许可。②如根据《关于进一步制止党政机关和党政干部经商、办企业的规定》(1986年)的规定,工会、共青团、妇联、文联、科协和各种协会、学会等群众组织,在一般情况下一律不准经商、办企业,如有特殊情况,需要办非商业性企业的,必须报经国务院或省、自治区、直辖市人民政府批准。

2. 对未成年人商事权利能力的限制

这主要是基于对行为主体是否具备充分理解其行为意义和后果的意思表示(意思自治)能力的考虑,一方面是为了保护未成年人身心健康及其合法权益,另一方面也保护第三人利益和交易安全,从而形成了各国商事法律对未成年人商事权利能力的限制。

 背景资料

各国商法对于未成年人营业之限制

(1)禁止型。从理论上说,商事行为能力必然以民事行为能力为基础。在承认商人具

---

① 罗培新:《优化营商环境视域下我国商事主体登记制度之完善》,载《华东政法大学学报》2021年第6期。
② 肖海军:《营业准入制度研究》,法律出版社2008年版,第322页。

有特殊法律地位的国家,未成年人不问其意思能力如何,原则上均不能取得商事行为能力。例如法国1974年对《法国民法典》第487条和《法国商法典》第2条均予修改,规定未满18周岁的未成年人即使获得自治也不可以成为商人。

(2) 有条件的允许。一是通过法官宣告获得。在荷兰,未成年人的商事行为能力之取得须由法官宣告,并且由法官决定其行为能力的范围。二是通过代理获得。根据《德国民法典》第164条、第1822条的规定,德国法准许法定代理人以未成年人的名义代理未成年人经营其营业活动,这样未成年人也可以成为商人。

(3) 宽容型。在对商人法律地位没有特殊规定的国家,法律往往认可商事行为能力的标准以民事行为能力的规定为准。《瑞士民法典》(由于瑞士属于民商合一国家,故其一些关于商事法律的内容规定在民法典中)第325条规定了未成年人有权以"明示或默示"取得部分行业的商事能力,也可以在特定职业或商业的正常范围内单独从事这种行为。

我国实践中已出现未成年人做股东是否合法的困惑和挑战,商人营业能力的法律制度仍需完善。

相关案例一
娃娃股东合法吗?

2003年1月苏女士和李先生夫妻俩与温州某房地产公司(下称"温州公司")共同出资成立了上海某投资公司。其中苏女士持股比例占45%,李先生占30%,温州公司占25%。2006年9月22日,苏女士和李先生协议离婚,其中约定:李先生将其持有的上海某投资公司30%的股权无偿赠与一对女儿,各持股15%。而且登记在温州公司名下的25%的股份,其真正股东也是李先生。因此,李先生决定将这25%的股份也无偿转让给妻女,其中苏女士获赠11%,6岁的婷婷和5岁的芳芳各获赠7%。温州公司获知后遂于2006年10月17日出具了同意书。次日,苏女士、婷婷和芳芳与温州公司签订了《股权转让书》,婷婷和芳芳因年幼由母亲苏女士作为监护人代签。协议签订后,苏女士多次与温州公司交涉,要求办理股权转让登记手续,但是该公司均以其负责人不在公司为由拖延。

2007年6月21日,苏女士和她的两个女儿作为原告,一纸诉状将温州公司告到上海市闵行区人民法院,要求该公司履行《股权转让书》,将其所有的上海投资公司25%的股权无偿转让给三原告,并配合办理工商变更登记手续。法院认定,温州公司向苏女士母女转让股权的行为合法有效,苏女士作为两个女儿的监护人,与温州公司签订的股权转让协议书系各方当事人真实意思表示,合法有效,对各方均有约束力。因此判决,温州公司应按《股权转让书》的约定履行其义务,协助三原告办理股权变更的手续。[1]

---

[1] 金莉娜:《上海法院首次判娃娃股东持股合法》,载《上海商报》2007年10月22日。

相关案例二
北京银行"婴儿股东持股超亿"风波①

北京银行是在 1997 年和 1998 年进行股份制改革发行原始股的,该银行进行股份制改革时,有的股东刚出生,或者还在上幼儿园、小学。例如,两位当时分别只有 13 岁和 1 岁的儿童分别投资了近千万元和约 300 万元(当时股价每股为 1.9 元,北京银行正式上市后的股价已超过了 25 元),10 年后的今天,他们一跃而成了北京银行的大股东。其中,1984 年 11 月出生,当年只有 13 岁的吴振鹏,以 500 万股的数量排在自然人股东首位。另外排名第 13 的郑宇轩,于 1997 年 1 月出生,持股量为 130 万股。由此引发数千网民热议、质疑。

该事件引来了诸多疑问和法律问题的争论:1 岁的婴儿是否有权成为公司的股东?他们怎么行使自己的股东权利?即使在 2007 年,年仅 10 岁的少年,依法还没有到可行使股东权利的年龄,理论上他也不可以开户成为一名股市的投资者。按照法律规定只有年满 18 岁的人才可行使股东权利,未满 18 岁的未成年人只能由监护人代替行使权利。

3. 对国家公职人员营业能力的限制

我国现行《法官法》《检察官法》《人民警察法》《预备役军官法》《公务员法》等规定检察官、法官、警察、现役军人、政府公务员等国家公职人员因掌控一定的国家公权力而与商人身份不兼容,不能从事投资行为,以防止官商不分、滋生腐败、妨碍公平竞争。此外,各国公务员法大都规定,凡公务人员都不得直接或间接经营商业或其他投机事业。② 公务人员在不同国家法律中有不得经商的不同规定。美国的《公务人员服务规程》中规定:"无论直接或间接,均不得发生商业上的关系,致影响公职上的忠诚。"日本的《国家公务员法》明确规定:"禁止公务人员参加私营企业的营利活动。"

此外,还有些特殊人员是以党或中央政府、地方政府的文件形式及行政措施的形式来作出限制性规定的,如 1985 年中共中央、国务院《关于禁止领导干部的子女、配偶经商的决定》规定:"凡县、团级以上领导干部的子女、配偶,除在国营、集体、中外合资企业,以及在为解决职工子女就业而兴办的劳动服务性行业工作者外,一律不准经商。"《中共中央办公厅、国务院办公厅关于县以上党和国家机关退(离)休干部经商办企业问题的若干规定》(1988 年)指出,党和国家机关的退休干部,不得兴办商业性企业,不得到这类企业任职。③ 2006 年通过的《娱乐场所管理条例》中规定了七类人员不得开办或从业娱乐场所,其中包括国家机关及其工作人员。④ 可见,我国对党政机关(包括党委机关、国家权力机关、行政机关、审判机关、

---

① 曹祯:《北京银行澄清"娃娃股东"》,载财经网,http://www.caijing.com.cn/newcn/home/todayspec/2007-10-9/32869.shtml,2022 年 10 月 10 日访问。

② 张正钊、韩大元主编:《比较行政法》,中国人民大学出版社 1998 年版,第 456 页。

③ 此外还有一系列的规定,如早在 1984 年,中共中央、国务院就作出《关于严禁党政机关和党政干部经商、办企业的决定》;1986 年,中共中央、国务院作出《关于进一步制止党政机关和党政干部经商、办企业的规定》;1995 年,中共中央纪律检查委员会下达的《关于国有企业领导干部廉洁自律"四条规定"的事实和处理意见》,规定国有企业的领导干部"不准个人私自经商办企业"。

④ 该条例第 4 条规定:"国家机关及其工作人员不得开办娱乐场所,不得参与或者变相参与娱乐场所的经营活动。与文化主管部门、公安部门的工作人员有夫妻关系、直系血亲关系、三代以内旁系血亲关系以及近姻亲关系的亲属,不得开办娱乐场所,不得参与或者变相参与娱乐场所的经营活动。"

监察机关以及隶属这些机关编制序列的事业单位)及其干部乃至家属从事商事经营活动,进行了严格的限制。

4. 对外国人营业能力的限制

基于不同国家各自的公共利益政策和涉外法政策的立法考虑,各国商法中对外国人取得国内法商事权利能力进行了一定的限制,但是减少了对外国人营业能力的限制,促进商业的无差别待遇将成为现代商法发展的主要趋势。

5. 特殊形态企业的营业能力限制

当企业进入重整阶段,仍可以继续营业,只是其营业能力受到很大限制——主要表现在企业对财产的使用和处分、贷款的取得、商事合同的履行与解除等方面。重整企业的继续营业是在特定条件下,依照法律的特别规定和一定的法律程序进行的营业。法律并不完全禁止这些陷于财务困境、濒临破产或者已经具备破产原因的企业的营业能力,而是通过一定的限制准予其在财产受到债权人集体追索、商业信用又十分欠缺的情况下采取"死里逃生"的自救措施。

本章小结

商事人格与营业能力都是商事主体区别于民事主体的重要特征,为对外经济交往中不可或缺的法律要素。

商事人格作为商事主体存在的法律基础,成为商事人格权形成的前提。商事人格权是指商事主体为维护商事人格利益而享有的一系列商事权利之总称,包括商号权、商誉权等,它是独立于民法上的人格权、财产权之外的,继知识产权之后出现的兼具商事人格与财产双重属性的新型权利。

商号权是指企业等经营者对其所创造的企业名称享有其利益并排除他人侵害的权利。商号的选用及其法律保护,特别是与商标的权利冲突,为当前热点问题。作为企业经营者,要有强烈的商号保护意识,可将其作为自己的商标,予以注册,捆绑起来,一体使用,可避免企业名称区域保护的狭隘性,使其通用全国而不受侵权之恼。而商誉则是社会公众对某一生产经营者的生产经营管理水平、资信状况、商品和服务质量等的综合客观评价。商誉权是指企业等经营者对其所创造的商誉享有其利益并排除他人侵害的权利。

营业能力有广义和狭义之分。狭义专指营业上的行为能力,广义等同"商事能力",是指商事主体独立从事商事活动,享有权利和承担义务的资格和能力,包括商事权利能力和商事行为能力。获得营业能力的要件一般包括:其一,具有一定的营业人员和营业财产。其二,具有自己的商号。其三,商事主体的营业能力以商业登记而确立,应履行登记公告程序。此外,非营利组织、公务员、未成年人等营业能力的获得有一定的法律限制。

思考与练习

1. 简述营业能力及其特征。
2. 营业能力的构成要件有哪些?试举例说明。
3. 简述商事人格权及其特征,并说明与人格商品化现象如何区别?
4. 根据《市场主体登记管理条例》等规定,企业名称的选用应循哪些法律规则?

5. 试举发生在你身边的商号权与商标权冲突之例,谈谈如何避免此类冲突?

6. 何谓商品化权?何谓商誉权?从优化企业投资经营的法律环境角度,思考我国商法应如何进一步完善。

案例分析

爱奇艺"超前点映"——2021年度品牌危机案件

2021年实现"十四五"良好开局的一年里发生了众多品牌事件,有的大力彰显了社会价值,有的引发了社会舆论风波,有的受到法律处罚。中国品牌监测中心根据一年来的监测数据,经过专家推选,并结合网络数据量、点赞数、转发量、评论量等声量数据,甄选出2021年品牌危机榜单,爱奇艺列在其中。2021年9月,爱奇艺超前点播模式引发舆论风波,原本一次付费就能享受的服务却要额外付费,"会员套娃"制度令消费者十分不满。同时,爱奇艺反复提高会员价,试探消费者承受底线,最终会失去品牌在用户心中建立的口碑。据此,谈谈你对企业实施品牌战略、防范品牌危机的法律思考。

第三章

企业改制与营业转让

马某军等与企业改制相关民事纠纷再审案[①]

再审申请人马某军等247人不服吉林省高级人民法院(2016)吉民终541号民事裁定,向最高院申请再审。再审申请人诉称:1.一审、二审法院裁定本案不予受理错误。本案不具有政府主管部门对企业国有资产进行行政性调整、划转的法律特征。诉争兼并协议属于有偿兼并,不属于行政性调整、划转。根据《国家体改委、国家计委、财政部、国家国有资产管理局关于企业兼并的暂行办法》的规定,一审、二审法院不予受理本案错误。2.本案是平等主体在兼并过程中发生的纠纷,属于人民法院的受理范围。3.吉林市中级人民法院长期不立案,本案应由吉林省高级人民法院提级管辖。

本案争议的焦点问题是:本案是否属于人民法院的受理范围。《最高人民法院关于审理与企业改制相关民事纠纷案件若干问题的规定》第三条明确规定了政府主管部门在对企业国有资产进行行政性调整、划转过程中发生的纠纷不属于人民法院民事诉讼的范围。本案中,2004年7月6日吉林市人民政府出具《委托授权书》,由吉林市商业委员会全权代表吉林市人民政府与大商集团股份有限公司(以下简称"大商集团")签署并购文件。大商集团与吉林市商业委员会于2004年7月签署《吉林市百货大楼兼并协议书》。2004年8月12日,吉林市国有资产管理局下发《关于市百货大楼由大商集团整体兼并有关国有资产处置的批复》。本案中,马某军等人申请再审的事项属于政府主管部门在对企业国有资产进行行政性调整、划转过程中发生的纠纷,不属于人民法院受理范围。一审、二审法院不予受理并无不当。综上,马某军等146人的再审申请不符合《中华人民共和国民事诉讼法》第二百条第二项规定的情形。裁定驳回了马某军等146人的再审申请。

上述案例表明,我国企业改制政策操作性很强,因企业改制产生的纠纷需要行政、司法协同治理。随着我国企业改制从国企公司化改造(法人治理)进入混合所有制改革的2.0阶段(从管资产迈入管资产的资本式治理新时期),给商法理论与实务提出了新课题。本章对企业改制的几种重要形式、操作程序及相关法律问题等作一讨论,以期为企业改制实务提供指南,并对营业及其转让问题进行阐明。

一、企业改制

在我国,企业改制有其本土所指,即要打破计划经济体制下形成的以"所有制"为核心的

---

① 最高人民法院(2017)最高法民申2683号。

企业制度,通过依法合并、分立、变更企业组织形式、营业转让等方式,建立符合市场经济规律,以"明晰产权"为核心的现代企业制度,实现企业自主经营、自负盈亏、自我发展。狭义上专指国有企业改制,广义上包括其他性质企业的改制,比如集体企业的改制、股份合作制企业的改制、中外合作企业的改制等,甚至更多类型的非企业单位,比如事业单位改制,也统称为企业改制。按2008年10月28日通过、2009年5月1日起施行的《企业国有资产法》第39条对企业改制概念的界定,其是指:(1)国有独资企业改为国有独资公司;(2)国有独资企业、国有独资公司改为国有资本控股公司或者非国有资本控股公司;(3)国有资本控股公司改为非国有资本控股公司。

(一)企业改制的意义、目标和效果

1. 企业改制的三重意义

企业改制是一项系统工程,牵一发而动全身,具有经济、法律、政治上的多重意义。

从企业改制的经济意义方面看,通过改制逐步建立适应社会主义市场经济需求的现代企业制度。现代企业制度是以完善的企业法人制度为基础,以有限责任制度为特征,以公司企业为主要形态,以"产权清晰、权责明确、政企分开、管理科学"为目标的新型企业制度。

从企业改制的法律意义方面看,企业改制是改制企业与其他参与改制的主体间权利义务重新调整的过程。从企业改制的过程看,其涉及以意思表示为要素,设立、变更、终止法律关系的法律行为,也有无意思表示的事实行为;还涉及物权行为、债权行为等。这些行为受到我国《公司法》《合伙企业法》《个人独资企业法》《证券法》《合同法》等诸多法律部门的调整。[①]

从企业改制的政治意义来看,企业改制主要面向国有企业,国企是支撑国民经济可持续发展的基础,既具有产业政策导向功能,也是国家调控经济波动、弥补市场缺陷的稳定器;既为国家财政的主要来源,又关系到国计民生的安全和稳定。国有企业改革在今天已经远远超出了国企本身的意义,国有企业改革的成败直接关系到我国社会主义市场经济体制的成败,也牵系到国家长治久安和社会稳定繁荣。为此,必须将国有企业坚定不移地做大、做强、做优,提高国有企业的抗风险能力、活力、控制力、影响力。

2. 企业改制的目标及法律效果

企业改制的目标是建立现代企业制度,现代企业的一个明显特征就是要建立股东会、董事会、监事会、经理层分权制衡的法人治理结构。在我国企业改制是指改造为有限责任公司或股份有限公司,特别是随着企业上市的需求增大,很多企业将上市股份有限公司作为自己的改制目标。国有企业的改制方案应由职工大会或职工代表大会同意;重要的国有独资企业的改制必须由国有资产管理机构审核,并报本级政府批准。

从企业改制的法律效果来看,一是企业主体的变更。企业改制后会引起企业法人主体的产生、变更和消灭。相应地,也会引起企业登记的变化。若企业仍以企业法人身份存在,则发生法人变更的效力;若企业改制后丧失其法人资格,则发生法人注销的效力。二是企业出资结构的变化。改制后的企业出资会发生由单一出资主体到出资主体多元化的变化,国有独资公司除外。企业改制要改变以往以所有制为企业形态划分标准的状况,与市场接轨,以承担责任的形式等作为企业类型的划分标准。三是企业治理结构的转变。改制后,企业

---

① 钟亮、李靖编:《企业改制重组法律实务》,法律出版社2007年版,第5页。

管理层人员的人选将改变以往的由政府直接任命的做法,从经理人市场中选择具有优秀管理和经营技能的人担任。四是企业债权债务承担的变化。企业改制后,依改制中的不同情况和当事人的约定,企业的原有债务一般由改制后的企业承担,例外的情况下,由企业的原出资人(或资产管理人)或改制后企业资产的实际持有人承担。[①]

国企改制后如何从立法层面优化企业产权(股权)多元化的法人治理结构,提高企业现代化经营的核心竞争力,是实务界和理论界关注的重要议题。有学者"建议把国家股东权界定为无表决权的优先股;建议大力推行积极分红政策,强化国家股东的分红权;建议积极稳妥地推行国企向全民分红的制度设计"。[②] 也有学者认为"国家股一股独大的证券市场结构以及长期的行政干预禁锢了我国资本市场的自然生长,使得上市公司同样继续维系着所有权高度集中的股东会中心主义治理格局……建议国有上市公司可以部分借鉴董事会中心主义的管理技术来优化国有企业的公司治理"。[③] 2023年新修《公司法》提供了单层制(只设股东会、董事会)和双层制(股东会、董事会、监事会)治理模式的更多选项,也为企业改制方案的优化提供了更多发展空间。

(二) 企业改制的几种重要形式

企业改制的形式多样,主要包括企业兼并、企业分立、企业公司制改造、企业股份合作制改造、营业转让等。

1. 企业兼并

随着我国现代企业制度的建立以及证券市场的发展,采用企业兼并来实现自身战略发展目标的企业越来越多。如清华同方与鲁颖电子的合并、联想与IBM个人电脑业务的合并、华能集团与程控股份集团公司的合并等。通过企业之间的兼并,可以优化资产的合理配置与流动,使国有企业尽快解困,增强企业实力。

(1) 企业兼并的概念和特征

本书中的兼并是指在市场机制的作用下,企业通过产权交易获得其他企业产权,并企图获得其控制权的经济行为,它包括了企业合并和企业收购。主要有以下五个特征:

第一,主体双方的特定性。企业兼并是以兼并企业存续和被兼并企业丧失法人资格或独立经济实体资格为法律后果的行为。[④] 因此,企业兼并一般发生在企业法人之间,其他不具备法人资格的企业和个人不能发生兼并。

第二,过程的有偿性。企业兼并是有偿转让企业全部产权的行为。在市场经济条件下,企业是以营利为目的的经济组织,企业本身也是商品交换的客体。兼并企业购买被兼并企业的产权要支付成本,是有偿的;而且被兼并企业要转让的是企业的全部产权。

第三,意思的相对自主性。企业兼并一般利用企业兼并的协议,以参加兼并的企业进行自愿协商或通过公开招标投标、兼并各方达成一致协议来实现企业兼并的,因此是企业意思机关作出的自主意思表示。但应该指出,在我国国有企业改制中被兼并企业的兼并方案应经上级主管部门批准。

---

① 钟亮、李靖编:《企业改制重组法律实务》,法律出版社2007年版,第13页。
② 刘俊海:《全面推进国有企业公司治理体系和治理能力现代化的思考与建议》,载《法学论坛》2014年第2期。
③ 刘凯湘、刘晶:《我国股东会中心主义的历史成因——以国有企业改制为线索》,载《法学论坛》2021年第6期。
④ 参见赵泉:《企业兼并特征及行为规范》,载《航天工业管理》1999年第9期。

第四,程序的法定性。企业兼并关系到企业主体资格的存亡、产权的转让、债权债务关系的变更、劳动关系的变更等一系列权利义务关系的设立、变更与终止。因此,企业兼并必须依法进行,兼并合同必须以书面形式订立并公告,有的还要报政府有关部门审查批准。

第五,继承权利义务的整体性。被兼并企业因为在这个过程中丧失了独立的法人人格,兼并企业要承继被兼并企业的全部债权、债务。这是因为兼并企业与被兼并企业人格合一,兼并企业当然应承担被兼并企业的全部权利义务。

(2) 企业兼并的类型

关于企业兼并的类型,依据不同的角度和不同的标准,可以划分为若干种。按企业的行业划分,可分为横向兼并、纵向兼并和混合兼并三种;按购买方式划分,可分为以现金购买资产的兼并、以现金购买股票的兼并、以股票购买资产的兼并和以股票交换股票的兼并;还可从交易方式和处理方式上对企业兼并进行划分。但根据《关于企业兼并的暂行办法》规定,我国企业兼并分为四种形式:

第一,承担债务式兼并,即在被兼并方的资产与债务等价的情况下,兼并方以承担被兼并方债务为条件接收其资产。① 这种兼并实际上是一种特殊的购买净资产式兼并,兼并方以数目为零的现金购买资债相抵为零的净资产。

第二,购买净资产式兼并,即兼并方出资购买被兼并方企业的资产。这种兼并方式的本质特征是以现金换净资产。在法律上表现为以兼并方与被兼并方的投资者(股东或开办单位)为合同当事人、以被兼并方的全部净资产为标的的买卖合同,也称为企业产权转让合同。

关于"零资产转让"问题②

"零资产转让"问题主要有四种情形:(1) 甲企业在资产小于负债的情况下,将全部或主要资产连同等额债务转让给乙,甲企业并不注销,其余债务则仍挂在甲企业名下,乙以这些资产连同债务开办了新的独资企业或与他人共同组建有限责任公司。(2) 甲企业的开办单位在甲企业的资产小于负债的情况下,将全部或主要资产连同等额债务转让给乙,甲企业注销,甲企业的开办单位承诺负担其余债务,乙以受让所得的资产连同债务设立新独资企业,或与他人共同组建新的有限责任公司。(3) 甲企业的开办单位在甲企业的资产小于负债的情况下,将全部或主要资产连同等额债务转让给乙,甲企业的开办单位承诺负担其余债务,甲企业的法人地位不变,乙成为甲企业的股东或独资经营者。(4) 甲企业在资产小于负债的情况下,将全部或主要资产连同等额债务转让给乙,甲企业并不注销,其余债务则仍挂在甲企业名下,乙以这些资产开办新的独资企业或与他人共同组建有限责任公司。此即"零资产转让"。

零资产转让的最大问题是,那些没有连同财产一并转让的债务应由谁承担?目前在实践中通常的处理方法是:(1) 对于第三种情形,由甲企业对债权人直接承担责任。(2) 对于第一、二种情形,判令新企业以其接受的资产对债权人承担清偿责任。(3) 对于第四种情

---

① 参见钟亮、李靖编:《企业改制重组法律实务》,法律出版社2007年版,第310页。
② 赵峰:《"零资产"转让后的债务承担》,载《江苏法制报》2006年9月19日。

形,以被出售企业与受让方作为共同被告,判令受让方在其所持股权范围内承担连带责任。

从法律原理上讲,以上第二、三种处理方法是有疑问的。但是在实践中如果过多地撤销转让合同,社会成本过高。

第三,吸收股份式兼并,即被兼并方的所有者将被兼并方的净资产作为股金投入兼并方,成为兼并方企业的一个股东。这种兼并方式的本质特征是以净资产换取兼并方的股份,在法律上表现为被兼并方的净资产全部转换为存续企业的股份,被兼并方随股份转换而终止,其债务亦由兼并方承担。

第四,控股式兼并,即一个企业通过购买其他企业的股权达到控股,实现兼并。这种兼并方式通过被兼并方的股东与兼并方之间签订股权转让合同、变更工商登记来实现。这种兼并方式,不改变被兼并方原来的债权和债务的承担主体,在法律性质上属于收购。

相关案例
本溪钢铁(集团)有限责任公司、张某宇等金融不良债权追偿纠纷案[①]

本钢集团兼并大耐公司,案涉《兼并协议书》约定,本钢集团在承担全部债权债务和享有全部资产的基础上,负责安置和接收在职及离退休职工,承担拖欠的福利费用,按原方式接收土地使用权。但根据《国务院关于在若干城市试行国有企业兼并破产和职工再就业有关问题的补充通知》要求,原大连耐火材料厂名下土地虽约定由本钢集团按原方式接收,但该土地使用权转让所得优先用于职工安置及养老医疗统筹费用。且在《兼并协议书》履行过程中,本钢集团未通过约定的承担债务式有偿兼并实际享受停息、免息及土地使用权接收等政策性兼并红利,本钢集团亦最终通过将对原大连耐火材料厂所欠板材款5654.80万元作为投资、评估后的净资产-3010.63万元进行账务处理的债转股方式,将原大连耐火材料厂未经注销直接变更登记为大耐公司,控股股东变更为本钢集团。改制后的大耐公司吸收原大连耐火材料厂全部资产、占有使用其名下案涉划拨土地,改制前后企业仅发生企业股权变动,具有事实上的承继关系。再审法院认为,案涉《兼并协议书》在履行中实际变更为企业控股式的兼并形式,本钢集团作为控股股东仅以其出资为限承担责任,大耐公司的债务依法应由其自行承担。

2. 企业分立
(1) 企业分立的含义

企业分立是指一个企业根据生产经营或管理的需要,通过签订协议,不经过清算程序,分为两个或两个以上企业的法律行为。企业分立对于调整组织结构、降低投资风险、提高盈利能力具有经营战略意义。

[①] 最高人民法院(2021)最高法民再291号。

企业分立与企业资产转让或剥离的区别

1. 法律性质不同。企业分立的本质是企业的人格变化,而资产转让的本质是买卖合同。

2. 对投资人的影响不同。资产转让不会影响投资人的地位,影响的只是买卖双方企业的资产形态。而企业分立直接影响投资人的地位,不管是派生分立还是新设分立,投资人的权利都会发生变化。

3. 资产总额变化不同。资产转让中,虽然转让方要将一部分资产转让分离出去,但也获得了对价,因此,企业的资产总额不变,只是资产内部的科目发生变动。企业分立中,企业分离一部分资产后,不会获得对价,所以总资产额会减少。

(2) 企业分立的类型

第一,新设分立。新设分立也称为消灭分立,是指一个公司的营业分离出来,并以此出资组建两个以上公司,本公司解散。在实践中,新设分立又主要表现为以下两种形式:一是单纯新设分立,即分立公司将其营业分立出来,以该营业为基础组建两个以上公司,分立后分立公司解散。如,某金融公司将其证券部门和财务部门分离出来,组建某某证券公司和某某实业银行,该金融公司解散。

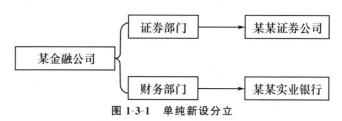

图 1-3-1　单纯新设分立

二是新设分立合并,是指将分立公司的一部分营业和其他已有公司的营业相结合设立新的公司。如,某金融集团将其证券部门和财务部门分离出来,并分别与其他已有的证券公司和银行相结合组建新的证券公司和银行,金融公司解散。

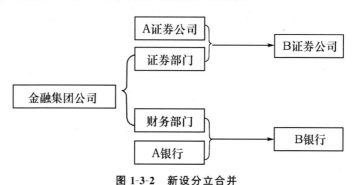

图 1-3-2　新设分立合并

第二,吸收分立。吸收分立也称为存续分立,是指将分立公司的营业中的一部分出资至新设公司,而分立公司以剩余的营业继续存在。吸收分立在实践中也通常表现为两种形式:

一是单纯吸收分立,即分立公司将其一部分营业分立出来,以该营业为基础出资组建新公司,而分立公司以剩余营业继续存在。如,金融集团公司将其证券部门分离出来组建证券公司,而金融集团公司仍持有财务等营业。二是吸收分立合并,是指将分立公司营业的一部分出资给已存在的其他公司,使其成为该其他公司的一部分,而分立公司继续经营剩余营业的方法。如,金融集团公司将其证券部门与其他证券公司合并组建新的证券公司,或证券部门被其他证券公司吞并,而金融集团公司继续经营剩余营业。

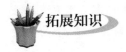

在办理公司派生分立时需要提交哪些材料?

1. 原有限公司变更登记需提交以下文件:(1)原公司法定代表人签署的《公司变更登记申请书》(原件1份);(2)《企业(公司)申请登记委托书》(原件1份)(可在申请书内填写);(3)原公司股东会关于分立的决议原件;(4)原公司自作出分立决议或决定之日起30日内在报纸上登载分立公告一次的证明原件;(5)原公司债务清偿或者债务担保情况的说明原件;(6)公司章程修正案或者修改后的章程原件;(7)原公司变更注册资本的,应提交由依法设立的验资机构出具的新的验资报告原件;(8)涉及其他登记事项变更的,需提交相应的文件原件;(9)原公司《企业法人营业执照》正本(原件1份)和全部副本(原件)。

2. 新设立登记需提交以下文件:(1)原公司股东会关于分立的决议原件;(2)原公司债务清偿或者债务担保情况的说明原件;(3)原公司自作出分立决议或决定之日起30日内在报纸上登载分立公告一次的证明原件;(4)新设公司为有限公司的,提交新的有限公司设立登记文件,新设公司为股份公司的,提交新的股份有限公司设立登记文件。

3. 企业公司制改造

企业公司制改造,是指根据我国《公司法》的有关规定,将企业改造成为有限责任公司或者股份有限公司的法律行为。也就是将企业的资产量化为股份并改变原有企业内部治理结构的过程。[①] 我国《公司法》只规定了有限责任公司和股份有限公司两种形式,因此要求国有企业在公司制改革时,要根据《公司法》的规定和本企业的实际情况,选择确定采用哪一种形式。

4. 企业股份合作制改造

股份合作制企业是指依法成立的,资本由职工股份或以职工股份为主构成,企业成员按劳动合作与资本合作的原则进行民主管理、共享收益、共担风险,以按劳分配与按股分红为分配原则,由出资者承担有限责任的法人组织。[②] 企业股份合作制改造一般分为三种情况:职工买断式股份合作制改造、企业与职工共建式股份合作制改造、增资扩股式股份合作制改造。[③]

---

① 李国光主编:《最高人民法院关于企业改制司法解释条文精释及案例解析》,人民法院出版社2003年版,第16页。
② 柴振国、姜南:《股份合作制企业若干法律问题研究评述》,载《河北经贸大学学报》2000年第5期。
③ 参见钟亮、李靖编:《企业改制重组法律实务》,法律出版社2007年版,第83页。

(三) 企业改制的程序

企业改制的实务性很强,应严格按法定程序有条不紊地进行。

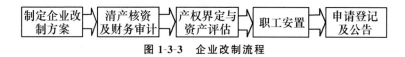

图 1-3-3　企业改制流程

1. 企业改制方案的确定

企业改制方案的确定是企业改制的首要环节,确定改制方案要弄清企业现状,分析清楚改制面临的各种困难,提出解决问题的思路和方法,以利于改制的顺利实施,取得预期效果。企业改制方案要重视可操作性,其可操作性主要体现在几个方面:一是符合国家有关改制的方针政策;二是符合《公司法》《民法典》等规定;三是充分考虑相关利益主体的利益。

2. 清产核资及财务审计

清产核资是指依据一定的程序、方法和制度对企业资产进行清查、核实、界定和登记。企业清产核资一般分为三个阶段:一是组织清产核资小组;二是开展清产核资工作,清查企业的有形资产和无形资产;三是提交清产核资报告。清产核资的主要内容是财务清理和资产清查,从而对企业的各类资产、负债进行全面、认真的清查,并清理债权、债务关系。清产核资的具体步骤是:组成清产核资机构,负责具体组织清产核资工作;制定企业的清产核资实施方案;聘请符合资质条件的社会中介机构对企业财务进行审计;将审计后的财务会计资料和文件提交给相关部门。

3. 产权界定与资产评估

(1) 产权界定

企业国有资产产权界定是国家依法划分企业所有权和经营权、使用权等产权的归属,明确各类产权主体行使权利的财产范围及管理权限的一种法律行为。产权界定包括两方面的内容:一是国有资产所有权的界定,界定是否属于国家所有;二是资产所有权权能分离产生的其他财产权的界定。

产权界定依下列程序进行:全民单位的各项资产及对外投资,由全民单位首先进行清理和界定,其上级主管部门负责监督和检查,必要时也可以由上级主管部门或国有资产管理部门直接进行清理和界定。全民单位经清理、界定已清楚属于国有资产的部分,按财产隶属关系报国有资产管理统计部门认定。经认定的国有资产,须按《企业国有资产产权登记管理办法》办理产权登记等有关手续。关于产权界定的具体办法,按照企业所有制形式的不同有所区别,《国有资产产权界定和产权纠纷处理暂行办法》中作了详细的规定。①

(2) 资产评估②

在工作组完成清产核资工作之后,由企业或者主管部门聘请具有相应资质的中介机构对企业资产、债务、经营状况进行独立的、全面的评估。为了充分体现职工对企业状况的知情权和监督权,评估完成后要将结果在企业内部进行公示。

---

① 参见《国有资产产权界定和产权纠纷处理暂行办法》第 8 条、第 9 条、第 12 条。
② 相关法律法规:《国有资产评估管理办法》第 3 条、第 4 条、第 6 条、第 12 条、第 23—27 条;《国有资产评估违法行为处罚办法》第 4—14 条。

 拓展知识

土地资产的处置方式及程序[①]

根据企业改制的不同形式和具体情况,可以分别采取国有土地使用权出让和租赁、作价出资(入股)、授权经营、保留划拨用地方式处置。

处置程序分为以下步骤:

第一,拟订土地资产处置方案。

改制企业根据省级以上人民政府关于授权经营或国家控股公司试点的批准文件,由企业或企业隶属单位拟订土地资产处置方案。

第二,地价评估结果确认和方案审批。

土地资产处置方案经批准后,企业应自主委托具备土地评估资格的机构进行评估,并依据评估结果拟订具体方案。企业向市、县土地行政主管部门申请初审,该部门对土地产权状况和地价水平进行审查并出具意见,企业持地价评估结果、土地资产具体处置方案和初审意见报有批准权的人民政府土地管理部门确认和审批。

第三,签订合同与变更土地登记。

土地资产处置方案经批准后,采取土地使用权出让方式处置的,企业持土地使用权处置批准文件和其他相关文件与土地所在地的市县人民政府土地行政管理部门签订国有土地使用权出让合同,并按规定办理土地登记手续;采取租赁方式处置的,企业持上述文件与土地所在地的市县人民政府土地行政管理部门签订国有土地租赁合同,并按规定办理土地登记手续;采取作价出资(入股)方式处置的,持土地使用权作价出资(入股)决定书,按规定办理土地登记手续;采取保留划拨方式处置的,企业持土地使用权处置批准文件及其他有关文件办理土地登记手续。

4. 职工安置

(1) 职工身份置换

职工身份置换是指通过给予一定的经济补偿,将企业与员工之间的终身关系变更为企业与员工之间的市场化劳动关系,解除员工对企业的依赖,然后由改制后的企业与员工进行双向选择,对继续留用的员工重新签订劳动合同,建立契约型的劳动关系。对于员工身份置换,国有企业改制过程中主要采用两种方式。第一种是变更劳动合同,第二种是解除劳动合同。变更劳动合同,是指劳动合同双方当事人就已订立的劳动合同条款进行修改、补充或废止部分内容的法律行为。当继续履行劳动合同的部分条款有困难或不可能继续履行时,劳动法律法规允许双方当事人在劳动合同的有效期内,对原劳动合同的相关内容进行调整。劳动合同的部分内容经过双方当事人协商一致得以依法变更后,未变更的部分仍然有效。劳动合同的解除,是指劳动合同依法签订后、未履行完毕前,由于某种原因当事人一方或双方提前中断劳动合同的法律效力,停止履行双方劳动权利义务关系的法律行为。

[①] 阮秀梅、葛雄灿:《浅议国有企业改制中土地资产的处置方式》,载《浙江大学学报(农业与生命科学版)》2001年第2期。

经济补偿是职工身份安置的重要内容①,它是指以经济利益形式补偿过去劳动者创造但未被其占有的价值。经济补偿有两种方式:一是直接以部分资产支付,即给予员工经济补偿金;二是以相应资产收益支付,即给予员工股权。关于职工持股问题,将在下文详细介绍。经济补偿是实行职工身份置换的关键,应切实制订方案,合理安排实施。第一,合理确定经济补偿的对象。其对象应是那些改制后国家参股或完全退出的企业员工。如果国有资本在改制后的企业中处于控股地位,企业员工的身份没有实质变化,因而在改制中不需向职工支付经济补偿金。第二,对不同群体采用不同的经济补偿方式。对于能够竞聘上岗的员工,鼓励他们选择股权补偿的方式;对于下岗失业的员工,应根据他们的意愿,在现金、股权或两者的组合中任选一种。第三,由国有资产管理部门或者地方政府组成专门的管理机构,负责员工经济补偿金的发放与管理。根据下岗职工的意愿,帮助他们购买企业股份或将他们的经济补偿金转到某个基金或投资部门。第四,对不同群体采取不同的投资优惠政策。企业改制后,下岗员工和再就业员工在企业改制后的收入会有较大差距,如果他们都以经济补偿金对改制企业进行投资,应给予前者更大的优惠,如配股、折价。

(2)职工持股

职工持股一般是指通过一定的制度安排使企业职工持有本企业一部分特殊股权,以此为依据参与企业经营管理和剩余利润分配所形成的一整套计划安排。

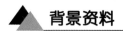
背景资料

职工持股的起源②

职工持股起源于20世纪初期。20世纪50年代中期,凯尔索律师将ESOP计划付诸实施。自20世纪70年代中期起,美国的职工持股计划引起了社会各界的广泛关注,美国政府和国会给予了大力支持,并为此制定了专门法律,近半数的州也相应立法以支持职工持股计划。20世纪70年代中期以来,美国实行雇员股份所有制计划的公司数量一直在稳步增加,平均每年新增700—800家,到20世纪80年代末,已达到10237家,雇员参与人数1153万人,占美国劳动力总数的12%,雇员所持有的股份资产额达1200亿美元,约占全美国公司股票总额的4%。根据美国全国职工持股所有制中心20世纪90年代初的统计,已有12000—15000家企业实行职工持股计划,职工人数超过1200万(占全国劳工的10%),职工持股资产约1000亿美元,分布遍及各行各业。在美国最成功的100家公司中,有46家实行了职工持股计划。

我国职工持股形式主要有以下两种:

---

① 相关法律法规:《劳动法》《劳动合同法》《关于违反和解除劳动合同的经济补偿办法》(劳部发〔1994〕481号)、《国务院国有资产监督管理委员会关于中央企业主辅分离辅业改制分流安置富余人员资产处置有关问题的通知》《劳动和社会保障部、财政部、国务院国有资产监督管理委员会关于印发国有大中型企业主辅分离辅业改制分流安置富余人员的劳动关系处理办法的通知》《财政部关于企业公司制改建有关国有资本管理与财务处理的暂行规定》。

② 王斌:《企业职工持股制度国际比较》,经济管理出版社2000年版,第1页。

一是内部职工股。[1] 内部职工股是指国有企业或集体企业改组为股份有限公司时,向企业职工个人配售的股份,或者在改制以前已经配售股份、改制后直接由这些企业内部股份转为股份公司的股份。

二是职工持股会持股。职工持股会持股是指由职工出资成立社团法人性质的职工持股会,持股会将资金投入公司成为公司的一个法人股东,公司职员则通过持股会按出资比例"间接"持有公司股份。[2] 职工持股会持股产生于1994年我国《公司法》实施后,一方面,由于内部职工个人持股存在管理混乱、职工并不关心企业发展等问题,迫切需要将个人持有的股票集中管理;另一方面,实行改制的国有企业有推行职工持股制度的强烈愿望。《公司法》和其他相关规定对职工持股进行了限制:《公司法》取消了定向募集设立股份有限公司的方式,而有限责任公司的股东人数最高又不得超过50人,大量改组为有限责任公司的企业难以实行职工个人持股;而当时《股份有限公司规范意见》规定,社会募集公司中内部职工认购的股份不得超过公司向社会公开发行部分的10%,难以满足职工想持有较高比例公司股份的要求,亟需创建一种新的运作平台来满足职工的持股要求,职工持股会便应运而生。1994年深圳市金地(集团)股份有限公司实行职工持股会持股取得成效。

5. 申请登记及公告

在改制完成之后,由全体股东指定的代表或者共同委托的代理人向公司、企业登记机关申请登记。登记机关对登记申请内容进行审查,对符合规定条件的予以登记,发给营业执照。改制后的企业取得法人资格,开始对外开展生产经营活动。企业改制完成之后,应当通过媒体或其他公开方式发布改制公告,这也是保护债权人利益、维护社会经济秩序的需要。

(四)企业改制的法律风险防范

由于企业改制法律关系复杂,政策性强,在企业改制过程中可能产生大量的法律风险,其中有的酿成高管"饕餮盛宴"[3],有的甚至发生冲突惨案。以下选取几种常见的法律风险(国有资产流失、债权债务纠纷、职工安排纠纷)予以分析。[4]

1. 国有资产流失之防范

何谓国有资产?按2008年《企业国有资产法》第2条规定,是指国家对企业各种形式的出资所形成的权益。而《企业国有产权转让管理暂行办法》第2条规定得更为丰富全面:"本办法所称企业国有产权,是指国家对企业以各种形式投入形成的权益、国有及国有控股企业各种投资所形成的应享有的权益,以及依法认定为国家所有的其他权益。"从其外延来看,既包括国有企业中国家所有的财产,此为经营性国有资产,又包括宪法规定属于国家所有的河流、矿山、土地、滩涂、海洋等资源性国有资产以及行政事业单位中属于国家所有的资产,此为非经营性国有资产。与企业改制关系密切的是经营性国有资产,在企业改制过程中国有资产流失的应当采取有效措施,防患于未然。

---

[1] 内部职工股的发行主要发生在1994年7月1日《公司法》实施前,内部职工持股制度的主要内容包括:内部职工股限于向公司内部职工发行,内部职工包括本公司和全资附属企业正式职工、公司外派职工、董事和监事、公司离休或退休职工;公司向内部职工发售的股份不得超过一定的限额,但关于限额数的具体规定,国家体改委的规定前后不一致;向职工发行股份的价格不得低于票面值,不得将股票无偿送给职工;定向募集公司的股份不得转让,社会募集公司的股份在配售后3年内不得转让,但1993年底,中国证监会将此期限改为"在公司本次发行股票上市后6个月即可上市转让"。

[2] 江平、卞宜民:《中国职工持股研究》,载《比较法研究》1999年第Z1期。

[3] 谷萍、查洪南等:《"群蛀"国企改制竟成高管"饕餮盛宴"》,载《检察日报》2010年1月26日。

[4] 钟亮、李靖编:《企业改制重组法律实务》,法律出版社2007年版,第17页。

(1) 国有资产流失根源的法律分析

欲治愈国有资产流失之积弊,当先透视其病因,方可对症下药。有学者认为国有资产在改制过程中流失的途径包括"资产评估机构缺乏诚信,使国有资产的价值被低估;改制过程中,在海外设立的国有企业缺乏应有的监管;国家持股或控股的企业通过关联交易将国有企业的股份、资产、利润转移给第三者等"。① 本书从以下三个方面进行阐述。

第一,国有产权主体制度存在缺陷。国有资产属于全民所有,国有资产所有权由国家来行使,而国家是委托给政府及其专门机构,再委托授权于国有企业来运营管理国有资产。研究显示,在94.71%的上市国企中,委托代理的层级在"2"以上,最多可达"14"②。委托代理层级化有助于政企分开,减少政府行政部门对国企的干预。此项机制在实践中确实发挥了积极的作用。③ 但委托代理层级增多,代理关系的长链条化客观上使得信息不对称问题更严重,责任主体不明,约束管理弱化。从国企经营实践来看,容易造成盲目决策、资源浪费、国有资产流失。

第二,国有产权交易机制存在缺陷。国有产权交易"以法定场内交易为主、场外交易为例外"。④ 伴随国有产权转让和交易行为增多,实践中低价违规场外交易行为时有发生,导致产权交易环节出现国资流失风险较大,亦破坏产权公平交易秩序。如近年来中央文化企业发展迅速,但由于文化企业的固有特征,存在产权意识不强、缺乏有效监管等问题,易发违规的场外交易、协议定价,缺乏市场发现转让价格机制,进而造成国有资产流失。⑤

相关案例
巴菲特公司 VS 上海自来水公司股权转让纠纷案⑥

上海水务公司在接受委托转让股权时,擅自委托金槌拍卖公司拍卖自来水公司名下的16985320股光大银行法人股,拍卖后又与巴菲特公司订立股权转让协议,其转让行为未在依法设立的产权交易机构中进行,而是通过委托方式将国有产权转让。上海水务公司委托他人通过拍卖方式将国有产权转让的行为,不具合法性,由于股权转让程序违法,国有资产转让合同的效力得不到法院支持。

---

① 刘俊海:《现代公司法》(第2版),法律出版社2011年版,第802页。
② 周静、辛清泉:《金字塔层级降低了国有企业的政治成本吗?——基于经理激励视角的研究》,载《财经研究》2017年第1期。
③ 有实证研究显示,(地方)国企通过增加委托代理层级,能够有效降低政策负担、提升薪酬激励效果,促进企业创新。江轩宇:《政府放权与国有企业创新——基于地方国企金字塔结构视角的研究》,载《管理世界》2016年第9期。
④ 依《企业国有资产法》规定,国有资产转让应当遵循等价有偿和公开、公平、公正的原则。除按照国家规定可以直接协议转让的以外,国有资产转让应当在依法设立的产权交易场所公开进行。目前国有企业产权转让的政策依据主要为《企业国有资产交易监督管理办法》(国务院国资委、财政部令第32号)。国务院国资委同时规定,场外协议转让必须从严掌握,只能由省级国资委审批,而且必须报国务院国资委备案。
⑤ 为进一步规范财政部代表国务院履行出资人职责的中央文化企业国有产权转让行为,财政部出台了《关于加强中央文化企业国有产权转让管理的通知》(财文资〔2013〕5号)和《中央文化企业国有产权交易操作规则》(财文资〔2013〕6号)。《通知》明确要求:中央文化企业国有产权原则应当进场交易,严格控制场外协议转让。对于受让方有特殊要求拟进行协议方式转让的,应当符合国家有关规定,并报财政部批准。杨亮:《文化央企"新规"——严禁国有产权"违规交易"》,载《光明日报》2013年7月22日。按上述规定,文化产权交易所是为文化产权转让提供条件和配套服务的专业化市场平台,业务活动主要有政策咨询、信息发布、组织交易、产权鉴证、资金结算交割等,中央文化企业国有产权进场交易的,应当在上海和深圳两个文化产权交易所交易,并严格按照有关规定进行交易操作。
⑥ 上海市第二中级人民法院(2007)沪二中民三(商)初字第81号、上海市高级人民法院(2009)沪高民二(商)终字第22号民事判决书。

第三,国有产权救济制度存在缺陷。由于国有产权的主体具有抽象虚拟性,一旦权利受到侵害,并没有一个具体的权利主体来对受损的国有产权进行私力救济或者寻求公力救济,国家也没有专门设立国有产权的救济主体。

(2) 完善国有资产法律规制、防范国资流失风险

历经15年起草,2008年我国终于出台了《企业国有资产法》,从依法选任国家出资企业管理者,到对关系国有资产出资人权益的重大事项作了详细规定,再到落实国有资产监督机制,为堵住国有资产流失的"黑洞"构建了比较全面的防范体系。但也存在值得进一步完善的空间:

第一,完善国有产权法律主体制度,应将履行出资人职责与资产监管、资本监管职能相分离。《企业国有资产法》明确规定了国务院国有资产监督管理机构和地方人民政府设立的国有资产监督管理机构履行出资人职责,而且根据需要,可以授权其他部门、机构代表本级人民政府对国家出资企业履行出资人职责。这些机构履行出资人职责相当于行使股东的权利,但同时对国有资产行使监管职能,这种合二为一的国资委之职能势必造成自身多重角色冲突,并与中国证监会监管职能发生抵牾。为此,应将其作为股东的权利和作为资产监管、资本监管职能的监管者权力适当分离。

第二,完善国有产权交易制度。国有产权交易法律制度应由国有产权交易市场、交易参与人、交易内容、交易方式、交易程序、交易信息披露以及法律责任等方面的法律规则构成。通过法律的规定来促成国有产权交易市场的建立,界定国有产权交易的范围、产权交易的内容、产权交易的程序、产权交易的方式、产权交易的主体、产权交易的监管机构、产权交易中介机构的职能、违规操作处罚条款等。

第三,完善国有产权法律救济制度。根据国有产权权利主体存在虚拟的缺陷以及国有产权具有公共性的特点,除了要在法律上规定国有资产监督管理机构在国有产权受到侵害时必须进行私力救济或启动公力救济程序外,还必须建立专门的针对国有产权侵害的法律救济主体。我国有学者曾建议可以在国家检察机关中设立一个专门针对国有产权侵害的公诉机构,由其启动国有产权受损的公力救济程序,代表全民对国有产权侵权行为或者违反《企业国有资产法》的行为进行诉讼。[①]《行政诉讼法》2015年修改后新增了公益诉讼的规定,针对国有资产监管部门滥作为或不作为,检察机关有权提起保护国有资产的公益公诉。

2. 企业改制中的债务纠纷处理

(1) 企业兼并、分立的债务承担

企业兼并,根据《最高人民法院关于审理与企业改制相关的民事纠纷案件若干问题的规定》采取较为狭义的企业兼并分类,可分为企业新设合并、吸收兼并和直接控股式兼并三种。新设合并与吸收兼并的债务处理基本相同,均由改制后的企业概括继承。直接控股式兼并中,原企业对其债务自行承担,控股企业只是以出资股金为限承担有限责任,而不是如企业合并由合并后的企业概括承担原企业的债务。而且在控股式兼并中,原有企业承担原有债务是该种兼并的一个基本原则。[②]

企业分立,其本质是企业法人人格的变化,是对企业财产的分割,直接影响到股东的地位,这与营业转让以及转投资都有很大的区别,营业转让以及转投资都不会影响企业法人的

---

① 冯果:《现代公司资本制度比较研究》,武汉大学出版社2000年版,第81—84页。
② 《最高人民法院关于审理与企业改制相关的民事纠纷案件若干问题的规定》(2020修正)第34条。

人格,也不会影响股东的地位。企业分立时企业法人人格的变化及财产的分割导致承担原企业债务的责任财产发生变化,这与原企业的债权人有着切身的利益关系。企业分立后确定债务承担的主体与范围时,应注意以下几点:一是当事人有约定,且该约定得到债权人同意的从约定,该约定未得到债权人同意的,分立企业对原企业的债务承担连带清偿责任;二是当事人没有约定或约定不明,分立企业对外承担连带清偿责任,分立企业内部应承担的债务份额,各分立企业对原企业债务有约定的从约定,没有约定或者约定不明确的,根据企业分立时的资产比例分担。

(2) 企业公司制改造中的债务承担

企业公司制改造可分为整体改造和部分改造。整体改造,是在原企业原有资产的基础上,对其产权结构进行调整、对其组织形式进行变更,原企业的债权债务关系并不因此而消灭。由于新企业是在承接原企业资产基础上设立,其实质是对原企业的延续,因此对原企业的债务进行概括式承受。

企业部分改造为公司的,在公司法理论上又称为派生分立重组,因此,应适用企业分立和公司设立的相关理论解决债务承担问题。关于债务承担主体的确认存在以下几种情况[①]:一是债务主体可约定为改制后的新公司,因为原企业与新公司均为独立法人,只要双方的约定不违反法律、法规的强制性规定,且经所有债权人同意(并不仅指约定转移债务的债权人),原企业转移给新公司的债务由新组建的公司承担,但是若双方约定无效,原企业仍承担自己的债务;二是原企业无力偿还债务,债权人就此向新设公司主张债权的,新设公司在所接受的财产范围内与原企业承担连带责任。

(3) 企业股份合作制改造中的债务承担

股份合作制是我国大部分集体企业和一部分国有小企业改制的主要选择形式。股份合作制主要分为企业职工买断式、企业与职工共建式、企业增资扩股式三种。尽管三种改造方式形式不同,但均有共同特点,就是对改制企业的债权、债务进行整体评估,以企业总资产减去总负债后的净资产值作为量化折股的依据。尽管就企业内部而言,企业资本结构、组织结构发生了变化,但从外部而言,改制后的企业是对原企业的一种延续,其债权、债务没有变更和消灭,因此应由改制后的企业对改制前企业的债务承担责任。

(4) 企业债权转股权的债务承担

企业债权转股权,是企业的债权人将其对债务企业的债权转为其对债务人的出资,其身份由债权人转为股东。债权转为股权后,可以使债权人作为债务企业的所有者参与经营决策,获得出资收益以折抵债务,从而减轻债务企业的债务负担。由于债转股后,债权已不复存在,因此确定债务承担主体的关键是确认债转股协议的效力。首先,债转股过程中,并非所有的债权均可以转为股权,只有具备我国《公司法》所规定的股东条件的债权人才能进行债转股。其次,债转股协议的内容必须符合我国法律的规定。若协议无效或具有可撤销事由,债权人可申请法院或仲裁机构宣告无效。

(5) 营业转让的债务承担

营业转让的债务承担将在本章"二、营业转让"中详细介绍,这里不作详述。

[①] 吴庆宝主编:《商事裁判标准规范》,人民法院出版社2006年版,第255页。

3. 企业改制中逃废债防范之策

逃废债问题是企业改制债务承担纠纷产生之温床,下面将通过分析企业改制逃废债中几个最常见的问题的处理,就逃废债问题提出一些防范对策。①

(1) 借企业公司制改造逃债的处理

借改制逃债在国有企业部分改造为公司制的过程中常有发生。其表现形式为债务人故意将改制企业中的优良财产剥离出去转移到新组建的公司,而将债务留在原企业。原企业中的优质财产②已被剥离,其基本丧失了偿债能力,该行为必然会导致原企业的债权人受偿不能,从而客观上免除或者减轻债务人的责任。我国法律禁止企业随意转移、抽逃其财产,企业将其财产与债务剥离,属恶意逃债。③

背景资料

企业借公司制改造逃废债与企业出资设立公司的区别④

企业借公司制改造逃废债务是指企业假借公司制改造之名,将其优质财产转移出去,而将债务留在原企业,导致企业丧失基本生产经营能力和对外偿债能力。其与企业出资设立公司的本质区别在于:债务人企业借公司制改造逃废债务,是一种假借改制之名,行转移优质财产、逃废债务之实的违法行为;而企业出资设立公司是一种合法的出资行为,并以企业在新设公司中的股权形式表现出来。若该企业发生偿债问题时,可以通过执行出资企业在新设公司中的股权方式解决。

(2) 出卖人隐瞒、遗漏债务的处理

隐瞒、遗漏债务的情形出现的原因,主要是原企业的资产经营管理人在对企业的资产进行清理、评估时,故意隐瞒一笔或几笔债务,用以提高出售价格,或者出卖人由于过失而遗漏一笔或几笔债务。由于出卖人(企业出售中为出卖人,企业股份合作制改造中为原企业资产经营管理人)存在过错,因此,其最终责任人应为出卖人(企业出售中为出卖人;企业股份制改造和吸收合并中为原企业资产管理人,即出资人)。但由于企业改制后企业财产由新组建的企业继承,新企业具有偿债的财产和能力,对债权的实现更有保障,且债权人在主张权利时并不知其债务不在改制所评估的财产范围内,所以对于如何确定隐瞒、遗漏债务的责任主体存在争议。

确定责任主体,应当区分不同法律关系,根据不同原则进行。⑤首先,根据法人财产独立

---

① 吴庆宝主编:《商事裁判标准规范》,人民法院出版社 2006 年版,第 261 页。
② 所谓优质财产,是指在企业生产经营活动中占据重要地位、起决定作用的财产。资产与财产不同,资产包括负债,财产不包括负债。企业优质财产又称企业良性财产。例如:在从事钢铁冶炼行业的企业,其优质财产为冶炼钢铁的相关机器设备、厂房、资金等,而一些后勤设备则非优质财产。
③ 《最高人民法院关于审理与企业改制相关的民事纠纷案件若干问题的规定》第 7 条明确规定,企业以其优质财产与他人组建新公司,而将其债务留在原企业,债权人以新设公司和原企业作为共同被告提起诉讼主张债权的,新设公司应在所接收的财产范围内与原企业共同承担连带责任。
④ 刘德权主编:《最高人民法院司法观点集成 2》,人民法院出版社 2009 年版,第 1048 页。
⑤ 吴庆宝主编:《商事裁判标准规范》,人民法院出版社 2006 年版,第 263—264 页。

与公平原则,确定改制后的企业是否应当承担债务清偿责任。如果被隐瞒或被遗漏债务的债权人在公告期内申报过债权,而改制企业未对该部分债务进行评估,说明债权人没有过错,为保护债权人利益,改制后的新企业应当承担债务;若债权人没有在公告期内申报债权导致新企业未对该部分债务进行评估的,则债权人存在过错,应由原企业资产管理人或出卖人承担债务。其次,根据过错原则确定最终的责任人。由于隐瞒、遗漏债务的过错在于被兼并企业原资产管理人、原企业资产管理人的出卖人,故兼并方或买受人、股份合作制企业承担清偿责任后可向过错方追偿。[①]

4. 企业改制中劳动纠纷的处理

职工安置是企业改制的重要一环,处理好企业改制中的劳动纠纷关系涉及改制之成败乃至社会之长治久安。企业改制中常见的劳动纠纷有以下几种[②]:

（1）劳动合同主体变更产生的纠纷

企业改制后新企业不认可或不与劳动者继续签订劳动合同的,根据合同有效性和持续性以及合同履行的严肃性,应当视为新企业对原合同的继续认可。如果新企业拒绝执行原合同、侵害劳动者利益发生争议的,法院应当认定原合同在合同期满之前有效,造成劳动者损失的应当予以赔偿。[③] 这类案件的争议焦点是企业改制时劳动合同是否应当继续履行,企业改制是否属于"劳动合同订立时所依据的客观情况发生重大变化"。第一,"劳动合同订立时所依据的客观情况发生重大变化"的前提条件是"致使原劳动合同无法履行";第二,企业改制本身是主观行为,不属于客观情况;第三,企业改制不影响劳动合同的内容;第四,劳动合同是财产关系而不是人身关系,因此不因用人单位一方主体变更而变更。所以,用人单位主体变更不影响劳动关系的存续、有效。

（2）解除劳动合同产生的纠纷

这类纠纷属于一般劳动争议性质,如果企业违反解除劳动关系的程序,应当确认劳动关系未解除,劳动者享有劳动合同约定的权利;如果企业没有违反解除劳动关系的程序,且有法定事由,法院应当支持,解除劳动合同的补偿应按照法律规定的标准给付劳动者。

（3）附条件变更劳动合同产生的纠纷

一些企业在改制过程中,利用劳动力过剩的形势和自身地位优势,给劳动者附限制性条件。如企业以解除劳动合同为要挟,强制职工入股的行为是不合法的。其一,股权与劳动权是完全不同的两种权利,股权由公司法调整,劳动权由劳动法调整;其二,入股是自愿行为,企业无权以解除劳动合同为要挟,强制职工入股。对于附变更条件的劳动合同,若其所附条件显失公平,违反自愿、协商原则,法院不予支持,对劳动者造成损失的,用人单位应当赔偿。

（4）变相解除劳动关系产生的纠纷

如一次性买断工龄或者一次性支付安置费。买断工龄实质上是解除劳动关系的一种特殊形式,一次性支付安置费实质是经济补偿问题。目前许多地方都存在这种做法,但缺乏法律依据。国务院《关于在若干城市试行国有企业破产有关问题的通知》仅适用于国有企业破产职工的安置,其他企业不能使用。因为一次性买断工龄或一次性支付安置费违反了《劳动法》的规定,剥夺了职工因工龄产生的劳动保险、医疗保险、失业保险等方面的利益。

---

① 《最高人民法院关于审理与企业改制相关的民事纠纷案件若干问题的规定》第11条、第28条、第32条;《最高人民法院关于人民法院在审理企业破产和改制案件中切实防止债务人逃废债务的紧急通知》第10条、第12条。
② 钟亮、李靖编:《企业改制重组法律实务》,法律出版社2007年版,第488—490页。
③ 《劳动法》第26条第3款。

(5) 续签劳动合同产生的纠纷

有的企业改制后,为了便于职工的分流、下岗,在与劳动者续签、变更劳动合同时,故意缩短合同期限,以达到在较短时间后与劳动者终止劳动关系的目的。这种行为的认定,应审查合同签订时企业是否有规避、违反法律的行为,如果没有则合同有效,反之,则应依法调整或确认合同无效。①

二、营业转让

(一) 营业的内涵与外延

1. 营业的内涵

营业是商法中的核心范畴②,同时也是内容非常丰富、实践意义十分突出的商法制度。"营业"一词在各国商法中虽有出现,但没有明确的定义。中国《法律辞典》上规定:"营业是指以营利为目的,独立的、持续的、不间断的职业性经济活动。"③学理上的营业包含主观上的营业和客观上的营业两种含义。

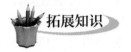

营业与事业、企业

国外商法相关立法出现了一些新动向,如日本商法学界正在考虑以"事业者"替代"商人"的概念。但他们也承认,关于什么是事业者,目前并无严格界定,只是在寻找较"商人"范围更宽的概念。也有人认为,"事业"和"事业者"与"营业"和"商人"相比没有太大变化。其实,此前的日本法律已开始使用"事业者"概念。如日本的《反垄断法》第2条规定的"事业者",是指经营商业、工业、金融业以及其他事业的人。在《电气通讯事业法》中,"事业者"是指"基于本法提供固定电话或移动电话服务的法人的总称"。在《劳动法》中,"事业者"是指资方。可以看出,"事业者"在不同法律中具有很大的弹性。

而在我国法律中,"事业"与"事业单位"有与日本法律完全不同的内涵。在《民法通则》中,事业单位法人是法人中区别于企业法人的一个单独的类别。根据2004年6月27日修订的《事业单位登记管理暂行条例》第2条的规定,"本条例所称事业单位,是指国家为了社会公益目的,由国家机关举办或者其他组织利用国有资产举办的,从事教育、科技、文化、卫生等活动的社会服务组织",可以看出,"事业单位"除依法投资于营利性的经营单位外,其本身是远离商事活动的。因此,我国在完善商法中不能以"事业者"代替"商人"的概念。

至于"营业"与"企业",两词区别不大。国外"企业"一词基本上相当于客观意义的"营业"一词。在中国法律中,企业一直是作为主体概念对待的。

---

① 《劳动法》第20条第2款。
② 于庆生:《营业:商法理论的核心范畴》,载《行政与法》2006年第12期。
③ 参见童列春:《商法学基础理论建构:以商人身份化、行为制度化、财产功能化为基点》,法律出版社2008年版。

2. 营业的外延

主观意义上的营业指营业活动,即以营利为目的而进行的连续的、有计划的、同种类的活动(行为)。[1]《德国商法典》第1条第2款规定,营业指任何营利事业,即为在此意义上对营业所作的界定。《日本商法典》第5条、第18条、第21条、第23条、第37条与商号和商业使用人有关的营业的概念,第502条营业的商事行为等条款中所使用的营业也是主观意义上的营业。[2]

客观意义上的营业指营业财产,即供进行营业活动之用的有组织的一切财产以及在营业活动中形成的各种有价值的事实关系的总体,因此,又称为作为组织的营业。营业财产包括积极财产(资产)和消极财产(负债),如各种不动产、动产、无体财产、债权等。所谓"事实关系"则包括专有技术(Know-How)、信誉、顾客关系、销售渠道、地理位置、创业年代等。在有价值的事实关系的总体中,各组成要素视营业的不同情形而有不同的体现,如有的以地点(如海边的泳具商店、闹市繁华区的饭店)为营业决定性因素;有的以商号、商标为决定因素,如拥有130年历史的百年老店日本东京"神田薮荞麦"2013年600平方米店铺中约有190平方米曾因失火付之一炬,但仅凭商号及商标市场影响力亦能够轻而易举地"东山再起";有的则以秘方为关键因素[3]。客观意义上的营业可以作为转让、租赁的客体,所谓营业转让中的营业即指此意。[4]

国外学者关于营业的不同见解

就主观意义上的营业而言,学者们的看法区别不大,在内容上主要讨论营业自由原则及其限制,以及作为营业活动中心的营业所等问题。就客观意义上的营业而言,理解分歧较大。

关俊彦认为,营业是为了一定的营利目的组织化的以人和物的资源构成的有机的机能性财产。岸田雅雄认为,营业是一定的营业目的有机结合的组织一体的财产。

龙田节认为,营业这个概念包括主观意义的营业与客观意义的营业两种含义。客观意义的营业由积极财产和消极财产(债务)二者构成,但不单纯是这些财产的集合,而是根据一定的目的组织起来的有机统一体,是具有社会活动的东西,也就是说,在这里,不仅是物和权利,而是根据营业活动积累起来的各种事实关系(包括老铺子的信誉、同顾客及批发商的关系、营业上的秘诀等)作为构成要素而形成的担负完成营业目的的组织,这些甚至比各种财产的总计具有更高的价值。

---

[1] 谢怀栻:《外国民商法精要》,法律出版社2002年版,第236页。

[2]《日本商法典》第5条:未成年人经营前条的营业,应进行登记。第18条:(一)非公司者不得在其商号中使用标示公司的字样,受让公司营业者亦同。第21条:(一)任何人不得以不正当目的,使用使人误以为他人营业的商号。第23条:许诺他人使用自己的姓、姓名或商号经营营业者,对于误认其为营业主而进行交易者,就交易产生的债务该他人负连带清偿责任。参见《日本商法典》,王书江、殷建平译,中国法制出版社2000年版。

[3] 如电视剧《大宅门》中董大兴等缺少了白家的祖传秘方,被白家二奶奶当众揭露为假药,即使盘下老字号"百草厅"药店,亦难以兴旺,就连白家自己的经营也仰赖"最后一道配方"。

[4] 谢怀栻:《外国民商法精要》,法律出版社2002年版,第236页。

松波仁一郎关于营业的论述中颇具特色的是其对客观意义上的营业的说法。认为营业包含的具体形态分为要素和常素,"而其为要素者,则为信用。营业所,营业用动产,即为常素"。而作此区分的实意在于,营业转让时,要素须得同时移转,而常素则不一定同时移转。

德国学者V.吉尔克氏主张应区别三种法律作用上的营业:"作为企业主体层面的营业活动""包括属于企业所有的物、权利以及债务在内的活动范围""人身法上的营业共同体"。

值得注意的是,法国的商法学家与日本、德国的规定及学理上存在差异:商事营业资产这个概念强调的是动产性。将不动产排除在商事营业资产的构成要素之外,其原因之一是,在法国,商人在从事商事经营活动时往往租用他人的建筑物,自己一般并不建造建筑物,因而商法并未过多关注不动产,而是将其留给民法解决。

(二) 营业转让的概念和意义

营业转让是指将客观意义上的营业保持其整体性,从一个主体转到另一个主体。与单纯的财产转让不同,营业转让还涉及商号的转让、转让人的竞业禁止、受让人继续使用商号的责任等内容。营业转让是自由的,属于营业自由的范畴,但特别法上对营业转让有限制或者禁止规定的除外(如反垄断法的相关规定)。

营业转让可以是全部转让,也可以是部分转让。例如某一分店的营业转让即为部分转让,但营业的部分转让与各个财产的转让有所不同。作为部分转让的营业仍然是一个为了实现一定营业目的而组织化的、有机一体的机能性财产,且与营业全部转让的法律效果是完全相似的,从而区别于各个财产的转让。

相关案例
银海公司与啤酒花公司企业转让合同纠纷案[①]

银海公司与啤酒花公司签订转让协议,约定银海公司以4300万元将其下属胡萝卜汁食品厂一次性转让给啤酒花公司,但是在银海公司将原胡萝卜汁食品厂所有的财产向啤酒花公司移交时,却将胡萝卜汁生产线灌装机的计算机控制模块拆走,导致灌装机因计算机控制模块的程序错乱而无法运转,原胡萝卜汁食品厂被迫停产。此时,在胡萝卜汁食品厂被转让前曾与其签订买卖合同的一些供应商又因该厂未能履行合同而要求赔偿。至此,银海公司与啤酒花公司因胡萝卜汁食品厂的转让问题发生纠纷。

评析: 计算机控制模块是否属于营业转让中所应包括的财产?"营业转让"的标的、范围包括哪些?为此,我们首先应当对营业转让的含义进行明确的界定。鉴于营业转让是转移企业组织化的营业财产的集合体,故其范围十分广泛,概括说来应包括构成商业企业及为经营商业企业而使用的一切有形及无形的财产(即构成营业的积极财产与消极财产),但法律规定必须通过明示意思表示转让的财产(如专利技术等)除外。从效果上看,营业资产有机的统一体转让(当然有机的统一体转让并不一定代表营业资产的全部转让),也包括部分营业资产的转让,比如联想集团收购IBM的PC业务并非简单的财产买卖,还包括了几乎所有

[①] 马跃、毕芳:《营业转让问题研究》,载《人民司法》2004年第6期。

IBM 的 PC 业务持续经营发展的专利、商标、品牌、技术、有形资产、人员以及客户、营销渠道等经营资源的转移和利用,是典型的营业资产的部分转让。

营业财产与营业活动结合起来,具有比构成营业财产的各个财产价值总和更大的价值。营业一旦解体就会失去这种价值。因此,不使已有的营业解体,保持其组织的整体性,在经济上是有好处的。营业转让制度的必要就在于此。如果分别处分营业的财产,往往会导致企业解体,如果将营业作为一个有机的组织体进行转让,则生产、制造、销售等营业活动可以很容易地继续下去,企业的商誉等营业的附加价值也能够得到维持,转让人可以获取包括整体性财产的价值以及商誉等无形资产的价值,受让人则既可以免去新设企业的麻烦,又无须经历长期的经营积累而坐享原营业积淀的无形资产,实现快速扩张的目的。

1. 营业转让与财产转让[①]

二者可以从两个方面区分:第一,营业转让具有整体性、复杂性。营业转让涉及一系列有形资产和无形资产等营业资产的全部转让,比如商号转让、债权与债务的处理以及员工的安置等,手续、程序繁琐;而财产转让较为简单,仅涉及单一或几项财产的转让,双方只需按照民事合同进行财产的买卖,履行动产交付、不动产登记转移等。第二,法律规制不同。营业转让有可能导致企业集中,要接受反垄断法的规制,而财产转让不受此限制(当然,如果当事人采用"化零为整"的财产转让方式,事实上构成企业集中则不在此限);营业转让还涉及劳动者的保护,而财产转让对劳动者的利益影响较少;另外,营业转让者负有竞业禁止义务,比如,《澳门商法典》规定,自转让日起最多 5 年内,商业企业转让人不得自行透过第三人或为第三人经营另一能因所营事业、地点或其他情况而使被移转企业之顾客转移之企业,而财产转让者无须承担此项义务。

2. 营业转让与企业合并

营业转让是一种债权行为,一般由转让人与受让人通过订立营业转让合同的方式来进行,与买卖或者赠与相类似。我国《澳门商法典》第 104 条规定,关于商业企业之转让本节未有规定者,视该转让为有偿或无偿,而适用《民法典》(指我国《澳门民法典》)中经必要之配合后之规范买卖合同或赠与合同之规定。但是,营业转让内容较买卖和赠与更为复杂。营业转让与企业合并在形式、程序、后果、经济机能上非常相似。例如都采用合同形式,都可能导致企业集中,同样受反垄断法的规范。与此同时,营业转让与企业合并存在下述几个方面的不同:

第一,适用的法律不同。营业转让属于买卖行为,适用合同法规范,转让行为效力的判断依据民法和合同法的一般规则。企业合并属于组织法行为,适用公司法、企业法以及其他组织法,合并行为效力的判断依据组织法的规则。企业合并须登记才发生法律效力,股东或法律规定的特定人员可以在一定的时间内提起主张合并无效的诉讼。

第二,转让的内容不同。营业转让可以选择个别权利、义务的转移,并必须办理相关的手续;而在企业合并的情况下,被合并的企业消灭,其权利义务则依法由合并后存续的企业承继。

营业的转让并不必然附随员工劳动合同的转移,买方是否接受卖方的员工由双方的合

[①] 陈恺:《营业转让问题探讨》,载《北京工业大学学报》2009 年第 4 期。

同约定；而企业合并的情况下，原企业的劳动合同当然延续至合并后的企业。

第三，强制性规定不同。营业转让时，转让合同中可约定个别权利和债务是否发生移转，可以将某些财产排除在转让的范围之外，法律并没有强制、统一的规定；而企业合并时，被合并企业消灭，其权利和义务当然发生移转，由合并后存续的企业或者新设的企业概括承受，不得采取个别权利移转或者个别债务承担的方式。

第四，后果不同。营业转让是作为组织的营业财产的转让，不存在股东的接收或者股权的受让问题，同时不影响现有组织的存续；而企业合并时，被合并企业的股东当然为合并公司接收，同时被合并企业作为一个独立营业组织也宣告终止。

(三) 营业转让的法律效力

营业转让的法律效力包括对当事人的效力和对第三人的效力。第三人又可分为营业上的债权人和营业上的债务人。

1. 营业转让对当事人的效力

对于当事人来说，营业转让主要发生以下效力：

第一，作为组织的营业财产的移转。

营业转让人应当依照转让合同的约定将构成营业的财产移转给受让人，并协助受让人办理相关的移转手续。例如有关物及权利的移转：动产的交付，不动产、商号、工业产权的登记，有价证券的背书交付、记名股份的过户，等等。此外，如果转让包括事实关系的移交，如专有技术(know-how)、信誉、顾客关系、销售渠道等事实关系，则应进行相关的移转手续。

在移转上述财产及事实关系的同时，经转让人与受让人约定，转让人和第三人订立的合同，包括借贷合同、供货合同、劳动合同，可移转给受让人，由受让人履行，但应取得对方当事人的同意。例如《澳门商法典》第 110 条规定，取得人继受为经营企业而订立之合同所产生之非具人身性质之权利及义务，但另有约定者除外，且不影响特别规定之适用。

第二，营业转让人的竞业禁止义务。

为了保护受让人的利益，营业转让后，转让人就相同营业在一定区域和期限内负有竞业禁止的义务。其中的一定区域和期限可由当事人在转让合同中约定，如果没有约定，则适用法律规定。例如《日本商法典》第 25 条规定，转让营业时，当事人如无另外意思表示，则转让人在 20 年内，不得于同一市镇村内或相邻市镇村内经营同一营业。《韩国商法典》第 41 条规定：(1) 在转让营业的情形下，若另无约定，10 年内该出让人不得在该同一特别市、广域市、市、郡，进行同种营业。(2) 若出让人约定不进行同种营业时，该约定只在同一特别市、广域市、市、郡和相邻的特别市、广域市、市、郡，20 年内有效。我国《澳门商法典》第 108 条第(1)款规定：自转让日最多 5 年内，商业企业转让人不得自行、透过第三人或为第三人经营另一能因所营事业、地点或其他情况而使被转移企业之顾客转移之企业。

2. 营业转让对第三人的效力

营业转让同时会涉及第三人的利益，具体包括两个方面：

第一，对营业上债权人的效力。如果转让合同没有特别约定，营业上的债务也移转给受让人，但应当依照民法的规则办理债务承担的变更手续，否则，受让人并不是必然的债务人，转让人仍然有义务履行债务。

为了更好地保护债权人的利益，各国商法上还设置了一些特别规则。例如，《日本商法典》一般规定，营业受让人继续使用转让人的商号时，对于转让人因营业而产生的债务亦负清偿责任。这是因为营业受让人在继续使用让与人商号的情况下,债权人往往并不知道已经发生营业转让,或者认为受让人承担了营业上的债务,即使知道,营业财产也是债务的担保物,债务应当随着营业财产的转让而转让。但是,如果营业受让人将不承担债务的意旨进行了登记,或者已经通知债权人,则受让人可以对债权人免除清偿责任。

拓展知识

日本营业转让中受让人承担债务的判例情况①

有判例认为,从债权人的角度来看,认识营业主体的交替会比较困难,故为保护债权人所信赖的这种外观,受让人也应当承担清偿债务的责任。② 而对于因认识营业主体交替的困难而产生对债权人的不利,有判例将其描述为:因为不容易认识到营业主体的交替,债权人很有可能失去了对转让人采取债权保全措施的机会。该条款应理解为以继续使用商号为要件,使受让人承担与转让人同一的法定责任的规定。③

有判例认为,《日本商法典》第17条的意旨是为保护以前营业上的债权人的外观信赖,也就是说,在继续使用商号的情形下,债权人通常会信赖已由受让人继受债务,该条为保护债权人的这种信赖的规定。④ 关于债权人为何信赖受让人已继受债务,有判例将其实质依据解释为债权人信赖的是既存的债务与作为其实质担保物的营业总体的一体性。⑤

有判例认为,《日本商法典》第17条第1款所保护的外观信赖为对营业主体变更不知的信赖和债务继受的信赖,但该条不适用于知道营业主体变更和不继受债务事实的债权人。⑥ 但该观点的关键在于,如何确定债权人为恶意的基准时点。对此,有判例认为,债权人的恶意应限定于从营业转让时起至如果进行登记或广告而获得免责之时止的时间内。

有的判例与学说认为,营业财产为营业上的债务的担保,故应承认受让人的清偿责任。有判例认为,站在受让人的立场来看,在营业的受让人拟通过继续使用商号,利用转让人的营业取得收益的情形,有合理的理由认为其已做好了继受转让人债务的心理准备。⑦

总之,在日本的司法实践中,案件大多为在继续使用原字号或店名的情形下,是否类推适用《日本商法典》第17条第1款的问题。对此,多数案例的回答是肯定的。不过,也有少数案例作出了否定的判决,如日本的最高裁判所在其1963年3月1日的判决中认为,受让人使用"合资公司新米安商店"来取代原来的"有限公司米安商店",由于加上了"新"的字样,且公司类型亦发生变化,故不能理解为继续使用原商号。

《韩国商法典》第七章营业的转让中的第42条、第44条、第45条的规定与《日本商法

---

① 本资料由日本神户大学商法学博士刘小勇教授提供,特此致谢。
② 最判例昭和二十九年10月7日,民集8卷10号1795页以下。
③ 东京地判平成十二年9月29日,金融·商事判例1131号60页。
④ 东京地判昭和四十二年7月12日,下级民集18卷7·8号814页;东京高裁平成十三年10月1日,金融·商事判例1129号13页。
⑤ 东京地判平成十三年12月20日,金融·商事判例1158号38页。
⑥ 东京地判昭和四十九年12月9日,判例时报778号97页。
⑦ 东京地判平成十三年12月20日,金融·商事判例1158号38页。

典》的规定相似。此外，我国《澳门商法典》第113条也有"与被转让之企业有关之债务"的规定。在英美法系国家和地区，受让人应当承担转让企业的债务。例如，受英国法影响的我国香港特别行政区的《营业转让（保护债权人）条例》第3(1)条规定，不管转让人与受让人之间有无任何相反约定，受让人应当承担转让人经营业务时引起的全部债务和责任，包括应纳的税收。该条例同时还规定，受让人承担的债务数额不得超过转让业务的价值总额。并且，在转让人和受让人发出业务转让通知一定期限后，受让人不再承担任何责任。①

第二，对营业上债务人的效力。发生营业转让时，如果受让人继续使用原商号，除非当事人有特别约定，营业转让人的营业债权原则上转移至受让人。即使当事人有特别约定，营业债权未转移至受让人，只要债务人善意、无过失地清偿了该债务，该清偿有效。例如《日本商法典》第27条规定，营业受让人继续使用转让人的商号时，就转让人因营业而产生的债权向受让人实行清偿时，以清偿人系善意且无重大过失情形为限，其清偿有效。

三、我国现行法对营业转让的规定

（一）现状及缺陷

在我国，由于实行民商合一的立法体例，缺少独立的商法典，有关商法上的营业概念较为陌生，商法意义上的营业转让的概念、制度还没有建立起来；商法总则方面的营业转让制度很不完善，系统性制度规则远未形成，不能满足营业财产及营业转让的法律调整的需要。

目前，网络经济迅速发展，"网店"（网络店铺）是网络经济的重要载体。但是由于立法的滞后，网店的营业转让也引起较多争议。如，网店依据与他人之间的合同进行转让而网络平台不同意其转让，那么网店转让合同效力如何、网络平台禁止网店转让的条款效力如何；网店转让后，支付账户名仍为转让人的账户名，受让人如何保障交易安全；等等。②

网店转让时对支付宝的控制权

在"刘卫嵘与高俊买卖合同纠纷案"中，买卖方囿于网络交易平台的内部规定即根据网店后台服务商的相关规定，网店转让不能将原网店注册人及对应支付宝的户名进行更改，而是只能对登录网店的密码、支付宝的密码以及绑定手机等操作信息进行更改。按照以上程序完成网店的转让后，原注册人可以在提供相关资料后，再通过向网店后台服务商申请找回密码的方式对该网店及对应的支付宝取得控制权。如此明显的漏洞使得交易的安全性受到威胁。究其原因，对于网络属性的模糊性判定，已经导致我们难以用传统民法的方式保护网店的权利拥有者——因为仅通过"交付"相关信息的方式并不足以保护网店转让中店铺受让人的利益。③

---

① 石慧荣：《商事制度研究》，法律出版社2003年版，第46页。
② 参见姚辉、焦清扬：《民法视角下网络店铺移转的现象反思》，载《法律适用》2017年第1期。
③ 上海市闵行区（上海县）人民法院（2013）闵民一（民）初字第19576号。转引自：姚辉、焦清扬：《民法视角下网络店铺移转的现象反思》，载《法律适用》2017年第1期。

(二) 营业转让中的法律风险防范

对于营业转让中的风险防范,可从营业转让的法律规定(公权力的介入)与合同约定(私人协议安排)两方面进行制度完善,以使营业转让的风险减少到最低。

1. 营业转让的标的方面

营业转让不是单纯的物权、债权、知识产权流转,往往是各种权利客体的概括转让,因此,对于营业转让的标的受让人不能以单纯的权利客体对待。我国未来营业转让的法律规定中应对营业转让的标的有所明确,如应对不动产是否属于营业资产范围作出界定;在法律未有明文规定前,营业转让合同双方应以书面协议予以明确,以免在营业转让的标的方面发生争执。

2. 营业转让时的债务承担方面

第一,确定好营业转让前债务的承担主体。大陆法系规定转让前债务由转让人承担,英美法系规定转让前债务由受让人承担,其共同点是法律给受让人提供了合理的预期,即受让人在受让企业时,能够根据法律的规定预测到自己行为的法律效果。相比之下,我国法律在这方面没有明确规定,以致实践中多生事端。为此,应当在立法上弥补此一漏洞。那么营业转让前的债务承担主体究竟为哪一方?考虑到有些债权、债务还未到履行期以及受让者的意愿等情况,应作出规定:(1)营业转让时的债务由转让人承担,除非受让人明确表示自愿承担。此种营业转让人对营业上发生的债务承担清偿责任的规定,可有效防止营业转让人逃避债务。(2)营业受让人继续使用营业转让人的商号,基于外观主义原则,应对营业上原有债务承担责任,基于此,继续使用营业转让人的商号的受让人必须对营业转让时的营业资产及债务作一正确评估、核实。(3)营业受让人虽未继续使用营业转让人的商号,但通过广告承诺承担营业上原有债务的,应承担其清偿责任。

第二,强化营业受让人的风险防范能力。虽然受让人会以内部协议的方式进行防范,但内部协议因不能对抗善意第三人而无效。在法律对企业营业转让前债务的承担主体作出明确规定前,受让人可以要求与营业转让人双方联合发布债权、债务通知公告,明确告知相关债权人、债务人在合理的期限内申报债权、债务,否则不承担相关责任。这种防范措施的作用在于,一旦被债权人提起诉讼,受让人可以向法庭出示相关通知公告的证明,以对抗债权人和转让人。当然,在法律修改前,企业登记机关也可以善意提醒受让人进行债权、债务通知公告,促进个人独资企业营业转让安全有序地进行。

3. 营业转让人的竞业禁止方面

商法普遍规定转让人负有不经营与所让与营业相同之营业的义务,它是保证受让人利益、达到受让人受让营业目的的重要保证。在我国立法上对转让人竞业禁止义务还没有正式规定前,营业转让合同中应明确约定以下几点:

(1)竞业禁止义务的约束时间。国外法的规定多则 30 年,少则 5 年,时间不等。我国属于新兴市场国家,企业更新换代快,合同上可将竞业禁止义务时限约定为 10 年。考虑到现代科技发展迅速,产业升级很快,竞业禁止义务时限减至 5 年为宜。

(2)竞业禁止义务适用的地域。许多国家将竞业禁止义务适用区域规定为与商号权保护的区域相同,这在商号随同转让的情况下具有合理性,但商号转让并不具有强制性。相比较而言,将其适用的地域改为与特定营业的市场挂钩更适当。在立法相关条文没有出台前,营业转让合同中应明确约定竞业禁止义务适用的地域范围。

(3) 竞业禁止义务对人的约束力。多数国家仅约束营业转让人,我国《澳门商法典》的规定较转让人范围更广,还包括"透过第三人或为第三人"、转让人的"关系人""主要股东"等。营业转让合同中对竞业禁止义务主体的范围也可作一明确限制。

4. 营业转让的法律程序完善方面

以个人独资企业转让为例[1],一般要经过两个步骤,一是营业转让双方签订企业转让协议,二是到登记机关进行投资人变更登记。这个程序存在缺陷,建议在个人独资企业营业转让变更登记前,增加企业债权、债务通知公告程序。债权、债务公告应当由转让双方联合在企业所在地地市级以上报刊上发布,公告的内容应包括企业转让前的债权、债务由谁继受,债权人申报债权的方法、期限等。转让双方在与债权人、债务人达成债权、债务清偿协议后,方能向登记机关申请投资人变更登记,登记机关必须凭企业转让协议、债权债务通知公告证明及相关身份证明等材料才能进行变更登记。

值得注意的是,营业转让后,必须及时办理市场主体变更登记手续,没有办理有关的变更登记手续是否影响营业转让的效力呢?司法实践中,未办理变更登记的,营业转让人与受让人只要履行了相关的转让义务,没有违反《民法典》关于合同无效规定的情形,营业转让即发生法律效力。只有违反了效力性强制规范,必须办理批准登记而未登记的,营业转让合同方才无效。

相关案例
药店转让合同效力认定[2]

2021年1月14日,原告陈某某、被告罗某某签订《福泉市某药房转让合同》,由被告罗某某将位于福泉市的某药房转让给原告陈某某,所租赁的门面房费1500元/月,由产权人自己收取,被告罗某某将药房交由原告陈某某后,原告陈某某自行交纳租金、水电费。原告陈某某在2021年1月14日向被告罗某某一次性支付转让费共计158000元,上述费用包括福泉市某药房营业执照、药品经营许可证正副本、食品经营许可证、公章1枚、发票章1枚、税盘1个、医保对公账户银行卡1张及现存所有药品、货柜、货架等资产。被告罗某某将药店转让给原告陈某某后,药师证费用每年3000元,从原告陈某某接手后算起,一年一付,由原告陈某某自己交到药师赵某处。合同签订后,原告陈某某依约向被告罗某某支付了转让费158000元。2021年8月1日,市场监督管理局发出通知,责令原告停止经营,因案涉药房经营者系案外人赵某,原告向市场监督管理局工作人员咨询后方知药品、食品经营许可不能转让。原告认为,被告蒙骗原告签订合同,该行为违反相关行政法规,故诉至法院,请求:1. 解除原、被告于2021年1月14日签订的《福泉市某药房转让合同》;2. 判决被告返还转让费158000元。

裁判结果:原、被告于2021年1月14日签订的《福泉市某药房转让合同》中明确约定转让费用包括所有证照、店内药品、货柜等。被告将福泉市某药房药品经营许可证、食品经营许可证、药房公章、发票章等交由原告使用,该协议名为药房财产转让,实质应为药房经营权

---

[1] 参见裴国强:《个人独资企业营业转让中的债务风险及其防范》,载《中国工商管理研究》2008年第8期。
[2] 《〈民法典万件案例大宣传〉药店转让合同效力认定》,载澎湃新闻网,https://www.thepaper.cn/newsDetail_forward_17819981,2022年10月12日访问。

的转让,并非仅药店药品及经营设备的转让,原告也无经营药店的资质。根据《药品经营许可证》不得出租、出借、买卖,以及《中华人民共和国民法典》第一百五十三条"违反法律、行政法规的强制性规定的民事法律行为无效"的规定,原、被告之间签订的《福泉市某药房转让合同》无效。

关于转让合同无效,双方因该协议取得的财产如何返还的问题。依据《中华人民共和国民法典》第一百五十七条的规定,本案中,双方之间的药店转让协议,因违反法律强制性规定而自始无效,双方因无效协议取得的财产依法予以返还。原告违反疫情防控措施导致药房停业后经营许可证被案外人赵某申请注销,导致药房无法继续经营,此外,原告在应当知道药品经营许可证不能转让的情况下而与被告签订转让合同,其自身也存在一定过错,且其实际占有使用的其他转让资产也无必要返还,故本院酌情支持原告部分诉请,由被告返还原告转让费60000元。综上所述,依照《中华人民共和国民法典》第一百五十三条、第一百五十七条,《中华人民共和国药品管理法》第一百二十二条之规定,判决如下:

一、原告陈某某与被告罗某某于2021年1月14日签订的《福泉市某药房转让合同》无效;

二、被告罗某某于本判决生效之日起十日内返还原告陈某某转让费六万元。

案例解读:现实生活中,存在转让药店时将门面、药品、药品经营许可证等一并转让的情况。违反药品管理规定出租、出借、买卖《药品经营许可证》的行为无效。

本章小结

穷则变,变则通,对于企业经营而言莫不如此。企业改制与营业转让为市场经济运作中不可或缺的一道风景。

对于企业改制来说,其法律意义在于,通过企业依法合并、分立、变更组织形式等法律行为,实现企业法律主体的变更;其经济意义主要在于,通过企业改制实现企业产权结构的优化,建立"产权清晰、权责明确、政企分开、管理科学"的现代企业制度,提高企业经营管理的效益。企业改制主要有企业兼并、企业分立、企业公司制改造、企业股份合作制改造等几种形式,每种形式具有不同的特征和改制条件,企业可以根据自身的实际情况,选择适合的法律形态进行改造。企业改制应当依照法定的程序进行,在改制过程中,产权界定、资产评估、土地资产的处置、企业员工安置等问题应当依法妥善解决。企业改制过程中难免会发生法律纠纷,如国有资产的流失、企业改制的法律效力的确定、企业债权债务的承担、劳动合同纠纷等,企业经营者在改制前应当充分考虑并制定相应的措施,以有效防范这些法律风险的发生。

对于"营业"而言,商法上有两个含义。一为主观意义,指营业活动,即以营利为目的而进行的连续的、有计划的、同种类的活动(行为);二为客观意义,指营业财产,即供进行营业活动之用的有组织的一切财产以及在营业活动中形成的各种有价值的事实关系的总体。营业中的财产包括积极财产(资产)与消极财产(负债),如各种不动产、动产、无体财产、债权等,所谓事实关系则包括专有技术、信誉、顾客关系、销售渠道、地理位置、创业年代等。客观意义的营业可以作为转让、租赁的客体,所谓营业转让中的营业即指此意。至于营业自由中的营业则指营业活动。

从我国现行法律、行政法规、规章的规定不难看出,关于营业转让的规则是一种制度性的缺失,商法意义上的营业转让的概念、制度还没有建立起来,因而要完善营业转让的相关制度。

思考与练习

1. 何谓企业改制？可以选择哪些法律形式？
2. 产权制度改革是企业改制的核心,在企业改制过程中,产权界定应当遵循哪些法律程序？
3. 结合企业经营实际,举例说明企业改制过程中会遇到哪些法律风险,并分析如何防范这些法律风险。
4. 如何理解客观意义上的营业或营业财产？
5. 比较营业转让与企业合并的异同。
6. 阐释营业转让的法律效力。
7. 找一个身边有关营业转让纠纷的案例,谈谈我国立法上应对营业转让如何规制。

案例分析

阅读下面的案例,思考企业股份合作制改制中遗漏的担保债务如何承担？[①]

中国银行贵州省分行、中国银行凯里市支行,自1993年以来共同或分别与5家公司签订了5份借款合同,总计金额为2274万元。其中青溪酒厂为第一笔1572万元贷款中的400万元提供了担保。2000年9月13日,镇远县政府同意青溪酒厂进行改制,由青溪酒厂在职正式职工全额出资购买青溪酒厂国有净资产,将青溪酒厂从国有企业改组为有限责任公司,原企业债权、债务由新的股东承担(由改制后企业承担)。2000年6月22日,中行贵州省分行与中国东方资产管理公司南宁办事处(以下简称东方资产南宁办)签订债权转让协议,将上述5笔债权共计2274万元转让给东方资产南宁办。2002年7月5日,东方资产南宁办向贵州省高级人民法院提起诉讼,请求判令舞阳神公司偿还欠款24355403.39元及相应利息;青溪酒厂、建化公司、冶炼厂、东峡电厂、电力公司分别在其保证范围内对借款承担连带偿还责任。一审中,东方资产南宁办以青酒集团系青溪酒厂改制成立为由向贵州省高级人民法院申请追加青酒集团为共同被告,请求判令青酒集团对上述债务承担相应的连带担保责任。

参考分析:本案当事人上诉的主要争议问题是,改制后企业青酒集团对改制前企业改制中遗漏的担保债务是否承担保证责任。在企业股份合作制改造中未作价进去的担保债务应当按照企业改制中隐瞒、遗漏债务的处理原则来确定该笔债务的承担者。如果改制时未依法采取公告方式通知债权人,以至于造成某笔债务被隐瞒或者遗漏的,由股份合作制改造后的企业先行承担有关民事责任,其承担责任后可由企业职工再行向原资产管理人追偿;如果改制时进行了有效公告,则免除了债权人向改造后企业主张被隐瞒、遗漏债务的权利(除权期制度的适用),债权人只能依法向原资产管理人主张权利。

[①] 载华律网,https://www.66law.cn/laws/26667.aspx,2022年10月12日访问。

第四章

解散清算与破产重整

包商银行破产案敲响了金融机构市场化退出警钟[①]

改革开放40年以来,银行作为现代金融体系的主体,对调节经济结构、消费结构和产业结构起着重要作用。其中,城市商业银行作为我国商业银行组成部分,对地方经济发展和银行改革起到了不可忽视的作用,然而也带来了"一股独大""内部人控制"等许多公司治理问题。

以包商银行为例,作为大股东的"明天系"企业操纵了股东大会,通过大量不正当关联交易、资金担保及资金占用等手段进行利益输送,造成了包商银行严重的财务与经营风险。2019年5月24日,包商银行因资不抵债,出现严重的信用风险,被人民银行、银保监会联合接管。次年,包商银行以无法清偿到期债务且资产不足以清偿全部债务为由申请破产清算。此一破产案件给司法裁判带来了挑战:首先,我国有关金融机构破产立法不足,给法律适用带来了挑战。其次,我国金融机构破产数量低,相关的司法经验缺乏。最后,金融机构破产案件具有涉众性和风险外溢性的特点,牵涉面广,利益纠纷复杂。2021年,北京市第一中级人民法院裁定包商银行股份有限公司破产。包商银行成为我国第一家通过破产司法程序宣告破产的银行,该案件为我国建立健全金融机构市场化退出机制提供了宝贵经验。

完善的市场退出机制对于激发市场主体竞争活力、发挥市场机制优胜劣汰的优势、推动经济高质量发展具有重要作用。本章主要围绕《公司法》解散、清算制度以及《企业破产法》相关规定,阐述涉及企业的解散、清算以及破产、重整等市场退出机制、制度内容。

一、公 司 解 散

高效、安全的市场退出机制对于整个市场经济运转至关重要,而公司解散则是实现商事主体退出市场的常见途径之一。

(一) 公司解散的含义

公司法意义上的公司解散是指公司因法律或章程规定的事由出现而终止其营业并继而

[①] 叶秋香:《法院裁定:包商银行破产! 完善金融机构破产立法成为两会声音》,载万联网,https://info.10000link.com/newsdetail.aspx? doc=2021031190001,2023年12月29日访问。

清算的一种状态。公司解散,须经清算程序,其人格始为消灭,因为一个公司的解散牵系股东利益、债权人和公司职工利益、社会交易秩序等,故法律对此慎之又慎。

公司解散的法律性质

对于公司解散的法律性质,学界有不同的理解,有人认为解散属于一种法律事实,也有人认为其既是一种行为,也是一种程序。① 实际上,上述定性并不周延,无法完整反映公司解散的全貌。对于企业经营者来说,掌握下述逻辑关系即可:公司解散是基于法定事由发生。这些事由包括公司章程的规定、股东会决议、法律直接规定、行政机关命令或者法院裁判等。公司解散是一种行为,任意解散体现为私法上公司自治行为;强制解散体现为立法行为、司法行为或行政行为。公司解散也是一种程序与过程,无论何种解散都必须遵循法定程序并体现为包含一系列法律行为的一种过程。公司解散是公司终止的一个原因。解散本身并不导致公司终止,只是导致公司营业资格的丧失并进入清算程序。清算期间,公司被称为"清算中公司",仍作为法人存续,只有在清算终结办理注销登记手续后,公司才终止。②

(二) 我国公司解散制度的立法变迁

公司相对于其他商业组织形式,很大的一个优势在于,因为其具有独立的法人人格,得"永续经营"③,不直接受到成员变动的影响,其营业活动可以持续。然而,永久存续实际上只是理论上的假设。公司同样也会经历"生老病死"的过程。

公司解散制度与企业寿命理论

企业的寿命有一定上限,"永续经营"仅仅是一个理论假设,如果公司经营不善,仍面临着终止的风险。如著名企业春都集团的变迁过程,就非常引人注目。

春都集团在企业负责人高凤来的果断决策下,通过火腿肠生产迅速形成了强大的产业群体优势。然而成功之后,春都因盲目扩张以及简单粗放的经营管理,导致严重亏损,产品销量直线下滑。1999年后半年,春都已经基本没有可用周转资金,主业也基本停产,欠债数亿元,职工大量下岗。2008年,原春都集团寻求接管,从老春都走出的孙志恒成为最终收购方,通过投资成立的河南省天和泰实业有限公司,对原春都集团的机器设备等生产物资打包收购,并收购了28类"春都"商标,自此春都集团成为历史。完成收购安置工作后,2016年孙

---

① 施天涛:《公司法论》(第4版),法律出版社2018年版,第583页。
② 李建伟:《公司法学》(第5版),中国人民大学出版社2022年版,第138页。
③ 王文宇:《公司法论》(第6版),元照出版社2018年版,第13页。

志恒注册成立了洛阳天佑春都食品有限公司,新的"天佑春都"公司重新出发。①

如春都集团这样的现象在我国商业界并不少见。近年来,企业的这种"短寿"现象引起了关注。总体来说,企业老化主要有以下几种情况:

(1)人员:人力资本的专用型投资成本问题,阻碍了企业人员更新,增加了企业的营运成本。

(2)结构:组织协调成本跟随企业发展而逐步增大,导致机构臃肿。

(3)应变能力:由于已经占有一定市场份额,企业会在新的商机面前过于谨慎,错失机会。

(4)创造力:由于科层的限制以及"搭便车"的机会主义行为,企业员工的创造力受到限制。

(5)权力的腐化:表现在企业的掌权者消耗公司资源却对工作懈怠,或者内讧导致企业资源内耗。

因此,对于已经老化、不适应经济形势、无法重新焕发生机的公司,应当通过各种方式使其"老有所终",退出市场,以实现资源的优化配置。

我国1993年《公司法》规定了公司解散的事由,但是存在着局限,主要体现在:规定的解散事由少;规定过于原则,可操作性差;尤其对于股东解散公司的权利规定得相当不足,在实践之中引发了相当多的问题(如公司形成僵局后无司法救济);2005年修订的《公司法》对此作了补救,使市场退出机制更趋完善。

第一,现行《公司法》将行政解散并入公司解散事由,不再单列,表明行政解散依旧与自愿解散等在相关程序上无特殊性的立法意旨。

两大法系公司解散的立法特点②

在大陆法系国家,立法通常先设定股份有限公司的解散事由,后将这些事由准用于有限责任公司,再规定仅适用于有限责任公司的解散事由。德国有学者认为,公司法关于股份有限公司的解散事由的规定属于完全列举式,而对于有限责任公司的解散事由的规定属于不完全列举式。在英美法系,立法区分闭锁公司和公开公司,分别规定不同的解散事由。

可以看出,两大法系关于公司解散事由有其共同特点,即对于不同规模的企业规定了不同的解散事由,主要是因为公司的信用基础在不同公司中并不一致。

第二,也是最为重要的立法亮点,是增加了小股东强制解散公司的诉讼制度,更加注重对小股东的保护。

---

① 张恒、郝瑞玲:《春都涅槃》,载《河南商报》2020年8月13日,第A03版。
② 叶林:《公司法研究》,中国人民大学出版社2008年版,第328—329页。

拓展知识

股东强制解散公司诉权

案例一:A 公司主营猪肉销售业务,后因业务蒸蒸日上,被 B 食品加工公司兼并,A 公司原股东共持有 B 公司 10%的股份。后在经营之中,这些小股东发现 B 公司大股东曹某飞扬跋扈,任人唯亲,且为压低成本,在猪肉生产线上做手脚,导致企业信誉大大受损,市场份额锐减,多次抗议无效后,小股东无奈之下向法院提起公司解散之诉。

案例二:A 公司主营猪肉销售业务,后因业务蒸蒸日上,被 B 食品加工公司兼并,A 公司原股东共持有 B 公司 10%的股份。然而加盟之后,对企业管理一窍不通的原股东多次不当干预企业事务,严重干扰了企业的正常生产经营,大股东曹某希望将其除名,但均因其威胁"一旦除名,就提起解散公司之诉",使得曹某束手无策。

从上述案例,我们可以看到,赋予股东强制解散公司诉权,提供中小股东通过诉讼退出公司的路径,是保护中小股东的重要制度,也是优化营商环境的重要举措。这一制度一方面可以解决公司僵局,保护少数股东的利益,有效避免和遏制大股东滥用权利;另一方面,对待股东强制解散公司的诉权也要持审慎态度,防止这一权利被滥用,避免解散公司的随意性,对有运营可能的市场主体仍应进行挽救,以维护社会经济可持续性发展。

(三) 公司的自愿解散

1. 公司自愿解散的意义以及基础

一般认为,组织资源配置有两种主要方式,即计划或市场。制度经济学理论已经充分证明,通过计划进行资源配置往往会导致低效率,在市场经济下,有必要赋予市场主体充分的自主决定权,而自由退出市场的权利是其中的应有之义。如果受到公权力的不当干预,只能导致竞争的扭曲以及资源的浪费,更严重的是腐败的滋生,进而破坏市场经济内生性秩序。

因此,赋予企业退出市场的自主决定权,有利于企业审时度势、见好就收。各国立法均确立了公司的自愿解散的权利以及相关程序。

我国《公司法》规定了三种主要的自愿解散情形,即公司章程规定的营业期限届满;股东会或者股东大会决议解散;因公司合并或者分立需要解散。以下分别述之。①

2. 公司自愿解散情形一:章程规定事由

公司得通过章程自主约定解散事由,这是公司意思自治的当然体现。②尽管现在大多数公司均希望大展宏图、长久经营,却也不能忽视一些企业家另有考虑,希望在一定条件出现时解散公司。较为常见的情形就是约定一定的经营期限。

然而有疑义的问题是,营业期限届满是否必须解散公司。

---

① 值得注意的是,本条还规定了公司章程可以约定其他解散事由,因此自愿解散并不限于上面列举的三个原因。
② 合伙企业也可以通过合伙协议约定解散事由或者营业期限。另外如果合伙协议约定的合伙目的已经实现或者无法实现,合伙企业应当解散。

 拓展知识

营业期限的法律意义

在少数国家的立法之中,营业期限是公司章程的必要记载事项,如果营业期限届满而又没有依法申请延长的,公司就应当直接解散,目前采取这种做法的国家有法国、意大利、比利时等。而在大多数国家的公司法之中并没有这种要求,但是如果营业期限届满,股东会没有作出继续营业的决议,则公司就应当解散。

我国《公司法》中,营业期限属于章程的任意记载事项,如果章程规定了营业期限,则期限届满之时,公司可以解散,但是股东会也可以形成延长营业期限的决议,或者通过修改公司章程来延续公司。

在章程之中约定营业期限,是股东对公司营业事项作出的约定。一般情况下,股东作此安排,可能是基于对商业风险的预期等,然而商业社会中商机无限,如果在营业期限届满之时,公司运营状况良好,此时不应僵化地理解营业期限的法律性质,而应当允许股东通过决议或者修改章程来延续公司经营。这点在我国《公司法》也有规定,公司可以通过修改公司章程而存续。

3. 公司自愿解散情形二:决议解散

公司解散牵涉利益极大,因此属于特别表决事项,我国《公司法》依据企业形态的不同,分别作出了以下规定:

(1) 有限责任公司:必须经代表 2/3 以上表决权的股东通过。

(2) 国有独资公司:必须由国有资产监督管理机构决定;重要的国有独资公司合并、分立、解散、申请破产的,应当由国有资产监督管理机构审核后,报本级人民政府批准。

(3) 股份有限公司:必须经出席会议的股东所持表决权的 2/3 以上通过。

在司法实践之中,公司决议解散涉及最多的纠纷争点是股东会解散决议的效力问题。对于是否需要解散公司,股东总是会有不同意见,尤其在章程对解散决议的表决约定了一定限制条件的情况下,更加容易引起纠纷。从目前的司法实践来看,股东可以通过章程规定比《公司法》要求更严格的决议解散条件。

4. 公司自愿解散情形三:合并分立而解散

面对变化莫测的市场状况,企业通过合并以强强联合或分立以剥离不良业务,是企业运营中的常态。在这两种情形之下,原公司均有可能解散。《公司法》出于平衡各方利益的考虑,防止企业通过合并、分立逃避债务承担,损害债权人利益,作出了强制性的规定:"公司合并时,合并各方的债权、债务,应当由合并后存续的公司或者新设的公司承继。"因此因合并、分立而退场的公司不需要进行清算,只需直接办理注销登记手续即可。

 拓展知识

公司合并、分立解散如何避免无形资产损失

对于美团和大众点评这两个品牌,大多数人都耳熟能详,但是对于"美团点评"这个名

词,恐怕只有少数人才比较熟悉。实际上,美团点评这一品牌的出现,是企业合并避免无形资产损失的典型实例。①

以团购网站起家的美团,在早期团购网站的激烈竞争中占据了一席之地,但在2015年却面临着与以腾讯为背景的大众点评网、以百度为背景的糯米网、以阿里巴巴为背景的口碑网三家BAT巨头竞争的激烈格局,美团的市场份额被逐渐蚕食。此外,投资者认为团购模式格局不明朗、烧钱快、盈利未期,对团购网站的投资减少,美团、大众点评网也面临着融资难的问题。

在双方的投资人的推动下,美团和大众点评于2015年10月宣布,两家公司达成战略合作,将共同成立一家新公司,同时,美团和大众点评的CEO王兴和张涛将出任新公司的联席董事长和联席CEO。大众点评和美团两个品牌和既有业务将保持独立运营,并将发挥各自的优势,加强战略协同,实现协作共赢效应。

在当代商业社会,某项业务发展积累起来的商誉等无形资产往往可以为其他业务带来"正外部性",假如企业合并或分立,很有可能导致这些无形资产流失。因此,有必要维护既有利益。像"美团点评"这样的品牌,既延续了两大品牌的"优良传统",更给消费者造成了强强联合的印象,对于提高本地生活服务市场占有率是极为有利的。

(四)公司的行政解散

1. 公司行政解散的意义以及基础

尽管市场经济要求尽量尊重市场主体的意思自治,以尽可能发挥其主观能动性,但这并不意味着政府要完全处于"守夜人"的位置。尤其是,近代经济变迁史早已证明,政府的调控非常必要。落实到公司解散这一层面的制度反映就是,政府得以在一定情况之下,通过行政手段强制解散公司。②

2. 公司行政解散情形之一——吊销营业执照

政府对市场的干预主要有事前控制和事后监督两种方式,营业执照的授予属于事前控制,通过行政机关的审核判断企业是否得从事营业活动。尽管从商自由的制度理念得到了广泛的支持,但是这并不否认事前控制手段的必要性,事前批准的控制手段可以维持最低程度的质量标准,限制不正当竞争,避免发生不符合公益的行为,其正当性在于信息问题、情境性垄断、家长主义、外部性等市场无法克服的问题。③ 然而,事前控制也不是万能的,更何况随着市场经济的进程,国家逐渐放松了相关的管制,营业能力的审查多为形式审查,因此事后监督也相当必要。尤其是在出现特定情形、授予营业许可可能危害公众利益的时候,行政机关更应当积极干预,以实现矫正正义。

我国《公司法》以及《市场主体登记管理条例》对此作出了具体规定④,当中最为典型的就是虚报注册资本的情形。在公司法之中,注册资本制度的实质在于保证对公司债务的一定

---

① 杨青:《一个时代落幕:美团点评改名"点评"消失了》,https://finance.sina.com.cn/stock/hkstock/ggscyd/2020-09-14/doc-iivhvpwy6502173.shtml,2022年7月26日访问。
② 在我国,行政解散的事由基本上在各种企业形态都差不多,主要限定在企业经营违反行政法规等不正当经营情形。
③ 〔英〕奥格斯:《规制:法律形式和经济学理论》,骆梅英译,中国人民大学出版社2008年版,第十章有关内容。
④ 参见《公司法》第39条、第229条、第260条、第262条,《市场主体登记管理条例》第44条、第45条、第46条、第48条。

清偿能力。2013年《公司法》修正时放宽了公司注册资本的要求，除了法律、行政法规和国务院决定另有规定外，有限责任公司和发起设立的股份有限公司采取注册资本认缴制，取消了最低注册资本要求，允许分期缴纳，增加了制度的灵活性。这两类公司因法律规定无须实缴注册资本，也就不存在"虚报注册资本"的情形。而对于法律、行政法规和国务院决定另有规定的实行实缴制的公司，如采取募集方式设立的股份有限公司、商业银行、信托公司、证券公司、保险公司等，如果通过虚报注册资本，在形式上造成公司具有较高清偿能力的外观，这种行为实际上对债权人的利益造成了潜在的损害，属于欺诈，因此法律规定在情节严重的情形之下可以吊销营业执照。

司法实践中经常遇到的疑难问题是判定虚假出资的时间标准问题。我国法律并没有清晰界定虚报注册资本的构成，尤其是虚报行为与抽逃资金在外观上很相似，但是法律为二者规定的后果并不相同，其区分应当予以明确。一般认为，公司成立与否是区分虚报注册资本和抽逃资金的主要标准。有学者指出，应当注意对投资者主观意图的考察，即如果投资者缴纳出资的目的在于取得营业执照，于公司成立后无偿或低成本取回出资的，可以推定为虚报出资，不解释为抽逃资金；如果投资者通过正常关联交易取得公司资金的，既非虚报出资，也非抽逃资金。① 出于对企业维持的考虑和价值平衡以及对行政权介入的审慎态度，这种意见值得重视。

3. 公司行政解散情形之二——责令关闭

责令关闭的含义在立法之中并没有明确，一般认为，其指有权机关发布决定，迫使企业或者公司停止全部或者部分营业和经营②，由于这种惩罚手段主要应对的情形并不是公司在登记时候的问题，而是公司在经营期间违反了相关的行政法规，因此并非由公司登记机关而是由所违反的行政法规规定的有权行政机关作出行政处罚。

对于责令关闭的法定后果，依据《民法典》《公司法》《市场主体登记管理条例》，责令关闭是引发解散的事由之一，解散是公司终止的原因之一，解散事由发生之后、公司终止之前还需经过清算程序，再经注销登记，法人资格才由此终止。③

相关案例
责令关闭的法律后果

汉唐证券成立于2001年8月，由原湛江证券和贵州证券合并而成，在全国有22家营业部，是全国规模较大的综合性证券公司之一。因违规经营，2005年，证监会作出了取消汉唐证券的证券业务许可并责令关闭的行政处罚决定。证监会委托中国信达资产管理公司自2005年6月17日起组织成立汉唐证券清算组。清算组对外代表汉唐证券行使公司权利，并负责汉唐证券的清算工作。④

2007年9月7日，深圳中院依法受理汉唐证券破产清算案，指定中伦深圳办公室及深圳广朋会计师事务所为汉唐证券管理人。2014年12月20日，深圳市中级人民法院依法裁定

---

① 叶林：《公司法研究》，中国人民大学出版社2008年版，第343页。
② 同上。
③ 李建伟：《论公司行政解散权的存废》，载《环球法律评论》2013年第5期。
④ 《汉唐证券有限责任公司清算组公告（第一号）》，http://finance.sina.com.cn/roll/20050618/0555135981.shtml，2022年7月26日访问。

终结汉唐证券有限责任公司及其46家空壳公司的破产程序,汉唐证券破产清算工作历时7年至此画上了句号。①

由这一案例可见,责令关闭作为禁止公司进行经营活动的行政处罚和公司解散的原因,会引发公司终止的法律程序,公司经过清算程序、完成注销登记后,方得以终止法人资格。

---

4. 公司行政解散情形之三——撤销公司登记

撤销公司登记是由公司登记机关依职权作出的具体行政行为,目前我国法律规定了两种情形:虚报注册资本,取得公司登记,情节严重的;提交虚假材料或者采取其他欺诈手段隐瞒重要事实,取得公司登记的,情节严重的。作为公司解散的原因,在法律后果上,撤销登记与吊销营业执照并无本质区别。

(五)公司僵局与司法解散

所谓公司僵局是指公司在存续期间发生严重内部矛盾,导致公司无法正常运作甚至瘫痪,继续存续会使公司股东利益受到重大损失的事实状态。② 公司僵局容易在人合性基础丧失的有限责任公司中发生。依照我国《公司法》的规定,出现公司僵局且无其他办法解决时,可以诉诸法院。在最高人民法院通过的《关于适用〈中华人民共和国公司法〉若干问题的规定(二)》(以下简称《公司法解释二》),对法院审理公司解散问题作了更细规定,有以下几点是值得注意的:

第一,公司法设置股东强制解散公司的权利,在于为公司僵局困境中增加最后一种救济措施。因此,主要保护的是公司僵局中的受害者,而不是对形成公司僵局负有主要过错的责任人。对形成公司僵局负有主要过错的股东对解决公司僵局困境、维持公司存续无疑也负有主要责任,关于其提出解散公司的诉讼请求,应从严审查诉讼目的,防止诉讼滥用权利,使其他中小股东利益再次受损。

第二,为了防止小股东滥用诉权,影响公司的存续,法律对提起解散公司诉讼的主体有一定的条件限制。即单独或者合计持有公司全部股东表决权10%以上的股东才可以提起解散公司之诉。

第三,为了便于法院识别公司僵局,以及便利股东行使诉权有一定的依据,法律对公司僵局规定了一定的类型化标准。主要有几种情况:(1)公司持续两年以上无法召开股东会或者股东大会,公司经营管理发生严重困难的;(2)股东表决时无法达到法定或者公司章程规定的比例,持续两年以上不能作出有效的股东会或者股东大会决议,公司经营管理发生严重困难的;(3)公司董事长期冲突,且无法通过股东会或者股东大会解决,公司经营管理发生严重困难的;(4)经营管理发生其他严重困难,公司继续存续会使股东利益受到重大损失的。最后这一种情形是法定的兜底条款,以避免封闭性的规定导致一些僵局情形无法得到救济。

第四,"通过其他途径不能解决的"具有特定的意义。目前主流的司法意见是,判断"通过其他途径不能解决的"情形,一方面不能将"通过其他途径"机械地理解为前置程序,未穷

---

① 《中伦担任管理人完成汉唐证券破产清算工作》,http://www.zhonglun.com/Content/2016/08-26/1512065002.html,2022年7月26日访问。

② 李建伟:《公司法学》(第5版),中国人民大学出版社2022年版,第140页。

尽其他途径,股东就不得提起请求解散公司之诉;另一方面,必须切实审查"通过其他途径"解决公司僵局的现实可能性。法院需进行必要的司法调解,要在最广泛的层面上,全方位地找寻摆脱公司经营和管理困境的其他途径,包括通过公司自力救济、行政部门管理、行业协会协调,以及仲裁等途径。要结合市场与公司发展前景,客观评定通过其他途径解决公司经营管理困境的现实性。譬如,现行《公司法》引入了"一人公司""异议股东股份回购请求权"等制度,为寻求替代措施救济提供了法律依据。

二、公司清算

公司清算,指公司解散或被宣告破产后,依照一定程序了结公司事务,清理公司债权、债务,处分公司剩余财产,并终止公司法律人格的法律行为和程序。

广义的公司清算分为解散清算与破产清算,二者发生的原因完全不同,在程序和内容上也有区别。破产清算受《破产法》调整,本节只讲述解散清算。公司解散之后必须经过清算的意义主要在于了结公司的各种债权、债务,防止公司解散给社会经济安全和市场经营秩序带来不安定的影响。因公司合并或分立而解散的,其合并或分立的程序中已有对债权人保护的制度安排,并且落实了合并或分立后的债权、债务承继者,因此不必清算。

我国《公司法》规定,公司解散的,应当在解散事由出现之日起15日内成立清算组,开始清算。有限责任公司的清算组由股东组成,股份有限公司的清算组由董事或股东大会确定的人员组成。逾期不成立清算组进行清算的,债权人可以申请人民法院指定有关人员组成清算组进行清算。人民法院应当受理该申请,并及时组织清算组进行清算。一方面,法律强化了公司的清算义务;另一方面,纠正了过去由行政机关和法院共同主导清算的局面,将权力归于司法机关,无疑体现了避免行政权过度干预而由司法权适度干预市场经济的精神,是符合市场经济发展规律的。

(一)强制清算的启动主体

根据《公司法》第233条,在我国,启动强制清算的原因为自行清算的进行遇到了"显著障碍",即公司逾期不成立清算组进行清算的,债权人可以申请法院指定有关人员成立清算组进行清算,法院应当受理该申请并及时组织清算组进行清算。

《公司法解释二》第7条第2款进一步规定了适用强制清算的情形:公司解散逾期不成立清算组进行清算的;虽然成立清算组,但故意拖延清算的;违法清算可能严重损害债权人或者股东利益的。同时,扩大了启动主体的范围,即在上述三种情形下,不仅债权人可以提起清算申请,股东、董事以及其他利害关系人也可以提起强制清算申请。

因此,根据现行《公司法》及《公司法解释二》,强制清算的启动主体包括公司债权人、股东、董事以及其他利害关系人。

相关案例
H与甘肃金昱房地产开发有限公司申请公司清算案[①]

上诉人H作为被上诉人金昱房地产开发有限公司的股东之一,申请人民法院对金昱房

---

① 甘肃省高级人民法院(2016)甘民终498号。

地产开发有限公司进行清算。甘肃省高级人民法院认为：故意拖延清算，是指清算组成立后，进入清算程序，但怠于履行清算义务。故意拖延清算表现为清算组在进行公司清算过程中，其行为并不违反《公司法》及其司法解释中明确规定的时间要求，但清算组在履行清算职责过程中违背效率原则，怠于履行义务。虽然相关法律法规并未明确规定自行清算的期限，但公司清算作为终结已解散公司现存法律关系，处理其剩余财产，使公司法人资格归于消灭的法律行为，理应坚持效率原则，没有效率的清算实际上构成了对公司各利害关系人利益的变相侵害。本案中，甘肃省金昱房地产开发有限公司清算组自 2015 年 6 月 30 日成立后，进行了制定清算组各项工作制度、刊登清算公告、发送债权申报通知书、登记债权人申报情况、聘请会计师事务所及律师事务所参与清算等清算前的基础工作，但至本案一审法院 2016 年 9 月 2 日召开听证会前，历时一年多，仍未完成清理公司财产、编制资产负债表和财产清单等实质清算工作。据此，并不能排除金昱房地产开发有限公司清算组存在怠于清算的情形。金昱房地产开发有限公司清算组不能及时有效地推进清算工作，可能导致自行清算无法顺利、按时完成，从而损害债权人、股东的利益。故上诉人 H 认为金昱房地产开发有限责任公司清算组故意拖延清算的上诉理由成立，指令天水市中级人民法院立案受理。

（二）被吊销营业执照企业的债务清偿问题

2023 年新修《公司法》第 236 条第 3 款规定：清算期间，公司存续，但不得开展与清算无关的经营活动。据此，清算中的公司与原公司为同一法人，公司清算并不会导致其人格消灭，只是在清算阶段公司权利能力限于清算相关事务。这种情况下仍可以以公司为被告诉诸法院。由于清算制度的主要目的在于防止公司在解散过程中出现隐匿财产、逃避债务、损害债权人和投资人权益的情况，因此，债权人可以通过提起诉讼追究违反清算义务的行为人的责任。

相关案例
北京广播公司与北京贝盟国际建筑装饰工程有限公司股东损害公司债权人利益责任纠纷二审案[①]

北京市第三中级人民法院认为：本案中，宏广公司早已于 1999 年 8 月 2 日被依法吊销了营业执照，北京市工商行政管理局于 1999 年 9 月 30 日作出的处罚决定书中还明确该公司的债权债务由股东组成清算组负责清算，宏广公司出现了法定的解散事由，北京广播公司作为宏广公司的股东有义务在解散事由出现之日起 15 日内成立清算组，清算宏广公司的债权债务。但北京广播公司和另一股东均未主动成立清算组进行清算，也没有申请公司强制清算，明显怠于履行清算义务，致使宏广公司已支出 4000 余万元拆迁补偿费的土地处于闲置状态，最终于 2000 年 3 月 31 日被北京市国土资源局和房屋管理局无偿收回。而北京贝盟国际建筑装饰工程有限公司自 1999 年开始申请执行宏广公司的案件，在长达十几年的时间里仍无法查询到宏广公司的其他可供执行的财产，执行案件至本案审理时未能终结，北京

---
① 北京市第三中级人民法院（2018）京 03 民终 10635 号。

广播公司上述怠于履行清算义务的行为与宏广公司的重要财产流失存在直接的因果关系。诉讼中,北京广播公司明确表示现宏广公司无法进行清算,且其无义务进行清算,北京广播公司称是因为其将宏广公司的财务账册移交执行法院尚未取回所致,但执行案件中审计工作早已于2003年结束,在长达十几年的时间里,并无证据显示北京广播公司曾积极为清算宏广公司的债务而有所作为。最终,北京市第三中级人民法院维持原判,北京广播公司作为宏广公司的股东应对宏广公司的债务承担连带清偿责任。

(三) 公司清算的法律责任

我国旧《公司法》第183条规定了清算组的组成,但对清算义务人的法律责任未作明确规定。《公司法解释二》增加了公司股东、董事、其他利害关系人有权提起公司强制清算之诉的规定,设定了债权人和清算人的协商清算程序,并根据不同情况细化了公司清算的法律责任。2019年《全国法院民商事审判工作会议纪要》中明晰了股东作为清算义务人,其怠于清算责任的认定。2023年新修《公司法》在《公司法解释二》和《民法典》有关清算规定的基础上,强化了清算义务人和清算组成员的责任。①

根据新修《公司法》规定,清算义务人为公司的董事,应当在解散事由出现之日起15日内组成清算组进行清算。清算组由董事组成,但是公司章程另有规定或者股东会决议另选他人的除外。清算组行使的职权包括:清理公司财产,分别编制资产负债表和财产清单;通知、公告债权人;处理与清算有关的公司未了结的业务;清缴所欠税款以及清算过程中产生的税款;清理债权、债务;分配公司清偿债务后的剩余财产;代表公司参与民事诉讼活动。

1. 清算义务人承担清算责任的情况

清算义务人怠于履行清算义务的责任有两种,一种是"赔偿责任",另一种是"清偿责任"。清算义务人承担相应赔偿责任的前提是公司清算仍可以开展,只是因为清算义务人原因导致公司单项或数项资产损失,清算义务人以造成的损失范围为限承担相应的赔偿责任,在性质上属于侵权责任,主要是如下两种情形:一是《公司法解释二》第18条第1款规定的未在法定期限内成立清算组开始清算,导致公司财产贬值、流失、毁损或者灭失的情形。二是《公司法解释二》第19条规定的恶意处置公司财产给债权人造成损失,或者未经依法清算,以虚假的清算报告骗取公司登记机关办理法人注销登记的情形。

清算义务人承担连带清偿责任的前提是由于清算义务人的原因公司无法进行清算,清算义务人对公司债务承担连带清偿责任,主要包括如下两种情形:一是《公司法解释二》第18条第2款规定的因怠于履行义务,公司主要财产、账册、重要文件等灭失,无法进行清算的情形。2019年《全国法院民商事审判与会议纪要》中认定的"怠于履行义务",是指有限责任公司的股东在法定清算事由出现后,在能够履行清算义务的情况下,故意拖延、拒绝履行清算义务,或者因过失导致无法进行清算的消极行为。二是《公司法解释二》第20条第1款规定的公司未经清算即办理注销登记,导致公司无法进行清算的情形。

2. 强化了清算组的责任

不同于清算义务人启动清算程序的职责,清算组负责的是清算过程中的具体工作。最

---

① 2023年新修《公司法》第232条第3款规定:清算义务人未及时履行清算义务,给公司或债权人造成损失的,应当承担赔偿责任。

新的修法动态对于清算组在清算过程中的责任进行了强调。2023年新修《公司法》第233条规定:公司依照前条(第232条)第1款的规定应当清算,逾期不成立清算组进行清算或者成立清算组后不清算的,利害关系人可以申请人民法院指定有关人员组成清算组进行清算。人民法院应当受理该申请,并及时组织清算组进行清算。公司行政解散的,作出吊销营业执照、责令关闭或者撤销设立登记的决定的部门或者公司登记机关,可以申请人民法院指定有关人员组成清算组进行清算。第234条规定:清算组成员履行清算职责,负有忠实义务和勤勉义务。清算组成员怠于履行清算职责,给公司造成损失的,应当承担赔偿责任;因故意或者重大过失给债权人造成损失的,应当与公司承担连带责任。

3. 加强了对于小股东的合理保护

正如前文所述,有限公司的股东有可能需要承担清算义务。但在实践中,一些职业债权人在批量超低价收购僵尸企业的"陈年旧账"后,提起强制清算之诉,请求有限公司的股东对公司债务承担连带清偿责任。如果对于没有"怠于履行义务"的小股东或者虽"怠于履行义务"但与公司主要财产、账册、重要文件等灭失没有因果关系的小股东来说,还需要对公司债务承担远远超过其出资数额的责任,必然会导致利益明显失衡,不适当地扩大了股东的清算责任,对于这类请求,根据2019年《全国法院民商事审判与会议纪要》的相关规定,法院不予支持。此外,有限公司的股东还可以主张"怠于履行义务"与公司重要财账文件毁损灭失、无法清算之间不存在因果关系的抗辩以及诉讼时效的抗辩,诉讼时效期间自公司债权人知道或者应当知道公司无法进行清算之日起计算。

4. 明确了实际控制人的赔偿责任

《公司法解释二》在制度上保证了相关权利人的合法权益能够得到最大限度的救济。第18条第3款规定:上述情形系实际控制人原因造成,债权人主张实际控制人对公司债务承担相应民事责任的,人民法院应依法予以支持。第19条规定了公司实际控制人与公司的董事和控股股东一样在公司解散后恶意处置公司财产或以虚假清算报告办理注销登记的情形下,对公司债务承担相应的赔偿责任。第20条则规定:公司未经清算即办理注销登记,导致公司无法进行清算,债权人主张有限责任公司的股东、股份有限公司的董事和控股股东,以及公司的实际控制人对公司债务承担清偿责任的,人民法院应依法予以支持。

5. 明确规定了在清算义务人内部根据"过错大小"分担责任

《公司法解释二》第21条规定:"按照本规定第十八条和第二十条第一款的规定应当承担责任的有限责任公司的股东、股份有限公司的董事和控股股东,以及公司的实际控制人为二人以上的,其中一人或者数人依法承担民事责任后,主张其他人员按照过错大小分担责任的,人民法院应依法予以支持。"这为企业经营者依法维权时划清清算义务人内部的责任界限提供了依据。

相关案例
熊某鹏等股东损害公司债权人利益责任纠纷案[①]

本案中,法院查明益阳市通达酒店管理有限公司(以下简称通达公司)系由熊某鹏、刘某

---

① 湖南省益阳市中级人民法院(2012)益法民二终字第82号。

湘、宋某波、王某四人出资设立,原告徐某谋等21人为通达公司供货(如酒类、饮料、蔬菜、肉类、海产品、花卉、卫生用品、锅炉用煤等)。截至2010年11月30日,通达公司结欠徐某谋等原告款项总计675567.59元。通达公司及所属中达银台大酒店歇业时,公司的资产包括锅炉、洗衣设备、电梯、中央空调、分散空调、客房设备、餐饮设备、小轿车一台、小三轮车一台等尚在。通达公司营业期限届满后,公司股东(即被告熊某鹏、刘某湘、宋某波、王某)未在法定期限内成立清算组,对通达公司及所属中达银台大酒店的资产、负债进行清算,导致通达公司及所属中达银台大酒店的资产流失。被告熊某鹏、刘某湘、宋某波、王某作为通达公司股东,应对通达公司及所属中达银台大酒店流失资产的价值负有举证责任;而在本案审理过程中,四被告未向法院提供通达公司及所属中达银台大酒店资产情况和财务资料,导致法院无法认定通达公司及所属中达银台大酒店资产流失的价值,四被告应承担举证不能的法律后果。遂判决被告熊某鹏等四人赔偿原告徐某谋等21人货款总计675567.59元。

(四) 公司简易程序注销登记

为了提升市场退出效率,提高社会资源利用效率,降低市场主体退出成本,进一步优化营商环境,持续激发市场活力,2015年一些地方开展了企业简易注销登记改革试点,让真正有退出需求、债务关系清晰的企业快捷便利地退出市场,重新整合资源。自2017年3月1日起,企业简易注销登记改革在全国范围内实行。[①] 2022年3月1日起施行的《市场主体登记管理条例》第33条规定了市场主体可适用简易注销登记的范围、不适用情形和程序。2023年新修《公司法》第240条对公司适用简易程序注销登记进行了规定,明确了适用简易程序注销公司登记的相应条件及股东责任。

简易程序注销登记是针对申请注销登记前未发生债权债务或已将债权债务清偿完成的公司探索的一种新的注销方式。公司通过国家企业信用信息公示系统进行简易注销公告,无需提交清算报告。全体股东承诺其未发生债权债务或已将债权债务清偿完毕,公告期不少于20日,期满即可在20日内向公司登记机关注销公司。

1. 适用公司简易程序注销登记的情形

根据2023年新修《公司法》第240条第1款规定,适用公司简易程序注销的情形有:公司在存续期间未产生债务,或者已经清偿全部债务。《市场主体登记管理条例》还例外规定了不适用简易注销的情形:公司注销依法须经批准的,或者公司被吊销营业执照、责令关闭、撤销,或者被列入经营异常名录的,不适用简易注销程序。

2. 公司简易程序注销登记中股东的权利和责任

股东有选择进行公司简易注销登记的权利,但是必须由全体股东同意,且全体股东要对公司存续期间未产生债务或者已经清偿全部债务作出承诺。而全体股东也要对承诺承担相应的责任,根据2023年新修《公司法》第240条第3款规定,公司通过简易程序注销公司登记,股东对公司存续期间未产生债务或已清偿全部债务的承诺不实的,应当对注销登记前的债务承担连带责任。

---

① 参见原国家工商总局《关于全面推进企业简易注销登记改革的指导意见》(工商企注字〔2016〕253号)。

三、企业破产

(一) 企业破产的概念

1. 破产与破产法

法律上的企业破产,是指企业不能清偿到期债务,按法律规定的程序将其全部资产或变卖所得,按债权额比例公平地分配给全体债权人的全过程。对于债务人企业来说,破产意味着解除其继续清偿债务的义务并消灭破产企业法人资格的过程;而对于债权人企业来说,则是在债务人陷入支付不能的情形下,依法取得债权清偿的机会。

破产法的经济性质

在论述破产法的作用时,一般论著都会强调,破产法有利于公平偿还债务,充分保护债务人的合法权益,有利于优胜劣汰,实现资源优化组合等作用,但是实际上,对于破产法意义的真正了解,必须从经济分析的观点来考察,尤其是要从债权人战略行为的角度进行分析。

在债务人拥有多个债权人的时候,破产就成为在公司和个人情况下同等重要的救济手段。债权人越多,搭便车问题就会越严重,当债务人无法满足所有债权人的权利主张时,每一个债权人都会更快地行动,而更缓慢地支付财产价值最大化所需的费用,这些问题可以通过债权人之间以及债权人与债务人之间的事先契约解决。而破产法则可以被看作这种契约的标准,其存在可以节约交易成本,即债权人和债务人无须就相对低概率的事件进行谈判。法院指定的中立的破产财产托管人将彻底排除清偿优先权而以所有(非担保)债权人代表的身份管理破产者的财产。

在企业申请破产,债权人取得控制权之后,必须集体决策如何恰当利用债务人资产以及如何合理分配得到最佳利用的债务人的财产,但是在多方交易的过程中,机会主义、搭便车等因素会导致损害他方利益的战略行为出现,因此必须通过破产法对战略行为进行规制。从经济功能角度来说,破产法是基于公平理念对破产企业债权人的战略行为进行规制、保证破产企业债权公平清偿的制度。

破产法的本质就是一种财产的强制执行制度,美国著名破产法学者沃伦教授指出:"破产意味着债务人的财产馅饼不敷债权人分配,并且对那些未获清偿的债务要实施免责,就是矛盾的焦点集中在谁有权参与破产财产的分配以及可参与分配的债权额。因为,破产财产的合理分配成了破产制度的核心所在。"[1]对破产法本质的这一认识可能会引起一些误导,即将破产法理解为民事执行制度。然而实际上破产法与强制执行制度在内涵以及制度功能上虽有类似,但是却有很大的区别。现在一般认为,破产法属于商法的部门法,因为其实际上

---

[1] 〔美〕爱泼斯坦等:《美国破产法》,韩长印等译,中国政法大学出版社 2003 年版,第 3 页。

以债权人与债务人的关系为核心内容,属于私法的范畴。有学者认为破产法也具有一定的经济法性质,因为随着破产法在维护社会利益方面的作用日益得到重视,尤其是重整制度的建立,国家通过司法程序对破产案件的适当介入已经被法律确认。① 但是,司法的适度介入并不能否认破产程序处理债权人、债务人关系的本质,在这一过程之中,起主导作用的还是债权人的集体意志,而不是法院或行政部门的意志,因此将破产法定性为经济法,容易混淆其私法本质。

《企业破产法》历经 12 年起草审议,由第十届全国人大常委会于 2006 年 8 月 27 日通过,2007 年 6 月 1 日起施行。该法在总结司法实践经验和借鉴国外先进立法的前提下,在理念与制度方面有诸多的突破,结构完整,内容较以前更加丰富、全面,填补了市场经济规则体系中关于退出法与再生法的一大缺口,是历史性的进步。2011 年后,最高人民法院陆续发布了《关于适用〈中华人民共和国企业破产法〉若干问题的规定(一)》《关于适用〈中华人民共和国企业破产法〉若干问题的规定(二)》《关于适用〈中华人民共和国企业破产法〉若干问题的规定(三)》,结合最新的实践需求,完善了企业破产的相关细节性规定。

 背景资料

对《企业破产法》立法宗旨的探讨

《企业破产法》第 1 条明确提出了本法的立法宗旨,指出"为规范企业破产程序,公平清理债权债务,保护债权人和债务人的合法权益,维护社会主义市场经济秩序,制定本法"。王欣新教授对这一宗旨的创新作了详尽的分析和阐述,认为其意义在于:

第一,明确了破产法的特殊社会调整目标,区分了其直接社会调整作用与间接社会影响的关系。

第二,明确区分了破产法与社会保障法、劳动法等相关立法之间不同的调整范围,将不属于破产法调整的职工救济、安置等社会问题排除在破产程序之外,从理论上为破产法的实施扫除了最大的社会障碍。

第三,排除了政府不正当的行政干预,从而避免因地方政府执政利益的影响而再度歪曲破产法的实施,同时强调政府必须履行其应尽的提供社会保障、安置失业职工等职责,解决法院审理破产案件的社会干扰,保证破产法的顺利实施。

2. 破产能力

破产能力是民事主体可以被宣告破产的资格。《企业破产法》出台后,企业法人、金融机构均具有破产能力,而企业法人以外的组织的清算,属于破产清算的,参照《企业破产法》规定的程序进行,另外还需要注意以下几点:

(1)在中国目前,自然人的破产尚处于逐步规范阶段。所谓个人破产指的是个人作为一个债务人不能清偿到期债务的时候,个人的所有财产都要拿出来清偿给债权人,但基本的

---

① 王欣新:《破产法》(第 4 版),中国人民大学出版社 2019 年版,第 12 页。

生活费用和生活保障品可以保留。被宣告个人破产的,很多权利要受到限制。① 长期以来我国只存在《企业破产法》却不存在个人破产法。在取得中央的授权后,深圳率先出台了全国首部关于个人破产的地方性立法《深圳经济特区个人破产条例》,并于2021年3月1日正式实施。经最高人民法院批准,江苏在全国还率先开展"与个人破产制度功能相当试点"的工作(简称"类个人破产")。2021年12月,江苏省高级人民法院下发《关于开展"与个人破产制度功能相当试点"工作中若干问题解答》。

商自然人(小商人)破产的制度探索

在破产能力的立法上,各国存在两种立法主义,即商人破产主义和一般破产主义。前者是指债务人不能清偿债务时,只对从事商事(营利)活动的商人适用的破产程序,对一般的民事主体则使用民事强制执行程序。而后者是对所有人不能清偿债务的情况均适用破产程序解决。目前在国际上,一般破产主义是各国立法的主流。②

破产程序的启动并不必然意味着主体资格的消灭,在很多情况下,实际上可以帮助债务人摆脱负债,拥有一个"全新的开始",因此实现一般破产主义具有积极的意义。这一主张在我国破产法立法之中被提出,但是最终未被采纳。反对者主张,目前我国的信用体制尚未健全,个人财产的公示制度没有建立,现在将自然人纳入破产法的调整范围可能会出现大量的破产逃债行为,进而影响社会秩序。③ 尽管反对意见也有一定的合理性,然而仍然应当看到,实行一般破产主义具有积极的作用,不仅能够与国际惯例接轨,促进市场经济发展,而且体现了平等理念与公平理念,弥补了民事执行制度的不足。④ 因此可以预见,随着信用体制的健全,我国破产法最终会采纳一般破产主义。

事实上,我国很早就出现了实行"商自然人破产"的前兆。2002年8月15日,四川泸州中级人民法院向21个不执行法院判决——欠账久不还的被执行人发出《限制债务人高消费令》,作为接受《限制债务人高消费令》的个人不得在宾馆、饭店、酒楼、歌舞厅、高尔夫球场等高消费场所消费;不得使用、租用机动车;不得乘坐火车卧铺、轮船四等以上舱位和飞机;不得使用无线电话等高档通讯工具……违反禁令者,法院将给予罚款、拘留,构成犯罪的将依法追究刑事责任。

(2) 农民专业合作社可以适用《企业破产法》。据统计,在农村改革发展实践中,我国地方上已经创办了十多万个农民专业合作社等农民专业合作经济组织。我国《农民专业合作社法》第55条规定:"农民专业合作社破产适用企业破产法的有关规定。但是,破产财产在清偿破产费用和共益债务后,应当优先清偿破产前与农民成员已发生交易但尚未结清的款

---

① 2021年7月,广东省深圳市中级人民法院作出裁定,批准了创业失败者梁某某的个人破产重整计划,依照条例,未来3年,梁某某除了豁免财产之外,其他收入均用于偿还债务——这是全国首部个人破产法规《深圳经济特区个人破产条例》施行以来的"第一案"。
② 王欣新:《破产法》(第4版),中国人民大学出版社2019年版,第33页。
③ 同上。
④ 李国光主编:《新企业破产法疑难释解》,人民法院出版社2006年版,第31页。

项."法律还规定,清算组负责制定包括清偿农民专业合作社员工的工资及社会保险费用,清偿所欠税款和其他各项债务,以及分配剩余财产在内的清算方案,经成员大会通过或者申请人民法院确认后实施。清算组发现农民专业合作社的财产不足以清偿债务的,应当依法向人民法院申请破产。农民专业合作社接受国家财政直接补助形式的财产,在解散、破产清算时,不得作为可分配剩余资产分配给成员,处置办法由国务院规定。

(3) 非企业法人(事业单位及其他社会机构法人)的破产有条件适用《企业破产法》。依据《企业破产法》第135条规定:"其他法律规定企业法人以外的组织的清算,属于破产清算的,参照适用本法规定的程序。"由此,事业单位之类的社团组织法人的破产清算,一要有法律规定(如教育法),二要参照适用《企业破产法》的程序性规定。目前,在我国教育财政补贴和《教育法》的规定下,公办普通高等学校不具备破产的条件,仅能参照适用《破产法》的程序性规定,对于和解、重整程序及实体性破产法律制度则还不能直接适用。至于民办学校,如果登记为企业法人的,则可适用《企业破产法》的规定。

此外,目前主流观点认为:承担无限责任的个人独资企业、普通合伙企业等组织也可以适用《企业破产法》。有限合伙企业的有限合伙人在破产清算时可以适用该法,但是也仅适用破产清算程序,不适用重整和和解。

3. 破产原因

破产原因是商事主体宣告破产的条件,同时也是对破产人进行破产预防(主要通过和解程序)和破产程序变更终结(破产原因有无消除)以及社会经济秩序的衡量因素(在一定程度上决定着破产率的高低)。①

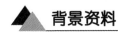 背景资料

破产原因的立法主义

对于破产原因,各国立法有列举主义和概括主义两种。前者主要在英美法系之中实行,它主要受到早期破产犯罪立法思想的影响,着眼于债务人具体实施的不当行为,虽然规定具体,但是难免挂一漏万,不过由于英美法系的判例法传统,法官的自由裁量权得在一定程度上弥补这一缺陷。后者是对破产原因从学理上进行抽象概括,着眼于破产发生的一般原因。通常是支付不能、资不抵债或停止支付三种情况。

目前国际上主流的趋势是概括主义,包括美国在1978年修订《破产法》之后也采纳了概括主义。而我国破产法同样遵循了大陆法系的传统,采纳了概括主义。

我国《企业破产法》在第2条中规定了破产原因,包括以下两种情形:

第一,企业法人不能清偿到期债务,并且资产不足以清偿全部债务。"不能清偿"是指"债务人已全面停止偿付到期债务,而且没有充足的现金流量偿付正常营业过程中到期的现有债务"②。这一标准强调的是债务人财产的客观状况,因此不以债权人已经提出清偿请求

---

① 李国光主编:《新企业破产法疑难释解》,人民法院出版社2006年版,第39页。
② 王卫国:《破产法精义》(第2版),法律出版社2020年版,第6页。

为必要条件。"不能清偿"的要件为：

（1）债务人丧失清偿能力，即不能以财产、信用或者能力等任何方法清偿债务。支付货币及财产为通常的债务清偿方法；以信用方法清偿债务，主要是指债务人借新债还旧债，或协议延期还债；以能力方法清偿债务，主要是指债务人以提供债权人接受的劳务、技能服务等折抵货币清偿债务。

（2）债务人不能清偿的是已到偿还期限，提出清偿要求的、无争议或已有确定名义的债务。如果在未到期前，债权人认为债务人到期后将无法偿还，或债务人提出对未到期债务延期偿还的请求，都不能视为不能清偿，因此时清偿义务尚未产生。实践中，有几种特殊情形需要注意，首先，在履行期限不明的情况下，根据《民法典》的规定，债权人可随时要求履行，如果在合理的准备期间内无法履行，则构成到期；其次，可撤销的债务以及过了诉讼时效的"自然债务"，不得视为《企业破产法》规定的不能清偿的债务；最后，有担保的到期债权也属于不能清偿的到期债权，确定企业是否达到破产界限，并不以"连带清偿责任人清偿后仍资不抵债"为前提条件。

（3）债务不限于以货币支付为标的，但必须是能够以货币评价即能够折合为货币的债务。

（4）债务人在相当长时期内或可预见的相当时期内持续不能清偿，而不是因一时的资金周转困难等问题暂时中止支付。

第二，企业法人不能清偿到期债务，并且明显缺乏清偿能力。以"明显缺乏清偿能力"替代"资不抵债"作为与"不能清偿到期债务"并列的条件，是对后者的一个限定。根据这一限定，一时不能支付但仍有偿付能力的企业不适用破产程序。有学者指出，本项标准代表了《企业破产法》立法的一个指导思想，即鼓励适用破产程序，特别是再建型的破产程序（重整、和解），以积极清理债务，避免社会中大量的债务积淀和资产闲置，并减少企业长期困境下的道德风险以及由此造成的经济损失。①

相关案例
浙江南方石化工业有限公司等三家公司破产清算案

浙江南方石化工业有限公司、浙江南方控股集团有限公司、浙江中波实业股份有限公司是绍兴地区最早一批集化纤、纺织、经贸为一体的民营企业，三家公司受同一实际控制人控制。其中南方石化年产值20亿余元，纳税近2亿元，曾入选中国民营企业500强。由于受行业周期性低谷及互保等影响，2016年上述三家公司出现债务危机。2016年11月1日，浙江省绍兴市柯桥区人民法院裁定分别受理上述三家公司的破产清算申请，并通过竞争方式指定联合管理人。

由于南方石化等三家公司单体规模大、债务规模大，难以通过重整方式招募投资人，但具有完整的生产产能、较高的技术能力，具备产业转型和招商引资的基础。据此，柯桥人民法院采取"破产不停产、招商引资"的方案，在破产清算的制度框架内，有效清理企业的债务负担，阻却担保链蔓延；后由政府根据地方产业转型升级需要，以招商引资的方式，引入战略性买家，实现"产能重整"。本案是在破产程序中保留有效生产力，维持职工就业，实现区域

---

① 王卫国：《破产法精义》（第2版），法律出版社2020年版，第6页。

产业整合和转型升级的典型案例。①

4. 破产申请

破产申请,就是企业向法院提出宣告债务人破产的请求。现今各国破产立法在破产程序上多以申请主义为主,职权主义为辅。申请主义是指法院根据关系人的申请开始破产程序,而职权主义是指法院在无关系人的申请时依职权开始破产程序。我国属于申请主义。

(1) 破产申请的主体

依据法律规定,债务人、债权人、依法负有清算责任的人可以向人民法院提出对债务人进行重整或者破产清算的申请。申请主体不同,对法院的审查工作会产生不同影响,按照司法政策,对债权人申请债务人破产清算的,人民法院审查的重点是债务人是否不能清偿到期债务,而不能以债权人无法提交债务人的财产状况等为由不受理债权人的申请。债务人不能证明其资产足以偿还全部债务或者不予证明的,则推定债务人出现了破产原因,人民法院应当依法裁定受理债权人对债务人的破产清算申请。

另外法院受理破产申请前,申请人可以请求撤回申请。这也给企业一个机会,如果能够争取到债务免除或者清偿日期的延展等,自然没有必要强制进入破产程序。

(2) 破产申请的审查

由于存在债务人通过破产程序恶意逃避债务的情形,因此法院对于破产申请并非当然接受,而是需要进行一定的审查。法院主要审查债务人是否存在破产原因。如果法院驳回破产申请,债权人可以依法提出异议。法院受理破产申请之后,企业就正式进入破产程序。②

5. 债权人会议和管理人制度

破产程序中的核心工作债务分配主要是由债权人的意思所决定。由于一般情况下,债权人人数众多,且每个人都希望自己的债权尽可能得到满足,因此,必须设立管理机关即债权人会议以及破产管理人。前者是全体债权人参加破产程序并集体行使权利的决议机构,而后者则是由律师、会计师等专业人士组成的管理机构。

相关案例
全国首例破产案件——丹耀公司破产案

2004年12月,丹枫控股有限公司以丹耀公司不能偿还到期债务为由向北京市第二中级人民法院提出破产申请。次年2月,丹耀公司经董事会一致同意后,亦向法院提出破产申请。北京市第二中级人民法院正式立案受理,于2007年6月14日以民事裁定书宣告丹耀公司破产,并指定北京市企业清算事务所和北京市炜衡律师事务所为丹耀公司破产管理人,同时指定北京市炜衡律师事务所尹正友律师为破产管理人组长。该案件遂成为《企业破产法》实施后的全国首例破产案件。③

---

① 最高人民法院:《全国法院破产典型案例》,载《人民法院报》2018年3月8日,第2版。
② 根据我国法律规定,进入破产程序一般会有以下法律后果:中止债务人其他案件的诉讼和仲裁;中止债务人民事案件的执行;解除有关债务人财产的保全措施;有关债务人的民事诉讼只能由受理破产申请的法院审理;中止债务人的个别清偿;要求债务人承担必要的义务。
③ 北京市第二中级人民法院(2005)二中民破字第4615号。

2007年6月20日,破产管理人进驻丹耀公司,开始对破产企业的印章、文书档案、财务资料及资产等进行接管。根据《企业破产法》第25条有关管理人履职的规定,中介机构或清算公司被指定为破产管理人后,需要对债务人账户资金等财产进行接管。为了方便开展接管、破产债权清偿等诸多工作,管理人需要尽快开立银行账户。

---

(1) 债权人的意思机构——债权人会议

由于债权人会议是为债权人利益而产生的临时性机构,因此依法申报债权的债权人即成为债权人会议的成员,有权出席会议。然而申报债权并不意味着债权就真实确定,因此法律规定权利未确定的债权人不享有会议上的表决权[1],鉴于表决权对于债权人至关重要,因此企业有必要尽早申报债权,以行使表决权,维护自身利益。

另外,基于对债务人职工的保护,法律规定,债权人会议应当有债务人的职工和工会的代表参加,对关涉其自身利益的有关事项发表意见。[2]

 拓展知识

债权人会议第一次大会

债权人会议是债权人团体在破产程序中的意思发表机关,其中第一次债权人会议的召开属于法定召开,具有重要的意义。依据我国《企业破产法》的规定,第一次的债权人会议由人民法院召集,自债权申报期限届满之日起15日内召开。依《最高人民法院关于审理企业破产案件若干问题的规定》第42条规定:"债权人会议一般包括以下内容:(一)宣布债权人会议的职权和其他有关事项;(二)宣布债权人资格审查结果;(三)指定并宣布债权人会议主席;(四)安排债务人法定代表人或者负责人接受债权人询问;(五)由清算组通报债务人的生产经营、财产、债务情况并作清算工作报告和提出财产处理方案及分配方案;(六)讨论并审查债权的证明材料、债权的财产担保情况及数额、讨论通过和解协议、审阅清算组的清算报告、讨论通过破产财产的处理方案与分配方案等。讨论内容应当记明笔录。债权人对人民法院或者清算登记的债权提出异议的,人民法院应当及时审查并作出裁定;(七)根据讨论情况,依照企业破产法第十六条的规定进行表决。"

(2) 债权人委员会

由于每个债权人都希望尽可能满足自己的利益,如果没有一个机关来代表和主持债权人会议,可以预见,大小债权人必然会各自为政,乱成一锅粥;另外,管理人在债权分配的过程之中实际上占据了主导地位,由于代理问题的存在,也应当有一个机构来对其进行监督制衡,以维护债权人的利益。这就是债权人委员会。

---

[1] 根据我国法律,主要有:(1)债权尚未确定,而人民法院未能为其行使表决权而临时确定债权额的;(2)债权附有停止条件,其条件尚有待成就的,或者债权附有解除条件,其解除条件已成就的;(3)尚未代替债务人清偿债务的保证人或者其他连带债务人。

[2] 这里所说的"有关事项",主要指:核查债权时职工债权清单的确认;债务人继续营业时的职工待遇;重整计划中的职工债权清偿方案;破产财产分配方案中的职工债权清偿方案;债务人财产管理方案、变价方案中涉及职工利益的问题(如职工住房的处置问题)。

按照《企业破产法》的规定,债权人委员会由债权人会议选任的债权人代表和一名债务人的职工代表或者工会代表组成,依法享有一般监督权、特别监督权以及知情权,在管理人失职的情形下,还能够依法追究其法律责任。

(3) 破产管理人的权利义务

《企业破产法》引进了破产管理人制度,规定管理人可以由有关部门、机构的人员组成的清算组或者依法设立的律师事务所、会计师事务所、破产清算事务所等社会中介机构担任,大大突破了原来破产清算组的范围,是符合市场经济规律的一大创新。

管理人在破产程序之中具有重要的作用,其能力、职业操守与债权人利益息息相关,因此选任工作相当重要,我国对此予以规范的是《最高人民法院关于审理企业破产案件指定管理人的规定》,其中规定破产管理人由法院从管理人名册之中选定,也是基于对债权人战略行为的担心,以提高效率。另外,法律还规定了管理人负有勤勉义务和忠实义务,违反则应当承担法律责任。

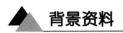
背景资料

破产管理人制度的立法沿革

《企业破产法》引进了管理人制度,用比较市场化的、专业化的机构和专业人士来处理复杂的、市场化的破产事务,是一大创新。

早期立法规定的以政府官员为主体的清算组构成模式,行政色彩浓厚,其目的是在破产案件一些问题(如职工安置)的处理上得到政府部门的行政协助。但因破产清算工作具有法律责任重大、专业性强、工作量大、时间长等特点,这种立法模式在司法实践中产生了诸多弊端。《企业破产法》以管理人为中心,因为我国各地发展状况不一,很难由最高人民法院编制一个全国适用的名册,所以目前采取的方式是由各省高级人民法院或所辖中级人民法院根据所属辖区的律师事务所、会计师事务所、破产清算事务所等社会中介机构及专职从业人员数量和企业破产案件数量而确定编制管理人名册。人民法院在选任管理人时通常在管理人名册所列名单中采取轮候、抽签、摇号等随机方式公开指定管理人,或采取公告的方式,邀请编入所属当地人民法院管理人名册的中介机构中参与竞选。

6. 债务人财产、破产费用和公益债务

(1) 债务人财产的认定和范围

根据我国法律规定,债务人财产是破产宣告时至破产程序终结前,所有归破产人拥有的可用于破产分配的全部财产的总和。由于破产财产实际上就是可供分配的财产,因此其范围与债权人利益息息相关。我国法律原则上规定,破产申请受理时属于债务人的全部财产,以及破产申请受理后至破产程序终结前债务人取得的财产,属于债务人财产。

> **背景资料**
>
> **划拨方式取得的土地使用权可以列入破产财产**
>
> 假设不将划拨土地使用权列入破产财产,视为申请破产企业出资人出资不到位,将该部分出资列为破产企业的破产债权,由清算组负责向出资人清收(是否能完全清收到还是个未知数),那么破产程序对债权人的保护将变得相当脆弱。由此将产生的弊端也是不言而喻的,一是将挫伤债权人参加债务人破产的积极性,更加深了债权人对申请破产企业"假破产,真逃债"的疑虑;二是显失公平。出资人以国有划拨土地使用权作为出资已经包括在公司的注册资本范围之内,股东的资产在公司成立后就成为公司的财产,该资产是公司的责任财产,公司以其全部资产对外承担责任,根据公司"资本三原则",股东在公司登记后不得抽回出资。如果允许出资人将该国有划拨土地使用权收回,将严重影响公司内部的稳定。且土地使用权的价值与一般商品的价值不同,一般商品的价值是由商品本身的投入量决定的,而土地使用权的价值除取决于使用者的投入外,在很大程度上更取决于周围环境的改善和城市社会经济的发展等因素。由于城市社会经济的发展和环境的改善,土地在使用过程中会不断增值,以致远远超出使用者最初取得土地使用权时的成本。
>
> 针对划拨土地使用权是否列入破产财产的问题,最高人民法院审判委员会于2020年12月23日由第1823次会议通过,并自2021年1月1日起施行的《最高人民法院关于修改〈最高人民法院关于破产企业国有划拨土地使用权应否列入破产财产等问题的批复〉等二十九件商事类司法解释的决定》中明确规定,企业以划拨方式取得的国有土地使用权不属于破产财产,在企业破产时,有关人民政府可以予以收回,并依法处置。企业对其以划拨方式取得的国有土地使用权无处分权,以该土地使用权设定抵押,未经有审批权限的人民政府或土地行政管理部门批准的,不影响抵押合同效力;履行了法定的审批手续,并依法办理抵押登记的,抵押权自登记时设立。根据《城市房地产管理法》第51条的规定,抵押权人只有在以抵押标的物折价或拍卖、变卖所得价款缴纳相当于土地使用权出让金的款项后,对剩余部分方可享有优先受偿权。但纳入国家兼并破产计划的国有企业,其依法取得的国有土地使用权,应依据国务院有关文件规定办理。

(2) 破产撤销权的行使

所谓破产撤销权,是指破产管理人对于破产人在破产宣告前一定期限内所为的有害于破产债权人利益的行为所享有的请求人民法院予以撤销该行为并追回该财产的权利。[①] 这一制度主要是防止企业通过破产逃避债务,对于债权人企业来说尤为重要。

---

① 《企业破产法》第31条、第32条、第33条。

相关案例
管理人怠于行使破产撤销权的救济方式

该案原告为债权人康瑛,该案中被告唐山金凤桐公司与亢丽俊于 2015 年 7 月 18 日签订了一份《内部认购协议》,将金凤桐公司开发的禾木花苑 B3-2-1701 室以 60 万元的价格卖给亢丽俊,房屋均价为 3278.15 元/平方米。金凤桐公司在对外销售禾木花苑项目商品房时,网签的成交均价为每平方米 5000 元左右。2017 年 5 月 12 日,唐山市中级人民法院作出(2017)冀 02 破申 4 号之二民事裁定书,依法受理了针对被告金凤桐公司的破产重整申请,并于 2017 年 6 月 12 日指定了管理人。2017 年 11 月 20 日,唐山市中级人民法院作出(2017)冀 02 破 1 号之十三决定书,认可康瑛为债权人委员会成员。康瑛主张《内部认购协议》所涉房产的成交价格低于当时的市场价格,属于以明显不合理的低价转让财产,诉请法院予以撤销。

因破产撤销权的行使主体是管理人,债权人无法依据《企业破产法》第 31 条、第 32 条的规定行使破产撤销权。但是立法亦为债权人设置了在管理人怠于行使破产撤销权情况下的权利救济路径。审理法院认为:《企业破产法司法解释(二)》第十三条之规定:"破产申请受理后,管理人未依据企业破产法第三十一条的规定请求撤销债务人无偿转让财产、以明显不合理价格交易、放弃债权行为的债权人依据合同法第七十四条(修订后为'《民法典》第五百三十八条、第五百三十九条')等规定提起诉讼,请求撤销债务人上述行为并将因此追回的财产归入债务人财产的,人民法院应予受理。"根据上述规定,康瑛系金凤桐公司的职工代表,也是金凤桐公司债权人委员会的成员,可以作为适格的诉讼主体参加本案诉讼。"①

(3) 破产取回权和破产抵销权

取回权是指财产权利人从管理人接管的财产中取回不属于破产企业所有财产的权利。在商业活动之中,由于融资等需要,企业的财产很有可能因为担保等原因而交由交易对方占有,但是万一占有企业陷入破产,相关财产可能会因为审查不慎而被纳入破产财产,造成真正的所有人损失。因此法律有必要设置此一权利以保障真正权利人之权利不受侵犯。

取回权的标的物可能为所有的由破产人合法占有和非法占有的他人的财产。其行使只限于取回物。如原物在破产宣告前已被破产人卖出,就不能再要求取回价款,而只能以物价作为破产债权,通过破产程序要求清偿。原物的售出或灭失使取回权消灭,转化为破产债权。

相关案例
长峰公司对 4412685 元人民币能否行使取回权?②

汇通公司是一家非银行金融机构,为长峰公司办理了 2121-520900073 账户。此后长峰公司一直利用该账户进行公司的人民币资金收付及日常经济往来的资金结算业务。2005

---

① 亢丽俊、康瑛破产撤销权纠纷案,河北省高级人民法院(2019)冀民终 704 号。
② 海南省高级人民法院(2008)琼民二终字第 23 号。

年4月22日汇通公司被海口市中级人民法院宣告破产,长峰公司向法院申报债权时请求判令确认长峰公司在2121-520900073账户内的结算资金4412685元为长峰公司所有,长峰公司有权取回。

法院认为:我国《企业破产法》第38条规定:"人民法院受理破产申请后,债务人占有的不属于债务人的财产,该财产的权利人可以通过管理人取回。但是,本法另有规定的除外。"经向最高人民法院请示后研究认为,长峰公司2121-520900073结算账户内的资金属结算资金。结算账户实质上就是存款账户,结算资金也就是存款资金。在目前法律无明文规定且长峰公司与汇通公司并未就结算账户内资金作出专门约定的情况下,应当遵循货币的所有权与占有权一致的原则,认定汇通公司对其占有的结算账户内资金享有所有权。长峰公司与汇通公司之间只是形成一种债的关系,在汇通公司破产时,长峰公司可以申报债权,但不能享有取回权。

破产抵销权是指破产债权人在破产宣告前对破产人负有债务的,不论债务性质、种类及是否到期,在破产宣告前可等额抵销的权利。抵销权对当事人意义非常重要。在破产程序中如无抵销权,破产债权人对破产人享有的债权,因破产人无力清偿,只能从破产财产中得到不完全的偿还,但对破产人所负的债务,却必须完全清偿。相同的当事人之间,双方债权处于不平等的清偿地位,不仅使破产债权人的权益在清偿中受到损失,也有失公平。

相关案例
破产抵销权纠纷案

工商银行玉环支行曾于2016年6月2日向玉升公司发放贷款500万元。2017年3月31日,玉升公司向台州市中级人民法院提出破产重整申请。台州市中级人民法院于2017年4月11日裁定受理重整申请,同年5月10日指定浙江海贸律师事务所等四家律师事务所联合担任管理人。工商银行玉环支行自2016年10月21日至2017年4月18日期间从玉升公司账户中划存款用于清偿贷款本金及利息,合计2651157.13元。

审判法院认为:原审法院认定事实和适用法律正确,玉升公司在工商银行账户中的存款系玉升公司所有,依照《商业银行法》关于保护存款人存款安全的规定,工商银行玉环支行不能以径行扣款的方式行使法定抵销权。债务约定抵销需要双方对抵销事项协商一致,从双方签订的《小企业借款合同》来看,不足以证明玉升公司与工商银行玉环支行之间存在约定抵销之意。故工商银行玉环支行不享有抵销权。[①]

(二) 企业破产与重整

1. 设立重整制度是我国《企业破产法》借鉴国际经验的一大制度创新

所谓重整,是指经利害关系人申请,在法院的主持和利害关系人的参与下,对已经具有

---

① 中国工商银行股份有限公司玉环支行、浙江海贸律师事务所请求撤销个别清偿行为纠纷案,浙江省高级人民法院(2018)浙民终78号。

破产原因或有破产原因之虞而又有再生希望的债务人进行生产经营上的整顿和债权、债务关系上的清理,以期使之摆脱经营和财务困境,重获经营能力的特殊法律程序。

相关案例
桂林广维文华旅游文化产业有限公司破产重整案

桂林广维文华旅游文化产业有限公司拥有全球第一部山水实景演出、广西旅游活名片、阳朔旅游晴雨表的《印象·刘三姐》剧目。该公司为股东及其关联控制人代偿或担保债务涉及总额超过15亿元,导致不能清偿到期债务且资不抵债,据此提出破产重整申请。

考虑到该公司经营项目为国际知名大型实景《印象·刘三姐》剧目,对广西旅游业、地方经济影响较大,且公司所有资产被国内数十家法院查封、涉及职工人数众多且成分复杂等情况,2017年8月15日,广西壮族自治区高级人民法院依法裁定受理本案,并指定管理人。管理人采取邀请招标方式并经公开开标,从交纳投标保证金、具体重整方案的细化可行性情况确定北京天创文投演艺有限公司以7.5亿元出资额成为重整投资方。经过债权人会议后,2017年12月4日,广西高院裁定批准重整计划草案,终止重整程序。2018年1月,文投公司出资资金到位;1月26日,广西高院裁定确认柳州银行股份有限公司等15位债权人的债权及受偿金额分配;2月中旬,文投公司完成股权过户。

本案系全国首个直接由高级法院受理的破产重整案件。为确保《印象·刘三姐》剧目演出不受破产重整影响,本案实行演出相关业务自行经营、管理人监督、法院总协调的模式,确保重整期间公司正常经营。该案历经3个月21天顺利终结并进入重整计划执行阶段,广维公司摆脱债务困境重焕活力,保障了800多名演职人员的就业机会,也解决了关联公司548名职工的安置问题,相关产业通过《印象·刘三姐》项目实现升级改造,推动了地方经济发展。[①]

2. 重整制度对于企业经营的意义

首先,从一般企业的角度来看,对被申请破产企业的重整程序一旦启动,包括抵押权人在内的债权人就不能行使权利,企业赢得了自我拯救的时间。而如果重整方案获得通过,企业可以在不"死亡"的情况下,豁免巨额债务,从而摆脱困境获得重生。这种商业价值和社会价值是其他任何一部法律均无法给予企业的。

其次,引入破产重整制度,有利于上市公司重组。这主要源于重整制度市场化安排,如:(1)破产重整提出主体多元化,根据《企业破产法》的规定,不仅债务人、债权人可提出重整申请,债务人的股东也可在一定条件下提出重整申请;(2)重整措施多样化,债务人可以灵活运用重整程序允许的多种措施达到恢复经营能力、清偿债务、重组再生的目的,如不仅可采取延期偿还或减免债务的方式,还可采取无偿转让股份,核减或增加公司注册资本,将债权转化为股份,向特定对象定向发行新股或公司债券,转让营业、资产等方法;(3)还有重整方式的多样灵活性,如当各个表决组不能一致以法定多数通过重整计划时,只要有一个表决组同意,那么管理人可根据企业具体情况,决定将重整计划提交法院强制批准。但法院强制

---

① 最高人民法院:《全国法院破产典型案例》,载《人民法院报》2018年3月8日,第3版。

批准重整计划必须符合《企业破产法》第87条规定的各项条件,保证所有当事人的既得利益不受损害。《企业破产法》实施后,事实上已经有很多企业,包括上市公司ST宝硕和ST沧化等,向法院提出了重整申请。

最后,对于现在股市中一些即将退市的ST股票甚至已经被申请破产的股票被爆炒的投资行为也会产生重大影响。

3. 重整制度的程序

根据我国立法,重整程序有如下步骤:(1)法定主体提出重整程序的申请;(2)法院对重整申请进行审查,必要时可依职权进行调查;(3)债务人财产和营业事务根据法院的批准,交由债权人或者管理人进行管理;(4)拟订重整计划;(5)债权人会议通过重整计划。

在重整程序期间,一些财产权利的行使受到限制:(1)担保债权人权利受限。重整期间,债权人对债务人的特定财产享有的担保权暂停行使。但是,因担保物有损坏或者价值明显减少的可能,足以危害担保权人权利的,担保权人可以向人民法院请求恢复行使担保权。这也是对担保权益的保护。(2)第三人取回权受限。重整期间,债务人合法占有他人的财产,该财产的权利人在重整期间要求取回的,应当符合事先约定的条件。(3)出资人权利受限。重整期间,债务人的出资人不得请求投资收益分配。(4)高管权利受限。重整期间,债务人的董事、监事、高级管理人员不得向第三人转让其持有的债务人股份,但人民法院同意的除外。

另外,为了尊重债权人意志,防止在重整计划草案中对各债务人的利益已经充分考虑并不损害债权人任何利益、重整计划草案仍不能通过的情况,重整草案符合一定条件,可以再次申请法院批准,即强行通过制度。其启动需要符合下列条件:(1)按照重整计划草案,《企业破产法》第82条所列债权就该特定财产将获得全额清偿,其因延期清偿所受的损失将得到公平补偿,并且其担保权未受到实质性损害,或者该表决组已经通过重整计划草案;(2)按照重整计划草案,《企业破产法》第82条所列债权将获得全额清偿,或者相应表决组已经通过重整计划草案;(3)按照重整计划草案,普通债权所获得的清偿比例,不低于其在重整计划草案被提请批准时依照破产清算程序所能获得的清偿比例,或者该表决组已经通过重整计划草案;(4)重整计划草案对出资人权益的调整公平、公正,或者出资人组已经通过重整计划草案;(5)重整计划草案公平对待同一表决组的成员,并且所规定的债权清偿顺序不违反《企业破产法》第113条的规定;(6)债务人的经营方案具有可行性。人民法院经审查认为重整计划草案符合前述条件的,应当自收到申请之日起30日内裁定批准,终止重整程序,并予以公告。

(三)企业破产和解

和解制度和重整制度相互连接、有机结合,都是避免企业破产并给予复兴的机会,两者在法定程序期限内进行并由其主管部门主持,在人民法院和债权人会议的监督下进行;对预防企业破产、保护债权人的利益及维护、促进社会稳定起到了积极的作用。

1. 和解制度概述

企业一旦经营,在数年之间往往积累了一定的商业价值,通过破产退出市场,实际上不可避免会产生一定的社会成本,因此如果债权人愿意给予一定宽限,等待债务人恢复生机,恢复偿债能力,法院应当允许。破产和解制度就满足了这一制度功能。在破产法上,"和解"是指法院受理破产案件后至破产程序终结前,为避免债务人破产,在互谅互让基础上,债权人会议与债务人得就债务的延期偿还或者减免达成协议,协议经法院裁定认可后生效,使破产程序中止。通过这一程序,给债务人一个再生的机会,并且还有可能带来更高的经济价值,实现双赢的有利局面。

相关案例
银京医疗科技(上海)股份有限公司破产清算转和解案

银京医疗科技(上海)股份有限公司(以下简称银京公司),是一家主营医疗用品的民营企业,产品具备多项国际认证,具有良好的市场口碑。后因管理不善,无法清偿到期债务,经债权人申请,上海三中院依法裁定受理银京公司破产清算,并依法指定上海市金石律师事务所为管理人。

案件受理后,恰逢"新冠"疫情暴发,合议庭及时处置市场急需的库存口罩,并积极开展政府—法院联动,批准债务人复工复产继续经营,与第三方合作恢复口罩生产。清算期间,管理人在法院督导下,完成了债权审核、资产清理等工作;同时发现债务人仍具有较大潜在经营价值,释明引导债务人引进第三方投资,多元方式化解企业负债。经债务人申请,上海三中院依法裁定转和解程序。和解期间,合议庭指导管理人开展释法和政策解读等工作,鼓励、提升债务人挽救信心;通过审计、实地调查和诉讼等方式,查清并积极追收债务人资产;针对起初多数债权人反对和解的情况,深入了解沟通各债权人意见并有的放矢调整和解方案,促进债务人和投资人制定包括现金清偿、债转股、留债与现金择一清偿等多元和解方案。最终,和解协议草案经债权人会议表决以 93.4% 的高比例通过。法院依据《企业破产法》第 98 条之规定,裁定认可和解协议,并终止债务人和解程序。①

本案系疫情防控期间实现复工复产,尽力促成民营企业破产清算转和解成功的典型案例。本案审理充分尊重债权人意思自治,积极促进债权人与债务人、出资人之间的充分沟通,达到债权人从一开始多数反对到最后高比率支持和解的良好效果。和解计划确定的债权清偿方式灵活多元,大幅提高了债务清偿率,将普通债权人的清偿率从清算状态下不足 8% 提升至 25%,维护了债权人利益最大化。同时,府院联动促成债务人复工复产继续经营,为防疫作出贡献;更运用破产保护机制维持了企业经营价值,最终实现民营企业纾困。

2. 和解程序

根据我国立法,和解程序如下:(1) 债务人直接向人民法院申请和解,或在法院受理破产申请后、宣告债务人破产前,向人民法院申请和解,并且提出和解协议草案。(2) 法院经审查,认为和解申请符合法律规定的,应当裁定和解,予以公告,并召集债权人会议讨论和解协议草案。(3) 债权人会议通过和解协议的,由法院裁定认可,终止和解程序,并予以公告。管理人应当向债务人移交财产和营业事务,并向人民法院提交执行职务的报告。(4) 和解协议草案未通过,或者已经债权人会议通过的和解协议未获得人民法院认可的,法院应当裁定终止和解程序,并宣告债务人破产。债权人会议通过和解协议的决议,由出席会议的有表决权的债权人过半数同意,并且其所代表的债权额占无财产担保债权总额的 2/3 以上。

---

① 上海市第三中级人民法院破产法庭发布 15 起 2021 年度典型案例之七。

3. 和解协议的效力

根据我国立法,破产和解方案生效后,其法律效力可分为:

(1) 破产清算程序的中止。我国《企业破产法》规定,破产和解方案一旦生效后,破产清算程序中止。一旦和解失败,则重新恢复破产清算程序。

(2) 对债务人的效力。其一,基于破产和解的生效,在破产程序中止的同时,破产企业将恢复行使破产管理人所属财产的管理处分权。但是,如果在破产和解条件中对管理处分权设有限制,破产企业就必须服从该限制。其二,债务人应当按照和解协议规定的条件清偿债务。其三,按照和解协议减免的债务,自和解协议执行完毕时起,债务人不再承担清偿责任。

(3) 对和解债权人的效力。和解债权人是指人民法院受理破产申请时对债务人享有无财产担保债权的人。其一,和解债权人未依照本法规定申报债权的,在和解协议执行期间不得行使权利;在和解协议执行完毕后,可以按照和解协议规定的清偿条件行使权利。其二,和解债权人对债务人的保证人和其他连带债务人所享有的权利,不受和解协议的影响。

(4) 对保证人等的效力。破产和解的效力不能及于破产债权人对破产企业的保证人、共同债务人或者物上抵(质)押权人等所持有的权利。

(四) 企业债务重组

1. 债务重组的含义

根据2019年5月修订的《企业会计准则第12号——债务重组》,债务重组指在债务人发生财务困难的情况下,债权人按照其与债务人达成的协议或者法院的裁定作出让步的事项。值得一提的是,债务重组调整债权债务关系是建立在债权人作出让步的基础之上,债务人通过债务重组则可以减少应付债务。

债务重组主要有四种方式:以资产清偿债务、将债务转化为资本、修改其他债务条件以及以上三种方式的组合。以资产清偿债务分为以现金资产和非现金资产进行偿还,是债务人将资产所有权折价转让给债权人以清偿到期债务;将债务转为资本是将债权人手中的债权依据一定比例转换为债务人的股本或者实收资本,债权人成为公司股东;修改其他债务条件则指将原来的债务条件作出一些调整,主要包括利息豁免、债务展期及部分债务的免除,这是我国公司债务重组的常见方式;以上三种方式的组合是将债务重组划分为多个部分,同时采用资产清偿、债务转资本、修改其他债务条件等两种或两种以上的方式进行。

2. 债务重组与破产重整、和解、清算

债务重组、破产重整、和解以及破产清算中,债权人均需作出让步,彼此之间既有联系也有差异。

四者的联系表现在公司发生财务困难时是环环相扣的。债务重组、破产重整、和解以及破产清算均是建立在公司财务困难导致难以偿还债务的基础上,债务重组是首先考虑的方式,债务重组失败后将会进入法律程序进行破产重整,在此过程中债权人和债务人有可能再次就债务的偿还达成一致意见,当破产重整以及和解不能实现时将会实行最终的破产清算。

四者的区别主要在于行为特征和利益调整范围。债务重组行为主要指债权人和债务人之间的自愿协调,是对债权人作出的债务调整。破产重整、和解以及破产清算均为法律行为,和解也是债权人和债务人之间的相互协调达成一致的方法,但和解需要人民法院的裁定认可;破产重整和破产清算由法院介入对公司的债权人以及股东等更广范围的利益主体进行债务偿还和利益分配的调整。

具体来看，债务重组强调债务人发生财务困难，债权人作出让步，更多的是自愿行为。债务重组是指在债务人发生财务困难的情况下，债权人按照其与债务人达成的协议或者法院的裁定作出让步的事项。破产重整指破产清算前进行的重组和债务调整，是法律行为，具有强制性。破产重整是《企业破产法》新引入的一项制度，是指专门针对可能或已经具备破产原因但又有维持价值和再生希望的企业，经由各方利益关系人的申请，在法院的主持和利害关系人的参与下，进行业务上的重组和债务调整，以帮助债务人摆脱财务困境、恢复营业能力的法律制度。

和解是一种特殊的法律行为，不仅需要债务双方达成一致，而且要经过人民法院的裁定认可。破产和解指债务人和债权人就债务减免和延期偿还等债务问题达成一致而中止破产程序的方法。债务人可以直接向人民法院申请，也可以在人民法院受理破产申请后、宣告债务人破产前进行申请。破产清算是公司难以经营下宣告破产的法律行为。根据我国《企业破产法》的规定，企业因经营管理不善造成严重亏损，不能清偿到期债务的，可以依法宣告破产。企业破产申请的提出，是破产申请的开始。一般需要经历以下几个阶段：宣告破产、组建清算组、接管破产企业的财产、财产的处置与分配以及终结破产程序。

3. 债务重组的会计处理规则

对债权人而言，新债权、得到的资产或股权一般低于原有债权，因而债务重组会减少资产，并产生损失，对资产负债表和利润表均产生影响，资产减少的债务重组损失计入营业外支出。

根据2019年修订的《企业会计准则》，以现金清偿债务的，债权人应当将重组债权的账面余额与收到的现金之间的差额，计入当期损益。债权人已对债权计提减值准备的，应当先将该差额冲减减值准备，减值准备不足以冲减的部分，计入当期损益。以非现金资产清偿债务、将债务转为资本或修改其他债务条件的，债权人将债务重组后的新的债权、所得资产、股权的公允价值入账，其与原债权差额计入当期损益中的营业外支出。

从会计处理的角度看，债务重组本身对债权人利润表的负面影响不大，还可能优化其资产负债表。由于债务重组中的债务往往需要计提坏账准备，若债务重组时债权人已在以前会计年度计提过坏账准备，则债务重组时可先冲减，不足冲减的部分才计入债务重组损失；若债务重组时在以前年度未计提过坏账准备，则即使不进行债务重组，也需在本会计年度计提资产减值损失。因而债务重组给债权人利润表带来的负面冲击较小。而对于资产负债表，债务重组将"问题债权"冲销，将加速资金周转，优化资产结构，尤其是对于银行而言，债务重组将有利于降低银行不良贷款率。

4. 债务重组的动机

当企业发生财务困难，无法按照原来的条件全额支付债务时，通过债务重组，债权人与债务人达成协议，一是以较低的条件来偿还债务，债权人可以一定程度上收回债权，不至于使债务成为坏账，而且会给企业持续经营的机会，对于债权人而言未来可能获得更多的收益。二是将债务转为资本，借贷关系转化为权益关系，债权人成为股东，可以行使其监督管理的权利，盘活公司的不良资产，在未来可以带给债权人更多的回报。因此，债务重组可以在一定程度上使债权人的损失下降，保护债权人的利益。

同时债务重组也会带来债务人在公司治理结构、经营结构等方面的调整，避免破产清算，实现企业持续经营。

相关案例
山东金泰集团股份有限公司重整案

山东金泰集团股份有限公司(下文简称"ST 金泰")因 2010 年、2011 年、2012 年三年连续亏损,自 2014 年 5 月 14 日起暂停上市,并在 2012 年 12 月 13 日与其债权人中矿必拓投资有限公司签署了《债务重组协议》,对总计人民币 48093104.37 元的债务豁免 18093104.37 元。ST 金泰通过债务豁免以及业务的转型,改善了公司的经营情况和盈利能力,具备持续经营的能力,2013 年度实现净利润 2633.7 万元,于 2014 年 8 月 6 日恢复上市交易。更为重要的是,公司增强了偿债能力,资产负债率由 2012 年底的 1212.73% 迅速下降至 87.14%,资产流动性也得到了提高,这对于债权人而言长远来看也是利好消息。①

我国《破产法》规定,进入破产程序后可进行破产重整、和解以及破产清算,一旦重组或和解失败,就进入破产清算,不存在和解、重整和清算之间相互转换的可能性;企业法人不能清偿到期债务,并且资产不足以清偿全部债务或者明显缺乏清偿能力的,债权人向人民法院提出破产清算申请。难以清偿债务与资不抵债并不等同,难以偿还债务考虑各种方式的偿还因素,而资不抵债着重于资产和负债的比例关系。由此不能清偿到期债务以及资不抵债两个标准同时满足时,才能对企业申请破产或宣告破产,破产清算是企业发生财务困难后的最后一根"救命稻草"。

一般而言,债权人和债务人不会首先考虑破产清算。对债权人而言,债权人优先选择重组而不是破产,由公司原来的大股东偿还部分欠款或者引入新的股东使企业正常运转,从而收回债权。这是由于破产企业的清偿顺序依次为:企业所欠职工工资和劳动保险费用、企业所欠税款、破产债权和股东。企业破产清算会带给债权人更多的损失,特别是在资不抵债的情况下。对债务人而言,债务人更愿意持续经营,最大程度上保障投资者的收益,实现利益最大化的目标。

相关案例
佳兆业集团债务重组案

佳兆业集团控股有限公司是国内大型房地产开发企业。自 2014 年 11 月底曝出其在深圳的房产被限制或锁定的消息以来,佳兆业集团陷入债务违约的风波中,在 2015 年 2 月份展开了债务重组的进程。② 佳兆业集团的债务重组计划以引入融创中国控股有限公司收购作为起点。融创的收购预期会促进佳兆业业务重整、恢复以及走向正常经营的道路,奠定债务偿还的基础、保全相关利益人的价值以及增强投资者在资本市场的信心,而融创最终收购能否成功也将依赖于境内外债务重组的完成。

计划境内债务重组的方式是利息削减和债务展期,属于修改其他债务条件的方式。

---

① 韩祖亦:《21 年上市路走到头,昔日"不死鸟"山东金泰"挥别"A 股》,载《经济导报》2022 年 7 月 6 日,第 1—2 版。
② 姜超、李宁:《揭开债务重组的神秘面纱——兼析佳兆业债务重组计划及三方博弈》,https://finance.sina.com.cn/stock/stockzmt/2020-09-28/doc-iivhuipp6836936.shtml?cre=tianyi&mod=pcpager_fin&loc=7&r=9&rfunc=100&tj=none&tr=9,2022 年 7 月 26 日访问。

2015年2月16日,佳兆业在深圳已经与境内债权人进行了初步沟通,业内普遍认为境内债务重组计划实施的问题不大。计划境外债务重组的方式是利息削减和债务展期,属于修改其他债务条件的方式。佳兆业集团于3月8日公布境外债务重组计划,但首轮境外债务重组方案因遭到了逾50%以上的境外债权人的反对而宣告失败,主要原因是境外债权人希望可以争取更多的利益,努力达到损失最小化的目的,因而融创能否完成收购具有不确定性。在境内外债务重组方案中,采取的方式均为本金不削减,利息予以削减,期限予以延长。相比于境内债权人,境外债权人所持债券的延期更长,票息降幅超过50%。境外重组方案目前未获得通过的破产清算下,境外债权人的收益小于债务重组下的收益。

若佳兆业申请破产清算,对于境内债权人,按照保守计算,破产清算时境内债权人的回收率为28.68%;而境外债务的清偿顺序排在境内债务之后,加之没有足够的抵押和担保,若以贴现率20%计算,扣除偿还其他债务以及境内贷款下保全的资产,境外债权人的回收率为6.12%,而债务重组下的最大收益可达30.17%,破产清算下的损失远远大于债务重组的损失。

与破产清算相比,境外债权人在债务重组中可获得更多利益。截至目前,境外债务重组方案未获得通过,主要是由于佳兆业对境内和境外债权人的差别对待,相比于境内债权人,境外债权人所持债券的延期更长,票息降幅超过50%。境外债权人希望争取到更多的利益。但若境外债权人通过协商最终仍不同意债务重组计划,佳兆业将走上破产清算的道路,境外债权人的利益将受到更大的损害。

(五) 企业破产逃债的防范对策

在发达市场经济国家,企业破产、兼并、重组作为优胜劣汰、资源重新配置的一种手段乃司空见惯。我国在迈向社会主义市场经济高质量发展阶段,企业破产成为市场退出的合法选项。由于我国目前社会保障制度体系仍待健全,政府及现行法律、法规对企业破产考虑更多的是社会稳定、职工安置等问题,对债权人的保护、资源优化配置、建立现代化与市场化企业的运作机制等关注偏少,地方政府和企业则往往容易利用法律不完善的空隙,想要通过破产逃脱债务、转移资产,获得无债一身轻的新生。

《企业破产法》虽然在一定程度上防范了破产逃债现象的泛滥,但作为破产企业债权人的经营者,应对逃债的法律风险未雨绸缪,充分做好维权系统工程建设。

1. 正确界定破产人财产的范围,尤其是对企业产权不明的财产、职工的集资款等应否列入破产财产,由于相关法律法规规定模糊,实务中应注意区分处理。

对破产企业产权不明确的财产,坚持从实际出发。如对于产权证已遗失的财产,可以采用公告寻找产权人,要求主张权利者限期到法院登记,提供相关的证明材料。期限届满无人主张产权,或仅有主张但无依据的,即裁定该资产归破产企业所有,列入破产财产,同时由清算组持法院裁定到相关部门办理产权登记。

对破产企业缴纳的集资款,据其集资性质予以处理:(1)名为集资,实为向职工借款的,不列入破产财产;(2)如是投资入股,既承担企业的风险责任,又参与了分配企业的盈利的,应列入破产财产;(3)集资款属于劳动纪律保证金或产品质量保证金的,如果职工没有违反劳动纪律,也未出现不合格产品的情况,那么,应在企业宣告破产后,将此款退还职工,不作为破产财产。

　　而且,对于破产企业的无形资产,也应注意将其列入破产财产。破产企业往往因管理不严、经营不善等原因而处于资不抵债的状况,其无形资产很容易被忽视,在破产清算时一般只注重对有形财产进行评估,忽视了对无形资产的评估、处理或处理不当。这就要求办案人员提高素质,科学地界定无形资产的范围,加强和完善对无形资产的评估,规范对破产企业的无形资产进行的拍卖和转让,将其所得列入破产财产,防止无形资产流失。

　　2. 正确行使监督破产管理人的合法权利,全面保护自己的债权利益不受侵害。我国《企业破产法》规定了管理人的忠实和勤勉义务,在破产程序中,债权人企业不应消极无为,而是要积极与管理人沟通,听取报告,甚至能够监督管理人的行为,促使其尽职勤勉地完成任务,从而充分保障自身利益,避免管理人与债务人串通逃债的可能,必要时可以向法院申请更换管理人或者依法追究不称职管理人的法律责任。

　　3. 应注意撤销权在法定期间内行使。《企业破产法》第 32 条规定了管理人对债务人个别清偿行为行使撤销权的条件和例外,但应当注意法定的期限,避免超过期限而无法得到支持的状况出现。如该法第 31 条规定,人民法院受理破产申请前一年内,涉及无偿转让财产、以明显不合理的价格进行交易、对没有财产担保的债务提供财产担保、对未到期的债务提前清偿、放弃债权等行为,管理人有权请求人民法院予以撤销。人民法院受理破产申请前 6 个月内,债务人有《企业破产法》第 2 条第 1 款规定的情形,仍对个别债权人进行清偿的,管理人有权请求人民法院予以撤销。但是,个别清偿使债务人财产受益的除外。

本章小结

　　高效、有序的市场退出机制与市场准入机制一样,对于整个市场经济的运转至关重要。公司的解散、清算本质上是商事主体资格的一种消灭过程,非经清算,不得在公司登记机关注销而逃避债务。公司的解散、清算主要涉及小股东、债权人等能否到法院申请解散、组织清算的问题,我国《公司法》及司法解释进行了规定,企业经营者应依此处理,了结纠纷。

　　企业的破产是指企业不能清偿到期债务,按法律规定的程序将其全部资产或变卖所得按债权额比例公平地分配给全体债权人,从而解除其继续清偿债务的义务并消灭破产企业这一法人的全过程。2006 年 8 月 27 日,《企业破产法》由第十届全国人大常委会通过,并于 2007 年 6 月 1 日起施行,明确了该法的适用范围、破产的实体性规则和程序性规则,作为债权人的经营者应充分把握破产界限、破产程序(包括重整与和解),了解取回权、撤销权等规定,保护好自己作为债权人应有的债权利益,防范"假破产、真逃债"的现象发生。

思考与练习

　　1. 何谓公司解散?我国《公司法》规定了哪几类公司解散制度?
　　2. 何谓公司清算?被吊销营业执照的企业的债务如何清偿?
　　3. 从商事主体角度看,我国修订后的《企业破产法》适用的范围有哪些?民办学校、私立医院、金融机构的破产可以一律适用吗?
　　4. 何谓破产管理人制度?你认为该制度实施的难点在哪里?
　　5. 何谓公司重整制度?《企业破产法》做了哪些制度创新?

案例分析

1. 阅读浙江省首起股东申请公司清算案①,阐述如何完善强制清算的启动程序。

宁波大宁通讯技术发展有限公司成立不久,在经营方面即遇到了一系列困难。2004年7月,大宁公司被宁波市工商局吊销营业执照。2006年3月,宁波大学一纸诉状,将同人华塑和宁波科技开发两家大股东告上了宁波市中级人民法院,请求法院判令对大宁公司进行强制清算。宁波市中院经审理作出一审判决,判令原告宁波大学与被告同人华塑、宁波科技开发共同成立清算组对大宁公司进行清算。如逾期未清算,由法院委托清算,相关费用由公司列支,公司资产不足则由三方按股权比例分担。由于同人华塑未按期缴纳二审诉讼费,浙江省高级人民法院作出了自动撤回上诉的民事裁定书,至此,浙江省第一起小股东对大股东资产清算案尘埃落定。

2. 阅读下面北京市房山法院审理的"五谷道场"案②,思考公司如何进行重整。

2009年10月22日,一度在大众视野中消失的"五谷道场"方便面包装上多了中粮集团的标识,这标志着五谷道场破产重整案件华丽转身。

在2009年10月之前,"五谷道场"一直处于风雨飘摇之中。企业全面停产,负债总额高达6.2亿元,600多名债权人遍布全国15个省市。2008年10月16日,在严重资不抵债的情况下,"五谷道场"递交了破产重整申请书。2009年2月12日,北京市房山区人民法院裁定批准其破产重整计划,确定中粮集团为"五谷道场"的重组投资人。

在法院的努力下,中粮集团作出了一个颇有诚意的承诺:重整计划批准后的10天内,将一次性向破产管理人账户提供1.09亿余元,专门用于五谷道场公司支付破产债务和费用,并尽快恢复五谷道场公司的经营生产,对有重整必要的五谷道场子公司进行重整,实现全国布局。中粮集团专门成立全资子公司中粮天然"五谷道场"投资有限公司,注册资本2亿元。

2008年11月7日,房山区人民法院发出公告,要求"五谷道场"的债权人自公告之日起40日内申报债权。截至12月18日,共有632名债权人申报债权总金额达7.5亿元。经过审查核准,最终确认了5.2亿元实际债务。

2008年12月26日和2009年1月16日,房山区人民法院分别召开了两次债权人会议,对重整计划草案进行表决。原企业出资人全票通过了重整计划,同意无偿让渡股权。

但"五谷道场"重整计划在执行过程中遇到了股权变更的司法困境。按照管理人提出的重整方案,"五谷道场"原股东中旺集团需要将所持有的五谷道场公司的股份全部无偿让渡给重组方。只有股权过户之后,中粮集团支付的1.09亿元五谷道场清偿债务及支付破产费用才能启用。但因为债务问题,中旺集团在"五谷道场"持有的36.67%股权被六家外地法院查封。股权查封发生在破产重整之前,因为涉及北京外的六家法院,所以解封比较麻烦。按《企业破产法》规定:"人民法院受理破产申请后,有关债务人财产的保全措施应当解除,执行程序应当中止。"但却没有对具体操作进行明确规定,特别是对破产企业股东股权被查封问

---

① 余春红等:《宁波中院首次将小股东扩大理解为"债权人"——小股东要求强制清算的诉求获准》,载《浙江法制报》2007年4月13日第5版。
② 张仲侠、纪红勇、马晓琴:《北京首例破产重整案——五谷道场》,https://www.lawbang.com/index.php/topics-list-baikeview-id-41066.shtmlhttps://info.10000link.com/newsdetail.aspx?doc=2021031190001,2023年12月29日访问。

题未作明文规定。房山区人民法院为此就重整方案执行过程遇到的司法困境及时向北京市高级人民法院、最高人民法院汇报。2009年7月3日,最高人民法院专项召开由广东、山东等六省市高级人民法院参加的研讨会,并作出特例批复,要求相关法院以维护经济稳定为大局,在不损害"五谷道场"股东债权人利益的情况下,协调解决股权解封事宜。之后,北京市高级人民法院和房山区人民法院先后与相关法院进行了几十次沟通,最终促使相关法院陆续裁定解除了对"五谷道场"股东股权的冻结。

2009年9月19日,"五谷道场"重整计划规定的相关事宜全部办理完毕,企业正式恢复生产,清偿款顺利发放。"五谷道场"破产重整案画上圆满句号。

第二编 | 商事行为

财富的一半来自合同。
——西方法谚

引 言

将空置房屋作为民宿出租是否构成商事行为?

张某根系张某宇之子,涉案房屋系公房,用途为住宅,承租人为张某宇,张某根户籍在该址内。2018年7月1日,张某根将房屋出租给吴某东,用于经营民宿。吴某东将涉案房屋挂在"爱彼迎"网站平台上作为民宿出租,张某宇认为该房屋属于违法用于商业用途,因此张某根与吴某东所签合同应属无效,吴某东则认为,其承租该房屋,虽作为民宿出租,但用途并非商业经营,而是转租给第三人用于共享经济,针对有需求的人员提供短期房屋租赁,目前国家并无规定禁止民宅用作民宿。

法院审理认为,随着社会经济的不断发展,经济的表现形式也趋于多样化,对商业行为的理解应当把握商事行为的本质,并结合当前经济发展的趋势等因素进行判断。而共享经济的特点在于以获得一定报酬为目的,基于陌生人关系且存在闲置资源使用权的短期转移,其立足点在于闲置资源的利用,而非以营利为目的组织生产或提供特定资源以满足社会需求,其主体并非商事主体,不属于商事行为。民宿业的根本特征在于提供短期的房屋使用权,并提供一些基本的服务,以换取客人支付的金钱。该业态既近似于商事行为中的经营家庭旅馆,又近似于共享经济中的个人短租,处于两者的中间地带,对其性质应当结合具体情况进行把握,不能一概而论。[①]

上述案例中对将空置房屋作为民宿出租的行为是否构成商事行为的认定,直接关系到本案租赁合同的法律效力,进而言之,如果认定该行为构成商事行为,即涉案房屋被用于商业用途,则违反了法律、法规的强制性规定,从而导致合同无效,这对当事人的权利将产生根本性的影响。而法院在判决书中也对商事行为性质的认定进行了说理,这在学理层面进一步激发了商法上的思考:对商事行为如何界定? 上述案件中法院认为商事行为的认定应当结合当前的经济发展趋势,进而判定涉案主体并非商事主体,因此不属于商事行为,该论点能站得住脚吗? 这就需要对商事行为的基本理论有所了解,才能作出准确的评价。

一、商事行为的概念及特征

商事行为,简称商事行为。它是指为追求营利的目的而进行的经营行为。商事主体所

[①] 参见上海市静安区人民法院(2019)沪0106民初29494号。

实施的行为被视为商事行为,但明显不以营利为目的的除外。① 在不同国家的法律中,商事行为还被称为"商业活动""经济行为""企业行为"等。目前我国还没有制定独立的商法典,因此商事行为仍不是法定概念,亦非立法用语,而仅是学理上的概念。

商事行为制度是商事法律制度最基本的内容之一,是区分民事法律关系和商事法律关系的关键。大陆法系国家的商事立法主要围绕着"商事主体"和"商事行为"来构建整个制度体系,商事行为制度与商事主体制度如鸟之双翼、车之两轮构成了商法的两大基本支柱。

"商事行为"如何界定?

《法国商法典》虽然对商事行为采取列举主义的立法模式,没有对"商事行为"作出概念界定,但法国学者对于"商事行为"的定义却有如下几种学说②:

1. 流通行为说。该说认为,商事行为是一种流通行为。此说为19世纪末商法学者泰勒(Thaller)所主张,泰勒认为,某一法律行为只要介入生产者与消费者之间的财富流通,便是商事行为。

2. 投机行为说。此说系由里昂—康(Lyon-Caen)与雷诺(Renault)提出,他们认为"商事行为是一种为实现利润之目的,就产品的加工或交换进行投机而实施的行为"。

3. 企业完成行为说。此说认为,商事行为要以"行为的重复、有某种组织"为前提条件,说到底,要以企业为基础。"总之,按照《法国商法典》第632条的意义,'行为'一词并不是指孤立的法律行为,而是指一种活动:经商意味着要有商业营业资产,工业活动则要有工厂,这是前提条件。"

4. 为实现金钱利润意图进行的财富流通中介行为说。此说认为,前几种标准中没有任何一种标准完美无缺,但都有助于解释什么是商事行为。因此,可对商事行为作如下定义:"商事行为是在带有实现金钱利润意图而进行的财富流通中实现某种中介的行为。"

5. 投资说(交换说)。此说认为,如果某个人将自己的资本投入某种生产性的活动中,并且是为了增加自己资本的目的,则该种行为是商事行为。Didder认为,所谓投资,就是为了追求后来的收益而支出费用的行为,投资人通过现实的费用支出获得了超过支出费用的收益。

在商法学界,一般认为商事行为有以下四个典型的特征:

第一,一般是商人所为的行为。商法的基本理念认为,一般民事主体要从事严格意义上

---

① 对于商事行为的概念,不同国家法律有不同的界定方法,主要有以下三种类型:一是以法国为代表的客观主义模式,即主张按法律行为的客观性质来认定该行为是否属商事行为,在形式上一般采取将各种商事行为进行列举的方式;二是以德国为代表的主观主义模式,即主张只有商人双方或一方参加的法律行为才是商事行为;三是以日本为代表的折中主义模式,即认为确定商事行为的标准应当兼采主观主义与客观主义,如《日本商法典》503条规定:"商人为其营业所进行的行为,为商事行为。"客观主义模式侧重于商事行为的样态枚举,将概念具体化,但失之难以穷尽所有商事行为;主观主义模式从"商人"概念中导出商事行为,其有高度抽象的特点,但又不够具体、不易操作。主观主义与客观主义相结合,这种立法例又称折中主义原则,既有抽象概括,又有行为具体界定,能够形成严谨的逻辑关系,避免了单纯使用主观或客观主义的不足,不失为一种较科学的界定体例,为现代商法所采用。本书对商事行为的界定即采纳这一观点。

② 〔法〕伊夫·居荣:《法国商法》(第1卷),罗结珍等译,法律出版社2004年版,第47—50页。

的商事行为需具有特定的商事行为能力。成为商事主体一般要通过登记取得商事行为能力,或依据其从事的经营行为性质的客观认定判断其具有商事行为能力。① 商法对商事主体资格的规定严于民法对民事主体资格的规定。一方面,商法对商人作出了较高的要求,这是因为商事行为是重大的经济行为,需要行为人有足够的能力来管理或实现②,基于商事法律行为的营利性、投资性、复杂性、风险性、长期性、专业性等特征,其要求行为人不仅具有基本的、使得民事法律行为有效的要件,即必须是完全行为能力人,而且对行为人行为能力的要求高于民事法律行为。自然人必须是完全行为能力才能从事有效的商事法律行为。③ 如在一些国家的商法中,未成年人不得成为商人。另一方面,商法也对商事行为主体的消极资格作出了规定,某些人可以在具备消极资格的情况下从事民事行为,但不得从事商事行为。④ 此外,非商事主体为营利目的而进行的特定经营行为,也属于商事行为,这类特定经营行为主要包含民事主体从事的绝对商事行为,如证券交易行为、票据行为。

惟有商人方可从事商事行为吗?

对此我国理论界有以下两种看法:

1. 认为商事行为的实施主体必须是商人。此观点认为,商事行为是商事主体为追求营利的目的而进行的经营活动,其行为主体必须是商人。⑤ 也有学者认为,商事行为是指依商法所规定的商事主体以营利性为目的而从事的行为。⑥ 类似观点还有,商事行为是商事主体以营利性为目的,旨在设立、变更或消灭法律关系的经营性行为。该学者同时认为,商事主体即为传统商法中的商人。⑦ 还有学者认为,商事行为是商事主体所进行的经营管理行为。只有商事主体的行为才可能构成商事行为。若为列举,商事行为的范围是商事主体所从事的缔约行为、履行行为、经营管理行为;以营利为目的的行为和法定的为保障交易公平和交易安全而进行的行为。⑧ 此外,还有学者认为,商事行为是商事主体为了设立、变更、终止商事权利和商事义务而实施的合法行为。⑨

2. 认为商事行为的实施主体不限于商人。持此观点的学者认为,商事行为是指为营利目的而进行的经营行为。任何人,无论他们是否是商人,只要是为了营利的目的而进行经营行为,其行为即构成商事行为,否则不构成商事行为。⑩ 另有学者认为,现代社会不应固守单

---

① 苗延波:《中国商法体系研究》,法律出版社 2007 年版,第 350 页。
② 傅静坤主编:《民法总论》,中山大学出版社 2002 年版,第 146 页。
③ 参见刘凯湘:《商事行为理论在商法中的意义与规则建构》,载《法治研究》2020 年第 3 期,第 87 页。
④ 例如自然人可以成为商人并从事商事经营活动,但是如果该自然人从事严重的违法行为或犯罪行为,则该人在一定的年限内不得从事商事活动。参见张民安:《商法总则制度研究》,法律出版社 2007 年版,第 273 页。
⑤ 徐学鹿主编:《商法教程》,中国财政经济出版社 1997 年版,第 42 页;任先行、周林彬:《比较商法导论》,北京大学出版社 2000 年版,第 383 页。转引自郭瑜编:《商法学》,北京大学出版社 2006 年版,第 88 页。
⑥ 苗延波:《中国商法体系研究》,法律出版社 2007 年版,第 350 页。
⑦ 赵旭东主编:《商法学教程》,中国政法大学出版社 2004 年版,第 41 页。
⑧ 陈醇:《商事行为程序研究》,中国法制出版社 2006 年版,第 18—19 页。
⑨ 赵万一主编:《商法》(第 4 版),中国人民大学出版社 2013 年版,第 30 页。
⑩ 王保树主编:《中国商事法》,人民法院出版社 2001 年版,第 51 页;张民安、刘兴桂主编:《商事法学》,中山大学出版社 2002 年版,第 37 页;张民安:《商法总则制度研究》,法律出版社 2007 年版,第 267 页。

一的理论,而应该走向兼容,即应从行为主体、行为本身的内容和形式来界定商事行为,故认为商事行为是商事主体基于营业所实施的行为与其他具有商事性质的行为之和。这里所说的其他行为主要包括民事主体从事的绝对商事行为及推定商事行为。① 还有观点认为,商事行为是指由商事主体实施的营业行为以及一般民事主体实施的营业行为与投资行为。该观点主张在立法上完全不必对商事行为概念下一个明确的定义,而只需对其外延予以揭示即可。《法国商法典》《韩国商法典》、我国《澳门商法典》中均未对商事行为概念作出明确的界定,而只是规定商事行为的确定方法或是对其外延加以界定。在我国现行商法模式下,企业作为商事主体可以实施商事行为,一般民事主体亦可以作为商个人实施商事行为。②

第二,动机的营利性。动机的营利性是指商人实施某种行为是为了追求营利的目标。商事行为本质上为市场行为,最根本的目标在于实现利润最大化,因此,追求营利就是商事行为的典型特征。在判断某一行为是否以营利为目的以及是否为商事行为时,各国的立法和司法实践往往根据法律推定的规则予以确定,但对于商人和非商人的判断标准不同。对于商人,在没有相反的证据的情况下,原则上推定商人的营业性行为具有营利目的;对于非商人,则根据其行为的客观目的、当地的交易习惯和惯例加以确定。③ 此外,需注意的是,动机的营利性强调具体商事行为当时的具体目的,而非其终极目的。如某企业为向灾区捐赠物资,而向其他企业采购物资的买卖行为,应被视为商事行为,而不能以其行为的终极目的具有公益性,否认该次买卖行为的商事行为属性。

第三,行为的经营性。经营性是指营利行为的反复性、连续性和计划性,它表明商事主体至少在一段时期内连续不断地从事一种性质相同的职业性营利活动。按照多数国家的商法规定,一般民事主体偶尔从事的营利行为(如家用物件的售卖)不属于商事行为,也不适用商特别法的控制规则。从理论上来说,现代商法中有关商事主体登记规则、商业账簿规则、商业税收规则、商事行为统制规则和商事责任规则主要着眼于对经营性主体(企业)的经济活动加以控制,而对于非经商业登记的一般民事主体间断的营利性活动之控制只具有从属性意义。但在实践中,不少国家的商法往往将某些交易行为推定为营业性行为,例如在公开市场从事的交易行为、证券交易行为、票据行为,等等。

---

① 高在敏、王延川、程淑娟:《商法》,法律出版社2006年版,第132页。
② 范健、王建文:《商法论》,高等教育出版社2003年版,第640页;范健、王建文:《商法基础理论专题研究》,高等教育出版社2005年版,第350页;范健主编:《商法》(第4版),高等教育出版社、北京大学出版社2011年版,第57页;《商法学》编写组:《商法学》,高等教育出版社2019年版,第83页。
③ 实践中,对于营利目的是否为商事行为的本质特征,仍有肯定说和否定说两种不同见解。在我国,学者大多认为,商事行为的构成要件中应当包含营利目的这一要件。有学者指出,营利目标的追求是商事行为的最核心要件,是某种行为是否构成商事行为的最重要的判断标准。因此,如果商人实施某种行为是为了追求营利,则商人所实施的这种行为就是商事行为;如果商人实施的某种行为不是为了追求营利,则商人所实施的行为就是民事行为;同样,如果非商人实施的某种行为是营利行为,在符合商事行为其他构成要件的情况下,则非商人所实施的某种行为构成商事行为;如果非商人所实施的某种行为不是营利行为,则其行为不构成商事行为。肯定说的主张在国外商法学界曾受批评。肯定说学者所称"以营利为目的"相当于法国理论界关于商事行为界定时所称的"实现利润的意图"。然而,这一界定不仅难以理解,也不十分准确。一则,"实现利润的意图"并非"实际实现利润",而"单纯的意图"在实践中很难被确定和捉摸。二则,有些商事行为(例如,签发或背书汇票)只是一种单纯的支付手段,并不涉及"实现利润的思想";而另外一些可以获得利润的行为(特别是手工业活动或农业活动以及自由职业活动)却不在商法的调整范围之内,因此,"以营利为目的"的表述也不准确。在我国,也有学者坚持否定说,认为不仅商事行为的主体不必是商事主体,而且商事行为虽主要表现为但并不限于"以营利为目的的营业行为"。由非商事主体实施的并且不具有"以营利为目的的营业行为"属性的投资行为也应纳入商事行为之中。

相关案例
网络服务商提供的免费电子邮件服务是否属于以营利为目的经营性商事行为?

传统观点认为,既然是免费服务就不是典型商事行为,不应受《合同法》和其他商法规范调整。笔者认为:网络服务商是以营利为目的的法人,其提供的免费电子邮件服务同任何商业服务一样,在本质上仍是一种营利性的商事行为,是网络营销的一种手段,其免费其实是一种附加商业条件的免费,原因在于:(1) 存在实质对价。网络服务商之所以热衷于提供免费电子邮件服务,是因为他们把注册用户作为其重要的商业资源,作为争夺"眼球"、提高访问量、获取广告收入以及风险投资的资本,免费并不能改变电子邮件服务所体现的企业整体经营行为的营利性质。(2) 从经济学角度看,商家长期以低于成本销售的"促销行为"(免费邮箱基本上都可以长期使用),如果没有经济对价为支撑,则很可能违背了公平竞争的原则,理应予以规制。

第四,商事行为是体现商事经营特点的行为。除了以上三个典型特征外,商事行为还具有越来越明显的技术性、程序性以及便捷性。现代商事活动的技术性要求愈来愈高,如《美国统一商法典》就把具有专门知识和技能作为商人应具有的一个重要条件。商法之中还存在大量的商事行为程序,商事行为法在一定意义上说就是商事行为程序法。商事行为的便捷性主要体现在:(1) 各国在实体法上一般都要求商事行为简便、敏捷、方式定型化,重外观色彩,强调公知性,强调机会均等,并采取严格责任制度等。例如各国对于票据行为、债券发行行为等,都有法定的形式与标准。(2) 为了对商业交易行为产生的债权的时效期间予以特别的缩短以尽快确定其行为的效果,各国法律多采纳短期消灭时效主义。

商事行为适用的特殊原理

1. 外观主义。它是指按商法要求,当事人以交易行为外观为准,而认定其行为所产生的法律效果。德国学者谓之为外观法理,英美法系言称禁反言主义(Estoppel by Representation)。在法律世界中,本质与外观不符时常发生,依外观主义,法律行为完成后,出于交易安全之考虑,原则上不得撤销。各国商法上关于不实登记之责任、字号借用之责任、表见代理、表见代表、票据的文义性与要式性等,都体现了外观主义的要求。例如,如果当事人所处的法律关系属于商事法律关系,为保障交易安全和促进交易效率,股东资格应当以外观理论确定。[①]

2. 短期消灭时效主义。时效是指一定的事实状态持续一定期间,而产生一定法律上效果的法律事实。这种"法律上效果"是指权利的取得或丧失。其中,消灭时效制度则是指权

[①] 丁巧仁:《公司法案件判解研究》,人民法院出版社2003年版,第47页。转引自张保红:《商法总论》,北京大学出版社2019年版,第73页。

利人在法定期间内持续不行使其权利,因而丧失其请求权或其权利的制度。为促成交易之迅捷,商事法多采短期消灭时效规定。例如,各国商法对于商事契约的违约求偿权多适用 2 年以内的短期消灭时效;对于票据请求权多适用 6 个月甚至更短期的消灭时效。如我国《票据法》第 17 条规定,持票人对前手的追索权,自被拒绝承兑或者被拒绝付款之日起 6 个月。

3. 严格责任主义。它是指为保障交易安全,特别地加重商事交易行为人的责任。表现在:(1)比较普遍地实行连带责任。连带责任在通常实行单一责任的民法中还是例外,但在商法世界里已司空见惯。《公司法》第 5 条规定,有限责任公司设立时,股东未按照公司章程规定实际缴纳出资,或者实际出资的非货币财产的实际价额显著低于所认缴的出资额的,设立时的其他股东与该股东在出资不足的范围内承担连带责任。(2)广泛采用无过错责任。过错责任原则是民事领域的基本原则,在商事领域,则多适用无过错责任原则,商法要求商事主体承担较高的注意义务以维护稳定的交易秩序,从而促进交易效率和保障交易安全。[①] 如我国《民法典》第 1204 条规定:"因运输者、仓储者等第三人的过错使产品存在缺陷,造成他人损害的,产品的生产者、销售者赔偿后,有权向第三人追偿。"尽管产品的生产者和销售者对于产品缺陷并不存在过错,但仍有义务承担赔偿责任,这正是立法对商事主体课以更高义务的体现。

二、商事行为的基本分类

1. 绝对商事行为与相对商事行为

依据行为的性质和确认条件,商事行为可以分为绝对商事行为与相对商事行为。绝对商事行为,又称"客观商事行为",它是指依法律规定,无论是商人为之,或非商人为之,也不论是否以营业的方式进行,都可以称为商事行为。如票据法上的票据行为——出票、背书、承兑、保证等,既不强调营利目的,也不以商人的概念为基础。绝对商事行为基本属于传统上的商事经营范围,如票据行为、融资租赁行为、证券上市交易行为、保险海商事行为等。绝对商事行为通常由法律限定列举,不得作推定解释。[②] 这种由法律直接规定的商事行为具有客观性和确定性,可以给司法实践带来便利。

相对商事行为,又称"主观商事行为",是指由商人作为营业而实施的行为。这类行为要求行为的主体必须是商人,且其行为必须采取营业的方式。相对商事行为不是当然的商事法律行为,在行为主体或目的不合要求时,只能适用民法中关于民事行为的有关规定。[③]

2. 基本商事行为和附属商事行为

基本商事行为和附属商事行为是依据同一商事营业内商事行为的内容进行的分类。这一分类的主要意义在于司法实践中把握具体商事行为的性质。基本商事行为是指在同一商事营业内直接以营利性交易为内容的商事行为。它具有直接媒介商品交易的属性,且限于

---

① 樊涛:《中国商法总论》,法律出版社 2016 年版,第 238 页。
② 范健主编:《商法》(第 4 版),高等教育出版社、北京大学出版社 2011 年版,第 58 页。
③ 《日本商法典》第 502 条中列举以下相对商业行为:(1)为进行出租而有偿取得动产或不动产,或者以出租其取得的或承租的动产或不动产为目的的行为;(2)有关为他人制造或加工的行为;(3)有关电力或煤气供应的行为;(4)有关运送的行为;(5)作业或劳务的承包;(6)有关出版、印刷或摄影的行为;(7)以招徕顾客为目的设置场所的交易;(8)兑换及其他银行交易;(9)保险;(10)承担寄存;(11)有关居间或代办的行为;(12)承担代理商事行为。

基本商事营业领域,又称"买卖商事行为""固有商事行为"。① 随着现代经济的发展,许多新的行业不断出现,如信息产业、知识经济产业,这样原有的对基本商事行为的一些限制性规定就显得不能满足现实的需要。如金钱和有价证券的出借、信息情报的提供,这些活动如进行规模经营,则应该追加为商事行为。

附属商事行为又称辅助商事行为,与基本商事行为相对,它虽然不具有直接营利性,但却能辅助基本商事行为的实现。附属商事行为具有间接媒介商品交易性质,包括仓储、运送、广告、服务等营业。现代商法理论则认为任何商事营业范围内都存在基本商事行为和附属商事行为。例如买卖活动中的销售行为是基本商事行为,而其运送和仓储等辅助性活动则是附属商事行为。

3. 单方商事行为和双方商事行为

这一分类的标准是行为人是否具有商事主体资格。单方商事行为是指在商事交易活动中,行为人一方是商人,另一方是非商人,或当事人一方所实施的是商事行为,另一方所实施的是非商事行为。在现实交易活动中广泛存在的专业销售商与广大消费者之间的买卖行为、商业银行与广大顾客之间的存取款行为、旅馆与顾客之间的交易行为即为此类。

双方商事行为是指交易当事人双方均为商人,同时双方的活动都是商事行为,如生产商与销售商之间的买卖行为。单方商事行为和双方商事行为的划分,对于实践中具体行为的法律适用具有重要意义,如法国、英国和美国等国的法律认为,单方商事行为在本质上是商事行为与一般民事行为的结合,商法中关于商事行为的规定只能适用于商事主体一方。②

 拓展知识

单方商事行为的法律适用

对于单方商事行为的法律适用,各国法律规定存在差异。如《日本商法典》规定,当事人一方从事商事行为的,双方当事人均适用商法,当事人一方有数人,其中一人为商事行为时,则全部适用商法。法、英、美等国家则规定,商法中针对商事行为的规定只能适用于商事主体一方,而相对方只适用民法的规定。

关于单方商事行为的法律适用,我国主流商法学界认为应借鉴《德国商法典》的规定。《德国商法典》第345条规定:"对于对双方中的一方为商事行为的法律行为,对双方均适用关于商事行为的规定,但依此种规定无其他规定为限。"其原因在于如果双方都统一适用商法,则可以保证法律适用上的统一;但如果法律有其他规定,则适用其他法律规定,这又可以实现对非从事商事行为方的保护。

目前我国对商事主体一方进行义务性规定的除了《民法典》外,还有其他法律,例如《消费者权益保护法》《产品质量法》等,这些规定也都体现了保护弱者的立法目的。

---

① 苗延波:《中国商法体系研究》,法律出版社2007年版,第363页。
② 赵万一主编:《商法》(第4版),中国人民大学出版社2013年版,第32页。

三、商事行为的种类

　　一般商事行为与特殊商事行为是一组相对应的概念。根据大陆法系国家商法学理论占主导地位的观点,一般商事行为和特殊商事行为并不是从商事行为本身提出来的问题,而是从商法对商事行为之特别调整的共性和个性的角度提出来的问题。由此,一般商事行为是指在商事交易中具有共性的,并受商法规则所调整的行为。它涉及商法上的债权行为、商法上的物权行为、商法上的交易结算行为(商事交互计算)等。[①]

　　特殊商事行为是指在商事交易中具有个性的,并受商法中的特别法或特别规则调整的商事行为。特殊商事行为主要包含以下种类:

　　1. 商事买卖。商事买卖是商法中最重要、最常见的特殊商事行为之一。本编将在第一章中对商事买卖行为展开阐述。

　　2. 商事代理。商事代理是最基本的商事行为之一。它是指在商事交易中,代理人依据被代理人的委托,以自己的名义或以委托人的名义为委托人买或卖,或提供服务,并从中获取报酬的行为。本编将在第四章中对商事代理行为展开阐述。

　　3. 商事居间。商事居间是指商事主体为获取一定的报酬而从事的向委托人报告订立合同的机会或提供合同的媒介服务。本编将在第四章中对商事居间行为展开阐述。

　　4. 商事行纪。商事行纪是指商事主体以自己的名义为委托人购买或销售货物、有价证券并以其作为职业性经营的行为。行纪行为是大陆法系国家商法中的一种典型商事行为。商事行纪有两大特点,一是商事行纪人必须以自己的名义履行其行为,委托人与第三人不发生直接法律关系。二是行纪商与第三人之间所立契约以及因这种契约而产生的权利和义务,可以直接转让给委托人,并由委托人承担最后的交易结果。但是,基于合同的相对性原理,如果第三人不履行义务导致委托人利益受损,应由行纪人承担赔偿责任。我国《民法典》第 958 条规定:行纪人与第三人订立合同的,行纪人对该合同直接享有权利、承担义务。第三人不履行义务致使委托人受到损害的,行纪人应当承担损害赔偿责任,但行纪人与委托人另有约定的除外。

　　5. 商事信托。商事信托是指委托人将其财产转移到受托人,受托人以自己的名义依照委托人的指定,为受益人的利益或特定目的,管理或者处理财产的行为。本编将在第六章中对商事信托行为展开阐述。

　　6. 商事信用。商事信用是英美法系国家商法中使用的一个概念,它是指工商企业之间相互提供的、企业与个人之间,与商品交易直接相联系的信用形式。其主要包括企业之间以赊销分期付款等形式提供的信用以及在商品交易的基础上以预付定金等形式提供的信用。其主要表现形式包括赊购商品,预收货款和商业汇票。

　　7. 融资租赁。融资租赁是指融资人和承租人双方约定,融资人根据承租人的决定,向承租人选定的第三人购买承租人选定的物件,然后将其租给承租人长期使用,以承租人支付租金的方式来收回投资的一种商事行为。融资租赁行为是将买卖行为、租赁行为和金融信贷行为三者结合为一体而创造出的一种商事行为,其在实践中发挥着越来越重要的作用,本

[①] 范健主编:《商法》(第 4 版),高等教育出版社、北京大学出版社 2011 年版,第 58—59 页。

编将在第三章中对融资租赁行为展开阐述。

8. 商事仓储。商事仓储是指由商事主体所从事的仓库经营,即货物储存和保管的商事行为。在大陆法系国家的商法典中,商事仓储是一种典型的商事行为。传统商法中的商事仓储包含仓储和保管两种不同的行为,在立法上未对二者作出严格的区分。但我国《民法典》合同编将保管和仓储分别立法,分别在第二十一章和第二十二章中规定了"保管合同"和"仓储合同"。仓储合同实际上是特殊的保管合同,其合同主体仓管人具有明确的商事主体属性,仓管人必须具有仓库营业资质,且是经市场监督管理机关核准登记的专营或兼营仓储业务的法人组织或其他经济组织、个体工商户等。因此,合同编"仓储合同"一章是针对商事仓储行为的专门规范,而"保管合同"一章则包含了一般的民事保管的内容。

9. 商事运输。商事运输包括货运和旅客运输。商事货运是以特定的标的物为运输对象的特殊运输商事行为,是运输交易中的基本行为方式。旅客运输是指承运人将旅客从起运地点运送到约定地点,旅客支付运输费用的行为。我国《民法典》合同编第十九章规定了"运输合同",对旅客运输行为和货物运输行为进行了规范。

四、商事行为法体系

商事行为包罗万象,随着市场经济的发展,商事交易的形式与方法也日趋多样,并日渐形成了一套特殊的商事行为规则。与此同时,商事行为也逐步脱离了传统意义上的民事行为,而拥有了自己的特性与法则。例如报酬请求权制度,根据传统的民法原理,如果是平等民事主体之间的交易行为,双方没有约定报酬请求权的,则应推定为无偿;但如果是商事主体之间的交易,基于商事主体追求利润和报酬的特性,则应该推定为有偿。此外,商事行为中的商事代理、商事保证、法定利率、商事留置、商事诉讼时效等制度,均具有不同于民事行为的特性。

商事行为的独立性

商事行为是否具有独立性是一个有争议的话题,有学者认为,商事行为是民事行为的具体形态,商事行为无非就是主观上具有营利目的的特殊形态的民事行为,所以商事行为并没有区别于民事行为的本质属性,即商事行为不存在独立性。也有学者指出,商事行为已经形成一套不同于民事行为的特殊规则,这一特殊性除了体现在若干具体的商事行为规则中,还体现在司法实务中。与传统的民事行为相比,商事行为在形式、意思表示的认定以及法律后果方面就有明显的区别:

1. 商法对意思表示采取表示主义的原则,法官在解释商事行为时,往往采取形式主义的手段进行,而民法恰好相反。

2. 商事行为和民事行为的形式要求不同。现代法律对于商事行为的作出形式规定得更为宽松和自由。主要是因为商法要贯彻便捷的原则,如果对商事行为提出过高的要求,就会妨碍商事交易的快速进行。

3. 在行为人违反意思表示的法律后果上,也并不相同。比如基于欺诈、胁迫和误解而进行的商事行为并非必然是无效、可撤销的,有时被认为是有效的。

由于中国的商事立法起步较晚,商事法制建设不尽完善,因此目前的法律制度远未能充分反映商事行为的特性。对于一些典型的商事行为,如证券交易、商业票据、商业银行业务、商事保险等,我国已有专门的商事单行法予以调整;但是对商事行为具有基础意义的基本法律规则,在民商合一的立法体制下,则依然适用《民法典》的规定。因此,我国目前的商事行为立法体系实际上是由调整特殊商事行为的《公司法》《证券法》《票据法》《保险法》《信托法》《海商法》等商事单行法以及调整一般商事行为的《民法典》构建而成的。

从司法实践看,目前我国法院在区分民事纠纷和商事纠纷时,虽然会综合考虑行为和主体标准等多种因素,但主要采取以行为标准为主、主体标准为辅的划分方式。即对于一些特殊的行为,例如票据、保险、证券、公司组织机构等典型的商事纠纷,无论当事人是企业还是自然人,均被视为商事纠纷。而一般的合同纠纷,则要考虑行为主体的性质,当双方当事人均为企业时,则一般作为商事案件处理;当双方当事人为自然人时,则一般视为民事案件。

 背景资料

大陆法系关于商事行为的立法及适用

在大陆法系中,德国、日本和法国等国家采取民商分立主义,将商事行为、商事合同与法律行为、民事合同区分开来,分别由商法典、民法典调整,在适用法律的效果上也有不同。不过,司法适用上,商法规范在解决案件中很少单独适用,往往是和民法的规范相结合。例如,商事交易是否有效成立,是否有意思表示之瑕疵等问题,商法典甚少明文规定,而须回归民法之一般规定。

大陆法系中瑞士、意大利和我国的台湾地区等采用民商合一主义。商事行为是法律行为的一部分,商事合同是民事合同的一部分。在具体的法律适用过程中,全部由民法典中的债法、合同法进行规范。然而,实质规范上仍存有民事行为与商事行为之差异。例如,《瑞士债法》不仅在第一编通则第32条以下就意定代理之一般原则有规定,对特别诸如经理权等商事代理,于各种契约关系编第十七章第458条以下也有专章之规范,与民商分立国家的情形殊无二致;关于民事买卖与商事买卖的区别立法,就同一契约类型分别规定民事契约与商事契约;质权有所谓营业质与民事质之区别,二者适用的法律有若干重大差异等。

五、商事行为制度与企业经营管理

"商事行为"是商法学上一种学理性的表述,它与经济学上的"经营管理"相对应。在法律上,企业的经营管理活动就是指商人的商事行为,或者叫商人的商事活动。对于企业经营管理而言,学习商事行为法律制度的意义在于:

1. 经营决策者应把握我国当前商事行为法律制度的"刚性",只有在约束性条件下行动才有自由、效益才有保障。如企业营业活动要遵守现代商法中有关商事登记(办领营业执照、确认营业范围)的强制性规定。在我国,企业经工商登记方可开张经营,变更主营业务和办公场所的都应在规定的时间内依照法定的程序办理变更登记手续;此外,企业开展营业还应遵守商事行为的严格责任规则、商事交易管理规则(如公司关联交易应予以披露、发行股票和债券及开展公司收购也应予以披露)、商业账簿与报表设置规则、禁止不正当竞争规则等。

2. 经营决策者应注意我国当前商事行为法律制度的"特性",作出相应的对策和行动计划,以降低成本和风险,提高效率。以我国票据行为为例,就应注意特殊规则的适用。如我国《票据法》第10条第1款规定:"票据的签发、取得和转让,应当遵循诚实信用的原则,具有真实的交易关系和债权债务关系。"这对于企业管理尤其是财务管理而言,就应根据现行的商事(票据)法律环境,在经济交往中对汇票、本票、支票等票据结算工具的使用更多地注意其"具有真实的交易关系和债权债务关系"(尽管此规定不符合国际惯例),否则就难免留下隐患和风险。

3. 经营决策者应时刻把握我国商事行为立法的"弹性",立足"国情"与"行情",寻求替代性约束工具,包括遵守行业惯例,以保障经营决策的稳定可靠。商事行为的当代发展"日新月异",一旦商业实践中出现尚未有单行法调整的营利行为,企业管理人员也应该寻求替代性约束工具,如求助于民事法律(《民法典》)和商事交易习惯,来保障决策的稳定可靠、交易预期的顺利实现。同时,作为企业经营者应时刻了解商事行为立法动态,像证券投资者把握股市行情一样,使经营风险降到最低,让自己立于不败之地。

然而,在真实的商业世界,商事行为丰富多彩,限于篇幅,笔者不可能去详述包括期货、信托、海商、证券在内的所有商事行为法律的内容,以下以企业经营管理的实际需要为标准,择取其中与企业经营联系最为紧密的商事行为——买卖与合同、融资与担保、中介与代理、运输与保险、票据与信托等问题分而述之。

第一章

买卖与合同

当事人双方约定好了交易价格也交付了货物,而易普森公司因认为部分设备价格过高拒绝付款,上海市第一中级人民法院判令易普森公司应依照协商一致原则支付拖欠货款并支付利息。

2018年12月29日起至2019年5月间,易普森公司多次通过采购订单的形式与不莱梅公司签订买卖合同,约定由易普森公司向不莱梅公司采购整套系统集成设备(电气BOM),共计货款金额(含税)2238315.17元,易普森公司应在收到不莱梅公司提供的发票后30天内全部付款。双方还同时约定了其他基本权利义务。合同开始履行后,不莱梅公司均按约向易普森公司交付了采购订单中的设备并陆续开具了相应的增值税专用发票。2019年10月,易普森公司以部分设备价格过高要求不莱梅公司调整合同价款,不莱梅公司同意协商但最终双方未能达成一致意见,易普森公司以此为由至今未支付上述全部货款。

一审法院认为,不莱梅公司与易普森公司双方通过采购订单的形式签订的买卖合同是双方真实意思表示,依法成立且生效,当事人应当全面履行自己的义务。根据双方约定和实际履行情况,不莱梅公司已经按约全部履行了供货和开具相应增值税专用发票的义务,易普森公司应当按照合同约定和法律规定及时履行支付相关合同款项的义务。法律规定,当事人一方未支付价款或者报酬的,对方可以要求其支付价款或者报酬。易普森公司在诉讼过程中提出的设备价格过高及付款条件等抗辩事由,主要系该公司与不莱梅公司此前买卖关系过程中可能存在的价格争议。其中涉及与本案合同设备有关的价格异议,经双方协商,未能就价格调整内容达成一致。根据法律规定,当事人对合同变更的内容约定不明确的,推定为未变更。因此,涉案合同一经成立且生效,双方对合同价款等主要内容的变更应当按照协商一致的原则处理,否则任何一方无权擅自变更。据此,不莱梅公司诉请易普森公司支付拖欠货款并支付逾期付款利息的理由成立,一审法院予以支持。[①]

这是一个典型的企业之间的买卖合同纠纷,涉及合同在何种情况下可以变更以及违反合同所应承担的法律责任等问题。而纠纷的焦点就在于合同是否变更。对于这一棘手的问题,如果没有对有关商事买卖的立法与法理有所了解,则难以判断。

一、什么是商事买卖

商事买卖是商法中最基本、最重要的商事行为之一,了解商事买卖的基本知识是洞悉企

[①] 易普森工业炉(上海)有限公司与不莱梅贝克(上海)自动控制系统有限公司买卖合同纠纷上诉案,上海市第一中级人民法院(2020)沪01民终8805号。

业交易具体法律问题的第一步。在各国商法中,商事买卖以民事买卖为基础和出发点,但商事买卖与民事买卖不可等同看待。与民事买卖相比,商事买卖还受到特殊的商法理念和规则之约束,这一点在一些制定商法典的国家中体现得尤其明显。由于我国尚未制定专门的商事买卖法,有关商事买卖的法律规定主要体现在《民法典》第一分编"通则"和第二分编第九章"买卖合同"中。

在法律上,商事买卖是指商事主体之间或者商事主体与非商事主体之间以商事交易为目的而成立的商事行为。传统的法律观点认为,买卖是由卖方向买方转移买卖标的物的所有权,而买方向卖方支付约定的价金的行为。① 如《美国统一商法典》第 2-106 条规定:"买卖是指依据一定价格,所有权从卖方转移至买方。"因此,转移所有权和支付价金是商事买卖的两大核心要件。也就是说,在买卖行为中,一方必然要支付价金,而另一方必然要转移其对商品的所有权,否则不构成买卖。

表 2-1-1　哪些不属于商事买卖②

类型	易货或互换	服务	租购	租赁
原因	无货币对价	合同的实质不是转移货物所有权	租购人无义务接受货物所有权的转让	未规定转移货物所有权

(一) 商事买卖的标的

在传统买卖法中,买卖的标的仅限于有体物,然而随着买卖形式和内容发展的多样化,实践中买卖的标的物已经从有体物扩展到了无体物、财产权利等类型。有学者认为,在商品经济社会里,一切具有价值和交换价值的财产均为商品,商品欲实现其价值必通过交易的方式,买卖不过是实现商品权利让渡的一种手段。③ 因此,应当扩大买卖标的物的范畴,一切可让与的物和权利均可成为买卖之标的。依照现代商事实践,商事买卖的标的可以分为以下几类:

1. 物。这里的物包括有体物和自然力。所谓有体物是指物质上占有一定的空间而具有一定形状的存在物,如固体、液体等。而随着科技的发展,人们在日常生活中对电、热、声、光的运用也已经十分普遍,这些自然力在某些情况下也能成为买卖的标的。

2. 权利。与有体物相对,权利属于无体物,如商标、专利、著作等智力成果都属于无体物的范畴。除此以外,土地使用权、债权以及有价证券权等权利由于其本身具有交换价值,因此也可以作为买卖的标的。权利作为买卖的标的在若干国家的法律中均有体现。④

3. 将来物。将来物,是相对于现在物而言的,在德国民法中,它被称为"将来财产"。它是指"现时不存在,将来才能存在的物……有时也指事实上已存在,不过订约时还不属于当

---

① 但在同一所有者之间的买卖只转移财产的实际处分权。如我国国有企业、事业单位的财产所有权归国家,因此它们之间的买卖转移的只是财产的实际处分权。所以在我国国情下,对于上述定义应有所变通。又如涉及土地的买卖,由于我国实行土地公有制,因此土地的买卖实际上转移的只是使用权而非所有权,但是它确实是企业经营实践中非常常见的一种买卖形式。

② 该图表借鉴了《最新不列颠法律袖珍读本:商法》,余素梅译,武汉大学出版社 2003 年版,第 5 页表格的内容。

③ 陈本寒、周平:《买卖标的之再认识——兼论〈合同法〉第 130 条及 132 条之规定》,载《法学评论》2000 年第 2 期。

④ 但需要注意的是,如果出卖物为权利,则应优先适用相应特别法的特别规定,如《著作权法》中关于著作权转让之规定。

事人所有的物"[①]。将来物是否能作为买卖的标的,各国的做法有所不同。但大多数国家与国际立法均主张应将将来物纳入买卖标的的范畴。在大陆法系中,日本和俄罗斯均立法规定将来物可作为买卖的标的。在英美法系中,承认将来物可以成为买卖标的的主张,在立法和判例中占据了绝对优势。如《美国统一商法典》将"货物"分为"现货"和"期货"两种。从商事实践来看,以将来物作为标的的买卖已普遍存在。如期货买卖中"以销定产",即依照订单组织企业的生产,已成为大多数企业经营的运作模式。

(二) 商事买卖的特征

在传统的法学理论中,买卖具有如下几个基本特征。

第一,权利的转移性。买卖最重要的特征是转移财产的所有权。在对买卖的定义中,不论是大陆法还是英美法都体现出这一特点。这也是买卖不同于租赁和借用的地方,后两者仅转移标的物的使用权,而不转移标的物的所有权。

第二,双务性和有偿性。由于买卖行为的对价性,所以买卖行为又总是双务的和有偿的。所谓双务有偿是指买卖双方互负一定的义务,即卖方必须向买方交货,买方必须向卖方付款。买方不能无偿取得对方的财产,卖方也不能无因取得对方的价款。这一特点将买卖区别于赠与和互易,因后两者不存在货币对价。

第三,诺成性。买卖关系除法律另有规定外,只要当事人之间意思表示一致买卖关系即可成立,并不以实物交付为成立的必要条件。这也是买卖合同不同于实践性合同的地方。

现代商事买卖虽然也具备了买卖的上述基本特征,但是,上述基本特征却不能体现传统买卖与现代买卖之间的区别,尤其是随着社会经济生活方式的转变和科学技术的发展,传统买卖与现代买卖从买卖的主体、客体以及买卖的目的、方式等方面,已经出现了极大的不同,具体体现在以下几个方面:

1. 买卖主体从自然人到企业。与以自然人为主的传统买卖相比,现代商事买卖的主体更多的是以企业、公司的组织形式存在;与自然人相比,企业的规模化经营能够降低交易成本,从而提高商事买卖的效率。

2. 买卖客体从特定物到种类物。随着现代生产方式的规模化与标准化,商品生产的流水线作业以及商品的普遍适用性使得商品种类物逐步替代了特定物,成为商事买卖的主要客体。

3. 买卖的目的从实际利用到转卖营利。传统买卖主要是为了对商品进行实际利用,其目的在于获取商品本身的使用价值;而现代商事买卖则更加注重商品的交换价值,在买卖客体大量以种类物为主后,以转卖种类物而营利的商事买卖更加普遍。

4. 买卖对价从等价到不等价。传统买卖强调等价交换,但是现代买卖则引入了风险规则,比如股票交易、期货买卖等,其等价性不再有实质性的衡量标准,而代之以形式上的公平为标准,由于风险在一定意义上具有不可预测性,因此商事买卖对价的实质等价性也就因时、因事而异。

5. 买卖的链条由短到长。随着现代社会分工的专业化与细致化,一次商事买卖往往需要涉及数个不同的生产单位和部门,同时,伴随着商事转卖行为的大量出现以及为卖而买的交易理念的转变,使得买卖链条越拉越长,从而增加了交易潜在的安全隐患。

[①] 周枏:《罗马法原论》(上),商务印书馆1994年版,第296页。

6. 买卖的条件从任意到定型。传统买卖对于商品的条件与买卖方式一般不存在强制性与规范化的要求,在买卖双方之间存在更多的商量余地,带有较强的任意性;而现代商事买卖为了提高效率、节约成本,对于买卖的条件多有格式化、标准化的要求,大量格式合同文本的出现就是一个例证,又如现代商业活动中大量存在的行业标准、行业规范等,都体现了买卖的定型化交易。

(三) 商事买卖的种类

1. 一般买卖与特种买卖

以法律对买卖行为是否有特殊的规定为标准,商事买卖可以分为一般买卖与特种买卖。特种买卖是法律对其法律要件和法律效果均作了特别规定的买卖,包括:试用买卖、分期付款买卖、凭样品买卖、买回买卖、拍卖、标卖等有特殊方式的买卖,除此之外无特殊方式的买卖为一般买卖。

由于特种买卖具有不同于一般买卖的交易规则与法律效力,因此企业如果在实践中适用特种买卖的交易方式,则必须特别关注其特殊的交易规则,以防止合同纠纷的出现。

表 2-1-2 特种买卖类型特征一览表[①]

类型	定义	特点	效力
分期付款买卖	指买卖合同成立时双方约定买受人在取得标的物之前先支付一部分价款,而在交付标的物后按照一定期限分批向出卖人付清价款的买卖。	分期支付价款,在价款付清之前交付标的物,标的物风险负担自交付标的物时转移,当事人另有约定除外。	分期付款买卖的买受人未支付到期价款的金额达到全部价款的1/5,经催告后在合理期限内仍未支付到期价款的,出卖人可以请求买受人支付全部价款或者解除合同。出卖人解除合同的,可以向买受人请求支付该标的物的使用费。
凭样品买卖	又称为货样买卖、样品买卖,指按照特定的样品确定买卖标的物的标准的买卖。	买卖合同中约定了按照样品交付标的物的条款,封存样品并按样品交付标的物。	按照样品的质量标准交付标的物,按照样品交付不免除出卖人的隐蔽瑕疵担保责任。
试用买卖	指卖方把标的物交给买方,由买方在一定期间内试用。买方在试用期内有权选择购买或退回。	在买卖合同成立前将标的物交付给买受人试用是出卖人的基本义务。	买受人接受标的物应妥善使用,并于试用期间内明确表示是否购买,既可以确定买卖,又可以拒绝买卖。在试用期间届满后,买受人既不返还标的物又不表示购买的,推定其同意购买。

2. 现货买卖与期货买卖

以标的物在买卖合同成立之时是否存在为标准,买卖可以分为现货买卖与期货买卖。现货买卖是指买卖合同成立之时已经存在标的物。期货买卖是指在买卖合同成立之时标的物尚不存在。两者的主要区别在于:

第一,买卖的标的不同。现货买卖交易标的物是实际货物,而期货买卖交易标的物是期货合约。

[①] 标卖与拍卖将在下文中专门提到,故此处不再列出。

第二,买卖的目的不同。现货买卖的目的是通过实物交割转移货物所有权。而期货买卖的目的则不同,套期保值者的目的是通过期货交易转移现货市场的价格风险,投资者的目的是从期货市场的价格波动中获得风险利润。

第三,买卖的方式不同。现货买卖成交的时间与地点由买卖双方自行确定达成交易,期货买卖只能在期货交易所内,按交易所的开市时间进行交易。

第四,买卖的履行不同。现货买卖的卖方应按合同交付实际货物,买方按合同规定接受货物,支付货款;期货买卖的双方不一定交割实际货物,而是支付或取得签订合同之日与合同履行交割之日的价格变化的差额。此外,在现货买卖中,买卖双方一般会见面并有直接往来;而期货买卖的双方并不见面,合同履行也不需要双方接触,通过有交易所会员资格的期货佣金商负责买卖和履行合同。

随着市场经济的发展,期货交易日益发达,已形成独立的期货买卖市场,并具备了一套特殊的期货买卖规则,在我国主要有中国金融期货交易所颁布的《中国金融期货交易所交易规则》以及相配套的若干实施细则,如《中国金融期货交易所结算细则》《中国金融期货交易所信息管理办法》等。

3. 即时买卖与非即时买卖

以合同订立和合同履行时间的关系为标准,商事买卖可以分为即时买卖与非即时买卖。即时买卖指当事人在买卖合同成立时便将买卖标的物与价金对交,即时清结。非即时买卖指当事人在买卖合同成立时非即时清结,待日后履行。

非即时买卖又有预约买卖、赊欠买卖等多种划分。预约买卖是指买卖成立时买受人先支付预付款、出卖人日后交付货物的买卖。这种买卖从出卖人角度称预售,从买受人角度称订购。赊欠买卖指买卖成立时出卖人先交付买卖标的物、买受人日后支付价金的买卖。赊欠买卖从出卖人角度称赊售,从买受人角度称赊购。

即时买卖是商事买卖的常态,涉及的法律关系较为简单,而非即时买卖则是商事买卖的非一般形态,它有利于缓解企业的资金周转问题,可以提高交易的频率与效率,但非即时买卖毕竟预支的是企业或个人的信用,因此比起即时买卖有更高的风险,其间的法律关系也更为复杂。区分即时买卖与非即时买卖,有助于企业选择更合适的交易方式。

 拓展知识

商品房预售的法律问题

商品房预售,又称"期房买卖""楼花买卖",根据《城市商品房预售管理办法》的规定,商品房预售是指房地产开发企业(以下简称开发企业)将正在建设中的房屋预先出售给承购人,由承购人支付定金或房屋价款的行为。房地产开发企业与承购人就上述行为所签订的合同就是商品房预售合同。商品房预售以建造中的房屋为标的物,属于买卖合同的一种。由于商品房的预售尚不同于房屋的实质性买卖,它购买的仅仅是房地产开发销售部门的一纸承诺,真正的房屋交接尚未形成,对购买者来说,则将冒着商品房能否如期、按质、按量交付的风险。因此,我国对楼花市场一向持慎重的态度。《城市房地产管理法》对预售商品房作了严格的规定。即房地产开发企业预售商品房,应当符合下列条件:(1)已交付全部土地

使用权出让金,取得土地使用权证书;(2)持有建设工程许可证和施工许可证;(3)按提供的预售商品房计算,投入开发建设的资金达到工程建设总投资的25%以上,并已确定施工进度和竣工交付日期;(4)已办理预售登记,取得商品房预售许可证明。

需要注意的是,商品房预售合同不是预约合同。依照《民法典》规定,当事人约定在将来一定期限内订立合同的认购书、订购书、预订书等,构成预约合同,预约合同是指当事人约定将来订立一定合同的合同;本合同是为了履行预约合同而订立的合同。预约合同与本合同具有不同的性质和法律效力。预约合同当事人的义务是订立本合同,所以,当事人一方只能请求对方订立合同,而不能依预约的本合同内容请求对方直接履行本合同的内容。商品房预售合同在成立之时,房屋并不存在或尚未建成,所以带有"预售"的字样,但商品房预售合同绝不是预约合同。因为在商品房预售合同中,预售方与预购方关于房屋的位置与面积、价款的交付方式与期限、房屋的交付期限、房屋的质量、违约责任等都有明确的规定,双方无须将来另行订立房屋买卖合同,即可以按照商品房预售合同的规定直接履行,并办理房屋产权过户登记手续,达到双方的交易目的。

4. 特定物买卖与种类物买卖

按照买卖标的物是特定物还是种类物,可分为特定物买卖和种类物买卖。买卖标的物是特定物[①]的,为特定物买卖。买卖标的物是种类物[②]的,为种类物买卖。种类物买卖有瑕疵的,可以更换种类物。特定物与种类物在法律上有截然不同的意义,因此特定物买卖与种类物买卖也相应地具有不同的法律效力。

首先,履行上的不同。种类物买卖中,只需要交付同种类的商品即可,而特定物买卖则要求债务人必须按规定的特定商品交付。

其次,风险转移上的不同。在法律规定或当事人约定的情况下,特定物买卖中的标的物的所有权可在合同成立时发生转移,标的物意外灭失的风险随之转移,而种类物买卖的标的物的所有权及其意外灭失风险则自交付时才转移。

最后,救济方式上的不同。在买卖中,如果卖方交付的标的物有瑕疵,依照法律规定,买方可以要求对方采取补救措施,包括修理、更换、重作等,但假如有瑕疵的标的物不是种类物,而是特定物,那么买方的追加履行请求权的内容就只限于要求修理,不包括要求更换或重作,除非双方另有变更合同的约定。

5. 一时买卖与连续交易买卖

根据当事人双方的买卖是否以一次完结为标准,可分为一时买卖与连续交易买卖。一时买卖是指当事人双方仅进行一次交易即结束双方之间的买卖关系的买卖,即使双方之间有多次交易,每次交易也都是单独的,并无连续性。连续交易的买卖是指当事人双方于一定的期限内,卖方定期或者不定期地供给买方某种物品,买方按照一定标准支付价款的买卖,双方之间的每次交易都是有关联的。

一时买卖与连续交易买卖都是企业经营实践中经常运用的交易方式。一时买卖中买卖双方的权利义务关系更为清晰明确,而连续交易买卖则通常是基于企业之间建立的长期契约关系,其优点在于可以节省每次交易的谈判成本与签约成本,而其缺点就在于当连续交易

---

① 所谓特定物是指自身具有独立的特征,或者被权利人指定而特定化、不能以其他物代替的物,包括在特定条件下独一无二的物和从一类物中根据民事主体的意志而特定化的物。
② 所谓种类物是指具有共同特征,通过品种、数量、质量规格,即度、量、衡加以确定的物。

买卖发生纠纷时,难以确定买卖双方的权利义务关系,而且在赔偿问题上容易发生争议。因此,企业在选择何种买卖方式时,应当结合买卖的具体情况,例如标的物的性质、市场变动以及企业之间的关系基础等因素进行综合考量。

相关案例
A公司能否停止供货?

A公司与B公司签订一供货合同,合同约定:由A公司为B公司的某项工程提供钢铁若干吨,合同有效期至2018年12月31日。供货方式:B公司根据工程进展向A公司提出供货要求。A公司在收到B公司的供货要求后提供相应货物。结算方式:在A公司供货后的下一个月的15号之前,B公司向A公司支付货款。同时,合同中还明确规定,除得到B公司的书面同意,A公司不得以任何理由迟延交货。在第三批、第四批货物交易过程中,A公司如期供货,而B公司并未支付货款。此时,A公司想停止第五批货物的发运,但又害怕承担迟延交货的违约责任。请问A公司能否停止供货?

评析:这是一个典型的连续交易买卖,在法律上又称为分批交货合同,在分批交货合同中,每个分批合同都有相对的独立性。由于我国《民法典》仅将分批交货合同的解除权赋予了买方,因此本案中,A公司不能解除合同,但可以援引不安抗辩权停止供应第五批货物。

(四) 商事买卖制度的演进

无论是大陆法系还是英美法系,各国的商事立法均是以商事交易制度或买卖制度为中心构建整个商法体系。

实物买卖是传统商事买卖的主要形式,但是随着经济与科学技术的发展,买卖的标的与形式已经有了极大的发展。诸如股票、债券、专利权、商标专用权等特殊商品的转让或者买卖不但发展迅速,而且已经逐渐形成一系列特殊的规则。而诸如电子商务交易等先进交易方式则越来越多地运用到企业的经营实践之中。因此,关于我国应否制定独立的买卖法的问题也提上了议程。

中国现行的买卖立法主要体现在《民法典》第三编中,该编在第二分编"典型合同"中专设买卖合同一章,与1999年制定的《合同法》相比,《民法典》有关买卖立法的规定有明显的进步,一是将《合同法》司法解释中的若干规定吸收为立法条文。自1999年《合同法》颁布以来,最高人民法院陆续发布了一系列关于合同问题的重要司法解释,包括《最高人民法院关于适用〈中华人民共和国合同法〉若干问题的解释(一)》《最高人民法院关于适用〈中华人民共和国合同法〉若干问题的解释(二)》《最高人民法院关于审理买卖合同纠纷案件适用法律问题的解释》等16件,条文数量达408条。[①] 这些司法解释文件对于买卖纠纷的处理发挥了重要的作用,有必要将其中行之有效、符合商事交易需求的司法裁判规则上升为立法规范。二是根植于深厚的中国交易实践经验,在广阔的国际化视野下,弥补了合同法中若干规定的不足。如明确分期付款解除合同前的催告义务,新增试用买卖中标的物的风险负担规则,补

---

① 韩世远:《法律发展与裁判进步:以合同法为视角》,载《中国法律评论》2020年第3期。

充完善所有权保留规则等,从而使买卖行为有了更具体明确的法律规范,展现了全球化时代买卖立法的中国特色和时代特征。

(五) 商事买卖与合同

如果当事人双方达成了进行买卖的协议,那么在法律上就称其缔结了一份买卖合同。如《英国1979年货物买卖法》规定:货物买卖合同是指出卖人为取得价金货币之对价而向买受人转让或同意转让其货物所有权的合同。我国《民法典》第595条规定:买卖合同是出卖人转移标的物的所有权于买受人,买受人支付价款的合同。因此,商事买卖的全部过程,在法律上也就是买卖合同从订立到履行的全过程。

 背景资料

各国有关买卖合同适用范围的立法规定

在各国合同法中,买卖合同是最基本的有名合同,但是对买卖合同的适用范围有不同的规定,大体有两种立法例:

一种以英美法中的买卖合同为代表,将买卖合同仅限于实物买卖。如《美国统一商法典》买卖篇中第2-105条规定,"货物"是指除作为支付价款之手段的金钱、投资证券和通过法律程序追索金钱或者其他动产的权利以外的所有在特定于买卖合同项下可以移动的物品(包括特别制造的货物)。《联合国国际货物买卖合同公约》也采此含义,其第2条将"国际货物买卖"定义为个人消费品,是指拍卖、国家强制买卖、股票、投资证券、流通票据以及货币的买卖,船舶、气垫船、飞机买卖和电力买卖以外的动产买卖。

另一种立法例是买卖合同不仅适用于货物买卖,也适用于其他财产权利的交易,大陆法系的立法例即以此为代表。依此例,买卖合同是指卖方将财产所有权及其他财产权转移给买方,买方为此支付价款的合同。如《日本民法典》第550条规定:"买卖,因当事人相约,一方转移某财产权于相对人,相对人支付价金,而发生效力。"从我国《民法典》对买卖合同的规定看,采取的是前一种含义。因此,我国买卖合同的标的仅限于实物,而且只能是有体物,包括动产和不动产。无体物,主要是财产权利的转让,则不属于买卖合同的调整范围,如专利权的转让适用技术转让合同规范。

但是在我国"民商合一"的立法背景下,调整买卖行为的相关立法并没有对民事买卖合同和商事买卖合同进行区分,因此本章的内容也将结合我国的相关法律规定,重点讲述商事买卖的特殊原理与规则。

二、买卖的开始:买卖合同的订立

商事买卖成立的第一步通常是缔约。所谓缔约,就是双方当事人达成进行买卖的协议。缔约的法律意义在于双方当事人就买卖的内容达成了一致协议后,在日后的履行中必须受该协议的约束,如果当事人违反该协议,就必须承担违约的后果。因此,买卖协议的拟订非常重要。它涉及的关键问题有:(1) 买卖合同是否成立?(2) 买卖合同的内容是什么?(3) 在缔约过程中是否需要承担法律责任?

(一) 缔约的方式

1. 一般程序:要约与承诺

签订买卖合同是企业进行买卖活动的第一步。无论是通过口头形式还是书面形式达成的买卖,它都必然经过一个双方讨价还价、最后达成一致的过程。在法律上,就把这个讨价还价的过程技术化为两个部分:即"要约"与"承诺",当事人是否协商一致,就用要约与承诺规则来处理。①《民法典》第471条规定,当事人订立合同,可以采取要约、承诺方式或者其他方式。该条未对"其他方式"给予明确的界定。参考《国际商事合同通则》第2.1.1条之规定,合同可以通过对要约的承诺或通过当事人能充分表明其合意的行为而成立。② 由此可知,除要约承诺这一典型的合同订立方式外,"充分表明合意的行为"也能成为合同订立的方式,如有的省略某些环节、简化缔约程序(交错要约),有的承诺无须通知(意思实现),有的因一定事实过程而缔约等。③

要约是一方当事人以缔结合同为目的,向对方当事人提出合同条件,希望对方当事人接受的意思表示。日常商业活动中的"报价""发盘"或"发价"即属于要约。承诺是指受要约人同意要约以成立合同的意思表示,在商事交易中又称"受盘""接盘"。如果一方当事人向另外一方当事人发出要约,另外一方当事人给予相应的承诺,这时我们就称双方缔结了一份合同。

表 2-1-3 一项有效的要约与承诺必须具备的要件

类型	构成要件			生效时间
	1. 主体要求	2. 内容要求	3. 其他	
要约	必须是特定人所为;必须向特定人发出。	内容必须具体确定。④	必须表明经受约人承诺,要约人即受该意思表示约束。	A. 以对话方式作出的要约,相对人知道其内容时生效。 B. 非以对话方式作出的要约,到达受要约人时生效。
承诺	必须由受要约人发出;必须向要约人发出。	内容必须与要约的内容一致。	必须在要约的有效期间内进行。	A. 以对话方式作出的承诺,相对人知道其内容时生效。 B. 非以对话方式作出的承诺,到达受要约人时生效。

要约可以撤回,要约撤回是在要约发出后但在发生法律效力前,要约人欲使该要约不发生法律效力而作出的意思表示。但是撤回要约的通知应当在要约到达受要约人之前或与要

---

① 龚赛红、李婉丽主编:《合同法》(第2版),中山大学出版社2007年版,第46页。
② 中国审判理论研究会民事审判理论专业委员会编著:《民法典合同编条文理解与司法适用》,法律出版社2020年版,第21页。
③ 梁慧星主编:《中国民法典草案建议稿附理由:合同编》(上册),法律出版社2013年版,第20页;韩世远:《合同法总论》(第4版),法律出版社2018年版,第150页;崔建远主编:《合同法》(第7版),法律出版社2021年版,第45—48页。
④ 一般认为,如果订单中具备当事人的姓名或者名称、标的和数量,即可认定为要约,如果一份订单中只有货物的名称、规格,没有数量,一般不能认定为要约。

约同时到达受要约人时才有效。同理,承诺也可以撤回,但撤回承诺的通知应当在承诺通知到达要约人之前或与承诺通知同时到达要约人才有效。

要约还可以撤销,要约撤销是要约人在要约发生法律效力后而受要约人承诺前,使该要约失去法律效力的意思表示。撤销要约的通知应当在受要约人发出承诺通知之前到达受要约人。①

与要约的撤销不同,承诺不能撤销,因为承诺到达要约人时合同即告成立。

 拓展知识

商人对于要约"沉默"的法律效果

按照民法的原理,沉默不产生义务,只有法律明确规定沉默发生效力的时候,当事人才会因为沉默产生义务。但是在商法中,情况却有所不同,在一些国家的商事立法中,一般规定,商人对要约的缄默行为具有承诺的法律效力。如《日本商法典》第509条规定:"商人自素常交易人处接受属于其营业部类的契约要约时,应从速发承诺与否的通知。怠发其通知者,视为承诺要约。"韩国与德国亦有类似规定。

《联合国国际货物销售合同公约》和《国际商事合同通则》对此问题规定基本一致,即缄默或不行动本身不构成承诺,但是如果双方当事人在此问题上有一致的合意或是存在交易习惯或惯例,则另当别论,我国《民法典》亦规定:承诺应当以通知的方式作出,但是,根据交易习惯或者要约表明可以通过行为作出承诺的除外。

我国《民法典》第140条第2款规定:"沉默只有在有法律规定、当事人约定或者符合当事人之间的交易习惯时,才可以视为意思表示。"目前商法学者趋于认为,商事合同的订立,对要约缄默的行为产生承诺的效力,应具备以下条件:(1)商事主体之间的要约行为;(2)商事主体间有经常业务往来;(3)要约内容在商事主体营业范围之内;(4)商事主体对要约怠于通知。

在商业实践中,要约和要约邀请、承诺与反要约的区分是合同成立环节最容易产生法律纠纷的问题。要约邀请,又称要约引诱,是希望他人向自己发出要约的意思表示。要约邀请仅仅是当事人订立合同的预备行为,该行为不发生法律效果。如拍卖公告、招标公告、招股说明书、债券募集办法、基金招募说明书、商业广告和宣传、寄送的价目表等为要约邀请。但商品广告和宣传的内容符合要约条件的,则视为要约。要约邀请只是作出希望别人向自己发出要约的意思表示,因此要约邀请可以向不特定的任何人发出,也不需要在要约邀请中详细表示,无论对于发出邀请人还是接受邀请人都没有约束力。②

---

① 但是存在下列情形之一的,则要约不得撤销:要约中确定了承诺期限或者以其他形式明示要约不可撤销;受要约人有理由认为要约是不可撤销的,并且已经为履行合同做了合理的准备工作。
② 电子商务交易中也存在要约邀请。《联合国国际合同使用电子通信公约》第11条"要约邀请"规定:"通过一项或多项电子通信提出的订立合同的建议,凡不是向一个或多个特定当事人提出,而是可供使用信息系统的当事人一般查询的(accessible),包括使用交互式应用程序通过这类信息系统发出订单的建议,应当视作要约邀请,但明确指明建议的当事人打算在建议获承诺时受其约束的除外。"

相关案例
网络购物自助下单行为是要约还是要约邀请?[①]

2018年5月,被告欧尚超市星塘店在淘宝网设置的淘鲜达购物模式为:商户在淘宝网电子商务平台发布商品销售信息,客户购买商品时直接点击购物车符号进行选购,网络图标不显示库存量,客户在结算页面确认送货时间和地点后确认付款。2018年5月9日晚22:17、22:21、22:26,原告石春球分三次通过上述购物模式购买欧尚超市星塘店茅台酒48瓶,自行购买结算,并确认送达时间为2018年5月10日上午8:30至9:00,为此支付价款合计71965.5元。2018年5月10日上午7:53,原告收到被告短信通知,上述订单因产品库存不足被取消,淘宝网订单也于当日被取消。当天被告全额退还原告货款71965.5元。

法院审理认为,被告在淘鲜达设置的购物模式,从形式上看,发布的商品信息中只标识名称、型号、价款,但未标识库存量,如果消费者下单付款完成订单,需要客服核查库存,如果有货则安排发货,如果没有货则取消订单,退还款项。该购物模式并非完全的自助式购物模式,需要客服人工干预,因此其发布的商品信息内容具有不确定性,仅是希望消费者向其发出要约的意思表示,应认定为要约邀请。且原告作为酒类的收藏家,清楚茅台酒的营销价格和市场定位,在明知网站无客服人员的情况下,下单购买48瓶茅台酒的行为,应认定为要约,支付的价款为商品预付款。次日被告以库存不足取消订单,未完成送货的行为,即为被告拒绝原告的该要约行为,故该案买卖合同不成立。

对于承诺与反要约,如果受要约人对要约的内容作了实质性变更的,即构成反要约。有关合同标的、数量、质量、价款或者报酬、履行期限、履行地点和方式、违约责任和解决争议方法的变更,是对要约内容的实质性变更。有关合同是否成立的各种情形,可以参见下图。

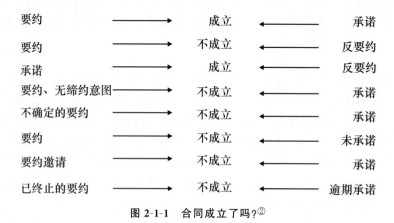

图2-1-1 合同成立了吗?[②]

2. 两种特殊的缔约方式

除了上述所介绍的关于要约承诺的一般方式外,商事买卖还有两类特别的缔约程序,即招标投标与拍卖。招标投标是市场经济条件下进行大宗货物买卖或者建设工程发包与承包

---

① 苏州工业园区人民法院(2019)苏0591民初4816号。
② 安德森:《商法与法律环境》,机械工业出版社2003年版,第148页。

通常采用的竞争方式,它是指由招标人向公众或数人发出招标通知或公告,在许多投标中由招标人选择其中自己最满意的一人与之订立合同。拍卖则是以公开竞价的方式,将标的物的所有权转移给最高应价者的买卖方式。这两种缔约的方式实际上是在合同的订立过程中引入一种竞争机制,它是对要约承诺规则的一种具体运用。招标投标和拍卖都各有一套特定的法定程序。我国《招标投标法》以及《拍卖法》分别针对此类买卖进行了规定。

需要注意的是,在招标投标程序中,招标只是要约邀请,除非招标人在招标公告中明确表示将与报价最优者订立合同,投标人的投标才构成要约。只有当招标人对有效标书进行评审,选出自己满意的投标人,决定其中标,此时才构成承诺,合同方告成立。

而在拍卖程序中,在一般情况下,拍卖的表示也属于要约邀请,竞买人的应价则属于要约,竞买人应该受其约束,而在拍卖人说明拍卖标的无保留价时,拍卖的表示即构成要约,竞买人的应价即为承诺,竞买人一旦应价则成立买卖合同,但以没有其他竞买人的更高应价为生效条件。①

电子商务合同的订立——电子签名

电子商务合同是指采用数据电文形式订立的商务合同。实践中,电子商务合同一般通过 EDI、电子邮件等方式借助互联网而订立。由于电子商务合同不是通过口头谈判订立,也不是在书面的合同上签名盖章,因此其订立需要特殊的技术手段。其中,电子签名的确认是鉴别当事人身份以及意思表示真实性的首要环节。

电子签名的目的是利用技术手段对签署文件的发件人身份作出确认以及有效保障传送文件内容不被当事人篡改,不能冒名顶替传送虚假资料,以及事后不能否认已发送或已收到资料等网上交易安全性问题。对于电子签名,我国《电子签名法》作了如下规定:

第 13 条:电子签名同时符合下列条件的,视为可靠的电子签名:(一)电子签名制作数据用于电子签名时,属于电子签名人专有;(二)签署时电子签名制作数据仅由电子签名人控制;(三)签署后对电子签名的任何改动能够被发现;(四)签署后对数据电文内容和形式的任何改动能够被发现。当事人也可以选择使用符合其约定的可靠条件的电子签名。

第 14 条:可靠的电子签名与手写签名或者盖章具有同等的法律效力。

第 16 条:电子签名需要第三方认证的,由依法设立的电子认证服务提供者提供认证服务。

(二) 缔约的形式与条款

1. 缔约的形式

缔约的形式是指买卖双方达成协议的表现形式。我国《民法典》第 469 条规定:"当事人订立合同,可以采取书面形式、口头形式或者其他形式。书面形式是合同书、信件、电报、电传、传真等可以有形地表现所载内容的形式。以电子数据交换、电子邮件等方式能够有形地

---

① 崔建远主编:《合同法》(第 3 版),法律出版社 2003 年版,第 350 页。

表现所载内容,并可以随时调取查用的数据电文,视为书面形式。"

在强调以交易便捷为首要追求的市场经济条件下,法律对合同的形式要求趋向自由,即以形式自由为原则,以要式为例外,充分体现合同主体的契约自由,最大限度地激发合同主体的主动性、积极性和创造性,鼓励交易、活跃市场经济。但是对于标的金额较大、法律关系较为复杂的事项,基于交易安全的考虑,一般建议采用书面形式,其优点在于发生纠纷时容易举证,便于分清责任。

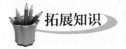

谈判备忘录、谈判记录、意向性协议书、确认书、预约

在商业实践中,常常运用到谈判备忘录、谈判记录、意向性协议书、确认书、预约等书面形式,但是它们的效力各不相同,其中有些具有书面合同的性质,有些则不然。

谈判备忘录是指双方进行了初步谈判后,认为有可能进行深入一步洽谈时,拟出的双方都能接受的初步协议书,一般都规定双方对本备忘录有保守秘密的义务。

谈判记录是对双方谈判过程的及时记载,特别是对于未能及时签订或条款不完善的合同来说,谈判记录相当于一份补充协议,是一项重要的解释依据。它虽不形成正式合同文本,每一轮谈判后都要根据记录对文本进行整理,然后由双方确认,是一项很重要的事实凭证。

意向性协议是指,因当事人的主观意愿和客观内容不同而产生不同法律效果的意向书,一般有预约、本约或不具有任何法律意义三种。意向性协议要产生合同效力须满足当事人意思表示一致、内容确定和愿意受协议约束三个条件。

确认书是指双方磋商达成交易后,加以确认的列明达成交易条件的书面证明。经双方签署的确认书,是法律上有效的文件,对买卖双方具有同等的约束力。确认书包括销售确认书和购货确认书。《民法典》第491条规定:"当事人采用信件、数据电文等形式订立合同要求签订确认书的,签订确认书时合同成立。"

预约是指当事人之间约定将来订立一定合同的合同。将来应当订立的合同,称为"本约",而约定订立本约的合同,称为"预约"。在预约中,本合同在预约成立时尚未成立,预约合同的成立和生效仅使当事人负有将来按预约规定的条件订立合同的义务,而不负履行将来要订立的合同的义务。当事人约定在将来一定期限内订立合同的认购书、订购书、预订书等,构成预约合同。预约合同也属于合同的一种,一方如不履行"订立本约"的义务,则另一方有权请求其承担违约责任。

至于"其他形式",在学理上学者又称为"推定形式",即指当事人未用语言、文字表达其意思表示,仅用行为向对方发出要约,对方接受该要约,以一定或指定的行为作出承诺,合同成立,因此这一合同形式又称为"默示合同"。如房屋租赁合同到期后,出租人继续接受承租人所交纳的租金。

2. 缔约的条款

我国《民法典》第470条规定:合同的内容由当事人约定,一般包括下列条款:(1)当事人的姓名或者名称和住所;(2)标的;(3)数量;(4)质量;(5)价款或者报酬;(6)履行期限、地点和方式；(7) 违约责任；(8) 解决争议的方法。对于买卖合同的内容，《民法典》第 596 条进一步细化规定："买卖合同的内容一般包括标的物的名称、数量、质量、价款、履行期限、履行地点和方式、包装方式、检验标准和方法、结算方式、合同使用的文字及其效力等条款。"实践中，签订一份商事买卖合同，对于以上条款，有以下几个方面必须关注：

(1) 当事人的名称或者姓名和住所。当订立买卖合同的当事人为法人或其他组织时，在合同中应当写明该法人或其他组织的名称、主营业场所或住所、法定代表人或主要负责人的姓名和职务。

(2) 标的。标的是合同权利义务所指向的对象，如果一份合同标的不清楚、不明确，甚至没有标的，该合同一定不成立。在制定合同的标的条款时，应该明确写明物品或服务的名称，使合同标的特定化。

(3) 数量。数量即对买卖合同标的的计量要求，包括计量单位和计量方法。数量条款可以说是买卖合同中最核心、最基本的条款，是衡量当事人权利、义务大小的一个尺度。数量应以特定数字直接表述，否则可能因该条款约定不当产生严重影响；而且由于条款不明确，也无法追究违约者的责任。

(4) 质量。质量是对买卖合同标的的标准和技术方面的要求。买卖合同一定要明确标的物的质量，这是最主要的条款之一，也是实践中最容易引起纠纷的问题，在合同中必须写明执行的标准代号、编号和标准名称，若买方有特殊要求的，按买卖双方在合同中商定的技术条件、样品或补充的技术要求执行。

(5) 价款。价款又称价金，是指买卖合同中买受人为了得到标的物向出卖人支付的货币。价款同样是买卖合同的主要条款之一。应注意：① 明确约定计算方法。如双方约定价款以实际消耗数量结算，而实际消耗数量很难衡量时，双方因此发生分歧，若没有补救约定，则会引发法律风险。② 在约定合同总价时，要注意每项单价价款。在购销合同中，要注意列明每项商品的单价。若只在合同中明确商品的总价款，而不确定具体每种商品的单价，一旦合同部分履行后发生争议，就难以确定尚未履行的部分商品的价款。③ 价款支付方式约定不能简单化。首先，作为供方最好争取到"先款后货"方式，这样经营风险转移到需方身上，供方风险很小。其次，可采用先交部分定金的方式，以减少供方风险。最后，如果确需采用"先货后款"方式，则要注意把握好需方资信、付款时间长短及手续交接等。

(6) 履行期限、地点和方式。履行期限是指买卖合同的当事人所约定的履行合同义务的时间界限，包括交货和付款时间。履行地点是指买卖合同当事人所约定的履行合同义务的具体地点，比如合同规定的提货地点、付款地点等。履行方式是指买卖合同当事人履行合同义务的具体方式，比如交付标的物方式上是送货式、自提式还是代办托运式等。

(7) 违约责任。违约责任是指合同当事人因违反合同义务所应承担的责任。当合同履行出现问题时，可以根据违约责任约定妥善解决相关纠纷。许多企业经营者在约定违约责任时，失之粗糙，如泛泛约定，"违约方应当承担违约责任，赔偿守约方因此发生的所有损失"，这种约定很难起到弥补损失的预期作用，更难发挥违约制裁的功能。为此，应注意尽可能地预见未来对合同履行有影响的因素，将违约责任条款约定明确、周全。

(8) 解决争议的方法。解决争议的方法是指买卖合同当事人约定发生争议后是诉讼解决还是仲裁解决的条款。当事人在订立买卖合同时，应当约定争议解决方法。不同的约定会导致不同的法律后果。如当事人约定通过仲裁程序解决争议，则合同争议就不能通过法院审理解决。在国际买卖中，当事人在约定合同争议解决方法的同时，还应约定解决合同争议所适用的法律。

需要注意的是,以上条款并非合同的"必备条款",而只是倡导性的规定。大多数国家的立法规定,只要合同具备当事人名称、标的与数量,即视为合同已成立。如《联合国国际货物销售合同公约》第14条规定,一个发价如果写明货物并且明示或暗示地规定数量和价格或规定如何确定数量和价格,即为十分确定。《美国统一商法典》第2-204条亦规定,一个货物买卖合同只要有标的和数量就是一个成立生效的合同。因为价格、履行地点与时间可以事后确定。

(三) 不能忽略的缔约过失责任

在缔约磋商过程中,即使最终没有达成买卖协议,但是企业也有可能需要承担一定的法律责任。这种责任在法律上称为缔约过失责任。缔约过失责任也称为先契约责任或者缔约过失中的损害赔偿责任,是指在缔约磋商阶段缔约人故意或有过失地违反缔约过程中应遵守的注意义务,而依法承担的民事责任。缔约过失责任是以诚实信用原则为基础的民事责任,其违反的是一种先合同义务,保护的是信赖利益的损失。所谓先合同义务,是指合同成立之前,订立合同的当事人依据诚实信用原则所承担的协力、通知、保护、保密等义务。先合同义务不同于合同义务,其产生的基础不是依法成立的合同,而是诚实信用原则。如果在缔约过程中,企业有以下行为,则构成缔约过失责任:

(1) 假借订立合同,恶意进行磋商。所谓"假借",是指根本没有与对方订立合同的意图,而是以此为借口与对方进行谈判,目的在于损害对方或者他人的利益。"恶意"即以订立合同之名达到损害之目的的主观心理状态,因此该种情况下的缔约过失责任应以"恶意"为主观要件。如甲公司故意以订立合同之名与乙公司进行磋商,而其真实目的在于使乙公司延误与丙公司订立合同的时机。

(2) 故意隐瞒与订立合同有关的重要事实或者提供虚假情况。在订立合同的过程中,当事人负有如实告知的义务。若一方故意实施某种欺骗对方的行为,如故意隐瞒关于其自身的财产状况、履行能力,故意隐瞒出卖的标的物的缺陷,以及其出卖的产品的性能和使用方法或者向对方提供不存在的虚假情况,从而使对方陷入错误而与该方订立合同,即构成缔约过失责任。如甲房地产开发商欲将房屋卖给乙,但是没有将房屋尚未取得房产证的事实告知乙。乙后来通过他人知道该事实,便不予买房,并要求甲赔偿其交通费、通信费等损失。该种情况下,甲即应承担缔约过失责任。

(3) 有其他违背诚实信用原则的行为。如违反协作义务。所谓协作是指缔约双方为共同目标而努力。待批准的合同成立,意味着缔约双方就合同条款的谈判基本宣告结束,但由于合同尚未生效,仍须一方或双方当事人为合同生效而努力,此即协作义务。协作义务既包括积极提交申请材料以获取批准的义务,也包括在申请有瑕疵需要补正时积极提交补正材料的义务。[①]

[①] 孙维飞:《〈合同法〉第42条(缔约过失责任)评注》,载《法学家》2018年第1期。

拓展知识

缔约过失责任与违约责任的区别

1. 产生的前提不同。缔约过失责任的产生是基于立法的具体规定,而非有效成立的合同。无论合同是否有效成立或存在,只要违反立法的规定,就要承担缔约过失责任。而违约责任是一种违反合同的责任,它以合同的有效存在为前提,如果没有合同的有效存在,就不会产生违约责任。

2. 责任的承担方式不同。缔约过失责任是一种法定责任,由法律直接规定,它的责任形式只有一种,即损害赔偿。而违约责任可以由当事人约定责任形式,其方式有多种,如支付违约金、损害赔偿、实际履行等,也可以法定的责任形式予以补救。

3. 赔偿的范围不同。缔约过失责任的损害赔偿范围包括信赖利益的损失。信赖利益的损害赔偿,旨在使受损一方当事人的利益恢复到合同磋商前的状态。而违约责任的损害赔偿范围既包括因违约而造成的实际损害,也包括期待利益的损害。违约责任的损害赔偿旨在使受害人的利益达到合同已经履行的状态。

(四) 缔约的技巧:如何进行合同谈判

商务合同谈判是指当事人之间为实现一定的经济目的,准备订立合同的双方或多方当事人为相互了解、确定合同权利与义务而进行的商议活动,它集法律性、经济性、技术性、艺术性于一体,除了包含商务活动的特点,具有一般谈判的特征外,同时还是为明确相互的权利义务关系而进行协商的行为,因此应当符合法律规定。一个善始善终的谈判对合同的签订及其内容起着决定性的作用。谈判是签订合同的前奏,甚至有的谈判过程就是签订合同的过程,因此应当遵守一定准则。

首先,挑选合适的谈判代表,"一切行动听指挥"。一般而言,企业单位作为合同谈判的一方时,法定代表人是理所当然的谈判代表。但日常经济交往中,法定代表人一般并不亲自参加,大量的合同谈判尤其在异地谈判桌前,通常由合同签订的代理人出席会议,选择谈判代表就是选择代理人。这就要求代理人不仅要谙熟业务知识和法律知识,还要有高尚的职业道德,谈判桌上能够最大限度地维护所代表的单位的合法权益。

其次,平等互利、友好协商,备选多元方案、切忌走入"死胡同"。合同法上一大基本原则就是主体平等。谈判双方不分单位大小,实力强弱,只有平等互利才能达到"双赢"结果。当有争议发生,急躁、强迫、要挟、欺骗等手段皆不可取。谈判往往是在冲突中实现双方的目的和需要,应通过友好协商的方式进行,在法律理性的天平上衡量利益,也为以后顺利履行合同创造和谐前提。

最后,依法办事、慎防圈套、善断文书、及时巩固谈判成果。(1)谈判中要依法办事。双方只有把自己的想法和愿望放置于法律框架内,才能防范在市场经营过程中可能产生的风险,其权益才能受到国家法律的保护。(2)要谨防"圈套"、陷阱。如以特价优惠作诱饵,引人上钩;制造假象,先支付小笔货款骗取信任后再谈大宗买卖,等得手后携巨额货款或货物逃之夭夭;馈赠物品或给回扣收买谈判对手;等等。这些都与诚信经商相背离,为法律所不

许。(3) 在每一轮谈判中,应制作好与谈判有关的法律文书,如合同谈判备忘录、合同谈判记录、意向性协议书,这既是及时对先前谈判成果的巩固,也为正式签约铺垫好基础。

三、买卖的核心:买卖合同的履行

买卖合同的履行是买卖的关键环节。如果合同得以顺利履行,则双方各取所需,一项买卖即告成功。如果合同在履行过程中出现问题,则可能引起一系列后续问题,如产生合同纠纷,延误企业生产经营计划等。因此,企业在履行合同时必须充分了解双方各自的权利义务,做到"知己知彼",才能"百战不殆"。

(一) 卖方的义务

买卖的本质就是标的物所有权的转移,因此出卖人的义务主要是交付标的物和转移所有权。

1. 交付标的物的义务

卖方应当按照合同约定的时间、地点、包装方式交付合格的标的物并转移标的物所有权,这是出卖人的主要义务[①],学理上也称之为主给付义务。具体而言,卖方在履行该义务时应当注意以下几个方面:

(1) 时间。卖方应当按照约定的期限交付标的物。但是有时双方约定的是某个交付期间,如7月到9月之间。在这种情况下,卖方可以在该交付期间的任何时候交付,但应当在交付前通知对方。如果卖方想要提前交付标的物则必须取得对方的同意,否则买方可以拒绝受领,但是提前交付不损害买方的利益的除外。此外,如果卖方提前交付给买方增加费用的,由卖方负担。如果当事人没有约定交付时间的,买卖双方可以协商达成补充协议,不能达成补充协议的,则按照合同的有关条款或者交易习惯确定。

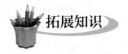

电子商务合同的交付时间

随着大数据、云计算、人工智能的迅速发展,我国电子商务经济的规模越来越大。据统计,2017年到2021年,我国数字经济规模从27.2万亿增至45.5万亿元,总量稳居世界第二,占国内生产总值的比重从32.9%提升至39.8%,成为推动经济增长的主要引擎之一。[②] 为适应电子商务经济的发展,2019年1月1日起,《电子商务法》开始实施,《民法典》依据该法第51条对电子商务合同标的的交付时间和交付方式作出了规定,体现了《民法典》内容的时代性和前瞻性。《民法典》第512条规定:"通过互联网等信息网络订立的电子合同的标的为交付商品并采用快递物流方式交付的,收货人的签收时间为交付时间。电子合同的标的

---

① 《民法典》第598条规定:"出卖人应当履行向买受人交付标的物或者交付提取标的物的单证,并转移标的物所有权的义务。"

② 见中国网信办编制:《数字中国发展报告(2021年)》,国家互联网信息办公室发布,http://www.cac.gov.cn/2022-08/02/c_1661066515613920.htm,2022年9月20日访问。

为提供服务的,生成的电子凭证或者实物凭证中载明的时间为提供服务时间;前述凭证没有载明时间或者载明时间与实际提供服务时间不一致的,以实际提供服务的时间为准。电子合同的标的物为采用在线传输方式交付的,合同标的物进入对方当事人指定的特定系统且能够检索识别的时间为交付时间。电子合同当事人对交付商品或者提供服务的方式、时间另有约定的,按照其约定。"

（2）地点。卖方应当按照约定的地点交付标的物。在合同没有约定交付地点或者约定不明确的情况下,当事人可以签订补充协议,达不成补充协议的,按照合同的有关条款或者交易习惯确定,仍不能确定的,适用下列规定:① 标的物需要运输的,卖方应当将标的物交付给第一承运人以运交给买方;② 标的物不需要运输,卖方和买方订立合同时知道标的物在某一地点的,卖方应当在该地点交付标的物;不知道标的物在某一地点的,应当在卖方订立合同时的营业地交付标的物。

（3）质量。卖方应当按照约定的质量交付标的物。此义务即为大陆法中的物的瑕疵担保义务。物的瑕疵担保义务是指卖方就其所交付的标的物具备约定或法定品质所负的担保义务。即卖方须保证标的物移转于买方之后,不存在品质或使用价值降低、效用减弱的瑕疵。如果卖方提供有关标的物质量说明的,交付的标的物还应当符合说明的质量要求。

（4）数量。卖方应当按照约定的数量交付标的物。对于多交付的标的物,买方可以接收或拒绝接收。买方接受多交的部分的,按照原合同的价格给付价款。在卖方少交付标的物的情况下,买方有权拒绝接收。合同约定分批交付的,卖方应当按照约定的批量分批交付。

（5）包装方式。卖方应当按照约定的包装方式交付标的物。

（6）权利瑕疵担保义务。卖方应当保证其交付的标的物的所有权没有瑕疵,这就是权利瑕疵担保义务。我国《民法典》第612条规定:出卖人就交付的标的物,负有保证第三人对该标的物不享有任何权利的义务,但是法律另有规定的除外。实践中,标的物权利瑕疵主要表现为三种情形:一是标的物的所有权属于第三人或者第三人是标的物的共同共有人;二是标的物的所有权上存在权利限制,比如标的物上已设定抵押权或租赁权等,卖方不能自由处分;三是标的物存在对他人合法权利的侵犯。如果出卖具有知识产权的标的物,可能涉及侵犯他人知识产权的问题,包括侵犯他人的专利权、商标权或著作权等知识产权,经受侵犯人的申请,法院命令销毁、没收或扣留侵权人所制造的货物,使买受人丧失其受领之物。[①] 在这三种情形下,必然会损害买方对标的物进行占有、使用或者处分的权利,因此不为法律允许。所以,买方有确切证据证明第三人可能就标的物主张权利的,可以中止支付相应的价款,但卖方提供适当担保的除外。

2. 转移标的物所有权的义务

转移标的物所有权,是指卖方将标的物的所有权转移给买方,以便买方占有、使用、收益和处分。转移所有权是买卖的实质,因此标的物所有权的转移就是卖方的一项主要义务。一般情况下,标的物所有权自标的物交付时开始转移。但是法律另有规定的除外。

具体而言,实践中标的物所有权的转移有以下几条规则:（1）动产。就一般动产而言,标的物的所有权在交付时随之转移。对于船舶、航空器以及机动车辆等价值较高的特殊动

---

① 崔建远主编:《合同法》（第7版）,法律出版社2021年版,第287—288页。

产,一般将登记作为权利变动的公示方式,但登记并非上述动产所有权转移的绝对条件,根据《民法典》规定,此类动产的所有权一般也自交付之时起转移,但未依法办理登记手续的,所有权的转移不具有对抗善意第三人的效力。(2)不动产。不动产所有权的转移必须依法办理所有权转移登记。未办理登记的,尽管买卖合同已经生效,但是标的物的所有权不发生转移。(3)知识产权保留条款。出卖的标的物是具有知识产权的计算机软件等标的物时,该标的物的知识产权并不随同标的物的所有权一并转移给买方。(4)所有权保留条款。所有权保留条款是指当事人在买卖合同中约定买方未履行支付价款或者其他义务的,标的物的所有权属于卖方的条款。在买卖中,为了降低买卖合同中买方不付款的危险,卖方往往要求在出卖其标的物的同时保留对标的物的所有权,直到买方付清货款为止。

所有权保留条款的一个典型运用是分期付款合同,它通常用于房屋、高档消费品的买卖中。在分期付款买卖合同中,虽然买方已经占有卖方的标的物,但在标的物全部款项付清之前,卖方仍享有标的物的所有权,只有当买方将标的物全部款项付清之后,标的物的所有权才转移给买方。①

除此之外,出卖人还承担着交付有关单证和资料等从给付义务,《民法典》第599条规定:"出卖人应当按照约定或者交易习惯向买受人交付提取标的物单证以外的有关单证和资料。""提取标的物单证以外的有关单证和资料"主要应当包括保险单、保修单、普通发票、增值税专用发票、产品合格证、质量保证书、质量鉴定书、品质检验证书、产品进出口检疫书、原产地证明书、使用说明书、装箱单等。② 如果出卖人没有履行或者不当履行从给付义务,导致当事人不能实现合同目的的,合同一方当事人可以请求解除合同并要求对方承担损害赔偿责任。

(二) 买方的义务

1. 支付价款

支付价款是买方的主要义务。买方应当按照约定的数额、时间、地点和结算方式支付价款。如果在合同中没有事先约定价款或约定不明,当事人可以通过事后协商解决。协商不成的,应当按照订立合同时履行地的市场价格履行;依法应当执行政府定价或者政府指导价的,则按规定进行。

值得注意的是,在企业的经营中,尤其是在一些购销合同中,经常出现"先出发票,后付款"的付款方式,这种基于信赖的付款方式已经成为某些行业的商业交易习惯,但它却存在一定的法律风险。因为这种付款方式往往缺乏相应的特别书面约定或者其他补充材料以证明买方并未付款。《最高人民法院关于审理买卖合同纠纷案件适用法律问题的解释》第5条亦规定:"合同约定或者当事人之间习惯以普通发票作为付款凭证,买受人以普通发票证明已经履行付款义务的,人民法院应予支持,但有相反证据足以推翻的除外。"当卖方为货款起诉至法院时,双方最基本的信赖丧失,诚信交易就变成了诉讼对抗。因此,企业最好遵行发票管理的有关规定,尽量"先付款,后开发票",以防范未知的法律风险。

---

① 《民法典》第634条规定:"分期付款的买受人未支付到期价款的数额达到全部价款的五分之一,经催告后在合理期限内仍未支付到期价款的,出卖人可以请求买受人支付全部价款或者解除合同。出卖人解除合同的,可以向买受人请求支付该标的物的使用费。"

② 见《最高人民法院关于审理买卖合同纠纷案件适用法律问题的解释》第7条。

相关案例
未约定先开发票后付款,不得以未开发票为由拒绝付款

在最高人民法院(2017)最高法民申1675号案件中,法院依法查明:出卖人通汇公司与买受人重钢公司签订了《购销合同》。订立合同后,出卖人按照《购销合同》的约定向买受人交付全部货物,但买受人并未按期付款。同时法院查明,买卖双方未在《购销合同》约定出卖人应先开具增值税发票,买受人再支付购货款。故通汇公司诉至法院,要求重钢公司支付购货款。重钢公司抗辩称,在通汇公司开具增值税发票前,不应当支付购货款。

最高人民法院认为:该案系买卖合同纠纷案件,出卖人的主要合同义务是交付货物,买受人的主要合同义务是支付货款。现在出卖人已经向买受人交付了货物的情况下,买受人应按照合同约定支付全部货款。且双方并未在《购销合同》中明确约定出卖人出具增值税发票的义务,买受人以双方在合同实际履行中的习惯是先开票后付款,并据此主张付款条件未成就的理由不成立。在该案中,最高院明确认为:除非合同明确约定了先后履行顺序,否则开具增值税发票并非出卖人的主要合同义务,仅是附随义务。此外,最高院在(2017)最高法民申3960号、(2019)最高法民申1301号、(2020)最高法民终341号、(2020)最高法民申4859号案件中同样持上述意见。

2. 接受标的物

接受标的物既是买方的权利,也是买方的义务。卖方按照合同的约定交付标的物时,买方不能拒绝接受,否则就要承担违约责任。如果买方没有正当理由而拒绝接受标的物,那么卖方可以将标的物提存。卖方一旦将标的物向有关机关提存,则相当于已经履行交货义务。

3. 对标的物进行检验

对标的物进行检验对买方而言是一个重要的环节,因为只有经过检验才能确认标的物的数量和质量是否符合合同的约定,从而保护买方的利益。《民法典》第620条规定,买受人收到标的物时,有及时检验的义务。但是在法理上,对标的物进行检验是买方的不真正义务,违反该义务不会引起违约责任,但是因此造成的损失,须由买方自己承担。当事人对检验期限未作约定,买受人签收的送货单、确认单等载明标的物数量、型号、规格的,可以推定买受人已经对数量和外观瑕疵进行检验,但是有相关证据足以推翻的除外。当事人约定减轻或者免除出卖人对标的物瑕疵承担的责任,因出卖人故意或者重大过失不告知买受人标的物瑕疵的,出卖人无权主张减轻或者免除责任。

需要注意的是,如果当事人约定了检验期限,但约定的检验期限过短,根据标的物的性质和交易习惯,买受人在检验期限内难以完成全面检验的,该期限仅视为买受人对标的物的外观瑕疵提出异议的期限。此外,如果约定的检验期限短于法律、行政法规规定期限的,应当以法律、行政法规规定的期限为准。

若当事人已约定检验期限,买受人发现标的物存在问题的,应当在检验期限内,将标的物的数量或者质量不符合约定的情形通知出卖人。如果买受人怠于通知的,即超过检验期限未进行异议通知的,视为标的物的数量或者质量符合约定。若当事人没有约定检验期限,买受人发现或者应当发现标的物的数量或者质量不符合约定的,应当在合理期限内通知出卖人。如果买受人在合理期限内未通知或者自收到标的物之日起二年内未通知出卖人的,

视为标的物的数量或者质量符合约定。但是,如果对标的物有质量保证期的,应当适用质量保证期,不适用该二年的规定。

4. 拒收时保管标的物

当买方因为交付的标的物不符合规定,如多交付、提前交付、标的物存在质量瑕疵而拒绝接受标的物时,买受人仍然负有妥善保管标的物的义务,否则因此导致卖方受损的,买受人必须承担损害赔偿责任。

 拓展知识

商人对受领货物的保管义务

商人对受领货物的保管义务,是商事严格责任主义的体现,是对商人行为的强制性规范。《德国商法典》《日本商法典》以及《韩国商法典》均有类似规定。《德国商法典》第362条第2款规定:"即使商人拒绝要约,其对随同寄送的货物,为避免发生损害,仍应以要约人的费用暂时进行保管,但以其对此种费用已得到抵偿,并以此举不对其造成不利益即可发生为限。"《日本商法典》第510条规定:"商人接受属于其营业部类契约的要约,又与要约一起受领的物品时,该商人即使拒绝要约,也应以要约人的费用保管该物品。但是,如物品价额不足以抵偿保管费用时,或商人因保管物品将受损失时,不在此限。"《韩国商法典》第60条规定:"商人接到属于其营业范围内的合同的要约的同时收到有关样品或者其他物品时,虽然已拒绝该要约,但仍应以要约人的费用来保管该物品。但是,以该物品的价值不足以清偿费用或者因其保管而有受害之虞时,除外。"商人对其接收的货样的保管义务,与是否由其常客送来,以及对方是不是商人都没有关系。

(三) 买卖的意外事故:货物的风险负担

在买卖合同中,标的物的风险一般是指标的物在生产、储存、运输、装卸等过程中可能遭受的各种意外损失情况,如遭遇盗窃、自然灾害以及不属于正常损耗的腐烂变质、物品碎裂等一系列不可归责于双方当事人的事由。那么究竟由哪一方承担上述"天灾人祸"所带来的损失呢? 法律关于风险负担的规定,属于任意性规范。即如果买卖双方事前就对该问题作了约定,则按约定处理;如果当事人没有特别约定,则按照法律规定的风险负担规则处理。

依照我国法律规定,风险负担实施交付主义原则:标的物毁损、灭失的风险依标的物的交付而转移,即在交付之前由卖方承担,交付之后由买方承担。但是,在当事人有过错的情况下,则采用过错主义。具体而言,在以下几种情况下,应做特殊处理。

1. 因为买方的原因导致标的物不能按照约定的期限交付的,自买方违反约定时起,标的物的风险转移给买方。如《最高人民法院关于审理商品房买卖合同纠纷案件适用法律若干问题的解释》第8条规定:"房屋毁损、灭失的风险,在交付使用前由出卖人承担,交付使用后由买受人承担;买受人接到出卖人的书面交房通知,无正当理由拒绝接收的,房屋毁损、灭失的风险自书面交房通知确定的交付使用之日起由买受人承担,但法律另有规定或者当事人另有约定的除外。"

2. 如果卖方出卖的是交付给承运人运输的在途标的物,除当事人另有约定外,则从合

同成立之时起风险转移给买方。

3. 如果当事人没有约定交付地点,按照规定标的物需要运输的,则自卖方将标的物交付给第一承运人后,风险转移给买方。

4. 卖方按照约定将标的物送到交付地点,买方违约没有收取的,自买方违约之日起,风险转移给买方。

5. 如果标的物的质量不符合要求致使不能实现合同目的,买方拒绝标的物或者解除合同的,标的物的风险由卖方承担。根据《民法典》第609条的规定,出卖人按照约定未交付有关标的物的单证和资料的,不影响标的物毁损、灭失风险的转移。

6. 卖方按照约定将标的物送到买受人指定地点并交付给承运人后,标的物毁损、灭失的风险由买受人承担。

风险分配的经济学解读[①]

从经济学的角度看,风险的防范需要成本的支出,风险的承担造成利益的损失,所以法律的功能就在于以最小的成本防范风险的出现,如果风险是不可避免的,则应以造成最小损害的方式平衡风险。为了达成最高经济效率的目的,契约履行所发生的风险应当由当事人中能以较低成本消化该风险的一方负担,该当事人成为具有优势的风险承担人。与优势风险承担人相关的还有廉价保险人概念。决定当事人之中何者为最廉价保险人,其标准在于:第一,能以较低的成本估算风险,包括预估风险发生的概率及可能招致损害数额的大小;第二,能以较低的交易成本"分散危险消化损失",获得保险者。例如,购买相关的责任保险或履约保险等。

四、违约与救济

尽管每个商人都希望每次买卖能顺利完成,但是因为大量主观或客观因素的存在,在买卖中总是难免出现差错。比如事先没有商量好货物的交付地点,导致交付无法顺利完成;或者卖方由于价钱的考虑而把标的物转卖给了出价更高的第三人。因此,商人如果要切实维护自己的利益,还必须了解法律有关违约的规定以及救济方式,以便"未雨绸缪"或"亡羊补牢"。

(一) 什么是违约救济

违约是指合同当事人不履行合同义务或者履行合同义务不符合约定。在法律上,违约可以分为三种类型,分别是不履行、迟延履行和瑕疵履行。

---

① 柴振国:《契约法律制度的经济学考察》,中国检察出版社2006年版,第163—164页。

表 2-1-4 违约类型

类型	履行情况	违约表现	包含情形
不履行	未履行	当事人一方完全不履行自己的合同义务	1. 预期违约 2. 期限届满时完全不履行义务 3. 履行不能
迟延履行	已履行	履行在时间上迟延	1. 卖方给付迟延 2. 买方受领迟延
瑕疵履行	已履行	没有按合同规定的要求履行	数量、质量、地点、方式不符合约定

其中,预期违约又称先期违约,它是指在合同依法成立之后、履行期届满之前,当事人一方明确肯定地拒绝履行合同或以其自身行为或客观事实预示其将不履行或不能履行合同的一种违约行为。预期违约是英美法独有的制度,它包括明示毁约和默示毁约两种形态。明示毁约是指在合同履行期限届至之前,一方当事人无正当理由而明确肯定地向另一方当事人表示他将不履行合同。默示毁约是指在履行期限到来之前,一方当事人有确凿的证据证明另一方当事人在履行期届至时,将不履行或不能履行合同,而另一方又不愿意提供必要的担保。我国吸收了预期违约制度,《民法典》第578条规定:"当事人一方明确表示或者以自己的行为表明不履行合同义务的,对方可以在履行期限届满前请求其承担违约责任。"

拓展知识

效率违约理论

效率违约(theory of efficient breach),又称为有效违约,是以波斯纳为代表的美国经济分析法学派提出的一种违约理论。它的含义是:合同的一方当事人只有因违约带来的收益将超出己方以及他方履约的预期收益,并且针对预期收益的损害赔偿为限,使之在承担违约责任后仍有盈余,违约才是一个理性的选择。

创立效率违约制度的关键在于经济分析法学派通过对交易过程中成本与风险关系的分析来重新评价合同责任的功能和价值基础。从经济学的角度来看,效率违约使社会资源的配置达到了一种"潜在的帕累托优势"(或称帕累托改进或卡尔多—希克斯改进)。这种效率并不只表现为有人获利、有人受损,而是在此基础上强调了获利方对受损方要进行足够的补偿。

当事人一旦出现上述违约行为,并且不存在法定或约定的免责事由时,就必须负违约责任。违约责任是一种民事责任,它具有财产性、补偿性和惩罚性。违约责任的形式主要有以下几种:继续履行、补救措施、赔偿损失、支付违约金、定金。

1. 继续履行

一般而言,要求违约方继续履行其合同义务是维护守约方利益的首要手段,在法律上,要求对方履行合同义务的救济方法称为继续履行。继续履行又称强制履行、强制实际履行,是指在当事人一方违反合同义务时,由法院或者仲裁机构根据对方当事人的要求,强制违约方继续按合同规定的标的履行义务。继续履行是有效实现当事人订约目的的补救方式,但是否采用该救济方式则由受损害方决定。

但是，并非任何情况下都能运用继续履行这一救济方式，按照《民法典》第580条第1款的规定，当事人一方不履行非金钱债务或者履行非金钱债务不符合约定的，对方可以请求履行，但有下列情形之一的除外：(1) 法律上或者事实上不能履行；(2) 债务的标的不适于强制履行或者履行费用过高；(3) 债权人在合理期限内未要求履行。此外，如果买方已经采取了与继续履行相抵触的救济方法，如解除合同，就不能再采取该方法。

2. 采取补救措施

当事人违反合同义务后，为了防止损失发生或进一步扩大，违约方根据法律规定或约定以修理、重作、退货或降价等方式对守约方损失进行补偿或弥补的形式称为补救措施。如在卖方交付的标的物与合同规定不符的情况下，买方可以要求卖方交付替代物或对标的物进行修理、更换或重作。这几种方式都属于合同救济中的补救措施。即通过对标的物在质量或数量方面存在的瑕疵进行修补，以达到合同的要求，但是上述补救措施并不妨碍买方因卖方违约而享有的要求损害赔偿的权利。《民法典》第582条规定："履行不符合约定的，应当按照当事人的约定承担违约责任。对违约责任没有约定或者约定不明确，依据本法第五百一十条的规定仍不能确定，受损害方根据标的的性质以及损失的大小，可以合理选择请求对方承担修理、重作、更换、退货、减少价款或者报酬等违约责任。"需注意，《民法典》所列举的上述各种责任形式的适用是隐含着梯队等级的。修理、更换、重做是第一阶层的权利，在瑕疵轻微、能够限期补救的情形下应当首先适用，这样不仅节约交易成本，提高交易效率，而且能够更好地平衡双方当事人的利益。而退货、减少价款或者报酬等其他权利则为第二阶层，在第一阶层权利不能弥补履行瑕疵时则可被适用。[1]

3. 请求损害赔偿

损害赔偿是指当事人一方违反合同义务给对方造成损失时，以支付一定数额货币的方式弥补对方的损失。违约行为本身并不直接导致违约方承担损害赔偿责任，只有违约导致了损害的产生，才可以要求违约方承担赔偿责任。承担赔偿损失责任的构成要件有以下四个：

第一，存在违约行为，当事人不履行合同或者不适当履行合同。第二，存在损失后果，违约行为给另一方当事人造成了财产等损失。第三，违约行为与财产等损失之间有因果关系，违约行为是财产等损失的原因，财产等损失是违约后果。第四，违约人有过错。

对于赔偿损失的范围，当事人可以事先约定，在没有约定的情况下，法律规定，损失赔偿额应当相当于因违约所造成的损失，包括合同履行后可以获得的利益，但不得超过违反合同一方订立合同时预见到或者应当预见到的因违反合同可能造成的损失。[2] 可获得利益损失主要分为生产利益损失、经营利润损失和转售利润损失等类型，在生产设备和原材料等买卖合同违约中，因出卖人违约而造成买受人的可得利益损失通常属于生产利润损失。先后系列买卖合同中，因原合同出卖方违约而造成其后的转售合同出售的可得利益损失通常属于转售利润损失。可得利益损失的计算，必须遵循下面四大规则：

(1) 合理预见规则。又叫应当预见规则，是指只有当违约所造成的损害是违约方在订

---

[1] 最高人民法院民法典贯彻实施工作领导小组主编：《中华人民共和国民法典合同编理解与适用（二）》，人民法院出版社2020年版，第758页。

[2] 《民法典》第584条："当事人一方不履行合同义务或者履行合同义务不符合约定，造成对方损失的，损失赔偿额应当相当于因违约所造成的损失，包括合同履行后可以获得的利益；但是，不得超过违约一方订立合同时预见到或者应当预见到的因违约可能造成的损失。"

约时可以预见的情况下,才能认定损害结果与违约行为之间具有因果关系,违约方才应当对这些损害进行赔偿。如果损害不可预见,则违约方不应赔偿。这在法国法、英美法和中国法上是限制损害赔偿的范围的措施之一,体现了理性主义及主观归责的理念,旨在避免赔偿数额过高,以平衡违约方和受害人之间的利益关系。《民法典》第584条规定,当事人一方不履行合同义务或者履行合同义务不符合约定,造成对方损失的,损失赔偿额应当相当于因违约所造成的损失,包括合同履行后可以获得的利益;但是,不得超过违约一方订立合同时预见到或者应当预见到的因违约可能造成的损失。根据该规定,合理预见规则中的预见主体应为违约方,预见的时间点在合同订立之时,虽然《民法典》未明确预见的内容,但主流观点认为,预见的内容应为损害的类型而无须预见损害的程度、具体数额。①

(2) 与有过失规则。与有过失,是指就损害的发生或扩大受害人也有过失的,法院可以减轻行为人所负的赔偿金额或免除其赔偿责任的规则。与有过失规则在大陆法系、英美法系及《国际商事合同通则》等国际交易规则中得到广泛认可。我国《民法典》第592条亦规定:"当事人都违反合同的,应当各自承担相应的责任。当事人一方违约造成对方损失,对方对损失的发生有过错的,可以减少相应的损失赔偿额。"

(3) 减轻损失规则。一方违约后,另一方应当及时采取合理措施防止损失的扩大。否则,不得就扩大的损失要求赔偿。减轻损失规则是依据诚实信用原则而产生的。未尽到减轻损失义务,已构成对诚实信用原则的违反。《民法典》第591条规定:"当事人一方违约后,对方应当采取适当措施防止损失的扩大;没有采取适当措施致使损失扩大的,不得就扩大的损失请求赔偿。当事人因防止损失扩大而支出的合理费用,由违约方负担。"

(4) 损益相抵规则。损益相抵,是指权利人基于损害发生的同一赔偿原因获得利益时,应将所受利益由所受损害中扣除,以确定损害赔偿范围的规则。《最高人民法院关于审理买卖合同纠纷案件适用法律问题的解释》确认了这一规则,其第23条规定:"买卖合同当事人一方因对方违约而获得利益,违约方主张从损失赔偿额中扣除该部分利益的,人民法院应予支持。"损益相抵的法理依据在于,赔偿责任制度的目的,在于补偿损害人因违约而遭受的损失,受害人不得因损害赔偿而较损害事故发生前更为优越。因此,该原则是确定受害人因对方违约而遭受的"净损失"的规则,是计算受害人所受"真实损失"的法则,而不是减轻违约方本应承担的责任的规则。②

对于赔偿损失的金额,关键在于计算标的物的价格,还要确定计算的时间及地点。通常以违约行为发生的时间作为确定标的物价格的计算时间,以违约行为发生的地点作为确定标的物价格的计算地点。

商事法定利率的计算

商事行为的法定利率,实际上是商事行为报酬请求权的延伸。在立法上,各国多规定,因商事行为所生之债为有偿之债,对于此类债务,即使合同未作约定,债务人亦应按照法律

---

① 崔建远:《合理预见规则的解释论》,载《东方法学》2022年第3期。
② 魏振瀛主编:《民法》(第7版),北京大学出版社、高等教育出版社2017年版,第489页。

规定支付利息。对于商事行为的法定利息,许多国家(地区)(例如,德国、日本、韩国、中国澳门、瑞士等)在其商事立法上都有明确规定,不少国家商法均规定了一个确定的数值。其中,德国为年利率5%,韩国、日本为年利率6%。值得注意的是,在采法定利率制的国家,大多区分对待商事行为所生债务的法定利率和一般民事行为所生债务的法定利率。通常,商法典中规定的法定利率大多高于其民法中所规定的法定利率,这是由商事行为的营利性所决定的。

我国现行法对商事法定利率并无直接规定,我国多年的司法实践实现了从依银行同期存款利率到依银行贷款利率计算当事人经济损失的转变,2020年修改的《最高人民法院关于审理买卖合同纠纷案件适用法律问题的解释》明确了逾期付款损失的计算标准,该司法解释第18条第4款规定:买卖合同没有约定逾期付款违约金或者该违约金的计算方法,出卖人以买受人违约为由主张赔偿逾期付款损失,违约行为发生在2019年8月19日之前的,人民法院可以中国人民银行同期同类人民币贷款基准利率为基础,参照逾期罚息利率标准计算;违约行为发生在2019年8月20日之后的,人民法院可以违约行为发生时中国人民银行授权全国银行间同业拆借中心公布的一年期贷款市场报价利率(LPR)标准为基础,加计30%—50%计算逾期付款损失。

4. 支付违约金

违约金是指由当事人事先约定的,在当事人一方违约时支付给对方当事人一定数额的货币。违约金具有补偿性,并有一定的惩罚性。但由于违约金的主要功能在于弥补当事人的损失,因此违约金的数额应当与当事人的损失具有相对一致性,而不可偏离过多,否则就背离了违约金的立法本意,故对于数额畸高的违约金条款,人民法院可以根据当事人的请求适当进行调整,以维护民法的公平和诚实信用原则。我国《民法典》第585条规定,当事人可以约定一方违约时应当根据违约情况向对方支付一定数额的违约金,也可以约定因违约产生的损失赔偿额的计算方法。约定的违约金低于造成的损失的,人民法院或者仲裁机构可以根据当事人的请求予以增加;约定的违约金过分高于造成的损失的,人民法院或者仲裁机构可以根据当事人的请求予以适当减少。当事人就迟延履行约定违约金的,违约方支付违约金后,还应当履行债务。该法条在适用时,还应注意以下几点:

第一,当事人可以通过反诉或者抗辩的方式请求法院调整违约金。

第二,当事人请求人民法院或者仲裁机构增加违约金的,增加后的违约金数额以不超过实际损失额为限。

拓展知识

法院不应过多干预商人约定的违约金

有观点认为,商人在经营其营业中约定的违约金,法院或者仲裁机关不得以其过分高于所造成的损失为由减少。因为商人对其行为后果有足够的经验与判断能力,其利益计算能力较强、风险识别和风险规避能力也较强,商人在订立合同过程中,能够较好地判断合同风险,包括违约责任的大小以及自己是否能承担该责任。因此,法院或仲裁机关没有介入的必要。何况,原《合同法》上的违约金调整规则本来并非针对商人而设,而是为了保护弱势民事主体。但是,由于现行《民法典》未区分商事合同与非商事合同,因此在对违约金进行调整的时候,法院应细致区分合同的属性,对商事合同的违约金调整需秉持审慎谦抑的态度依法为之。

第三,当事人主张约定的违约金过高,请求予以适当减少的,应以实际损失为基础,兼顾合同的履行情况、当事人的过错程度以及预期利益等综合因素,根据公平原则和诚实信用原则予以衡量。

第四,当事人约定的违约金超过造成损失的30%的,一般可认定为《民法典》第585条规定的"过分高于造成的损失"。

第五,如果当事人专门就迟延履行约定违约金的,该种违约金仅是违约方对其迟延履行所承担的违约责任,因此,违约方支付违约金后,还应当继续履行债务。

相关案例
法院依法调整违约金[①]

2012年5月20日,电梯公司与银路公司项目部彭连营签订《电(扶)梯产品买卖合同》,约定:订购客梯2台,单价200000元,合计400000元。付款方式:合同签订甲方支付乙方定金叁万元整,业主方付甲方工程款60%,甲方支付乙方合同总金额60%后,乙方发货至甲方现场安装,电梯安装完毕,验收合格之日,甲方支付合同总金额35%,余款5%为质保金,在质保期满无质量问题付清。违约责任:非因不可抗力,乙方逾期交货或甲方逾期付款的,应按逾期部分金额的每日千分之二向对方偿付违约金。2012年6月29日经彭连营签字同意,银路公司向电梯公司支付货款253000元。2014年7月16日,新疆维吾尔自治区伊犁哈萨克自治州特种设备检验检测所出具案涉电梯监督检验报告,检验结论为合格。因货款未清偿完毕,电梯公司于2017年7月21日向银路公司法定代表人颜文照邮寄催款函。于2019年10月24日向伊宁市人民法院递交起诉材料。

一审法院认为,电梯公司按照合同约定完成了运输、安装、交付的义务,银路公司应当按照约定履行支付货款的义务,银路公司对已付货款253000元的事实认可,故电梯公司主张银路公司支付剩余货款207000元的诉讼请求,具有事实及法律依据,予以支持。对电梯公司主张银路公司支付违约金207000元,根据《中华人民共和国合同法》第一百一十四条第二款规定,约定的违约金低于造成的损失的,当事人可以请求人民法院或者仲裁机构予以增加,约定的违约金过分高于造成的损失的,当事人可以请求人民法院或者仲裁机构予以适当减少。电梯公司并未举证证实其存在损失及实际损失的大小,且电梯公司的主张明显过高,应依法予以调整。以电梯公司的实际损失为基础兼顾合同的履行情况等综合因素,酌定银路公司向电梯公司支付未付款项20%的违约金。

5. 定金

定金,俗称"定钱",是指根据法律的规定或合同约定,为保障合同履行,一方当事人在合同履行前先行支付给对方一定数额的货币。定金被广泛运用于日常商事买卖中,对于推进

[①] 新疆维吾尔自治区高级人民法院伊犁哈萨克自治州分院(2022)新40民终925号。

商事买卖的实际履行具有重要作用,其实质是一种担保,属于金钱担保的范畴。定金应当以书面形式约定,定金合同从实际交付定金之日起生效。定金的数额由当事人约定,但不得超过主合同标的额的20%。超过部分不产生定金的效力,在司法实践中多作为预付货款认定。实际交付的定金数额多于或者少于约定数额的,视为变更约定的定金数额。

根据《民法典》第587条的规定,给付定金的一方不履行约定的债务或者履行债务不符合约定,致使不能实现合同目的的,无权要求返还定金;收受定金的一方不履行约定的债务或者履行债务不符合约定,致使不能实现合同目的的,应当双倍返还定金。

定金、违约金和损害赔偿金三者的适用规则

首先,定金与违约金的适用关系。由于我国的定金在性质上属违约定金,具有预付违约金的性质,因此它与违约金在目的、性质、功能等方面相同,两者是不可并罚的。《民法典》第588条规定了当合同既约定定金又约定违约金的,可以且只能由非违约方选择一种对其最有利的责任形式。如果合同中约定的违约金和定金是针对不同的违约行为,且两者在数额上总和也不太高,在一方同时实施不同的违约行为形态时,两种责任形式是可以并用的。

其次,违约金与损害赔偿金的适用关系。一般来说,合同中约定的违约金应视为对损害赔偿金额的预先确定,因而违约金与约定损害赔偿金是不可以并存的。对违约金和法定损害赔偿的适用关系可以概括为:(1) 原则上不并存;(2) 就高不就低;(3) 优先适用违约金责任条款。但如果当事人事先约定的违约金性质属于惩罚性违约金,则可以与损害赔偿金并罚。

最后,定金与损害赔偿金的适用关系。由于定金条款主要是通过定金罚则的惩罚作用发挥担保功能,而违约损害赔偿责任的功能在于填平损失,二者功能相异,故可以同时适用。因此,《民法典》第588条第2款规定,如果定金不足以弥补一方违约造成的损失的,非违约方可以请求赔偿超过定金数额的损失。

(二) 责任的豁免:免责事由

免责事由是指法律规定或者合同约定的免除当事人违约责任的情况。它通常也被称为免责条件。法律上规定的免责事由,主要有不可抗力、货物的自身性质、货物的合理损耗以及情势变更原则等。当事人事前约定的免责事由则称为免责条款。

1. 不可抗力

不可抗力是指不能预见、不能避免且不能克服的客观情况。它包括自然灾害和社会事件两大类,前者如台风、地震、水灾等;后者如战争、暴乱、罢工、禁运等。构成不可抗力的意外事故应具备下列条件:(1) 意外事故是在签订合同以后发生的;(2) 意外事故是当事人所不能预见、不能避免和不可控制的;(3) 意外事故的引起没有当事人疏忽或过失等主观因素。

不可抗力发生后,当事人一方因不能按规定履约,要取得免责权利,必须及时通知另一方,并在合理时间内提供必要的证明文件,以减轻可能给另一方造成的损失。但在两种情形下则不能援引不可抗力条款要求免责:(1) 金钱债务的迟延责任不得因不可抗力而免除。(2) 迟延履行期间发生的不可抗力不具有免责效力。不可抗力事件可以依法进行公证。

相关案例
新冠肺炎疫情下合同纠纷中不可抗力规则的适用[①]

2019 年 6 月 14 日,原告圣腾公司(乙方)与被告福悦公司(甲方)签订《曲阜某酒店承包经营合同》,合同约定,被告将曲阜某酒店的整体服务经营权交原告承包经营,原告自主经营,独立核算,自负盈亏。合同第四章第 2 条为"任何一方遇特殊情况须单方面提前解除合同,应提前 2 个月向对方提出书面意见,……"。合同第六章免责条款为"第一条,因不可抗力原因致使本合同不能继续履行或造成的损失,甲、乙双方互不承担责任"。

2020 年 1 月,国内突发新型冠状病毒疫情,导致原告承包的涉案酒店不能正常营业。2020 年 2 月 17 日,原告向被告发送短信,要求从 2 月起终止承包合同。3 月 26 日,原告通过微信发送给被告合同终止协议书;同日,被告通过微信告知原告"按照合同约定,单方解除合同须提前两个月提出,您 2 月 17 日提出的解除合同,所以,我们 4 月 17 日再办理交接吧"。2020 年 4 月 17 日后,原、被告仍未就合同解除事宜达成一致意见。

法院一审判决:一、自 2020 年 2 月 17 日起解除原告圣腾公司与被告福悦公司于 2019 年 6 月 14 日签订的《曲阜某酒店承包经营合同》。二、被告福悦公司于本判决生效后十日内返还给原告圣腾公司押金 30 万元。

新冠肺炎疫情确实属于基于外来因素而发生的,具有突发性、不可预见、不能避免且不能克服的客观情况;疫情防治行政措施的采取,对于一般当事人而言亦是不可预见、不能避免且不能克服的,也具备不可抗力的特征。一般可认定新冠肺炎疫情符合不可抗力的特征,因受本次疫情影响,不能如期履行合同义务而要求变更、解除合同的,应按照不可抗力的规定免除部分或全部责任,但在具体个案中不能一概地将疫情认定为不可抗力。一是民商事合同是否对疫情构成不可抗力作出了约定,如有约定则按照约定处理。二是当事人是否充分证明以最大谨慎和最大努力仍不能防止疫情对合同履行造成根本性障碍,如随着互联网技术的飞速发展与普及,很多合同的履行方式已有更加丰富的选择,例如通过调用库存、线上销售等途径继续经营、继续履约,只有各种方式均受疫情影响不能履行的情况下,才能认定存在合同履行障碍,继而认定构成不可抗力。

本案中,在合同履行期间,受新冠肺炎疫情的影响,曲阜市自 2020 年 1 月下旬要求商场、餐饮、旅游景区、酒店等人员密集的地方暂停营业,致使涉案曲阜某酒店无法继续经营,原告遂于 2020 年 2 月 17 日向被告发出解除合同的通知。曲阜某酒店因新冠肺炎疫情的原因导致无法继续经营,符合"因不可抗力致使不能实现合同目的"之情形,原告于 2020 年 2 月 17 日通过短信及微信的方式向被告发出解除合同通知亦符合行使合同解除权的形式要件,且原告自 2020 年 2 月 17 日至 2020 年 4 月 17 日多次与被告进行沟通,被告在 2020 年 3 月 26 日答复中亦陈述"2020 年 4 月 17 日办理交接",能够证明被告亦同意解除合同,故涉案

[①] 盛玉洁、潘玉清、芦强:《新冠肺炎疫情下合同纠纷中不可抗力规则的适用》,载《山东法制报》2022 年 1 月 28 日,第 3 版。

合同于2020年2月17日予以解除,有事实和法律依据,并无不当。因涉案合同已经解除,被告理应返还原告押金及提前交付的承包费。另外,考虑到新冠肺炎疫情的影响,法院对2020年2月18日至2020年4月17日之间的租赁费酌情进行减免,符合《最高人民法院关于依法妥善审理涉新冠肺炎疫情民事案件若干问题的指导意见(二)》的相关精神。

2. 货物本身的自然性质、货物的合理损耗

如果货物的损毁与灭失是由货物本身的自然性质或者合理损耗造成的,出卖人也不用承担赔偿责任。例如气体的自然挥发,水果的自然发酵等。《民法典》第832条规定:承运人对运输过程中货物的毁损、灭失承担赔偿责任。但是,承运人证明货物的毁损、灭失是因不可抗力、货物本身的自然性质或者合理损耗以及托运人、收货人的过错造成的,不承担赔偿责任。

3. 免责条款

免责条款指当事人在合同中约定的免除或者限制其未来责任的条款。免责条款是合同的组成部分,必须经当事人双方充分协商,并以明示的方式作出,既不允许以默示方式作出,也不允许法官推定免责条款的存在。指出免责条款的一方当事人应当提醒对方注意,在对方提出要求时还应予以说明。免责条款并不必然有效,如果免责条款是对法律强制性规定的否定,则该免责条款无效。如《民法典》第506条第2款规定,免除故意或重大过失造成对方财产损失的条款无效。有些免责条款不是对国家强制性的否定,不是对法律谴责、否定违约和侵权的态度的蔑视,而是在既有的价格、保险等机制的背景下合理分配风险的措施,是维护企业的合理化经营,平衡条款利用人、相对人乃至一般第三人之间利益关系的手段。这类免责条款应该有效。①

4. 情势变更原则

情势变更原则是指在合同成立后至其被履行完毕前这段时间内,因不可归责于双方当事人的原因,发生了非当初所能预料得到的变化,如果仍然坚持原来的法律效力,将会产生显失公平的结果,有悖于诚实信用的原则,因此,应当对原来的法律效力作相应的变更的一项基本原则。情势变迁原则的理论依据是"合同基础论",即认为合同的有效性应以合同成立时所处的环境继续存在为条件。

情势变更原则的运用必须具备以下几个要件:

(1)必须有情势的变更,所谓"情势"指合同成立时作为该合同存在前提的客观情况,如币值、物价,一定的交通状态等,这种客观情况发生了重大变化。

(2)情势变更必须在合同成立后、消灭之前发生。在合同成立时,如对合同现实内容、行为目的有重大误解或显失公平,则不得适用情势变更原则,仅适用《民法典》有关重大误解、显失公平的规定,由当事人请人民法院或仲裁机关予以变更或撤销即可。如在合同消灭之后,情势发生变化,鉴于这种变化不影响合同当事人的利益,因此,在合同消灭后不适用该原则。

(3)情势变更必须为当事人没有预料到,而且不可能预料到。如果当事人在签订合同时能够预见或应当预见,则其对合同因情势变更所导致的不公平后果应当承担责任,若仅一

---

① 崔建远主编:《合同法》(第7版),法律出版社2021年版,第227页。

方当事人不可预见,则仅该当事人可以主张情势变更。

(4) 情势变更必须是因不可归责于当事人的原因发生的。如果情势变更系当事人的主观过错,因此造成另一方的损失,过错方应当承担责任,如一方当事人迟延履行后,发生情势变更造成合同履行后的不公平,则过错方不能以情势变更作为自己免责的理由。

(5) 情势变更必须是已成立的合同如继续保持效力会带来显失公平的结果,而且不公平的程度必须显著,或者导致行为后果与行为人的行为目的相悖并造成较大的伤害,这是情势变更的核心条件。

此外,需要注意的是,根据《民法典》第533条的规定,在发生情势变更后,合同并不当然解除,当事人仍负有继续谈判的义务,之所以作此规定,其出发点在于鼓励当事人通过变更合同的方式继续维持合同的效力,是商法鼓励交易价值理念的体现。但是,依照主流观点,此种义务在性质上应当属于不真正义务,即在当事人违反该义务后,并不会必然产生违约责任。①

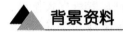背景资料

情势变更原则纳入《民法典》

1999年我国制定《合同法》时,《合同法(草案)》第77条即为情势变更原则,但是考虑到当时我国市场经济体制正处于不断变化发展的建设阶段,如果将该原则纳入立法中,担心会引发大量违约行为,因此将该条删去。而随着我国市场经济制度的完善,立法者对于情势变更原则不再有"被滥用"的顾虑,而且随着实践中不可预见因素的增加,如金融危机的发生,我国法院终于将情势变更原则纳入司法解释中。《最高人民法院关于适用〈中华人民共和国合同法〉若干问题的解释(二)》第26条规定:"合同成立以后客观情况发生了当事人在订立合同时无法预见的、非不可抗力造成的不属于商业风险的重大变化,继续履行合同对于一方当事人明显不公平或者不能实现合同目的,当事人请求人民法院变更或者解除合同的,人民法院应当根据公平原则,并结合案件的实际情况确定是否变更或者解除。"

上述解释在实践中发挥了重要的作用,一方面为各级法院在审判实践中取得良好的法律效果和社会效果而适用情势变更提供了法律依据,另一方面在实质要件上作出了规定,从而也规范了人民法院在情势变更的适用方面的自由裁量权。2020年制定《民法典》时,将该条吸收为第533条,在文字上删除了"非不可抗力"和"不能实现合同目的"的表述,并增加了继续协商谈判义务。该条规定:"合同成立后,合同的基础条件发生了当事人在订立合同时无法预见的、不属于商业风险的重大变化,继续履行合同对于当事人一方明显不公平的,受不利影响的当事人可以与对方重新协商;在合理期限内协商不成的,当事人可以请求人民法院或者仲裁机构变更或者解除合同。"《民法典》之所以承认情势变更制度,是对现代社会纷繁复杂、形态多样的交易关系的一种回应。伴随着经济全球化的发展,电子商务(e-commerce)大量取代了既有的交易模式,当事人缔约时不可预见的风险也不断涌现,例如,

---

① 王利明:《具有国际化视野的〈民法典〉合同编立法》,载《经贸法律评论》2021年第4期。

亚洲金融危机、"非典"以及新型冠状病毒等情势将导致许多合同难以履行。《民法典》第533条在总结司法实践经验、借鉴比较法经验的基础上,对情势变更制度作出了规定,能够有效解决大量因当事人在订约时无法预见的情势变化而引发的纠纷。①

五、企业合同管理和风险防范

商场如战场,商机处处有,商情时时变。为保证商务贸易的正常进行,买卖双方都乐于用合同来规定相互间的权利义务,合同一旦依法签订生效,对双方就具有拘束力,签约各方必须依约履行,否则须承担相应的违约责任。故合同有当事人之间的"法锁"之称。而"法锁"的金钥匙在于合同管理,即统一审核、管理合同的签订和管理合同的履行。

具体而言,企业合同管理可以分为三个阶段:合同缔约前的管理、合同缔约管理和合同履行管理。

(一)缔约前的管理

资信调查是企业签约前进行的一项重要的合同管理活动。企业在签署重大合同之前进行资信调查有利于提高合同的履约率和经济交往的安全性。资信调查分为签约主体资格调查和签约主体信用调查。②

1. 签约主体资格调查

企业对签约主体资格进行调查的主要内容包括:(1)主体资格是否合法;(2)经营范围是否合法;(3)签约人是否合法。

合同中对当事人的描述一般都比较靠前,容易引起注意,有时通过企业名称就可以判断合同主体是否合格。许多公司的合同在提交审查时,对方当事人一栏处于空白状态,这非常不利于审查,因此,为稳妥起见,必须对定稿后的合同进行审查,以防止主体资格上出错。③

对企业经营范围的审查也十分重要,根据传统的法人越权理论,为保护公司债权人与投资者的利益,法人超越其经营范围的行为是无效的。但是这一传统理论随着实践情形的复杂化而有所突破。在实践中,法人超越经营范围的行为已不必然无效。《民法典》第505条规定:"当事人超越经营范围订立的合同的效力,应当依照本法第一编第六章第三节和本编的有关规定确定,不得仅以超越经营范围确认合同无效。"一方面,当事人超越经营范围订立的合同原则上是有效的;另一方面,在特殊情形下,当事人超越经营范围订立的合同可能被宣告无效。此时必须检查企业的经营范围是否存在违反国家限制经营、特许经营以及法律、行政法规禁止经营的情况。

---

① 王利明:《具有国际化视野的〈民法典〉合同编立法》,载《经贸法律评论》2021年第4期。
② 鲁照旺:《采购法务与合同管理》,机械工业出版社2008年版,第230页。
③ 王博、王冰:《合同时代的生存——合同签订、履约与纠纷预防》,武汉大学出版社2008年版,第159页。

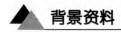

审查企业是否具备合同主体资格应注意的问题

审查企业的主体资格时,不仅要审查对方是否具备营业执照,还应注意其执照是否已经经过年检并在批准的经营期限内,此外,许多行业除了需要营业执照外,还需要获得相关业务主管部门的行政许可证才能经营。如从事金融业还必须拥有中国人民银行批准的金融许可证才能营业。因此还必须审查该企业是否已经获得相应的行政许可证。当前,我国已建成国家企业信用信息公示系统①,已合法注册企业的注册信息、许可审批、年度报告、行政处罚、抽查结果和经营异常状态等信息均通过该信息系统全面向公众公开,为企业的资信调查工作带来极大的便利。

企业还应该注意在签约前要求对方当事人出具签约资格证明。签约人是法定代表人的,应出具法定代表人证明;签约人是代理人的,代理人必须事先取得法定代表人的授权,并根据授权范围以委托人的名义签订合同,才能对委托人直接产生权利义务。② 对于代理人,应当注意审查以下四方面的事项:一是其是否有被代理人签发的授权委托书;二是其代理行为是否超越了代理权限;三是其代理权是否超出了代理期限;四是授权委托书上被代理人的签章是否真实有效。

2. 签约主体信用调查

对签约主体的信用调查关系到企业是否能够履约以及在违约情况下是否能够承担相应责任的问题。企业对签约主体信用的调查主要包括以下两个方面:

第一,履约能力的调查。我国法律规定,法人因合同发生的债务承担有限责任,公民、私营企业和个体组织等对合同发生的债务承担无限责任。因此,企业在签订合同时应当了解对方的履约能力是否能够承担相应的责任。基于此,企业应该在缔约前了解对方的财产状况,包括注册资本、实有资本、公积金以及其所拥有的其他形式的财产,尤其是对于企业的资产负债情况应当有比较清楚的了解,此外,对于对方的生产能力和经营能力也应当有所了解。

第二,履约信用的调查。履约信用调查是对履约企业的信用、信誉的调查。对企业信用的调查可以通过多种渠道获取,包括:(1)从官方渠道获得资料;(2)委托金融机构及其分支机构对客户进行资信调查;(3)从被调查企业的贸易关联处获得相应资料;(4)从资信调查机构的数据库中查询企业信用记录;(5)直接从被调查企业得到资料;等等。

---

① 国家企业信用信息公示系统网址:https://www.gsxt.gov.cn/index.html。
② 鲁照旺编:《采购法务与合同管理》,机械工业出版社 2008 年版,第 322 页。

从谈判中获悉企业的信用度与履约能力

谈判是考察客户信用度与履约能力的重要的第一手材料。因为在谈判中,对方的经营作风、经营能力以及对本企业的贸易态度都会得到体现。谈判中也往往需要涉及客户的资本、资金、目前的经营状况等资料,因此,谈判是搜集客户资料的极好机会。另外,一般单位都保存有客户往来函电资料以备查询,包括询价、发盘、还盘、接受等交易磋商函电,也包括执行合同、争议处理等往来函电。这些函电可以从侧面反映客户的经营品质、经营作风和经营能力,反映客户关注的问题以及交易态度等。

(二)缔约管理

合同缔约管理的重点在于在正式签约前,审查合同的内容和形式是否符合法律规定,这有利于保证合同的合法性,防止违法和无效合同;有利于保证合同的真实性,防止显失公平和重大误解,最终达到保护企业合法权益的目的。在实务中,企业应重点审查以下几个方面的内容。

1. 审查合同主体是否合法。当事人在订立合同时必须具有相应的民事行为能力。主体不合格,所订立的合同不能发生法律效力。

2. 审查合同形式是否合法。合同的形式包括书面形式、口头形式和其他形式,如果法律对合同形式有强制性规定,则应当依照法律的要求。

3. 审查合同内容是否合法,注意格式条款的使用。格式条款又称格式合同,是指当事人为了重复使用而预先拟定并在订立合同时未与对方协商的条款。如:保险合同、房地产买卖合同书等,都是格式合同。格式合同可以提高签约的效率,其条款常常偏向于保护提供方的利益,因此,作为格式合同提供方的企业应注意以下一些法律规定的限制:第一,提供格式条款一方有提示、说明的义务,应当提请对方注意免除或者限制其责任的条款,并按照对方的要求予以说明;第二,免除提供格式条款一方当事人主要义务、排除对方当事人主要权利的格式条款无效;第三,对格式条款的理解发生争议的,应当作出不利于提供格式条款一方的解释。

《民法典》中关于格式条款的规定

第 496 条 格式条款是当事人为了重复使用而预先拟定,并在订立合同时未与对方协商的条款。

采用格式条款订立合同的,提供格式条款的一方应当遵循公平原则确定当事人之间的权利和义务,并采取合理的方式提示对方注意免除或者减轻其责任等与对方有重大利害关系的条款,按照对方的要求,对该条款予以说明。提供格式条款的一方未履行提示或者说明义务,致使对方没有注意或者理解与其有重大利害关系的条款的,对方可以主张该条款不成为合同的内容。

第497条 有下列情形之一的,该格式条款无效:(一)具有本法第一编第六章第三节和本法第五百零六条规定的无效情形;(二)提供格式条款一方不合理地免除或者减轻其责任、加重对方责任、限制对方主要权利;(三)提供格式条款一方排除对方主要权利。

第498条 对格式条款的理解发生争议的,应当按照通常理解予以解释。对格式条款有两种以上解释的,应当作出不利于提供格式条款一方的解释。格式条款和非格式条款不一致的,应当采用非格式条款。

4. 注意是否存在使合同不具备法律约束力的情形。在企业的经营实践中,还必须注意,合同成立后并不必然生效。在法律上,合同的成立与生效是两个不同的概念。合同成立是指当事人经由要约、承诺,就合同的主要条款达成合意,即双方当事人意思表示一致而建立了合同关系,表明了合同订立过程的完结。而合同生效是指已经成立的合同在当事人之间产生一定的法律拘束力。如果不具备以下条件,则合同不能生效:(1)行为人具有相应的民事行为能力。这一要件前文已述。(2)意思表示真实。意思表示真实是指当事人双方具有真实的订立合同的意图,因此,在以下情形下,合同由于当事人不具备真实的意思表示,因此不能生效。

表 2-1-5 因意思表示不真实合同不能生效的情形

情形	范例
1. 以欺诈、胁迫手段订立的合同	以威胁对方人身安全的方式订立合同
2. 以合法形式掩盖非法目的	以转移资金为目的签订虚假买卖合同
3. 乘人之危	在对方企业陷入财务困难时要求大幅减价
4. 显失公平	100万元购买10台普通电脑
5. 重大误解	把货物价格60元/斤看成6元/斤

5. 不违反法律或社会公共利益。合同的内容不得违反法律或社会公共利益,例如签订买卖毒品或者买卖人口的协议,因其内容违反了法律的规定,因此不能生效。我国调整合同法律关系的法律规定除了《民法典》外,还有大量法律、法规和部门规章以及国际条约与协定,例如《产品质量法》、我国参加 WTO 签署的有关国际贸易的各类协议,等等。如果企业在对外签订合同的过程中违反了上述法律文件的效力性强制性规定,就会导致合同无效,造成企业的损失。

拓展知识

商事合同中对"重大误解"应严格限定

我国《民法典》规定,因重大误解而订立的合同可变更可撤销,但是未就重大误解的范围作出限定。《最高人民法院关于适用〈中华人民共和国民法典〉总则编若干问题的解释》对何为"重大误解"作出了规定,该解释第19条规定:"行为人对行为的性质、对方当事人或者标的物的品种、质量、规格、价格、数量等产生错误认识,按照通常理解如果不发生该错误认识行为人就不会作出相应意思表示的,人民法院可以认定为民法典第一百四十七条规定的重大误解。"该条适用在商事合同中,范围则过于宽泛。商人是专业领域具备专业知识和技能的人,误解存在的空间很小,在商人对商业术语和交易习惯熟悉的时候通常不会产生误解,如果是故意造成误解则属于欺诈的范围了,应另当别论。是故在司法实践中,应该着重结合上述解释第19条第2款的规定,即行为人能够证明自己实施民事法律行为时存在重大误解,并请求撤销该民事法律行为的,人民法院依法予以支持;但是,根据交易习惯等认定行为人无权请求撤销的除外。在商事合同中,应当结合商事交易习惯、商事主体专业技能水平等因素,对"重大误解"的认定作严格的限定。

6. 形式或程序符合法律或行政法规的规定。这是指按照法律或行政法规的规定,某类买卖必须具备履行一定的手续才能成立。例如房屋买卖必须到行政机关登记才能生效。

需要注意的是,合同不能生效并不意味着合同一定无效。一份未生效的合同可以通过一定的补救措施而使其生效,例如补充登记。为了尽量促进交易,现行司法实践的态度倾向于尽量使合同成立,除非其违反了法律的效力性强制性规定。[①]

(三) 履约管理

企业履行合同的主要依据是合同中对双方权利义务的规定,在合同履行的过程中,企业不仅要依约履行自己的义务,同时也要防止对方作出违约的行为,对某些事项"未雨绸缪",才能保证在发生纠纷或意外事故时最大限度地保护己方的利益。具体而言,企业在履行合同时,应注意以下三点:

1. 按合同约定交接货物和结算

交接货物,就是交付和接受合同的标的物。货物应当按时、按地、按质、按量交接,即应按照指定时间、指定地点以及以指定的数量和质量进行交接。如果合同在交接过程中对其中的某项内容作出了改变,则视为合同已经变更,企业可以接受变更,也可以拒绝。但企业一旦接受该变更,则日后不得以对方违反合同为由提起诉讼。因此,企业如果不接受该变更,应明确表明其态度。

结算是指双方在交接货物后,按合同规定的价款、结算方式、结算期限办理货币支付。有关结算的具体内容,参见本篇第五章。

2. 合理运用抗辩权,防止债权落空

法律上为了促进双务合同的履行,保护诚信一方的当事人,规定了三种类型的抗辩权。所谓抗辩权又称异议权,是指当事人根据法律规定或合同约定拒绝履行义务,或拒绝对方权利主张的对抗权。这三种抗辩权分别为不安抗辩权、同时履行抗辩权和先履行抗辩权。

在法律上,所谓不安抗辩权是指具有先给付义务的当事人,当对方财产状况恶化、明显减少或者履行资信明显减弱,不能保证对待给付时,在对方未给付或未提供担保时,拒绝自己给付的权利。实务中,应当先履行债务的企业必须采取有效的方法收集对方当事人的情

---

① 强制性规范可分为效力性规范和管理性规范(或取缔性规范),进一步解释可参见本书第一篇第一章之"主体法定"相关内容中对效力性规范和管理性规范的阐述。

况,如果发现并有确切证据证明对方经营状况严重恶化的;转移财产、抽逃资金,以逃避债务的;严重丧失商业信誉的;有其他丧失或可能丧失履行债务能力情形的;有上述情形之一的,就可以使用不安抗辩权。行使不安抗辩权的效果在于中止合同的履行。行使不安抗辩权时,应当及时通知对方。等待对方提供了担保,才恢复履行。如果对方在合理期间内未恢复履行能力或提供有效担保,则可以解除合同。

此外,企业还可以按照具体情况,行使同时履行抗辩权和先履行抗辩权。同时履行抗辩权的基本含义是法律没有规定或合同没有规定应由哪一方先履行的情况下,合同双方都可以要求对方当事人同时履行、对等给付,否则有权拒绝给付。同时履行抗辩权以诚实信用原则为基础,具体表现为"一手交钱,一手交货"之交易理念,具有双重机能:担保自己债权之实现(你不交货,我不付款);迫使他方履行契约(你要我付款,必须同时交货)。① 同时履行抗辩权的构成要件有三个:(1)当事人双方互负债务。双务合同功能上的牵连性决定了同时履行抗辩权仅适用于双务合同,而不适用于单务合同。只有在合同双方均对对方负有给付义务的前提下,才可适用同时履行抗辩权。(2)双方互负的债务已届清偿期。只有双方互负的债务同时已届清偿期,才能适用同时履行抗辩权,如果双方互负债务的清偿期有先后顺序,则不适用。(3)对方不履行债务或未提出履行债务。合同一方向另一方请求履行债务时,须自己已履行或提出履行债务,否则另一方可行使同时履行抗辩权,拒绝履行债务。先履行抗辩权则是指合同的当事人互负债务,且有先后履行顺序,先履行一方当事人未履行合同义务或者先履行一方履行债务不符合合同的规定,后履行一方有权拒绝其履行的请求或有权中止履行合同的权利。先履行抗辩权的构成要件有三个:(1)当事人双方互负债务。这一点与同时履行抗辩权相同。(2)双方互负的债务有先后履行的顺序。先后履行顺序的产生原因可以是法定,也可以是因当事人自由约定。(3)先履行一方未履行债务或履行不符合债的本旨。所谓不符合债的本旨,是指先履行一方虽然履行了债务,但是其履行不符合当事人约定或法定的要求,应予补救,如提交的货物质量存在瑕疵。

相关案例
不安抗辩权行使的条件有哪些?②

2020年4月,原告某物流公司与被告某医疗设备公司签订《销售合同》约定,医疗设备公司向物流公司采购300台呼吸机,总价为7350万元,医疗设备公司应在2020年5月8日前将本合同项下货款的80%向物流公司付款,物流公司在收到医疗设备公司支付合同货款80%后,按照厂家生产进度进行货物排产,医疗设备公司需于物流公司发货前3个工作日将所发货物的剩余的20%货款付清。物流公司应于2020年6月10日前交付300台,若医疗设备公司逾期付款,则视为医疗设备公司违约。医疗设备公司在2020年5月8日前付款的数额未达到合同约定货款的80%,物流公司向医疗设备公司共交付呼吸机150台,也未达到合同约定的300台,双方发生纠纷。物流公司称,因医疗设备公司未按照合同约定全额支付合同项下货款的80%,故未交付全部呼吸机,医疗设备公司称其未全额支付5880万元系因物流公司无法按时交付呼吸机,故中止履行付款义务,医疗设备公司提出诉讼请求,要求解

---

① 王泽鉴:《民法学说与判例研究》,北京大学出版社2015年版,第1227页。
② 北京市第三中级人民法院(2021)京03民终8459号。本案经北京市第三中级人民法院审理后,维持一审判决。

除合同,物流公司返还预付款并赔偿损失。物流公司提起反诉,要求医疗设备公司继续履行合同并承担违约责任。

北京市通州区人民法院经审理认为,应当先履行债务的当事人,有确切证据证明对方有下列情形之一的,可以中止履行:(一)经营状况严重恶化;(二)转移财产、抽逃资金,以逃避债务;(三)丧失商业信誉;(四)有丧失或者可能丧失履行债务能力的其他情形。当事人没有确切证据中止履行的,应当承担违约责任。当事人依照上述规定中止履行的,应当及时通知对方。对方提供适当担保时,应当恢复履行。中止履行后,对方在合理期限内未恢复履行能力并且未提供适当担保的,中止履行的一方可以解除合同。依据约定,医疗设备公司应于2020年5月8日前先支付300台呼吸机货款的80%即5880万元才由厂家进行排产,故医疗设备公司应先履行债务。只有当医疗设备公司有确切证据证明物流公司有丧失或可能丧失履行债务能力的情形时,方可依法中止履行付款义务,且应在中止履行后及时通知对方。本案中,一方面,医疗设备公司在未按约定支付300台呼吸机80%货款的情况下,物流公司并无义务向厂家进行排产,物流公司因此未交付全部货物并不能说明其丧失或可能丧失履行能力。依据医疗设备公司提交的相关证据不能证实在其履行付款义务期限届满时物流公司存在丧失或可能丧失履行债务能力的情形,不符合行使不安抗辩权的条件。另一方面,依据法律规定,医疗设备公司行使不安抗辩权应及时通知物流公司,以便物流公司及时恢复履行能力或提供担保,但在案证据显示,在医疗设备公司货款支付期限届满时,医疗设备公司并无行使不安抗辩权的任何意思表示。故对于医疗设备公司主张行使不安抗辩权而拒付货款的主张,法院不予支持。

3. 及时采取保全措施,保证债权实现

所谓保全措施乃是我国合同法上规定的合同保全制度,它是指为防止债务人的财产不当减少给债权人的债权带来危害,法律允许债权人对债务人或者第三人的行为行使撤销权或代位权,以保护其债权得以实现的法律制度。

(1) 如何行使代位权

所谓代位权,是指债务人怠于行使其对第三人享有的到期的权利,而对债权人的债权造成危害时,债权人为了保全自己的债权,向人民法院请求以自己的名义向第三人代为行使债务人的债权。代位权的行使须符合下列要件:

第一,债权人对债务人享有的债权是合法债权并已到期。法律只对合法的权利予以保护,因此,债权合法是债权人行使代位权的首要条件;到期是指债权人可以向他的债务人行使请求权,即通过诉讼程序,不包括国际仲裁和国内仲裁程序。

第二,债务人怠于行使到期债权,对债权人利益造成损害。债务人怠于行使到期债权是指应该行使而没有行使。按《民法典》第535条的规定,债务人怠于行使到期债权表现为债务人不履行其对债权人的到期债权,又不以诉讼方式或者仲裁方式向其债务人主张其享有的债权或者与该债权有关的从权利,致使债权人的到期债权未能实现。

第三,债务人的债权不能是专属于债务人自身的债权。也就是说,这些债权不能是与债务人人格权、身份权相关的债权,专属于债务人自身的债权,是指基于扶养关系、抚养关系、赡养关系、继承关系产生的给付请求权和劳动报酬、退休金养老金、抚恤金、安置费、人寿保险、人身损害赔偿请求权等权利。此外,还应当包括的是,父母对子女财产的收益权,夫或妻对于共同财产的收益权,因人身自由、名誉、隐私、肖像等人格权遭受损害所生的损害赔偿请求权。[①]

第四,代位权的行使范围以债权人的债权为限。债权人行使代位权请求清偿的财产额,应以债务人的债权额和债权人所保全的债权为限,超越此范围,债权人不能行使。

(2) 如何行使撤销权

撤销权最早源于古罗马法中的"废罢诉权",是指债权人对于债务人所为的危害债权的行为,可请求法院予以撤销的权利。撤销权的功能在于保全或恢复债务人的财产,从而保障实现自身的债权。撤销权使特定当事人之间的合同效力延伸至其他非合同关系人,因而权利人为了保全自己的利益便可有条件地干涉他人之间的法律关系。譬如,债权人行使撤销权,可请求因债务人的行为而获得利益的第三人返还财产,恢复债务人财产的原状。这样使债权的法定权能得到有力的补充,体现了债的对外效力,增加了权利人的选择性权利,从而更有利于维护交易的安全。

在我国,债权人行使撤销权必须符合以下法定条件:

首先,债权人与债务人之间有合法有效的债权债务关系。债权人与债务人之间的债权债务关系是发生在债务人实施处分行为之先,而且合法有效,这是在债权人、债务人及受让人之间将利益和负担合理分配的前提。

其次,债务人实施了一定的处分财产的行为,包括实施了处分财产的积极行为(无偿转让或明显低价)或者实施了放弃债权的消极行为。处分财产的积极行为,例如债务人将作为一般担保的财产赠与他人,《民法典》第539条规定:"债务人以明显不合理的低价转让财产、以明显不合理的高价受让他人财产或者为他人的债务提供担保,影响债权人的债权实现,债务人的相对人知道或者应当知道该情形的,债权人可以请求人民法院撤销债务人的行为。"放弃债权的消极行为,例如债务人的债权到期,债务人对相对人明确表示放弃该债权,免除其债务。《民法典》第538条规定:"债务人以放弃其债权、放弃债权担保、无偿转让财产等方式无偿处分财产权益,或者恶意延长其到期债权的履行期限,影响债权人的债权实现的,债权人可以请求人民法院撤销债务人的行为。"

再次,债务人的行为必须有害于债权。债务人实施的行为在结果上直接导致作为债权担保的责任财产减少,侵害到债权人的实现。

最后,撤销权的行使范围以债权人的债权为限,并在法律规定的期限内行使。《民法典》第541条规定,撤销权自债权人知道或者应当知道撤销事由之日起1年内行使。自债务人的行为发生之日起5年内没有行使撤销权的,该撤销权消灭。

本章小结

本章介绍了商事买卖法的基本知识,以及与商事买卖密切联系的商事买卖合同的基本制度,包括商事买卖合同的订立、履行、违约责任承担以及企业合同管理与风险防范等内容,

---

① 杨立新:《合同法》(第2版),北京大学出版社2022年版,第215页。

其中不但介绍了买卖合同的基本法律规范,同时也涉及实务中签订、履行商事买卖合同的基本技巧以及重点、难点问题。

商事买卖合同的订立一般需要经过要约与承诺两个程序,合同的形式可以有口头、书面和其他形式;合同的条款中如果具备了当事人名称、标的与数量,则可以视为合同已成立。但为了防范法律风险,合同条款一般应包括:(1) 当事人的名称或者姓名和住所;(2) 标的;(3) 数量;(4) 质量;(5) 价款或者报酬;(6) 履行期限、地点和方式;(7) 违约责任;(8) 解决争议的方法等。合同的履行就是买卖双方各自履行其义务、实现其权利的过程。对于买方而言,其主要义务在于支付价金;对于卖方而言,其主要义务则是交付标的物。如果出现合同违约,则可以通过要求继续履行、补救措施、赔偿损失、支付违约金、定金等方式实现救济。

企业为了降低合同法律风险,应当建立一套适当的合同管理制度,善于运用撤销权制度与代位权制度维护企业的权益。

思考与练习

1. 什么是商事行为?商事行为的判断标准是什么?

2. 我国并未像国外如德国、美国那样出台商法典就商事活动设置特殊规则,而是以《民法典》来统一调整民事合同和商事合同,结合企业经营实际,你认为此种立法利弊何在?

3. 网上购物广告载:"一台冰箱卖 xxxx 元,只要按下定购按钮就可以立刻定购。"这属于卖方发出的要约吗?如果商家认为顾客的定购属于要约,而它们的确认属于承诺,这是否合法?为什么?

4. 有人认为,买卖标的物的风险转移必须以合同的生效为前提,也有人认为只要买卖双方签订了合同,不管合同是否生效,买卖的风险转移规则即生效。请结合企业经营实践,谈谈你的看法。

5. 《民法典》规定,在违约救济问题上,买卖合同中受损害方"可以合理选择要求对方承担修理、更换、重作、退货、减少价款或者报酬等违约责任",你认为在什么情形下,债权人对违约责任行使的选择是合理的?在什么情况下这一要求应当予以限制?

6. 以你所在企业的合同审核、管理实践为例,说明如何强化契约意识、完善合同管理工作、防范交易风险。

案例分析

1. 阅读下面的材料,你认为企业的捐赠行为是否构成商事行为?

虽然商事行为的本质特征是"以营利为目的的营业行为",但有些非营业行为,譬如商人对某个地区、行业或群体的捐赠行为,虽然表面看不是为了营利,但是,通过该行为却将自己的企业形象融入公众的思想,产生了显著的品牌效应。例如 2021 年 8 月 21 日,鸿星尔克实业有限公司就曾因向河南博物院捐赠一百万元登上过微博热搜榜一。2021 年 10 月 11 日和 2022 年 3 月 18 日,鸿星尔克又分别因"悄悄给山西捐物资"以及驰援泉州冲上微博榜一,鸿星尔克在过去一年里,至少又经历了四次因捐赠上热搜的情况。中国体育经济研究中心首席品牌管理专家张庆告诉《财经天下》周刊,一方面,鸿星尔克善于从经验中总结方法,将公益标签和社交媒体玩法弄透彻了,并采取措施持续强化,这比打广告还划算;另一方面,国货当道的背景下,消费者有一些养成心态,即这个品牌能够起死回生,是因为自己的贡献和支持。"某种程度上,鸿星尔克被推上热搜,与一个明星被粉丝推上去异曲同工。"

2. 阅读下面的案例①,请回答郑某的诉求应否得到支持?

2016年5月27日18时18分,郑某通过江苏苏宁易购电子商务有限公司(以下简称苏宁易购)向上海泽居网络科技有限公司(以下简称泽居网络)以4680元的价格下单订购格力系列家用中央空调一套,订单号为6026823064,规格型号为GMV-H112WLASTAR系列4.5匹一拖四,并于19时47分将价款支付完毕。按照苏宁易购承诺规定:卖家在72小时内发货,发货后2—3天送交买家。20时15分,泽居网络法定代表人崔某华与郑某进行电话联系。后泽居网络对该空调在网络上的价格显示为人民币46,800元并限于上海地区销售。2016年5月30日,郑某分别向苏宁易购及上海市宝山区消费者权益保护协会、江苏省南京市消费者权益保护协会、浙江省金华市消费者权益保护协会发出投诉函和申诉函,要求泽居网络按照原下单的价格交付空调,无果。另查明,郑某所购买的同规格型号的格力系列家用中央空调在同时间段内,天猫商城的价格为人民币20,900元。

郑某向浙江省兰溪市人民法院起诉,请求:(1)判决泽居网络履行家用中央空调买卖订单合同,立即按合同约定及时交付;(2)依法判决泽居网络未按合同约定及时交货的逾期费用(根据网站信息,逾期费为订单金额4680元的30%);(3)依法判决因泽居网络不履行合同而造成的郑某误工、交通、通信等费用500元整。

3. 阅读下面的案例,回答:"随行就市"中蕴涵了什么样的法律问题?应该如何从法律上确定"随行就市"的标准?该案件的判决结果是否合理?

个体户江某与绿园公司于2014年8月签订一份购销合同,约定:由绿园公司在一年内为江某提供50吨草鱼,并由绿园公司送货到江某处,具体供货时间和数量以江某要货传真为准,价格以当时市场价格7元/公斤为基础,随行就市。此后,双方按7元/公斤履行了10吨。2015年3月2日,江某发传真给绿园公司,要求以7元/公斤的价格提供10吨草鱼,绿园公司以当地鱼价上涨为由,告知江某只能以9元/公斤的价格供货,而江某却以本地鱼价未涨为由拒绝。由于绿园公司未供货,江某遂以绿园公司违约为由,诉诸法院,要求绿园公司按合同约定支付5万元违约金。法院最后判决绿园公司构成违约。②

4. 阅读下面的不良贷款案例,思考销售公司转让土地使用权及房产的行为可以被撤销吗?行使撤销权的条件有哪些?

2018年1月,某汽车工业集团销售公司(系某汽车工业集团的下属全资子公司,以下简称"销售公司")向某钢材公司购买了一批钢材,约定于2018年10月付清300万元的货款。2018年8月,销售公司欲将其位于某市开发区面积为3200平方米、净值约为人民币500万元的划拨土地使用权及其地面建筑物转让给某进出口贸易公司(该公司后变更为某汽车工业集团下属的全资子公司,以下简称"贸易公司")。同年8月30日,省国有资产管理局(下

---

① 浙江省兰溪市人民法院(2016)浙0781民初3109号。
② 《合同约定随行就市 该依"何行何市"》,载新浪网,https://news.sina.com.cn/o/2006-07-05/11029377958s.shtml,2023年11月7日访问。

称省国资局)回复同意该公司转让上述划拨土地使用权及房产。汽车工业集团亦在该批复上注明:"销售公司与贸易公司均系集团全资子公司,同意上述资产转让。"同年9月,销售公司办理了房产变更登记手续,贸易公司取得"土地房屋权证",贸易公司向销售公司共支付款项200万元。2018年12月,因销售公司逾期未能偿还货款,且已不具备清偿能力,钢材公司向法院提起诉讼,并同时以销售公司无偿处分资产导致其责任财产减少、不能清偿合同债务为由,请求法院撤销销售公司转让上述土地使用权及房产的行为。法院受理后,将贸易公司追加为无独立请求权的第三人参加诉讼。

第二章

融资与担保

2022年5月20日,上交所发布《上海证券交易所公司债券发行上市审核规则适用指引第4号——科技创新公司债券》,正式推出科技创新公司债券。随后,国投集团、三峡集团、广州港股份、华鲁控股、江苏永钢等5家公司在上交所成功发行科技创新债,合计募资146亿元。科技创新债的目的在于加强债券市场对科技创新领域的精准支持和资金直达,主要服务于科创企业类、科创升级类、科创投资类和科创孵化类等四类发行人,有助于带动资金流向科技创新领域。科技创新公司债券的发行,不但大大降低了科创企业的融资成本,而且保证了资金循环需求。然而,对于科创类企业之外的大多数中小企业仍需要通过银行等金融机构进行间接融资,为了防范融资过程中的违约风险,银行普遍要求企业提供担保。由于在融资借款的履行过程中,借款人的信用状况是一个变量,即便在交易前选择信用较高的交易对象,也难以避免在之后的交易中债权不能得到有效保障,因此,融资担保制度是在充分考虑债务人信用变动因素的基础上,为避免债务人信用恶化导致交易风险、为确保交易安全而建立的法律制度。

一、融　　资

现代市场经济竞争越来越体现为资金流转的竞争,流动资金越充足、资金流转周期越短,企业的生命力就愈强。因此,懂得如何融资、了解各类融资方式并谙熟其中的法律风险如何防范,是企业成功经营的关键之一。

(一) 融资与融资法

1. 什么是融资

所谓融资,即资金的融通,是企业为了发展经营的需要,采取一定的方式筹集资金的行为与过程。广义的"融资"是资金在持有者之间流动,以余补缺的经济行为,它包括资金融入和融出的双向互动,即不仅包括资金的来源,还包括资金的运用。① 狭义的"融资"仅指资金的融入,是企业为了保证经营发展需要,采用一定的渠道和方式筹集资金的经济行为。本章从狭义的角度分析企业融资。

"金融活,经济一盘棋皆活",足以表明融资对经济发展的促进作用。对于企业经营而

---

① 方晓霞:《中国企业融资:制度变迁与行为分析》,北京大学出版社1999年版,第8页。

言,融资的意义在于:首先,为企业经营提供资金支持,从而扩大生产与经营规模。其次,改善企业的治理结构。例如,股权融资能够改变企业的股权结构,并有效地改善企业的治理结构,从而实现企业的最大价值。最后,提高企业的创新和管理能力。例如,股权融资为企业提供的不仅是股权资本,同时还有先进的管理经验,债券融资要求企业定期还本付息,也能为经营管理提供有效的激励。

2. 融资的分类

(1) 内源融资与外源融资

这一分类的依据是资金来源的方向。内源融资是企业不断将资金的储蓄(包括留存盈利和折旧)转化为投资的过程,它对企业资本形成具有原始性、自主性、低成本性的特征。外源融资是企业吸收其他经济主体的闲置资金,使之转化为自己投资的过程。一般而言,企业在创立之初,主要依靠内源融资来积累资金、扩大生产规模。随着企业发展态势的稳定化与生产规模的加大,内源融资无法满足企业生产经营的需要时,外源融资便成为企业扩张的主要手段。

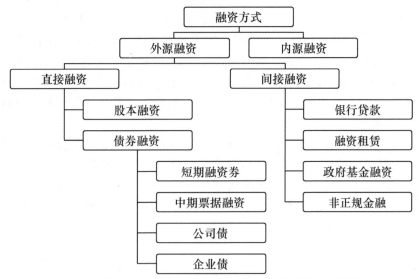

图 2-2-1 内源融资、外源融资与直接融资、间接融资之间的关系

(2) 直接融资与间接融资

以是否要通过银行等中介机构来融资为标准,外源融资可分为直接融资和间接融资。直接融资包括权益性融资与债券融资,如上市股票融资、债券融资等。间接融资包括银行贷款、融资租赁、政府基金借贷、非正规金融等方式。

3. 融资法体系

融资的本质在于资金的配置,因此,良好的融资立法目的就是构建一个能够促进资金优化配置、实现资金增值并以此促进企业发展的融资法律环境。

(1) 融资法的概念与特征

融资法是调整资金融通的法律规范。广义的融资法包括所有与融资有关的法律,如银行法、货币法、票据法、证券法等一系列涉及宏观监管与微观调整的法律规范。狭义的融资法则是从企业的角度而言,指与企业融资活动密切相关、直接调整企业融资行为的法律,包括合同法、证券法、担保法等。

融资法具有如下特征:

第一,公法与私法相融合。融资活动不仅关系企业的经营发展,而且与整个社会的经济安全紧密相连,因此融资法的调整对象不仅包含平等主体之间的组织协作关系,还包括不平等主体之间的监管关系,牵涉到的部门法包括民法、商法、刑法等。

第二,实体与程序相融合。由于企业融资不仅要符合法律规定的条件,还要遵守法定程序,比如上市流程、贷款手续等。因此,融资法不仅包括诸如公司法、银行法等实体性法律规范,而且包括证券法等程序规则较多的法律规范。

第三,强行法与自治法相融合。融资活动具有公共性和高风险性,各国法律都对金融活动进行严格的规范和监管,如证券法对企业发行股票、债券活动的规范。同时,融资行为是企业自主经营的重要表现,企业是否融资、采取哪种融资方式等取决于企业的决议,此时,公司章程与公司法起着重要作用。

(2)融资法的性质:商法还是经济法

如上文所述,融资法具有纵横统一性,在某种程度上具有与经济法相似的特征。从广义融资法的角度而言,此论断基本成立。但是从狭义融资法的视角,即企业经营的角度出发:融资活动是商事主体的行为,目标在于追求企业利润最大化,即以营利为目的,企业往往定期或不定期地根据自身资金循环状况连续采取各种方式进行融资,如在银行授信额度内多次贷款、一次短期融资券发行中的多期发行等,因此,融资是企业经营中的一种商事行为。在企业融资过程中,虽然涉及公私法各类法律法规,但最基本的当属《民法典》《公司法》《证券法》等商事规范。加之,当今商法发展日益具有公法规范与私法规范相融合的趋向,因此,融资法对于企业经营而言,属于商法的范畴。

资本关系是商业社会的物质基础,资本流关系亦是商法的重要调整内容,比如《美国统一商法典》将银行、商业投资、担保等金融制度均包括在内。在商业资本日益证券化和信用化的现代市场经济,资产流动日益呈现出从"财产资本化"到"资本权利化"到"权利证券化"再到"证券流通化"的特征,金融服务越来越成为现代商法调整的核心内容,融资法的商法特性愈加明显。

中小企业融资难的法律问题

由于法律制度上的原因,我国中小企业目前主要面临着如下融资困境:

(1)融资渠道单一,主要依赖于银行贷款。《证券法》规定股票上市公司股本总额必须达到一定规模,生产经营必须符合国家产业政策。中小企业由于受各种因素制约,经营规模偏小,且大多为一般生产加工企业和流通服务性企业,绝大多数不能进入公开的证券市场筹资,只能采取银行贷款或在企业内部融资的形式。

(2)金融垄断,缺乏为中小企业服务的中小民营金融机构。我国融资体系是以国有大企业为主要对象设计、实施的。国有商业银行75%以上贷款流向国有企业,15%以上流向大型非国有企业。中小微企业只能转向"影子银行"获得融资,大多数中小微企业融资成本高于10%(15%左右)。①

(3) 缺乏统一规范信用的法律。中小企业一般规模较小,实力弱,固定资产少,缺乏可抵押的资产,并且中小企业的贷款时间紧、风险大、频率高。而现有的企业信用评估体系都是以大企业为对象,缺乏对中小企业的一些具体情况的考虑,这种信用评估体系不利于中小企业融资。我国有关维护信用的法律条款在多部法律中虽有涉及,但内容比较零散,至今没有一部完整、规范的维护信用的法律。

(二) 直接融资

直接融资是资金供求双方直接进行资金融通的活动,也就是资金需求者直接通过金融市场向社会上有资金盈余的机构和个人筹资,一般不需要提供担保,而是注重企业的资信级别,因此,会计师事务所、律师事务所、资信评级机构等社会中介组织在其中发挥着重要的信誉评价作用,以帮助投资者分析风险。

1. 股票融资

股票在资本市场中占据流通证券的多数,由于股票在融资方面存在规模大等诸多优势,越来越多的企业待自身发展到一定程度,便会上市发行股票融资。

(1) 股票融资的概念与特征

股票是指股份有限公司发行的证明股东持有公司股份的要式证券。股票融资,是股份有限公司通过非公开或者公开上市发行股票以筹集资金的行为,它具有如下特征:

第一,股票融资是股份有限公司的经营行为。根据我国《公司法》,有限责任公司的股份不采用股票的形式,而是由公司向股东签发出资证明书,并称之为"出资额"。股份有限公司包括非上市公司和上市公司,其股份的表现形式都是股票。

第二,股票融资可分为公开发行与非公开发行融资。公开发行的股票即"社会公众股",公司上市后称为"流通股",根据《证券法》,公开发行股票时股份有限公司必须遵循严格的前提条件和程序;非公开发行的股票在公司上市后在转让方面受到限制,称为"限售股票",其在发行条件方面没有公开发行的股票严格。

第三,股票融资可以推动企业建立完善的治理机制、增强企业发展潜力。受股票价格波动影响,经营透明、业绩优秀的公司股票的股价通常能保持较高水平,促使公司能以较低的融资成本筹集大量资本,从而与公司经营绩效之间形成良性互动。

(2) 股票发行

股票首次公开发行并上市,简称 IPO(Initial Public Offering),是指发行人初次向社会不特定投资者公开发行股票并上市交易的行为。为了规范首次公开发行股票并上市的行为,保护投资者的合法权益和社会公共利益,根据中国证监会的相关规定,需要经历以下程序②:第一,股东大会对股票发行的具体方案、募集资金使用的可行性等事项作出决议。第二,保荐和申报。保荐包含保证和推荐的含义,其核心是保证发行人申请文件和信息披露资

---

① 许贵元:《让中小微企业"吃饱喝足"平稳发展》,载《企业家日报》2021年3月15日,第3版。
② 中国证监会2006年颁布《首次公开发行股票并上市管理办法》(中国证券监督管理委员会令第196号),该办法于2022年4月8日通过了第四次修订。

料的真实性。[①] 第三,证监会受理申请、初审和预披露。预披露在于发动社会公众,以发现申请材料中的虚假材料。第四,发行审核委员会审核。中国证监会对初审意见补充完善的申请文件进一步审核通过后,将初审报告和申请文件提交发行审核委员会审查。第五,核准。国务院证券监督管理机构或者国务院授权的部门依法作出予以核准或者不予核准的决定。股票发行申请未获核准的,自中国证监会作出不予核准决定之日起6个月后,发行人可再次提出股票发行申请。第六,公告与发行。经核准后,发行人在指定的报刊和网站上刊登招股说明书及发行公告等信息,证券公司与发行人进行路演,向投资者推介和询价,并根据询价结果确定发行价格,进而正式发行股票。第七,发行人向证券交易所提交上市申请,经批准后与证券交易所签订上市协议,发布上市公告,正式挂牌上市交易。

 背景资料

股票首次公开发行并在创业板上市

创业板又称二板市场,即第二股票交易市场。在我国,主板指的是沪、深股票市场。创业板指专为暂时无法在主板上市的中小企业和新兴公司提供融资途径和成长空间的证券交易市场,是主板市场的重要补充。

我国《首次公开发行股票并在创业板上市管理暂行办法》于2009年5月1日起施行,2014年2月11日中国证券监督管理委员会审议通过《首次公开发行股票并在创业板上市管理办法》,该办法分别于2015年、2018年历经两次修订。与主板市场相比较,法律对创业板上市的要求有以下特点:

一是对财务方面要求较低。创业板要求拟上市企业最近两年连续盈利,总额不少于1000万元,而主板则要求最近三年连续盈利,总额不少于3000万元。创业板要求最近一年营业收入不少于5000万元,而主板要求最近三年营业收入不少于3亿元。我国出于风险控制的考虑,这些准入条件仍然普遍高于部分海外创业板,如美国纳斯达克要求企业最近一年税前利润不低于70万美元,而香港地区则未设最低利润线。

二是对发行规模要求较小。创业板要求企业上市后总股本不低于3000万元,而主板则要求发行前股本总额不少于3000万元。

三是对投资人要求高。创业板要求建立与投资者风险承受能力相适应的投资者准入制度,向投资者充分提示风险,在投资者资金门槛和涨跌停板的限制方面,也比主板更加严格。由于创业板上市公司盘子小,为避免成为投机炒作的场所,创业板必须制定严格的信息披露和退市机制。

公司上市之后,出于扩大规模、增加流动资金等原因,仍有融资的需要,除了公开发行股票外,上市公司还可以选择发行可转换公司债券以及非公开发行股票。

---

① 关于保荐制度的具体规定可参见中国证券监督管理委员会于2020年6月12日发布的《证券发行上市保荐业务管理办法》(中国证券监督管理委员会令第170号)。

可转换公司债券,是指公司依法发行、在一定期间内依据约定的条件可以转换成本公司股票的公司债券,属于《证券法》规定的具有股权性质的证券。根据我国《上市公司证券发行注册管理办法》,可转换公司债券的期限最短为1年,最长为6年。可转换公司债券每张面值100元。根据中国证券监督管理委员会于2020年颁布并于2021年1月31日起施行的《可转换公司债券管理办法》,向不特定对象发行的可转债应当在依法设立的证券交易所上市交易或者在国务院批准的其他全国性证券交易场所交易;发行人向特定对象发行的可转债不得采用公开的集中交易方式转让,上市公司向特定对象发行的可转债转股的,所转换股票自可转债发行结束之日起18个月内不得转让。可转债自发行结束之日起不少于6个月后方可转换为公司股票,转股期限由公司根据可转债的存续期限及公司财务状况确定。可转债持有人对转股或者不转股有选择权,并于转股的次日成为发行人股东。

非公开发行股票,是上市公司采用非公开的方式,向特定对象发行股票的行为。依据《上市公司证券发行注册管理办法》,非公开发行股票的特定对象应当符合股东大会决议规定的条件且发行对象不超过35名。如果发行对象为境外战略投资者的,应当遵守国家的相关规定。

拓展知识

企业融资的捷径——借壳上市

企业直接上市融资的手续繁杂,需要花费较大的时间和费用成本。如果企业通过借壳上市,则可以通过迅速交易控制"壳公司",避免 IPO 的高准入门槛与长期等待,在短期内实现上市目标。借壳上市是一种高级形态的资本运营手段,一方面非上市公司通过借壳实现自身资产、业务的间接上市,拓宽企业融资渠道,另一方面上市壳公司通过被借壳实现业绩提升。

狭义的借壳上市,即上市公司的控股母公司(集团公司)借助已拥有控制权的上市公司(子公司),通过资产重组将自己的资产、业务注入上市公司(子公司),扩大其运营规模、提高盈利水平、增强其融资能力,以满足集团公司战略发展的需要,并逐步实现集团整体上市目的的一种行为和方式。① 其步骤一般为:集团公司先剥离一块优质资产上市,然后通过上市公司大比例的配股筹集资金,将集团公司的重点项目注入上市公司,最后再通过配股将集团公司的非重点项目注入上市公司实现借壳上市。广义的借壳上市,还包括买壳上市,即非上市公司通过收购上市公司的股权取得控股地位,然后由上市公司反向收购非上市公司、企业的资产业务,从而实现间接上市的一种企业并购行为。

实质上,无论母借子壳上市,还是买壳上市,都是非上市公司先通过拥有上市公司的控股权,然后利用控股地位由上市公司反向收购非上市公司,从而实现自身间接上市,只不过在运作过程中取得上市公司控制权的方式和时间不同而已。企业要实现借壳上市,首先必须结合自身经营资产情况、融资能力及发展计划来选择壳公司,壳公司要具备一定的盈利能力和重组的可塑性,不能具有太多不良债权债务。

---

① 卢阿青主编:《借壳上市:中国第一部沪深借壳探秘之作》,企业管理出版社1999年版,第3页。

2. 债券融资

债券融资,是指企业通过在证券市场或者货币市场发行债券,以获得外部资金支持的行为。证券市场的债券融资行为包括发行公司债券、企业债券;货币市场的债券融资行为包括发行短期融资券、中期票据等。

(1) 公司债券

公司债券是指有限责任公司或者股份有限责任公司依照法定程序发行约定在一定期限还本付息的有价证券。与股票相同,公司债券也属于有价证券,可以自由转让,但是与股票所代表的股东权益不同,公司债券反映的是一种债权债务关系,债券持有人是公司的债权人,不是所有人,债券持有人不能参与公司的经营管理。公司债券包括普通公司债券与可转换公司债券,法律对公司债券发行的条件和程序要求严格。①

金融危机将股票融资的高风险、信息不对称等方面的弊端暴露无遗,企业债券由于信息更加透明、监管更加严格,具有良好的安全性,其融资优势越发突显。另外,通过公司债券融资可避免因发行股票融资而分散股权。发行股票再融资会削弱公司股东的控股地位,且有可能降低每股收益,进而导致股价下跌。在企业需要资金的情况下,发行公司债券更容易获得股东的支持。

(2) 短期融资券与中期票据

短期融资券和中期票据,是指具有法人资格的非金融企业依照法律规定的条件和程序在银行间债券市场发行和交易并约定在一定期限内还本付息的有价证券。二者的区别在于:短期融资券的期限最长不超过1年,中期票据的期限主要集中在3—5年。

短期融资券可以解决企业短期内对流动资金的需求,中期票据则是企业3—5年期银行贷款的替代品种。这两种融资渠道的优势在于审批简单、发行速度快,在中国银行间市场交易商协会注册后就可发行;还可免担保,承销商视发行企业的实际情况决定是否需要提供担保。

(三) 间接融资

间接融资是指通过银行等金融机构所进行的资金融通活动。银行是间接融资的核心机构。在间接融资中,银行一般要求企业提供担保,例如保证、抵押、质押等。

表 2-2-1 直接融资与间接融资的优缺点比较

	优点	缺点
直接融资	(1) 筹资规模和风险度可以不受金融中介机构资产规模及风险管理的约束; (2) 具有较强的公开性; (3) 受公平原则的约束,有助于市场竞争,资源优化配置。	(1) 直接凭企业资信度筹资,风险较大; (2) 缺乏管理的灵活性; (3) 公开性的要求,有时与企业保守商业秘密的需求相冲突。
间接融资	(1) 社会安全性较强; (2) 授信额度可以使企业的流动资金需要及时方便地获得解决; (3) 保密性较强。	(1) 社会资金运行和资源配置的效率较多地依赖于金融机构的素质; (2) 监管和控制比较严格保守,对新兴产业、高风险项目的融资要求一般难以及时足量满足。

---

① 参见中国证券监督管理委员会《公司债券发行与交易管理办法》(中国证券监督管理委员会令第180号)。

1. 金融机构融资

（1）综合授信贷款

综合授信即银行等金融机构对一些经营状况好、信用可靠的企业，授予一定时期内一定金额的信贷额度，企业在有效期与额度范围内可以循环使用。综合授信额度由企业一次性申报有关材料，金融机构一次性审批。企业可以根据自己的营运情况分期用款，从而节约融资成本。金融机构的此种贷款，一般是针对年检合格、信誉可靠、同银行有较长期合作关系的企业。

（2）担保贷款

我国《商业银行法》第36条规定，商业银行贷款，借款人应当提供担保。商业银行应当对保证人的偿还能力，抵押物、质物的权属和价值以及实现抵押权、质权的可行性进行严格审查。经商业银行审查、评估，确认借款人资信良好，确能偿还贷款的，可以不提供担保。因此，企业在向银行借款融资时，原则上需要提供担保，不提供担保的是例外情形。

影响企业获得银行贷款的因素

根据《商业银行法》以及中国人民银行颁布的《贷款通则》，如果企业有下列不符合法律、法规规定的情形之一，一般不能获得银行贷款：

（1）不具备借款人主体资格和基本条件；

（2）生产、经营或投资国家明文禁止的产品、项目或未取得环境保护部门许可；

（3）违反国家外汇管理规定；

（4）建设项目按国家规定应当报有关部门批准而未获得批准文件；

（5）在实行承包、租赁、联营、合并、合作、分立、产权有偿转让、股权制改造等企业改制过程中，未清偿原有银行贷款或未提供相应担保等。

企业在经营过程中，不仅要审慎防止上述情形的发生，还要不断增强自身偿债能力，增加银行对企业的信心，以便顺利获得贷款。

2. 政府基金融资

政府基金融资，是指由政府创立、参股或保证，不以营利为目的，为贯彻、配合政府社会经济政策或意图的机构，在特定的业务领域内，直接或间接地为企业融资提供资金来源。政府基金的投入方式包括三种：一是贴息，二是资助，三是投资占股份。近年来，为了增强区域竞争力，政府机构不断采取各种方式扶持科技含量高的产业或者优势产业，并相继设立一些政府基金予以支持。比如，我国财政部设有"产业技术成果转化资金"、工业和信息化部设有"电子信息产业发展基金"，科技部设有"科技型中小企业技术创新基金"等，都面向中小企业，这对于拥有专业技术的诸多科技人员是很好的融资创业机会。

3. 非正规金融

非正规金融，是指非金融机构的自然人、法人及其他经济主体之间，在国家法定金融机构之外，以取得高额利息与取得资金使用权并支付约定利息为目的而采用民间借贷、民间票据融资、民间有价证券融资和社会集资等形式暂时改变资金所有权的金融行为。

 拓展知识

社会关系网络与民营企业非正规融资

在民营企业被"贷款难"问题所困扰的同时,非正式的民间金融为其提供了重要的支撑源泉。特别是在中国熟人关系根深蒂固的社会环境下,非正式的民间金融与民营企业有着天然的亲和力。非正式金融的交易范围往往限于一定的社会关系网络,而长久以来重视关系、人情、面子的传统文化和社会契约机制就为金融交易的开展提供了最为根本的信用基础。在这种以家庭为核心的关系网络和熟人圈子中,大家互惠互利、风险共担,频繁的接触与交往为贷款人了解借款人信息和把握贷款收回可能性提供了便利,而基于社会网络的关系信任还可以使借贷双方绕开繁杂的法律程序,灵活处理抵押担保,从而降低融资的交易成本。这种非正规金融契约的执行也会通过社会网络机制得以自我实施,从而避免了通过正规法律途径进行诉讼所需的高昂费用。因此,虽然非正规金融是游离于官方金融监管范围之外的金融行为,而且又缺乏正规法律渠道对债权人的保护,但是依靠社会网络的私人治理机制,通过重复博弈、信誉机制、社会资本隐性抵押等各种治理形式共同保证了金融契约的有效实施。可见,在中国的转轨经济阶段,一方面存在着正规金融对民营企业资金供给的短缺,另一方面又存在着非正规金融的有效供给,两方面因素的共同作用自然会使民营经济与民间金融不断融合、相互促进、互为支撑,非正规金融既为民营企业提供着替代性的融资支持,也随着民营企业的发展而不断壮大,并最终形成了正规金融和非正规金融双轨运行的二元金融结构。

从金融管制的法律、法规来看,我国对企业非正规金融的限制相当严格。
(1) 公民与企业之间的借贷

根据1999年《最高人民法院关于如何确认公民与企业之间借贷行为效力问题的批复》[①],确认了建立在真实意思基础上的公民与非金融企业之间的借贷属于有效的民间借贷,但同时附加了认定借贷行为无效的许多条件。司法实践中的处理原则是,企业向公民借款只能向特定的、少数人借款,而不能面向社会公众;企业只能因某些特殊的事由而向公民临时借款,不得是经营性行为;企业借款给公民只能是满足其临时特殊需要,而不能以借贷形式挪用企业的流动资金或以此牟利。

(2) 企业之间的借贷

对于"标会"、"台会"、地下钱庄等金融"三乱"问题,法律不仅明文取缔,而且经常进行大规模的整顿和查处。法律长期以来对企业之间的借贷予以严格限制,但近来有松动和改善的迹象。

私募基金实质上是一种企业间的借贷,它在我国逐渐走向阳光化,在设立方面已无法律

---

① 该批复目前已失效,其被《最高人民法院关于审理民间借贷案件适用法律若干问题的规定》(法释〔2020〕17号)代替,该规定所称的民间借贷,是指自然人、法人和非法人组织之间进行资金融通的行为;经金融监管部门批准设立的从事贷款业务的金融机构及其分支机构,因发放贷款等相关金融业务引发的纠纷,不适用本规定。《最高人民法院关于新民间借贷司法解释适用范围问题的批复》(法释〔2020〕27号)进一步明确,由地方金融监管部门监管的小额贷款公司、融资担保公司、区域性股权市场、典当行、融资租赁公司、商业保理公司、地方资产管理公司等七类地方金融组织,属于经金融监管部门批准设立的金融机构,其因从事相关金融业务引发的纠纷,不适用新民间借贷司法解释。

障碍。私募基金融资,是私募股权机构通过私下协商向目标公司进行股权投资,然后通过行使股东权利,介入目标公司的管理经营,从而实现股权增值,最后私募机构通过不同的方式退出,转让其所持有的股权获利。我国的蒙牛、新浪、无锡尚德等企业均是通过私募基金融资完成规模的扩张。

为企业创造优良的融资环境,使我国的金融市场秩序得以健康、规范发展,需要对非正规金融促进中小企业发展的作用予以充分肯定和重视,将非正规金融与非法黑色金融相区分,将非正规金融纳入法律规制和金融监管的框架之中,用疏导、规范来降低其金融风险,而绝非以堵塞、打压来加重其金融风险,使非正规金融能够和正规金融相配合,以适应企业不同层次的融资需求。

二、融资担保

在民事责任财产化、商业和银行信用兴起、交易过程不能即时清偿已成为市场交易典型特征的现代社会,担保的作用越来越突显。特别是在债权人与债务人地位倒置、企业发展急需大量资金的情况下,通过担保制度确保商业借贷的正常进行,保护债权人的权利、促进资本和物资的融通,就显得更加重要。

(一) 什么是融资担保

1. 融资担保的概念与特征

融资担保指债权人与借款人或者第三人在融资活动中依法约定保证履行借款合同的活动。以银行贷款为例,贷款银行是担保权人,借款人或第三人以自己的财产提供担保即成为担保人。设定贷款担保的目的在于,如果借款人到期不能偿还贷款,担保人代为清偿贷款或者将担保物折价、拍卖,使银行贷款得以收回。融资担保包括人的担保与物的担保以及其他担保形式。

融资担保作为一种商事担保,与一般的民事担保相比较,具有以下特征:

(1) 融资担保是一种商事行为,是商事主体出于企业营利的目的融通资金,从而扩大规模或者提升技术而进行的经营性行为。民事担保则是担保一般债权的实现,比如电器修理店因为顾客不支付修理费而留置电器。

(2) 融资担保是以融资为对象的一种担保行为,融资为目的,担保为手段。民事担保则一般是以消费行为为担保对象,比如居民购房贷款抵押等。

(3) 融资担保关系中,金融机构往往作为债权人出现,所以常常作为担保法律关系中的担保权人。民事担保的担保权人则更加多样化。

(4) 提供融资担保行为的主体往往是中小企业,由于受制于中小企业自身的性质与规模,银行往往不愿意为其提供信用贷款,因此中小企业融资一般需要提供人的担保或者物的担保,以确保银行债权的安全。

(5) 融资担保的债权标的额一般比较大。企业通常通过融资来扩大生产经营规模、投资新产品等,因此需要的资金规模较大。

(6) 融资担保的商事行为特征决定了其与民事担保之间的关系是特殊与一般的关系,关于融资担保的法律规定主要是对民事担保的基本内容作补充性规定。例如,在民事保证责任中有一般保证责任与连带保证责任,而融资保证由于具有营利性,所以其保证责任要严于民事保证,一般以连带保证责任为原则,这一点在我国突出地表现于票据保证中,《票据法》第50条规定,被保证的汇票,保证人应当与被保证人对持票人承担连带责任。汇票到期后得不到付款的,持票人有权向保证人请求付款,保证人应当足额付款。

需要说明的是,采民商分立立法例的国家或者在民法典之外制定有专门商法典的国家,一般在立法上区分民事担保与商事担保。由于我国采民商合一的立法体例,在立法上没有体现出形式上的民事担保与商事担保之分,但并不表明我国不存在实质上的商事担保,例如我国《民法典》已经确认了企业之间的商事留置权;《票据法》对票据保证行为作出了特殊规定;《海商法》有关担保的规定等。但在专门的商法典出台之前,关于担保,无论是一般的民事担保还是商事行为性质的融资担保,都统一适用《民法典》和《最高人民法院关于适用〈中华人民共和国民法典〉有关担保制度的解释》(法释〔2020〕28号)等规定。

2. 融资与担保的关系:从属关系

在融资贷款关系中,银行(债权人)对于借款人(债务人)的各种信息掌握得越完备,就越能最大限度地避免信贷风险且在竞争中处于优势地位。对借款人而言,信息不对称的减少将会降低借款代价。因此,借款人有向银行提供担保的主动性,这种主动性根源于债务人为减少贷款前其与债权人信息不对称而导致的借款成本的动机;而债权人愿意接受抵押贷款根源于债权人为减少贷款后其与债务人之间信息不对称而产生的贷款成本。担保成为融资契约关系中应对不确定性的一种有效机制。

融资与担保之间有如"搭档",具体表现为主从关系,融资借款合同为主合同,担保合同为从合同,担保从属于融资借款债权债务。主要表现在以下几方面:

(1)成立的从属性。担保是为了融资借款债权债务存在或将来存在而存在,若前者不存在,担保亦不成立。

(2)变动的从属性。融资借款债权债务的内容发生变更的,担保的权利义务关系亦随之变更。但须注意,主债权内容发生变更,原则上需经保证人同意。根据《民法典》第695条,债权人和债务人未经保证人书面同意,协商变更主债权债务合同内容,减轻债务的,保证人仍对变更后的债务承担保证责任;加重债务的,保证人对加重的部分不承担保证责任。债权人和债务人变更主债权债务合同的履行期限,未经保证人书面同意的,保证期间不受影响。

(3)担保随着融资借款债权债务的转让而转让。但是,该债权的从权利专属于债权人自身的不随之转让。[①] 另外,在保证期间内,债权人依法通知保证人后,将主债权转让给第三人,保证债权同时转让,保证人在原保证担保的范围内对受让人承担保证责任;但如果债权人转让全部或者部分债权,未通知保证人的,该转让对保证人不发生效力。

(4)消灭与效力的从属性。融资借款债权债务关系因偿还或其他原因而消灭的,担保随之消灭。在效力方面,融资借款合同无效,担保随之无效。但是,也有两种例外的情形:第一,保证合同中,当事人对保证合同的效力另有约定,按照约定;第二,物的担保合同中,法律对抵押、质押、留置等物的担保合同另有规定,按照法律的规定。例如,《民法典》第388条第1款规定,主债权债务合同无效的,担保合同无效,但是法律另有规定的除外,从而认可担保

---

① 《民法典》第547条第1款规定:"债权人转让债权的,受让人取得与债权有关的从权利,但是该从权利专属于债权人自身的除外。"

合同的从属性可因法律的规定而被排除,典型例证如最高额抵押。

(5) 范围的从属性。担保合同所担保债务的范围从属于融资借款合同所确定的债权债务数额。一般包括融资债权、利息、违约金、损害赔偿金、实现债权的费用,但当事人另有约定的除外。

(6) 诉讼的从属性。主要表现在:第一,当融资借款合同关系发生纠纷,债权人提起诉讼的,担保人同主债务人将作为共同被告;第二,融资借款合同与担保合同发生纠纷提起诉讼的,依主合同确定管辖法院。

"独立担保"的适用范围

独立担保是指独立于主债权或者在效力上不受主债权影响的担保,包括独立保证和独立物保。关于独立担保的适用,除了法律明文规定外,独立担保不适用于担保物权与保证。最高人民法院在"天津市长芦盐业集团有限公司与北京中铁建物资贸易有限公司等确认合同无效纠纷再审案"中①,坚持担保合同的从属性,将其例外限制在法定情形中,理由是:"考虑到独立担保责任的异常严厉性,以及使用该制度可能产生欺诈和滥用权利的弊端,尤其是为了避免严重影响或动摇我国担保法律制度体系的基础,在司法实践中独立担保只能在国际商事交易中使用,不能在国内市场交易中运用。"在过去,最高人民法院一直认为,担保的从属性关系是我国担保法律制度体系的基础,若直接认可担保合同的独立性有动摇我国担保法律制度体系的风险。

以独立保函为例,债权人只需具备独立保函约定条件且无明显欺诈或滥用即可实现债权,提高了交易效率,独立保函开立人也仅负有一般形式审查义务,降低了审查风险,并且已经在国际贸易领域和金融领域中得到了广泛的应用。商事领域立法重实用主义,这种特殊的担保模式明显满足了部分商业领域的交易需求。我国采用民商合一体例,在民商事立法过程中也照顾到了这一商事需求。《最高人民法院关于审理独立保函纠纷案件若干问题的规定》的出台,正式确认了独立担保在国内法中的有效性,实现了对传统担保从属性的突破。

《最高人民法院关于适用〈中华人民共和国民法典〉有关担保制度的解释》第2条第2款②与《最高人民法院关于审理独立保函纠纷案件若干问题的规定》第23条③的规定相同,均承认金融机构出具的独立保函效力,不再以国际交易与国内交易为区分。在此情况下,独立保函性质、金融机构范围等的认定就显得极为重要。

关于独立保函的性质,《最高人民法院关于审理独立保函纠纷案件若干问题的规定》第3条第3款认为独立保函在性质上不属于《民法典》中规定的保证。④ 而《民法典》第682条第

---

① 最高人民法院(2018)最高法民申6281号。
② 《最高人民法院关于适用〈中华人民共和国民法典〉有关担保制度的解释》第2条第2款规定:"因金融机构开立的独立保函发生的纠纷,适用《最高人民法院关于审理独立保函纠纷案件若干问题的规定》。"
③ 《最高人民法院关于审理独立保函纠纷案件若干问题的规定》第23条规定:"当事人约定在国内交易中适用独立保函,一方当事人以独立保函不具有涉外因素为由,主张保函独立性的约定无效的,人民法院不予支持。"
④ 《最高人民法院关于审理独立保函纠纷案件若干问题的规定》第3条第3款规定:"当事人主张独立保函适用民法典关于一般保证或连带保证规定的,人民法院不予支持。"

1 款中的"法律另有规定的除外"解释了独立保函在效力从属性上的例外①,独立担保似乎可以归入《民法典》典型担保制度中去。但是,与债务人不履行债务而负有履行担保义务的传统担保不同,独立保函的本质属于附条件的付款承诺,不宜将其纳入到《民法典》典型担保的保证中去。"独立保函在《民法典》上尚无'立足之地',将其界定为一种实定法之外的非典型担保形式,应为妥适的解释选择。"②

在金融机构的主体认定上,《最高人民法院关于审理独立保函纠纷案件若干问题的规定》第 1 条第 1 款③将独立保函开立主体限定为"银行或非银行金融机构","银行"一般包括政策性银行、商业银行、农村合作银行、城市信用社、农村信用社、村镇银行等。④ "非银行金融机构"一般包括经银保监会批准设立的金融资产管理公司、企业集团财务公司、金融租赁公司、汽车金融公司、货币经纪公司、消费金融公司、境外非银行金融机构驻华代表处等。⑤

在独立保函的认定上,根据《最高人民法院关于审理独立保函纠纷案件若干问题的规定》第 1 条规定,独立保函具有书面性、开立人抗辩权单一性、付款金额确定性、开立人付款义务单务性、独立性和单据性。独立保函书面性指独立保函开具须是书面形式;开立人抗辩权单一性指开立人不享有先诉抗辩权和基础交易债务人享有的抗辩权;付款金额确定性指开立人直接根据保函文本确定付款金额;独立性指独立保函的效力、数额等不受基础法律关系影响;单据性指相符交单条件的成就是开立人付款的唯一依据。⑥ 换言之,独立保函开立人的付款义务独立于基础交易关系和保函申请法律关系,只要独立保函的相符交单条件达成,开立人就须依据保函履行付款义务,然后受益人和债务人另行就基础债权债务关系进行处理。

综上,仅"银行或非银行金融机构"开立的独立保函有效,其他主体排除担保从属性的约定无效,并且根据《民法典》第 156 条⑦的规定,排除担保从属性约定无效的不影响担保合同其他部分的效力。此外,《最高人民法院关于印发〈全国法院民商事审判工作会议纪要〉的通知》(法〔2019〕254 号)第 54 条中指出:"根据'无效法律行为的转换'原理,在否定其独立担保效力的同时,应当将其认定为从属性担保。此时,如果主合同有效,则担保合同有效,担保人与主债务人承担连带保证责任。主合同无效,则该所谓的独立担保也随之无效。"

独立担保通过银行出具独立保函或备用信用证,使申请人获得融资能力。由于能够及时、便捷地保障交易安全地进行,独立担保常见于交易规模大、周期长的国际交易中,并常常以人保的形式出现。独立担保最大的特点在于独立于基础交易关系,其本身的效力脱离了主债关系,银行仅需根据表面一致原则核查单据,而无须牵涉进基础合同纠纷中,同时也增

---

① 《民法典》第 682 条第 1 款规定:"保证合同是主债权债务合同的从合同。主债权债务合同无效的,保证合同无效,但是法律另有规定的除外。"
② 高圣平:《民法典担保从属性规则的适用及其限度》,载《法学》2020 年第 7 期。
③ 《最高人民法院关于审理独立保函纠纷案件若干问题的规定》第 1 条第 1 款:"本规定所称的独立保函,是指银行或非银行金融机构作为开立人,以书面形式向受益人出具的,同意在受益人请求付款并提交符合保函要求的单据时,向其支付特定款项或在保函最高金额内付款的承诺。"
④ 《金融许可证管理办法》(中国银行业监督管理委员会令 2007 第 8 号)第 3 条第 2 款规定:"金融机构包括政策性银行、商业银行、农村合作银行、城市信用社、农村信用社、村镇银行、贷款公司、农村资金互助社、金融资产管理公司、信托公司、企业集团财务公司、金融租赁公司、汽车金融公司、货币经纪公司等。"
⑤ 《中国银保监会非银行金融机构行政许可事项实施办法》(中国银行保险监督管理委员会令 2020 年第 6 号)第 2 条规定:"本办法所称非银行金融机构包括:经银保监会批准设立的金融资产管理公司、企业集团财务公司、金融租赁公司、汽车金融公司、货币经纪公司、消费金融公司、境外非银行金融机构驻华代表处等机构。"
⑥ 张勇健、沈红雨:《〈关于审理独立保函纠纷案件若干问题的规定〉的理解和适用》,载《人民司法(应用)》2017 年第 1 期,第 24 页。
⑦ 《民法典》第 156 条规定:"民事法律行为部分无效,不影响其他部分效力的,其他部分仍然有效。"

强了受益人与债务人对交易的信心。独立担保可以缓和担保物权的从属性,为担保物权的流转提供条件。金融资产的流动性越高,就越容易被转换为现金,转换成本越低,所需时间越短。这样,金融资产的持有人可以保持资产的变现能力,以合理的成本方便地筹集资金。①

(二) 融资担保设定的一般规则

企业融资过程中,成立担保关系,需要签订书面的担保合同,除了独立的担保合同,担保关系的成立还包括以下方式:第一,融资借款合同中订立担保条款;第二,担保人向融资债权人发出的具有担保性质的信函、传真等;第三,保证人在融资借款合同中以保证人身份签字。

1. 融资担保合同的各方当事人

情形一:债权人——融资借款人(提供物的担保)

此时,债权人与融资人之间成立两个法律关系:一个是借款的债权债务关系,另一个是融资借款人提供物的担保的担保物权关系。

情形二:债权人——融资借款人——担保人(保证人或者提供物的担保)

此时,涉及三方当事人,包括三个法律关系:债权人与融资借款人之间的债权关系,融资借款人与担保人之间的委托受托关系,债权人与担保人之间的担保关系。

2. 融资担保合同的效力

无论是银行还是企业,在签订融资担保合同时,都应当谨慎地对合同主体、标的、订立程序等方面进行检查,以防合同无效给双方利益带来不必要的损害。担保合同无效的原因具体包括:

第一,因主合同无效而导致担保合同无效;

第二,担保合同意思表示虚假而无效;

第三,标的物属于禁止或限制流通物的,担保合同无效;

第四,担保合同因担保人不适格而无效。

关于担保合同无效后的法律责任,应区分两种情形:

一是,主合同无效导致第三人提供的担保合同无效,担保人无过错的,不承担赔偿责任;担保人有过错的,其承担的赔偿责任不应超过债务人不能清偿部分的三分之一。

二是,主合同有效而第三人提供的担保合同无效的,担保人的赔偿责任可区分为以下情形:(1) 债权人与担保人均有过错的,担保人承担的赔偿责任不应超过债务人不能清偿部分的二分之一;(2) 担保人有过错而债权人无过错的,担保人对债务人不能清偿的部分承担赔偿责任;(3) 债权人有过错而担保人无过错的,担保人不承担赔偿责任。

公司对外担保的效力是实践中纠纷频发且争议极大的问题,《最高人民法院关于适用〈中华人民共和国民法典〉有关担保制度的解释》对此问题作出系统规定,对于实现类案同判具有重要意义。

第一,关于公司法定代表人超越权限为他人提供担保的效力。公司的法定代表人违反公司法关于公司对外担保决议程序的规定,超越权限代表公司与相对人订立担保合同的效力,视相对人是否为善意确定。相对人善意的,构成表见代表,担保合同对公司发生效力;相对人请求公司承担担保责任的,人民法院应予支持。相对人非善意的,担保合同对公司不发

---

① 杨长江、张波、王一富编:《金融学教程》,复旦大学出版社2004年版,第76页。

生效力。所谓善意,是指相对人在订立担保合同时不知道且不应当知道法定代表人超越权限。相对人有证据证明已对公司决议进行了合理审查,人民法院应当认定其构成善意,但是公司有证据证明相对人知道或者应当知道决议系伪造、变造的除外。

第二,关于公司对外担保的程序。一般而言,公司对外提供担保需要履行《公司法》第15条规定的决议程序。在下列情形下,则无须内部决议:一是金融机构开立保函或者担保公司提供担保;二是公司为其全资子公司开展经营活动提供担保;三是担保合同系由单独或者共同持有公司2/3以上对担保事项有表决权的股东签字同意。上述第二、三种情形不适用于上市公司对外提供担保。

第三,关于境内上市公司对外提供担保。为保护中小投资者利益,境内上市公司对外担保不仅需要履行《公司法》第15条规定的决议程序,还承担信息披露义务,担保事项是应予以披露的重要内容。一方面,相对人根据上市公司公开披露的关于担保事项已经董事会或者股东大会决议通过的信息,与上市公司订立担保合同,相对人主张担保合同对上市公司发生效力,并由上市公司承担担保责任的,人民法院应予支持;另一方面,相对人未根据上市公司公开披露的关于担保事项已经董事会或者股东大会决议通过的信息,与上市公司订立担保合同,上市公司主张担保合同对其不发生效力,且不承担担保责任或者赔偿责任的,人民法院应予支持。

第四,关于只有一个股东的公司为股东提供担保。在此情形下,如果公司以违反《公司法》关于公司对外担保决议程序的规定为由主张不承担担保责任的,人民法院不予支持。但是,根据《公司法》第23条的规定,如果公司因承担担保责任导致无法清偿其他债务,提供担保时的股东不能证明公司财产独立于自己的财产的,其他债权人可以请求该股东承担连带责任。

第五,关于公司的分支机构对外提供担保。公司分支机构为公司的意定代表机构,其根据公司的授权享有代表权。其一,公司分支机构未经公司股东会或者董事会决议以自己的名义对外提供担保,相对人请求公司或者其分支机构承担担保责任的,人民法院不予支持,但是相对人不知道且不应当知道分支机构对外提供担保未经公司决议程序的除外。其二,金融机构的分支机构在其营业执照记载的经营范围内开立保函,或者经有权从事担保业务的上级机构授权开立保函,金融机构或者其分支机构以违反公司法关于公司对外担保决议程序的规定为由主张不承担担保责任的,人民法院不予支持。金融机构的分支机构未经金融机构授权提供保函之外的担保,金融机构或者其分支机构主张不承担担保责任的,人民法院应予支持,但是相对人不知道且不应当知道分支机构对外提供担保未经金融机构授权的除外。其三,担保公司的分支机构未经担保公司授权对外提供担保,担保公司或者其分支机构主张不承担担保责任的,人民法院应予支持,但是相对人不知道且不应当知道分支机构对外提供担保未经担保公司授权的除外。

相关案例
担保人承担过错赔偿责任后是否有权向其他连带共同保证人追偿?[①]

基本案情:褚某与创思特公司签订了《借款协议》,约定褚某向创思特公司出借480万

---

① 重庆市第一中级人民法院(2021)渝01民终8233号。

元,电信职业学院、唐某某等作为担保人在该协议中盖章和签名。后创思特公司未还款,褚某诉至重庆市江北区人民法院。重庆市江北区人民法院认为电信职业学院属于以公益为目的的事业单位,不具有担保人资格,电信职业学院的担保条款无效,褚某与电信职业学院对担保无效均有过错,判决电信职业学院就创思特公司对债务不能清偿的部分承担二分之一的赔偿责任。相应款项执行后,电信职业学院认为,唐某某等人作为连带共同保证人,应按比例分担其向债务人不能追偿的部分,遂起诉至法院。

重庆市北碚区人民法院认为,电信职业学院因担保合同无效向债权人承担赔偿责任后,可以向创思特公司追偿,但电信职业学院承担的责任为缔约过失责任,而非保证责任,无权向其他保证人追偿,唐某某等人无须对上述债务承担连带责任。重庆市第一中级人民法院认为,现行法律和司法解释并未明确规定保证合同无效,原保证人向债权人承担缔约过失责任后有权向其他连带责任保证人追偿。电信职业学院向唐某某等追偿显然缺乏法律依据,驳回上诉,维持原判。

分析:依据《最高人民法院关于适用〈中华人民共和国民法典〉有关担保制度的解释》第13条第2款规定:"同一债务有两个以上第三人提供担保,担保人之间未对相互追偿作出约定且未约定承担连带共同担保,但是各担保人在同一份合同书上签字、盖章或者按指印,承担了担保责任的担保人请求其他担保人按照比例分担向债务人不能追偿部分的,人民法院应予支持。"原则上,共同担保人之间不能相互追偿,但共同担保人之间具有共同分担担保责任的合意的,具有适用追偿规则的基础。担保合同无效责任属于缔约过失责任,具有过错的主体承担该责任,法律也并未规定共同担保人原则上共同承担因担保合同无效引起的缔约过失责任。因个别担保人自身过错导致担保无效后的赔偿并不属于约定的担保责任风险范畴,赔偿责任也并非担保法律关系的正常产物,担保人向债权人履行赔偿义务依据的不是担保合同,而是法定责任。本案中,电信职业学院同其他共同担保人并没有对担保合同无效责任的共担约定,不具有共同分担缔约过失责任的合意,不具有要求其他共同担保人承担因自身过错引起的无效责任的基础。

---

3. 反担保

在第三人为担保人时,融资借款人不能履行到期债务的,担保人须以自己的财产或者其提供的作为担保的特定财产的价值清偿借款人应清偿的款项。担保人代为清偿之后,即取得在其为借款人清偿的债权范围内向借款人的追偿权。为了保障担保人能够实现自己的追偿权,法律规定当第三人为借款人向债权人提供担保时,担保人可以要求借款人提供反担保。反担保人可以是借款人,也可以是借款人之外的其他人。

反担保方式可以是借款人提供的抵押或者质押,也可以是第三人提供的保证、抵押或者质押。反担保适用《民法典》《最高人民法院关于适用〈中华人民共和国民法典〉有关担保制度的解释》等规定,它与担保的不同之处在于:

(1) 担保一般从属于主债权债务合同;反担保从属于借款人与担保公司之间的委托(担保)合同。

(2) 担保人为第三人;反担保中的担保人为借款人或借款人之外的第三人。

(3) 担保所担保的是借款债权;反担保所担保的是担保人对借款人的求偿权。如果借款人不能偿还贷款,担保人亦无力承担责任,则债权人亦无权要求反担保人承担清偿责任。

因为反担保人保证的仅是担保人向借款人的求偿权。

反担保是控制担保风险的事后措施,企业之间往往互相提供担保以获得银行贷款,作为担保方的企业为了保证自身权益不受损害,应当积极落实反担保。在建立反担保关系的过程中,应当确保法律手续的完备有效,主要包括以下方面:第一,以书面形式签订反担保合同;第二,依法履行登记或公证等公示手续;第三,确保抵押物、质押物没有权利瑕疵,不存在流动性风险,且在可预计的期间内抵押物、质押物的变现价值大于担保金额。

反担保与担保虽然在形式上有所差别,但二者的性质并无区别。在担保关系中,主债权人与担保人为当事人。在反担保关系中,主债务人或第三人就是反担保人,担保合同中的担保人就是反担保权人,反担保与担保并没有实质差异。

基于反担保与担保并无差异,求偿保证当然适用保证期间的相关规定。求偿保证期间届满,本担保权利人未主张反担保人承担求偿保证责任的,反担保人不再承担求偿保证责任,求偿保证债务消灭。关于求偿保证期间,以当事人的约定优先;没有约定的,自主债务人清偿本担保人代偿债务的履行期限届满之日起 6 个月起算;若本担保人和主债务人之间关于清偿本担保人代偿债务履行期限的约定不明或未作约定的,本担保人应当设立合理宽限期,以便确定求偿保证期间的起算点。① 此外,反担保合同无效的法律后果也与担保合同无效的法律后果相同。②

三、融资担保中的"人保"

所谓"人保",就是人的担保,即保证,是保证人和债权人约定,当融资借款人不清偿借款时,保证人按照约定代为清偿借款或者承担责任的行为。

我国中小企业之所以融资难,一个重要因素是欠缺担保财产,这时,人的担保可以起到补充的作用,尤其是在目前担保公司、政府担保基金日益发展的形势下。

(一) 保证人

保证人必须具备两个条件:一是具备民事行为能力。保证人是自然人的,应当具有完全民事行为能力;保证人为法人或非法人组织的,应当依法取得相应的民事行为能力。依据《民法典》第 683 条,机关法人不得为保证人,但是经国务院批准为使用外国政府或者国际经济组织贷款进行转贷的除外;以公益为目的的非营利法人、非法人组织不得为保证人。此外,居民委员会、村民委员会提供担保的,一般无效,但是依法代行村集体经济组织职能的村民委员会,依照《村民委员会组织法》规定的讨论决定程序对外提供担保的除外。二是具有

---

① 《民法典》第 692 条规定:"保证期间是确定保证人承担保证责任的期间,不发生中止、中断和延长。债权人与保证人可以约定保证期间,但是约定的保证期间早于主债务履行期限或者与主债务履行期限同时届满的,视为没有约定;没有约定或者约定不明确的,保证期间为主债务履行期限届满之日起六个月。债权人与债务人对主债务履行期限没有约定或者约定不明确的,保证期间自债权人请求债务人履行债务的宽限期届满之日起计算。"

② 《最高人民法院关于适用〈中华人民共和国民法典〉有关担保制度的解释》第 19 条规定:"担保合同无效,承担了赔偿责任的担保人按照反担保合同的约定,在其承担赔偿责任的范围内请求反担保人承担担保责任的,人民法院应予支持。反担保合同无效的,依照本解释第十七条的有关规定处理。当事人仅以担保合同无效为由主张反担保合同无效的,人民法院不予支持。"

代为清偿债务能力。此外,法律对保证人的资格有特殊要求的,保证人还应满足该要求,才具有保证能力。如《公司法》第 15 条规定,公司向其他企业投资或者为他人提供担保,按照公司章程的规定,由董事会或者股东会决议;公司章程对投资或者担保的总额及单项投资或者担保的数额有限额规定的,不得超过规定的限额。公司为公司股东或者实际控制人提供担保的,应当经股东会决议。

民办学校是否具有保证人资格?

依据我国《民办教育促进法》第 19 条,按照举办者是否可以取得办学收益以及办学结余是否全部用于办学,民办学校可分为非营利性民办学校与营利性民办学校。民办学校在主体地位的认定上遵循《民办学校分类登记实施细则》第 7 条和第 9 条[①],营利性民办学校为公司法人,非营利性民办学校则登记为事业单位与民办非企业单位。在实际登记中,仅有少部分非营利性民办学校登记为事业单位,其余大部分则登记为民办非企业单位,而这些民办非企业单位的学校在日常运营上又与事业单位有所差别,其公益性有一定程度的模糊,进而影响到保证人资格的认定。

在"马鞍山中加双语学校与新时代信托股份有限公司等金融借款合同纠纷案"[②]中,一审法院和二审法院对"民办非企业单位民办学校的保证人资格"具有不同的认定:

内蒙古自治区高级人民法院审理认为:中加双语学校是民办学校,有公益性质,但仍以营利为目的,且不是有关行政机关核准的事业单位,也不是社会团体,不属于《中华人民共和国担保法》第九条"学校、幼儿园、医院等以公益为目的的事业单位、社会团体不得为保证人"的范围。故中加双语学校和新时代信托公司签订的《保证合同》是双方当事人的真实意思表示,内容不违反法律、行政法规的强制性规定,应为合法有效。

最高人民法院二审认为:《中华人民共和国担保法》沿用了《中华人民共和国民法通则》法人分类体系,而民办非企业法人是在上述立法之后创设的新类型法人单位,故《中华人民共和国担保法》第九条事业单位及社会团体的范围客观上无法涵盖民办非企业单位。《中华人民共和国担保法》第九条规范目的是因学校、幼儿园、医院等以公益为目的的事业单位、社会团体直接为社会公众服务,如果作为保证人而最终履行保证责任,势必直接影响社会公共利益。民办非企业单位与事业单位的举办资金来源不同,但均有可能是以公益为目的的,故不能以民办非企业单位并非事业单位、社会团体而当然排除《中华人民共和国担保法》第九条的法律适用。

分析:最高人民法院对该案的判决值得肯定。对于登记为民办非企业单位的民办学校,不能直接认定为不是保证的适格主体,应对其主体以及日常运营的公益性进行考察,若符合

---

① 教育部等五部门印发的《民办学校分类登记实施细则》(教发〔2016〕19 号)第 7 条规定:正式批准设立的非营利性民办学校,符合《民办非企业单位登记管理暂行条例》等民办非企业单位登记管理有关规定的到民政部门登记为民办非企业单位,符合《事业单位登记管理暂行条例》等事业单位登记管理有关规定的到事业单位登记管理机关登记为事业单位。第 9 条规定:正式批准设立的营利性民办学校,依据法律法规规定的管辖权限到工商行政管理部门办理登记。
② 最高人民法院(2017)最高法民终 297 号民事判决书。

非营利性的标准,应当认定为缺乏保证人资格。我国《最高人民法院关于适用〈中华人民共和国民法典〉有关担保制度的解释》第6条也确定了以主体的登记分类外观确定担保能力。在现有体系下,登记外观仅能作为判断担保资格的形式要件,仍然需要加以考察运营情况这一实质要件。实践中,仍有部分学校、医疗机构等是直接依托行政命令而设立,且并没有办理登记,但只要满足形式要件与实质要件,仍可以构成"以公益为目的"。①

(二) 订立保证合同应当注意的事项

1. 保证合同的订立

保证合同可以是单独订立的书面合同,也可以是主债权债务合同中的条款,应当以书面形式订立,并包括以下内容:被保证的主债权的种类、数额,债务人履行债务的期限,保证的方式、范围和期间,双方认为需要约定的其他事项。

由于商事交易的高效性与灵活性,国外商法一般规定商事行为不适用民法上的某些形式要求。就保证而言,为了节约时间成本,提高交易效率,商事保证可以不受民事保证书面化形式的要求。比如《德国商法典》第350条对于保证意思表示的书面形式作出修正性的规定:"对于保证、债务约定或债务承认,以保证在保证人一方、约定或承认在债务人一方为商事行为为限,不适用《民法典》第766条第1款、第780条和第781条第1款的方式规定。"②

实践中,企业订立保证合同时往往会发生欺诈现象,这时应当如何承担保证责任?需要分情况来看:第一,融资借款合同当事人双方串通骗取保证的,保证人不承担责任。第二,融资债权人欺诈、胁迫保证人,使其在违背真实意思的情况下提供保证的,保证人不承担责任。第三,融资借款人欺诈、胁迫保证人,使保证人在违背真实意思的情况下提供保证,且债权人知道或应当知道欺诈、胁迫事实的,保证人不承担责任。第四,融资借款人与保证人共同欺骗债权人,订立主合同和保证合同的,债权人可以请求人民法院予以撤销。因此给债权人造成损失的,由保证人与借款人承担连带赔偿责任。在具体法律适用上,对该问题可直接根据《民法典》总则编的一般规定判断。例如,依据《民法典》第154条规定③,融资借款合同当事人双方串通骗取保证的,保证合同无效,若保证人没有过错,依据《民法典》第157条规定④,保证人也无须承担缔约过失责任。此外,《最高人民法院关于适用〈中华人民共和国民法典〉有关担保制度的解释》第17条也规定了担保合同无效情形下,各方的责任承担。

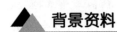

担保公司在企业融资中的作用

融资担保行业的建立是基于信息不对称理论,通过与银行合作提高企业信用信息对称

---

① 高圣平编:《民法典担保制度及其配套司法解释理解与适用(上)》,中国法制出版社2021年版,第78页。
② 《德国民法典》第766条规定:"为使保证合同有效,必须以书面做出保证的意思表示。不得以电子形式做出保证的意思表示。在保证人履行主债务的限度内,形式的瑕疵做补正。"
③ 《民法典》第154条规定:"行为人与相对人恶意串通,损害他人合法权益的民事法律行为无效。"
④ 《民法典》第157条规定:"民事法律行为无效、被撤销或者确定不发生效力后,行为人因该行为取得的财产,应当予以返还;不能返还或者没有必要返还的,应当折价补偿。有过错的一方应当赔偿对方由此所受到的损失;各方都有过错的,应当各自承担相应的责任。法律另有规定的,依照其规定。"

性,进而降低或分散信贷信用风险,其行业自身特性决定了高风险低收益的特点。担保公司在企业融资中起到增加企业信用、化解银行风险的作用,具体的担保方式由担保公司与贷款银行、被担保人共同商定,一般采用连带责任保证。担保公司在提供担保的过程中向融资企业收取担保费,担保收费按照体现为中小企业服务的宗旨和信用保证的风险程度确定。

担保公司一般都会建立一套担保风险防范与控制机制,包括:(1)建立被担保人准入制度;(2)实行严格的内部控制制度,主要包括审、保、偿、监相分离制度和担保评审委员会一票否决制度;(3)对被担保人实行抵(质)押物反担保和综合反担保制度;(4)实施在保项目保后监管和风险预警制度;(5)建立严格的代偿和追偿管理制度。公司当年代偿总额控制在公司净资产总额的一定范围以内。

我国融资担保行业长期处于数量多、规模小、整体实力弱的状态,2010年《融资性担保公司管理暂行办法》出台以来,行业布局经历了一轮深入调整。2013年我国担保行业机构数量首次出现下降,但整体资本规模仍然处于上升状态,担保业务量持续增长,行业发展趋势稳定。在中小微企业融资情况上,融资担保机构在解决融资难、融资贵的问题上还有进一步的发挥空间。政府应加大政策扶持力度,以政府政策奖补资金为基础,推进银行、保险与担保公司建立风险分担机制,促进政府引导融资担保企业发展方向,为中小微企业融资更好地服务。[①]

2. 保证合同的种类

根据借款的数额以及使用方式,保证合同可分为普通保证与最高额保证。最高额保证必须有关于借款最高额的约定,没有最高额约定的即为普通保证。

最高额保证合同有以下特征:首先,保证合同成立在前,借款合同成立在后;其次,保证的借款债权具有不特定性,只具有一个最高限额;最后,最高额保证未约定保证期间或者约定不明的,适用法定保证期间。法定保证期间起算点因债务履行期限与债权确定期间届满顺序而产生不同的起算情形。被担保债权履行期限已届满,保证期间为债权确定期间届满之日起6个月;被担保债权履行期限未届满的,保证期间为履行期限届满之日起6个月。[②]

3. 保证的方式

一般保证,是指当事人在保证合同中约定,融资借款人不能清偿借款或者发生当事人约定的情形时,由保证人承担保证责任。一般保证人享有先诉抗辩权,仅承担补充性的保证责任。所谓先诉抗辩权,就是指一般保证的保证人在主合同纠纷未经审判或仲裁,并就借款人财产依法强制执行仍不能履行债务前,对债权人可以拒绝承担保证责任。例如,甲公司向乙银行借款1000万元,丙公司为保证人,保证合同中约定:"若甲不能履行债务时,由丙承担保证责任。"后甲未按期清偿借款,乙银行能否要求丙公司还款1000万元?根据保证合同的表述,该保证为一般保证,保证人享有先诉抗辩权,在乙银行对甲公司提起诉讼或仲裁并经强制执行后甲公司仍不能偿还贷款时,丙公司才承担保证责任。因此,丙公司可以拒绝乙银行的请求。

连带责任保证,是指当事人在保证合同中约定保证人与融资借款人对债务承担连带责

[①] 中国融资担保业协会:《中国融资担保业发展报告(1993—2014)之透析中国担保机构运营现状》,载《首席财务官》2016年第6期。

[②] 高圣平编:《民法典担保制度及其配套司法解释理解与适用(上)》,中国法制出版社2021年版,第140页。

任。即借款人到期不清偿借款或者发生当事人约定的情形时,债权人既可要求借款人清偿,也可要求保证人清偿,借款人和保证人对债权人履行债务并无顺序和主次的限制。

表 2-2-2 一般保证与连带责任保证的比较

	一般保证	连带责任保证
责任承担	借款人到期不清偿借款或发生当事人约定的情形,且借款人不能清偿借款时,保证人才承担保证责任。	借款人到期不偿还借款或发生当事人约定的情形,债权人可以一并要求借款人、保证人承担连带责任保证。
先诉抗辩权	保证人享有先诉抗辩权。	保证人不享有先诉抗辩权。
产生的形式	保证合同明确约定保证方式为一般保证;保证合同未约定或约定不明的推定为一般保证。	保证合同明确约定保证方式为连带责任保证。
诉讼地位	一般保证的债权人未就主合同纠纷提起诉讼或申请仲裁,仅起诉一般保证人,人民法院应当驳回;一般保证的债权人向融资借款人和保证人一并提起诉讼的,人民法院可以受理,除有《民法典》第687条第2款但书规定情形外①,应当在判决书中明确在对借款人财产依法强制执行后仍不能履行债务时,由保证人承担保证责任。	连带责任保证的债权人可以将融资借款人或者保证人作为被告提起诉讼,也可以将借款人和保证人作为共同被告提起诉讼。

我国立法没有民事保证和商事保证之分,因此,民事担保与商事担保均存在一般保证与连带责任保证。但在国外立法例上,一般将民事保证和商事保证区分开来,民事保证一般为一般保证,商事保证一般为连带责任保证。如《德国民法典》中规定的保证具有先诉抗辩权,为一般保证;而在《德国商法典》中规定的商事保证则不具有先诉抗辩权,为连带责任保证。《日本商法典》与《韩国商法典》也作了类似规定。② 之所以要求商事保证中的保证人与主债务人承担连带责任,原因在于:第一,保证人作为商事主体,其营利的目的决定其应该承担相应较严格的义务;第二,为了保护商事交易中债权人债权的实现。

4. 约定保证期间

保证期间,是指债权人可以请求保证人履行保证义务的有效期间。债权人与保证人可以约定保证期间。如果债权人未在该期间内依法请求保证人承担保证责任,保证责任消灭。《民法典》第693条规定,一般保证的债权人未在保证期间对债务人提起诉讼或者申请仲裁的,保证人不再承担保证责任;连带责任保证的债权人未在保证期间请求保证人承担保证责任的,保证人不再承担保证责任。

关于保证期间与诉讼时效的关系。保证期间是确定保证人承担保证责任的期间。在该

---

① 《民法典》第687条第2款规定:"一般保证的保证人在主合同纠纷未经审判或者仲裁,并就债务人财产依法强制执行仍不能履行债务前,有权拒绝向债权人承担保证责任,但是有下列情形之一的除外:(一)债务人下落不明,且无财产可供执行;(二)人民法院已经受理债务人破产案件;(三)债权人有证据证明债务人的财产不足以履行全部债务或者丧失履行债务能力;(四)保证人书面表示放弃本款规定的权利。"

② 《日本民法典》中规定了一般保证和连带责任保证,当事人特别约定为连带责任保证的,才成立连带责任保证。对于商事保证责任的承担,《日本商法典》第511条第2项规定:"于有保证人情形,债务由主债务人的商事行为产生时,或保证系商事行为时,即使发生主债务与保证人以不同的行为负担债务,其债务也由主债务人及保证人连带负担。"因此,如果债务是由主债务人的商事行为产生的,或者保证为商事行为的,则保证人与主债务人承担连带责任。《韩国商法典》第57条第2项规定:"在有保证人的情形下,若该保证为商事行为时或者主债务是因商事行为而产生时,主债务人与保证人应承担连带清偿责任。"

期间内债权人行使请求权,则保证人的保证责任予以确定,从确定之日起按照债权债务的规则计算诉讼时效期间。保证期间不适用中止、中断和延长;而诉讼时效则可中止、中断和延长。《民法典》第694条规定,一般保证的债权人在保证期间届满前对债务人提起诉讼或者申请仲裁的,从保证人拒绝承担保证责任的权利消灭之日起,开始计算保证债务的诉讼时效。连带责任保证的债权人在保证期间届满前请求保证人承担保证责任的,从债权人请求保证人承担保证责任之日起,开始计算保证债务的诉讼时效。

保证期间一般是以主债务履行期限届满为起算点。但是如果当事人约定的保证期间早于主债务履行期限或者与主债务履行期限同时届满的,视为没有约定保证期间;没有约定或者约定不明确的,保证期间为主债务履行期限届满之日起6个月。债权人与债务人对主债务履行期限没有约定或者约定不明确的,保证期间自债权人请求债务人履行债务的宽限期届满之日起计算。需要注意的是,保证合同约定保证人承担保证责任直至主债务本息还清时为止等类似内容的,视为约定不明,保证期间为主债务履行期限届满之日起6个月。

对于最高额保证,当事人对保证期间的计算方式、起算时间等有约定的,按照其约定。最高额保证合同对保证期间的计算方式、起算时间等没有约定或者约定不明,被担保债权的履行期限均已届满的,保证期间自权利确定之日起开始计算;被担保债权的履行期限尚未届满的,保证期间自最后到期债权的履行期限届满之日起开始计算。

债权人在保证期间内未依法行使权利的,保证责任消灭。保证责任消灭后,债权人书面通知保证人要求承担保证责任,保证人在通知书上签字、盖章或者按指印,债权人请求保证人继续承担保证责任的,人民法院不予支持,但是债权人有证据证明成立了新的保证合同的除外。

(三) 合同变更对保证责任承担的影响

1. 融资债权转让

债权人将全部或部分债权转让给第三人,通知保证人后,保证人对受让人承担相应的保证责任。若未通知保证人的,该转让对保证人不发生效力。

保证人与债权人约定禁止债权转让,债权人未经保证人书面同意转让债权的,保证人对受让人不再承担保证责任。

2. 融资债务转让

债权人未经保证人书面同意,允许债务人转移全部或者部分债务,保证人对未经其同意转移的债务不再承担保证责任,但是债权人和保证人另有约定的除外。此外,第三人加入债务的,保证人的保证责任不受影响。

3. 融资借款合同内容变更

第一,债权人和债务人未经保证人书面同意,协商变更主债权债务合同内容,减轻债务的,保证人仍对变更后的债务承担保证责任;加重债务的,保证人对加重的部分不承担保证责任。

第二,债权人和债务人变更主债权债务合同的履行期限,未经保证人书面同意的,保证期间不受影响。

第三,融资借款合同当事人双方协议以新贷偿还旧贷,原则上原保证人不再承担民事责任。但也有两种例外情形:第一,新贷保证人与旧贷保证人为同一人的,新贷保证人承担保证责任。因为新贷与旧贷系同一保证人,不论保证人是否知道或者应当知道"借新还旧"的事实,新贷偿还了旧贷,致使原来的贷款合同得以履行,从而减少或消灭了保证人对旧贷的保证责任,由保证人承担新贷的保证责任,没有加重保证人负担。第二,新贷与旧贷的保证人不是同一人,或者旧贷无担保新贷有担保,但新贷保证人知道或应当知道借新还旧事实的,应当承担保证责任。虽然新贷与旧贷不是同一人,或者只有新贷有担保人,但为新贷担保系担保人自己作出的意思表示,在知悉借新还旧事实的情况下,担保人对代偿风险是清楚的。

综上,实践中,作为保证人的企业在为其他企业申请银行贷款过程中提供保证时,如果借款人一旦发生问题,使得担保总额超过其偿还能力,甚至资不抵债,就很容易诱发保证方企业的财务风险。因此,保证企业应当从以下方面审慎而行,防范因融资借款人的原因而不得不承担保证责任:

第一,在作出保证承诺前,应当对借款人的状况做认真调查,了解借款合同的资金用途是否正常,贷款额度和还款时间是否合理;借款企业经营状况是否正常,是否存在违法经营的状况;借款企业财务状况是否良好,资产流动性如何,是否有偿债能力;是否存在重大的诉讼事项等。这些情况也可以通过借款企业的资信级别来了解。

第二,在项目贷款情形中,保证方企业应当了解项目的可行性、项目施行计划的合理性以及未来收益的状况。

第三,可要求借款人提供反担保,同时也要注意审查反担保实现的可能性与有效性。

第四,从保证方企业内部的角度而言,完善公司内部管理机制,将公司对外提供担保的程序与条件写入章程,防止公司管理人员滥用职权,擅自提供担保,损害公司利益。

第五,紧密关注借款人的经营状况,及时了解其资产负债情况,以保证及时发现问题并采取措施。

四、融资担保中的"物保"

所谓"物保",即物的担保。实践中企业以自有财产提供担保进行融资的比重较高,银行一般较为愿意接受以企业建设用地使用权、厂房、机械设备等财产设定担保。随着现代社会从强调人的信用向侧重物的信用发展,物保在企业融资中的作用日益凸显。

(一)"物保"的一般规则

1. 什么是物的担保

物的担保,是在物(包括动产和不动产)上设定担保物权,以直接取得或者支配特定财产的交换价值为内容,从而确保融资债权的实现。抵押、质押、留置都属于物的担保。物的担保所担保的范围包括融资债权及其利息、违约金、损害赔偿金、保管担保财产和实现担保物权的费用。在我国,调整"物保"的法律主要包括《民法典》和《最高人民法院关于适用〈民法典〉有关担保制度的解释》。

物保有以下特征:第一,物的担保是在借款人或第三人的特定财产上设定的。物保的标的物必须是特定物,否则就无从由其价值中优先受清偿。第二,物的担保以支配担保物的交换价值为内容。第三,物的担保具有物上代位性。物保的效力及于担保物的代位物,包括保险金、赔偿金或赔偿物,如设定质押的知识产权,遭第三人侵权所获的赔偿金成为质权的标的物。

2. 如何处理"人保"与"物保"并存的关系

现实经济活动中,融资借款当事人为了充分保证借款的依约清偿,往往会要求借款人同时提供人保与物保,此时,应分情况处理人保与物保之间的清偿责任顺序。《民法典》第392条对此作出明确规定。

第一,同一融资债权既有人保又有借款人提供的物保时,若对担保责任未约定或约定不明,物保责任绝对优先,保证人承担补充担保责任。即借款人先承担担保责任,债权未获满足的部分由保证人承担保证责任,保证人承担保证责任后有权向借款人追偿。

第二,同一融资债权既有人保又有第三人提供的物保时,若对担保责任未约定或约定不明,保证人和物上保证人处于同一清偿顺序,债权人对二者有选择权。即债权人既可向第三人主张担保物权,又可向保证人主张保证责任,也可以同时向二者主张承担担保责任。二者承担担保责任后均可向债务人追偿。

银行等融资债权人在处理人保、物保并存关系时应注意以下问题:其一,尽可能在担保合同中明确约定如何处理保证和担保物的执行顺序问题,防止引发纠纷。在具体约定时,应关注担保物的价值和保证人财产的充足性和可执行性问题。其二,在发生约定不明或未约定的情形,融资债权人应区别担保物是由借款人提供还是第三人提供的情况,及时主张权利。另外,融资债权人在实践中要谨慎对待借款人提供担保物的问题,因为法律规定对此应先执行,假如借款人提供的物难以执行或者执行成本高、收效低,则可能导致债权难以实现。

3. 共同担保中担保人之间的关系

同一债务有两个以上第三人提供担保的情形下,担保人之间原则上不能相互追偿。但基于私法自治原则,在下列情形下,已经承担担保责任的担保人依据当事人之间的约定要求其他担保人承担相应份额的,应予准许:

第一,担保人之间约定相互追偿及分担份额,承担了担保责任的担保人请求其他担保人按照约定分担份额的,人民法院应予支持;担保人之间约定承担连带共同担保,或者约定相互追偿但是未约定分担份额的,各担保人按照比例分担向债务人不能追偿的部分。

第二,担保人之间未对相互追偿作出约定且未约定承担连带共同担保,但是各担保人在同一份合同书上签字、盖章或者按指印,承担了担保责任的担保人请求其他担保人按照比例分担向债务人不能追偿部分的,人民法院应予支持。

实践中,部分担保人为了达到担保人之间相互分担甚至全额追偿的目的,通过与债权人签订债权转让合同的方式,在受让债权后以债权人身份向债务人以及其他担保人追偿,该行为规避了担保人之间无相互追偿权的原则。对此,《最高人民法院关于适用〈中华人民共和国民法典〉有关担保制度的解释》第14条规定:同一债务有两个以上第三人提供担保,担保人受让债权的,人民法院应当认定该行为系承担担保责任。受让债权的担保人作为债权人请求其他担保人承担担保责任的,人民法院不予支持。

4. "流质条款"的效力

流质是指在担保物权实现以前,担保物权人和担保人在合同中约定"债务履行期限届满担保物权人未受清偿时,担保物的所有权移转归债权人所有",这种约定被称为"流质条款"。

《民法典》对《物权法》关于流质条款的调整作出修改,不再以"不得约定"之方式直接禁止流质,而是采用了法律后果模式。《民法典》第401条规定,抵押权人在债务履行期限届满前,与抵押人约定债务人不履行到期债务时抵押财产归债权人所有的,只能依法就抵押财产优先受偿。第428条规定,质权人在债务履行期限届满前,与出质人约定债务人不履行到期债务时质押财产归债权人所有的,只能依法就质押财产优先受偿。《民法典》关于流质条款的修改是对禁止流质的缓和,流质条款并非绝对无效,从而为让与担保等非典型担保提供制度出路。与此同时,仍应完善清算义务等配套规则,以平衡当事人之间的利益。

仍需注意的是,虽然适当开禁了流质契约,但不能认为流质契约就绝对有效,有关合同法的一般规则,流质契约当然也要适用。如果该流质契约存在可撤销事由的,依照当事人申请,人民法院可以依法予以撤销。在存在符合合同保全中的撤销权的情形下,也可以适用《民法典》合同编的相应规定予以撤销。①

一些国家通过商法放宽了流质条款的限制,规定民法典中的流质禁止条款不适用于"为担保商事行为债权而设定的质权"②。可见,流质契约在这些国家和地区并非绝对被禁止,而是根据普通民事主体和商事主体的不同特征,作出了不同规定。融资担保关系的主体一般是银行与企业,具有较强的利益得失判断能力,也更加追求意思自治和交易便捷,允许"流质契约"不仅符合融资关系参与主体的需求,而且有利于激励企业按时清偿借款,从而保障融资债权人的利益。

5. 担保物权的行使时限

《民法典》规定的行使抵押权的期限为主债权的诉讼时效期间,亦即债权人应该在对主债权提起诉讼的同时要求实现抵押权。③ 融资债权人如果没有在融资债权的诉讼时效期间内行使抵押权,后果是"人民法院不予保护",而不是"抵押权消灭"。因此,在诉讼时效完成后,融资债权人只是不能通过法院请求拍卖或变卖抵押财产,但仍可以通过与借款人(或担保人)协议等方式就抵押财产优先受偿。

与抵押权不同的是,《民法典》没有对质权和留置权的行使期限作出规定,质权和留置权不受主债权诉讼时效的影响,在主债权的诉讼时效完成后,质权人和留置权人原则上仍然有权行使质权和留置权,担保人不能依据诉讼时效进行抗辩。

《最高人民法院关于适用〈中华人民共和国民法典〉有关担保制度的解释》第 44 条进一步细化了抵押权权行使时限规则,依据其规定,第一,主债权的诉讼时效期间届满后,抵押权人主张行使抵押权的,人民法院不予支持;抵押人以主债权诉讼时效期间届满为由,主张不承担担保责任的,人民法院应予支持。第二,主债权诉讼时效期间届满后,财产被留置的债务人或者对留置财产享有所有权的第三人请求债权人返还留置财产的,人民法院不予支持。债务人或者第三人请求拍卖、变卖留置财产并以所得价款清偿债务的,人民法院应予支持。第三,根据权利质权公示方式的不同,主债权诉讼时效期间届满的法律效果,参照抵押权或留置权的相关规定。

(二) 抵押

抵押是指融资借款人或者第三人不转移对财产的占有,将该财产作为融资债权的担保。借款人不履行债务时,债权人有权依法以该财产折价或者以拍卖、变卖该财产的价款优先受偿。作为物保的一种形态,抵押制度是对交易安全与效益最大化的双重考虑和平衡。对融资债权人而言,就特定物的优先受偿性比人保具有更强的担保功能。对抵押人(包括融资借

---

① 最高人民法院民法典贯彻实施工作领导小组主编:《中华人民共和国民法典物权编理解与适用(下)》,人民法院出版社 2020 年版,第 1184 页。
② 《日本商法典》第 515 条、《韩国商法典》第 59 条。
③ 《民法典》第 419 条规定:"抵押权人应当在主债权诉讼时效期间行使抵押权;未行使的,人民法院不予保护。"

款人和第三人)而言,抵押不移转抵押物的占有,不妨碍抵押人对抵押物的使用,抵押人可以充分利用该物的使用价值,利益损失较小。因此,抵押能获得担保双方的推崇,成为民商法中最重要的担保制度,被誉为"担保之王"。

1. 抵押财产

表 2-2-3　可抵押财产与不可抵押财产

可抵押财产	不可抵押财产
建筑物和其他地上附着物	土地所有权
建设用地使用权	宅基地、自留地、自留山等集体所有的土地使用权,但法律规定可抵押的除外
海域使用权	学校、幼儿园、医疗机构等以公益为目的成立的非营利法人的教育设施、医疗卫生设施和其他社会公益设施
生产设备、原材料、半成品、产品	所有权、使用权不明或者有争议的财产
正在建造的建筑物、船舶、航空器	依法被查封、扣押、监管的财产
交通运输工具	法律、行政法规规定不得抵押的其他财产
法律、行政法规未禁止抵押的其他财产	

根据上表,依抵押财产的不同可将抵押分为三种:

第一,不动产抵押,是以不动产为抵押物而设置的抵押,包括建筑物和其他地上定着物。在建工程亦属于不动产,《民法典》将在建工程列入了可抵押财产范围,使在建工程抵押的法律效力在法律层面得以确认,这一方面增加了企业的贷款途径,另一方面也稳定了贷款银行的预期,有利于贷款银行防范担保合法性风险。

第二,动产抵押,是以动产为抵押物,不转移动产的占有而设立。如以机器、交通运输工具和其他财产设定抵押。

第三,权利抵押,是以法律规定的各种财产权利作为抵押客体,如建设用地使用权、海域使用权。

尽管以公益为目的的非营利性学校、幼儿园、医疗机构、养老机构等提供担保的,人民法院应当认定担保合同无效,但为实现物尽其用,根据《最高人民法院关于适用〈中华人民共和国民法典〉有关担保制度的解释》第 6 条,有下列情形之一的除外:(1) 在购入或者以融资租赁方式承租教育设施、医疗卫生设施、养老服务设施和其他公益设施时,出卖人、出租人为担保价款或者租金实现而在该公益设施上保留所有权;(2) 以教育设施、医疗卫生设施、养老服务设施和其他公益设施以外的不动产、动产或者财产权利设立担保物权。登记为营利法人的学校、幼儿园、医疗机构、养老机构等提供担保,当事人以其不具有担保资格为由主张担保合同无效的,人民法院不予支持。

值得注意的是,为落实我国农地"三权分置"改革成果,《民法典》物权编第 399 条中不得设立抵押的财产中删除了原《物权法》第 184 条中的"耕地";《农村土地承包法》第 46 规定,经承包方书面同意,并向本集体经济组织备案,受让方可以再流转土地经营权;第 47 条规定,受让方通过流转取得的土地经营权,经承包方书面同意并向发包方备案,可以向金融机构融资担保。即土地经营权人再转让或融资担保土地经营权的,需事先经承包方书面同意并向发包方备案。

如果债权人与担保人所订立的担保合同,约定了以法律、行政法规尚未规定可以担保的财产权利设立担保,该民事行为效力如何?根据《最高人民法院关于适用〈中华人民共和国民法典〉有关担保制度的解释》第63条,上述行为中当事人主张合同无效的,人民法院不予支持。当事人未在法定的登记机构依法进行登记,主张该担保具有物权效力的,人民法院不予支持。换言之,该合同有效,但因未在法定的登记机构进行登记,因而该担保不具有物权效力。

拓展知识

"资本的秘密"

经济学家德·索托在《资本的秘密》中谈到,"在埃及,穷人积累的财富是外国在埃及的直接投资总和的55倍;在第三世界国家和前共产主义国家,穷人所掌握但并不合法拥有的房地产总值至少有9.3兆美元! 可见穷人其实并不'穷',阻碍穷人将资产转化为资本的原因,正是因为其资产的所有权无法得到适当的'表述',并进一步从资产中发掘并提取资本的缘故"[1]。

我国也是如此,农民掌握了大量的土地,但却始终不能摆脱贫困,是因为得不到将手中的财产转化为资本的制度支持。比较国民的穷富,不是看每个人的存量资产,而是看将资产转化为资本能够获得法律多大程度的支持。当前我国限制土地承包经营权和宅基地使用权的流转与抵押,这与社会发展的现实需要不相符合,从社会角度,物不能尽其效用,社会财富被闲置浪费;从私人角度,权利人的权利受到了限制,难以充分实现收益,物权的激励功能减弱。[2] 财产在流转过程中创造价值。"有效率的产权要求产权具有可转让性,所以为了促进资源由较小价值的用途向较大用途的转移,产权在原则上应该是可转让的。"[3]

2. 抵押合同与登记

设定抵押权涉及两个法律事实:签订书面抵押合同和进行抵押登记。抵押合同是抵押权产生的依据,抵押登记是抵押权的生效或者对抗第三人的要件。

融资借款当事人在订立抵押合同时,务必对抵押财产的名称、范围等作清晰约定。实务中抵押合同或抵押条款往往不规范地表述为"若到期不偿还贷款,以借款人所有的财产清偿",这种表述实际上没有法律效力。

抵押权登记,是指由登记机构依法在登记簿上就抵押物上的抵押权状态予以记载。我国抵押权登记的效力包括两种:一种是登记为抵押权的生效要件,不登记抵押权不成立,如以建筑物和其他土地附着物、建设用地使用权、海域使用权、正在建造的建筑物设定抵押;另一种是登记为抵押权得以对抗第三人的要件,不登记抵押权也成立,但是不能对抗第三人,如以动产设定抵押。

需要注意的是,在借新贷还旧贷时,旧贷款因新贷款的发放而偿还,原贷款的债权法律关系与担保法律关系都归于消灭。在非最高额抵押担保的情形中,即使旧贷款中的抵押物已办理了抵押登记,并在新贷款中采用的是同一抵押财产,也应就原抵押物重新签订抵押合

---

① 〔秘鲁〕赫尔南多·德·索托:《资本的秘密》,于海生译,华夏出版社2007年版,第87页。
② 周林彬:《物权法新论》,北京大学出版社2002年版,第139页。
③ 〔美〕科斯等:《财产权利与制度变迁》,陈昕主编,上海三联书店、上海人民出版社1994年版,第77页。

同,重新办理抵押登记手续,并做到借款合同和新抵押合同在时间与内容上一致,以确保抵押权的有效确立。

相关案例
中信银行股份有限公司东莞分行诉陈志华等金融借款合同纠纷[①]

中信银行东莞分行向华丰盛公司发放了 7000 万元贷款。陈志华等与中信银行东莞分行签订了《最高额抵押合同》,为中信银行东莞分行自 2013 年 12 月 31 日至 2014 年 12 月 31 日期间对向华丰盛公司等产生的债权提供最高额抵押。抵押物包括:陈志华位于东莞市中堂镇约 5 万平方米的土地使用权(未取得不动产登记证书)及地上建筑物。由于陈志华尚未取得案涉房屋所占土地的土地使用权证,案涉房屋因房地权属不一致,故未能办理抵押登记,最高额抵押权并未依法设立。因此,中信银行东莞分行不能主张行使抵押权。华丰盛公司自 2014 年 8 月 21 日起未能按期付息。中信银行东莞分行提起本案诉讼。请求:华丰盛公司归还全部贷款本金 7000 万元并支付贷款利息等;陈志华等在抵押物价值范围内承担连带赔偿责任。

裁判要旨:以不动产提供抵押担保,抵押人未依抵押合同约定办理抵押登记的,不影响抵押合同的效力。债权人依据抵押合同主张抵押人在抵押物的价值范围内承担违约赔偿责任的,人民法院应予支持。抵押权人对未能办理抵押登记有过错的,相应减轻抵押人的赔偿责任。

3. 抵押方式

抵押方式分为一般抵押和最高额抵押。最高额抵押是为保证融资债务的清偿,借款人或者第三人对一定期间内将要连续发生的融资债权提供财产担保,借款人不清偿到期借款或者发生当事人约定的实现抵押的情形,融资债权人有权在最高债权额限度内就该担保财产优先受偿。

同最高额保证相似,最高额抵押具有明显的商事担保的特征,它是为了适应连续性商业交往而产生的一种特殊担保形式,既有抵押的一般功能,又有经济、便捷的优势。相对于一般抵押权,最高额抵押的特征在于:

第一,所担保的融资债权是未来发生的一系列债权,具有不确定性[②],但有一个最高限额。

第二,不完全的从属性。如上文所述,融资与担保之间具有从属性的关系,但最高额抵押作为一种特殊抵押权,既有从属于融资债权的属性(例如,不得与债权分离而单独转让),也具有相对独立性,主要表现在:(1) 一般先于所担保的融资债权成立;(2) 最高额抵押所担

---

① 最高人民法院第 30 批指导性案例第 168 号,最高人民法院审判委员会讨论通过,2021 年 11 月 9 日发布。
② 《民法典》第 423 条规定:"有下列情形之一的,抵押权人的债权确定:(一)约定的债权确定期间届满;(二)没有约定债权确定期间或者约定不明确,抵押权人或者抵押人自最高额抵押权设立之日起满二年后请求确定债权;(三)新的债权不可能发生;(四)抵押权人知道或者应当知道抵押财产被查封、扣押;(五)债务人、抵押人被宣告破产或解散;(六)法律规定债权确定的其他情形。"

保的债权确定前,部分债权转让的,最高额抵押权不随之转让,但当事人可做特别约定;(3)最高额抵押所担保的融资债权额内的某一债权因清偿、抵销、免除等原因消灭时,最高额抵押并不随之消灭,仍作为剩余债权的担保而存续。

最高额抵押权的设立与实现过程中,有下述一些特殊规则,需要当事人予以特别注意:

第一,最高额抵押权设立前已经存在的债权,经当事人同意,可以转入最高额抵押担保的债权范围。

第二,最高额抵押担保债权未确定的情形下,允许当事人约定抵押权的转让或者协议变更债权确定的期间、债权范围以及最高额债权额等,但不得对其他抵押权人不利。

第三,最高额抵押权实现时,若实际发生的债权余额高于最高限额的,以最高限额为限优先受偿,超过最高限额部分的债权为一般债权;若实际发生的债权余额低于最高限额的,以实际发生的债权额为限优先受偿。《最高人民法院关于适用〈中华人民共和国民法典〉有关担保制度的解释》第15条规定,最高额担保中的最高债权额,是指包括主债权及其利息、违约金、损害赔偿金、保管担保财产的费用、实现债权或者实现担保物权的费用等在内的全部债权,但是当事人另有约定的除外。登记的最高债权额与当事人约定的最高债权额不一致的,人民法院应当依据登记的最高债权额确定债权人优先受偿的范围。

4. 如何实现抵押权

借款人不清偿到期借款或者发生当事人约定的实现抵押权的情形,融资债权人可以与抵押人协议以抵押财产折价或者以拍卖、变卖该抵押财产所得的价款优先受偿。当融资债权人与抵押人未就抵押权实现方式达成协议的,融资债权人可以请求人民法院拍卖、变卖抵押财产。

由于我国实行"房地一致"原则,融资债权人在实现抵押权时应当注意:第一,建设用地使用权抵押后,该土地上新增的建筑物不属于抵押财产。该建设用地使用权实现抵押权时,应当将该土地上新增的建筑物与建设用地使用权一并处分,但新增建筑物所得的价款,融资债权人无权优先受偿。第二,以乡镇、村企业的厂房等建筑物占用范围内的建设用地使用权一并抵押的,实现抵押权后,未经法定程序,不得改变土地所有权的性质和土地用途。

此外,当一个抵押财产上存在两个以上抵押权时,拍卖、变卖抵押财产所得的价款依照以下规则清偿:(1)抵押权已经登记的,按照登记的时间先后确定清偿顺序;(2)抵押权已登记的先于未登记的受偿;(3)抵押权未登记的,按照债权比例清偿。

5. 动产浮动抵押

浮动抵押制度起源于英国的衡平法,我国的动产浮动抵押制度最初是《物权法》规定的一种担保方式,《民法典》第396条承袭了动产浮动抵押制度。该制度指特定的抵押人(企业、个体工商户和农业生产经营者)以现有的和将来所有的生产设备、原材料、半成品、产品等动产为债权人设定抵押权担保,当债务人不履行债务时,债权人有权以抵押人于抵押权实现时尚存的财产优先受偿。动产浮动抵押的设立,需要书面抵押合同或者主债权合同中的抵押条款,并且应当到抵押人住所地的市场监督管理部门办理登记,未经登记不得对抗善意第三人。相对于一般的抵押,动产浮动抵押具有以下特征:

第一,浮动抵押的标的物范围不确定。浮动抵押设定后,用于抵押的财产并不固定,而是在浮动抵押期间不断发生变化。

第二,浮动抵押期间,债务人仍继续占有、经营管理并自由处分公司财产,直到约定或法定的事由发生,才由浮动抵押转为固定抵押,抵押人不得再处分公司的财产。此时,抵押权人得行使优先受偿的权利,这一状态为"浮动抵押的结晶"。依照《民法典》,主要有以下四种情况引发浮动抵押的结晶:债务履行期届满,债权未实现;抵押人被宣告破产或者解散;当事人约定的实现抵押权的情形;严重影响债权实现的其他情形。

第三,浮动抵押期间,对于债务人在经营过程中处分的财产,债权人无追及效力。也就是说,动产浮动抵押权人不得以其抵押权对抗正常经营活动中已支付合理价款并取得抵押财产的买受人。《民法典》第404条对此作出了明确规定。

动产浮动抵押制度,对于促进企业融资具有重要的作用:首先,拓宽了广大中小企业的融资渠道。浮动抵押人可以利用其现有的和将来拥有的财产进行抵押,这对于一些技术含量高、发展前景好的中小企业十分重要。其次,简化了抵押手续,只需对财产进行概括性描述,降低了抵押成本。浮动抵押期间,抵押人新取得的动产,不需要任何手续就可以当然成为浮动抵押的标的物。最后,浮动抵押有利于抵押人进行正常的商业活动。如果没有出现法定或者约定的事由,抵押人在日常经营管理活动中,可以对其设定抵押的财产进行处分,抵押权人不得干预,设置浮动抵押对于抵押人开展经济活动并无大碍。

6. 价款抵押

为打破动产浮动抵押对未来动产的控制,畅通融资渠道,《民法典》新增加了价款抵押权,又称"超级优先权"或"购置款抵押",比较法上一般称为"purchase money security interest"(PMSI)。《民法典》第416条规定:动产抵押担保的主债权是抵押物的价款,标的物交付后10日内办理抵押登记的,该抵押权人优先于抵押物买受人的其他担保物权人受偿,但是留置权人除外。《最高人民法院关于适用〈中华人民共和国民法典〉有关担保制度的解释》第57条进一步将价金担保权的法律适用予以类型化。根据该规定,担保人在设立动产浮动抵押并办理抵押登记后又购入或者以融资租赁方式承租新的动产,下列权利人为担保价款债权或者租金的实现而订立担保合同,并在该动产交付后10日内办理登记,主张其权利优先于在先设立的浮动抵押权的,人民法院应予支持:(1)在该动产上设立抵押权或者保留所有权的出卖人;(2)为价款支付提供融资而在该动产上设立抵押权的债权人;(3)以融资租赁方式出租该动产的出租人。

(三) 质押

质押,是融资借款人或第三人将其财产转移给融资债权人占有,以该财产作为融资债权担保的财产,当借款人不清偿到期借款时,融资债权人可将此财产折价或以拍卖、变卖所得的价款优先受偿的一种物保方式。为质押担保之用的财产称为质物,提供财产的融资借款人或者第三人称为出质人,享有质权的融资债权人称为质权人。

1. 质押财产

企业可以动产与权利两种财产形式相应地设立动产质押和权利质押。动产质押包括除现金以及不动产以外的财产提供的质押。由于动产质押以转移财产占有为要件,在现代商事交易中的地位逐渐没落,转移占有不仅增加了债权人的保管责任和费用,而且使出质人失去财产的使用权,难以做到物尽其用。

权利质押,是以出质人提供的财产权利为标的而设定的质权,例如票据权利、股权、知识产权质押等。随着经济和金融的发展,逐渐有新的权利或金融产品被法律认可为可以出质的权利,如基金份额、应收账款质押。目前不少保险公司、银行已经开展保单质押贷款业务,具有储蓄功能的养老保险、投资分红型保险及年金保险等人寿保险保单也可以设定质押贷款；另外，根据《合伙企业法》，合伙人可以其在合伙企业中的财产份额出质。

2. 如何设立质权

设立质押，当事人应当订立书面合同。一般而言，质权自出质人交付质押财产时设立。以不同财产设定质押，其方式也不同，具体如下：

第一，以动产设定质押的，质押自质物交付融资债权人占有时设立。应该注意的是，出质人（融资借款人或第三人）将质物转移归融资债权人占有是设定质押的关键，其重要性表现为：(1) 借款人或第三人代融资债权人占有质物的，不产生质权。(2) 融资债权人将质物返还出质人占有，质权不能对抗第三人。(3) 出质人迟延移转占有的，质权在移转时生效，因此给融资债权人造成损失的，出质人应当根据其过错承担赔偿责任。

第二，设定权利质押的，分别为：(1) 以汇票、支票、本票、债券、存款单、仓单、提单出质的，质权自权利凭证交付质权人时设立，没有权利凭证的，自有关部门办理出质登记时设立。(2) 以基金份额、证券登记结算机构登记的股权出质的，质权自证券登记结算机构办理出质登记时设立；以其他股权出质的，质权自市场监督管理部门办理出质登记时设立。证券登记结算机构登记的股权一般是上市公司股权。为规范股权出质登记，2008 年国家工商行政管理总局发布《工商行政管理机关股权出质登记办法》，并于 2016 年修订。(3) 以注册商标专用权、专利权、著作权等知识产权中的财产权出质的，质权自有关主管部门办理出质登记时设立。(4) 以应收账款出质的，质权自信贷征信机构办理出质登记时设立。中国人民银行征信中心是应收账款质押的登记机构。

3. 应收账款质押融资

应收账款质押是《物权法》规定的质押融资方式，以应收账款出质的，质权自办理出质登记时设立。应收账款出质后，不得转让，但是出质人与质权人协商同意的除外。出质人转让应收账款所得的价款，应当向质权人提前清偿债务或者提存。

企业可以设定质押的应收账款包括：(1) 销售产生的债权，包括销售货物，供应水、电、气、暖，知识产权的许可使用等；(2) 出租产生的债权，包括出租动产或不动产；(3) 提供服务产生的债权；(4) 公路、桥梁、隧道、渡口等不动产收费权；(5) 提供贷款或其他信用产生的债权。

《最高人民法院关于适用〈中华人民共和国民法典〉有关担保制度的解释》第 61 条进一步对应收账款质押作出类型化规定：

第一，以现有的应收账款出质，应收账款债务人向质权人确认应收账款的真实性后，又以应收账款不存在或者已经消灭为由主张不承担责任的，人民法院不予支持。

第二，以现有的应收账款出质，应收账款债务人未确认应收账款的真实性，质权人以应收账款债务人为被告，请求就应收账款优先受偿，能够举证证明办理出质登记时应收账款真实存在的，人民法院应予支持；质权人不能举证证明办理出质登记时应收账款真实存在，仅以已经办理出质登记为由，请求就应收账款优先受偿的，人民法院不予支持。

第三，以现有的应收账款出质，应收账款债务人已经向应收账款债权人履行了债务，质权人请求应收账款债务人履行债务的，人民法院不予支持，但是应收账款债务人接到质权人要求向其履行的通知后，仍然向应收账款债权人履行的除外。

第四，以基础设施和公用事业项目收益权、提供服务或者劳务产生的债权以及其他将有的应收账款出质，当事人为应收账款设立特定账户，发生法定或者约定的质权实现事由时，质权人请求就该特定账户内的款项优先受偿的，人民法院应予支持；特定账户内的款项不足以清偿债务或者未设立特定账户,质权人请求折价或者拍卖、变卖项目收益权等将有的应收账款,并以所得的价款优先受偿的,人民法院依法予以支持。

供应链金融[①]

供应链金融指银行通过分析供应链及链条上的每一笔交易,借助核心企业的实力,以及存货、应收账款等担保形式,为供应链上的单个企业或上下游企业链条提供融资、结算、理财等全面金融服务。

应收账款质押是供应链融资的重要形式,如银行推出的"应收账款池"融资业务。此业务主要针对固定向某大企业供货、签有长期供货合同的中小企业。这些企业往往同时拥有多笔对固定买家的应收账款,因此形成了一个类似于蓄水池的应收账款定额,企业只要将应收账款委托银行管理,银行将根据"应收账款池"的数额核定一个合理的融资额,企业即可获得连续的融资安排和应收账款管理服务,而无须提供其他保证或抵押担保。

仓单质押也是供应链融资的一种方式。由于动产的流动性与不可控性,银行与仓储公司或物流公司合作,推出仓单质押贷款融资模式,公司将货品运至指定的仓库,物流、仓储公司向公司出具仓单,并交付银行,银行据此发放贷款。当公司取用货品时,需征得物流、仓储公司及银行的同意。目前这种方式已被许多生产成品、原材料数量较大的企业所采用。

(四) 留置

留置是指债权人按照合同约定占有债务人的动产,债务人不按照合同约定的期限履行债务的,债权人有权依照法律规定留置该财产,并可就该财产折价、拍卖、变卖的价款优先受偿。与可以由当事人自由约定的抵押、质押等担保方式不同,留置是法定担保,由法律明确规定留置适用的情形。

民事留置与商事留置

广义上的民事留置起源于罗马法,并没有物权的效力,仅是诉讼法上的抗辩权,债权人对于相对人负有关联于其债权之债务时,在相对人未履行其债务期间得拒绝自己所负担债务之履行,它与抵销之抗辩权、同时履行之抗辩权同为恶意抗辩权的一种。而商事留置,萌生于中世纪意大利商人团体之习惯法,系指商人之间因营业发生债权债务关系,债权人于其债权未受清偿前,就所占有债务人之物得行使之留置权,旨在保障商事交易中的债权债务关

---

① 供应链金融课题组:《供应链金融:新经济下的新金融》,上海远东出版社2009年版,第25—28页。

系能够得以高效清偿。①

在民商分立的立法模式下,往往在民法典和商法典中分别规定民事留置权和商事留置权,如德国、日本。在民商合一的立法模式下,通常在民法典中统一规定留置权制度,但对商事留置权作特别规定,如瑞士、中国等。②

民事留置与商事留置相比较,主要具有如下区别:第一,主体不同。民事留置对债权债务关系的主体未有要求,商事留置则适用于商人之间的交易行为产生的债的关系。第二,成立要件不同。民事留置的要件之一是,债权与债权人占有的动产之间存在牵连关系,而商事留置则无此要求。第三,效力不同。在一些立法例上,商事留置权的效力强于民事留置权。例如,根据《日本破产法》第93条,民事留置权仅具有留置效力而无优先受偿效力,债务人破产时留置权不具有别除效力,而商事留置权却被视为特别的先取特权。③

1. 商事留置权的成立条件

商事留置,是指商事主体在双方商事行为的场合下,债权人为实现其债权,有权留置已占有的债务人的动产。《民法典》对于商事留置权的部分沿用了《物权法》的规定。《最高人民法院关于适用〈中华人民共和国民法典〉有关担保制度的解释》细化了商事留置权的相关规定。商事留置权的成立要件是:

第一,主体均为商人。《民法典》将商事留置权的主体限制于"企业"。"企业"一般包括个人独资企业、合伙企业、公司企业等。但"企业"不足以囊括所有的"商人",例如个体工商户、农村承包经营户等。根据法律的目的解释,在法律适用时,对企业以外的其他商人之间的留置权应类推适用该条。

第二,债务已届清偿期,并且行使留置权以实现的债权、债务系因商人之间的商事行为而产生。

第三,商人之间的留置无须债权与留置的动产基于同一法律关系而生,只要动产的占有和债权均由营业关系而产生,就可认定债权与标的物之间存在牵连关系。由于商人之间的交易多具有连续性与持久性,若只限定一次交易中产生的债权与占有的标的物之间存在牵连关系,则不利于保护债权人利益,也不利于促进商人之间的交易往来。

2. 关于留置财产

《民法典》虽然确立了商事留置,但是在实践中,关于"什么财产可以留置"的问题仍然需要进一步清晰化:

第一,留置财产是债务人合法占有的动产。对于不属于债务人所有的或者非法占有的财产能否作为留置财产,即商事留置是否适用善意取得,各国立法规定不同,《瑞士民法典》第895条第3款规定留置权的标的物以属于债务人为前提。债权人善意取得不属于债务人的物,以第三人没有基于以前的占有权提出请求为限,有留置权。《日本商法典》第521条规定,留置权的标的物以属于债务人的所有物或有价证券为限,不承认商事留置权的善意取得。《最高人民法院关于适用〈中华人民共和国民法典〉有关担保制度的解释》第62条第1款规定:"债务人不履行到期债务,债权人因同一法律关系留置合法占有的第三人的动产,并

---

① 参见〔日〕我妻荣:《新订担保物权法》,申政武等译,中国法制出版社2008年版,第22页。
② 参见熊丙万:《论商事留置权》,载《法学家》2011年第4期。
③ 崔建远:《物权法》(第7版),法律出版社2021年版,第564页。

主张就该留置财产优先受偿的,人民法院应予支持。第三人以该留置财产并非债务人的财产为由请求返还的,人民法院不予支持。"留置权的产生不仅在于维护债权人与债务人之间的公平,而且应维护交易安全,只要留置权人留置的动产为债务人所占有,则根据债务人动产占有的公信力,债权人对其善意取得的不属于债务人所有的物享有留置权。

债权人留置的财产既可以是债务人所有的财产,也可以是债务人合法占有的第三人的财产,但是仍需注意的是,商事留置中,如果留置财产与债权并非基于同一法律关系,则债权人只能留置属于债务人所有的财产,不能留置属于第三人所有的财产。

第二,留置的动产是否包括有价证券?有价证券指设定或证明持有人有权取得一定财产权利的书面凭证,它主要包括提单、仓单、股票、债券、票据等。《民法典》第447条规定留置权的标的物为"动产",国外立法诸如《日本商法典》《韩国商法典》《德国商法典》等,都将有价证券规定在留置财产范围内。在"财产证券化"的当今商业社会,有价证券的适用范围越来越广泛,且有价证券具有动产的属性,将其纳入留置财产的范围,一方面可以增加债权人实现债权的机会,同时又符合商事行为快速、高效的需求。

第三,留置权不仅优先于债权受偿,而且优先于抵押权和质权受偿,基于对公共政策与善良风俗的考虑,法律明确规定或当事人约定"不得留置"的财产不能留置。

长三角商品交易所有限公司与卢海云返还原物纠纷[①]

某轿车登记在长三角公司名下,卢海云原系长三角公司副总经理,长三角公司2013年9月6日购买该车后即交付卢海云使用。2014年2月21日,长三角公司向卢海云送达《关于卢海云同志旷工和挪/占用公司财产处罚通告》,载明卢海云"连续旷工13日,经我公司多次通知仍不去集团物流园报到也不来交易所并挪用和拒还公司轿车,其行为违反了我司《员工手册》第三章第十五条关于旷工的规定和第十三章第七十二条第十款挪用公司财物的规定,属于严重的违纪行为,即日起给予辞退处理"等内容。卢海云对解除劳动关系并无异议,但认为长三角公司解除劳动关系违法,应向其支付拖欠的工资、社保金及经济补偿金,故拒绝向长三角公司返还轿车。据此,长三角公司于2014年5月8日诉至法院,称:长三角公司解除与卢海云的劳动关系后,卢海云无权继续占用该车辆,也无权行使留置权,应向长三角公司返还轿车。

裁判要旨:留置权是平等主体之间实现债权的担保方式;除企业之间的留置以外,债权人留置的动产,应当与债权属于同一法律关系。劳动合同的基本法律关系为劳动者承担向用人单位提供劳动和接受用人单位管理的义务,并有权要求用人单位依约支付劳动报酬。本案中,卢海云被长三角公司安排在管理岗位,分管行政事务、财务以及人事工作,因此卢海云所扣留的轿车,仅仅是长三角公司为公司高管出行提供的便利,并非双方建立的劳动关系的标的物,长三角公司可以随时收回车辆也并不影响原有劳动关系的履行,长三角公司是基

---

① 江苏省无锡市中级人民法院(2014)锡民终字第1724号。

于所有权而不是基于劳动关系要求卢海云返还车辆,因此卢海云占有轿车与其主张的工资、社保金等劳动债权并非基于同一法律关系。

留置权在性质上是平等主体间实现债权的一种方式,其平等性表现在债权人可通过留置债务人的动产对抗债务人,督促其履行债务,并可通过对留置物进行变价优先受偿来保护债权。而劳动关系一方为用人单位,另一方为劳动者,与一般的民事关系相比,双方在履行劳动合同过程中处于管理和被管理的不平等关系,劳动者不能基于劳动管理关系而对所占有的用人单位的财产适用留置,否则将导致劳动管理秩序的紊乱。

(五) 典当

中国旧时有谚语"气死不告状,穷死不典当",在当今社会却有"急事告贷,典当最快"的说法,这体现了典当在社会中功用的转变。所谓典当融资是指当户将其动产、财产权利作为当物质押或者将其房地产作为当物抵押给典当行,交付一定比例费用,取得当金,并在约定期限内支付当金利息、偿还当金、赎回当物的行为。

目前我国典当行从事的典当业务具有以下特征:第一,从事典当业的是经依法批准的企业[①],即典权人是商人,典当行为属于商事行为。第二,在典当中,出典人应将典物或财产权利凭证移交给典权人,典权人将一定款项出借给出典人。典当行要求的担保方式主要包括:动产及权利质押、房地产抵押。第三,当出典人还本付息后,典权人将典物返还给出典人;而当出典人在规定的回赎期内不能回赎典物时,则该典物的所有权归属于典权人所有(绝当物估价金额不足 3 万元时),或由典权人以当物的价值优先清偿(当物估价金额超过 3 万元时)。

典当融资对于中小企业与短期内急需资金的企业而言,具有极大的便利性,与其他融资担保形式相比,具有以下优势:

1. 融资门槛低。典当行一般只注重典当物品是否货真价实,对当户不挑剔,也无须他人提供担保。

2. 贷款期限、用途自由。典当期限由借贷双方共同约定,最长期限为 6 个月,到期可申请办理续当手续;借款金额由借贷双方协商确定,最多以不超过当行注册资金总额的 1/3 为限。典当行对贷款资金用途没有要求。

3. 融资手续简便。客户无须提供财务报表等相关资料,对抵押物、质押物价值的评估主要由双方协商或请有关评估部门认定,没有繁琐耗时的层层审批。

4. 融资产品种类较多。一般商业银行只接受不动产抵押,而典当行则是动产质押与不动产抵押均可,只要是有价值的财物都可以典当。

典权制度是我国传统的物权制度之一,其萌芽于南北朝,在唐宋元时期走向成熟,在明代成为正式制度,进入律法。[②] 在制定《物权法》时,典权经历了"三进三出",虽然《民法典》编

---

① 根据商务部、公安部 2005 年颁布的《典当管理办法》(2005 年第 8 号令)第 25 条,典当行可以经营下列业务:(1)动产质押典当业务;(2)财产权质押典当业务;(3)房地产(外省、自治区、直辖市的房地产或者未取得商品房预售许可证的在建工程除外)抵押典当业务(典当行不得从事动产抵押业务);(4)限额内绝当物品的变卖;(5)鉴定评估及咨询服务;(6)商务部依法批准的其他典当业务。

② 蒋海松:《〈民法典〉传统基因与民族特色的法理解析》,载《现代法学》2022 年第 1 期。

篡过程中,典权入典的呼声依然极高,但最终仍未被《民法典》所规定。

当票与绝当

当票,是典当行与当户之间的借贷契约,是典当行向当户支付当金的付款凭证。当票上一般记载当物名称、状况、估价金额、当金数额、利率、综合费率,典当日期、典当期、续当期等事项。典当行和当户不得将当票转让、出借或者质押给第三人。

根据商务部、公安部于2005年发布的部门规章《典当管理办法》,当户应当在典当期限或者续当期限届满后5日内赎当或者续当,如果当户逾期既不赎当也不续当的,则为绝当。对于绝当的物品,典当行应当按照法律的规定处理:(1)当物估价金额在3万元以上的,可以按照《担保法》(现为《民法典》)有关规定处理,也可以双方事先约定绝当后由典当行委托拍卖行公开拍卖。(2)绝当物估价金额不足3万元的,典当行可以自行变卖或者折价处理,损益自负。(3)对国家限制流通的绝当物,应当根据有关法律、法规,报有关管理部门批准后处理或者交售指定单位。(4)典当行在营业场所以外设立绝当物品销售点应当报省级商务主管部门备案,并接受监督检查。(5)典当行处分绝当物品中的上市公司股份应当取得当户的同意和配合,典当行不得将其自行变卖、折价处理或者委托拍卖行公开拍卖。

五、非典型担保

非典型担保是指法律未明确规定,在商事实践中自生自发的具有担保功能的契约安排,或法律虽有规定,但未典型化的担保形式。《民法典》第388条第1款规定"担保合同包括抵押合同、质押合同和其他具有担保功能的合同",《最高人民法院关于适用〈中华人民共和国〉有关担保制度的解释》第1条规定"因抵押、质押、留置、保证等担保发生的纠纷,适用本解释。所有权保留买卖、融资租赁、保理等涉及担保功能发生的纠纷,适用本解释的有关规定",从而统合了《民法典》合同编和物权编中的担保,并且《最高人民法院关于适用〈中华人民共和国民法典〉有关担保制度的解释》是非穷尽式列举。《最高人民法院关于适用〈中华人民共和国民法典〉有关担保制度的解释》第63条对于非典型担保合同的合同效力和物权效力进行了规定:"当事人未在法定的登记机构依法进行登记,主张该担保具有物权效力的,人民法院不予支持。"

保证、抵押、质押、留置是《民法典》规定的四类典型担保,此外具有担保功能的契约安排则为非典型担保,包括让与担保、保理、融资租赁、保证金、所有权保留、定金、违约金、票据保证、信用证担保,等等。本部分根据《最高人民法院关于适用〈中华人民共和国民法典〉有关担保制度的解释》第63—70条关于非典型担保的规定,介绍所有权保留买卖、融资租赁、保理、让与担保、保证金质押。

(一)所有权保留

所有权保留,是分期付款买卖担保价金债履行的最佳方式。在双务合同尤其是分期付款买卖的交易中,一方当事人为确保交易价金的全部清偿,向另一方当事人移转标的物的占有时,依照特约仍然保留标的物的所有权,直至另一方当事人付清全部交易价金。其中,一方当事人保留交易标的物的所有权以担保另一方当事人价金债务之履行的行为,称为所有权保留。所有权保留不适用于不动产。

所有权保留作为一种非典型担保,起源于《合同法》,形成于《最高人民法院关于审理买卖合同纠纷案件适用法律问题的解释》,《民法典》正式确认了其非典型担保的法律属性,并在合同编第641条至第643条分别规定了其基本原则、出卖人对货物的取回权、出卖人取回标的物后买受人回赎权的具体规则,《最高人民法院关于适用〈中华人民共和国民法典〉有关担保制度的解释》《最高人民法院关于审理买卖合同纠纷案件适用法律问题的解释》作了进一步补充。所有权保留制度的特点在于以下三点:

第一,所有权保留作为一种非典型担保,可以进行登记,出卖人对标的物保留的所有权,未经登记,不得对抗善意第三人。

第二,所有权保留与其他担保物权一样是一种避险机制,具体体现为出卖人享有买卖合同标的物的取回权。根据《民法典》第642条,当事人约定出卖人保留合同标的物的所有权,在标的物所有权转移前,买受人有下列情形之一,造成出卖人损害的,除当事人另有约定外,出卖人有权取回标的物:(1) 未按照约定支付价款,经催告后在合理期限内仍未支付;(2) 未按照约定完成特定条件;(3) 将标的物出卖、出质或者作出其他不当处分。出卖人可以与买受人协商取回标的物;协商不成的,可以参照适用担保物权的实现程序。但是,出卖人的取回权有其例外情形,一是在买受人已经支付标的物总价款的75%以上,出卖人主张取回标的物的,人民法院不予支持。二是在《民法典》第642条前述第三项情形下,第三人依据《民法典》第311条的规定已经善意取得标的物所有权或者其他物权,出卖人主张取回标的物的,人民法院不予支持。[①]

第三,出卖人取回标的物后买受人享有回赎权。根据《民法典》第643条,出卖人取回标的物后,买受人在双方约定或者出卖人指定的合理回赎期限内,消除出卖人取回标的物的事由的,可以请求回赎标的物。买受人在回赎期限内没有回赎标的物,出卖人可以以合理价格将标的物出卖给第三人,出卖所得价款扣除买受人未支付的价款以及必要费用后仍有剩余的,应当返还买受人;不足部分由买受人清偿。

(二) 融资租赁

融资租赁,是一种将融资与融物相结合的法律关系。根据《民法典》第375条,融资租赁合同,是出租人根据承租人对出卖人、租赁物的选择,向出卖人购买租赁物,提供给承租人使用,承租人支付租金的合同。其缔结程序一般为:(1) 由用户与供应商之间商定设备买卖合同的条件;(2) 用户向出租人提出订立租赁合同的申请并由双方签订租赁合同;(3) 出租人和供应商订立买卖合同,供应商向用户交货,用户进行验收;(4) 用户向出租人交付物件受领证,并支付第一期租金,同时出租人向供应商支付买卖价金。

融资租赁合同具有以下特征:

第一,融资租赁合同是由两个合同(买卖合同和租赁合同)、三方当事人(出卖人、出租人、承租人)有机结合在一起的独立合同。

---

① 参见《最高人民法院关于审理买卖合同纠纷案件适用法律问题的解释》第26条。

第二，融资租赁合同是以融资为目的、融物为手段的合同。

第三，融资租赁合同中的出租人必须是具有从事融资租赁经营范围的金融租赁公司。

第四，融资租赁合同中通常明文规定租赁公司不承担租赁物的瑕疵担保责任。这是因为：融资租赁通常是由用户基于自己的知识和经验，选定设备的制造厂商、种类、规格、型号等，租赁公司完全按照用户的指定设备予以购买，因此选择错误的结果应由用户负责。但是在一些特殊情形下，出租人对租赁物的瑕疵担保免责约定亦可能被确认为无效，出租人仍应承担瑕疵担保责任，如《民法典》第747条规定："租赁物不符合约定或者不符合使用目的的，出租人不承担责任。但是，承租人依赖出租人的技能确定租赁物或者出租人干预选择租赁物的除外。"《最高人民法院关于审理融资租赁合同纠纷案件适用法律问题的解释》第8条进一步规定："租赁物不符合融资租赁合同的约定且出租人实施了下列行为之一，承租人依照民法典第七百四十四条、第七百四十七条的规定，要求出租人承担相应责任的，人民法院应予支持：（一）出租人在承租人选择出卖人、租赁物时，对租赁物的选定起决定作用的；（二）出租人干预或者要求承租人按照出租人意愿选择出卖人或者租赁物的；（三）出租人擅自变更承租人已经选定的出卖人或者租赁物的。承租人主张其系依赖出租人的技能确定租赁物或者出租人干预选择租赁物的，对上述事实承担举证责任。"

企业可以通过分期付款的方式支付融资租赁租金，从而保持企业资金的流动性，对于刚刚起步的企业而言，可以避免预算规模上的限制，而且融资成本低，比银行贷款所需时间更短、手续更简便、更适应中小企业融资的需求。对于租赁公司而言，融资债权具有相对安全性，当承租人不能清偿租金时，由于租赁资产所有权不归承租人所有，租赁公司可以通过出售或者再出租的方式收回投资，从而大大降低其投资风险。《民法典》第745条明确规定："出租人对租赁物享有的所有权，未经登记，不得对抗善意第三人。"出租人和承租人可以约定租赁期限届满租赁物的归属；对租赁物的归属没有约定或者约定不明确，依据《民法典》第510条规定仍不能确定的，租赁物的所有权归出租人。如果当事人约定租赁期限届满租赁物归承租人所有，承租人已经支付大部分租金，但是无力支付剩余租金，出租人因此解除合同收回租赁物，收回的租赁物的价值超过承租人欠付的租金以及其他费用的，承租人可以请求相应返还。当事人约定租赁期限届满租赁物归出租人所有，因租赁物毁损、灭失或者附合、混合于他物致使承租人不能返还的，出租人有权请求承租人给予合理补偿。

（三）保理

保理是一种融合应收账款催收、管理、资金融通于一体的金融活动，在企业融资中发挥着越来越重要的作用，《民法典》新增保理合同作为典型合同。保理合同，是应收账款债权人将现有的或者将有的应收账款转让给保理人，保理人提供资金融通、应收账款管理或者催收、应收账款债务人付款担保等服务的合同。保理属于一种特殊的债权让与，其所转让的是应收账款债权。保理人是依照国家规定，经主管部门批准展开保理业务的保理公司、金融机构。

保理包括有追索权的保理和无追索权的保理两种。在有追索权的保理中，保理人可以向应收账款债权人主张返还保理融资款本息或者回购应收账款债权，也可以向应收账款债务人主张应收账款债权。保理人向应收账款债务人主张应收账款债权，在扣除保理融资款本息和相关费用后有剩余的，剩余部分应当返还给应收账款债权人。在无追索权的保理中，保理人应当向应收账款债务人主张应收账款债权，保理人取得超过保理融资款本息和相关费用的部分,无须向应收账款债权人返还。保理合同的担保功能仅仅存在于有追索权的保理中,其实质是应收账款债权人通过债权转让的方式将其对应收账款债务人享有的债权用于担保保理融资款本息的返还。

在债权人将同一应收账款债权向多个保理人重复转让时,采取"登记优先"与"时间优先"的处理规则。《民法典》第768条规定:应收账款债权人就同一应收账款订立多个保理合同,致使多个保理人主张权利的,已经登记的先于未登记的取得应收账款;均已经登记的,按照登记时间的先后顺序取得应收账款;均未登记的,由最先到达应收账款债务人的转让通知中载明的保理人取得应收账款;既未登记也未通知的,按照保理融资款或者服务报酬的比例取得应收账款。

(四)让与担保

让与担保是指债务人或第三人为担保债务人之债务,将担保标的物之权利转移给担保权人,于债务清偿后,标的物应返还给债务人或第三人,债务不履行时,担保权人可以就该标的物受偿的一种担保方式。让与担保起源于古罗马法上的信托制度,其以移转担保物的所有权、实现担保为目的,属于物的担保的最早形态。《民法典》虽未明确规定让与担保,但其第401条、第428条对流质条款的修订,事实上确立了让与担保制度。实际上,让与担保正是在社会经济生活的实践中逐渐产生和发展起来的,本身就说明了它具有一定的合理性和存在的价值,只要它不违背公序良俗和诚实信用原则,对维护和促进交易有利无害,法律自然应当加以确认和保护。

从经济分析的角度,让与担保是消费者偏好与效用最大化相结合的制度设计。在让与担保中,担保人将所有权让渡于担保权人,而继续使用、收益担保物,因此,担保人的消费者偏好在于对物的使用、收益,而非对所有权的享有;担保权人只受让担保物的所有权,说明担保权人并不在意物由谁来使用、收益,受让所有权已实现了效用最大化。

《最高人民法院关于适用〈中华人民共和国民法典〉有关担保制度的解释》第68条、第69条适时对让与担保规则作出了详细规定。

第一,债务人或者第三人与债权人约定将财产形式上转移至债权人名下,债务人不履行到期债务,债权人有权对财产折价或者以拍卖、变卖该财产所得价款偿还债务的,人民法院应当认定该约定有效。当事人已经完成财产权利变动的公示,债务人不履行到期债务,债权人请求参照《民法典》关于担保物权的有关规定就该财产优先受偿的,人民法院应予支持。

第二,债务人或者第三人与债权人约定将财产形式上转移至债权人名下,债务人不履行到期债务,财产归债权人所有的,人民法院应当认定该约定无效,但是不影响当事人有关提供担保的意思表示的效力。当事人已经完成财产权利变动的公示,债务人不履行到期债务,债权人请求对该财产享有所有权的,人民法院不予支持;债权人请求参照《民法典》关于担保物权的规定对财产折价或者以拍卖、变卖该财产所得的价款优先受偿的,人民法院应予支持;债务人履行债务后请求返还财产,或者请求对财产折价或者以拍卖、变卖所得的价款清偿债务的,人民法院应予支持。

第三,债务人与债权人约定将财产转移至债权人名下,在一定期间后再由债务人或者其指定的第三人以交易本金加上溢价款回购,债务人到期不履行回购义务,财产归债权人所有的,人民法院应当参照上述第二点规则处理。回购对象自始不存在的,人民法院应当依照《民法典》第 146 条第 2 款的规定,按照其实际构成的法律关系处理。

第四,股东以将其股权转移至债权人名下的方式为债务履行提供担保,公司或者公司的债权人以股东未履行或者未全面履行出资义务、抽逃出资等为由,请求作为名义股东的债权人与股东承担连带责任的,人民法院不予支持。

相关案例
黑龙江闽成投资集团有限公司与西林钢铁集团有限公司、第三人刘志平民间借贷纠纷案[①]

西林钢铁集团有限公司(以下称"西林钢铁公司")与刘志平(代表闽成集团有限公司)签订多份借款协议,共向后者借款 10 亿元,同时约定将西林钢铁公司持有的翠宏山公司 64% 的股权变更至刘志平名下,以保证债权的实现。后西林钢铁公司进入破产重整程序,其持有的翠宏山公司股权成为破产财产。闽成集团有限公司向法院起诉,请求西林钢铁公司偿还借款本金及利息,并对刘志平持有的翠宏山公司 64% 的股权折价或者拍卖、变卖所得价款优先受偿。

裁判要旨:当事人以签订股权转让协议方式为民间借贷债权进行担保,此种非典型担保方式为让与担保。在不违反法律、行政法规效力性强制性规定的情况下,相关股权转让协议有效。对于股权让与担保是否具有物权效力,应以是否已按照物权公示原则进行公示作为核心判断标准。在股权质押中,质权人可就已办理出质登记的股权优先受偿。在已将作为担保财产的股权变更登记到担保权人名下的股权让与担保中,担保权人形式上已经是作为担保标的物的股权的持有者,其就作为担保的股权所享有的优先受偿权利,更应受到保护,原则上享有对抗第三人的物权效力。当借款人进入重整程序时,确认股权让与担保权人享有优先受偿的权利,不构成《破产法》第十六条所指的个别清偿行为。此案是《民法典》颁布出台之前,最高人民法院通过判例形式确认股权让与担保合法性的典型案例。

(五) 保证金质押

保证金质押,即债务人或者第三人为担保债务的履行,设立专门的保证金账户并由债权人实际控制,或者将其资金存入债权人设立的保证金账户,债权人可主张就账户内的款项优先受偿。金钱作为特殊种类物,仍属动产范畴,可以其设定质押,但必须满足"特定化+移交占有"两个要件。所谓特定化,包括以下:一是保证金账户本身的特定化,即出质人将保证金存入特定的保证金账户,该账户区别于出质人的日常结算账户;二是保证金账户中的资金的特定化,即银行对保证金账户中的资金有管控权。但需要注意的是,账户内资金的特定化,并不等于固定化。根据《最高人民法院关于适用〈中华人民共和国民法典〉有关担保制度的解释》第 70 条,当事人以保证金账户内的款项浮动为由,主张实际控制该账户的债权人对账户内的款项不享有优先受偿权的,人民法院不予支持。

[①] 最高人民法院(2019)最高法民终 133 号。

相关案例
中国农业发展银行安徽省分行诉张大标、安徽长江融资担保集团有限公司执行异议之诉纠纷案[①]

基本案情: 原告中国农业发展银行安徽省分行(以下称"农发行安徽分行")与第三人安徽长江融资担保集团有限公司(以下称"长江担保公司")按照签订的《信贷担保业务合作协议》,就信贷担保业务按约进行了合作。长江担保公司在农发行安徽分行处开设的担保保证金专户内的资金实际是长江担保公司向其提供的质押担保,其请求判令其对该账户内的资金享有质权。自 2009 年 4 月 3 日至 2012 年 12 月 31 日,该账户共发生了 107 笔业务,其中贷方业务为长江担保公司缴存的保证金;借方业务主要涉及两大类,一类是贷款归还后长江担保公司申请农发行安徽分行退还的保证金,部分退至债务人的账户;另一类是贷款逾期后农发行安徽分行从该账户内扣划的保证金。被告张大标辩称:农发行安徽分行与第三人长江担保公司之间的《信贷担保业务合作协议》没有质押的意思表示;案涉账户资金本身是浮动的,不符合金钱特定化要求,农发行安徽分行对案涉保证金账户内的资金不享有质权。

裁判要旨: 当事人依约为出质的金钱开立保证金专门账户,且质权人取得对该专门账户的占有控制权,符合金钱特定化和移交占有的要求,即使该账户内资金余额发生浮动,也不影响该金钱质权的设立。

本章小结

融资作为一种商事行为,愈发成为企业经营成败的关键。本章从狭义的角度分析企业融资,即资金的融入,是企业为了保证经营发展需要,采用一定的渠道和方式筹集资金的经济行为,包括直接融资与间接融资。本章对股票融资、债券融资、银行融资、民间融资等方式作了介绍。当然关于企业的融资方式还包括私募基金、天使基金等新的融资渠道,这些融资方式体现了现代商事经营的特点,即高风险、高收益,本章侧重将融资与担保结合起来讲述,对前述融资方式花费的笔墨较少,但不表示可以忽视其对企业经营的作用,其中的法律问题及风险仍需认真对待。企业在融资过程中,应当根据自身发展特点,结合各种融资方式的特性,选择适合的融资渠道。

融资与担保如影相随,除了股票融资、债券融资等直接融资方式之外,间接融资需要企业提供担保。本章介绍了与企业融资密切相关的各种担保形式,包括人的担保与物的担保等。与一般的民事担保相比较而言,作为商事行为的融资担保更加体现了商事的特征——快速、高效、交易安全等。应该指出,由于我国采取的是民商合一立法体例,没有充分注意民、商事担保之间的各种差异,忽视了区别不同情况并加以调整的必要性,因而我国民事、商事担保区别立法的完善还任重而道远。

[①] 最高人民法院指导案例 54 号。

思考与练习

1. 企业融资方式有哪些？各类融资方式分别有什么特点？
2. 股票融资与银行贷款融资相比有什么优势？
3. 融资担保与一般的民事担保相比有何特点？
4. 人保中一般保证与连带责任保证有什么不同？
5. 《民法典》对担保物权制度有何新规定？
6. 非典型担保在金融担保中可以发挥什么作用？

案例分析

1. 阅读下面"借新还旧的认定"一案，思考：本案中，"新贷"与"旧贷"的债权债务主体不一致是否影响"借新还旧"的认定？未告知"新贷"保证人借款用途，保证人是否承担保证责任？

2018年3月15日，甲公司向银行借款220万元，赵某、钱某、乙公司提供连带责任保证。甲公司未按约还款，2020年8月8日，保证人赵某另行向银行借款220万元，用于偿还前述借款。乙公司、钱某、孙某、李某等保证人与银行另行签订保证合同，为该笔借款提供担保。因赵某未按约还款，银行起诉要求赵某还款，各保证人承担保证责任。

2. 阅读下面"浮动抵押标的价值降低，可否要求另行提供担保"案例，思考：如何理解浮动抵押制度？

甲公司向银行贷款，并以其一套流水线和两个仓库的原材料、产品作为抵押。双方签订了抵押合同并进行了登记。半年后，由于甲公司严重亏损，仓库中的物品总价值日渐降低。银行要求甲公司归还贷款，或者另行提供相应资金的担保。此时，甲公司不能偿还贷款，也无力再提供担保，于是银行向法院起诉，要求实现其抵押权。

3. 阅读下述"融资租赁合同纠纷案"，思考：融资租赁关系中，承租人可否因租赁物有瑕疵而要求出租人承担责任？

甲、乙公司签订融资租赁合同，约定甲根据乙的要求从丙公司购买数码冲印设备一套，由丙负责向乙交付设备，甲向丙支付货款，即购销合同是以甲作为购货方与丙公司签订的，原告甲只承担根据购销合同规定向丙支付设备货款的责任，除此之外，购销合同规定的其他义务均由乙承担，甲对设备的任何瑕疵不负责任；在租赁期满、乙支付完全部租金后，乙向甲支付留购价格，甲将设备所有权转让给乙。后甲依约与丙签订数码冲印设备的买卖合同。上述合同签订后，甲向丙公司支付货款，丙向乙交付设备，乙出具了设备验收报告。此后，乙未按期足额支付租金，故甲起诉。乙提出没有支付剩余租金的原因是原告甲一直没有提供设备的进口证明文件。

第三章

中介与代理

原告上海元亿房地产经纪有限公司(以下简称元亿公司)与被告陈守春中介合同纠纷一案,本院于2022年2月8日立案后,依法适用简易程序,于2022年3月10日公开开庭进行了审理。原告元亿公司的委托诉讼代理人严钧、潘菁,被告陈守春及其委托诉讼代理人张春林到庭参加诉讼。审理期间,因疫情本案中止审理,后恢复审理。本案现已审理终结。

原告元亿公司向本院提出诉讼请求:被告向原告支付佣金6万元人民币。事实和理由:2021年1月12日,经原告居间,被告作为房屋产权人的代理人就出售上海市浦东新区××路××弄××号××室房屋(以下简称系争房屋)与买家达成一致,双方签署《房地产买卖居间协议》和《房地产买卖合同》,另原、被告签订《佣金确认书》确认佣金为6万元人民币。后系争房屋成功过户,但被告至今拒不支付佣金,故原告诉至法院,要求判如所请。

被告陈守春辩称,不同意原告的诉讼请求。《房地产买卖居间协议》《房地产买卖合同》《佣金确认书》上仅有被告的签名是被告本人签署的,且三份合同在被告签名时均是空白的,合同内容均是原告工作人员自行填写,这三份合同不是被告的真实意思表示,应属无效。被告仅是帮系争房屋产权人装修房屋并出售,不是房屋的实际产权人,被告也从事房产中介服务,原、被告之间系居间合作关系,故被告不同意支付佣金。

本案焦点在于,被告与原告之间的居间业务是否属于中介服务?双方的权利义务是否有明确的规定?中介机构的权利义务具体是什么?这就需要对中介的基本法理与法律制度有所了解。

一、商事中介

商事中介的特点在于以市场化营业为主要内容,服务于企业及消费者,是企业之间、企业与消费者之间、消费者相互之间的链接纽带。商事中介组织是独立的、具有商事能力的商人,其进行的中介活动本质上是商事行为。

(一) 什么是商事中介?

1. 商事中介的概念与特征

中介可分为社会型中介及市场型中介两种。社会型中介是指沟通政府、企业及个人且

---

① 参见上海市浦东新区人民法院(2022)沪0115民初17165号。

依法设立的具有社会性功能的组织。我国社会型中介产生于政府推动及政府职能市场化两大原因,因此表现出较强的政府部门依附性,典型如从事计量审查、商品验证、质量检查、物价检查等的监督鉴证类中介机构。这类中介机构不具有商业性质,其特点为代表政府提供一定公共产品的功能。但也有一些中介组织既为商品流通提供服务,同时也监督市场运行,如审计师事务所。当这种中介进行的活动具有商事性质时,才成为本书所言的商事中介。

市场型中介是指市场经济活动中,在企业与企业之间、企业和消费者之间提供消费服务的服务型企业,以及在消费者之间从事信息沟通和获取、产品传递、资金流转以及辅助决策,并为企业的生产经营提供劳动力、资金等生产要素的一类企业和组织。本章所研究的商事中介,指以市场化营业为主要内容的、具有商业性质的市场型中介组织。

商事中介的特征主要体现在以下几个方面:

第一,主体为独立的商人。商事中介是独立的商事经营者,它依法享有权利和承担法律责任,这也是商事中介区别于商辅助人的特征。

第二,须具备商事能力。商事能力是商事主体在商法上的商事行为能力与商事权利能力的统称。商事中介须具备商事能力意味着:(1)商事中介必须依法登记成立,商事中介的成立必须具备一定资格。(2)商事中介必须具有从事营业性行为以及依法承担商法上权利义务的能力。商事中介具有商法上的资格和地位,与一般民事中介具有本质差别。商事中介可以为商个人、商合伙或商法人,但都必须具备商事能力。

第三,具有专业性。中介组织在市场中发挥的作用有很多,而多数中介服务对专业有相当的要求,如律师事务所、广告代理商等。因此,商事中介的存在基础是必须具有专业的知识和技能。

相关案例

钟某于2014年3月入职某中介服务公司,双方订立了为期3年的劳动合同,约定钟某从事咨询师工作。入职后,中介服务公司对钟某进行了为期一周的岗前培训,双方签署了一份《服务期协议》,其中注明中介服务公司对钟某进行了专业培训,花费培训费2万元,钟某须为公司服务满5年后方可离职。工作时间满2年后,钟某以个人原因辞职,中介服务公司以钟某未满服务期为由要求钟某支付违约金,并从其最后2个月工资中扣除了违约金12000元。钟某不服,遂向仲裁委申请仲裁,要求中介服务公司予以返还。

仲裁委审理后认为,中介服务公司对钟某进行的培训并非专业技术培训,而是上岗前就公司的业务概况、开展业务的工作技巧、开展业务的注意事项等进行了必要的岗前培训,且没有证据证明真实发生了2万元的培训费用,故裁决支持了钟某的仲裁请求。[①]

本案中介服务公司对钟某进行的一些简单、必要的岗前培训并非专业技术培训,也没有为此支出相关的培训费用,故仲裁委支持了钟某的仲裁请求。由此可见,用人单位通过弄虚作假、滥用服务期协议,损害劳动者的合法权益的企图是行不通的。

[①] 案例选自北京市人力资源和社会保障局发布的《2017年北京市十大劳动争议仲裁典型案例之八》,http://rsj.beijing.gov.cn/bm/ztzl/dxal/201912/t20191206_880159.html,2022年10月10日访问。

2. 商事中介的类型

商事中介一般可以分为三大类：

第一类为市场交易中介机构。市场交易中介是根据委托人的要求，为委托人开展商事活动提供方便和服务，从而降低委托人市场交易费用的中介组织。主要包括运输代理服务、房地产中介服务、广告业服务、知识产权服务、职业中介服务等。

第二类为信息咨询服务机构。主要是指信息、经济、技术等咨询机构，其服务行为具有明显的商业性质。即其活动仅仅是依法为服务客体提供多方面的信息、咨询等服务，既考虑社会效益，也注重经济效益。主要包括市场调查、社会经济咨询等行业。

第三类为法律财务服务机构。主要是指会计师事务所、律师事务所、资产评估机构等。但需要注意的是，只有当这类法律财务服务进行的中介行为是以市场化营业为主要内容、具有商业属性才作为本章所讨论的商事中介范围，若其履行的是社会性职能，则不为商事中介。

（二）商事中介制度的演进

各国对商事中介制度都非常重视，但由于商事中介形式的多样性，各国在商事中介立法中一般采用单行立法的方式，如《房地产中介法》《经纪人法》《律师法》等，通过规范商事中介的主体资格及其中介行为等方式完善市场中介制度。我国《民法典》合同编第二十六章将原《合同法》第424条规定的"居间合同"名称改为"中介合同"，中介合同与居间合同无实质性区别，用"中介"取代此前"居间"二字的表述，是因为在长期社会经济实践中，中介合同的表述使用得更加频繁，更贴近日常生活，更符合社会大众的理解和认知[1]。该章还新增了"禁止跳单"规则以及中介合同参照适用委托合同的规则。[2]《民法典》明确规定利用中介提供的交易机会或者媒介服务，绕开中介人直接订立合同的，应当向中介人支付报酬。[3]《民法典》还明确规定中介合同可以参照"委托合同"的规定[4]，明确了中介合同是特殊的委托合同的性质。

随着我国商事中介活动的快速发展，中介活动已经不仅仅局限于不动产中介，随着网络交易平台的出现，会产生平台自动匹配交易等各种形式。这些行为在一定程度上也可以构成商事中介的行为。而与社会迅速发展不匹配的是，我国商事中介法律也逐渐暴露出它的不足。

首先，对商事中介行业进行过分行政干预，阻碍商事中介市场化进程。以律师中介服务业为例，在中国，中央政府不仅对律师资格的认证制定了资格与从业标准，而且通过所有权控制与法律服务的定价控制直接把控律师事务所的业务。与其他市场中介服务业相比，律师服务业的市场化进程要缓慢得多。

其次，立法滞后。很多国家如美国、法国、德国、日本等，均已形成规范有序的中介服务制度，这类国家以立法规范、政府扶持、严格准入、资格审查和严格责任追究为主要特征。反

---

[1] 中国审判理论研究会民事审判理论专业委员会编:《民法典合同编条文理解与司法适用》，法律出版社2020年版，第771页。

[2] 周江洪:《民法典中介合同的变革与理解——以委托合同与中介合同的参照适用关系为切入点》，载《比较法研究》2021年第2期。

[3] 《民法典》第965条规定，委托人在接受中介人的服务后，利用中介人提供的交易机会或者媒介服务，绕开中介人直接订立合同的，应当向中介人支付报酬。

[4] 《民法典》第966条规定，本章没有规定的，参照适用委托合同的有关规定。

观我国中介法律制度,中介立法没有形成统一的专门针对中介服务业的法律法规,不利于商事中介活动有序运行。

最后,过分强调政府监管,忽视从商法角度进行商事中介责任追究等制度立法。目前我国对商事中介的规范主要从政府监管、政府管理的角度进行,但对商事中介中的民事责任问题,如商事中介不履行保密义务危害交易当事人利益时商事中介的赔偿责任如何追究等,则没有作出恰当的规范。

拓展知识

中介与《中介组织法》

目前,我国中介行业纠纷日益增多,而我国对中介组织的监管主要依靠行业管理,使中介机构无法脱离政府的管制,难以进行真正的"中介"。

随着中介活动的发展及市场中"黑中介"的增多,制定一部《中介组织法》(或《中介法》)以规范市场中介活动已成为大势所趋。然而,在制定《中介组织法》时,首先要面临的问题是:中介组织是否包括代理商、居间商和行纪商?是否应把中介组织定性为具有委托代理性质的代理商?以房地产中介为例,目前我国对于房地产中介组织是否包括房地产居间出现了两种立法模式。主流观点认为房地产中介包括居间商,支持这种观点的立法包括《宁波房地产中介服务管理条例》《青岛市城市房产中介服务管理规定》等;而另一种立法模式把代理组织、行纪组织包含在房地产中介组织范围内,但对房地产居间活动不予支持,典型的如《上海市经纪人条例》《浙江省经纪人管理条例》。

本书认为,从本质上而言,居间、行纪与委托代理行为都是根据他人的委托进行法律行为,因此,把居间商、行纪商和代理商纳入商事中介主体制度范畴更有利于建立统一、协调的中介法律体系。

(三)居间制度的发展

1. 什么是居间?

我国居间制度是受到欧陆制度的影响产生的,我国原《合同法》(已废止)一直采用居间合同命名。居间,是指居间人向委托人报告订立合同的机会或者提供订立合同的媒介服务、委托人支付报酬的一种制度。所谓居间商是为委托人与第三人进行商事法律行为报告信息机会或提供媒介联系的中间人,居间商主要分为"委托人报告订立合同的机会"的报告居间商以及"提供订立合同的媒介服务"的媒介居间商两大类。

居间的法律特征主要有以下几点:

第一,居间人无须为委托人及第三人订立的合同承担法律责任。以一房屋买卖为例,房产中介人得知买方有购房意愿,且卖方欲出售房屋符合买方要求,因此拉拢买卖双方,后买卖双方就该房产达成交易协议并签订买卖合同。此时,房产中介人、买卖人三者形成的法律关系如下:

图 2-3-1

可见,买卖双方达成买卖合同后,居间活动即告结束,至于该买卖合同是否履行或履行过程中出现法律纠纷,居间人对此不负法律责任。

第二,居间人与合同相对人之间的三角关系同时体现了居间人的独立性。作为中间人,居间人不以一方的名义或自己名义与第三人订立合同,它仅仅为委托人报告订约的机会或提供订约媒介的服务,独立于合同双方当事人。

第三,居间合同是有偿、诺成、不要式合同。①

原《合同法》第 426 条规定:"居间人促成合同成立的,委托人应当按照约定支付报酬。"《民法典》第 963 条继承了此项规定,明确中介人促成合同成立的可以请求支付报酬,中介人未促成合同成立的,不得请求支付报酬;但是,可以按照约定请求委托人支付从事中介活动所支出的必要费用。

拓展知识

中介和代理的区别

在大陆法系国家的商法中,中介是指职业性地从事契约的促成活动并获得佣金的商人。在我国现有的一些规范性文件中,中介又可称为"经纪人";然而,我国现有法律法规对"经纪"一词却无明确定义。江平教授认为:"经纪商与顾客之间的法律关系是代理人和委托人的关系。"②与代理商不同,中介的法律特征在于:

第一,中介并非根据契约关系固定地为委托人从事促成活动,它是自由独立的商人,不受雇佣契约约束;而代理商一般为固定的委托人所用,以委托人利益为基础进行代理活动。

第二,中介并非合同当事人,对促成的商事活动及其导致的法律后果不负责任;在某种情况下(如隐名代理),代理商需要对代理活动负法律责任。

第三,中介可以与合同双方当事人约定合理佣金,中介的佣金由合同当事人双方负担;而代理商不得"双方代理",其佣金取得来源于委托人。

2. 居间合同(中介合同)

《民法典》将原《合同法》中的居间合同重新命名为中介合同,增加了两个条文,并对未促成合同成立情形的必要费用请求权的条件作出了完善,对于居间(中介)制度的完善与发展

---

① 根据我国《民法典》的规定,中介合同是中介人向委托人报告订立合同的机会或者提供订立合同的媒介服务,委托人支付报酬的合同。

② 江平:《西方国家民商法概要》,法律出版社 1984 年版,第 222 页。

有一定的实践意义。有别于民事中介,商事中介在进行居间活动时,必须具备一定的主体资格:一方面应当经市场监管部门登记,领取营业执照;另一方面应具备相应的专业知识和能力。

对于中介而言,它享有获得报酬及费用偿还请求的权利。居间人可与当事人自行协商中介费,但费用额度不得超过国家限定标准。中介未能促成合同时[①],不得请求报酬。对于为促成当事人合同而为的必要支出,中介人可以按照约定请求委托人支付。

中介义务则包括:第一,据实报告及忠实义务。中介人的报告义务是中介人在中介合同中承担的主要义务,中介人应依诚实信用原则履行此项义务。订约的有关事项,包括相对人的资信状况、生产能力、产品质量以及履约能力等与订立合同有关的事项。《民法典》第962条规定,中介人应当就有关订立合同的事项向委托人如实报告。中介人故意隐瞒与订立合同有关的重要事实或者提供虚假情况,损害委托人利益的,不得请求支付报酬并应当承担赔偿责任。实践中,中介合同常见于房屋买卖、民间借贷、租赁、建设工程等领域。近年来,随着网络信息技术的发展,互联网中介平台日益增多,如网约车平台、网贷中介平台、众筹平台等。《民法典》第962条可适用于上述各种中介合同。除此之外,针对不同中介人的如实报告义务,往往有更为具体的规定。例如,《网络借贷信息中介机构业务活动管理暂行办法》第30条第1款规定网络借贷信息中介机构应当在其官方网站上向出借人充分披露借款人基本信息、融资项目基本信息等有关信息。[②]《房地产经纪管理办法》第25条规定中介人不得对交易当事人隐瞒真实的房屋交易信息。[③] 司法实践中不乏中介人违反如实告知义务的情形,例如,中介机构在促成房屋买卖合同成立前,未向出卖人了解交易房屋的抵押、查封情况,以致买卖合同无法履行。此时,法院会酌情减少中介人的报酬。[④]

第二,保密义务。中介人对在为委托人完成中介活动中知悉的委托人的商业秘密以及委托人提供的信息、成交机会、后来合同的订立情况等,应按照合同的约定保守秘密。中介人如违反隐名和保密义务致使隐名当事人或委托人受损害的,应承担损害赔偿责任。

第三,介入义务。中介人的介入义务是指在隐名居间中,在一定情形下由中介人代替隐名当事人以履行辅助人的身份履行责任,并由中介人受领对方当事人所为的给付的义务。居间人承担介入义务与居间人的隐名义务是一致的,是为了保证隐名当事人保持交易秘密目的的最终实现。居间人仅在一定情形下负有介入义务,并不享有介入的权利。换言之,只有在保护隐名当事人利益的前提下,才有居间人的介入义务,而不存在居间人基于特定情形主张介入的权利问题。

二、商 事 代 理

有生意就有代理。《民法典》第161条规定:民事主体可以通过代理人实施民事法律行

---

① 对于居间费取得条件,学界存在两说,一种意见认为:居间费取得以合同有效成立为前提;一种意见认为,只要促成合同即可取得居间费,不以合同有效成立为条件。而在司法实务中,如何认定"居间人已促成合同成立"仍存在模糊。

② 《网络借贷信息中介机构业务活动管理暂行办法》第30条规定,网络借贷信息中介机构应当在其官方网站上向出借人充分披露借款人基本信息、融资项目基本信息、风险评估及可能产生的风险结果、已撮合未到期融资项目资金运用情况等有关信息。

③ 《房地产经纪管理办法》第25条指出房地产经纪机构和房地产经纪人员不得有下列行为:对交易当事人隐瞒真实的房屋交易信息,低价收进高价卖(租)出房屋赚取差价。

④ 参见河南省高级人民法院(2014)中民二初字第2081号。

为。商事代理是最基本的商事行为之一。企业经营离不开商事代理活动,企业出于经营的需要,经常要由代理人实施商事行为,市场中的代理商可谓企业"伸长的手足",帮助企业寻找合作对象、达成交易。

(一) 什么是商事代理?

1. 商事代理的概念及特征

狭义的商事代理是指具有商人身份的人以自己的名义或以委托人的名义,为委托人买卖或提供其他服务,并从中获取佣金的营业性活动,如代理商的营业代理;广义的商事代理还包括商业雇佣人对企业的代理活动,如经理人或其他雇员的职务代理。① 商事代理作为一种特殊的商事行为,具有区别于民事代理的特征,主要表现在:

(1) 主体资格不同。民事代理对主体一般不设要求;但商事代理中,代理人必须具备商人主体资格及商事能力。

代理商及其资格取得

代理商,是指根据其他商人的委托,在代理权限内,促成委托人及第三人交易,或代替委托人从事某种商事行为的独立商人。

广义的代理商应包括狭义代理商、居间商和行纪商。代理商是基于代理合同或委托人授权取得代理权。如代理商是基于合同取得代理权时,应与委托人签订代理合同,明确代理期限、代理范围、代理事项等内容。若代理期限不明,则视为不定期合同;若授权范围不明时,代理商与被代理人对第三人负连带法律责任。

代理商可以是商个人、商合伙或者商法人,但无论是哪种组织形式,都应根据相应的法律法规,如《公司法》《个人独资企业法》和《合伙企业法》,取得营业资格。

(2) 显名要件不同。民事代理必须显名,即代理人须以被代理人之名义或在行为时披露被代理人之身份,因而民事代理一般为直接代理;而商事代理则因业务本身的特点和需要,以代理人自己的名义所实施的代理较为多见,因而商事代理不以显名为必要,且间接代理为商事代理的一种主要形态,如行纪代理、贸易代理、经销代理等。

(3) 代理权的存续限制不同。在民事代理中,被代理人的死亡、被代理人行为能力的恢复、被代理人的撤销行为、代理人之死亡均会产生代理权的终止;而商事代理权的存续有所放宽。②

(4) 代理权范围不同。在民事代理中,不同代理人的权限不一致,其中法定代理人享有相当于本人的权利,而委托代理人、指定代理人的权限则受制于委托人的限制和指定人的限定;在商事代理中,代理人的代理权限往往以其职务以及合同为限,代理权的差异不表现在

---

① 徐强胜:《商法导论》,法律出版社 2013 年版,第 350 页。
② 如我国《民法典》第 173 条规定:代理关系中的被代理人死亡或终止,代理关系一般应终止。《民法典》第 174 条规定,作为被代理人的法人、非法人组织终止的,委托代理人实施的代理行为有效。大陆法系各国民法一般也有类似制度,在商事代理中,国外商法对此加以放宽,规定被代理人(本人)死亡不影响代理关系的存续。

类型上,而是表现在具体的代理事务之中。

(5)行为的营利性不同。商事代理中代理人以营利为目的,它使商事主体的利益形成多元化,并从根本上区别于民事代理;民事代理不以营利为特征,代理人实施行为的目的并不一定是为了获取报酬。

(6)法律后果不同。在民事代理中,由于代理须以被代理人之名义进行,故代理所生之法律后果应归于被代理人。而在商事代理中,由于间接代理的大量存在,在代理人未向第三人披露被代理人身份的前提下,代理人或独立承担责任,或事后披露被代理人身份时由被代理人承担责任,或者由代理人与被代理人向第三人承担连带责任。

(7)价值观念不同。民事代理一般体现公平理念,而商事代理体现当事人意思自治及效率观念。

拓展知识

代理商是否可以从事与委托人存在竞争关系的业务?

从理论而言,代理商是为了委托人利益而从事商事行为,不应与委托人存在竞争关系,分享委托人的社会资源。然而,实务中,由于商事代理关系的错综复杂以及资源的有限性,委托人更愿意把某一事务交给已经拥有一定社会基础、从事同类营业的代理商进行,使委托人与代理商之间存在竞争关系。

盲目规定代理商不得与委托人存在竞争关系,会使代理商在接受委托人委托后,必须放弃自己原有的事业,这是难以接受的。因此,很多国家的商事代理制度中,没有"一刀切"地规定代理商具有竞业禁止义务,而是根据意思自治,由双方通过代理合同规定双方权利义务。但为了防止代理商滥用委托人资源牟取私利,在同等商业条件下,代理商应当把商业机会让与委托人。

2. 商事代理的意义

商事行为可由本人实施,也可通过代理人实施。商事代理的作用表现在:

第一,突破某些商事活动中的资格限制,扩张了商人营业能力。从事特定的商事活动需要有专业的资格条件,一些商事主体自己可能没有资格从事,但可以聘请专业代理商代为操作,大大扩张了商人营业能力。例如,药厂寻找代理商,往往要求其拥有一批具有医药知识的推销人员。

背景资料

代理商的发展

在现代商事交易中,代理商制度发展可谓"一日千里",几乎渗透了市场经营的各个环节,营业比重、市场份额节节攀升,与商事代理相关的从业人员数量逐年增长。代理商的发展是市场分工细化及市场营销战略的双向结果。在"以顾客为本"的经营理念下,市场产品

与服务分工进一步细化,传统的单一化企业已无法在细分的市场中站稳,而代理模式则是企业拓展市场空间的有效路径。典型的如金融服务推广及金融衍生品的推销,如今金融业的市场拓展主要通过代理商进行,金融衍生品的推销也借助于代理销售模式。

有人认为,现代市场营销战略已从传统的"制造商——一级代理商——二级代理商——……——经销商——消费者"向"制造商——消费者"模式转化,典型的小米公司。然而,对销售领域而言,代理商营销策略仍然占主导地位,特别在我国物流相对落后的中西部地区,厂家直接运作的物流成本高,仍需要依靠代理商模式进行市场拓展和占有。

第二,有利于大量降低商业活动成本。通过代理商的商事代理,企业可以节省营业场所,节省供货仓库,减少固定成本的投入。作为被代理人的商事组织一般只需依照销售结果向代理商支付佣金,免去雇员工资、培训等费用。

第三,有利于商事活动专业化、技术化、国际化的发展。生产经营讲究效率至上,商事代理所提供的专门化、技术化服务可以推动商事活动向分工细致化、专业化发展,从而实现市场的高效、便捷运行。

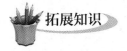拓展知识

代理的法经济学意义

第一,减少信息搜索成本,提高效率。在商事活动中,各种各样的信息充斥市场,而代理商在长期的经验中,积累了丰富的、与自己行业相关的信息,借助代理商的帮助,委托人可以迅速地找到所需信息,减少时间成本和信息搜索成本,提高工作效率。

第二,减少交易链,提高效益。代理商的作用在于帮助委托人缩短交易链,委托人只需与代理商洽谈即可,代理商可根据委托人提供的资料,为委托人寻找合适的合作对象,或向终端消费者了解其对委托人产品的评价。

第三,解决信息不对称问题,预防委托人订立错误的契约。在商事交易中,很容易发生信息不对称的情况,即一方当事人明显掌握比另一方当事人更多的信息(如大企业与小企业的交易)。此时,缺乏信息的一方当事人可能由于错误判断对方履约能力等而与对方订立契约。而借助代理商的帮助,信息匮乏一方可以准确掌握对方企业的实际情况,避免日后可能发生的经济损失。

(二)商事代理的分类

根据不同的标准,商事代理可以有不同的分类。了解商事代理的分类,关键在于把握各种商事代理的法律特征与后果。

1. 依照代理行为的名义,可分为显名代理、隐名代理与代名代理

显名代理又称直接代理,代理人在交易中既公开委托人的存在,又公开被代理人的姓名,而且在合同中注明代表委托人签订本合同和明示委托人的姓名。隐名代理又称为间接代理,代理人在代理行为中虽没有直接以委托人名义作出,但却明确有委托人的存在,行为

人仅是受人委托的代理人。代名代理又称未披露代理关系的代理,在代理行为中代理人并未提及有委托人的存在,同时,代理人是以自己的名义与第三人签订合同。

区分显名、隐名和代名代理的意义在于厘清代理行为的法律后果归属。代理人进行显名代理时,法律后果毫无疑问归于被代理人;代理人进行隐名代理时,若第三人知道被代理人与代理人关系,该代理行为约束第三人和被代理人。[①] 那么第三人不知代理人与被代理人的商事代理关系时的法律后果归属如何?《民法典》第925条赋予第三人选择权,当被代理人原因导致合同不能履行时,经代理人披露,第三人可向代理人或被代理人一方主张合同权利。

2. 根据选任代理人的不同,可分为本代理和复代理

本代理是由被代理人选任代理人或直接依据法律规定、有关机关指定产生代理人的代理,一般代理都是本代理。复代理是指代理人为被代理人利益而转托他人实施代理的行为。本代理与复代理均以代理权为基础,与前者相比,复代理具有如下特征:复代理人代理权限不得超过原代理人的权限;代理人以自己的名义选任复代理人,对复代理人有监督权、解任权;复代理人是被代理人的代理人,而非代理人的代理人,其行为后果直接由被代理人承担;代理人与被代理人均可指示复代理人进行代理行为。

民事代理中,根据《民法典》第169条规定:"代理人需要转委托第三人代理的,应当取得被代理人的同意或者追认。"否则代理人须对代理行为负法律责任。而在商事代理中,代理商选择其他人进行代理行为是否需要征得被代理人同意?我国法律没有明确规定。鉴于现代商事行为的复杂性和专业性,在行业交易惯例中大量存在代理商选任复代理人不需征得被代理人同意的情形。但是商事转委托代理中,代理人仍需要对复代理人进行监督,由于代理商选任不当或指示不明对被代理人、第三人造成损失时,代理商应对此负赔偿责任。复代理人存在过错的,应负连带责任。

相关案例
海上货运代理合同纠纷案

2010年6月,嘉家公司与士盟宁波分公司签订海上货运代理合同,委托士盟宁波分公司出运两个集装箱的女装外套,从宁波运往纽约。士盟宁波分公司按合同约定完成了拖车、订舱等事宜,其间,士盟宁波分公司未经嘉家公司同意进行了转委托,该票业务实际由江苏盖威特物流有限公司宁波分公司等多家公司报关及出运。嘉家公司诉至法院,主张该转委托行为违背了双方海上货运代理合同的约定,士盟宁波分公司应承担相应违约责任。[②]

裁判及评析:法院认为嘉家公司主张转委托无效的理由不能成立。本案所称货运代理是指货运代理人根据委托人的指示,为完成委托人的利益而从事与运输合同有关的行为,如储货、报关、验收、收款等行为。在货运代理中,由于国际化、专业化程度较高,货运代理人又将受托的事宜委托其他货运代理人进行,系货运代理行业的交易惯例。本案中,士盟宁波分

[①]《民法典》第925条规定:"受托人以自己的名义,在委托人的授权范围内与第三人订立的合同,第三人在订立合同时知道受托人与委托人之间的代理关系的,该合同直接约束委托人和第三人,但有确切证据证明该合同只约束受托人和第三人的除外。"

[②] 士盟国际货物运输代理(上海)有限公司宁波分公司与东阳市嘉家进出口有限公司货运代理合同纠纷案,浙江省高级人民法院(2010)浙海终字第195号。

公司接受嘉家公司的委托后,又将一部分事宜委托其他货运代理公司完成,该行为没有损害嘉家公司的利益。士盟宁波分公司最终履行了嘉家公司的委托义务,故该转委托有效。

由此可见,在商事转代理案件中,尽管复代理既没有取得被代理人同意或者追认,也非出于紧急情况,但是符合了货运代理行业的交易惯例,没有损害被代理人的利益,复代理行为应认定为有效。

3. 按照代理人有无代理权限,可分为有权代理和无权代理

有权代理指代理人在代理权限内为代理行为。而与有权代理相对应的,则为无权代理。无权代理并不是代理的一种形式,而是指代理人不具有代理权、超越代理权或者代理权终止后仍然实施的代理行为。与表见代理相比,无权代理不存在令第三人相信行为人有代理权的权利外观。《民法典》第171条将无权代理的产生概括为三种情形:一是未经授权的代理。这属于绝对的无权代理。二是超越代理权限的代理。超越代理权限的部分属于无权代理。三是代理权终止后的代理。代理权基于被代理人的撤销、有效期限届满等原因终止后,行为人仍以原被代理人的名义实施法律行为,属于无权代理。

行为人没有代理权,是无权代理的本质。无权代理属于效力待定的民事法律行为,即无权代理人与第三人签订的合同属于效力待定合同。如果为被代理人追认的,代理行为转为有效;不为被代理人追认的,代理行为无效,在被代理人与第三人之间不产生效力。对于第三人的损失,则区分其善意与否而作不同处理。如果第三人善意,则享有履行合同或赔偿损失的选择权;如果恶意,则与无权代理人按照各自的过错分担责任。

相关案例
无权代理房屋买卖合同纠纷案

2019年8月,王某通过某中介公司看中了郑女士位于珠海市金湾区的房产,但在签订合同当天由于郑女士身处外地,无法到场签订合同。中介公司告知王某,房产出售事宜一直是由郑女士的哥哥郑先生负责处理,郑先生才是房产的实际产权人,郑先生是为了规避限购政策而使用了其妹妹的名义购买该房产,所以郑先生有权处分房产。最终,购房心切的王某在郑先生未提供授权的情况下,与郑先生签订了《房屋买卖合同》。签订合同后,郑先生告知王某不想继续出售房产,也不愿承担任何违约责任。经协商无果后,王某诉至法院,要求郑先生按照《房屋买卖合同》约定承担违约责任。[①]

裁判与评析:法院认为,涉案房屋产权登记人为郑女士,但郑女士并未在合同上签名,郑先生未取得郑女士授权,郑女士事后亦未对《房屋买卖合同》进行追认,因此郑先生为无权代理,对涉案房屋无处分权。但是鉴于本案系因产权人拒绝追认涉案合同而导致合同无法继续履行,王某及郑先生均有过错。结合案件实际情况,酌定王某与郑先生的过错比例为3∶7,最终判决郑先生应当按照《房屋买卖合同》约定违约金标准的70%向王先生支付违约金。

实践当中,产权人在二手房交易过程中因各种原因无法到场,并委托他人代为签订合同

[①] 改编自案件(2019)粤0404民初42874号。

的情况较为常见,但这对于购房人来说存在巨大的交易风险。在欠缺授权委托书的情况下,购房人在合同签订后,可通过以下方式降低风险:1. 通过书面方式催促产权人对《房屋买卖合同》进行签名追认;2. 通过让产权人签收购房款、协助办理按揭贷款等方式,证明产权人以实际行动追认合同;3. 通过与代理人约定,若代理人不具备相应的代理权限或产权人拒绝按照已签订合同的约定出售房产的,由代理人按照合同约定承担违约责任。

4. 以代理人之身份为依据,可分为职务代理与非职务代理

职务代理是特殊的委托代理,指代理人根据其在法人或者非法人组织中所担任的职务,依据其职权对外实施民事法律行为的代理。① 职务代理亦被称为经理权或代办权,乃是适用于商事主体的基本代理制度。如银行柜台营业员的店员代理、公司销售经理的代理即为职务代理。非职务代理即一般的委托代理,是由不在商事主体内部任职或虽在商事主体内部任职但其代理事务与任职无关的代理人所为的代理,如代理商代理即为典型的非职务代理。与非职务代理相比,职务代理具有职位性、概括性和长期性的特征。

职务代理的构成要件有四点:第一,职务代理行为人必须是法人或非法人组织的工作人员。若代理人不是法人或非法人组织工作人员的,则根据其是否具有被代理人的授权,构成一般委托代理或无权代理。第二,职务代理行为人实施的职务代理行为必须是其职权范围内的事项。"职权范围内的事项"可以理解为法人或者非法人组织对该职务代理行为人的一揽子授权,而无须每次与第三人进行交易时均出具授权委托书等文件。但职务代理行为人的代理行为如与其工作职责不同,则不能当然认定其构成职务代理行为。第三,必须以法人或者非法人组织的名义实施职务代理行为。若职务代理行为人以其个人名义实施职务代理行为的,则据此产生的法律效果当然由其自身承担。第四,必须为法人或非法人组织的利益而实施职务代理行为。

相关案例
母公司高管代表子公司签订合同是否属于职务代理行为?②

A公司(受让方)于2015年年底与B公司(出让方)签订《增资并购协议》,约定A公司以1000万元收购B公司在目标公司的全部股权。后因B公司所属上级集团公司出现重大财务危机,直接影响到B公司的合同履约能力。为此,2018年1月8日,出让方、转让方签订《备忘录》约定,双方在目标公司开立共管账户,A公司暂时支付640万元转让款,待B公司消除目标公司遗留问题后,双方再多退少补。A公司法定代表人代表A公司签字,B公司所属上级集团公司总裁以及内控部总经理两名高管共同代表B公司签字。后B公司诉至法院称两名高管非B公司直接工作人员,B公司未给两名高管出具过授权委托书,《备忘录》上也未加盖B公司公章,因此其行为不构成职务代理,《备忘录》对B公司不具有法律约束力。

裁判及评析:法院认为,从《备忘录》签订主体看,两名高管所属集团是B公司唯一的股东,两名高管与B公司存在劳动合同关系,且为本次股权转让的联系人、经办人,《备忘录》同

---

① 参见最高人民法院民法典贯彻实施工作领导小组主编:《中华人民共和国民法典总则编理解与适用》(下),人民法院出版社2020年版,第848页。
② 北京市高级人民法院(2021)京民再158号。

时记载两名高管是代表B公司签订。从《备忘录》内容看,两名高管代表B公司商定的解决方案并无损害B公司的意思表示,因此认定两名高管签订《备忘录》属于职权代理行为。

由此可见,当外在授权形式存在缺陷或真伪难辨时,可以从交易履约习惯、行为当时的客观原因、各方主体具体履行、案件处理结果的实质性公平等方面进行综合考察。本案中仅从两名高管的工作单位、书面授权来看,对认定构成职务行为存在重大障碍。但是,当我们考虑到《备忘录》签署后,B公司的具体履行过程就能发现,B公司在当时完全是按照《备忘录》在履行,这就能证明《备忘录》表达的是B公司认可的"真实意思表示",两名高管的签署行为应当为有效的职务代理行为。

5. 以代理权产生依据来分,可以基于明示委任、默示推定而产生

这一分类产生于英美法系国家。明示委任是给予代理人具体的指示,它的取得既可以采用口头方式,也可以采用书面方式。默示代理依附于明示代理,在商事活动中,通常可以根据一个人在公司中的地位、经常的行为以及商事惯例推断出该代理权存在与否,这种代理权有时也被称为"固有的代理权"。

默示代理权并不同于表见代理,默示代理人是享有实际代理权的。一个良好的商业习惯是签署一份书面的代理协议,明确本人和代理人之间的权利关系,但是即使是非常细心地起草的代理协议,也不可能覆盖代理人职权的各个方面。因此,某些职权是作为代理人拥有的默示代理权存在的,也就是通过默示授权。默示的代理权可能导致本人承担责任。譬如,公司的总裁拥有相当大的默示代理权而使本人,也就是公司受到合同的约束。

拓展知识

代理商商誉损害赔偿请求权

"商业信誉损害赔偿请求权",按著名国际贸易法专家施米托夫的解释,是指在代理关系终止后,本人利用代理商在为其工作期间逐步建立起来的商业信誉,继续与客户交易并获得利益,代理商可基于公平原则就其代理行为的持续性影响而请求补偿的权利。

区别于民事代理,代理商的代理是一种持续性、必须投入一定时间和成本的商事行为。代理商通过技术、劳动以及金钱投入逐步为被代理人建立起相当价值的商誉。为此,不少学者认为,代理商与被代理人共同分享被代理人的商誉。鉴于此,在代理关系结束后,代理人有资格为自己付出的努力向被代理人求偿。目前,很多国家都已通过立法保护代理商求偿权,如法国、德国、英国、日本等。

(三) 经理人

公司经理负有对内管理公司事务、对外代理所在企业从事民商事活动两大职能。随着现代企业规模的扩展,经理人的出现节约了企业的生产成本及社会成本。但是,经理人不诚信的、不当的或超越权限的代理行为也可陷企业于不利境地。因此,经理人问题已经成为当今各国商事代理法的基础内容。

1. 什么是经理人？

何谓"经理人"，各国立法、学说与判例中的定义并不一致。① 目前我国理论界所说的经理班子、高级经理阶层、经理人员等，大多是指一般含义的经理人，并不包括中下层专业管理人员。从公司关系看，经理人进入公司并不直接与出资者发生关系。作为出资者的股东选择了自己的托管人（董事会）来决策公司事务，并代表公司履行法人职权。董事会由此与经理人通过有偿聘任，建立起委托代理关系。

公司经理是法人代表，还是法定代表人？

"法人代表"一般是指根据法人的内部规定担任某一职务或由法定代表人指派代表法人对外依法行使权利和履行义务的人，它不是一个独立的法律概念。"法定代表人"则是一个确定的法律概念，是指依照法律或法人章程的规定，代表法人行使职责的负责人。法定代表人是法人机关的对外代表人，权利直接来自法人的民事权利能力和民事行为能力。"法定代表人"与"法人代表"的区别主要表现在：

一是二者所指的对象不同。法人只有一个法定代表人，一个企业只能有一个，即企业的厂长或者经理，代表法人独立行使法人职权；而法人代表则是不确定的，可以是一个，也可以是多个。

二是承担的法律责任不同。法定代表人，意味着是法人的首要责任人，法人一旦违法被追究刑责，法定代表人也难辞其咎；而法人代表在授权范围内行使权利时造成他人损失或者其他法律后果的，都由法人承担，只有超出委托权限范围所为的行为所造成的损失，才由法人代表本人承担。

三是变更程序不一样。法人代表的变更没有一定的程序，不需要登记；而法定代表人是法人应登记的事项之一，这是法律规定的必经程序，如有变更，应及时办理变更法定代表人的登记手续。我国企业经理法律地位从原本的一元制向多元制方向转变，在现行《公司法》的规定下，企业经理既可以为法人代表，也可以为法定代表人。

从公司治理角度看，企业经理既是公司内部管理者，又是对外代理人，这决定了其具有独特的法律地位。

第一，经理为公司的代理人。企业经理与公司、股东之间为委托代理关系，在公司处于代理人地位。经理对外与第三人做交易或签订合同时，与公司是"职务代理"关系，是公司的法定代理人。

第二，经理为企业核心人力资本，是从属的商事辅助人。公司经理不是商事主体，而是

---

① 在民商分立立法例的国家和地区（如德国、日本、韩国、中国澳门地区等），一般在商法典总则中将经理人归入"商业辅助人"作出规定；而采民商合一立法例的国家和地区（如意大利、瑞士、中国台湾地区等），则一般在民法典中对经理作出规定。《意大利民法典》中将经理定义为"接受企业主的委托经营商业企业的人"（《意大利民法典》第 2203 条），我国台湾地区"民法"将经理规定为"有为商号管理事务，及为其签名之权利之人"（我国台湾地区"民法"第 553 条）；在英美判例法上，对"经理"的理解曾被表达为"Manager"，意指一个被选任用来经营、指导或管理他人或公司及其分支机构事务的人，他被授予一定的独立经营权。

基于委任或雇佣合同关系而从属于商事主体。

第三,公司经理须对公司日常经营管理事务负责。公司经理在经营事务时必须履行忠诚、竞业禁止等义务,若出现违反义务造成公司利益受损时,应承担适当的法律责任。[①]

相关案例
经理人代理权纠纷

某甲系有限责任公司 A 的总经理,主要负责公司的日常管理和业务接洽。根据 A 公司的章程和内部文件规定,总经理对外签约须由董事长授权。B 公司与 A 公司有长期业务往来,一日,B 公司急需从 A 公司进货,在双方业务人员谈好交易细节后,恰逢 A 公司董事长出国且一时无法与之联系。甲在没有正式的书面授权文件的情况下出面签约,B 公司的代理人考虑到甲的身份,遂与甲分别代表自己的公司签订了协议,但 A 公司未加盖公司公章。B 公司签约后当即按合同预付了货款。后由于种种原因,A 公司未能按时交货,B 公司遂向法院起诉,要求追究 A 公司的违约责任,并赔偿自己的损失。A 公司的抗辩理由是甲未经公司授权擅自与 B 公司签订了合同,该合同应当无效。

评析:对此案的处理主要存在三种不同的意见。一种意见认为,A 与 B 之间的合同无效,甲的行为构成无权代理。第二种意见认为 A 与 B 之间的合同有效,依据《民法典》第 170 条,甲作为总经理当然是 A 公司的工作人员,其经营活动的法律后果应当由 A 公司承担。第三种意见认为,A 与 B 之间的合同有效,但依据不是《民法典》第 170 条,而是《民法典》第 172 条:行为人没有代理权、超越权限订立或者代理权终止后,相对人有理由相信行为人有代理权的,代理行为有效。本案中,甲虽然不是公司的法定代表人,但也是公司的主要负责人之一,《公司法》正式使用了"高级管理人员"的概念,并对其规定了与董事基本相当的法律义务。所以,作为高级管理人员的总经理也应当作为越权代表的主体。

2. 经理权

经理权是指由享有公司法定代表权和经营权的机关授予的,对内经营管理公司、对外代表公司从事与营业有关的商事行为及代理公司行使诉讼之权的权力。经理权作为经理制度的核心,本质上是一种商事代理权。

经理权的特征表现为:

第一,经理权具有法定性。作为特殊商事代理权之一的经理权,各国都以商法或公司法等形式对其授予方式、权力范围等加以限制,使经理权具有浓厚的法定色彩。

第二,经理权具有身份性。公司经理作为高级雇员,在执行职务时为公司负责人。其职位及在公司的角色展现为一种"外观主义",故西方国家多将经理权视为基于特定身份而产生的身份性权力。

第三,必须以明示方式授予经理权与经理职位,且为了符合商法外观主义要求,这种授予行为必须进行登记,未经登记不得对抗第三人。

[①] 我国《公司法》第 188 条规定:"董事、监事、高级管理人员执行公司职务时违反法律、行政法规或者公司章程的规定,给公司造成损害的,应当承担赔偿责任。"

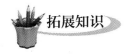 拓展知识

有关经理权的两个问题

一、经理权的登记效力

各国立法对经理权登记的效力语焉不详,主流观点有两种,一种观点为登记要件主义,认为经理权授予的前提是注册登记,未经登记则经理权不生效;另一种观点为登记对抗主义,即未经登记经理权依然生效,但不得对抗第三人。

二、共同经理权

商人对几个人共同授予的经理权称为共同经理权,这意味着在企业中几个人对企业主拥有代理权。韩国、德国、法国以及我国台湾地区都规定了共同经理权。共同经理权的设置本质上是为了限制经理人的经理权,使单独的经理人行使受限的经理权时,对公司不产生效力。我国《公司法》没有对共同经理权作规定,那么是否应加入共同经理权制度?笔者认为,从法理上而言,经理作出的意思表示对企业的法律效力直接适用经理的一般规定即可,没有必要设置共同经理权制度。

第四,经理权具有复合性及广泛性。如前文所说,经理权的权限有二,一为对内管理权,二为对外商事代理权。而这两种权限所涉及范围极为广泛,既包括实体权限,也包括程序权限。纵观各国立法,一般对经理人的权限采用概括性授权加例外规定原则。概括性授权主要表现为经理人日常事务管理、对外代表企业进行诉讼的权利;而例外规定包括:(1)特定事项只有在相应特别授权时才能实现,如不动产让与和设定负担;(2)企业对经理权限的限制不得对抗善意第三人。

3. 我国经理人制度的完善

我国现行公司经理制度形成于 20 世纪 90 年代初,它在实践层面上表现为对国有企业厂长(经理)负责制的继承和延续。由于立法机关对公司经理的地位和性质认识不清,特别是对作为公司机构核心的分权与制衡原则认识不足,加之我国的经济体制改革处于新旧体制交替时期,没有完全具备充分借鉴其他国家现代公司机构立法、完全抛弃传统企业领导体制的外部条件,因此在公司机构立法上强调与国有企业公司制改革的衔接,从而形成了现行的公司经理制度。①

我国没有对经理制度进行统一立法,相关的规定散见于各单行的法律、法规中,如《民法典》《公司法》《合伙企业法》《个人独资企业法》等。目前,我国的经理制度主要存在以下缺陷:

第一,法律定位模糊。目前,我国《公司法》授予经理人职权的相关规定使经理人拥有对抗董事会的权利,这表明我国相关经理制度把经理人的法律地位定义为公司机关。但事实上,经理人并非公司机关,其与公司形成委任或雇佣合同关系,是商事代理人、商事辅助人。

第二,经理权范围界定不清。我国经理制度相关法律对经理权的界定范围过于笼统,没有授予经理就业务执行代表公司的权利,如经理签字的效力,使司法实践中经常出现董事长

---

① 许晓松:《中国公司经理制度探微》,载《法制日报》2001 年 4 月 8 日。

为否定合同效力而主张经理签字无效等纠纷。

第三,经理权授权、解除方式的规则缺漏。我国《公司法》对经理权授权的方式等均无明确规定,且对如何解除、撤销经理权也未能提供相应法律依据。

相比之下,西方国家对经理制度的规定比较完备,从经理权的授予、范围、行使到经理权的解除都有较为详细的规定。目前有关经理制度的立法主要有两种体例,一是以韩国、日本为代表的采取民商合一的大陆法系立法例,该立法体系不明确区分经理和商业雇员的内外部关系,统一在"商业使用(支配)人"一章规范经理权;另一种以德国、英国、美国等国家为代表,区分经理、商人和第三人的内部和外部关系,内部关系由"商业辅助人"(如德国)或公司制定法(如英国、美国)进行调整,外部关系由"经理权和代办权"或《代理法》进行规范。

对于我国经理人制度的构建,可借鉴德国、英国、美国等国家的立法体例,该体例条理清晰,凸显商事代理权的特殊性。此外,鉴于我国经理制度发展的特殊性,"经理"一词在我国商事实践中使用混乱,在具体立法中可使用"营业权"等其他替代概念。

 拓展知识

我国经理制度是否应放弃"经理权"概念?

第一,在商事交易中,"总经理""执行经理""业务经理"等对"经理"一词使用混乱,若立法中使用"经理权"则可能使其内容及意义与生活实践不相统一。

第二,有关企业立法中已存在经理的上位概念,如"经营管理人员""高级管理人员"等,但其与境外商法的"商业辅助人""商业使用人"等商事代理人概念并不对应,如果使用"经理权"概念,难以建立起如同境外商法上那种以经理权为重心的商事代理权制度。

第三,企业立法意义的"经理",主要以企业管理理念为基础进行使用,与境外商事代理理念的企业负责人意义不同,若立法中使用"经理权"一词,可能与企业内部管理的"经理职权"概念相混淆。

4. 经理人代理行为的风险防范

经理人在企业中占有独特地位,而正是由于这种独特地位,经理人容易利用职务之便对企业造成损害。对企业而言,经理人风险包括:第一,经理人利用企业信息进行隐藏行动,损害企业利益。经理人掌控企业经营,他们掌握企业全部信息,与企业主、股东等处于信息不对称状态。为此,经理人容易利用企业信息进行转移财产、造假账、吃回扣等隐藏行动,损害企业利益。第二,经理人为追求自身短期利益最大化,任意挥霍公款、盲目扩大企业经营等,不利于企业长远发展。第三,经理人因疏于管理工作、泄露企业机密信息、背信弃义频繁跳槽等,对企业造成不利影响。

 拓展知识

经理人的道德风险

经理人道德风险,指经理人在对其行为不必承担全部责任的情况下,因追求自身效用最

大化而作出损害委托人利益的不道德行为。[1] 传统理论认为,经理人与企业之间是委托代理关系,而经理人道德风险产生于经理人与企业间的信息不对称及监督不完善,经理人利用经营过程中积累的信息优势,通过减少要素投入或采取机会主义行为实现自我效用最大化目的。此外,经理人追求短期利益,企业追求长期利益,这种目标不一致也导致经理人在经营过程中作出牺牲长远利益达到短期利益最大化的不道德行为。

从企业管理角度而言,防范经理人风险主要从激励和约束机制两方面着手:

第一,制定合理激励性报酬制度结构,刺激经理人的积极性。经理人报酬制度向来是企业经营的核心问题之一。企业可根据实际发展战略和政策,摒弃传统"现金+实物"的报酬方式,制定长期激励性报酬形式如持有股票期权、限制性股票等虚拟报酬形式的合理激励性报酬制度。

第二,聘任合同中明确竞业禁止条款,实行离职经理人职业去向追踪措施,防止经理人向竞争对手泄露企业机密。主流观点均认为,忠诚义务是经理人对企业的主要义务之一。虽然我国法律中规定了经理人竞业禁止义务,但从实践上看,竞业禁止还属于自愿签订范畴。为此,企业在与经理人签订聘任合同时应当明确竞业禁止条款,且对离职经理人进行追踪,一旦发现经理人实施可能损害企业利益的行为时,可向法院提起诉讼,防止企业机密信息外泄。

第三,增强董事会及监事会监督检查功能。为避免经理人在经营中"只手遮天"损害公司利益,企业董事会和监事会应当定期对经理人开展监督检查活动。

(四) 表见代理

表见代理是商事代理最为典型且产生纠纷较多的一种无权代理行为。在商事实践中,除公司经理人外,企业中高级管理人员,甚至企业员工均可代理企业与第三人为法律行为。当上述人员超越权限与第三人订立合同,且第三人因信赖其外观而作出相应行为时,则有可能发生表见代理。随着市场经济的发展和对交易安全的倚重,表见代理在商业领域的适用越来越得到重视。这一制度的实施一方面有利于维护交易安全,保护善意合同相对人的合法权益;另一方面则是有利于促进交易行为的规范化,引导合同相对人、被代理人和行为人诚信经营。[2]

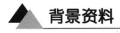

无权代理与表见代理

在商业法律实践中经常会遇到无权代理的法律纠纷问题。无权代理并不是代理的一种形式,而是具备代理行为的表象但欠缺代理权的行为。无权代理包括狭义无权代理、越权代理及表见代理三种。

---

[1] 李建华、易玷:《委托代理关系与企业道德风险》,载《伦理学研究》2008 年第 2 期。
[2] 参见《上海高级人民法院民二庭商事合同案件适用表见代理要件指引》。

从本质而言,表见代理属于无权代理的一种。表见代理之所以定性为无权代理,是从代理权的渊源来看的。代理权由本人的授意而发生,在表见代理制度下,本人并没有授权给代理人,显然就应当定性为无权代理。

1. 什么是表见代理?

所谓"表见代理"指本属于无权代理,但因本人与无权代理人之间的关系具有授予代理权的外观(即所谓外表授权),致使相对人信其有代理权而与其为法律行为,法律使之发生与有权代理同样的法律效果。① 表见代理制度设立的目的在于保护交易安全,保护善意无过失的交易相对人的利益,维护市场有序运转。

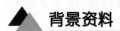
背景资料

职务代理与表见代理

虽然职务代理与表见代理的法理基础、构成要件等均截然不同,但因其法律后果皆归于被代理人承受,故而在司法实践中常常被混用。从本质上看,职务代理属于有权代理,表见代理属于无权代理,职务代理与表见代理为互不重叠、互不交叉且相互独立的两种不同的法律规则。在司法实践中,通常严格从构成要件出发,分析其是否构成职务代理或是否构成表见代理。审理具体案件时遇到行为人与单位的最终责任承担问题时,一般应先判断行为人是否属于职务行为,如果不属于职务行为,再判断是否构成表见代理,二者在适用时有一个递进式的判断过程。一般不宜对同一法律行为,适用一部分职务代理的构成要件,又适用另一部分表见代理的构成要件,相互糅合,混同适用。

表见代理的构成要件有四:第一,权利实质要件,即行为人无代理权;第二,权利外观要件,即该行为人有被授予代理权之假象;第三,主观因素要件,即相对人善意且无过失地相信行为人有代理权;第四,客观因素要件,即相对人基于此信赖与该行为人成立法律行为。

其中,"相对人善意且无过失地相信行为人有代理权"是表见代理与前述无权代理最重要的区别。司法实践中甄别如何构成"相对人善意且无过失地相信行为人有代理权"通常分三个角度进行考察:一是行为人的角度,其事实上没有代理权,但具有代理权的外观。二是被代理人的角度,产生信赖源于被代理人具备"本人与因"的因素。例如被代理人与行为人之间存在曾经授权或曾经雇佣的关系。如盖有公章或合同专用章的空白合同书、空白授权书,或者持有表明雇佣关系存在的法律文件。三是从相对人的角度,相对人构成"善意且无(重大)过失"。善意,是指相对人不知道行为人不享有代理权,否则为恶意;无(重大)过失,是指相对人尽到了必要的审查注意义务,仍然无从发现行为人代理权欠缺的事实。

---

① 梁慧星:《民法总论》(第2版),法律出版社2001年版,第232页。

表见代理与表见代表

企业在实际经营中,除了防范经理人诚信风险以外,还需要防范企业代表人或负责人的表见代表行为。表见代表是指法人的法定代表人或者非法人组织的负责人超越权限订立的合同,除相对人知道或者应当知道其超越权限外,该代表行为有效,订立的合同对法人或者非法人组织发生效力。① 表见代表是表见代理在法人中的运用,其与表见代理的主要区别在于:

第一,表见代表人从属于企业法人,代表人的行为视为被代表主体的行为;而表见代理人具有独立的人格,非隶属于被代理人。

第二,表见代表除适用于法律行为外,还适用于事实行为,甚至违法行为;而表见代理仅适用于法律行为。为此,表见代表的法人代表除应承担民事责任外,还应承担行政或刑事责任;而表见代理的越权代理人一般只承担民事责任。

第三,法人代表与法人之间具有一定的职权基础,反映法人的内部关系;而代理人与法人是一种偶尔联系的外部关系。②

表见代理一旦生效,则代理行为有效,在被代理人与第三人之间产生完全等同于有权代理行为的效果;在代理人与相对人之间不发生法律关系;由此受到损失的被代理人有权向无权代理人追偿因代理行为而遭受的损失。

相关案例
兴业银行广州分行与深圳市机场股份有限公司借款合同纠纷案③

C某系深圳机场公司的董事、总经理,在本案发生期间主持深圳机场公司的日常工作。C某等人伪造文件,虚构贷款用途,提供虚假文件和伪造的董事会决议,通过私刻公章以深圳机场公司的名义与兴业银行广州分行签订借款合同,使兴业银行广州分行误以为C某是在履行职务行为,贷款系深圳机场公司所为。但其真实目的是骗取银行信贷资产。兴业银行广州分行诉称C某的行为构成表见代理,相关的贷款合同为有效合同,深圳机场公司应依贷款合同返还贷款本息。

裁判与评析:法院认为在相对方有过错的场合,不论该种过错是故意还是过失,无表见代理适用之余地。兴业银行广州分行在签订和履行贷款合同的过程中,未尽审慎注意义务,对私刻的深圳机场公司公章、伪造的证明文件和董事会决议未进行必要的鉴别和核实,在贷款的审查、发放、贷后跟踪检查等环节具有明显疏漏,故不适用表见代理。

---

① 《民法典》第504条规定:法人的法定代表人或者非法人组织的负责人超越权限订立的合同,除相对人知道或者应当知道其超越权限外,该代表行为有效,订立的合同对法人或者非法人组织发生效力。
② 参见李建华、许中缘:《表见代表及其适用——兼评〈合同法〉第50条》,载《法律科学》2000年第6期。
③ 最高人民法院(2008)民二终字第124号。

本案体现了表见代理常见的司法实务观点,即相对方有过错的场合,无论过错是故意还是过失,一般不适用表见代理的规定。另外,无效合同一般也不适用表见代理的规定。

2. 表见代理的风险防范

表见代理是无权代理的一种,在善意相对人尽到了一个理智商人应尽的注意义务后有理由相信行为人有代理权的情形下,表见代理才产生法律效力。

(1) 本人对风险的防范

表见代理中,本人往往因其过错行为使得相对人有理由相信行为人有代理权。《最高人民法院关于适用〈中华人民共和国民法典〉总则编若干问题的解释》将"相对人善意且无过失地相信行为人具有代理权"的举证责任调整为由本人承担,主要考虑到本人防范表见代理的风险的成本最小。因此,为尽可能减少表见代理问题产生,本人可以作出如下应对之策:

第一,明确授权、严格管理代理证明文件。在委托授权时,本人应当对代理人代理的地域范围、事项范围、授权期间等作出明确的规定。当代理权终止或者被撤销时,本人应当及时收回代理权证书、介绍信、公章等证明代理人身份的证件以及本单位的空白合同纸、合同专用章等。

拓展知识

企业印章有何法律效力?

商法上所谓印章,或称公章,是指商事主体法定名称章和冠以法定名称的合同、财务、税务、发票等业务专用章。企业印章具有替代签名、特殊证明和对外公示、公信的功能。

司法实践中,有些公司有意刻制两套甚至多套公章,有的法定代表人或者代理人甚至私刻公章,订立合同时恶意加盖非备案的公章或者假公章,发生纠纷后法人以加盖的是假公章为由否定合同效力的情形并不鲜见。《全国法院民商事审判与会议纪要》(以下称《九民纪要》)[①]指出,人民法院在审理相关案件时,应当主要审查签约人于盖章之时有无代表权或者代理权,从而根据代表或者代理的相关规则来确定合同的效力。

法定代表人或者其授权之人在合同上加盖法人公章的行为,表明其是以法人名义签订合同,除《公司法》第15条等法律对其职权有特别规定的情形外,应当由法人承担相应的法律后果。法人不得以法定代表人事后已无代表权、加盖的是假章、所盖之章与备案公章不一致等为由否定合同效力。

代理人以被代理人名义签订合同,要取得合法授权。代理人取得合法授权后,以被代理人名义签订的合同,应当由被代理人承担责任。被代理人不得以代理人事后已无代理权、加盖的是假章、所盖之章与备案公章不一致等为由否定合同效力。

---

① 《九民纪要》第41条指出:"司法实践中,有些公司有意刻制两套甚至多套公章,有的法定代表人或者代理人甚至私刻公章,订立合同时恶意加盖非备案的公章或者假公章,发生纠纷后法人以加盖的是假公章为由否定合同效力的情形并不鲜见。人民法院在审理案件时,应当主要审查签约人于盖章之时有无代表权或者代理权,从而根据代表或者代理的相关规则来确定合同的效力。"

第二，及时告知合作伙伴实情，加大公示举措、增强公信效果。表见代理的产生除了本人制作和管理授权委托证明文件的过错外，还有告知上的过错。本人应对撤销代理权、解除某人职务、丢失公章或者文书被盗的情形及时通知重要的合作伙伴和进行公告。当发现行为人在无代理权情况下以本人的名义进行活动时，应当通知相对人。相对人进行查询、核实代理人身份、权利范围的，本人应当予以明确答复。

第三，慎用挂靠经营行为，杜绝连带责任发生。挂靠经营纠纷在建筑、旅游和医药销售等行业大量发生，被挂靠的企业因表见代理发生的连带责任苦不堪言。为减少不确定的经营风险，规范市场行为，企业要依法经营，慎用挂靠行为。

相关案例
李某与新疆天瑞圣源建设工程有限公司等建设工程施工合同纠纷案①

2013年3月，张某、奚某以新疆天瑞盛源建设工程有限公司的名义与李某签订《合同书》，约定：将吐鲁番示范区保障性住房三期十标、四期三标的外墙保温工程承包给李某施工。由于张某、奚某无建筑施工资质，借用天瑞圣源公司的建筑资质进行施工。《合同书》中天瑞圣源公司未盖章，无法定代表人签字，事后亦不认可。外墙保温工程完工后，李某向张某、奚某多次索要工程款未果，进而主张天瑞圣源公司与张某、奚某之间存在委托关系，向法院诉请其支付工程款。

裁判及评析：法院认为，在处理无资质企业或个人挂靠有资质的建筑企业承揽工程时，应区分内部和外部关系，挂靠人与被挂靠人之间的协议因违反法律禁止性规定，属无效协议。而挂靠人以被挂靠人名义对外签订合同的效力，应根据合同相对人在签订协议时是否善意、是否知道挂靠事实来作出认定。首先，涉案施工合同只有李某与张某、奚某签名摁手印，并无天瑞圣源公司公章。其次，李某实际施工期间，从未向天瑞圣源公司主张支付案涉工程款，也未在天瑞圣源公司处取得任何工程款。最后，天瑞圣源公司并没有追认张某、奚某与李某的转包行为，且李某在得知案涉工程农民工上访追讨工资事件发生后，仍与张某、奚某签订案涉施工合同，未尽到合理审查义务。因此，李某并非属于善意且无过失，故不能构成表见代理。

值得注意的是，在主张表见代理的举证责任方面，法院依据《最高人民法院关于当前形势下审理民商事合同纠纷案件若干问题的指导意见》等规定认为合同相对人主张构成表见代理的，应当承担举证责任，不仅应当举证证明代理行为存在诸如合同书、公章、印鉴等有权代理的客观表象形式要素，而且应当证明其善意且无过失地相信行为人具有代理权（注：根据2022年3月生效实施的《最高人民法院关于适用〈中华人民共和国民法典〉总则编若干问题的解释》第28条第2款规定，适用善意推定规则，后者由被代理人举证证明）。

（2）表见代理的相对人对风险的防范

第一，进行必要的审慎审查。相对人在与自称是本人代理人的人进行磋商、谈判等法律

---

① 改编自最高人民法院民事申诉案件(2021)最高法民申2345号。

行为时,特别是对不熟悉的客户或代理人,应要求对方出示代理证书、介绍信、身份证明等,以了解和证实其身份、权限、期限等。

第二,应作出理智的判断,识破假象。在进行表面审查的同时,要根据代理人的外在行为举止判断其代理权的真实性。一般来讲,相对人应考虑以下因素:涉及的标的金额是否与代理人的表象相当;是否与代理人的职位、阅历一致;是否需要交付定金、预付款或先履行主要义务;代理人在交易中是否具有明显的直接利益等,以便决定是否需要核实。

第三,进一步沟通,核实确认对方资格。一般来讲,相对人并没有特别核实的义务。但如果对当事人利益影响较大,如标的额较大,与代理人不熟悉,需要交付定金等;或通过谨慎的判断,发现可能存在瑕疵,相对人就有义务要求对方提供核实身份的方法,并与本人核对。

总之,只要企业提高表见代理的法律意识,积极做好防范工作,本人从减少自己的过错来防范风险,相对人从审查行为人代理资格来减少表见代理的发生,就能尽量减少表见代理的风险,提高经济效益。

拓展知识

相对人是否可以选择适用无权代理和表见代理?

表见代理本质上属于无权代理,在起诉时,相对人当然可以选择诉因。因为表见代理最终是由被代理人承担责任,无权代理是由无权代理人承担,两者的资信可能存在差异。同时在无权代理场合,即使相对人存在一般过失,仍然可以向无权代理人主张损害赔偿;但是在表见代理中,相对人有过失的,则不构成表见代理。

如果相对人选择适用表见代理,法院已经判决表见代理成立,此时相对人没有再主张无权代理的可能,因为生效判决已经确认无权代理人的行为属于有权代理。

如果相对人选择适用无权代理,法院已经判决无权代理人对相对人承担履行或者损害赔偿的责任,即使因无权代理人的资信问题,相对人的权利最终不能实现,相对人也不能再主张表见代理。因为生效判决已经确认无权代理人的行为属于无权代理,不再有转变为有权代理的可能。

如果相对人选择适用无权代理,无权代理人能否主张构成表见代理?有学者认为,此时人民法院应该将被代理人列为被告型无独立请求权第三人,在证明构成表见代理后,进而请求法院直接判令被代理人承担责任。其实,这种理解有误。如果相对人选择适用无权代理,那么无权代理人只能通过证明自己属于有权代理进行抗辩,而不能通过证明相对人对自己的无权代理行为合理信赖为有权代理进行抗辩。如果抗辩成立,被代理人承担的是有权代理的责任,而不是表见代理的责任。因为表见代理制度的目的是保护无过失的相对人,而不是代理人,相对人不提起表见代理之诉的,无权代理人不得主动提起。

被代理人在承担表见代理的法律后果以后,如果有损失的,可以向代理人进行追偿。请求权基础或者存在于双方的基础关系,或者存在于侵权法。但是仍然要以代理人存在过失为前提。尽管表见代理在本质上属于无权代理,代理人无权代理的事实本身即可推定代理人有过错,但是代理人仍然可以证明自己对无权代理行为无过失而免责。

三、特许经营

"特许经营"是当今重要的营销模式之一。自麦当劳公司始创的"第一代特许经营"发展以来,特许经营模式经历了翻天覆地的变化。特许经营的优势在于低成本实现大规模扩张、短时间营造商誉、便于统一管理等,但在特许经营中,存在许多需要注意的法律风险。

(一) 什么是特许经营?

1. 特许经营的概念和特征

"特许经营"广义上包括两种:第一种是指国家或有关机关将某些受国家控制的特定行业,如城市供水、公共交通、污水处理等市政公用事业的一定期限和范围内的经营权以有偿方式授予特定人。第二种则是指商业特许经营,它是一种分销商品和服务的新型商业营销模式,主要是由特许者将自己的商标、品牌、技术、管理等授权给被特许经营者使用,后者向前者缴纳一定的特许加盟费用,双方共担市场风险,分享利润。本书主要讨论"商业特许经营"问题(以下简称"特许经营")。①

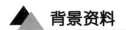

背景资料

麦当劳严格的运营制度——QSCV

麦当劳兄弟1937年创办汽车餐厅起家,通过改进厨房设备与生产程序,使汉堡生产制作速度大大提高,吸引了大量顾客。麦当劳利用特许经营形式建立了自己的经营体系。一开始,它们采取的是"第一代特许经营"方式,即只在开业之初指导店铺外观和外送服务的细节,以后就两不相干了。这种"大撒把"的方式造成了危机,许多加盟商按照自己的理解改变了汉堡口味,有的甚至增加了许多复杂的品种,这是对麦当劳经营方式的"腐蚀"。为了"防腐拒变",1955年麦当劳在芝加哥东北部开设了第一家"样板店",并建立了一套严格的运营制度——QSCV运营系统,包括品质(Q)、服务(S)、清洁(C)、价值(V),即优质服务、质佳味美、清洁卫生等。麦当劳借助这样的经营模式推行了第二代特许经营,全世界所有麦当劳使用的调味品、肉和蔬菜的品质均由公司统一规定标准,制作工艺也完全一样,每推出一个新品种,都有一套规定。麦当劳正是依靠这样的经营获得了迅速发展。

特许经营具有以下法律特征:(1) 特许经营的核心是特许权的授予。特许权是包括商标、商号、经营模式、服务标志、专利、商业秘密、经营诀窍等权利的知识产权性质的综合性使用权。(2) 被特许人与特许人对外具有共同的外部特征。被特许人与特许人在品牌、质量、

---

① 依照2007年1月31日国务院第167次常务会议通过的《商业特许经营管理条例》第3条的定义:"本条例所称商业特许经营(以下简称特许经营),是指拥有注册商标、企业标志、专利、专有技术等经营资源的企业(以下称特许人),以合同形式将其拥有的经营资源许可其他经营者(以下称被特许人)使用,被特许人按照合同约定在统一的经营模式下开展经营,并向特许人支付特许经营费用的经营活动。"

商标以及经营理念上实现高度统一性,在组织制度、经营模式、企业形象方面整齐划一。(3)被特许人的经营活动往往要受到特许人的直接支配,尤其表现在市场计划、经营体系、质量标准、店址选择、经营范围、营业时间等方面。(4)特许经营的双方当事人是相互独立的法律主体,自负盈亏、自担风险,不存在隶属关系。

2. 特许经营的种类

按照不同的划分方法,特许经营可以分为以下几类:

(1)按所需资金投入划分,可分为工作型特许经营、业务型特许经营和投资型特许经营。工作型特许经营投资少,甚至不需营业场所。业务型特许经营一般需要购置商品、设备和营业场所,如冲印照片、洗衣、快餐外卖等,需要较大投资。投资型特许经营则需要更多的资金投入,如饭店等。

(2)按交易形式划分,可分为四种:制造商对批发商的特许经营,如可口可乐授权有关瓶装商(批发商)购买浓缩液,然后充"碳酸气"装瓶再分销给零售商;制造商对零售商的特许,如石油公司对加油站的特许;批发商对零售商的特许,如医药公司对医药零售店的特许;零售商之间的特许,如连锁集团招募特许店,扩大经营规模。

(3)按加盟者性质划分,可分为区域特许经营、单一特许经营和复合特许经营。区域特许经营是指加盟者获得一定区域的独占特许权,在该区域内可以独自经营,也可再授权次加盟商。单一特许经营是指加盟商全身心地投入特许业务,不再从事其他业务。复合特许经营是指特许经营权被拥有多家加盟店的公司所购买,但该公司本身并不参与加盟店的日常经营。

(4)按加盟业务划分,可分为转换型特许经营和分支型特许经营。前者是加盟者将现有的业务转换成特许经营业务,特许商往往利用这种方式进入黄金地带。后者则是加盟商通过传统形式来增加分支店,当然需要花费更多的资金。

3. 特许经营与相关概念的区别

(1)与设立分公司的区别

分公司是总公司机体扩展的结果,企业所有权完全属于总公司所有。因此建立分公司,总公司必须做直接的资本投资。特许经营则不同,特许人和受许人是两个各自独立的法律实体,受许人是其企业的所有人,特许人没有责任和义务为其企业投资,因而特许人没有投资可能带来的风险。可是受许人却在一定程度上起到特许人分公司的作用,因为受许人要受到特许人的监督、指导和控制,长期地专门推销特许人的产品或服务项目,并且向特许人缴纳提成费。这样当特许人的特许经营制度建立起来以后,就有可能很快地在一定的区域范围内建立起自己产品或服务项目的一体化批发零售网,减少了设立分公司所带来的许多弊病和法律问题。

(2)与商事代理的区别

特许经营是在美国零售业连锁经营上发展起来的一种独特的营销方式,商事代理也是一种营销方式,这就决定了二者的相似之处,但区别也是明显的:

第一,法律后果的归属不同。在特许经营法律关系中,特许者独立于被特许者,被特许者在其营业过程中产生的任何法律后果由其自己承受,与特许者无关。从特许经营的实践来看,双方会在特许经营合同中明确约定,被特许者不是特许者的代理人;而在商事代理关系中,商事代理产生的法律后果是由委托商承受的,与代理商无关。

第二,法律关系客体不同。在特许经营法律关系中,其客体就是特许权,是一种组合式的知识产权。而商事代理关系中,其客体为代理商的代理行为,它不涉及买卖关系和知识产权的许可使用问题。

第三,支付报酬的方向不同。在特许经营中,被特许者取得了特许者的特许权,故应向特许者支付相应的费用;而在商事代理中,代理商向委托商提供了代理服务,由委托商向代理商支付一定的佣金作为报酬。

相关案例
是"特许经营"还是普通的"销售代理"?[①]

2008年4月4日,陈子剑(乙方)与酷特地带商贸公司(甲方)签订《聪明贝贝经销合作协议书》。该协议书主要约定以下内容:(1)……乙方以向甲方交保证金的形式向甲方保证按协议规定经营从而取得"聪明贝贝"特约经销权;且须按甲方要求经营管理,不得超越协议范围和协议期限,未经甲方书面同意,不得私自将该项权利转让。(2)甲方授予乙方在浙江省依法开办"聪明贝贝"超市,经营许可期与本合同期限自2008年4月4日起至2009年4月4日;乙方实际进货额从乙方第二次进货起按进货额每累计达1万元,甲方一次性返保证金800元,直到返完全部保证金为止。(3)甲方有权对其拥有的商标进行改进或变更;有权对乙方的管理标准及经营行为进行监督,并提出相应的整改建议;(4)乙方有权在甲方授权地点的授权项目中使用"聪明贝贝"的品牌形象,有权在甲方授权地点运用甲方特有的经营模式及管理标准经营"聪明贝贝"超市;乙方拥有从甲方进货并在协议约定的范围内进行销售的权利……

而后,两者在经营中发生纠纷,陈子剑要求按照《商业特许经营管理条例》解除合同,并要求酷特地带商贸公司赔偿相应损失。但酷特地带商贸公司认为,双方签订的不是特许经营合同,而是普通销售代理合同,不适用《商业特许经营管理条例》的规定。

评析:法院认为,双方签订的合同符合特许经营的特征,属于特许经营合同。根据相关的法律规定可知,商业特许经营合同的特征在于在合同中当事人双方约定了特许人许可被特许人使用其拥有的经营资源、收取特许经营费以及被特许人遵循合同约定的统一经营模式进行经营的内容,因此判断合同的性质是否属于商业特许经营合同也以此为标准。在本案中,双方签订的合同具有如下特点:第一,陈子剑必须按照约定的模式统一经营。第二,"聪明贝贝"系被告所拥有的经营资源。第三,支付相应保证金是陈子剑获得经营许可的费用和依约经营的保证,由此可知该笔保证金系特许经营费用的表现形式。故本案双方当事人签订的合同性质为特许经营合同。

(3)特许经营与传销的区别

特许经营是合法的销售模式,而传销则是牟取非法利益的活动。借助特许经营的模式是传销手段之一。传销是指组织者或者经营者发展人员,通过对被发展人员以其直接或者间接发展的人员数量或者销售业绩为依据计算和给付报酬,或者要求被发展人员以交纳一定费用为条件取得加入资格等方式牟取非法利益,扰乱经济秩序,影响社会稳定的行为。

[①] 陈子剑诉北京酷特地带商贸有限公司特许经营合同纠纷案,北京市朝阳区人民法院(2009)朝民初字第00038号。

特许经营与传销的区别在于：

第一，组织结构上的区别。传销的层次是没有限制的；而特许经营的层次是有严格限制的，特许经营组织一般不会超过二层结构，最多有三层结构。

第二，加盟主体上的区别。传销的成员一般是自然人，而特许经营的加盟者虽是自然人，但一般需要成立公司或其他经济组织进行经营。

第三，分配机制上的区别。传销人员根据下线的业绩进行提成；而特许经营者需要通过合法的经营来获取利润。

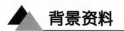

传销的三种行为

国务院《禁止传销条例》第7条规定了传销的三种行为：

（一）组织者或者经营者通过发展人员，要求被发展人员发展其他人员加入，对发展的人员以其直接或者间接滚动发展的人员数量为依据计算和给付报酬（包括物质奖励和其他经济利益，下同），牟取非法利益的；

（二）组织者或者经营者通过发展人员，要求被发展人员交纳费用或者以认购商品等方式变相交纳费用，取得加入或者发展其他人员加入的资格，牟取非法利益的；

（三）组织者或者经营者通过发展人员，要求被发展人员发展其他人员加入，形成上下线关系，并以下线的销售业绩为依据计算和给付上线报酬，牟取非法利益的。

4. 我国特许经营法律制度

特许经营作为一种全新的现代商业模式，在我国或将引爆一场新的商业革命。然而随着中国特许经营规模日益庞大，与此相关的法律纠纷日益增多，如何规范我国特许经营市场已成为法学界及实务界的热点问题。

我国特许经营纠纷的现实表明健全相关法律制度是整顿和规范市场经济秩序、进一步规范特许经营活动的客观需求。早在1997年我国原国内贸易部就发布了《商业特许经营管理办法（试行）》，但该试行办法规定得比较原则，远远不能适应中国特许经营快速发展的需要。而后根据中国入世承诺，中国应在加入世界贸易组织后3年内对特许经营取消市场准入和国民待遇限制。从2005年2月1日起商务部发布施行《商业特许经营管理办法》，它是我国一部专门调整特许经营法律关系的规范性文件，规定的内容虽较原国内贸易部发布的《商业特许经营管理办法（试行）》更为详细、具体，但在立法位阶上属于部门规章，不属于法律、行政法规，在审判实践中属于参照的范围，并且该部门规章只有42条，需要进一步补充、完善。为此，国务院颁布了《商业特许经营管理条例》，自2007年5月1日起施行。该条例的颁行意味着中国特许经营领域已进入一个有法可依的新阶段，在一定程度上将改变我国国内特许经营市场鱼龙混杂、投资人和潜在加盟商的权益无法得到有力保障的局面。但是，我国相关立法仍然相对落后，立法位阶较低，应当通过相应的立法予以完善。

（二）特许经营法律关系

特许经营法律关系实际上是特许人和被特许人之间的合同关系，双方的权利和义务都通过特许经营合同予以确定。

1. 特许人

特许人,指在特许经营活动中,拥有注册商标、企业标志、专利、专有技术等经营资源,以合同形式许可其他经营者使用其拥有的经营资源,并收取相应费用的企业。根据我国《商业特许经营管理条例》,特许人与被特许人从事特许经营活动应当具备一定资格。

第一,特许人必须是拥有注册商标、企业标志、专利、专有技术等经营资源的企业,且企业以外的其他单位和个人均不得作为特许人从事特许经营活动。

第二,特许人应具备"两店一年"资格。所谓"两店一年",指特许人从事特许经营活动应当至少拥有 2 个直营店,且经营时间超过 1 年。

相关案例
不具备"两店一年"条件,是否影响特许经营合同的效力?

甲公司是专门经营头发护理服务及相关保养产品的公司。2012 年,赵先生与不具备"两店一年"条件的甲公司签订特许加盟合同,并依合同交纳了加盟保证金 10 万元人民币。甲公司授权赵先生成为其区域特许代理商,在特定的期限和区域内依法使用"飘逸养发"的品牌,并按照飘逸养发的统一管理及经营模式提供相应的头发护理服务。该特许经营合同的效力应该如何认定?

评析:第一种观点认为,应当认定为无效合同。由于甲公司不具备《商业特许经营管理条例》规定的市场准入的必备条件:"两店一年",即不具备该条件而从事特许经营活动,违反行政法规的强制性规定,故应认定合同无效。第二种观点认为,即便特许人不符合"两店一年"的条件,也不必然导致所签特许经营合同当然无效,因为"两店一年"的规定属于管理性规范,不同于强制性规范。不具备该条件并不意味着合同当然无效。强制性规定分为效力性强制性规定和管理性强制性规定,违反不同的强制性规定将导致不相同的合同效力结果。

2010 年最高人民法院作出《关于不具备"拥有至少 2 个直营店并且经营时间超过 1 年"的特许人所签订的特许经营合同是否有效的复函》(〔2010〕民三他字第 18 号),明确提到"两店一年"属于行政法规的管理性强制性规定,即使特许人不具备上述条件,也并不意味着其与他人签订的特许经营合同当然无效。由此可见,以特许人欠缺"两店一年"条件并不必然导致特许经营合同当然无效。

但是,不将欠缺"两店一年"条件作为认定合同无效的事由,并不意味着该条件的欠缺对合同效力完全无影响。特许人不具备"两店一年"的资质,从事商业特许经营活动的,要承担相应的法律责任。《商业特许经营管理条例》第 24 条规定特许人不具备两店一年的条件,从事特许经营活动的,由商务主管部门责令改正,没收违法所得,处 10 万元以上 50 万元以下的罚款,并予以公告。另外,被特许人既可以依据商业特许经营管理条例的规定以特许人信息披露不实为由要求解除合同,也可以依据《民法典》的相关规定,以特许人构成欺诈为由要求撤销合同。

在特许经营活动中,特许人的基本权利包括收取特许经营权费及各种服务费用、终止被特许人的经营资格权利等。而基本的义务包括:

第一，信息披露义务。① 特许人与被特许人之间存在天然的信息不对称情况，被特许人处于明显弱势地位。在缺乏特许人信息披露的情况下，被特许人难以正确判断特许人掌握的资源、财力等信息，也可能由于特许人恶意隐瞒造成错误判断，因此，在各国有关特许经营的立法中，特许人的信息披露制度始终作为核心制度被予以规定。

第二，特许人应当向被特许人提供特许经营操作手册，并按照约定的内容和方式为被特许人持续提供经营指导、技术支持、业务培训等服务。

第三，特许人应当履行供货义务，向被特许人提供符合法律、行政法规和国家有关规定的质量要求的货物。

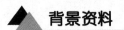
背景资料

特许人未履行信息披露义务的法律责任

根据国务院《商业特许经营管理条例》及商务部《商业特许经营信息披露管理办法》的相关规定，特许人在从事商业特许经营过程中，应向被特许人（加盟人）履行相应的信息披露义务，若特许人未履行相应的信息披露义务，将承担如下法律责任：

一、特许人未履行信息披露义务的民事责任

《商业特许经营管理条例》及《商业特许经营信息披露管理办法》均规定：特许人隐瞒应当披露而没有披露的信息或者披露虚假信息的，被特许人可以解除特许经营合同。在特许经营合同签订时，特许人隐瞒应当披露而没有披露的信息或者披露虚假信息，足以诱使被特许人作出签订特许经营合同的错误意思表示的，构成欺诈，被特许人可以依据《民法典》的有关规定行使合同撤销权。《民法典》第148条规定，一方以欺诈手段，使对方在违背真实意思的情况下实施的民事法律行为，受欺诈方有权请求人民法院或者仲裁机构予以撤销。

二、特许人未履行信息披露义务的行政责任

《商业特许经营管理条例》明确规定：特许人违反信息披露义务的，由商务主管部门责令改正，处1万元以上5万元以下的罚款；情节严重的，处5万元以上10万元以下的罚款，并予以公告。

1. 特许人应在订立特许经营合同之日前至少30日，以书面形式向受许人提供特许经营项目的相关详细信息，并提供特许经营合同，否则，商务主管部门有权对特许人处1万元以上5万元以下的罚款；情节严重的，处5万元以上10万元以下的罚款。

2. 特许人在推广、宣传活动中，不得有欺骗、误导行为，其发布的广告中不得含有宣传被特许人从事特许经营活动收益的内容，否则，市场监管局有权处3万元以上10万元以下的罚款；情节严重的，处10万元以上30万元以下的罚款。

3. 特许人要求被特许人在订立特许经营合同前支付费用的，应以书面方式向被特许人说明该费用的用途及退还条件，否则，可能面临1万元以下罚款或1万元以上5万元以下的罚款。

---

① 《商业特许经营管理条例》第17条规定："特许人向被特许人收取的推广、宣传费用，应当按照合同约定的用途使用。推广、宣传费用的使用情况应当及时向被特许人披露。"

2. 被特许人

被特许人,指在特许经营活动中,通过向特许人支付特许经营费用方式,获得特许人的经营资源,并按照合同规定在统一的经营模式下开始经营活动的企业。被特许人享有的主要权利包括:第一,获得特许人的经营资源;第二,获得特许人提供的培训和指导;第三,获得按照合同约定价格的供货等。

而被特许人的义务包括:第一,支付特许经营权使用费义务。第二,被特许人未经特许人同意,不得向其他人转让特许经营权。第三,被特许人不得向他人泄露或允许他人使用其掌握的特许人的商业秘密。

(三) 特许经营的法律风险防范

特许经营是以特许人(总部)与被特许人(加盟商)订立特许经营合同而开始的契约式经营,特许经营合同不过是对特许经营活动中涉及的有关特许授权、特许经营费用、店铺设立与经营、物流配送、财务税收管理、信息管理、清算规则等事项的约定,特许经营合同涉及的经营问题也是法律问题。下面从特许经营中常见的几类法律纠纷来看其风险防范问题。

1. 特许加盟合同的违约风险防范

这类纠纷主要是因一方出现违约行为或双方都出现违约行为引起的。从主体角度看,加盟合同风险可分为加盟商违约风险和特许人违约风险两种,而且一般来说后者发生风险的情况多于前者。基于此,加盟商应做好防范风险的措施。

首先,加盟商应仔细审查加盟项目的真实性。特许经营陷阱比比皆是,面对如此之市场环境,在选择加盟项目上,就要查清该项目的真实性,识别广告是否虚假,考察总部组织机构是否完备、是否具备完善的特许经营体系(物流配送、运营指导、信息管理等)、国外项目本土化特许成功事例是否存在,等等。

其次,应审查加盟项目中"特许权利"的合法性。特许者是否具有独立法人资格,对产品、注册商标、商号、专利和专有技术等是否拥有所有权或支配权;特许者是否享有授权他人使用的上述权利;在授权合同中包含哪些调整和控制条款,特许者是否有资源、能力和权利以持续支持、监督、指导被特许者的经营活动。

再次,进一步调查加盟项目盈利的可行性。签约前加盟商应要求特许人提供其直营店、加盟店以往的财务报告和单店投资分析预测,并要求在合同中注明,在确定加盟店选址后,由总部提供单店投资预测分析报告。一般投资分析报告要求加盖公章,以提升该项目可行性的公信力。

最后,还应关注加盟店的盈利模式,即加盟店以何种方式获得盈利。例如,物流型店铺(服装、鞋帽、箱包、化妆品等)以获取批零差价为盈利来源,而经营指导型店铺(餐厅、美容、洗衣等)则以产品销售和提供服务为盈利模式。所以,选择哪类加盟项目,不仅要看总部的直营店是否盈利,而且还要看总部推行的盈利模式是否符合加盟商当地的市场需求。

2. 特许经营合同引发的侵犯知识产权纠纷的风险防范

特许经营容易引发知识产权纠纷,而商标纠纷又往往与企业名称权等结合而产生纠纷。其中既有加盟商未经许可超范围使用特许商标,也包括特许经营合同解除后,原加盟商继续使用特许商标而产生的纠纷等,还包括企业名称与特许商标产生的侵权纠纷。"上岛咖啡"

商标纠纷案即为著名案例。[1]

相关案例
捭阖道公司与丁某特许经营合同纠纷申请再审案[2]

捭阖道公司与丁某签订的《品牌技术使用协议》的性质为特许经营合同。双方在签订协议时,捭阖道公司隐瞒了"变态薯"商标并未注册的事实,并于2011年7月22日在签发给丁某包头市青山区加盟店的证书以及"变态薯"产品培训手册上、宣传彩页以及公司网站网页上均使用了"变态薯"文字及图形组合商标标识,并在该标识右上角明显位置标注了注册商标的符号,隐瞒了"变态薯"商标当时未核准注册的事实;而且捭阖道公司在"变态薯"商标图样右下角标注有HOLLAND'POTATO-1982,在公司网页上也宣传"变态薯"为其旗下品牌,于2008年从荷兰直接引进,亦会使包括丁某在内的相关客户及消费者误认为其所使用的马铃薯产品及"变态薯"品牌源自荷兰,且捭阖道公司无法证实该宣传的真实性。

捭阖道公司故意隐瞒真实情况,向丁某提供不真实的经营信息和虚假宣传,直接影响到丁某对捭阖道公司的客观认知,进而在加盟项目选择、经营发展以及未来预期中可能作出错误的意思表示。

评析:国务院颁布的《商业特许经营管理条例》第23条规定:"特许人向被特许人提供的信息应当真实、准确、完整,不得隐瞒有关信息,或者提供虚假信息。特许人向被特许人提供的信息发生重大变更的,应当及时通知被特许人。特许人隐瞒有关信息或者提供虚假信息的,被特许人可以解除特许经营合同。"司法实践中,有不少被特许人以特许人没有按照《商业特许经营管理条例》规定履行信息披露义务为由要求解除特许经营合同。但从最高人民法院的司法案例来看,违反信息披露义务并不必然导致合同被解除,关键还要看特许人未披露信息的主观过错以及是否足以影响合同根本目的的实现。

3. 特许经营中滥用特许权利的风险防范

特许经营中特许方控制着特许经营所涉及的以知识产权为主的经营许可权,容易滥用权利、限制竞争,这就使得特许经营中对此类风险的防范大有必要。

从各国竞争法或反垄断法来看,欧盟在《欧盟条约》的基础上专门颁布了《关于特许专营类型协议适用条约第85条第(3)款的4087/85号法规》(简称《4087/85号法规》),该法由法规的适用范围、白色清单(豁免条款)和黑色清单(禁止条款)等部分组成。其中,白色清单列出了两类豁免条款:(1)为保护特许权的知识产权而为的限制行为。(2)为维持特定特许经营网络的统一和声誉而为的限制行为,并且具体列举了一系列被豁免的限制性行为。[3] 这些允许适当限制竞争的除外规定使得判断特许经营的限制性行为合法与否有了依据。

---

[1] 该案例已被列在《中国消费者报》推选的"2005年度十大最值得消费者关注的商标侵权(纠纷)案例",另据《经济参考报》报道称,上岛商标案还被收入美国哈佛大学商战教材。

[2] 最高人民法院(2015)民申字第2427号。

[3] 例如:专营人不得在约定区域之外招徕顾客;专营人在合同约定的特定区域内享有特许专营独占权;专营人不得销售或提供与特许方相竞争的商品或服务等。束小江:《特许专营中的反竞争问题研究》,载《外国经济与管理》1999年第8期。

《4087/85号法规》在规定某些限制竞争行为豁免的同时,又排除了某些行为获得豁免的可能性。如:(1)限制受许人从其他受许人或经授权的分销商处得到特许产品。(2)特许人限制受许人提供的产品或服务的价格,但提供给受许人的参考价格不在此限。(3)限制受许人经营与特许人的产品有关的零部件或限制其从第三人处获得这些零部件。(4)因为顾客的住所或营业场所而限制受许人向他们提供产品或服务。①

可见,限制竞争行为存在着合法与非法之别,真正的风险来自特许权利的滥用、过度的限制竞争。因此,应该从以下方面认定:(1)限制的目的是否出于保护特许经营当事人的合法权益;(2)客观上是否存在合法利益,并且有通过限制进行保护的必要;(3)与公共利益是否保持一致;(4)是否存在滥用权利等。超此限度,其合法性就转变为违法性。

特许经营的违约风险、侵权风险、限制竞争风险在实际运作中会交织并存。而且,特许人与被特许人的关系也不纯粹限于典型的特许经营方式,而可能发生多种投资组合、多种法律关系,使得纠纷解决更加复杂化,防范风险任务更加艰巨。在面对涵盖多种法律关系的特许经营合同时,当事人应以不同的合同形式分别确定不同的法律关系,以明确各类法律关系和各方应承担的权利义务。

本章小结

中介组织具有独立性、自治性和专业性的特征。对企业经营而言,市场中介组织的作用在于提供有用的信息,降低企业搜寻成本;而社会中介组织则在为企业提供信息,进行市场预测和可行性论证,制定行业发展规划、政策和标准,规制市场准入,监督等规范企业行为等方面起到重要作用。中介组织与交易双方当事人的法律关系错综复杂,其中以"居间关系"以及"代理关系"最为广泛。

商事代理作为一种举足轻重的商事活动。商事代理与传统民事代理在显名要件、代理权的权限、法律责任等方面都有很大区别。在商事代理的风险防范中,表见代理及经理人代理行为的风险防范尤为重要。

特许经营有广义和狭义之分。在特许经营法律关系中,特许人和被特许人在产权上并没有从属关系,作为分别独立的经济实体,特许人和被特许人对外分别独立享有权利和承担义务。特许人和被特许人的权利与义务由特许经营合同约定。特许经营的法律风险应根据特许加盟合同纠纷、知识产权(专利、商标权、品牌)特许纠纷、限制竞争纠纷的不同特点加以防范。

思考与练习

1. 什么是中介组织?我国现行法律对中介组织的规定是否完善?
2. 简述商事代理与民事代理的主要区别。
3. 表见代理与表见代表有何区别?
4. 阅读下面这段材料,为防范特许经营风险,你觉得聘请专业法律人士参与特许经营

---

① 范在峰:《特许经营限制竞争行为法律研究》,载《北京大学学报(哲学社会科学版)》2002年第6期。

的全过程服务有必要吗？法律人士如何发挥作用？试举例加以说明。

《特许圣经》(Franchise Bible)一书详细介绍了如何选择具有商业头脑、精通特许经营业务的律师。因为专业法律人士不仅可以为特许者拟订《特许经营合同》《商标专利许可合同》，还可以为特许商塑造品牌、建立经营体系、制定文件、审查加盟者资信以及在运营期间指导企业使用、保护知识产权并处理合同终止后的相关事宜。鉴于加盟者在特许经营中处于弱势地位，且大多数缺乏该行业的经营经验，因此聘用法律专业人士对特许商的资信进行评价、对特许商拟订的合同进行合理的修改更有其不可低估的作用。在国内，具有超过100年历史的"全聚德"集团因充分重视法律服务，使其在国内的特许经营业务开展得如火如荼。上海华联超市亦因注重理顺法律关系而实现了其与"加盟商共舞"的目标。

案例分析

1. 阅读下面的案例，思考房地产中介应如何保障自己的合法权益？

上海中原物业是一家规模不小的公司，它在从事房屋中介活动中碰到赖账不付佣金的情况较多。在2005年12月，该公司曾居间了多起房屋买卖，均被购房人"赖掉"佣金而不得不起诉到法院。

在2005年12月初，该公司曾居间带谈某看了本市虹井路一处房屋，谈某表示愿意通过中介商求购该房屋。当日该公司与出卖方和谈某共同签订了《房地产买卖居间协议》。

根据房地产中介公司的通行做法，上海中原物业当天即与谈某签署了《房地产求购确认书》，确认"经由中介商员工带谈某实地看房，谈某表示愿意通过中介商求购该房屋"这一事实。同时，该确认书约定："谈某在验看过该房地产后六个月内，其本人或委托人、代理人、代表人、承办人等与谈某有关联的人与出卖方达成买卖交易或者利用了中介商提供的信息、机会等条件，未通过中介商而与出卖方达成买卖交易的，都应按该房地产买卖达成的实际成交价的1%向中介商支付违约金，中介商还保留追究其他损失的权利。"

在双方签订的《房地产买卖居间协议》中，约定谈某以118万元总价购买该房屋，为表示购房诚意，谈某先支付了意向金1000元。因出售方委托代理出售物业手续不符合规定，谈某与出售方终止了交易，谈某取回了1000元。不久，出售方又办妥了出售委托书，与谈某签订了《上海市房地产买卖合同》，谈某在一个月后就取得了上述物业的所有权。买卖双方自行完成房地产交易后，拒绝向中介商支付居间服务费。

无独有偶，在2005年12月21日，购房人谢某夫妇与中原物业公司、房屋出卖方陈某签署了《房地产买卖居间协议》，约定谢某夫妇通过中介商居间购买陈某坐落在西藏北路的一处物业，谢某夫妇以50万元总价购买该房屋，其中35万元以贷款形式来支付第二期房款。当天，谢某夫妇还与中介商签订《佣金确认书》，由谢某夫妇自愿代房屋出售方支付佣金。谁知，《上海市房地产买卖合同》签署后第二天，即被谢某夫妇与房主陈某协商解除。又过了3个月，谢某夫妇却与房主陈某私下签订《房地产交割监管合同》，再次建立买卖关系，以原合同总价完成交易并过户。

2. 阅读下面的案例，分析以下代理行为合法有效吗？

王立生是某单位后勤处的负责人。任职期间，其亲戚家的一头牛得了一种传染病，且使其他15头牛全部被传染，王立生利用职权之便以该单位食堂的名义买下其亲戚家中的16

头病牛,随后又找人将该16头病牛全部杀掉,并把牛皮送给亲戚,牛肉运回本单位食堂,其亲戚送给他1000元作为酬谢。由于牛肉感染病毒,本单位职工食用后9人发生中毒,食堂只好将剩余的牛肉倒掉,造成经济损失2万余元。有人将此事向单位反映后,单位责令王立生追回牛肉款。王立生表示,牛肉是其亲戚的,他是代理单位购买牛肉,发生损失应当由单位负责,与其个人没有关系。其所在单位遂起诉至区人民法院,要求王立生及其亲戚归还牛肉款。

第四章

运输与保险安全

1997年10月27日,华联公司与瑞士迪高谷物有限公司签订买卖黄豆12000吨的合同,约定CFR蛇口,每吨280.6美元,装船期从11月6日至12月6日。同时,华联公司与保险人华安公司签订了一份货物运输保险单,保"一切险"和"战争险",且规定了保险人"仓至仓"责任。

12月15日,装船完毕。承运人印度船务有限公司签发了清洁提单(证明货物符合合同规定要求)。12月30日,"仁达思"轮船抵赤湾,次日开始卸货。卸货次日,装卸工人发现第四舱内豆粕发红变质。华联公司及时通知了华安公司,华安公司派人到现场查看。华联公司申请深圳进出口商品检验局对货物进行检验,《检验结果单》鉴定认为上述货物发红变质系货物装船后运输过程中发生的。后华安公司基于以下两个原因拒绝赔偿保险人:(1)华联公司不在蛇口而在赤湾卸货,与保险合同不符;(2)被保货物在途中变质,且华联公司不能提供有力证据证明货物运输过程中存在"外来风险",不属于"一切险"范围。①

上述案例表明,"运输"与"保险"这两个环节在现代物流活动当中具有重要作用。运输是实现货物位移的重要途径,企业输入、输出各种原材料、半成品或商品都必须经过运输环节。保险是企业分散风险的重要方式,它贯穿企业经营的全程。货物运输保险,财产保险与企业高管保险等都是企业常见的保险项目。了解有关运输与保险的法律制度,是企业成功运营的基础。

一、运　输

任何货物买卖都离不开运输,脱离了运输环节,企业无法把产品输出到购买者手中,造成生产链中断。可以说,运输是企业经营最必不可少的一个环节。

(一)运输与物流

传统运输中涉及的法律关系较为简单,而现代物流法律关系已变得十分复杂。了解现代物流的过程以及其中涉及的法律关系,有利于企业控制货物输送环节,保证企业商品的有效流转。

---

① 改编自"'仁达思'轮船载货物保险合同纠纷案",参见金正佳:《海商法案例与评析》,中山大学出版社2004年版,第113—116页。

1. 什么是运输？

一般认为，"运输"是指人类利用一定的运载工具、线路、港站等实现旅客、货物的空间位移的活动，包括铁路、公路、航空、水路、管道等方式。

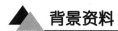

我国运输相关法律法规

一般而言，对运输进行的法律调整是与各种运输方式紧密联系的。我国交通运输部管理公路、水路、铁路和航空运输。我国的运输立法主要表现为专门性立法，如已颁布的《铁路法》《海商法》《民用航空法》和《公路法》等，以及与其相配套的法律规章。

此外，《民法典》等基本法律也对运输法律关系进行调整。我国现行的运输法律体系基本框架为：以《宪法》为基础，以交通运输法律为龙头，以交通运输行政法规为骨干，以交通运输行政规章为补充的纵横相结合的系统。在这个结构中，横向构成包括与交通运输运营关系密切的各种法律规范，如《民法典》等一些基本法律；纵向构成则按照我国现行的立法权限、效力层次，分为交通运输法律、交通运输行政法规、交通运输行政规章三个层次。[①]

目前，我国运输法律制度存在的问题主要有：第一，运输相关法律注重政府管制，轻视商法意义的运输立法；第二，运输法律制度立法层级较低，部分规范之间存在矛盾和冲突；第三，运输法律制度立法滞后，不能适应现实的需要。

根据不同的标准，运输有不同的分类。

第一，根据服务对象不同，可分为客运与货运。客运是指以旅客为运输对象有目的的运输活动。客运服务中主要涉及人身侵权赔偿的法律问题。货物运输简称货运，是以货物为运输对象的运输活动。货运服务中涉及法律问题包括货物损害赔偿、货物单证纠纷等。

第二，根据运输工具不同，可分为水路运输、铁路运输、公路运输以及航空运输。水路运输是以船舶为主要运输工具、以港口或港站为运输基地、以水域（海洋、河、湖等）为运输活动范围的一种客货运输；铁路运输是以火车为主要交通工具的运输活动，是最有效的陆上交通方式；公路运输指在公路上运送旅客和货物的运输方式；航空运输指使用飞机、直升机及其他航空器运送人员、货物、邮件的运输方式。

第三，根据运输方式不同，可分为单式运输、多式联运。单式运输指只运用一种运输工具的运输活动；多式联运指由两种或两种以上的交通工具相互衔接、转运而共同完成的运输过程，统称为复合运输。《联合国国际货物多式联运公约》对国际多式联运所下的定义是：按照多式联运合同，以至少两种不同的运输方式，由多式联运经营人把货物从一国境内接运货物的地点运至另一国境内指定交付货物的地点。而我国《海商法》对于国内多式联运的规定是，必须有一种方式是海运。

[①] 郑国华：《交通运输法教程》，中国铁道出版社2006年版，第1—17页。

▲ 背景资料

多式联运

多式联运是指根据实际运输要求,将不同的运输方式组合成综合性的一体化运输,通过一次托运、一次计算、一张单证、一次保险,由各运输区段的承运人共同完成货物的全程运输。多式联运将全程运输作为一个完整的单一运输过程来安排,被认为是实行"门到门"运输的有效方式。

根据《联合国国际货物多式联运公约》的规定和现行的多式联运业务特点,开展多式联运应具备以下基本条件:(1) 无论使用多少运输方式,作为负责全程运输的多式联运经营人必须与发货人订立多式联运合同。(2) 多式联运经营人必须对全程运输负责。(3) 如果是国际多式联运,多式联运经营人接管的货物必须是国际运输的货物,即跨国境的一种国际运输方式。(4) 多式联运使用两种或两种以上的不同运输方式,而且必须是不同运输方式下的连续运输。(5) 多式联运的费率为全程单一运费费率,通常包括运输成本(全程各段运费的总和)、经营管理费用(通讯、制单及劳务费、手续费等)以及合理利润。(6) 货物全程运输时,多式联运经营人应签发一份全程多式联运单证。①

第四,根据运输范围不同,可分为国内运输以及国际运输。国内运输指运输范围只在一国境内的运输活动;国际运输则指运输范围不限于一个国家,具有国际性。

▲ 背景资料

海上运输与海商法

海商法是随着海上运输的繁荣昌盛发展起来的,它起源于欧洲,形成于中世纪的海上贸易和运输,传播并发展到世界各地。在众多运输方式中,海上运输从古至今、从国内到国外一直是主要运输方式之一,这决定了海商法在世界范围内的作用。

海商法是商法的重要组成部分之一,是调整海上运输关系和船舶关系的法律规范的总称。狭义的海商法则只调整平等主体之间的横向民事关系;而广义的海商法除了调整上述关系外,还调整政府与商人、政府与公民间的纵向行政关系。从形式及实质意义的区分而言,我国形式意义的海商法特指1992年通过的《海商法》这一法典,而实质意义的海商法除法典外,还包括一切调整海商事关系的法律法规、部门规章、国际条约等。

与其他法律部门相比,海商法具有自己显著的特征:

第一,海商法具有国际性和涉外性。海商法的国际性与涉外性可从其调整对象、法律表现形式及效力范围体现。

① 郑国华:《交通运输法教程》,中国铁道出版社2006年版,第308—322页。

第二,海商法具有技术性。实践中,海商法是法律理论和航海技术、航运业务紧密联系的法律,因此技术性较强。

第三,海商法具有特殊性。海商法领域形成了一些其他法律所没有的特殊的法律制度,如船舶抵押制度、船舶优先权制度、海上救助制度、共同海损制度、海事赔偿责任限制制度、海上保险制度及海事请求保全制度等。

我国海商法的法律体系是以1993年7月1日生效的《海商法》为标志,陆续发展和完善起来的,由国内立法、国际条约和国际惯例三部分组成。

2. 什么是物流?

所谓物流,即物流运输,是指货物运输及其过程服务的总称。物流是传统运输的扩展,它涵盖了运输、仓储、配送、加工等以企业的生产、销售计划为前提的全过程。发达的商业以发达的物流为基础,现代物流业是传统运输方式的革新,其宗旨是"更全面、更综合地提高经济效益与效率"。可以说,一国商业是否发达,物流业的发展是一个重要的衡量指标。

在实际物流活动中,企业与物流公司签订的第三方物流合同中涉及的比较常见的法律关系有:

(1) 运输合同法律关系。企业与物流公司之间形成的运输合同法律关系是最为常见的一种法律关系。此时,企业作为托运人,与物流公司签订运输合同,物流公司承诺将货物在规定时间内送达目的地并向企业收取相应运费。

(2) 委托代理法律关系。物流公司不可能拥有履行物流合同的所有资源,因此不可避免地在与第三方物流合同中约定物流公司在一定权限内可以物流需求者的名义委托第三方完成物流业务,这时物流合同的当事人之间就形成了委托代理关系,即物流公司以物流需求者的名义同第三人签订分合同,履行物流合同的部分内容,物流需求者也应享有和承担对该分合同的权利、义务。另外,物流公司也常常接受货主的委托,以货主的名义办理货物的报关、报验、保险、结汇等业务,此时物流公司除了和物流需求者的法律关系之外,还以货主的名义与海关、商检、动植物检疫、保险公司、银行或其他有关第三方发生法律关系。

(3) 居间或者行纪法律关系。在实际业务操作中,物流公司可能提供与运输有关的信息、机会等服务,促成物流需求方与物流提供方(如货主与承运人、港口经营者等)之间的交易,从中收取一定的费用和报酬,并协调有关当事方的利益,而自己并没有同任何一方签订委托代理合同或向任何一方提供实体物流服务,此时物流公司处于居间人的法律地位。

3. 我国物流法律体系

现代物流业涉及的业务繁多,包括运输、仓储、加工、包装等,因此其涉及的法律关系也较为复杂。我国物流行业、物流活动的法律规范主要包括物流运输,物流业市场准入,物流采购,物流搬运和卸载,物流包装、加工和配送等。

我国物流法律体系主要以《民法典》以及相关法律法规中关于运输合同的规定、国务院及相关部委颁发的物流企业资格准入规定、相关行业行规等组成,如在运输法律关系中,物流运输法律关系的调整是以适用《民法典》及相关法律法规中关于运输合同的规定为基础,同时配合适用国务院及相关部委颁发的与公路、铁路、水路、航空运输相关的法律法规。又如在物流仓储法律关系中,主要法律依据是《民法典》中仓储合同的有关规定。

相关案例
仓储合同货物存放条款不明,水果商受损[①]

麦润福公司与上海新天天大众低温物流有限公司(以下简称新天天公司)签订仓储租赁合同,主要内容为:储存商品种类是水果类,商品储存温度为冷藏库0—4度、5—8度,仓储价格为冷藏库人民币(以下币种同,略)3元/吨/日,合同履行期限自2005年1月26日起至2005年4月25日止,商品储存位置为新天天公司A库。2005年1月26日、1月28日,麦润福公司分别将青枣747箱、549箱交新天天公司储存,新天天公司分别出具入库库位单交付麦润福公司,库位单上均写明A库3楼川堂,麦润福公司未提出异议。2005年1月25日至2005年2月6日期间,A库3楼—6楼川堂温度为5—8度。2005年2月5日,麦润福公司至新天天公司处提青枣时发现已严重变质,遂要求新天天公司赔偿其损失。

评析:麦润福公司作为专业水果经销商,理应知道系争水果的存放条件和时间,由于本案讼争双方的仓储合同并没有对系争水果的存放条件作出具体的约定,故麦润福公司在系争水果入库时应当明确通知新天天公司具体的存放条件和时间,以便保管人进行合理安排。虽然麦润福公司坚持称其已通知新天天公司将系争水果存放于0—4度,但由于商品信息表只是记载入库商品种类的凭证,并不能以该信息表上的商品排列顺序视为水果存放温度的顺序,故麦润福公司以此认定新天天公司构成违约显然依据不足。此外,由于麦润福公司未对其存放于新天天公司的易变物品进行说明,提供相关资料履行告知义务,新天天公司实际存放系争水果的条件也未违反合同约定,因此新天天公司不需担负赔偿责任。

(二) 运输合同

1. 什么是运输合同?

运输合同,是指承运人承诺将旅客或托运人交付的货物运送到合同约定地,旅客或托运人为此支付运费的合同。运输合同一般可分为客运合同与货运合同。

客运合同,又称旅客运输合同,指旅客与承运人订立的,承运人承诺将旅客及其行李安全运送到目的地,旅客为此支付运费的合同。货运合同,又称货物运输合同,是指托运人与承运人订立的,承运人承诺将托运人交付的货物运送到合同约定地,托运人为此支付运费的合同,它往往涉及托运人、承运人及收货人三方。

 背景资料

货物运输合同当事人的权利与义务

一、承运人。承运人的权利包括:运费、保管费及其他运输费用的请求权;货物留置权;

[①] 上海麦润福商贸有限公司与上海新天天大众低温物流有限公司仓储合同赔偿纠纷上诉案,上海市第一中级人民法院(2005)沪一中民四(商)终字第1006号。

对违反约定的包装方式的货物拒绝运输的权利。承运人的义务包括：及时通知收货人领取货物；对运输过程中货物的损毁、灭失等承担赔偿责任（由于不可抗力、货物本身自然属性及合理损耗等造成的除外）；与托运人签订多式联运合同的承运人对各运输区段发生的货物损失承担连带责任。

二、托运人。托运人的权利包括：货交收货人前可要求承运人中止运输、变更到达地或收货人、返还货物，但对此造成的损失承担赔偿责任。托运人义务包括：准确提交收货人名称、收货地点、货物性质、数量等运输情况；办理有关审批、检验等手续；按约定包装货物。

三、收货人。收货人的权利包括：货物取得权；货物受损时的损害赔偿请求权。收货人的义务包括：及时提货、按约定检验货物。

2. 运输合同的特征

（1）合同成立的特殊性

首先，从合同行为主体方面而言，对于承运人制定的标准运输合同是要约还是要约邀请①，必须区分具体情况不同对待。不同运输方式形成的运输合同，何种形式构成要约，具体情况差异很大。例如，出租车司机将出租车停在路边招揽顾客，如果根据当地的规定和习惯，出租车可以拒载，则此种招揽为要约邀请；若不能拒载，则认为是要约。

其次，从标准合同的内容上分析，承运人所制作公布的客票、运单以及价目表、班次时刻表等，可直接或间接地构成合同内容；但是否构成合同内容，以合同是否成立为界限。

最后，从合同行为上分析，承运人超出其能力范围发出的要约，其行为无效。

运输合同生效需具备一定条件。根据我国《民法典》以及相关运输法律、法规的规定，运输合同的生效条件为：第一，运输合同的主体（包括承运人、旅客和托运人）应具备民事权利能力和民事行为能力。承运人应依照有关法律、法规的规定，取得运输经营许可证，并经工商登记，才能从事运输经营活动。第二，运输合同意思表示真实，不存在欺诈、胁迫、恶意串通等情形。第三，运输合同内容不得违反法律、行政法规和公序良俗。

（2）合同的变更与解除有限制

其一，承运人不得单方变更或解除运输合同。

其二，托运人②可以单方变更或解除合同，托运人行使变更权与解除权时不需要经过承运人同意，承运人对其变更、解除合同的行为不能反对。托运人行使上述权利时应遵守以下规定：第一，托运人只能要求承运人"中止运输、返还货物、变更到达地或将货物交付其他收货人"；第二，权利行使时间为"承运人将货物交付收货人之前"；第三，对于承运人造成的损失以及因变更、解除合同引发的费用需依法赔偿。

---

① 对于要约邀请，只要没有给善意第三人造成利益损害，要约邀请人不承担法律责任；但有效的要约一经发出后就产生拘束力。由于运输合同具有特殊性，有时难以分清何时为要约，何时为要约邀请。

② 《民法典》第829条规定："在承运人将货物交付收货人之前，托运人可以要求承运人中止运输、返还货物、变更到达地或者将货物交给其他收货人，但是应当赔偿承运人因此受到的损失。"

相关案例
托运人变更运输合同,承运人可以拒绝吗?[①]

2014年6月,浙江隆达不锈钢有限公司(以下简称隆达公司)由中国宁波港出口一批不锈钢无缝产品至斯里兰卡科伦坡港,货物报关价值为366918.97美元。隆达公司通过货代向A.P.穆勒—马士基有限公司(以下简称马士基公司)订舱,涉案货物于同年6月28日装载于4个集装箱内装船出运,出运时隆达公司要求做电放处理。2014年7月9日,隆达公司通过货代向马士基公司发邮件称,发现货物运错目的地要求改港或者退运。马士基公司于同日回复,因货物距抵达目的港不足2天,无法安排改港,如需退运则需与目的港确认后回复。次日,隆达公司的货代询问货物退运是否可以原船带回,马士基公司于当日回复"原船退回不具有操作性,货物在目的港卸货后,需要由现在的收货人在目的港清关后,再向当地海关申请退运。海关批准后,才可以安排退运事宜"。2014年7月10日,隆达公司又提出"这个货要安排退运,就是因为清关清不了,所以才退回宁波的,有其他办法吗"。此后,马士基公司再未回复邮件。

涉案货物于2014年7月12日左右到达目的港。马士基公司应隆达公司的要求于2015年1月29日向其签发了编号603386880的全套正本提单。根据提单记载,托运人为隆达公司,收货人及通知方均为VENUS STEEL PVT LTD,起运港为中国宁波,卸货港为科伦坡。2015年5月19日,隆达公司向马士基公司发邮件表示已按马士基公司要求申请退运。马士基公司随后告知隆达公司涉案货物已被拍卖。隆达公司向法院起诉要求马士基公司赔偿损失。

评析:最高人民法院认为,《合同法》与《海商法》有关调整海上运输关系、船舶关系的规定属于普通法与特别法的关系。根据《海商法》第八十九条的规定,船舶在装货港开航前,托运人可以要求解除合同。本案中,隆达公司在涉案货物海上运输途中请求承运人进行退运或者改港,因《海商法》未就航程中托运人要求变更运输合同的权利进行规定,故本案可适用《合同法》第三百零八条(现《民法典》第八百二十九条)关于托运人要求变更运输合同权利的规定。在承运人将货物交付收货人之前,托运人享有要求变更运输合同的权利,但双方当事人仍要遵循《合同法》第五条规定的公平原则确定各方的权利和义务。海上货物运输具有运输量大、航程预先拟定、航线相对固定等特殊性,托运人要求改港或者退运的请求有时不仅不易操作,还会妨碍承运人的正常营运或者给其他货物的托运人或收货人带来较大损害。在此情况下,如果要求承运人无条件服从托运人变更运输合同的请求,显失公平。因此,在海上货物运输合同下,托运人并非可以无限制地行使请求变更的权利,承运人也并非在任何情况下都应无条件服从托运人请求变更的指示。为合理平衡海上货物运输合同中各方当事人利益,在托运人行使要求变更权利的同时,承运人也相应地享有一定的抗辩权利。如果变更运输合同难以实现或者将严重影响承运人正常营运,承运人可以拒绝托运人改港或者退运的要求,但应当及时通知托运人不能执行的原因。如果承运人关于不能执行原因的抗辩成立,承运人未按照托运人退运或改港的指示执行则并无不当。因此,马士基公司卸货后所产生的费用和风险应由收货人承担,马士基公司作为承运人无须承担相应的风险。

[①] 最高人民法院指导案例第108号。

(3) 合同违约责任的制度具有特殊性

首先,由于运输合同的专门化和标准化及其标的物的特殊性,运输合同违约的损害后果一般表现为侵犯旅客人身权或托运人财产权;为此,在运输合同中的违约责任与侵权责任混同。

其次,运输合同多种责任并存。现代任何一种运输生产活动都存在着与其他社会经济活动不同的风险,尤以海上运输、航空运输为甚。不同的运输方式所具有的风险程度不同。因此,运输经济要求对承运人实行不同的责任原则,各运输方式中的责任原则又共同体现为不同程度的赔偿责任限制和免责规定。

再次,在运输合同中,除个别情况外,损害赔偿为唯一责任形式。这是运输合同与合同法中支付违约金、赔偿金、强制履行责任形式的区别。

最后,因铁路、公路、水上、航空运输和联合运输合同纠纷提起的诉讼,由运输始发地、目的地或者被告住所地人民法院管辖。铁路运输合同纠纷及与铁路运输有关的侵权纠纷,由铁路运输法院管辖。因保险合同纠纷提起的诉讼,如果保险标的物是运输工具或者运输中的货物,由被告住所地或者运输工具登记注册地、运输目的地、保险事故发生地的人民法院管辖。

3. 运输合同当事人

(1) 客运合同当事人

客运合同当事人一般涉及旅客与承运人两方。客运合同的合同目的明确,即运送旅客及其行李到达目的地,其发生的纠纷主要集中在旅客在途时发生的人身损害及行李的损害和丢失两种。客运合同承运人的主要义务包括:第一,按约定运输旅客的义务;第二,旅客在运输过程中突发疾病、遇险等情况时的救助义务;第三,对旅客伤亡的赔偿责任;第四,对行为损害的赔偿责任。客运合同旅客义务为支付约定票款、按时承运、限量携带行李物品等。

(2) 货运合同当事人

货运合同当事人一般涉及承运人、托运人及收货人三方。承运人与托运人协商后,订立以托运人和承运人双方为合同当事人的货物运输合同;但若收货人为不同于托运人和承运人的第三方时,收货人即成为货运合同第三人,它同样是合同利益的关系人,享有货运合同规定的权利,并承担相应法律义务。

(三) 货物运输的法律风险防范

在企业实践中,主要涉及货运合同,为此,下文主要从企业实际经营出发,介绍货运实务中经常出现的三种风险,并提出相应的防范措施。

1. 包装环节

在运输合同中,妥善包装是托运人的主要义务,有些情况下由承运人负责包装(如配送商品),承运人对托运货物的包装也应当检查并审查是否适于运输,对明显包装不当的可以拒绝收货。

企业在订立包装条款时,应当注意以下事项:

第一,用词明确,不轻易使用类似"习惯包装""适合海运包装"等模糊字眼,对设备等贵重、易燃易爆或易损的货物,应规定防震措施等条件。实践中,买卖双方经常就何谓"普通包装""标准包装"发生争议,造成货损时,买方可能因条款不明确蒙受损失。

第二,明确包装费与货物价格的关系,即包装费用是否包括在货物价格内。如对方需要特殊包装时,应把包装价格和材料明确告诉对方。

第三,企业进行出口贸易时,尽量使用自己一方的包装,以免由于对方延迟寄出包装导致己方违约。

第四,对于危险货物的包装,有关行政法规、规章有特殊的规定,承运人如未对危险物品包装进行检查并在包装物上粘贴危险标志造成运输货物或其他财产损失的,要承担赔偿责任。在涉及出口货物运输时,要注意运输货物经过的国家对包装有特殊的要求并且可能要求检验检疫的,应当严格按照当地标准对货物进行包装,以免由于包装检验检疫不合格造成限制或禁止入境。

相关案例
合同包装条款制定不明确导致交货纠纷案[①]

某乡镇企业(以下简称"乡企业")与香港地区的 M 贸易发展公司签订了一份出口烤花生的合同。付款方式采用即期信用证,交货时间为 4 月 30 日之前,目的港为香港。合同的包装条款有一款为:"内包装袋由港方提供。"乡企业于 4 月 15 日将货物加工完毕,只等港方包装袋到位,但港方包装袋始终未到。多次催促后,内包装袋终于在 4 月 24 日到货。乡企业立即组织装袋打包,但货物最终没能赶上 28 日的船期。在这种情况下,乡企业要求修改信用证。4 月 29 日,对方回电拒绝修改信用证,但建议可将全套单据通过银行办理跟单托收。乡企业在接到对方的电函后,考虑到货物迟交已经形成事实,虽然跟单托收(D/P)方式风险大一些,但货物已经就绪,就同意了对方的要求。5 月 14 日,货物到达香港,港方公司突然来函提出,近来市场行情不断看跌,由于乡企业迟交,对方货物销售变得困难。在这种情况下,对方只能请求乡企业在价格上减让 10%,否则对方认为接货有实际困难。乡企业此时陷入了极大的被动。经过交涉,乡企业价格减让了 8%,又一次作出了重大的让步。

评析:本案发生的主要原因是合同的包装条款规定不明确。本案中,M 公司拖延包装袋交付时间,使乡企业不能按时包装发货,并最终使港方企业以此为借口要求降价。该合同对 M 公司提供包装袋的具体时间无约束,但对乡企业交货时间有约束,是乡企业蒙受损失的根本原因。因此,企业在订立包装合同时应注意合同中的"软条款",明确合同包装条款。

2. 国际贸易术语的运用

贸易术语,是国际贸易中习惯采用的、用简明的语言来概括说明买卖双方在货物交接方面的权利与义务的一种术语,其主要内容是规定买卖双方在货物交接方面的责任、风险和费用的划分。在商事交易中,买卖双方的权利和义务直接影响交易价格,而繁琐的磋商过程无疑会增加交易成本,降低效率。因此,形成一种统一的、普遍适用的惯例十分必要。国际贸易中,贸易术语就是这样一种惯例。

慎选贸易术语,有利于降低收货风险、提高经济利益。在对外贸易中,应当注意合同相关贸易术语的一些关键问题:运费由哪一方负责?风险何时转移?保险费由哪一方负责?

---

① 刘德标、罗凤翔:《国际贸易实务案例分析》,中国商务出版社 2005 年版,第 45—48 页。

在水路运输中,由哪一方负责租船?另外,贸易术语后跟什么地点以及适用何种运输方式也是十分重要的。

相关案例
一起 CFR 贸易术语下的纠纷①

中国某钢企 J 公司于 2016 年 11 月份通过 CFR(Cost and Freight)条款从印度供应商 S 公司购买了一船印度铁矿粉,目的港为中国北方港口,预计到港日期为 2016 年 11 月中旬。此船装货出发后,S 公司于 11 月 4 日从印度给 J 公司寄出单据,11 月 7 日到(交)单,11 月 8 日完成议付。议付后,J 公司发现这条船迟迟没有到达中国港口,遂询问 S 公司。S 公司回复该船正在新加坡加油。又过了几天,该船依然没有动静。J 公司再次追问 S 公司,这时 S 公司也没有了明确回复。网上查询显示该船在新加坡处于泊船状态。J 公司再通过其他渠道查询,得知该船已被新加坡法院扣留,申请扣船令的是中东地区的一家银行。J 公司了解到,S 公司委托的承运船务公司正面临破产。自 2016 年 11 月起,该船及所载 J 公司采购的铁矿粉被扣留在新加坡港口。法院判定对该船进行拍卖,但拍卖前船上的货物必须全部由货主转移走。新加坡港口没有卸载能力,需一家有该类业务的德国船务公司倒货,相关费用累计 200 多万美元。J 公司要求 S 公司承担倒运费,并负责将货物运送至中国港口。

评析:本案是一起采用 CFR 贸易术语而产生贸易风险所引发的纠纷。根据 ICC INCOTERMS 中 CFR 术语解释,由卖方负责租船运输,而双方在货物风险划分上以装运港船舷为界,即货物越过船舷时,风险即从卖方转移给买方,如买卖双方在贸易合同中对该术语没有其他相反的约定,之后货物在途中灭失或损坏的风险,以及由于各种事件造成的任何费用均由买方承担。由此可见,CFR 贸易术语下,卖方仅是支付了装港至卸港的运费,不承担货物在运输途中的任何风险,所以 CFR 不是"到岸价"。本案的卖方已完成了交货义务,卖方无违约责任。货物在运输途中的风险由买方 J 公司承担,买方可以追究承运人的违约责任,但由于承运人面临破产,买方只能就其所造成的损失及相关费用申请维权。

3. 运输单据的使用

运输方式不同,运输单据各异。运输单据,包括海运提单、海运单、铁路运单、航空运单等,是承运人向出口商签发的,证明其已收到承运货物的文件。运输单据是运输合同的表现形式,它是交接货物、索赔与理赔以及向银行结算货款或议付的凭证。

提单(Marine Bill of Lading or Ocean Bill of Lading;B/L),是一种用以证明海上运输合同和货物由承运人接管或装船,以及承运人据以保证交付货物的单证。单证中关于货物应交付指定收货人或按指示交付,或交付提单持有人的规定,即构成这一保证。提单有三个主要功能:

第一,具有货物收据功能。提单一经承运人签发,即表明承运人已将货物装上船舶或已确认接管。作为货物收据,提单证明了收到货物的种类、数量、标志、外表状况以及装船时间等。

---

① 《从案例分析国际采购贸易术语下的风险及规避》,https://www.sohu.com/a/408717180_398071,2022 年 10 月 9 日访问。

第二，具有物权凭证功能。《汉堡规则》和我国《海商法》均规定提单是承运人保证据以交付货物的单据，承运人应将货物交给提单持有人，而不能将其交给持有人以外的其他任何人。通过法律和贸易惯例的确认，提单也就成为表彰货物所有权的物权凭证，具有货物所有权的推定效力。

第三，是运输合同的证明。一方面，提单证明了承运人与托运人之间存在运输合同；另一方面，提单的背面条款属于海上货物运输合同的内容，它是承运人与托运人达成海上运输合同条款的实体内容的证明，提单背面条款对提单承运人和提单持有人均有约束力。

运输单据中条款不明，可能导致企业蒙受巨大损失；而在运输单据纠纷中，又以海运提单纠纷最为多发。那么，企业在审查提单时，应当留意哪些事项？

第一，留意提单签发的装船期与实际装船期是否一致。若两者不一致，即形成预借提单或倒签提单。预借提单(Advanced B/L)指在货物尚未全部装船，或货物虽已由承运人接管，但尚未装船的情况下签发的提单。其特征是：货物在承运人掌管之下，货物还未装船，或装船还未结束；在托运人请求之下，提单的签发日期早于实际装完船的日期。预借提单通常是在信用证规定的装船日期和交单结汇日期即将届满时，应托运人的要求签发的。此种提单的签发有可能构成承运人与托运人合谋欺骗善意第三人的情形。

倒签提单(Antedated B/L)，是指承运人在货物装船完毕、签发提单时，应托运人的请求将提单签发日期提前到信用证规定的日期。简言之，就是提单签发日期早于货物实际装船日期的一种提单。

预借提单或倒签提单的发生，是由于承运人没有按合同约定装船，或发生其他原因致使承运人不能在信用证规定的时间内及时装船，为了配合单证相符而作出的违约或欺诈行为。

相关案例
收货人如何面对倒签提单问题？[①]

南京 L 公司（进口商）在 2018 年 4 月与美国 F 公司（出口商）签订了一笔美国车厘子的购货合同，合同约定货物由 1 个 20 英尺冷藏集装箱装运共 3200 箱车厘子，每箱 5 公斤装，货物价格为 50 美元/箱，总计货款 160000 美元（约 100 万元人民币），CIF 上海，货物的装船日期为 2018 年 5 月 20 日之前，不允许转运和分批装运，以信用证方式结算货款。

L 公司随后向 F 公司开立了不可撤销的即期付款信用证。由于美国 F 公司没有很好地组织货源，直到 2018 年 5 月 28 日才将货物全部备妥，并装运上船。为了能够按信用证顺利结汇，F 公司要求船运公司签发了装船日期为 2018 年 5 月 20 日的提单。

由于货轮在海上遭遇了风浪，货物直到 6 月 17 日才运抵上海港，由于长时间的耽搁，车厘子已出现了颜色变深、表皮发皱等不新鲜的现象，货物已经严重贬值。L 公司对提单上的装船日期产生了怀疑，遂申请有关部门查阅货轮的航海日志，得知该批货物的实际装船日期是 5 月 28 日。为此，L 公司两次电告 F 公司拒绝接受倒签提单，并要求其根据市场情况将每箱车厘子的价格降低 10 美元，否则拒收货物。F 公司对此不予理睬，并且在 6 月 10 日就已凭上述提单和信用证要求的其他单据到银行取得了全部货款。而货物一直堆放在上海港港口仓库，为避免更大的损失，L 公司无奈之下于 6 月 21 日付款赎单，取得了货物。经降价

---

① 熊俊、周颖：《从一则案例看进口商如何防范倒签提单风险》，载《对外经贸实务》2019 年第 6 期。

销售后损失达 354000 元人民币。

L 公司随后向上海海事法院提起诉讼,要求 F 公司赔偿损失,并承担港口滞期费和诉讼费。法院判决 L 公司胜诉。可见,在面对倒签提单问题时,收货人应做到:第一,审慎检查单据是否与合同相符;第二,应对信用证条款加以研究,针对不同的客户,申请开出不同条款的信用证,并对开证行有所选择,以防止国际信誉不高、国际结算水平较低的银行遇到问题缺乏处理能力。

第二,留意提单背书格式是否合法。① 以背书方式进行提单转让时,需要注意背书的连续性以及背书转让中的时间限制。

提单的转让方式一般有背书及交付两种。背书指背书人(指示人)以手写、印刷、打印或其他方式在指示提单背面记载并签名的行为,是提单转让人在提单上所作的由谁或凭谁的指示提取货物的说明,该签字不得与提单签发地的法律抵触。提单背书意味着运输合同权利义务的转让,属于单方民事行为。

提单转让后产生两个效力:(1) 对内,提单所证明的运输合同的全部内容均移转于受让人,所有利益和瑕疵包括货损索赔权亦随之移转,但让与人与受让人之间另有约定的除外;(2) 对外,承运人只需也只能向受让人履行提单项下的合同义务并承担义务不履行的责任,而不再向提单出让人履行合同义务并承担责任。

提单背书的连续性,是指提单上记载的背书,自出票时的收款人开始到最后的被背书人,在提单背书形式上相互连接而无间断。提单背书的不连续,有可能导致提单持有人不能行使正常所能行使的权利。提单的转让时间是受限制的,当货物由承运人接管和装船并签发提单后,就可以转让。货物在运输中,只要尚未到达卸货港,提单的转让就不停止。但是,货物抵达卸货港,承运人开始交付货物,提单就不能再转让。这是因为,承运人在卸货港根据一份正本提单交付货物后,其他几份提单就失去物权凭证作用,再转让失去意义。

二、保　　险

保险是重要的风险管理手段。经历了金融风暴的经济危机,经历了特大地震、洪水、沙尘暴等自然灾害,越来越多的企业日渐认识到保险的重要性。对企业而言,保险的主要目的在于分散和转移风险。企业通过采用合理的财产保险组合,可以帮助企业减少因自然灾害或意外事件产生的损失。

(一) 保险与保险法

1. 保险

保险,是指投保人根据合同约定,向保险人支付保险费,保险人对于合同约定的可能发生的事故所造成的财产损失承担赔偿保险金责任,或者当被保险人死亡、伤残、疾病或者达

---

① 根据我国《海商法》的规定,指示提单必须经过适当的背书并交付后才能转让,但空白提单通过交付提单即能实现提单转让的法律效果。实践中,通过交付实现空白提单转让的纠纷较少,但通过背书方式转让指示提单产生的纠纷很多,本节主要详述提单背书这一转让方式。

到合同约定的年龄、期限时承担给付保险金责任的商业保险行为。保险具有自愿性、有偿性及互助性三大特征。

保险的作用有许多,对企业经营而言,它的作用突出表现为以下几方面:

(1) 转嫁风险。企业经营过程中的风险存在于生产、运输、材料存放等各个过程中,这要求企业必须进行风险管理。对企业而言,保险的作用在于把经营中产生的风险"转嫁"给保险公司,再通过保险公司把风险转嫁给社会。

(2) 实现储蓄功能。现代保险公司设计了多种新险种,保险计划已被视为一种长远的理财工具。保险可将保障及储蓄融为一体,是一种双向理财工具。对企业经营而言,它除了能为公司提供财产损失保障以外,还具有储蓄功能,协助企业积累资金,为日后企业生产经营提供资金基础。

2. 保险法

保险法有形式意义和实质意义之分。形式意义的保险法,是指以保险法命名的专门性规范文件,如我国公布的《保险法》。实质意义的保险法,泛指法律体系中有关保险法律规范的总和,它不仅限于成文的保险法,有关保险的习惯、判例和法理,也都包括在内。本书中所指的保险法,指调整商业保险的活动中,保险人与投保人、被保险人与受益人以及受益人之间关系的商事法律。

保险法具有以下特征:

第一,社会性。保险在社会生活中居于重要地位,与普通人民群众的切身利益密切相关,它具有分散风险、补偿损失、融通资金等职能,能有效地推动社会经济交往,扩大积累规模,安定人民生活,平衡个人及家庭的财务收支。正是由于保险具有上述重要职能与作用,各国在保险领域的立法对于保险关系的法律调整越来越倾向于注重强调保险业的社会责任与公众责任。社会性也就理所当然地成为保险法最重要的特性。

第二,强制性。由于保险事业涉及社会公共利益,具有社会性和公益性的特征,因此,为了防范可能出现的道德风险,在一定程度上注重保护保险关系中的弱势当事人,保险法中存在着诸多不允许保险关系当事人作出变更或限制的规定。

第三,技术性。保险的技术性表现为保险经营行为中的保险费、保险金额、赔偿金额的计算,保险资金的运用以及各种准备金的提取比例都需要以精细的数理计算为基础。因此保险法也相应地极为强调技术性,保险法许多规定均从技术角度对保险经营活动作出要求。[1]

我国保险法律体系是以《保险法》为主,其他保险相关法律、法规和规章为辅来调整保险法律关系。纵观世界各国在保险上的立法体例,主要有两种模式:一种是把保险合同法与保险业法两种内容合并,统称保险法,如日本、英国;另一种是把两者分开立法,形成两个单独的法律,如菲律宾、美国。我国保险法立法体例经历了分别立法到合并立法这一过程。改革开放初期,我国颁行《财产保险合同条例》以及《保险企业管理暂行条例》两个单行法规,但在随后的 1995 年《保险法》中,则把保险法以及保险业法涵盖其中,形成了统一的体例。

3. 保险法的基本原则

保险法的基本原则众多,包括诚实信用原则、保险利益原则、近因原则、损失补偿原则、保险与防灾减损相结合原则,等等。这些基本原则在理论和实务中均具有重要的意义,下面

---

[1] 李玉泉:《保险法》(第 3 版),法律出版社 2019 年版,第 18 页。

介绍其中三个保险法基本原则:

(1) 诚实信用原则

诚实信用原则不仅是民法的基本原则,也是保险法的基本原则。保险人主要通过投保人的告知和保证决定是否对投保人承保以及保险费的高低,因此,投保人故意隐瞒实际情况可以直接影响保险人的判断,并使保险人受损。在保险领域,诚实信用原则同时适用于投保人与保险人,对投保人而言表现为如实告知义务,对保险人而言则表现为提示说明义务。

第一,投保人的告知与保证。我国《保险法》第16条第1款规定:"订立保险合同,保险人就保险标的或者被保险人的有关情况提出询问的,投保人应当如实告知。"由上可知,我国《保险法》实行的是询问告知主义,投保人负有告知义务的范围和内容,取决于保险人询问的事项。保险人未询问的内容,投保人不需要主动告知。同时,保险人对询问范围及内容承担举证责任,保险人的询问应当具体、明确,采用不含有具体内容的概括性条款,不产生询问的效力。概括性条款是指缺乏具体内涵、外延难以界定的条款。实践中,概括性条款一般是以"其他""除此以外"等兜底的方式出现。例如,若保险人询问"该批货物有哪些问题吗?"视为没有询问。

但是,我国《海商法》实行的是主动告知主义。《海商法》第222条规定:在订立保险合同前,被保险人应当将其知道或者应当知道的有关影响保险人是否同意承保或者据以确定保险费率的重要情况,如实告知保险人。若投保人投保海上保险,则应主动履行如实告知义务。

投保人的告知义务仅限于与保险有关的重要事实。所谓重要事实,是指能够影响保险人决定是否承保或以何种费率承保的各种客观事实和情况。例如,对于机动车保险而言,机动车是用于营运还是非营运目的、车辆的使用时间等属于重要事实,而车身的颜色、排量等属于非重要事实。

《保险法》规定,投保人故意或者因重大过失未履行如实告知义务,足以影响保险人决定是否同意承保或者提高保险费率的,保险人有权解除合同。

相关案例
体检可以免除投保人的告知义务吗?

2018年11月10日,李某购买了某保险公司的两全保险、附加重大疾病保险,受益人为其配偶刘某。同时,随该保险公司工作人员去医院进行了体检。体检报告显示李某各项指标正常。2018年11月19日,保险公司要求李某填写身体健康指标询问单,李某在各项指标中均填写正常。于是,保险公司予以承保并签发保单。2019年5月20日,李某因肝癌死亡,李某之妻向保险公司提出索赔。经保险公司理赔调查,发现李某投保之前有严重的肝病,且在5家保险公司投保了50万余元保额,投保时未如实告知,遂予以拒赔,李某之妻诉至法院。

请问:保险公司应当支付保险金吗?

评析:《最高人民法院关于适用〈中华人民共和国保险法〉若干问题的解释(三)》第5条规定,保险合同订立时,被保险人根据保险人的要求在指定医疗服务机构进行体检,当事人主张投保人如实告知义务免除的,人民法院不予支持。保险人知道被保险人的体检结果,仍以投保人未就相关情况履行如实告知义务为由要求解除合同的,人民法院不予支持。

因此，体检并没有免除投保人的如实告知义务，除非保险人已知道被保险人的体检结果。李某未履行如实告知义务，保险公司有权解除合同。

第二，保险人的提示说明义务。

保险人的提示说明义务，是指保险合同订立时，保险人应当将保险条款内容，尤其是保险人免责条款，对投保人进行陈述、提示和解释的义务。《保险法》第17条规定，对保险合同中免除保险人责任的条款，保险人在订立合同时应当在投保单、保险单或者其他保险凭证上作出足以引起投保人注意的提示，并对该条款的内容以书面或者口头形式向投保人作出明确说明；未作提示或者明确说明的，该条款不产生效力。

首先，保险人仅对保险合同中的免责条款，如责任免除条款、免赔额、免赔率、比例赔付或者给付等免除或减轻保险人责任的条款负有强制性的提示说明义务，其他一般性条款无强制说明义务。其次，保险人将法律、行政法规中的禁止性规定情形，如醉酒驾驶、无证驾驶、驾驶无证车辆等情形作为保险合同免责条款的免责事由，保险人对该禁止性规定只需要履行提示，不需要进行说明，该条款也产生效力。再次，根据《最高人民法院关于适用〈中华人民共和国保险法〉若干问题的解释（二）》第11条，保险人以足以引起投保人注意的文字、字体、符号或者其他明显标志作出提示的，视为保险人已履行提示义务。最后，保险人对免责条款的概念、内容及其法律后果以书面或者口头形式向投保人作出常人能够理解的解释说明的，视为保险人已履行明确说明义务。

可是，何谓"常人能够理解的解释说明"？学术界存在形式说①和实质说②两种观点。为统一裁判标准，《最高人民法院关于适用〈中华人民共和国保险法〉若干问题的解释（二）》第13条规定："保险人对其履行了明确说明义务负举证责任。投保人对保险人履行了符合本解释第十一条第二款要求的明确说明义务在相关文书上签字、盖章或者以其他形式予以确认的，应当认定保险人履行了该项义务。但另有证据证明保险人未履行明确说明义务的除外。"

拓展知识

互联网保险中保险人的提示说明义务

近年来，互联网保险业务规模稳步增长。但是，保险机构通过互联网销售保险，如何履行提示说明义务，司法裁判中出现了同案不同判的现象。例如，是否要求保险机构主动出示免责条款，并强制投保人阅读，法院目前尚未统一裁判规则。近年来，银保监会陆续出台了部门规章，规范互联网保险销售行为。2017年，原中国保监会颁布《保险销售行为可回溯管理暂行办法》，要求保险公司、保险中介机构通过录音录像等技术手段采集视听资料、电子数据的方式，记录和保存保险销售过程关键环节，实现销售行为可回放、重要信息可查询、问题

---

① 形式说从保险人行为的外观来界定其是否充分履行了说明义务，即保险人实施关于提示说明的相关法定行为之后，即可视为其已履行义务。

② 实质说关注投保人对免责条款的理解程度，即保险人的说明行为是否达到了法律义务所预设的目的，使投保人充分准确认识与理解免责条款的内容。

责任可确认。其中提出，人身保险公司销售保险产品符合特定情形的，应在取得投保人同意后，对销售过程关键环节以现场同步录音录像的方式予以记录。2020年，中国银保监会发布《关于规范互联网保险销售行为可回溯管理的通知》，其中提出，保险机构在自营网络平台上销售投保人为自然人的商业保险产品时，应当实施互联网保险销售行为可回溯管理。保险机构应当将免责条款的内容设置单独页面展示，并设置由投保人或被保险人自主确认已阅读的标识。保险机构应当将投保人、被保险人在销售页面上的操作轨迹予以记录和保存，操作轨迹应当包含投保人进入和离开销售页面的时点、投保人和被保险人填写或点选销售页面中的相关内容及时间等。2021年2月1日实施的《互联网保险业务监管办法》规定，保险机构开展互联网保险业务，可通过互联网、电话等多种方式开展回访工作，回访时应验证客户身份，保障客户投保后及时完整知悉合同主要内容。同时，应完整记录和保存互联网保险主要业务过程，包括：产品销售页面的内容信息、投保人操作轨迹、保全理赔及投诉服务记录等，做到销售和服务等主要行为信息不可篡改并全流程可回溯。

第三，保险人的弃权与禁止抗辩。弃权，是指保险人放弃保险合同中的某些权利。例如，被保险人在保险合同期限届满后向保险人发出通知或提供损失证明，而保险人对此并未提出异议并予以赔偿时，意味着保险人放弃了拒绝赔付的合同权利。根据不同情况，保险人一旦弃权，就在保险人与投保人、被保险人或受益人之间产生放弃合同解除权、放弃合同终止权、放弃拒绝赔付权等法律后果。《保险法》第16条第6款规定，保险人在合同订立时已经知道投保人未如实告知的情况的，保险人不得解除合同；发生保险事故的，保险人应当承担赔偿或者给付保险金的责任。另外《最高人民法院关于适用〈中华人民共和国保险法〉若干问题的解释（二）》第7条也规定，保险人在保险合同成立后知道或者应当知道投保人未履行如实告知义务，仍然收取保险费，又依照《保险法》第16条第2款的规定主张解除合同的，人民法院不予支持。

"保险人禁止抗辩"，又称保险人的失权、禁止反言，指保险人就某种事项向投保人或被保险人作出错误陈述，而投保人或保险人合理地信赖，以至于如果允许保险人不受其陈述的约束将损害投保人或被保险人的权益时，保险人只能接受其陈述的事实的约束，失去反悔的权利。《保险法》第16条第3款规定，保险人的合同解除权，自保险人知道有解除事由之日起，超过30日不行使而消灭。自合同成立之日起超过两年的，保险人不得解除合同；发生保险事故的，保险人应当承担赔偿或者给付保险金的责任。

（2）保险利益原则

保险利益是指投保人对保险标的具有的法律上承认的利益。投保人对保险标的不具有保险利益的，保险合同无效。人身保险的保险利益可概括为"四大利益"＋被保险人同意原则，即投保人对下列人员具有保险利益：① 本人；② 配偶、子女、父母；③ 前项以外与投保人有扶养、赡养或抚养关系的家庭其他人员、近亲属；④ 与投保人有劳动关系的劳动者。除前述规定以外，被保险人同意投保人为其订立合同的，视为投保人对被保险人具有保险利益。对于财产保险而言，保险利益的构成应当包括以下几个条件：利益须合法，能以货币衡量，须为确定的或未来可以实现的利益。因此，诸如赌博、毒品，或无法定论利益的如日记、纪念品等所具有的利益均不被我国法律所承认。

对于人身保险合同，保险法要求投保人在投保时，对被保险人须具有保险利益，如果投保人在投保时对被保险人不具有保险利益的，保险合同作无效处理。而对于财产保险合同，则要求被保险人在保险事故发生时,对保险标的具有保险利益。如果保险事故发生时,被保险人对保险标的不具有保险利益的,不得向保险人请求赔偿保险金。

(3) 损失补偿原则

损失补偿原则,指保险标的发生保险责任范围内的损失时,被保险人有权获得的补偿以被保险人损失的保险利益或恢复被保险人在遭受保险事故前的经济状况为限,被保险人不得因损失取得额外的利益。因此,当被保险人遭受损失时,由于不足额保险、重复保险等情形的存在,被保险人的损失将在被保险人和保险人之间、保险人与保险人之间进行分摊,从而使被保险人的损失得以合理分配。

第一,如果保险金额低于保险价值的,除合同另有约定外,保险人按照保险金额与保险价值的比例承担赔偿保险金的责任。

第二,保险金额不得超过保险价值。如果超过保险价值的,超过部分无效,保险人应当退还相应的保险费。

第三,投保人订立重复保险的,各保险人赔偿金的总和不得超过保险价值。除合同另有约定外,各保险人按照其保险金额与保险金额总和的比例承担赔偿保险金的责任。

(二) 保险合同

1. 什么是保险合同?

从世界范围内看,各国对保险合同的定义大多从保险合同双方当事人的具体权利义务方面阐述。我国《保险法》规定:"保险合同是投保人与保险人约定保险权利义务关系的协议。"

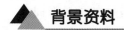

背景资料

保险合同的特征

第一,保险合同是射幸合同。射幸合同是指合同的法律效果在缔约时不能确定的合同。在保险合同中,投保人支付保险费的义务虽在合同成立时已经确定,但保险人承保的危险或者保险合同中约定的给付保险金的条件发生与否,均不能确定。

第二,保险合同是附合合同。它与一般经过双方当事人协商、在意愿一致的基础上订立的协商性的经济合同不同,是由保险人提出保险合同的主要内容,投保人只能在此基础上作出投保或不投保的决定。附合合同也叫格式合同或标准合同,保险合同的格式化、标准化,主要是为了适应保险事业的发展需要。

第三,保险合同是双务合同。保险合同的一方在发生保险事故造成损害时,或者在约定的给付保险金的其他条件具备时,有义务按照合同约定向他方给付保险金,而他方则负有支付保险费的义务。因保险人和投保人互负义务,故保险合同为双务合同。

第四,保险合同是有偿合同。投保人请求订立保险合同转移风险,要求保险人承担保险责任,应当按约定向保险人支付保险费。保险费为保险人承担保险责任的代价,保险人向投保人收取保险费,相应地负担消化保险风险的责任。可见,保险人和投保人依保险合同享受的权利或者利益都不是无偿的,所以,保险合同为有偿合同。

按照不同的标准,保险合同有不同的分类:

第一,按照保险标的的性质,可分为财产保险合同及人身保险合同。这种分类是我国《保险法》中最基本的分类方式,下文将详细介绍。

第二,按照保险金给付的性质,可分为损失补偿性保险合同及定额给付性保险合同。损失补偿性保险合同,简单而言指"无损失则无补偿",指保险金的给付以保险事故的发生为前提,保险事故发生后保险公司根据被保险人的实际损失而给付保险金的保险合同。大多数财产保险合同都属于损失补偿性保险合同。定额给付性保险合同,指不以实际经济损失为前提,双方当事人约定保险事故发生后保险人按合同约定承担定额保险金责任的保险合同。大多数人身保险合同属于定额给付性保险合同。

第三,按照保险责任次序,可分为原保险合同及再保险合同。原保险合同又称第一次保险合同,指投保人与保险人订立的初始保险合同;再保险合同又称第二次保险合同或分保险合同,指保险人将其承保的保险风险转向其他保险人再为保险的保险合同。再保险合同的建立以原保险合同为基础,其内容受原保险合同制约,且原保险合同失效时,再保险合同也同时失效。

第四,按照保险金请求权归属可分为为自己利益保险合同、为他人利益保险合同及为自己利益兼他人利益的保险合同。投保人以自己名义为自己订立的保险合同是为自己利益保险合同,投保人同时为被保险人;投保人以自己名义为他人订立的保险合同是为他人利益保险合同,此时投保人与被保险人分离,如国际贸易中 CIF 条件下的交易即为典型代表;投保人以自己名义为自己及他人订立的保险合同责任是为自己利益兼他人利益的保险合同。

2. 保险合同主体

广义上的保险合同主体,指所有与保险合同的签订或履行有关的人,包括投保人、保险人、被保险人、受益人、保险代理人、保险经纪人、保险公证人;狭义上的保险合同主体则仅指保险合同的当事人和关系人,即投保人、保险人、被保险人、受益人。其中,投保人与保险人为保险合同当事人,而被保险人及受益人为保险合同关系人。本节主要从狭义角度分析保险合同的主体。

(1) 保险合同当事人——投保人与保险人

投保人,指与保险人签订保险合同并按照约定给付保险金的合同当事人。投保人既可以为自然人,也可以为法人,但必须具备几个条件:第一,必须具有完全民事行为能力;第二,对保险标的有保险利益;第三,承担交付保险费的义务。

保险人,即承保人,是指依法成立,与投保人签订保险合同并按照合同约定享有收取保险费的权利,于事故发生时给付保险金或承担赔偿责任的保险公司。

(2) 保险合同关系人——被保险人和受益人

被保险人,指保险事故发生时,遭受损失、享有赔偿请求权的人。我国《保险法》将其定义为:"被保险人是指其财产或人身受保险合同保障,享有保险金请求权的人。"保险受益人是指由被保险人或者投保人指定,在保险事故发生或者约定的保险期限届满时,依照保险合同享有保险金请求权的人。[①]

[①] 保险受益人一般分为:身故受益人(保险合同上明确指定的受领人即被保险人抚恤金领取者;未指定则由法定受益人领取)、伤残受益人(一般是被保险人)、年金受益人(一般是投保人即签订保险合同的人,也就是付保险费的人)、医疗费等受益人(一般是被保险人)。

相关案例
身份关系变化是否影响受益人的认定?

保险合同中,受益人是一个很重要的主体。如何填写受益人也成为我们在购买保险中非常头疼的问题。实践中,投保人在填写受益人时,往往填写的不是具体的名字,而是一种身份关系。若以后身份关系发生变化,是否会影响受益人的认定呢?

第一种情形:丈夫为自己投保,受益人填的是"配偶"。若夫妻离婚,丈夫再婚后去世,假设丈夫无其他法定继承人,请问谁有权获得保险金?

第二种情形:妻子为丈夫投保,受益人写"配偶"。若夫妻离婚,丈夫再婚后去世,假设丈夫无其他法定继承人,请问谁有权获得保险金?

第三种情形:妻子沈某为丈夫投保,受益人写"配偶:沈某"。现沈某与丈夫离婚,丈夫再婚后去世,请问谁有权获得保险金?

评析:《最高人民法院关于适用〈中华人民共和国保险法〉若干问题的解释(三)》第9条规定,受益人仅约定为身份关系,投保人与被保险人为同一主体的,根据保险事故发生时与被保险人的身份关系确定受益人,因此,在第一种情形下,丈夫既是投保人,又是被保险人,应当根据保险事故发生时的身份关系确定受益人,即受益人是丈夫的现任配偶。若投保人与被保险人为不同主体的,根据保险合同成立时与被保险人的身份关系确定受益人。因此,在第二种情形下,妻子是投保人,丈夫是被保险人,二者不一致,应当根据保险合同成立时的身份关系确定受益人,即受益人是丈夫的原配妻子。如果受益人的约定包括姓名和身份关系,保险事故发生时身份关系发生变化的,认定为未指定受益人。因此,在第三种情形下,原配在保险事故发生时,身份关系已经发生变化了,应视为未指定受益人,保险金作为遗产,由被保险人的继承人继承。

3. 保险合同的内容

保险合同的内容体现了合同双方当事人的权利和义务,而当事人的权利义务关系则主要体现在保险合同条款中。保险合同的条款,是指保险人和投保人约定而载明于保险合同或者并入保险合同而作为其内容的、用以明确当事人相互间的基本权利和义务的条文。保险合同条款具有格式条款的性质,其特征主要表现为:

第一,由保险人单方制定,具有格式合同性质。与一般合同需要经过双方合意才能订立不同,保险合同条款一般是由保险人事前单方订立的,若投保人变更或否定保险合同条款,则可能导致保险合同不成立。

第二,规定各险种的最基本事项。保险合同条款覆盖范围很广,其规定的内容包括保险责任、责任免除、保险费率、保险人及被保险人权利义务等。根据合同条款的性质不同,保险合同条款可作不同分类:(1)基本条款和附加条款。基本条款是指保险人在事先准备或印制的保险单上,根据不同险种而规定的有关保险合同当事人双方权利义务的基本事项的条款。它构成保险合同的基本内容。附加条款又称单项条款,是指保险合同双方当事人在基本条款的基础上所附加的,用以扩大或限制原基本条款中所规定的权利和义务的补充条款。(2)法定条款和选择性条款。法定条款是指法律规定的,在保险合同中必须订明的条款。

《保险法》第18条载明的就是保险合同的法定条款。[①] 选择条款是由保险公司当事人自由选择的条款,又称任意条款。

实践中,选择条款也是由保险人根据某种实际需要订入保险单条款的。如保险人办理某些人身保险业务需要对保险金额加以限制,则在条款中予以规定。

4. 保险合同的效力

（1）有效保险合同

《保险法》规定,投保人提出保险要求,经保险人同意承保,并就合同的条款达成协议,保险合同成立。然而,保险合同的成立并不意味着合同条款对双方当事人具有法律约束力,只有当保险合同的有效性得到承认时,保险合同才在当事人之间产生约束力。[②] 保险合同的生效存在以下三种情况：

第一,保险合同一经成立即生效,双方根据合同约定享有权利、承担义务。正常形态的保险合同均属于这种情况。

第二,人身保险合同于投保人交付保险费时生效。人身保险合同中,投保人交付保险费既是合同中投保人的义务,也是合同生效的条件。

第三,保险合同成立后不立即生效,等到合同所附条件成立或所附期限到达后才生效。如：人寿保险合同中规定的体检程序,属于附条件保险合同。只有在被保险人在指定医院体检并确定健康达标后,保险人才签发保险单,此时保险合同正式生效。

拓展知识

保险合同成立与生效的两大难点问题

一、保险费交付是否是保险合同的生效要件?

我国《保险法》第14条规定："保险合同成立后,投保人按照约定交付保险费。"对于保险合同的生效是否以保险费交付为要件,目前学界存在争议。有学者认为,保险合同应以保险费交付为生效要件;也有学者认为,保险费交付仅为合同义务,并无证明合同生效的意义。一般情况下,保险合同为诺成性合同,投保人提出保险要求,经保险人同意承保,保险合同成立。因此,保险合同不以缴纳保费作为成立要件,缴纳保费是合同成立后投保人的义务。但是,双方可以约定将缴纳保费作为合同的生效要件。若无约定,保险合同成立即生效。另外,在人身保险合同中,有考验期的规定,即投保人交纳首期保险费并经过6个月的考验期后,保险公司才能决定是否接受投保,此即为实践性合同。

---

① 它包括四个部分：(1) 声明事项,包括保险当事人(投保人、保险人)、保险关系人(被保险人、受益人)的名称和住所；保险标的；保险价值；保险金额；保险期间及保险责任开始期间；保险费及支付办法；保险金赔偿办法；违约责任及争议处理、订立日期等。(2) 保险事项,即保险人所承担的责任。(3) 除外事项,即保险人的责任免除。(4) 条件事项,即合同当事人的权利义务。大多为被保险人享有赔付权利应具备的条件。

② 保险合同只有具备法律要求的一般有效要件及特殊有效要件时,方被视为有效的保险合同。具体而言,根据我国《民法典》以及相关法律、法规的规定,保险合同的一般生效要件判定标准主要有：第一,投保人和保险人均具备法定的行为能力及权利能力；第二,保险合同是在双方意思表示真实的情况下订立的；第三,保险合同条款不得违反法律或社会公共利益。

二、保险单的签发是否影响保险合同的成立？

保险人签发保险单具有十分重要的意义，它既是证明保险合同成立与生效的证据，又是当事人双方约定合同的权利义务事项的基本文件，更是被保险人请求赔偿或给付保险金的法律凭证。[①] 根据我国《保险法》，保险合同是非要式合同，保险合同在保险单或其他保险凭证签发以前就已经成立，出具保险单或其他保险凭证，并不是法律规定的保险合同成立的特定方式，而是法律规定的保险人的义务。

（2）无效保险合同

第一，法定无效的保险合同，指因违反法律法规，使保险合同自始不产生法律效力。保险合同法定无效包括《民法典》规定的民事法律行为的无效情形[②]及格式条款和免责条款的无效情形[③]；还包括无保险利益的保险合同、超额保险合同中的超额部分、危险不存在的保险合同、未经被保险人同意并认可保险金额的死亡保险合同等情况；此外，保险合同当事人不具备主体资格或保险标的不合法，也会导致保险合同的无效。

第二，约定无效的保险合同，指保险合同当事人根据实际情况，为保障当事人和关系人利益，约定保险合同无效的事项，当该事项出现时，保险合同无效。但是，这种约定不得与我国法律法规的强行性规定冲突，也不得违反社会公序良俗或国家利益、社会公共利益。

（三）保险法律责任

广义的保险法律责任是指保险人、投保人、保险代理人、经纪人、公证人及其保险监督管理机构等保险关系主体违反保险公法和保险私法之保险法律关系，并应依法承担的法律后果。而狭义的保险法律责任则指保险人、投保人、保险代理人、经纪人、公证人及保险监督管理机构等保险关系主体违反保险私法而依法应当承担的法律后果。

按照违法行为的性质和危害程度，保险法律责任可分为民事责任、刑事责任以及行政责任三种。而按照违法主体的不同，可分为保险人、投保人、被保险人、受益人、保险代理人、保险经纪人等的法律责任。下面主要介绍实务中较为多发的保险人及投保人保险法律责任。

1. 保险人的保险法律责任

保险人的保险法律责任，指保险公司及其从业人员在工作过程中违反我国保险相关法律、法规的强制性规定，依法应当承担的法律责任。保险人的保险法律责任多产生于：（1）在保险业务中的欺诈行为[④]；（2）擅自设立保险公司或从事非法商事保险业务活动或超出业务范围的非法营业行为[⑤]；（3）违反偿付能力管理的行为，如未按规定提取保证金、违规

---

① 根据《保险法》第13条的规定，保险人应当及时向投保人签发保险单或者其他保险凭证，并在保险单或者其他保险凭证中载明当事人双方约定的合同内容。

② 《民法典》第144条规定："无民事行为能力人实施的民事法律行为无效。"第146条规定："行为人与相对人以虚假的意思表示实施的民事法律行为无效。以虚假的意思表示隐藏的民事法律行为的效力，依照有关法律规定处理。"第153条规定："违反法律、行政法规的强制性规定的民事法律行为无效。但是，该强制性规定不导致该民事法律行为无效的除外。违背公序良俗的民事法律行为无效。"第154条规定："行为人与相对人恶意串通，损害他人合法权益的民事法律行为无效。"

③ 《民法典》第497条规定："有下列情形之一的，该格式条款无效：（一）具有本法第一编第六章第三节和本法第五百零六条规定的无效情形；（二）提供格式条款一方不合理地免除或者减轻其责任、加重对方责任、限制对方主要权利；（三）提供格式条款一方排除对方主要权利。"《民法典》第506条规定："合同中的下列免责条款无效：（一）造成对方人身损害的；（二）因故意或者重大过失造成对方财产损失的。"

④ 参见《保险法》第116条的规定。

⑤ 参见《保险法》第158条、第159条的规定。

运用保险公司资金等。

保险人在从事保险业务的过程中违反我国保险相关法律、法规的强制性规定的,应当承担刑事或行政责任。

相关案例
保险代理人失职,保险公司是否应承担责任?

某工厂自2010年1月起向某保险公司投保企业财产险。2011年1月,该厂向保险公司业务员王某续保,王某亦收取足额保费,但因种种原因未递交保险公司。几天后,该厂发生火灾致大量财产受损,该厂向保险公司索赔时遭拒。保险公司认为并未收到该厂的保险费,也未经核保签发保单,因此拒绝承担赔偿责任。该厂诉至法院,要求保险公司承担赔偿责任。

保险公司内部对该案的处理存在两种意见:第一种意见认为虽然该厂填写了投保书,并将投保书和保险费交给了保险公司的业务人员,但保险公司并未收到该厂的保险费,也未经核保同意承保,保险合同尚未成立,因此,保险公司不应承担赔偿责任。第二种意见认为王某作为保险公司的代理人,接受投保人的投保书和保险费的行为视同保险公司的行为。该行为是对投保人订立保险合同的要约行为的承诺,表明保险合同已经成立,保险公司应当承担赔偿责任。

问题:请问你同意哪种意见,说明你的理由。

2. 投保人的保险法律责任

对于投保人的违法行为,《保险法》规定了五类保险诈骗活动作为投保人的法律责任:(1)虚构保险标的骗保的行为;(2)未发生保险事故而谎称保险事故已发生的骗保行为;(3)故意造成保险标的损害的骗保行为;(4)故意造成保险人死亡、伤残或疾病等人身事故,骗取保证金的行为;(5)伪造、编造与保险事故有关的证明、资料和其他证据,或指使、唆使、收买他人提供虚假证明、资料和其他证据,编造虚假的事故原因或夸大损失程度的骗保行为。

相关案例
买航班延误险"获赔"300多万!是"薅羊毛",还是骗保犯罪?[①]

乘飞机出行的时候,很多人不愿意听到航班延误的消息。但是,有人却乐见这种情况发生,正所谓"航班延误,发家致富"。近日,发生在江苏南京的一起案件让"航班延误险骗保"的话题成为舆论热议的焦点。

李某曾有过航空服业业的工作经历,她根据自身工作经验预测容易发生延误的航班,使用亲朋好友的身份信息购买机票和多份航班延误险,待航班延误后随即申请理赔。

据统计,2015年至今,李某利用900次飞机延误,获得理赔金共计300余万元。南京警

---
① 《买航班延误险"获赔"300多万!是"薅羊毛",还是骗保犯罪?》,https://baijiahao.baidu.com/s? id=16696090 32522605227&wfr=spider&for=pc,2022年10月9日访问。

方通报称,犯罪嫌疑人多次伪造航班延误证明材料,虚构航班延误事实,骗取巨额保险金。目前已被警方刑事拘留。根据《刑法》第198条对保险诈骗罪的规定,下列五种情形属于保险诈骗罪:投保人故意虚构保险标的,骗取保险金的;投保人、被保险人或者受益人对发生的保险事故编造虚假的原因或者夸大损失的程度,骗取保险金的;投保人、被保险人或者受益人编造未曾发生的保险事故,骗取保险金的;投保人、被保险人故意造成财产损失的保险事故,骗取保险金的;投保人、受益人故意造成被保险人死亡、伤残或者疾病,骗取保险金的。

虽然一些保险公司有关航班延误险"承保内容"与"免责条款"中,都以"被保险人实际乘机"作为前提条件,然而,从本案目前披露的情况看,李某并未实际乘机却获得了理赔,并且存在一张机票购买多达几十份延误险的情况,李某的行为构成"故意虚构保险标的",骗取保险金。近年来,像李某这样利用航空公司与保险公司漏洞获取高额延误险理赔的也并非个案,在北京、上海、深圳等地都曾发生类似案件。

但是,也有专家认为,仅考虑到李某从保险中获得赔偿的金额,而没有考虑到她为相关操作支付的成本,比如购买机票后退改的成本,不能完整准确地理解该行为对社会造成的利弊,同时还需要考虑李某的主观恶性问题。

问题:你如何看待该事件?

(四) 企业财产保险

企业财产保险是指为企业设计的,为巩固企业财务基础、建立良好信誉关系的保险系列。不同规模的企业应选择不同的保险类别。企业财产保险的作用在于:(1) 保障企业财务稳定;(2) 避免企业高管人员因死亡、离职或错误操作等对企业造成损失。下面介绍几种常见的企业财产保险。

1. 企业财产保险

财产保险是指以补偿投保人的经济损失为基本目的,以特定的财产物资及其相关利益为承保标的的保险活动。[①] 财产保险有两个基本特征:(1) 财产保险的保险标的是"特定财产及其有关利益",包括各种实体的财产物质、各种有形或无形财产及其有关利益。[②] (2) 财产保险合同具有要式合同的性质,只有在特定条件成就时,保险人才根据财产保险合同承担经济赔偿义务。(3) 财产保险的目的在于补偿投保人或被保险人因保险事故发生而遭受的经济损失,但该补偿以保险标的的实际价值为限,保险受益人不能获得大于实际损失的保险金。

企业财产保险种类包括:企业车辆安全保险、机器设备安全保险、现金保险、计算机保险等。企业财产保险,是为了保证企业动产或不动产受到损害时,由保险人按照保险合同进行赔偿。但企业进行财产保险时,应当注意财产保险包括财产基本险、财产综合险和财产一切险三种,选择不同的险种,保险人的保险责任不同。

2. 企业高管保险

高管人员是企业的核心动力,企业高管人员的表现直接影响企业的发展。目前,因企业

[①] 我国《保险法》规定的财产保险合同指"以财产及其有关利益为保险标的的保险合同"。
[②] 根据《保险法》的规定,财产保险业务包括财产损失保险、责任保险、信用保险等保险业务。

高管人员致使企业遭受经济损失的原因有三：其一，由于高管人员身体状况被迫停工；其二，由于劳动合同到期、高管人员自身原因引发的离职或休假；其三，由于高管人员行使职权时因过错导致第三人经济受损，依法承担相应责任的风险被转嫁给企业。企业高管保险主要由企业高管人身保险及责任保险两部分组成。

（1）企业高管人身保险。人身保险，指以人的身体和生命作为保险标的的保险。人身保险的保险人在被保险人投保后，根据约定在被保险人因保单载明的意外失误、灾难及衰老等原因而发生死亡、疾病、伤残、丧失工作能力或退休等情况时给付一定的保险金或年金。

高管人员所处岗位业务繁忙、压力重大，现实中很多高管人员的健康问题突出，比一般员工更容易出现健康问题；此外，由于高管人员外出公干时间较多，发生人身意外的概率较一般员工更高，因此，如何避免高管人员因健康问题、意外人身伤害引发的脱离岗位、昂贵医疗费用给企业带来的经济损失，已成为当今企业经营的重要一环。

（2）企业高管责任保险。董事及高管人员责任保险发源于美国职业责任保险，该保险制度是因董事和高管人员的经营责任而产生的救济方式。当今，董事及高管人员在经营过程中会面临不同风险，若处理不当则可能产生民事、行政甚至刑事责任。在欧美国家曾经还出现过高管人才惧于承担法律风险而出走，导致企业缺乏管理人才的情况。为此，董事及高管人员责任保险的产生与发展是与当今企业经营发展紧密联系的。

拓展知识

董事及高管人员责任保险制度

2021年11月，广州市中级人民法院对投资者诉康美药业等虚假陈述责任纠纷案作出一审判决，被告康美药业赔偿投资者损失高达24.59亿元。特别值得注意的是，公司的5位独立董事因对公司运营过程中出现的虚假陈述情况未尽到合理监督的勤勉义务而承担5%或10%不等的连带赔偿责任。该案的判决结果一出立刻引起社会广泛关注，不仅引发了上市公司独立董事的离职潮，而且引发了董事及高管人员责任保险的投保潮。

董事及高管人员责任保险全称为"董监事及高级管理人员责任保险"（Directors' and Officers' Liability Insurance），简称"D&O保险"，是指由企业或企业与高管共同出资购买，对高管在履职过程中被指控工作疏忽或行为不当且被追究其个人赔偿责任时，由保险机构负责民事赔偿责任及相关法律费用的一种特殊职业责任保险。

我国第一个"公司董事、监事及高级管理人员职业责任保险"于2002年1月由中国平安保险股份有限公司联合美国丘博保险集团推出。然而，比起欧美等国家超过90%以上的投保率，我国上市公司董事及高管人员责任保险的投保率只有15%左右。该险种在我国还是一个新兴的法律制度和实践，需要在立法和实践层面不断完善。该制度的价值有二：(1) 有利于独立董事制度的发展。独立董事作为特殊的董事，其地位特殊且责任重大，但由于独立董事对公司了解不充分，往往在经营过程中由于信息不对称而作出失误的判断或分析，董事及高管人员责任保险有利于降低独立董事风险。(2) 有利于避免高管人员无辜遭受不正当指控（如股东的无理诉讼），鼓励具有才能的高管人士进入企业就职。

3. 货物运输保险

货物运输保险,是指以运输中的货物作为保险标的,在自然灾害或意外事故发生导致货物损失时,由保险人负赔偿责任的保险。

对企业而言,购买货物运输保险可以在发生货损时及时得到补偿,有利于商品生产和流通的顺利进行,因此,购买货物运输保险,是货物运输风险防范的重要一环。然而,若对货运保险基本原理理解不清,企业可能面临"投了保,赔不了"的困境。企业在购买货物运输保险时,应当注意善用"仓至仓条款"保护企业权益。"仓至仓条款"是货运运输中的典型条款(主要用于海上货物运输),但切勿盲目认为,只要投保了"仓至仓条款",企业就能得到保险公司的赔偿。

进出口公司要得到运输货物的保险赔偿,必须同时具备四个条件:(1)所发生的风险是在保险责任范围之内;(2)所遭受的损失与发生的风险之间具有直接的因果关系;(3)在保险标的遭受风险时,索赔人对其具备保险利益,即货物损失与索赔人之间存在利害关系;(4)依照"仓至仓条款",被保险货物遭受损失的时间是在保险期内。这四个条件须同时具备,缺少其中任何一个,索赔人都不会得到赔偿。

此外,依照国际贸易习惯,买卖双方在海上运输中的风险,一般是以货过船舷为界限来划分的。即货物装船前的风险由卖方承担,装船后的风险由买方承担,所以货物在装船前对卖方具有保险利益,装船之后对买方具有保险利益。如前所述,不具备保险利益则得不到保险赔偿,因此,尽管"仓至仓条款"涵盖全部运输过程,若损失在装船前发生则索赔权仅在卖方,若损失在装船后发生则索赔权大都转移到了买方。

 背景资料

仓至仓条款

目前世界上几乎所有国家的海上货物运输保险都采纳了"仓至仓条款"。所谓"仓至仓条款"是海运货物保险责任起讫的基本原则,它规定了保险人承担责任的时空范围,从保单载明的发货人仓库或储存处所开始运输时生效,在正常运输过程中继续有效,直到保险单载明的目的地收货人最后仓库或储存处所或保险人用作分配、分派或非正常运输的其他储存处所为止,货物进入仓库或储存处所后保险责任即行终止。如未抵达上述仓库或储存处所,则以被保险货物在最后卸载港全部卸离海轮后满60天为止。如在上述60天内被保险货物需转运到非保险单所载明的目的地时,则以该项货物开始转运时终止。"仓至仓条款"是运输货物保险中较为典型的条款,它具有充分性、严密性的特点。货物保险人对被保险货物的保障程度贯穿于货物运输全过程的每个环节,涉及各种运输方式,整个运输过程无遗漏。

4. 企业贸易信用保险

企业贸易信用保险是一种在买卖双方开展赊销业务中,用以保障卖方因买方破产或拖欠贸易货款而造成损失的险种,它在规避和转嫁贸易信用风险、降低应收账款所造成的巨大经济损失方面具有得天独厚的优势。

企业贸易信用保险保障的是企业的应收账款安全,承保的风险主要是买家信用风险,包括因买方破产、无力偿付债务以及买方拖欠货款而产生的商业风险。因此,它具有四种功能,包括:市场拓展功能、融资便利功能、风险管理功能及风险保障功能。

企业贸易信用保险可分为出口贸易信用保险及国内贸易信用保险两种。而两种信用保险的主要作用都在于规避贸易对方由于破产等原因导致的赖账、支付不能等贸易风险。

相关案例
出口信用保险为外贸企业保驾护航[①]

近年来,受国际地缘政治、经济纠结缠绕的影响,特别是随着中美贸易摩擦升级,国际经济大环境不稳定,河北省外贸出口企业面临较大影响,出口企业面临新的挑战。近期,河北省两家农产品小微企业相继收到中国信保河北分公司的赔付通知书,共涉及金额约为100万元。据悉,两家企业分别出口土耳其和西班牙时遭遇买家货物拒收及拖欠,风险发生以后,中国信保河北分公司第一时间受理案件并开展海外追讨工作,并指导出口企业与恶意拖欠的买方据理力争,针对定损核赔部分及时进行赔付,帮助企业快速回笼资金,保障了企业正常运营。

尽管小微企业出险的案件普遍金额较小,但对于资金紧缺的小微企业来说则是至关重要。对此,中国信保始终保持高度热忱,积极推进每一个小微企业案件处理,切实发挥出口信用保险的风险补偿作用。据悉,今年上半年中国信保河北分公司共向河北省小微企业支付赔款188.29万美元,同比增长54.32%。在该公司上半年开展的"理赔服务月"活动中,共对13起小微及农产品理赔案件进行了赔付,平均每1.54个工作日赔付1起案件,总赔付金额为63.22万美元。

评析:出口信用保险是国际通行的支持外贸企业的政策措施。2022年以来,中国外贸企业面临的各类风险挑战在增多,防范化解风险的诉求也在提升,对出口信用保险的需求在增加。积极推动中国出口信用保险公司更好地履行政策性职能,加大承保力度,创新服务,提供更多的风险保障。截至5月底,中信保公司承保的规模已经突破了3500亿美元,同比增长了12.7%,为14.9万家外贸企业提供了保险服务,同比增长7.5%。

本章小结

运输是社会物质生产的必要条件之一,企业的每个物流过程都需要通过运输来连接,而运输安排是否合理直接决定企业的资金周转速度以及盈利空间。运输当事人通过订立运输合同明确其权利义务关系,运输合同的生效意味着运输合同对双方当事人产生法律约束力。随着物流业的发展,现代物流已逐渐取代传统单一的运输方式。发达的商业以发达的物流为基础。而现代物流的宗旨正是"更全面、更综合地提高经济效益与效率",可以说,一国商业是否发达,物流业的发展是一个重要的衡量指标。

[①] 《信用保险为小微企业出海护航》,载河北新闻网,http://hbrb.hebnews.cn/pc/paper/c/201808/09/c88078.html,2022年10月9日访问。

保险,对企业而言,可以转嫁风险及实现储蓄功能。我国保险法律体系以《保险法》为主、其他保险相关法律法规和规章为辅调整保险法律关系。保险法的基本原则众多,包括诚实信用原则、保险利益原则、近因原则、损失补偿原则、保险与防灾减损相结合原则等。保险当事人的权利义务关系通过保险合同予以确定。保险合同的核心在于主体、内容与效力。保险贯穿企业经营的全部,常见的企业保险项目包括企业财产保险、企业高管保险及企业贸易信用保险等。

思考与练习

1. 传统运输与现代物流有何联系与区别?
2. 运输合同主要存在哪几类风险?
3. 请谈谈你对保险基本原则的理解。
4. 购买董事责任保险后,董事就可以高枕无忧了吗?

案例分析

1. 若你是企业物流部门主管,现公司需要运输一批罗非鱼,请你为其确定合理的运输方式。

罗非鱼是一种热带鱼类,具有生长快、肉质好、没有肌间刺的特点,所以深受广大消费者的欢迎。罗非鱼的另一个特点是最低致死温度为8℃—10℃,即使在10℃—15℃的温度也很容易冻伤,冻伤后的罗非鱼很容易得水霉病死亡。5月份南疆池塘水温已升到20℃以上,适宜罗非鱼的投入,新疆生产建设兵团农一师水产技术推广站于2016年5月上旬从新疆石河子运输3万尾罗非鱼苗到阿克苏,运距1200公里,横跨天山南北。本次运输有两个难点,一是罗非鱼是热带鱼,运输时温度不能低于15℃,但水温又不能太高,水温太高会导致罗非鱼活动加剧,新陈代谢加快,容易引起缺氧;另一个是运输路途长,气候多变,可能引起水温下降太多。

2. 下面的案例中,航运公司是否倒签提单?丰益公司的经济损失是否与倒签提单有因果关系?

2013年5月16日,丰益公司与雅仕公司签订了硫磺买卖合同,丰益公司向雅仕公司购买硫磺10000吨(±10%),付款方式为不可撤销可转让信用证,货物装运地为伊朗Bandar Abbas,目的地为中国天津。

丰益公司向中国交通银行天津市分行申请开立了以雅仕公司为受益人的第LCL0200360264号信用证,金额为848400美元,信用证载明的最晚装船日期为2013年6月10日,后应雅仕公司请求将信用证的货物最晚装船日期修改为2013年6月15日。涉案提单记载:提单编号为4085号,托运人为雅仕公司,收货人凭指示,货物数量10100吨,提单签发日期为2013年6月15日。五矿公司持有的4086号提单记载内容与4085号提单完全一致,签发日期也为2013年6月15日。上述三票货物自2013年6月12日开始装船,截至6月15日06:00共装货10060吨,从15日06:00到16日06:00又装货3955吨,16日06:00共有14015吨货物装上船。航运公司2013年6月20日签发的,与4085号和4086号提单对应的两张大副收据(船章位置不同)内容完全一致,编号均为0001。

2013年7月14日,开证行交通银行天津分行通知丰益公司付款赎单并将全套提单交付丰益公司,"Iran Sarbaz v.63654"轮同日抵达天津港。7月15日,丰益公司持提单在航运公司的代理人处换取了提货单。7月17日,丰益公司申请天津海事法院对"Iran Sarbaz"轮的航海日志、大副收据、装货事实记录等文件进行证据保全。7月18日,丰益公司以航运公司与雅仕公司合谋倒签提单欺诈为由向天津海事法院提出诉前财产保全申请,请求该院冻结LCL0200360264号信用证项下的货款848400美元。同日,该院以(2003)海告立保字第37—1号民事裁定书裁定准许丰益公司的申请。

2013年7月15日,丰益公司以雅仕公司交货迟延、货物市场价格下跌为由要求雅仕公司每吨货物降价4美元,雅仕公司同意并补偿丰益公司40400美元。涉案货物由案外人伊朗海湾资源有限公司(Gulf Resources Development Corporation)销售给雅仕公司,价格条件为CNF天津新港,雅仕公司将货物转卖给丰益公司,并将涉案信用证转让给案外人伊朗海湾资源有限公司。

丰益公司共发生如下经济损失:天津港短途公路运输费48183.15元,银行开证费10844.64元,修改信用证费用200元,天津港代理费和港杂费525200元,律师费30000元,证据保全费用6000元,财产保全费用37729元。

3. 根据我国《保险法》,下面的案例中,保险合同是否成立并生效?保险公司是否需要承担赔偿责任?

2013年1月12日,刘某雇佣船舶运送95吨重型废钢,并到保险公司对该批货物进行投保,保险公司向刘某签发了保险单,该保险单载明:投保人为刘某,被保险人为刘某,保险的货物为95吨重型废钢,保险金额为99750元。保单生效后,该船舶在行驶途中沉没,船上货物全部灭失。事故发生后,海事部门无法认定沉船原因,刘某向保险公司报告并请求赔偿保险金,但保险公司认为:刘某雇佣的船舶的核定吨位仅为60吨,货物严重超载,导致事故发生,因刘某投保时未履行如实告知义务且违章超载运输,有重大过错,保险公司可免责,故拒绝理赔。刘某诉至法院,要求保险公司给予赔偿。

第五章

结算与信托

东至县汉唐置业有限公司(以下称"东至汉唐公司")向安徽三建工程有限公司(以下称"安徽三建公司")出具四张共计2800万元商业承兑汇票,目的在于支付工程款,但四张汇票到期后,东至汉唐公司并未实际兑付。双方于2019年9月20日签订的《还款计划书》中亦明确"由于债务人资金回笼困难等原因,未能按期承兑",截至目前东至汉唐公司并未偿还此款项,因此东至汉唐公司并未实际支付该2800万元款项。东至汉唐公司支付部分利息,是基于双方之间《商票保贴业务合作协议》的约定,不能因利息的支付就认定2800万元款项已经支付。该2800万元属于工程款的一部分,债权的产生是基于双方之间的建设工程施工合同,商业汇票的出具只是一种支付方式,故商业汇票在没有得到承兑的情形下,不产生偿付2800万元工程款的效力,安徽三建公司有权要求东至汉唐公司继续履行支付该2800万元工程款的义务①。

上述案例充分说明了在企业经营中结算的重要地位。任何一个企业在正常的经营中都离不开结算。采用何种方式结算、如何避免结算风险等都是企业关注的问题。因此,本章结合企业经营的实践,介绍有关结算、票据、信托的法律制度。

一、结算方式

企业结算是指企业在社会的经济生活中通过现金、票据等结算工具进行的货币给付和财务结算行为,在运作过程中实现了资金从一个主体向另一主体转移的效果,银行在这个过程中作为企业结算的中介机构发挥作用。汇付和托收是企业常用的两种结算方式,与信用证等基于银行信用的结算方式相比,汇付和托收建立在企业商业信用的基础之上,虽然可能存在一定的风险,但在长期合作的企业之间仍然是重要的结算方式,其运作成本也往往比含有银行信用的结算方式更低。

(一) 汇付

汇付就是我们常说的汇款,是企业经营中常见的结算方式,是一种买方把货款寄交给卖方的行为,实现这种寄交的中介是银行。由于交易的双方在现实中很可能处于异地,甚至是

---

① 安徽三建工程有限公司与东至县汉唐置业有限公司建设工程施工合同纠纷再审案。最高人民法院(2021)最高法民申6965号。

不同的国家,因此在汇付的主体中不仅包括汇款人、收款人,还往往包括汇出行和汇入行。其中汇出行是根据汇款人的委托进行汇付的银行,汇入行则依据汇出行的委托向收款人进行付款。企业常用的汇付方式包括信汇、电汇和票汇三种。

1. 信汇

信汇是一种费用较低廉、但效率也相对较低的汇款方式。信汇是通过邮寄的方式实现的。当汇款人要求汇款时,汇出行即向汇入行通过邮寄的方式寄出支付授权书,汇入行再向收款人支付交易款项。

相关案例
信汇在企业经营中的运用①

在琼海三联渔业服务有限公司(以下称"三联公司")与海南万泉河水上旅游有限公司加工承揽合同纠纷上诉案中,三联公司称:原审判决关于"被告不能依约交付已完工船体构成违约"的认定是错误的。其一,双方签订的《造船合同》约定,造船工程款为172000元,但是,至今为止被上诉人仅信汇60000元,余下112000元一直未予给付。上诉人开具两张共计人民币172000元货款发票是事实,但实际上是上诉人轻信了被上诉人的实际经营管理者郑波"先开发票,待其回公司出账报销后再付完船款"的谎言,而造成此后果。其实,上诉人开出发票后,一直未收到被上诉人余欠的112000元船款。这是被上诉人违约事实之一。其二,双方签订《造船合同》并收到被上诉人信汇60000元之后,被上诉人就开始备料施工,在此期间,被上诉人经营者郑波又口头委托上诉人代理购买一台船用柴油机和一台齿轮箱,以便安装在其定做的钓鱼船上。……

问题:信汇是银行信用还是商业信用,主动权掌握在哪一方手里?

2. 电汇

电汇的原理与信汇基本一致,汇出行一般通过加押电传的方式实现支付授权书的寄出。如果是国际贸易,电汇也可能是通过环球银行金融通信实现的。无论是运用电汇还是信汇进行结算,都存在支付指示或者支付授权书作为汇付中使用的凭证。

相关案例
电汇中的证据②

原告为了证明其主张提供了广州市华桓皮革纺织品有限公司(以下称"广州华桓公司")于2006年12月4日加盖公章出具的借条一张,借条写明:"今借到朱英智工厂周转金人民币大写金额伍万圆整(¥50000元)。"原告认为广州华桓公司欠款不还,于2008年5月12日提起本案诉讼。原告提供的证据包括:2007年2月8日,江门华强手袋厂有限公司付给广州华桓公司50000.16元的中国银行《网上银行付款凭证》。2006年12月11日,江门市蓬江区

---

① 《琼海三联渔业服务有限公司与海南万泉河水上旅游有限公司加工承揽合同纠纷上诉案》,载北大法宝,[法宝引证码]CLI.C.103404。
② 广东省广州市中级人民法院(2009)穗中法民二终字第1348号。

柏如皮具厂付给广州华桓公司27041.75元的中国银行《电汇凭证》。2007年1月22日,江门市蓬江区柏如皮具厂付给广州华桓公司36429.92元的中国银行《电汇凭证》。2007年5月8日,江门市蓬江区柏如皮具厂付给广州华桓公司14260.25元的中国银行《电汇凭证》……

问题:企业电汇中的证据如何保存?

3. 票汇

票汇是一种运用汇票实现交易的方式,其优势在于可以充分发挥汇票的流通性。与电汇和信汇不同,票汇的汇票虽然是由汇出行开立,付款人也是汇入行,但汇票本身却是由汇款人寄交收款人。

(二) 托收

1. 什么是托收

托收(collection)是指银行根据所收的指示,处理金融单据或商业单据,托收的目的在于取得付款和/或承兑,或凭付款和/或承兑交单,或按其他条款及条件交单。国际商会为了统一全球的托收规则,减少各国之间就托收问题的争议,于1958年首先草拟《商业单据托收统一规则》,并于1995对其修订,称为《托收统一规则》(国际商会第522号出版物,The Uniform Rules for Collection,简称《URC522》),1996年1月1日实施。《托收统一规则》第2条明确了"托收"的定义①:就本条款而言:

a. 托收是指银行依据所收到的指示处理下述2(b)款所限定的单据,以便于:

I. 取得付款和/或承兑;或

II. 凭以付款或承兑交单;或

III. 按照其他条款和条件交单。

b. 单据是指金融单据和/或商业单据。

I. 金融单据是指汇票、本票、支票或其他类似的可用于取得款项支付的凭证;

II. 商业单据是指发票、运输单据、所有权文件或其他类似的文件,或者不属于金融单据的任何其他单据。

c. 光票托收是指不附有商业单据的金融单据项下的托收。

d. 商业单据托收是指 I. 附有商业单据的金融单据项下的托收;II. 不附有金融单据的商业单据项下的托收。

企业结算中托收涉及各种单据,和托收统一规则密切相关的概念包括金融单据和商业单据。其中金融单据是指企业结算中的汇票、本票、支票或其他类似的可用于取得款项支付

---

① 原文如下:For the purposes of these Articles: a. "Collection" means the handling by banks of documents as defined in sub-Article 2 (b), in accordance received, in order to: I. obtain payment and/or acceptance, or II. deliver documents against payment and/or against acceptance, or III. deliver documents on other terms and conditions. b. "Documents" means financial documents and/or commercial documents: I. "Financial documents" means bills of exchange, promissory notes, cheques, or other similar instruments used for obtaining the payment of money; II "Commercial documents" means invoice, transport documents, documents of title or other similar documents, or any other documents whatsoever, not being financial documents. c. "Clean collection" means collection of financial documents not accompanied by commercial documents. d. "Documentary collection" means collection of: I. financial documents accompanied by commercial documents;II. Commercial documents not accompanied by financial documents.

的凭证;商业单据是指企业结算中的发票、运输单据、所有权文件或其他类似的文件,或者不属于金融单据的任何其他单据。

拓展知识

《托收统一规则》的适用

(1) 国际商会第522号出版物《托收统一规则》,应适用于本规定界定的托收项目,且除非另有明确的相反约定,或与无法规避的某一国家、政府或地方法律法规相抵触,本规则对所有的当事人均具有约束力。

(2) 银行没有义务必须办理某一托收或任何托收指示或以后的相关指示。

(3) 如果银行无论出于何种理由选择不办理它所收到的托收或任何相关的托收指示,应毫不延误地采用电讯,或者如果电讯不可能时,采用其他快捷的工具,通知向其发出托收或指示的当事人。

企业可以选择的托收结算形式包括光票托收和跟单托收两种。其中,光票托收是指不附有商业单据的金融单据项下的托收。跟单托收又存在两种情况,一是有商业单据的金融单据项下的托收;二是不附有金融单据的商业单据项下的托收。在托收关系中,托收的关系人有:委托人,即委托银行办理托收的有关企业;寄单行,即委托人委托办理托收的银行;代收行,即除寄单行以外的任何参与处理托收业务的银行;付款人,即根据托收指示向其提示单据的人。

2. 企业托收指示

所有送往托收的单据必须附有一项托收指示,注明该项托收将遵循《托收统一规则》并且列出完整和明确的指示。银行只准许根据该托收指示中的命令和《托收统一规则》行事。除非托收指示中另有授权,银行将不理会来自除了他所收到托收的有关主体以外的任何指令。

结算中的托收指示应当包括下述适宜的各项内容:收到该项托收的银行详情,包括全称、邮政和SWIFT地址、电传、电话、传真号码和编号;委托人的详情,包括全称、邮政地址或者办理提示的场所以及电传、电话和传真号码;付款人的详情,包括全称、邮政地址或者办理提示的场所以及电传、电话和传真号码;提示银行的详情,包括全称、邮政地址;待托收的金额和货币;所附单据清单和每份单据的份数;待收取的利息,如有的话,指明是否可以放弃,包括利率、计息期、适用的计算期基数(如一年按360天还是365天计算);付款方法和付款通知的形式;发生不付款、不承兑和/或与其他批示不相符时的指示。

结算中托收指示的内容还包括凭以取得付款或承兑的条件以及凭以交付单据的条件。制作托收指示的有关方应有责任清楚无误地说明,确保单据交付的条件;否则的话,银行对此所产生的任何后果将不承担责任;托收指示应载明付款人或将要办理提示场所的完整地址。如果地址不全或有错误,代收银行可尽力去查明恰当的地址,但对因所提供地址不全或有误所造成的任何延误将不承担责任或对其负责。

3. 托收结算提示的形式

提示是表示银行按照指示使单据对付款人发生效力的程序。

托收指示应列明付款企业将要采取行动的确切期限。诸如"首先""迅速""立即"等类似的表述不应用于提示或付款人赎单采取任何其他行动的任何期限,否则银行可以不予理会。单据应当以银行收到时的形态向付款人提示,但一些特殊情况例外:银行被授权贴附任何必需的印花;另有指示表明费用由向其发出托收的有关方支付;银行被授权采取任何必要的背书或加盖橡皮戳记;出现了其他托收业务惯用的和必要的辨认记号或符号。

为使委托人的指示得以实现,寄单行将以委托人所指定的银行作为代收行。在未指定代收行时,寄单行将通过他自身的任何银行作为代收行,或者往往在付款或承兑的国家中选择另外的银行。单据和托收指示可以由寄单行直接寄送给代收行,也可以通过另一银行作为中间银行寄送给代收行。如果寄单行未指定某一特定的提示行,代办行有自行选择提示行的权利。如果是见单即付的单据,提示行必须立即办理提示付款,不得延误;如果不是即期而是远期付款单据,提示行必须在要求承兑时毫不拖延地提示承兑,在要求付款时,不应晚于适当的到期日办理提示付款。

商业单据的发放包括承兑交单(D/A)与付款交单(D/P)。如果托收包含远期付款的汇票,则托收指示不应要求付款才交付商业单据,应说明商业单据是凭承兑交单还是凭付款交单发放给付款人。若无上述说明,商业单据只能是付款放单,而代收行对由于交付单据的任何延误所产生的后果将不承担责任。

在托收行指示代收行或者付款人来代制托收中未曾包括的单据(汇票、本票、信托收据、保证书或其他单据)时,这些单据的格式和措辞应由托收行提供,否则,代收行对由代收行及/或付款人所提供的任何该种单据的格式和措辞将不承担责任或对其负责。

4. 托收结算的义务和责任

根据《托收统一规则》第 9 条关于诚信和合理的谨慎的规定,银行将本着诚信的原则、合理的谨慎来办理业务。这就为银行义务进行了原则性规定。该规则也对单据与货物、服务、履行方面的义务进行了规定。未经银行事先同意,货物不得直接发送到该银行地址,或者以该行作为收货人或者以该行为抬头人。但是,如果未经银行事先同意而将货物直接发送到该行地址,或者以该行作为收货人或者以该行为抬头人,并请银行凭付款或承兑或凭其他条款将货物交付给付款人,该行将没有提取货物的义务,其风险和责任仍由发货方承担。即使接到特别指示,银行也没有义务对与跟单托收有关的货物采取任何行动,也不对货物进行存储和保险。银行只有在个案中、在其同意的限度内,才会采取该类行动。

无论银行是否收到指示,当银行为保护货物而采取措施时,对有关货物的结局、状况,对受托保管、保护货物的任何第三方的作为、不作为,都不承担责任。当然,代收行必须毫不延误地将其所采取的措施通知向其发出托收指示的银行。银行对货物采取任何保护措施所发生的任何费用及/或花销将由向其发出托收的一方承担。根据规则,如果货物是以代收行作为收货人或抬头人,而且付款人已对该项托收办理了付款、承兑或承诺了其他条件和条款,且代收行因此对货物的发放作了安排时,则应视为托收行已授权代收行如此办理。如果代收行按照托收行的指示或者规则的其他规定安排发放货物,托收行应对该代收行所发生的全部损失和花销给予赔偿。

对受托方行为的免责包括三方面:第一,为使委托人的指示得以实现,银行使用另一银行或其他银行的服务时,是代为该委托人办理的,因此其风险由该委托人承担;第二,即使银行主动地选择了其他银行办理业务,如该行所转递的指示未被执行,作出选择的银行也不承担责任或对其负责;第三,一方指示另一方去履行服务,指示方应受到外国法律和惯例施加给被指示方的一切义务和责任的制约,并应就有关义务和责任对受托方承担赔偿责任。

银行必须确定它所收到的单据应与托收指示中所列内容表面相符,如果发现任何单据有短缺或非托收指示所列,银行必须以电讯方式,如电讯不可能时,以其他快捷的方式,通知发出指示的一方,不得延误。银行对任何单据的格式、完整性、准确性、真实性、虚假性或其法律效力,或对在单据中载明或在其上附加的一般性或特殊性的条款,都不承担责任;银行也不对任何单据所表示的货物的描述、数量、重量、质量、状况、包装、交货、价值等承担责任,也不对货物的发运人、承运人、运输代理人、收货人、保险人或其他任何人的行为、清偿能力、业绩、信誉承担责任。

(三) 信用证

在企业结算中,仅仅依靠商业信用是不够的。比如在商业买卖中,当卖方不了解买方的经营能力、资信能力和实际财务状况时,许多本来可以达成的交易将无法达成。这时候,企业的经营者往往就需要一个具有较强可靠性的、具有较强经济能力的中介——银行,来作为交易的信用中介。这样,信用证就因为企业经营的需要应运而生了。

1. 什么是信用证?

信用证(letter of credit,L/C),是指开证银行依照申请人的申请开立的、凭符合信用证条款的单据支付的付款承诺。[①] 信用证主要由国际商会的《跟单信用证统一惯例》(简称《UCP600》)所调整。国际商会在 1930 年 5 月 15 日公布了《跟单信用证统一惯例》,并在 1951 年、1962 年、1967 年、1974 年、1983 年和 1993 年历经了六次修改,现行生效版本是 2007 年 1 月 1 日的修订版本。《最高人民法院关于审理信用证纠纷案件若干问题的规定》(2020 年 12 月 23 日修订)明确人民法院审理信用证纠纷案件时,当事人约定适用相关国际惯例或者其他规定的,从其约定;当事人没有约定的,适用国际商会《跟单信用证统一惯例》或者其他相关国际惯例。

在企业的运营中,信用证作为一种重要的交易工具受到广泛采用。相对于一般的交易方式,其安全性不言而喻,因此企业的经营者有必要对其有一定的了解。要掌握信用证,首先要了解一些相关的基本概念。

表 2-5-1 《UCP600》对重要概念的定义

概念	《UCP600》中的定义
银行工作日	银行在其履行受本惯例约束的行为的地点通常开业的一天。
保兑	保兑行在开证行承诺之外作出的承付或议付相符交单的确定承诺。
承付	a. 如果信用证为即期付款信用证,则即期付款。 b. 如果信用证为延期付款信用证,则承诺延期付款并在承诺到期日付款。 c. 如果信用证为承兑信用证,则承兑受益人开出的汇票并在汇票到期日付款。
议付	指定银行在相符交单下,在其应获偿付的银行工作日当天或之前向受益人预付或者同意预付款项,从而购买汇票(其付款人为指定银行以外的其他银行)及/或单据的行为。
交单	向开证行或指定银行提交信用证项下单据的行为,或指按此方式提交的单据。

[①] 施天涛:《商法学》(第 4 版),法律出版社 2010 年版,第 501 页。

在企业结算中使用信用证,除了上述重要的概念,还要明确《跟单信用证统一惯例》对一些重要问题的解释,这些解释直接影响着信用证的使用。比如对于信用证的不可撤销性,在《UCP600》的解释中已经明确了"信用证是不可撤销的,即使未如此表明"。信用证使用中,单据签字可用手签、摹样签字、穿孔签字、印戳、符号或任何其他机械或电子的证实方法为之。对于同一银行分支机构的问题,《UCP600》明确了一家银行在不同国家的分支机构被视为不同的银行。《UCP600》解释的问题包括但不限于上述问题,企业在使用信用证时,应该把这些解释作为理解信用证使用的基础。

2. 信用证当事人的关系

企业运用信用证结算,实质是在利用银行的信用来实现结算中的交易安全,因此往往涉及多方当事人。信用证的基本当事人包括开证行、通知行、受益人和指定银行。

(1) 开证行。开证行是指应申请人要求或者代表自己开出信用证的银行。开证行的位置通常是申请人所在地,信用证关系最基本的部分在于开证行与受益人之间的关系,开证行有义务对受益人进行最终的付款。

开证行在信用证中的角色极其重要,《UCP600》也对其担负的责任作出了明确的规定。无论是下列五种情况中的哪一种,只要规定的单据提交给指定银行或开证方,并且构成相符交单,则开证行必须承付。这五种情况包括:信用证规定由开证行即期付款、延期付款或承兑;信用证规定由指定银行即期付款但其未付款;信用证规定由指定银行延期付款但其未承诺延期付款,或虽已承诺延期付款,但未在到期日付款;信用证规定由指定银行承兑,但其未承兑以其为付款人的汇票,或虽然承兑了汇票,但未在到期日付款;信用证规定由指定银行议付但其未议付。

(2) 通知行。通知行指应开证行的要求通知信用证的银行。通知行所在的位置通常是受益人所在的地方。开证行一般是通知行的委托人,它们之间有着委托代理关系。根据《UCP600》,通知行在信用证通知、信用证修改中扮演着重要的角色:信用证及其任何修改可以经由通知行通知给受益人。非保兑行的通知行通知信用证及修改时不承担承付或议付的责任。通知行通知信用证或修改的行为表示其已确信信用证或修改的表面真实性,而且其通知准确地反映了其收到的信用证或修改的条款。

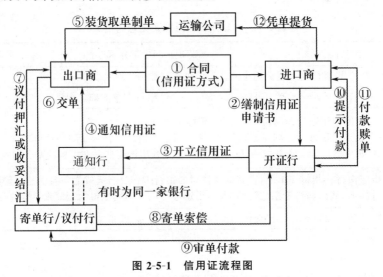

图 2-5-1　信用证流程图

通知行可以通过另一银行("第二通知行")向受益人通知信用证及修改。第二通知行通知信用证或修改的行为表明其已确信收到的通知的表面真实性,并且其通知准确地反映了收到的信用证或修改的条款。

(3)受益人。受益人指接受信用证并享受其利益的一方。信用证中的受益人往往是买卖合同中的卖方。在商业实践中存在大量的实质供货方也是受益人,笔者认为其是第二受益人。

(4)指定银行。指定银行指信用证可在其处兑用的银行,如信用证可在任一银行兑用,则任何银行均为指定银行。指定银行就是向受益人付款、承担延期付款、承兑汇票或者议付的银行。信用证中指定兑用信用证的银行可能是特定的某银行,也可以是任何一处银行(此时任何银行都视为指定行),这取决于信用证的指定。在信用证的实践中,出于方便考虑,指定行可以由通知行兼任,其所在地往往也是受益人的所在地。

另外,根据《UCP600》,申请人指要求开立信用证的一方。保兑行指根据开证行的授权或要求对信用证加具保兑的银行。交单人指实施交单行为的受益人、银行或其他人。

(四)信用证的法律风险防范

1. 信用证欺诈

信用证欺诈,实质上是欺诈者利用了银行不经手基础关系、仅仅进行书面审核的技术特点而操作的。信用证作为基础关系的结算方式,其实质上是独立于基础关系的,在交易中要求遵循严格相符的原则。在一般情况下,当事人不得以基础关系中的事由来请求止付信用证或者请求宣告信用证无效。但是"有原则必有例外",信用证欺诈例外原则就是指在基础关系中存在实质性欺诈时,会导致信用证关系和基础关系相独立的例外情形。在实践中,受益人是信用证欺诈的常见主体,作为受益人的卖方常常利用其在信息上的优势地位进行欺诈。[1]

相关案例
交通银行股份有限公司贵州省分行、中国银行股份有限公司湖北省分行保证合同纠纷[2]

1995年初,作为南德集团总裁的牟其中(已被判刑)为偿还债务和继续扩大业务,拟采取开立信用证的方式为南德集团融资。1995年7月,湖北轻工与南德集团签订了一份编号为95/2501的代理进口协议,约定代理进口货物,总金额共计1.5亿美元,并由何君编造虚假的外贸进口合同,通过湖北轻工向中行湖北分行申请开立了若干远期信用证。1995年9月以后,中行湖北分行向湖北轻工提出如继续开证,必须提供担保。南德集团遂以支付手续费、早日偿还南德集团在交行贵阳分行的1000万元借款及利息并向交行贵阳分行提供反担保为条件,与交行贵阳分行信托投资部(该部于1994年3月29日经批准设立,业务范围为"开展信托业务")达成协议,由交行贵阳分行为南德集团提供业务见证,由南德集团向交行

---

[1] 《最高人民法院关于审理信用证纠纷案件若干问题的规定》第8条规定:"凡有下列情形之一的,应当认定存在信用证欺诈:(一)受益人伪造单据或者提交记载内容虚假的单据;(二)受益人恶意不交付货物或者交付的货物无价值;(三)受益人和开证申请人或者其他第三方串通提交假单据,而没有真实的基础交易;(四)其他进行信用证欺诈的情形。"

[2] 最高人民法院(2018)最高法民再401号再审判决书。

贵阳分行支付手续费。此后,交行贵阳分行信托投资部负责人李建平先后向湖北轻工、中行湖北分行出具20余份《见证意见书》。

最高院"关于湖北轻工向中行湖北分行申请开立信用证行为的效力"认定,南德集团及其法定代表人牟其中,职员姚红、牟臣、牟波、夏宗伟等人为长期非法占有国家资金,与他人共谋、虚构进口货物的事实并骗开信用证的行为已经被认定构成信用证诈骗罪,并被判处刑罚。中行湖北分行是信用证诈骗犯罪行为的被害人,刑事案件追赃所得应返还中行湖北分行,对于追赃后仍不能弥补的部分损失,中行湖北分行可以通过民事诉讼途径获得救济。

本案所涉信用证项下货物并未真实进口,湖北轻工与东泽公司签订的外贸合同并未实际履行;南德集团与湖北轻工之间就该单信用证签订的编号为96HBI2501-014的《代理进口合同》系事后补签。湖北轻工接受南德集团的委托,为获得一定比例的手续费而随意为其向开证行申请开立信用证,造成信用证诈骗犯罪的严重后果。虽然没有充分的证据证明湖北轻工与南德集团共谋并构成信用证诈骗犯罪,但湖北轻工作为货物进口方,在没有真实货物进口的情况下,向中行湖北分行申请开立信用证;在信用证项下单据均系伪造的情况下,在承付进口单据确认书上明确表示"同意承兑,并同意到期付款",构成民事欺诈行为。

常见的信用证欺诈有以下表现方式:(1)利用单据欺诈。受益人可以伪造、变造单据,也可以提交记载内容不真实的单据,以欺骗的方式通过书面审查。(2)交货行为上的欺诈。受益人往往会恶意地根本不交付货物给承运人。有的受益人在欺诈时,甚至会在表面上交货,但实质上交付的货物几乎没有价值,造成实质上的义务不履行。(3)和他人联手欺诈。受益人可能会和开证申请人或其他的第三方联手串通提交单据,这些单据往往是伪造的,从而让银行相信其存在真实的交易基础,而实现欺诈。

在信用证欺诈的防范中,除了在日常使用中对单据等材料的审核保持必要的警惕和细心外,还应该明确法院是如何认定信用证欺诈的,因为要运用"信用证欺诈例外原则",法院是否认定受益人的行为为信用证欺诈是至关重要的。

2. 事前防范:企业日常使用中的必要警惕

企业对信用证的运用为交易结算带来了安全和便利,但由于在信用证的使用中,银行扮演的角色的核心部分仅仅是审查单证是否一致而决定付款,对于货物是一概不经手的。这种制度的设计能有效地保护受益人的权益,但也导致了信用证欺诈实现的现实可能性。为了应对现实中广泛存在的信用证欺诈,仅仅简单地通过单证一致就认定付款的制度设计显然无法解决问题,因此通过司法机关的介入停止银行的付款就成为一种现实中采用的制度。当然,要避免信用证欺诈的风险,最首要的方式不是通过司法程序止付,而是在运用信用证时保持必要的警惕,对于相关文件作必要的审查。

为了应对信用证诈骗,企业对文件中的一些细节,应特别注意:第一,信用证上签名、签章的真实性,签名、签章的核对问题;第二,信用证的格式是否正常,有的信用证欺诈中信用证的格式和一般使用的可能存在出入;第三,相关文件的通信信封、邮戳的真实性问题;第四,信用证中涉及的银行当事人是否存在,或者是否真实;第五,信用证中涉及的货物进出口地等地点是否是信用证诈骗的多发地;第六,其他可能带来风险的细节问题;第七,如果存在任何怀疑,可以与相关银行进行联系查实,避免相关的风险。

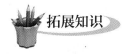
拓展知识

信用证结算中银行的审单标准

《国内信用证结算办法》第8条规定:"在信用证业务中,银行处理的是单据,而不是单据所涉及的货物或服务。"第14条第18项规定,信用证的基本条款,应包括单据条款,须注明据以付款或议付的单据。至少包括发票,表明货物运输或交付、服务提供的单据,如运输单据或货物收据、服务接受方的证明或服务提供方或第三方的服务履约证明。第51条规定,银行不审核信用证没有规定的单据。银行收到此类单据,应予退还或将其照转。根据上述相关规定,信用证与作为其依据的贸易合同相互独立,在信用证业务中,银行只对单据表面是否符合信用证的规定进行形式审查,并不对单据所涉及的货物或服务进行实质审查。同时,《最高人民法院关于审理信用证纠纷案件若干问题的规定》明确"单证审查"应当根据当事人约定适用的相关国际惯例或者其他规定进行;当事人没有约定的,应当按照国际商会《跟单信用证统一惯例》以及国际商会确定的相关标准,认定单据与信用证条款、单据与单据之间是否在表面上相符。

3. 事后防范:司法止付程序

如果实践中信用证已经发生了信用证欺诈的情形,通过司法程序保障权利是一种较为可行的方式。信用证的独立性是受到普遍尊重的原则,但是由于存在欺诈,各国司法机关又不得不通过一定的方式保护被害人的利益,于是就构成了对该原则的一定限制。《最高人民法院关于审理信用证纠纷案件若干问题的规定》第8条规定的情况,实质上是认定信用证欺诈,进而运用信用证欺诈例外原则的情况。①

在信用证欺诈引起的止付之诉中,如果人民法院认定存在信用证欺诈,将会导致裁定中止支付或者判决终止支付信用证项下款项,但是在以下情况下无法实现止付:开证行的指定人、授权人已按照开证行的指令善意地进行了付款;开证行或者其指定人、授权人已对信用证项下票据善意地作出了承兑;保兑行善意地履行了付款义务;议付行善意地进行了议付。

上述四种情况规定,信用证中的其他参与者的善意行为导致不能作出止付的行为,实质上是为了保障信用证制度本身,以免开证行等承担过重的责任。但是"善意"的要求也就意味着,如果是开证行的指定人、授权人已按照开证行的指令恶意地进行了付款,或者开证行或者其指定人、授权人已对信用证项下票据恶意地作出了承兑,或者保兑行恶意地履行了付款义务,又或者议付行恶意地进行了议付,都不能构成对止付的排除。只要上述当事人在知情的情况下仍然付款、承兑或者议付,通过止付之诉减少信用证欺诈损失仍然是可行的方案。

为了有效地通过司法手段减少损失,企业起诉前申请中止支付信用证项下款项应该满足以下要求:(1)受理申请的人民法院对该信用证纠纷案件享有管辖权,要向正确的法院进

---

① 《最高人民法院关于审理信用证纠纷案件若干问题的规定》第5条规定:"开证行在作出付款、承兑或者履行信用证项下其他义务的承诺后,只要单据与信用证条款、单据与单据之间在表面上相符,开证行应当履行在信用证规定的期限内付款的义务。当事人以开证申请人与受益人之间的基础交易提出抗辩的,人民法院不予支持。具有本规定第八条的情形除外。"

行申请。(2)提供的证据材料证明可能存在"信用证欺诈"的基本情况。(3)申请止付救济应该属于如不采取中止支付信用证项下款项的措施将会使申请人的合法权益受到难以弥补的损害的紧急情况。(4)根据《最高人民法院关于审理信用证纠纷案件若干问题的规定》,申请人还要提供可靠、充分的担保。这样的规定是为了防范通过司法程序申请中止支付信用证项下款项的不当使用。(5)不存在上文所述的排除止付的情况,排除止付的情况即:开证行的指定人、授权人已按照开证行的指令善意地进行了付款;开证行或者其指定人、授权人已对信用证项下票据善意地作出了承兑;保兑行善意地履行了付款义务;议付行善意地进行了议付。另外,如果在诉讼中申请中止支付信用证项下款项,也同样要符合上述的要求。[①]

在企业申请中止支付信用证项下款项的裁定作出后,另一方当事人还可以申请复议,只要其对人民法院作出中止支付信用证项下款项的裁定有异议,可以在裁定书送达之日起10日内向上一级人民法院申请复议。

根据《最高人民法院关于审理信用证纠纷案件若干问题的规定》,人民法院在审理信用证欺诈案件的过程中,必要时可以将信用证纠纷与基础交易纠纷一并审理。当事人以基础交易欺诈为由起诉的,可以将与案件有关的开证行、议付行或者其他信用证法律关系的利害关系人列为第三人;第三人可以申请参加诉讼,人民法院也可以通知第三人参加诉讼。

如果法院通过实体审理,认定构成信用证欺诈并且不存在下述情况的,会导致终止支付信用证项下的款项的判决:受益人伪造单据或者提交记载内容虚假的单据;受益人恶意不交付货物或者交付的货物无价值;受益人和开证申请人或者其他第三方串通提交假单据,而没有真实的基础交易;其他进行信用证欺诈的情形。

二、票　据

在企业经营中,商业票据(commercial paper)是一种重要的结算工具,从法的视角看,票据是一种有价证券,企业涉及票据的活动受我国票据法调整。

(一) 票据与票据法

1. 票据

票据,是由出票人签发的、约定由自己或者自己委托的人无条件支付确定的金额给持票人的有价证券。[②] 我国《票据法》第2条第2款规定"本法所称票据,是指汇票、本票和支票"。汇票是出票人签发的,委托付款人在见票时或者在指定日期无条件支付确定的金额给收款人或者持票人的票据。本票是出票人签发的,承诺自己在见票时无条件支付确定的金额给收款人或者持票人的票据。支票是出票人签发的,委托办理支票存款业务的银行或者其他金融机构在见票时无条件支付确定的金额给收款人或者持票人的票据。票据有以下特征:

第一,票据是有价证券。企业结算中的票据是一种货币证券,它代表着确定数额的金钱,票据的兑付请求权和追索具有债权性质。企业持有票据的目的,不是为了对票据本身进

[①] 《最高人民法院关于审理信用证纠纷案件若干问题的规定》第12条规定:"人民法院接受中止支付信用证项下款项申请后,必须在四十八小时内作出裁定;裁定中止支付的,应当立即开始执行。人民法院作出中止支付信用证项下款项的裁定,应当列明申请人、被申请人和第三人。"

[②] 刘心稳:《票据法》(第4版),中国政法大学出版社2018年版,第1页。

行占有、使用、处分或收益,不是为了行使管理的权利,更不是为了证明债权的存在。

第二,票据是无因证券。企业在运用票据进行结算时应注意票据是一种无因证券。传统的票据法理论认为,即使法律根据无效或存在瑕疵也不应影响已发行票据的效力。票据产生的原因不应影响票据本身。这种"无因"的制度设计,是为了保障票据作为交易工具的信用与流通。

第三,票据是严格的要式证券。企业结算中,票据是作为要式证券使用的,票据的成立、转让、保证和承兑是按照严格的形式规则进行的,票据的权利按照票据上的字面记载为准,体现了文义主义的立场,判断票据的效力,是以其形式本身作为标准的。由于票据是一种具有无因性的交易工具,形式主义和文义主义体现了商法"保障交易安全"的原则。《中国人民银行关于调整票据、结算凭证种类和格式的通知》(银发〔2004〕235号)明确了我国汇票、本票、支票的格式,以上三种票据的格式均应严格遵守人民银行的规定。

第四,票据是流通证券。企业要实现良好的发展,就要充分利用交易工具的流通作用。为了实现票据的核心功能——信用功能,票据具有流通性。传统民商法债权的转让是受到一定限制的,但票据的转让却是自由的。票据作为交易工具,流通甚至可以被认为是票据的生命,法律一般对票据的转让对象和转让次数都不作限制,就是为了更好地发挥票据的流通功能。

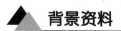 **背景资料**

上海票据交易所[①]

上海票据交易所股份有限公司(以下简称"上海票据交易所")是按照国务院决策部署,由中国人民银行批准设立的全国统一的票据交易平台,2016年12月8日开业运营。上海票据交易所是我国金融市场的重要基础设施,具备票据报价交易、登记托管、清算结算、信息服务等功能,承担中央银行货币政策再贴现操作等政策职能,是我国票据领域的登记托管中心、业务交易中心、创新发展中心、风险防控中心、数据信息中心。上海票据交易所的建设和发展,将大幅度提高票据市场的安全性、透明度和交易效率,激发票据市场活力,更好地防范票据业务风险;有利于进一步完善中央银行宏观调控,优化货币政策传导,增强金融服务实体经济的能力。

2. 票据法的定义及性质

票据法有广义和狭义之分。广义的票据法是指各种有关票据法律规范的总和。广义的票据法除了以"票据法"命名的法律之外,还包括民商法上有关有价证券的规定,刑法上有关有价证券伪造、变造的规定,民事诉讼法有关票据诉讼以及公示催告和除权判决的规定,破产法中有关票据当事人受破产宣告的规定,公证法中有关票据拒绝承兑证书、拒绝付款证书的规定,等等。狭义的票据法是指仅以"票据法"命名的法律及其实施规则等。通常所谓的

---

① 上海票据交易所简介,http://www.shcpe.com.cn/content/shcpe/index.html,2022年9月25日访问。

"票据法"是指狭义的票据法。[①] 我国第一部《票据法》于1995年5月10日发布,于1996年1月1日起施行。中国人民银行于1997年10月1日起实施《票据管理实施办法》。最高人民法院于2000年11月14日发布了《最高人民法院关于审理票据纠纷案件若干问题的规定》。2004年8月28日我国《票据法》进行了第一次修订。2008年12月16日最高人民法院修订了《最高人民法院关于审理票据纠纷案件若干问题的规定》,2020年12月29日最高人民法院又一次修订了《最高人民法院关于审理票据纠纷案件若干问题的规定》并于2021年1月1日起实施。实践中,随着电子商业汇票的使用逐渐流行,中国人民银行在2009年10月16日颁布并实施了《电子商业汇票业务管理办法》,明确电子商业汇票的出票、承兑、背书、保证、提示付款和追索等业务,必须通过电子商业汇票系统办理。

票据法是商法的重要且必不可少的组成部分。正如学者指出:"票据,随商品经济的产生而出现,又随商品经济的逐渐繁荣而发展。"[②]商品经济的繁荣发展势必带动国际贸易的繁荣,国际贸易又促使各国的票据法加强国际化合作。商品经济的发展特征决定了票据自产生之日起必须为经济服务的特征,因此在法律规制上,为了票据流通方便,票据法相较于民法,更多地体现了强行性、技术性以及国际性。

票据法具有法律上的强制性,即票据法立法理念表现出更多的公法特性。票据的种类不得由当事人随意创设,我国《票据法》明确规定了票据是指汇票、本票和支票。票据的格式属于要式行为,中国人民银行就票据的格式、填写规范有明确的规定。

票据法的技术性是指具体规则的技术性特征,如票据格式规定、票据行为规则和票据无因性等,并未体现社会一般的伦理道德意志,而仅仅追求票据内容的确定和流转的便利。票据法通过严密、详细的规定,将票据的运作纳入有序而严谨的轨道,确保票据在流转和使用中的安全。票据是为了便利商品交易和商业信用而创设的,而票据法是对这种商业工具的法律化,它是随商业交易的自然法则而发展的,较少受到伦理道德的影响,它本身并不表示善恶,这和具有明显道德、伦理色彩的刑事、民事规范有很大不同。[③]

票据法具有国际性的特征。正因为票据的流通性、技术性,各国的票据法专家一直在致力于推动票据法的国际化。1930年《日内瓦统一汇票本票法公约》以及1931年《日内瓦统一支票法公约》就是票据法国际化的重要成果。我国《票据法》第95条规定,中华人民共和国缔结或者参加的国际条约同本法有不同规定的,适用国际条约的规定。但是,中华人民共和国声明保留的条款除外。本法和中华人民共和国缔结或者参加的国际条约没有规定的,可以适用国际惯例。

相关案例
华创证券有限责任公司、瑞高商业保理(上海)有限公司票据追索权纠纷[④]

涉案1266号电子商业承兑汇票出票日期为2017年2月9日,汇票到期日为2017年5月15日,票据状态为质押已签收。出票人及承兑人为齐星集团有限公司,收款人为星瀚信

[①] 施天涛:《商法学》(第4版),法律出版社2010年版,第531页。
[②] 王小能:《票据法教程》,北京大学出版社2001年版,第11页。
[③] 王秉乾:《比较票据法案例选评》,对外经济贸易大学出版社2013年版,第16—17页。
[④] 最高人民法院(2018)最高法民终890号。

德公司,票据金额为 100,217,700 元。该电子商业承兑汇票背书显示:2017 年 2 月 9 日,星瀚信德公司将该电子商业承兑汇票背书转让给瑞高商业保理(上海)有限公司(以下称"瑞高公司")。同日,瑞高公司将该电子商业承兑汇票背书质押给中信银行上海分行。2017 年 5 月 15 日,中信银行上海分行通过电子商业汇票系统发出提示付款。2017 年 5 月 27 日,承兑人齐星集团有限公司拒付,电子商业汇票系统显示票据状态为"提示付款已拒付(可拒付追索,可以追所有人)"。中信银行上海分行函告华创证券有限责任公司(以下称"华创证券"),该项电子商业承兑汇票的权利人仍为华创证券,由中信银行上海分行在电子商业汇票系统中代持;如需行使追索权,可发书面指令给中信银行上海分行,由其在电子商业汇票系统进行操作。2017 年 8 月 14 日、9 月 8 日,中信银行上海分行通过电子商业汇票系统分别向星瀚信德公司、瑞高公司、齐星集团有限公司行使追索权未果。截至 2017 年 9 月 11 日,涉案电子商业承兑汇票状态为"拒付追索待清偿"。

最高人民法院认为:华创证券称中信银行上海分行只是其票据权利的代理人,华创证券才是真正的票据权利人。但票据具有严格文义性,涉案票据上记载中信银行上海分行为权利人,并未记载中信银行上海分行为华创证券代理人的字样,无法推导出华创证券为涉案票据权利人的结论。华创证券既未按照法定程序在票据上签章,又未以其他合法方式取得票据,在票据上也看不出中信银行上海分行代理其持有票据的字样,故其并非涉案票据的合法持票人,不享有票据权利。

3. 票据行为

票据行为是指能产生票据债权债务关系的要式的法律行为。票据行为分为广义的票据行为和狭义的票据行为。狭义的票据行为有出票、背书、承兑、保证、参加承兑、保付等六种。广义的票据行为除了以上六种行为之外,还包括付款、参加付款、见票、划线、变更、涂销等。票据行为亦可分为基本的票据行为和附属的票据行为,基本的票据行为是指票据的出票行为,即创设票据的行为,票据上的权利义务都是根据票据的发行而产生的。附属的票据行为是指出票行为以外的其他行为,即以出票行为为前提,在已经做成的票据上所为的票据行为。[①]

票据行为具有要式性、文义性、无因性、独立性、连带性特点。

要式性是指票据行为必须具备法定形式,不得由当事人随意选择。在签名、签章、书面以及款式的形式上,必须严格遵守《票据法》的规定。

文义性是指票据行为以票据书面记载的内容为准,书面记载与实际情况不符的,以书面记载的内容为准。

无因性是指票据关系与原因关系相分离。票据关系的有效、无效及其效力内容,仅依据票据行为的形式和内容,而票据原因关系的有效、无效及其效力内容,对票据关系一般不产生影响。但是,票据关系的无因性并不是绝对的。《票据法》第 12 条规定:"以欺诈、偷盗或者胁迫等手段取得票据的,或者明知有前列情形,出于恶意取得票据的,不得享有票据权利。持票人因重大过失取得不符合本法规定的票据的,也不得享有票据权利。"因此,合法取得的票据方能取得票据权利。我国第一部《票据法》在立法理念上比较强调原因关系,包括取得

---

① 王小能:《票据法教程》,北京大学出版社 2001 年版,第 33—34 页。

票据、票据背书的原因关系,但在之后进行《票据法》修订时,以第12条内容明确了无因性。《最高人民法院关于审理票据纠纷案件若干问题的规定》对于《票据法》第12条、第13条认定的内容予以了细化适用。最高院认为,在票据纠纷中,对持票人提出下列抗辩的,人民法院应予支持:(1)与票据债务人有直接债权债务关系并且不履行约定义务的;(2)以欺诈、偷盗或者胁迫等非法手段取得票据,或者明知有前列情形,出于恶意取得票据的;(3)明知票据债务人与出票人或者与持票人的前手之间存在抗辩事由而取得票据的;(4)因重大过失取得票据的;(5)其他依法不得享有票据权利的。司法实践中,对于何种情况视为持票人重大过失存在较大的争议。

独立性是指票据上所载文义分别独立发生效力,一个行为无效,不影响其他行为的效力。例如,票据上有伪造、变造的签章的,不影响票据上其他真实签章的效力。票据的背书人、承兑人、保证人在票据上的签章不符合《票据法》以及《票据管理实施办法》规定的,或者无民事行为能力人、限制民事行为能力人在票据上签章的,其签章无效,但不影响人民法院对票据上其他签章效力的认定。

连带性是指票据行为人均应承担票据义务,承担连带责任。《票据法》第68条规定,汇票的出票人、背书人、承兑人和保证人对持票人承担连带责任。持票人可以不按照汇票债务人的先后顺序,对其中任何一人、数人或者全体行使追索权。持票人对汇票债务人中的一人或者数人已经进行追索的,对其他汇票债务人仍可以行使追索权。被追索人清偿债务后,与持票人享有同一权利。

相关案例
鞍资(天津)商业保理有限公司、中国工商银行股份有限公司郑州自贸试验区分行等票据追索权纠纷[①]

2018年7月20日,中国工商银行股份有限公司郑州自贸试验区分行(甲方)(以下称工行郑州自贸区分行)与白雲汇公司(乙方)签订编号为20180720017020080041 6518的《银行承兑汇票贴现合作协议》一份。2019年3月18日,工行郑州自贸区分行根据白雲汇公司的申请,为其办理票据贴现业务6笔,票据金额合计3000万元。

一审判决认为,工行自贸区分行经由白雲汇公司背书转让,取得票据权利。其已经向承兑人天津物产集团财务有限公司提示付款但遭到拒绝。因此,工行自贸区分行有权依法向其前手鞍资(天津)商业保理有限公司(以下称"鞍资保理公司")、盈科保理公司、宏敏公司、白雲汇公司行使追索权。

上诉人鞍资(天津)商业保理有限公司以被上诉人中国工商银行股份有限公司郑州自贸试验区分行违法办理票据贴现的事实提起上诉。二审法院认为,关于工行自贸区分行是否享有追索权问题。工行自贸区分行在票据到期日向承兑人天津物产集团财务有限公司提示付款遭到拒绝,根据《票据法》第六十三条第一款的规定:"汇票到期被拒绝付款的,持票人可以对背书人、出票人及汇票的其他债务人行使追索权。"第六十八条规定:"汇票的出票人、背书人、承兑人和保证人对持票人承担连带责任。持票人可以不按照汇票债务人的先后顺序,对其中一人、数人或者全体行使追索权。"宏敏公司、鞍资保理公司、盈科保理公司、白雲汇公

---

① 河南省高级人民法院(2021)豫民终282号。

司等都是汇票记载的背书人,工行郑州自贸区分行向上述各方追索,于法有据。鞍资保理公司称白雲汇公司涉嫌倒票,行为违法,对此,根据票据无因性原则,白雲汇公司是否涉及违法倒票,以及工行郑州自贸区分行工作人员是否与其联手违规开展票据业务或票据交易,并不影响工行郑州自贸区分行行使票据权利,鞍资保理公司认为其中有违规或违法行为的,可以向有关部门举报,由有关部门审查处理。

4. 票据关系与非票据关系

票据法律关系分为票据关系与非票据关系。票据关系是基于票据本身固有的法律关系,即能够产生票据关系的行为仅限于票据行为;非票据关系是和票据有关的但非票据固有的法律关系。

(1) 票据关系

票据关系,是指当事人之间基于票据行为所发生的票据权利义务关系。票据法上的当事人分为基本当事人和非基本当事人。在票据发行时就已经存在的称为基本当事人,主要指出票人(drawer)、收款人(payee)、付款人(payer)。非基本当事人是在票据发出后通过各种票据行为而加入票据关系之中成为票据当事人的人,比如,背书人,保证人等。

(2) 非票据关系

票据法上的非票据关系一般包括票据返还关系、利益返还关系、损害赔偿关系。

票据返还关系。我国《票据法》主要规定了三种票据返还关系:① 无权利持票人的票据返还。以恶意或非法手段而取得票据者,不得享有票据权利。因不得享有票据权利,应产生持票人向正当票据权利人的票据返还关系。② 已获付款时的票据缴回。票据获得付款后,持票人应将票据缴回给付款人。票据已获得付款而未缴回时,应产生付款人与收受款项的持票人之间的票据返还关系。③ 已获清偿时的票据交付,票据追索时,因追索而获得清偿的持票人应将票据交回给清偿人。票据已获清偿而未交付时,应产生持票人与债务清偿人的票据返还关系。

利益返还关系。票据的取得一般应给付对价,当票据由于法定原因未获实现或丧失票据权利时,通过票据发行而取得的对价应予以返还,以避免产生因票据发行而无偿取得利益的不公平现象。

损害赔偿关系。我国《票据法》主要规定了三种损害赔偿关系。① 怠于通知的损害赔偿。票据债务为索取债务,票据权利人及其前手在进行追索时,负有退票通知义务;违反通知义务,应对怠于通知而造成的损失承担赔偿责任,但以票据金额为限。② 拒不作出拒绝证明的损害赔偿。承兑人或付款人在拒绝承兑或拒绝付款后,应向持票人出具拒绝承兑或拒绝付款的相应证明,以使持票人具备行使追索权的条件,违反此项义务的,承兑人或付款人应当承担由此而产生的民事责任。③ 伪造、变造票据的损害赔偿。伪造、变造票据的,应承担相应的民事赔偿责任。[①]

---

① 王保树主编:《商法》,北京大学出版社2011年版,第393—394页。

拓展知识

票据纠纷案由及司法管辖

《民事案件案由规定》(法〔2020〕346号)第二次修正将票据纠纷列为第八部分"与公司、证券、保险、票据等有关的民事纠纷"项下的第二级案由。具体为:

340. 票据付款请求权纠纷

341. 票据追索权纠纷

342. 票据交付请求权纠纷

343. 票据返还请求权纠纷

344. 票据损耗责任纠纷

345. 票据利益返还请求权纠纷

346. 汇票回单签发请求权纠纷

347. 票据保证纠纷

348. 确认票据无效纠纷

349. 票据代理纠纷

350. 票据回购纠纷

关于票据纠纷诉讼的管辖,适用特殊地域管辖。根据《民事诉讼法》第26条关于票据纠纷管辖的规定,因票据纠纷提起的诉讼,由票据支付地或者被告住所地人民法院管辖。《最高人民法院关于审理票据纠纷案件若干问题的规定》进一步规定因票据纠纷提起的诉讼,依法由票据支付地或者被告住所地人民法院管辖。司法实践中,对于"票据支付地"存在较大的争议。《最高人民法院关于审理票据纠纷案件若干问题的规定》第6条第2款明确规定,票据支付地是指票据上载明的付款地,票据上未载明付款地的,汇票付款人或者代理付款人的营业场所、住所或者经常居住地,本票出票人的营业场所,支票付款人或者代理付款人的营业场所所在地为票据付款地。代理付款人即付款人的委托代理人,是指根据付款人的委托代为支付票据金额的银行、信用合作社等金融机构。

表 2-5-2 票据的时效期间

		时效期限	起算时间
持票人对出票人、承兑人的权利	汇票、本票	2年	到期日
	见票即付的汇票、本票	2年	出票日
	支票	6个月	出票日
持票人追索前手		6个月	拒绝日
持票人再追索前手		3个月	清偿日、被诉日

5. 票据的基础关系

一般票据法学说认为,票据的基础关系有三种,即原因关系、资金关系以及票据预约关系。

原因关系一般是授受票据的直接当事人之间基于授受票据的理由而产生的关系。根据票据原因是否有偿可以分为以下两种：有对价的原因关系，例如：支付货款、租金、合同定金等，我国《票据法》以有对价的原因关系为一般情形；无对价的原因关系，例如：赠与、继承等，无对价原因关系属于例外情形。票据原因关系与票据关系，原则上是分离的，原因关系是独立于票据关系的另一类法律关系，但由于票据关系产生于一定的原因关系，二者在一定情形下又彼此牵连。①原因关系是否存在与是否有效对票据关系不发生影响。票据债权人只需持有票据即可行使票据权利，不必说明其取得票据之原因，更不必证明其原因关系之有效。票据关系之存在也不能影响原因关系。

资金关系是在汇票或支票的付款人与出票人之间的一种委托付款法律关系。汇票或支票的发票人之所以委托付款人付款，而付款人之所以愿意付款，就是因为他们之间有一定的约定，这种约定有：(1) 付款人处存有发票人的资金（发票人已预先将资金交存给付款人），此点在支票上最为普遍（通常称为支票合同）。(2) 发票人与付款人之间订有信用合同，付款人允诺为发票人垫付资金（在支票上，这种合同称为透支合同）。(3) 付款人对发票人欠有债务，借此以为清偿。(4) 发票人与付款人之间订有其他合同（如交互计算合同、继续供应合同等）。(5) 付款人愿意为发票人付款（无因管理）。(6) 付款人付款后再向发票人请求补偿。上述几种关系中，(1)(3) 为资金供给关系，(2)(5) 为资金补偿关系。②《票据法》第 21 条规定，汇票的出票人必须与付款人具有真实的委托付款关系，并且具有支付汇票金额的可靠资金来源。第 82 条规定，开立支票存款账户和领用支票，应当有可靠的资信，并存入一定的资金。但是，资金关系是否存在、是否有效，对票据关系不产生影响：(1) 持票人对付款人的票据权利（付款请求权）系来自其持有票据，与出票人提供资金与否并无关系。(2) 资金之有无并不影响持票人的权利。(3) 汇票付款人虽受有资金，却无承兑或付款义务，但如已承兑，即使未受有资金仍不能推脱承兑人应负的责任。汇票付款人如有资金而不承兑，只在他与发票人之间发生民法上的违约问题。(4) 出票人不得以已供给付款人资金而对持票人的追索不负责任。(5) 承兑人或付款人不属于原因关系的当事人，原因关系与资金关系同属民法上的关系，但两种关系并无关联。③

票据预约关系一般是指票据行为人与其相对人之间就票据行为，尤其是票据的签发或转让等达成的一定合意，是连接票据原因与票据行为的桥梁。例如：甲基于一定的原因而将向乙签发一张汇票，双方当事人在出票行为之前一般会对汇票的金额、到期日、付款地等事项进行预先具体的约定，有了这种票据预约之后，才能根据预约的内容进行有关的票据行为，才能建立相应的票据关系。总之，票据原因是出票、背书等票据行为的实质基础，票据预约则是出票、背书的准备，而出票、背书则是票据预约的实践。④票据预约本身并不能发生票据关系。就票据预约关系而言，出票人即使违反预约而发出票据，其票据仍为有效。但同时，票据关系与基础关系有牵连，这种情形只发生在原因关系：(1) 如果原因关系与票据关系存在于同一当事人之间，债务人可以用原因关系对抗票据关系。例如：甲因向乙购货而交付本票给乙，之后甲乙间的买卖合同解除，乙持票据向甲请求付款时，甲可以主张原因关系不存在而拒绝付款。这种情况只限于直接当事人之间。(2) 持票人取得票据如无对价或无

---

① 王小能：《票据法教程》，北京大学出版社 2001 年版，第 78—79 页。
② 谢怀栻：《票据法概论》（增订 2 版），程啸增订，法律出版社 2017 年版，第 36—38 页。
③ 同上书，第 39 页。
④ 王小能：《票据法教程》，北京大学出版社 2001 年版，第 85 页。

相当之对价,不能优于前手的权利。[1]

《美国统一商法典》票据抗辩和扣减权

《美国统一商法典》第3.305规定[2]:

(a) 除本条另有规定外,对当事方之票据支付义务进行强制履行的权利,受制于下列抗辩或扣减权:

(1) 义务人基于下列理由的抗辩:

(A) 义务人系未成年人,只要该情况可以构成简式合同项下的抗辩;

(B) 存在胁迫、缺乏法定行为能力或非法交易,且根据其他法律,该情况导致义务人的义务无效;

(C) 义务人受到欺诈,在既不了解也无合理机会了解票据之性质或关键条款的情况下,被诱导签署票据;或

(D) 义务人的义务在破产程序中被解除。

(2) 义务人根据本篇其他条款持有的抗辩;或义务人在简式合同项下的收款权利时,义务人本可使用的抗辩;以及

(3) 义务人持有的可对抗票据原始受款人的扣减权,只要该权利与票据产生于同一交易;但是,义务人对抗票据受让人的权利主张,只能用于扣减在提起诉讼时票据项下的未偿金额。

(b) 正当执票人强制履行当事方之票据支付义务的权利,受制于(a)(1)款所述之义务人的抗辩,但不受制于(a)(2)款所述之义务人的抗辩,也不受制于(a)(3)款所述的针对任何人的扣减权,但针对执票人的扣减权除外。

(c) 除(d)款另有规定外,在强制履行当事方之票据支付义务的诉讼中,义务人在对抗有权强制执行票据的人时,不得引用其他人的抗辩、扣减权或票据索赔(第3.306条);但是,如果该他人加入诉讼,并自行对有权强制履行票据的人提出票据索赔,则义务人亦可提出该主张。如果寻求强制性履行票据的人不拥有正当执票人的权利,且义务人能够证明,票据系遗失或被盗票据,则义务人无义务支付票据。

(d) 在强制履行融通方之票据支付义务的诉讼中,融通方在对抗有权强制履行票据的人时,可以主张(a)款所述的抗辩或扣减权,只要受融通方有权对强制履行票据的人主张该抗辩或扣减权,但下列抗辩除外:破产程序中的解除义务、未成年人行为以及缺乏法定行为能力。

(e) 在消费者交易中,如果本篇以外的其他法律规定,票据应包括一项说明,即执票人或受让人的权利受制于立票人可向原始受款人主张的索赔或抗辩,但票据实际未包含此种说明,此时:(1) 票据的效力,与票据包括此种说明时的效力相同;(2) 立票人可向执票人或

---

[1] 谢怀栻:《票据法概论》(增订2版),程啸增订,法律出版社2017年版,第39页。
[2] 《美国统一商法典》(中英双语),潘琪译,法律出版社2020年版,第226—229页。

受让人主张的全部索赔和抗辩,与票据包含此种说明时相同;并且(3) 在确定可向执票人或受让人索赔的程度时,票据被视为已包含此种说明。如果票据包含该说明,或根据本款被视为包含该说明,则根据该说明对立票人承担责任的执票人或受让人,只要不是货物或服务的卖方,即有权就执票人或受让人承担的源于立票人对卖方之索赔或抗辩的责任,从卖方获得充分补偿,再加上合理的律师费。本条关于补偿的明确规定,不影响执票人或受让人根据任何规则、书面合同、司法判例或其他法律而享有的补偿、代位或追索权利。如果执票人或受让人自己作出可诉的不当行为,且该行为与声明项下的衍生责任无关,则执票人或受让人不能根据本条,就其对立票人直接承担的责任,从卖方取得补偿。

(f) 如果本法以外的其他法律为消费者交易指定了不同规则,则本法受制于该法。

(二) 汇票

1. 汇票概述

汇票(Bill of Exchange Draft)是票据中最重要、最典型,也是实践中运用最广泛的票据种类,因此本章主要介绍汇票。根据我国《票据法》第19条规定:"汇票是出票人签发的,委托付款人在见票时或者在指定日期无条件支付确定的金额给收款人或者持票人的票据。"汇票的基本当事人有三方,即出票人、持票人、付款人。汇票的分类大约有以下几种:

按照出票人不同,汇票分为银行汇票和商业汇票。根据中国人民银行在1997年颁布的《支付结算办法》第53条规定,银行汇票是由出票银行签发的,由其在见票时按照实际结算金额无条件支付给收款人或者持票人的票据。银行汇票的出票银行为银行汇票的付款人。商业汇票是银行以外的其他商业主体所签发的汇票。银行承兑汇票与商业承兑汇票最大的不同在于承兑人,银行承兑汇票的承兑人是银行,商业承兑汇票的承兑主体是除银行外的其他主体。

按照汇票指定的付款日期不同,汇票可以分为即期汇票和远期汇票。即期汇票(Sight Draft/Demand Draft)即出票日为付款的到期日,见票即付的汇票。即期汇票的记载方式一般为:(1) 在票面上明确载明"见票即付"的字样;(2) 票面上未记载付款日期的汇票推定为见票即付;(3) 票面上记载的到期日与出票日相同。远期汇票(Time Draft/Usance Draft)即载明在一定期间或特定日期付款的汇票,在该日期到来之前,不得提示付款。

按照票面上收款人的记载方式不同,可以分为记名汇票、指示汇票与无记名汇票。记名汇票是我国票据法承认合法的汇票,即出票人在票面明确记载了收款人姓名。指示汇票不仅记载了收款人的姓名而且还在其后附加"或其指定人"字样。指示汇票只能以背书方式转让,不能交付转让。无记名汇票是出票人在票面上没有记载收款人的姓名,或仅仅记载"将票据金额付与来人或持票人(payable to bearer)"。我国票据法不承认无记名汇票的合法性。[①]

2. 汇票的票据行为

(1) 出票

出票是出票人签发票据并将其交付给收款人的票据行为。出票是基本的票据行为。出票的法律效力有三个方面:① 出票人对持票人负担了保证汇票获得承兑和付款的担保责

---

① 王秉乾:《比较票据法案例选评》,对外经济贸易大学出版社2013年版,第204—207页。

任。持票人在汇票得不到承兑或者付款时,得向出票人行使追索权。② 收款人成为持票人,享有票据权利。除见票即付的汇票外,其他到期日的汇票,要经过付款人承兑,才得请求付款。因此,持票人在汇票获得承兑之前的付款请求权,属于期待权。持票人亦有追索权,但未发生汇票被拒绝承兑或付款情形时,不得行使之。③ 授予付款人承兑和付款之资格。①票据为要式证券,出票人必须按照《票据法》之规定格式作成汇票。

我国《票据法》第22—25条规定了汇票的绝对必要记载事项、相对必要记载事项以及"可以记载但不发生汇票上的效力的事项"。《票据法》第22条规定,汇票必须记载七个事项,即:表明"汇票"的字样、无条件支付的委托、确定的金额、付款人名称、收款人名称、出票日期、出票人签章。《票据法》第23条规定了汇票的相对必要记载事项,包括付款日期、付款地、出票地。《票据法》第24条规定,汇票上可以记载本法规定事项以外的其他出票事项,但是该记载事项不具有汇票上的效力。《电子商业汇票业务管理办法》规定,电子商业汇票出票必须记载九个事项,即:表明"电子银行承兑汇票"或"电子商业承兑汇票"的字样;无条件支付的委托;确定的金额;出票人名称;付款人名称;收款人名称;出票日期;票据到期日;出票人签章。

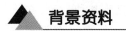

背景资料

电子商业汇票系统

2009年10月28日,由中国人民银行建设并管理的电子商业汇票系统(Electronic Commercial Draft System,ECDS)正式建成运行,我国票据市场迈入电子化时代。2009年10月16日中国人民银行颁布了《电子商业汇票业务管理办法》(中国人民银行令〔2009〕第2号),明确电子商业汇票系统是经中国人民银行批准建立,依托网络和计算机技术,接收、存储、发送电子商业汇票数据电文,提供与电子商业汇票货币给付、资金清算行为相关服务的业务处理平台。电子商业汇票的出票、承兑、背书、保证、提示付款和追索等业务,必须通过电子商业汇票系统办理。电子商业汇票的付款期限自出票日起至到期日止,最长不得超过1年。票据当事人在电子商业汇票上的签章,为该当事人可靠的电子签名。电子签名所需的认证服务应由合法的电子认证服务提供者提供。电子商业汇票系统运营者由中国人民银行指定和监管。电子商业汇票的数据电文格式和票据显示样式由中国人民银行统一规定。

(2) 背书

背书是一种重要的票据行为,是法定的要式行为。根据《票据法》第27条规定,背书是指在票据背面或者粘单上记载有关事项并签章的票据行为。背书是持票人的票据行为。背书是在票据背面记载背书目的事项的票据行为。背书的效果只有三种:转让票据权利、为他人设定质权、委托他人收款。背书分为记名背书和不记名背书。根据《票据法》第29条、第30条的规定,记名背书必须记载背书人签章及被背书人名称。《票据法》第29条规定:"背书

---

① 谢怀栻:《票据法概论》(增订2版),程啸增订,法律出版社2017年版,第140—141页。

由背书人签章并记载背书日期。背书未记载日期的,视为在汇票到期日前背书。"《票据法》第 30 条规定:"汇票以背书转让或者以背书将一定的汇票权利授予他人行使时,必须记载被背书人名称。"背书不得"部分背书"和"附条件背书"。《票据法》第 33 条第 1 款规定,附条件背书中所附条件,不具有汇票上的效力。

不记名背书在我国是通过《最高人民法院关于审理票据纠纷案件若干问题的规定》承认和保护的,其第 48 条规定:"依照票据法第二十七条和第三十条的规定,背书人未记载被背书人名称即将票据交付他人的,持票人在票据被背书人栏内记载自己的名称与背书人记载具有同等法律效力。"

《票据法》第 31 条规定,以背书转让的汇票,背书应当连续。持票人以背书的连续,证明其汇票权利;非经背书转让,而以其他合法方式取得汇票的,依法举证,证明其汇票权利。前款所称背书连续,是指在票据转让中,转让汇票的背书人与受让汇票的被背书人在汇票上的签章依次前后衔接。背书连续原则,是指在票据转让中,转让汇票的背书人和受让汇票的被背书人在汇票上的签章应当依次前后衔接,具有不间断性,即本次背书人应是前一次背书的被背书人。各国票据法大多规定了票据当事人对票据记载的形式审查,即不要求持票人审查背书记载的实质原因或背书的真实性,但要求持票人必须审查背书在形式上是否连续,因为一张票据往往在很多法律主体之间流通,这些经手票据的主体在票据上的背书如果是连续的,至少在形式上证明票据在流通过程中没有发生瑕疵。[①]

背书分为转让背书与非转让背书。转让背书,是指以转让票据权利目的的背书。一般转让背书是指到期日前以一般方式转让票据权利的背书和特殊转让背书。特殊转让背书是根据《票据法》第 34 条和第 36 条等规定,具体指禁止转让的背书期后背书等。禁止转让的背书,是指背书人在票据上记载"不得转让"字样,禁止被背书人再背书转让该票据的转让背书。禁止转让背书的效力有二:其一,限制被背书人,即禁止转让背书人的直接后手再转让票据;其二,将禁转背书人保证承兑和保证付款的票据责任,限制于对禁转背书的被背书人。《票据法》第 34 条规定,背书人在汇票上记载"不得转让"字样,其后手再背书转让的,原背书人对后手的被背书人不承担保证责任。非转让背书包括委托收款背书及设质背书。[②]

委托收款背书是指背书人以委托被背书人代为收取票据款项为目的、在票据背面记载"委托收款"字样的背书。《票据法》第 35 条规定,背书记载"委托收款"字样的,被背书人有权代背书人行使被委托的汇票权利。但是,被背书人不得再以背书转让汇票权利。

设质背书,又称"质权背书",是持票人以在票据权利上设定质权为目的而为的背书。票据权利上一经设定质权,被背书人即取得质权,这样只要设质的汇票到期日届至,取得质权的被背书人就有权收取该汇票金额。同时,持有汇票的质权人当然可以行使汇票上的其他权利,如付款提示、请求作成拒绝证书、行使追索权、提起诉讼等。另外,设质背书的被背书人可以再为背书,但只能为委托取款背书,不得为转让背书或转质背书。[③]《票据法》第 35 条规定,汇票可以设定质押;质押时应当以背书记载"质押"字样。被背书人依法实现其质权时,可以行使汇票权利。[④] "依法实现质权"是指根据《民法典》《最高人民法院适用〈中华人民共和国民法典〉有关担保制度的解释》的规定:① 票据质权人在票据出质人未履行主债务而

---

① 王小能:《票据法教程》(第 2 版),北京大学出版社 2001 年版,第 201 页。
② 刘心稳:《票据法》(第 4 版),中国政法大学出版社 2018 年版,第 167 页。
③ 施天涛:《商法学》(第 4 版),法律出版社 2010 年版,第 572 页。
④ 刘心稳:《票据法》(第 4 版),中国政法大学出版社 2018 年版,第 173 页。

票据已经到期时,对未获承兑的汇票,有权直接请求承兑;对已获承兑的汇票,有权直接向票据付款人请求付款;对见票即付的票据,有权直接请求付款。② 票据质权人在出质人未履行主债务但票据未到期时,对未获承兑的汇票,应当按照《票据法》关于提示承兑期限的规定请求承兑,然后请求付款;对已获承兑的汇票,只能等到付款期限届至再请求付款。③ 在票据已经到期但是主债务履行期限尚未届满的情况下,票据质权人可以在主债务履行期限届满前请求付款,并与出质人协商将所收取的票款用于提前清偿或者向第三人提存。④ 在出质票据的债务人拒绝(承兑或付款)时,质权人可以起诉出质人和出质票据的债务人,也可以单独起诉出质票据的债务人。就汇票权利,应理解为付款请求权和追索权。票据质押不发生票据权利义务的转让的效果,但是,在质押期间,票据质权人是合法持票人,其质权不仅可以对抗出质人也可以对抗第三人,更重要的是,票据权利人在行使票据权利时是以自己的名义行使的,票据质权人依法实现其票据质权、行使票据权利时,正常情形下行使的是付款请求权,特殊情况(拒绝承兑或者拒绝付款的情形)下行使的是追索权。①

汇票质押法律纠纷

目前,关于汇票质押的认定问题存在的争议,集中体现为汇票质押的适用法律、成立要件、对质权人行使权利的抗辩及代理持票等问题。一般来说,人民法院会根据诉讼请求确定案由,确定适用法律。多数法院认为,当事人在诉讼请求中如果主张了票据权利,属于票据纠纷,按照《票据法》的相关规定审理。少数法院认为,应同时适用《民法典》和《票据法》的相关规定,如此,既是在担保意义上行使担保物权,又是在票据法意义上行使票据付款请求权。关于汇票质押中对质权人行使权利的抗辩问题。一是对于票据基础关系是否影响质权人的权利,实践中一般认为因商业承兑票据具有无因性和独立性,经多手背书的持票人或票据权利人要求承兑时,出票人或承兑人以票据虚假抗辩的,不应予以支持。二是汇票债务人不得向汇票质权人主张其对汇票出质人享有的基于基础债权债务关系的抗辩。票据法意义上的持票人,享有《票据法》第13条第1款赋予的抗辩切断保护。②

在原告以"追偿权"为案由要求对汇票所载全体背书人承担票据责任时,法院是否可以合并审理?福建省高级人民法院认为:"金汇通公司将上述汇票背书质押给恒丰银行泉州分行的汇票质押行为符合《中华人民共和国票据法》的规定,恒丰银行泉州分行依法取得汇票质权,恒丰银行泉州分行在依法实现其质权时,可以行使汇票权利,即恒丰银行泉州分行有权向该汇票债务人冠福控股请求支付票据金额。票据质押属于担保物权,担保物权人在债务人不履行到期债务或者发生当事人约定的实现担保物权的情形,依法享有就担保财产优先受偿的权利。金汇通公司未能依约还清本案借款本息,已构成违约,恒丰银行泉州分行在要求金汇通公司承担还款责任的同时,为实现汇票质权,依据《中华人民共和国票据法》第三十五条的规定,向汇票债务人冠福控股主张付款请求权,符合法律规定,予以支持。因此,恒

---

① 刘心稳:《票据法》(第4版),中国政法大学出版社2018年版,第173页。
② 最高人民法院民事审判第二庭:《最高人民法院民法典担保制度司法解释理解与适用》,人民法院出版社2021年版,第498—500页。

丰银行泉州分行在本案中一并向冠福控股主张汇票付款请求权属于主张担保物权的范围，冠福控股辩称恒丰银行的诉讼请求中涉及两个法律关系，不可合并审理，于法无据，不予采纳。"①

背书发生三个方面的效力，即票据的背书可以使得票据上的一切权利因背书而发生转移、担保和证明的效力。权利转移，是票据上的权利依背书由背书人转移至被背书人，被背书人依背书而受让票据后即同时取得票据上的一切权利，包括付款请求权和追索权。转移的效力只限于转让背书，委任背书和设质背书不发生权利转移的效力。在委任背书的情况下，被背书人取得代理权；在设质背书的情况下，被背书人取得质权。担保的效力是指背书人以背书转让汇票后，即对其后手所持汇票承担承兑和付款的担保责任。背书人在汇票得不到承兑或付款时，应当向持票人承担偿还责任。即，持票人行使权利遭到拒绝后，可以向背书人行使追索权。背书人的这种担保责任，不仅限于对其直接后手，而且包括对其所有的后手。证明的效力是指以背书转让的汇票，其背书本身具有证明合法取得汇票权利的效力。背书应当连续，持票人以背书的连续，证明其汇票的权利。②

（3）承兑

承兑（acceptance）是汇票特有的制度。《票据法》第 38 条规定，承兑是指汇票付款人承诺在汇票到期日支付汇票金额的票据行为。票据的出票行为是一种单方法律行为，无法直接约束付款人。付款人在持票人要求付款时，可以选择愿意付款，即作出"承兑"的意思表示，也可以拒绝付款，即"拒绝承兑"。

承兑的分类一般有两种。一种是正式承兑和略式承兑。正式承兑又称为"完全承兑"，正式承兑的绝对必要记载事项包括"承兑"字样和付款人签章。略式承兑是指付款人仅在汇票证明签章，在汇票上不记载任何文义字样。我国《票据法》不承认略式承兑的法律效力。另一种是单纯承兑和不单纯承兑。单纯承兑是指付款人按照票面记载的文义进行承兑，不单纯承兑是指部分承兑和附条件承兑。部分承兑是付款人就汇票金额进行部分承兑，附条件承兑是指附加一定的条件进行承兑，我国《票据法》不认可不单纯承兑。③

汇票承兑程序分为两个步骤，提示承兑以及承兑/拒绝承兑。

第一步，提示承兑。持票人按票据法规定的期限，向付款人提示承兑。《票据法》第 41 规定，付款人对向其提示承兑的汇票，应当自收到提示承兑的汇票之日起 3 日内承兑或者拒绝承兑。付款人收到持票人提示承兑的汇票时，应当向持票人签发收到汇票的回单。回单上应当记明汇票提示承兑日期并签章。

第二步，承兑或拒绝承兑。付款人按照票据法规定的时间、方式进行承兑，并将承兑的汇票交还持票人。《票据法》第 42 条规定，付款人承兑汇票的，应当在汇票正面记载"承兑"字样和承兑日期并签章；见票后定期付款的汇票，应当在承兑时记载付款日期。汇票上未记载承兑日期的，以 41 条第 1 款规定期限的最后一日为承兑日期。因此，实践操作中，一些商业承兑汇票上未记载承兑日期，则以《票据法》第 41 条规定的最后一日为承兑日。付款人决定拒绝承兑的，应当在票据法规定的时间内，向持票人作出拒绝承兑的意思表示，出具拒绝证书，退还汇票。

---

① 福建省高级人民法院（2019）闽民终 1249 号。
② 施天涛：《商法学》（第 4 版），法律出版社 2010 年版，第 572 页。
③ 王小能：《票据法教程》（第 2 版），北京大学出版社 2001 年版，第 212 页。

(4) 保证

保证是一种票据行为,基于票据行为独立性原则,保证人的票据责任也具有独立性,在保证行为有效的条件下,被保证的票据债务即使因缺乏行为能力、签章不真实等原因而无效,保证人仍应该承担保证责任。[①]

我国《票据法》第46条、第47条规定了保证的必要记载事项。第48条规定了保证的禁止记载事项。保证绝对必要记载事项共三项:表明保证字样、保证人名称和住所、保证人签章。相对必要记载事项:被保证人的名称、保证日期。《票据法》第47条第2款规定,保证人未记载保证日期的,出票日期为保证日期。关于禁止记载事项,《票据法》规定保证不得记载附条件的文义,附有条件的,所附条件无效,对保证责任无影响,保证人仍应依票据文义负保证责任。在保证的效力方面,保证使保证人负担票据责任,使得持票人有了更多的付款请求对象;保证人清偿票据债务后,持有票据,享有追索权。保证人对合法持票人承担保证责任。对形式不合法的汇票不产生票据权利,被保证人的债务因此而无效。保证人与被保证人对持票人承担连带责任。保证人为两人以上的,保证人之间承担法定的连带责任。

(5) 付款

付款包括两个程序,持票人提示付款以及付款人的付款。

提示是付款的前提,是指提示人即持票人(或其代理人)向被提示人即付款人(或其代理人)请求支付票面金额的行为。提示付款主要发生两方面的效力。第一,在权利人方面,提示发生保全追索权的效果。提示是付款的必经程序,也是持票人的义务。第二,在义务人方面,如不付款即为债务不履行,应负延迟责任。提示就是行使付款请求权,债务人不依债权人的请求而付款即应当从到期日或提示之日起负延迟责任。[②] 根据《票据法》第53条:"持票人应当按照下列期限提示付款:(一)见票即付的汇票,自出票日起一个月内向付款人提示付款;(二)定日付款、出票后定期付款或者见票后定期付款的汇票,自到期日起十日内向承兑人提示付款。持票人未按照前款规定期限提示付款的,在作出说明后,承兑人或者付款人仍应当继续对持票人承担付款责任。通过委托收款银行或者通过票据交换系统向付款人提示付款的,视同持票人提示付款。"

(6) 追索权

根据《票据法》的规定,票据权利是指持票人向票据债务人请求支付票据金额的权利,包括付款请求权和追索权。持票人在票据到期时应按《票据法》规定先向承兑人提示付款,即先行使付款请求权;承兑人拒绝付款后,方可行使向票据其他背书人要求追索的权利。《最高人民法院关于审理票据纠纷案件若干问题的规定》第4条规定:"持票人不先行使付款请求权而先行使追索权遭拒绝提起诉讼的,人民法院不予受理。除有票据法第六十一条第二款和本规定第三条所列情形外,持票人只能在首先向付款人行使付款请求权而得不到付款时,才可以行使追索权。"

追索权是一种重要的票据权利,是为了补充付款请求权的第二次权利,又名"偿还请求权"。在第一次的请求权(即付款请求权)不能得到满足时,持票人才能行使第二次的权利,即追索权。追索权不像普通债权,行使一次得到满足即行消灭。第一次的追索权人行使追

[①] 最高人民法院研究室:《最高人民法院新民事案件案由规定理解与适用》(下),人民法院出版社2021年版,第950页。

[②] 谢怀栻:《票据法概论》(增订2版),程啸增订,法律出版社2017年版,第158页。

索权,请求其被追索人偿付款项,得到满足后,他的追索权并不消灭,而是转移到被追索人。被追索人成为第二次的追索人,向他的被追索人行使。这样逐次转移,逐次行使,直到票据上的最后债务人偿还后,整个票据关系消灭,追索权也消灭。[①]

《票据法》第62条规定,持票人行使追索权时,应当提供被拒绝承兑或者被拒绝付款的有关证明。持票人提示承兑或者提示付款被拒绝的,承兑人或者付款人必须出具拒绝证明,或者出具退票理由书。未出具拒绝证明或者退票理由书的,应当承担由此产生的民事责任。持票人不能出示拒绝证明、退票理由书或者未按照规定期限提供其他合法证明的,丧失对其前手的追索权。但是,承兑人或者付款人仍应当对持票人承担责任。实践中,对于"拒付证明"的开具问题争议非常大。电子商票系统比较好地解决了这一问题,通过电子商票系统,承兑人拒绝承兑时均会记载拒付理由。

汇票的追索人包括持票人和因清偿而取得票据的人。持票人是最初的追索权人。因持票人原来的第一顺位的付款请求权遭到承兑人的拒绝承兑而无法实现,因此只能行使第二顺位的追偿权。另一类追索人是指因清偿而取得票据的人,即"再追索权人",包括背书人、保证人以及参加付款人。《票据法》第71条规定:"被追索人依照前条规定清偿后,可以向其他汇票债务人行使再追索权,请求其支付下列金额和费用。"汇票的被追索人包括背书人、保证人、出票人、承兑人。《票据法》第68条规定:"汇票的出票人、背书人、承兑人和保证人对持票人承担连带责任,持票人可以不按照汇票债务人的先后顺序,对其中任何一人、数人或者全体行使追索权。"

3. 票据贴现

票据的融资功能主要是通过票据"贴现"实现。票据的贴现目前主要由《支付结算办法》《商业汇票承兑、贴现与再贴现管理办法》《支付结算会计核算手续》《电子商业汇票业务管理办法》等规范予以规制。票据贴现具有以下特点:

(1) 贴现是票据权利转让行为。
(2) 可贴现的票据是商业汇票,包括商业承兑汇票和银行承兑汇票。
(3) 持票人申请贴现的商业汇票须为未到期但已获承兑的汇票。
(4) 持票人办理贴现时,需要向其开户银行提出申请,经开户银行同意才能获得贴现。
(5) 银行贴现时,按照规定从票面金额中扣减一定利息,然后才予以付款。

票据贴现人为持票人开立存款账户的金融机构。《商业汇票承兑、贴现与再贴现管理办法》第14条规定,商业汇票的贴现人应为在中华人民共和国境内依法设立的、具有贷款业务资质的法人及其分支机构。

贴现程序如下:

第一步:持票人持未到期的商业汇票,向自己开户的金融机构申请贴现。

第二步:贴现银行受理持票人的申请后,按照规定对票据的真实性、背书连续性、贴现申请人签章的真实性、贴现申请人票据来源的合法性、持票人的身份证明等进行审查,确定无误的,予以贴现。

第三步:贴现银行将实付金额交贴现申请人。

[①] 谢怀栻:《票据法概论》(增订2版),程啸增订,法律出版社2017年版,第171页。

 拓展知识

民间贴现:无效!

民间贴现,是指不具有法定贴现资质的主体进行的票据"贴现",该非法"贴现"行为违反了国家的金融管理秩序。① 《九民纪要》第 101 条规定:票据贴现属于国家特许经营业务,合法持票人向不具有法定贴现资质的当事人进行"贴现"的,该行为应当认定无效,贴现款和票据应当相互返还。当事人不能返还票据的,原合法持票人可以拒绝返还贴现款。人民法院在民商事案件审理过程中,发现不具有法定资质的当事人以"贴现"为业的,因该行为涉嫌犯罪,应当将有关材料移送公安机关。民商事案件的审理必须以相关刑事案件的审理结果为依据的,应当中止诉讼,待刑事案件审结后,再恢复案件的审理。案件的基本事实无须以相关刑事案件的审理结果为依据的,人民法院应当继续审理。根据票据行为无因性原理,在合法持票人向不具有贴现资质的主体进行"贴现",该"贴现"人给付贴现款后直接将票据交付其后手,其后手支付对价并记载自己为被背书人后,又基于真实的交易关系和债权债务关系将票据进行背书转让的情形下,应当认定最后持票人为合法持票人。

三、信　托

(一) 信托与信托法

信托"Trust"是舶来品。《信托法》第 2 条规定:"本法所称信托,是指委托人基于对受托人的信任,将其财产权委托给受托人,由受托人按委托人的意愿以自己的名义,为受益人的利益或者特定目的,进行管理或者处分的行为。"《日本信托法》第 1 条规定:本法所称信托,是指办理财产的转移或其他处理,使他人遵从一定的目的,对其财产加以管理或处理。我国台湾地区"信托法"第 1 条规定,称信托者,谓委托人将财产权转移或为其他处分,使受托人依信托本旨,为受益人之利益或为特定之目的,管理或处分信托财产之关系。

 背景资料

信托制度的起源

关于信托制度起源主要存在两种观点:一种观点认为信托起源于罗马法的遗赠和遗产信托;另一种观点认为信托起源于英国衡平法的用益制度(Use)。目前人们所说的信托,通常就是指 14 世纪以后由英国的衡平法院发展起来的一项制度。② 用益制度在英国产生的原

---

① 最高人民法院民事审判第二庭:《〈全国法院民商事审判工作会议纪要〉理解与适用》,人民法院出版社 2019 年版,第 524 页。

② 何宝玉:《信托法原理与判例》,中国法制出版社 2013 年版,第 2 页。

因主要有:(1)向教会捐赠土地;(2)规避封建税赋;(3)"十字军"东征。在用益制度下,转让人将土地转让给他人设立用益权,受让人取得财产后,总有一些受让人不履行诺言,受到损害的人不能在普通法院得到救济,只得向国王或大法官请求实现正义。据说,从14世纪开始,大法官出面予以干预,强迫受让人按照转让人的指示行事。因而,用益制度实际上就是将占有权授予受让人,从而通过法律,把用益权人在用益制度下的衡平法权利转换成为法定所有权。这种转换被称为用益的执行。大法官的干预促进了用益制度的发展。结果,封建领主和国王失去了许多土地的利益,为此国王立法制定《1535用益权法》。这部法律的实施,最初有效阻止了用益制度的进一步发展,但实质上并未废除用益制度本身,只是废除了用益的执行。此后为了回避《1535用益权法》,以及避免封建税赋,人们又想出了一个办法,就是在用益上再设定一项用益(use upon a use)。普通法院同样不喜欢这种方法,将第二项用益看成与第一项用益相矛盾,因而判定第二项用益无效。到17世纪衡平法院开始承认第二项用益权。所以,一项用益只要再加上一项用益,即可有效成立。大法官强制实施第二项用益权后,将它称为"信托",乙被称为受托人,是土地的法定所有者;丙被称为受益人,享有土地的衡平法权益,是土地的衡平法所有者。于是,信托就这样产生了。①

我国《信托法》于2001年颁布实施,迄今已经有二十余年,其间尚未进行修改。我国在信托立法方面主要是基于《信托法》为中心的根本大法、结合银保监会颁布的规章,从而形成"一法三规"的法律规制体系,"一法"是指《信托法》,"三规"是指《信托公司管理办法》《信托公司集合资金信托计划管理办法》和《信托公司净资本管理办法》。

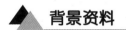 背景资料

刚性兑付

2018年颁布的《关于规范金融机构资产管理业务的指导意见》(俗称《资管新规》)第19条明确规定了"刚性兑付"的情况:

(一)资产管理产品的发行人或者管理人违反真实公允确定净值原则,对产品进行保本保收益。

(二)采取滚动发行等方式,使得资产管理产品的本金、收益、风险在不同投资者之间发生转移,实现产品保本保收益。

(三)资产管理产品不能如期兑付或者兑付困难时,发行或者管理该产品的金融机构自行筹集资金偿付或者委托其他机构代为偿付。

(四)金融管理部门认定的其他情形。

广东省国际信托投资公司的破产是中国信托业的一个重大事件,一定程度上导致了中国信托业陷入困境。"信托"作为重要的金融工具在我国再次被热捧有着特殊的时代背景。

---

① 何宝玉:《信托法原理与判例》,中国法制出版社2013年版,第14—20页。

中国房地产市场的急切融资需求、投资者刚性兑付需求与信托产品的开发有着密切关系。由于各大房地产商对地产融资需求的加剧,以及原银监会在银行贷款领域对房地产公司的贷款一度收紧,融资市场意识到"信托公司"作为受托贷款的主体,具有一定的融资优势,故利用"信托公司"作为通道业务实施委托贷款的业务一度井喷。因此,融资类信托业务数量在 2010 年前一度占据各大信托公司较大的比重。但对于"通道业务"的合法性问题,也一直是法律界探讨的热点,从传统民法学角度认为,"通道业务"实质是信托公司出借信托资质,该行为构成了"法律规避"(或称"脱法行为"),是利用表面上合法的信托手段实质达到了绕开监管部门对房地产业融资监管的目的,因此该行为的效力问题存在一定争议。之后,市场基于委托贷款的单一产品又逐步发展出了"银信产品"(即银行与信托产品的结合,信托委贷资金部分来源于银行理财产品)、"银证信产品"(即银行、证券公司以及信托的结合)等。对此,银保监会屡次颁布了相关监管规定,对信托公司经营上述业务进行严加监管,要求信托公司回归信托本源,在信托管理中应积极发挥主动性。针对通道业务的合同效力,《九民纪要》对上述产品的效力进行了"新老阶段"划分,在过渡期内(即 2021 年 12 月 31 日前)发生的通道业务,一方以信托目的违法违规为由要求确认无效的,如不存在其他无效事由,人民法院不予支持。

信托法的国际化进程

1985 年在荷兰召开了第 25 届国际私法大会,大会通过的《关于信托的法律适用及其承认的公约》(简称《国际信托公约》)第 2 条规定:为本法的目的,信托是指一个人即委托人在生前或者死亡时创设的一种法律关系,委托人为受益人的利益或者为某个特定目的,将其财产置于受托人的控制之下。信托具有如下特征:(1) 信托财产构成一个单独的基金,并且信托财产不是受托人自有财产的一部分;(2) 信托财产的所有权置于受托人名下,或者置于代表受托人的其他人名下;(3) 受托人拥有权力和职责,按照信托条款和法律施加于他的特殊义务,管理、使用或者处分信托财产;对此受托人负有说明的义务。委托人保留一定的权利和权力,以及受托人本人也有权利成为受益人的事实,并不一定与信托的存在相矛盾。

(二) 信托的分类

一般而言,信托有以下的分类:

1. 法定信托和任意信托。法定信托是通过法律的强制,或者法律根据当事人意思进行解释、推定而成立的信托。比如:构成信托(Constractive Trust)和归复信托(Resulting Trust)。任意信托(又称设定信托)是指依当事人之间的法律行为而成立的信托,其表现形式可以是依合同或遗嘱的法律行为而成立的信托。①

2. 私益信托和公益信托。这是根据信托目的进行的分类。私益信托是以实现个人的利益为目的的信托,也就是委托人为了实现自己(自益信托)或第三人(他益信托)的利益而

---

① 中野正俊、张军建:《信托法》,中国方正出版社 2004 年版,第 29 页。

设立的信托。公益信托是以实现公共利益为目的而设立的信托。慈善信托属于公益信托，是指委托人基于慈善目的，依法将其财产委托给受托人，由受托人按照委托人意愿以受托人名义进行管理和处分，开展慈善活动的行为。根据《慈善信托管理办法》第 7 条规定，设立慈善信托，必须有合法的慈善信托目的。以开展下列慈善活动为目的而设立的信托，属于慈善信托：(1) 扶贫、济困；(2) 扶老、救孤、恤病、助残、优抚；(3) 救助自然灾害、事故灾难和公共卫生事件等突发事件造成的损害；(4) 促进教育、科学、文化、卫生、体育等事业的发展；(5) 防治污染和其他公害，保护和改善生态环境；(6) 符合《慈善法》规定的其他公益活动。受托人应当在慈善信托文件签订之日起 7 日内，将相关文件向受托人所在地县级以上人民政府民政部门备案。未按照前款规定将相关文件报民政部门备案的，不享受税收优惠。信托公司担任受托人的，由其登记注册地设区市的民政部门履行备案职责；慈善组织担任受托人的，由准予其登记或予以认定的民政部门履行备案职责。

拓展知识

国内首例慈善组织作为单受托人的慈善信托发布

2016 年 12 月 28 日，北京市企业家环保基金会（即阿拉善 SEE）在北京发布了阿拉善 SEE 作为单受托人的慈善信托，这是自 2016 年 9 月《慈善法》正式施行后，中国首例慈善组织作为单受托人的慈善信托。此笔慈善信托的全称为"北京市企业家环保基金会 2016 阿拉善 SEE 公益金融班环保慈善信托"，委托人为阿拉善 SEE 公益金融班代表张泉，受托人为北京市企业家环保基金会（阿拉善 SEE），监察人为中伦律师事务所，资金监督保管账户设立在广发银行，信托资金 100 万元，将用于支持初创期的环保公益组织。该笔慈善信托于 12 月 27 日在北京市民政局完成备案，获得备案回执。2016 年 9 月施行的《慈善法》第 46 条明确指出："慈善信托的受托人，可以由委托人确定其信赖的慈善组织或者信托公司担任。"截至目前，全国已有多家信托公司推出了慈善信托计划，但单受托人"清一色"全部为信托公司，而非慈善组织，阿拉善 SEE 公益金融班环保慈善信托的推出将填补这一空白。[①]

3. 自益信托和他益信托。自益信托是指信托设立者即委托人自身作为受益人享受信托利益的信托。与此相反，他益信托是指信托的设立人即委托人以外的第三人作为受益人享受信托利益的信托。自益信托的委托人和受益人是同一个人，而他益信托的委托人和受益人不是同一人。目前营业信托广泛采用了自益信托的方式。自益信托和他益信托在信托法的条文规定上存在明显的差异。例如，关于信托的终止，自益信托的委托人或者继承人可以随时终止信托（《信托法》第 50 条、第 51 条）；而他益信托的委托人与受益人共同为之才可以终止信托。自益信托的独立性问题一直是理论界与实务界的难题。委托人将信托财产转移至受托人名下，但委托人同时又是唯一的受益人，自益信托的合法性、合理性以及信托财产的独立性会受到质疑。《信托法》第 15 条规定："设立信托后，委托人死亡或者依法解散、被依法撤销、被宣告破产时，委托人是唯一受益人的，信托终止，信托财产作为其遗产或者清

---

① 国内首例慈善组织作为单受托人的慈善信托发布，http://gongyi.sina.com.cn/gyzx/ngo/2016-12-28/doc-ifxyxury8982327.shtml，2022 年 7 月 4 日访问。

算财产。"在民事信托中,委托人为了确保信托架构的独立性以及合法性,倾向于采取他益信托的方式。

4. 民事信托与营业信托。民事信托是指受托人以非营利目的而接受的信托。我国《民法典》第1133条规定"自然人可以依法设立遗嘱信托"。《信托法》第8条、第13条规定信托应采取书面方式,因此遗嘱信托也应采取书面方式。在受托人的选择上,《民法典》没有作出详细的规定,根据《信托法》规定自然人、法人均可作为受托人。遗嘱指定的人拒绝或无能力担任受托人的,由受益人另行选任受托人;受益人为无民事行为能力人或者限制民事行为能力人的,依法由其监护人代行选任。受托人应根据遗嘱人的意愿和法律规定管理和分配信托财产,不得损害委托人、信托受益人的利益。①

相关案例
钦某某等遗嘱继承纠纷②

李某于2015年8月1日自书遗嘱,对其名下遗产不做分割,而是成立"李某家族基金会",受益人为妻子钦某某以及李某2、李某1,受托人为钦某某及李某5、李某6、李某7。李某自书遗嘱的具体内容为:"一、财产总计:1. 元普投资500万元(月月盈)招商证券托管;2. 上海银行易精灵及招商证券约500万元;3. 房产:金家巷、青浦练塘前进街、海口房产各一套。二、财产处理:1. 在上海再购买三房两厅房产一套,该房购买价约650万元左右,只传承给下一代,永久不得出售(现有三套房产可出售,出售的所得并入李某家族基金会,不出售则收租金);2. 剩余350万元资金、房产出售款项(约400万元)、650万元房屋和其他资产约1400万元,成立'李某家族基金会'管理。三、财产法定使用:1. 妻子钦某某、女儿李某2每月可领取生活费一万元整(现房租金5000元,再领现金5000元),所有的医疗费全部报销,买房之前的房租全额领取。李某2国内学费全报。每年钦某某、李某5、李某6、李某7各从基金领取管理费一万元。妻儿、三兄妹医疗费自费部分报销一半(住院大病)。四、以后有补充,修改部分以日后日期为准。财产的管理由钦某某、李某5、李某6、李某7共同负责。新购650万元房产钦某某、李某2、李某1均有权居住,但不居住者,不能向居住者收取租金。"

本案所涉信托并非采用合同书的形式,而是以遗嘱形式设立。因此,本案所涉信托,自受托人承诺信托时成立。但受托人承诺信托时,并非系委托人死亡之时,故受益人得否主张其信托收益权自委托人死亡之时获得,仍需讨论。从信托文件本身的文字来看,并未指明受益人自何时可享有信托收益。但从信托文件的特殊形式、目的来看,应当理解为委托人有意令受益人自委托人死亡之日起开始享受信托收益。因此,本案受益人自委托人死亡之日开始享受信托收益。关于信托利益的支付,钦某某、李某2认为应当将已收集到的信托财产先行支付,李某5、李某6、李某7则认为应待全部信托财产收集完毕后再行支付。信托受托人应当遵守信托文件的规定,为受益人的最大利益处理信托事务。受托人管理信托财产,必须恪尽职守,履行诚实、信用、谨慎、有效管理的义务。现受益人已经请求支付信托利益,且并

---

① 最高人民法院民法典贯彻实施工作领导小组主编:《中华人民共和国民法典婚姻家庭编继承编理解与适用》,人民法院出版社2020年版,第559页。
② 上海市第二中级人民法院(2019)沪02民终1307号。

无阻碍受益人行使请求权的约定或法定事由，故信托受托人应当以信托财产为限向受益人承担支付信托利益的义务。已取得的信托财产尚不足以支付信托利益的，应当先行将已取得的信托财产支付给受益人，剩余部分在通过法院执行取得信托财产后继续支付，直至信托利益支付完毕或信托终止。钦某某、李某2主张，李某5等三人未尽到受托人的义务，怠于履行及时归集信托财产的义务，也未及时支付信托利益，故请求解任受托人，并要求受托人承担赔偿责任。法院认为，受益人有权申请人民法院解任受托人，但以受托人违反信托目的处分信托财产或者管理运用、处分信托财产有重大过失为限。本案三位受托人并非专业人士，年纪均已超过60岁，在处理信托事宜上亦无经验，故其三人需要较长的时间并非不合理的请求。在支付信托利益一事上，三位受托人确有瑕疵，但考虑到信托文件的理解存在一定的争议，且缺乏明确的支付标准，故难以认定三位受托人存在重大过失，对钦某某、李某2的该项主张不予支持。

营业信托是指受托人以营利为目的而接受的信托，其目的具有营利性。《九民纪要》第88条将"营业信托"界定为"信托公司根据法律法规以及金融监督管理部门的监管规定，以取得信托报酬为目的接受委托人的委托，以受托人身份处理信托事务的经营行为，属于营业信托"。对于"资产管理业务"是否属于营业信托纠纷，最高院意见认为，资管业务是否构成信托关系，本质应分析委托人与受托人之间到底构成信托关系还是委托代理关系，即财产所有权是否发生了转移，转移至受托人名下，且该财产是否与受托人的自有财产相互隔离、相互独立。因此，司法实践中对于营业信托的界定，实际已突破了信托公司作为营业信托的受托主体，而扩大至银行、私募基金、公募基金等金融机构。按照最高院的解释，财产所有权是否转移至受托人名下是核查资管产品是否构成营业信托的主要标准。对此，也有学者提出"商业信托"的概念，认为商业信托是以营利为目的的非公司组织，不同于商事信托、营业信托，商业信托的本质特征在于营利性和组织性[1]，并且认为证券投资信托、不动产投资信托、资产证券化特殊目的（Asset-backed Securities，又称"ABS"）信托、产业投资基金、私募股权投资基金等均属于商业信托的应用范畴。

5. 主动信托和被动信托。这是根据受托人是否承担积极义务来进行的分类。主动信托是指受托人在进行信托财产的管理和处分时承担积极义务的信托。与此相反，被动信托是指受托人在进行信托财产的管理和处分时不承担任何积极义务的信托。普遍认为，信托法上的信托不能是被动信托。被动信托一般有以下两种情况：(1)受托人虽然是信托财产名义上的所有权人，但必须承认受益人为自己获利而进行的管理和处分信托财产的行为，即该行为被称为名义信托，并非信托法上的信托。(2)形式上受托人所进行的管理和处分行为要完全服从委托人或受益人的指示、命令。对于该种情况，有学者认为应该属于有效。英美法系国家的信托法承认被动信托，旨在使社会上人们对信托的利用能够更加灵活，并使他们能够进一步借助于信托以支配财产，从而达到自己或他人获益的目的。[2] 主动信托与被动信托，在实践中又称为"主动管理信托""被动管理信托"，被动管理信托通常被视为"信托的通道业务"，即信托公司通常指提供"信托牌照"作为资质通道，信托公司本身对信托财产不

---

[1] 李宇：《商业信托法》，法律出版社2021年版，第39页。
[2] 中野正俊、张军建：《信托法》，中国方正出版社2004年版，第34页。

进行主动管理,仅仅提供资金通道。2010年,原中国银监会发布《关于规范银信理财合作业务有关事项的通知》,被行业视为监管层对信托公司的业务导向发生了重要变更,监管层希望信托公司回归信托本质,要求"信托公司在开展银信理财合作业务过程中,应坚持自主管理原则,严格履行项目选择、尽职调查、投资决策、后续管理等主要职责,不得开展通道类业务"。在司法实践中,信托公司因"被动管理"而引发的纠纷也逐步显现。信托公司能否单纯以"被动管理"而豁免自身作为受托人的忠实义务、勤勉义务成为争议焦点。从审判思路分析,营业信托纠纷主要表现为事务管理信托纠纷和主动管理信托纠纷两种类型。在事务管理信托纠纷案件中,对信托公司开展和参与的多层嵌套、通道业务、回购承诺等融资活动,要以其实际构成的法律关系确定其效力,并在此基础上依法确定各方的权利义务。在主动管理信托纠纷案件中,应当重点审查受托人在"受人之托,忠人之事"的财产管理过程中,是否恪尽职守,履行了谨慎、有效管理等法定或者约定义务。资产管理产品的委托人以受托人未履行勤勉尽责、公平对待客户等义务损害其合法权益为由,请求受托人承担损害赔偿责任的,应当由受托人举证证明其已经履行了义务。受托人不能举证证明,委托人请求其承担相应赔偿责任的,人民法院依法予以支持。①

6. 单一信托和集合信托。单一信托是指信托公司接受单一委托人的委托,为其设立单一信托计划,单独对信托资金进行管理和运作。集合信托是指信托公司接受多个委托人的委托,对多个委托人的信托资金进行集中管理、运用或处分的资金信托业务活动。2009年原中国银监会颁布《信托公司集合资金信托计划管理办法》,集合信托是指在中华人民共和国境内设立集合资金信托计划,由信托公司担任受托人,按照委托人意愿,为受益人的利益,将两个以上(含两个)委托人交付的资金进行集中管理、运用或处分的资金信托业务活动。信托公司设立信托计划,应当符合以下要求:(1)委托人为合格投资者;(2)参与信托计划的委托人为惟一受益人;(3)单个信托计划的自然人人数不得超过50人,但单笔委托金额在300万元以上的自然人投资者和合格的机构投资者数量不受限制;(4)信托期限不少于1年;(5)信托资金有明确的投资方向和投资策略,且符合国家产业政策以及其他有关规定;(6)信托受益权划分为等额份额的信托单位;(7)信托合同应约定受托人报酬,除合理报酬外,信托公司不得以任何名义直接或间接以信托财产为自己或他人牟利;(8)中国银行业监督管理委员会规定的其他要求。

(三) 信托的设立

根据《信托法》的规定,设立信托应该有合法的信托目的、确定的信托财产且采取书面的方式,对于信托财产,有关法律、行政法规规定应当办理登记手续的,应当依法办理信托登记。我国《信托法》对于信托目的并没有作出明确的规定,但一般而言,信托目的不得违反法律法规的强制性规定、社会公序良俗、国家利益和社会公共利益。同时,《信托法》第11条规定,有下列情形之一的,信托无效:(1)信托目的违反法律、行政法规或者损害社会公共利益;(2)信托财产不能确定;(3)委托人以非法财产或者本法规定不得设立信托的财产设立信托;(4)专以诉讼或者讨债为目的设立信托;(5)受益人或者受益人范围不能确定;(6)法律、行政法规规定的其他情形。

---

① 最高人民法院民事审判第二庭:《〈全国法院民商事审判工作会议纪要〉理解与适用》,人民法院出版社2019年版,第491—493页。

(四) 信托财产

信托财产(trust property)是指"受托人因承诺信托而取得的财产"(《信托法》第14条第1款)。信托法规定,除法律或者行政法规所禁止(第14条第1款)或者限制(第14条第4款)的财产之外,只要是可以转让的,任何财产都可以成为信托财产。信托财产的性质第一必须具有积极性,即积极财产,不能有债务。第二是独立性,与受托人的固有财产是独立的。第三是可转移性,因为信托财产必须完成所有权的转移。因此作为非财产权的人身权,比如姓名权、荣誉权、身份权等无法成为信托财产。第四是共同共有性,信托财产归属于两个以上的共同受托人,根据《信托法》第31条规定,相互间不存在递补、代位的关系,而是共同行使受托人权利,不因共同受托人的情况而划分信托份额或分割财产。第五是可变性,信托财产是为了实现信托目的而存在的特别财产,在受托人运用、管理、处分的过程中,不论其物质形态如何变化,信托财产的性质本身不受影响,发生变化的该财产权仍归为信托财产继续存在。例如,某不动产为信托财产,受托人为了受益人利益的最大化而处分管理该财产的过程中,将不动产售卖转换为金钱形态。此时金钱仍为信托财产,不会因其形态的变化而丧失信托财产的本质,也不因价值量的增加或减少而改变其性质。[①]

1. 信托财产的独立性问题

《信托法》第2条规定,本法所称信托,是指委托人基于受托人的信任,将其财产权委托给受托人,由受托人按委托人的意愿以自己的名义,为受益人的利益或特定目的,进行管理或处分的行为。我国《信托法》在立法上采取了"委托"表述,而不是"转移",由此在学术界产生了争议:信托财产的权属到底属于谁?委托人到底在信托成立后对信托财产是否还享有独立的所有权?受益人的受益权性质到底属于物权还是债权?鉴于我国《信托法》至今未进行过正式修改,故无法在立法层面回应上述问题。但是,监管机构在《信托公司管理办法》第3条明确"信托财产不属于信托公司的固有财产,也不属于信托公司对受益人的负债"。同时《信托公司集合资金信托计划管理办法》(银监发〔2009〕1号)第2条明确集合资金信托计划是将两个以上(含两个)委托人交付的资金进行集中管理、运用或处分的资金信托业务活动,其明确委托人是"交付"而不是"委托"。同时,在司法实践中《九民纪要》第95条第一次确认了"委托人将其财产委托受托人进行管理,在信托依法设立后,该信托财产即独立于委托人未设立信托的其他固有财产"。上述监管规定以及最高院发布的《九民纪要》,为信托财产的独立性提供了一定的规则支撑,但从长远分析,信托财产的独立性如何保障,如何区分"委托"与"交付"之间的关系,应寄望于《信托法》的正式修改。

2. 信托登记:登记对抗主义还是登记生效主义?

我国《信托法》第10条规定:"设立信托,对于信托财产,有关法律、行政法规规定应当办理登记手续的,应当依法办理信托登记。未依照前款规定办理信托登记的,应当补办登记手续;不补办的,该信托不产生效力。"从比较法角度,各国对于信托登记采取登记主义还是对抗主义有着不同的规定。例如,《日本信托法》《韩国信托法》均采取了信托登记对抗主义,即:针对应当登记或注册的财产权,不进行信托登记或备案的不得对抗第三人的财产。英美两国的信托法没有规定信托登记。

---

① 中野正俊、张军建:《信托法》,中国方正出版社2004年版,第71—72页。

而我国《信托法》较为鲜明地采取了"登记生效"主义,对于信托财产,有关法律、行政法规规定应当办理登记手续的,应当依法办理信托登记。有学者指出:"《德国民法典》、我国台湾地区"民法"、我国《担保法》均采取了登记生效主义,且这三部法律在出台时间上均要早于,甚至要大大早于我国《信托法》;故认为由这部信托法所持有的关于登记为有关信托的生效要件的态度系由我国立法机关通过参照存在于这三部法律中的前述规定的内容。"①从我国现行法律规定来看,以下述财产设立信托的需进行信托登记:(1)土地使用权和房屋所有权;(2)船舶、航空器等交通工具;(3)股票、股权;(4)著作权、商标权、专利权。正因为上述财产需要进行信托登记,故股权类信托、不动产类信托等产品在我国境内无法顺利落地。目前有部分信托公司尝试通过股权作为信托财产以"非交易过户"等方式完成信托财产登记,由此推动股权类信托产品的落地,但立法及司法对此并无明确回应。

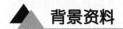

中国信托登记有限责任公司②

中国信托登记有限责任公司(以下简称"中国信登")是经国务院同意、由原中国银监会批准设立并由其实施监督管理,现由中国银保监会直接监督管理、提供信托业基础服务的会管非银行金融机构,于2016年12月26日对外宣告成立。根据原中国银监会关于中国信托登记有限责任公司开业的批复和原中国银监会发布实施的《中国信托登记有限责任公司监督管理办法》,中国信登可以经营下列业务:(一)集合信托计划发行公示;(二)信托产品及其信托受益权登记,包括:预登记、初始登记、变更登记、终止登记、更正登记等;(三)信托产品发行、交易、转让、结算等服务;(四)信托受益权账户的设立和管理;(五)信托产品及其权益的估值、评价、查询、咨询等相关服务;(六)信托产品权属纠纷的查询和举证;(七)提供其他不需要办理法定权属登记的信托财产的登记服务;(八)国务院银行业监督管理机构批准的其他业务。中国信托登记有限责任公司的官方网站 http://www.chinatrc.com.cn 目前已经开通了"信托产品展示中心""预登记查询""信托受益权份额查询""投资者综合服务平台""信托财产信息查询""股权信息管理系统"。

(五) 信托当事人

信托的基本法律关系为信托委托人、受托人及受益人。在基本法律关系的基础上,一般实务中根据委托人的要求不同,配套了保护人、监察人等制度。

1. 信托委托人

信托的委托人应当是具有完全民事行为能力的自然人、法人或者依法成立的其他组织。

---

① 张淳:《中国信托法特色论》,法律出版社2013年版,第125—126页。
② 中国信托登记有限责任公司简介,http://www.chinatrc.com.cn/aboutus/summary/index.html,2022年7月4日访问。

《信托法》对于委托人的资质无明确的禁止性规定。委托人的权利一般包括：

知情权。委托人有权了解其信托财产的管理运用、处分及收支情况，并有权要求受托人作出说明。委托人有权查阅、抄录或者复制与其信托财产有关的信托账目以及处理信托事务的其他文件。

调整权。对于因设立信托时未能预见的特别事由，致使信托财产的管理方法不利于实现信托目的或者不符合受益人的利益时，委托人有权要求受托人调整该信托财产的管理方法。

撤销权。受托人违反信托目的处分信托财产或者因违背管理职责、处理信托事务不当致使信托财产受到损失的，委托人有权申请人民法院撤销该处分行为，并有权要求受托人恢复信托财产的原状或者予以赔偿；该信托财产的受让人明知是违反信托目的而接受该财产的，应当予以返还或者予以赔偿。

解任权。受托人违反信托目的处分信托财产或者管理运用、处分信托财产有重大过失的，委托人有权依照信托文件的规定解任受托人，或者申请人民法院解任受托人。

相关案例
孙立聪与中融信托营业信托纠纷[①]

2014年12月27日，孙立聪（委托人、受益人）与中融信托（受托人）订立《信托合同》。孙立聪请求中融信托提供21项相关文件，一审法院根据查明事实逐一审查并分析孙立聪在知情权合理范围内是否有权、有必要获取上述文件，以及中融信托在客观上能否提供上述文件。知情权是民事主体依法享有的获得、知悉相关信息的权利。在经济活动中，市场主体之间信息地位本应处于对等状态，但实际处于交易弱势地位的主体往往同时处于信息弱势，为维护实质公平，立法对其向合同相对方获取信息的权利予以保护。信托有效设立之后，信托财产的所有权转移给受托人，委托人（受益人）对受托人的行为是否尽职履责进行监督。有效的监督必须以知情为前提。因此，知情权是委托人（受益人）监督权落实的基础，也是防止受托人违反信托目的、违背信任的必要条件。但委托人（受益人）知情权是有限度的，不应被无限放大。委托人（受益人）的知情权应当以委托人（受益人）能够了解信托财产的管理运用、处分及收支情况为限，应当以不损害其他委托人（受益人）合法权益为限，应当以保护受托人业务相关方商业秘密为限，应以受托人实际掌握的相关文件为限。

2. 信托受托人

信托的受托人根据信托的种类不同，可为自然人或法人（社会团体）；而对于营业信托而言，受托人在我国《信托法》框架下应该为"信托公司"。

（1）自然人或法人作为受托人。《民法典》第1133条第3款规定了"自然人可以依法设立遗嘱信托"，遗嘱信托在实施过程中，面临了《民法典》与《信托法》相衔接的问题。

（2）信托公司作为受托人。根据《信托公司管理办法》第2条规定，信托公司是指依照《中华人民共和国公司法》和本办法设立的主要经营信托业务的金融机构。2015年原银监

[①] 北京金融法院(2021)京74民终686号。

会成立了信托部。2020年11月16日中国银保监会颁布《信托公司行政许可事项实施办法》并于2021年1月1日正式实施,明确信托公司以下事项须经银保监会及其派出机构行政许可:机构设立,机构变更,机构终止,调整业务范围和增加业务品种,董事和高级管理人员任职资格,以及法律、行政法规规定和国务院决定的其他行政许可事项。

信托业保障基金

根据《信托业保障基金管理办法》,保障基金现行认购执行下列统一标准,条件成熟后再依据信托公司风险状况实行差别认购标准:(一)信托公司按净资产余额的1%认购,每年4月底前以上年度末的净资产余额为基数动态调整。(二)资金信托按新发行金额的1%认购,其中:属于购买标准化产品的投资性资金信托的,由信托公司认购;属于融资性资金信托的,由融资者认购。在每个资金信托产品发行结束时,缴入信托公司基金专户,由信托公司按季向保障基金公司集中划缴。(三)新设立的财产信托按信托公司收取报酬的5%计算,由信托公司认购。同时,第19条规定,具备下列情形之一的,保障基金公司可以使用保障基金:(一)信托公司因资不抵债,在实施恢复与处置计划后,仍需重组的;(二)信托公司依法进入破产程序,并进行重整的;(三)信托公司因违法违规经营,被责令关闭、撤销的;(四)信托公司因临时资金周转困难,需要提供短期流动性支持的;(五)需要使用保障基金的其他情形。

《信托法》第25条规定:"受托人管理信托财产,必须恪尽职守,履行诚实、信用、谨慎、有效管理的义务。"受托人应当自己处理信托事务,但信托文件另有规定或者有不得已事由的,可以委托他人代为处理。受托人依法将信托事务委托他人代理的,应当对他人处理信托事务的行为承担责任。

作为信托的受托人,应具备"谨慎"的标准。关于何为"谨慎"标准,目前尚未有明确的规定。2018年中国信托业协会发布《信托公司受托责任尽职指引》,以行业公约的形式指出信托公司作为"受托人"应履行的审慎义务,特别明确了信托公司开展信托业务,应当以受益人合法利益最大化为宗旨。同时,信托公司制定的信托业务操作规程应当涵盖尽职调查与审批管理、产品营销与信托设立、运营管理、合同规范、终止清算、信息披露、业务创新等信托业务的各个环节。在信托关系中,委托人将自己的重要资源交由受托人自由裁量,作为一种交换,受托人对委托人承担信义义务,以此来保证行为的谨慎,避免过失和损害委托人利益的行为。最高院意见认为,审判实践中,无论是主动管理类信托,还是事务管理类信托,在审查作为专业金融机构的受托人是否履行了勤勉尽责的义务时,可以从受托人在资产管理产品设立后,进行投资项目立项前的尽职调查材料,投资管理过程中的内部决策流程等审批材料,项目存续过程中的日常管理材料(包括各类凭证、单据、通知和指令),项目清算和风险处置过程中的相关材料等证据着手,审查受托人是否尽了法定和约定的勤勉尽责义务,并在此基础上确定责任承担。①

《信托法》第 25 条仍有三处尚不明确。首先,尽管法院曾对信托范围外的"有效"和"信用"作出解释,但如何解释其在信托中的含义,以及是否应区别业余信托人和专业受托人,尚无定论。另外受雇的专业受托人(自然人)是否应遵循比业余受托人更高的谨慎标准,以及金融机构的法人受托人,例如银行和信托公司,是否应遵循更严格的标准,尚无定论。其次,第 25 条规定的谨慎义务能否因信托契据的明示条款而被排除在外,仍不得而知。最后,受托人的谨慎义务和公司董事义务有何区别,仍不得而知。②《信托法》第 22 条对违反受托义务作出了规定:"受托人违反信托目的处分信托财产或者因违背管理职责、处理信托事务不当致使信托财产受到损失的,委托人有权申请人民法院撤销该处分行为,并有权要求受托人恢复信托财产的原状或者予以赔偿;该信托财产的受让人明知是违反信托目的而接受该财产的,应当予以返还或者予以赔偿。"同时,根据《信托法》第 23 条的规定,委托人及受益人有权要求人民法院解任受托人。③

3. 信托受益人

信托受益人是在信托中享有信托受益权的人。《信托法》第 45 条规定:"共同受益人按照信托文件的规定享受信托利益。信托文件对信托利益的分配比例或者分配方法未作规定的,各受益人按照均等的比例享受信托利益。"信托受益权依法可以转让。根据《信托公司集合资金信托计划管理办法》第 29 条规定,信托计划存续期间,受益人可以向合格投资者转让其持有的信托单位。信托公司应为受益人办理受益权转让的有关手续。信托受益权进行拆分转让的,受让人不得为自然人。机构所持有的信托受益权,不得向自然人转让或拆分转让。目前,信托受益权的登记、转让登记等均在中国信托登记有限责任公司进行。《信托法》第 48 条规定:"受益人的信托受益权可以依法转让和继承,但信托文件有限制性规定的除外。"因此信托受益权是否可以转让须以"信托文件"的规定为准,信托文件中未禁止或限制信托受益权转让的,信托受益权一般可以转让。但信托文件中也会出现禁止或限制受益权转让的情况,例如结构性信托产品,一般信托文件对于劣后级受益权会规定不得转让的情况。

信托受益权作为私法上的一种权利,如何看待受益权的性质对理解信托制度而言极为重要。信托受益权到底是债权还是物权,是大陆法系信托法学者争论已久的焦点。比较有影响力的学说认为,受益权不是相对于受托人的债权,而实质上是相对于信托财产的债权(实质性法主体说)。受益权中对于强制执行信托财产的异议申诉权(《信托法》第 17 条第 2 款)是属物权性质的权利,对受托人违反信托目的处分信托财产的,受益人享有信托财产恢复原状请求权和损失补偿请求权(《信托法》第 22 条第 1 款),而此类权利又带有物权和债权的双重特征;对受托人违反信托目的处分行为,受益人享有撤销权(《信托法》第 22 条)而撤销权又具有物权性质的效果。也就是说,受益权的效力远远超越债权的范畴。受益人的受益权不是单纯地要求受托人给付信托利益的权利(信托利益给付请求权),它还包括当此信托利益给付请求权受到侵害时排除该侵害并得到救济的权利在内。而且,特别是对具备

---

① 最高人民法院民事审判第二庭:《〈全国法院民商事审判工作会议纪要〉理解与适用》,人民法院出版社 2019 年版,第 492—493 页。
② 何锦璇、李颖芝主编:《亚洲大陆法系国家和地区中的信托法》,查松译,法律出版社 2020 年版,第 143—144 页。
③ 同上书,第 148 页。

信托公示方法的信托来说,受益权因具备对抗要件,尽管它在形式上是债权,可因其具备对抗要件而拥有很强的排他性,因此,可以说受益权是一种具有近似于物权性质的权利。①

相关案例
安信信托股份有限公司与湖南高速集团财务公司纠纷案②

2020年1月,湖南高速集团财务有限公司(以下称"湖南高速")向湖南省长沙市中级人民法院起诉安信信托股份有限公司(以下称"安信信托")。原告称,湖南高速公司购买安信信托发行的信托计划"安信安赢42号"人民币4亿元,为安信信托发行的信托计划受益人,后双方就信托计划受益权签订了《信托受益权转让协议》及《信托受益权转让补充协议》,约定自2019年5月5日起,安信信托每季度支付信托资金不低于人民币1亿元,并不迟于每季最后一月的4日前付清当季应付的信托资金本金。截至起诉之日,安信信托未支付上述信托受益权转让价款。湖南高速要求安信信托支付《信托受益权转让补充协议》项下的信托受益权转让价款本金4亿元及信托资金收益17753424.66元、违约金125326027.40元、为实现本案债权所支付的律师代理费900000元、律师咨询费50000元及差旅费55570元等各项费用。2020年7月23日,湖南省长沙中院一审判决湖南高速胜诉。安信信托随后向湖南省高院提起上诉。12月25日公司收到湖南省高院二审判决书,二审撤销了一审判决,判决湖南高速与安信信托签署的《信托受益权转让协议》及《信托受益权转让补充协议》无效,驳回湖南高速要求安信信托公司向其支付信托受益权转让价款4亿元本金及信托资金收益、违约金的诉讼请求。湖南高院认为,安信信托和湖南高速依据《信托合同》建立信托法律关系,但双方后签订的《信托受益权转让协议》及《信托受益权转让补充协议》,改变了《信托合同》确立的权利义务关系,原受托人安信信托受让了原由湖南高速享有的信托利益并承担了因信托计划所产生的全部投资风险。湖南高速从《信托合同》中脱离出来,通过收取固定的信托受益权的转让价款来获取利益。如果《信托受益权转让协议》及《信托受益权转让补充协议》实际履行,会达到委托人从受托人处得到了本息固定回报、保证本金不受损失的结果。其法律关系是名为信托受益权转让,实为保本保收益的承诺安排。违反了《信托法》的规定,因此无效。

(六) 家族信托

自2010年起,部分银行机构从境外引入了"家族信托"的概念,并逐步与信托公司合作开展"家族信托"产品在中国的落地及发展。中国改革开放四十多年来,第一代企业家年龄已经逐步进入60岁至70岁,民营企业的二代接班问题迫在眉睫。部分银行结合境外的信托新品,认为"家族信托"具有资产风险隔离、税收优惠的好处又具有一定灵活性,故在2013年左右开始国内家族信托产品的推广与落地。2018年银保监会颁布《信托部关于加强规范资产管理业务过渡期内信托监管工作的通知》(俗称"银保监会37号文"),从监管层角度对"家族信托"予以了界定。家族信托是指信托公司接受单一个人或者家庭的委托,以家族财

---

① 中野正俊、张军建:《信托法》,中国方正出版社2004年版,第114—115页。
② 参见湖南省高级人民法院(2020)湘民终1598号。

富的保护、传承和管理为主要信托目的,提供财产规划、风险隔离、资产配置、子女教育、家族治理、公益(慈善)事业等定制化事务管理和金融服务的信托业务。家族信托财产金额或价值不低于1000万元,受益人应包括委托人在内的家庭成员,但委托人不得为惟一受益人。单纯以追求信托财产保值增值为主要信托目的,具有专户理财性质和资产管理属性的信托业务不属于家族信托。随着我国家族信托业务的开展,信托目的不仅限于家族历代传承,股东架构通过家族信托作为组织方式逐步被我国资本市场所接受,盛美股份科创板 IPO 的获准,是国内近期实际控制人通过其境外设立的家族信托作为顶层结构,实现家族企业首发上市的成功案例。但是,局限于我国《信托法》的立法现状以及信托财产登记等问题,家族信托的发展以资金类信托为主,较少会采取股权类、房产类信托,主要原因是信托财产的登记转移以及由此会产生的税务问题。

家族信托合同中经常会使用"败家子条款"和"保护人条款"。"败家子条款",又称为"任意挥霍条款"(spendthrift clause),即通过信托合同约定限制受益人的受益权。我国《信托法》第47条也有类似的规定,即"受益人不能清偿到期债务的,其信托受益权可以用于清偿债务,但法律、行政法规以及信托文件有限制性规定的除外"。家族信托设立目的是家族历代传承,但有时会遇到某些家族成员存在品行不端、挥霍无度的情况,此时既要保护受托人的权益,同时也不能纵容其挥霍无度。因此,一般信托文件中都规定在此情况下,受托人可根据具体情况不分或少分信托财产给受益人,在遇到受益人被债主追债时至少可以保证信托财产留在信托中不会被债主强制执行。保护人制度也是英美法系信托经常使用的条款。保护人条款设立的初衷是为了监督受托人和受益人,委托人往往不放心受托人也不放心受益人,因此就设立了"保护人"制度,保护人的权利由信托合同所约定,其权限可以监督受托人、罢免或变更受托人,甚至有些信托合同约定保护人有权更换受益人。但是对于保护人的过大权限是否会影响到信托的独立性,没有统一的认定标准。

信托保护人的权利义务

《信托合同》中一般对保护人基本权利与义务的约定如下:

(一) 权利

1. 有权按照信托文件的规定监督信托财产的管理、运用、处分、收支及信息披露情况,并有权要求受托人及时报告信托事务处理情况。

2. 受托人违反本合同规定的信托目的处分信托财产,或者因违背管理职责,致使信托财产受到损失的,在委托人因客观情况无法依照本合同的约定行使权利时(包括但不限于疾病或死亡等情况),保护人有权申请人民法院撤销该处分行为,并有权要求受托人恢复信托财产的原状或者予以赔偿。

3. 如发现受益人未按照《信托利益支付计划》使用信托受益权资金(仅限于家庭及家庭成员日常开支部分),保护人应及时制止受益人,并及时将相关情况通知受托人。

4. 如发现受益人存在被依法采取刑事强制措施或出现生活挥霍情形的,保护人应积极为受益人提供帮助,并及时将相关情况通知受托人。

(二) 义务

1. 应根据本信托合同及相关文件要求,监督受托人履行本合同约定的义务。

2. 应根据本信托合同及相关文件要求,监督受益人所获信托受益权(家庭及家庭成员日常开支部分)的资金用途。

本章小结

任何一个企业在正常的经营中都离不开结算。采用何种方式结算、如何结算、如何避免结算风险等都是企业关注的问题。结算问题在企业经营中占有重要的地位,也是商法调整的重要对象。

在企业经营的结算中,汇付和托收是企业财务结算的两种重要形式。信用证主要由国际商会的《跟单信用证统一惯例》所调整。信用证是结算工具中充分运用了银行信用的重要交易方式,在企业国际贸易中扮演着重要的角色。

票据是一种重要的商业结算工具。票据指的是出票人所签发的、承诺自己或者委托他人于到期时无条件付款的有价证券。票据的成立、转让、保证和承兑是按照严格的形式规则进行的,票据的权利按照票据上的字面记载为准,体现了文义主义的立场,判断票据的效力,是以其形式本身作为标准的。

信托是一种重要的金融工具。信托制度起源于英美法系,我国《信托法》自2001年颁布之日迄今已有二十多年,其间金融监管部门对营业信托进行了强有力的监管,信托公司的牌照被视为优质的金融资产。信托制度是舶来品,在大陆法系的发展遇到了所有权问题以及信托登记、信托受益权等法理问题的困扰。随着家族信托的兴起以及《民法典》确定遗嘱信托后,民事信托也将在未来迎来蓬勃的发展。

思考与练习

1. 什么是"信用证"？UCP600的特点是什么？
2. 什么是票据？票据的特点是什么？
3. 票据关系与基础关系的关系是什么？
4. 什么是"信托"？信托的基本分类有哪些？
5. 营业信托中如何理解受托人的忠实义务以及审慎义务？
6. 信托受益权的性质是什么？

案例分析

2015年1月,易光公司与中信信托签订《信托贷款合同》,以4.4亿元资金设立单一资金信托;本信托为指定型资金信托,即中信信托按照易光公司的指令,以自己名义按照《信托贷款合同》的约定向长江建设公司发放信托贷款,并由高速公司、嘉茂公司、左某为该贷款提供连带责任保证;信托终止时,若全部或部分信托财产未转换为资金形式,中信信托有权以信托财产现状(本信托项下债权)进行分配;易光公司承诺已自行对借款人和保证人进行了尽职调查,知悉借款人和保证人及本信托存在的一切风险并自愿承担一切法律后果。中信信托与长江建设公司签订《信托贷款合同》约定,中信信托按照易光公司的信托指令,将4.4亿元信托资金向长江建设公司发放信托贷款,利率为10%,期限为365天。中信信托与高速公司、嘉茂公司、左某分别签署《保证合同》。2019年1月,易光公司发出信托终止指令,中信信托将《信托贷款合同》及担保合同项下债权转让给易光公司,易光公司据此起诉长江建设公司要求归还贷款本金、10%的利息及罚息,并要求高速公司、嘉茂公司、左某承担连带保证责任。长江建设公司抗辩称4.4亿元资金来源于银行信贷资金,易光公司构成套取金融机构信贷资金高利转贷,《信托贷款合同》及《保证合同》应属无效。[1]

问题:
1. 本案中《信托贷款合同》和《保证合同》的效力如何?
2. 本案是否应适用信托法律关系?

---

[1] 参见北京市高级人民法院(2020)京民终36号。

第三编 商事管理

对社会中的每个产业来讲，国家要么是一种可能的资源，要么是一种威胁。国家凭借其权力，收取或给予货币，可以并的确有选择地帮助或伤害了许许多多的产业。

——1982年诺贝尔经济学奖得主 G.斯蒂格勒

引 言

"雪糕刺客"引发的思考

雪糕刺客,"天价雪糕"的代名词,是指那些隐藏在冰柜里面,看着其貌不扬,但当你拿去付钱的时候会用它的价格刺你一下的雪糕。① "雪糕刺客"引发了对市场自由及国家监管的思考。因为国家市场监管总局发布的《明码标价和禁止价格欺诈规定》明确规定经营者不得实施七种典型价格欺诈行为——谎称商品和服务价格为政府定价或者政府指导价;以低价诱骗消费者或者其他经营者,以高价进行结算;通过虚假折价、减价或者价格比较等方式销售商品或者提供服务;销售商品或者提供服务时,使用欺骗性、误导性的语言、文字、数字、图片或者视频等标示价格以及其他价格信息;无正当理由拒绝履行或者不完全履行价格承诺;不标示或者显著弱化标示对消费者或者其他经营者不利的价格条件,诱骗消费者或者其他经营者与其进行交易;通过积分、礼券、兑换券、代金券等折抵价款时,拒不按约定折抵价款。

人类商事活动发展至今,是一部市场自发调整与监管博弈的历史。政府、市场都会失灵,不能迷信依赖任何一方,应树立一种商事管理的新思维。传统大陆法系商法学教材通常只涉及"商事主体"及"商事行为"内容,将"商事管理"排除在外。② 本书认为,现代商法是一个开放的体系。20世纪以来,随着自由资本主义向垄断资本主义的过渡,社会生活发生了深刻的变化,"商法公法化"趋势日益明显,商事管理在商法体系中逐渐扮演起重要角色。以美国商法教科书为例,尽管有《统一商法典》,但商法教材通常涵盖了"企业和私法""企业的组织形式""企业与行政管制"等内容。③ 因此,本书突破了传统商法的体系,从实用商法的角度出发,采取广义商法理念,将"商事管理"纳入商法体系,从实务性、开放性角度出发,体现企业经营的特色,将与企业经营密切相关的政府规制、商会自治以及公司治理纳入"商事管理"中予以详细阐述。本编将商事管理分解为三个方面加以阐述:一是国家通过公法性规范要求必须实施某种积极行为,如进行竞争规制、产品质量规制、消费者权益保护、强制遵守劳工安全、环境保护等,以建立统一的国家管理机制和市场秩序;二是行业自律、自治、自我管理,主要通过商会(行会)自治进行自我管理;三是市场经营主体的法人治理,即公司的激励与约束治理机制。

---

① 参见百度百科,https://baike.baidu.com/item/雪糕刺客/61561809? fr=aladdin,2022年7月3日访问。
② 本书基于结构考虑,"商事登记"详见第一编第二章商事主体;"商事账簿"详见第二编第五章商事行为的论述。
③ 参见〔美〕Herbert M. Bohlman、Mary Jane Bundas:《商法:企业的法律、道德和国际环境》(第5版),张丹、林莺、李勇、陈婉婷译,清华大学出版社2004年版。

一、商事管理的概念

现代商事活动中越来越多地体现出"政府经济职权色彩和干预意志""调节个人与政府、社会间经济关系""维护社会公共利益"等方面的内容,这些内容都体现了国家公权力干预市场经济。因此,无论是基于商法的公法性特征还是商法的兼容性特征,商事管理关系都应成为商法的调整对象,商事管理制度应属于商法的重要内容。

 拓展知识

商法公法化了吗?

将民法、商法一同视为私法范畴,是大陆法国家的普遍观念。如意大利法学家米拉格得亚指出:"私法分为民法和商法,商法为私法的一种形式,私法的义务与权利有适当的关联,因为它的关系包纳个人意志而得与集体目的和谐的特殊目的和手段。"我国学者也大都同意这种观点。商法是调整市民社会中的商事活动、保护商事主体(个人或法人)的合法利益,具有显著的私法性。但是进入20世纪后,公、私法之划分已趋动摇,其历史背景即西方经济在19世纪末到20世纪初从自由放任的市场经济进入国家干预的垄断资本主义经济,从而引发了"法律社会化""私法公法化"之动向,表现在商法领域,即商事立法中越来越多体现政府经济职权色彩和干预意志,调节个人、团体与政府、社会间经济关系,维护社会公共利益的内容,这些内容鲜明地烙有公法属性。例如,商业登记账簿制度、公司法中的组织形态、章程中的法定记载事项、海商法中的船舶登记、海事赔偿责任限制、保险法中的责任准备金制度、保险监管制度、证券法上的证券监管制度等,均为公法性质之规定。不过,"私法公法化"以及公法和私法的相互渗透并不否定二者的本质区别。将公法、私法的划分视为现代法基本原则的日本学者美浓布达吉指出:"公法和私法在其相接触的区域间极为近似,欲截然区分开来,绝非易事,但是,这和在自然科学领域中,动物和植物于其相近的境界内彼此区别也不常明了一样,不能成为否定二者区别的理由。"[①]

商事管理是指国家或行业组织、企业,为维护商业秩序、保护商事主体以及其他相关社会主体的利益,对商事活动进行监督和管理的制度。与具有私法性质的传统商法的商事主体和商事行为制度相比,具有公法性质的商事管理具有以下特征:

第一,传统的商事主体仅指私法主体。商事管理的主体,除了作为私法主体的商人或行业组织,还包括作为公法主体的政府。

第二,传统的商事行为仅指商人之间的交易行为,具有双方法律行为的特征。商事管理主体的管理行为,因其管理主体履行某种法定义务或职责的行为,管理行为往往表现为行为人单方的、面对不特定的任何人的行政管理行为,具有单方法律行为的特征。[②]

第三,传统商事主体的商事行为是商事主体之间的外部交易行为,因而该行为具有营利

---

① 赵中孚:《商法总论》,中国人民大学出版社1999年版,第20页。
② 赵旭东:《商法的困惑与思考》,载《政法论坛》2002年第1期。

性特征,使得商事行为体现了平等主体之间的等价有偿特征。商人的商事管理行为,无论是内部的管理行为,还是外部的管理行为,都具有非营利性和非等价有偿性的特征。

上述商事管理的特征,特别是有关政府的商事管理,与经济法意义上的市场管理或市场规制法律制度(以下简称"市场管理")的形式和内容相似或相同,由此产生了商法与经济法的交叉或兼容关系。这种关系是否会引发商法与经济法"抢地盘"的局面?答案是否定的。

一方面,商事管理与经济法市场管理形式与内容的相似或相同,反映的是商法与经济法的密切联系。主要表现在:(1)二者反对绝对的私法自治和私法优先,强调为了保护交易安全和社会公益,有必要通过公法规范私法行为,对事关国计民生的重要经济活动和商事行为进行法律调整,坚持"法定大于约定"的法律适用原则。(2)同时,二者也反对绝对的公法优先,强调为了便利和效率,有必要通过私法规范限制私法行为,对事关市场主体利益的日常经济活动和商事行为进行法律调整,坚持"约定大于法定"的法律适用原则。

另一方面,商法意义上的商事管理与经济法意义上的市场管理有明显区别:(1)各自的法律定位和调整法域不同。经济法调整的是国家在组织、协调、管理市场经济中发生的经济关系,商法所调整的是营利性主体在商事营业性活动中所发生的商业流通经济关系。(2)商事关系的主体以公司企业为主,而经济法的主体以国家管理机关为主。(3)在法律渊源上,商法中包含大量的商事习惯法和商事惯例;而经济法主要是各种成文的经济法律。(4)在调整方法上,商法多采取自律性和非权力性的方法;而经济法多采取他律式和权力式的方法。(5)就性质而言,商法以私法性质为主,着重保护社会经济主体间的利益;而经济法以公法性质为主,侧重于国家整体经济生活的调整。

由此可见,商法意义上的商事管理虽然在有关政府对市场的监管方面与经济法意义上的市场管理相似,但是在部门法属性上,二者是不同的。商事管理主体包括商人的内部管理与行业协会的外部管理,是商法意义上的商事管理,不同于经济法意义上的市场管理,该例证印证了商法区别于经济法。因此,以商法公法化否定商法的相对独立性的观点是片面的。

二、商事管理的基本原则

(一) 商人自治原则

私法自治是民商法领域的基本原则。历史上,近现代意义上的商法是在早期的商事惯例、商业行规等商人法的基础上发展起来的。这些惯例和行规本身就是私法自治的体现。商事管理的尊重商人自治原则是指国家在进行商事管理的过程中,应首先尊重商事主体的自治权利,体现为尊重商业行规、商事惯例的运用,尊重商会、行业协会的自治地位,等等。只有在涉及公共利益以及自治本身无法克服商事主体行为外部性的时候,国家的强制性管理才能实施。

(二) 公示原则

商事管理的公示原则是商事行为"外观主义"的延伸。公示原则要求国家和行业组织在进行商事管理的过程中应该将有关的信息充分向社会公众公示,以起到公信作用,其最终目的是维护交易安全。公示原则的应用表现为商事主体的设立和变更登记、商事账簿内容的公示、商事信用的登记和公示等。

(三) 效率至上原则

效率至上原则是指商事管理在维护公平、平等和秩序要求的同时，必须兼顾交易便捷和经济效益。效率至上原则是商法营利性原则的延伸。商事活动以营利性为基本目的，传统的理论和实践也认为商法本身具有营利性特点。这种营利性与管理的效率原则在追求经济效益方面不谋而合。因此在商事管理过程中，应该重视对管理措施的成本收益分析，重视对各种管理途径的比较和选择，以及重视对商事主体合法经济利益的维护。

(四) 公共利益原则

公共利益原则是指商事主体从事商事活动应当遵守商业道德，不得损害社会公共利益，不得侵害其他商人和消费者的合法权益，它是对私法自治原则的补充。(1) 要在法益之间取得平衡。商事管理不仅要从积极的角度肯定从商自由以及保障商事活动的安全与便捷，而且也需要从消极的角度对商事行为的"道德底线"和"合法底线"作出规定。换言之，商法作为以保护商人利益为己任的私法，应当赋予商人从事商事活动的最大空间，但同时，商法也应当防范不法商人为所欲为，商法更应当倡导从事商事活动的行为规范和道德伦理，因此需要规定公共利益原则条款，以克服不法商人利益的膨胀，获得市场活动中各主体利益之平衡。(2) 突出反映时代发展的需要。近年"福寿螺""苏丹红""红心鸭蛋"等系列食品安全事件曝光，食品安全问题引起广泛的公众关注；"阜阳婴儿奶粉"事件、"三鹿奶粉"事件的发生进一步唤起人们对商人社会责任的重视。因此，商事管理中应规定和强调公共利益原则。

商事管理是一种国家公权力对企业经营"有形之手"的干预，相对于传统商法规则，商事管理规则中强制性、禁止性规定比较多，企业一旦违反法律规定，就必须承担严重的法律后果。现实生活中，一些企业为了规避商事管理法中的强制性规定，选择绕着红灯走，这种行为称为"法律规避"。实践中，规避法律的行为很容易被司法机关认定为"无效"且行为主体要承担相应的法律责任。

相对于传统商法，商事管理为了适应社会发展的需要，立法及修法的速度比较快，企业必须在第一时间内按照法律规定调整经营策略。充分认识到商事管理的重要性，有助于企业更好地节约成本，适时控制法律风险，提升企业的声誉以及经营绩效。因此，了解商事管理法律规定，明确企业行为的界限，对企业经营决策有重要的实践意义。

拓展知识

强制性规定的识别

《民法典》第153条规定，违反法律、行政法规的强制性规定的民事法律行为无效。但是，该强制性规定不导致该民事法律行为无效的除外。《九民纪要》第30条对"强制性规定的识别"进行了释明，要求司法实践中法官应慎重判断"强制性规定"的性质，特别是要在考量强制性规定所保护的法益类型、违法行为的法律后果以及交易安全保护等因素的基础上认定其性质。对于以下类型，应当认定为"效力性强制性规定"：强制性规定涉及金融安全、市场秩序、国家宏观政策等公序良俗的；交易标的禁止买卖的，如禁止人体器官、毒品、枪支等买卖;违反特许经营规定的,如场外配资合同;交易方式严重违法的,如违反招投标等竞争性缔约方式订立的合同;交易场所违法的,如在批准的交易场所之外进行期货交易。对于法益的衡量方法,可综合考虑:第一,权衡相互冲突的法益,即考察所保护的法益是否超过合同自由这一法益。第二,要考察违法行为的法律后果。第三,要考察是否涉及交易安全保护问题。第四,还要考察合同是否已经履行。①

---

① 最高人民法院民事审判第二庭:《全国法院民商事审判工作会议纪要》,人民法院出版社2019年版,第246页。

第一章

政 府 规 制

  2018年以来,美团滥用在中国境内网络餐饮外卖平台服务市场的支配地位,以实施差别费率、拖延商家上线等方式,促使平台内商家与其签订独家合作协议,并通过收取独家合作保证金和数据、算法等技术手段,采取多种惩罚性措施,保障"二选一"行为实施。2021年4月,市场监管总局依据《反垄断法》对美团滥用市场支配地位的行为立案调查;同年10月8日,市场监管总局公布对美团实施"二选一"垄断行为的行政处罚决定,责令美团停止违法行为,全额退还独家合作保证金12.89亿元,并处以其2020年中国境内销售额1147.48亿元3‰的罚款,共计34.42亿元。同时向美团发出《行政指导书》,要求其围绕完善平台佣金收费机制和算法规则、维护平台内中小餐饮商家合法利益、加强外卖骑手合法权益保护等进行全面整改,并连续三年向市场监管总局提交自查合规报告,确保整改到位。

  本案中,美团"二选一"垄断行为排除、限制相关市场竞争,妨碍市场资源要素自由流动,削弱平台创新动力和发展活力,损害平台内商家和消费者的合法权益,构成《反垄断法》第17条第1款第4项滥用市场支配地位行为。[①]

  上述案例表明,企业本质上有取得市场力量的内在动力,但是拥有市场力量的企业会充分利用其所能利用的经济力量,并可能侵犯其他企业的自由。因此,管制企业行为的法律制度就成为必要。管制竞争的目的是防止企业市场势力的产生和加强,由此创造和保护自由竞争的条件。[②] 政府规制是商事管理的重要手段之一,目的是保证市场正常、健康、有序地进行。本章分为三部分,第一部分为政府规制的基本理论,第二部分为商事管理中的经济性规制,第三部分为商事管理中的社会性规制。

一、政府规制的基本理论

  政府规制是商事管理的一项重要手段。一般是指,为了弥补市场失灵,政府依据一定的法律、法规对企业和个人行为所进行的干预。传统上把规制分为经济性规制与社会性规制。

(一)政府规制的概念

  "政府规制"的概念最早为日本经济学家植草益使用,它是指政府为实现某种公共政策

[①] 《美团被罚34.42亿元,中纪委网站:反垄断监管规则更加清晰》,载新浪网,https://export.shobserver.com/baijiahao/html/412511.html,2023年10月30日访问。
[②] 〔德〕乌尔夫伯格:《竞争是自由经济与社会秩序的基石》,载王晓晔主编:《反垄断立法热点问题》,社会科学文献出版社2007年版,第2—5页。

的目的,依据一定的规则对特定社会的个人和构成特定经济关系的主体的活动进行规制的行为。① 在传统自由主义国家观看来,市民社会由一个个追求自身经济利益和幸福的个体组成,国家只不过是为了个体利益的实现而设立的管理者,是从市民社会"长"出来的一个政治组织。对于市民社会和个人而言,实行充分自治,国家被称为"夜警",只享有"警察权力",其职能限于维持治安。但在现代社会条件下,国家公权力不得不干预市民社会的领域越来越广泛,也越来越深入。

政府规制的理论依据主要是市场失灵论。市场失灵有四种情况:一是垄断,即某个或某些市场主体影响或控制市场价格;二是信息的不对称和不充分,即有关交易的信息不真实、不完全或不对称,从而影响市场主体的决策;三是公共物品的供给,如国防、道路、指示牌等,为社会所需,但因为在消费上不具有排他性,因此没有哪个企业愿意生产,造成供给上的缺乏;四是外部效应,市场主体的生产和消费本身产生对外部的负面影响,自己不负担成本却影响社会的总体福利,典型例子是污染。正如美国著名历史学家赫斯特指出,"市场并非一种自给自足的社会控制论机构。任其自我发展,不仅会产生为了眼前利益的短期效率问题,也会产生无法用市场测算法进行衡量的社会福利问题"②。

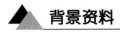

关于政府规制的"俘虏理论"(capture theory of regulation)与"公共选择理论"(theory of public choice)

俘虏理论认为,产业对规制提出了规制需求,从而立法者被产业所俘虏;而规制机构对某个产业的规制实际是被这个产业"俘虏",规制的最终结果提高了产业利润而不是社会福利。斯蒂格勒在1971年发表的《经济规制论》论证了规制主要不是政府对社会公共需要的有效和仁慈的反应,而是产业中的部分厂商利用政府权力为自己谋取利益的一种努力,规制过程被个人和利益集团利用来实现自己的欲望,政府规制是为适应利益集团实现收益最大化的产物。

20世纪70年代兴起的公共选择理论被应用到政府规制的研究中。公共选择理论解释政府规制时,就是把政府规制政策的形成看成是一个类似于市场交易的过程,那些需要政府规制的人(如消费者)与那些被规制的人(如产品和服务的供应商)经过讨价还价达成了协议。在此过程中,还涉及选民、立法机关、行政机构、法院、独立的专家等政治力量,它们都可以参与到讨论中来,并力图说服对方。但是,在这些过程中,产品和服务的供应商可能占据上风,因为它们在政府规制中所具有的巨大经济动力会比一般的公民或政府机构更多地影响规制决策。③

从政府规制看,重要任务是合理界定政府干预的主体及其权限大小,划清与市场自由的

---

① 〔日〕植草益:《微观规制经济学》,朱绍文译,中国发展出版社1992年版,第1页。
② 〔美〕赫斯特:《美国史上的市场与法律:各利益间的不同交易方式》,郑达轩译,法律出版社2006年版,第55页。
③ 〔美〕陈富良:《放松规制与强化规制》,上海三联书店2001年版,第14—15页。

边界,并且,通过限制政府权力来抑制其负面效应。国家角色不是被动和消极的,在道德上国家还被赋予"恶"的属性,成为一个令人生厌和恐惧的想象物——"利维坦"。当国家"怪兽"之手超出履行公共职能的领域之外,便是触犯了国家干预和插手个人事务的"禁地"。美国大法官霍姆斯呼吁,国家制定法的作用"应当勾画出一些实用的标准以及干预程度的差异"。难点是确定谁是最佳裁判?权力的边界在哪?如果上述任务能够很好地完成,发挥政府作用和保护市场效率就能达到平衡。政府规制的内容主要包括两大类:经济性规制与社会性规制。

1. 经济性规制

经济性规制是指存在着自然垄断和信息不对称问题的部门,以防止无效率的资源配置发生和确保需要者的公平利用为主要目的,通过许可、处罚等各种行政手段,对企业的介入、退出、价格、服务的质和量以及投资、财务、会计等方面的活动所进行的规制。经济性规制主要适用于具有垄断倾向的产业,防止资源配置的无效率。在我国,经济性规制主要是指竞争法的规制。

2. 社会性规制

社会性规制主要是基于社会公共利益的正当性,是以保障劳动者和消费者利益为目的,对物品和服务的质量和为提供它们而产生的各种活动指定一定的标准,并禁止、限制特定行为的制度性安排。它的有关规定可用以矫正经济活动所引起的各种派生后果和外部性问题。①

大多数研究表明,经济规制的主要后果是效率的损失和大量的收入再分配。社会规制的绩效记录是混合的,有些有明显的效益,而其他一些只有巨额损失和很小的收益。② 从长期发展趋势看,我国政府应放松经济性规制,加强社会性规制。

拓展知识

社会性规制的谱系③

决策者可以从根据国家干预程序不同而进行区分的一系列规制工具中进行选择运用。在该谱系中干预程度较低的一端,可以划分出三种规制形式:信息规制,强制要求提供方披露商品或服务的质量信息的细节;"私的"规制,设定仅仅只能由从中受益的个人才能执行的义务;经济工具,不是强迫性的,而是通过财政激励来引导合意的行为。在谱系的另一端,干预程度最强的事前批准,没有行政机关的许可或者授权,某一行为就是禁止的。在两个极端之间还存在着一项被广泛运用的规制工具——有时候被称为"指令与控制"的标准,它以刑事惩罚为后盾,施加于产品提供者。

(二) 政府规制与企业经营

从政府规制的手段分析,政府主要通过行政立法、行政许可、行政处罚、行政命令、行政

---

① 〔美〕保罗·萨缪尔森、威廉·诺德豪斯:《经济学》(第18版),萧琛主译,人民邮电出版社2008年版,第297页。
② 同上书,第301—302页。
③ 〔英〕安东尼·奥格斯:《规制:法律形式与经济学理论》,骆梅英译,中国人民大学出版社2008年版,第5页。

征收等多种手段对企业的经营行为予以规制。与企业经营密切相关的主要有行政许可和行政处罚。

行政许可是指在法律一般禁止的情况下,行政主体根据行政相对人的申请,通过颁发许可证或执照等形式,对人从事某种活动或实施某种行为的权利或资格依法赋予特定的行政性的行政行为。[①] 我国《行政许可法》实施后,压缩了行政许可的审批范围,明确了政府的权力边界,加强了对行政许可行为的监督措施以及问责机制。《行政许可法》对于企业经营而言,将减轻办事的许多负担和烦恼;对于政府而言,将面临从全能政府到有限政府、从规制政府到服务政府的转型。对企业而言,关键要了解哪些事项需要申请行政许可。[②] 针对行政机关在实施行政许可中的行政行为,企业享有陈述权、申辩权;有权依法申请行政复议或者提起行政诉讼;企业的合法权益因行政机关违法实施行政许可受到损害的,有权依法要求赔偿。

企业违反行政管理制度的行为,有可能被责以行政处罚。[③] 企业在经营过程中遭遇到行政处罚,可以主张以下抗辩理由:第一,行政处罚行为是否有法律依据。按照《行政处罚法》的规定,限制人身自由的行政处罚,只能由法律设定。行政法规可以设定除限制人身自由以外的行政处罚;地方性法规可以设定除限制人身自由、吊销企业营业执照以外的行政处罚;国务院部委规章、地方性政府规章对尚未制定法律、行政法规的,可以设定警告或者一定数量的罚款。除此以外,其他规范性文件不得设定行政处罚。第二,政府的行政处罚行为是否遵守了法定程序。行政处罚的程序有三种:一是一般程序,是行政机关发现公民、法人或者其他组织有依法应当给予行政处罚的行为的,必须全面、客观、公正地调查,收集有关证据;必要时,依照法律、法规的规定,可以进行检查。其步骤包括:立案、调查、决定、制作处罚决定书、说明理由并告知权利、当事人陈述和申辩、正式裁决、行政处罚决定书的送达。二是简易程序,即对违法事实确凿且有法定依据、处罚较轻的行为,由执法人员当场作出行政处罚决定。适用简易程序有一定的条件:违法事实确凿,有法定依据,较小数额罚款或警告的行政处罚(即对公民处以200元以下、对法人或者其他组织处以3000元以下的罚款)。三是听证程序,即行政机关作出责令停产停业、吊销许可证或者执照、较大数额罚款等行政处罚决定之前,应当告知当事人有要求举行听证的权利;当事人要求听证的,行政机关应当组织听证。当事人不承担行政机关组织听证的费用。

二、商事管理中的经济性规制

商事管理中的经济型规制主要是指竞争法的规制。公平、自由竞争为市场经济之灵魂。

---

① 姜明安主编:《行政法与行政诉讼法》,北京大学出版社、高等教育出版社1999年版,第182页。
② 《行政许可法》第12条规定:"下列事项可以设定行政许可:(一)直接涉及国家安全、公共安全、经济宏观调控、生态环境保护以及直接关系人身健康、生命财产安全等特定活动,需要按照法定条件予以批准的事项;(二)有限自然资源开发利用、公共资源配置以及直接关系公共利益的特定行业的市场准入等,需要赋予特定权利的事项;(三)提供公众服务并且直接关系公共利益的职业、行业,需要确定具备特殊信誉、特殊条件或者特殊技能等资格、资质的事项;(四)直接关系公共安全、人身健康、生命财产安全的重要设备、设施、产品、物品,需要按照技术标准、技术规范,通过检验、检测、检疫等方式进行审定的事项;(五)企业或者其他组织的设立等,需要确定主体资格的事项;(六)法律、行政法规规定可以设定行政许可的其他事项。"
③ 按照《行政处罚法》的规定,我国行政处罚的种类有:警告、通报批评;罚款;没收违法所得、没收非法财物;责令停产停业;暂扣或者吊销许可证、暂扣或者吊销执照;行政拘留;法律、行政法规规定的其他行政处罚。

要保障市场的有序运作机制,就必须对不正当竞争行为、垄断行为等破坏正常市场秩序的行为加以法律控制和制裁,因此,运用反不正当竞争法(反垄断法)的有力武器维护市场竞争秩序,促进经济繁荣,便成了政府规制的重要组成部分。

竞争法,是以市场竞争关系和市场竞争管理关系为调整对象,以保护公平、自由竞争为主旨,以反垄断法和反不正当竞争法为核心内容的竞争实体性法律规范与竞争管理程序性法律规范的总和。[①] 现代竞争法产生于19世纪末,以三部法律的颁布与实施作为标志。第一部法律是美国的《谢尔曼法》,它是世界上第一部成文的反垄断法。《谢尔曼法》共8条,规定任何以托拉斯和其他形式作出契约、联合或共谋,如被用以限制州际间或与外国之间的贸易或商业,均属严重犯罪;任何垄断或者企图垄断,或与他人联合、共谋垄断州际间或与外国之间的贸易或商业之任何一部分,均被视为严重犯罪。第二部法律是德国于1896年颁布的世界上第一部《反不正当竞争法》。第三部是《保护工业产权巴黎公约》(以下简称《巴黎公约》),这是国际立法第一次对反不正当竞争行为予以规制。

各国和地区对竞争法的立法模式主要有两种:一是采取分别立法的方式,如德国1896年颁布了《反不正当竞争法》,1957年颁布了《卡特尔法》;二是采取合并立法的方式,如我国台湾地区竞争法制度统一规定在"公平交易法"这一法律文件当中,并且在执法等方面适用相同的行政程序。我国竞争法主要是采取了分别立法的模式。1993年我国颁布了《反不正当竞争法》,目的是保障社会主义市场经济健康发展,鼓励和保护公平竞争,制止不正当竞争行为,保护经营者和消费者的合法权益。2008年8月1日起,针对市场中的垄断行为,我国开始实行《反垄断法》。由于历史原因,我国《反不正当竞争法》和《反垄断法》分别颁行,前后相差十多年,前者的价值理念是保护公平竞争,后者的价值理念是保护自由竞争,作为维护市场竞争秩序的法律制度,两者在功能上相辅相成,缺一不可,共同组成广义的"竞争法"(狭义的"竞争法"则仅是指反垄断法),即维护市场竞争秩序的法律制度。企业经营者必须了解两部法律的规制内容,才能依法经营,而不是以身试法。

拓展知识

竞争法的商法性质

竞争法是规范商事主体竞争行为的法律。在德国、法国的商法教材中,均把竞争法作为商法的一部分内容。从商事管理角度分析,竞争是平等商事主体之间的私人行为,受商法的调整。但是,实践证明,竞争行为是一把双刃剑,市场中存在正当的竞争,也存在不正当的竞争。不正当的竞争将损害其他商事主体的合法利益、损害消费者的利益,如果放任不正当竞争的存在,不予以适当的商事管理,那么整个市场的健康、有序发展将不复存在。因此,竞争法的作用是保护竞争,保障市场机制或竞争机制能够在资源配置中发挥基础性的作用。

在经济法学界,竞争法通常被冠以"经济法的核心""经济大宪章""经济宪法"等光环。从经济法的角度理解竞争法,逻辑出发点是国家干预,即国家凭借其公权力对商事主体的行

---

① 种明钊主编:《竞争法》(第2版),法律出版社2008年版,第12页。

为予以行政性干预。因此,商事管理法与经济法各自从不同的角度对商事主体的商事行为予以法律规制,但目的都是为了建立一个有序、健康的市场。

(一) 反不正当竞争法

1993年9月2日,第八届全国人民代表大会常务委员会第三次会议通过了《反不正当竞争法》,并于1993年12月1日开始施行,后经历1次修订和1次修正:2017年11月4日第十二届全国人民代表大会常务委员会第三十次会议修订,2019年4月23日第十三届全国人民代表大会常务委员会第十次会议修正。

我国《反不正当竞争法》的修订与完善①

1. 增加了互联网不正当竞争条款

由于1993年《反不正当竞争法》没有关于互联网竞争的规定,互联网公司对该法在互联网领域的适用产生质疑。互联网领域内的不正当竞争行为不但对互联网企业造成影响,而且对广大消费者的选择造成干扰,如司法领域已判决的"3Q大战""百度诉3721"等不正当竞争案等。《反不正当竞争法》第12条规定,经营者不得利用技术手段影响用户选择,实施妨碍、破坏其他经营者合法提供的网络产品或者服务正常运行的行为。

2. 对商业贿赂的范围适当扩大

在药品销售中,一些医院要求药厂必须接受其指定的代理机构作为销售商,否则便拒绝向其采购药品。实际上,这些中介机构对药品销售并无实质性服务,仅是从中抽取提成,再以各种方式将利益输送给医院,致使医药改革政策难以真正落到实处。这些中介机构既非药品买方亦非卖方,但却帮助买卖双方实现不正当的利益输送并从中获利,因此也应受到《反不正当竞争法》的规制。因此现行法对商业贿赂对象的范围作了适当扩大,1993年《反不正当竞争法》规定商业贿赂的对象仅限于交易相对方,而现行法第7条增加了受交易相对方委托办理相关事务的单位或者个人以及利用职权或者影响力影响交易的单位或者个人,并对员工商业贿赂行为的认定作了特别规定。

3. 细化各类恶意仿冒行为

当前,将他人注册商标申请为企业字号等造成市场混淆的不正当竞争行为较为普遍,不仅损害了经营者的合法权益,而且对消费者造成误导和损害。在《反不正当竞争法》修订前,这类案件只能在诉讼中适用基本原则予以处理,行政执法机关无法具体实施。与商标法相衔接,现行法增加了属于不正当竞争行为的规定。将他人注册商标、未注册驰名商标作为企业名称中的字号使用,涉及笔名、艺名、社会组织名称及其简称、域名主体部分、网站名称、网页以及频道、栏目、节目等的名称标识,不管这些误导公众的行为如何改头换面,均可能被认定为不正当竞争。

---

① 赵文君、于佳欣:《反不正当竞争法24年首次修订凸显四大亮点》,载《方圆》2017年第5期;孔祥俊、张步洪:《反不正当竞争法的适用与完善》,法律出版社2000年版,第6—7页。

4. 完善行政执法权,加大处罚力度

在某著名药企商业贿赂案的前期调查阶段,当事人拒不向市场监管部门提供相关证明材料,搪塞拖延,使案件调查难以取得有效进展。《反不正当竞争法》修订前,商业秘密案件往往给权利人造成动辄上百万甚至几千万的损害,行政调查往往耗费巨大精力、物力、财力,而行政处罚最高限额仅为20万元,难以做到过罚相当。现行法进一步完善了行政执法权,增加了检查、查封、扣押、查询等强制措施,还突出了对不正当竞争行为的民事赔偿责任。

《反不正当竞争法》对保障社会主义市场经济的健康发展、鼓励和保护公平竞争、制止不正当竞争行为、保护经营者和消费者的合法权益起到了积极的促进作用。它所规制的,一是限制竞争行为,包括:(1)公用企业或其他依法享有独占地位经营者的限制竞争行为;(2)政府及其所属部门的限制竞争行为;(3)搭售或附加其他不合理条件;(4)招标投标中的限制竞争行为。二是不正当竞争营业行为,包括:(1)混淆行为;(2)商业贿赂行为;(3)侵犯商业秘密;(4)虚假广告;(5)掠夺性定价;(6)不正当有奖销售;(7)诋毁商誉。本节主要论及商业贿赂行为、欺骗性交易行为、不当销售行为;其他不正当竞争行为散见于本章产品质量法、劳动合同法,以及第一编第二章商事人格与营业能力的论述。

在我国,国家层面不正当竞争案件的执法主体是国家市场监督管理总局价格监督检查和反不正当竞争局。根据《反不正当竞争法》第4条规定,县级以上人民政府履行市场监督管理职责的部门对不正当竞争行为进行查处;法律、行政法规规定由其他部门查处的,依照其规定。其他部门如:保险领域的不正当竞争行为,由银保监会监督检查;建筑领域内的不正当竞争行为由建设行政主管部门监督检查;低价倾销等不正当竞争行为由政府物价部门监督检查;招标投标的业务主管部门和项目审批部门对招标投标行为进行监督管理,等等。

1. 商业贿赂行为

商业贿赂是指经营者为了争取交易机会,排斥竞争对手,暗中给予交易对方有关人员和能够影响交易的其他相关人员以财物或其他好处的不正当竞争行为。商业贿赂为我国《反不正当竞争法》明令禁止。我国《反不正当竞争法》第7条第1款规定,"经营者不得采用财物或者其他手段贿赂下列单位或者个人,以谋取交易机会或者竞争优势:(一)交易相对方的工作人员;(二)受交易相对方委托办理相关事务的单位或者个人;(三)利用职权或者影响力影响交易的单位或者个人。"构成商业贿赂行为,必须满足三个条件:第一,经营者采用财物或者其他手段实施了贿赂;第二,行贿的目的是争取交易机会之目的;第三,行贿人是经营者。

在企业经营中,要分清楚回扣、折扣与佣金的区别。如果给对方回扣的,以行贿论处。但是,法律规定可以以明示方式给对方折扣,可以给中间人佣金。折扣是一种降价方式,只能发生在交易双方之间,必须以明示方式进行。折扣是合法的,回扣是非法的。佣金是指经营者在市场交易中支付给为其提供服务且具有合法经营资格的中间人的劳务报酬。佣金是合法的,回扣是非法的。经营者给对方折扣、给中间人佣金的,必须如实入账。

拓展知识

从商业贿赂看关系的社会成本

商业贿赂是关系型商业模式所衍生的一项恶果,由于缺乏健全的市场经济规则体系,再加上商业运营中对关系网络的过度依赖,商业贿赂深入各行各业已成为一种"潜规则",小到出租车拉客的"回报"、医院中的药品"回扣",大到公司向官员行贿,商业贿赂可谓无孔不入,不仅政府、商业部门,甚至连高校、医院都不能幸免。最高人民法院副院长沈亮在解读《最高人民法院工作报告》时表示,2021年全国法院审结商业贿赂、逃税骗税等妨害对公司、企业的管理秩序和危害税收征管犯罪案件1.27万余件,保障了法治营商环境。此外,"透明国际"2022年公布了上一年度全球"清廉指数"(Corruption Perceptions Index)排行榜,该指数以公共部门贪腐程度作为排名标准,满分100,排名越高越清廉,共有180个国家及地区上榜,最新排名显示丹麦、芬兰、新西兰并列第一,挪威、新加坡、瑞典并列第四,排名垫底的是南苏丹。此外,美国排名27,首次跌出前25名。中国香港则从11位降为12位,得76分;中国台湾从28位升为25位,得68分;中国大陆则从78位升至66位,得45分。"透明国际"在2021年清廉指数报告中指出:全球清廉程度连续10年停滞不前,180个国家的平均得分只有43分。尽管许多国家做出了多项承诺,但过去10年中有131个国家在反腐败方面没有取得重大进展,三分之二的国家得分低于50,表明在这些国家中存在严重的腐败问题,此外还有27个国家的得分处于历史新低。"透明国际"(Transparency International)是一家国际性非营利、非政府组织,总部设在德国柏林,成立于1993年。透明国际成立的目的是通过民间力量揭发全球公共部门腐败并防止腐败引发犯罪活动;其宗旨是减轻及消除政府、政商界的贪腐程度。

那么,为什么商业贿赂会在关系型商业社会中泛滥,商业贿赂又具有什么样的特点呢?如果说通过商业贿赂来开拓市场,中外企业都概莫能外的话,中国的商业贿赂却有着独特的特点,那就是人情与贿赂相融,关系与腐败相通。此外,由于当前对权力约束、监督的法律制度并不健全,形成了权力的异化和公权私用,出现了所谓的"国家权力部门化,部门权力个人化,个人权力商品化"的现象,权力的可交易性更加剧了商业贿赂的盛行。可见,要建立法治、公平、竞争的市场交易秩序,就必须打破支撑商业腐败的关系网络和潜规则,警惕和限制关系网络的负面影响,通过完善法律规则、加强法律执行来建立长效的治理机制,为经济秩序和交易规则的转型创造良好的环境和条件。

2. 混淆行为

《反不正当竞争法》第6条规定的混淆行为包括:(1)擅自使用与他人有一定影响的商品名称、包装、装潢等相同或者近似的标识;(2)擅自使用他人有一定影响的企业名称(包括简称、字号等)、社会组织名称(包括简称等)、姓名(包括笔名、艺名、译名等);(3)擅自使用他人有一定影响的域名主体部分、网站名称、网页等;(4)其他足以引人误认为是他人商品或者与他人存在特定联系的混淆行为。

企业经营过程中,若发现自己的合法权益受到侵害,首先要全面收集侵权的证据。特别是侵权产品样本以及被侵权人的产品样本,被侵权人的在先权利证明文件,购买侵权产品的证明文件,等等。证据材料收集完毕后,企业可以采取多种途径寻求权利救济:第一,请求行政机关查处商标侵权行为。行政查处力度大,行动快,可以较快解决问题并制止侵权行为进一步蔓延。第二,可以通过司法程序寻求赔偿。

> **相关案例**
> **贵州茅台酒股份有限公司诉贵州底蕴酒庄酒业有限公司等擅自使用与他人有一定影响的商品名称、包装、装潢等相同或者近似的标识纠纷**[①]
>
> 原告茅台公司成立于1999年11月20日,经营范围包括茅台酒系列产品的生产与销售等。中国贵州茅台酒厂(集团)有限责任公司(以下简称茅台酒厂)系茅台公司的控股股东,其先后注册四个图形商标,核定使用商品均包含第33类"酒"。2018年5月29日,茅台酒厂出具说明,将包括上述四个商标在内的多个商标授权茅台公司使用,且茅台公司有权对使用上述商标的商品进行真伪鉴定及单独提起民事诉讼。2019年1月21日,茅台酒厂再次出具说明,授权茅台公司独占使用"贵州茅台酒"白酒商品所涉及的包括但不限于商品名称、包装、装潢、瓶贴、商标标识在内的相关权利,有权对侵害上述权利的侵权行为单独提起民事诉讼等维权行动。底蕴公司于2017年12月入驻拼多多平台开设涉案店铺并销售被控侵权产品,其包装、装潢在颜色搭配、图案布局、文字排列等方面均与"贵州茅台酒"使用的包装、装潢风格高度近似。被控侵权商品上标注底蕴公司为出品商、猛酱公司为生产企业。法院认为,本案中贵州茅台酒采用特定形状及颜色的容器、飘带、瓶盖,采用特定颜色、排版的正、背面瓶贴,上述包装、装潢具有区别商品来源的显著特征,经过茅台公司多年的持续使用及宣传已具有了极高的知名度,故应认定构成《反不正当竞争法》所保护的有一定影响的商品包装、装潢。被控侵权商品与茅台酒同属于白酒产品,其使用了与茅台酒高度近似的包装及装潢,仅部分文字、图案细节有所区别,极易使相关公众产生混淆误认,应认定为侵权商品。

3. 不正当有奖销售

不正当有奖销售是指经营者销售商品或者提供服务,附带性地向购买者提供物品、金钱或其他经济上的利益的行为,主要表现有:所设奖的种类、兑奖条件、奖金金额或者奖品等有奖销售信息不明确,影响兑奖;采用谎称有奖或者故意让内定人员中奖的欺骗方式进行有奖销售;抽奖式的有奖销售,最高奖的金额超过5万元。

> **相关案例**
> **免费送"国民神车"有奖销售案**[②]
>
> 在2021年"双11"网络交易专项监测中,江苏省扬州市江都区市场监管局发现"悦都荟"

---

① 贵州茅台酒股份有限公司与贵州底蕴酒庄酒业有限公司等擅自使用与他人有一定影响的商品名称、包装、装潢等相同或者近似的标识纠纷,参见上海市徐汇区人民法院(2020)沪0104民初13175号。

② 《"有奖销售"? 被罚18万元》,参见扬州市市场监督管理局网,http://scjgj.yangzhou.gov.cn/scjdglj/sjxw/202203/1f39586fb1e84457b7c0691fd2219e36.shtml,2022年10月19日访问。

房地产项目免费送"国民神车"有奖销售活动涉嫌违法。2021年11月15日,江都区市场监管局执法人员前往"悦都荟"售楼处进行执法检查。经查,当事人为提高"悦都荟"的知名度,吸引更多的潜在购房者,自2021年11月5日起举办现场抽奖送"国民神车"的活动,并在售楼处大厅、"房天下"网站及抖音、微信宣传,免费送"国民神车"活动的最高累计获奖金额已超过5万元。

当事人进行抽奖式的有奖销售活动,最高奖的金额超过5万元的行为违反了《反不正当竞争法》第10条的规定,构成不正当有奖销售行为。依据《反不正当竞争法》第22条的规定:"经营者违反本法第十条规定进行有奖销售的,由监督检查部门责令停止违法行为,处五万元以上五十万元以下的罚款。"《规范促销行为暂行规定》第17条规定:"抽奖式有奖销售最高奖的金额不得超过五万元。有下列情形之一的,认定为最高奖的金额超过五万元:……(三)以物品使用权、服务等形式作为奖品的,该物品使用权、服务等的市场价格超过五万元。"依据《反不正当竞争法》第22条规定,江都区市场监管局责令当事人停止上述违法行为,并处罚款18万元。

(二) 反垄断法

1. 什么是垄断?

根据《布莱克法律辞典》的解释,垄断是指"赋予某个人或公司或更多的人或公司的一种特权或特别优势,正是由于这种专有权利(或实力)的存在,上述人或公司才能从事一种特别的事业或贸易,制造某种特别的产品或控制某种特殊商品的整个供应规模,垄断是一种市场结构形式,在这种市场结构中,一个或仅仅少数几个人或公司支配着某项产品或某项服务的总供应规模"。垄断可以是一种行为,也可以是一种状态。但现代各国反垄断法大多倾向于认为垄断状态本身并不违法,反垄断法规制的主要是垄断行为。①

垄断行为的认定原则:本身违法原则与合理原则②

本身违法原则是指企业的某些特定行为,不管事实上是否已经产生了限制竞争的后果,均被视为非法垄断。美国联邦最高法院在早期的两个托拉斯案件的裁决中,遵循的是"依法裁决",法官拒绝对价格协议进行合理性分析。合理原则出现在美孚石油公司案中,法官认为探究《谢尔曼法》条文的精确含义,第1条是对所有垄断贸易方式的禁止,第2条是为了尽可能全面地、完备地表达所禁止的事项;当第2条与第1条相一致并且有意成为第1条的补充时,显然在一个特定案件中用来查明是否违反了第2条规定的行为标准是"合理原则"。

---

① 有关商会的垄断行为将在本编第二章商会自治中详尽论述。
② 郑鹏程:《论"本身违法"与"合理法则"》,载王艳林主编:《竞争法评论》(第1卷),中国政法大学出版社2005年版,第75页。

本身违法原则只适用于少数竞争者之间签订的具有明显限制竞争的协议，如竞争者之间的横向价格协议、横向市场划分协议、转售价格的维持协议、部分搭售协议和联合抵制协议等。其他的纵向协议及优势地位企业的单方行为可能适用合理原则。

反垄断法是市场经济领域的核心法律，有"经济宪法"之称。在我国，1987年8月，《反垄断法》起草小组在国务院法制局成立。次年，《反对垄断和不正当竞争暂行条例草案》就被提出。1994年，全国人大将反垄断法列入立法规划，委托经贸委（现商务部）、工商总局（现国家市场监督管理总局）两个部门共同起草《反垄断法》。2006年6月，国务院讨论并原则通过了《反垄断法（草案）》，并于2006年6月底首次提请全国人大常委会审议，最终于2007年8月30日通过，自2008年8月1日起施行。2020年1月2日，国家市场监管总局发布《〈反垄断法〉修订草案》，向社会公开征求意见，2020年1月31日截止。

我国《反垄断法》的立法目的主要有两方面：第一，《反垄断法》通过禁止、限制各种不正当竞争的行为，维护市场公平竞争的环境，促使市场机制对资源配置发挥最好的作用。第二，保护消费者利益和社会公共利益。《反垄断法》的实施给垄断企业带来压力，并让企业重新认识市场竞争秩序。

各国反垄断执法机构的设置主要有两种模式，一种是司法模式，如美国司法部执行《谢尔曼法》的模式；另一种是行政模式，如欧盟委员会执行欧盟竞争法的模式。根据我国《反垄断法》规定，国务院设立反垄断委员会，负责组织、协调、指导反垄断工作。国务院反垄断执法机构负责反垄断执法工作。根据工作需要，国务院反垄断执法机构可以授权省、自治区、直辖市人民政府相应的机构负责有关反垄断执法工作。我国《反垄断法》所设计的执法体制可概括为"双层次多机构"。"双层次"是指国务院反垄断委员会与反垄断执法机构；"多机构"是指众多机构将享有反垄断法的执法权。

1995年，工商总局在其公平贸易局下就设有反垄断处，到2004年共查处了行业垄断案6000余件，行政垄断案500余件，垄断行为涉及水、电、暖、气、盐、铁路、石油、电信、邮政、保险、烟草、商业银行等。2004年9月，商务部又成立了反垄断调查办公室，职能仅是"承担有关反垄断的国际交流、反垄断立法及调查等相关工作"。发改委于2003年制定了《制止价格垄断行为暂行规定》，赋予发改委对价格垄断行为的认定、解释、处罚等权力。《反垄断法》施行后，工商总局、商务部和发改委真正开始了有法可依的反垄断工作。

工商总局主要处理非价格垄断、非价格滥用市场支配地位、滥用行政权力排除限制竞争行为的案件。与之对应，发改委主要负责与价格相关的案件。比如调查中国电信和中国移动的宽带价格垄断问题，最终电信和移动承诺降低宽带上网费用。此外，因为价格垄断问题，发改委价格监督检查与反垄断局向茅台酒业和五粮液开出了4.49亿元的罚单。商务部主要处理企业的兼并申请，只要兼并双方的年收入达到一定规模，都必须向商务部反垄断局提出申请，包括国企、外企和民企。比如商务部带附加条件地通过了美国西部数据对日立移动硬盘的收购、谷歌对摩托罗拉手机业务的收购，但没有通过可口可乐收购汇源的申请。

但三个部门合作反垄断的模式一直以来被专家学者所诟病。2018年，国务院机构改革，依据《国务院机构改革方案》，国家市场监督管理总局组建，其目的就是整合三家反垄断执法机构的职责，承担反垄断统一的执法职能。2018年4月10日国家市场监督管理总局正式挂牌，2019年3月，经过11个月的网站建设，国家市场监督管理总局反垄断局官网正式上线，工作重点放在监督经营者与贸易公平工作上。2021年11月，国家反垄断局在国家市场监督管理总局正式挂牌。

2. 反垄断法的规制内容

《反垄断法》规定了三种垄断行为:经营者达成垄断协议;经营者滥用市场支配地位;具有或者可能具有排除、限制竞争效果的经营者集中。

(1) 垄断协议

垄断协议,是指排除、限制竞争的协议、决定或者其他协同行为。垄断协议分为横向垄断协议与纵向垄断协议。横向垄断协议,指处于同一经济层次上的企业之间通过协议、决定或其他方式限制竞争的行为。我国《反垄断法》第17条采用列举的方式,将横向协议分为五大类:固定或变更价格、限制数量、划分市场、限制创新、联合抵制,国务院反垄断执法机构认定的其他垄断协议作为兜底条款。纵向垄断协议,指处于不同经济层次上的企业之间通过协议、决定或其他协同方式限制竞争的行为。纵向垄断协议的目的在于限制纵向企业所在经济层次上的竞争,其主要形式是固定或限定转售价格。在有些国家,搭售、独家交易等也被视为纵向垄断协议。

《反垄断法》规定了在六种特殊情形下协议可以获得法律的豁免:① 为改进技术、研究开发新产品的;② 为提高产品质量、降低成本、增进效率,统一产品规格、标准或者实行专业化分工的;③ 为提高中小经营者经营效率,增强中小经营者竞争力的;④ 为实现节约能源、保护环境、救灾救助等社会公共利益的;⑤ 为保障对外贸易和经济合作中的正当利益的;⑥ 在经济不景气时期,为缓解销售量严重下降或者生产明显过剩的。这些协议虽然具有限制竞争的后果,但却在整体上有利于技术进步、经济发展和社会公共利益。

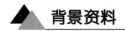 背景资料

我国经济现实中的固定或变更价格行为

我国市场上出现的固定或变更价格行为主要有以下几类:(1) 限制低价。如2016年,黔东南驾校行业签订《联合经营协议》约定最低限价,达成并实施该垄断协议,形成价格联盟。(2) 统一定价。2017年11月,广东省惠州市检测协会制定《工作方案》,要求各会员单位不得随意降价或减免检测费;2018年1月,该协会召开会员大会、理事会、理事监事会,制定统一调价方案,限定各车型检测费用的最低收费标准,调整后的收费标准几乎相同。(3) 联合提价。如2018年5月,嘉兴市二手车行业协会组织全市9家会员单位达成二手车服务费涨价协议,涉案9家企业均按照协议规定上涨二手车交易服务费。(4) 价格自律。如2001年山西省17家镁生产骨干企业和3家重点出口企业签署"加强镁行业价格自律、维护行业经济秩序"的共同宣言,约定削价减产、协调价格。

(2) 滥用市场支配地位

市场支配地位,是指经营者在相关市场内具有能够控制商品价格、数量或者其他交易条件,或者能够阻碍、影响其他经营者进入相关市场能力的市场地位。《反垄断法》规定的滥用市场支配地位包括:① 以不公平的高价销售商品或者以不公平的低价购买商品;② 没有正

当理由,以低于成本的价格销售商品;③ 没有正当理由,拒绝与交易相对人进行交易;④ 没有正当理由,限定交易相对人只能与其进行交易或者只能与其指定的经营者进行交易;⑤ 没有正当理由搭售商品,或者在交易时附加其他不合理的交易条件;⑥ 没有正当理由,对条件相同的交易相对人在交易价格等交易条件上实行差别待遇;⑦ 国务院反垄断执法机构认定的其他滥用市场支配地位的行为。我国《反垄断法》采用了国际反垄断立法惯例,将50%的市场份额作为经营者独立拥有市场支配地位的推定标准。①

《反垄断法》一般只禁止滥用市场支配地位,而不禁止市场支配地位本身。进言之,具有市场支配地位不是垄断的判别标准;滥用市场支配地位才是垄断。针对国有经济占控制地位的关系国民经济命脉和国家安全的行业以及依法实行专营专卖的行业,《反垄断法》予以专门的规定。② 调查表明,中国企业500强中大多数是国有企业,所在行业大部分为石油、电力、钢铁等垄断性行业;而前十位都是垄断性行业的企业。《反垄断法》的目的不是反对企业因自身的效益而取得的市场支配地位,但企业以合法方式取得了市场支配地位后,有可能会滥用市场支配地位,例如通过不合理的涨价损害消费者利益,或者通过掠夺性定价、价格歧视、拒绝交易、搭售等行为排挤竞争对手,这些行为都要受到《反垄断法》的制裁。

相关案例
阿里巴巴"二选一"案③

2020年12月起,市场监督管理总局对阿里巴巴涉嫌实施滥用市场支配地位的行为展开调查。调查发现,从2015年开始,阿里巴巴对经营平台内的商家提出"二选一"要求,禁止平台内商家在其他竞争性平台开店或参加促销活动,并借助制定的平台规则、市场力量、大数据、算法等技术手段,以及各种奖惩手段强制平台内商家遵循"二选一"要求,滥用其市场地位排除、限制其他经营平台的竞争。2021年4月10日,市场监管总局认定其行为违反我国《反垄断法》关于"限定交易"的有关规定,责令阿里巴巴停止违法行为并处以2019年度销售额4557.12亿元人民币4%的罚款,共计182.28亿元人民币。该案是自《国务院反垄断委员会关于平台经济领域的反垄断指南》发布以来,首个滥用市场支配地位的行政执法案件,具有重要指导意义。

评析:市场监管总局如何认定滥用市场支配地位?

市场监管总局在行政处罚决定书中,运用滥用市场支配地位的一般分析方法,即界定相关市场、判断当事人是否具有市场支配地位、当事人是否滥用市场支配地位三个步骤进行分

---

① 《反垄断法》第23条规定:认定经营者具有市场支配地位,应当依据下列因素:(1) 该经营者在相关市场的市场份额,以及相关市场的竞争状况;(2) 该经营者控制销售市场或者原材料采购市场的能力;(3) 该经营者的财力和技术条件;(4) 其他经营者对该经营者在交易上的依赖程度;(5) 其他经营者进入相关市场的难易程度;(6) 与认定该经营者市场支配地位有关的其他因素。第24条规定:有下列情形之一的,可以推定经营者具有市场支配地位:(1) 一个经营者在相关市场的市场份额达到1/2的;(2) 两个经营者在相关市场的市场份额合计达到2/3的;(3) 三个经营者在相关市场的市场份额合计达到3/4的。

② 《反垄断法》第8条规定:国有经济占控制地位的关系国民经济命脉和国家安全的行业以及依法实行专营专卖的行业,国家对其经营者的合法经营活动予以保护,并对经营者的经营行为及其商品和服务的价格依法实施监管和调控,维护消费者利益,促进技术进步。前款规定行业的经营者应当依法经营,诚实守信,严格自律,接受社会公众的监督,不得利用其控制地位或者专营专卖地位损害消费者利益。

③ 浙江天猫网络有限公司与浙江天猫技术有限公司等滥用市场支配地位纠纷上诉案,最高人民法院(2019)最高民辖终130号。

析。首先,关于相关市场的界定。市场监管总局将该案的相关市场界定为网络零售平台服务市场。一是通过经营者与消费者角度的需求替代分析与经营者角度的供给替代分析认定线下零售商业服务与网络零售平台不属于同一相关市场。二是从经营者、商品销售方式、商品品类等方面认定网络零售平台服务构成单独的相关市场。三是同样运用替代分析方法认定本案地域市场为中国境内。其次,判断是否具有市场支配地位。处罚决定从市场份额、相关市场集中度、市场控制能力、财力和技术条件、其他经营者依赖程度、相关市场进入障碍、在关联市场的优势等方面论证了当事人具有市场支配地位。最后,是否构成滥用市场支配地位。处罚决定书认定阿里巴巴通过实施取消平台内经营者参加活动、减少资源支持、搜索降权等关乎经营者重大权益的行为强制其"二选一"要求的执行。由此认定其实施的"二选一"行为,违反了《反垄断法》第17条关于"限定交易"的规定。此外,阿里巴巴缺乏正当理由实施"二选一"行为,并且产生了排除、限制竞争的效果。

(3) 经营者集中

经营者集中是指通过合并、取得股权、合同等方式取得对其他经营者的控制权或者能够对其他经营者施加决定性影响。经营者集中的后果是双重的。一方面,在一定的限度内经营者集中有利于发挥规模经济的作用,提高经营者的竞争能力;另一方面,过度集中可能导致经营者数量减少,加强市场支配地位,限制竞争,损害效率。在我国,对经营者集中的规制既要有利于企业通过依法兼并做大做强、发展规模经济、提高产业集中度、增强竞争能力,又要防止经营者过度集中形成垄断。因此,《反垄断法》在总则中规定,经营者可以通过公平竞争自愿联合,依法实施集中,扩大经营规模,提高市场竞争能力。

《反垄断法》规定,经营者集中达到国务院规定的申报标准的,经营者应当向国务院反垄断执法机构申报,未申报不得实施集中。国家反垄断局是经营者集中反垄断审查执法机构,承担受理和审查经营者集中申报的具体执法工作。

拓展知识

企业战略选择:申报还是不申报?[①]

当经营者决定是否进行反垄断审查申报时,一般按照如下步骤进行:第一步:判断是否已经达到应当进行申报的标准。对申报标准的理解,经营者应当会同法律顾问、经济学家进行研究。法律顾问对于法律专业术语可以提供定义解释上的意见,而经济学家可以帮助确定经济学指标的含义。对于资产额、关联企业、营业额的数据,经营者可以查看相关企业的数据报表。对于市场占有率,可以借助权威部门发布的数据进行测算。在可申报亦可不申报的情况下,按照申报优先的原则进行处理,以免引发违法处罚。第二步:如果已经触及申报标准,决定是否申报。相对于违反《反垄断法》的严厉后果来讲,进行反垄断审查申报的代价并不大。由于经营者集中行为牵涉面广,社会影响大,往往会引起竞争者和规制部门的注

---

① 詹昊:《反垄断法下的企业并购实务:经营者集中法律解读、案例分析与操作指引》,法律出版社2008年版,第168—170页。

意,经营者心存侥幸、逃避申报的想法一般是不现实的。

(4) 行政垄断

在中国的反垄断立法进程中,对行政垄断问题一直存在激烈争议。根据我国经济发展的现状,《反垄断法》对滥用行政权力排除、限制竞争行为,即行政性垄断行为作了禁止性规定。《反垄断法》总则第 10 条了原则性规定:"行政机关和法律、法规授权的具有管理公共事务职能的组织不得滥用行政权力,排除、限制竞争。"第五章对行政垄断作了具体规定。我国《反垄断法》规定的行政垄断,主要指强制限定交易行为(第 39 条)、地区封锁行为(第 41 条)、排斥或限制外地经营者参加招投标(第 42 条)、排斥或限制外地经营者在本地投资(第 43 条)、强制从事经济性垄断的行为(第 44 条)、抽象的限制竞争的行政行为(第 45 条)。行政垄断表现为政府职能部门利用权力进行行政强制交易、强制限制竞争、限制市场准入。行政垄断的成因很复杂,包含政治、经济、文化、法律等因素。要彻底解决行政垄断,必须依靠政治、经济、法律等多种手段综合治理。

相关案例
深圳市斯维尔科技有限公司诉江西省物价局——公平竞争审查诉讼第一案

原告斯维尔公司在 2018 年诉称,江西省物价局于 2017 年 11 月在其官网发布了《关于开展对 2017 版〈江西省建设工程定额〉配套使用的计价软件进行首次综合测评工作的通知》。要求凡相关正规软件企业使用 2017 版《江西省建设工程定额》为依据开发形成的计价配套软件,在正式进入市场销售使用前,必须按规定向物价局申请综合测评,经综合测评合格后方可在江西省建设工程计价活动中使用。凡在江西省内从事建设工程计价活动的单位和个人,须使用经综合测评合格的建设工程计价软件作为计价工具;对使用未经综合测评或综合测评不合格的建设工程计价软件所完成的工作成果,不得作为工程造价计价的依据。受住建厅委托,物价局负责全省建设工程计价软件的综合测评工作。斯维尔认为,住建厅、物价局的行为属于行政垄断和违反公平竞争审查义务的行为。

评析:该案被多家媒体称为"公平竞争审查诉讼第一案"。本案的受理对推动行政机关落实公平竞争审查制度具有重大意义。观察本案,原告选择以提起行政诉讼的方式,质疑、挑战其认为涉嫌滥用行政权力限制竞争的行为,无论原告的诉讼请求最后是否能够得到支持,我们都不要忘记,是本案的原告以它们提起诉讼的实际行为,运用既有的制度资源,把行政诉讼激活并将进一步强化为反行政性垄断的现实机制,公众可以从中感受并学习运用行政诉讼直面行政性垄断的勇气和经验。[①]

---

① 参见万静:《公平竞争审查诉讼第一案立案》,载新浪网,https://news.sina.com.cn/o/2018-01-27/doc-ifyqyesy2792753.shtml,2023 年 12 月 1 日访问。

三、商事管理中的社会性规制

随着经济发展和人民生活水平的提高,政府日益关注产品质量、消费者权益保护、劳动者保护、环境保护等问题,加强社会性规制成为必然趋势。商事管理中的社会性规制主要涉及产品质量、消费者权益保护、劳动者保护以及环境保护等四方面内容。

(一) 产品质量法

在我国,产品质量法调整两大对象,一是产品质量责任关系,即生产者、销售者与消费者之间进行商品交易所发生的经济关系;二是产品质量监督管理关系,即经济管理机关执行产品质量监督管理职能而发生的经济关系。我国的产品质量法兼具市场运行和国家监管两个方面的法律规范,其结构为"产品责任法+产品质量监管法"。[①] 在立法层面,我国现行法律体系中与产品质量相关的法律主要有《民法典》《标准化法》《计量法》《消费者权益保护法》《食品安全法》《刑法》等。在法规、规章层面,各级政府、相关部委颁布了大量的行政法规、部门规章、地方性法规、地方性规章,对产品质量相关环节作了具体规制。

1. 产品质量法律风险

产品质量法律风险是指当产品因自身的缺陷、瑕疵违反相关法律法规政策、质量标准以及合同内容对产品的适用性、安全性和其他特性的要求时,产品生产者、销售者可能承担的不利法律后果。产品质量风险产生的原因主要是:(1)因产品瑕疵导致的产品质量风险。产品瑕疵指一般性的产品质量问题,如产品的外观、包装等。(2)因产品缺陷导致的产品质量风险。《产品质量法》规定的"缺陷"是指产品存在危及人身、他人财产安全的不合理的危险;产品有保障人体健康和人身、财产安全的国家标准、行业标准的,是指不符合该标准。

如何处理产品质量危机,事关企业的生存。企业既要主动积极,同时又要全面分析。(1)对明确属于企业责任造成的产品质量危机事件,要及时与对方进行沟通,了解其对事件的基本态度;主动以谈判方式与对方沟通,争取以和解方式解决产品质量危机事件;在谈判破裂时,争取与权威和中立的第三方联系,同时进一步调整谈判立场,争取实现第三方参与和主持下的调解。(2)对事件原因不明,责任一时难以判定的产品质量危机事件,要及时与对方进行沟通;阐明本方立场和态度,并提示对方行为的法律后果;与行业专业鉴定部门或主管部门取得联系,通过技术手段对产品质量危机事件的性质和原因加以认定。(3)对明确不属于企业责任造成的产品质量危机事件,要明确阐明本方的态度和立场,并提示对方其行为的相应法律后果;主动与媒体进行沟通,通过新闻发布会等形式向公众传达企业的立场和态度;如对方恶意进行司法诉讼,则积极应诉,通过法律手段捍卫企业的合法权益和社会形象。[②]

[①] 杨紫烜主编:《经济法》,北京大学出版社、高等教育出版社 2006 年版,第 267 页。
[②] 张庆、刘宁、乔栋:《产品质量责任法律风险与对策》,法律出版社 2005 年版,第 91—92 页。

绿色壁垒之法律防范[①]

绿色贸易壁垒,是指进口国以保护生态环境、自然环境以及人类和动植物的健康为由限制进口的措施。其初衷是世贸组织成员为保护环境和国民健康,对进出口商品提出的技术、安全和卫生标准。绿色壁垒已成为国际贸易领域巨大的障碍,为最大限度地消除绿色壁垒给中国外贸带来的不利影响,当前必须采取以下对策:(1)生产企业提高环保意识,健全产品质量管理规章。(2)增加科技投入,开发更多的绿色产品。(3)采取有效措施,杜绝涉及污染和影响环保的原材料和零配件供应商成为本企业的合作伙伴,在选取企业的上下游合作企业时,应当将绿色认证作为一个重要标准,以此来确保企业产品能够在整个产业链条中自始至终保持与污染、公害相绝缘。(4)借助国际先进技术手段,提高企业清洁生产和绿色生产的技术手段,在实现可持续发展的前提下,避免因投入过大而导致企业产品成本过高、生产效益下降的问题。(5)推行绿色营销策略。企业营销的重点是企业、市场与环境之间关系的平衡,以达到企业利益、社会利益与环境利益的一致。(6)实行绿色包装。世界上发达国家确定了包装要符合"4R+1D"的原则,即低消耗、开发新绿色材料、再利用、再循环和可降解。目前,国内食品的绿色包装还处于起步阶段,"4R+1D"原则没有很好地得到体现。

2. 产品质量义务

生产者对其产品的内在质量承担义务,包括两方面:明示担保义务与默示担保义务。明示担保是指生产者对其产品的质量、性能、用途的明示陈述和保证。《产品质量法》第26条第2款第3项规定"符合在产品或者其包装上注明采用的产品标准,符合以产品说明、实物样品等方式表明的质量状况"。若产品质量与生产者的明示担保不一致,消费者可要求生产者承担相应的责任。默示担保是生产者对产品质量所承担的法定义务,包含两方面内容:一是生产者生产的产品不存在危及人身、财产安全的不合理危险,符合相应的国家标准、行业标准;二是产品应当具备的使用性能,但生产者对产品存在的瑕疵作出说明的除外。

为了保护消费者的合法权益,《产品质量法》规定了生产者的禁止性规范,主要包括:(1)生产者不得生产国家明令淘汰的产品;(2)生产者不得伪造产地,不得伪造或者冒用他人的厂名、厂址;(3)生产者不得伪造或者冒用认证标志等质量标志;(4)生产者生产产品,不得掺杂、掺假,不得以假充真、以次充好,不得以不合格产品冒充合格产品。

销售者的强制性产品质量义务主要包括进货检查验收制度、保持产品质量的义务、销售者不得销售失效变质产品的义务、销售的产品标识必须符合法律规定、不得伪造产品来源、不得伪造或冒用质量标志以及其他禁止性事项。[②]

[①] 张庆、刘宁、乔栋:《产品质量责任法律风险与对策》,法律出版社2005年版,第22页。

[②] 根据《产品质量法》第40条的规定,销售者售出的产品有下列情形之一的,销售者应当负责修理、更换、退货;给购买产品的消费者造成损失的,销售者应当赔偿损失:(1)不具备产品应当具备的使用性能而事先未作说明的;(2)不符合在产品或者其包装上注明采用的产品标准的;(3)不符合以产品说明、实物样品等方式表明的质量状况的。销售者依照前款规定负责修理、更换、退货、赔偿损失后,属于生产者的责任或者属于向销售者提供产品的其他销售者的责任的,销售者有权向生产者、供货者追偿。

3. 产品质量责任

产品质量责任经历了从过错责任到严格责任的转变。《产品质量法》第 41 条规定"因产品存在缺陷造成人身、缺陷产品以外的其他财产(以下简称他人财产)损害的,生产者应当承担赔偿责任",确立了我国对生产者实行严格责任原则。不管生产者是否有过错,只要因产品存在缺陷造成了他人的人身、财产损害,生产者就应当承担赔偿责任。企业在被追究产品侵权责任时,可采取以下抗辩理由:(1) 产品无缺陷抗辩。我国在认定产品缺陷时实际上采用了两种标准:一是"不合理危险标准",二是"强制性标准"。(2) 法定免责抗辩。如果生产者能证明有下列情形之一的,不承担赔偿责任:① 未将产品投入流通。② 产品投入流通时,引起损害的缺陷尚不存在。③ 生产者将产品投入流通时的科学技术水平尚不能发现缺陷存在。(3) 超过诉讼时效。《产品质量法》规定,因产品存在缺陷造成损害要求赔偿的诉讼时效期间为 2 年,自当事人知道或者应当知道其权益受到侵害时起计算。因产品存在缺陷造成损害要求赔偿的请求权,自造成损害的缺陷产品交付最初消费者满 10 年丧失;但是,尚未超过明示的安全使用期的除外。

背景资料

美国法关于严格产品责任的规定[①]

在美国,严格产品责任的五个基本要求如下:(1) 被告卖出的产品必须是有瑕疵的;(2) 被告必须从事该产品的生产业务;(3) 因为产品的瑕疵,该产品对使用者或者消费者来说必须是具有不合理的危险的;(4) 瑕疵的状况必须是所引起伤害或者损害的近因;(5) 从产品卖出到伤害发生,产品必须没有经过重要的改变。在任何向生产商或卖方提出的诉讼中,原告没有义务说明产品产生瑕疵的原因和方式。然而,原告必须说明在伤害发生时,产品的状况和它离开被告——生产商时本质上是一样的。所有的州都将严格责任保护拓展到了受伤时靠近瑕疵产品但没有使用该产品的人,而不再要求受伤的人是产品的消费者或者使用者。《侵权法重述》(The Restatement of Torts)(第三版)在产品责任案件中采取的方式略有不同。它的责任确定非常简单:如果产品有瑕疵,就有责任。

4. 我国《食品安全法》与企业经营

我国《食品安全法》由第十一届全国人民代表大会常务委员会第七次会议通过,于 2009 年 6 月 1 日起施行,其后又分别于 2015 年 4 月 24 日完成修订,2018 年 12 月 29 日完成第一次修正,2021 年 4 月 29 日完成第二次修正。相比过去的《食品卫生法》(现已废止),《食品安全法》对食品质量安全的监管更全面、更系统、更严格。

(1) 明确了食品生产经营者作为保证食品安全的第一责任人,建立了生产流通和餐饮服务许可制度、索票索证制度以及企业的食品安全管理制度。

(2) 规范食品添加剂。国家对食品添加剂的生产实行许可制度,未经许可不得生产。

[①] 〔美〕Herbert M. Bohlman、Mary Jane Bundas:《商法:企业的法律、道德和国际环境》(第 5 版),张丹、林莺、李勇、陈婉婷译,清华大学出版社 2004 年版,第 383 页。

食品添加剂应当在技术上确有必要且经过风险评估证明安全可靠,方可列入允许使用的范围。凡要在食品中添加新的食品原料或食品添加剂以外的物质,必须先向国务院卫生部门提交相关安全性评估材料,经安全性评估审查证明这种添加是必要的和安全的并被列入食品添加剂目录后,方可进行生产经营。

(3) 确立了统一制定食品安全国家标准的原则。明确了不安全食品的召回和停止经营制度。食品生产者发现其生产的食品不符合食品安全标准,应当立即停止生产,召回已经上市销售的食品,通知相关生产经营者和消费者,并记录召回和通知情况。食品经营者发现其经营的食品不符合食品安全标准,应当立即停止经营,通知相关生产经营者和消费者,并记录停止经营和通知情况。食品生产经营者未依照规定召回或停止经营不符合食品安全标准的食品的,县级以上人民政府食品安全监督管理部门可以责令其召回或者停止经营。

(4) 民事赔偿优先与惩罚性赔偿。《食品安全法》突破目前我国民事损害赔偿的理念,确立了惩罚性赔偿制度。生产不符合食品安全标准的食品,或者销售明知是不符合食品安全标准的食品,消费者除要求赔偿损失外,还可以向生产者或者销售者要求支付价款 10 倍的赔偿金。

(二) 消费者权益保护法

《消费者权益保护法》作为一部与普通百姓日常生活联系最密切的法律,自 1993 年 10 月颁布实施以来,在完善社会维权机制、解决消费权益纠纷、打击侵害消费者权益违法行为、提高消费者依法维权意识以及促进消费维权运动蓬勃发展等方面发挥了重要的作用。

1. 消费者的基本权利

《消费者权益保护法》规定的消费者权利有九项:(1) 消费者的安全保障权;(2) 消费者的知情权;(3) 消费者的选择权;(4) 消费者的公平交易权;(5) 消费者的获得赔偿权;(6) 消费者的成立维权组织权;(7) 消费者的获得知识权;(8) 消费者的受尊重权及信息得到保护权;(9) 消费者的监督权。其中,容易被忽视、受侵害的有四项:知情权、选择权、消费者的人格尊严权与索取赔偿权。

消费者的知情权,是指消费者享有知悉其购买、使用的商品或者接受的服务的真实情况的权利。消费者有权根据商品或者服务的不同情况,要求经营者提供商品的价格、产地、生产者、用途、性能、规格、等级、生产日期、有效期限、检验合格证明、使用方法说明书、售后服务,或者服务的内容、规格、费用等有关情况。

消费者的选择权是指消费者享有的自主选择商品或者服务的权利,包括有权自主选择提供商品或者服务的经营者,自主选择商品品种或者服务方式,自主决定或者购买任何一种商品、接受或者不接受任何一项服务。消费者在自主选择商品或服务时,有权进行比较、鉴别和挑选。

消费者的人格尊严权是指消费者在消费活动中所享有的名誉权及尊严权不受侵犯的一种民事权利。消费者在购买、使用商品和接受服务时,享有其人格尊严、民族风俗习惯得到尊重的权利。

消费者的索取赔偿权,是指消费者在购买、使用商品或者接受服务时,其生命健康权、姓名权、肖像权、名誉权、荣誉权和个人隐私等人身权受到损害的,有权要求经营者依法予以赔偿。

相关案例
北京铁路运输检察院督促保护消费者知情权行政公益诉讼案[①]

注册在北京市海淀区的部分电子商务经营者在从事食品经营中存在未依法进行相关资质信息公示、公示信息不清晰、公示信息难以识别等违法行为,可能导致不具有食品销售资质的商家通过网络向消费者销售存在安全隐患的食品,损害社会公共利益。某电子商务平台经营者在其运营平台上,对消费者查看平台内经营者资质信息设置查询障碍,消费者查看几个商家后即出现"出错啦——稍后再试试吧"的提示,当天无法再查看商家资质信息。北京铁路运输检察院(以下简称"北京铁检院")在履行公益监督职责中发现该线索,经调查后于2020年5月27日立案,同年6月5日向北京市海淀区市场监督管理局(以下简称"海淀市监局")制发检察建议。通过公开听证,行政机关、涉案企业对商户资质信息公示问题有了更加深入的认识,对公益诉讼检察建议更加积极整改落实。海淀市监局书面回复检察机关,指导督促涉案企业深度优化反爬策略,切实保障消费者知情权。北京铁检院持续跟进监督,目前涉案企业已对技术路径升级,解决了此前的问题。

评析:本案针对互联网领域的新业态、新问题进行公开听证,重在解决由于现行法律法规不明晰产生的认识分歧,以及网络安全与消费者知情权发生冲突时如何保护公益的问题,具有较强的探索和示范意义。

拓展知识

商品房买卖的惩罚性赔偿

《消费者权益保护法》第55条规定:"经营者提供商品或者服务有欺诈行为的,应当按照消费者的要求增加赔偿其受到的损失,增加赔偿的金额为消费者购买商品的价款或者接受服务的费用的三倍。"商品房是否属于《消费者权益保护法》调整?商品房买卖能否适用《消费者权益保护法》关于惩罚性赔偿的规定?《民法典》颁布前,《最高人民法院关于审理商品房买卖合同纠纷案件适用法律若干问题的解释》(2003)第8条规定:"具有下列情形之一,导致商品房买卖合同目的不能实现的,无法取得房屋的买受人可以请求解除合同、返还已付购房款及利息、赔偿损失,并可以请求出卖人承担不超过已付购房款一倍的赔偿责任:(一)商品房买卖合同订立后,出卖人未告知买受人又将该房屋抵押给第三人;(二)商品房买卖合同订立后,出卖人又将该房屋出卖给第三人。"但现行的《最高人民法院关于审理商品房买卖合同纠纷案件适用法律若干问题的解释》(2020年修正)已经删除了开发商"退一赔一"的惩罚性赔偿条件。

[①] 最高人民检察院发布12起公益诉讼检察听证典型案例之十:北京铁路运输检察院督促保护消费者知情权行政公益诉讼案。参见《北京铁检院:公开听证督促涉案企业深度优化反爬策略》,载最高人民检察院网,https://www.spp.gov.cn/zdgz/202109/t20210909_528972.shtml,2023年10月30日访问。

2. 经营者的基本义务

《消费者权益保护法》第三章全面规定了经营者的义务,包括:(1) 履行法定义务和约定义务;(2) 听取意见和接受监督;(3) 安全保障义务;(4) 对存在缺陷的产品和服务及时采取措施的义务;(5) 提供真实、全面信息的义务;(6) 标明真实名称和标记的义务;(7) 出具发票、凭证和单据的义务;(8) 瑕疵担保义务、瑕疵举证责任;(9) 退货、更换、修理的"三包"义务;(10) 无理由退货;(11) 正确使用格式条款的义务;(12) 不得侵犯人格尊严和人身自由的义务;(13) 特定领域经营者的信息披露义务;(14) 保护消费者个人信息的义务。

相关案例
经营者安全保障义务——合理界定经营者安全保障义务边界[①]

原告与同事一行四人外出聚餐喝酒,随后相约前往某酒店管理公司经营的温泉汗蒸馆泡浴。泡浴过程中,朱某突发身体不适,被浴池内其他顾客察觉并施救,洗浴中心工作人员发现后立即参与救助并拨打120急救电话。次日凌晨,朱某经抢救无效死亡,诊断为"急性心肌梗死"。朱某的家属刘某等认为某酒店管理公司违反了经营者安全保障义务造成朱某死亡后果,应承担侵权责任,遂诉至法院,请求判令某酒店管理公司赔偿各项损失共计120万元。珠海市香洲区人民法院一审认为,某酒店管理公司在大堂醒目位置摆放宣传提示牌,在洗浴、汗蒸场所张贴警示标语,对"醉酒"等特殊人群不宜接受泡浴、汗蒸等服务已作充分告知,尽到了安全提示义务。朱某发病后,被浴池内其他顾客察觉并马上施救,工作人员立刻参与救助并及时拨打了120急救电话,并未延误对朱某的救治。鉴于该酒店管理公司已尽到安全提示、谨慎注意和及时救助义务,且不能认定朱某死亡与洗浴服务之间存在因果关系,某酒店管理公司无须承担赔偿责任,故判决驳回朱某家属的诉讼请求。珠海市中级人民法院二审维持原判。

《消费者权益保护法》第18条规定了经营者负有对消费者人身、财产安全保障的义务,但安全保障权包括哪些呢?目前尚无明文规定,可从以下三个方面来加以认定。

1. 从来源看,无论是经营者自身还是源于经营者以外的第三人的不法侵害都可包括在内。但后者分析要结合经营者对损害发生有无事先预见、识别与控制能力来予以判断。

2. 从场所看,在相对封闭的情况下,消费者此时的自我救助能力大大受限,如果受到外来侵害,经营者则不能以与己无关为由免责。例如在飞机起飞、客车驶上高速公路、火车开动后乘客遭遇危险,受到不法侵害时。

3. 应考虑经营者是否违反了合同的附随义务。合同的附随义务,包括诸如通知、协助保管等。例如餐厅对顾客遗忘在餐厅的物品有临时保管的义务,医院在患者发生意外伤害时有积极救助的义务。

[①] 广东省高级人民法院发布九个弘扬社会主义核心价值观典型案例之八:刘某等与某酒店管理公司违反安全保障义务责任纠纷案——合理界定经营者安全保障义务边界。参见《维护见义勇为者保险索赔权!广东高院发布九大弘扬社会主义核心价值观典型案例》,https://baijiahao.baidu.com/s?id=1726389368883979778&wfr=spider&for=pc,2023年10月30日访问。

3. 虚假宣传

作为经营者,应当向消费者提供有关商品或者服务的真实信息,不得作引人误解的虚假宣传。经营者对消费者就其提供的商品或者服务的质量和使用方法等问题提出的询问,应当作出真实、明确的答复。采用虚假宣传的方式推广企业产品,会对企业的形象产生不利的负面影响,并且这种不良影响在短期内很难予以消除。我国通过《广告法》《反不正当竞争法》以及相关知识产权立法等手段,多维度严格规制虚假宣传。

美国对欺诈性广告的界定①

美国联邦贸易委员会通过政策性陈述的方式明确了构成欺诈性广告的三种要素:第一,广告必须包含一个陈述、省略或行为;第二,该陈述、省略或行为必须会对在该条件下合理行事的消费者产生误导;第三,该陈述、省略或行为必须是重要的(重大的)。它同样会产生误导,但并没有发生事实上的欺诈。广告经常会受到下列问题的质疑:(1)虚假陈述或主张;(2)存在没有披露重要事实的过失;(3)陈述没有说出全部真相;(4)无证据的主张。

4. 格式条款

企业在经营活动中,经常会用到格式合同。《民法典》第496条对格式条款作了确切的定义:"格式条款是当事人为了重复使用而预先拟定,并在订立合同时未与对方协商的条款。"从效率角度讲,格式条款避免了商家与每一个顾客为达成合同进行讨价还价,从而节约了交易成本。在现实生活中,一些商家往往滥用格式条款损害消费者的利益。对此,《民法典》明确规定:"采用格式条款订立合同的,提供格式条款的一方应当遵循公平原则确定当事人之间的权利和义务,并采取合理的方式提示对方注意免除或者减轻其责任等与对方有重大利害关系的条款,按照对方的要求,对该条款予以说明。提供格式条款的一方未履行提示或者说明义务,致使对方没有注意或者理解与其有重大利害关系的条款的,对方可以主张该条款不成为合同的内容。"需要注意的是,对下列特定的免责或限责条款,法律明文规定了格式条款无效,主要体现在《民法典》第497条规定:(1)具有本法第一编第六章第三节和本法第506条②规定的无效情形;(2)提供格式条款一方不合理地免除或者减轻其责任、加重对方责任、限制对方主要权利;(3)提供格式条款一方排除对方主要权利。企业在制定格式合同时,要尽量避免上述的法律风险。

相关案例
邬某诉某旅游App经营公司网络服务合同纠纷案③

2021年,邬某通过A公司经营的旅游App预订境外客房,支付方式为"到店支付",订

---

① 〔美〕Herbert M. Bohlman、Mary Jane Bundas:《商法:企业的法律、道德和国际环境》(第5版),张丹、林莺、李勇、陈婉婷译,清华大学出版社2004年版,第535页。
② 《民法典》第506条规定:合同中的下列免责条款无效:(1)造成对方人身损害的;(2)因故意或者重大过失造成对方财产损失的。
③ 最高人民法院发布10起消费者权益保护典型案例之六:参见《北京互联网法院两起案例入选最高人民法院消费者权益保护典型案例》,载微信公众号"北京互联网法院",2022年3月16日。

单下单后即被从银行卡中扣除房款,后原告未入住。原告认为应当到店后付款,A 公司先行违约,要求取消订单。A 公司认为其已经在服务条款中就"到店支付"补充说明"部分酒店住宿可能会对您的银行卡预先收取全额预订费用",不构成违约,拒绝退款。郇某将 A 公司起诉至法院,请求判令退还预扣的房款。法院经审理认为,对"到店支付"的通常理解应为用户到酒店办理住宿时才会支付款项,未入住之前不需要支付。即使该条款后补充说明部分酒店会"预先收取全额预订费用",但对这种例外情形应当进行特别提示和说明,如果只在内容复杂繁多的条款中规定,不足以起到提示的作用,A 公司作为预订服务的提供者应当承担责任。最终,法院支持郇某退还房款的诉讼请求。

评析:在数字经济、互联网产业飞速发展的大背景下,线上交易中企业基本都采用格式条款的方式与消费者建立契约关系。但是,在格式条款发挥其便捷、高效、积极作用的同时,因其本身具有的单方提供、内容固定的特质所带来的问题和风险,也不容忽视。法律明确赋予了格式条款提供者进行提示说明的义务。《民法典》第 496 条规定:"提供格式条款的一方未履行提示或者说明义务,致使对方没有注意或者理解与其有重大利害关系的条款的,对方可以主张该条款不成为合同的内容。"

(三) 劳动合同法

1. 劳动合同

劳动合同是劳动者与用人单位确立劳动关系、明确双方权利和义务的协议。根据协议,劳动者加入某一用人单位,承担某一工作和任务,遵守单位内部的劳动规则和其他规章制度。用人单位有义务按照劳动者的劳动数量和质量支付劳动报酬,保证劳动者享受本单位成员的各种权利和福利待遇。

(1) 劳动合同的订立

劳动合同分为固定期限劳动合同、无固定期限劳动合同和以完成一定工作任务为期限的劳动合同。《劳动合同法》[①]明确规定了书面劳动合同的效力,否定了口头合同的效力;以用工之日为标志确立劳动关系;用人单位不签劳动合同须付双倍工资,甚至视为无固定期限合同。实践中,一些企业用工手续不完善,为了节约成本不愿意与劳动者签订书面劳动合同。为了防范法律风险,企业应依法办理用工手续,与劳动者签订书面劳动合同。同时,企业为了自身利益考虑,在签订劳动合同时,尽可能地将劳动合同的内容细化,特别注意明确双方的违约责任。

(2) 劳动合同的履行与变更

用人单位应当按照劳动合同的约定,向劳动者支付劳动报酬。企业拖欠劳动者工资的,劳动者可以依法向人民法院申请支付令。用人单位与劳动者协商一致,可以变更劳动合同的内容。变更劳动合同,必须采取书面的形式。用人单位变更名称、法定代表人、主要负责人或者投资人等事项,不影响劳动合同的履行。企业发生合并、分立情况的,原先的劳动合

---

① 《劳动合同法》第 10 条规定:"建立劳动关系,应当订立书面劳动合同。已建立劳动关系,未同时订立书面劳动合同的,应当自用工之日起一个月内订立书面劳动合同。用人单位与劳动者在用工前订立劳动合同的,劳动关系自用工之日起建立。"

同仍有效,劳动合同由承继其权利和义务的用人单位继续履行。

(3) 劳动合同的解除与终止

劳动合同的解除分为法定解除和约定解除两种。用人单位与劳动者协商一致,可以解除劳动合同。根据《劳动合同法》规定,劳动者提前30日以书面形式通知用人单位,或者劳动者在试用期内提前3日通知用人单位,可以解除劳动合同。① 用人单位以暴力、威胁或者非法限制人身自由的手段强迫劳动者劳动的,或者用人单位违章指挥、强令冒险作业危及劳动者人身安全的,劳动者可以立即解除劳动合同,不需要事先告知用人单位。

《劳动合同法》增加企业过失性辞退的情形,一定程度上放宽了用人单位解除劳动合同的条件。② 在特定情形下,有下列情形之一的,用人单位提前30日以书面形式通知劳动者本人或者额外支付劳动者1个月工资后,可以解除劳动合同:(1) 劳动者患病或者非因工负伤,在规定的医疗期满后不能从事原工作,也不能从事由用人单位另行安排的工作的;(2) 劳动者不能胜任工作,经过培训或者调整工作岗位,仍不能胜任工作的;(3) 劳动合同订立时所依据的客观情况发生重大变化,致使劳动合同无法履行,经用人单位与劳动者协商,未能就变更劳动合同内容达成协议的。

裁员程序及风险控制③

《劳动合同法》第41条规定:有下列情形之一,需要裁减人员20人以上或者裁减不足20人但占企业职工总数10%以上的,用人单位提前30日向工会或者全体职工说明情况,听取工会或者职工的意见后,裁减人员方案经向劳动行政部门报告,可以裁减人员。该条款规定了裁员的人数要求及程序要求:

(1) 人数要求:裁减人员须达到20人以上或者裁减不足20人但占企业职工总数10%以上才可启动裁员程序。用人单位如果裁减人员人数不足法定标准,不能启动裁员程序成批解除劳动合同,只能按照《劳动合同法》第36条、第39条、第40条的规定单个解除劳动合同,否则裁员行为违法,应当承担违法解雇的法律风险。建议用人单位以协商解除方式操作更容易避免风险。

(2) 提前说明:用人单位应当提前30日向工会或者全体职工说明情况,听取工会或者职工的意见,注意既可以向工会说明情况,也可以向全体职工说明情况,用人单位可以选择。用人单位在操作过程中需注意"全体职工"不能用"职工代表"代替,另外应当保留提前通知工会或者全体职工的书面证据,未提前通知或不能举证证明的均会导致违法裁员风险。

---

① 《劳动合同法》第38条规定:"用人单位有下列情形之一的,劳动者可以解除劳动合同:(一)未按照劳动合同约定提供劳动保护或者劳动条件的;(二)未及时足额支付劳动报酬的;(三)未依法为劳动者缴纳社会保险费的;(四)用人单位的规章制度违反法律、法规的规定,损害劳动者权益的;(五)因本法第二十六条第一款规定的情形致使劳动合同无效的;(六)法律、行政法规规定劳动者可以解除劳动合同的其他情形。"

② 《劳动合同法》第39条规定:"劳动者有下列情形之一的,用人单位可以解除劳动合同:(一)在试用期间被证明不符合录用条件的;(二)严重违反用人单位的规章制度的;(三)严重失职,营私舞弊,给用人单位造成重大损害的;(四)劳动者同时与其他用人单位建立劳动关系,对完成本单位的工作任务造成严重影响,或者经用人单位提出,拒不改正的;(五)因本法第二十六条第一款第一项规定的情形致使劳动合同无效的;(六)被依法追究刑事责任的。"

③ 李迎春:《金融危机下企业裁员的实务操作分析》,载《中国安防》2008年第12期。

(3) 报告程序:裁减人员方案需向劳动行政部门报告,注意法律并没有要求劳动行政部门批准后才可裁员,只要履行报告程序即可。用人单位应当保留劳动行政部门签收的相关证据。

劳动合同的终止是指排除了劳动合同解除外,劳动合同效力归于消灭的法定情形。劳动合同的终止只能法定,而不能有约定条件下的终止。① 《劳动合同法》规定,劳动合同期限届满而终止劳动合同的情形,用人单位必须向劳动者支付经济补偿金,除非用人单位维持或者提高劳动合同约定条件续订劳动合同,在此情形下劳动者仍不同意续订劳动合同的,可以免除用人单位支付经济补偿金的义务。用人单位被依法宣告破产、被吊销营业执照、责令关闭、撤销或者用人单位决定提前解散而导致劳动合同终止,用人单位均应支付经济补偿金。经济补偿金的计算按劳动者在本单位工作的年限,每满1年支付1个月工资的标准向劳动者支付。6个月以上不满1年的,按1年计算;不满6个月的,向劳动者支付半个月工资的经济补偿。用人单位对已经解除或者终止的劳动合同的文本,至少保存两年备查。

2. 我国《劳动合同法》的制度创新

《劳动合同法》于2007年6月29日通过,2008年1月1日起施行,2012年12月28日修正。社会公众对《劳动合同法》的关注超越了以往任何一部法律。《劳动合同法》的一大特色就是加大了对劳动者的倾斜保护,同时也给企业带来了比较大的冲击。随着《劳动合同法》的高调出台,企业要调整好心态,在人力资源管理上防控好法律风险,树立良好的企业形象。

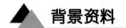 背景资料

《劳动合同法》身陷围城②

《劳动合同法》施行后的第二年,华东政法大学的董保华教授用"血淋淋"一词形容2009年的劳动争议领域。每年这个时候,他都会对上一年发生在劳动争议领域内的案例进行盘点,而在2009年的梳理单上,赫然列着张海超开胸验肺、通钢改制工人打死企业高管、广东东莞工厂工人向厂方索讨赔偿金不成刺死老板、湖南耒阳百位"尘肺病"民工索赔……伴随着劳资关系出现恶化倾向,在《劳动合同法》实施两年来,社会各界争议仍在继续。这部旨在对接国际规则、保护员工利益的善法,缘何遭到诸多争议?据中国社会科学院社会学研究所、社会科学文献出版社2009年12月21日联合发布的《2010年社会蓝皮书》显示,2009年上半年,全国法院系统受理的劳动争议案件将近17万件,同比增长30%,劳动争议纠纷案件已成为民事案件中增长最快、涉及范围最广、影响程度最深、社会关注最多的案件类型。

从2007年12月11日到2009年3月11日,经济学家张五常在博客中连发10篇文章反对《劳动合同法》,在最后一篇文章中称,"《劳动合同法》是全面地干预市场的一种重要合约,牵一发而动全身,整个市场会受到严重的损害"。2008年7月27日,经济学家郎咸平在杭州演讲时称,《劳动合同法》仓促出台造成了企业、工人双输的局面。他说,"《劳动合同法》本身的政治意义、经济意义是非常重大的,我个人是非常支持的。但问题是,第一,拟定好后竟然

---

① 《劳动合同法》第44条规定:有下列情形之一的,劳动合同终止:(1)劳动合同期满的;(2)劳动者开始依法享受基本养老保险待遇的;(3)劳动者死亡,或者被人民法院宣告死亡或者宣告失踪的;(4)用人单位被依法宣告破产的;(5)用人单位被吊销营业执照、责令关闭、撤销或者用人单位决定提前解散的;(6)法律、行政法规规定的其他情形。

② 参见何勇:《〈劳动合同法〉身陷围城》,载《中国经营报》2010年1月25日。

没有通过大面积的论证。第二,竟然没有通过试点。"

(1) 规章制度。用人单位在制定修改或者决定有关劳动报酬、工作时间、休息休假、劳动安全卫生、保险福利、职工培训、劳动纪律以及劳动定额管理等直接涉及劳动者切身利益的规章制度或者重大事项时,应当经职工代表大会或者全体职工讨论,与工会或职工代表平等协商。用人单位应当将直接涉及劳动者切身利益的规章制度和重大事项决定公示,或者告知劳动者。

(2) 试用期。试用期一度被企业视为"廉价期",如试用期过长、过分压低劳动者在试用期内的工资、试用期内随意解除劳动合同等。《劳动合同法》关于试用期的规定对企业的影响是:第一,将试用期的期限明确细化:1 个月、2 个月和 6 个月,违法约定的试用期已经履行的,由用人单位以劳动者试用期满月工资为标准,按已经履行的超过法定试用期的期间向劳动者支付赔偿金。第二,劳动者在试用期的工资不得低于本单位同岗位最低档工资或者劳动合同约定工资的 80%。第三,在试用期中,用人单位解除劳动合同的,应当向劳动者说明理由;非法定情形,试用期内也不得随意解除劳动合同。第四,限制了同一用人单位与同一劳动者只能约定一次试用期。

(3) 违约金。为了防止用人单位滥用违约金条款,保护劳动者的自主择业权,《劳动合同法》对违约金的适用范围作了严格的限制,规定只有在出资培训、违反保密义务和竞业限制三种情形下,用人单位可以约定由劳动者承担违约金。在出资培训的情况下,违约金的数额不得超过用人单位提供的培训费用。用人单位要求劳动者支付的违约金不得超过服务期尚未履行部分所应分摊的培训费用。为了证明企业对劳动者进行过培训,企业必须出具第三方开具的培训费发票,企业内部培训或者没有第三方发票的都不算。在实践中,人力资源部应妥善保管好发票。

相关案例
博士"天价赔偿案"——违约金怎么算?[1]

张海(化名)带薪攻读并取得博士学位,后公司还将张海送去做了 2 年博士后工作站的研究,并提供了学习费用和科研项目。公司印发的《人才流动管理办法》规定,由公司出资完成博士后研究或取得博士学位的人才非合理流动,基本赔偿费为 160 万元。此后张海以应邀参加美国一个研究项目为由,书面向公司提出辞职,同时要求解除劳动关系。公司不同意张海辞职,向市仲裁委申请仲裁要求赔偿 280 万元以及攻读博士期间的工资、奖金和补贴等 29 万余元。仲裁委仲裁张海赔偿公司 238 万余元,张海不服仲裁提起诉讼。

江北区法院一审认为在距服务期限届满还有较长的情形下,即通过单方解除劳动关系的方式离开公司,公司因此而遭受的损失重大也是显而易见的。因此张海按《协议书》约定承担的赔偿责任不违反公平原则,遂判决张海给付公司委托培养博士的基本赔偿费 160 万元,出国基本赔偿费 60 万元,博士培训费,其攻读博士期间工资、奖金、补贴的赔偿费用,出国费用等共计 238 万余元。

---

[1] 《博士辞职遭遇天价索赔 一审被判赔偿公司 238 万》,https://news.sohu.com/20070524/n250203572.shtml,2022 年 10 月 19 日访问。

问题:按照《劳动合同法》的规定,违约金应如何计算?

(4) 劳务派遣。在劳动合同立法中,劳务派遣是争议最大的问题之一。《劳动合同法》第五章第二节整整用了共十一个条款来规范劳务派遣,该法对劳务派遣的限定非常严格。第一,劳动者出了事首先要找派遣单位负责;第二,派遣单位必须与劳动者签订2年以上合同,这期间劳动者就算没有工作,派遣单位也得支付工资;第三,劳务派遣单位违反法律规定,造成劳动者损害的,实际用工的单位和派遣公司要承担连带责任。① 总的来说,《劳动合同法》增大了派遣单位和用工单位的法律责任和用人成本,建议企业根据实际情况,对是不是要使用劳务派遣工合理预算,衡量利弊。

(5) 无固定期限劳动合同。《劳动合同法》为了限制企业随意解雇劳动者,强制推行无固定期限劳动合同。无固定期限劳动合同,是指用人单位与劳动者约定无确定终止时间的劳动合同。《劳动合同法》第 14 条规定,以下情况企业应当与劳动者签订无固定期限劳动合同:一是劳动者在企业连续工作满 10 年;二是企业初次实行劳动合同制度或者国有企业改制重新订立劳动合同时,劳动者在该企业连续工作满 10 年且距法定退休年龄不足 10 年的;三是连续订立二次固定期限劳动合同;四是企业自用工之日起满 1 年不与劳动者订立书面劳动合同的,视为企业与劳动者已订立无固定期限劳动合同。企业不依法签订无固定期限劳动合同的,必须向劳动者支付双倍工资。

(6) 集体劳动合同。《劳动合同法》专门规定了"集体劳动合同"。企业职工一方与用人单位通过平等协商,可以就劳动报酬、工作时间、休息休假、劳动安全卫生、保险福利等事项订立集体合同。集体合同草案应当提交职工代表大会或者全体职工讨论通过。集体合同订立后,应当报送劳动行政部门;劳动行政部门自收到集体合同文本之日起 15 日内未提出异议的,集体合同即行生效。需要特别注意的是,集体合同中劳动报酬和劳动条件等标准不得低于当地人民政府规定的最低标准;用人单位与劳动者订立的劳动合同中劳动报酬和劳动条件等标准不得低于集体合同规定的标准。

拓展知识

《劳动合同法》与人力资源管理

面对《劳动合同法》对用人单位凝固化劳动关系的要求,人力资源管理可以考虑变"死"为"活",一方面缩减延缓签订无固定期限劳动合同,另一方面完善无固定期限劳动合同签订管理和配套制度;在人才挽留机制上加强内部管理,防止员工退订解雇,充分利用培训来约定服务期和违约金;更需要考虑转变留人思路,设计新的留人手段。②

《劳动合同法》在集体合同、规章制度、劳动合同和日常管理等方面都对用人单位提出了书面化的要求。企业面对法律的书面化要求应当化繁为简:(1) 在签订劳动合同时,应当设

---

① 李旭:《民营企业法律风险识别与控制》,中国经济出版社 2008 年版,第 244—245 页。
② 陈昱:《合理规避新劳动法风险(上)》,载《商界(评论)》2007 年第 12 期;陈昱:《合理规避新劳动法风险(下)》,载《商界(评论)》2008 年第 1 期。

计详尽的劳动合同签订流程,避免不签合同的情况;(2)在劳动合同内容设计上,除了必备合同条款外,对于试用期、培训、商业秘密、竞业禁止等内容,有必要及时提出并在合同中明确注明;(3)企业在日常人事管理中注意将事实调查和性质认定环节拆分,以适应书面化管理的需要。

3. 商业秘密保护与竞业限制

商业秘密是指不为公众所知悉的,能为权利人带来经济利益,并经权利人采取了保密措施的技术信息和经营信息。商业秘密保护一向是劳动关系管理的难点,《劳动合同法》第22条规定劳动合同当事人可以在劳动合同中约定保守用人单位商业秘密的有关事项,但对如何约定未作具体规定。

用人单位商业秘密保护有两种方式,一种是在自己的管理权限内采取保密措施,如使用保密设备和保密技术、制定保密制度、划分保密区域等;另一种是用人单位和劳动者双方约定保密方式,如双方签订保密协议等。

保密协议的科学设计

1. 商业秘密范围:商业秘密范围不仅仅局限于用人单位自身的秘密,有时也包括在用人单位生产经营活动中获得的其他用人单位的商业秘密;注意商业秘密和知识产权的权利归属,因为我国法律有职务作品或职务技术成果的规定。
2. 保密义务和泄密行为:保密义务主要有遵守保密制度、不泄露秘密、不利用单位秘密牟利;泄密行为包括擅自把单位或第三人秘密泄露给他人、引诱他人窃取单位秘密、违反约定使用单位秘密等。
3. 保密待遇:如保密费、津贴或补贴。
4. 违约责任:约定赔偿计算方法。

竞业限制是指用人单位依照法律规定或通过劳动合同、保密协议禁止职工或雇员在本单位任职期间同时兼职于业务竞争单位,或禁止他们在本单位离职后受雇于与原单位有业务竞争的单位。《劳动合同法》对竞业限制作出了明确规定。

第一,签订竞业限制协议的主体必须适格。根据《劳动合同法》第24条第1款的规定,竞业限制的人员限于用人单位的高级管理人员、高级技术人员和其他负有保密义务的人员。

第二,竞业限制协议的内容必须合法。我国《劳动合同法》第24条第1款规定:竞业限制的范围、地域、期限由用人单位与劳动者约定,竞业限制的约定不得违反法律、法规的规定。除竞业限制的期限外,《劳动合同法》没有对竞业限制的范围、地域作出统一规定,人力资源和社会保障部以及各地区的规定中对于这些内容有一些规定。

第三,竞业限制协议是一种双务合同,一经签订,用人单位与劳动者都应全面、适当履行。为保障竞业限制协议切实履行,在协议中,用人单位与劳动者可约定违约责任形式,如:支付违约金、承担违约损害赔偿、继续履行竞业限制义务、行使介入权、发布禁令等。

相关案例

腾讯诉沐瞳科技 CEO 徐振华违反保密和竞业禁止协议,获赔 1940 万元①

上海沐瞳科技有限公司(2021年被字节跳动收购)创立者兼 CEO 徐振华曾为腾讯员工,于2009年入职腾讯,从事游戏开发运营。其间徐振华与腾讯签订了《保密与不竞争承诺协议书》,约定徐振华在双方约定的两年时间内不得从事相同或相似行业,否则视为违约,需返还股票期权及相应收益。徐振华于2014年离职腾讯并创建沐瞳科技。2017年6月,腾讯科技(上海)有限公司向上海市第一中级人民法院提起对徐振华的保密和竞业禁止诉讼;2018年7月腾讯科技(上海)有限公司胜诉,获得1940万元赔偿,创同类案件最高赔偿纪录。

(四) 循环经济促进法

循环经济就是以物质、能量梯次和闭路循环使用为特征的,在人、自然资源和科学技术的大系统内,在资源投入、企业生产、产品消费及其废弃的全过程中,不断提高资源利用效率,把传统的、依赖资源净消耗线性增加的发展方式转变成为依靠生态型资源循环来发展的经济。② 循环经济立法的目的是实现"投入最小化、废物资源化、环境无害化",以最小成本获取最大的经济效益、社会效益和环境效益。

近几年来,环境和自然资源保护是国家发展规划的重要内容,如:"节能型社会""环境友好型社会""循环经济""绿色 GDP""清洁生产"等概念多次出现在国家新的政策和法律法规当中,循环经济立法早已是西方发达国家环境立法与发展政策的主流。作为一种可持续发展战略模式,循环经济成为当今世界许多国家发展的主流,发达国家纷纷将循环经济纳入法制轨道,以立法的形式将循环经济这种先进的经济发展模式确定下来。

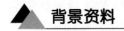

背景资料

美国、德国、日本循环经济立法灿然齐备③

1976年,美国制定了《固体废弃物处置法》;自从20世纪80年代中期俄勒冈、新泽西、罗德岛等州先后制定促进资源再生循环法规以来,现在已有半数以上的州制定了不同形式的再生循环法规。美国7个以上的州规定新闻纸的40%—50%必须使用由废纸制成的再生材料。美国一些公司如杜邦化学公司提出"3R 制造法",即物质利用减量(Reduce)、资源循环利用(Recycle)、废物再资源化利用(Reuse)。

---

① 腾讯科技(上海)有限公司与徐振华竞业限制纠纷上诉案,上海市第一中级人民法院(2018)沪01民终1422号。
② 刘翀、李廉水:《循环经济中企业管理理念的转变》,载《现代管理科学》2004年第5期。
③ 周珂、马绍峰、姜林海:《循环经济立法研究》,载《武警学院学报》2005年第1期。

在德国，根据各个行业的不同情况，制定了促进行业发展循环经济的法规，其还建立专门机构，监督企业废料回收和执行循环经济发展。德国的《循环经济和废物管理法》规定，生产企业必须要向监督机构证明其有足够的能力回收废旧产品，才被允许进行生产和销售活动。

在日本，2000年就出台了《推进形成循环型社会基本法》，以法律形式推动循环经济。2000年被日本称为"循环型社会元年"。对不遵守"减量化、再利用、再循环"，即3R原则的行为，日本政府依照《废弃物处理法》的惩罚标准对20多种行为进行程度不一的处罚。

---

1. 我国《循环经济促进法》简介

《循环经济促进法》于2008年8月29日通过，自2009年1月1日起施行，2018年10月26日修正。该法以"减量化、再利用、资源化"为主线，针对我国现阶段能耗物耗过高、减量化潜力很大的特点，特别强调减量化，强调资源的高效利用和节约使用。该法共七章五十八条。第一章为总则，第二章规定基本管理制度，第三章规定减量化，第四章规定再利用和资源化，第五章规定激励措施，第六章规定法律责任，第七章为附则。

《循环经济促进法》从实际出发，规定了六大制度，着力解决影响我国循环经济发展的重大问题[①]：

第一项制度是循环经济的规划制度。循环经济规划是国家对循环经济发展目标、重点任务和保障措施进行的安排和部署，是政府进行评价、考核，并且实施奖励、限制或者禁止措施的一个重要依据。循环经济促进法主要从两方面对循环经济规划制度作了规定，全国和地方的循环经济发展规划由经济综合宏观调控部门（或综合经济管理部门）会同环境保护等有关部门编制，报同级人民政府批准后公布施行；县级以上人民政府编制国民经济和社会发展总体规划、区域规划以及城乡建设、科学技术发展等专项规划，应当制定发展循环经济的目标。

第二项制度是抑制资源浪费和污染物排放的总量控制制度。总量控制制度将推动各地和企业按照国家的总体要求，根据本地的资源和环境承载能力，安排产业结构和经济规模，积极主动地采取各种循环经济的措施。

第三项制度是循环经济的评价和考核制度。建立循环经济的评价考核制度，有助于推动解决单纯以GDP指标来衡量各地的经济发展水平的弊端。循环经济评价指标体系和考核制度包括标准、标识、标志和认证制度。

第四项制度是以生产者为主的责任延伸制度。传统上，产品的生产者主要对产品本身的质量承担责任。现代生产者的责任已经从单纯的生产阶段、产品的使用阶段，逐步延伸到产品废弃后的回收、利用和处置阶段。相应地，对产品的设计也提出了一些更高的要求。

第五项制度是对高耗能、高耗水企业设立重点监管制度。为了保证节能减排各项规划目标的实现，对钢铁等高耗能、高耗水企业实行重点管理。我国循环经济法专门设立重点企业管理制度，明确提出节能减排的强制要求，要求这些企业制定严于国家标准的能耗和水耗企业标准，并定期进行审核。国务院按行业定期公布重点企业资源节约定额指标以及废物再利用和资源化定额指标，重点企业在列入名录后一年内要达到资源节约定额指标的要

---

① 参见顾瑞珍、余庆红：《〈循环经济促进法〉：确立系列制度确解发展瓶颈》，载中国政府网，http://www.gov.cn/jrzg/2008-08/29/content_1082999.htm，2022年9月18日访问。

求等。

第六项制度是强化经济措施。例如建立循环经济专项发展基金、资金提供财政支持,提供税收优惠,国家进行金融和投资方面的支持。同时,还实行有利于循环经济发展的价格、收费以及押金等制度,以及政府采购和表彰奖励制度——培育和奖励环境友好型企业等。

2.《循环经济促进法》框架下企业经营管理理念的转变

循环经济的发展理念带来现代企业新的管理内容和方法的改变,我国《循环经济促进法》的出台对企业产品生产和管理的理念转变的影响是重大和深远的,主要体现在以下三个方面:

(1)减量化生产和3R管理的转变。在《循环经济促进法》框架下,减量化生产和3R管理要求企业生产的产品体积小型化和重量轻型化,并要求产品包装追求简单朴实而不是豪华浪费;要求产品和包装物能够以初始的形式被多次重复使用。当前,社会上一次性产品的流行风潮和包装过度(如中秋月饼的促销)问题往往造成大量自然资源的浪费,所以企业产品生产应当从一次性向经久耐用型转变。如德国的奔驰汽车公司就以循环经济理念为指导转变管理理念,保持产品的高质量、高性能、高价位、长使用周期,取得成功。

(2)从传统质量管理向循环经济的质量管理转变。传统的ISO9000质量标准仅仅是在企业内部保证和提高产品质量,而ISO14000系列标准是在循环经济理念指导下制定的,它把对企业产品质量的管理扩大到包括企业生产环境的大系统,即企业不仅要在内部保证和提高产品质量,还要保证外部的环境质量。这就要求企业尽可能少地投入自然资源,实行清洁生产,尽可能少地排放废物,要求产品生产的经济效益、社会效益和环境效益有机统一。

(3)企业从竞争向合作方式转变。传统企业生产中由于资源稀缺,企业之间只能靠竞争来谋求生存和发展。《循环经济促进法》规定,一个企业的废料可以成为原料再使用,一个企业无用的技术也完全可以成为另一个企业有用的技术,一个企业弃用的市场(如废弃物利用市场)完全可以成为另一个企业的市场。因此循环经济提倡形成网络化的循环协作关系,在企业间形成一种既相互竞争又彼此协作的新型关系。在相互协作的新型关系的基础上,进行企业兼并或联合,做到资源互补循环、利益共享,最大限度地获得企业经济利益。[①]

拓展知识

节能减排与优惠政策

国家发改委发布的《可再生能源中长期发展规划》把"加大财政投入,实施税收优惠政策"作为可再生能源开发利用的一项原则确定下来。《企业所得税法》规定,企业在节能环保方面所作的投资或在节能环保项目上的所得,今后可享受税收上的减免。如:第27条规定,企业从事符合条件的环境保护、节能节水项目的所得,可以免征、减征企业所得税;第34条还规定,企业购置用于环境保护、节能节水、安全生产等专用设备的投资额,可以按一定比例实行税额抵免。

对企业经营而言,在进行节能、环保等项目的立项、建设时,不仅要考虑现有节能减排方

---

① 刘翀、李廉水:《循环经济中企业管理理念的转变》,载《现代管理科学》2004年第5期。

面的税收政策,还要用好国家对高新技术企业的税收优惠、技术开发费加计扣除、固定资产投资加速折旧等一切可以利用的优惠政策,同时兼顾国家即将出台的优惠政策,统筹进行筹划,才能使投资收益实现最大化。

本章小结

政府规制是指政府为实现某种公共政策的目的,依据一定的规则对特定社会的个人和构成特定经济关系的主体的活动进行规制的行为。政府规制主要基于市场失灵论。

商事管理的经济型规制表现为对不正当竞争和垄断的规制。作为经营者,应当关注立法的最新要求。在经营过程中,企业必须了解哪些是法律意义上的不正当竞争手段,避免在经营过程中触碰法律的底线。对于大型企业而言,《反垄断法》的颁布和实施对企业的竞争战略提出了严峻的挑战,垄断协议、滥用市场支配地位、经营者集中、行政垄断为《反垄断法》明令禁止。

商事管理的社会性规制表现为:(1) 产品质量。对企业经营而言,要注意防范企业产品质量的法律风险。产品质量的生产者和消费者负有法定义务,经营者必须严格遵守,否则会被追究产品质量责任。(2) 消费者保护。经营者应主动承担应尽义务,以诚实守信、产品质量赢得市场、赢得消费者的口碑;对政府行政执法而言,应站在维护消费者权益和市场秩序的角度,履行好相应职责。(3) 劳动者保护。《劳动合同法》对劳动合同关系的调整作了很多创新性规定。从企业经营者角度看,应正确认识和用好新法,提高主动维护劳动者权益的觉悟和水平,同时,注意经营者权益与劳动者权益相平衡,在商业秘密保护和竞业禁止方面依法缔约,使劳资关系协调发展,这是和谐社会构建的基础。(4) 环境保护。《循环经济促进法》强调以最小发展成本获取最大的经济效益、社会效益和环境效益,这样才能把资源节约、经济质量、环境建设同经济发展和社会进步有机地结合起来。

思考与练习

1. 为什么要进行政府规制?其内涵及理论依据是什么?
2. 为什么政府要对竞争行为予以适当的行政干预?
3. 如何正确认识《反垄断法》对两类特殊行业的保护?
4. 食品安全的召回制度是什么?对企业的经营产生哪些影响?
5. 什么是无固定期限劳动合同?哪些情形下用人单位必须与劳动者签订无固定期限劳动合同?
6. 阅读下面这则材料,从中能够得到什么启示?举你身边的例子说明我国《循环经济促进法》实施的效益和效果。

韩国为促进环境保护,制定了一种新的垃圾收费法规,规定以垃圾容量而不是以人头为计算单位,向居民收取服务费,从而促使消费者和制造商主动想办法减少垃圾体积。于是,一种压缩的超薄型小尿布应运而生,它比普通尿布体积小 27%,而功用相同。其他各行各业也采用各种方法来执行新的垃圾处理规定,如有的制造商在寻找代替物来取代包装体积大又不能生物分解的泡沫塑料。化妆品制造厂也正在尽量减少包装,提倡瓶子回收循环使用。

新的法规试行结果显示,家庭废物减少了40%,而供循环再造的废料则增加了100%。

案例分析

1. 阅读下面的案例,结合我国《反垄断法》的规定,谈谈你对可口可乐收购汇源失败案的看法。

商务部认为,在可口可乐公司收购汇源公司案中,由于交易后可口可乐公司将取得汇源公司绝大部分甚至100%的股权,从而取得了汇源公司的决定控制权,因此,该交易符合集中的法定标准;同时,可口可乐公司和汇源公司2007年在中国境内的营业额分别为12亿美元(约合91.2亿元人民币)和3.4亿美元(约合25.9亿元人民币),均超过4亿元人民币,达到并超过了《国务院关于经营者集中申报标准的规定》的申报标准,因此此案必须接受相关审查。

商务部认定,可口可乐公司在碳酸饮料市场占有市场支配地位。碳酸饮料和果汁饮料尽管彼此间替代性不强,但却同属非酒精饮料,彼此属于紧密相邻的两个市场。此次收购完成后,可口可乐公司在碳酸饮料市场已有支配地位基础上又进一步增强了其在果汁类饮料市场的竞争优势和影响力,产生强强联合的叠加效应,严重削弱甚至剥夺其他果汁类饮料生产商与其形成竞争的能力,从而对果汁饮料市场竞争造成损害,最终使消费者被迫接受更高价格、更少种类的产品。[①]

商务部依据《反垄断法》的相关规定,从市场份额及市场控制力、市场集中度、集中对市场进入和技术进步的影响、集中对消费者和其他有关经营者的影响及品牌对果汁饮料市场竞争产生的影响等方面对此项集中进行了审查,在全面评估此项交易产生的各种影响的基础上作出了禁止决定。

2. 阅读下面的案例,思考:我国《食品安全法》对食品添加剂的监管有哪些手段?谈谈你对该法院判决的看法。

我国《食品安全法》施行后,职业打假人赵先生以"王老吉"凉茶中非法添加夏枯草为由,起诉"王老吉",依照《食品安全法》索要10倍赔偿。法院认为,王老吉凉茶是经国家相关主管部门批准许可生产和销售的商品。赵先生对王老吉凉茶中添加"夏枯草、蛋花、布渣叶"成分所提出的异议不属于民事诉讼的审查范围,裁定驳回其起诉。

3. 阅读下面的案例,思考:医院的行为是否构成虚假广告?侵犯了消费者哪些权利?

某医院在广告中声称:"本院拥有全国各大医院的著名医疗专家上百名,能治疗各种疑难杂症。"经了解,该医院的规模并不大,根本达不到上述广告所称的实力和医疗能力,为了医院的经营,只是外聘了一些退休医生坐诊,由于医疗水平不够等原因,所谓"医疗专家"也在不断变动。

4. 阅读下面的案例,结合《劳动合同法》谈谈如何保护商业保密?并联系企业经营实际,讨论如何签订保密合同?

李某是爱仕达电器公司设计员,其与公司签订了劳动合同和保密合同。2003年11月,公司接到李某要求辞职的电话。经过了解,公司得知李某去竞争对手宁波W炊具公司工作。2003年12月21日,爱仕达公司向W公司快递了其与李某之间的劳动合同、保密合同

[①] 中华人民共和国商务部公告2009年第22号。

的复印件,告知了双方之间存在劳动关系及竞业限制义务的事实。

爱仕达公司申请劳动仲裁,劳动仲裁委认为,双方所签订的合同合法有效,李某擅自到W公司工作,已构成违约,应承担相应的违约责任。本案中,李某到与申诉人爱仕达公司从事同类业务的W公司工作,违反了竞业限制的规定,已构成违约,应承担相应的违约责任。W公司知道李某与爱仕达公司存在劳动合同后仍招用李某,侵害了爱仕达公司的权利,应赔偿经济损失。裁决:李某支付爱仕达公司合计人民币26万元;两被诉人对此承担连带责任。此案后经法院一审、二审,终于在2006年年初审结,法院判决李某支付公司经济损失、违约金30万元,W公司负连带责任。

第二章

商 会 自 治

法学家伯尔曼曾经在《法律与革命》一书中讲述过早期欧洲商人如何进行商事自治的案例:1292年,一个叫卢卡斯的伦敦商人从一个德国商人那里购买了31英镑的货物,没有付钱就偷偷离开了里恩的集市,也没有按照商法到集市法庭去回应对他的指控。卢卡斯的行为造成了这样一个严重的后果,即任何其他国家的商人都不愿意在伦敦市民未付足货款的情况下,就把货物卖给他们,使其蒙受弄虚作假的耻辱。卢卡斯从里恩逃到圣博托尔夫,然后又逃到林肯、赫尔,最后逃回伦敦,那个德国商人则一路追来。由于担心信誉受损,为维护商业信用,在伦敦商人们的提议下,卢卡斯被关进了伦敦塔,受到了应有的制裁。

通过对历史资料以及类似这些案例的研究,伯尔曼揭示了早期欧洲商业发展的一个基本规律,即商事秩序的构建主要源于商人们的自治行为以及后来逐步形成的商会和行会组织。在此基础上,欧洲的商人们还发展出调整商事活动的交易习惯以及商会自治规范,并在此基础上逐渐形成了近现代商法的雏形。

从各国的立法实践来看,现代意义上的商会一般都是依照国家法律规定登记注册的社会团体,具有法人资格,它可以独立地享有法律赋予的权利,也可以独立地履行法律规定的义务,以及承担相关的法律责任。作为商人利益的代表组织,现代商会同时是政府管理市场的"替代品",其积极功能主要在于引导和规范成员企业的生产经营活动,协调市场活动秩序,组织国内企业应对国际反倾销诉讼,以及建立内部纠纷解决机制。

本章以"商会"为研究对象,以"商会自治"为主题,论述商会的组织类型、法律性质、设立模式和管理机制等基础理论问题,以及商会自治与企业的生产经营、商会自治与政府的市场管理、商会自治与市场的竞争秩序、商会自治与企业的权利救济、商会自治规范的自我实施和司法适用等实践问题。

一、商会:商业活动中一种重要的组织形态

(一) 商会的组织形态

1. 什么是商会?

商会(Chamber of Commerce)作为商业活动中一种重要的组织形态,最早发源于欧洲,它是指以实现同一行业内或同一地区内商人共同利益为目的而建立的非营利性社会自治组织。美国《经济学百科全书》把商会定义为"一些为达到共同目标而自愿组织起来的同行或

商人的团体"。而根据《中国大百科全书》对商会的定义,"商会"一词一般是指由城市工商业者组建的民间行业组织。

2. 商会的不同类型

近现代的商业活动中,商会的组织形态有多种类型:

(1) 根据成员来源的不同,商会可以区分为"行业性商会"和"综合性商会"。前者的成员来自于同一行业,但可能分属于不同地区;而后者的成员不以行业区分,一般来源于同一地区。

(2) 根据组织规模的不同,商会可以区分为"地区性商会""全国性商会"和"国际性商会"。随着国际贸易的迅速发展,"国际性商会"在制定国际贸易规则①、解决国际贸易纠纷等方面的作用越来越重要。

(3) 根据设立和管理模式的不同,商会可以区分为"民间性商会"和"政府主导型商会"。"民间性商会"由商人自发组成,并由商人自我管理、自我运作,而"政府主导型商会"的设立和运作主要由政府介入和主导。比如我国的贸易促进会和工商业联合会,前者是国家为了保持政府和工商界的联系而设立,体现为统战作用;后者设立的最初目的是打破西方国家对新中国的经济封锁以及代表中国工商界与世界交流。

(4) 根据法律性质的不同,商会可分为三种:一是公法型,又称为大陆法型,以法国、德国等大陆法系国家为代表。公法型商会既是工商业者的公共代表机构,也是工商行政辅助管理机构。二是私法型,又称为英美法型,以英国、美国等英美法系国家为代表。私法型商会具有非官方性和完全独立性,是完全靠会费和自愿赞助开展工作的民间组织,不直接承担政府部门职能,但与政府保持良好且紧密的关系。三是介于上述两种类型之间的商会,即日韩型,以日本与韩国为代表。

国家推动商会、行业协会发展的政策导向

《中共中央关于全面推进依法治国若干重大问题的决定》提出:应当"推进多层次多领域依法治理",其具体要求是,"坚持系统治理、依法治理、综合治理、源头治理,提高社会治理法治化水平。深入开展多层次多形式法治创建活动,深化基层组织和部门、行业依法治理,支持各类社会主体自我约束、自我管理。发挥市民公约、乡规民约、行业规章、团体章程等社会规范在社会治理中的积极作用。……支持行业协会商会类社会组织发挥行业自律和专业服务功能。发挥社会组织对其成员的行为引导、规则约束、权益维护作用。"

中共中央办公厅、国务院办公厅联合发布《行业协会商会与行政机关脱钩总体方案》指出:"行业协会商会是我国经济建设和社会发展的重要力量。改革开放以来,随着社会主义市场经济体制的建立和完善,行业协会商会发展迅速,在为政府提供咨询、服务企业发展、优

---

① 国际商会(The International Chamber of Commerce,ICC)于1919年在美国发起,1920年正式成立,其总部设在法国巴黎,发展至今已拥有来自130多个国家的成员公司和协会。目前,国际商会制定的常用的国际贸易规则包括:(1)《国际贸易术语解释通则》;(2)《跟单信用证统一惯例》;(3)《托收统一规则》;(4)《国际备用信用证惯例》;(5)《联合运输单证统一规则》等。

化资源配置、加强行业自律、创新社会治理、履行社会责任等方面发挥了积极作用。目前,一些行业协会商会还存在政会不分、管办一体、治理结构不健全、监督管理不到位、创新发展不足、作用发挥不够等问题。"

《国务院关于促进市场公平竞争维护市场正常秩序的若干意见》指出,在市场监管体制改革过程中,应当发挥行业协会商会的自律作用。推动行业协会商会建立健全行业经营自律规范、自律公约和职业道德准则,规范会员行为。鼓励行业协会商会制定发布产品和服务标准,参与制定国家标准、行业规划和政策法规。支持有关组织依法提起公益诉讼,进行专业调解。加强行业协会商会自身建设,增强参与市场监管的能力。限期实现行政机关与行业协会商会在人员、财务资产、职能、办公场所等方面真正脱钩。探索一业多会,引入竞争机制。加快转移适合由行业协会商会承担的职能,同时加强管理,引导其依法开展活动。

国家发展和改革委员会出台的《全国性行业协会商会行业公共信息平台建设指导意见(试行)》指出,依据《行业协会商会与行政机关脱钩总体方案》《行业协会商会与行政机关脱钩后综合监管办法(试行)》有关规定,按照理清政府、市场、社会关系,建立信用体系和信息公开制度相关要求,以公共信息市场化应用为目标,以优化信息服务流程为核心,以行业协会商会应用示范为突破口,着力进行行业信息资源整合,着力进行特色信息增值挖掘,打造为党政机关宏观管理服务的决策支持系统,为行业协会商会信息公开和推广数据应用的展示窗口,为社会提供数据查询、研究分析和信用评价等应用的数据中心。

国家发展和改革委员会、民政部等十个部委联合印发了《行业协会商会综合监管办法(试行)》。从法人治理、资产与财务、服务及业务、纳税和收费、信用体系建设和社会监督、党建工作和纪律执行等方面,对行业协会和商会的监督机制进行规定。此《办法》明确提出,鼓励协会商会建立自律公约和内部激励惩戒机制,发挥其在社会信用体系建设中的积极作用。鼓励协会商会与具备资质的第三方信用服务机构合作,对会员的信用状况进行第三方评估,完善会员信用评价机制。

(二) 商会的组织性质

1. 商会是自治、自律性的社会组织

在市场经济环境下,市场在资源配置中发挥了基础性作用,政府很少直接干预经济活动,从而使工商界的经济活动与政府行为相对分离。在此背景下,由商人设立组成的商会必然具有最基本的性质特征,即"民间性"。

商会的民间性并不是说商会完全独立于政府之外或与政府相对立,而是指政府不能干预商会的内部事务,商会在遵守政府有关法律法规的情况下,有权处理自身会务;商会是一种社会团体组织,而不是一种政府机构。明确商会的"民间组织"性质,有利于摆脱长期以来"政会不分"的情况,也有利于商会和行业协会独立法律地位的确定。

2. 商会是社团法人

商会是依照国家法律规定登记注册的社会团体,具有法人资格,这在近现代的中外商会立法中均已成为共识。对于这一问题,我国《民法典》第87条、第90条规定,为公益目的或者其他非营利目的成立,不向出资人、设立人或者会员分配所取得利润的法人,为非营利法人。非营利法人包括事业单位、社会团体、基金会、社会服务机构等。具备法人条件,基于会员共同意愿,为公益目的或者会员共同利益等非营利目的设立的社会团体,经依法登记成立,取得社会团体法人资格;依法不需要办理法人登记的,从成立之日起,具有社会团体法人资格。《社会团体登记管理条例》第2条规定,社会团体是指中国公民自愿组成,为实现会员共同意愿,按照其章程开展活动的非营利性社会组织。国家机关以外的组织可以作为单位会员加入社会团体。成立社会团体,应当经其业务主管单位审查同意,并依照本条例的规定进行登记。社会团体应当具备法人条件。

具体而言,商会的法人性质表现为以下几个方面:(1)商会的成立和解散按法定程序报经政府批准、同意。(2)商会虽然不是营利性组织,但是拥有自己的财产、办公场所、工作人员和组织章程。(3)商会独立享有法律赋予的权利,履行法律规定的义务,也可以独立承担法律责任。(4)商会有依法独立进行业务活动、设立相应机构、选免工作人员、支配自己的财产等权利,也有贯彻执行政府经济法律法规和政策、提供政府咨询等义务。

3. 商会是非营利性组织

商会不是一种经济实体组织,不直接从事生产经营活动。商会活动不以营利为目的,而是围绕全体会员的总体利益,发挥协调、服务、自治自律等功能。对此,我国《社会团体登记管理条例》第4条规定,社会团体不得从事营利性经营活动。日本《商工会议所法》第4条也规定:"商工会议所不得以营利为目的。商工会议所不得以特定的个人或法人及其他团体的利益为目的从事其事业。商工会议所不得为特定的政党所利用。"

从"关系型契约"角度认识商会的经济性质

"关系型契约"是美国法学家麦克尼尔(Macneil)提出的理论。① 商会具有"关系型契约"的性质②,其基本含义是:商会将成员企业在行业自治中需要缔结的若干种(次)契约"内部化"在一个长期的契约框架当中。例如选举代表参与反倾销诉讼,或者集中提供行业信息,或者协议进行价格自律等,从而减少了每次缔结合同中的讨价还价,降低了交易成本。

商会契约的基本特点在于:一是关系内嵌性。契约关系性的标准之一就是"私人关系的嵌入"。有学者指出,行业协会可以把成员团结起来,实现了从陌生人到熟人的转换,协会成员相互平等,彼此没有封闭森严的登记制度,它是通过对集体资源的共享来搭建的一个交流平台,并将各个成员吸引到这样一个互助性的网络组织体中。因此,在这个意义上行业协会是一种关系网络。③

二是不完备性(框架性)。商会契约的履约期限较为稳定和漫长、缔约主体信息不对称以及履约过程中的不可预测性,使得商会这一关系型契约并不具备一次性契约的完整形态。因此成员企业并不可能仅仅通过缔结章程来解决所有问题,应该允许成员企业对后期出现的不可预期的问题进行补充和细化。

三是自治性。关系型契约强调缔约主体对契约履行机制的自我实施和自我约束,即通

---

① 〔美〕麦克尼尔:《新社会契约论》,雷喜宁、潘勤译,中国政法大学出版社1994年版。
② 周林彬、董淳锷:《中国商会立法刍议:从契约的视角》,载《南开学报》2007年第2期。
③ 鲁篱:《行业协会经济自治权研究》,法律出版社2003年版,第195页。

过约定某些惩罚性机制来保证契约的履行,尽量减少第三方(例如法院、仲裁庭)的强制。在商会这一契约中,只要主体是平等的、交易是持续的,当事人就可以通过谈判形成某些共识性履约规则,这些规则可以容纳当事人解决纠纷的行为,也涵盖了主体的自治能力。

(三) 商会组织的设立

1. 中国商会的设立模式

我国《民法典》对商会等社团组织的设立模式没有作详细规定。《社会团体登记管理条例》第13条规定,如果在同一行政区域内已有业务范围相同或者相似的社会团体,没有必要另外成立的,登记管理机关一般不予批准设立。根据这一规定,我国商会的成立原则上应当严格依照"一地一会"和"一业一会"的法定模式。但实践中产生的问题在于,"单一制"可能造成一种"垄断性"的后果,即某些地区或者某些行业内的商会虽然服务不良,但却无须担心因此被市场淘汰,因为商人和企业没有选择的余地,最终可能出现的结果是"存在的不合理,合理的不存在",商会的运作总体呈现低效率。

2. 中国商会设立模式的改革趋势

从长远发展来看,我国应该改变商会设立"单一制"的做法。因为在同一地区和同一行业到底如何设立商会,更多的是一种行业内部的自治行为。商人是"经济人",在意思自治的状态下最清楚自己需要哪一个商会以及需要什么类型的商会服务。政府在此问题上应体现出宏观引导和总体协调的作用,而不是强行限制,因此政府合理的做法不在于限制商会设立的数量,而应从以下几方面强化监管:(1)商会设立的资质认定;(2)商会运作过程的规范性;(3)商会违规的法律责任等。以此限制和减少"不合格商会"的设立和运作,最终建立起完善的市场退出机制,让那些竞争中被淘汰的商会妥善退出市场。

拓展知识

深圳地方立法尝试打破"一地一会""一业一会"的限制

根据《深圳经济特区行业协会条例》的规定,行业协会是指同行业或者跨行业的企业、其他经济组织以及个体工商户自愿组成,依照章程自律管理,依法设立的非营利性社会团体法人。行业协会的名称应当包含行政区域名称、协会特征,可以以协会、商会、促进会、同业公会、联合会等字样为后缀。行业协会发展应当遵循政会分开,培育发展与规范管理并重的原则。行业协会实行依法自治,民主管理,依照法律、法规和章程的规定独立开展活动和管理内部事务。行业协会可以按照国民经济行业分类及其小类标准设立,或者按照经营区域、产业链环节、产品类型、经营方式、经营环节及服务类型设立。

根据《深圳经济特区行业协会条例》第11条规定:"设立行业协会应当符合下列条件:(一)五十个以上拟入会会员;(二)符合规定的章程;(三)规范的名称;(四)固定的住所;(五)与其业务活动相适应的组织机构和专职工作人员;(六)不少于十万元的注册资金;(七)同级行政区域内已设立的相同行业协会少于三家。市人民政府确定的新兴产业、特殊行业设立行业协会,可以不受前款第(一)项规定的限制。但是拟入会会员数量不得少于二十个。个体工商户、不具有法人资格的经济组织的数量不得超过拟入会会员总数的百分之十。但是个体工商户协会以及在以个体工商户为主的行业设立的行业协会除外。"

(四) 商会组织的管理

1. 商会外部管理机制的现状

根据我国《社会团体登记管理条例》的规定,目前政府对商会的外部管理机制是:商会应接受民政部门作为登记管理机关和行业主管部门作为审批机关的"二元"管理。其中,国务院民政部门和县级以上地方各级人民政府民政部门是本级人民政府的社会团体登记管理机关(以下简称登记管理机关)。国务院有关部门和县级以上地方各级人民政府有关部门、国务院或者县级以上地方各级人民政府授权的组织,是有关行业、学科或者业务范围内社会团体的业务主管单位。在其影响下,我国的地方立法也大多采取这种形式[1]。除此之外,近年来各地还出现了若干改革模式:

(1) "三元制"管理模式。如上海市在全国率先构建起一套行业协会和市场中介组织改革、发展和管理的政策框架,成立了行业协会发展署作为市政府授权的行业协会主管单位,对协会进行总体规划和管理,形成"行业管理部门—业务主管单位—社团登记机关"的三元管理[2]。

(2) "新二元制"。如《广东省行业协会条例》第 7 条规定,县级以上人民政府民政部门是行业协会的登记管理机关;其他有关部门在各自职责范围内依法对行业协会进行相关业务指导。此项规定设定的是"登记管理+行政业务指导"的模式。

"管制型"的商会立法缺乏对商会自治的有效激励

我国现有的商会立法缺乏对商会自治的有效激励。突出表现为,不少商会立法还在延续《社会团体登记管理条例》的模式而将其界定为"管理条例"或"管理办法"。如《温州市行业协会商会综合监管办法(试行)》《大连市行业协会管理办法》《外国商会管理暂行规定》等。这就无形中将商会法定位为一种管理性法律法规。这种状况与中国商会大多数由政府部门组建或者改制建成的历史背景有关。而且,具体的法律条文也很少涉及商会权利的享有。

---

[1] 《社会团体登记管理条例》第 3 条规定,"成立社会团体,应当经其业务主管单位审查同意,并依照本条例的规定进行登记",同时《条例》第 6 条规定,"国务院有关部门和县级以上地方各级人民政府有关部门、国务院或者县级以上地方各级人民政府授权的组织,是有关行业、学科或者业务范围内社会团体的业务主管单位"。

[2] 《上海市行业协会暂行办法》第 3 条规定,市行业协会发展署是经市人民政府授权的本市行业协会协会业务的主管部门,负责本市行业协会的发展规划、布局调整、政策制订和协调管理。市政府有关委、办、局是本市相关行业业务的主管部门,负责对行业协会涉及的产业发展、行业规范等有关事务进行业务指导和监督管理。市社团管理局是本市行业协会的登记管理机关,负责全市行业协会的设立、变更、注销的登记和备案,对行业协会实施年检和监督检查。其他政府部门应当协同做好行业协会的促进和发展工作,依法对行业协会的相关活动进行指导和监督。第 9 条规定,需要筹备行业协会的,行业协会发起人应当向市行业协会发展署提出筹备申请,经审查同意筹备的,由行业协会发起人依照《社会团体登记管理条例》,持市行业协会发展署的批准文件和相关材料向市社团管理局申请筹备。

国外的商会立法少有管理法的定位。①如《法国商会法》总共只有27条规定,但从该法的第13条到第25条几乎都是关于商会基本权利的规定,占了一半篇幅②,而且该法其他条文中关于商会义务性、限制性的规定也相当少。《德国工商会法》对商会义务和职责的限制和规定也不多,特别是对于商会内部问题一般只作原则性规定。

因此,要在立法精神上真正促成商会的民间化,商会立法应该实现从传统义务本位到权利本位的转变,任何关于商会民间化或者商会自治的"宣言"最终都必须落实为具体的权利来实现。在这方面,上海已迈出改革的关键一步。上海市人大常委会在原先制定《上海市行业协会暂行办法》的同时,又出台了《上海市促进行业协会发展规定》,直接将政府对商会、行业协会的态度明确为"促进发展"。该规定第4条明确指出,各级人民政府应当促进、扶持行业协会的发展,支持行业协会自主办会,依法进行管理,保障行业协会独立开展工作。市社团登记管理部门和市政府有关工作部门应当按照各自的职责,做好促进行业协会发展的具体工作。

2. 中国商会外部管理机制的改革趋势

应该强调,从经济学一般理论来看,对于商会的外部管理,"政府不干预"和"政府过度干预"都是低效率的行为。

传统"二元制"的管理模式并不适应形势发展。在此模式下,企业成立商会首先需要确定一个主管单位,但是因为有的行业本身涉及很多生产经营环节,主管单位众多,此时如何确定主管单位?是由企业自己选择还是由行政机关指定?不能确定时商会如何登记?这些问题可能导致已经成立的商会因为缺乏登记要件而无法生效,这并非没有先例。

相反,也有不少商会找不到行业主管部门而不得不采取"脱离登记""二级社团"或者"挂靠管理"等方式规避现有管理体制,从而导致了大量"非法商会"的存在,反过来这又给政府增加了额外的管理成本。

"三元制"改革的初衷是增强对商会和行业协会远景发展的指导和规划。有学者认为,此模式"实际上由于发展署统合了业务主管单位和登记管理机关,相当于形成了准一元管理体制,在一定意义上就突破了双重管理体制"③。但是从改革后的实际效果来看,"三元制"至少在目前仍旧没有跳出传统"二元制"的思维,政府部门仍旧充当着主管单位的角色④。

相对而言,"新二元制"商会管理模式有利于清晰界定商会、行业协会与政府的关系,摆脱政府部门对商会的直接干预,比较符合商会管理体制改革的趋势。其优势在于:既保证了政府对商会成立和日常运作的必要管理,又可以减少政府部门对商会的过度干预,进而减少可能出现的"寻租源"和"腐败源"。

---

① 外国和我国的台湾地区关于商会的法律名称几乎没有出现过类似的情况。例如法国直接称为《商会法》,德国的是《工商会法》,日本的是《商工会议所法》,而我国台湾地区是"商业团体法"和"工业团体法"。

② 这些权利包括:(1)商会对有关的法律和税收问题提出修改意见的权利(第13条);(2)商会可以建设和管理的设施的范围(第14条、第15条);(3)商会开展活动、出具产地证书和推选有关公务员人选的权利(第16条);(4)商会与政府对话的权利(第17条、第18条);(5)商会公布会议报告和管理交易所的权利(第19条、第20条);(6)商会筹集经费的权利和途径(第21—25条)。

③ 张冠鸿:《在政府与社会之间——行业协会问题的由来与现状》,载《团结》2004年第3期。

④ 如修订后的《上海铝业行业协会章程》第4条还是规定,本会的行业业务主管单位是上海市经济委员会,协会业务主管单位是上海市社会服务局,登记主管机关是上海市社团管理局。本会同时接受上海市经济委员会、上海市社会服务局和上海市社团管理局的业务指导和监督管理。

二、商会自治与企业经营

(一) 商会自治的历史表现:以调处商事纠纷为核心

中国为世界文明之古国,神农、黄帝之时,商业规模已备,古代封建社会经历了商业发展的三个高峰期:第一个是两汉时期;第二个是唐宋时期;第三个是明朝中后期。① 但总体上,传统中国商品经济发展缓慢,其原因较多,主要包括:国家实行"重农主义"而非"重商主义";中央高度集权的行政体制使得孱弱的商人组织(行会)无法真正发挥利益代表的功能;适合市场交易的法律制度(民商法)并未建立,等等,从而导致中国的商品经济一直处于被压抑的状态。在此背景下,中国古代商会的功能主要体现为协助政府调处商事纠纷。

商会的这一功能在清朝末年发展最为蓬勃。清末光绪皇帝迫于内外压力革新图强、通商惠工,1898 年后设立商务局,兼理商事纠纷。清政府在 1904 年初颁行《商会简明章程》二十六条,谕令在全国普遍设立商会,同时规定商会有权调处商事纠纷。该章程第 15 条指出:"凡华商遇有纠葛,可赴商会告知总理,定期邀集各董秉公理论,以众公断。如两造尚不折服,任其具禀地方官核办。"

这样,商会调处商事纠纷的职权明载条文,得到正式承认。各地商会成立时,也均把受理商事纠纷、保护商人利益写进章程,并设立专门机构负责受理商事纠纷。1904 年的《上海商务总会暂行试办详细章程》,更明确规定商会宗旨之一为"维持公益,改正行规,调息纷难,代诉冤抑,以和协商情";苏州商会在 1913 年正式设立专理商事纠纷的公断处,并设立十余名理案议董专门负责处理商事纠纷,对有关实施办法也作了详细规定和说明。

拓展知识

晚清苏州商会解决纠纷的功能②

苏州商会自光绪三十一年一月成立至次年二月,受理各业案件约达 70 起,其中已顺利了结的占 70% 以上,迁延未结而移讼于官府的不到 30%。如从成立之时至宣统三年八月统计,苏州商会所受理的案件多达 393 起,有的案件还经过反复的调查与集会审议。从内容上看,由商会受理的案件均与商务有关,最多的是钱债纠纷案,即欠债、卷逃等,约占 70%;其次是行业争执、劳资纠纷、假冒牌号、房地产继承、官商摩擦、华洋商人纠葛等。

在"理案"方式上,晚清苏州商会并没有设立评议处、公断处、商事裁判所之类的机构,而是遴选若干名正直、公正的理案议董,于商会召开常会期间负责处理各类商事纠纷。

根据商会制定的《理案章程》及有关理案记录,商会理案的程序为:首先由纠纷双方开具节略(类似于状纸)到会,然后由理案议董分别邀集原告和被告,"详询原委"并记录在案。接着商会召传有关见证人查询,掌握证据。在此期间,被告如要求再行申辩,准其赴会申述一次。然后,商会邀请涉讼双方所属行业的董事及中证人到场,详细询问案由。最后经商会议

---

① 苗延波:《中国商法体系研究》,法律出版社 2007 年版,第 28 页。
② 马敏:《商事裁判与商会——论晚清苏州商事纠纷的调处》,载《历史研究》1996 年第 1 期。

董"秉公细心研究一番",提交公断。审理过程中,涉讼双方均可当众陈述情由。审理结果公布后,议董亦书名签字,"以示不再更动"。

商会理案的最大特点是,破除了刑讯逼供的衙门积习,以理服人。商会的裁决并不带有最终裁决的性质,但当证据确凿,败诉一方仍不遵守劝诫调解者,商会也予以强制性处罚或令其退出商会,或由官府配合强制执行裁决。

总之,商会虽可理案,但没有跳脱中国王朝法律系统的窠臼。在商会、商务局、审判庭和府州县均可受理商事纠纷的复杂格局中,基本司法权力仍旧掌握在府州县级地方官手中。这种专制的弊端显而易见,一如早期维新思想家陈炽所抨击的那样:"中国积习相沿,好持崇本抑末之说,商之冤且不能白,商之气何以得扬?即如控欠一端,地方官以为钱债细故,置之不理已耳,若再三渎控,且将管押而罚其金。"①皇权主宰的"乡土中国"之传统里无法型塑出像西方商人(商会)自治和商事法院那样的纠纷解决机制。

(二)商会自治的现代发展:以多功能化为趋势

1. 商会是商人利益的代表组织

作为专门从事商业活动的商人,其自身在登上历史舞台之后就具有独立的利益要求。商人需要不断巩固自己的社会地位,保护自己的经济利益不受其他行业和组织(包括政府)的侵犯。这种自身的利益要求促使商人(特别是同一行业、同一产业内的商人)逐渐建立起代表自己利益的独立的组织,在此背景下,商会应运而生。由此可见,商会作为商事活动领域的一种社会自治组织,其产生的根本原因实际是商人为追求自我利益的集体保护而自愿结合的结果。

2. 商会组织国内企业应对国际反倾销诉讼

随着我国企业参与国际贸易的迅速发展,以及加入 WTO 之后涉外贸易纠纷解决的规范化,近年来世界各国对我国提起的反倾销诉讼急剧增多,但是在此过程中,国内企业却往往"应诉不力",其原因一是企业没有足够的能力应诉,例如缺乏专业人才、财力有限,均可能导致应诉率低;二是企业出于成本考虑或者寄希望于"搭便车"不愿意应诉;三是企业没有应诉的意识,不懂得应该积极应对反倾销诉讼。

由于 WTO 规则不允许政府作为直接参与者参与到反倾销诉讼当中,因此解决上述问题的一个有效途径在于商会这样的非官方性行业组织来领导、协调和代表企业应诉。在这一方面,商会的具体功能体现为:

(1)组织与协调企业集体行动的功能。商会依靠其组织力量,可以组织企业积极应对外国提起的反倾销诉讼,避免被诉企业消极应诉,同时还可以加强各企业之间在应对反倾销诉讼过程中的协调与合作。

相关案例
中国加入 WTO 后的首起反倾销大案②

2002 年美国轴承制造商协会向美国国际贸易委员会和美国商务部提出申请,认为中国

---

① 何云鹏:《陈炽变法护商思想述评》,载《当代法学》2003 年第 1 期。
② 《理直方能气壮:中国打赢加入世贸后首起中美反倾销诉讼案始末》,载《宁波日报》2003 年 4 月 14 日。

球轴承在美国市场以低于正常的出口价格销售,对相同产品的产业造成实质性的损害,要求对中国销往美国的球轴承产品及其零件进行反倾销调查。这是中国入世后遭遇的首起反倾销大案,涉案金额高达3亿多美元,影响到28个省、市、自治区的274家生产企业和进出口公司。随后中国机电产品进出口商会紧急召集轴承行业的骨干企业商议对策,并派出精干力量迅速飞赴美国,选聘应诉律师,与美国政府、行业协会、生产商和进口商见面交流。最后还积极参加反倾销的应诉,对赢得诉讼起到了关键作用。

(2) 信息收集与沟通的功能。这种沟通作用涉及两方面,一是加强企业与政府的沟通,二是加强企业与外国企业或其他经济组织的沟通。事实上在中国企业遭受的反倾销诉讼中,有一部分起诉就是因为外国反倾销提起人不了解中国出口商品的价格构成而引起的。通过商会与行业协会的沟通,有利于减少类似的"误解"。

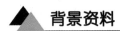

商会反倾销应诉的功能

2005年,商务部出台《关于商会组织反倾销应诉工作的指导意见》。该《意见》要求,商会应根据国内外海关数据、国内外产业和市场等资料,对我出口重点产品进行跟踪,制作预警分析报告。商会应通过各种渠道关注、收集国外对我产品反倾销的预警信息,并负有核实、整理的责任,在此基础上向商务部报告。在接到可靠的预警信息后,商会应在网站上公布预警信息,并及时通知相关产业协会、地方商务主管部门和涉案企业。必要时,商会可以组织预警通报会,对企业进行反倾销知识培训并做动员工作,可以安排在主产区进行,以保证覆盖面。商会在接到国外反倾销立案的消息后,应立即通知相关产业协会、地方商务主管部门和相关涉案企业,并于5个工作日内召开应诉动员会,邀请以上单位参会。本着方便企业的原则,应诉动员会可以安排在主产区召开,主办单位不得以营利为目的向企业收取费用。商会应在应诉动员会上介绍案件基本情况、对案件进行初步分析、指导企业如何选聘律师和进行有效应诉,并可就反倾销基本知识进行培训。应诉动员会应保证公开、公平、透明,与应诉工作相关的各利益方均有参加应诉动员会的权利。应诉动员会应邀请律师代表参加,企业有自主选聘律师的权利,商会不得干涉。商会应积极组织行业无损害抗辩工作,积极动员涉案企业参加行业无损害抗辩。聘请无损害抗辩代理律师应通过公开竞争的方式进行,充分听取应诉企业的意见与要求。在征求应诉企业、律师意见的基础上,商会应做出详细的无损害抗辩策略及工作计划,并通报商务部。无损害代理协议可由企业授权商会与代理律所签订,无损害代理费用可由商会向应诉企业直接收取,然后转交代理律师事务所。商会应广泛联络国外进口商、零售商及消费者组织,积极争取其支持,发动他们游说调查国政府,说明对我产品采取限制措施不符合其整体利益。

(3) 商会与行业协会可以起到行业自律(特别是价格、产量或销售量的自律)的作用。为了避免本国企业采用价格战略打入国际市场,相互压低价格,从而遭到进口国的反倾销,商会与行业协会可以主动协调其本行业各个企业出口产品的价格,通过各种措施使本国产品在国际市场上以合理价格进行贸易,减少国际贸易中的摩擦。

3. 商会可以协调企业的生产经营秩序

(1) 推行行业价格自律,完善市场定价机制

在传统的市场运作过程中,企业根据"成本—收益"规律自由定价,而政府根据"合理竞争原则""合理定价原则"并通过"价格法""竞争法"等法律制度,对企业定价实行监管,必要时可进行"政府指导价"或"政府强制限价"。行业自治环境下,商会与行业协会可以对企业的市场定价产生实质影响。特别是推行行业价格自律,可以有效防止低价倾销的恶性竞争行为。如《深圳经济特区行业协会条例》第44条规定,行业协会在价格主管部门的指导下,监督行业内产品或者服务定价,协调会员之间的价格争议,维护公平竞争。

(2) 引导行业生产经营,防止生产过剩

基于本行业长期生产经营利益的考虑,在生产已经或即将出现过剩状况时,商会可以对同一地区或同一行业内成员企业实行生产经营的引导、统一限制产量。产量限制本身不是限产行为的目的,限产的作用最终在于通过减少商品的市场供应量来合理提高商品的市场价格,保护生产者和经营者的利益。当然,应当强调,商会对企业减产、限产问题更多的是体现为"引导"而非"命令",尤其是不得借助减产、限产行为扰乱市场正常竞争秩序。如《广东省行业协会条例》第28条即规定,行业不得采取维持价格、限制产量、市场分割等方式限制会员开展正当的经营活动或者参与其他社会活动。

相关案例
山西省焦炭行业协会在行业内限产[①]

我国山西省的焦炭生产一直在世界焦炭市场上具有重要地位,其出口量大约占全国的80%、国际总贸易量的50%。然而从2002年、2003年起,山西的焦炭生产开始出现"失控"现象,数百个焦化项目甚至未经政府审批便轰然而起。2004年下半年以来,由于各地大量上马炼焦,产能严重过剩,焦炭市场急剧恶化,企业竞相压价,山西焦炭出现了"出口加倍、效益减半"的怪现象,并逐步丧失了山西焦炭在国际市场上的话语权。因此在地方政府的推动、焦炭行业协会的主导下,山西焦炭企业试图结盟谋变。2005年6月10日,山西省焦炭行业协会所属的243家焦炭生产企业共同签署了《山西省焦炭行业生产自律公约》和《山西省焦炭行业价格自律公约》,宣布将按照企业投产规模的20%—40%的比例减产,限产期暂时定为3个月。据当时的初步估算,每月减产的焦炭约为200万吨。

(3) 规范商事交易行为,推进市场诚信机制建设

商会具有自律职能,可以规范成员企业的商事交易行为,使其符合法律法规、国家政策以及市场道德的约束,最终推进市场诚信机制的建设。

对这一问题,全国整规办和国务院国资委曾于2005年联合制定了《商会协会行业信用建设工作指导意见》,要求商会和行业协会做好行业内和地区内的市场信用建设,包括推进

---

① 参见陈亮:《山西焦炭每吨提价40元》,载《中国证券报》2006年4月18日,第A18版。

诚信宣传教育、强化行业信用制度建设、利用信用信息开展服务、对会员企业开展信用评价、加强对会员企业信用风险管理知识的培训、协助会员企业建立信用风险防范机制。

4. 商会可以建立内部纠纷解决机制

商会内部纠纷解决机制是商事组织内部建立起来的以自治规范为依据、以非法律性强制为基础而进行纠纷解决的机制。实践中,这种纠纷解决机制可能是正式的,也可能是非正式的;可能是临时性的,也可能是常设性的;可能建立在小型的企业内部,也可能建立于大型的行业组织内部。

商会内部纠纷解决机制的功能主要体现为以下三个方面:(1)商会纠纷的内部解决机制属于诉讼替代机制,它可以减少当事人双方在聘请律师、制作诉讼材料、到庭参与诉讼等环节的成本。(2)商会的纠纷解决机制较为灵活,往往没有僵化的程序或模式,因此可以大量适用调解、斡旋、谈判等方式解决矛盾,降低强制执行等高成本解决模式的出现概率。(3)由商会内部解决纠纷有利于防止由于"对簿公堂"等诉讼程序带来的矛盾激化,从而促使当事人继续保持在商会关系型契约中的友好关系,减少日后在市场竞争与合作中的交易成本,这实际上是将纠纷的外部成本内部化。

拓展知识

美国棉花行业组织解决商业纠纷的内部仲裁机制[①]

一个世纪以来,美国的棉花行业组织建立了一套完善的规范体系和纠纷解决机制,使得行业内的交易者可以保持长期的合同关系,也使得行业内大量的商事纠纷得到了妥善的内部解决,其特点在于:

第一,行业组织建立了一套不同于制定法的商事活动实体规范,比如它大量增加了行业术语,而同时又减少了过于专业的法律用语;它规定了不同于制定法的合同违约损失计算方法,减少了商法典合同规则所强调的可期待利益的赔偿;另外,它更加注重对案件实际情况的分析,而不是僵化地一律适用制定法所强调的"诚信和公平"等抽象的法律理念来调整商事关系。

第二,行业组织在实践中形成了一套灵活有效的内部纠纷裁决方法,比如,首先它更加注重对行业专家意见的尊重和采纳,其次它几乎不涉及合同解释或者合同空白的补充;另外在裁决依据的适用方面,行业仲裁员只有在合同条款和本行业自治规范都没有规定的情况下,才会适用交易习惯。其原因主要在于复杂的交易当中,出现合同空白的情况并不常见。

第三,行业组织裁决的执行主要依赖于行业组织内部的"软"力量。在行业内,成员关系对于商人们将来的交易发展和商业利益至关重要,因此如果不执行仲裁庭的裁决,当事人将被排除出行业协会或者行业交易所,而且这种排斥措施将在行业内被广泛地告知,从而使得当事人无法继续在行业内立足。所以,虽然行业仲裁庭裁决的实施也可以借助于法院的支持,但是这种情况很少见。

---

① See Lisa Bernstein, "Private Commercial Law in the Cotton Industry: Creating Cooperation through Rules, Norms, and Institutions", *Michigan Law Review*, Vol. 99, No. 7(2001), pp. 1724-1790.

三、商会自治与市场竞争

(一) 市场经济活动中的"反竞争"行为

1. 什么是"反竞争"行为?

所谓的"反竞争"行为一般是指市场经济活动中企业采取的"不正当竞争行为"和"限制竞争行为"。其中,"不正当竞争行为"是市场主体违反诚实信用原则和公序良俗原则,采取不符合商业道德的方法同竞争者进行竞争的行为。如果进一步分析,"不正当竞争行为"还可以区分为虚假行为、侵害行为和非适度行为。而"限制竞争行为"是市场主体滥用其经济优势排挤竞争对手或者同行业内少数几个市场主体通过共谋避免竞争或排斥竞争的行为。如果进一步分析,"限制竞争行为"还可以区分为共谋行为、强制行为和限定行为。

2. 商会可能出现"反竞争"行为吗?

传统经济学意义上的"竞争"和"反竞争"具有三个特点:(1) 主体具有生产经营性;(2) 行为具有商业策略性;(3) 结果具有优胜劣汰性。可见一般情况下,"市场竞争"和"反竞争"的行为主体与商人和企业有关。然而不管是从历史发展还是现实状况来看,作为非营利性组织形态的商会等社会中介组织虽然很少直接参与市场竞争,但是商会潜在的反竞争性都不弱于企业等生产经营主体。

早在中世纪,商人行会、同业公会、手工业行会就已经具有强烈的反竞争和排他主义倾向。商会可能利用自己的组织优势、职能优势和信息优势,从事限定市场价格、排挤竞争对手、干预成员企业生产经营自由或者实行行业集体抵制等有碍市场竞争秩序的活动。

(二) 商会反竞争行为表现之一:统一限定价格

从行为模式上来总结,商会的价格限制行为可以区分为"隐性价格限制"和"显性价格限制"两种类型。

1. 隐性的价格限制

隐性的价格限制又称为信息交换或情报交换,是指商会以公告、指南或内部资料的形式向其成员企业发布可能影响商品定价的数据和材料,从而隐性地暗示成员企业采取统一定价的行为。从外国的判例经验来看[1],法院在认定商会信息交换是否违反竞争原则时应参考以下几种标准:

(1) 信息是否具有专属性,即商会发布的信息是否只有会员企业才可以获取?或者只有部分会员可以获取?会员企业与非会员企业在接收该信息的范围上是否具有差别?消费者是否也可以了解到该信息?

(2) 信息是否具有强制性,即商会发布的信息对于接受方(成员企业)来说究竟是一种"可否弃的指导意见"还是一种"隐性的命令"?成员企业是否必须强制性地接收该信息?

(3) 信息是否具有价格干扰性,即商会发布的信息是否对企业正在进行的生产活动或销售活动中的定价造成实质性的影响?是否会导致行业内出现统一定价?而且最为重要的

---

[1] 〔美〕马歇尔·C.霍华德:《美国反托拉斯法与贸易法规——典型问题与案例分析》,孙南申译,中国社会科学出版社1991年版,第110页。

是,如果造成统一定价,该定价是否具有合理性?

2. 显性的价格限制

显性的价格限制又称为统一定价或价格卡特尔,具体有两种途径,一是商会统一制定价格并要求成员企业执行,二是组织成员企业通过协商的方式制定出行业统一价格。

在显性的价格限制之下,"限制"的内涵是多种多样的,可能包括:(1)统一最低销售价格;(2)统一价格变动幅度;(3)统一价格变动时期;(4)统一价格算定方法;(5)统一价格歧视对象等。此外,商会还可能通过控制行业生产数量的方式来间接限定价格,即商会通过规定本行业的最高生产量或者控制生产原料的供给数量来影响生产,造成市场供不应求的状况,从而使成员企业对该商品保持垄断性的较高的定价。由于我国竞争立法尚未明确涉及信息交换情形的规制,因此隐性价格限制的现象在我国尚未受到普遍重视,但显性价格限制的案例则并不少见。

无论是隐性的价格限制还是显性的价格限制,其后果都将破坏价格机制对市场经济的基础性调节作用,原因一是价格限制违背了市场规律,使市场失去信号作用,进而破坏市场价格机制对生产资源的配置功能,造成产业畸形;二是价格限制人为地抬高了市场价格,限制了商品的供给量,给消费者造成利益损害。因此企业或商会不正当的价格限制行为历来都为各国政府和法律所禁止。

(三)商会反竞争行为表现之二:限制成员企业生产经营活动

1. 限制新成员进入市场

由商会或者行业协会代替政府市场监督管理部门行使行业准入的管理职能是发达国家在行业经济管理领域的一个普遍做法,其具体措施可能包括:(1)调查、论证和制定行业准入的资格条件以及各项生产标准,例如生产规模、生产技术、产品质量、信用状况、环境污染指标;(2)审查企业的各项资格条件,作出是否批准其进入市场的建议或决定;(3)对新企业进行注册登记;等等。

在此情形下,商会可能凭借自身的职能优势而对行业准入设置障碍,间接限制新企业进入市场参与竞争。商会也可能通过制造或散布虚假的市场信息来诱使新企业放弃进入市场的计划。此外,商会还可能联合成员企业采取统一抵制的措施,拒绝跟新成员进行交易,从而迫使其退出市场。

2. 实行行业内部歧视

商会是某一行业或某一地区内众多企业共同成立的自治组织,但是由于这些企业本身也是同业竞争者,再加上商会一般是由行业内具有较大影响力的企业牵头组织各项活动,其管理者和组织者并不是像法院或者仲裁机关那样具有独立第三人的中立性质,因此商会内部也会有利益分化和利益集团。在此背景下,商会成员企业之间的内部歧视行为就是不可避免的。

这些行为可能包括:(1)商会限制与某一成员企业进行交易,包括交易的商品或劳务的数量、内容、时间等。(2)商会限制向某一成员企业供应原材料,以限制该企业的生产。(3)商会拒绝向某一成员企业提供市场信息,或者向该企业提供虚假的市场信息。(4)商会拒绝某一成员企业参加本行业或本地区有关生产经营的集体活动,例如交易会、商业展览、信息交流会等。

3. 限制成员企业生产经营活动的自由

基于本身职能的要求,商会的各种行为和活动可能会对成员企业的生产经营活动造成影响,但是这种影响应该是"指导性",而非"命令性"的。因为商会与成员企业之间本来就不应该是一种行政性的管理关系,而是一种平等性的服务关系,否则就又回到传统的"政府—企业"二元结构。

然而实践当中,商会内部本身可能存在利益分化,缔结商会契约的主体之间虽然在法律层面上是平等的,但是在经济实力上却并不一定完全相当,由此可能出现处于决定性地位的成员企业或利益集团利用商会职能对成员企业施加强制性的影响。这些强制措施可能包括:(1) 干预企业的设立或解散;(2) 干预企业的组织规模或人事构成;(3) 限制企业的生产规模或销售价格;(4) 限制企业参与正常的商业活动;等等。

(四) 商会反竞争行为表现之三:行业集体抵制

商会作为代表商人和企业的社会组织,其自治行为的本质是一种"集体行动"。商会的每一项决策和行为,都可能直接涉及成员企业的生产经营活动,进而间接地对市场竞争秩序造成影响。在商会的"集体行动"中,行业集体抵制是较为常见的行为。根据对象和内容的差异,行业抵制可以分为以下三种情况:

1. 抵制同行业内的其他非成员企业。例如禁止新企业进入市场,限制向非成员企业供应生产资料,或者拒绝与非成员企业进行交易等。

2. 抵制非本地区的同类企业。例如拒绝与外地同类企业进行贸易,限制外地的竞争者进入该市场,或者封锁市场信息,甚至以制造、散布虚假市场信息的方式来影响外地同类企业的正常经营。

3. 抵制政府政策的施行。商会的集体抵制行动不仅可能针对单个的企业或者某一地区,也可能针对政府政策的制定和实施。

相关案例
我国"医药行业协会联合抵制国家发改委药品降价政策"的事件[①]

在 2005 年之前的若干年内,国家发展和改革委员会为了解决医药费用虚高的不正常现象,曾对全国的药品实行连续 16 次的降价,但效果并不明显。2005 年 4 月底,国家发展和改革委员会又宣布对 22 种抗菌药物实行降价,但是消息一传出,立即引来抗生素生产企业的集体抗议。全国 21 家医药行业协会联名上书要求降低降价幅度,原定 6 月 1 日执行的降价规定不得不暂缓。2005 年 6 月中旬,国家食品药品监督管理局(SFDA)出台的《医疗器械翻新规定》也遭到了行业协会的抵制,中国医疗器械行业协会联合深圳医疗器械行业协会召开研讨会,并上书商务部要求废除或更改规定,原定 7 月 1 日执行的规定也暂缓。7 月初,国家发展和改革委员会关于 OTC 定价下放的规定也遭到中国非处方药协会的抵制。而在早些时候,SFDA 关于"丁基胶塞全面替代天然胶塞"的规定也从原先 1 月 1 日执行被推迟到 7 月 1 日。

---

① 参见郭艾琳:《21 省市医药协会联名上书,要求降低药品降价幅度》,载新浪网,www.finance.sina.com.cn/chanjing/b/20050519/01511600484.shtm,2023 年 5 月 1 日访问。

四、商会自治与商事管理

(一) 商会自治是政府规制的"替代品"

商会是政府进行行业管理、协调经济秩序的一种"替代品"。相对于政府管理的"公序",商会内部所建立的是社会自治中的一种"私序"。商会作为由工商事主体自发组成的自治组织,在很多方面可以代替政府起到企业管理和指导的作用。一方面,商会对本行业的经营信息和现实状况了解往往更为充分,能够及时反映所在行业或经济领域的变化,因此商会对其成员企业经营活动进行的协调和指导更具有针对性、直接性和灵活性。另一方面,商会对成员企业协调管理的权力来源于成员的一致同意,相对于政府的指令性管理而言减少了博弈过程,节省了管理成本。

改革开放以及建立市场经济体制以后,政府在许多方面正力求对企业实行一种间接的管理和引导。其改革的趋势是把不该由政府管理的事务交给市场中介机构,更大程度地发挥市场在资源配置中的作用,同时加强对市场中介机构的规范和监管。归纳起来,这些职能大致包括:(1) 部分的市场准入权。如可借鉴国外的做法,将市场准入的注册登记等交由商会办理。(2) 部分的行业协调职能和市场协调职能。如将行业规划、行规的制定与监督、行业标准的制定与修订、行业生产经营许可证的发放等职能交给行业协会。(3) 部分市场环境的整治、企业内外关系的维护、行业产品价格的制定、竞争行业的规范等职能。(4) 部分的行业引导和监督的功能等。

国外商会的市场治理功能

在一些国家,商会和行业协会被形象地称为"私益政府"。商会已逐步承担着由政府下放的某些职能,并且在立法上进行了确认,发挥着准公共管理职能。[①] 例如:(1)《日本商工会议所法》第9条规定了商工会议所的职能之一是"从事商品质量、数量,商工业者的实业内容及有关其他商工业事项的证明、鉴定或检查工作"。(2) 意大利的法律规定行政区内的所有企业都要到商会注册登记。(3)《法国商会法》第14条规定,商会可以建立并管理大型的综合商店、公众销售厅、商品仓库、武器测试台、包装和印刷所、展览厅和商品陈列室、商业学校、专业学校、商业和工业知识普及学校等商业设施。上述这些职能在传统上都是由政府承担并执行的公共管理职能。

(二) 中国商会商事管理职能的缺陷

从中国的实践来看,目前商会在市场治理方面的职能普遍存在缺陷:一是服务功能不足。许多商会在实践中仅仅履行了组织行业培训、沟通政府与企业、收集发布行业信息等职

---

① 周林彬、董淳锷:《中国商会立法刍议:从契约的视角》,载《南开学报(哲学社会科学版)》2007年第2期。

能,而对于政府机构改革过程中政府下放的各种服务职能,以及随着中国涉外经贸活动的发展需要完善的一些涉外商事服务功能则较少涉及。二是管理职能过剩。许多商会超出了职能范畴而与行政机关职能相混同,将成员企业作为下属机构进行垂直管理,从而将本为横向的契约关系异变为纵向的身份关系。

造成上述问题的原因一方面与早期商会自身建设不健全有关,另一方面则与改革开放以来我国商会和行业协会最初的发展路径有关。[①] 长期以来国内商会和行业协会的发展普遍缺乏自治应有的法律地位和社会地位,且在职能履行上经常与政府职能部门相混同,具体表现为:(1) 机构设置不独立,许多商会和行业协会都是原来政府相关部门改建或组建而来;(2) 财政经费不独立,许多商会和行业协会的经费来源仍然依靠政府财政拨款,而不是会员企业缴纳的经费,而且在经费开支上也存在诸多限制;(3) 人员编制不独立,许多商会和行业协会的工作人员都是政府部门的兼职人员,商会和行业协会本身的专职人员比较少;(4) 职能运作不独立,许多商会和行业协会在章程的制定、高层人事权、日常决策权、内部运行机制、激励机制、监督机制等方面都没有最终决定权。

(三) 中国商会商事管理职能的改革

从实践来看,造成商会市场治理职能缺陷问题的根源并不仅仅在于我国现有立法规定了"多少职能"或者"是什么职能",而是在于"职能产生的合法依据是什么"以及"如何规范职能的产生和履行程序"。为此,必须根据商会职能产生依据的不同,改革相关的制度。

1. 约定型职能

商会的约定型职能主要规定在商会章程之中,是成员企业通过协商一致,以类似于委托代理合同的形式赋予商会提供某些服务产品的权力。约定型职能一般比较具体,例如为企业的生产经营提供信息情报服务、职业培训服务、技术开发服务等。约定型职能的边界具有可变性和时效性,成员企业基于短期内生产经营的需要而增加、减少或者改变约定型职能的内容和种类。

由于约定型职能的内容主要来自成员企业的内部约定而非政府管理部门的直接供给,因此政府监督应以实体方面为主对职能进行内容上的"过滤",即重点考察成员企业授予商会的这些职能:(1) 是否违背了国家法律、法规或者政府政策的原则?(2) 是否违背了市场竞争的商业道德?(3) 是否违背了当地的交易习惯或者公序良俗?(4) 是否违背了国家的行业发展规划或者宏观调控措施?(5) 是否违背了经济发展和行业管理方面的效率性原则?等等。

而对于约定型职能如何产生、如何变更修改、如何废除等程序性问题的监督,立法则应该体现为原则性的指引而不是具体制度的强制,因为约定型职能的程序性实属商会内部治理问题,应该留给商会通过内部章程来解决。需要注意的是,商会立法应该关注在约定型职能的产生、变更和修改的过程中"如何保证商会的内部民主,防止弱小成员企业丧失决策参与权"的问题。

[①] 余晖教授曾在其研究中指出,我国的行业协会和商会从生成途径上可以区分为"体制外""体制内""体制内外结合"以及"应法律规定生成"四种。其中的"体制内"和"混合制"是早期我国商会和行业协会常见的生成模式,其特点是由政府部门主导并逐步建立起来的,或者由某些政府职能部门改制而成。参见余晖:《行业协会及其在中国的发展:理论与案例》,经济管理出版社2002年版,第20页。

2. 法定型职能

法定型职能,即立法机关将商会普遍具有的约定职能抽象出来,并通过条文将其固定,作为各个商会必须承担的职能。这些职能包括代表职能、参政议政职能、管理职能、自律职能、服务职能等。

法定型职能具有类型化意义,可视为国家对商会履职能力的一种资格认定。立法可以将其作为商会设立的强制性的标准之一,即商会如不具有法定型职能的生产能力,则应承担国家强制性法律责任,例如被责令改正、停业整顿等。也正是在这一意义上,立法规定法定型职能应该严格控制数量,不能因此而变相增加商会设立和运作的成本。同时,立法对于法定型职能应该重点关注程序监督而非实体监督,即:(1)在商会设立时,政府部门应该审查商会是否具有履行法定职能的能力。(2)在商业运作过程中,监督商会是否按照法律或者政策所规定的程序合理履行法定职能。(3)关注商会是否由于组织变更或其他原因而丧失了履行法定职能的能力,是否需要被责令改正、停业整顿等。

3. 授权型职能和委托型职能

授权型职能和委托型职能,即政府将本应由自己履行的一些职能通过授权合同或委托合同赋予商会执行。例如行业准入条件评估、行业标准认定、行业竞争秩序协调、行业规范制定等。授权型职能和委托型职能的区别在于商会履行职能过程中法律责任的最终归属不同。

授权型职能和委托型职能的本质是政府作为参与者参与到商会治理活动当中。但是由于中国的商会大多产生于政府体制内部,其职能的赋予往往是行政命令式的,这在无形中助长了商会管理职能的越界,从而产生前述职能界定不清的问题。因此与法定型职能相类似,对于商会授权型职能和委托型职能也应该以程序监督为主,具体包括:(1)商会是否具有履行授权型职能和委托型职能的能力?(2)商会参与授权型职能和委托型职能的过程是否存在不合法性,例如是否为了获得政府授权、扩大商会职能范围而采取行贿等不正当的手段?(3)商会在履行职能过程中是否超越了授权或者委托的范围而履行了不该履行的职能?(4)商会是否借助于政府的授权和委托采取限制市场竞争的行为,例如实行地区封锁或者准入歧视?

五、商会自治与企业的权利救济

(一)内部惩罚机制对成员企业的"有形制裁"

1. 商会内部惩戒机制的特点

(1)这一机制的创设来源于约定,即成员企业通过协商一致,将惩罚机制的种类、限度和实施程序以组织章程或者内部规章的形式确定下来。

(2)惩罚机制的权利享有者和责任承担者是成员企业,而惩罚机制的实施者是商会组织。

(3)惩罚机制的强制力和执行力来源于合同条款,即成员企业事先对于惩罚责任后果的一致认同。

(4)惩戒措施的效力范围具有相对性,它仅仅对成员企业具有约束效力。

2. 商会内部惩罚机制的种类

（1）名誉性处罚，即对违反自治规范的成员提出告诫，责令停止违规行为并消除不良影响，这通常表现为组织内部的"警告"或者"通报批评"。

（2）经济性处罚，即要求违反自治规范的成员向商会缴纳一定的"惩罚金"，或者没收成员的"违规所得"。

（3）资格性处罚，暂时中止违反自治规范的成员享有商会组织提供的各种服务，待成员作出更正行为之后再行恢复，这一般表现为"暂停会员资格"。

（4）关系性处罚，其轻者可能表现为由组织号召全体成员对违反自治规范的成员进行抵制，重者则是由商事组织将违反自治规范的成员除名，中断成员与组织的关系，这是内部惩罚措施最为严重的责任形式。

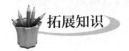

美国钻石行业组织解决商业纠纷的内部机制[①]

美国最大和最重要的钻石交易俱乐部是"纽约钻石经销商俱乐部"（New York Diamond Dealer Club，即 DDC），它同时也是"世界钻石交易联盟"（World Federation of Diamond Bourses，即 WFDB）的成员。DDC 的成员包括生产商、批发商、经纪人等。钻石经销行业内具有重要影响力的商人基本都是这个俱乐部的成员。

DDC 的内部仲裁系统有两个纠纷解决机构，一是管理委员会（Floor Committee），一是仲裁委员会（Board of Arbitrators）。它们都有权对成员处以罚款，或者有限期地将成员暂时开除出俱乐部之外。

这一内部仲裁系统解决纠纷的方式有五个特点：（1）仲裁委员会不会适用纽约关于合同损害赔偿的法律，而是依据交易习俗或习惯进行裁决。这些习俗和习惯的大部分已经规定在俱乐部的自治规范当中，而其他没有成文的那一部分，也大多已经为成员商人所广泛知晓和接受。（2）DDC 内部仲裁最重要的特点在于过程的"保密性"。仲裁员不必将案件事实以及判决的理由写入书面的裁决书，有时候仲裁员甚至不对案件事实进行过多的调查。即使仲裁员觉得有必要写入，仲裁的事实以及结果也会由 DDC 组织严格保密。（3）在裁决复杂案件和计算违约损失的时候，仲裁员会充分考虑作为标的物的钻石的质量，考虑当事人交易的环境以及以往交易的历史等情况。此外，仲裁委员会对违约人的处罚除了要求其向对方当事人赔偿损失之外，还可能要求违约人缴纳公益捐赠款。（4）仲裁裁决作出之后，如果当事人在10天内不履行裁决，则 DDC 将会把裁决结果以及相关当事人的照片公布在俱乐部的公告栏。而且这一信息还会被传递给 WFDB，并通过 WFDB 传递给其他交易所进行公告。由于 DDC 的很多成员都是从事跨国交易，因此这一惩罚措施将对他们的声誉和未来的交易造成很大的损失。换言之，这是强有力的裁决执行措施。此外，近年来，钻石行业内部仲裁体制的一个变化是，仲裁组织开始对那些参与了司法诉讼但又不执行法院判决的成员进行处罚，例如终止或者暂停其成员资格。（5）当事人对仲裁裁决不服的，可以在收到裁决

---

① See Lisa Bernstein，"Opting Out of the Legal System: Extralegl Contractual Relations in the Diamond Industry", *The Journal of Legal Studies*, Vol. 21, No. 1, Jan., 1992.

之日起10天内通过委员会提出上诉,也可以根据纽约当地法律起诉至纽约州法院,但是法官只有在仲裁程序不合法的情况下才会撤销仲裁裁决。

3. 商会内部惩罚机制与法律责任机制的关系

实践中,商会内部惩罚机制与国家制定法确定的法律责任机制经常发生交叉,表现为三种情况,即:(1) 既违反法律也违反商会内部规范的责任;(2) 仅违反内部规范,尚未构成违法的责任;(3) 仅违反法律,但未构成违反内部规范的责任(主要是因为内部规范未作规定)。

从理论上分析,一方面内部惩罚机制可以成为法律责任机制的"互补品",即内部惩罚机制可以与法律并存成为调整商会内部法律关系以及行业内部法律关系的规范依据,内部规范以其执行上的成本优势成为法律责任"不及之处"的一种补充措施,因此对于仅违反内部规范而未违法的行为,当然不必追究其法律责任。另一方面,内部惩罚机制不能作为法律责任机制的"替代品"。即内部惩罚措施的规定不得与国家法律相抵触,如果出现了违反法律法规的情形,责任主体必须依法受到法律责任的追究,不能以任何内部惩罚机制来取代法律责任。

4. 商会内部惩罚机制的立法规制

由于商会内部惩罚措施具有强制性,它的建立和实施直接涉及成员企业权利的限制甚至"剥夺",因此在实践中一直备受立法者关注。例如《日本商工会议所法》规定,会员不缴纳会费、不履行会员义务或者有损害商会的行为等情况时,商会可以对其实施滞纳罚款、暂停资格或者开除出会的惩罚措施,但该法同时也规定了在上述情况下惩罚措施的实施程序和会员的抗辩权。① 我国台湾地区的"商业团体法"和"工业团体法"也有类似规定,但只涉及会员不缴纳会费以及不加入团体情况下的惩罚措施。②

相比而言,目前我国的商会法律体系尚未完善,已有的一些地方立法也很少涉及商会内部惩戒措施和相应的企业权利救济问题。因此在此后的立法建设中,这一问题需要进一步完善。具体而言,立法应该明确规定商会的内部惩罚机制不得对非会员的其他组织或者个人设定义务或造成其他损害,否则将可能构成对第三人的侵权。此外,立法还应该要求惩罚机制设置申辩、抗辩、复议等程序,即规定在惩罚措施实施之前,商会应充分赋予成员企业提出抗辩理由以及申请复议的权利。同时在出现惩罚措施不当而导致成员企业权利受损时,应该赋予成员企业要求权利救济的权利,包括提起民事诉讼等。

地方立法对商会内部惩戒机制的规定

在商会内部惩戒机制问题上,《深圳经济特区行业协会条例》已作出示范性规定。该条例第24条、第36条、第37条和第55条规定,行业协会章程应当包括会员资格、权利与义

---

① 参见《日本商工会议所法》第19—23条的规定。
② 参见我国台湾地区"商业团体法"第63—65条的规定,以及"工业团体法"第59—61条的规定。

务、惩戒与申诉制度以及入会、退会程序等内容。行业协会应当依照法律、法规和章程的规定，建立会员惩戒和申诉制度，对会员进行自律管理。章程可以规定下列惩戒措施：（一）警告；（二）通报批评；（三）公开谴责；（四）劝退；（五）除名；（六）其他惩戒措施。行业协会应当将惩戒决定和申诉处理结果报送登记管理机关备案。行业协会可以通过信息平台提交年度报告、公布会员惩戒信息。

（二）声誉机制对企业的"无形约束"

除了依靠内部惩罚机制的"有形"约束，商会还可以通过"声誉机制"对破坏市场信用或者违反商会自治规范的成员企业进行"无形"约束。在实践中，这种"无形"约束一般表现为声誉谴责、行为抵制或者集体排斥。

1. 什么是"声誉机制"？

经济学意义上的"声誉机制"，与法学意义上的"诚实信用""市场信用""商誉"等概念的内涵相近，它们的共同点在于强调良好的"声誉"是商人从事商事活动的一种无形财产，而且它也是"现实行为"与"未来收益"的一个纽带。具体而言，对于那些企图恶意违背契约以及违反自治规范的商人，虽然有时候他们可能逃脱制定法的惩罚，但却可能遭到行业内或者地区内其他商人的共同排斥和抵制，甚至失去以后在行业内或者地区内继续进行商事活动的机会。因此，"声誉机制"可以成为商会自治的一种"无形的约束力"，即成为商会内部惩罚机制和国家法律责任机制的一种补充形式。

一般而言，实践当中决定一个商人声誉的标准主要包括：(1) 合同承诺履行的主动性；(2) 迅速解决问题的主动性；(3) 交易环境变化之后重新进行合同谈判的主动性；(4) 债务偿还的积极性；(5) 标的物交付的及时性和数量、质量的保证；等等。

拓展知识

"声誉机制"的运作原理

对于声誉机制的运用，国外学者 Karen Clay[①] 曾经以 19 世纪美国加利福尼亚地区为例，详细分析了它在实践中的功能和特点。根据 Karen Clay 的研究，在 1830 年到 1846 年间，加利福尼亚地区商事活动中的合同履行很少通过法律强制进行。因为在当时的背景下，加利福尼亚地区的墨西哥法律体系无法为市场信用以及商人间的合作提供合适的制度框架，甚至无法为合同的履行提供强制力保障。

但当时跨地区的商事活动又非常盛行。因为商人们都偏向于聘请异地的商人作为代理商以节约交易成本，而这又存在着如何控制代理商机会主义的问题。为此有的商人只能选择自己的家庭成员成为代理商，以减少机会主义带来的风险。然而更多的商人则是通过建立联盟来控制代理商的机会主义，这种联盟的运作主要以声誉机制为基础。

---

① See Karen Clay, "Trade Without Law: Private-Order Institutions In Mexican California", *The Journal of Law, Economics, & Organization*, April, 1997.

具体而言,其特点一是成员进入或退出联盟的资格标准一直是稳定的,它确保了成员之间关系网络具有稳定性,以便让被代理商能够充分了解代理商过去的行为记录。二是这种联盟明显区分了商人在联盟之内和联盟之外所能获得的收益,从而使"获得和维持商业联盟的资格"可以成为其成员诚信交易的激励。三是声誉机制把代理商过去的行为记录与他将来可能获得的报酬联系起来。因为在联盟内部,商人们既可以聘请其他成员作为自己的代理商,也可以被其他成员聘请为代理商。而成员资格是否可以持续以及能否获得参与商事活动的机会,主要取决于以往的行为表现是否存在不良记录,以及是否符合特定交易的需要。

在声誉机制存在的情况下,商人们为了维护自己的声誉,除了自己不从事欺诈行为之外,还常常积极地避免纠纷产生;而一旦产生了纠纷,商人们也乐于私下解决。比如,如果送交的货物发生了损害,商人们常常会通过中立的第三方安排货物的检测。

2. 声誉机制的局限性

需要指出的是,尽管声誉机制对于商会自治秩序的建立和维持具有重要的作用,但是它也存在明显的局限性。

(1) 商会自治依赖于声誉机制的前提是同一行业或同一地区的市场内已经建立了良好的声誉机制。如果某一行业或地区内的市场诚信本来就不高,商人们相互之间普遍存在不信任,则商会自治秩序将很难通过声誉机制得到保障。这在市场经济体制的初期和转型期表现尤为明显。

(2) 声誉机制的运作必须建立在信息公开以及信息充分的基础之上。由于"信息"在很多时候需要成本,而这种成本达到一定程度时完全可能阻止商人履约诚信信息的流通,因此声誉机制的约束功能在同一行业和同一地区内效率较高,而在跨行业和跨地区的商业网络中则效率较低。

(3) 声誉机制的实施还与商会内部某些成员企业的垄断能力有关。如果违反自治秩序的成员企业在商会内部具有一定的垄断性,那么希望其他成员都自觉对其进行抵制的可能性将大大降低,因为这种抵制的成本将过于高昂,甚至可能连锁地导致其他成员也无法继续从事商事活动。

(三) 商会侵权行为与成员企业的权利救济途径

1. 商会侵权行为与企业权利救济途径

商会在自治过程中,可能出现自治权利滥用(包括内部惩罚机制的滥用)并进而对其他主体造成侵权的结果。商会的侵权行为既可能指向行业以外的其他企业或者其他市场主体(比如消费者),也可能指向商会内部的成员企业。

对于前者,立法所规定的权利救济途径较为明确和单一,即权利受害者可以通过民事诉讼的方式获得权利救济。而对于后者,基于成本节约和商会行业自治激励的考虑,立法往往在民事诉讼的基础上还赋予了成员企业通过商会内部申诉和调解的方式来解决侵权救济问题。例如,如果成员企业认为商会所实施的某一行为限制了自己的竞争自由,他可以向商会提出异议和申诉,以求通过商会的内部审查和调解尽快解决纠纷,而不是立即诉诸法庭。

相比而言,外部诉讼的设置是为政府规制商会侵权行为所提供的一种底线制度;而内部调解则是促进商会行业自治的必要措施。实践中需要考虑以下问题:立法应该如何协调两者的关系？哪些问题必须由诉讼来追究责任？哪些问题又是商会可以内部解决的？外部诉讼和内部调解在程序上应该如何安排？通过立法解决这些问题的关键在于，必须区分和明确商会侵权行为的类型以及相关法律责任的性质。

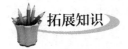

我国地方立法对商会侵权行为和成员企业权利救济途径的"模糊"规定①

在我国的商会立法中，《大连市行业协会管理办法》《广东省行业协会条例》和《深圳市行业协会暂行办法》规定了商会侵权行为问题。然而这些立法对于"权利救济"问题的规定令人费解。例如，《广东省行业协会条例》第38条规定："行业协会会员对行业协会实施行业规则或者其他决定有异议的，可以提请行业协会进行复核或者提请登记管理机关审查。非会员的单位和个人认为行业协会的有关措施损害其合法权益的，可以要求行业协会调整或者变更有关措施，也可以依法向人民法院提起诉讼。"而《大连市行业协会管理办法》第36条的规定是："行业协会会员对行业规则、行业自律措施或者其他决定有异议的，可提请行业协会复核或依法提请政府有关部门处理。"

上述这些条文存在模糊性。因为按照对条文的字面理解，是否意味着商会成员企业不能通过诉讼的途径来获得权利救济？特别是《广东省行业协会条例》在成员和非成员之间的两种不同的对比性规定，是否意味着成员企业和非成员企业在权利救济问题上存在实质性的差别？另外，商会侵权行为所导致的商会与成员企业之间的纠纷是否仅仅是商会的内部治理问题？从立法原则的角度来讲，诉讼程序设置属严格法定主义，地方性立法不能任意改变，因此成员企业提请商会复核和调解，或者要求政府行政救济的做法只是解决问题的途径之一，不能排除诉讼的适用，也不是诉讼必然的前置阶段。况且商会本身具有法人资格，可以独立地承担法律责任，成员企业对商会的侵权行为提起诉讼也具有可行性。

由此可见，上述地方立法关于商会成员权利救济的规定并不合理：如果将其理解为"排除了诉讼机制的适用"，则不符合诉讼法的有关原则；相反如果立法机关并无意排除诉讼的适用，那么上述条文在表述上就存在语义不清的缺陷。

2. 商会侵权行为的类型与法律责任性质

实践中，商会的侵权行为一般包括：(1) 依照优势企业的意愿划分市场，排挤弱小企业的发展；(2) 滥用权力，限制会员开展正当的经营活动或者参与其他社会活动；(3) 对不同的成员企业实行差别待遇；(4) 侵犯弱小成员表决权和参与商会事务的权利；(5) 滥用内部惩罚措施，对成员企业实行不当制裁；(6) 通过内部规范或集体行动的方式，排挤非成员企业；(7) 通过内部规范或集体行动的方式，侵犯消费者权益；等等。

这些行为既可能损害特定企业的权利而构成民事侵权行为，也可能同时损害整体的市场经济秩序，构成经济法上的违法行为。因此，商会的侵权行为既可能包含私法上的法律责任（即民事侵权责任），也可能包含公法上的法律责任（即经济法或行政法领域的责任）。

---

① 周林彬、董淳锷：《中国商会立法刍议：从契约的视角》，载《南开学报(哲学社会科学版)》2007年第2期。

拓展知识

商会行为的可诉性问题

一般而言,对于私法层面的法律责任,立法可以将其交由商会内部程序来解决(即商会内部的申诉、听证、复议、裁决程序),诉讼机制只需作为最后的底线救济措施即可。但是对于公法层面的责任,由于其具有"社会负外部性",所以并不能因为成员企业放弃对商会反竞争行为的追究商会就不承担任何责任,政府主管部门应该揭开商会契约相对性原则的"面纱"而主动追究其法律责任或者行政责任。

特别就公法责任而言,由于传统的经济法领域和行政法领域都有不可诉行为,例如政府的经济宏观调控行为、国家行为、抽象行政行为等,而商会在某些情况下依据授权合同或者委托合同,又可能承担政府赋予的部分宏观经济指导职能和行业行政管理职能,因此立法一般需要对商会不同行为的可诉性进行区分,即:第一,对于商会在宏观指导行为中所实施的不正当竞争行为,成员企业可以通过授权主体或委托主体即政府部门来予以纠正和规制,并由政府部门课以相应的行政责任;第二,对于具体涉及特定成员企业利益的某些"管理性"行为,如果该职能的履行是政府的授权或者委托行为,则按照行政诉讼法的有关规定处理;如果是立法赋予商会的法定职能,则可以考虑从民事诉讼途径来解决。

六、商会自治规范及其法律适用

(一)商会自治规范的概念、特点和类型

1. 商会自治规范的概念

商业自治规范,是指商会的成员企业协商制定的内部行业规范,或者在传统商业活动中形成的本行业内的商业惯例(交易习惯)。在国家商事立法缺乏或不健全的情况下,行会所制定的"条规""规章""私约"等,与国家的"律""例"几乎具有同等效力。在早期的欧洲,行会和商业联盟的章程、规范更是成为商法的直接渊源。

商会自治规范是商会开展自治活动的规范基础,是成员企业经过协商一致而订立的"契约",它在界定成员企业权利义务关系、协调商业活动秩序、指导成员企业生产经营活动以及解决商会内部纠纷等方面发挥了重要作用。商会自治规范还是成员企业据以开展生产经营活动的依据。常见的比如,酒店行业商会所制定的有关"中午十二点退房",以及餐饮行业商会所制定的有关"顾客自带酒水必须支付开瓶费"等行业规范,长期以来都成为行业内成员企业据以开展经营活动以及据以抗辩消费者质疑的依据。商会自治规范的实施除了依靠商会组织本身的管理体制之外,还广泛地依赖于商业社会网络的运作。

2. 商会自治规范的类型

商会的自治性规范属于内在制度的范畴,一般认为,商会自治性规范包括以下几种形式:(1)商会章程,是商会成员协商一致并通过的一种协议,规定了商会的成立和解散、商会会员的条件和权利义务、商会的组织机构和职能等问题。(2)商会内部公约,主要是指商会成员之间共同协商拟定的开展商业活动所应遵守的行为规范和道德准则。(3)行业标准,

是指由商会成员协商制定的、用于认定本行业产品和服务质量的各种标准。（4）行业惯例，是指商人或企业在传统商业活动中逐步形成并得到普遍认可的一种习惯或约定俗成的规则。（5）行业纠纷解决规则，是指商会在解决内部商业纠纷时适用的规则，一般包括实体性规则和程序性规则。

3. 商会自治规范的特点

（1）契约性。所谓"契约性"是指商会自治规范一般由成员企业协商一致制定而成，或者由成员企业授权商会组织制定，成员企业予以认可。但无论经过哪一种途径制定而成，自治规范的性质都类似于成员企业之间订立的一份"关系型契约"，这是成员企业权利义务关系的共同约定。此外，"契约性"还表现为自治规范的修改或废除，一般也要经过全体成员企业协商一致的表决。

（2）效力相对性。所谓"效力相对性"是指商会自治规范的约束效力仅仅及于成员企业，它不能对商会以外的其他商人、企业或者消费者的行为作出约束。"效力相对性"是自治规范"契约性"的延伸。

（3）弱强制性。所谓"弱强制性"是指商会自治规范与法律、法规相比而言，缺乏国家强制力的保障实施。尽管很多商会自治规范都规定了成员企业违反规范时必须承担的责任，也规定了商会拥有一定的"惩戒权（力）"和"惩戒措施"，但是这种约束力并不具备"当然的"法律强制性。一旦成员企业在违规后选择退出商会，这种约束效力可能随之减弱甚至失效。此时，如果出现侵权问题，商会只能通过法律途径予以解决。

（二）商会自治规范的司法适用

所谓"商会自治规范的司法适用"主要是指，在涉及商会与成员企业之间或者成员企业相互之间诉讼纠纷的时候，法官通过适用商会自治规范作出判决或裁定的活动过程。

1. 商会自治规范可适用的标准

对于商会章程、商会内部公约、行业标准以及行业纠纷解决规则这些成文性的自治规范，其标准较为明确，实践中通常从三个方面进行规定：（1）自治规范的实体内容必须具备合法性，这一标准主要是指自治规范不得违反国家法律、法规和政策的规定。（2）自治规范的产生程序必须具备合法性，这一条件的主要目的在于保证当事人平等地获得规范制定的参与权和表决权，以及保证国家机关对自治规范效力审查权的实施。（3）自治规范与个案的关联性。内容与程序的合法性仅仅是自治规范合法存在的基础；而在审判当中，合法存在的自治规范最终能否被采用，还需要考虑自治规范与具体个案的"关联性"，这种关联性的关系基础是当事人必须同时都是相关行业组织的成员，其性质类似于"俱乐部关系"。

除了成文规范之外，商会自治规范还包括行业惯例和交易习惯等不成文规范的类型。由于这一类规范是否存在、其内容如何，都普遍缺乏文字的客观记载，因此与成文性自治规范相比，认定行业惯例或交易习惯成立的标准更为复杂。实践中，认定行业惯例或交易习惯成立的标准除了"实体内容合法"之外，一般还应当具备三个条件：（1）历史性要件，即行业惯例或交易习惯必须已经过长时间的商事实践反复适用。（2）公众性要件，即行业惯例或交易习惯必须得到行业内不特定多数人的共同认可。（3）行业惯例或交易习惯与具体个案的关联性。对于这种"关联性"的考察，实践中一般根据不同类型的行业惯例和交易习惯进而作出不同的分析。

表 3-2-1　实践中行业惯例和交易习惯的常见类型

类型	内容	效力
约定俗成的行业惯例和交易习惯	某一地域或行业的大多数商事主体在长期的商事活动中约定俗成或在实际操作中所形成的、得到大多数主体认可的习惯和惯例，这是商事惯例最基本的形式。	适用于地域内和行业内的不特定主体
特定主体之间的行业惯例和交易习惯	具有特定契约关系的商事主体在长期交易过程中形成的行业惯例和交易习惯，这在"熟人交易"当中最为常见。	只对该特定契约的当事人构成约束力
已经成文化的行业惯例和交易习惯	这主要是指少数已经由商会、行业协会组织以类似于"立法"的形式所认可并纳入行业规范的那些行业惯例和交易习惯。	对组织内特定多数的成员适用
常识性的行业惯例和交易习惯	依据经济规律或一般商业活动常识可以推定的习惯和惯例，比如季节性商品的销售具有价格多变性、商品价格高于成本的市场规律，等等。	除非出现合理的反证，否则适用于所有主体

2. 当事人对商会自治规范的举证

对于商会章程、商会内部公约、行业标准以及行业纠纷解决规则这些成文性的自治规范，由于一直以来各国的立法者都很少赋予其法律渊源的地位，因此在实践中它们一般被视为事实问题，由当事人加以举证。

与此不同，商事审判中行业惯例的性质界定则较为复杂。在英美法系，立法一直以来倾向于将行业惯例和交易习惯视为"事实"，其证明责任一般由当事人承担。

背景资料

《美国统一商法典》和《美国统一计算机信息交易法案》的相关规定

《美国统一商法典》(UCC)第1—205条规定，行业惯例是在一个地方、行业和交易中被普遍遵守(regularity of observance)的与交易有关的操作(practice)和方法(method)，它可以证明交易中可被遵守的预期；其是否存在及其适用范围，应由商人将其作为事实问题加以证明。如果商人能够证明此种惯例已载入成文的贸易规范或类似的书面文件中，则法庭将以这一习惯为基础对合同条款进行解释和补充。根据该法："一方为证明某种有关的行业惯例而提供的证据，只有在该方曾已经适当地通知对方，使法院认为该通知足以避免不公正地使对方感到意外时，该证据才可被法院接受。"

与此类似，《美国统一计算机信息交易法案》(The Uniform Computer Information Transactions Act，简称UCITA)第102条也规定，当事人之间的"协议"(合同)是指根据双方的语言或其他情形，如履约过程、交易过程及本法所规定的行业习惯而判定在双方之间事实上存在的交易。据此，如果涉及行业习惯问题，一般将被纳入当事人合同解释当中进行证明。

在大陆法系的立法传统当中,由于"习惯"还被进一步区分为"事实习惯"和"习惯法",因此审判中其性质如何界定,以及相应的证明与查明责任如何配置,还需要根据具体情况具体分析。一般而言,对于"事实性的惯例或习惯",由当事人承担举证责任;而对于具有法律渊源地位的"习惯法",则一般由法院依职权承担查明的责任。

对于商会自治规范在审判中的适用,与"举证"密切相关的另一个问题是举证责任在当事人之间的配置。按照程序法的基本规定,民商事审判当中的举证责任一般适用"谁主张,谁举证"的原则。除此之外,实践当中法官在特殊情况下(一般是商会或商会成员企业作为被告的案件)也可以基于公平原则而灵活适用"举证责任倒置",即由被告对商会自治规范的存在性、关联性、合法性、合理性等问题进行证明。这一特殊的做法对于商会自治规范尤其是行业惯例或交易习惯的证明尤其具有重要意义。

3. 法官对商会自治规范的查明和过滤

一般而言,对于商会自治规范中的成文规范,法官的查明较为简单,因为他们可以直接通过书面证据进行审查。但是对于行业惯例和交易习惯的查明,则情况将由于其本身具有的不成文性而趋于复杂。从审判实践来看,法官查明行业惯例和交易习惯的途径一般包括:(1)相关政府部门的证明;(2)商会、行业协会的证明;(3)专家证人的证明;(4)文献记录的证明(如地方志等)。

拓展知识

我国台湾地区关于商事惯例法律适用的实践经验

对于法官在审判中如何查明和适用自治规范的问题,我国台湾地区的法律实践值得借鉴。一方面,我国台湾地区的"民事诉讼法"第289条明确规定:……(1)法院得嘱托机关、学校、商会、交易所或其他团体为必要之调查;受托者有为调查之义务。(2)法院认为适当时,亦得商请外国机关、团体为必要之调查。而另一方面,我国台湾地区的司法部门还一直重视对民商事习惯的收集和汇编工作,这对于法官在审判中查明"习惯"具有重要帮助。

其中,我国台湾地区前"司法行政部"(现"法务部")曾组织编纂了《商事习惯调查研究》。[①] 编纂者认为:"所谓习惯,则不经立法程序,系社会一般人就同一事项,于一定期间内,反复为同一之行为,而无背于公共秩序或善良风俗者。习惯既未成文化,民间就同一事项,于一定时期内,是否反复为同一之行为,自不易知悉……但是一般商业行为之习惯范围过分广泛,若全予调查,心力分散,成效难期。乃选择与经济发展与建设有关,甚至于审判上常见之习惯,先予调查。"

此外,我国台湾地区的"法务部"还组织编纂了《台湾民事习惯调查报告》[②],其内容涉及民事活动的亲属、婚姻、继承、合会、神明会、祭祀公业等若干领域。该报告认为:"习惯法为法源之一种,乃学说与立法例所供认。惟其效力如何,其取得国家法上效力之要件为何,则各国立法例未尽一致。"

---

① 参见我国台湾地区"司法行政部"(现在的"法务部")编:《商事习惯调查研究》,1970年版(内部资料)。
② 参见我国台湾地区"法务部"编:《台湾民事习惯调查报告》,2004年版(内部资料)。

对于被列入"查明"范围的商会自治规范,法官一般需要从"积极要件"和"消极要件"两个方面进行检验。其中"积极要件"考虑的是自治规范如果要被采用,必须满足哪些要求;而"消极要件"考虑的则是自治规范如果要被采用,不能具备哪些消极因素。

从实践来看,被用以"检验"和"过滤"商会自治规范的标准主要是民商法的各项基本原则,比如:自愿原则、平等原则、公平原则、公序良俗原则、诚实信用原则,等等。在检验和过滤自治规范的法律基本原则当中,"公序良俗"是被立法强调最多的一项原则,特别是有关行业惯例与交易习惯的适用问题。

本章小结

商会作为商业活动中一种重要的组织形态,最早发源于欧洲,它是指以实现同一行业内或同一地区内商人共同利益为目的而建立的非营利性社会自治组织。现代商会一般都是依照国家法律规定登记注册的社会团体,具有法人资格。

根据法律性质的不同,商会可分为三种:一是公法型,又称为大陆法型,以法国、德国等大陆法系国家为代表;二是私法型,又称为英美法型,以英国、美国等英美法系国家为代表;三是介于上述两种类型之间的商会,即日韩型,以日本与韩国为代表。

商会是商人利益的代表组织,也是政府管理市场的"替代品",其积极功能包括:引导和规范成员企业的生产经营活动,协调市场活动秩序,组织国内企业应对国际反倾销诉讼,以及建立有效的内部纠纷解决机制。

商会自治过程中也可能出现侵犯成员企业或者其他市场主体权利的消极行为,包括:依照优势企业的意愿划分市场,排挤弱小企业的发展;滥用权力,限制会员开展正当的经营活动或者参与其他社会活动;对不同的成员企业实行差别待遇;侵犯弱小成员表决权和参与商会事务的权利;滥用内部惩罚措施,对成员企业实行不当制裁,通过内部规范或集体行动的方式,排挤非成员企业;通过内部规范或集体行动的方式,侵犯消费者权益;等等。

商业自治规范是指商会的成员企业协商制定的内部行业规范,或者在传统商业活动中形成的本行业内的交易习惯。商会自治规范是商会开展自治活动的规范基础,也是成员企业据以开展生产经营活动的依据。从法律性质上看,商事自治规范属于"广义的商法"的范畴,是商法的"非正式法律渊源"之一。与法律相比,商事自治规范具有"契约性""效力相对性""弱强制性"等特点。

思考与练习

1. 如何理解商会是"非营利性的社团法人"?
2. 商会在市场经济活动中具有哪些积极的功能?
3. 商会自治规范具有哪些法律性质?包括哪些类型?
4. 商会如何对成员企业的行为进行约束和惩罚?
5. 在市场管理的实践当中,国家立法应当如何平衡"政府管制"和"商会自治"的关系?

案例分析

1. 阅读下面的案例,讨论如何认定商会(行业协会)行为的合法性?

2014年国家发改委曾对浙江省保险行业协会及与其相关的22家保险公司处以高达1.1亿元的反垄断处罚,原因即在于,保险行业协会自2009年以来,先后多次组织了浙江省内23家省级财产保险公司开会协商,共同约定了新车费率调整系数不得低于0.95。对上年有赔款的9座以下客车按车辆购置价区别适用费率调整系数,购置价在50万—100万元的,费率调整系数不得低于0.9;购置价在100万元及以上的,费率调整系数不得低于1。另外还约定2008年车险市场份额超过4%的公司商业车险代理手续费不超过15%,市场份额低于4%的公司不超过16%,天平公司不超过18%。据此,这些企业共同约定、形成了《浙江省机动车辆保险行业自律公约》以及《浙江省机动车辆保险行业自律公约》补充约定》。

行业协会将其印发给各财产保险公司,并规定对违约公司处以每单2万—4万元的罚款,从自律公约履约保证金中扣除。随后在2010年5月5日,行业协会及其成员企业又商定对部分公司的手续费进行调整,分六档执行不同标准:第一档为人保、太保和平安,手续费7%;第二档为国寿财险和中华联合,手续费8%;第三档为阳光,手续费9%;第四档为大地、天安、大众等10家保险公司,手续费10%;第五档为安诚、安信、长安,手续费11%;第六档为天平、中银、渤海和民安,手续费12%。

国家发改委认为,浙江省保险行业协会上述行为违反了《反垄断法》第16条"行业协会不得组织本行业的经营者从事本章禁止的垄断行为"的规定,涉案财产保险公司违反了《反垄断法》第13条禁止具有竞争关系的经营者达成垄断协议"固定或者变更商品价格"的规定。浙江省保险行业协会是本案价格垄断行为的主要策划者、组织者,财产保险公司违法责任较轻。因此,国家发改委依法对负主要责任的浙江省保险行业协会处以50万元的最高额罚款,对负次要责任的涉案财产保险公司处以上一年度商业车险销售额1%的罚款,共计11019.88万元。①

2. 阅读下面的案例,讨论如何认定商会(行业协会)的反竞争行为?

2016年1月14日下午,山西省电力行业协会召集大唐、国电、华能、华电4家央企发电集团山西公司和漳泽电力、格盟能源、晋能电力、西山煤电4家省属发电集团,以及15家发电厂,在太原市召开火电企业大用户直供座谈会,共同协商直供电交易价格,并签订了《山西省火电企业防止恶意竞争,保障行业健康可持续发展公约》,确定2016年山西省第二批大用户直供电报价较上网标杆电价让利幅度不超过0.02元/千瓦时,最低交易报价为0.30元/千瓦时。经对销售数据进行核实,各涉案企业实施了直供电价格垄断协议。国家发改委认为,"山西省电力行业协会组织23家火电企业通过垄断协议控制直供电交易价格的行为,违反了《反垄断法》规定,违背了国家电力改革中引入竞争、鼓励大型工业用户向发电企业直接购电、交易双方协商定价的原则,不利于通过市场化、法治化的手段有效推进火电行业供给侧结构性改革,排除、限制了直供电市场的公平竞争,增加了下游实体企业的用电负担,损害了消费者利益",因此必须予以处罚。2017年国家发改委指导山西省发改委,对山西省电力行业协会组织23家火电企业达成并实施直供电价格垄断协议一案作出处理决定,依法对行业协会及涉案企业共处罚7338万元。②

---

① 参见《浙江省保险行业协会因垄断受罚,冤不冤》,载《中国青年报》2014年9月5日,第05版。
② 参见《首例直供电价格垄断协议案被依法查处》,载国家发展和改革委员会网,https://www.ndrc.gov.cn/xwdt/xwfb/201708/t20170803_954601.html,2023年12月17日访问。

第三章

公司治理

美国安然事件[①]

美国安然公司成立于1985年,曾经是世界最大的能源供应商和商品交易商,主要经营天然气管道生产和运输以及电力生产和传送。此外,公司涉及能源产品的期货、期权和其他大宗商品衍生交易市场,在新型能源交易市场上具有垄断地位。2001年12月2日,安然公司与其13家分公司向纽约南区法院提交破产保护申请,公司资产498亿美元,负债额为312亿美元,成为美国历史上最大的企业破产案。根据美国参议院成立的调查委员会提供的报告分析,导致安然公司董事会失灵和公司破产的原因有6个方面:委托责任的失败;高风险会计政策;利益冲突;大量未披露的公司表外经营活动;行政人员的高报酬计划;董事会缺乏独立性。在美国安然事件中,公司高级管理层、投资银行、证券分析师和会计师事务所内外结合,共同欺骗不知情的股东。2003年以加利福尼亚大学的校董为代表的安然公司股东向休斯顿联邦法庭递交了新的状纸,把9家银行一起送上被告席,指控其蓄意隐瞒安然公司财务真相,帮助安然公司设计虚假的金融交易,从而让安然公司得以掩盖面临崩溃的金融状况,并从中渔利。安然公司于2002年12月2日申请破产后,公司股票降至每股26美分。据美国布鲁金斯学会2003年7月25日公布的一项研究报告显示,安然公司和世界通信公司的造假丑闻使2003年美国经济损失高达370亿至420亿美元。安然事件引发美国公司治理的革命。

康美药业事件[②]

中国证监会2019年5月14日依法对康美药业违法违规案作出行政处罚及市场禁入决定。证监会认定,2016年1月1日至2018年12月31日,康美药业存在虚增巨额营业收入,通过伪造、变造大额定期存单等方式虚增货币资金,将不满足会计确认和计量条件的工程项目纳入报表,虚增固定资产等违法违规行为。同时,康美药业存在控股股东及其关联方非经营性占用资金的情况。康美药业在未经过决策审批或授权程序的情况下,累计向控股股东

[①] 参见百度百科,https://baike.baidu.com/item/%E5%AE%89%E7%84%B6%E4%BA%8B%E4%BB%B6/2875381?fr=ge_ala,2023年10月30日访问。
[②] 《惨!康美造假案5名独立董事被判8.6亿元连带责任,还有政法大学教授》,https://www.sohu.com/a/501701145_121190055,2023年10月30日访问。

及其关联方提供非经营性资金116.19亿元用于购买股票、替控股股东及其关联方偿还融资本息、垫付质押款或支付收购溢价款等。上述行为致使康美药业披露的相关年度报告存在虚假记载和重大遗漏。证监会决定责令康美药业改正,给予警告,并处以60万元罚款,对21名责任人员处以10万元至90万元不等的罚款,对6名主要责任人采取10年至终身禁入证券市场的措施,将康美药业涉嫌犯罪的相关人员移送司法机关。2021年11月12日,广东省广州市中级人民法院对于投资者诉康美药业虚假陈述案作出判决,被告康美药业股份有限公司向原告顾华骏、黄梅香等52037名投资者赔偿投资损失2,458,928,544元。康美药业董事长马兴田等承担连带责任,马汉耀等被告在康美药业股份有限公司债务的20%范围内承担连带清偿责任;江镇平、李定安、张弘在本判决第一项确定的被告康美药业股份有限公司债务的10%范围内承担连带清偿责任;被告郭崇慧、张平在本判决第一项确定的被告康美药业股份有限公司债务的5%范围内承担连带清偿责任;被告广东正中珠江会计师事务所(特殊普通合伙)、杨文蔚对本判决第一项确定的被告康美药业股份有限公司债务承担连带清偿责任。在被立案调查前,康美药业公司市值最高达1300多亿元,为市场热议的千亿市值白马股,立案调查时市值仅剩下134亿元。

公司治理问题是全球市场经济国家中普遍存在的亟待解决的难题。一国公司治理系统的完善程度对本国资本市场的发展、企业融资结构的完善、国民经济的整体表现等产生重要的影响。本章将对公司治理的概念以及法律特征、公司治理机关和公司利益相关者的权益保护问题进行介绍和探讨。

一、公司治理的概念及法律特征

(一) 公司治理的概念

理论界和实务界对于公司治理(corporate governance)的概念尚未形成统一认识。经济学家多从经济现象的角度对"公司治理"进行阐释,或者注重从制度安排的角度对"公司治理"进行阐释,而管理学家注重公司内部的科层结构设计,法学家则从多种法律权利义务关系以及利益制衡的角度对"公司治理"进行阐释。本书从经济现象、制度安排、组织结构、法律制度四个角度对公司治理的概念进行梳理。

1. 作为经济现象的公司治理

对于公司治理特别是股份公司治理的关注最早可以追溯到亚当·斯密的论述。他指出,由于在股份公司中,公司财产所有权(股东的财产)与公司管理层实际控制权的分离,股份公司的管理者多从自身的利益出发,因此不会像股东那样精心照顾股东们的财产,股份公司这种组织形式是非效率的。伯利和米恩斯进一步论述,在股份公司中,所有权和经营权分离导致管理层对公司实际控制以及他们的行为对于公司股东利益的背离。经济学将上述现象称为股东与管理层的委托代理问题。

公司治理问题的两种类型[①]

在经济学家看来,公司治理问题有两种类型:一是代理型公司治理问题,该类问题面对的是如何处理股东与经理之间的关系;二是剥夺型公司治理问题,该类问题面对的是如何处理大股东与小股东之间的关系。

1. 代理型公司治理问题

最早提出代理型公司治理问题的是亚当·斯密;美国学者伯利、米恩斯、詹森、麦克林等人进行了深入研究。对于代理型公司治理一般有"六道防线":一是经理薪酬,即通过给予管理层激励来减少腐败行为;二是董事会制度,即通过董事会来监督经理层的行为;三是股东大会,即通过股东大会加强对董事会的监督;四是资本市场,即通过资本市场机制(比如并购)等抑制管理层的腐败行为;五是证券监管机构的规制;六是社会舆论的监督,即通过社会媒体等工具对管理层的行为进行监督。

2. 剥夺型公司治理问题

1997年亚洲金融危机之后,随着东亚国家很多公司的内部结构和运作过程被曝光,剥夺型公司治理问题引起关注。研究发现,亚洲以及欧洲大陆的上市公司往往通过一种被称为"企业系族"的组织结构来实现对小股东的剥夺行为,这种"企业系族"的特点是:围绕着银行或证券公司,系族通常拥有多个核心企业,每个核心企业的周围还有多个相关的企业。企业系族通过各种办法对上市公司施加控制,进而"掏空"上市公司。

2. 作为制度安排的公司治理

科斯在《企业的性质》一文中指出,企业和市场都是一种制度安排,它们的边界取决于交易成本大小。威廉姆森等人进一步发展了科斯的观点,认为企业是一种"契约束",契约束的缔约方为股东、管理层、职工和债权人等。在此意义上,公司治理被认为是组织的私人行为,可被定义为组织所采取的一系列控制机制,其目的在于防止潜在的经理人自利并损害股东和其他利益相关者利益的行为。[②] 其内容应该包括:一是如何配置和行使控制权;二是如何监督和评价董事会、经理人员和职工;三是如何设计和实施激励机制;等等。[③]

3. 作为组织结构的公司治理

公司治理被理解为一种公司内部科层架构安排。吴敬琏教授认为,所谓公司治理结构,是指由所有者、董事会和高级执行人员(即高级经理)三者组成的一种组织结构。在这种结构中,上述三者之间形成一定的制衡关系。通过这一结构,所有者将自己的资产交由公司董事会托管;公司董事会是公司的决策机构,拥有对高级经理人员的聘用、奖惩和解雇权;高级经理人员受雇于董事会,组成在董事会领导下的执行机构,在董事会的授权范围内经营企业。应该指出,作为制度安排的公司治理是作为组织形式的公司治理的上位概念,制度安排

---

① 参见宁向东:《公司治理理论》,中国发展出版社 2006 年版。
② 参见戴维拉克尔等:《公司治理:组织视角》,严若森等译,中国人民大学出版社 2018 年版,第 5 页。
③ 参见钱颖一:《中国的公司治理结构改革和融资改革》,载青木昌彦、钱颖一主编:《转轨经济中的公司治理结构——内部人控制和银行的作用》,中国经济出版社 1995 年版,第 133 页。

不仅涉及权力配置,还涉及激励机制的设计和实施等内容。

4. 作为法律制度的公司治理

通过法律的制约、规范来改善公司的治理结构一直以来是我国市场转型中规制企业主体行为的一项重要制度的构建目标,除了颁行、修订《公司法》《证券法》等基本法律法规外,还制定了大量的规制企业信息披露、关联交易、对外担保、股权激励、中小投资者保护的行政法规和部门规章,从而构成了一整套规范公司治理的法律规范体系,形成了许多行之有效的公司治理法律制度。

(二) 公司治理的法律特征

1. 以财产权规则为基础

以财产权规则为基础具体表现为:其一,以所有权为基础。公司是拟制的法人,公司对其财产享有当然的所有权(占有、收益、处分等权能),该所有权对应的义务主体是所有人(包括国家、其他个人或者组织)。其二,以公司决策和收益分配权为基础。在公司内部,经营者以其劳动分享收益,股东和债权人以其资本分享公司收益。公司治理的法律安排则在于厘定不同公司利益相关者在分配公司收益过程中的权利和义务。

2. 实体规则与程序规则结合

实体规则与程序规则结合具体表现为:其一,公司治理机关、利益相关者权利义务的实体规则。比如,公司治理法律制度对于股东大会、董事会和监事会的职权的规定,对于股东权利的规定,对于董事、经理的信托义务的规定,等等。其二,公司治理机关议事程序规则、利益相关者利益诉求程序规则。比如,公司治理法律制度直接或者授权公司章程对于公司股东大会表决制度的规定,对于董事会会议制度的规定,对于股东诉讼的程序的规定,等等。

3. 授权性规则与义务性规则结合

授权性规则与义务性规则结合具体表现为:其一,授权性规则。比如,对于股东、董事、经理等人的权利或者职权性规定。其二,义务性规则。比如,对于公司股东出资义务、董事勤勉义务、控股股东的诚信义务的规定等。

4. 强制性规则与任意性规则结合

从法律规范的性质的角度,公司治理法律规范包括任意性规则与强制性规则。前者比如,对于上市公司的独立董事制度,国家有关法律、法规作出的强制性规定,不允许公司参与人"选出"该规定;后者比如,对于上市公司累积投票权规则作出的任意性规定,公司参与人可以通过公司章程决定是否采用该规则。

5. 国家法与社会规范相结合

一方面,公司特许设立的历史告诉我们,公司是国家规制的产物。正是通过国家法的形式,公司这种影响社会生产方式的组织形式平衡了股东、董事、经理和债权人等公司利益相关者的利益,获得安定性。另一方面,商法的历史告诉我们,商法是商人创设的产物,国家法在规定公司治理的同时,赋予商人自治的空间(公司可以通过公司章程对公司事务作出更加细致的规定),商人联合体集体智慧所形成的有关公司治理的社会规范和社会网络,对公司治理有较大影响。

拓展知识

社会规范、社会网络对公司治理的影响

公司治理问题并不完全是一个法律问题。从各国的公司治理差异我们可以看到,公司治理深受文化传统的影响,不同的文化往往对应着不同的公司治理模式,如盎格鲁—撒克逊文化对应英美模式,日耳曼文化对应德国模式,大和文化对应日本模式,儒家文化对应东南亚家族控制模式。

对处于转轨经济的我国而言,在公司治理的法律规范体系尚不健全时,社会网络、社会资本以及其中所内含的信息、资源获取和信任关系作为一种制度替代对公司治理的规范和公司绩效的提高发挥着积极的作用。人们常常会发现,一个企业的成败往往与经营者是否拥有广泛的社会交往和关系紧密相关,那些拥有更多社会资本的企业家会在经济发展中处于更为有利的地位。

6. 公司治理法律制度是一个法律体系

如前所述,公司实际是一组契约束,它界定了公司股东、管理层、员工、债权人以及消费者之间的合同关系。因此作为法律制度的公司治理表现为一系列的法律规则。这些法律规则规定了公司股东、管理层、员工、债权人以及消费者之间的权利义务关系。在现实社会中,这些规则表现为公司法、证券法、劳动法、破产法、消费者保护法等法律规范。换言之,公司治理的法律制度是由公司法、证券法、劳动法、破产法、消费者保护法中某些相关联的法律规则构成的统一整体。

(三) 公司治理的模式

目前,国际流行的公司治理模式主要有两种:一是英美模式,二是德日模式。两者的主要区别在于:前者采用的是市场决定模式,后者采用的是共同决策模式。

1. 英美模式

英国模式是最早的股份公司治理模式之一。英国和美国的公司治理借助于强大的市场力量,包括产品市场、经理人市场和控制权交易市场。因此,对于法律对公司治理的干预英国模式一般保持谨慎的态度。在法律上,英美法保留了普通法传统,即以课予董事信义义务为主要法律干预模式。一般认为,英国股份公司的基础是基于信托法上的"信义义务",即公司股东是委托人,公司董事作为受托人,董事对公司股东负有信托义务(忠实义务和尽职义务)。信托义务实现的方式一方面表现为,董事需要按期向公司股东做生产经营的汇报(主要内容为财务报告);另一方面表现为,股东可以以信托义务为理由对不称职的董事向法院提起诉讼。英国法律赋予公司自治的空间,若某项决议按照公司内部章程或者规则作出,一般情况下,法院不会受理公司股东等当事人对此提起的诉讼,除非存在前述的违反信托义务或者欺诈的情形。

美国的公司治理依靠"市场力量"的特点更为鲜明。首先,在联邦法层面上,不存在统一的公司法,仅有示范意义的公司法(Model Company Law),美国各州制定自己的公司法,存在公司法的"竞争市场"。其次,美国上市公司的股权分散,而控制权市场发达。最后,美国公司治理工具市场化,比如,通过股票期权制度实现对经理人的激励等。

然而,安然事件以后,美国通过萨班斯法案加强了对于公司治理的国家干预和监管,尤其是对上市公司审计、信息披露方面作出了更为严格的要求。

2. 德日模式

德国公司治理结构的法律的特点是,强调公司参与人的共同治理。德国的公司法要求股份制或者大型公司设立监督委员会和管理委员会,将监督职能与执行职能相分离。监督委员会由股东代表、雇员代表和独立董事共同组成,主要职责是监督管理委员会的经营业绩,任免管理委员会成员,向管理委员会提供咨询等。管理委员会由企业内部高级管理层构成,负责公司日常经营管理,执行监督委员会决议,是负责公司具体运营的执行机构。

日本公司法是德国公司法的移植,并秉承了德国公司法的共同治理理念,同时融合了日本本土的经济特色。一方面,在日本,以银行为核心的财团在公司治理结构中处重要地位;另一方面,日本企业普遍实行终身雇佣制。

学者们把美国和英国公司治理结构的法律定位为股东中心主义,把德国和日本的公司治理的法律定位为利益相关者主义。形成两种不同模式的原因在于两种国家的传统差异,前者体现的是自由主义传统,后者体现的是集体主义传统。其中,美国公司法把自由主义传统发挥得淋漓尽致,认为市场是最好的配置资源的途径,政府干预是缺乏效率的。因此可以看到,美国的控制权市场、股票激励制度要比其他国家活跃得多。但是,最近的研究表明,两种模式有融合和趋同的走向。比如,美国许多州的公司法修改也体现了利益相关者在公司治理中的地位;美国法学会起草的《公司治理原则:分析与建议》对利益相关者的权利义务作了专门规定。德国通过了《证券法》,日益重视控制权市场在公司治理中的重要作用。

3. 我国公司治理的本土探索与存在问题

改革开放以来,我国经济体制改革以国有企业改革为中心,目标就是把现有的国企改组为与市场经济相适应的现代企业制度。1993年《公司法》塑造的中国公司制度经历了二十余年的发展,在公司治理模式的选择上,最初受德日模式影响,建立了"两会制"结构,即执行决策职能的董事会和执行监督职能的监事会,监事会规模不大且处于从属地位。不过,由于我国在构建现代企业制度中更多的是通过外部监管压力实施的"强制性制度变迁",而缺乏源自市场压力的、具有企业自主性的"诱导性制度变迁",这往往造成中国的公司治理流于形式。①

背景资料

中国上市公司治理的现状与水平

中国上市公司治理指数(CCGI)评价结果表明:中国上市公司治理水平显著提升,但治理有效性存在短板。治理标杆公司带动作用增强,但新上市公司治理水平较低。民营控股上市公司治理水平超过国有控股,是中小股东权益保护、信息披露质量、利益相关者协调能力等改善所致。国有控股上市公司董事会治理持续落后于民营控股,加强对董事的监督与

---

① 参见董淳锷:《公司法改革的路径检讨和展望:制度变迁的视角》,载《中外法学》2011年第4期。

激励成为关键。金融机构治理下滑,国有控股金融机构与民营控股金融机构治理差距拉大。创业板注册制改革成效显现,科创板关联交易上升。应对疫情冲击,利益相关者理念进一步推广和深化。中国上市公司绿色治理指数(CGGI)评价指标体系以治理思维为统领,从绿色治理架构、绿色治理机制、绿色治理效能和绿色治理责任四个维度设置了12个治理要素和36个子要素,总体评价样本为1112家公司,评价结果显示:上市公司绿色治理指数平均值为56.13,较2020年的55.78提高了0.35。从四大维度看,绿色治理责任指数平均值最高,为59.33;绿色治理效能指数次高,为57.43;绿色治理机制和绿色治理架构的指数平均值相对较低,仅为56.38和55.81,反映出上市公司在绿色治理机制和架构顶层设计方面较为薄弱,有很大的提升空间。中国绿色治理水平呈现逐年上升趋势,但各维度发展不均衡,绿色治理机制提升明显,由绿色运营和绿色投融资推动。绿色治理效能有所提升,而绿色节能和绿色循环利用有所下降。绿色治理责任略有提升,但绿色信息披露仍须完善。国有控股上市公司绿色治理表现优于民营控股上市公司,但差距进一步缩小。创业板和科创板上市公司绿色治理指数大幅提升,上市金融机构绿色治理有待改善。

中国上市公司治理水平在2003年至2021年总体上不断提高,经历了2009年的回调后,趋于逐年上升态势,在2021年CCGI达到新高64.05,较2003年的49.62提高了14.43。股东治理维度、经理层治理维度、信息披露维度和利益相关者治理维度均呈现上升态势,董事会治理维度略有下降,监事会治理维度与上年持平。

公司治理中的"有规则而无秩序"

尽管我国存在规模庞大的公司法律规范,但公司治理中所暴露出的问题却触目惊心:"一股独大"下大股东对上市公司资产的肆意侵吞,中小股东的合法权益被漠视、剥夺而求助无门,各种造假事件和公司丑闻层出不穷,而我们的法律规范仿佛一只"无牙老虎"对之无可奈何。

在评价中国的公司法移植时,华盛顿大学法学院的Donald Clarke认为,法律规范制度的移植之所以如此困难,是由于这种移植经常发生在社会迅速变革的时期,本国的社会文化构成了一种牵绊力量。制度的发展并不是根据特定的社会需求目标而作出的反应,而是一种不同社会力量交互作用的复杂产物。例如,中国从德国的双层制治理中借鉴而来的监事会制度和从美国引入的独立董事制度,能引入的仅仅是个术语,却无法引入术语背后的历史和意义。梁治平在分析现代法律制度难以取得良好的支持和法律文化观念认同时分析道:"中国当代法律基本制度源于西方,并不是土生土长的东西,而制度后面的那套思想观念、行为却是千百年来民族文化的一部分,有其深厚的根基,绝不是一种政治或社会力量在短时间内可以改变或者清除的。尽管中国人引进西方法律制度已有近百年的历史,但是透过他们的言行举止不难察觉,实际上存在着另外一套独特的行为准则。"①

---

① 参见梁治平:《新波斯人信札:变化中的法观念》,贵州人民出版社1988年版,第15—16页。

比如,《公司法》和《证券法》要求上市公司进行严格的信息披露,但这种信息的披露却被有的上市公司利用为散播消息以炒作股价的绝好机会。不仅如此,在我们的证券市场监管中,抑制市场过热所发出的善意警告往往成为投机者再次推高指数的契机,扭转市场低迷、防止市场崩盘而出台的托市政策却往往引发又一轮下跌。政府希望努力改善证券市场法律监管的执行效力以保护投资者利益,但出现的一个奇怪现状是法律执行越严格,市场表现就会越差,投资者就会遭受损失。

《公司法》和《证券法》在实施中遭到规避、扭曲和异化,一方面是因为公司法制度本身是不完全的。而另一方面是,在中国这个人情关系社会中,社会网络秩序的力量过于强大,原有秩序的既得利益者不仅会阻碍法律制度的实施,更会通过关系网络、人情纽带对我们的执法者、监管者进行"俘获",这样就会造成一种"法律管制陷阱",其结果是虽然社会的腐败成本增加但违法活动并未实质性减少。

正是由于"书本上的公司法"变革并不能保证公司治理结构的改善,越来越多的学者开始思考文化约束对公司法和公司治理结构的影响。在公司法移植过程中,要寻找和利用公司法与中国文化的相容之处,填补两者之间的鸿沟,使法律更加适应我们社会结构的"谱系"。

二、公司治理的组织结构

公司治理组织结构反映出一个国家公司治理的基本立场和理念。英美公司法采用的是董事会中心主义,体现了董事会在公司决策中具有决定性的地位。德国公司法采用的是共同决策模式,体现了债权人(主要是银行)和劳动者在公司决策中的地位。区别于英美公司法和德国公司法,我国公司法采用的公司治理结构是股东会中心主义。

(一) 公司组织机构

根据我国《公司法》的规定,公司的组织治理结构主要包括股东会、董事会和监事会。股东会由全体股东组成,享有选择董事和监事权力,是公司的权力机关;董事会是执行机关;监事会是监督机关。《公司法》对董事会和监事会的构成等作了更为具体的规定。

首先,对于公司董事会而言,《公司法》区分一般情形与规模较小(或者股东人数较少)公司对董事会组织结构进行规定。《公司法》规定,公司(有限责任公司和股份有限公司)董事会成员3人以上,其成员可以有公司职工代表,公司职工人数300人以上的,董事会成员中应当有职工代表;董事会设董事长一人,可以设副董事长;董事长、副董事长的产生办法由公司章程规定。[①] 但是,规模较小或者股东人数较少的公司,可以不设董事会,设一名董事,行使董事会职权。[②]

其次,对于公司监事会,《公司法》同样区分一般情形与规模较小(或者股东人数较少)的

[①] 《公司法》第68条。《公司法》第173条对国有独资公司的董事会结构有特别规定,即国有独资公司的董事会成员中,应当过半数为外部董事,并应当有公司职工代表。董事会成员由履行出资人职责的机构委派,但是董事会成员中的职工代表由公司职工代表大会选举产生。董事会设董事长一人,可以设副董事长。董事长、副董事长由履行出资人职责的机构从董事会成员中指定。

[②] 《公司法》第69条。

公司对监事会组织结构予以规定。根据《公司法》第76条规定，一般而言，有限责任公司设监事会，监事会成员为3人以上；监事会成员应当包括股东代表和适当比例的公司职工代表，其中职工代表的比例不得低于1/3，具体比例由公司章程规定。监事会设主席一人，由全体监事过半数选举产生。公司也可以不设监事会而设审计委员会行使监事会职权。①但是，规模较小或者股东人数较少的公司，可以不设董事会，设一名董事行使董事会的职权。②

最后，根据《公司法》规定，在董事会或者董事下设经理负责日常经营管理。经理对董事会负责，根据公司章程的规定或者董事会的授权行使职权。经理列席董事会会议；③董事可以兼任经理。④ 同时，《公司法》规定了公司的董事、监事、高级管理人员任职的消极条件，存在以下情况之一的不能担任董事、监事、高级管理人员，否则聘任无效或者应当解聘：一是无民事行为能力或者限制民事行为能力；二是因贪污、贿赂、侵占财产、挪用财产或者破坏社会主义市场经济秩序，被判处刑罚，或者因犯罪被剥夺政治权利，执行期满未逾五年，被宣告缓刑的，自缓刑考验期满之日起未逾二年；三是担任破产清算的公司、企业的董事或者厂长、经理，对该公司、企业的破产负有个人责任的，自该公司、企业破产清算完结之日起未逾三年；四是担任因违法被吊销营业执照、责令关闭的公司、企业的法定代表人，并负有个人责任的，自该公司、企业被吊销营业执照、责令关闭之日起未逾三年；五是个人因所负数额较大债务到期未清偿被人民法院列为失信被执行人。⑤ 同时，《公司法》还规定董事和高级管理人员不能担任监事。

（二）公司的权力分配

关于公司股东的职权，《公司法》规定股东会职权包括：一是选举和更换董事、监事，决定有关董事、监事的报酬事项；二是审议批准董事会的报告；三是审议批准监事会的报告；四是审议批准公司的利润分配方案和弥补亏损方案；五是对公司增加或者减少注册资本作出决议；六是对发行公司债券作出决议；七是对公司合并、分立、解散、清算或者变更公司形式作出决议；八是修改公司章程；九是公司章程规定的其他职权。同时，《公司法》还规定，股东会可以授权董事会对发行公司债券作出决议。⑥

关于公司董事会的职权，《公司法》规定董事会职权包括：一是召集股东会会议，并向股东会报告工作；二是执行股东会的决议；三是决定公司的经营计划和投资方案；四是制订公司的利润分配方案和弥补亏损方案；五是制订公司增加或者减少注册资本以及发行公司债券的方案；六是制订公司合并、分立、解散或者变更公司形式的方案；七是决定公司内部管理机构的设置；八是决定聘任或者解聘公司经理及其报酬事项，并根据经理的提名决定聘任或者解聘公司副经理、财务负责人及其报酬事项；九是制定公司的基本管理制度；十是公司章程规定或者股东会授予的其他职权。同时《公司法》特别规定，公司章程对董事会职权的限制不得对抗善意相对人。⑦

关于监事会的职权，我国《公司法》规定监事会职权包括：一是检查公司财务；二是对董

---

① 《公司法》第69条、第121条。
② 《公司法》第83条、第128条。
③ 《公司法》第74条。
④ 《公司法》第128条。
⑤ 《公司法》第178条。
⑥ 《公司法》第59条。
⑦ 《公司法》第67条。

事、高级管理人员执行职务的行为进行监督,对违反法律、行政法规、公司章程或者股东会决议的董事、高级管理人员提出解任建议;三是当董事、高级管理人员的行为损害公司的利益时,要求董事、高级管理人员予以纠正;四是提议召开临时股东会会议或者在董事会不履行《公司法》规定的召集和主持股东会会议职责时召集和主持股东会会议;五是向股东会会议提出提案;六是依照公司法的规定,对董事、高级管理人员提起诉讼;七是公司章程规定的其他职权。① 同时,《公司法》第79条规定监事可以列席董事会会议,并享有质询与建议权以及调查权。《公司法》第80条规定了监事有权要求董事、高级管理人员提交执行职务的报告。

关于经理的职权,《公司法》作了概括性规定,即规定经理对董事会负责,并根据公司章程的规定或者董事会的授权行使职权;同时,经理列席董事会会议。②

(三) 公司组织结构的议事规则

我国《公司法》对股东会、董事会和监事会的议事规则作了一般性的规定。

关于股东会的议事规则,我国《公司法》从召集程序等方面予以规定。第一,召集程序。常规股东会由董事会召集,临时股东会可以由符合法律规定的股东或者监事会召集。第二,通知程序。一般应当于会议召开15日前通知全体股东,公司章程另有规定或者全体股东另有约定的除外。第三,表决规则。股东会会议由股东按照出资比例行使表决权;对此,公司章程可作另行规定。③ 第四,资本多数决。股东会作出决议应经代表过半数表决权的股东通过;关于股东会会议作出修改公司章程、增加或者减少注册资本的决议,以及公司合并、分立、解散或者变更公司形式的决议,必须经代表2/3以上表决权的股东通过。④ 第五,记录规则。股东会应当对所议事项的决定作成会议记录,出席会议的股东应当在会议记录上签名。

关于董事会议事规则,《公司法》从董事会的召集程序和表决规则等方面予以规定。第一,召集程序。一般由董事长召集和主持,董事长无法履职的,由副董事长召集和主持;副董事长不能履职或不履职的由半数以上董事推举一名董事召集和主持。第二,表决规则。董事会决议的表决,实行一人一票。第三,记录规则。董事会应当对所议事项的决定作成会议记录,出席会议的董事应当在会议记录上签名。第四,公司章程对董事会的议事方式和表决程序,除本法有规定的外,由公司章程规定。⑤

关于监事会的议事规则,《公司法》规定,第一,监事会每年度至少召开一次会议,监事可以提议召开临时监事会会议。第二,监事会决议表决应当一人一票,并经全体监事过半数通过。第三,监事会应当对所议事项的决定作成会议记录,出席会议的监事应当在会议记录上签名。⑥ 除以上规定外,公司章程可以对议事规则作出规定。

---

① 《公司法》第78条。
② 《公司法》第74条、第126条。2018年修正的《公司法》第49条对公司经理的职权作了列举式规定,包括:(1) 主持公司的生产经营管理工作,组织实施董事会决议;(2) 组织实施公司年度经营计划和投资方案;(3) 拟订公司内部管理机构设置方案;(4) 拟订公司的基本管理制度;(5) 制定公司的具体规章;(6) 提请聘任或者解聘公司副经理、财务负责人;(7) 决定聘任或者解聘除应由董事会决定聘任或者解聘以外的负责管理人员;(8) 董事会授予或公司章程规定的其他职权。
③ 《公司法》第65条。
④ 《公司法》第66条。
⑤ 《公司法》第73条。
⑥ 《公司法》第81条。

拓展知识

组织机构权力规范：任意抑或强制、概括抑或列举

1. 组织机构权力规范：任意抑或强制

公司法的强制性与任意性是公司法理论和实践最基本和最重要的问题。对中国公司法的基本共识是，公司法不仅应具有强制性，还应具有任意性，它是强制性规范和任意性规范有机构成的法，公司法的合同解释说或共同契约说则是其根本和核心的理论根据。公司法中关于公司组织机构的规范是公司治理制度主要的构成部分。公司立法应充分尊重公司自治，公司组织机构规范的基本属性是任意性。有学者指出，我国《公司法》对于任意性的限度到底在哪里，何时应当自由或不自由，即强制性规范和任意性规范的具体分布如何等问题未予回应，对各组织机构的职权只作中性的列举性或陈述性规定，而未给予任何明确清晰的表达，没有显示强制性规范特有的"必须""应该"等字样，也没有任意性规范通常使用的"另有约定除外""另有规定，从其规定"或"可以"的任何表述，这使得公司组织机构职权规范的强制性和任意性在立法上依然处于模糊状态。①

2. 组织机构权力规范：列举抑或概括

公司法对于公司机构职权的规范方式存在着列举主义和概括主义两种模式。前者如我国《公司法》第37条所列股东会11项职权，第46条所列董事会11项职权。后者如《法国商法典》第L225-64条、我国台湾地区"公司法"第202条。为此，立法机关计划对董事会职权的规范方式发生了重要改变，法律条款不再将董事会的职权逐项列举，而代之以抽象的原则性规定，即董事会可以行使公司法和公司章程规定属于股东会职权之外的职权，意即除股东会职权外的所有事项都由董事会负责。对于采用列举主义或是概括主义，理论上有不同看法。有学者认为，我国公司法应该采用列举主义，其理由在于：公司法具有公共产品和法律服务属性，是公司立法为投资者和公司治理提供的标准化法律产品，公司法对董事会职权的列举性规定就具有了十分重要的法律功能和实践价值：一是促进谈判、凝聚共识、避免分歧、消除障碍。二是提高公司章程制定的效率，降低规范形成的成本。三是确保章程制定的质量、提升公司治理的效果。同时，采用列举主义符合我国公司法发展的历史传统。②

有学者则认为，公司法对于董事会职权应该采用概括主义。其理由在于：第一，我国公司法对于董事会的职权采用列举主义，作出诸如"董事会对股东会负责""董事会向股东会报告工作""董事会执行股东会的决议"中的表述分析，行政化的公司立法倾向是1994年公司法服务我国企业公司化的历史产物。当下我国经济的市场化进程已今非昔比，《公司法》的立法思想和语言也应作相应的调整。第二，公司把日常经营的决断权配置给管理者，并排除股东的干涉，而股东保有对重大事项的决定权具有合理性。当列举通常难以周延而陷入逻辑矛盾，比如，规定"董事会执行股东会的决议"同时规定行使公司章程规定的其他职权，董事会的履职符合公司章程但不符合股东会决议便陷入矛盾。第三，对董事会职权采用概括主义是大多数国家的做法，在主要的大陆法系国家中，对股份公司董事会与股东会也存在明

---

① 参见赵旭东：《公司组织机构职权规范的制度安排与立法设计》，载《政法论坛》2022年第4期。
② 同上。

显的职权分野。《法国公司法典》规定,董事会享有在任何场合代表公司活动的广泛权力;董事会在公司目的范围内行使这些权力,法律明文规定属于股东大会的权力除外。《德国股份法》规定,董事会本身负责领导公司。《日本商法典》规定,董事会决定公司业务的执行,并监督董事执行职务。①

监事会制度的改革方向②

公司监事会被视为法律刻制的傀儡。究其原因在于,在这种制度设计中,没有赋予监事会足够的权威以对抗公司管理层和公司控制者,使公司监事会制度徒有其表;表现在监事会的具体制度规则中:如监事会缺乏独立性(包括监事的身份依赖和监事会的财务依赖)是监事会软弱的主要原因。对此,学者建议,第一,在监事会中引进外部监事。一方面,在于对抗大股东在监事会的控制性影响,平衡监事会中股东代表监事的利益和意志倾向;另一方面,弥补职工代表监事的软弱性。第二,监事的选派应分类进行。比如,监事按照股东人数选举产生,而不是按照持股比例选举产生。第三,在监事会中设立专业委员会。比如,有必要在监事中设立专业委员会协助监事会工作,重要者如财务检查委员会、经营检查委员会、提名审查委员会,各委员会由外部监事任委员会主任,并接受监事会的领导。针对监事会缺乏独立的财务支配权,改革措施应从如下两个方面进行:一方面,公司应设立专项监督基金。公司法应当明确规定,公司分配当年税后利润时,应当从利润中提取一定比例的资金用于公司的监督工作。另一方面,监事会对专项监督基金享有独立自主的支配权。第四,公司法应明确监事享有报酬。有学者强调公司中的党的组织应当以监事会为基础,党的组织、活动应当与监事会的组织和活动有效地结合起来。

三、股东权制度

我国《公司法》几经修改,兴利除弊,赋予股东一系列权利,形成了比较完整的股东权利保护体系。我国《公司法》集中规定了公司股东的一般权利,而其他法律条文赋予在特殊情况下所有的特殊权利。在一般权利中,最为重要的是股东知情权、股东表决权、收益分配请求权③和直接诉权。在特殊权利中,最为重要的是临时股东会召集权、股权回购请求权、关联交易审查权、公司决议撤销权、司法解散公司请求权和派生诉权。

(一) 股东知情权

公司经营管理信息是股东进行投资决策以及对管理者实施监督的前提与基础,《公司

---

① 参见罗培新:《股东会与董事会权力构造论:以合同为进路的分析》,载《政治与法律》2016年第2期。
② 参见施天涛:《让监事会的腰杆硬起来——关于强化我国监事会制度功能的随想》,载《中国法律评论》2020年第3期。
③ 对此,《公司法》第210条规定,股东按照实缴的出资比例分取利润。但是,全体股东约定不按照出资比例分取利润的除外。收益分配权对股东而言是根本性的,但就公司治理而言,其总是与其他权利紧密相连,因而不作专门讨论。

法》保障股东知情权。我国《公司法》第 57 条规定:"股东有权查阅、复制公司章程、股东名册、股东会会议记录、董事会会议决议、监事会会议决议和财务会计报告。股东可以要求查阅公司会计账簿、会计凭证。股东要求查阅公司会计账簿、会计凭证的,应当向公司提出书面请求,说明目的。公司有合理根据认为股东查阅会计账簿、会计凭证有不正当目的,可能损害公司合法利益的,可以拒绝提供查阅,并应当自股东提出书面请求之日起十五日内书面答复股东并说明理由。公司拒绝提供查阅的,股东可以向人民法院提起诉讼。"

《公司法》同时规定,股东行使查阅权,可以委托会计师事务所、律师事务所等中介机构进行;股东以及上述机构查阅、复制有关材料应遵守保护国家秘密、商业秘密、个人隐私和个人信息的规定。对于股份公司股东行使查阅权,《公司法》第 110 条规定,连续 180 天以上单独或者合计持有公司 3% 以上股份(公司章程可以对持股比例作较低要求)的股东可以查阅公司的会计账簿、会计凭证,但是应当遵守正当目的的规定;上市公司股东查阅、复制相关材料的,应当遵守《证券法》等法律、行政法规的规定。

(二) 股东表决权

我国《公司法》规定,股东会会议由股东按照出资比例行使表决权。① 股东表决权是公司治理的最重要措施之一,其功能在于填补了公司契约的不完全性。即由于有限理性、交易成本等原因,公司契约不可能把未来可能发生的情况作出约定,因而总是不完全(incomplete)的。股东表决权即赋予股东对公司契约未约定事项进行再次谈判。但是,伯利和米恩斯则指出,由于股东理性冷漠,股东对于公司决策事项没有实质性影响,公司决策事项实质上是掌握在公司经理手中,表决权并没有很好地实现其治理功能。由此,有理论对赋予公司股东表决权提出质疑,认为公司决策应该直接交给职业经理,从而降低表决所代理交易的成本;股东可以通过"用脚投票"的方式(公开出售股票)对自身的利益进行保护。但是,虽然如此,现实的情况是,各国公司法均赋予股东表决权,有学者认为,赋予公司股东表决权的意义在于:第一,表决权能够促进公司收购行为,强化公司控制权市场对于公司管理者的约束;第二,通过表决权的争夺促进公司股票价格上涨,从而更加充分反映公司价值;第三,表决权经过长期历史考验而生存下来的本身就可以证明表决权对于公司治理有着重要的作用;第四,经验数据也表明表决权可以提高公司业绩。②

可见,虽然存在股东理性冷漠,但是表决权的治理功能还是不容忽视。

拓展知识

表决权委托书征集制度③

所谓表决权委托书征集,是指在享有投票权的股东无法或不愿亲自出席股东会,亦未主

---

① 《公司法》第 65 条。
② Frank H. Easterbrook & Daniel R. Fischel, "Voting in Corporate Law", *Journal of Law and Economics*, University of Chicago Press, vol. 26(2), June, pp. 395-427.
③ 参见施天涛:《公司法论》,法律出版社 2006 年版;赵旭东:《新公司法制度设计》,法律出版社 2006 年版。

动委托代理人行使投票权时,公司的现任董事会或股东主动向公司(其他)股东发出以其为投票代理人的"空白授权投票委托书"(proxy card),劝说收到"空白授权投票委托书"的股东选任委托书上指定的人作为投票代理人,代替(其他)股东行使投票权。委托书征集主要有两种情形:一种情形是为了使股东大会的召开达到法律规定的出席人数或者股东大会上的待决议案获得法定比例的支持票数而为公司股东进行委托书之征集,在此场合下,由于公司自己不能代理行使表决权,故一般由第三人特别是公司董事会代为行使表决权,我们称之为现任公司董事会的委托书征集。另一种情形是公司的外部股东(在公司董事会不拥有席位或仅有少数席位的股东)为争夺有关问题的话语权或者公司的控制权时进行的委托书征集,其目的是通过征集到足够多的表决权来表达其观点或者取得公司控制权。我们称之为在野股东的委托书征集。当在野股东和公司现任董事会为了获得股东的投票支持,针锋相对地进行委托书征集时,便出现了委托书竞夺。

目前,我国立法只对表决权代理作了一般规定,一是《公司法》第118条规定,股东委托代理人出席股东会会议的,应当明确代理人代理的事项、权限和期限;代理人应当向公司提交股东授权委托书,并在授权范围内行使表决权。二是《上市公司治理准则》第15条规定,股东本人投票与依法委托他人投票具有同等法律效力。三是证监会颁布的《上市公司章程指引》第60条规定,股东可以亲自出席股东会,也可以委托代理人代为出席和表决;同时第61—64条也对表决权代理进行了细化。可见,我国目前对于表决权代理的立法仍停留在委托授权的层面,即消极代理。而对委托书征集制度则无明确规定(比如,对于委托代理表决权的限制、委托书征集过程中的不正当交易、违反委托书管理规范的法律责任等)。

相关案例
美团公司双重股权制度[①]

2018年9月,美团公司在香港上市。美团公司的招股说明书显示,美团公司的股本分为每股面值0.00001美元的A类股和每股面值0.00001美元的B类股两种面值相同但投票权不同的股份,法定股本为100000美元,其中A类股73556783股,每1股可投10票;B类普通股9264431217股,每1股可投1票。每股优先股能自动转换成一股B类股。并且公司章程中规定,美团公司不能以任何理由、任何方式发行或赎回其他类型的股份,否则可能会导致B类普通股的总投票权低于全部股东投票权的10%,美团公司上市之后,也不允许再提高A类股的比例。在美团公司赴港上市之后,王兴、穆荣均和王慧文作为美团的创始人主要持有A类股和少部分B类股,王兴对于公司的事务具有一票否决权。其他投资方如腾讯、红杉资本及其他投资方等持有B类股。美团公司的决议主要分为普通决议案与特别决议案两大类。其中普通决议案一半以上投票权就可以通过;特别决议案是总投票权高于3/4的同意才能通过的决议案。这就意味着投票权高达47.14%的王兴,只要与其中一位创始人达成一致意见,就能够决定普通决议案的结果。但由于三位联合创始人的合计投票权只有60%,因此即使三位创始人保持统一意见,也没有办法直接决定特别决议案的结果。另外,虽然王兴、穆荣均、王慧文三位创始人持有A类股,具有超额投票权,但公司章程中也对超级投票权作出了限制。对于极少数保留事项,包括:(1)修改公司组织章程大纲或组织章

---

① 参见王冰倩:《美团双重股权结构的治理效应研究》,河南财经政法大学2021年硕士学位论文。

程细则;(2)任命、选举或罢免任何独立非执行董事;(3)任命或罢免本公司的核数师;(4)公司自愿清盘或结算。A 类股和 B 类股每股享有同等的 1 票投票权。

中国证监会于 2019 年 1 月 30 日发布了《关于在上海证券交易所设立科创板并试点注册制的实施意见》,该《意见》提出允许科创板企业发行具有特别表决权的类别股份,每一特别表决权拥有的表决数量大于每一普通股拥有的表决权数量,其他股东权利与普通股份相同。法律方面,现行《公司法》在规定股东表决权的时候为特别表决权预留了可能性。适用范围方面,由于 2018 年国务院发布的推动创新高质量发展的意见书中表明允许科技企业实行同股不同权的治理结构,因此特别表决权可适用于所有科技创新型企业。2020 年 1 月 20 日,具有云计算第一股和双层股权结构属性的优刻得科技股份公司正式挂牌科创板,开盘价较发行价上涨 116.7%,特别表决权在我国资本市场的崭露头角使得我国资本市场的科创企业融资更为便利。2023 年新修《公司法》第 144 条也明确规定股份有限公司可以根据公司章程的规定发行类别股。

(三) 关联交易审查权

《公司法》规定,股东有权通过股东会就公司为公司股东或者实际控制人提供担保作出决议,在作出该项决议时,关联股东或者受实际控制人支配的股东不得参加该事项的表决。该项表决应由出席会议的其他股东所持表决权的过半数通过。《公司法》同时规定,公司的控股股东、实际控制人、董事、监事、高级管理人员不得利用其关联关系损害公司利益。违反该项规定,给公司造成损失的,应当承担赔偿责任。

按照《公司法》的规定,关联关系是指公司控股股东、实际控制人、董事、监事、高级管理人员与其直接或间接控制的企业之间的关系,以及可能导致公司利益转移的其他关系。关联交易包括两种关系:一是关联主体与公司之间的关系;二是可能导致公司利益转移的其他关系。第一种关系可以理解为关联主体与公司之间发生的直接交易关系,诸如买卖、租赁、贷款、担保等合同关系;第二种关系是指,虽然在关联主体与公司之间并不存在直接交易关系,但却存在可能导致公司利益转移的其他协议或者安排,是一种间接的交易关系。第一类是基本的自我交易,包括各类关联主体与公司之间的交易,在传统公司法上,利益冲突交易典型地体现为"自我交易"(self—dealing)。第二类是可能导致利益转移的其他交易形式,如共同董事、管理报酬和公司机会以及同业竞争等情形。①

关联交易与公司治理

关联交易就其本身的性质而言是中性的,是一种合法的商业交易行为。就像一般市场交易行为一样,关联交易受到法律的保护,没有哪个国家的现行法律规定不允许进行关联交

---

① 施天涛、杜晶:《我国公司法上关联交易的皈依及其法律规制——一个利益冲突交易法则的中国版本》,载《中国法学》2007 年第 6 期。

易。纽约股票交易所在20世纪50年代曾采取了禁止一切关联交易的做法,但最终只有放弃并重新修订。交易行为是买卖双方的一种自愿的市场行为,不论交易主体之间是否具有关联关系,只要交易的主体具有法定资格、交易的标的符合法律的规定、交易过程符合法定的程序,就应该享受法律的保护。我国《公司法》在对待关联交易的态度上基本奉行了这一准则,其所谓"不得利用其关联关系损害公司利益"虽然没有直接明确地规定"公平性"要求,但依语义解释及目的解释却不难推断出其"中性"立场,至少表明法律并不是简单地禁止关联交易。

(四)股东提议、召集、主持股东会临时会议权

公司的中小股东的合法利益得不到保障,一个重要原因是公司不能召开有效的股东会,使股东权益的保护遇到了障碍。对此,《公司法》第62条规定:"股东会会议分为定期会议和临时会议。定期会议应当依照公司章程的规定按时召开。代表十分之一以上表决权的股东,三分之一以上的董事或者监事会提议召开临时会议的,应当召开临时会议。"

拓展知识

通过"金字塔结构"的大股东控制[①]

有观点认为,股权集中有利于大股东对于管理层的监督,从而降低股东与管理层之间的代理成本。但是,在亚洲金融危机以后,人们发现,普遍采用股权集中模式的亚洲上市公司并没有实现对管理层的有效监督,恰恰相反,大股东往往通过各种方式"掏空"上市公司。随后的研究发现,股权集中的情况并非亚洲特有,欧洲大陆的上市公司亦存在大股东控制的情况。

进一步的研究发现,对于上市公司的控制,大股东往往会借助于金字塔结构。金字塔的股权结构在不发达和发达国家都很流行,在亚洲也非常普遍。统计显示,印尼67%的上市公司、新加坡55%的上市公司、西欧国家20%的上市公司、加拿大35%的上市公司都通过金字塔结构被实际控制人控制。处于金字塔结构最上层的通常是一个或多个家族。

金字塔结构通过多链条控制,可以达到融资与控制并举的效果:一是可以实现融资的放大。当一个实际控制人有非常多个链条来控制其他企业的时候,就可以通过最初的少量资金控制更多的财富。二是通过金字塔结构的控制关系,虽然实际控制人最终出资的数量是非常有限的,但是,通过在每一链条上都出现控制权和现金流权的分离,它却能够牢牢地控制整个集团。

(五)违法决议撤销权

在经济活动中,经常出现公司股东会、董事会的决议内容违法、违反公司章程或者前述

[①] 参见 La Porta, R. F. Lopez-de-Silanes and A. Shleifer, "Corporate Ownership around the World", *Journal of Finance*, Vol. 54, No. 2, 1999, p. 471. Claessens, S., S. Djankov and L. H. P. Lang, "Who control East Asian Corporation", *World Bank Working Paper*, 1999. Claessens, S., S. Djankov and L. H. P. Lang, "The Separation of Ownership and Control in East Asian Corporation", *Journal of Financial Economics*, Vol. 58, No. 1, 2000, p. 81.

会议存在程序违法、决议内容违反公司章程的现象。《公司法》规定了公司股东会、董事会的决议无效和可撤销制度：公司股东会、董事会的决议内容违反法律、行政法规的无效。股东会、董事会的会议召集程序、表决方式违反法律、行政法规或者公司章程，或者决议内容违反公司章程的，股东可以自决议作出之日起60日内，请求人民法院撤销。①

（六）股东直接诉讼权和股东派生诉讼

诉权是法律赋予自然人、法人和其他组织的一项救济性权利；诉权也是各国公司法保护股东利益的主要救济方式。根据我国公司法法律规范，可以把股东诉权分为两类，一是股东直接诉讼，二是股东派生诉讼（也称股东代表诉讼、股东衍生诉讼）。

1. 股东直接诉讼

股东直接诉讼是指股东基于股份所有人的地位，为了维护自身利益对公司或者其他权利侵害人提起的诉讼。根据诉讼标的种类，可分为损害赔偿之诉②、决议无效之诉③、决议撤销之诉④、查阅权请求之诉等⑤。

2. 股东派生诉讼

股东派生诉讼是指当公司的合法权益受到不法侵害而公司却怠于起诉时，符合法定条件的股东有权为了公司的利益，以自己的名义直接向法院提起诉讼。股东派生诉讼是现代公司法的一项重要内容，成为弥补公司治理结构缺陷和广大股东监督、预防控制权滥用的最重要的救济手段。该制度通过赋予中小投资者充分的诉讼权，将敲响上市公司高管违规的警钟，对公司合规经营起到重要保障作用。我国《公司法》第189条规定了股东派生诉讼制度。

（1）派生诉讼的原告与被告

根据《公司法》规定，股东要提起派生诉讼，必须满足以下条件：第一，持股时间合格。原告须为有限责任公司的股东、股份有限公司连续180日以上持有公司股份的股东。第二，持股比例合格。法律规定为单独或合计持有公司1%以上股份的股东，以确保提起此种诉讼的原告具有一定程度的代表性，较好地保护了中小股东权益。

根据《公司法》第189条规定，侵犯公司合法权益的董事、监事、高级管理人员为派生诉讼的被告。对于董事、监事或高管人员的职务行为是否违法，法院需要进行实质审查而非形式审查来确定是否驳回股东的起诉。因为形式审查很容易导致无理取闹的股东滥用诉权，从而影响公司正常的经营活动，反而不符合公司的最佳利益。

（2）股东派生诉讼的前置程序

我国《公司法》对派生诉讼的前置条件规定了股东对公司提出正式请求或通知的原则：

---

① 《公司法》第25条、第26条。
② 《公司法》第190条规定："董事、高级管理人员违反法律、行政法规或者公司章程的规定，损害股东利益的，股东可以向人民法院提起诉讼。"损害赔偿之诉针对公司、其他股东、董事及其他高级管理人员，违背股东个人意愿，损害了该股东的财产权益因而股东对不法侵害人提起的诉讼，其目的是请求获得赔偿或者返还财产。
③ 决议无效之诉指针对股东会的决议违反法律、行政法规而提起的诉讼，提起诉讼的目的是请求法院确认决议无效。
④ 决议撤销之诉指针对股东会召集程序及表决方式存在瑕疵而对决议提起的诉讼，起诉的目的是请求法院撤销该决议。
⑤ 查阅权请求之诉指针对公司拒绝提供公司章程、股东会或董事会会议记录、监事会会议记录、公司财务会计资料等而对公司提起的诉讼，提起诉讼的目的是请求法院判令公司提供上述资料。

监事会或者董事会收到请求之日起30日内未提起诉讼,或者情况紧急、不立即提起诉讼将会使公司利益受到难以弥补的损害的,适格股东有权为了公司的利益以自己的名义直接向人民法院提起诉讼。只有符合以上规定,股东才能提起派生诉讼,其目的在于尽可能地维护公司正常的运营,避免公司相关机关随时处于诉讼威胁的境地。

相关案例
股东派生诉讼的提起

刘某、陈某、梁某投资共同建立某铜业有限公司,投资比例分别为5%、20%、75%,股东会会议选举梁某为铜业有限公司执行董事、法定代表人。因为梁某的工作疏忽,未能在法定诉讼时效内提起诉讼请求铜业有限公司的销售商支付货款,导致公司损失150余万元。

问题:此种情况下,刘某、陈某作为小股东如何提起股东派生诉讼?

(七)股权回购请求权

公司法禁止股东出资后抽逃出资[①],公司股东合法的主要退出机制,一是股权转让,二是减资。但是,在有限责任公司存在大股东控制的情形下,不管是股权转让或者减资都可能导致小股东退出困难。小股东可能受到大股东的盘剥(比如长期不分红),因此《公司法》第89条规定了股权回购请求权。满足以下条件的,在股东会相关决议中投反对票的股东可以请求公司收购其股权,一是公司连续五年不向股东分配利润,而公司该五年连续盈利,并且符合本法规定的分配利润条件的;二是公司合并、分立、转让主要财产的;三是公司章程规定的营业期限届满或者章程规定的其他解散事由出现,股东会会议通过决议修改章程使公司存续的。四是公司控股股东滥用股东权利严重损害公司或其他股东利益,其他股东可请求公司收购其股权。同时,公司法赋予股东诉权以获得最终救济。根据《公司法》第89条的规定,自股东会会议决议通过之日起60日内,股东与公司不能达成股权收购协议的,股东可以自股东会会议决议通过之日起90日内向人民法院提起诉讼。

(八)司法解散公司请求权

法律对于司法介入公司治理,一直保持谨慎立场。最典型表现就是内部权利救济用尽的原则。理论认为,司法介入公司内部纠纷的前提是,公司成员之前应该首先并最大限度适用股东会等内部决定机制。比如,对于公司解散而言,《公司法》规定,股东会对于公司解散具有决定性权力。然而,当公司出现公司经营管理困难(公司僵局)时,如果不赋予公司成员采取救济措施的权利,则会导致股东和公司更大的利益损失,此时,公司法对于司法介入公司治理采取了开放的态度。我国《公司法》第232条规定,公司经营管理发生严重困难,继续存续会使股东利益受到重大损失,通过其他途径不能解决的,持有公司10%以上表决权的股东,可以请求人民法院解散公司。对于何谓"公司经营管理发生严重困难,继续存续会使股

---

① 《公司法》第253条。

东利益受到重大损失",司法解释予以进一步明确。①

股东权利的保护水平是检验一国公司法治是否成熟、公正的试金石。② 股东的权利并不仅限于上文所述,《公司法》赋予了公司股东更多权利,股东依据法律、法规和公司章程还可以享有其他权利。

四、董事的法律义务与责任

(一) 董事的概念和分类

1. 董事的概念

董事有"当代公司的王子"之称。依照《布莱克法律大词典》的定义,董事是指被任命或被选举并授权管理和经营公司事务的人。董事与公司高级管理人员不同,按《公司法》附则的解释,公司高级管理人员,是指公司的经理、副经理、财务负责人、上市公司董事会秘书和公司章程规定的其他人员,一般不包括部门经理。可见,按照我国《公司法》的规定,公司高级管理人员不包括董事;而按经济界及社会大众的理解及新闻报道的说法,公司高级管理人员泛指公司"位高权重"的管理者,董事(董事长)也包括在内。

公司的董事由股东会选举产生,可以由股东或非股东担任。董事的任期一般都是在公司内部细则中给予规定,有定期和不定期两种。定期是把董事的任期限制在一定的时间内,一般为3年左右。不定期是指从任期即日算起,满3年改选,但可连选连任。董事被解聘的情形包括:任期届满而未能连任、违反股东大会决议、股份转让、本人辞职、董事死亡、董事丧失行为能力等。

董事会规模与公司绩效③

更早的文献研究表明,董事会的规模常常被视为影响董事会效率的关键因素。但是,关于董事会规模和绩效之间相关性的研究结论迥异。国外一些研究表明,董事会规模较大的公司具有较高的市值和运营效率。而另外一些经验研究却表明,董事会中等规模的公司会取得较高的绩效。国内学者对我国公司董事会规模与公司绩效之间的关系进行了经验研

---

① 《最高人民法院关于适用〈中华人民共和国公司法〉若干问题的规定(二)》(2020修正)第1条规定,单独或者合计持有公司全部股东表决权百分之十以上的股东,以下列事由之一提起解散公司诉讼,并符合公司法第182条规定的,人民法院应予受理:一是公司持续两年以上无法召开股东会或者股东大会,公司经营管理发生严重困难的;二是股东表决时无法达到法定或者公司章程规定的比例,持续两年以上不能做出有效的股东会或者股东大会决议,公司经营管理发生严重困难的;三是公司董事长期冲突,且无法通过股东会或者股东大会解决,公司经营管理发生严重困难的;四是经营管理发生其他严重困难,公司继续存续会使股东利益受到重大损失的情形。对于不属于经营管理发生严重困难的情形予以列举,即该条规定,股东以知情权、利润分配请求权等权益受到损害,或者公司亏损、财产不足以偿还全部债务,以及公司被吊销企业法人营业执照未进行清算等为由,提起解散公司诉讼的,人民法院不予受理。
② 刘俊海:《新公司法的制度创新:立法争点与解释难点》,法律出版社2006年版,第163页。
③ 参见孙永祥、章融:《董事会规模、公司治理与绩效》,载《企业经济》2000年第10期;于东智、池国华:《董事会规模、稳定性与公司绩效:理论与经验分析》,载《经济研究》2004年第4期。

究,研究结果显示,公司董事会规模与托宾 Q 值负相关,但不具有统计上的显著性;董事会规模与总资产收益率和净资产收益率都表现出显著的负相关。据此,研究认为,董事会规模越小,公司绩效可能越佳。另有研究表明,董事会规模与公司绩效之间存在着显著的倒 U 型曲线关系,因此建议关于公司董事会规模的公司法规定不应该是强制性的。有研究则从市场化程度、董事会规模对于大股东资金占用的影响角度进行。结果显示,在市场化程度高的地区,董事会规模与大股东资金占有呈倒 U 型关系;在市场化较低的地区,董事会规模与大股东资金占用关系不明显。结论认为,外部机制对于董事会规模对公司的治理存在影响。①

2. 董事的分类

由于在具体管理公司事务中,董事所扮演的角色不尽相同,因此对于董事常有不同的分类:

(1) 按照董事在公司日常经营中的作用不同,划分为执行董事与非执行董事。执行董事又叫经营董事,是指行使日常事务经营管理职能的董事。在英国被称为 executive directors,或称 whole-time officer,在美国被称为 management directors。非执行董事是参加董事会会议,为公司决策、业务控制提供建议咨询和监督经营董事管理层的董事。

(2) 按照董事选出程序的不同,有正式董事(合法董事)、事实董事和影子董事之分。正式(合法)董事(de jure directors)是指经适当的程序被选任并载于公司章程的董事;事实董事(de fact directors)是指未经正式任命,但其公开的行动显示他如同经有效任命的董事,如某人虽然未经正式任命,但他经常参加董事会会议,并积极参与公司决策等;影子董事(shadow directors)是英国法明确定义的概念,"他是指这样的人,即公司的董事们惯常地依照他的旨意和指示行动"。

(3) 按照占据董事职位的人的身份来分,有自然人董事和法人董事两种。法人充当公司董事时,一般指定一名有行为能力的自然人为代理人。目前,世界上对于法人担任公司董事的规定主要有两种:一种是禁止法人当选董事,大部分国家如美国、加拿大、澳大利亚、印度、德国、南非、奥地利、意大利、丹麦、瑞典等国都规定董事须是自然人。另一种是肯认法人董事资格的立法,如法国、荷兰、卢森堡、英国等即属此例。

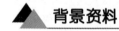

背景资料

力霸金融风暴拷问法人董事制度?②

2007 年年初,我国台湾地区"力霸集团五大弊案"为台湾岛内有史以来涉案人数最多、犯罪金额最高的重大经济犯罪弊案。台检调机关以台湾力霸集团涉嫌掏空企业和进行非法关联交易于 2007 年 1 月初立案侦办,并于 3 月依违反"证券交易法"等罪起诉王又曾等 107 人;9 月 20 日在台北地方法院开庭审理。"力霸案"涉案金额超过 700 亿元(新台币),集团负责人王又曾作为该案主犯,被检方求刑 30 年,并处罚金 17.1 亿元(新台币)。台湾力霸集团

---

① 杜兴强、张颖:《董事会存在最优规模吗?——基于大股东资金占用的证据》,载《安徽大学学报(哲学社会科学版)》2022 年第 2 期。

② 参见中国台湾网,http://www.taiwan.cn/jm/jjgc/200701/t20070123_342811.htm,2022 年 9 月 25 日访问。

违法犯罪根源之一,就是王氏集团虚设小公司,派来同一批干部担任法人董事、监事,这些人没有足够的经营决策能力,成为橡皮图章,而实际控制者却躲在背后规避责任。由于力霸集团旗下多家公司因"法人董事"未尽应有之经营管理责任,公司被巨额掏空,掀起了台湾地区对"法人董事"存废去向问题的空前沸议。

我国台湾地区实行法人董事制度由来已久,一直以来也受到颇多非议,2000年11月15日修正的"公司法"第27条明确规定:"政府或法人为股东时,得被推为执行业务股东或当选为董事或监察人。但须指定自然人代表行使职务。"在力霸集团出事之后,主管当局对公司治理原则大翻修,将废除法人董事及监察人、未来法人不能出任董事或监察人列为重中之重。

我国《公司法》对法人能否担任董事无明文规定。1997年中国证监会颁布的《上市公司章程指引》规定只能由自然人担任上市公司董事。

(二) 独立董事制度

独立董事(independent director)制度来源于英美法。在英美法系公司法中,一般认为,独立董事是指独立于执行董事和高管人员,不参与经营管理,与公司经营管理者没有任何重要业务或者专业联系的董事。英国法中早期就有非执行董事制度,但是非执行董事与独立董事不同,并不要求其与公司管理者保持独立性,而更多被看成是董事会内的再次授权,向个别董事或者委员会授权,或者作为公司的顾问。类似的制度美国很早就存在,比如1940年美国的《投资公司法》中,就要求投资公司至少40%的董事由独立人士承担,其目的也主要是两个,作为非执行董事的咨询和建议功能,作为对内部董事利益冲突交易的独立审核者。随着公司治理的改变,产生监督专业化的需要,20世纪60年代独立董事的数目就不断增加,1977年,经过美国证监会的批准,纽约交易所要求每家上市的公司在限期内设立一个独立董事组成的审计委员会,独立于管理层,从而正式开启了将独立董事作为公司监控机关的法律制度。审计委员会的职责很广,包括审阅财务报告、监督内部控制系统操作的有效性、定期会晤外部审计师、讨论重大会计问题、确保公司政策符合规定、审阅董事薪酬以及审计师报酬的合理性等。独立董事制度的价值,一是在两权分离的公司治理下,实现对董事关联交易的制约;二是控制了最重要的董事和高管人员提名、解聘、财务和薪酬方面的权力;三是有助于改进管理人员的绩效等。[①] 1998年亚洲金融危机之后,与美国竞争的日本公司治理模式遭到质疑,美国的这一制度也因此开始大规模在全世界推广,日本、英国、澳大利亚等多数国家也接受了这一制度,以实现公司董事会的独立性。

中国在同一时期借鉴了这一制度,2001年8月16日,中国证监会发布了《关于在上市公司建立独立董事制度的指导意见》,要求所有上市公司于2002年6月30日前在公司董事会中配置2名独立董事,2003年6月30日前独立董事占全部董事的1/3。2005年我国《公司法》(第123条)修订时增加了"上市公司设独立董事,具体办法由国务院规定"[②],并延续至今

[①] 邓峰:《普通公司法》,中国人民大学出版社2009年版,第580页。
[②] 1993年《公司法》对有限公司、股份公司和上市公司中设立董事会和董事都有规定,但无设立独立董事之要求;独立董事制度于2001年始以中国证监会部门规章形式(即《关于在上市公司建立独立董事制度的指导意见》)在上市公司中推行。

(《公司法》第136条)。2022年,证监会发布了《上市公司独立董事规则》[1],根据该规则,独立董事是指不在上市公司担任除董事外的其他职务,并与其所受聘的上市公司及其主要股东不存在可能妨碍其进行独立客观判断的关系的董事。[2]独立董事属于非执行董事或者外部董事。

《上市公司独立董事规则》对独立董事任职条件、职权等作了更为明确的规定。

1. 独立董事的职权

根据该规则,独立董事职权包括权力和义务两个方面。就权力方面而言,除了一般董事的权力外,还包括:一是重大关联交易(指上市公司拟与关联人达成的总额高于300万元或高于上市公司最近经审计净资产值的5%的关联交易)应由独立董事事前认可;独立董事作出判断前,可以聘请中介机构出具独立财务顾问报告,作为其判断的依据;二是向董事会提议聘用或解聘会计师事务所;三是向董事会提请召开临时股东大会;四是提议召开董事会;五是在股东大会召开前公开向股东征集投票权;六是独立聘请外部审计机构和咨询机构,对公司的具体事项进行审计和咨询,等等。

独立董事的特别义务包括:一是参会、调查和述职义务。《上市公司独立董事规则》第21条规定,独立董事应当按时出席董事会会议,了解上市公司的生产经营和运作情况,主动调查、获取作出决策所需要的情况和资料。独立董事应当向公司股东大会提交年度述职报告,对其履行职责的情况进行说明。二是独立发表意见的义务。[3]

2. 独立董事的任职条件

根据《上市公司独立董事规则》,独立董事任职条件包括积极条件和消极条件(不得担任独立董事)。积极条件包括:第一,根据法律、行政法规及其他有关规定,具备担任上市公司董事的资格;第二,具有本规则所要求的独立性;第三,具备上市公司运作的基本知识,熟悉相关法律、行政法规、规章及规则;第四,具有五年以上法律、经济或者其他履行独立董事职责所必需的工作经验;第五,法律法规、公司章程规定的其他条件。消极条件包括下列人员:第一,在上市公司或者其附属企业任职的人员及其直系亲属、主要社会关系(直系亲属是指配偶、父母、子女等;主要社会关系是指兄弟姐妹、配偶的父母、子女的配偶、兄弟姐妹的配偶、配偶的兄弟姐妹等);第二,直接或间接持有上市公司已发行股份百分之一以上或者是上市公司前十名股东中的自然人股东及其直系亲属;第三,在直接或间接持有上市公司已发行股份百分之五以上的股东单位或者在上市公司前五名股东单位任职的人员及其直系亲属;第四,最近一年内曾经具有前三项所列举情形的人员;第五,为上市公司或者其附属企业提供财务、法律、咨询等服务的人员;第六,法律、行政法规、部门规章等规定的其他人员;第七,公司章程规定的其他人员;第八,中国证券监督管理委员会(以下简称"中国证监会")认定的其他人员。

---

[1] 中国证券监督管理委员会《上市公司独立董事规则》,中国证券监督管理委员会公告〔2022〕14号。

[2] 《上市公司独立董事规则》第2条。

[3] 《上市公司独立董事规则》第23条规定,独立董事应当对以下事项向董事会或股东大会发表独立意见:(1)提名、任免董事;(2)聘任或解聘高级管理人员;(3)公司董事、高级管理人员的薪酬;(4)上市公司的股东、实际控制人及其关联企业对上市公司现有或新发生的总额高于三百万元或高于上市公司最近经审计净资产值的百分之五的借款或其他资金往来,以及公司是否采取有效措施回收欠款;(5)独立董事认为可能损害中小股东权益的事项;(6)法律、行政法规、中国证监会和公司章程规定的其他事项。

相关案例
万科控制权之争与独立董事制度[①]

2016年6月17日,万科召开董事会,对"是否通过增发股份引入深圳地铁进行重组"(拟引进深圳市地铁集团为第一大股东,占股20.65%,作价456.13亿元,以其在深圳核心区的两宗土地作价出资)这一事项进行表决。

万科董事会共设有11个席位,大股东华润集团占有3个席位。根据万科公司章程第137条规定,收购公司股票等重大事项上必须由董事会2/3以上的董事表决同意。这一董事会结构,保证了华润集团在重大事项上否决的权力,在11位董事全部参与投票的情况,如果华润3票全部反对(此时同意票数占比为63.6%),该事项同意票数就无法达到2/3而通过表决。被本次股份收购案中,恰恰独立董事张利平以"自身存在潜在的关联与利益冲突"的原因回避表决,使得在华润3票否定其余7票通过的情况下重组方案得以通过(同意票数达到70%)。

万科董事会表决事件也引发一系列的法律事件。2016年6月21日,上海天铭律师事务所宋一欣律师与上海汉联律师事务所郭捍东律师称,将联合受持有一万股万科A股股票的上海投资者袁女士委托,在近期向深圳市盐田区人民法院提起要求撤销6月17日万科第十七届董事会第十一次会议决议之诉讼。2016年6月22日,深交所向万科发出重组问询函,要求万科详细披露独立董事张利平回避投票的理由。深交所同时还要求万科披露或解释与本次重组相关的其他多项事宜。2016年6月26日,宝能系提出罢免万科10席董事和2席监事的议案,其中包括罢免3席独董。2016年7月9日,法学专家对万科资产重组争议发出不同意见,认为独立董事张利平回避程序有瑕疵,万科资产重组法律效力存疑。加之,万科独立董事华生在证券报上披露董事会决议的细节,独立董事制度存在的问题更成为这次事件的焦点,也引起了人们对独立董事制度的思考:张利平董事的回避是不是有瑕疵;核心是张利平董事供职的黑石和万科关联认定的标准是什么;独董海闻在恶意收购后请辞,他把他的投票权委托给华生,华生董事单独发声是不是也是一种办法?什么才是全体股东利益所在?怎么才算为股东利益着想?等等。

相关案例
"郑百文"案中喊冤的"花瓶董事"[②]

上市公司郑百文虚造利润事件被披露后,2001年9月,中国证监会开出罚单:对郑百文董事长、副董事长分别处以30万元和20万元罚款,对陆家豪等10名董事处以10万元罚款。其中被处罚的独立董事陆家豪向中国证监会提出行政复议,要求免除罚款。陆家豪认为自己被聘选为郑百文董事只是荣誉职位,自己从未向郑百文领过报酬,也未参与公司的经营管理。

中国证监会对此作出答复,认为陆家豪作为董事,应当对董事会决议通过的有关上市公

[①] 参见华生:《万科模式:控制权之争与公司治理》,东方出版社2017年版。
[②] 载腾讯网,https://finance.qq.com/zt2010/zbw/index.htm,2023年10月30日访问。

司申报材料和年度报告的真实性、完整性负责。不能以不在公司任职、不参加公司日常经营管理、不领取工资报酬或津贴等理由主张减免处罚。根据我国《公司法》和郑百文公司章程的规定,董事要认真阅读公司的各项商务、财务报告,及时了解公司的业务经营管理情况。除非董事对违法决议提出异议并符合免责情形,否则董事就要承担相应的法律责任。

拓展知识

独立董事制度适应我国国情吗?虽然引入独立董事制度成为大多数国家公司法的做法,但是对于独立董事能发挥多大的作用存在疑问。批评我国独立董事制度的主要观点认为:与美国法希望设立一个专业的监控机关不同,中国法上的独立董事被赋予了更多的意义,包括制约大股东的利益冲突或者其他损害公司利益的行为。然而,这一要求对独立董事而言无法适用。其原因在于独立董事的提名和任命都掌握在内部董事和股东手中,要求他们的代理人制约委托人,存在悖论。独立董事能够发挥作用,需要三个前提条件,一是得到股东支持,去监督董事和管理层,而不是对抗股东尤其是大股东;二是董事会掌握最高权力;三是独立董事拥有实际的权力。这三个条件在中国不存在。因此,在中国的实践中,存在控股股东的情况下,内部董事都难以控制公司,更何谈独立董事;独立董事被批评为"花瓶董事",他们实际上能够发挥的仅是建议或者咨询作用。①

未来我国《公司法》修改应该进一步详细规定上市公司独立董事制度,包括:

一是明确上市公司董事会专门委员会的组成,并适当提高独立董事比例,使其占绝大多数(董事会中不应只有1/3的独立董事)。其原因在于,保证独立董事作用有效发挥,不仅应有独立性之保障,而且需建立在独立董事具有明显的群体优势和表决权优势的基础之上。

二是强化独立董事特别职权行使规则。一般来说,可以用列举方式规定独立董事享有如下实体性权力:(1)知情权。独立董事有权要求公司提供充分的资料以掌握董事会经营决策的实态。(2)监督考核权。独立董事有权对公司高级经营管理人员及其绩效进行监督、考评、打分。(3)审查权。独立董事有权对公司的财务检查、重大投资、交易、分配等事项发表意见,而且赋予其对不当关联交易否决权,这是独立董事行使职权、履行义务的特别体现。

三是完善独立董事相关责任条文。独立董事享有的职权既是权利也是义务,如果没有适当履行义务,同样要承担相应责任。惟如此,才能使得乐山电力独董的尴尬行权、伊利独董遭罢免、ST哈慈与ST达尔曼的独董遭谴责等现象不再发生。

拓展知识

独立董事的治理效率

上市公司独立董事制度究竟能否发挥应有的监督作用,保护中小投资者的利益,一直是

---

① 邓峰:《普通公司法》,北京大学出版社 2009 年版,第 582 页。

有争议的话题。经济学界的研究实证检验了独立董事与公司业绩之间的关系,但却得出不一致的结论。例如,学者认为独立董事的比例与公司业绩呈正相关①;有学者研究发现,独立董事的比例与公司业绩之间不存在显著相关关系。②

有学者进一步从独立董事背景的角度检验其对公司经营业绩的影响。研究发现,独立董事的教育背景对公司业绩并没有正面的影响,有政府背景和银行背景的独立董事比例越高,公司经营业绩越好。③

有学者从代理成本的角度对上市公司的独立董事制度进行了研究。实证研究表明:上市公司独立董事的设置有效抑制了大股东的"掏空"行为,降低了控股股东与中小股东之间的代理成本。④

(三) 董事的义务

董事的义务主要表现为董事"受人之托,忠人之事"的"信义"义务。信义义务(fiduciary duty),又称信托义务,指受托人对委托人应当承担的诚信义务。作为此种法律关系基础的事实关系是:受托人(董事)具有专业知识,委托人(股东)应充分信任受托人;受托人受到职业准则的约束,不能滥用委托人的信任。信义义务包括"谨慎""忠诚""服从"等内容,强调受托人必须为受益人的最大利益服务,且不得在执行业务过程中为自己谋取任何私利。信义义务包括勤勉注意义务(duty of due care and diligence)及忠实义务(duty of loyalty)。此外,董事离任后还负有"扩大的忠实义务"。我国《公司法》第180条也规定董事、监事、高级管理人员对公司负有勤勉义务和忠实义务。

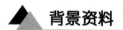

背景资料

信托义务的起源⑤

1533年,240个伦敦商人每人出25英镑购买了一只由3条船组成的船队的股权。船队计划由英国东北方向出发去寻找中国。由于这3条船一出海即脱离船主(股东)的控制,因此在当时不得不提出一个所谓的对股东的"信托义务"(fiduciary duty)。其中两条船在挪威外海沉没,最后一条到达了今天的俄罗斯。当时这条船的船名是"莫斯科威"(Muscovy),因此他们就叫这个地方为莫斯科(Moscow)。该船的船长与当地的"恐怖大王艾文"(Ivan the Terrible)签订了一个条约,成立了第一家股份制公司,名为"莫斯科威公司"(Muscovy Company)。"莫斯科威公司"对股东的"信托责任"被具体化,而且更多的股东可以购买公司的股权,他们还可以投票指定该地区的总督与副总督以及"莫斯科威公司"的经理人员。在管理权与所有权分开的情况下,当时所谓的股东并没有特别保护措施,而仅仅依赖经理人员

---

① 王跃堂、赵子夜、魏晓雁:《董事会的独立性是否影响公司绩效》,载《经济研究》2006年第5期。
② 于东智、王化成:《独立董事与公司治理:理论、经验与实践》,载《会计研究》2003年第11期。
③ 魏刚、肖泽忠、Nick Travlos、邹宏:《独立董事背景与公司经营绩效》,载《经济研究》2007年第3期。
④ 叶康涛、陆正飞、张志华:《独立董事能否抑制大股东的"掏空"?》,载《经济研究》2007年第4期。
⑤ 郎咸平:《从大历史动荡看中国今天需要怎样的公司治理》,载《新财富》2002年第11期。

的"信托义务"以维系公司的发展。

1. 注意义务

董事的注意义务,或称董事的善管义务,是指要求董事像善良、谨慎的人一样,勤勉尽责管理公司事务。但"注意"到何种程度才算恪尽此种义务,各国立法认定的标准存在差异。

英国判例法开创董事义务之先河,其认定标准历经了从较宽松到逐渐严格,从主观标准到主、客观标准相结合的变迁过程。1925年高等法院罗默(Romer)法官在审理"城市公正火灾保险公司上诉案"中创设了判定"注意义务"的三项标准:(1)一个董事在履行其职务时,他的技能水平应合理地以他的知识和经验来判断,他也不必展示出比此更高的水平;(2)一个董事不必对公司事务给予持续的注意,他的职责是定期参加董事会会议或者在偶尔有安排时,参加董事会下属委员会的会议,其职责具有间歇性质;(3)考虑到业务需要以及章程细则的规定,董事职责可以适当地下放给其他高级职员,不存在可疑根据时,一个董事有权信赖该高级职员会诚实地履行职责。①

在美国,根据《示范公司法》第8节第30条和其他州公司法的规定,"注意程度"的认定标准包含如下三项:(1)以诚信的方式;(2)应当以普通谨慎之人,处于类似的职位、在相似的环境中,能够做到的那种注意处理事务;(3)按照他合理相信符合公司最佳利益的方式。②

相关案例
美国的"弗兰西斯诉联合杰西银行案"③

普利切德太太和她的两个儿子是一家再保险经纪公司的股东和董事。普利切德太太是发起股东的遗孀,年迈且酗酒,她所接到的财务报告表明她的儿子正在挪用客户资金。由于她放任其两个儿子挪用公司和客户资金,并从不过问公司业务,也没有采取措施来阻止这些交易,新泽西州的初审法院认为:普利切德太太只是头脑简单的家庭妇女,年事已高,而且经常酗酒,心理上又遭受两个儿子的折磨,作为公司董事长也只不过挂名而已,因此试图免除她的责任。新泽西州最高法院则判决普利切德太太必须承担责任,赔偿金超过一千万美元。

评析:该案反映了美国公司法对董事注意义务所采取的基本立场:(1)公司董事必须履

---

① 1977年弗斯特(Foster)法官在"多迪斯特财务公司诉斯特宾案"中,对罗默法官第2条标准作了修正,提出在决定董事是否违反其注意义务问题上,董事不得以其对公司实际从事的经营活动不知道作抗辩。这实际上是针对非经营董事的注意义务的进一步强化。1986年英国颁布的《破产法》则采用了主客观性标准相结合的做法,该法第214条第(4)款规定:公司董事须具备合理勤勉之人所具备的:(a)人们可以合理地期待履行同样职能之人的一般知识、技能和经验;(b)该董事所实有的一般知识、技能和经验。可见,英国判例法对董事注意义务所采取的立场是趋于客观化的,也更严格。

② 在公司法实践中,美国各州法院发明了关于豁免董事责任的"经营判断准则"。美国法学会《公司治理原则》第4.01条第3项对"经营判断原则"作了一个权威性规定,"如果作出经营判断的董事或职员符合下述3项条件:(1)他与该项交易无利害关系;(2)他有正当理由相信其掌握的有关经营判断的信息在当时情形下是妥当的;(3)他有理由认为他的经营判断符合公司的最佳利益",他就被认为诚实地履行了其义务,对此发生的合理经营判断失误造成的损失可以减轻或者免除责任。如果有相反证据证明董事的经营判断存在重大过失,则不适用经营判断原则。经营判断规则不仅符合公司经营业务的复杂性和商业决策自身的特点,而且符合董事会这一公司治理机构的运作特点,有利于鼓励董事、高级管理人员大胆经营、积极进取,更有效地为公司与股东们创造价值。

③ 王莉:《"弗兰西斯诉联合杰西银行案"——董事违反注意义务的经典案例解析》,载《董事会》2006年第4期。

行其基本职责。(2)董事不是装饰品。董事不得以自己是"挂名董事"作为逃避责任的挡箭牌。

在大陆法系,董事注意义务理论是晚近发展起来的。《德国股份法》第93条第(1)款规定:"董事会的成员应在执行业务时,尽通常及认真的业务执行人之注意。"我国台湾地区"民法"第535条规定:"受任人处理事务,应依委托人之指示,并与处理自己事务为同一之注意,其受有偿报酬者应以善良管理人之注意为之。"其中,有偿委任与无偿责任情形下的注意程度不同,相比较而言,在有偿委任的情况下,其注意程度要更高。

2. 忠实义务

所谓忠实义务是指一种以信任、信赖和依赖为前提和基础的义务。它要求负有此种义务的人除取得自己应得的报酬之外,不得追求其他的个人利益。美国金融危机发生后,高管薪酬成为公众关注的焦点,各国相继采取措施限制高管的薪酬。如果说,注意义务主要表现在对董事是否"称职"的衡量上,那么忠实义务则主要表现为对董事是否符合"道德"标准的考量。汉密尔顿教授将忠实义务分为四种情形:(1)涉及董事与公司之间的交易;(2)涉及拥有一个或多个共同董事的公司之间的交易;(3)涉及董事利用了本应属于公司的机会谋利;(4)涉及董事与公司进行同业竞争。

从立法上看,各国均要求董事的行为必须忠诚地服务于公司的最大利益。具体表现为关联交易的禁止制度和竞业禁止制度。

(1)禁止关联交易。各国公司法基于董事忠实义务之规定,原则上禁止董事关联交易发生。然而,随公司规模不断扩大、经营活动更加广泛,涉及董事的关联交易的种类、数量也愈发增多,而且并不必然损害股东利益,有时也有利于公司获取财产或资金,故各国公司法也有应变,致力于确保交易公正而替代过去的绝对禁止。公司法因此而面临的难题在于如何对此类交易的公平性作出认定。①

(2)竞业禁止。竞业禁止是指特定地位之人不得实施与其所服务的营业具有竞争性的行为。因为董事地位特殊,对公司经营事务、重大事项和商业秘密等了如指掌,如果允许董事为自己或第三人经营与其所服务公司营业相同的业务,势必会造成董事个人利益与公司利益发生冲突,公司利益难免不受损害。因此各国公司都规定了董事的竞业禁止义务,要求"董事把本属于恺撒的东西按尽可能好的价格付给恺撒"。

3. 离任义务

一般论及董事义务是指董事在任义务,但董事离职后是否还应承担义务,传统上的"信义关系说"及公司立法都无从解释。人们从民法的诚信理论、合同法上的后契约义务理论、信托法上的信义关系放大理论、公司法上职务影响(行为)惯性理论出发构建起董事离任义务的理论基础。离任义务主要有:

(1)对重要商业秘密的保密义务。董事任职期间所掌握的公司商业秘密可分为两类,

---

① 美国公司法中强化了"独立董事制度"的批准程序,董事关联交易须经股东会、董事会批准。这在程序上似乎找到了"批准交易"的"避风港"。《日本商法典》264条规定,董事为自己或第三者进行公司营业范围的交易时,须在董事会公开出示该交易的重要事实,并取得同意;董事违反前项的规定进行为自己的交易时,董事会可将该交易视为公司所为。亦即行使介入权,将其所得视为公司所得、董事还需赔偿公司因此受到的损失。可见董事竞业禁止义务之免除,须经董事先尽重要事实的说明责任,后经有权机关同意。对有权机关各国规定不一,德国法要求得到监事会批准,法国法和日本法要求董事会的事先批准和股东的最后批准。

即一般保密信息和重要商业秘密。公司法在界定离任董事的保密义务时,应区别对待。对一般保密信息采取无约定则无义务的原则;对重要商业秘密则采取离任董事承担绝对保密义务的原则,这可通过公司章程、保密合同等方法予以明确。

(2) 特定的竞业限制义务。董事离职后是否仍须承担与任职期间同样的竞业禁止义务,各国公司法的规定不同。① 我国《公司法》对于董事离职是否承担竞业禁止义务未明确规定,但是我国《劳动合同法》对公司高级管理人员的竞业限制作了明确规定。②

(3) 不得使用潜在的商业机会的义务。当董事通过交易获取的利益与公司利益冲突时,董事利益服从于公司利益,不得利用交易侵害公司利益。

(4) 不得策反公司重要职员的义务。离职董事利用自己旧有的控制力和影响力,策反公司重要职员,对公司造成不利之侵害,法律若不进行规制,势必造成公司人才流失,影响公司稳定经营。

(5) 限制转让所持有股份之义务。董事离职后半年内,不得转让其所持有的本公司股份。我国《公司法》第 141 条第 2 款规定,董事离职半年内不得转让其所持有的本公司股份。限制的目的在于防范上市公司的董事借离职行动抛售股票、规避风险,从而扰乱证券市场秩序。

与董事权力不断扩大化相对应,董事义务规制也日趋复杂化,彰显出董事义务与公司经营命运之影响至关重要的发展趋势。尤其是离任义务研究已使我们突破传统商法思维定式,引向对公司(股东)的财产权益、董事的管理经营权益以及离职后董事的生存发展权益(经济活动权利)如何进行法益的平衡进行思考。

相关案例
海带配额案③

山东食品公司(以下简称山东食品)成立于 1982 年,主要经营海带出口业务。中粮集团受日本北海道渔联委托,总体负责日方在华海带贸易工作,并于 2001 至 2006 年间每年向国

---

① 美国没有统一的竞业限制联邦法律,整体更加重视经济发展和技术流通,美国对竞业限制协议范围要求更加准确,限定为全国范围的竞业限制协议不具备约束力,各州在协议有效性上倾向于"对雇员友好",并严格审查主体标准、限制内容和地域范围限制。英国在竞业限制立法经过态度和立场的转变过程,第一阶段为竞业限制协议的绝对无效,第二阶段为当事人合意签署的竞业限制协议通常有效,第三阶段为合理且不违背公共利益的竞业限制有效。英国通过行业限制规则判断竞业限制条款约定是否合法和合理,具体标准:竞业限制内容为商业秘密或者同客户特殊信息相关内容;竞业限制期间应当合理并且低于需要保护的雇主的财产利益所必需;竞业限制保护内容不损害公共利益。相较美国,英国对于竞业限制的标准更为宽泛。德国法律上将竞业限制分为法定竞业限制和约定竞业限制,其中代理人、董事适用法定竞业限制,但仅限于代理人和第三人恶意串通损害被代理人利益的情况下承担连带赔偿责任。德国对于竞业限制的时间和地域范围要求恰当和对应,尤其对于竞业限制期间进行两年上限期间限制,与我国固定期限类似,但不同的是德国还规定对于管理人员和董事会成员可放宽限制。日本认可约定竞业限制义务效力,以不损害雇员生存和社会公益为前提,亦对于经理人、代理商和营业转让人作出法定竞业限制规定。法国法院采用宽泛主义,雇主只需承担较低的证明自身具有可受保护的合法利益即可,法国立法规定竞业限制时间和限制地域范围应与商业需求适应。荷兰的竞业限制协议审查,除竞业限制范围和时间的对应性一致外,特殊之处在于法院有权对竞业限制协议进行修改或撤销。一般情况下,雇主无须向雇员支付补偿金,但雇员在寻求新工作时受到严重限制时,法院可能裁决雇主支付竞业限制补偿金。瑞士对于竞业限制范围在其《债法》第 304 条规定:竞业限制范围是雇员获得的顾客来源、技术和商业机密,上述限制范围以是否对原雇主造成重大损害为限。参见曾竞:《劳动者违反竞业限制义务的认定与责任竞合问题研究》,载《法律适用》2020 年第 4 期。

② 《劳动合同法》第 24 条。

③ 最高人民法院(2009)民申字第 1065 号。

内出口企业下发通知书,从而分配海带出口数量。山东食品每年都将获得约 600 吨配额。马某自 1986 年入职山东食品后,主要从事对日海带出口业务,逐渐成为该项业务的主要负责人,多次代表公司与海带养殖户以及日本企业签订重要协议。2006 年 9 月,在马某实际操控下成立圣克达诚公司,该公司法定代表人系马某外甥,监事系马某配偶,经营范围与山东食品相同。2006 年 12 月,马某进入圣克达诚公司任职。2007 年 1 月,中粮集团决定对山东食品与圣克达诚公司进行实地考察,要求双方上报出口计划。2 月,中粮集团根据调查结果与日方交流后决定由圣克达诚公司负责当年的出口业务。同年 3 月,山东省国际经济贸易联合会致函北海道渔联商请解决配额分配问题,北海道渔联回复称日方非常信赖马某的个人业务能力,因马某的离职对山东食品能否保证海带的品质和数量感到疑虑,因此决定将圣克达诚公司作为威海海带的出口企业。4 月,圣克达诚公司获得 310 吨出口配额。2007 年 7 月 5 日,山东食品在山东省委、省政府等多部门的多次协调下,最终取得 320 吨威海地区海带出口配额。

山东食品认为马某为谋取其商业机会,利用其任职期间掌握的有关海带业务的经验技术,有预谋有步骤地设计其离职前后过程中的一系列行为,并利用对圣克达诚公司的实际控制谋取不正当利益,山东食品以此为由向法院起诉,主张马某与圣克达诚公司两被告所为构成不正当竞争,应当立即停止并赔偿损失。

一审法院判决认为:原告对日出口海带商业机会应受法律保护,被告采取不正当手段攫取该机会,3 年内不可采用与原告相同方式对日出口海带,并赔偿原告损失。被告不服一审判决提起上诉,二审法院认为被告行为不构成不正当竞争,撤销一审判决。山东食品向最高人民法院申请再审,最高人民法院在仔细审查山东食品的再审申请后,最终裁定驳回申请。最高人民法院指出,被告马某是否负有法定或者约定的竞业限制义务,依本案所呈证据无法确定。且涉案对日海带出口贸易机会属于争夺的市场资源,因此也并不牵涉侵犯商业秘密。"作为具有学习能力的劳动者,职工在企业工作的过程中必然会掌握和积累与其所从事工作相关的知识、经验和技能。除属于单位的商业秘密的情形外,这些知识、经验和技能构成职工人格的组成部分,是其生存能力和劳动能力的基础。"因此,被告马某于其在原告公司任职期间设立新公司的行为不能认定违背诚实信用原则,其离职后利用其自身优势为新公司争夺贸易机会也不能认为是违背商业道德,因此,被告的行为不构成不正当竞争。①

---

4. 我国《公司法》关于勤勉义务和忠实义务的规定

(1)《公司法》第 180 条对董事勤勉忠实义务作了一般性规定,即规定董事、监事、高级管理人员对公司负有忠实和勤勉义务。

(2)《公司法》第 22 条对董事等利用关联关系损害公司利益的赔偿责任作了专门规定。

(3)《公司法》第 181 条对忠实义务具体类型化的规定,包括禁止挪用公司资金、限制自我交易、限制利用公司机会等规定。

(4)《公司法》第 160 条规定公司董事、监事、高级管理人员在任职期间每年转让的股份不得超过其所持有本公司股份总数的 25%。

---

① 参见最高人民法院办公厅编:《中华人民共和国最高人民法院公报 2011 年卷》,人民法院出版社 2012 年版,第 417 页。

(四) 董事的责任及风险防范

1. 董事责任的概念和特征

董事责任指董事在执行职务过程中违反法律规定的义务而需要承担的法律不利后果。董事责任的承担并不以公司法为限,包括刑法、证券法、税法、会计法、环保法、安全生产管理法规等,都对企业主要业务负责人的行为进行了诸多规制,对这些法律义务的违反就有可能招致董事的法律责任。

董事责任的法律特征表现在:(1) 是一种法律上的责任,与普通的道义责任、纪律责任等存在很大的区别。(2) 是董事个人的责任。现实中出现诸多要求董事承担责任的个案,都是董事来具体承担。[①] 即使对董事会全体成员作出处罚,最终也会落实到每个具体董事。(3) 是一种综合责任,它不仅包括刑事制裁、行政处罚,还包括民事的赔偿责任。对董事责任的追究形式根据董事的违法行为及损害后果可分为:公开谴责、市场禁入、取消董事资格、没收违法收益、返还公司财产、赔偿损失、罚款、拘役和徒刑等。

2. 责任主体与归责原则

(1) 责任主体

董事违反了公司法所规定的忠实义务、注意义务就需要承担相应的法律责任。无论是董事长、执行董事,还是非执行董事、独立董事,只要在公司业务决策和经营管理过程中未尽勤勉之责,就有可能受到法律的追究。

根据我国《公司法》的规定,如果董事的违法行为是基于董事会决议而作出的,则赞成此决议的董事都将被视为责任主体,共同承担无限连带责任。凡在董事会决议表决时,未曾表明异议并记载于公司记录的,将被推定为赞成此种决议,需承担相应责任。签字董事不能以自己对该决策事项和违法行为不清楚和未参与作为辩解理由。

(2) 归责原则

对董事法律责任的追究实行的是过错推定的归责原则,即只要董事实施了违法、违规行为或没有尽职履行忠实、注意义务,就推定其属于故意或过失所为。过错推定责任与一般过错责任的区别在于举证责任的承担。董事作为公司的决策者,责任重大,比其他普通员工应有更高、更强的职业道德和素质,同时也担负着更大的风险。所以董事应从态度、声誉、知识与技能四个层面不断完善自己,这才是强调董事责任的真正意义,采取过错推定的归责原则就是为了让董事更好地履行自己的职责。

3. 追责程序

(1) 上级机关问责程序。对于国有企业,主要是由国有资产监督管理机关在对企业进行业绩考核、责任审计、事故调查时,对负有直接责任的主管人员和直接责任人给予行政或者纪律处分,甚至移送司法机关处理。在我国,政府和相应的管理机关的管理力度和效力相对较强。

(2) 公司内部的追究程序。对于董事责任的追究,公司可以以原告身份直接向人民法院提起诉讼,诉讼的决定可以由董事会、监事会作出,也可以基于股东大会的决议作出。特别是在董事对公司承担损害赔偿责任时,公司作为独立的主体完全有权对董事先进行内部

[①] 参见冯曦:《我国〈公司法〉下董监高赔偿责任规则之检视与完善——基于691起司法案件的实证分析》,载《财经法学》2022年第2期。

追究。公司可以通过股东会决议或董事会决议对董事的失职行为和其他不当行为作出处理。《公司法》还规定监事或监事会负责接受有权股东的诉讼申请,监事或者监事会应在规定的情形内作出相应的决定。

当面临法律责任的追究时,董事也可以提出申诉和辩解。具体程序包括:董事对于受到的行政处罚可以向作出处罚的行政机关的上级单位提出行政复议,或直接向人民法院提出行政诉讼;董事对于可能受到的民事责任和刑事责任追究,可以按照民事和刑事诉讼程序进行辩护,维护自己的合法权益。当然这种申诉是广义上的说法,设立申诉程序的目的在于维护董事的正当权利,防止对董事责任的错误追究。①

4. 董事如何防范责任风险

权力的行使必然伴随责任的约束。董事、经理应对自己的行为的法律责任和法律风险有所了解,并采取积极的对策。具体而言,这些对策包括:

(1) 了解《公司法》及与公司业务相关的法律、行政法规,熟悉公司章程,依法行事。只有对与业务关联的法律、行政法规有所了解,才有可能做到执行公司职务时不违反法律、行政法规,才能避免赔偿责任。此外,公司章程有公司"宪法"之称,公司章程对公司董事、监事和高级管理人员具有约束力,一旦违反公司章程很可能被追究赔偿责任。

(2) 通过设计章程条款限制、减轻和免除民事赔偿责任。股东受有限责任原则保护,董事却要对经营失败承担各种形式的责任,可见,股东和董事之间的权利和义务是不对等的。为了平衡董事的权利、义务关系,在实务中,通过公司章程条款设计对董事责任进行限制、减轻和免除。②

(3) 参与公司决策时,应避免因附和他人而承担赔偿责任。公司董事、监事和高级管理人员参与决策时,应独立表态,如有异议,应记录在卷。

(4) 通过"公司董事和高级职员责任险"来分散风险。经营管理是一项复杂的职业活动,董事和高级管理人员在工作中由于自身能力、经验有限或其他一些客观原因难免出现过失行为,造成公司经济上的损害,有必要寻求规避风险的途径。董事责任险可适当转移董事的赔偿责任。③

(5) 咨询法律顾问,在重要决策前,提前制定法律风险预防方案。

五、公司章程

公司章程是公司"宪法",是公司实现"自治"的前提与基础,公司股东以及管理者应善于运用公司章程,提高公司治理的效率。

---

① 事实上,我国董事责任的法律规定并不十分完善,如不同类型的董事受到相同的处罚这一点就被许多人所批评。"独立董事陆家豪喊冤"是有道理的。

② 实务中,董事可以采取如下策略:一是在公司章程或内部规则中明确规定免除或限制董事责任的条款。比如,在公司章程中写明:董事在尽其职守的情形下,可以就其造成公司损害的行为适当减轻赔偿责任。还可以具体到对哪几种行为董事可以减轻或免除责任,这个都是公司可以考虑和自由选择的事情。二是规定一个董事责任赔偿的最高数额。就是公司根据自身的具体情况,征求股东或职工或监事会等各方面的意见,给董事赔偿数额规定一个上限。如在公司章程或内部规则或聘用合同中写明,董事违反了职责造成公司损失的,一次的最高赔偿额为5万元。三是在公司章程中和内部规则中规定股东会或董事会免除、减轻董事责任的条件和程序。如规定:董事违反义务并给公司造成损害后,由股东会或董事会通过决议来限制、减轻或免除董事的责任。或者规定如:董事自我交易所负责任,可以经由2/3以上的股东多数通过后免除或减轻。

③ 进一步讨论可以参考本书第二编第四章保险法律制度部分相关内容。

(一) 公司章程的法律性质及特征

1. 公司章程的法律性质

公司的实践最早源于英国国王颁发的特许状,公司章程的实践也源于特许状以及相关的国家法律文件。在后来的演化过程中,公司章程由国家法定文件的性质改变成为公司参与方自由缔约结果。关于公司章程的法律性质,主要有契约说、自治规范说、权力说和秩序说四种不同的观点,其中又以契约说[①]和自治规范说[②]最具有代表性。而其中以公司章程自治规范说更为合理。自治规范说清楚界定了国家与公司的边界、公司章程对内和对外的效力等规定公司章程基本地位的因素。特别是对我国这样一个经历了计划经济的经济体而言,在很大程度上,改革的目标和方向就是要增强企业自主创新的能力,其前提就是保障公司的自治空间,目的是防止国家对于公司的不正当干预。

2. 公司章程的基本特征

(1) 法定性。公司章程的法律地位、主要内容、修改程序、效力均由法律强制规定,任何公司都不得违反。"章程是整个国家法律秩序之内的一个次级秩序,章程不得违法乃不言自明之理。国家法律只决定社团法人可以干什么事,而社团章程所调整的独特内容是决定由哪些人去干这些事。"[③]

(2) 真实性。公司章程记载的内容必须是客观存在的、与实际相符的事实。公司章程的真实性体现了对双方权利义务的平衡,一方面防止持股人不合理地干预公司具体经营活动,以确保经营效率,另一方面限制和监督经营者的行为,防止损害股东的合法权益。

(3) 自治性。公司章程作为公司组织的基本规范,有公司的"宪法"(宪章)之称。它由公司依法自行制定,由公司自己来执行。公司股东可以通过公司章程对公司运营自行约定。公司章程作为公司内部规章,其效力仅及于公司和相关当事人,对外不具有普遍的约束力。

(4) 公开性。对股份公司而言,公司章程的内容不仅要对投资者公开,还要对包括债权人在内的一般社会公众公开。这种公开便于股东对公司经营的监督,便于债权人充分保护自身债权,还便于公众了解公司的内部构成情况,为是否投资提供决策参考。

《公司法》强调公司章程在公司治理中的法律地位,具体表现为对公司目的条款和公司章程记载事项条款的规定。

3. 关于公司目的条款(经营范围)

《公司法》第9条规定:"公司的经营范围由公司章程规定。公司可以修改公司章程,改

[①] 契约说认为公司是一套合同规则,本质上是合同性质的。章程是股东之间、股东与公司之间依法所签订的合同。章程的约束力在于社员的自由意思,章程制定后,成为社员或其他意思机关认可的内容,从而与公司建立关系,但如想脱离其约束,随时退出或转让出资份额即可,因此章程具有契约性质。但是,从学理上讲,首先,公司章程契约说明显与传统民法上的契约(合同)不同,属于组织契约;在契约效力上,民事合同仅及于签约各方当事人,而章程对参与制定章程的发起人和股东以及之后加入公司的股东均有效力。其次,在制定与修改程序上,民事合同的制订与变更需经当事各方的一致协商同意,而章程的制定或者修改,均须由法定机关依一定多数表决机制方可变更。再次,契约说的弊端还在于它仅仅在缔约当事人之间有效,按照英美法的观点,公司董事、经理不受章程约束,他们的权利义务是法定的。这样对保护少数股东的利益相当不利。最后,民事合同只在当事人之间产生作用,不必对外公开,具有封闭性和相对性,而章程不仅是公司内部的行为准则,而且还具有公示作用。

[②] 自治规范说认为,公司是基于个人意思自治而组成的进行营利活动的工具,公司具有团体的性质。自治规范是大陆法系传统国家对公司章程的法律定性。比如,日本商法理论通说认为,公司章程为一种自治法规;又如,韩国多数学者认为,章程不仅约束制定章程的设立者或者发起人,而且也当然约束公司机关和新加入的公司组织者,显然其性质与合同迥然有别。

[③] 〔美〕凯尔森:《法与国家的一般理论》,沈宗灵译,中国大百科全书出版社1996年版,第111页。

变经营范围。公司的经营范围中属于法律、行政法规规定须经批准的项目,应当依法经过批准。"由此可见,与我国之前公司法规定的"公司应当在登记的经营范围内从事经营活动"相比较,公司获得了更大的自主经营的空间。

4. 关于公司章程相对性事项或者任意性事项条款

《公司法》第46条规定了有限责任公司章程应当载明的七项事项,即公司名称和住所;公司经营范围;公司注册资本;股东的姓名或者名称;股东的出资方式、出资额和出资时间;公司的机构及其产生办法、职权、议事规则;公司法定代表人产生与变更办法等七项内容。同时,规定了有限责任公司可以通过公司章程对于如下事项作出约定:一是在公司为他人提供担保方面的规定;二是在股东会的议事方式和表决程序方面的规定;三是董事长、副董事长的产生办法方面的规定;四是在董事会的议事方式和表决程序方面的规定;五是董事会的职权方面的规定;六是监事会的议事方式和表决程序方面的规定;七是会计师事务所的聘用和解聘方面的规定;八是关于股权转让的规定;九是关于股东会议的召集通知的规定;十是关于股东的表决权的规定;十一是关于股东死亡后股权继承问题的规定;十二是经理的职权的规定,该条款对经理的职权作了列举规定,但公司可以根据实际情况在章程中自由设置有别于上述规定的条款。①

(二) 公司章程的内容

公司章程的内容是指公司章程所记载的事项。公司章程的内容可因公司的种类、经营范围、经营方式等的不同而有所区别,但都可以归结为以下三类。

1. 绝对必要记载事项。② 它是指法律规定公司章程中必须记载的事项。对于绝对必要记载事项,公司有义务一一记载,没有权利作出自由选择。如果缺少其中任何一项或任何一项记载不合法,公司章程将无效,进而导致公司不能成立或已成立的公司被撤销。我国《公司法》第46条规定,公司章程应当载明公司名称、住所和经营范围等。③ 理论上对该规定中所列事项是否为公司章程绝对必要记载事项,有肯定说与否定说两种不同看法:肯定说认为上述事项为绝对必要记载事项④;否定说则认为,上述规定并没有区分记载事项的类型,因此上述事项不能被界定为绝对必要记载事项⑤。

2. 相对必要记载事项。它是指法律列举了某些事项,但这些事项是否记入公司章程,全由当事人自行决定。相对必要记载事项,非经载明于公司章程,不生效力。如果记载的事项不合法,仅就该事项无效,不影响整个公司章程的效力。相对必要记载事项大致有:分公司的设立、公司解散的事由、特别股的种类和权利义务等。我国《公司法》对相对必要记载事项的具体内容没有明确规定。

3. 任意记载事项。它是指法律并无明文规定,但公司章程制定者认为需要协商记入,

---

① 上述内容分别依次参见:《公司法》第15条、第66条、第68条、第73条、第67条、第81条、第215条、第84条、第25条、第65条、第90条、第74条。

② "一般认为,大陆法上的绝对必要记载事项相当于英美法中的强制记载事项,相对必要记载事项和任意记载事项,相当于任意记载事项。"参见李润生:《论种类股事项之载体、性质和效力》,载《甘肃社会科学》2018年第3期。

③ 根据我国《公司法》第46条的规定,有限责任公司的公司章程应当载明下列事项:(1) 公司名称和住所;(2) 公司经营范围;(3) 公司注册资本;(4) 股东的姓名或者名称;(5) 股东的出资方式、出资额和出资时间;(6) 公司的机构及其产生办法、职权、议事规则;(7) 公司法定代表人;(8) 股东会会议认为需要规定的其他事项。

④ 赵旭东:《公司法》(第4版),高等教育出版社2015年版。

⑤ 范健、王建文:《公司法》(第5版),法律出版社2018年版。

以使公司能更好地运转,如公司的存续期限,股东会的表决程序,变更公司的事由,董事、监事、经理的报酬等。任意记载事项一经被载入被核准的章程,即产生法律效力,如需变更,须修改公司章程,并办理变更登记。如果某任意记载事项违法,仅该事项无效,不影响整个章程的效力。

(三) 公司章程的效力

1. 时间效力。从国外公司法的实践来看,一般明确规定公司章程在政府注册或登记部门登记后正式生效,也有国家规定章程须经公证后才发生效力。我国《公司法》没有明确规定公司章程的生效时间。在章程的生效时间上有两种观点,第一种观点认为章程自政府有关部门批准后生效;第二种观点认为章程自公司成立之日,即市场监督管理部门核准登记之日起生效。笔者认为,对于需要政府部门批准方可设立的公司(股份有限公司和国有独资公司),公司章程应依法经政府主管部门审批的,自批准后生效;对于无须政府部门审批的普通有限责任公司,公司章程自股东会通过后生效。

2. 对人的效力。《公司法》第 5 条规定:"公司章程对公司、股东、董事、监事、高级管理人员具有约束力。"这意味着:(1) 章程是公司组织与行为的基本准则。公司应当依其章程规定的办法,产生权力机构、业务执行和监督机构等公司组织机构,并按章程规定的权限范围行使职权。(2) 公司章程规定了股东的基本权利义务,股东必须遵守公司章程。(3) 公司的高级管理人员应严格遵守公司章程的规定从事经营活动,行使职权,若董事、监事、高级管理人员之行为超出公司章程对其赋予的职权范围,其就自己的行为对公司负责。公司、股东、董事、监事、高级管理人员任何一方对于公司章程的违反,其他主体均可以向法院提起诉讼,请求违反公司章程者承担相应的民事责任。

对于公司章程对外的效力问题,存在较大争议。有人认为,公司章程对于公司来讲具有最高的效力,公司的股东、董事违反公司章程而作出的股东会、董事会决议是不合法的,因此根据不合法的决议而签订的合同也是不合法的,不合法的合同也应是无效合同。对此,应该根据合同相对人的主观意图来进一步分析。对于善意的合同相对人,在所签合同的形式要件和实质要件均符合法律规定的情况下,适用《民法典》第 172 条表见代理的规定,当合同相对人知道或者应该知道公司负责人员没有权限或者超越权限的情况下仍与其签订合同,该合同对公司本身不发生效力,由此产生的责任只能根据具体情况由公司负责人员、相对人自己承担。但是,经过登记的公司章程具有对抗第三人的效力。

相关案例
董事会决议违背公司章程无效案

2008 年 1 月,大股东上海晟峰高科技有限公司将上海晟峰软件有限公司告上法庭。理由是被告违背公司章程召开董事会,并形成三份董事会决议,侵犯了大股东的权益。原告要求法院判决撤销这三份决议案。被告晟峰软件公司系中外合资有限责任公司,公司章程记载:合资公司设立董事会,由 9 名董事组成,董事长由原告晟峰高科技公司委派,作为公司的法定代表人;董事会每年至少召开一次;经 1/3 以上董事书面提议,可召开临时会议;董事长应在董事会开会前 20 日书面通知董事,告知会议内容、时间和地点。2007 年 11 月 30 日,被告在未通知全体董事的情况下召开董事会,并形成任免董事长、任免总经理、委托公司财务审计和委托经营等事项决议。

原告认为,被告形成的董事会决议违反公司章程规定,原告请求判决撤销董事会的三份决议。法院认为被告根据部分董事提议召开董事会,未按照章程规定通知全体董事;更换董事长的决议中也存在有悖于公司章程的规定。法院依据《中外合资经营企业法》第6条第1款、第2款和第15条之规定[①],判决撤销被告董事会的三份决议。

(四) 公司章程的制定与修改

1. 公司章程制定的一般性规定

公司章程的制定通常有两种方式:一是共同制定,即由全体股东或发起人共同协商、起早制定公司章程,否则公司章程不得生效;二是部分制定,即由部分股东或发起人负责起草制定,而后再经其他股东或发起人签字同意。共同制定方式便于反映股东或发起人的共同意愿,部分制定方式利于加快公司设立进程,提高设立效率。我国《公司法》对公司章程的制定采取不同的方式:(1) 有限责任公司章程的制定。根据《公司法》第46条的规定可以看出,有限责任公司章程是在设立阶段由公司最初的全体股东共同制定。(2) 股份有限公司章程的制定。根据《公司法》第94条的规定可以看出,股份有限公司章程应由全体发起人共同制定,并经创立大会通过。在采取发起设立的情况下,由于不向社会募股,应理解为由发起人制定即可。(3) 国有独资公司章程的制定。国有独资公司是有限责任公司的一种形式,但鉴于其特殊性,根据《公司法》第171条规定:国有独资公司章程由履行出资人职责的机构制定。

2. 公司章程变更的一般性规定

公司章程的变更是指对已经生效的公司章程的修改。公司章程变更是因为情势变更,包括公司营业状况和经营环境的变化,如公司住所地的变更、董事或监事组成的变更、公司财务状况发生重大变化或公司法定代表人的更换等。对公司章程的变更范围,《公司法》并无明确限制性规定,原则上公司章程所记载的事项,无论是绝对必要记载事项还是任意记载事项,只要认为有需要均可变更。

公司章程变更时还应当遵循必要的原则:不得违法原则、不得损害股东利益原则、不得损害债权人利益原则、不得妨害公司法人的一致性原则(即不得因公司章程的变更而使一个公司法人转变为另一个公司法人)。公司章程的变更还需经过一定程序:先由董事会提出修改章程的提议,并将该提议通知股东,由股东会或股东大会表决通过,并向市场监督管理机关申请变更登记。

根据《公司法》相关规定,有权修改公司章程的机构是有限责任公司的股东会和股份有限公司的股东大会。有限责任公司修改章程的决议,必须经代表2/3以上表决权的股东通过;国有独资公司的章程的修改由国家授权投资的机构或授权投资的部门修改;股份有限公司修改章程的决议,必须经出席股东大会的股东所持表决权的2/3以上通过。

根据《公司登记管理条例》的规定,公司变更登记的事项涉及修改公司章程的,应当提交

[①] 2020年开始实施的《外商投资法》对中外合资经营、外资独资和中外合作经营等外商投资事项统一规定,原《中外合资经营企业法》《外资企业法》《中外合作经营企业法》同时废止。

修改后的公司章程或者公司章程修正案。公司章程修改未涉及登记事项的，公司应当将修改后的公司章程或者公司章程修正案送原公司登记机关。

3. 关于制定和修改公司章程的特别提醒

公司章程是公司重要的规范性文件，公司章程制定和修改是公司的大事。在市场经济下，股东可以根据自身需要制定和修改公司章程，其中需要关注的问题包括以下六个方面：

（1）在公司章程中，合理配置公司治理机关的权限。根据《公司法》关于股东会、董事会的职权划分，在设计公司章程时，应当根据公司的法律形态、成立目的、股权构成、资本规模及经营计划等实际情况，明确股东会和董事会之间的职权划分，力求在董事会和股东会权力的保障与制约之间、在决策的效率和质量之间找到平衡。

（2）在公司章程中，合理拟定监事会议事规则。《公司法》在监事会的职权、人员组成、议事方式和表决程序以及权力行使的物质保障和法律手段等方面都作了详尽规定，强化了监事会的监督作用。在公司章程设计时，要根据这些规定，结合公司实际情况进一步细化。虽然《公司法》对于监事列席董事会会议未作强制性要求，但是为强化监督，公司章程可以对此作出强制性规定；公司章程可以仿效上市公司监事会的做法，增加律师见证制度，以保障监事会合法有效的监督。

（3）在公司章程中，合理配置经理职权。《公司法》规定经理职权由公司章程规定。因此，在经理职权方面，公司章程设计可以充分理解和运用《公司法》赋予的权力，根据公司实际情况和需要，划清董事会职权与经理职权的界线。对于经理办公会议制度，法律上没有规定，需在章程中对经理办公会召开、议事规则、律师见证等事项加以明确规定。

（4）在公司章程中，明确公司法定代表人的确定和变更办法。《公司法》规定，公司章程可在法定的范围内，从董事长或经理中选定一人为公司法定代表人，且法定代表人的变更也由公司章程自行规定。因此，在公司章程设计时，公司参与人可以充分利用这一点灵活地确定法定代表人人选。同时注重完善有关法定代表人变更的规定，如变更情形、变更决议程序、变更人选范围等，以确保公司法定代表人的职责明确、接替有序。

（5）在公司章程中，明确转投资、对外担保、关联交易等重大事项决议制度。对有限责任公司转投资、对外担保、关联交易这类事项，《公司法》规定可由公司章程来自行规定。公司参与人应该根据公司的经营范围、所处地域、行业和经营管理方式等方面的差异性，以及各自公司不同情况，对上述涉及本公司的重大事项作出相应规定，既要提高资产经营效率，又要最大限度地防控法律风险。但是，应当注意的是，对于上市公司，应根据证监会《上市公司章程指引》，严格限定"股东大会审议有关关联交易事项时，关联股东参与投票表决"，从而防止关联股东的操纵行为。

（6）在公司章程中，平衡股东利益、完善股权退出制度。《公司法》允许股东在股权转让和公司回购方面由公司章程作出另行规定。因此，公司章程在对股权退出制度的安排上，应当树立既要维护公司利益最大化，又要兼顾股东合理意愿和平衡股东利益关系的原则。对于有限责任公司的小股东而言，在共同起草公司章程之际，应该充分考虑利用"用脚投票"机制，利用公司章程设计操作性强的退出机制，维护自身合法权益。比如，关于股权转让，股东可以在公司章程中，明确规定转让以及限制转让的情形和条件、转让价格计算遵循的原则（标准）、通过有关决议的程序、对优先受让权的约定（包括受让对象、价格、比例、行权期限等）以及控股股东强制受让的特别规定等。

六、公司治理与社会责任

(一) 公司社会责任的界定

在早期,企业组织仅是一个以营利为目的的生产经营单位,利润最大化是其追求的永恒主题。然而,这种以公司利润最大化为目标的经营管理模式虽然推动了社会经济的高速发展,但各种社会公害也相伴而来,如严重的环境污染、消费者权益受损害、企业雇员安全和健康权益遭受损害、社会贫富悬殊等,对社会生活和经济的持续健康发展产生重大影响。企业的社会责任问题日益受到重视。

最早提出公司社会责任概念的是美国学者谢尔顿(Oliver Sheldon)。1924年,谢尔顿把公司社会责任与公司经营者满足产业内外各类人群需要的责任联系起来,并认为公司社会责任含有道德因素。20世纪30年代,美国学者多德(Dodd)积极提倡公司应承担社会责任,与早期美国否定公司社会责任的代表性人物法学教授伯尔(Berle)坚持营业公司以股东利润最大化为目标展开大论战,直到今天,有关公司社会责任的研究已经是一个讨论了近80年而争议不绝的热点话题。

何谓公司的社会责任?美国学者伯文(H. Bowen)把公司社会责任定义为:商人按照社会的目标和价值,向有关政策靠拢、作出相应的决策、采取理想的具体行动的义务。美国佐治亚大学教授卡罗尔(Carroll)的"企业社会责任金字塔"理论获得了人们较多的认可。卡罗尔认为,企业社会责任乃社会寄希望于企业履行之义务;社会不仅要求企业实现其经济上的使命,而且期望其能够尊法度、重伦理、行公益,因此,完整的企业社会责任乃企业经济责任、法律责任、伦理责任和自主决定的慈善责任之和。[①]

我国学者对公司社会责任的定义是:公司不能仅仅以最大限度地为股东们营利或赚钱作为自己唯一的存在之目的,而应当最大限度地增进股东利益之外的其他社会利益。这种利益包括雇员利益、消费者利益、债权人利益、中小竞争者利益、环境利益、社会弱者利益等。[②]

值得注意的是,与传统民法上债权债务人必须具有特定性有所不同,在公司的社会责任问题上,没有类似一般的责任中相对应的特定权利人。按照通常理解,公司的社会责任是以公司的非股东利益相关者为公司义务的相对方。但利益关系人究竟包括哪些呢?对此至少存在三种观点,第一种观点认为:利益相关者仅指在公司中下了"赌注"的人或团体。即只有在公司中投入了资产的人或者团体才是利益相关者。根据公司的筹资来源,利益相关者分为两类,即股东和债权人,股东为内部所有者,债权人为外部利益相关人。这是最狭义的观点。第二种观点认为:凡是与公司有直接关系的人或团体都是利益相关者。这种观点排除了政府部门、社会组织及社会团体、社会成员等。最后一种观点界定的范围最为宽泛:凡是能影响公司活动或被公司活动所影响的人或团体都是利益相关者。债权人、雇员、供应商、消费者、政府部门、相关的社会组织和社会团体、社区成员等,都可纳入此范畴。

---

① 他进一步将企业社会责任分为四个层次:第一层是企业的经济责任,是基本责任,处于金字塔的底部;第二层是企业的法律责任,企业必须在社会制定的法律框架内运作;第三层是企业的伦理责任,指那些为社会所期望或禁止的、尚未形成法律条文的活动和做法,包括公平、公正、道德、规范等;第四层是企业的慈善责任。

② 刘俊海:《公司的社会责任》,法律出版社1999年版,第6页。

拓展知识

商业银行的企业社会责任：赤道原则

赤道原则(the Equator Principle)由世界主要金融机构根据国际金融公司和世界银行的政策和指南建立，是旨在判断、评估和管理项目融资的环境问题与社会风险的金融业基准。赤道原则要求银行在向一个项目投资时，要对该项目可能对环境和社会产生的影响进行综合评估，利用金融杠杆促进该项目在环境保护以及社会和谐方面发挥积极的作用。目前，赤道原则已经成为国际项目融资的一个新标准。赤道原则为整个中国银行业传递出这样一个积极信号：商业银行应逐步意识到应该担负起更多的社会责任，并且这种责任的承担将具有可操作的实现路径，那就是利用先进的金融技术来限制高能耗和高污染，实现社会的可持续发展。按照惯例，一旦银行宣布接受"赤道原则"，成为一家"赤道银行"，这家银行就必须对项目融资中的环境和社会问题进行审核，并对客户的环评报告、行动计划、环境管理系统等进行核查。同时，"赤道原则"还为"赤道银行"建立内部环境与制度体系并适当执行提供了一个共同的基准和框架。

(二) 公司承担社会责任的理论

公司是一个扩大了的个人还是缩小了的社会呢？学者们从经济、法理、社会伦理等方面探讨了公司应当承担社会责任的原因。

1. 利益相关者理论

利益相关者理论(Stakeholder Corporate Governance Theory)是对传统的"股东至上主义"治理模式的挑战。"股东至上"的企业理论把企业看成资本所有者的企业，企业的宗旨就是实现所有者利益的最大化。利益相关者理论认为，企业是一个由利益相关者构成的契约共同体，任何一个公司的发展都离不开各种利益相关者的投入或参与，这些包括股东、债权人、雇员、消费者、供应商、当地社区等在内的利益相关者都对企业的生存和发展注入了一定的专用性投资，他们或是分担了一定的企业经营风险，或是为企业的经营活动付出了代价，因此，企业的经营决策必须考虑利益相关者的利益，并给予相应的报酬和补偿。

2. 企业公民

企业公民(Corporate Citizenship)是指一个公司将社会基本价值与日常经营实践作和策略相整合的行为方式。它从法学的角度强调了企业的社会公民身份，意味着企业不能只满足于做个"经济人"，还要做一个有责任感和道德感的"人"。2003年世界经济论坛认为，"企业公民"的概念包括四个方面：(1)企业的基本价值观。包括遵守法律、规则以及国际标准，拒绝贿赂和腐败，倡导社会公允的商业道德和行为准则。(2)对利益相关群体负责。主要包括安全生产、就业机会平等和薪酬公平，反对性别、种族等歧视，注重员工福利，保护消费者权益，维护股东权益、重视投资者关系、企业对所在社区的贡献等。(3)对环境资源的责任。主要包括维护环境质量，使用清洁能源，共同应对气候变化和保护生物多样性等。(4)对社会发展的广义贡献。比如灾害救助、救济贫困、扶助残疾人等弱势群体和个人，赞助科教文化及其他促进社会发展的公共、福利事业。

3. 社会伦理学中的企业社会责任

社会学认为,企业本身是社会大系统下的一个子系统,各要素主体集合于企业中,借助企业的发展实现个人的需求。在社会大系统下,只有每个社会主体充分尊重其他主体的合理利益,承担起对其他主体的责任,才能保持社会系统的有效循环。因而企业利益、企业目标在某种程度上要服从于社会利益和社会目标,只有从社会责任的角度出发,才能生产出符合人类生存发展规律的产品,企业才能具有生命力。

(三) 公司如何承担社会责任

公司承担社会责任已基本成为共识。我国《公司法》不仅将公司社会责任列入总则条款,明确公司从事经营活动,应考虑职工、消费者等利益相关者以及环保等社会公共利益,承担社会责任。而且在分则中设计了一套充分强化公司社会责任的具体制度:比如职工利益的保护制度(如维护职工合法权益、依法参加社会保险、加强劳动保护、实行安全生产)、事关职工利益事项的决策参与权(职工董事和职工监事)、职工持股制度(如公司可以收购本公司股份并将其再分配给职工)。

企业社会责任的真正履行,根本上依赖于市场机制的规范和政府对市场的有效监督与调控,须从企业、政府和社会三方面"多管齐下":(1) 从企业方面看,要强化企业履行社会责任的主动意识。企业应从自身生存和长远发展的角度考虑,具有战略思维,追求长期效益,充分认识到企业与社会的密切关系,提高履行社会责任的主动意识,在社会中树立良好的企业信誉,强化企业自律精神,主动地、尽可能多地履行社会责任。(2) 从政府方面看,要健全企业履行社会责任的监督和约束机制。政府应从维护社会利益和保证社会有效运转需要出发,建立规范的、明确的企业履行社会责任的有关法律、法规约束体系,增强法律、法规的可操作性,并强化执法力度,纠正或惩处企业逃避社会责任的现象。同时政府可以利用行政干预和经济调控手段,引导并监督企业履行社会责任。(3) 从社会方面看,要充分发挥舆论和消费者协会等社会团体的作用。要将企业承担社会责任的情况置于阳光之下,让社会公众充分了解企业承担社会责任的真实情况。应建立对企业承担社会责任的评价体系,鼓励企业定期发布社会责任报告,公布企业履行社会责任的现状、规划和措施,搭建起企业与公众之间沟通的平台,完善企业社会责任沟通方式和对话机制。

拓展知识

"超越"法律的企业社会责任[①]

从法律实施的角度,公司的社会责任可定性为"软法"。"软法"是指原则上没有法律约束力但却具有实际效力的行为规则。从国外规制企业社会责任的法律规范来看,无论是欧盟起草的企业社会责任指导原则,还是美国及欧洲各国要求企业对社会、环境、伦理问题建立相应的报告制度,以及各种国际组织所制订的社会责任准则等,以上订立的法律文件多具有宣示和承诺色彩,并没有法律强制力的威慑。但这并不表明这些社会责任行为准则不具

---

① 周林彬、何朝丹:《试论"超越法律"的企业社会责任》,载《现代法学》2008年第2期。

有实际的行为效力,许多跨国公司都开始对其全球供应商和承包商实施社会责任评估和审核,只有通过审核和评估,才能建立合作伙伴关系。比如,国际玩具工业协会(ICTI)所推行的《国际玩具协会商业行为守则》就规定,所有未通过认证的玩具制造商将被排除在国际采购名单之外。这些经济的制裁、市场的压力可能远比法律的强制力对企业的行为更具有约束力。从国内现有的对企业社会责任的法律规制来看,无论是《公司法》第5条关于公司社会责任的总则性规定,还是"深交所"于2006年9月发布的《上市公司社会责任指引》及规定的社会责任年度报告制度,多为对企业承担社会责任的倡导、鼓励性规范,并不具有强制性的法律约束力。我们可以看到,规制企业社会责任的法律规范虽不以国家的强制力来对企业行为形成外在威慑,却以社会的价值、期望为号召力唤醒企业内在的自发与自律性,它虽然不能强制实施,但同样对企业的行为产生制约和影响。

本章小结

公司组织是市场交易中最重要、最典型的一大商事主体。公司的基础是股东,股东是指持有公司股份或向公司出资者。离开了对股东权利的保护,公司的运营也成了无源之水。《公司法》赋予了股东一系列权利,形成了比较完整的股东权利保护体系,包括股东身份权、参与重大决策权、选择和监督管理者权、资产收益权、知情权、关联交易审查权、提议及召集和主持股东会临时会议权、违法决议撤销权、退出权、股东直接诉讼权和代位诉讼权等。

董事是股东的代理人,负有信义义务,包括注意义务、忠实义务及离职之后的诚信义务。董事违反了法律强制性规定的,应承担相应责任,董事身在其任时应树立职业风险防范意识。

作为公司自治宪章的公司章程,是公司治理的基本法则,《公司法》改革的基本路径为公司章程拓展了较多自由空间,经营者可依此量身打造更符合自己实际的公司章程,如设计好公司承包条款、公司反收购条款,以应市场变幻之需。

言公司治理必谈社会责任。市场经济条件下,现代公司已不再一味追求利润最大化而不顾及其他。西方国家对此已有大量讨论,并发展出了经济学的"利益相关者理论""企业公民理论""社会伦理学的社会责任理论",来诠释公司为何要承担社会责任。我国《公司法》不仅将强化公司社会责任列入总则条款,而且在分则中设计了一套充分强化公司社会责任的具体制度。作为企业经营者应积极、主动地实践社会责任的理念。

思考与练习

1. 国内外共有哪几种公司治理模式?我国公司治理存在的问题是什么?《公司法》在公司治理方面有哪些制度创新?结合自己的实际,讨论如何完善所在公司的治理结构,实现兴利除弊。

2. 我国《公司法》规定的股东权利有哪些?

3. 何谓董事?根据我国《公司法》规定,董事和公司高级管理人员有何区别?

4. 何谓董事的信义义务?具体又可细分为哪些义务?我国《公司法》对其作了哪些规定?

5. 如何理解董事责任？在任职期间如何防范职业风险？

6. "社会是企业的依托，企业是社会的细胞。"阅读下面2004年中国企业社会责任案例材料①，讨论公司社会责任的内涵，并思考：在企业经营过程中有必要履行社会责任吗？如何履行社会责任？试举实例加以说明。

（1）川化沱江污染

2004年2月到3月，川化公司违规技改并试生产，将氨氮含量超标数十倍的废水直接排入沱江，导致沱江流域严重污染。内江、资阳等沿江城市近百万群众饮水中断达26天，直接经济损失约3亿元。

（2）海信集团董事长周厚健家电节能提案

在2004年3月份召开的第十届全国人大二次会议上，作为全国人大代表的海信集团董事长周厚健，上交了关于"加快立法，全民节能"的提案。提案称："电荒"已成为未来几年的现实。为了解决我国的电力紧缺困境，除修建新的发电厂外，还应通过采取国家立法和全民节能等有效措施，限制低能效、耗电大的家电产品的发展空间。

（3）中石油总经理马富才引咎辞职

2003年12月23日，位于重庆市开县、归属于中石油的川东北气矿16H井发生特大井喷事故，造成243人死亡，人民群众的生命财产遭受重大损失。2004年4月14日，温家宝总理主持召开国务院常务会议，听取有关中石油川东井喷特大事故等的调查汇报，同意接受马富才辞去中石油公司总经理职务的请求。

（4）红蜻蜓集团冠名赞助首届希望小学运动会

2004年5月30日，由浙江红蜻蜓集团捐资200万元冠名赞助的首届红蜻蜓全国希望小学运动会在北京开幕。通过捐资赞助大型公益体育盛会，"红蜻蜓"品牌价值得到了极大的提高，集团的社会责任形象得到了极大的提升。

（5）阿拉善SEE生态协会成立

2004年6月4日，近百名企业家出资亿元成立"阿拉善SEE生态协会"，并在内蒙古阿拉善盟联合发表《阿拉善宣言》。这是中国企业家首次以群体的方式发起成立生态与环境保护组织。企业家的善举使他们成为国人心目中的"慈善家"，其所在企业的社会责任也得到了最大化的展现。

（6）全球知名的日用消费品公司联合利华提出，"我们的同仁坚决维护公司行为准则的最高要求，对我们的员工一心一德，对我们的客户一心一德，对我们公司运作的所在地一心一德。走这条路就可以有持续、盈利的增长，我们就可以为我们的股东和员工创造长远的价值"。在2002年10月，联合利华的利润净值增加了68%。试讨论践行公司社会责任与公司利润的关系，并再举一两个你熟知的企业经营实例加以说明。

案例分析

1. 阅读下面关于"迪斯尼公司"的案例②，思考：CEO薪酬过高，是否构成对信义义务的违反？法官如何处理此类案件？作为企业高管，又如何防范此类风险呢？

---

① 魏然：《2004年中国十大企业社会责任案例》，载《公关世界》2005年第1期。
② Inre Walt Disney Company Derivative Litigation, WL1562466(Del. Supr. 2006).

2005年8月9日美国特拉华州法院对历经7年的迪斯尼案进行了判决,认为迪斯尼公司CEO艾斯纳作出给予奥维茨一笔庞大遣散费的决定并没有违反董事的义务。

本案原告迪斯尼公司称其现任和前任董事在决定奥维茨的薪酬时违反了董事的信义义务。艾斯纳将奥维茨聘为迪斯尼公司的总经理,给予丰厚的薪酬,并于一年之后将其解雇。奥维茨收到1.4亿美元的无过错终止合同的薪酬赔偿。原告指控,董事会对雇佣和解聘奥维茨的草率决定违反了董事对股东的信义义务。1998年法院初审判决董事没有违反义务。原告在2003年又提起诉讼,在当时,大法官法庭认为,原告的诉请充分地表明了董事对信义义务的违反。如果案情属实,被告董事的行为将不受商业判断规则的保护。然而经过长期的审理,大法官法庭在2005年8月9日判决认为董事并未违反义务,驳回了原告起诉。

该最终判决一出,舆论一片哗然。不少学者批评,美国的法官在面临对董事的行为作出判断的时候仿佛失去了其在其他案件的神奇审查功能,变得相当谨慎,甚至畏首畏尾。

2."竞业禁止"是董事忠实义务的一项具体义务。阅读以下案例,讨论:如何制定和信守董事的良好行为准则?

A公司成立于2003年,主要经营范围为数据磁带、磁带机、条形码的销售,磁带检测,磁带销毁及消磁。王某担任经理职务,负责国外大客户的交往、国内磁带销售和检测业务。B公司成立于2013年,王某及其妻子系股东,法定代表人为王某母亲。在B公司成立后,王某利用其担任A公司经理的职务便利,用其邮箱向其负责的客户发送了公司业务变更的说明,公开向其负责的客户告知部分业务转至B公司等多种手段,将A公司部分业务转入B公司。法院判决认为:依据审计结果,王某应向A公司返还谋取A公司商业机会所得收入及利息。

3.阅读下面"伊利独立董事遭罢免事件"[①],思考:如何完善独立董事制度?

2004年6月16日,伊利股份临时董事会通过罢免俞伯伟的独立董事资格的议案。俞伯伟对伊利股份在国债投资和管理层收购等产生质疑,希望聘请会计师事务所研究专项审计。然而,他的建议函换来的却是董事会对他的罢免决定。

4.阅读下面"万科捐赠门事件"[②],试对公司社会责任的边界和可诉性问题展开讨论。

2020年4月2日,万科企业股资产管理中心(以下简称"万科企业股中心")与清华大学教育基金会(以下简称"清华教育基金会")签署捐赠协议,代表全体万科员工将2亿股万科股票一次性捐赠给清华教育基金会,设立"清华大学万科公共卫生与健康学科发展专项基金",用于建立清华大学万科公共卫生与健康学院。对此有律师认为,第一,经2011年员工代表大会审议、批准,企业股已经确权至万科企业股中心。第二,万科企业股中心是独立法人,有权处置企业股资产。第三,本次捐赠行为符合《万科企业股中心章程》规定。但也有不同声音。有学者认为,如果万科企业股中心只是获得授权将企业股用于公益,那与全部捐赠性质不同。捐赠是一种处置,等于剥夺财产;用于公益事业则仅限定了财产用途。

---

① 载新浪网,http://finance.sina.com.cn/roll/20040805/0856927083.shtml,2022年10月1日访问。
② 邹松霖:《代表万科向清华大学豪捐53亿之后:王石深陷"捐赠门"》,载《中国经济周刊》2020年第9期。

第四编 | 商事救济

有损害即有救济,无救济则无权利。
——西方古老法谚

引 言

多元纠纷解决机制的创新发展

  2022年6月28日,在广州南沙粤港澳大湾区暨"一带一路"法律服务集聚区,"和谐南沙"多元解纷中心揭牌成立。揭牌当天,广州市南沙区人民法院(广东自由贸易区南沙片区人民法院)联合广东省环境保护纠纷人民调解委员会、广州金融纠纷人民调解委员会/广州市金融纠纷调处中心、广州金融权益纠纷人民调解委员会、广东省广州市南沙公证处、广州国际商贸商事调解中心、广州市汇智蓝天国际法律与商事服务中心暨"一带一路"域外法查明(广州)中心、广州市南沙区知识产权人民调解委员会、广州市南沙区企业和企业家联合会、广东省婚姻家庭咨询师协会等9家单位共同签署"和谐南沙"多元解纷机制合作协议。当天签约仪式后,9家单位即作为南沙法院的特邀调解组织,正式集中入驻广州南沙粤港澳大湾区暨"一带一路"法律服务集聚区开展调解工作,成为集聚区新的解纷力量。

  "和谐南沙"多元解纷中心揭牌成立当天,在该中心的共享调解办公室,来自广州市汇智蓝天国际法律与商事服务中心的调解员陈辉成功调解了一宗涉外金融纠纷。此前,黄女士名下信用卡在境外被盗刷了数万元,她向南沙法院起诉相关银行要求赔偿损失。法院认为该纠纷可以先行调解,为此在征得黄女士、银行同意后,将案件移送"和谐南沙"多元解纷中心进行调解。"这起纠纷,从组织当事人双方碰面到达成调解协议,仅耗费1个多小时。"陈辉介绍道,调解,是有效解决矛盾纠纷的方式之一,针对涉案数额比较低、案情并非很复杂的案件,一般适用调解化解纠纷效果较好,"既能节约成本,节约司法资源,又能节约当事人双方时间,提高化解纠纷的效率,而且有利于双方当事人事后关系的修复。"值得一提的是,诉前调解是无偿进行的,不向当事人双方收取费用,而且达成的调解协议,法院会进行司法确认,具有法律效力。[①]

一、商事权利、商事纠纷与商事救济

  实践中,"商事救济"的出现根源于"商事权利的损害",而"商事权利的损害"又与"商事纠纷的发生"密切相关。从某种意义上讲,"商事救济的途径"与"商事纠纷的解决机制"之间具有高度的重合性。

  与普通民事纠纷不同,商事纠纷具有如下特征:

[①] 参见章程、王君:《仅1个多钟达成调解协议,"和谐南沙"多元解纷中心今揭牌成立》,载《广州日报》2022年6月28日。

其一,发生纠纷的主体不同。普通民事纠纷发生在自然人之间、非营利性主体之间,主要包括婚姻家庭纠纷、继承纠纷、相邻纠纷、人身损害赔偿纠纷、民事合同纠纷等,涉及的主要是人身关系及相关财产关系、权利或其他利益的行为或活动;商事纠纷主要是市场主体在从事以营利为目的的商事行为过程中发生的纠纷,以及商事主体自身因设立、变更、终止而发生的纠纷,通常包括公司、票据、保险、破产等领域发生的纠纷。

其二,纠纷产生的法律关系不同。民事纠纷中诸如婚姻家庭类、侵权类损害赔偿等案件,当事人均较多掺杂着自己的情感,讨个说法主要是为了心理上的满足,让遭到破坏的和谐关系得到恢复,经济利益得失不会计较太多。而在商事案件中,由于其具有很强的特殊性和技术性,当事人基于成本与收益考虑,更注重商业的长期合作发展,经济利益关系问题更为重要。

其三,纠纷解决的价值取向不同。商事纠纷解决以保障交易的快捷与安全为基本宗旨,重视保障商事交易自由,保障市场效率,维持企业稳定,在商事纠纷的解决中更注重经济效益;而民事纠纷的解决则更注重实质正义,表现出对弱者的同情与关怀,以促进社会的稳定与和谐统一。

在商业纠纷发生后,需要商事救济制度对其进行调整和解决。商事救济制度是从实体到程序各种规则的总和。从实体性规则看,商事救济具有如下特征[①]:

1. 全面救济性

民事救济重点是民事主体所享有的权利,方式主要是通过民事责任强制义务人履行义务,旨在恢复当事人正常的利益状态。而商事救济在维护商事主体权益的基础上,还要强化对商事秩序的维护,以及全面兼顾商事法律关系的全部要素,因此在救济范围、救济目的、救济程度上要比民事救济更全面。

2. 同质救济性

与民事救济一样,商事救济也以失衡的商事主体利益得以恢复为重要内容,但它是通过同质救济的方式实现的。因为商法调整的商事关系主要是财产关系,商事责任也主要表现为单纯的财产责任,而鲜有赔礼道歉、消除影响、恢复名誉等非财产责任。

3. 严格与宽容相统一

法律对商人注意义务的要求比普通人更高,配置的责任也更严格(本书在商事行为篇中已有阐述)。但同时,商事活动具有高风险性,动辄致他人及相应的商事法律关系以损害或破坏,法律不能不考虑其活动的高风险性质而采宽容态度,限定其商事责任范围,如投资者的有限责任制度、破产公司的债权(破产财产不能清偿部分)豁免制度、海事责任赔偿限制均源于商法宽容的法理,其目的是使商人尽快摆脱负担,获得开展新业务的机会。

二、商事救济的多元性

现代社会以来,"国家法的一元模式"及司法裁判的中心主义模式被法的"多元主义"及审判之外的其他纠纷解决机制所替代,"司法的替代"之说即表达了纠纷救济多元化的发展趋势,而这种多元化的"纠纷解决机制"(或称"权利救济方式")在商事活动当中,具有广泛的适用空间。

[①] 赵万一:《商法学》,中国法制出版社2006年版,第327页。

拓展知识

代替性纠纷解决机制(ADR)[①]

代替性纠纷解决方式,即英文 Alternative Dispute Resolution(缩写为 ADR)的意译。ADR 概念源于美国,原来是 20 世纪逐步发展起来的各种诉讼外纠纷解决方式的总称,现在已引申为对世界各国普遍存在着的、民事诉讼制度以外的非诉讼纠纷解决方式或机制的称谓。

广义的 ADR,既可以包括当事人借助第三者的中介达成的自行协商和解,也可以包括各种专门设立的纠纷解决机构的裁决、决定;既可以包括传统的调解,也可以包括当代行政机关所进行的各类仲裁,等等。

根据主持纠纷解决的主体或第三者即 ADR 机关的不同,可以对当代世界各国存在的 ADR 作以下分类:(1) 法院附设 ADR(court-annexed ADR)。(2) 国家的行政机关或类似行政机关所设或附设的纠纷解决机构,例如消费者协会、劳动仲裁机构等。(3) 作为民间团体或组织的 ADR 机构。其中既包括民间自发成立的纠纷解决机构,也包括由政府或司法机关组织或援助的民间纠纷解决机构。(4) 由律师主持的专业咨询或法律援助性质的 ADR 机构,其运作方式基本上属于一种"法律"咨询性质的活动,以向当事人提供关于法律适用结果的评价性意见为特征。(5) 国际组织所设的纠纷解决机构,如 WTO 建立了纠纷处理机关(Dispute Settlement Body)。

从商事纠纷解决的程序、方式来看,按国家司法是否介入为标准进行区分,一般可分为诉讼解决机制与非诉讼解决机制。诉讼解决机制在我国目前主要适用《民事诉讼法》规定的程序和方式;非诉讼解决机制就是纠纷当事人依靠自己的力量或者通过法院之外的第三者力量来解决纠纷,典型方式为调解和仲裁两种类型。此外,近年来备受关注的私力救济途径,实际上也可纳入非诉讼解决机制的范畴。

对于商事纠纷解决机制的分类,我们还可以按照救济主体法律性质的不同,分为私力救济、公力救济和"社会救济"。私力救济一般是指当事人通过自己的力量解决纠纷的方法。早期初民社会的"以牙还牙、以眼还眼"便是此一生动写照,现代社会的私人讨债也为其典型方式。公力救济则是国家运用公权力解决民商事纠纷,主要通过诉讼渠道实现当事人合法权益的保护。由于采用公力救济方式需要的时间比较长,不能体现商业中所要求的效率,另外在诉讼中需依法解决,商人的交易习惯无用武之地,因而就发展出来一种社会力量,即通过仲裁或行业调解的方式使第三方(贸易、经济、金融等方面的专家)来进行裁决,这很快发展成为现代仲裁制度和行业调解制度。所以,在现代社会,既有私力救济中的谈判、和解,也有公力救济中的民事诉讼及社会力量介入的调解、仲裁等方式。前述"私力救济、公力救济和社会救济"可合称为救济方式的"三分法"。

在传统商法学科当中,将"商事救济"单独成篇的做法在国外(主要是英美法系)早有先例,譬如,在 1834 年史密斯(J. H. Smith)的《商法》这部被誉为开创了英国商法新纪元、标志

[①] 参见范愉:《代替性纠纷解决方式(ADR)研究——兼论多元化纠纷解决机制》,载《法哲学与法社会学论丛》1990 年。

着商法学说体系形成的专著中,商事救济就占有一席之地。该书共分四卷,分别是商人、商事财产、商事合同和商事救济方法。[①] 而在国内近年来出版的商法教材以及部分法学院系的商法课程当中,"商事救济"问题也开始得到重视。

应该强调,商事仲裁和商事诉讼对于商事实体法的发展、统一和完善发挥着重大的作用。因为作为商法渊源的一般法律原则和惯例,只有通过仲裁和诉讼才能更好地得到确定。比如许多现代的国际贸易惯例都是在国际商事仲裁当中被确认、宣示以及发展起来的,所以商事仲裁和诉讼对于商法的产生和发展举足轻重。相关的问题是:

第一,商事仲裁的专业化倾向,使得商事仲裁成为解决商事纠纷的主要法律方式和途径,而且由于商事仲裁机构具有很强的民间性和独立性,可以有效地排除因不同国别和地区的政治、经济与法律体制导致的法律适用障碍,大大降低了商事纠纷解决的法律成本。

第二,商事诉讼主要涉及商事审判制度。从国际商法角度分析,由于商事实体法规范具有优先于商事程序规范的效力,且可以解决商事纠纷的实体法依据(如国际商事条约优先原则)已成为各国涉外民事和商事审判的一般立法例和司法例,所以有关商事纠纷解决的商事诉讼制度使得商法成为严格意义上的法律,从而国际商法有效地摆脱了对传统国际法规范(特别是国际公法规范与国际经济法规范)这一"软法"的路径依赖困境。正是在这个意义上,有关商事纠纷解决的商事诉讼制度也就必然成为商法的重要制度。

本书将"商事救济"问题纳入商法的教材体系具有重要意义。因为商事救济是商人实践商法的一个重要环节,它具有丰富的实践内容。商事救济并不简单地等同于商事诉讼,还涉及商事仲裁、商事调解以及私力救济等问题。如果从商法的发展历史来看,现代商法的很多具体制度最早也是商人们在早期的商事仲裁、调解或诉讼等商事权利救济过程中通过实践逐步形成的。因此,以商人为主体来研究商法制度的实施,不可避免地会涉及"商事救济"问题。为了具体反映实践中"商事救济"的特点和类型,本编将分四个方面对相关的制度进行介绍,包括:私力救济、商事调解、商事仲裁以及商事诉讼。

表 4-0-1　几种主要商事纠纷解决机制的比较

特征 \ 类型	审判	仲裁	调解	谈判
自愿/非自愿	非自愿	自愿	自愿	自愿
有拘束力/无拘束力	有拘束力,可以上诉	有拘束力,符合一定条件可以进行司法审查	如果达成协议,就产生类似合同的强制执行力;有时达成的协议会体现在法庭的判决中	如果达成协议,就产生类似合同的强制执行力
有无第三方介入及第三方介入的程度	强制性地由中立的第三方作出裁决,裁决者对争议内容通常不具备专业知识	由争议双方选择第三方作出裁决,裁决者通常具备与争议内容有关的专业知识	由争议双方选择外部的协调人	没有第三方担任协调人的角色

[①] 〔英〕施米托夫:《国际贸易法文选》,赵秀文译,中国大百科全书出版社 1993 年版,第 27 页。

(续表)

类型 特征	审判	仲裁	调解	谈判
是否有正式的程序	由预先设定、严格的规则形成的正规化、高度体系化的程序	程序并不那么正规；程序性规则和实体法都可以由当事人设定	通常没有正规的体系化的程序	通常没有正规的体系化的程序
程序的性质	当事人拥有提交证据、阐述论点的机会	每一当事方都拥有提交证据、阐述论点的机会	可以提交证据、阐述论点和利害关系,但不具有法律约束力	可以提交证据、阐述论点和利害关系,但不具有法律约束力
结果的形式	由经缜密思考的意见支持的原则性决定	有时是由经缜密思考的意见支持的原则性决定；优势是不需要意见的妥协	达成双方都能接受的协议	达成双方都能接受的协议
公开进行/ 不公开进行	公开进行	除非司法审查介入,否则不公开进行	不公开进行	不公开进行

针对实践中企业如何选择纠纷解决方式的问题,本书编写团队曾在广东地区进行了实证调研①,在问卷中对8种不同的纠纷解决途径的使用频率和有效性进行了调查:

1. 通过协商方式解决纠纷在企业中使用较为频繁,对其有效性评价也比较高,这说明企业还是遵循"和为贵"的思想,对交易中的摩擦、纠纷大多希望先协商解决,以维护双方的合作关系,并且这种内部解决方式不会将双方的商业信息向外泄漏。

2. 通过中间人调解来解决纠纷在企业中虽然大多是偶尔使用,但对这种解决方式的有效性评价还是比较高的,这说明中间人的"面子"在化解纠纷中起到了一定作用。

3. 企业通过发律师函警告来解决纠纷虽然经常被使用,但其作用一般,这可能是因为一旦发出律师函就说明双方的合作关系也就在破裂的边缘,继续下去势必要"在法庭上见",仅凭律师函便就范者为数不多。

4. 委托收债公司来解决纠纷在民营企业中使用得并不多,这种方式本来就在法律的调整之外,企业对此可能担心不仅钱要不回来,还会惹上不必要的麻烦。

5. 通过商会、行会的调解来解决纠纷,在企业中有一定的使用空间和有效性,这说明集体的压力机制和声誉的传播对企业遵守契约有一定约束作用,但是其使用中的局限性表现在,争议双方并不一定都是商会、行业协会的成员。

6. 通过政府的干预、协调来解决纠纷在企业中较为常见,特别是这种纠纷解决方式的有效性评价比较高,这说明中国政府的行政干预力量是非常强大的,解决争议的有效性甚至高于法院的诉讼解决,这也是为什么我们经常看到纠纷当事人宁愿上访、找领导也不愿通过诉讼来解决。

7. 通过仲裁解决纠纷在企业中时常被使用,但其有效性评价则低于诉讼解决,这可能

---

① 该调查以匿名问卷的形式分批向广东省清远市、东莞市的民营企业家以及参加中山大学 EMBA 研修班的民营企业家学员进行发放。问卷填写形式多是在调查对象集中培训等场合直接发放,并等待填写完毕后当场收回,由于对不同类别、地区、层次的民营企业家都进行了调查,因此,本次调查的范围涉及广泛,保证了量化研究的随机性。本次问卷调查共发出 300 份问卷,收回 126 份,其中有效问卷 107 份。

是因为仲裁往往是一裁终局,一旦仲裁结果不尽如人意则没有上诉的机会,不如法院诉讼的回旋余地更大。

8. 通过法院诉讼来解决纠纷在企业中相对更为常用,毕竟诉讼的受案面广,判决执行的强制性更高,但是受访者对法院诉讼解决的有效性评价并不太高,这说明当前人们对司法判决的公正性、效率性信心并不足。

第一章

私 力 救 济

　　私力救济不是一种陌生的法律行为,但却是一个新鲜的研究话题。早在古罗马时代,私力救济就是社会盛行的权利救济方式之一;而即便到了现代法治社会,私力救济也仍然有其"无处不在的身影"。在解决商业纠纷的某些场合下,私力救济甚至发挥了公力救济所无法达到的法律效果。比如以下案例所体现的,就是私力救济所具有的这种特殊的良性功能:

　　四川泸州龙马潭区法院曾经审结一起商事案件,但是判决后3年却仍然无法执行。2002年11月,原告(某镇的一个基金会)迫于无奈,通过镇政府出面,请求法院允许其自行聘请民间机构(当时泸州唯一一家经工商注册的信息调查公司)进行协助调查,以期为判决的执行提供有效信息,法院经研究后同意原告的请求。信息调查公司在接到原告委托之后,仅用了十余天的时间即完成了调查并协助原告和法院圆满执行了判决。为此,龙马潭区法院根据泸州市中级人民法院"限制债务人高消费令"公告中"公民举报有奖"的承诺,对信息调查公司的"私家私探"兑现了奖励。此外,镇政府还以执行标的的20%重奖了惩治"老赖"的有功"私探"。[①]

　　从上述案例我们可以清晰地看出,私力救济作为私法领域权利救济的基本方式之一,不仅是一种历史性产物,而且随着时代的发展,也逐步进化并演变为一种现代化工具,从而在国家法制(法治)框架下,成为公力救济的有效补充。私力救济的存在并不排斥公力救济的展开,它也不是法制(法治)现代化趋势当中的"逆流"。相反,在公法与私法、政治国家与市民社会、公共领域与私人领域这些范畴的区分日渐清晰的现代社会,私力救济完全有其存在并积极发挥作用的合法性基础。

　　本章以私力救济为研究内容,围绕私力救济的概念、类型、特点、功能等基本问题进行分析;在此基础上,还将结合商法与企业经营的主题,对商事活动当中商人们通过私力救济途径实现权利救济和纠纷解决的实践进行详细介绍。

一、什么是私力救济

(一) 私力救济的概念

　　私力救济(private remedy,或称 self-remedy)是解决社会纠纷和实现私权救济的基本方

[①] 参见《法院首请私家侦探揪老赖》,载《江南时报》2002年12月13日,第12版。

式之一,近年来在国内外的理论研究当中受到了广泛关注。理论研究普遍认为,民(商)事"权利"的救济方法大致可以分为三种,即私力救济、公力救济和公助救济。① 也有学者将其总结为:私力救济、公力救济和社会型救济。② 其中,公力救济一般是指国家的司法救济(主体是法院)和行政救济(主体是政府机关),如史尚宽先生认为,"公力救济即所谓私权被侵害者,对于公权力者有保护请求权"③。公助救济或社会型救济一般是指借助于社会组织或其他中立第三者而实现的权利救济模式,比如仲裁、行业调解以及纠纷替代解决机制(ADR)等。

与公力救济、公助救济或社会型救济不同,法律意义上的私力救济一般是指"当事人认定权利遭受侵害,在没有第三方以中立名义介入纠纷解决的情形下,不通过国家机关和法定程序,而依靠自身或私人力量,解决纠纷,实现权利"④。也有学者认为,私力救济是指"利害关系人或权利人在不通过他人所设定的程序、方法和第三者力量的情况下,以自己的实力维护自己被损害的利益或权利,从而解决因此而发生的冲突"⑤。根据上述概念可以看出,私力救济行为的构成要件一般包括以下几个方面:(1) 权利受到损害;(2) 受害人以自身力量实施救济;(3) 没有中立第三方(包括官方或非官方)的介入;(4) 救济方式没有违反法律的强制性规定或损害公共利益。

(二) 私力救济的类型

从法律性质来看,私力救济存在于私法领域,属于"私法自治"(或称"意思自治")行为,因此只要其方式和程度不超过法律规定的范围,即可认定为合法。在此基础上,究竟采取什么具体方式进行权利救济,当事人完全具有选择和决策的自由。

1. 以是否获得国家立法的认可为标准,私力救济可以分为"法定类型的方式"和"非法定类型的方式"。前者主要是指各国立法普遍认可的"自救行为""自助行为"和"紧急避险",而后者则是指各国法律条文列举之外的形式多样的各种自我救济方式。

国家立法认可的私力救济的类型

私力救济在社会实践中具有多种多样的方式,其中一部分行为方式在私法领域已被大多数国家和地区的民商事立法所认可,并被抽象和总结为以下三种行为:(1) 自救行为。这主要是针对人身权利受到损害时采取的权利救济方式,也被称为正当防卫。(2) 自助行为。这主要是针对财产权利受到损害时采取的权利救济方式,比如德国民法规定的"以自助为目的将物件押收、破坏或毁损"的行为即属于典型的自助行为。(3) 紧急避险。它既可能涉及人身权利的损害,也可能涉及财产权利的损害。紧急避险与自救行为、自助行为的差别主要

---

① 程燎原、王人博:《权利及其救济》,山东人民出版社1998年版,第361—367页。
② 徐昕:《论私力救济》,中国政法大学出版社2005年版。
③ 史尚宽:《民法总论》,中国政法大学出版社2000年版,第33页。
④ 徐昕:《论私力救济》,中国政法大学出版社2005年版,第38页。
⑤ 张卫平主编:《民事诉讼法教程》,法律出版社1998年版,第1—2页。

在于,紧急避险发生的环境较为特殊,必须出现自然的或人为的紧急状况。

相比以往的民事立法,我国《民法典》不仅延续规定了正当防卫和紧急避险,而且也规定了自助行为。《民法典》第181条规定,因正当防卫造成损害的,不承担民事责任。正当防卫超过必要的限度,造成不应有的损害的,正当防卫人应当承担适当的民事责任。第182条规定,因紧急避险造成损害的,由引起险情发生的人承担民事责任。危险由自然原因引起的,紧急避险人不承担民事责任,可以给予适当补偿。紧急避险采取措施不当或者超过必要的限度,造成不应有的损害的,紧急避险人应当承担适当的民事责任。《民法典》第1177条规定,合法权益受到侵害,情况紧迫且不能及时获得国家机关保护,不立即采取措施将使其合法权益受到难以弥补的损害的,受害人可以在保护自己合法权益的必要范围内采取扣留侵权人的财物等合理措施;但是,应当立即请求有关国家机关处理。受害人采取的措施不当造成他人损害的,应当承担侵权责任。

其他国家和地区的民事立法很早就规定了自助行为。《德国民法典》第229条、第230条规定,以自助为目的将物件押收、破坏或毁损者,或以自助为目的将有逃亡嫌疑的债务人施以扣留者,或对于义务人应容忍的行为,因其抗拒而加以制止者,若来不及请求机关援助,且非于当时为之,其请求权不得实行或实行显有困难时,不为违法。自助不得超过排除危险所必要的限度。押收他人物件者,如非强制执行时,即应请求财产保全的暂先扣押。扣留债务人而尚未释放者,应向扣留地初级法院申请人身保全的暂先扣押,并应立即将债务人送交于法院。暂先扣押的申请如迟延或被驳回时,应立即返还所押收之物并释放被扣留之人。《瑞士债务法》第52条第3款规定,为保全有权利的请求权之目的,自行保护者,如按其情形,不及请求官署救助,惟依自助得阻止请求之无效或其主张之重大困难时,不负赔偿义务。我国台湾地区"民法典"第151条则规定,为保护自己权利,对于他人之自由或财产施以拘束、押收或毁损者,不负赔偿之责。但以不及受法院或其他有关机关援助,并非于其时为之,则请求权不得实行或其实行显有困难者为限。

2. 以是否有他人参与为标准,私力救济可以分为"单纯自身力量的救济"以及"他人力量协助的救济"。私力救济行为虽然排除其他主体以中立第三方的身份介入权利救济的过程,但是并不意味着私力救济完全不需要借助他人的力量。在一些特殊情况下,以当事人自身为主体、以他人力量为协助也是私力救济的行为方式之一,比如当事人通过私人侦探或调查公司收集信息等,也属于私力救济的范围。需要强调的是,这里所说的他人的介入,仅仅是作为辅助的力量,而不是以中立第三方的身份代替当事人自身作为纠纷解决和权利救济的主体。

3. 以救济对象的性质为标准,私力救济可以分为"人身权的私力救济"以及"财产权的私力救济"。

其中,"人身权私力救济"的具体表现包括:(1)当事人对侵害行为的自我抵抗和防御;(2)当事人对侵害行为的适当反击;(3)当事人牺牲一定程度的他人财产以排除险情;等等。对于正当防卫和紧急避险这两种情况,各国的民事法律普遍规定,只要行为人的自我救济行为不超过适当的程度,即可免于民事责任的追究。

财产权包括物权、债权和知识产权等多种形态,因此"财产权私力救济"也相应具有多种具体形式,它包括:(1)被侵害人对财产侵害行为进行自我排除;(2)被侵害人向侵害人主张恢复原状;(3)被侵害人向侵害人主张赔偿请求权;(4)被侵害人适当地向侵害人进行直接抵抗、防御甚至反击;(5)当事人借助其他私人力量对侵害人进行适当的警告和威胁,以迫使侵害人停止侵害行为或者自觉进行损害赔偿,等等。①

(三) 私力救济的特点

1. 救济主体具有民间性和私人性

私力救济最基本的特点是当事人在权利救济的过程中,排除了公权主体或者其他社会组织(或称准公权组织,如仲裁委员会等)作为中立第三人的直接介入。换言之,在私力救济情形下,救济主体具有民间性和私人性。这里所谓的私人可以理解为私权主体,它包括自然人、家庭、个体户或企业等不同类型。

强调私力救济的主体具有民间性和私人性,是指在私力救济过程中发挥主导作用、核心作用的主体,不包括公权主体或者其他社会组织。但在某些特殊情形下,私力救济并不完全排斥当事人借助公权主体或者其他社会组织发挥辅助性作用。比如,当事人可能引用国家的法律或者法院的判例作为私力救济的依据。

2. 救济程序灵活快捷

在公力救济、社会型救济和私力救济三种基本的权利救济方式当中,公力救济的程序要求最为严格。无论是司法机关的诉讼程序,还是行政机关的行政程序,都属于国家公权力的运用,因此根据法无明文授权即为禁止的公法原则,公力救济的程序必须由国家立法进行规定,任何人不能随意变更。

社会型救济也有相对严格的执行程序。比如仲裁的实施,虽然其相对于诉讼程序而言,在法律规范的适用等方面具有一定的灵活性,但是其基本程序仍然必须由法律(国内仲裁法或国际仲裁规则)进行规定。又如,在一些行业内部建立起来的内部纠纷解决机制,由于它们带有一定的公共性质,因此为了保障机制的中立性、公正性和长期性,也往往规定了一定的程序和规则,而不是由当事人随意实施,其与法律程序的差别仅仅在于,行业内部程序主要由成员企业通过协商一致予以约定。

私力救济的程序具有相当的灵活性,甚至可以认为,私力救济本身并没有任何特定的程序要求。当事人在进行私力救济的时候所采取的行为方式,更多的是遵从于自身实践经验的引导或者他人成功经验的学习,以及在具体环境下基于成本收益的比较而作出行为的决策。

美国"国家谷类和饲料协会"解决内部纠纷的仲裁和惩罚机制②

美国"国家谷类和饲料协会"(National Grain and Feed Association,NGFA)是由那些通

---

① 关于财产权私力救济的立法,例如《德国民法典》第859条规定:占有人可以强力防御禁止的擅自行为;以禁止的擅自行为侵夺占有的动产时,占有人可以当场或追踪向加害人强力取回其物;以禁止的擅自行为侵夺土地占有人的占有时,占有人可以于剥夺后立即排除加害人而恢复占有。

② See Lisa Bernstein, "Merchant Law In A Merchant Court: Rethinking the Code's Search For Immanent Business Norms", *University of Pennsylvania Law Review*, 1996, pp.1765-1821.

过现金交易市场买卖谷类和饲料的个体商人及企业共同建立的商业协会。它在1896年就建立了纠纷仲裁机制,并从1902年开始建立仲裁书面意见的公布制度。成员参与这一协会的条件是,必须统一将他们与其他商人之间发生的所有纠纷都提交NGFA的仲裁系统仲裁。如果成员拒绝将纠纷提交NGFA的仲裁系统,或者不执行仲裁系统作出的裁决,那么他们的行为将被通告,甚至被暂停资格或者排除在组织之外。

NGFA的纠纷仲裁机制有四类实体交易规则,可以用以便利成员之间的交易以及解决交易纠纷。除非成员在合同条款中明确改变或者排除这些规则的适用,否则这些规则可以自动对成员之间的所有合同进行调整。这四类规则是:(1)谷类交易规则(Grain Rules),它包含谷类交易合同的形式、履行、终止、违约、损害和豁免理由;(2)饲料交易规则(Feed Rules),它包含饲料交易合同的形式、履行、终止、违约、损害和豁免理由;(3)航运规则(Barge Rules),它是在当事人约定水道航运合同的情况下,作为补充适用的规则;(4)航道运输交易规则(Barge Freight Trading Rules),它用以解决涉及航道运输的所有交易纠纷。

NGFA的纠纷仲裁机制还有一套非常详细的仲裁程序规则,作为前述交易实体规则的补充。不同的是对于这些程序规则,成员之间不得通过合同予以排除。仲裁规则的内容包括:(1)资料整理费用;(2)仲裁员选择指南;(3)当事人必须提交的信息;(4)听证程序;(5)书面仲裁意见必须包含的信息;(6)协会内的上诉程序规则。

NGFA仲裁员在裁决案件的时候,一般只负责书面审查(a formalistic approach),他们不会考虑当事人的行为是否得到规则的鼓励。在适用依据时,仲裁员首先关注的是合同条款;如果合同条款约定不足,以致无法作出裁决,则考虑协会的交易规则(trade rules),之后才是交易惯例(trade practice)。而对于《统一商法典》以及其他制定法,则只有在上述三类依据都不充分的情况下,才会被引用。事实上,NGFA的仲裁员极少通过《统一商法典》或者其他法律渊源来裁决案件。

3. "非集中型"的强制力保障

在私法领域,权利的救济有时候可以通过当事人双方的协商一致得以实现,比如在合同违约问题上,违约人自觉向守约人进行赔偿,此时并不需要外在"强制力"的约束;但是在更多的情况下,权利的救济往往需要借助于某种"强制力"的威胁和执行,否则救济无法实现。

具体而言,保障权利救济的强制力来源多种多样。在公力救济模式下,无论是司法途径、行政途径还是其他途径,其强制力都根源于国家作为统治主体所具有的力量。而在社会型救济的模式下,其强制力可能来自社会网络中的声誉机制;也可能来自成员赋予社会组织的权力,比如商会对成员企业的内部惩罚机制。可见,在公力救济和社会型救济的方式中,其赖以实施的强制力往往具有集中性,即有一个组织(或相对稳定的社会网络)对强制力的实施进行供给。

在私力救济的情形下,强制力的供给往往具有非集中性。具体而言,"私力救济的'力'包括对权利救济具有影响力的一切手段:武力、操纵、说服和权威强制性、诱导性、合法、合格和个人权威"[1]。商业实践中商人可能借助的强制力主要包括:(1)国家强制力的潜在威胁,比如警告侵害公司财产权的人,如不停止侵害或者赔偿损失,则将诉诸法院或行政机关;(2)社会声誉机制的潜在威胁,比如企业警告不诚信的客户,如不停止违约或者赔偿损失,

---

[1] 徐昕:《论私力救济》,中国政法大学出版社2005年版,第111页。

则将通过广泛的宣传途径将不诚信的行为公告天下,从而对侵害人造成舆论的压力;(3)商人自身的"软暴力"威胁,比如在债务催收过程中,以多次的访问、不间断的催收以及道德谴责等方式,给债务人造成心理压力,从而迫使其偿还债务,等等。

4. 救济的依据具有综合性

无论是公力救济、社会型救济还是私力救济,其实施都需要有一定的依据,否则可能被认为是"师出无名"。具体而言,在公力救济的情形下,国家机关据以作出权利救济行为的依据主要是法律,特殊情况下还包括政策。而在社会型救济当中,作为权利救济的依据除了法律之外,还广泛地包括社会组织的自治规范和内部章程。

相比而言,私力救济的依据更为宽泛,除了法律、社会组织规范、内部章程之外,还可能包括社会习俗、交易习惯、国际惯例甚至道德规范。对此有学者指出:"私力救济是当事人不通过法律程序而依靠私人的力量解决纠纷,但在寻求私力救济时,人们可能会诉诸各种规范,包括道德规范和法律规则,会有意无意地借助法律的力量。"①

(四)私力救济产生的原因

对于私力救济产生的一般原因,理论研究主要从心理因素、文化因素以及社会因素等几个方面进行解释。

其一,私力救济具有自然产生的内在驱动性。它是人们面对侵害行为而为了维护自身权益所产生的条件反射式的即时反应。私力救济甚至可以追溯到生物本能和人性冲动,即当事人自保和报复的冲动等。

其二,在文化传统上,西方的法治传统植根于市民社会土壤,与社会文化血肉相连,而中国则表现出对以儒家为代表的东方文化的尊崇,强调传统道德、民俗文化对社会的调整。区别于西方一些法治国家中公民热衷于诉讼的现象,中国人(尤其是以和气生财为理念的中国商人)总体上有一种"厌诉"的心理倾向,相比起西方几个世纪以前的《权利法案》与《人权宣言》,"为权利而斗争"对于我们而言还是一个新鲜的话题。正如中国传统俗语所倡导的,"但存夫子三分礼,不犯萧何六尺条""好人不打官司""赢了官司输了钱",这些都是鼓励"息讼"的表现。

其三,公力救济无法有效解决全部的社会纠纷,且可能存在高成本、低效率、实效不足、程序复杂、技术性强、不确定因素多、处理结果不确定等诸多缺陷。因此在很多人看来,求助于私力救济可能比公力救济更为有效。此外,在私人领域的生活当中,有些权利可能不在公力救济的范围内,但却能获得"习惯法"的保护,这也可能导致当事人寻求私力救济。

诉讼机制的需求性

诉讼是一种比较复杂的纠纷解决制度。从提起诉讼到最后上诉判决,诉讼不仅要花费大量的时间,而且要付出高昂的成本。诉讼制度的运行不仅要当事人付出高昂的诉讼费用,

---

① 徐昕:《论私力救济》,中国政法大学出版社2005年版,第298页。

而且要国家付出相应的管理费用。诉讼是成本最高的纠纷解决机制,所以从成本角度看,纠纷解决越少使用诉讼途径,节约的社会成本越多。实际上现实生活中,通过诉讼解决的纠纷只占全部纠纷总量的少数,多数纠纷采取了诉讼以外的解决方式。那么,为节约成本,社会能不能不提供这个高成本的纠纷解决制度安排呢?

显然,这不是社会的选择。因为诉讼是一种特殊纠纷解决机制,它具有其他纠纷解决机制不具有的特征:可信的维权威胁。其他纠纷解决机制都因为强制力不足,而可以被不希望解决方案被执行的当事人所违反,从而不具有实际的效力。也就是说,其他纠纷解决机制只有在解决方案被确实履行后才起到可信维权的作用,在此前不能起到有效的威慑作用。诉讼的运作及其结果是建立在国家强制力上的,它给予社会一种确信的可依赖的预期,即受到侵害的权利能够通过诉讼获得保护和救济,从而成为当事人应对潜在侵害的一种可信威胁。从这个意义上说,诉讼是当事人维护权利的最后一个途径、最后一道屏障。如果其不存在,那么社会中将缺少足够的对侵权行为的威胁,其他纠纷解决机制也将失去支撑,纠纷解决体系将最终崩溃。因此,诉讼机制是社会必不可少的纠纷解决制度。

但是,同时因为诉讼机制是成本最高的纠纷解决机制,因此社会的最优安排是:一方面提供高质量的诉讼制度,确保进入诉讼的纠纷都得到正确的解决,从而使诉讼保证的实体法威慑力得到最大化的发挥;另一方面,是尽量减少诉讼制度的使用,降低因此而付出的总成本。因此要使诉讼相对于其他纠纷解决机制具有相对较高的成本,即当事人利用诉讼解决纠纷的成本要高于利用其他纠纷解决机制。这也反过来说明了为什么诉讼是成本最高的纠纷解决机制。

商事活动与民事活动存在诸多差别,由此商人们在商事领域运用私力救济的原因也具有了一定的特殊性。

第一,商事活动的"便捷性"原则客观上要求商事纠纷的解决和相关的权利救济应当尽量快速、简单地完成,因此商人们往往担心诉讼、仲裁或者行政救济的程序过于复杂和死板,由此造成纠纷解决的时间太长,无法满足便捷性的需求。

相关案例
富士康公司与《第一财经日报》名誉侵权纠纷和解案[①]

2006年6月15日《第一财经日报》刊发了记者王佑采写的《富士康员工:机器罚你站12小时》的报道,对深圳富士康公司的内部管理问题进行了揭露。但是报道刊登之后,富士康公司认为"报道未经调查核实,与事实严重不符。在业界造成极坏的影响,严重侵害了原告的名誉权和商业信誉,造成了巨大经济损失"。因此向深圳市中级人民法院提起诉讼,要求《第一财经日报》记者王佑和编委翁宝向富士康公司赔偿名誉损失费3000万元,并向深圳市中级人民法院申请财产保全。随后,深圳中院冻结了王佑和翁宝的个人财产。

这是中国迄今为止向媒体索赔金额最大的名誉侵权案,也是首例没有起诉媒体法人、直接起诉记者并冻结记者私人财产的案件。

案件经媒体报道之后,随即在社会上引起高度关注,也使各方当事人卷入了舆论的风口

[①] 《富士康诉记者案戏剧性转变》,载新浪网,https://news.sina.com.cn/o/2006-08-31/04309894668s.shtml,2023年12月2日访问。

浪尖:(1)《第一财经日报》通过公函向富士康公司表示谴责,报社希望对方能作出明智选择,撤回诉讼;(2)媒体和新闻工作者普遍支持《第一财经日报》,认为这是企业利用经济优势地位打压处于弱势地位的记者;(3)富士康公司则坚持认为自己权利受损,起诉合理合法;(4)而作为中立方的法院则在各方压力之下,马上召集主要领导人召开会议研究,立案庭又重新审查了此案的所有手续,并表示将加快此案审理进度,"快立案、快开庭、早日审结"。

但是直到2006年8月,案件仍无实质性进展,纠纷依然无法解决。就在各方僵持不下之际,案件在2006年8月30日出现了转机。富士康公司主动向法院申请解除对《第一财经日报》两名记者个人资产的冻结,同时将诉讼标的由之前的3000万元降为1元,并添加《第一财经日报》报社作为被诉对象。富士康公司负责人表示,公司作出这个决定,是希望媒体不要将注意力放在赔偿金额上,而是关注事实本身。该公司提起诉讼是为了通过法律手段维护企业权益,但现在公众关注的焦点似乎放在了诉讼金额上。

但是即便如此,法院仍没能及时作出调解或判决。而就在富士康公司变更诉讼请求之后几天,案件又出现了新的戏剧性的变化。2006年9月3日,富士康公司与《第一财经日报》经磋商和解后,发布联合声明。富士康表示从声明之日起撤销对《第一财经日报》的诉讼。至此,在法院受理案件但一直未有判决结果的情形下,纠纷以双方当事人的和解得以妥善解决。

第二,商事活动的"互惠性"原则客观上要求商人们尽可能地保持良好的合作关系,而诉讼、仲裁或者行政救济却可能导致当事人各方"对簿公堂",从而彻底破坏当事人之间已经建立起来的合作关系,并由此影响将来继续合作的机会。事实上在不少商人看来,商事活动的理念是"向前看",因为多一个商业伙伴、多一次合作机会所带来的经济收益,可能远远比刻意追求一次损害赔偿所带来的收益要高。

 拓展知识

权利救济的成本

救济成本——一项对权利寻求救济的交易活动(如诉讼、仲裁和调解)所需的成本。从当事人角度看,救济成本可划分为法定成本、私人成本和机会成本。法定成本指有关权利救济法律制度规定当事人进行权利救济所需支付的费用;私人成本为当事人参与权利救济过程中所耗费的时间、人力、财力;机会成本则指因选择某一种救济方式而放弃其他救济方式所产生的成本。私力救济和公力救济的制度安排不同,其救济成本的具体含义不同。

表 4-1-1 公力救济和私力救济的成本构成表

	公力救济	私力救济
法定成本	案件受理费、司法鉴定费、执行费等	请他人(机构)进行仲裁和调解所支付的费用
私人成本	时间、人力、律师费	时间、人力、律师费(可选择)
机会成本	放弃私力救济的成本	放弃公力救济的成本
其他	寻租成本产生的概率高	寻租成本产生的概率低

第三,商事活动的"有效性"原则客观上要求商人们的每一次"投资"都得到"回报",尽可能地避免"沉没成本"的出现。这一原则在权利救济的问题上同样适用。因为在诉讼、仲裁或者行政救济程序当中,判决(裁决)的结果具有不确定性,而且在不少商事案件当中,当事人即使拿着胜诉的法院判决书,也兑现不了判决书中法院确认的合法权利,最终可能是"赢了官司却赔了钱",所以商人们对于公力救济的信心不足,自然会转向其他救济途径。

二、商事活动中的私力救济

(一) 谈判与交涉

"谈判与交涉"是商事活动当中最常见的私力救济方式。因为商事活动讲究"和气生财",所以大多数当事人在商事纠纷发生之后,即使财产权受到了损害,绝大多数情况下也不会立即诉诸法院、仲裁庭或者立即采取"以牙还牙"的报复措施,而是以相互提出赔偿要求、相互说服、讨价还价等方法进行沟通,最后达成相互妥协,以实现权利救济和纠纷解决。

正如有学者指出的:"当事者在自行解决纠纷时也总会顾忌这样一个事实,一旦本案被诉诸法庭,法院将会对此作出何种裁判。换言之,当事人是在'法律的阴影'下,通过讨价还价的方式解决纠纷。"[①]因此从法律实践意义来看,"谈判与交涉"实质上也可以理解为当事人各方相互提出权利主张,并且在原有合作关系基础上针对"权利侵害和救济"问题重新协商一致、达成新的契约的过程。

一般而言,促成当事人通过"谈判与交涉"实现权利救济的因素包括以下几个方面:

1. 与诉讼、仲裁等救济方式相比,"谈判与交涉"的成本往往较低。因为通过合作实现的合作剩余远远大于非合作的剩余。"谈判与交涉"等私力救济的方法正是力图减少谈判障碍、达成谈判,而诉讼等公力救济则是在无法实现谈判的情况下诉诸法院,即交易成本过高的时候,寻求强制性解决方法。

2. 当事人担心诉讼、仲裁等救济方式可能破坏以后的交易合作关系。商事活动的开展需要以和谐稳定的商业关系网络作为基础。在许多商人看来,有时候宁可牺牲一次财产上的损失(比如放弃对其他当事人某一次损害赔偿的请求),也不愿意由于行使了诉讼、仲裁等救济方式而使自己与对方当事人的关系被破坏。只要保持良好的合作关系,将来开展的业务合作可能带来更为丰厚的利润回报。

3. "谈判与交涉"的操作过程较为灵活、快捷,且没有法定程序的限制,当事人可以随时随地进行,从而避免了各方当事人陷入"诉讼的泥潭"。事实上,近年来在各地的基层法院(特别是经济发达地区),由于商事诉讼数量的急剧增长,往往无法快速有效结案,因此当事人一旦起诉,即需要进入漫长的诉讼程序。在资金流转相当宝贵的商业活动当中,许多当事人宁可选择通过"谈判与交涉"快速获得只有一定比例的赔偿,也不愿意通过漫长的诉讼程序而"期望"得到100%比例的权利救济。

4. 当事人可能缺乏足够的法律知识,对于诉讼、仲裁等救济方式存在"陌生感"甚至"畏惧感"。在中国的传统社会意识当中,社会纠纷的解决往往是在穷尽一切私力救济和社会救济之后,当事人才愿意走入法院,寻求公力救济。

---

① 〔日〕小岛武司:《司法制度的历史与未来》,汪祖兴译,法律出版社2000年版,第24页。

(二) 调查与催收

商事活动中的调查与催收也是常见的私力救济途径。其中,商业调查的目的主要在于帮助商人们获得其他商人的资信信息、财产信息、经营信息、活动信息,最终使得商人们能够顺利地进行权利的私力救济。比如:

1. 为了在后期的谈判和交涉程序中处于有利地位,当事人可能委托商务调查公司收集对方当事人的资本状况、经营活动、谈判目标、价格底线、谈判策略等信息,从而为本方在主张权利或者谋求损害赔偿时"有的放矢"奠定基础,保障本方利益的最大化。

2. 为了在后期的诉讼程序中处于有利地位,当事人可能在法院主动行使取证职能之外,另行委托商务调查公司对其他当事人进行跟踪和调查,向法院提供各种有效证据,保障自己的权利救济。

3. 为了追偿债务,债权人可能委托商务调查公司对债务人的财产信息进行跟踪和调查,一旦发现有可用于偿还债务的资产,债权人即可迅速行使债务追偿行动,或者为法院提供可行的执行标的。

与调查相关的,催收主要是针对商业活动最常见的债务追偿问题而言,即债权人通过自身的力量或借助于其他私人力量,向债务人追偿商业债务。实践中,它有广义和狭义之分。广义的商业催收包括委托专业机构催收和当事人自己催收两种;而狭义的商业催收则仅指委托专业机构催收。以下主要讨论狭义的情形。

所谓委托专业机构催收,是指专业机构(一般以公司的形式出现)根据客户委托,对客户的逾期账款及相关债务人进行调查和分析,并代表客户与债务人进行交涉和谈判,以非诉途径和合法方式,敦促债务人将欠款直接支付给客户的整个服务过程。

 背景资料

中国互联网金融协会《互联网金融逾期债务催收自律公约(试行)》[①]

近年来,互联网金融快速发展,在满足部分人群消费性、应急性借款需求的同时,也存在通过暴力、恐吓、侮辱、诽谤、骚扰等方式进行不当催收的乱象,侵犯了人民群众合法权益。为规范互联网金融逾期债务催收行为,中国互联网金融协会深入研究国内外理论成果和实践经验,广泛征集政产学研各方面专家的意见,经过多轮论证,于2018年3月28日推出了《互联网金融逾期债务催收自律公约(试行)》(以下简称《催收自律公约》),供相关会员单位遵照执行。

《催收自律公约》适用于规范互联网金融逾期债务催收行为,确立了遵纪守法、规范审慎、保护隐私、严格自律的基本原则,从失信惩戒、业务管理、人员管理、信息管理、外包管理、投诉处理等方面作了具体规定,明确了债务催收行为的正负面清单,设定了执行与惩戒机制,旨在保护债权人、债务人、相关当事人及从业机构的合法权益,促进行业健康发展。

值得注意的是,《催收自律公约》发布3个月后,互联网金融协会将采取自查和抽查并举

---

① 参见陈果静:《〈互联网金融逾期债务催收自律公约(试行)〉出炉》,载《经济日报》2018年3月28日。

的方式检测公约落实情况。如发现从业机构存在违法、违规以及违反本公约的行为时,可通过中国互联网金融举报信息平台、相关监管机构投诉电话或邮件系统进行举报。互联网金融协会将视情节轻重将违法违规线索分别移交至司法机关、金融监管部门、通信管理部门、市场管理部门进行查处。从业机构违反本公约,经查证属实的,协会将责令其整改,并采取警示约谈、发警示函、公开通报批评、强制培训教育、公开谴责等自律管理措施。对于采用外包方式催收的互联网金融企业,互联网金融协会明确,如因外包管理不力,造成损害债权人、债务人及相关当事人合法权益的,从业机构应承担相应责任。

一般而言,专业机构的"商业催收"有别于民间讨债,其业务有较为严格的操作流程[①]:

1. 债务催收对象应符合法律法规有关要求,不得骚扰无关人员。从业机构无法与债务人取得联系时,为恢复与债务人的联系,方可与债务人事先约定的联系人进行联系。

2. 在开展债务催收时,催收人员应第一时间表明所代表机构的名称,现场催收时应主动出示相关证件及借款资料。

3. 催收人员在与债务人及相关当事人沟通时,应使用文明礼貌用语,不得采用恐吓、威胁、辱骂以及违反公序良俗的语言或行为胁迫债务人及相关当事人。现场催收人员着装须文明得体,不得违背公序良俗,不得穿着误导性服装。

4. 催收人员应在恰当时间开展债务催收活动,不得频繁致电骚扰债务人及其他人员。

5. 催收人员不得向债务人外的其他人员透露债务人负债、逾期、违约等个人信息,法律法规另行规定的情形除外。

6. 从业机构应当指定收款渠道,催收人员不得使用其他渠道或方式收取债务人及相关当事人的还款,也不得以催收名义非法收取额外费用。

7. 现场催收应全程录音或录像。现场催收人员应主动告知债务人及相关当事人录音或录像行为。

8. 现场催收人员不得殴打、伤害债务人及其他人员,不得非法限制债务人及其他人员人身自由,不得非法侵入他人住宅或非法搜查他人身体,不得抢夺或破坏债务人及其他人员财物。如与债务人及相关当事人发生冲突,现场催收人员应主动报警。

9. 催收人员不得诱导或逼迫债务人通过新增借贷或非法途径筹集资金偿还逾期债务。

10. 催收人员不得冒用行政部门、司法机关以及其他任何机构或个人的名义开展催收。

(三) 警告与威胁

在商业领域的私力救济当中,除了谈判与交涉以及调查与催收这些较为平和的方式之外,商人们还可能采取更为激烈、更具威胁力和强制力的手段来达到权利救济的目的,比如直接的警告与威胁,具体操作流程主要是:

1. 被侵权人自己或者委托律师,通过电话、电报、函件等方式,将已经发生或即将发生的权利侵害的事实详细告知对方;

2. 要求对方立即停止权利侵害行为,或者尽可能地将已经发生的侵害行为的危害程度降到最低,或者采取必要措施防止即将发生权利侵害行为;

---

① 参见《互联网金融逾期债务催收自律公约》第13—26条的规定。

3. 要求对方对本方已经受到损害的利益进行经济赔偿,或者采取其他方式弥补本方的损失(比如提供新的交易机会等);

4. 最重要的是,在上述流程的基础上,被侵权人还需要向侵害人提出"警告与威胁",即表明如果本方的权利主张得不到满足,本方将进一步采取行动——这种行动往往具有报复性和打击性。

实践中,被侵权人经常用作"警告与威胁"的筹码包括:(1)将侵权人诉至法院、行政机关或者仲裁庭;(2)停止本方与侵权人正在进行的业务,由此导致的不良后果由对方承担;(3)断绝跟侵权人今后的合作关系,不再与侵权人进行商业上的往来;(4)将侵权人的行为告知媒体,或者通过其他方式公之于众,使侵权人承担舆论的压力;(5)将侵权人的行为告知同一地区或者同一行业的其他商人,使侵权人失去与其他商人进行交易的机会;(6)联合同一地区或者同一行业的其他商人对侵权人进行抵制和排斥,等等。

需要说明的是,在"警告与威胁"的私力救济方式当中,被侵权人往往只是将上述这些情形作为可能采取的措施向侵权人进行施压,但并未进行实际的操作。换言之,被侵权人只是将这些可能采取的行动作为潜在的强制力,迫使对方与本方合作。否则,一旦被侵权人将上述情形付诸实践,则将转化为另一种私力救济的方式——对抗与报复。

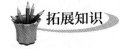
拓展知识

催收欠款律师函(范本)

致:××××公司

本律师依法接受××××有限公司委托,依据中华人民共和国有关法律法规,就贵司未依约履行债务、拖欠××××有限公司借款事宜,特向贵公司发出如下律师函:

贵司曾于××年××月××日向××××有限公司借款本金××万元,以贵公司的房屋、机器设备等作抵押。依贵司与××××有限公司合同约定,贵司本应于××年××月××日偿还借款及利息共计××万元。××××有限公司曾多次尝试联系贵公司商讨还款事宜,但贵司及相关负责人并未配合,致使该笔债务陷入僵局。

××××有限公司现正式向贵公司发出律师函,敦促贵公司于××年××月××日之前筹措资金,履行还款义务。本律师建议贵司依法全面履行还款义务,避免不必要的经济损失、声誉损失及诉累。××××有限公司保留随时通过诉讼等法律途径依法追偿的权利。

特此函告!

律师事务所(印章)

律师:

附:

本律师联系方式:

地址:

邮编:

E-mail:

办公电话：
手机：

(四) 对抗与报复

在商事领域的私力救济途径当中，"对抗与报复"是最为激烈、最具强制力的方法，它往往从"谈判和交涉""调查与催收"以及"警告与威胁"的基础上发展而来，即：一旦被侵权人无法通过前述三种途径获得权利救济，则可能进一步将私力救济行为升级为"对抗与报复"。如：

1. 在互负债权债务的商业关系当中，被侵权人停止向侵权人履行义务；
2. 在设置了担保的债权债务关系中，如果被侵权人是质押权人或者留置权人，则可以自行采取行动，享受担保利益；
3. 被侵权人将侵权人的行为公之于众，对其商誉进行打击；
4. 被侵权人联合同一地区、同一行业的其他商人，对侵权人进行排挤和抵制；
5. 如果被侵权人在行业内处于竞争的优势地位（如属于某种特殊商品的唯一供应商），被侵权人还可以通过断绝与侵权人今后继续合作的任何机会来打击侵权人。

"对抗与报复"实际上也将给对方当事人（即侵权人）的权利造成一定的限制和损害，因此有一些"对抗与报复"的行为可能处于"合法"与"不合法"的边界。在一些场合下，它还可能被当事人所滥用，从而演变为一种失范的、不合法的私力救济行为。

三、认真对待私力救济

(一) 私力救济存在的问题

尽管私力救济在实践当中发挥着一定的良性功能，但是由于其实施的方式具有随意性，且实施的程序也不受国家法律限制，因此经常导致很多现实问题的产生。

其一，某些私力救济行为在实体和程序两方面都缺乏规范性和制度的保障。特别是在程序方面，亟须加以严格规制，比如：商务调查机构和私人侦探机构的主体资格；对当事人诚实参加的限制（避免滥用其程序拖延纠纷的解决）；一些私力救济形式由于缺乏理念和制度的支持，往往是自生自灭，其基准和程序也都有极大的随意性和非规范性，需要法律进行引导。

其二，私力救济在追求低廉和迅速解决侵权问题的同时，可能出现"廉价正义"（Cheap Justice）的问题，即可能导致一些非正义的结果，例如，当事人的妥协使自己的权利不能全面实现；抹杀和淡化当事人的权利意识和实现权利的意愿；私力救济有向涉及公共利益及政策性领域扩展的迹象，而这些领域本不宜通过私力救济方式加以调整。

相关案例
广东肇庆法院判处全国首例"催收非法债务罪"[①]

2021年3月,广东省肇庆市端州区人民法院对一起"催收非法债务罪"案件作出判决,被告人黎某等4人因犯催收非法债务罪分别被判处有期徒刑1年8个月至6个月不等,并处罚金。这是《刑法修正案(十一)》正式施行以来,全国首例公开宣判的催收非法债务罪案。

用暴力手段催收非法债务,本身就不合法。这种付诸暴力手段的债务催收行为,在很多时候已经涉嫌犯罪,无疑需要刑法对其予以有效打击。《刑法修正案(十一)》为此将暴力催收高利贷等非法债务单独入刑,规定"使用暴力、胁迫方法催收非法债务,情节严重的,处三年以下有期徒刑、拘役或者管制,并处或者单处罚金"。作为催收非法债务罪实施后的全国首案,4名被告人被判处有期徒刑并处罚金,具有法治警示的样本意义。

此前,对于涉嫌犯罪的暴力催收债务行为,法院一般适用寻衅滋事罪来对涉案被告人定罪量刑。虽然此举解决了惩治暴力催收非法债务的罪名适用问题,但不利于刑法对该类犯罪的精准打击。2021年2月26日,《最高人民法院、最高人民检察院关于执行〈中华人民共和国刑法〉确定罪名的补充规定(七)》中明确《刑法》第293条之一相应的罪名为"催收非法债务罪"。该罪名正式列入刑法,为刑法精准打击暴力催收非法债务扫清了罪名适用的法律障碍。

事实上,套用寻衅滋事罪名打击暴力催收非法债务犯罪,可以在一定程度上有效震慑该类犯罪,但不容忽视的是,套用寻衅滋事罪名,也客观存在对该类犯罪的打击不够精准、不符合罪刑法定原则等问题。在刑法逻辑上,寻衅滋事罪打击的对象是破坏社会秩序的犯罪行为。虽然暴力催收非法债务客观上破坏了社会秩序,但这种违法犯罪行为有着自身的特殊性,不能完全等同于寻衅滋事,套用寻衅滋事的罪名来惩处暴力催收非法债务犯罪,难免有些牵强。

惩治犯罪,最重要的原则之一就是要坚持罪刑法定。套用其他罪名对本不属于同类的犯罪行为作出类案式惩处,不但难以有指向性地精准打击犯罪,也会存在某种司法的不确定性,让定罪量刑在实际操作中存在一定的随意空间。套用寻衅滋事罪名打击暴力催收非法债务犯罪行为,因寻衅滋事罪的量刑起点一般在五年以下,情节严重的处"五年以上十年以下有期徒刑",量刑起点高。相比之下,暴力催收非法债务的社会危害并没有寻衅滋事行为对社会秩序造成的危害大,如果涉案当事人没有其他犯罪行为或严重情节,一律以寻衅滋事罪对其定罪量刑,则有可能导致轻罪重判的情形出现,因此需要用专门罪名来对该类犯罪定罪量刑。

遏制暴力催收非法债务犯罪,刑法是有力利器。催收非法债务罪首案的公开宣判,是一堂生动的法治警示课,更具有遏制该类犯罪的样本意义。司法机关要善于利用首例催收非法债务罪案彰显的样本意义,做好相关普法工作,为依法精准打击催收非法债务犯罪奠定坚实基础。

其三,私力救济可能会侵害当事人的诉权,对国家的司法权造成一定的侵蚀。这一点是

[①] 参见万周:《首例催收非法债务罪案更具样本意义》,载《北京青年报》2021年3月12日,第A02版。

私力救济最大的隐患,必须引起充分的注意。

其四,私力救济一般是在"当且仅当私人之间交易成本较低的时候"才得以发挥作用,当交易成本太高时,需要国家(公权)的介入以降低交易成本,事实上科斯定理早已告诉我们,"构建法律消除私人协商的障碍"①。

(二) 私力救济的规范化

改革开放以来,我国国家机关和企事业单位的改革带来人们生活方式和社会管理方式的变革,党政机关不再承担业务之外的社会纠纷调解和裁决的任务,"有矛盾找领导"的行政治理模式被"有矛盾上法院"的法律治理模式所代替,法院日益成为公众"讨说法"的地方和具体正义实现的机构。因此,在我国行政权力逐渐退出司法权力补入的"社会转型"中,解纷机制、司法救济制度到底如何完善还有很长的路要走。

事实上,在多元化的趋势下,公共产品的供给并不一定完全依靠国家。正如哈耶克认为的,人们的交往形成了一种自生自发的秩序,其原因是"理性个体"的存在。从微观个体理性决策而言,基本假设是每个人追求自身效用最大化。人们对纠纷解决往往也是典型的理性主义,哪种方式对其更有效用、成本更低、更快捷便利,就会被选择。因而通过自己、他人或者国家等多元途径来加以解决是较为合理的配置,私力救济由此有了一席空间。

问题是,在一个良性运作协调发展的社会,如何更好地协调公力救济与私力救济之间的关系?在我国,一方面,私力救济无法完全摆脱法律而独立存在;另一方面,私力救济也影响着国家的法律、政策和公力救济的实施。从积极意义上,私力救济行动促进了法律实施,有的"嵌入"在我国的一些法律体系中②,甚至为法律许可和鼓励③,节省了司法成本,符合公共利益。从消极意义上讲,私力救济因其处理结果得不到合法支持,会陷入一个边缘化的尴尬境地,可能会加剧矛盾、引发暴力。为此,应完善私力救济制度的建设:

1. 解决好私力救济与公力救济的冲突问题。私力救济与公力救济的冲突时常发生,例如,某一个刑事案件发生后,受害人亲属巨额悬赏征集凶手线索,可能被负责侦破的公安机关称为干扰办案;又如,某民间讨债人被执行同一债务的法院以干扰司法执行拘留,等等。这些私力救济合理不合法的现状揭示出,私力救济与公力救济的冲突的解决,一靠权利设置,如授予公民进行的"自力救济权"权利;二靠程序保障,私力救济的程序化,一方面使私力救济的"合法性"得到了程序制度的保障,另一方面使私力救济得到程序的规范,能够与公力救济程序相协调、相配合,更有效地发挥其积极作用。

2. 从法律上明确规定私力救济权的主体地位。我国《宪法》及《民法典》规定任何公民和法人都享有宪法与法律赋予的权利,普通公民个人正是以这种身份行使对其私权利的合法救济,成为私力救济权的一般主体。因此国家应该完善各种有关私力救济及中介组织立法,为私力救济的发展提供保障,以此促进社会资源对私力救济供给的投入,弥补公力救济的不足。

3. 合理划分私力救济的实施边界。譬如,私家侦探所享有的私人调查权与公力侦查权

---

① 〔美〕罗伯特·考特、托马斯·尤伦:《法和经济学》,史晋川等译,格致出版社2012年版,第84页。

② 以《民法典》为例,物权编中在担保物权分编设立了抵押制度和留置制度,规定当债务人不履行债务时,债权人可用抵押物品或留置物品折抵。

③ 如自卫和自助等一些行为,诸如民法和刑法都对正当防卫的实施条件、实施后果、责任判定等作了明确规定,并且呈现出放宽行使界限与行使强度的趋向,有利于权利主体更充分地实施自力救济权。

应有所不同。私家侦探的调查权是否应超出普通公民的调查权,其调查权和公民的自由权、隐私权的界限等都有待于立法予以明确的定位。如涉及政府内部机构的运作以及国家秘密的调查,只能将这项权力赋予专门的党政和司法机关。虽然社会组织和公民个人有权控告,民间调查机构可以协助官方(公安、检察机关)共同进行。针对私人调查隐私权的合法性问题,在于如何在私人调查权与隐私权之间取得平衡。立法应赋予私人侦探享有该项权利,同时对此作出必要的限制,如依法规定私人调查的方式、手段和范围,规定私人调查侵权赔偿责任等。

总之,中国法制现代化的进程中,私力救济是一种以私人力量为主宰的有效社会控制机制。我们应发挥其对纠纷解决的积极作用,限制其消极功能,并通过立法纳入法制轨道,形成公、私救济并存、有机配合和补充的多元解纷机制,这样更有利于化解冲突,缓解司法压力,节省公共资源,维护社会秩序。如荀子提倡的"维齐非齐",只有承认并协调事物间差异,才能相辅相成、和谐共存。

拓展知识

自力救济权[①]

1. "自力救济权"的法律界定

自力救济权,实质上是确认公民有权利在法定范围内对其合法权利进行自力救济。由于自力救济权性质为私权,因而主要根源于私法的自力救济权的形式,还可以进一步细分为:(1)"自由"形式的自力救济权,即当事人可以自由地实施某种行为以保护自己的正当利益,这一类救济权主要表现为自助行为、紧急避险和正当防卫;(2)"请求权"形式的自力救济权,即当事人有权利要求他人做什么或不做什么;(3)"形成权"形式的自力救济权,即当事人有权利消灭、变更和创设一种特定的对己不利的法律关系;(4)"豁免权"形式的自力救济权,即当事人的特定的法律关系不因他人的法律行为而改变。

此外,通过建立自力救济权的主体制度(区分一般主体与特殊主体)、权利结构(人身权与财产权两大类)、实施方式(例如自救行为、自助行为、诉讼、调解、仲裁、公力与私力救济冲突的解决),来保证自力救济权的正常运行,从而完善我国私力救济制度。

2. 自力救济权的主体制度

(1)一般主体

自力救济权的主体首先就是公民和法人。公民和法人作为各种人身及财产权利的主体,在自身权利受到侵害的时候,应该率先进行救济。这是维护权利的最基本需要,必须得到社会与法律的承认。

(2)特殊主体

① 律师事务所。律师事务所作为社会法律服务机构,是为公民提供私力救济的重要主体。关于律师在私力救济中的作用及现状,文中已多处提及,在此不再重复。

② 消费者协会。《消费者权益保护法》设立了消费者组织一章,确定消费者协会是保护

[①] 本节内容节选自周林彬、王烨:《私力救济的经济分析》,载《中山大学法律评论》(第1卷),法律出版社2001年版。

消费者权益的社会团体,明文规定消费者协会的职能包括受理消费者投诉,对投诉事项进行调查、调解。现实中消费者组织在私力救济领域中地位日益突出,如组织协商对消费者谈判成本的节约,提供咨询对消费者信息成本的节约等。

③ 舆论媒介机构。近来舆论媒介的监督在权利侵害的救济方面发挥出越来越明显的作用,如成为热点的焦点类、曝光类节目。舆论曝光的威慑力,使电视、广播和报纸传媒成为私力救济的生力军。社会公众对新闻舆论的信赖感,使得"要维护权益,找记者"成为一种潮流。这尤其明显地体现在行政侵权、环境侵权和消费侵权等领域。

④ 其他中介机构。为了满足权利救济的需要,多种形式的中介服务已在社会生活中崭露头角。如热线服务的经济技术法律咨询,各种行业协会对协会成员之间纠纷的调处,民间仲裁机构对各类民事纠纷的依法仲裁等,摆脱了中介服务的单一途径,方便了公众获取法律服务的需要,使得权利主体获取相关制度资源的成本极其低廉。又如刚刚出现的私人法律调查事务所、商债追收企业、商业信息调查公司等,这些新中介机构提供了获取信息资源的新渠道,无疑将为私力救济注入新的力量。但是,这一新型法律服务却处于制度空白之中,有待于立法予以明确的角色定位。

3. 自力救济权的权利结构

(1) 人身权

对人身权的侵害多带有暴力性质,鉴于生命、健康权对权利主体的终极意义,以及侵害的瞬时性和人身危害性,法律赋予了权利主体自力救济的合法性。《刑法》中的正当防卫及紧急避险制度即属此列。《刑法》第20条第3款规定,对于暴力侵犯人身安全的犯罪,防卫中造成侵害人伤亡的,不构成防卫过当,属正当防卫。法律赋予了权利主体采取一切针对侵害人的措施来进行自力救济的权利。这一条文对私力救济的从宽规定,无疑具有积极意义,将自力救济的成本负担更多地移向侵害人。《民法典》中同样采纳了正当防卫和紧急避险制度,虽未设立对人身权的正当防卫限制从宽的条款,但民法与刑法对正当防卫的概念应保持一致,因此在刑法已扩大正当防卫的界限的情况下,民法中的正当防卫范围也自然随之加宽。此外,民法还规定了人身伤害的经济赔偿请求权,开辟出了人身权利私力救济的经济途径。

(2) 财产权

① 物权。由于刑法及民法中的正当防卫和紧急避险制度都包含对财产权的救济,因此这是有关财产权的私力救济强度最大的规定。但在民法有关财产所有权的制度中却缺乏相应私力救济的具体条文,因此应依据物权法原则建立完善的物上请求权体系。例如,为恢复物权的圆满状态,依据物权的支配效力设置排除妨害请求权,依据物权的排他效力和追及效力设置返还原物请求权;无法恢复原状态时,则设置损害赔偿请求权,使财产权的各项私力救济措施在遵循物权特性的基础上实现规范的具体化、体系化,由此降低私力救济的制度资源获取成本。

② 债权。债权制度体系中,除了一般意义上的债务履行请求权外,为实现债权人对债权的救济,还有一些专门的制度设置。

首先,从合同债权的担保角度,《民法典》设立了抵押、质押、定金和留置等制度,规定当债务人不履行债务时,债权人可拍卖抵押品、质押品或留置品偿债,或主张适用定金法则。

其次,从合同债务的履行角度,《民法典》设置了同时履行抗辩权和不安抗辩权以及债权人的代位权和撤销权。但是,除了抗辩权可由当事人自主行使外,代位权和撤销权必须借助公力。这一程序限制加大了债权人自力救济的复杂度,加重了自力救济的实施成本,不利于及时有效地对债权实施救济。

最后,对债权人自助权的设置。由于代位权和撤销权须通过法院才能行使,需要经过一定的手续和程序,在紧急事态下不利于债权的保障,因此应借鉴人身权和财产权保障中面对紧急事态的正当防卫制度,设立债权人的自助权。"自助权是指债权人于情势紧急而无法求助于公权保护其合法权益时,对债务人人身或财产实施必要的强制性措施的权利。"[①]如当债务人转移财产时扣押其财产,或当债务人企图潜逃时暂时拘束其人身。只要是在一定的限度之内,而且确为情势所需,即为合法的私力救济手段。赋予债权人自助权,就是将自力救济可能造成的成本耗费(如债务人财产被扣押的损失)分配给债务人承担,有利于债权自救的行使。债权的自助行为在法国、德国、瑞士等大陆法系国家以及英国等英美法系国家的民法制度中都有规定或确认,我国对这一制度的引入将具有重大意义:第一,自助权弥补了正当防卫不能及于债权的缺欠,使各类权利都有了面对紧急情势的私力救济制度,健全了权利救济体系;第二,着眼于市场经济初期,交易安全得不到切实保障、信用欺诈横行的现实,自助权会极大地降低债权自救成本,维护债权安全,从而鼓励交易行为,促进市场流通。

本章小结

民(商)事"权利"的救济方法大致可以分为三种,即:私力救济、公力救济和公助救济。也有学者将其总结为:私力救济、公力救济和社会型救济。私力救济作为私法领域权利救济的基本方式之一,不仅是一种"历史性产物",而且随着时代的发展,它也逐步进化并演变为一种"现代化工具",从而在国家法制(法治)框架下,成为公力救济的有效补充。

私力救济行为的构成要件一般包括以下四个方面:(1)权利受到损害;(2)受害人以自身力量实施救济;(3)没有中立第三方(包括官方或非官方)的介入;(4)救济方式没有违反法律的强制性规定或损害公共利益。

商事活动与民事活动存在诸多差别,由此导致了商人们在商事领域运用私力救济的原因,也具有了一定的特殊性。简言之,商事活动的"便捷性"原则、"互惠性"原则和"有效性"原则都是导致商人们寻求私力救济的客观原因。在商事活动当中,常见的"私立救济"行为包括:谈判与交涉、调查与催收、警告与威胁、对抗与报复,等等。

思考与练习

1. 什么是私力救济?与公力救济如何区别?私力救济的手段有哪些?与代替性纠纷解决方式(ADR)有何联系与区别?

2. 试举你身边的企业经营中的实例,说明我国私力救济的问题有哪些?其必要性、可行性如何?

3. 商账追收师的主要职责是通过合法的商账追收流程和技巧,对国内外债务人,包括企业、事业单位和个人进行商账追收服务。商账追收主要针对企业的"应收账款",通过专

---

① 田土诚:《交易安全的法律保障》,河南人民出版社1998年版,第282—283页。

业、合法的追收服务,帮助企业及时收回账款,降低企业风险率和坏账率,防范和规避企业由于使用赊销方式带来的信用风险。以商账追收师的作业为例:(1)请你绘制商账追收的流程图及相关注意事项;(2)在上门面访、电话催缴、邮寄信函中,你认为哪种追债方式经常被使用?哪种最为有效?

案例分析

阅读以下案例,并讨论是否应当允许私人设立"私家侦探社"。

2019年12月,南京六合公安分局网安大队正在休假的张警官发现自家私家车的车窗上居然被人塞了"私家侦探"小广告。广告声称可以提供查询户籍信息、银行流水、开房记录,甚至寻人定位等服务。张警官一看就发现这是典型的贩卖公民个人信息的违法犯罪行为。在向上级汇报后,六合警方成立了专案组进行调查,准备会一会这位"同行"。经历近一个月的侦查,专案组锁定"私家侦探社的探长"名叫谢某,镇江人,侦探社于2019年11月成立,通过网络雇佣当地人为其散发小广告招揽客户。与传统的贩卖手机号码不同,该"侦探社"声称只要给钱他都能查,每条信息从几百元到几千元、几万元不等,买卖行为严重侵犯公民个人信息。

2020年3月,六合警方将谢某抓获归案。警方调查时发现,谢某开办侦探社期间,一名镇江女子陈某怀疑老公在外有情人,在与谢某联系后,花了3万元委托谢某为她调查。谢某接单后,先是掌握了陈某老公的活动轨迹,偷偷在陈某老公的车上安装GPS定位器,后又进行了长达一个月的跟踪,期间不仅偷拍了他与情人约会的照片和视频,还成功调取了其银行流水、通话记录,甚至还有开房记录。经初步调查,2019年11月到2020年2月,短短三个多月的时间,谢某通过贩卖他人信息、婚姻调查等为11人提供个人信息,共非法获利30万元。

六合警方随后赴成都抓获了谢某的上家吴某,然而吴某还有上家。警方顺藤摸瓜又找到了上层"某网络公司"的两名网络工程师。接着,专案组在杭州、宁波、北京等地抓获18名涉案人员。通过审讯,发现他们有银行职员、电信员工,甚至还有公职人员,而谢某只是他们的一个小小买家而已。

2020年4月3日,谢某、吴某两人因贩卖公民个人信息罪被批准逮捕,5月22日,李某、陆某、张某等10人因贩卖公民个人信息罪被批准逮捕,8人被采取强制措施。因案情重大,此案上报后被公安部列为部督案件。[①]

---

① 参见任国勇:《"私家侦探"侵犯公民个人信息牵出犯罪链》,载《扬子晚报》2020年6月30日。

第二章

商事调解

2022年衢州某外贸企业负责人正苦恼不已。原来,该企业有一批货值近15万美元的商品发往美国后,被客户美国企业质疑产品质量问题,不予清关提货,并拒绝支付6万余美元的尾款。

怎么办?在经过多次催促后,美国企业非但没有支付货款,还切断了联系渠道。货物因长时间滞港未清关,已产生1万余美元滞港费;如做退运处理,高额滞港费将由中方企业承担,不但增加了成本,更为后续双方协商带来难度。

据了解,双方自2019年以来就有贸易往来,合作一直顺畅,每批货物均通过双方认可的第三方检测机构检测合格后发货。美国企业声称的瑕疵产品系此前长期订单产品,并非该批定制订单产品,且美国企业无法提供产品存在质量问题的检测报告。在查验具体订单后,衢州市贸促会(国际商会)认为,美国企业应当履行合同中的付款义务。

2022年2月7日,衢州市贸促会以衢州市国际商会的名义向美国企业制发了敦促履约函,敦促其按时履行合同,产品质量问题另行协商处理。2月9日,美国企业回复并提出了解决方案,但与衢州企业的预期相差甚远。衢州市贸促会与美国企业再次沟通,告知其衢州企业的意向,并建议衢州企业加紧与客户协商。

调解结果:春节期间,在衢州贸促会的主持参与下,双方进行了多轮协商。2月20日,美国企业向衢州企业支付了尾款的75%,剩余款项作为后续协商保障资金。至此,该案得以妥善化解,前后仅用了短短15天时间。在收到货款后,衢州企业向衢州市贸促会表达了诚挚的感谢。①

商事调解具有"程序简单、简便易行;费用低廉、时间迅速;不易斗气、利于合作"的优点。国际商会敦促履约是中国国际商会商事调解的独特形式,是指在国际经济贸易合作中,合同一方(被申请人)没有依约履行义务时,合同另一方(申请人)向中国国际商会或其分支机构提出申请。中国国际商会或其分支机构经初步核实,利用其在国际上建立起来的良好信誉和工作网络,直接向被申请人或其所在国的国际商会工作网络及其他商协会组织致函,敦促被申请人履约。国际商会敦促履约适用案情较简单,双方未申请仲裁、未引发诉讼,且被申请人尚有履约可能的情形。

从上述案例可以看出,对于常常面临各种经营风险和商事纠纷的企业而言,"调解"不仅

---

① 浙江省贸促会:《15天成功化解外贸纠纷,衢州贸促会助力企业追回海外欠款》,http://www.ccpitzj.gov.cn/art/2021/2/23/art_1229574285_12198.html,2022年7月3日访问。

是纠纷解决的良好选择机制之一,更体现了经营过程中企业积极面对商事纠纷的成熟态度。因为通过调解,企业不仅能够和谐地、低成本地化解大部分矛盾和纠纷,使当事人各方的利益得以平衡,而且能够保持企业之间良好的合作关系,为以后的商事活动奠定基础。事实上,在追求"以和为贵"的中国社会(特别是信仰"和气生财"的中国商人之间),"调解"早已被誉为体现"东方经验"的社会纠纷解决方式。

一、商事调解的概念与特征

作为商事纠纷主要解决方式之一,"调解"正发挥着越来越重要的作用。在国际商法实践中,"调解"一般被视为"ADR"(Alternative Disputes Resolution)的一种主要方式。实践证明,调解在公平化解商事纠纷、降低当事人诉累、有效化解当事人之间矛盾纠纷以及构建和谐司法等方面都发挥着重要作用。

(一) 商事调解的概念

"商事调解"是指在商事活动中,商人之间发生争议后,自愿选择第三方作为调解人(调解员),由该调解人通过说服和劝导等方式,使当事人之间的争议在互谅互让的基础上得以平息的一种纠纷解决方式。实践中,商事调解广泛适用于国内和国际商事活动中与交易、运输、保险、结算、担保等有关的一切纠纷。

调解的本质是通过独立、值得信赖的第三人来促成当事人以协作(而非对抗)的方式解决纷争。调解员帮助双方之间进行沟通,促进相互了解,关注于当事人的利益,并且运用创造性的调解技巧促使当事人达成调解协议。因此,调解员在调解中的作用不同于法官或是仲裁员——他(她)仅仅是促成纠纷的解决,而当事人最终仍然要以自决协议来处理相互间的纠纷。

(二) 商事调解的特征

调解是一个具有广泛参与性、非正式司法程序的过程,调解员的作用仅仅是辅助调解过程,而非像法官和仲裁员那样具有裁判的地位和权力。换言之,调解只是为了当事人自身的利益而存在。

1. 商事调解的灵活性

(1) 调解程序的灵活性

第一,在受案阶段,调解机构可以按照相关法律、法规的规定,根据当事人事先(包括事后)达成的调解协议受理商事争议调解案件,并不拘泥于当事人是否正式提交了书面申请书。只要一方当事人有调解的意思表示,调解机构可以主动征求对方当事人是否同意调解——如果同意,即可进入调解程序。

第二,调解的进程也具有很大的灵活性。根据案件的具体情况和不同需要,调解员在调解的进度、时间、地点等方面都可以给予灵活的安排。在调解过程中,任何一方都可以提出中止或终止,从而使调解暂停或结束。

(2) 调解方式的灵活性

在商事调解中,调解员一般按照专业调解组织的调解规则确定的程序进行。但是,调解规则并不是一个强制性规范,而是一个任意性和选择性规范。在当事人同意或要求下,调解人完全可以根据个案的具体情况确定和实施与调解规则不完全相同的调解程序。

调解员进行调解时,既可以用书面、口头、传真、电话、电子邮件等方式进行,也可以召集当事人共同或分别进行磋商或者两种方式交叉进行,还可以举行专题的咨询会议;既可以是"面对面"的调解,也可以是"背对背"的调解;既可以由独任调解员进行调解,也可以由多位调解员共同实施调解,还可以根据情况征得当事人的同意,邀请有关专家介入调解;既可以由一个调解机构负责案件的调解,也可以视情况由中外两个调解机构联合实施调解。

(3) 调解内容的灵活性

在调解中,调解员既可以对当事人的全部争议进行调解,也可以对可能达成一致意见的部分争议进行调解;既可以先易后难、分段解决纠纷,也可以不拘泥于是否完全符合原有合同条款,只要当事人认可并且不违背法律的强制性规定。商事调解的灵活性适应社会经济领域中纷繁复杂的情况和市场经济下商事活动快速变化的现状,因此能够满足当事人的不同需求。需要强调的是,商事调解的"灵活性"与纠纷解决的"公平性"之间并不必然存在冲突。

一方面,商事调解的最终目的是商事纠纷的及时、公正解决,因而,商事调解这样一个带有程序性质的制度,仍需要一个公平的过程以保证纠纷结果成功灵活地实现。假如当事人在调解过程以及最后的结果中始终得到公平的对待,调解成功的可能性将加大。另一方面,商事调解过程的公平使得不管最后达成的是有关纠纷当事人纷争的一揽子解决方案还是部分解决方案,乃至只是对其他纠纷解决程序的参考价值,都不会有损商事调解程序的制度价值。但是,如果只是关注商事调解的灵活性而损害其公平性,则会本末倒置,不仅不会得到良好的调解结果,还会有损商事调解在纠纷当事人心目中的评价。因此,为保护商事调解程序的制度价值和获得良好的调解结果,在调解过程中商事纠纷当事人应时时刻刻感受到他们处在一个安全和公平的环境中。

相关案例

深圳解决一宗争议金额达 134 亿元的跨境投资纠纷仲裁案用时 13 天。深圳国际仲裁院在前海受理并解决了一宗中美跨境投资纠纷,此案争议金额达 134 亿元人民币,为中国有史以来金额最大的仲裁案件。

此起仲裁案件当事人和代理律师分别来自中国、美国、新加坡、苏格兰和中国香港特别行政区等不同法律背景的国家和地区,由于仲裁的保密性原则,深圳国际仲裁院并未对外透露此案的具体案情。

据悉,涉案合同原来并无仲裁条款,争议发生后,中美两国当事人共同协商指定该院组成独任仲裁庭仲裁。争议金额高达 134 亿元人民币,案情复杂,当事人分歧巨大,深圳国际仲裁院采用"调解仲裁"模式,从立案到结案,仅 13 天便高效完成仲裁,且为一裁终局,中美两国当事人对最终的解决方案都表示高度满意。为避免诉累,根据联合国《承认及执行外国仲裁裁决公约》,可跨国执行。[①]

问题:如果你是国际贸易纠纷的调解员,你认为调解过程中需要解决的最关键的问题是什么?

---

① 《深圳解决一宗争议金额达 134 亿元跨境投资纠纷仲裁案》,http://www.sohu.com/a/53864002_119586,2023年4月14日访问。

2. 商事调解的简便性及广泛性

商事调解的简便性是指相较于诉讼、仲裁而言,运用调解的方式解决商事纠纷具有节省时间、精力和费用的优点。由于商事调解程序简便,通常案件只需要较短的时间即可结案。成则双赢、不成无输,因为当事人可以再启动其他纠纷解决机制解决商事纠纷;加上调解收费低廉的特点,所以对于当事人来说没有更大的损失。调解的简便性完全符合善意当事人陷入争议时期望及时、有效解决纠纷的愿望,成为节省时间和金钱的一种理想选择。

商事调解的主体和对象具有相当的广泛性。其中,"主体的广泛性"是指商事调解可以包罗不同的工商企业,无论其领域或规模,而且不仅有国内的当事人,常常也会涉及国外的当事人。"对象的广泛性"是指调解的案件虽然主要是商事、海事和经济领域里的纠纷,但是绝不限于上述范围,凡是当事人约定其纠纷由调解机构调解的,只要不为法律限制,调解机构都可以受理。在调解中对当事人彼此之间存在的其他争议和纠纷,经当事人的同意,也可以一并协调解决。因而,实施调解的范围可以不限于当事人当初提起调解的争议范围。这一点与诉讼和仲裁存在较大差别。[①]

3. 商事调解的保密性

商事调解纠纷所涉及的内容包含了大量的商业信息,因此调解程序必须与保密性联系起来,这是国际通行的商事惯例。商事纠纷当事人选择商事调解程序解决纠纷的主要原因就在于不希望商业经营过程因诉讼或仲裁程序被披露。

调解的一贯原则是要消除当事人的一切后顾之忧,为调解成功创造良好的条件。调解的目的是促成双方当事人和解,进而形成和解协议。因此在调解案件中,一切与调解有关的程序只在当事人之间进行,同时调解机构和调解员对调解案件涉及的有关内容也负有严格的保密义务。具体而言,"保密性"要求在调解程序中,调解员必须保证当事人在调解的任何阶段所呈现的商业资料都被视为秘密,不被偏见地加以对待,并且也不会被当作证据在今后可能进行的仲裁程序或司法程序中加以使用。"保密性"规则还要求在调解程序中明确保证,调解员不能在今后被仲裁庭、法庭传唤以对调解过程中披露的商业信息进行作证。基于商事调解的保密性,调解的当事人在调解程序中可以更自由地公开谈论他们所有的要求、利益和感受。

除了调解员之外,当事人也应维护调解的保密性,并且不应在任何仲裁、司法或其他程序中援引或引证:(1)另一方当事人就可能的争议和解方案所发表的意见或提出的建议;(2)另一方当事人在调解过程中所作的承认;(3)调解员提出的建议或发表的意见;(4)另一方当事人已经或没有表示过愿意接受调解员所提出的和解建议的事实。

(三) 商事调解的原则

1. 自愿原则

"自愿原则"是指在商事调解过程中,调解机构对商事纠纷进行调解的前提必须是双方当事人自愿,进行调解工作和达成调解协议都必须以双方当事人完全自愿为前提。当事人在商事调解的整个过程中,可以自始至终、自愿自主地处分自己在调解案中的商事权利,包括程序上的和实体上的权利。

自愿原则的贯彻有利于调解结果的实现。因为一般情况下,与法官或者仲裁员作出的

---

① 参见黄河、穆子砺:《中国商事调解理论与实务》,中国民主法制出版社2002年版,第46—47页。

强制性裁判结果相比,当事人更愿意接受并执行通过他们自身协商同意的协议。换言之,调解可以使当事人以更负责任的态度来解决他们的纠纷。

(1) 调解管辖的自愿性

商事调解管辖的自愿性是指:当事人对于发生在他们之间的商事争议是否提交调解完全由当事人自行决定。只有在当事人按照自己的意愿、根据综合考虑后向调解机构申请调解时,调解机构才可以受理,调解程序才得以被启动。所以,对于当事人来说,交付调解纯属自愿,是否启动商会的商事调解程序取决于双方当事人,而不是取决于调解中心,调解中心没有对调解案件的强制管辖权。

需要指出的是,当事人在其原有的合同中如果约定纠纷在协商不成的情况下以诉讼(或者仲裁)的方式解决,在诉讼或仲裁之前,只要当事人对调解形成合意,仍然可以将其纠纷提交调解机构进行调解。所以,诉讼或仲裁对商事调解程序并不具有排斥性。

(2) 调解进程的自愿性

商事调解进程的自愿性是指:在商事调解过程中,虽然有调解员控制调解程序,但是双方当事人可以根据自己的意愿,自由地决定调解程序的全部进程,实际实施的调解程序应当是当事人同意或认可的程序。这种自愿性包括当事人在调解员的调解、促成下完成调解程序;以及根据自己的意愿和需要确定是否进行调解、中止、暂缓调解甚至终止调解;此外,还包括在商事调解过程中,在调解员的主持下,当事人有权选择具体的调解手段、调解方式以及调解进行的时间、地点等。

在商事调解案件中,商事纠纷当事人通常是从调解中心推荐的调解员名册中选择调解员,同时也不排除当事人选择调解员名册之外的、为他们所信赖的社会其他人士出任本案的调解员。这就与仲裁和诉讼程序的调解具有相当的差异。在诉讼程序中,当事人无权选择法官,即使在法院调解程序中也无权选择对案件实施调解的调解人员;在仲裁程序中,当事人虽然可以选择仲裁员,但是却不能在仲裁员之外另行选择调解员。所以,无论诉讼还是仲裁,关于出任案件调解的调解人员,当事人并没有选择权。

(3) 调解协议的达成以及履行的自愿性

商事调解协议达成的自愿性是指:当事人可以在经过商事调解程序达成一致意见后,自愿达成调解协议;调解协议的内容体现出当事人对商事纠纷的共同的意见和一致的纠纷解决办法。在已发生的商事活动中,当事人必然形成了一定的权利义务关系,但是当事人的权利是可以自由变更、处分和放弃的。

从法律的角度来看,调解所达成的商事调解协议是当事人在商事活动中,在其原有的商事法律关系发生一定变更的情况下,根据变化后的形势和条件对其原有的权利义务重新加以确定的一种新协议。对于当事人来说,和解是一种商事纠纷当事人根据自己所处的商业境况作出的理性的抉择,是真正意义上的自愿,不带有任何违心的色彩。

在商事调解程序中,不仅调解协议的内容取决于当事人的合意,调解协议的形式也完全由当事人来决定,既可以采取由当事人签署"和解协议"或签订"补充协议"或"补充合同"的形式,也可以采取由调解中心出具"调解书"的形式,还可以采用由公证机构出具"公证书"、通过仲裁机构出具"裁决书"的方式,甚至还可以通过向法院提起确认之诉请法院出具"民事调解书"。

需要指出的是,即使是诉讼和仲裁程序中的商事调解,其协议的履行也具有自愿性。当事人可以依据调解协议的内容自动履行,如果反悔,当事人不予履行的,调解协议自身不具备强制执行的法律效力,不能直接申请法院强制执行,调解程序中形成合意的事项不能作为证据在诉讼或仲裁程序中被引用,整个案件需另行采取诉讼或仲裁的方式解决。

2. 合法原则

合法原则的要求是,商事纠纷当事人达成的调解协议内容,不得违背国家法律、政策的强制性规定,不能以损害国家、集体、公共利益和其他第三人的利益为目的。在理解合法原则时,应当注意以下两个问题:

第一,要正确处理商事调解中自愿原则与合法原则的关系。商事调解必须经双方当事人自愿,但当事人自愿作出的决定不等于都合法,对于违反法律强制性规定、危害公共利益或第三人合法利益的调解内容,调解机构有义务予以说明并明确反对。

第二,调解协议合法性的要求与判决及仲裁裁决合法性的要求程度不同。只要当事人不违反法律的禁止性规定,商事调解程序在较大范围内允许双方对自己的民事权利作出处分,也容许纠纷当事人仅对部分纠纷做出调解协议。当事人可以运用处分权在不违反禁止性规定的前提下达成双方所满意的或者所能接受的调解协议,尽管协议的内容与法律上严格认定的权利义务关系并不完全一致。

妥协与让步在大多数情况下对达成调解协议是必不可少的。从实务上看,当事人总会在协议中作出或大或小的让步。因此商事调解程序的合法性原则应定位于一种宽松的合法性,它不是指调解协议的内容必须严格遵照法律的规定,而是指协议内容不得与民商事法律中的禁止性规定相冲突,不得违反公序良俗和损害第三人合法权益。

(四) 商人为何选择商事调解?

是否选择商事调解,这一般取决于特定商业纠纷的性质和当事人的态度。

1. 纠纷的规模

传统观点认为当事人面对较小的商业纠纷标的比较倾向于选择调解模式解决,但是在国际商业纠纷解决途径中,情况正好相反,比如现在北美和澳大利亚的许多大型商业纠纷一般都是以调解的方式解决。在大额纠纷中,费用评估成为优先选择调解而不是诉讼的主要因素。当事人一般都觉得,纠纷的规模在司法程序中总是直接与诉讼费用及其他费用相关。事先同意保密的优势以及自主创制救济方式的商事调解程序是一种最节约争议解决成本的渠道。

2. 纠纷的性质和对象

在较小的商业纠纷中,当涉及较少的当事人时,调解是更经济、有效的方式。但现今的国际商业纠纷中,很多复杂的、涉及多方的商业和环境纠纷也是通过调解得以成功解决的。因为在很多情况下复杂的、涉及多方的纠纷是关于将来的损失而不是过去的损失,而这就不可避免地导致很多不确定性以及各种可能的损失不可能在诸如仲裁及诉讼中那样以明确的数额加以判断。调解往往因为可以给纠纷各方当事人一个合适的谈判平台而独显优势,因为毕竟很多时候只有商事纠纷当事人才知道纠纷问题的关键所在。

3. 纠纷解决的时间

当商业纠纷当事人相互明知他们将来还要继续合作,并且希望维持他们之间的关系,免于因被诉讼或其他方式完全陷入僵局,或者至少希望控制对抗式程序带来的不可避免的损害时,调解是最适合的纠纷解决方式。

选择调解开始的时间问题涉及对以下关键点的解答:商业纠纷当事人之间是否真的愿

意以调解的方式解决相互间的问题?他们双方是否已经通过他们的行为明确表明他们相信调解程序并愿意尝试调解?前期谈判处于什么阶段?现在进入调解程序能否有效避免诉讼?是否可以节约对商业行为而言至关重要的时间成本及机会成本?

4. 对方当事人解决纠纷心理的考量

如果当事人双方都抱着合作、解决问题以及妥协的态度,那么选择商事调解是明显适当的。当主动调解的一方当事人确认调解方式后,就应当以积极的努力促使对方当事人接受调解解决纠纷的方式,因为一旦纠纷当事人都选择了通过调解解决,各方都有义务朝着达成解决方案的目标努力。

相关案例
中国国际贸易促进委员会港籍调解员联合调解跨境商事纠纷案[①]

商事调解具有低成本、高效率、保密性高、程序灵活等优势,尤其在跨境纠纷解决过程中,无须当事人对相关手续文件进行公证认证,可以提升纠纷解决的便利度。广州 W 公司从事模具制造、电子产品及其设备制造等业务,西班牙籍商人 M 与 W 公司在指定电子产品及模具加工方面开展了广泛合作,但从 2017 年起,M 开始延迟付款,欠付 W 公司大量出口产品款项及利息。在就案涉纠纷提起诉讼前,双方聘请的律师团队结合粤港澳大湾区法律服务"调解为先"的安排,决定采用调解的方式解决争端。

基于与各自当事人的充分沟通,双方律师团队在第一次调解会议上确认一名熟悉跨境贸易、了解境内外文化风格、能够熟练运用电子设备的港籍调解员调解本案。双方律师团队细致汇总案件,详尽整理编排证据,并代表当事人利益与调解员保持密切沟通,为调解工作的展开奠定了良好基础。调解员在前期沟通中通过调解技巧向当事人阐明,如果选择其他纠纷解决方式,将需要办理相关公证认证手续,纠纷解决时间也往往较长,且可能对双方的国际声誉造成不利影响。通过电子邮件、微信、电话等电子方式的沟通,调解员归纳了双方开展调解的共有基础,包括:双方具有长期合作关系,都有良好的信誉;对所涉纠纷大部分事实无异议,在调解前可以确定"无争议的事实";双方自愿以调解方式解决纠纷。在此基础上,调解员充分调动双方律师团队的作用,通过测试各方的方案不断拉近双方距离,并利用互联网选择合适时机随时开展调解工作,最终促成双方达成调解协议。

该案调解主要有以下亮点:一是结合案件涉及跨境纠纷、需要远程调解的特点,引入具备相关专业能力的港籍调解员进行联合调解,在调解过程中充分发挥调解员在法律、商业、心理学、调解技巧方面的专业能力;二是事先向当事人阐明调解相较于其他纠纷解决方式的优势,引导当事人自愿接受调解,归纳双方的调解基础,从而提高调解协议达成的成功率及后续履行率;三是充分发挥律师在纠纷多元化调解中的作用,使律师在当事人与调解员之间发挥沟通桥梁作用,有效促进调解协议的达成。

[①] 朱华芳、顾嘉、郭佑宁:《中国商事调解年度观察(2021)》,http://www.bjac.org.cn/news/view?id=4030,2022年9月21日访问。

二、商会商事调解

在中国,涉及商事领域纠纷的专业机构调解大致包括三种类型:商会在其所受理的商事调解案件中的商事调解;法院在其所受理的民商事诉讼案件中的调解;仲裁机构在其所受理的仲裁案件中的调解。

从调解是否具有独立性来划分,商事调解可以分为独立性的调解和非独立性的调解。由于商会的调解机构独立存在、职能单一、不附属于其他的纠纷解决机制程序,故可以认为是具有独立性的调解程序。如最具代表性的中国国际商会系统的各个调解中心,都是独立的调解机构:它们有相对独立的调解规则,调解工作也具有自己独立的程序。而如诉讼程序中的调解、仲裁程序中的调解,由于调解在诉讼、仲裁程序中只是可选择的程序,没有启动诉讼、仲裁程序之前不能独立运用,所以调解程序在上述纠纷解决机制中没有独立地位,附属于其他程序当中,与其他纠纷解决方式结合运用,因此称为非独立商事调解程序。[1]

商事调解程序是否具有独立性的标准还可以结合"调解员"的身份进行判断。一般地,商会调解的调解员由商会从品德高尚、办事公允的法律界和经济界的专业人士中聘任,调解员在调解案件中不代表任何一方当事人,而是居中调解,所以调解员具有独立的地位。而在诉讼和仲裁程序中,由于调解职能与判决和仲裁职能客观上具有兼容的特性,决定了调解人员与审判员、仲裁员的身份合二为一,这样,诉讼和仲裁程序中的调解,从调解的程序到调解员的身份都不具有完全的独立性。

总体来看,目前我国商事调解组织的案源多数来自诉调对接机制,商事调解组织独立案源占比较低。这种现象的原因有多个方面:其一,商事调解以当事人共同申请或一方申请而另一方未表示拒绝为前提,要求当事人就事先接受调解组织的调解达成合意,但在双方产生争议的情况下,形成合意的可能性较小,一方当事人调解的意愿往往也不强;其二,对于诉讼程序中达成的调解协议,当事人可以申请法院出具调解书(国际商事法庭还可制作判决书),赋予调解协议强制执行力,出于保障权益切实实现的考虑,当事人更加信赖具有国家强制力保障的纠纷解决方式;其三,商事调解组织进行调解会收取一定的调解费用,而法院诉前委派调解通常不收费,调解成功后的司法确认亦不收取费用,法院立案后自行组织或委托开展调解并成功的案件,诉讼费用也会减半收取,故从节约纠纷解决成本的角度看,即使愿意调解,部分当事人也倾向于选择诉讼调解的方式。为逐步扩大商事调解组织的独立案源,建议通过完善调解倡导机制等方式,逐步提升商事调解组织调解的权威性、独立性和公信力。

▲ **背景资料**

中国国际商会调解中心

中国国际商会调解中心(以下简称调解中心)自 20 世纪 80 年代成立以来,商事调解业务经过三十余年的发展,拥有自己独立的业务运作模式,并制定了完整的《中国国际贸易促进

---

[1] 穆子砺:《论中国商事调解制度之构建》,对外经济贸易大学 2006 年博士学位论文。

委员会/中国国际商会调解中心调解规则》(以下简称《调解规则》)。

调解中心先后产生了四个《调解规则》版本,即 1987 年版、1992 年版、2000 年版和 2005 年版。几经修订,最新的一版于 2012 年 5 月 1 日施行,共 3 章 34 条,统一适用于全国各地国际商会的调解中心。2012 年版调解规则既注重吸收国际上同行的先进做法,又考虑了中国调解形势的实际情况,对于规范调解机构和调解员的行为、正确进行调解程序、提高工作效率等发挥了积极的作用。

《调解规则》比较详细地规定了有关商事调解的操作程序和调解方式等,这样就使得商会的商事调解在程序方面具有独立性,该《调解规则》是中国国际商会调解中心对中国商事调解事业的一个贡献。①

调解中心于 2021 年 11 月发布《中国国际贸易促进委员会/中国国际商会调解中心知识产权争议调解规则》。该规则于 11 月 1 日正式实施,是国内首个面向解决涉外知识产权争议的商事调解规则,对于完善知识产权纠纷解决机制建设、推动商事调解发展均具有重要意义,是我国商事纠纷解决领域的重要成果。②

商会商事调解具有民间性,是指商会的商事调解不依附于任何政府机构而具有民间调解的色彩。在商会的商事调解中,调解机构一般是附设于商会内部的一个独立的调解组织,由于商会本身是工商企业自发成立的一种具有民间性质的组织,它并不依附于政府或政府机构,这样在组织架构上,商会的调解机构与政府没有任何直接隶属关系。商会调解机构的这种民间性使其具有相当的超脱感,从根本上保证了商会商事调解的公正性,也给当事人一种全新的信任感。

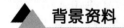
背景资料

中国贸促会(CCPIT)的商事调解

截至 2022 年 6 月,设在 CCPIT 总会的调解中心及设在全国各个分支会的调解中心已达 60 余家,形成遍布全国的庞大的调解网络;经统计,贸促会系统商事调解案件的成功率在 80% 以上,案件涉及 30 多个国家和地区。调解中心的国际化程度日益提高。

一方面,调解中心已与多家国际机构建立了合作关系,如:北京—汉堡调解中心、纽约调解中心、阿根廷—中国调解中心;而近年来,调解中心也与以下机构共同建立了联合调解中心:韩国中国商会、香港和解中心、澳门世界贸易中心、加拿大加中贸易理事会、美国争议预防与解决中心(CPR)等。与中、日汽车协会(CAAM,JAAM)建立了合作调解 2+1 模式,即由中国贸促会调解中心与中、日汽车协会共同签署一个合作协议,约定发生在中、日汽车领域里的各种纠纷共同委托 CCPIT 调解中心处理。

另一方面,中国贸促会和中国国际经济贸易仲裁委员会(CIETAC)调解与仲裁相结合的纠纷解决机制也得到成熟发展,此做法从中国国际经济贸易仲裁委员会成立时即一直倡

---

① 黄河、穆子砺:《中国商事调解理论与实务》,中国民主法制出版社 2002 年版,第 48 页。
② 杨鹤:《国内首个涉外知识产权争议商事调解规则正式实施》,http://www.gov.cn/xinwen/2021-11/02/content_5648326.htm,2022 年 9 月 21 日访问。

导并大量应用于实践中。而将这个做法正式载入仲裁规则则是自 2000 年始,2005 年、2012年、2015 年的规则进一步使其完善。(见 CIETAC 之仲裁规则 2000 年 10 月 1 日版、2005 年 5 月 1 日版、2012 年 5 月 1 日版和 2015 年 1 月 1 日版)。2005 年规则第 40 条明确规定,当事人在仲裁委员会之外通过协商或调解达成和解协议的,可以凭当事人达成的由仲裁委员会仲裁的仲裁协议和他们的和解协议,请求仲裁委员会指定一名独任仲裁员组成仲裁庭,按照和解协议的内容作成仲裁裁决。

(一)商会商事调解模式

商会商事调解由于针对商事纠纷调解的专业性,逐渐发展出多种商事纠纷调解的特殊模式。

1. 妥协调解模式。这种模式通常使用于大型商业、工业冲突中。与传统的调解模式不同,它引导当事人较早地表明立场,更主要的是此种模式是基于当事人明显的法律权益和先前已确定的立场要求展开调解。由于这种调节模式主要用于大型商业、工业冲突,冲突双方一般基于足够的商业理性及谈判诚意,所以它不需要调解人挖掘和发现每位当事人的真实需要和利益,为节约调解成本,要求当事人在谈判起始阶段确定每一方的"底线"。

在妥协调解模式下,调解员主动寻求在谈判的开始阶段确定每一方的"底线",然后鼓励双方朝着一个都可以接受的妥协方向渐进式地谈判。尽管涉及所谓"调解人"的干预,但是基于大型商业、工业冲突的特征,纠纷当事人都具有相当的专业性及解决纠纷的理性,这种模式更类似于传统的对抗式的、由双方当事人以及他们的代理律师在法庭上的情形,调解协议的实体内容由争议双方讨价还价决定,调解员只是调解程序的控制者。

2. 管理调解模式。这种形式主要适用于商业和金融领域的纠纷,其特点是由于此类纠纷具有高度的专业性,因而也是一个具有高度干预性的过程,通常选择在相关领域具有较高权威的专家担任调解员,例如专业的商事法律专业人士或者经理人,此种模式更强调法律权利以及客观标准和措施。"调解人"通常会在调解过程中明确地提出其专家意见,并且常常积极参与谈判。在更多方面,当事人更依赖于"调解人"的专业背景,他在此类调解中扮演的是建议者和管理者的角色,而不是传统的调解人程序管理的角色,因此,当事人对他们的谈判和最终结果的自主控制相比其他调解模式要少得多,这也是调解当事人借助调解人专业知识所期望得到的效果。因为这种模式注重的是原本争议双方所应有的权利是什么,而不是纯粹的商业利益,所以这种模式有时也被形容为"没有约束力的仲裁"。

3. 联合调解模式。它是指有两个或者两个以上的调解员总是同时出现在所有的调解场合中,无论是调解机构建议的,还是当事人自主选择的。这种形式的调解通常应用于大型商事纠纷调解,尽管在其他领域也可以被成功运用。因为大型商事纠纷的调解过程通常比较长,纠纷复杂,不同调解员之间能够结合自己的专长,将各自在调解的每个阶段的职责进行细致良好的分工,并且能够在私下的关于调解的交流中及时掌握调解的进展和动态,这样调解更易于进行。在最后的阶段,他们可以合作提出解决方案。当然,商事纠纷当事人如果打算选择联合调解,应当选择拥有类似的方式和风格、专业特长互补、相互了解并能共同完成主持调解工作的调解员人选,以给当事人创造一个良好的气氛和提供更多的纠纷解决选择。

4. 疲劳调解模式。复杂的商事案件中,则发展出了一种叫做"疲劳调解"(mediation by exhaustion)的形式,这种调解模式主要基于商事纠纷当事人之间有解决纠纷的绝对诚意,但是由于各方面的原因,纠纷矛盾复杂,没有办法达成一致意见的情况。此种情况下,调解员或许提出以下意见:调解员和当事人被一直关在一起,直到一个解决方案经过彻底讨论而最终达成。通常在这些情况下,当事人应当选择一个著名的调解员进行调解,他在与纠纷相关的领域拥有丰富的经验,从而有足够的能力运用专业知识介入调解。

(二) 商会商事调解的程序

1. 商事调解案件的受理

商事调解案件的受理是指中国国际商会调解中心及所属各调解中心(以下统称"调解中心")通过对争议当事人提出调解申请的材料的审查,认为符合《中国国际贸易促进委员会/中国国际商会调解中心调解规则(2012)》(以下简称《调解规则》)规定的条件,而决定予以立案调解的行为。

调解申请人提出的申请有可能引发调解程序,但并不是调解程序启动的充分必要条件。因为调解是当事人双方自愿的行为,调解申请人一方提出要求调解,而另一方当事人不同意以调解的方式解决相互间的商事纠纷,则调解程序无法启动。这是调解程序不同于诉讼程序和仲裁程序的主要区别之一。

受理案件之后,调解中心需要对申请人提交的材料进行审查,其内容主要包括:申请人所提交的材料、被申请人所提交的材料及案件的性质。

首先,审查申请人所提交的材料。根据《调解规则》第 9 条、第 13 条、第 15 条、第 16 条等相关规定,调解中心主要审查的内容如表 4-2-1 所示:

表 4-2-1 调解审查表

1. 是否提交调解申请书一式三份,当事人人数超过二人或调解员人数超过一人的,增加相应的份数。申请书应写明及/或提供:	a. 各方当事人的名称(姓名)、地址、邮政编码、电话、传真、电子邮件(E-mail)以及其他可能的快捷联系方式;
	b. 争议事实和调解请求;
	c. 适当的证据材料;
	d. 身份证明文件。
2. 如委托代理人参与调解程序,应提交书面授权委托书。	
3. 在"调解中心"调解员名单中,或征得调解中心确认在调解员名册之外共同选定或共同委托"调解中心"代为指定一名调解员。	
4. 各方当事人按照调解中心调解收费标准预交同等比例的调解费用。当事人之间对费用负担比例另有约定,从其约定。	

其次,调解中心在审查时,还必须审查调解被申请人所提交的材料。根据《调解规则》第 12 条、第 14 条的规定,被申请方当事人在收到《调解通知书》后应在 5 个工作日内向调解中心提交是否同意将争议提交本调解中心调解的书面意见。未在规定期限内确认同意调解的,视为拒绝调解。

最后,调解中心在接受当事人的申请时,必须审查案件的性质。根据《调解规则》第 2 条的规定,国内外平等主体的自然人、法人和其他组织之间发生的民商事争议及其他特殊主体之间约定的特别争议,均可提交中国国际贸易促进委员会/中国国际商会调解中心调解。

调解在期限方面的规定与诉讼、仲裁相比,有较大的灵活性,这主要体现在以下两方面:

（1）调解不受时效的限制。世界各国对诉讼案件、仲裁案件都有严格的时效规定。如《民法典》第188条规定："向人民法院请求保护民事权利的诉讼时效期间为三年。法律另有规定的，依照其规定。"而《调解规则》中没有如此限制。在实际调解中，只要当事人双方愿意，不管争议发生的时间有多久，只要有充分的证据，不影响调解员对案件的确定，调解中心就可以受理案件。

（2）案件受理的时间。《调解规则》对调解中心受理案件没有作具体的时间规定，这并不表示调解中心对案件的受理可以随心所欲，无限延长。调解与诉讼、仲裁相比的一个显著优点即为迅速、便捷、灵活。根据《调解规则》第11条规定："调解中心在收到当事人的申请后，应及时向各方当事人发送《调解通知书》及本调解规则、调解员名册。"很明显，在接受申请时，作了"及时"的时间规定，在被申请人确认同意调解并提交有关材料后，《调解规则》同样没有规定"调解中心"在什么时间确定受理案件，但根据调解的特点，参照接受申请时的"及时"的时间规定，可以断定调解中心应在被申请人确认同意调解，并提交有关材料后，就"及时"受理调解案件，并"及时"着手调解程序的下一步工作。

拓展知识

商会商事案件调解向诉讼和仲裁的可转化性

纠纷已经进入调解程序以后，中国国际商会调解中心和其调解员仍然要尊重当事人的诉讼和仲裁权利。应当指出：在我国目前没有商事调解立法的情况下，商事调解程序并不是商事纠纷诉讼和仲裁的必经程序。在调解之前、调解之中以及调解未达成协议或者虽然达成调解协议但不被履行时，任何商事纠纷当事人都可以自行决定和选择将其争议向法院起诉或者向仲裁机构申请仲裁从而结束调解程序。所以，商会调解与诉讼、仲裁彼此并不矛盾，应当是可转化的而且具有兼容性，商会的商事调解没有法律依据限制和剥夺当事人的诉讼权利和仲裁权利。从当事人的角度来看，也因不必担心一旦付诸调解就会丧失诉讼权利和仲裁权利，而使商事纠纷的解决多了一条有效途径。商事调解向诉讼和仲裁的可转化，也体现于当事人经调解达成调解协议后，如果当事人一致同意，可以将其提交法院或仲裁机构，将调解协议的内容作成判决书或裁决书，使调解协议的内容具有法律强制执行力，保证商事调解结果的有效履行。

【案情简介】

被申请人X公司自2001年8月至2007年6月先后向案外人A借款本金共计2000万元，到期后催收无果。之后，A与申请人Y公司于2016年9月9日签订债权转让协议书，将上述借款本金及利息共计7900万元折价3000万元转让给Y公司，并于2017年5月22日将转让事宜告知了X公司，Y公司按照债权转让协议的约定向A支付债权转让价款。X公司因经营困难，虽前期已与Y公司就支付对价中的1500万元达成调解协议但未予履行，现其他债权人向法院申请强制执行，并对X公司的一项大宗资产实施拍卖，申请人遂就剩余转让对价款中的另1500万元起诉至法院。

四川自由贸易试验区人民法院接收本案申请人立案材料后，于2019年7月12日将本案委派至一带一路国际商事调解中心，调解中心指派郑显芳调解员于2019年7月19日对本案主持调解。

鉴于本案涉案标的1500万元,金额较大,被申请人已经因其他生效裁判文书进入强制执行程序。因此申请人必须尽快确定债权并取得生效裁判文书参与到该强制执行程序中,方能参与财产分配。郑显芳调解员与双方当事人分别沟通,了解案件事实。被申请人对申请人主张的债权不持异议,但表示目前公司确实资金困难无力支付。郑显芳经分析本案的诉讼风险、费用成本并听取了双方的和解方案,最后建议双方当事人各让一步,经协商一致达成了调解协议,双方共同申请司法确认结案。当事人在本案中支付的调解费仅仅为案件受理费的1/4。

【典型意义】

本案以调解方式结案,司法确认民事裁定书送达双方后即发生法律效力。随后申请人立即向法院申请强制执行,因申请及时,申请人顺利参加了正在拍卖的被申请人资产分配程序,获得执行款2200多万元。本案自当事人向法院提起诉讼至拿回执行款项前后总共耗时40天,调解为当事人解决纠纷节省了时间、人力和诉讼费用成本,也为顺利执行、收回债权抢占了先机。

2. 商事调解程序的运作

(1) 调解前的阶段

这个阶段的目标包括:① 商事纠纷当事人决定以调解的方式解决纠纷,选择调解员和调解的程序;② 纠纷的基本或是大致的性质是商事的;③ 定下解决特定纠纷的调解程序的基调。

而完成上述目标所应采取的行动则包括:① 调解员完成与各方当事人必要的单独接触,从争议的双方了解基本的信息;② 调解员向各方当事人解释调解过程的性质;③ 确定调解各方都能接受的调解的程序、地点、日期和时间以及应该出席调解的人员名单;④ 确保所有的参加人完成调解的必要准备工作。

(2) 调解的开始阶段

这个阶段的目标包括:① 进行面对面的引导说明并且确定行为准则;② 建立对调解员以及对调解程序的信任感;③ 继续向当事人深入介绍调解的程序;④ 取得当事人愿意开始调解的承诺;⑤ 对当事人的需要和利益达成一些相互理解。

而完成上述目标所应采取的行动则包括:① 向调解当事人阐明调解的主要特点,特别是它的自愿性;② 回答当事人提出的关于调解程序的问题,详细说明调解过程的每个阶段;③ 获得每个当事人愿意开始调解的明示承诺或书面承诺;④ 在双方第一次会谈中,调解员聆听并记录每方当事人陈述己方事实;⑤ 总结焦点并且确定每方当事人关注的利益和需要。

(3) 调解的中期阶段

这个阶段的目标包括:① 在多次调解会议中剥离、分解并且挖掘争议双方主要的利益焦点;② 允许双方任何关于主要利益纠纷解决信息和想法的更新;③ 对固执一方的那些偏离主要需求的请求发出质疑;④ 辅助当事人进行解决纠纷的谈判,促成解决方案的提出。

而完成上述目标应采取的行动则包括:① 分析、调查、总结、合并并且解析利益关注点;② 寻求缩小双方要价之间差距的有效途径;③ 确定纠纷解决方案,并分析其能够在多大程度上满足主要利益的关注点。

(4) 调解的最后阶段

这个阶段的目标包括：① 纠纷当事人及调解员一起客观地评价各种纠纷解决方案；② 谈判进入到形成一个涵盖全部焦点问题的、正式的协议阶段。

完成上述目标所应采取的行动：① 研究纠纷解决方案的各种选择；② 确定折中方案的可能性；③ 当事人起草最终协议。

 拓展知识

调解中代理律师的角色定位

如果商事调解标的数额巨大，法律问题复杂或者有可能遭受重大财产损失的，或者涉及其他重要利益的纠纷，调解当事人会比较理性地希望他们的律师能够自始至终地参与调解。诸如此类的案件很明显都会在法律的框架下进行调解，而双方当事人需要他们自己独立的代理律师随时对新出现的问题、信息以及提出的解决方案的相对公平性进行协商。当事人出现交流或者语言问题时，代理律师可以发挥作为当事人"话筒"的传统律师作用。

和代理律师在对抗诉讼中的好战角色很不一样，商事调解开始时，调解员必须提醒代理律师注意他们在调解中的辅助、协商作用。代理律师应当认识到，在商事调解程序中提交诉状、交叉讯问、律师之间进行辩论以及其他对抗式行为都是不合适也是不被允许的。同时代理律师也应当意识到，只有当事人才能控制调解内容，并在调解中占据主导地位。在当代商事调解中，当事人是被鼓励开场陈述等积极行为的，而不是像诉讼程序中留待他们的代理律师来完成。

基于律师在法庭的职业惯性和调解人的调解中的非法律义务，代理律师有时可能会试图联合起来加速或者"形式化"商事调解关键程序阶段，这样做的后果是十分危险的，因为通常这些关键程序阶段涉及如何充分发掘商事调解当事人各方的利益需要并且将纠纷当事人从僵持立场转移到合作地解决商事纠纷上来。此时表明在场的代理律师并不清楚调解原则和实践，调解员就必须发挥其调解程序管理的作用，将商事调解要体现的合作解决问题精神与法庭上对抗精神之间的区别明确地强调给当事人的代理律师。

调解程序有其自身的规律。为了提高效率，调解员必须自始至终掌握各方的变动以及他们之间的互动状况，也应当有效防止代理律师对商事调解特殊程序的"破坏"。代理律师如果能够真正理解调解程序并且遵守它，他们就可以从以下但是不限于以下方面极大地促进调解的成功：

熟悉当事人的案情，设计出可行的调解解决方案的范围，收集任何与案情有关和在解决方案中需要谈判的信息；向当事人全面地介绍调解的运作方式，鼓励当事人积极地参与调解的整个过程。通过讨论现实的替代谈判策略来辅助当事人做好最佳准备；与当事人讨论有关案情的信息是否需要向对方以及调解员披露。律师还应当向他的当事人解释调解保密限度；参与探讨研究有关解释方案的新思路和新方案；辅助起草解决方案的条款等。

3. 如何防止调解一方诚信意识淡薄的恶意调解

虽然调解协议以合意为基础，更易为当事人所接受，但是实践中，有很多当事人法制观念淡薄，达成调解协议后蔑视调解书的权威，具有履行能力和履行条件却不主动履行，对调

解协议抱着应付、拖延甚至对抗的态度。更有一大批缺乏诚实信用的商事纠纷当事人,抱着不良的动机,打着调解的幌子,谋取不当私利。

商事调解为促使商事纠纷双方达成调解的结果,往往要求各方均作出一定的让步,但是更多的是以牺牲权利人的部分权利为代价。比如在合同纠纷当中,部分债务人在责任不可推卸、诉讼败诉已成定局或为获取时间利益的情况下,以调解付款为要求请求债权人接受商事调解,并在调解程序中大肆讨价还价,要求对方在违约金、利息、履行期限、履行条件等方面作出让步,以此规避责任可能更大的仲裁裁决或法院判决。对此,债权人一方的当事人可能因为各方面的原因而与他方达成调解协议。之后,有的债务人并不按照调解协议履行自己的承诺,而是企图在以后的履行中进一步讨价还价,甚至以不同意调解协议开始仲裁或诉讼为要挟。最终可能导致的结局就是,债权人一方产生被欺骗被戏弄的心理感觉,于是双方很容易再次陷入僵局,调解过程中已达成的调解条款履行的可能性大大降低。

为避免商事调解中上述恶意调解情况的出现,作为债权人至少应当建立财产申报制度和债务履行担保制度,防止恶意调解。债权人在接受调解提议之时或至少在达成调解协议之前,让债务人对自己履行债务的能力进行说明并提供相关的证明材料①为条件,使债务人对自己财产状况的真实性负责,或让债务人对其履行调解协议作出担保,并承担相应的法律责任。在了解债务人履行到期债务的能力的基础上,如果涉及商事纠纷双方的重大利益,在调解的过程中债权人还可以要求赋予债权人以监督权,监督债务人重大投资以及财产处分行为,最大限度地保证调解协议最终履行的可能性。

在达成调解协议之后,债权人可以进一步要求将调解协议通过确认之诉的诉讼程序或以仲裁裁决的仲裁程序给予效力固定,使调解协议的内容获得法律上的强制执行性。这样,即使最终债务人违背协议约定内容不主动履行而使案件进入强制执行程序,执行人员也能够根据债权人掌握的信息了解被执行人的财产状况,节省大量的时间和精力,减少执行的难度。对那些企图恶意利用调解程序的债务人,如果其在有条件的情况下不愿意申报财产或是提供担保,债权人则不应当采纳其调解意见,建议及时向法院提起诉讼或向仲裁机构请求作出仲裁裁决,打消恶意债务人借商事调解之机拖延或逃避债务的念头,保护自己的合法利益。

拓展知识

《调解协议》应当具备的基本条款

1. 调解员的任命:当事人已经达成通过调解程序来解决双方之间商事纠纷的一致,并且通过签署本《调解协议》来证明双方当事人已经任命调解员并愿意以诚实信用、坦诚的意图来参与调解,考虑妥协及和解,并努力尝试解决此纠纷,以寻求纠纷替代解决方案。

2. 利益冲突:在调解之前,调解员应当向当事人透露其先前与任何一方当事人交往的信息或者其与本纠纷的任何利益冲突,以避免不公与偏袒情况的出现。

3. 合作:当事人应当在调解中相互之间以及与调解员之间精诚合作。

---

① 如财产的数量、处所,有无设立抵押、质押,是否已被其他司法机关采取财产保全措施,有无到期债权,对外债务数额,企业目前的经营状况、负债情况、银行账户等。

4. 决定的权力：当事人或者他们任命的代表应当对本调解处理的纠纷解决拥有完全的决定权。

5. 保密：(1) 当事人和调解员在调解过程中不应当向任何人透露他们知道的任何有关调解的信息和材料，除非经当事人全体同意或按照法律规定要求这么做。(2) 私下透露给调解员的任何信息都应当得到保密，除非是当事人自己公开这些信息。

6. 优先权：当事人不应当在任何随后的仲裁或者司法程序中，未经对方当事人同意引用对方当事人在提议调解解决方案时的观点或者建议、在调解过程中的自认或者对调解员提出的解决方案的建议、陈述，对材料表现出的愿意考虑或者接受的意愿。调解员不应当在随后与此纠纷相关的仲裁或者司法程序中接受作为仲裁员或者一方当事人的法律顾问、律师的任命。

7. 终止：当事人或者调解员可以随时结束调解。

8. 调解协议：应当以书面方式达成《调解协议》，并且由双方当事人签章确认，当事人应当尽快执行《调解协议》。

9. 保留条款：调解员对调解过程中的任何行为和过失不向当事人承担法律责任，除非这种行为或过失是欺诈性的。

10. 赔偿：当事人应当确保调解员免受任何有关履行调解职能的行为或者过失的赔偿请求，除非这种行为或者过失是欺诈性质的。

更为完备的《调解协议》还常常包括以下条款：(1) 第三人保密条款；(2) 费用责任条款；(3) 延迟履行条款；(4) 退款条款。并且也常常包括以下附件：(1) 关于纠纷的简单描述；(2) 调解员的费用；(3) 其他服务的费用；(4) 调解的日程安排及地点。

(三) 商会调解员应当具备的品质

1. 在调解员与当事人之间建立信任的能力

在调解过程中，调解员与当事人之间建立一种相互尊重、相互信任的氛围对调解成功是至关重要的。当事人越坦诚，调解成功的可能性就越高。坦诚来自信任，而建立信任则依赖于调解员贯穿始终的出色能力、正直的品行以及连贯性和中立性。建立和维持信任是每个调解员工作的基本目标，因为信任、安全的氛围会在最后的"问题解决和作出妥协"阶段变得极其重要。调解员必须能够通过一系列的步骤和行动激励当事人逐渐建立信任的关系。

2. 保持公平、中立的能力

就公平性而言，调解员所应当有的态度是不关心调解的最后结果将会如何。调解员永远不能偏向任何一方，其公平性应当通过他在调解的每个阶段的行为得到体现。调解员如果明显地持偏见而歧视一方当事人的主张，对调解不满意的当事人可能会随时退出调解程序。因为对于纠纷当事人来说，调解一般在高度保密和非公开的情况下进行，因此不管是调解员给予另一方过多的时间或者对另一方过多关注甚或是明目张胆地偏袒另一方，当事人往往都难以证明，其唯一的选择只能是退出调解。可见在调解程序的任何阶段、任何方面维持对当事人的平等待遇都是必要的。

调解中立，意味着调解员必须确保总是给予当事人双方以同等待遇。在现代商事调解程序中，调解员和一方当事人或者双方当事人之间曾经有过物质利益关系，或者有线索表明调解员将来会从一方当事人获得利益，但是调解员在调解之前没有给予披露的，将会使一个被任命的调解员失去担任调解员的资格,即使是在获得双方当事人同意的情况下。因为调解中立不仅是指在调解过程中调解员与当事人之间保持中立的一致行为,还包括调解程序开始之前及之后调解员涉及纠纷当事人行为的性质。

3. 控制程序的能力

有效的程序控制是一种平衡过程,既要让当事人充分表达他们的案件及其感受,又要保证交流的气氛是积极的,还应当控制调解程序在必要的时间内解决纠纷,以体现商事纠纷相较于仲裁、诉讼程序便捷快速的优点。

优秀的调解员会这样控制程序:调解员不轻易地突然中止双方之间正在进行的激烈争辩,特别是在调解开始的时候,因为在调解最初的时候,让当事人释放关于纠纷本身的情绪对商事纠纷后来的有效解决是有好处的。然而,这种情绪释放有可能会导致双方之间产生剧烈的愤怒或者表现出强烈的敌对行为,使得他们不可能——至少是短时间内在一起进一步达成任何的协议。优秀的调解员能够试图通过对当事人表达适当的关注,让当事人发泄一下自己的感情然后转移到下一个问题来化解当事人的愤怒,这样更为有效。

作为调解程序主持人,调解员应该不允许参加人同时发言、持续打断别人或者试图说服对方当事人。如果当事人自己或者他们的代理律师试图偏离调解员的程序主导,调解员应当立刻制止,以继续有效发挥调解员对程序的主导作用。

4. 应变能力

调解的一个优点就是,调解员能够根据特定参加人的需要设计调解程序。没有一模一样的两个调解。调解员的作用是帮助当事人理清他们的问题、需要和利益,设计出有效的解决方案,并且辅助他们最终达成一个符合双方需要和利益的协议。这不是一个简单的工作,调解员必须具备一定的应变能力才能取得成功。孙子曰:"不拘常法,临时适变从宜而行之谓也。"每个优秀的调解员都应该有一套最适合自己特点的个人化的、自然的风格。调解员不存在固定的正确程序或者标准的行为模式。

调解员对时间的有效把握是另外一个关键的问题。在某个场合使用一个既定的策略可能会导致失败,但是在另一个场合却有可能会成功。时间必须根据调解的参加人和特定调解会议的特点来决定。

相关案例

中国国际贸易促进委员会深圳调解中心与前海合作区人民法院开展诉调对接合作,深圳调解中心调解员与港籍调解员采用联合调解机制,化解了很多疑难民间借贷纠纷。[①]

原、被告签订的借款合同于2018年1月15日到期,但被告一直没有履行约定,双方经多次沟通失败,原告遂将被告起诉至前海法院,同时查封了被告位于中山的一套商品房、一间商铺以及两辆轿车。

原告认为自己证据确凿,且已经查封了对方的财产,在诉讼中占绝对优势,从而拒绝接受调解。被告因为完全没有还款能力,希望通过调解让原告对其财产进行部分解封,从而重

[①] 《深港两地调解员联合调解定纷止争》,载中国国际贸易促进委员会/中国国际商会调解中心网,https://adr.ccpit.org/articles/241,2022年9月21日访问。

获变现能力以实现还款。调解员多次沟通后发现原告对被告的失信行为产生了极大的怨恨,已经失去了信任的基础,但是如果能让原告对被告财产进行部分解封,其实是可以化解纠纷的。

调解员在案件转入诉讼流程后,继续跟进该案件。此时前海法院启动了深港两地联合调解机制,邀请了港籍调解员一起参与进行深度调解。由于诉前阶段原告拒绝调解,被告想通过提出管辖权异议来变相拖延诉讼时间。港籍调解员认真耐心地向被告解释了该宗案件因为涉及双方交易的账户是汇丰银行香港分行,具备涉外因素,所以前海法院具有管辖权,劝说被告放弃提管辖权异议的想法,并告知其故意拖延诉讼时间、增加诉累所造成的不利后果。由于港籍调解员的身份,被告更容易地采纳了调解员的建议,最终没有提管辖异议。被告又提出了超标查封异议。港籍调解员明确告知她,法院只能对明显超标的查封才会受理,建议被告选择一家定点的评估公司对其财产进行评估,根据评估后的价值再行考虑是否提出超标查封异议。被告根据调解员的引导,对其中山的一商铺进行了评估,从评估报告来看,原告对被告的财产查封并不存在明显超标。在这起案件中,港籍调解员始终站在涉外因素以及法院一些法规制度方面对原被告进行劝说,对拉近双方的谈判差距起到了很好的促进作用。在控制了被告众多不稳定性因素的基础上,调解员集中精力,在立案后、开庭前、开庭后,一直跟踪案件进行调解,就双方的解封顺序、还款方式不停地沟通,最后在判决前,通过两地调解员的共同努力,双方对解封和还款方式最终达成了一致意见,并签订了调解协议。

【案件评析】

看似简单的民间借贷纠纷由于失去了信任的基础,调解便进入了僵局。在实践中,有很多被告有实际还款能力,但是由于失去了原告的信任,在财产被查封的情况下无法说服原告对财产进行解封来履约,调解员在帮助双方重建信任平台方面起到了很好的作用。此外,港籍调解员的加入增强了调解的中立性,进一步促进了双方重建信任平台。调解员专业和耐心的调解、对案件的不放弃、全流程的跟踪使原告尽早地实现债权,减轻了被告的诉讼成本,同时节约了司法资源,促进了社会和谐。

三、非独立商事调解程序

对于商事纠纷的解决,即使在纠纷进入仲裁或诉讼程序之后,当事人也可以选择与仲裁或者诉讼相结合的非独立商事调解,这些非独立商事调解实现各种不同救济模式之间的良性互补,可以最大限度地实现商业利益与法律强制执行效力的平衡。

相关案例

上市公司 A 公司因证券虚假陈述被处罚,机构投资者 B 公司诉至北京市第一中级人民法院(以下简称"北京一中院")请求赔偿。考虑到新冠疫情防控的实际需要,北京一中院借助证券期货纠纷在线诉调对接机制,将该案委托给中国证券投资者保护基金有限责任公司(以下简称"投资者保护基金公司")开展调解。

【调解过程】

案件调解过程中,北京一中院参照投资者保护基金公司的损失计算结果,参考类似案例的判决情况,结合双方当事人的实际情况和诉求,指导投资者保护基金公司开展远程调解。最终在多方不断努力下,A公司和B公司达成调解协议。5月25日,北京一中院依据当事人达成的调解协议出具生效调解书,B公司成功获赔1050万元。

【纠纷观察】

为便利投资者和市场主体低成本、高效率解决纠纷,进一步推动证券期货纠纷多元化解,最高院和证监会共同搭建了证券期货纠纷在线诉调对接机制。在该机制下,人民法院调解平台(tiaojie.court.gov.cn)与中国投资者网的证券期货纠纷在线解决平台(www.investor.org.cn)按照"总对总"对接方式,实现数据交换、互联互通。该案是北京法院系统通过证券期货纠纷在线诉调对接机制,成功达成调解的首例案件。

证券纠纷往往涉案主体众多,且具有较强的专业性,在疫情防控期间,通过诉讼方式解决证券纠纷费时费力,矛盾纠纷难以及时化解。该案依托在线诉调对接平台,法院委托行业调解组织进行线上调解,为推动金融纠纷多元化解、畅通投资者维权渠道提供了实践样本。一方面,在线调解有利于节约成本、提升效率,同时便于法院随时远程介入进行调解指导。另一方面,针对专业性较强的证券期货类纠纷,委托行业调解组织进行调解,便于纠纷快速妥当得到解决。本案中,受托调解的投资者保护基金公司是最高院和证监会确立的首批证券期货纠纷多元化解机制试点调解组织之一,近年来与北京一中院积极探索"示范判决＋委托调解＋共管账户"的调解模式,通过"示范判决＋委托调解"的多元化解机制实现大规模证券纠纷快速解决,并开创调解组织与上市公司"共管账户"调解赔付模式,在推动证券纠纷调解实践发展中探索出一系列创新做法。[①]

(一) 诉讼中的商事调解

1. 立案调解——诉讼程序中的前置调解程序

立案调解是法院司法程序中的一环,因而首先案件必须已经由人民法院立案。法院审判程序中,任何案件必须经过立案登记才能成为案件,非经立案登记不成为案件,案件成立后即可进入立案调解程序,这是立案调解的基础。立案调解应在被告应诉后提出,立案调解可以是起诉人书面申请或口头申请,也可由负责立案的法官告知起诉人,起诉人有接受立案调解的意思表示后,立案调解案件的法官在向被告送达应诉通知书时,可征询被告的意见,被告同意接受调解的,立案调解便可进入实施阶段。如果被告坚持不接受调解,立案庭应立即将该案移送相关的审判庭进行审理,使当事人的程序选择权得到充分的保护,由此,立案调解必须以当事人各方自愿接受调解为前提条件,在答辩期内进行调解,要以被告自愿放弃答辩期权利为必备条件。

[①] 朱华芳、顾嘉、郭佑宁:《中国商事调解年度观察(2021)》,载北京仲裁委员会网,http://www.bjac.org.cn/news/view?id=4030,2022年9月21日访问。

(1) 立案调解程序的时限要求

根据《最高人民法院关于进一步发挥诉讼调解在构建社会主义和谐社会中积极作用的若干意见》第 10 条规定：立案后并经当事人同意后，人民法院可以在立案阶段对案件进行调解。立案阶段的调解应当坚持以效率、快捷为原则，避免案件在立案阶段积压。适用简易程序的一审案件，立案阶段调解期限原则上不超过立案后 10 日；适用普通程序的一审案件，立案阶段调解期限原则上不超过 20 日。二审案件原则上不搞立案调解，在当事人双方明确在二审案件立案期间提出的调解请求后，二审法院应视案件情况确定更为合理的调解期限。

(2) 立案调解程序的范围要求

根据审判实践，立案调解的案件的范围应是权利义务明确、事实清楚、争议不大的一审案件。下列类型的案件可进行立案调解：① 义务关系明确，争议不大的各类合同纠纷案件，包含多数案件事实简单的商事案件；② 根据当事人请求或法院认为可以进行立案调解的事实清楚、权利义务关系明确、争议不大的其他案件。

相对来看，不宜立案调解的案件则包括：案件事实不清，权利义务关系不明，争议和社会影响大，具有敏感性、疑难性、复杂性，在极短的时间内法官不能一下明辨是非、分清责任，需经过开庭审理举证、质证、认证、分析、研究才能认定处理。此外，适用特别程序、督促程序、公示程序、破产还债程序及婚姻关系、身份关系确认的案件也不应适用立案调解。

2. 进入诉讼程序后的调解

(1) 诉讼调解的程序

在诉讼程序中的调解不是一个法定必经程序，所以只有在各方当事人都同意调解的情况下，才能进入调解程序，此时的诉讼当事人才变为调解当事人，同时，法官也就变成调解员，或者说在从事着调解员的工作。我国《民事诉讼法》第八章对调解作了专门规定。[①] 法院调解的一个重要特点是，可以邀请有关单位和个人协助。此外，调解未达成协议或者调解书送达前一方反悔的，即意味着调解失败。因此，在诉讼程序中是否达成调解协议和是否接受调解书的送达，对当事人来讲是两个关键环节。对法院来讲，调解一旦失败，就要及时判决。

(2) 诉讼调解的请求范围

审判实践中，由于商事案件的复杂性及商事社会的多变性，常常出现商事案件的法院调解协议的内容超出诉讼请求的范围的情况。对此，《最高人民法院关于人民法院民事调解工作若干问题的规定》[②]第 7 条规定："调解协议内容超出诉讼请求的，人民法院可以准许。"这一规定从理论上基于调解问题灵活性的根本特征，从而突破了民事诉讼的"不告不理原则"。此外，该《规定》第 10 条还规定，调解协议具有下列情形之一的，人民法院不予确认：① 侵害国家利益、社会公共利益的；② 侵害案外人利益的；③ 违背当事人真实意思的；④ 违反法律、行政法规禁止性规定的。

据此，基于当事人意思高度自治而达成的调解协议，虽然超出当事人诉讼请求的范围，只要不违反法律、行政法规的禁止性规定，不侵害国家、社会公共利益或者第三人的合法权益，法律都应当准许。这样才能彻底解决当事人之间的商事争议，最大限度地体现商事社会多变性的特征，达到方便纠纷当事人的目的。另外，还可以有效避免因法官硬性判决而导致

---

① 关于调解的原则，我国《民事诉讼法》第 96 条规定："人民法院审理民事案件，根据当事人自愿的原则，在事实清楚的基础上，分清是非，进行调解。"第 99 条规定："调解达成协议，必须双方自愿，不得强迫。调解协议的内容不得违反法律规定。"

② 法释〔2020〕20 号。

的纠纷解决不到位和矛盾激化现象,降低上诉率和缠诉率,真正发挥诉讼定分止争、维护社会正义与稳定的功能。

拓展知识

法院调解制度的成本分析[①]

调解制度成本是指法院调解的各种费用支出的总称。运用经济学的观点分析调解制度在民事诉讼中的运作过程,应强调决定调解制度成本大小的以下成本特性:

1. 成本的合作性

所谓成本的合作性,是指调解制度成本的实质内容问题,是民事诉讼当事人之间围绕达成调解协议而合作的成本。这种合作成本是诉讼当事人追求诉讼中合作即达成调解协议的一种代价,它包括当事人在合法前提下,在互相让利或互相部分免责基础上,达成调解协议以及为执行调解协议所支出的人力、物力和时间。按照在交易成本低的情况下,诉讼当事人自行协商解决纠纷即用讨价还价达成调解协议的方法,比由当事人以外的法院依法强制解决当事人纠纷的判决方法更有效率,这一"科斯定理"的思路,笔者认为,只要诉讼当事人达成调解协议的成本低于判决的成本,而且愿意通过调解解决他们之间的纠纷,那么在此交易成本低的情况下,当事人为此调解协议的达成和履行而共同花费一定的人力、物力和时间就是值得的。

2. 成本的博弈性

所谓成本的博弈性,是法院调解成本的基本形式问题,是民事诉讼当事人围绕协议而讨价还价的对策成本。对这种对策成本的理论注解,就是博弈成本。按照博弈论的观点,博弈分为合作博弈和非合作博弈两个基本类型。一般的规律是,合作博弈的效率高于非合作博弈的效率。从博弈论经常引用的"囚犯困境"的典型例证分析,导致是否合作博弈的主要原因,是博弈双方对对策成本的大小是否明确。以调解成本中的对策成本为例,如果诉讼当事人即博弈双方在调解中讨价还价的成本即让与对方的利益属于自己可以承受的范围,或者因此让利使自己承担的费用支出可能小于判决和执行后自己承担的费用支出,那么该当事人达成调解协议的可能性就由小变大,从而讨价还价的对策成本就由大变小。因此我们可以看到,达成调解协议的过程困难而结果简单,这就是一个讨价还价的博弈规律。

3. 成本的垄断性

所谓成本的垄断性,是指民事诉讼当事人围绕达成调解协议而形成"双边垄断"的成本。这是因为,调解谈判是一个典型的"双边垄断"的例证。在调解不成的风险点明确的条件下,具有趋利避害经济人特性的当事人只能采取这样一种理性对策,即原告只能与被告调解,被告也只能与原告调解。而且,每一个诉讼当事人都渴求使调解所产生的对审判的比较利益最大化。调解的经验和教训表明,调解的有效范围越大,当事人通过讨价还价的方案就越具有竞争性,从而当事人达成调解协议所要承担的代价就越大,也就越有可能由于难以分割可得到的利益达成调解协议合作博弈,采取一种"谁也不要占便宜"的非理性态度,而选择替代

[①] 参见周林彬:《法院调解制度的成本分析》,载《法律适用》2001年第12期。

调解对策的判决对策。

(二) 仲裁中的商事调解

商会中的商事调解人仅仅是帮助当事人研究出他们自己的解决方案,而仲裁员却决定解决方案是什么。相对于商会调解,仲裁的主要优点是授予仲裁员对当事人具有约束力的权力,当事人可以对仲裁员作出的纠纷决定获得相当的可靠感,当然这要涉及将最后结果的控制权交给仲裁员。作为一个对抗性程序,相对于传统诉讼,仲裁因为裁判费用降低和时间节省而受到欢迎。

1. 仲裁调解的程序

仲裁调解是指在仲裁机构主持下进行的调解。国际上,各仲裁机构进行调解的做法有所不同。一种做法是把调解程序和仲裁程序分开。分别定有调解规则和仲裁规则,调解由调解委员会进行,仲裁由仲裁庭主持,调解不成而需仲裁时,原调解人不得为同一争议的仲裁人。另一种做法是将调解纳入仲裁程序,由仲裁庭主持,在仲裁开始前或开始后,仲裁庭可主动征得当事人的同意后进行调解,调解成功后即结案,调解不成时则继续仲裁。我国采用的是后一种做法。《仲裁法》以立法的形式确认了在仲裁中可以进行调解的原则。在仲裁程序中,关于调解的原则问题,基本上与诉讼程序相同。

通常,仲裁庭在仲裁程序进行过程中对案件的调解,是在当事人完全自愿采取仲裁调解方式并且纠纷案件事实基本清楚的基础上进行的。仲裁庭可以通过较仲裁程序灵活的方式促使双方当事人在仲裁裁决前自愿达成调解协议,然后根据调解协议的内容作出裁决书。仲裁中的调解担任仲裁员和调解员的角色重合,如果是机构仲裁,则管理仲裁程序的机构和管理调解程序的机构是同一机构。仲裁调解方式,如果调解成功,则仲裁庭可以依据调解协议根据当事人的请求作出裁决书结案;如果调解不成,则仲裁庭可以恢复仲裁程序继续进行仲裁审理并作出裁决。

2. 仲裁调解的效力

仲裁调解并非仲裁的必经程序,不带有任何强制性。在仲裁过程中,商事纠纷当事人没有达成和解合意,仲裁机构依据仲裁程序应当根据纠纷事实适用法律或者公平正义原则作出裁决,而这些裁决在通常情况下是终局性的并具有法律强制执行力。

仲裁中调解的优点在于:(1)公平与效率的统一。在仲裁程序里进行调解,当事人无须缴纳在单独的调解程序必须缴纳的"调解费";如果调解成功,后来的仲裁程序就不必继续进行,仲裁庭可以依据调解协议书的内容作出裁决书结案,裁决书具有法律强制执行力,或当事人也可以申请撤案;如果调解不成功,则已经开始的仲裁程序可以迅速地继续进行,直接进入到仲裁裁决阶段。(2)商会调解的调解员作出的调解书不能到法院申请执行,而通过仲裁员在仲裁程序中调解,双方当事人达成调解协议后,仲裁员根据调解协议作出的仲裁裁决书,法院是给予执行的。(3)仲裁调解成功和商会调解成功一样,都有利于维护、巩固甚至发展当事人之间既存的或将来的商业合作关系,最大限度地满足当事人的商业需要。

相关案例
调解劳动仲裁引发的破产清算纠纷[①]

A公司是深圳一家颇有名气的建筑装饰企业,孙某某原系其员工,因A公司欠付离职工资报酬,孙某某提起劳动争议仲裁,并在取得生效的劳动争议民事调解书后申请强制执行。执行过程中,经审查A公司无财产可供执行,法院遂裁定中止执行。后孙某某以A公司无法清偿到期债务且明显缺乏清偿能力为由,向深圳市中级人民法院(以下简称深圳中院)申请破产清算。在本案审查过程中,深圳中院又陆续收到其他离职员工对A公司提起的破产清算申请。

考虑到A公司如因拖欠员工工资进入破产清算程序,较为可惜,负责诉前联调的立案庭法官建议破产法庭的承办法官引入专业调解。在征求孙某某等申请人同意的基础上,深圳中院委派特邀调解组织进行调解,并对调解过程进行跟踪指导。

经深入沟通,调解员了解到A公司尚有在建工程项目,其股东及实控人也一直在努力进行重组,本案达成调解具有可能性。据此,调解员主动安抚员工情绪、动员A公司提出初步调解方案。在孙某某提交欠薪情况统计、A公司出具解决方案后,调解员组织召开调解会议,并协调双方友好协商。因A公司有一笔一千多万元的工程项目应收账款,调解员建议双方与执行法院沟通,共同推进以应收账款支付员工欠薪。经员工与A公司申请,执行法院将应收工程款支付给A公司的离职员工,孙某某等撤回破产申请。

【纠纷观察】

该案系深圳中院将申请破产清算案件纳入诉前委派调解范围后调解成功的首个案件。企业破产案件因涉及多方利益的平衡,须适用专门程序进行审理,一直被排除在调解的范畴之外。在我国倡导商事纠纷多元化解的背景下,深圳中院委派特邀调解组织对破产清算案件先行调解并取得成功,对扩大商事调解的适用范围、协助困难企业化解债务危机具有一定示范意义。

(三) 商事调解模式的比较

在商会的调解中,只有调解一个程序;而在仲裁和诉讼程序中的调解,除了调解程序外,还存在一个裁判程序。商会的商事调解和法院的调解、仲裁机构的调解虽然都是在尊重当事人自愿的原则下,通过协调当事人的分歧,最终达成一致的和解意见和方案,但是也仍然有着很大的区别。

1. 调解的主持者不同

表 4-2-2

法院调解的主持者	法官
仲裁调解的主持者	仲裁员
商会调解的主持者	调解员

[①] 朱华芳、顾嘉、郭佑宁:《中国商事调解年度观察(2020)》,载北京仲裁委员会网,http://www.bjac.org.cn/news/view?id=3840,2022年9月21日访问。

2. 调解的范围不同

表 4-2-3

法院调解的范围	法院所受理的一切民事、商事案件,经济纠纷案件,甚至包括刑事自诉案件。
仲裁调解的范围	合同纠纷和其他财产权益纠纷,但是婚姻、收养、监护、抚养、继承纠纷和依法应当由行政机关处理的行政争议除外。
商会调解的范围	涉及财产关系的经济、贸易以及海事纠纷。

3. 调解方式的启动点不完全相同

表 4-2-4

法院调解的启动点	诉讼程序的被提起
仲裁调解的启动点	仲裁程序的被提起
商会调解的启动点	当事人的调解申请

4. 调解程序的独立程度不同

法院作为行使审判权的国家司法机关,其调解是其民事诉讼程序内的一种方式,仲裁机构的调解是仲裁机构审理仲裁案件过程中的一种方式,在上述两种作为附属于主程序的调解程序中,由于诉讼或仲裁自身所具有的权威性,会不同程度地对由其自己主持的调解程序产生或多或少的影响,审判员和仲裁员包括当事人都会认为如果调解不成即可判决或裁决。因此上述两种程序中的调解有时会存在一定程度的流于形式。

此外,在诉讼和仲裁程序中,法院和仲裁庭的最终目的是要对当事人的争议进行事实和法律的评判和裁断,这是任何法院和仲裁庭都不可回避的一个根本性问题。在这种要求下,为了确保裁判的正确性,法院和仲裁庭必须对案件的全部事实和可能涉及的法律问题审查得十分清楚。

商会调解则由于未进入诉讼、仲裁程序,也没有任何裁判权做后盾支持,其目的在于化解当事人的矛盾和争议,只要当事人认可,商事调解员可以不关心商事纠纷的确切内容,不对事实进行全面彻底的审查,只要当事人对于调解结果认为合适和可以接受,在不违背法律的强制性规定的前提下,可以不拘于是否完全符合法律。

在诉讼和仲裁程序中,法院和仲裁庭不应当、也不可能判令一方当事人承担其不应当承担的义务,或者判令一方当事人丧失自己应当享有的权利。而商会调解过程中,纠纷当事人基于商事利益的全面考量,可以是,也常常是相互让步,甚至包括商事纠纷当事人放弃自己在诉讼和仲裁程序完全可能得到的权利,承担自己在诉讼和仲裁程序完全不应当承担的义务。这是商会调解与诉讼调解和仲裁调解另一个显著的不同点。

四、商事调解协议的执行

《最高人民法院关于人民法院民事调解工作若干问题的规定》(以下简称《调解规定》)创设了很多新规定。其中,调解协议中的民事责任条款、调解担保等制度衔接民事执行程序,为债权人的债权在调解后得到积极实现提供了有效的法律保障。

(一) 前期准备工作

第一,当事人和他们的代理律师应当回顾他们的案情并且认真考虑他们在协议中的最好和最坏选择,充分考虑己方的最强点以及对方的最弱点。如果以这种方式准备调解,那么在谈判的时候,针对问题的讨价还价就会变得简单。

第二,应当注意的是,在调解中,当事人的所有问题——包括相互关系、情绪问题——都是相互关联的,并且应该像在法庭上争辩他们的法律权利和义务一样进行深思熟虑。在调解准备工作中,每方当事人都应该集中考虑什么是他们在最终协议中真正想取得的利益,而不是仅仅考虑他们想要的经济利益。同时考虑另一方当事人的立场、需要和利益,以充分准备己方的调解策略。

(二)调解方案的条款设计

1. 民事责任条款

依据《调解规定》第6条的规定,当事人可以自行提出调解方案。《调解规定》第8条规定,人民法院对于调解协议约定一方不履行协议应当承担民事责任的,应予准许。

因此,债权人企业在调解协议中可以约定以下两种形式的民事责任:(1)替代责任,如约定甲方向乙方返还标的物若干,如果到时不返还则应当支付损失 XXX 元,此时的赔款就是替代返还标的物的民事责任。作为债权人企业还应当注意审查并确保替代履行条约的合法性、可行性,如约定的违约金过高可能得不到支持。(2)加重责任,如约定一方应向另一方支付一笔款项,如果到期不支付本金则应当一并支付所欠利息及违约金;再如约定一方应在怎样的期限内支付怎样的具体数额,如果逾期应支付多少的损失数额;又如若不按期支付价款,则按照每日多少的百分比支付迟延履行金等。

无论是法院调解协议、仲裁调解协议还是商会调解后确定了法律强制执行力的调解协议中约定的民事责任,对于约束债务人、实现债权均具有积极的意义:因债务人在履行过程中顾及不按时完全履行义务将要付出的法律代价,为了避免负担更大的义务,而使债务人完全履行调解书的概率加大。

值得注意的是,同时债权人企业还应当特别注意民事责任与执行阶段迟延履行责任不得同时适用的规定,即依照法律规定,选择了前者就不能主张"加倍支付迟延履行期间的利息"。

2. 担保条款

《调解规定》第9条规定,调解协议约定一方提供担保或者案外人同意为当事人提供担保的,人民法院应当准许。债务人为了达到债权人同意调解协议的目的,往往会接纳债权人要求为调解协议的履行设定担保的要求,实践中有两种选择:(1)债务人自行担保,但只能是债务人提供拥有所有权或处分权的物的担保,如抵押、质押;(2)第三人提供担保,形式可以是保证、抵押或者质押。如果到期不履行调解书确定的义务,执行人员可以直接对担保财产采取查封、扣押、拍卖等执行措施,也可以直接对担保人相应的财产采取强制执行措施。

为调解协议的履行设定担保无疑是为调解协议的全面、按时履行增加了一道保险,弥补了债权效力的不足,调解担保被法院生效的调解书确认,具有强制执行效力,不需要另行起诉追究担保人的担保责任。即使债务人破产,债权人也可以以担保的财产得到优先清偿,所以此举能最大程度地保障债权实现。①

---

① 卢海国:《债权人在民事调解与民事执行衔接中的权益保护》,载法律图书馆网,http://www.law-lib.com/lw/lw_view.asp?no=5593,2022年9月21日访问。

值得注意的是,作为债权人企业应注意审查担保人的主体是否适格,担保物是否有权利瑕疵。如抵押物为房产、汽车、机器设备等,注意办理抵押物登记。质押形式中,一般动产质押是以移交物的占有为生效要件,权利质押一般以权利凭证交付为质押生效的要件,其中以股份、股票、知识产权中的财产权出质的,均应办理登记或记载手续,确保设定的担保合法有效。

本章小结

"商事调解"是指在商事活动中,商人之间发生争议后,自愿选择第三方作为调解人(调解员),由该调解人通过说服和劝导等方式,使当事人之间的争议在互谅互让的基础上得以平息的一种纠纷解决方式。商事调解具有程序灵活性、方式简便性、主体广泛性和过程保密性等特征,符合商人们对交易便捷和交易安全的需求。因此实践中,商事调解广泛适用于国内和国际商事活动中与交易、运输、保险、结算、担保等有关的一切纠纷。

在中国,涉及商事领域纠纷的专业机构调解大致包括三种类型:商会在其所受理的商事调解案件中的商事调解;法院在其所受理的民商事诉讼案件中的调解;仲裁机构在其所受理的仲裁案件中的调解。由于商会的调解机构独立存在,职能单一,不附属于其他的纠纷解决机制程序,故可以认为是具有独立性的调解程序。如最具代表性的中国国际商会系统的各个调解中心,都是独立的调解机构;他们有相对独立的调解规则,调解工作也具有自己独立的程序。而诉讼程序中的调解、仲裁程序中的调解,由于调解在诉讼、仲裁程序中只是可选择的程序,没有启动诉讼、仲裁程序之前不能独立运用,所以调解程序在上述纠纷解决机制中没有独立地位,附属于其他程序当中,与其他纠纷解决方式结合运用,因此将其称为非独立商事调解程序。商事调解协议的履行具有非强制性,或称自愿性。当事人可以依据调解协议的内容自动履行;如果一方或双方当事人反悔不予履行的,调解协议自身不具备强制执行的法律效力,其他当事人不能直接申请法院强制执行。此时整个案件需另行以诉讼或仲裁等其他方式加以解决。

思考与练习

1. 面对国际上解决商事争议的四个主要的途径:协商、调解、仲裁和诉讼,企业在化解冲突、节约纠纷解决成本和维护商业未来关系的角度基于怎样必要因素的考量,会优先考虑以"商事调解"的方式解决彼此间的商事纠纷?

2. 商事调解中代理律师的角色和作用定位与其在诉讼及仲裁程序中的作用有什么区别?在你看来,是什么原因导致其定位有所区别?

3. 在法院商事调解实务中,商事纠纷当事人如何运用现有的调解与执行衔接中的法律措施防止调解另一方的调解欺诈?在商会的商事调解中,商事纠纷当事人又该如何做呢?

案例分析

【相关案例】

目前我国法院主要建立了委派调解和委托调解两种诉讼与调解对接的机制。委派调解是指对当事人起诉到法院的适宜调解的案件,登记立案前,法院委派特邀调解组织、特邀调解员进行调解;委派调解达成协议的,当事人可以依法申请司法确认。委托调解是指登记立案后或者在审理过程中,法院认为适宜调解的案件,经当事人同意,委托给特邀调解组织、特邀调解员或者由人民法院专职调解员进行调解;委托调解达成协议的,经法官审查后依法出具调解书。

结合以下案例分析以下问题:
(1) 此案例体现了商事调解的何种特征?
(2) 上述案例如何体现调解员独有的调解品质和调解技巧?
(3) 结合企业经营实务,说明与诉讼程序和仲裁程序比较,商事调解程序体现出何种优越性?

【基本案情】
B银行向H公司贷款人民币约1.16亿元。因H公司未按时还款,B银行向上海金融法院起诉,请求H公司提前还清贷款本息人民币约1.19亿元。上海金融法院委托上海银行业纠纷调解中心(以下简称"上海银调中心")对该案进行调解。

【调解过程】
上海银调中心接受委托后,发现该案调解存在两个难点:一是当事人和调解组织分处三地,B银行代理人位于北京,H公司位于黑龙江、上海银调中心则在上海,如采用传统现场调解方式,沟通协调困难;二是案件标的额较大,H公司虽有意还款,但短期内筹措资金较为困难。

针对第一个难点,上海银调中心组织各地当事人和调解员同时登录上海银调中心网络在线调解平台,通过远程视频会议,实现了网上"面对面"调解。上海银调中心的在线调解平台已顺利接入上海金融法院金融纠纷解决网上平台,法官也可以进入网络在线调解平台,见证当事人达成调解方案。针对第二个难点,调解员基于其银行从业背景和专业知识,努力寻求双方争议平衡点和案件突破口。一方面,考虑到涉案金额较大,H公司短期内筹措还款资金较为困难,调解员建议B银行在法规政策允许的范围内,对该笔争议贷款进行适当展期,在展期期间则根据行业惯例适当提高贷款利率。另一方面,调解员也向H公司分析其败诉风险,指出若被法院强制执行,对于企业的生产经营活动不利,建议H公司缩短展期时间。最终,当事人之间达成了调解协议,上海金融法院经审查出具民事调解书,矛盾由此化解。

【纠纷观察】
该案是最高院、人民银行、银保监会联合召开的金融纠纷多元化解机制建设推进会公布的金融纠纷多元化解十大典型案例之一。银行金融借款纠纷往往法律关系并不复杂,但标的额大,地域跨度大,诉讼处理耗时耗力,企业也可能因为执行程序而陷入经营困难。针对这类案件的特点,一方面,本案通过网络在线调解方式,实现异地调解,大大降低了调解成本。通过法院与调解组织的网络平台对接,在当事人同意的前提下,法官可以随时进入在线调解平台,见证当事人调解的过程,大大提高法院对调解协议的审查效率。另一方面,本案借助行业调解专业力量,更加快速、妥当地化解纠纷。针对银行、证券、期货、保险等专业性较强的金融纠纷,充分发挥行业调解的优势,利用在线调解手段快速化解纠纷,已成为近年来中国商事调解发展的一个亮点。

第三章

商 事 仲 裁

2020年6月起,甲公司与路某洽谈将某项目的经营管理权委托给甲公司经营管理事宜。双方经过几个月的反复磋商,就多数条款内容基本达成意向。路某于2020年10月30日、2020年11月2日两次发送给甲公司的《医疗机构托管协议》中第15.1条约定,发生争议的任何一方都可以将争议提交中国国际经济贸易仲裁委员会。甲公司未就该仲裁条款提出修改意见。但双方未在《医疗机构托管协议》中盖章签字。2021年5月,路某依据上述《医疗机构托管协议》中的仲裁条款,向中国国际经济贸易仲裁委员会提交仲裁申请,中国国际经济贸易仲裁委员会受理了该案。①

上述案例表明,企业在商事纠纷中,选择一个中立第三方进行仲裁是常见之选。透过此案最终的解决方式——商事仲裁,我们可以学到什么呢?

一、商事仲裁②

(一) 商事仲裁的一般理论

1. 商事仲裁的概念

商事仲裁是指商事纠纷当事人在自愿的基础上达成协议,将纠纷提交非司法机关的仲裁机构,由仲裁机构作出对争议各方均有约束力的裁决,以解决纠纷的一种制度和方式。

仲裁作为由与争议无关的第三方解决当事人之间争议的一种方法,有着悠久的历史。在古希腊,仲裁最早用来解决城邦之间的争议和冲突。在古罗马,《十二铜表法》对民间仲裁规则进行一般性的规定。中国历来有通过友好方式解决争议的传统,争议双方请德高望重的人对争议作出公断。这种自发产生的请求与争议无关的第三者公断的实践,就是通过仲裁解决争议的雏形。③ 13、14世纪后行会和商会通过组建商事仲裁机构使得商事仲裁日趋活跃和普及。

在中国,仲裁事业的发展经历了从无到有、从小到大、从残缺到完善的过程。随着中国

---

① 《案例四:甲公司申请确认仲裁协议无效案——当事人之间未签订书面合同,但在商议合同内容的磋商中形成仲裁解决争议的合意,应认定各方之间存在仲裁协议》,载北京市第四中级人民法院网,https://bj4zy.bjcourt.gov.cn/article/detail/2022/03/id/6596764.shtml,2023年12月2日访问。

② 在有关仲裁立法和实践中,仲裁分为国内仲裁和国际仲裁。其主要区别是国内仲裁不存在涉外因素,也不存在适用外国法的问题,但总体而言,在一些基本原则、制度上,国内仲裁与国际仲裁是一致的,所以本章主要介绍国内仲裁。

③ 赵秀文:《国际商事仲裁及其适用法律研究》,北京大学出版社2002年版,第1页。

特色社会主义市场经济的发展,仲裁作为解决国内外商事纠纷的手段已经得到普遍认可[1],并在商事领域中的作用日益显著,逐渐成为商人解决纠纷的重要方式。自1995年《仲裁法》实施以来,中国共设立270多家仲裁机构,累计办理仲裁案件400余万件,涉案标的额5万多亿元。中国已成为运用仲裁方式解决民商事纠纷最多的国家之一。[2] 商事仲裁为公正、及时地解决当事人之间的民商事争议,维护市场经济秩序和社会的公平正义,推动市场经济发展作出了应有贡献。

关于仲裁的性质

仲裁的性质,是数百年来学界争论不断但至今尚无定论的问题。概括起来,有代表性的观点主要有五种:

(1)契约说:契约论者认为,仲裁员不是从法律或者司法当局获得仲裁权,而是从当事人那里获得此项权力;整个仲裁都是基于当事人的意志而创立,当事人具有完全自愿和自治的特征;因此,裁决是仲裁员作为当事人的代理人所订立和完成的合同,因而仲裁是合同性质的关系。

(2)司法权说:司法权论者认为,虽然仲裁程序的启动源于当事人的协议,但一个国家仲裁的权威性则取决于这个国家的法律;因此,国家对其管辖范围内进行的仲裁都具有监督和管理的权力。司法权论最大的特点在于不注重仲裁协议而强调仲裁地法的作用。

(3)混合说:仲裁来源于当事人的契约,但不能超出法律体系;混合论者兼采司法权论和契约论的长处,既赞同仲裁员的职能是判案的论点,又调和了仲裁员不能代表国家的观点,认为仲裁裁决介于判决和合同之间。混合论在现代仲裁理论上具有较大影响;从实践来看,仲裁虽然源于当事人的约定,但仲裁程序一启动,法院的干预也就随之而来,有时还必不可少。

(4)自治说:自治论者认为,仲裁的性质既非司法性、契约性,也非混合性,而是自治性。因为仲裁法以满足当事人的愿望为目标,因而仲裁以当事人完全的意思自治为基础。

(5)民间论:该理论认为,仲裁的本意是由社会通过自治来解决民商事争议,仲裁源于认同和信誉而非权力,仲裁权只能通过当事人授权取得而非国家赋予,仲裁权是当事人授予的私权而非国家公权。从仲裁制度赖以建立的基础是当事人的自由意志这一点来看,民间论与自治论具有相似之处;但从法律制度上讲,则有很大区别。

2. 商事仲裁的先决条件

争议的"商事"性质是商事仲裁的先决条件,也是争议事项能否通过仲裁方式解决、仲裁裁决能否得到承认和执行的重要问题。因此,解决"何为商事仲裁意义上的'商事'"这一问

---

[1] 同上书,第259页。
[2] 《我国已设立270多家仲裁机构 累计办理仲裁案件400余万件》,载央视网,https://m.news.cctv.com/2021/09/15/ARTIIXmE1cLaYjxu76SMviDR210915.shtml,2022年8月20日访问。

题具有重要的实践意义。

我国在1986年加入《承认及执行外国仲裁裁决公约》(即《纽约公约》)时提出了商事保留,即中国仅对按照中国法律属于契约性和非契约性商事法律关系所引起的争议适用该公约。而所谓"契约性和非契约性商事法律关系"具体是指由于合同、侵权或者根据有关法律规定而产生的经济上的权利义务关系,例如货物买卖、财产租赁、工程承包、加工承揽、技术转让、合资经营、合作经营、勘探开发自然资源、保险、信贷、劳务、代理、咨询服务和海上、民用航空、铁路、公路的客货运输以及产品责任、环境污染、海上事故和所有权争议等,但不包括外国投资者与东道国政府之间的争端。① 由此可见,我国对于仲裁意义上的"商事"作出了较为宽泛的解释。

司法部发布《仲裁法(修订)(征求意见稿)》

《仲裁法》颁布于1994年,分别于2009年和2017年对个别条款进行了修正,是一部伴随中国特色社会主义市场经济建立发展而制定的重要民商事法律,是立法法规定立法权限只能在"法律"层级的非诉讼程序法的核心内容,是国内外纠纷解决领域的通用制度规范,是我国涉外法治建设的重要组成部分。至2021年,《仲裁法》除因其他法律修改而对个别相关条款进行过修正外,一直未曾修订。2021年7月30日,司法部发布《仲裁法(修订)(征求意见稿)》,对现行《仲裁法》作出重大修改,并向社会公开征求意见。

《仲裁法(修订)(征求意见稿)》共有99条,较原法80条增加了19条,文字增加了4449字,较原法增加了74%。主要的修改内容如下:(1) 完善总则制度规定;(2) 完善仲裁机构制度;(3) 完善仲裁员、中国仲裁协会规定;(4) 完善仲裁协议规定;(5) 完善仲裁程序规范;(6) 完善撤销裁决及其重新仲裁制度;(7) 完善裁决执行制度;(8) 完善涉外仲裁规定,增加临时仲裁制度。

商事仲裁与劳动仲裁的比较

企业开展经营活动涉及"对外"和"对内"两个层面的关系,对外关系主要表现为企业与其他商事主体之间的商事关系;对内关系主要表现为企业与员工之间的雇佣关系。因此,企业在经营活动中的纠纷可分为商事纠纷和劳动纠纷,而其解决方式则分别涉及商事仲裁和劳动仲裁,二者主要存在着以下差异:

---

① 《最高人民法院关于执行我国加入的〈承认及执行外国仲裁裁决公约〉的通知》第2条。

(1) 适用范围不同。商事仲裁适用于平等主体的公民、法人和其他组织之间发生的合同纠纷和其他财产权益纠纷;劳动仲裁适用于中华人民共和国境内的用人单位与劳动者发生的与劳动有关的争议。①

(2) 意愿要求不同。商事仲裁是当事人在自愿的基础上达成协议,将纠纷提交仲裁机构裁决,是否将纠纷提交仲裁完全体现当事人的意愿。劳动仲裁是劳动争议当事人向人民法院提起诉讼的必经程序,而不以当事人达成协议为条件。

(3) 是否可诉不同。商事仲裁实行一裁终局原则,当事人不能以不服仲裁裁决为由向法院提起诉讼。劳动仲裁是劳动纠纷诉前的必经程序,当事人可以不服仲裁裁决为由向人民法院提起诉讼。

(4) 适用法律不同。商事仲裁适用仲裁机构的仲裁规则、《仲裁法》及其司法解释,当事人也可以在法律许可的范围内约定选择仲裁适用的法律。劳动仲裁适用《劳动争议调解仲裁法》《劳动法》等法律、法规,当事人不能约定选择仲裁适用的法律。

3. 企业与商事仲裁

商事仲裁是解决商事法律纠纷的一种重要方式,是市场经济的产物,又为维护市场秩序、市场信用、促进市场经济健康发展服务,并随着经济的发展和《仲裁法》的实施而日益受到众多企业的青睐,成为众多企业解决商事纠纷的首选方式。

 背景资料

中国国际商事仲裁 2020—2021 年度报告发布②

2021 年 9 月 13 日,中国国际经济贸易仲裁委员会发布《中国国际商事仲裁年度报告(2020—2021)》(以下简称《报告》)。统计显示,2020 年,全国 259 家仲裁委员会共受理案件 400711 件,其中传统商事仲裁案件为 261047 件,较 2019 年减少 20364 件,同比降低 7%;有 47 家仲裁委员会运用网上仲裁方式处理案件 139664 件,较 2019 年减少 65880 件,同比降低 32%。2020 年,全国仲裁案件标的总额为 7187 亿元,较 2019 年减少 411 亿元,同比降低 5.4%。《报告》显示,2020 年全国仲裁委员会处理各类案件的数量依次为:金融类案件 225673 件,占全国案件总数的 56.32%;房地产类案件 38075 件,占 9.5%;买卖类案件 18978 件,占 4.74%。

从各类案件标的额来看,金融类案件标的额 2048 亿元,占全国案件标的总额的 28.5%;股权转让类 1058 亿元,占 14.72%;建设工程类 1019 亿元,占 14.18%;房地产类 422 亿元,占 5.88%。

经济学理论认为,企业选择商事仲裁解决商事纠纷是符合企业作为"理性人"需求的。

---

① 《劳动争议调解仲裁法》第 2 条规定:"中华人民共和国境内的用人单位与劳动者发生的下列劳动争议,适用本法:(一)因确认劳动关系发生的争议;(二)因订立、履行、变更、解除和终止劳动合同发生的争议;(三)因除名、辞退和辞职、离职发生的争议;(四)因工作时间、休息休假、社会保险、福利、培训以及劳动保护发生的争议;(五)因劳动报酬、工伤医疗费、经济补偿或者赔偿金等发生的争议;(六)法律、法规规定的其他劳动争议。"

② 载中国国际经济贸易仲裁委员会网,http://www.cietac.org.cn/index.php?m=Article&a=show&id=18232,2022 年 8 月 20 日访问。

因为商事仲裁不仅满足了企业的消费偏好,而且有利于企业在信息对称的前提下,更好地把握商事纠纷的解决。

拓展知识

商事仲裁制度的经济分析[①]

1. 消费偏好:一裁终局满足商事群体的消费偏好

消费偏好,系指消费者依据个人不同的需求基础和个性选择而进行的消费选择。商事群体的纠纷解决会因为强烈要求"时效性"而要求纠纷解决程序的快捷和迅速,因而,一种能够尽快获得确定性裁决的纠纷解决模式,将是商事群体的第一理性需求。仲裁程序设计中的一裁终局的模式,恰恰很好地契合了商事群体的上述需求,保证了提请解决的商事纠纷获得及时的处理。

2. 信息对称:商事纠纷解决信息流程的披露要求

信息的披露和交流过程,是以对话性为特征的纠纷解决模式所依托的基础。作为一个典型的对话性纠纷解决模式,仲裁过程中的信息流程也是显而易见的,它不但是纠纷事实得以被凸显的唯一方式,更是理性的当事人得以经济的方式获得纠纷解决信息的有效途径。

(1) 事前可选择性的信息表露:纠纷解决模式存在一定的风险。对于追求利益最大化的商事当事人而言,纠纷解决的消费偏好就是适用较低风险的方式。仲裁方式赋予了当事人宽泛的事前选择权,将使当事人最终获得对于自身纠纷解决风险的最大把握。

(2) 事中信息的判定优势:商事纠纷往往涉及专业性的纠纷内容,这些内容所延伸的对于纠纷解决流程中所传递信息的专业性和复杂性意味着对裁断人员提出了很高的专业性要求。因此,商事纠纷解决的信息专业性和复杂性要求纠纷解决模式必须匹配具体的专业性裁断人员,仲裁很好地呼应了专业性信息流动所要求的专业性裁断人员。

(3) 事后信息的预判——机会成本问题:所谓事后信息的预判,是对纠纷解决结果的一种事先判断。信息传递是遵照一定严格程序的,而程序可由当事人双方自行确定或者由仲裁机构规则明确,这种确定可以确保争议焦点的明晰和信息交流的进行,为解决纠纷创设良好的制度基础。而当事人的自行选定程序,反过来提升了裁决被当事人认可和主动执行的可能。

4. 行业仲裁

行业仲裁是一种传统的仲裁方式,在仲裁发达的国家行业仲裁早已司空见惯,并得到较高程度的发展。由于不同行业的企业在选择解决经济纠纷方式时对各因素关注度不同,而且各行业内部又各有其生产经营的特殊性和行业的习惯与规则等,因此建立符合行业需要的行业仲裁,不仅可以满足相关行业的需求,也有利于仲裁制度的发展和完善。

[①] 参见陈慰星:《仲裁制度的经济分析——以纠纷解决方式的成本比较和竞争互动作为考察点》,载广州仲裁委主编:《仲裁研究》(第九辑),法律出版社2006年版,第26—34页。

目前,我国存在着多种行业仲裁,主要有装修仲裁、粮食仲裁、金融仲裁、建设仲裁、皮革仲裁、渔业仲裁、物流仲裁、证券仲裁、消费仲裁等,并建立了相关行业的仲裁员名单。但是,与西方先进国家发达的行业仲裁相比,我国行业仲裁尚处于起步阶段。与先进的仲裁理念和制度接轨是中国仲裁发展的必由之路,其中的一项重要改革就是要在中国确立和适度发展行业仲裁,探索出有中国特色的行业仲裁制度体系,以使仲裁的专业化特点与行业的特殊性有机地结合,使行业惯例在仲裁中得以应用,使仲裁在解决特定行业的、专业化的纠纷方面发挥更大的作用。

(二) 商事仲裁的特点

商事纠纷的解决方式有协商、和解、调解、仲裁、诉讼等方式,每种方式都有其优缺点。企业在选择纠纷解决方式时,必然会考虑各种纠纷解决方式的特征和优势,并结合企业在选择纠纷解决方式时主要考虑的因素,以选择二者相吻合的纠纷解决方式,达到企业在纠纷解决中所追求的效果和目的。就商事仲裁而言,其主要特点包括:

1. 非正式性

英国学者对仲裁曾如此描述:"由于仲裁是依据当事人之间的协议而秘密进行,因此并无正式形式,既无国旗,亦无任何其他国家官方之象征;既无法院大厦之引道人员,亦无法官审判时所戴假发,更无法官开庭时所穿之法袍,仅系一群人在为仲裁而租来的房间内围绕着长桌讨论而已。对外人而言,仲裁程序之进行,如同在进行一项会议或者商务聚会而已,一点也不像法律程序。"[1]仲裁所具有的非正式性,使仲裁在纠纷解决中显现出更大的灵活性,仲裁员享有更多的自由裁量权和解释权,这有助于当事人展开磋商,达成和解,更和谐地处理纠纷。

2. 自治性与灵活性

在私法领域,尤其是民法中,意思自治原则被作为基本原则确定下来。作为民间非正式的争议解决方式,仲裁带有"私"的属性,因此,仲裁理应且事实上贯彻意思自治原则。

商事仲裁的自治性主要表现在:(1) 当事人有权选择是否采用仲裁方式来解决他们之间的商事纠纷;(2) 当事人有权选择解决商事纠纷的仲裁机构;(3) 当事人有权选择或者委托仲裁委员会指定仲裁员组成仲裁庭;(4) 当事人有权选择仲裁方式;(5) 在不违背公序良俗的前提下,当事人可以选择适用任何程序规定、实体规定作为仲裁的法则;(6) 仲裁庭在当事人的同意下可以进行调解,以调解方式结案,体现了极大的灵活性。[2]

正是由于冲突主体的意志在仲裁中得到尊重,因此与诉讼相比,仲裁的特殊意义在于它对冲突主体的对抗情绪具有某种缓解的作用。因此,仲裁当事人对仲裁更具有信赖感,也更容易接受仲裁裁决结果并自觉履行仲裁裁决,这无疑对于化解社会矛盾、促进社会和谐具有重要的作用。

---

[1] See Alan Redfen & Martin Hunter, *Law and Practice of International Commercial Arbitration*, Sweet & Maxwell, 1991, p.1.

[2] 商事仲裁的自治性特点反映了商事仲裁的灵活性,这种灵活性不仅体现在选择实体法时,当事人可以选择行业习惯、交易习惯、自治规范等,而且还体现在当事人可以选择调解方式结案,等等。

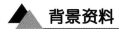 **背景资料**

自治性在《仲裁法》中的表现

第 4 条:当事人采用仲裁方式解决纠纷,应当双方自愿,达成仲裁协议。没有仲裁协议,一方申请仲裁的,仲裁委员会不予受理。

第 6 条第 1 款:仲裁委员会应当由当事人协议选定。

第 31 条第 1 款:当事人约定由三名仲裁员组成仲裁庭的,应当各自选定或者各自委托仲裁委员会主任指定一名仲裁员,第三名仲裁员由当事人共同选定或者共同委托仲裁委员会主任指定。第三名仲裁员是首席仲裁员。

第 49 条:当事人申请仲裁后,可以自行和解。达成和解协议的,可以请求仲裁庭根据和解协议作出裁决书,也可以撤回仲裁申请。

第 51 条第 1 款:仲裁庭在作出裁决前,可以先行调解。当事人自愿调解的,仲裁庭应当调解。调解不成的,应当及时做出裁决。

3. 保密性

与诉讼不同,仲裁强调保密性。仲裁以不公开为原则,仲裁员以及仲裁辅助人员对在仲裁过程中获得的信息负有保密义务。这有助于保护企业的商业秘密和技术秘密,大大消除企业解决纠纷的顾虑。

仲裁的保密性使得双方当事人可以在非正式的气氛下,迅速达成和解和裁决,涉案的商业秘密和个人隐私较不容易泄露,可以有效地保护当事人的商业秘密和个人隐私,公司的商誉亦可得以保全。而诉讼程序以公开审理为原则,当事人一旦涉诉,对簿公堂,公开审理,不但当事人的隐私会公之于众,且"事业之内幕与营业秘密亦有泄漏之虞"。

仲裁的保密性不但可以确保仲裁当事人的商业秘密无泄漏之虞,更可使同类案件的解决处于一对一的简单状态,不会像诉讼那样产生重大社会影响,造成更多新的矛盾和诉争,有利于当事人之间矛盾的化解和最终解决。①

 **拓展知识**

为什么诉讼需要公开而仲裁却秘密进行?

英国有句古谚:正义不仅要实现,而且要以看得见的方式实现。这样,大众才会对法制有信心。但是为什么诉讼一般需要公开审理,而仲裁却秘密进行呢?因为,国家法院花的是纳税人的钱,被视为是支持公正的象征,它的判决是大众共同拥有的财富,是 common law 的一部分。但是仲裁完全不同,它是私人的解决争议办法,花的是双方当事人的钱,根本不

---

① 马占军:《商事仲裁制度的完善与和谐社会的构建》,载《河北法学》2009 年第 4 期。

欠大众市民任何东西。所以，他们可以关上门，不许外人旁听，而裁决书也只是双方当事人的私产。

4. 准司法性

首先，作为仲裁基石的仲裁协议，由仲裁法规定了它有效的条件及法律效力。例如，我国《仲裁法》规定了仲裁协议的形式、内容，以及仲裁协议无效的情形。

其次，仲裁法赋予了仲裁裁决强制执行的效力和确认了限制仲裁的一些制度，如我国《仲裁法》授权仲裁庭有确认合同效力的权力，仲裁机构有确认仲裁协议效力的权力。特别是仲裁员，由于仲裁法的授权，才能对仲裁争议开庭进行审理，并使仲裁裁决与法院的判决书一样，具有强制执行的效力。

最后，全球经济一体化使国际商事仲裁数量大量增加，仲裁协议和仲裁裁决应得到相关国家的法律规定及相关的国际条约认可后，方可得到承认与执行。

商事仲裁除了其特征展现的魅力之外，还包括一些具体的优势，也正是仲裁有其自身独具的特点和优势，才使其成为企业解决纠纷的首选方式。具体言之，商事仲裁除了上面所说的特征之外，还包括以下的优势：

1. 专业性

仲裁员不只是法律专家，还包括经贸、科技、金融、工商、房地产、保险等各方面的专业人才，具备精深的业务素质，能够保证案件得到公正解决。当事人可以先了解各位仲裁员的专业背景、社会地位，选择具有相关专业背景、社会地位高的仲裁员审理案件。商事纠纷往往涉及复杂而特殊的知识领域，职业法官面对日益复杂的专业化领域，仅靠原有的法律知识和生活经验已很难对商事争议作出正确的判断。而相关领域的专家裁判则更具有权威性。仲裁专业性正好适应商事纠纷的特点需求，具有其他纠纷解决方式无法替代的优势。

2. 高效性

仲裁实行"一裁终局"，没有上诉或再审程序，裁决自作出之日起即发生法律效力，并具有强制执行力。仲裁裁决生效后，当事人不能再就同一纠纷提起仲裁或诉讼，可避免诉累。而诉讼实行"两审终局"制，在特殊情况下，法院亦有可能将案件发回重审，部分案件甚至会按照审判监督程序提起再审，这些案件长期悬而难决，无论对社会还是对当事人来说，都造成负面影响。再者，仲裁可以不拘泥于仲裁地点、仲裁时间，可以根据当事人的意愿简化仲裁程序，体现了较强的灵活性。"一裁终局"与"灵活性"可节省当事人许多费用和时间，与诉讼相比显示出极大优势。

3. 独立性

根据我国《仲裁法》规定，仲裁依法独立进行，不受行政机关、社会团体和个人的干涉。这一规定确立了仲裁委员会和仲裁工作的独立性。这是仲裁委员会和仲裁工作的基本法律属性和基本特征。仲裁机构作为民间机构，仲裁员是民间人士，不隶属于任何国家机关。因此，仲裁庭对案件的审理不受仲裁机构和法院的干涉。再者，由于仲裁不受地域限制和级别限制，当事人可以自主选择公平、公正的国内仲裁机构或国际仲裁机构仲裁纠纷，有效防止地方保护主义。

4. 广泛执行力

根据《仲裁法》的规定，仲裁裁决不仅可以在国内法院得到执行，而且作为《纽约公约》的签约国，中国仲裁机构的裁决还可以在全世界130多个成员国的法院得到承认和执行。仲裁裁决与法院判决具有同等的强制执行性,有力地保证了当事人纠纷的最终解决。

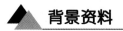 **背景资料**

我国立法关于仲裁裁决执行的规定

《民事诉讼法》第 280 条规定,经中华人民共和国涉外仲裁机构裁决的,当事人不得向人民法院起诉。一方当事人不履行仲裁裁决的,对方当事人可以向被申请人住所地或者财产所在地的中级人民法院申请执行。

《仲裁法》第 62 条规定,当事人应当履行裁决。一方当事人不履行的,另一方当事人可以依照《民事诉讼法》的有关规定向人民法院申请执行。受申请的人民法院应当执行。第 72 条规定,涉外仲裁委员会作出的发生法律效力的仲裁裁决,当事人请求执行的,如果被执行人或者其财产不在中华人民共和国领域内,应当由当事人直接向有管辖权的外国法院申请承认和执行。

《最高人民法院关于适用〈中华人民共和国仲裁法〉若干问题的解释》第 29 条规定,当事人申请执行仲裁裁决案件,由被执行人住所地或者被执行人财产所在地的中级人民法院管辖。

相关案例
仲裁裁决的执行

武汉东湖百兴创业投资中心(以下简称"武汉百兴")、上海百兴年代创业投资有限公司(以下简称"上海百兴")与湖北圣峰药业有限公司(以下简称"圣峰药业")以及郭明南、袁子添先后签订《投资协议》及《补充协议》,投资方按约定注入全部资金,成为圣峰药业股东之一。《补充协议》第 2.4 条约定,如公司对投资方股权回购行为受到法律限制,控股股东应作为收购方,以其从公司取得分红或其他合法渠道筹集的资金收购投资方持有的公司股权。《投资协议》第 13.2 条、《补充协议》第 7.2 条约定,因协议发生的任何争议,任一方可将争议提交武汉仲裁委员会(下称"武汉仲裁委")。

2013 年 7 月 20 日,武汉百兴要求撤资退股,在武汉召开了由郭明南、袁子添、武汉百兴、上海百兴参加的股东会议,同意武汉百兴撤资退股,并形成书面《纪要》。《纪要》载明系上海百兴、武汉百兴、圣峰药业实际控制人股东郭明南和袁子添就《投资协议》和《补充协议》执行情况,经协商达成一致意见。其中,第 8 条明确该《纪要》作为《投资协议》和《补充协议》的附件、后续法律文件的依据,具有同等法律效力。后各方因股权回购问题产生纠纷,武汉百兴等投资方向武汉仲裁委提起仲裁。

2015 年 4 月 17 日,武汉仲裁委作出裁决,裁决圣峰药业等三被申请人向两申请人武汉百兴、上海百兴分别支付约定股权回购款及其利息、逾期付款违约金及其利息。

裁决生效后,武汉百兴向管辖法院恩施土家族苗族自治州中级人民法院(下称"恩施中院")申请执行。圣峰药业等向法院申请不予执行。恩施中院认为,武汉仲裁委违反法律规定,无权裁定圣峰药业承担回购公司股权的义务,裁定不予执行前述裁决书。武汉百兴认为恩施中院作出的裁定存在明显瑕疵,侵犯其合法权益,向湖北省高级人民法院(下称"湖北高院")申诉。湖北高院对关于恩施中院裁定存在认定事实错误、适用法律错误的申诉予以支持,撤销恩施中院作出的裁定。圣峰药业等不服湖北高院作出的上述裁定,向最高人民法院(下称"最高院")申诉,请求撤销湖北高院作出的裁定。最高院认为湖北高院裁定认定事实清楚,适用法律正确,予以维持。①

评析:

1. 根据恩施中院及湖北高院查明的事实,《纪要》第 8 条明确"该《纪要》作为《投资协议》和《补充协议》的附件、后续法律文件的依据,具有同等法律效力",《纪要》实际上属于《投资协议》和《补充协议》的从合同,当双方对《纪要》发生争议时,也应当适用《投资协议》和《补充协议》中相关条款关于争议解决的有关约定。因此,关于武汉仲裁委无权裁定公司回收其股权的主张,不能成立。

2. 《民事诉讼法》第 244 条第 2 款、第 3 款规定的不予执行仲裁裁决的情形,仅限于程序性事项,但恩施中院执行裁定系对武汉仲裁委作出裁决的实体审查,适用法律错误;此外,圣峰药业主张不予执行武汉仲裁委裁决书的理由,不属于《民事诉讼法》第 244 条第 2 款、第 3 款规定的不予执行仲裁裁决的情形。因此,恩施中院裁定不予执行武汉仲裁委裁决的裁定错误。

本案启示我们,法院裁定不予执行仲裁裁决后,当事人虽不能提出执行异议或复议,但仍可向上级法院申诉,由法院对裁定依法启动执行监督程序。

二、商事仲裁协议

(一) 仲裁协议的有效要件

1. 仲裁协议的形式

国际上,大多数国家的立法均要求仲裁协议应当以书面形式订立。《纽约公约》和《联合国国际商事仲裁示范法》也规定,仲裁协议必须采用书面形式。② 我国仲裁立法也规定仲裁协议必须采用书面形式,否则无效。要求仲裁协议采用书面形式,有利于证明当事人同意将争议提交仲裁的意思,也有利于减少是否存在仲裁协议的举证困难。但是,随着经济的发展,书面形式不仅限于传统的纸面范畴,《最高人民法院关于适用〈中华人民共和国仲裁法〉若干问题的解释》规定以合同书、信件和数据电文(包括电报、电传、传真、电子数据交换和电子邮件)等形式达成的仲裁协议也属于书面形式。在仲裁实践中,常见的书面仲裁协议主要有三种形式:仲裁条款、仲裁协议书、其他表示提交仲裁的书面文件。

"其他表示提交仲裁的书面文件"主要是当事人对含有仲裁条款的文件的提及或援引。

---

① 湖北圣峰药业有限公司、郭明南等合同纠纷执行监督执行裁定书,最高人民法院(2021)最高法执监 12 号。
② 《联合国国际商事仲裁示范法》第 7 条第(2)款规定,仲裁协议应是书面的。协议如载于当事各方签字的文件中,或载于往来的书信、电传、电报或提供协议记录的其他电讯手段中,或在申诉书和答辩书的交换中当事一方声称有协议而当事他方不否认即为书面协议。在合同中提出参照载有仲裁条款的一项文件即构成仲裁协议,如果该合同是书面的而且这种参照足以使该仲裁条款构成该合同的一部分的话。

当事人通常通过在其订立的合同中提及或援引一项含有仲裁条款的文件的方式,在他们之间成立一项仲裁协议。这种方式已经得到国际社会的认同。《最高人民法院关于适用〈中华人民共和国仲裁法〉若干问题的解释》第11条规定:"合同约定解决争议适用其他合同、文件中的有效仲裁条款的,发生合同争议时,当事人应当按照该仲裁条款提请仲裁。涉外合同应当适用的有关国际条约中有仲裁规定的,发生合同争议时,当事人应当按照国际条约中的仲裁规定提请仲裁。"

2. 仲裁当事人的行为能力

合同当事人必须具有签订合同的行为能力,否则合同无效。仲裁协议是当事人之间私法上的法律行为,因此当事人在订立仲裁协议时应具备行为能力,这是仲裁协议有效的要件之一。我国《仲裁法》规定无民事行为能力人或者限制民事行为能力人订立的仲裁协议无效。在国际商事仲裁活动中,当事人的行为能力还涉及适用何国法律以判断当事人是否具备行为能力的问题。一般而言,对于自然人的行为能力依其属人法,即本国法或住所地法。对于法人的行为能力,也依其属人法,即法人国籍国法。

3. 争议事项的可仲裁性

当事人能否就特定事项的争议作出通过仲裁方式解决的安排,即仲裁协议事项的可仲裁性问题。不可仲裁争议坚持法院审理的原则,不能由仲裁机构仲裁,这实际上划分了仲裁和法院审理的权限和分工。

争议的可仲裁性直接决定着仲裁庭能否行使仲裁管辖权,决定着仲裁协议的效力,决定着仲裁裁决能否得到有关国家法院的承认及执行,而最终决定了作为纠纷解决机制的商事仲裁作用的发挥程度。随着世界经济一体化进程加快,各国经济相互依赖程度加大,自20世纪80年代以来商事仲裁的仲裁事项范围越来越大。

对于因商事活动所产生的争议,只要双方当事人之间存在有效的仲裁协议,就绝不轻易地援用"争议事项不具备可仲裁性"这一保留条款拒绝承认和执行外国仲裁机构的仲裁裁决。因而世界主要国家和地区的通行做法是尽可能地减少对商事仲裁适用范围的限制,对商事仲裁的适用范围作尽可能宽泛的规定。

我国《仲裁法》规定,约定的仲裁事项超出法律规定的仲裁范围的仲裁协议无效。该法第2条规定:"平等主体的公民、法人和其他组织之间发生的合同纠纷和其他财产权益纠纷,可以仲裁。"第3条规定:"下列争议不能仲裁:(一)婚姻、收养、监护、抚养、继承纠纷;(二)依法应当由行政机关处理的行政争议。"为了紧随仲裁快速发展的步伐,让更多的纠纷纳入仲裁事项之内,《最高人民法院关于适用〈中华人民共和国仲裁法〉若干问题的解释》第2条对仲裁的受案范围作出了更广泛的解释:当事人概括约定仲裁事项为合同争议的,基于合同成立、效力、变更、转让、履行、违约责任、解释、解除等产生的纠纷都可以认定为仲裁事项。2000年中国国际经济贸易仲裁委员会修改其仲裁规则时,将侵权行为在内的非契约性的经济贸易等争议规定在可仲裁范围之内,至此,侵权行为也可以依仲裁协议提请仲裁。①

根据我国《仲裁法》有关规定以及我国的司法实践,我国仲裁适用范围明显过于狭窄。这不仅将导致仲裁委员会无法受理大量有关知识产权本身的有效性、破产、不正当竞争及反垄断的争议,与各国有关商事仲裁的受案范围越来越宽的发展趋势不符,而且也与我国不断

---

① 参见《CIETAC2000规则》第2条,《CIETAC2005规则》第2条,《CIETAC2015规则》第2条。

发展的对外经济贸易形势不相适应;既影响到仲裁委员会的受案数量和声誉,又影响到我国对外经济贸易事业的发展。因此,我国应当根据商事实践经验,适时扩大商事仲裁的可仲裁事项,以便更好地发挥商事仲裁解决经济纠纷的重要作用。

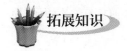

商事仲裁可仲裁事项不断扩大的国际趋势

商事仲裁可仲裁事项不断扩大的国际趋势主要表现在知识产权、破产争议、不正当竞争以及反垄断问题领域。①

美国司法界曾认为专利权、商标权、版权等知识产权并不具有可仲裁性。但随着经济的发展,美国最高法院逐步放宽了对知识产权案件仲裁的限制。商事仲裁不仅适用于专利权、商标权、版权的合同纠纷和侵权纠纷,而且适用于专利权、商标权、著作权等有效性案件的可仲裁性问题。②

法官认为知识产权的有效性不但影响当事人的私权,还会涉及重大公共利益,因而应该由法院而不是仲裁庭来裁决知识产权的有效性。但知识产权的有效性与知识产权的使用合同纠纷密切相关,如果将知识产权的有效性排除在仲裁范围之外,则仲裁这种方式的运用就意义不大。因而美国于1983年修改了《专利法》35. U. S. C(294),认可了对专利权的有效性、专利侵权以及专利强制许可的可仲裁性。③

因此,对于知识产权等不同于传统商事争端的纠纷能否进行仲裁,要作类型化分析。如果是比较常见的合同纠纷和财产纠纷,当事人之间订立了仲裁协议是可以仲裁的。但是行政机关对知识产权权属认定产生的纠纷,涉及公权力和社会经济秩序,应按照知识产权法和诉讼法的有关规定处理,不能仲裁。

于破产而言,长期以来,破产争议不可仲裁是个"固若金汤"的规则,但随着经济的发展和仲裁范围的扩大,破产争议涉及债权人与破产人之间的债权债务纠纷的可仲裁性已经得到很多国家的肯定。

(二) 仲裁协议的内容

仲裁协议的内容关系到争议能否得到公平合理的解决,直接反映当事人是否具有提交仲裁的意愿,决定仲裁协议的效力、仲裁权的取得与行使,是仲裁协议的核心。④因此,当事人都十分关心仲裁协议的内容。根据我国《仲裁法》规定,仲裁协议必须具有三方面的内容:(1) 提请仲裁的意思表示;(2) 仲裁事项;(3) 选定的仲裁委员会。

但是,《仲裁法(修订)(征求意见稿)》第21条删除了"选定的仲裁委员会"作为仲裁协

---

① 本"拓展知识"主要介绍仲裁在知识产权、破产争议领域的发展。
② 在我国,专利权、商标权、著作权合同的纠纷是可以提请仲裁的,但专利权、商标权、著作权的有效性案件的可仲裁性并未得到立法的认可。
③ 谭兵、黄胜春:《中国仲裁制度的改革与完善》,人民出版社2005年版,第143页。
④ 乔欣:《仲裁权研究:仲裁程序公正与权利保障》,法律出版社2001年版,第94页。

生效要件是否有效的判断标准,双方只要有仲裁的意思表示即可以申请仲裁。

1. 意思表示

仲裁协议应当具有当事人自愿将商事争议提交仲裁的意思表示,这是一项有效仲裁协议的首要内容,也是仲裁庭行使仲裁管辖权的前提和基础。将商事争议提交仲裁裁决的意思表示应当由双方当事人本着自愿、真实的意思作出。对此我国《仲裁法》第 17 条规定,一方采取胁迫手段,迫使对方订立仲裁协议的,仲裁协议无效。

相关案例
当事人之间未签订书面合同,但已形成仲裁的合意能否申请仲裁?

2020 年 6 月起,甲公司与路某洽谈将某项目的经营管理权委托给甲公司经营管理事宜。双方经过几个月的反复磋商,就多数条款内容基本达成意向。路某于 2020 年 10 月 30 日、2020 年 11 月 2 日两次发送给甲公司的《医疗机构托管协议》中第 15.1 条约定,发生争议时任何一方都可以将争议提交中国国际经济贸易仲裁委员会。甲公司未就该仲裁条款提出修改意见。但双方未在《医疗机构托管协议》中盖章签字。2021 年 5 月,路某依据上述《医疗机构托管协议》中的仲裁条款,向中国国际经济贸易仲裁委员会提交仲裁申请,中国国际经济贸易仲裁委员会受理了该案。

甲公司向法院请求确认其与路某之间的仲裁协议不成立。路某据以申请仲裁的依据为其仲裁证据《医疗机构托管协议》中的仲裁条款,但在托管事项磋商过程中,甲公司从未与路某签署任何托管协议草案,也未与路某订立任何形式的仲裁条款或仲裁协议,该事项最终双方磋商未果并实际终止。[①]

评析:《仲裁法》第 16 条第 1 款规定,仲裁协议包括合同中订立的仲裁条款和以其他书面方式在纠纷发生前或者纠纷发生后达成的请求仲裁的协议。《最高人民法院关于适用〈中华人民共和国仲裁法〉若干问题的解释》第 1 条规定,仲裁法第 16 条规定的"其他书面形式"的仲裁协议,包括以合同书、信件和数据电文(包括电报、电传、传真、电子数据交换和电子邮件)等形式达成的请求仲裁的协议。从路某与甲公司经办人的微信对话中可以看出,双方虽未签署书面的《医疗机构托管协议》,但双方已通过微信沟通的形式于 2020 年 10 月 31 日就《医疗机构托管协议》中的仲裁条款内容达成一致。上述仲裁条款符合《仲裁法》第 16 条的规定,且不存在第 17 条、第 18 条规定的无效情形,双方之间存在合法有效的仲裁协议。

2. 仲裁事项

当事人在仲裁协议中应当载明提交仲裁解决的争议的内容。这是仲裁机构行使仲裁管辖权的依据,是仲裁庭裁决的范围,也是当事人申请法院执行仲裁裁决时必须具备的条件之一。在实践中,当事人会在合同条款中写明"本合同产生的争议""凡因执行本合同或与本合

[①] 《案例四:甲公司申请确认仲裁协议无效案——当事人之间未签订书面合同,但在商议合同内容的磋商中形成仲裁解决争议的合意,应认定各方之间存在仲裁协议》,载北京市第四中级人民法院网,https://bj4zy.bjcourt.gov.cn/article/detail/2022/03/id/6596764.shtml,2023 年 12 月 2 日访问。

同有关的一切争议"。

 背景资料

如何理解"本合同产生的争议"?

当事人概括约定仲裁事项为合同争议的,基于合同成立、效力、变更、转让、履行、违约责任、解释、解除等产生的纠纷都可以认定为仲裁事项。

1. 因合同的订立而引起的合同纠纷:(1)要约和承诺引起的合同是否成立的纠纷;(2)因合同条款不完备而引起的合同成立与否的纠纷;(3)因合同不具备形式要件而引起的合同纠纷;(4)因合同内容违法而引起的合同纠纷。

2. 因合同履行而发生的纠纷:(1)因违反合同规定拒不交货产生的纠纷;(2)不按合同规定的数量交货而引起的纠纷;(3)不按合同规定的质量要求履行合同发生的纠纷;(4)不按合同规定的期限履行合同而发生的纠纷;(5)不按合同规定的履行地点履行合同而发生的纠纷;(6)不按合同规定收货引起的纠纷;(7)不按合同规定的价格或劳动报酬履行合同而引起的纠纷;(8)因拖欠货物而引起的合同纠纷;(9)因运输途中的货损而引起的纠纷。

3. 因变更和解除合同而产生的纠纷:(1)因变更合同主体而引起的纠纷;(2)因变更合同内容而引起的纠纷;(3)因解除合同而发生的纠纷。

4. 因代理而引起的合同纠纷:(1)因委托书授权不明而引起的纠纷;(2)无权代理引起的合同纠纷;(3)滥用代理权引起的纠纷;(4)转代理引起的合同纠纷;(5)代理违法而引起的纠纷。

5. 因担保而引起的合同纠纷:(1)因被担保的合同发生争议而引起的有关担保的纠纷;(2)因担保合同本身而发生的纠纷。

此外,当事人在其仲裁协议中约定仲裁事项时,还必须特别注意其可仲裁性。针对不具有可仲裁性的争议事项达成的仲裁协议,是一项违反国家公共政策的无效仲裁协议。

3. 仲裁机构

仲裁机构是受理案件并作出裁决的机构。如果约定在仲裁机构仲裁,则应写明仲裁机构的名称。

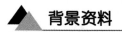 背景资料

国际各大仲裁机构简述

1. 瑞典斯德哥尔摩商会仲裁院(Arbitration Institute of Stockholm Chamber of Commerce,简称SCC)。SCC是瑞典最重要的常设仲裁机构,是斯德哥尔摩商会下设机构,隶属于斯德哥尔摩商会,但在职能上是独立的。由于瑞典的仲裁历史悠久,体制完善,加上瑞

典是中立国,因此斯德哥尔摩商会仲裁院成为解决国际经济争端的一个重要场所。

2. 美国仲裁协会(American Arbitration Association,简称 AAA)。AAA 是独立的、非政府性的、非营利性的民间组织,其总部设在纽约,是美国最主要的国际仲裁常设机构。其宗旨是:进行有关仲裁的研究,完善仲裁技术和程序,进一步发展仲裁科学,提供仲裁便利。

3. 香港国际仲裁中心(Hong Kong International Arbitration Centre,简称 HKIAC)。HKIAC 是一个民间非营利性中立机构,由理事会领导,理事会由来自不同国家的商人和其他具备不同专长和经验的专业人士组成,仲裁中心的业务活动由理事会管理委员会通过秘书长进行管理,而秘书长则是仲裁中心的行政首长和登记官。该仲裁中心的设立是为了满足东南亚地区的商务仲裁的需要,同时也为中国内地当事人和外国当事人之间的经济争端提供"第三地"的仲裁服务。

4. 中国国际经济贸易仲裁委员会(China International Economic and Trade Arbitration Commission,简称 CIETAC)。CIETAC(同时启用"中国国际商会仲裁院"名称)是以仲裁的方式,独立、公正地解决契约性或非契约性的经济贸易等争议的常设商事仲裁机构。总会设在北京,并分别在深圳和上海设立了华南分会和上海分会。北京总会及其华南分会和上海分会是一个统一的整体,是一个仲裁委员会,在整体上享有一个仲裁管辖权。

此外,在订立仲裁协议时,最好选择合适的仲裁机构,选择仲裁机构时必须考虑该仲裁机构的信誉、规则的内容及成本等多种因素。

企业如何选择仲裁机构?

企业参与仲裁最关心的是纠纷能否得到公正、及时和低成本的解决,所以准确选择仲裁机构是极为重要的。企业在选择仲裁机构时应当考虑以下几个因素:

选择国内的仲裁机构。在中国境内的企业之间的纠纷,从仲裁成本考虑,一般不宜选择国外的仲裁机构。因为,国外仲裁机构路程较远,来回不仅耗费大量人力、物力,而且时间上也较难掌握;并且,国外仲裁机构仲裁费用高昂,许多国家的仲裁员按时间收取仲裁员酬金;另外,语言沟通较为困难,而法律上的陈述又不能有半点含糊,故交流难度也较大,必须专门聘请外语翻译,支付昂贵的翻译费。

选择大城市的仲裁机构。企业在选定国内仲裁机构时应当优先考虑一些经济较为发达的大城市仲裁机构,原因如下:一是大城市经济发达,仲裁机构处理民事、经济纠纷经验丰富。二是大城市仲裁机构条件优越,仲裁员队伍整体素质高于中小城市,是案件高质量审理和裁决的有力保障。硬件设施和秘书人员的配备能够更好地为当事人提供服务。三是大城市交通相对便利,便于当事人参加仲裁活动。

选择就近的仲裁机构。确定选择一个仲裁机构后,就由这个仲裁机构来安排和组织解决当事人之间的纠纷。对于当事人来说,就要按照选定仲裁机构的规则以及通知、安排来参加仲裁活动。如果双方当事人选定的仲裁机构距离当事人所在地很远,那么就可能带来很多不方便的情况。所以当事人可以选择所在地或邻近的仲裁机构,减少参加仲裁活动的成本,当事人也不用来回奔波于两地。

在实践中,为了减少谈判的障碍,避免因仲裁机构的确定问题使谈判陷于僵局,双方当事人有时也采取一种较为灵活的方式,即在仲裁条款中不明确规定将合同争议提交哪一仲裁机构仲裁,只规定发生合同争议时提交被诉人所在地仲裁机构仲裁。当事人以这种方式回避了确定具体仲裁机构这一敏感问题。这一问题的解决将有赖于合同履行的情况,看谁先提出仲裁申请,一旦仲裁申请提出,被诉人所在地仲裁机构便被确认为审理该争议的仲裁机构。这一做法有助于消除双方当事人的顾虑,促成交易成功,是一种切实可行的方式。①但是这种方式也面临一个问题:如果被诉人所在地没有仲裁机构,则容易因仲裁机构不明确而需要当事人进一步协商或者导致仲裁协议无效。

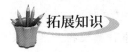拓展知识

未约定仲裁机构或约定不明的怎么办?

《仲裁法(修订)(征求意见稿)》删除了仲裁机构作为仲裁协议有效要件的内容。如果当事人没有约定仲裁机构或约定不明,如何确定仲裁机构?《仲裁法(修订)(征求意见稿)》第35条规定,仲裁协议对仲裁机构约定不明确,但约定适用的仲裁规则能够确定仲裁机构的,由该仲裁机构受理;对仲裁规则也没有约定的,当事人可以补充协议;达不成补充协议的,由最先立案的仲裁机构受理。仲裁协议没有约定仲裁机构,当事人达不成补充协议的,可以向当事人共同住所地的仲裁机构提起仲裁;当事人没有共同住所地的,由当事人住所地以外最先立案的第三地仲裁机构受理。

然而,实践中出现的问题可能更为复杂,有待立法和司法提供更细化的规则。例如,仅有书面的仲裁意思表示但未约定仲裁机构时,若双方当事人的共同居住地为北京、上海、深圳等这类存在多个仲裁机构的城市,根据《仲裁法(修订)(征求意见稿)》确定的规则可能有一定的模糊性。

(三) 仲裁协议的效力

1. 对当事人的效力

仲裁协议一旦成立,则对当事人都具有直接的法律约束力,当事人负有依据仲裁协议的约定提交仲裁的义务,而不能就仲裁协议约定的仲裁事项向法院提起诉讼,除非当事人之间另有协议变更原仲裁协议。

如果一方当事人违背仲裁协议而就协议仲裁事项诉诸法院,另一方当事人则有权依据仲裁协议要求法院终止诉讼程序,将争议由约定的仲裁机构裁决。如果一方当事人诉诸法院,而另一方当事人不及时提出异议或前往应诉的,则视为双方就争议解决方式达成了新的协议,同意以诉讼解决纠纷,从而认定法院具有管辖权,另一方当事人因此丧失了以原仲裁协议排除法院诉讼管辖权的抗辩权。

---

① 张艳丽主编:《中国商事仲裁制度有关问题及透析》,中国工人出版社2000年版,第144页。

相关案例
合同转让后仲裁条款是否对受让方具有约束力？

某棉花公司与某物流公司签订了《棉花仓储合同》，其中约定双方同意提交北京仲裁委员会裁决。2018年6月13日某棉花公司给保险公司出具了权益转让书，将索赔权转让给了保险公司。北京仲裁委员会依据保险公司提交的仲裁申请书及某棉花公司与某物流公司于2011年签订的《棉花仓储合同》的仲裁条款受理了保险公司与某物流公司之间的争议仲裁案并作出了仲裁裁决。

某物流公司请求法院撤销上述仲裁裁决，认为其与保险公司之间没有签过任何协议，也没有约定由北京仲裁委员会仲裁某物流公司与保险公司之间的争议。在法律上某公司向某物流公司索赔行使的是追偿权，而某物流公司与保险公司没有签订过任何协议，北京仲裁委员会无权受理。

虽然某物流公司与保险公司并没有签订仲裁协议，但是保险公司依据《保险法》第60条规定，自向某棉花公司赔偿保险金之日起，取得在赔偿金额范围内代位行使某棉花公司对某物流公司请求赔偿的权利。保险公司的保险代位求偿权在法律性质上是一种法定的债权让与，确定被保险人某棉花公司与某物流公司之间的仲裁协议对保险公司是否有效应从合同债权转让情况下仲裁协议对受让人是否有效进行分析。依据《最高人民法院关于适用〈中华人民共和国仲裁法〉若干问题的解释》第9条规定，债权债务全部或者部分转让的，仲裁协议对受让人有效，但当事人另有约定、在受让债权债务时受让人明确反对或者不知有单独仲裁协议的除外。由于保险人代位求偿权属法定性的债权转让，上述规定的当事人另有约定、在受让债权债务时受让人明确反对或者不知有单独仲裁协议的但书情形亦不存在。本案中某棉花公司与某物流公司就争议解决存在有效仲裁条款，该仲裁条款对作为债权受让人的保险公司有效。据此，保险公司依据《棉花仓储合同》的仲裁条款向北京仲裁委员会提起仲裁符合法律规定，北京仲裁委员会对涉案仲裁具有管辖权。①

评析：仲裁协议签订主体因为意思自治均受到仲裁协议约束，一般情况下，非仲裁协议的签订主体不受仲裁条款约束。突破仲裁协议相对性，即非仲裁协议签订者受到仲裁条款约束需要满足法定情形，例如依据《最高人民法院关于适用〈中华人民共和国仲裁〉若干问题的解释》第9条之规定，仲裁协议对债权债务的受让人有效。因此，企业在经济活动中受让其他商事主体的债权债务时，应当审慎审查原债权债务合同是否存在仲裁协议或仲裁条款，如果认为原仲裁协议不符合己方利益的，可以在受让债权债务时作出明确反对该仲裁协议的意思表示。

根据传统合同法的基本原理，合同一般仅对合同双方当事人具有法律约束力，未经第三人同意，合同当事人不得为第三人设定义务。仲裁协议一般仅对仲裁协议双方具有法律约束力，但是随着商业发展的广泛性与复杂性，交易逐步呈现出开放性与相关性的特点，作为商事争议解决机制的仲裁也在不断地发展和改进。一个典型表现就是在特定情况下仲裁协

---

① 《案例五：某物流公司申请撤销仲裁裁决案——债权转让的受让者应当受到原合同的仲裁条款约束》，载北京市第四中级人民法院网，https://bj4zy.bjcourt.gov.cn/article/detail/2022/03/id/6596760.shtml，2023年12月16日访问。

议效力具有扩张性,向非书面签约第三人延伸。

仲裁协议效力扩张理论

有效的仲裁协议是仲裁庭对仲裁案件行使仲裁管辖权的前提条件。传统仲裁协议效力以契约理论为依据,认为仲裁协议的效力范围限于仲裁协议的当事人或者签字人。但在特定情况下仲裁协议的效力可以向非书面签约第三人延伸。

学者认为,基于禁止反言原则、公平合理期待原则、揭开公司面纱理论、公司化身理论,在法人合并与分立、合同转让、代理、关联协议中的母子公司、合伙、担保、代位求偿、提单流转等情形中突破传统法律障碍,使仲裁协议的效力扩张至未签字的第三人。但如何认定未签字第三人的范围以及如何在具体司法实践中把握哪些特定情形中商人们签订的仲裁协议具有扩张的效力,目前还缺乏统一的规定,实践中的做法也各有不同。

国际上对商事仲裁中仲裁协议的效力扩张问题的研究比较深入,提出了采用交易惯例理论、关联合同理论、第三方受益人理论、揭开公司面纱理论以及公司化身理论等理论学说对仲裁协议效力的扩张现象进行正当性的论证,仲裁协议效力扩张的具体情形的分析也较为深入。

2. 对仲裁机构的效力

仲裁机构的管辖权源于当事人的仲裁合意,没有当事人的仲裁合意就没有仲裁机构的管辖权。因此,有效的仲裁协议是仲裁机构受理争议案件的依据。如果无仲裁协议或仲裁协议无效,仲裁机构则无权受理该项争议。任何一方当事人都可以基于不存在一个有效的仲裁协议而对仲裁机构的管辖权提出异议。再者,仲裁机构只能对当事人仲裁协议中约定仲裁的事项进行仲裁审理,并作出裁决,而不能超越仲裁协议约定的仲裁事项进行裁决。

3. 对法院的效力

仲裁是一种独立的、具有终局性的争议解决方式。因此,仲裁协议赋予了仲裁机构管辖权的同时也意味着排除法院对同一争议的管辖权。我国《仲裁法》第5条规定,当事人达成仲裁协议,一方向人民法院起诉的,人民法院不予受理,但仲裁协议无效的除外。

相关案例
有效的仲裁协议排除法院的管辖权

轻纺公司分别与裕亿公司和太子公司签订销售合同并订立仲裁条款。后因履行合同发生争议,轻纺公司向江苏省高级人民法院起诉,称裕亿公司和太子公司利用合同形式进行欺诈,构成侵权;当事人之间已非合同权利义务的争议,而是侵权损害赔偿纠纷,故轻纺公司有权起诉,不受仲裁条款的约束。两被告提出管辖权异议。江苏省高级人民法院支持原告主张,两被告不服一审裁定,向最高人民法院提起上诉。最高人民法院认为两项合同中均订立明确的仲裁条款,根据《仲裁法》和《中国国际经济贸易仲裁委员会仲裁规则》,中国国际经济贸易仲裁委员会有权受理侵权纠纷,各方当事人均应受仲裁条款约束,该案纠纷应通过仲解决,法院无管辖权,随后最高人民法院撤销江苏省高级人民法院的裁定。[①]

问题:你如何理解仲裁协议(仲裁条款)的独立性？商事纠纷的性质是否对仲裁协议(仲裁条款)的独立性构成实质影响？

4. 赋予仲裁裁决执行力的法律效力

一项有效的仲裁协议是仲裁裁决具有强制执行力的重要条件,仲裁裁决的强制执行力是仲裁协议的最终效力表现。我国《仲裁法》第70条、第71条,《民事诉讼法》第244条第2款、第281条第1款均规定,如果不存在有效的仲裁协议,人民法院可以根据当事人的请求及相关证据,撤销或拒绝执行仲裁裁决。

实践中常见的几种瑕疵仲裁条款

1. 瑕疵仲裁条款之一:约定两个仲裁机构

"凡因本合同引起的或与本合同有关的任何争议,可提交中国国际经济贸易仲裁委员会或者广州仲裁委员会仲裁。"

说明:《最高人民法院关于适用〈中华人民共和国仲裁法〉若干问题的解释》第5条规定:仲裁协议约定两个以上仲裁机构的,当事人可以协议选择其中的一个仲裁机构申请仲裁;当事人不能就仲裁机构选择达成一致的,仲裁协议无效。

2. 瑕疵仲裁条款之二:先裁后审

"凡因本合同引起的或与本合同有关的任何争议,均提交中国国际经济贸易仲裁委员会仲裁。若对裁决不服的可向人民法院起诉。"

说明:依据我国《仲裁法》,仲裁实行"一裁终局"制度。因此,先裁后审约定违背仲裁终局性,属于无效协议。

3. 瑕疵仲裁条款之三:或裁或审

"凡因本合同引起的或与本合同有关的任何争议,均提交中国国际经济贸易仲裁委员会仲裁或者向人民法院起诉。"

说明:《最高人民法院关于适用〈中华人民共和国仲裁法〉若干问题的解释》第7条规定:当事人约定争议可以向仲裁机构申请仲裁也可以向人民法院起诉的,仲裁协议无效。但一方向仲裁机构申请仲裁,另一方未在《仲裁法》第22条第2款规定期间(首次开庭前)内提出异议的除外。

4. 瑕疵仲裁条款之四:仅约定仲裁规则

"凡因本合同引起的或与本合同有关的任何争议,均应按照中国国际经济贸易仲裁委员会仲裁规则进行仲裁。"

[①] 《江苏省物资集团轻工纺织总公司诉(香港)裕亿集团有限公司、(加拿大)太子发展有限公司侵权损害赔偿纠纷上诉案》,载最高人民法院公报网,http://gongbao.court.gov.cn/Details/478228621014b9959bed16de65b582.html,2023年12月2日访问。

说明：《最高人民法院关于适用〈中华人民共和国仲裁法〉若干问题的解释》第 4 条规定：仲裁协议仅约定纠纷适用的仲裁规则的，视为未约定仲裁机构，但当事人达成补充协议或者按照约定的仲裁规则能够确定仲裁机构的除外。该仲裁条款有效，但最好写明仲裁机构的名称。

（四）仲裁条款的独立性

仲裁条款的独立性原则，是指合同中仲裁条款的效力独立于主合同。当主合同变更、解除、无效、终止时，合同中的仲裁条款的效力可以独立存在而不受主合同的影响。现代国际商事仲裁法的理论与实践普遍坚持仲裁条款的独立性原则，主张仲裁条款与主合同是可以分割的，仲裁条款与主合同是两项独立的合同，主合同处理当事人双方的权利义务，仲裁条款则专门处理双方因合同权利义务而产生的争议。因此，仲裁条款的效力独立于主合同的效力，其有效性不受主合同有效性的影响，即使合同无效，仲裁条款仍然有效。①

仲裁条款自治理论

凡以仲裁条款的形式出现的仲裁协议，应被视为与当事人之间有关合同的其他部分相分离的单独协议，即一个包含仲裁条款的合同应被视为由两个相对独立的合同构成，尽管可以认为规定当事人双方在商业利益方面的权利义务关系的合同为主合同，而另一个以仲裁条款形式出现的仲裁协议为从合同，但这二者不能适用"主合同无效，从合同亦随之无效"的一般法理。仲裁条款在整个国际商事合同中必须具有独立性。它的效力只能因主合同的完全履行而终止。它不仅不会因主合同的效力发生争议而失去作用，反而正因此而得以实施，发挥它作为救济手段的作用。仲裁条款的存在与效力，只能以仲裁条款自身的情况作出判断。仲裁条款自治理论被许多国家的立法和有关国际条约所采用。②

随着仲裁实践的发展，仲裁条款的独立性作为一项原则已为世界上绝大多数国家的法律和仲裁规则所接受。仲裁条款的独立性原则可以防止当事人拖延纠纷解决程序，能使纠纷得到及时、高效的解决。

仲裁条款的独立性原则适用的范围

仲裁实践中，法院因合同未成立、成立未生效、被撤销以及不存在而否定仲裁协议效力

---

① 宋连斌：《国际商事仲裁管辖权研究》，法律出版社 2000 年版，第 106 页。
② 1961 年《欧洲国际商事仲裁公约》第 5 条第 3 款，1965 年《关于解决国家和他国国民之间投资争端公约》第 41 条第 1 款、第 2 款，以及 1980 年《联合国国际货物销售合同公约》第 81 条均规定有仲裁条款独立性原则。

的情况较为突出。合同未成立、成立后未生效以及被撤销的,在法律后果上与合同无效是一样的,都会使合同自成立时起无效。既然合同无效并不影响依附于合同中的仲裁条款的效力,则合同未成立、成立后未生效以及被撤销三种情形下,依附于合同的仲裁条款具有独立性,不影响仲裁条款的独立性。最高人民法院对此问题作了明确解释:合同成立后未生效或者被撤销的,仲裁协议效力的认定适用《仲裁法》第19条第1款的规定。当事人在订立合同时就争议达成仲裁协议的,合同未成立不影响仲裁协议的效力。

三、商事仲裁的程序

仲裁程序,是指仲裁庭审理仲裁案件并作出仲裁裁决的过程。程序是保证实体权利实现的过程。因此,各国立法或者仲裁机构规则均对仲裁程序作出了相应规定。

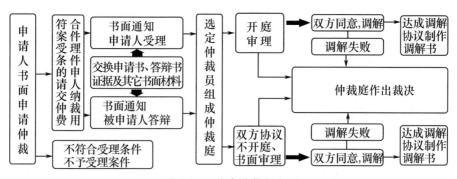

图 4-3-1　商事仲裁程序图

(一) 商事仲裁的启动

1. 申请

商事仲裁申请,是指当事人根据仲裁协议就他们之间已经发生的商事争议,依法提请约定的仲裁机构解决的书面请求。商事仲裁申请的提出,一般必须具备一定的条件,如我国《仲裁法》第21条规定:"当事人申请仲裁应当符合下列条件:(一) 有仲裁协议;(二) 有具体的仲裁请求和事实、理由;(三) 属于仲裁委员会的受理范围。"第22条进一步规定:"当事人申请仲裁,应当向仲裁委员会递交仲裁协议、仲裁申请书及副本。"

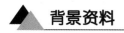

企业申请仲裁须知

• 适用简易程序,需要提交仲裁申请书一式三份;其他情况则应提交仲裁申请书一式五份;如果被申请人不止一个,那么,每增加一个被申请人,需相应增加一份仲裁申请书。

• 仲裁申请书须至少提交一份原件,并加盖公司公章或由授权代表/代理人签字。证据材料可全部提交复印件，但开庭时须带原件以备当庭质证。
- 仲裁申请书及证据材料应用 A4 纸制作，并应按份装订成册。
- 证据材料必须按案情顺序编号并装订整齐。
- 附件中必须包括含有仲裁条款的合同或书面仲裁协议。
- 向法院提请财产保全及/或证据保全的，须提交财产保全申请书原件及/或证据保全申请书原件一式两份。提交仲裁申请书或证据材料一式一份；并提供申请保全的财产及/或证据所在地基层或中级人民法院的名称、地址和邮编。
- 如申请人为公司，提交公司营业执照复印件一式一份、法定代表人身份证明原件一式一份；如申请人为自然人，则提交身份证/护照等身份证明文件的复印件一式一份。
- 委托仲裁代理人的，应提交授权范围明确的授权委托书原件一式一份，并写明代理人地址、邮编、电话及传真。
- 如双方没有约定其他仲裁语言，仲裁申请书应用中文书写。
- 按照仲裁规则中仲裁费用表的规定交纳仲裁费预付金，仲裁费的数额将由仲裁委员会在收到仲裁申请后通知申请人。仲裁费的承担由仲裁庭在裁决中最后确定，原则上由败诉方承担。

2. 受理

商事仲裁的受理，是指仲裁机构收到商事争议当事人向其提交的商事争议申请书之后，经审查认为符合申请商事仲裁的条件，决定予以接受，并开始组织实施商事仲裁活动的行为。在我国，仲裁委员会或其秘书处在收到申请人提交的仲裁申请书及相关文件后，将对仲裁申请书及相关文件依照《仲裁法》和仲裁规则中的条件进行形式审查，确定是否受理。对符合法定条件的仲裁申请，仲裁委员会或其秘书处应当予以立案受理。在实践中，一般只有当事人按要求完备了商事仲裁申请手续，并依规定缴纳了仲裁费用，仲裁委员会才会最终决定受理其申请，予以立案。

仲裁机构受理当事人的仲裁申请之后，通常会依照《仲裁法》或其仲裁规则的规定及时通知当事人，并准备进行下一步的仲裁程序。我国《仲裁法》第25条第1款规定："仲裁委员会受理仲裁申请后，应当在仲裁规则规定的期限内将仲裁规则和仲裁员名册送达申请人，并将仲裁申请书副本和仲裁规则、仲裁员名册送达被申请人。"

3. 答辩与反请求

商事仲裁答辩，是商事仲裁中被申请人的一项十分重要的程序性权利。被申请人针对申请人的商事仲裁请求，实事求是地提出理由并进行充分的辩解，有利于仲裁庭在商事仲裁过程中查明事实、分清是非、公正合理而又及时准确地作出裁决，以维护各方当事人的合法权益。我国各仲裁机构的仲裁规则一般规定，国内仲裁案件提交答辩期限为15日，涉外仲裁案件答辩期限为45日，但是被申请人未提交答辩状的并不影响仲裁的进行。因此，被申请人应当高度重视其答辩权利的行使，并在规定的期限内提交答辩书，以维护自身的合法权益。

答辩既可以是实体方面的内容，也可以是程序方面的内容。在程序方面主要是声明申请人无权提起仲裁、仲裁协议无效或者仲裁委员会无权管辖等，在实体方面重点是针对申请人的仲裁请求及其所依据的事实和理由进行反驳和辩解，阐明自己的主张和根据，并可以提出反请求。

反请求,是指在仲裁程序进行中,被申请人对申请人提出的,旨在推翻或抵消申请人的仲裁请求,与仲裁请求之标的和理由有牵连的,保护自己的合法权益的独立请求。提出反请求是被诉方当事人为保护自己权益而进行的行为,但是被申请人提出反请求必须满足以下条件:(1)基于申请人申请仲裁的同一合同关系或法律关系;(2)被申请人的反请求针对申请人提出;(3)反请求所涉争议不同于仲裁请求所涉争议。

被申请人提出反请求时还必须注意以下问题:(1)在规定的期限内提出。因此,被申请人及其代理人应当及时查明该仲裁机构仲裁规则关于反请求提出期限的规定。(2)反请求需要按规定缴纳费用。因此,被诉当事人如果认为有必要提出反请求的,必须如期缴纳反请求费用。在仲裁实务中,被申请人往往还需要在答辩期内选定仲裁员或委托仲裁机构指定仲裁员、申请仲裁员回避、提出反请求、抗辩仲裁庭的管辖权等。对这些事项的确定和提出,可以通过提交单独的文件来进行,也可以附带在答辩书进行。

4. 仲裁庭的组成

选择仲裁员是仲裁程序中非常重要的一个环节。我国《仲裁法》第30条、第31条规定,仲裁庭由三名仲裁员或者一名仲裁员组成,仲裁庭的组成人员由当事人在仲裁机构聘任的仲裁员名册中选定或者委托仲裁委员会主任指定。仲裁庭组成不合法,将会导致裁决被撤销的法律后果。

相关案例
仲裁庭组成不合法,裁决被撤销

昆明仲裁委就云南商业饭店(以下简称"商业饭店")与杨兵的争议作出裁决和补正裁决。商业饭店认为,双方共同选定的《仲裁规则》规定:"争议金额超过20万元的简单的仲裁案件,经双方当事人书面同意的,可以适用简易程序。"本案争议金额为44万元,而昆明仲裁委员会适用独任仲裁员的简易程序进行仲裁并作出补正裁决,该仲裁庭组成违反法定程序,请求法院撤销补正裁决。杨兵认为,昆明仲裁委作出的补正裁决符合《仲裁法》的规定,纠正了原裁决中的错误和遗漏,且补正裁决的内容没有超出仲裁范围。因此,裁决合法有效。

法院认为,依据双方共同选定的《仲裁规则》的规定:"争议金额超过20万元的简单的仲裁案件,经双方当事人书面同意的,可以适用简易程序。"未经书面同意的,仲裁委应当适用普通程序进行仲裁。本案中,昆明仲裁委的补正裁决的争议金额共计44万元,已超过20万元,昆明仲裁委应组成由三名仲裁员组成的仲裁庭适用普通程序进行仲裁和裁决。补正裁决中,昆明仲裁委未经双方的书面同意,即适用独任仲裁员的简易程序进行仲裁并作出裁决,因此,昆明仲裁委的仲裁庭组成程序违反法定程序,根据《仲裁法》应予撤销。[①]

问题:依据有关法律,法院在什么情况下可以撤销仲裁裁决?

选择仲裁员是法律赋予仲裁当事人的权利和义务,同时也直接关系到仲裁案件能否公正、及时地进行,当事人对此不可掉以轻心。因此,当事人可以根据案件的实际情况和相关

[①] 云南省昆明市中级人民法院(2006)昆民一初字第266号。

的因素,选择适当的仲裁员,以更好地维护自己的利益。

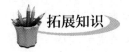 拓展知识

企业在仲裁中如何选择仲裁员?

1. 选择熟悉相关专业知识的仲裁员

仲裁员均是仲裁委员会从资深的经济、法律专业人士中聘任的,因此,仲裁员具备良好的道德素质;但由于仲裁员职业不同,其熟悉的专业知识也不同。选择熟悉专业知识的仲裁员组成的仲裁庭仲裁相关专业的案件,更能迅速准确地抓住争议的焦点,分清是非责任,提出解决争议的最佳方案,从而提高仲裁效率和质量。

2. 应避免选择符合法定回避条件的仲裁员

《仲裁法》第34条规定,仲裁员有下列情形之一的,必须回避:是本案当事人或者当事人、代理人的近亲属;与本案有利害关系;与本案当事人、代理人有其他关系,可能影响公正仲裁的;私自会见当事人、代理人,或者接受当事人、代理人的请客送礼的。由于对方当事人享有对符合法律规定回避事由的仲裁员申请回避的权利,若由于对方当事人申请回避而使整个仲裁程序终止,则将延长仲裁的时间,对双方均有害无益。

3. 必须在规定的时间内选择仲裁员

各仲裁机构均制定有各自的仲裁规则,仲裁规则对选定仲裁员的时间均有限制。仲裁机构在受理案件后,会向双方当事人分别发出仲裁规则和仲裁员名册,双方当事人必须在仲裁规则规定的期限内选定仲裁员。根据《仲裁法》第32条规定,当事人未在仲裁规则规定的有效期限内选定仲裁员,仲裁机构将视为当事人自动放弃该项权利,由仲裁委员会主任指定仲裁员组成仲裁庭。

综上,双方当事人对仲裁委员会送交的仲裁员名册必须仔细阅读,根据仲裁规则的规定慎重选择,行使好法律赋予的权利。

(二) 商事仲裁的审理

仲裁的审理是仲裁机构分清是非、正确适用法律及相关规则的前提条件,也是仲裁当事人维护自身合法权益的主要"战场"。仲裁审理一般依照"开庭审理"到"裁决作出"的流程进行。

1. 审理方式的选择

仲裁庭依法组成以后,仲裁庭将依照法律规定的程序和方式,对当事人提交的商事争议进行审理并作出裁决。在仲裁中,经常会听到诸如开庭审理与书面审理、普通程序审理与简易程序审理、三人仲裁庭审理与独任仲裁庭审理等词汇。商事仲裁作为一种非官方的争议解决方式,非常尊重当事人的意愿,双方当事人可以在仲裁时根据纠纷的情况选择适合的审理方式,以保障争议公正、快捷、经济地得到解决。对于争议金额小或者事实清楚、权利义务明确的纠纷,当事人可以协议选择不开庭审理。而对于一些关系复杂、分歧较大、争议金额大的纠纷,当事人可以选择由一名仲裁员或三名仲裁员开庭审理。

什么是"合并仲裁"?

诉讼中存在着合并审理的方式,在仲裁中也存在合并仲裁。合并仲裁(consolidated arbitration)是指将两个或两个以上已经开始、相互独立但又有联系的仲裁程序加以合并审理。① 由于诉讼与仲裁的原理不同,因此合并仲裁与合并审理存在着很大的差异,并受到各种理论的挑战。

合并仲裁支持者认为,多方当事人争议由于其自身的特性,不适宜分割开来解决,通过几个独立的仲裁程序解决当事人争议往往会带来无法克服的困难,比如举证上的困难,而将各个仲裁程序合并可以更好地解决纠纷,不仅避免产生矛盾裁决,而且可以降低当事人解决纠纷的成本。

合并仲裁反对者认为,仲裁与诉讼是两种不同的争议解决方式,不应把诉讼中的处理方式引入仲裁。因为,合并仲裁不仅违反了当事人意思自治原则和仲裁保密性原则,而且会增加仲裁程序上的延误。对于合并仲裁的问题,我国《仲裁法》尚未作出明确规定。可喜的是,有些仲裁委员会的仲裁规则已经有条件地允许合并仲裁。

2. 和解与调解

仲裁中的和解是指在申请仲裁后、裁决作出前,双方当事人通过平等协商,达成和解协议,解决纠纷,终结仲裁程序的活动。仲裁申请后,当事人可以放弃与承认,使得当事人双方在新的和解协议的基础上,对交付仲裁的纠纷达成共识,使纠纷得到解决。仲裁中的和解不仅充分体现了当事人的自治性,而且可以节省费用,减少诉累,使得纠纷在和谐氛围中及时得到解决。

当事人达成和解协议的,可以请求仲裁庭根据和解协议制作裁决书,也可以申请撤回仲裁。裁决书与仲裁庭普通程序制作的裁决书具有同等法律效力,而和解协议书不具有裁决书效力,一方不履行的,另一方不能申请强制执行,但是当事人可以重新申请仲裁。双方当事人也可以在仲裁庭的主持下,经过平等协商达成协议,经仲裁庭认可后,终结仲裁程序,这属于仲裁中的调解。②

(三) 商事仲裁的裁决

1. 裁决作出的过程

根据《仲裁法》的规定,仲裁应当根据事实,符合法律规定,公平合理地解决纠纷。经过对仲裁案件的审理活动,仲裁庭应当在仲裁规则规定的期间内作出裁决。有特殊情况需要延长的,由首席仲裁员提请仲裁委员会秘书长批准,可以适当延长。

仲裁裁决由仲裁庭作出,但是在裁决作出过程中往往会出现仲裁员之间意见不一致的情况。如果仲裁庭是由独任仲裁员组成的,则由独任仲裁员作出裁决,不存在仲裁员之间意见分歧的情况。如果仲裁庭是由三名仲裁员组成的合议庭,在裁决作出时,仲裁员之间没有

---

① 〔意〕莫鲁·鲁比诺-萨马塔诺:《国际仲裁法律与实践》(第2版),中信出版社2003年版,第297页。
② 关于仲裁调解的具体内容,参见本编第二章。

分歧的,则裁决一致通过,也不存在不同意见的情况。但是,如果仲裁庭三名仲裁员之间意见不一致时,则按照"多数仲裁员意见"作出;如果不能达成多数仲裁员意见的,则按照"首席仲裁员意见"作出,不同意见可以记入笔录。

2. 裁决书的内容

根据《仲裁法》第 54 条的规定,裁决书应当写明仲裁请求、争议事实、裁决理由、裁决结果、仲裁费用的负担和裁决日期。当事人协议不愿写明争议事实和裁决理由的,可以不写。裁决书由仲裁员签名,加盖仲裁委员会印章。对裁决持不同意见的仲裁员,可以签名,也可以不签名。裁决的种类有:

(1) 先行裁决。先行裁决是指在仲裁程序进行过程中,仲裁庭就已经查清的部分事实所作出的裁决。《仲裁法》第 55 条规定:仲裁庭仲裁纠纷时,其中一部分事实已经清楚,可以就该部分先行裁决。

(2) 最终裁决。最终裁决即通常意义上的仲裁裁决,它是指仲裁庭在查明事实、分清责任的基础上,就当事人申请仲裁的全部争议事项作出的终局性判定。

(3) 缺席裁决。缺席裁决是指仲裁庭在被申请人无正当理由不到庭或未经许可中途退庭的情况下作出的裁决。

(4) 合意裁决。合意裁决即仲裁庭根据上访当事人达成协议的内容作出的仲裁裁决。它既包括根据当事人自行和解达成的协议而作出的仲裁裁决,也包括根据经仲裁庭调解双方达成的协议而作出的仲裁裁决。

四、商事仲裁裁决的执行

(一) 自愿执行

仲裁裁决作出之日起便发生法律效力,负有履行义务的当事人应当自觉履行义务。仲裁裁决作出后,基于对仲裁机构的信任,当事人一般会自愿执行,除非当事人认为仲裁裁决存在应当撤销或不予执行的法定情形。自愿执行裁决[①]不仅有利于市场经济信任机制的培育,而且有利于维护企业的信誉、树立良好的社会形象。

(二) 强制执行

仲裁裁决作出后,如果义务人能自愿履行裁决当然是一种完美结局。但是,一方当事人基于某些因素的考虑,有时也会拒绝履行仲裁裁决。此种情况下,另一方当事人可以向人民法院申请强制执行,以实现自己的权利。

相关案例
法院强制执行仲裁裁决

2007 年 12 月 11 日,国际金融公司(International Finance Corporation,下称"IFC")与四川久大制盐有限责任公司(下称"久大公司")签署《贷款合同》。根据《贷款合同》约定,IFC

---

① 当然这里的裁决应该是当事人认为可以接受的裁决。如果当事人认为裁决存在应当撤销、不予执行的事由,可以依法申请撤销或不予执行,以维护自身合法权益。

作为贷款方,向借款方久大公司发放了2500万美元。由于久大公司未能按照《贷款合同》约定偿还贷款及利息等各种费用,IFC根据《贷款合同》中约定的仲裁条款向香港国际仲裁中心(下称"HKIAC")提起仲裁。

2019年8月12日,HKIAC作出裁决,裁令久大公司向IFC支付本金及利息;如果久大公司未在香港时间2019年8月15日结束前全额支付前述款项,久大公司应按当时香港判决利率支付迟付前述款项的利息;驳回久大公司暂停仲裁申请和其他请求。

裁决生效后,久大公司未按裁决向IFC支付任何款项。IFC向久大公司所在地四川省自贡市中级人民法院申请认可和执行HKIAC作出的仲裁裁决。

自贡中院认为,案涉仲裁裁决形式要件合法,不存在《最高人民法院关于内地与香港特别行政区相互执行仲裁裁决的安排》第7条规定的不予执行的情形,裁定执行。①

评析:仲裁当事人应按照仲裁裁决书中规定的期限自动履行裁决,如当事人一方不履行仲裁裁决的,另一方当事人可依据法律规定向有管辖权的法院申请强制执行。具体而言,如果被执行人的住所地或财产所在地在中国境内,无论是涉外还是国内仲裁裁决,均可以向其住所地或财产所在地的中级人民法院申请强制执行;如果被执行人的住所地或财产所在地在港澳台地区,则分别按照《最高人民法院关于内地与香港特别行政区相互执行仲裁裁决的安排》《最高人民法院关于内地与澳门特别行政区相互认可和执行仲裁裁决的安排》以及《台湾地区与大陆地区人民关系条例》等相关规定申请强制执行;如果被申请人的住所地或财产所在地在中国境外,而且其所在国也加入了1958年《纽约公约》,申请人可根据该公约向该国有管辖权的法院申请强制执行。

(三)仲裁裁决的司法监督——裁决的撤销与不予执行

仲裁是当事人就委托第三人对纠纷进行判断达成合意,并基于此合意而进行的纠纷解决办法。在运行层面上,仲裁表现了司法性与契约性的相互作用。这种相互作用,决定了人民法院对仲裁进行司法监督的必要性。人民法院对仲裁进行司法监督一般通过确认仲裁协议的效力、撤销仲裁裁决、不予执行仲裁裁决的方式来实现。

仲裁庭作出的仲裁裁决具有终局性,非经法定程序不得随意更改。为了保证仲裁机构裁决的正确性与合法性,保护当事人的合法权益,法院基于当事人的申请组成合议庭,有权撤销存在法定撤销情形的仲裁裁决。仲裁裁决被撤销后,当事人可以重新达成仲裁协议提请仲裁或向有管辖权的人民法院提起诉讼。

 背景资料

申请撤销仲裁裁决需注意的细节

向有管辖权的人民法院提出申请。我国《仲裁法》第58条规定,当事人申请撤销仲裁裁

---

① 《仲裁案例分析(2021)》,载上海商事律师网,http://www.consult-lawfirm.com/Commercial/257.html,2023年12月2日访问。

决的,可以向仲裁委员会所在地的中级人民法院提出。因此,企业申请撤销仲裁裁决的,应当向有管辖权的中级人民法院提出申请。

在法定期限内提出申请。我国《仲裁法》第 59 条规定,当事人申请撤销仲裁裁决的,应当自收到裁决书之日起 6 个月内提出。因此,如果企业认为仲裁裁决存在法定的撤销事由,应当在法定的期限内提出申请,超过法定期限的,法院不再受理企业撤销仲裁的申请。

仲裁裁决一经作出,即具有法律效力,当事人应当履行。如果一方当事人不履行的,另一方当事人可向人民法院申请执行,人民法院亦应当执行。但是被申请执行人提出证据证明仲裁裁决存在法定的不予执行的情形的,人民法院组成合议庭审查后,可以裁定不予执行。作为一种消极救济方式,不予执行制度是法院进行司法监督的一种方法,它只是否定仲裁裁决的强制执行力,而并不改变仲裁裁决的内容。

五、商事仲裁制度的新发展

(一) 临时仲裁制度

在商事仲裁的产生与发展过程中,商事仲裁包括机构仲裁和临时仲裁。所谓临时仲裁是指在争议发生后,无须任何仲裁团体或仲裁机构进行程序上的管理或控制,而是根据当事人之间订立的临时仲裁协议,由当事人任命的仲裁员或者根据当事人商议的方法产生的仲裁员组成仲裁庭,负责审理有关的争议,并在裁决作出后自行解散的仲裁。相对于机构仲裁而言,临时仲裁具有办案快、费用低、程序上更灵活,对当事人的意愿更为尊重,更能保护当事人的商业秘密和隐私,更能提高效率和减少开支等优势。因此,当事人约定通过临时仲裁方式解决争议,是国际上的普遍做法。[①]

我国现行《仲裁法》并不承认临时仲裁的效力[②],司法实践中的承认也非常有限[③],只承认国外临时仲裁机构或非常设仲裁机构。这种做法不仅造成我国在执行《纽约公约》中所承担的义务与享有的权利不对等,从而造成我国当事人与外国当事人之间的不平等,而且违背国际通行做法,造成当事人临时仲裁的意愿难以实现,不利于完善我国的仲裁制度。《仲裁法(修订)(征求意见稿)》确认了涉外商事仲裁案件中当事人可以约定临时仲裁。[④]

临时仲裁与机构仲裁之间既相互竞争,又互为补充。承认临时仲裁方式,为当事人提供更多仲裁方式的选择,可以吸引更多的当事人选择在中国仲裁,也可以进一步改善投资环境。同时,通过临时仲裁与机构仲裁展开公平竞争,可以防止机构垄断和腐败,促进仲裁机构不断改进服务,提高仲裁水平。以法律形式确认临时仲裁方式,是商事仲裁成熟的标志。[⑤]因此,在国际仲裁发展形势和国际商事关系特别是国内商事关系发展的时代背景之下,建立

---

① 目前认可临时仲裁方式的有英国、法国、美国、德国、意大利、荷兰、瑞典以及我国香港地区等。
② 见《仲裁法》第 16 条和第 18 条的规定。
③ 广州远洋运输公司 v. Marships connection 公司(美国)在英国伦敦临时仲裁,要求法院强制执行被申请人在中国的财产,法院支持。根据 1995 年 10 月 20 日最高人民法院关于福建省生产资料总公司与金鹏航运有限公司国际海运纠纷一案中提单仲裁条款效力问题对广东省高级人民法院的复函规定,涉外案件,当事人事先在合同中约定或争议发生后约定由国外的临时仲裁机构或非常设仲裁机构仲裁的,原则上应当承认该仲裁条款的效力,法院不再受理当事人的起诉。
④ 见《仲裁法(修订)(征求意见稿)》第 91—93 条的规定。
⑤ 沈四宝、薛源:《论我国商事仲裁制度的定位及其改革》,载《法学》2006 年第 4 期。

临时仲裁制度,不仅有利于我国内地仲裁事业的长久发展,实现仲裁的多元化与专业化,更好地实现服务定位,而且更加有利于尊重与体现仲裁制度的意思自治原则,强化双方当事人的自主选择权。

但是,《仲裁法(修订)(征求意见稿)》有关临时仲裁的规定仍然存在以下问题:第一,目前仅"具有涉外因素的商事纠纷"可以适用临时仲裁,然而立法并未明确"商事"的概念与范围,实践中容易产生纠纷。第二,由于临时仲裁没有仲裁机构,一般需要法定的指定机构协助当事人组庭,或决定回避申请等事项。《仲裁法(修订)(征求意见稿)》规定的是仲裁地、当事人所在地或与争议有密切联系地的中级人民法院作为指定机构。然而,上述机构可能同时存在,发生冲突的情况下如何处理,有待司法解释进一步予以明确。第三,由于临时仲裁仅需要仲裁员签字,裁决作出后即告解散,存在虚假仲裁的风险。

 背景资料

临时仲裁制度的源流

近代的商事仲裁起源于欧洲,临时仲裁是19世纪中叶机构仲裁出现以前唯一的国际商事仲裁组织形式。因此,临时仲裁比机构仲裁历史悠久,并且是仲裁制度的初始形态。在古代罗马时期,随着商品经济的产生和发展,商法在古代罗马法中已有体现,但由于当时商业活动有限,商品交易在空间和规模上都比较狭小,故相关商业准则的影响力比较弱,未能得到进一步的发展。公元11世纪威尼斯商业的发展促成了仲裁制度的产生。随着威尼斯商业活动的扩张,这种商业习惯被带向了整个欧洲。在此期间,一旦产生商业上的纠纷,商人之间就选择一个或几个值得他们信赖的第三人居中裁判,这时的仲裁是个别的、临时性的仲裁。

随着商事活动的发展,机构仲裁在临时仲裁嬗变过程中产生,但是机构仲裁产生以后,临时仲裁并没有消亡。直至今天,在常设仲裁机构发展迅速的情况下,临时仲裁仍有很强的生命力,得到很多国家的承认,特别是在国际海事的纠纷处理方面,临时仲裁是主流。①

(二)网络仲裁制度

随着互联网技术的飞速发展,电子商务作为一种新的商业交易模式也应运而生了。电子商务以及与之相关的信息化的高速发展在带给我们种种便利的同时,也带来了许多新的法律问题,这其中就包括近年来备受关注的"网上争议"。网络仲裁作为一种适应信息网络时代的新型争议解决方式,在现今网络经济时代,凸显出越来越重要的地位。我国某些仲裁机构已经开始进行相关尝试②,其中,国际域名争议网络仲裁已经获得了巨大的成功。

"网络仲裁"和常规的仲裁方式相比,并未创造一种全新或陌生的争议解决机制,所不同

---

① 杨良宜:《国际商务仲裁》,中国政法大学出版社1997年版,第143页。
② 中国国际经济贸易仲裁委员会自2001年起采用网络仲裁的方式解决互联网络域名争议,广州仲裁委员会于2015年制定了《中国广州仲裁委员会网络仲裁规则》。

的是信息传输的载体与方式方面,而非争议解决的机制与原理方面。因此,网络仲裁本质上是传统仲裁的演变形式,是传统仲裁与网络技术相结合的产物。

网络仲裁充分地利用网络信息、电信技术及网络技术,将常规仲裁程序中仲裁机构、仲裁员和当事人三者之间讯息的处理与交换、仲裁文书及证据资料的提交与传递等在尽量不损害其原有法律内涵的前提下,将传统的纸面文字讯息处理与交换改为以电子方式通过互联网数字化地进行,从而实现"无纸仲裁"。同时利用同步网络技术如聊天室及远程通信手段如网络视频会议等实现案件的网上虚拟庭审以及仲裁员之间的网上虚拟合议等其他程序性事项。① 作为一种新型的仲裁方式,网络仲裁通过互联网进行文讯的传递和证据材料的提交,达到节省费用的效果,而且以多媒体视频会议的方式进行,案件当事人各方和仲裁员均可节省传统仲裁方式中所需要花费的差旅费。

另外,网络仲裁可以在世界范围内一周 7 天、一天 24 小时不间断地为当事人提供网络仲裁服务。解决了当事人各方之间不同地域潜在时差问题,为当事人提供了一个可随时发表意见的方式。②

但是,网络仲裁目前仍然面临着诸多挑战,如仲裁地的确定、仲裁协议的形式要求、仲裁中电子证据的证明力等。尽管如此,网络仲裁在解决网上争议方面的独特优势毋庸置疑。在进行了制度和技术上的完善之后,假以时日,网络仲裁在解决网上争议方面将发挥越来越重要的、传统的诉讼与仲裁所无法取代的独特的作用。

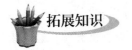

关于确定网络仲裁地的主张

关于网络仲裁地的确定,目前国际上存在以下几种不同主张③:

1. 仲裁员所在地论。该主张认为,网络仲裁地应根据仲裁员的所在地来确定:仲裁庭由一名独任仲裁员组成时,网络仲裁地为该独任仲裁员的所在地;仲裁庭由三名仲裁员组成时,网络仲裁地则为首席仲裁员的所在地。

2. 网络服务器所在地论。该主张认为,网络仲裁地应为网络仲裁得以实施所利用的网络服务器的所在地、网站所有者或控制者所在地。该主张认为,网站是开展网络仲裁的技术平台,每个网站都为特定的机构或者个人所有或控制,而且每个网站都有自己的 IP 地址和域名,可通过 IP 地址和域名确定网站的所有者或控制者,并将该所有者或控制者的所在地视为网络仲裁地。

3. 仲裁本座论。该主张认为,网络仲裁地首先应当由双方当事人约定,若无约定则由仲裁庭,或仲裁机构,或经当事人授权的其他机构或个人确定。

---

① 参见《网络仲裁:研究报告已出炉 走入实践尚需时日》,http://news.sohu.com/20071104/n253043641.shtml,2009 年 12 月 20 日访问。
② 杨良宜:《国际商务仲裁》,中国政法大学出版社 1997 年版,第 143 页。
③ 李虎:《网上仲裁法律问题研究》,中国民主法制出版社 2005 年版,第 137—139 页。

本章小结

商事仲裁是民商事案件的当事人双方自愿将私人争议交由独立的第三方,由其根据一定的规则和程序进行审理并作出对双方都有约束力的裁决的一种纠纷解决方式,兼具民间性、契约性和准司法性。

现代商事仲裁越来越由国家强制力予以保障,仲裁裁决具有法律执行力。与商事诉讼解决机制相比,具有自愿性、专业性、灵活性、保密性、快捷性、独立性等优势与特点。

我国目前仲裁制度与仲裁服务市场文化都欠发达,应不断吸收国际先进仲裁规则,尽快修订《仲裁法》,包括:(1) 引进临时仲裁制度;(2) 健全网络仲裁制度;(3) 扩大仲裁的适用范围;(4) 进一步突出意思自治等,以提升仲裁服务竞争力。

思考与练习

1. 什么是商事仲裁?其特点、优势何在?
2. 日常企业经营合同中经常设置有仲裁协议条款吗?试举实例,说明如何选择仲裁机构?
3. 商事仲裁可以采取哪些审理方式?各种方式有何价值?
4. 如何评价我国商事仲裁裁决的撤销与不予执行制度?
5. 如何完善我国商事仲裁制度?

案例分析

阅读下面的案例,并讨论如何理解商事仲裁条款的独立性原则。

一家中国内地企业与一家香港公司订立在中国内地设立合资企业的合同,合同中规定:由本合同产生的争议,交由中国国际贸易促进委员会对外经济贸易仲裁委员会(即中国国际经济贸易仲裁委员会的前身)按照该会的仲裁规则仲裁解决。合同经双方签署后,在报请上级主管部门审批过程中发生争议。内地企业将争议诉诸广东省惠州市中级人民法院,被告以双方签署的合同中存在仲裁条款为由,对法院管辖权提出抗辩。

惠州市中级人民法院经审理认为,该合资合同中的仲裁条款无效,因为合资合同尚未经上级主管部门批准;既然该合资合同尚未对各方产生拘束力,原告有权将争议诉诸法院。

被告不服,上诉至广东省高级人民法院。广东省高级人民法院审理认为,上诉人的上诉理由成立,法院不应当仅以合同尚未生效为由,否认仲裁条款的法律效力。本案中,尽管双方签署的合资合同因未经审批机构批准,而未能产生法律上的拘束力,但仲裁条款的生效并不以审批机构的批准为要件,主合同无效的理由不适用于仲裁条款,合同中的仲裁条款可以独立于它所依据的合资合同而单独存在。

第四章

商事诉讼[1]

2015年12月,A银行与乙公司签订了借款合同,之后与丙公司、丁公司、戊公司等分别签订了最高额抵押合同。2018年3月,A银行将债权及全部从权利转让给甲公司。

2018年12月,甲公司起诉乙、丙、丁、戊公司,请求实现债权及相应的抵押权。法院经审查认定丙公司、丁公司的抵押合同无效。法院认为,A银行应熟知公司对外提供担保的内部程序,从A银行提供了其他担保的股东会决议也可以体现。然而A银行却没有提供丙公司和丁公司的有关对外提供担保的股东会决议,也没有提供其要求丙公司和丁公司提供相关决议的证据,因此A银行未对担保行为尽到合理的审查义务,不是善意相对人。甲公司也未能提供充分有效的证据,对这两份抵押合同无效存在一定的过错。

甲公司提出上诉,并提交了新的证据,其中包括丙公司和丁公司能够证明抵押合同合法有效的两份股东会决议。二审法院查明,甲公司在二审中提交的新证据全部产生于原审诉讼前,且原审法院明确要求甲公司提交相关股东会决议而其未能提交。二审法院结合新证据进行评判,认为本案改判是基于甲公司在二审中提交了证据,而该部分证据全部产生于原审诉讼前,甲公司因自身原因经原审法院多次释明告知后仍未提交该部分证据。本院二审中,甲公司提交了前述股东会决议等相关证据,根据《最高人民法院关于适用〈中华人民共和国民事诉讼法〉的解释》第一百零二条第一款的规定[2],本院对甲公司在二审中提交的三份股东会决议予以采纳,但本案二审诉讼程序系因甲公司在原审中未提交前述证据而引发,故本院判决本案二审案件受理费由甲公司承担。[3]

上述案件不仅反映了商事诉讼在维护企业利益方面的作用,更反映了企业能否对商事诉讼规则进行良好掌握,直接关系到企业利益的维护。在商事诉讼中,企业不仅要牢固掌握证据提供、诉讼时效等程序性规则,同时还要把握审判机关的司法原则与政策,掌控正常商事诉讼与恶意诉讼的边界,以合理、合法地维护企业的权益。本章即以企业商事诉讼活动的开展为中心,结合实践中法院的商事审判实践,勾勒出一个商事诉讼的基本概貌,其目的在于使读者能够了解现行商事审判的基本制度设计和审判理念,掌握企业商事诉讼的基本知识与技巧。

---

[1] 本部分根据上版对应章节进行修订,感谢杨梓瑛在资料收集和文字完善等方面的认真协助。

[2] 《最高人民法院关于适用〈中华人民共和国民事诉讼法〉的解释》第102条第1款规定:"当事人因故意或者重大过失逾期提供的证据,人民法院不予采纳。但该证据与案件基本事实有关的,人民法院应当采纳,并依照民事诉讼法第六十八条、第一百一十八条第一款的规定予以训诫、罚款。"

[3] 参见中国信达资产管理股份有限公司四川省分公司、资阳精益制药有限公司等金融借款合同纠纷,最高法民终968号。

一、什么是商事诉讼?

(一) 商事诉讼的概念与特征

从商事主体权利救济的角度出发,商事诉讼是指商事主体之间将商事纠纷交由一国法院予以裁决的一种纠纷解决方式。我国采用民商合一的立法体例,将商事主体视为民事主体的特殊形态,即民事主体从事商业行为时,便成为商事主体。通常情况下,提起一项商事诉讼即启动一项商事审判。因此,与之对应,从法院的角度出发,商事审判是人民法院为解决自然人、法人或其他经济组织之间因商事行为产生的纠纷而进行的审判活动,商事主体提起诉讼想解决的纠纷一般是发生在银行、保险、票据等领域的纠纷,如合同纠纷、侵权纠纷。因此,企业的商事诉讼活动与法院的商事审判活动总是紧密联系的,是一个问题的两面。

与普通民事诉讼相比,商事诉讼最大的特征在于纠纷的商业性质,正是由于这一属性,从解决商事诉讼的实体规则到程序规则,从法官的审判理念到审判推理,都体现了与普通民事诉讼不同的特征,具体表现在以下几个方面:

1. 商事诉讼涉案金额大,且诉讼成本较高。[①] 现代以来,商事行为的主体通常是以企业为主的经济组织,商事交易的方式日趋复杂,交易的链条也越来越长,从而导致商事诉讼也较一般的民事诉讼更为复杂,涉案金额更高。一方面,在商事诉讼中,为了取得胜诉的结果,企业经常需要聘请专业律师,费用往往与标的金额和风险相关,因此企业需要承担高昂的律师费用。另一方面,商事纠纷涉案金额巨大,法院在每个诉讼阶段都要收取相应的案件受理费,财产案件的受理费又取决于诉讼请求的金额。[②] 鉴于商事纠纷的复杂性,一个商事诉讼可能需要经过多次审理(管辖权诉讼、一审、二审等)才能最后结案。由此,企业要承担巨大的诉讼成本,包括时间成本和物质成本,甚至企业声誉等无形成本。

我国营造法治化营商环境,促进创新发展的成果

法治是最好的营商环境。2019年,我国各级法院审结一审商事案件453.7万件。世界银行2020年营商环境报告显示,我国营商环境世界排名大幅跃升,"执行合同""办理破产""保护中小投资者"等与司法密切相关的指标明显提高,其中"司法程序质量"领先,被评价为

---

① 仅2021年,全国各级法院审结一审民商事案件1574.6万件、行政案件29.8万件,同比分别上升18.3%和12%;审结的破产案件涉及债权达2.3万亿元,破产重整案件共盘活资产1.5万亿元。参见《2021年最高人民法院工作报告》,https://www.chinacourt.org/article/detail/2022/03/id/6577010.shtml,2022年8月30日访问。

② 国务院发布的《诉讼费用交纳办法》规定:财产案件根据诉讼请求的金额或者价额,按照下列比例分段累计交纳:1. 不超过1万元的,每件交纳50元;2. 超过1万元至10万元的部分,按照2.5%交纳;3. 超过10万元至20万元的部分,按照2%交纳;4. 超过20万元至50万元的部分,按照1.5%交纳;5. 超过50万元至100万元的部分,按照1%交纳;6. 超过100万元至200万元的部分,按照0.9%交纳;7. 超过200万元至500万元的部分,按照0.8%交纳;8. 超过500万元至1000万元的部分,按照0.7%交纳;9. 超过1000万元至2000万元的部分,按照0.6%交纳;10. 超过2000万元的部分,按照0.5%交纳。

这一领域的"全球最佳实践者"。2021年,我国法院妥善处理因疫情引发的劳资用工、购销合同、商铺租赁等纠纷,审结涉疫民商事案件14.2万件。①

相比传统商事案件,知识产权案件的审理成为营造法治营商环境的重要成果体现。根据最高人民法院工作报告,2019年,我国法院审结专利、商标、著作权等知识产权案件41.8万件。2020年,我国法院审结一审知识产权案件46.6万件,同比上升11.7%。2021年,我国法院审结一审知识产权案件54.1万件,保护创新、激励创造,包含涉5G通信、生物医药、高端制造等高新技术案件。

---

2. 商事诉讼中,解决纠纷适用的实体商法以任意性规范居多,当事人的处分权得到最大限度的尊重。这一方面表现为商业惯例的适用,各国商法几乎均认同在法律没有规定的情况下,可以适用国际惯例②,在涉外商事诉讼中,中国的司法实践实际已允许当事人选择国际惯例作为准据法,而排除国内法的适用。③ 另一方面体现为具体诉讼中当事人可以协议选择适用的实体法或管辖法院。④ 此外如协议管辖、撤诉自由等,都是对当事人处分权的尊重。尊重当事人按照任意性规范解决商事纠纷的意愿,是商事诉讼区别于民事诉讼的重要特征。在法律没有规定的情况下,适用商业惯例来解决纠纷,符合商事贸易的需要,也是为商人所普遍接受的。而尊重商人在法定范围内选择处理纠纷所适用的实体法,更是对"约定优于法定"这一商事诉讼特征的最好体现。

3. 商事诉讼程序尤其注重诉讼效率和审理方式的灵活性。这一点主要体现在特别诉讼程序以及非诉程序的设计上。例如我国的非诉程序中,就有专门针对票据丢失、灭失或被盗等行为而设置的公示催告程序,公示催告程序的本质是通过公告告知票据的利害关系人,催促其出现,并表明申报权利,这样尽快明确票据上的权利,从而促进票据的流通并保证其安全性。在那些设置独立的商事诉讼程序的国家,商事诉讼的特殊性尤能得到体现,例如法国。法国专门设置了商事法院,除了职业法官还有专门的商人法官,诉讼程序上注重效率,因此具有简易的特点。法官审理也比较灵活,以迅速解决纠纷为目的,支持和解等解决纠纷的方式。商事领域的活动如买卖等交易,通常比较频繁,交易主体之间的关系较为复杂,且容易发生变化,产生的纠纷多为财产纠纷。商事诉讼程序考虑到尽快解决纠纷、明确涉及财产的利害关系人的权利义务关系、恢复正常的交易秩序,因此注重诉讼效率和审理方式的灵活。

---

① 参见《2019年最高人民法院工作报告》,载最高人民法院网,https://www.court.gov.cn/zixun-xiangqing-231301.html,2022年8月30日访问。《2020年最高人民法院工作报告》,载最高人民法院网,https://www.court.gov.cn/zixun-xiangqing-290831.html,2022年4月17日访问。《2021年最高人民法院工作报告》,载中国法院网,https://www.chinacourt.org/article/detail/2022/03/id/6577010.shtml,2022年8月30日访问。

② 如我国《票据法》第95条规定:"中华人民共和国缔结或者参加的国际条约同本国法有不同规定的,适用国际条约的规定。但是,中华人民共和国声明保留的条款除外。本法和中华人民共和国缔结或者参加的国际条约没有规定的,可以适用国际惯例。"此外,我国《海商法》《民用航空法》对于国际惯例均有相似规定。

③ 如《最高人民法院关于审理信用证纠纷案件若干问题的规定》第2条规定:"人民法院审理信用证纠纷案件时,当事人约定适用相关国际惯例或者其他规定的,从其约定;当事人没有约定的,适用国际商会《跟单信用证统一惯例》或者其他相关国际惯例。"最高人民法院民事审判第四庭于2004年编写的《涉外商事海事审判实务问题解答(一)》中也明确指出:对于涉外合同纠纷案件,人民法院一般按照如下办法确定应适用的法律:适用当事人的准据法,包括国际公约、国际惯例、外国法或者有关地区法律。

④ 《涉外民事关系法律适用法》第41条规定:"当事人可以协议选择合同适用的法律。当事人没有选择的,适用履行义务最能体现该合同特征的一方当事人经常居所地法律或者其他与该合同有最密切联系的法律。"

公司诉讼中的诉讼前置程序

在一些特定类型的商事诉讼中,基于类型案件的特殊性,还存在一些与普通民事诉讼程序不同的特别程序。如公司诉讼中的诉讼前置程序。

公司纠纷是典型的商事纠纷,对于产生于公司内部的纠纷,要维护公司的"自治",使其能够通过内部程序解决纠纷,维持公司的稳定与和谐,但同时又必须使公司能够有效运转,保护利益相关人的权利,因此就必须合理掌握司法介入的程度。基于此,我国《公司法》规定了公司内部应设置相应的救济程序,司法诉讼程序置后,必须先通过内部程序救济,不能解决的才可以提起诉讼,如股东代表诉讼和司法解散公司。股东提起代表诉讼的,应先请求公司的董事会或监事会提起诉讼,维护公司利益,内部程序救济不能才能以自己的名义提起诉讼,法院也会先审查股东是否有通过公司内部程序提出请求。股东请求解散公司的,应当先通过其他途径解决公司困境,拯救公司,最后公司仍然"经营管理严重困难",才能请求解散公司。①

4. 商事诉讼的社会性突出,往往涉及多方利益。现代商事关系呈现网络化、立体交叉特征,因此,商事诉讼中涉及的社会关系也错综复杂,企业一旦涉诉,要维护股东的利益,尤其是中小股东的利益,还要保护企业员工的权益,在破产后关注职工安置的问题。除此之外,消费者权益诉讼中弱者一方的保护等,需要国家运用公权力进行干预,以平衡各方利益。② 随着互联网技术的发展,电子商务兴起,带来"网购"热潮,入驻各电子商务平台的个体性商事经营主体不断增加,商事纠纷也频频发生。③

(二) 商事诉讼的受理机构与程序规则

我国目前法院实行的是大民事的审判格局,其中的民事审判第二庭(下称"民二庭"),更名前是法院的"经济审判庭",审判案件的范围是民商事案件④。但是,在经济发达地区,随着商事诉讼案件的不断增加以及诉讼案件的类型化,在一些法院内部又增设了民三庭、民四庭甚至民五庭、民六庭,用以审理类型化的商事诉讼,如房地产纠纷案件、涉外纠纷案件、知识产权案件等。

随着经济形势的变化,以及案件数量的增加,法院审判经验不断丰富。对于商事纠纷,

---

① 《公司法》第 231 条规定:"公司经营管理发生严重困难,继续存续会使股东利益受到重大损失,通过其他途径不能解决的,持有公司百分之十以上表决权的股东,可以请求人民法院解散公司。"

② 参见樊涛:《我国商事诉讼制度的解析与重构》,载《当代法学》2008 年第 6 期。

③ 《中共中央关于全面推进依法治国若干重大问题的决定》提出:"使市场在资源配置中起决定性作用和更好发挥政府作用,必须以保护产权、维护契约、统一市场、平等交换、公平竞争、有效监管为基本导向,完善社会主义市场经济法律制度。健全以公平为核心原则的产权保护制度,加强对各种所有制经济组织和自然人财产权的保护,清理有违公平的法律法规条款。"

④ 《最高人民法院机关内设机构及新设事业单位职能》规定,民事审判第二庭的职能是:"1. 审判第一、二审国内法人之间、法人与其他组织之间的合同纠纷和侵权纠纷案件,审判第一、二审国内证券、期货、票据、公司、破产等案件。2. 审理申请撤销国内仲裁的案件。3. 办理相关的申请复议案件。4. 审批高级人民法院相关案件延长审限的申请。"

设置了专门法院进行特定类型商事案件的审判。① 海事、海商纠纷案件的一审主要由海事法院审理,知识产权法院管辖所在市辖区内有关知识产权的第一审案件,金融法院专门管辖一定地域范围内(北京、上海、成渝地区)原由中级人民法院管辖的第一审金融案件。

有关"商事审判"的工作会议

法院的"商事审判"分类来自"经济审判"。2000年法院的"大民事改革"使得"经济审判"更名为"民商事审判",但"民事审判"与"民商事审判"的范围及区分并不清晰。而到2009年4月,"全国法院应对金融危机工作座谈会"召开时,才第一次出现"商事审判"一词。2010年,"全国法院商事审判工作会议"召开。最高人民法院的民事审判第二庭的庭刊实行更名,由《经济审判指导》更改为《民商事审判指导》,在2009年下半年又更名为《商事审判指导》。

2015年,分别由最高人民法院民事审判第一庭和民事审判第二庭准备召开的民事审判会议和商事审判会议,最终合并为"第八次全国法院民事商事审判工作会议"召开,会议内容包含了按照民事诉讼程序进行的各种审判业务类型。2019年,"全国法院民商事审判工作会议"召开,最高人民法院发布了《九民纪要》,其内容主要涉及商事审判,包括对商事主体和商事行为所包含的概念的解释。《九民纪要》的出现有其必要性,因为商事审判面临的问题之一就是法律欠缺规定或规定不清。《九民纪要》对许多存在争议的问题进行了详细的解释。

商事审判与民事审判在价值追求、公平与效率兼顾等方面有不同侧重。在司法实践领域中,商事审判与民事审判主要存在的差异有:

1. 主体的交易能力与司法介入的着力点不同。民事案件中,主体一般为自然人,个体的风险承担等能力上的差异成为法官审判的考虑因素,判决结果追求实质公平,对"弱势"一方有倾向保护。商事案件的主体既包括自然人,也包括法人和非法人组织,由于商业领域的活动具有一定的专业性,因此法官审判时注意形式公平,充分尊重意思自治的结果,强调风险自担。

2. 对财产安全的保护重心不同。民事案件涉及的财产一般为自然人生活、消费中的财产,审判时主要针对占有、归属等问题,保护财产的所有权人,以守护财产的静态安全为主要目标。商事案件涉及的财产主要是经营中的资本,侧重保护物的交换价值、担保价值等在流转过程中体现的价值。

3. 责任承担的依据和标准不同。民事审判中,法官认为依照当事人意思自治不利于实现公平的,可以进行干预和调整。商事审判中,法官考虑当事人的风险承担能力,而不仅是有无主观上的过错。商事案件中,当事人的决策往往包括对企业经营等商业因素的考虑,法官不适合强行干预。

4. 损失补偿的内容与范围不同。民事审判在认定损失的补偿数额时一般以实际损失为准。商事审判在认定补偿数额时不仅考虑实际受到的损失,还包括可得利益的损失,这是

---

① 《人民法院组织法》第15条第1款规定:"专门人民法院包括军事法院和海事法院、知识产权法院、金融法院等。"

因为当事人有关利益的诉讼请求通常可以量化,法官可以得出大致的数额范围。

(三) 为什么选择商事诉讼?

商事活动与一般民事行为相比具有特殊性,其纠纷的解决也有不同于一般民事法律规定的制度和原则。我国建立多元化的商事纠纷解决机制,常见的商事救济途径有三种,分别是私力救济、商事仲裁与商事诉讼。这三种纠纷解决方式各有优劣。与私力救济、商事仲裁相比,商事诉讼作为一种公力救济方式,有其特殊优势。

我国商事纠纷解决机构

我国多元化纠纷解决机制包含了诉讼以及调解、仲裁等非诉讼程序。《中共中央关于全面推进依法治国若干重大问题的决定》指出:"健全社会矛盾纠纷预防化解机制,完善调解、仲裁、行政裁决、行政复议、诉讼等有机衔接、相互协调的多元化纠纷解决机制。"作为国家治理体系和治理能力现代化的重要内容,多元化纠纷解决机制是贯彻落实"四个全面"战略布局的全局性、基础性、长期性改革工作。我国多元化商事纠纷解决机制的建立需要从多方面进行,如程序上,要对涉外商事审判程序进行优化,同时增加对非诉讼程序的具体规定;在组织、机构方面,利用现有的调解组织、仲裁机构等非诉讼纠纷解决机构,积极运用互联网技术,建设多元化纠纷解决平台。①

依据中共中央办公厅、国务院办公厅印发《关于建立"一带一路"国际商事争端解决机制和机构的意见》,最高人民法院于 2018 年在广东深圳设立第一国际商事法庭、在陕西西安设立第二国际商事法庭,受理当事人之间的跨境商事纠纷案件。同时,国际商事法庭支持当事人通过调解、仲裁、诉讼有机衔接的纠纷解决平台,选择其认为适宜的方式解决国际商事纠纷。② 最高人民法院办公厅确定了中国国际经济贸易仲裁委员会、上海国际经济贸易仲裁委员会、深圳国际仲裁院、北京仲裁委员会、中国海事仲裁委员会以及中国国际贸易促进委员会调解中心、上海经贸商事调解中心,作为首批纳入"一站式"国际商事纠纷多元化解决机制的仲裁和调解机构。对诉至国际商事法庭的国际商事纠纷案件,当事人可以协议选择纳入机制的调解机构调解,达成调解协议的,国际商事法庭可以依照法律规定制作调解书或判决书。③

粤港澳大湾区国家战略提出以后,广东省高级人民法院在 2019 年与香港特区政府律政司签署《粤港澳大湾区法律交流与互鉴框架安排》,同年发布了第一批粤港澳大湾区跨境纠纷典型案例,在 2021 年发布了第三批粤港澳大湾区跨境纠纷典型案例,积极探寻与港澳地区的司法合作模式。最高人民法院于 2022 年出台了《关于支持和保障横琴粤澳深度合作区建设的意见》,支持横琴法院深化"一站式"多元解决纠纷机制建设,鼓励其与国内外商事仲

---

① 参见胡晓霞:《论法治化营商环境之司法方案》,载《中国应用法学》2021 年 6 期。
② 参见《最高人民法院关于设立国际商事法庭若干问题的规定》(法释〔2018〕11 号)。
③ 参见《最高人民法院办公厅关于确定首批纳入"一站式"国际商事纠纷多元化解决机制的国际商事仲裁及调解机构的通知》(法办〔2018〕212 号)。

裁机构、调解组织及其他法律服务机构进行工作对接等意见,支持人民法院与商事仲裁机构以及调解组织等机构对接,合理推动社会解纷资源的合理配置和高效利用;同年最高人民法院出台《关于支持和保障全面深化前海深港现代服务业合作区改革开放的意见》,提出了推动前海法院与知名国际商事仲裁机构、国际商事调解组织进行工作对接,率先建立国际商事争议解决中心。①

南沙国际仲裁中心于2012年成立,是由广州仲裁委员会、香港仲裁司学会、澳门世界贸易中心仲裁中心,以及粤港澳法律、经济贸易专家等发起设立的非营利性国际商事仲裁平台。2019年9月,南沙国际仲裁中心发布的《中国南沙国际仲裁中心仲裁通则》开始施行,该通则是南沙国际仲裁中心的仲裁总则,根据《仲裁法》《香港仲裁条例》以及《澳门涉外商事仲裁专门制度》,参照《联合国国际商事仲裁示范法》《承认及执行外国仲裁裁决公约》及《联合国国际贸易法委员会仲裁规则》制定,面向国际,具有高度开放性和包容性。南沙国际仲裁中心吸收了中国内地以及中国港澳地区的庭审模式,并不断借鉴其他国家和地区的庭审模式,供不同国家或地区的当事人选择仲裁模式。

作为通过法院来解决商事纠纷的商事审判机制,商事诉讼的突出优势在于其具有终局性的效力。如前所述,私力救济主要依赖于当事人之间的协商和合意,协商结果没有强制力保证实施,在当事人难以达成合意或者不遵守协商结果时,商事纠纷的解决势必转入另外一套程序,而商事诉讼正是这套程序的终点。只要商事纠纷经过商事诉讼程序的处理,就将得出一个必须严格执行的判决,不得再走入其他的纠纷解决途径,从这一层面上讲,商事诉讼是商事主体解决纠纷最后的手段。

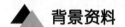

各国审理商事诉讼的司法体制②

目前,世界各国审理商事纠纷的司法组织大体可归为四类:一是在普通法院设置审判庭,由该审判庭专门审理商事纠纷,如中国、罗马尼亚等。二是没有为商事纠纷设置特别程序,在法院的一般审判部门直接审理商事纠纷诉讼,比如日本、西班牙、爱尔兰等。三是由职业的法官组成仲裁法院,专门处理商事纠纷,代表国家是法国。四是设置商事法院来处理商事纠纷,同时在法官设置上也有安排,有直接由法院的职业法官审理案件的,比如卢森堡;有由在商业领域有经验、威信的商人法官审理案件的,如法国;还有由这两种法官共同审理案件的,如比利时等。法国的商事法院是为了适应以往商业活动的效率性和非书面性而设置的专门解决商人之间纠纷的法院,商人法官的设置也十分具有独特性。

在诉讼程序上,由于"民商合一"的立法模式,商事案件的诉讼也适用《民事诉讼法》规定的民事诉讼程序。商事活动涉及领域较多,包括合同、保险、票据等,除《民法典》的规定外,还存在一些单行法律有特殊规定,如《公司法》《票据法》等。部分单行法也对相关的商事纠

---

① 参见司艳丽:《粤港澳大湾区法律规则衔接疑难问题研究——以多元化纠纷解决机制为切入点》,载《中国法律评论》2022年第1期。

② 参见樊涛:《我国商事审判制度的反思与重构》,载《河北法学》2010年第2期。

纷作出了诉讼程序的特别规定。第一种是海事、海商案件,除了适用《民事诉讼法》的规定外,还受《海事诉讼特别程序法》的调整,二者是一般法与特别法的关系,优先适用特别法;第二种是破产案件,破产案件的审理程序优先适用《企业破产法》的有关规定;第三种则是特别针对债务人履行给付义务的督促程序和针对票据丢失、灭失或被盗的公示催告程序。

此外,商事诉讼具有更强的程序性和合法性。商事诉讼是法定的商事纠纷解决机制,它以民事诉讼法为基础,结合大量的商事单行法形成自己独特的体系。相比起私力救济,它具有相当强的程序性,并且这些程序都是严格依照法律规定所进行的。纠纷一旦进入诉讼阶段,则意味着商事主体间的争议将交由法院按照法律规定进行审理,并作出双方当事人都必须执行的判决,无论是程序还是作为最终解决成果的判决,都具有合法性。这与私力救济的任意性和协商结果没有法律保障具有根本区别。而对于商事仲裁①来说,商事诉讼可以说是商事仲裁的后盾。在当事人因仲裁裁决效力或仲裁协议执行问题发生争执时,如果将纠纷提交到法院,那么案件就开始进入商事诉讼程序,通过判决或裁定,对当事人的商事纠纷作一个最后的决断。

 背景资料

商事审判与中国经济发展

随着改革开放带来的商业复兴,我国商法覆盖的领域变得广泛起来,包括金融资本、智力劳动、互联网信息产业、电子商务与商品买卖等。商事诉讼不仅发生在传统的买卖交易活动中,也会发生于金融产品与服务过程中。但由于我国历史上商法长期处于缺位状态,立法上一直采取"民商合一"的观点。在法院审判机构的设置上,商事案件审判曾一度由法院的民事庭负责,较晚才开始出现金融法庭、知识产权法院、金融法院等专门的审判机构。

在商事审判中,商事案件一直得不到符合商法思维的对待。以互联网金融案件为例,互联网金融包括网络借贷、众筹融资、第三方交易等情形,其案件具有涉众案件多、担保效力弱、保全执行难等特点,在审判中面临法律关系定性难问题,新型、多样化的交易方式出现,特别是平台的地位和与双方当事人的关系难以定性到传统法律关系中,案由不统一,这是互联网金融缺乏统一的立法规则所导致。② 除此之外,商事案件在审判中遇到的问题还包括:民法上时效法定,当事人不得约定,而商事短期时效理论支持当事人作出时效约定条款;民法上认为私募对赌协议违反公平原则,法院常常因此作出无效判决,而商事交易强调风险自担,认为交易人是对风险有足够认知作出了自主选择;民法上有显失公平导致合同撤销的情形,股权转让中价格与市价不符时该合同常常被认定为显失公平,商事活动中却有商业判断规则,符合一定条件可以免除董事的法律责任。立法不足的情况下,商事审判的结果更受关

---

① 关于商事仲裁的阐述请参见本编第三章。
② 参见江苏省高级人民法院民二庭课题组、夏正芳、李荐:《互联网金融纠纷民商事审判实务问题研究》,载《法律适用》2016年第1期。

注,法院层级越高,法官判决的影响力更大。①

(四) 中国商事诉讼制度的完善

我国商事诉讼制度一直存在于民事诉讼制度的框架内,除了某些特殊案件外,商事诉讼与民事诉讼在程序规则上并无不同。但是随着商业活动的快速发展,各种新型商业纠纷和商事关系的出现,商事诉讼开始呈现出与民事诉讼不同的特点与需求,这不但体现在变革程序规则的需求上,还体现在对商事审判理念的革新与商事实体法的适用上。

1. 商事审判理念的转变

在我国现行的商事审判中,越来越注重民事诉讼与商事诉讼在审判理念上的区别。具体体现在:

(1) 遵循意思自治的理念。在商事审判中,最大程度尊重合同订立自由,在不违反法律、法规的前提下,尽可能认定合同的有效性,充分尊重公司的决策和意思自治。对于新类型的、从未出现过的合同或其条款,在合法的前提下,依照合同自由、鼓励交易的原则,优先考虑其适用,保证交易的正常有效进行。

(2) 保护商事主体营利的理念。商法的制度规则应当注重商事主体通过商业活动营利的目的,维护商事主体的利益。不同于民事借贷合同,商事合同中当事人没有约定有偿或无偿的,一般推定为有偿。商事审判不仅关注商业活动的营利性,还关注商业活动的连续性,因此商事审判着重保护交易双方的成果,而民事审判则侧重对主体民事权益的维护。在商法领域,商事主体的准入要求更高,对其课以更多的注意义务,因此商事审判不会和民事审判一样注重主体权利保护。②

(3) 保障交易秩序的理念。商事交易追求利益、价值的创造,因此法律对有关商事行为的规定体现了不同于民法一般规定所体现的理念。例如,商事交易的生效认定采用要式主义、外观主义,能够迅速判断、解决纠纷,以保证交易活动进行。交易行为采用公示主义、严格责任主义,明确了平等交易主体的责任与过错,维护交易安全。基于公示主义,交易当事人作出意思表示后应当告知进行公示,如果没有履行告知义务,当事人意思表示不能对抗善意相对人。商法上规定的请求权,以维护交易秩序稳定为目的,一般采用短期时效。在具体的制度中,有关票据、股权等的规定存在特殊性,与一般民事权利如债权、物权的规定不同,都体现了商事审判维护交易安全时兼顾交易秩序、交易简便的目的。

相关案例
审判中外观主义的运用——以工商登记为准③

公司原法定代表人系由股东任命,向法院起诉,而新的法定代表人向法院申请撤诉。法

---

① 参见范健:《中国商法四十年(1978—2018)回顾与思考——中国特色市场经济主体与行为制度的形成与发展历程》,载《学术论坛》2018 年第 2 期。
② 参见郑彧:《民法逻辑、商法思维与法律适用》,载《法学评论》2018 年第 36 期。
③ 参见大拇指环保科技集团(福建)有限公司与中华环保科技集团有限公司股东出资纠纷案,载最高人民法院公报网,http://gongbao.court.gov.cn/Details/7f487bb61c8c587ca9dfd61c9f3c2c.html?sw=,2022 年 8 月 30 日访问。

院查明,该案起诉时,该公司的法定代表人已经进行了更换,新任命的法定代表人已经进行了工商登记,其明确表示反对公司提起本案诉讼。因此,本案起诉不能代表公司的真实意思,应予驳回。最高人民法院认为,法律规定对法定代表人变更事项进行登记,其意义在于向社会公示公司意志代表权的基本状态。工商登记的法定代表人对外具有公示效力,如果涉及公司以外的第三人因公司代表权而产生的外部争议,应以工商登记为准。

评析:在商事诉讼领域,商法通常采用公示主义衡量行为是否生效,强调对行为外观的认定,不同于一般民事案件中,法官为追求双方当事人实质权益而积极考虑当事人内心真意,而是强调保障商事主体的快捷、安全、营利。司法实践中,法院审判也通常持"外观标准",法官在进行商事审判时注重自愿的基础上双方当事人的风险自担,而不是双方的绝对公平。

(4) 重视维护企业的稳定。我国的《公司法》《合伙企业法》等有关商事活动主体的法律规定,都包含了对其从成立到解散的程序规定。除了规定有关解散的情形,法律还规定了企业可以存续的情形,尽可能为主体的存续保留"一线生机"。如破产法的和解制度、重整制度,都是为了企业的持续而设置的制度,努力保护企业生存,不轻易否定企业的成立,提供多种方式为企业的生存提供机会。商事主体存续有利于保证其交易及法律关系的稳定,因此商事诉讼中法官也遵照该理念进行审判。

拓展知识

商法思维对解决商事法律纠纷的影响[①]

商法的思维没有强调民法所重视的逻辑性,其概念的体系性不强。对商法主体的研究与传统的民法主体制度研究不同,其不再局限于法律人格等讨论,而是注重能够对实践中商事纠纷当事人的诉讼请求有所回应,即"谁"能够承担责任,解决商事纠纷,因此商法主要研究主体的类型以及法律责任。

商法思维考虑商事活动的特性,注重交易主体之间的利益平衡。民法在面对纠纷时注重公平,会为了当事人的利益撤销合同。商法在解决纠纷时考虑商事交易的连续性,不会轻易否定交易的效力,以保护交易的逻辑为前提,维护利益受损的一方当事人。此外,商法思维考虑交易的流动性,对于财产的保护关注交易结果,与民法关注所有权、保护原始权利人的规则不同。

商法的法律规范滞后性相对明显,需要适用交易习惯、行业规范等商业惯例共同解决纠纷。商事活动具有复杂、多变等特征,新型交易纠纷不断出现使得商法法律规范的滞后性凸显,商业惯例等商事实践经验对处理商事纠纷具有重要性。

2. 商事法律适用的转变
在商事诉讼中,对于商事法律适用的转变主要体现在以下三个方面:

---

① 参见郑彧:《商法思维的特殊性与商事审判适用》,载《社会科学文摘》2018年第8期。

首先，优先适用商事特别法规范。我国是实行民商合一立法模式的国家，以《民法典》为统领，另以商事单行法的形式对相应的商事活动作了特别规定。这些商事单行法相对于《民法典》来说，应当优先适用。当无法在商事特别法中找到有关规定，则直接适用《民法典》的规定。这主要是由于商事领域的相关行为价值取向与一般民事行为不同，法律调整时遵循的目的不同，因此需要另外规定商事行为适用的法律，如票据行为具有流通性强等特点，我国《票据法》制定了关于票据代理、签章等一系列保障票据流通的规定。

其次，更多地适用商事惯例。商事惯例是商事主体在一定区域内的长期商事交易中重复采用从而对商事主体具有拘束力的交易实践(事实)，包括交易习惯、商业惯例、行业规范、行业习惯等内容。[①] 法官对交易习惯的认定不需要将习惯存在时间较长、适用范围广泛作为条件，一旦当事人提交的证据可证明当事人之间形成一定的行为模式，并按此模式作出行为有一定时间，且可以形成合理预期，就可以认定形成了习惯。[②] 我国《民法典》在总则编规定了习惯的适用，同时也在民事法律行为一章中规定了沉默作为交易习惯的情况，在合同编的不同章节中分别规定了交易习惯的适用，交易习惯可作为当事人合同或约定的补充，借助交易习惯确定当事人约定的真实意思表示。因此，在商事审判实践中，法官在考虑商事自治的过程中，会参考交易主体之间的交易习惯、交易主体的公司章程内容、交易所在行业的惯例等，体现出商事惯例对当事人交易行为及其法律关系的重要影响。

相关案例
多笔连续交易情形中的交易习惯[③]

甲乙每月发生1笔订单交易，共发生8笔订单交易。现甲以乙未向其开具第7笔订单的税票给其造成损失为由，将乙诉至法院。双方之间的结算和付款依据为8份结算单。8份结算单中有7份载明了税率为16%，唯独争议结算单中无此内容。甲对此解释系财务人员疏忽所致，但双方之间并无发现遗漏后的协商记录。另外，8份结算单中仅有第7笔订单的结算单载有"后道工序在本厂"的字样。

日常生活中，当事人之间发生连续多笔交易却没有订立书面合同的情形很常见，这种情况下，首先，要判断交易双方存在一个合同还是数个合同。如果双方只对一定时间内的加工内容、价款、交付方式等作出约定，则存在一个合同关系；如果双方以每次交易的订单为主，完成一次订单即结算，则每笔订单的内容都是一份独立合同的内容，双方存在多份合同，合同之间，即订单相互独立，这在实践中更常见。

其次，结合以往的多份订单，可以判定当事人是否在连续多笔交易的过程中形成交易习惯。本案中，甲乙以往的订单交易都遵从"先开票，后付钱"的方式，不同于一般交易中付款后开票的方式，形成了当事人之间的习惯。然而甲乙之间的第7笔订单却与甲乙之前的结算方式不同，且之后的第8笔订单又按照原来的方式进行，这与甲乙的交易习惯不符。

连续交易的情形是否形成交易习惯，还需考量订单的内容是否有一致性。如果订单的部分内容与其他订单均不同，则这部分信息不能认定适用于其他订单中。本案中，第7笔的

---

① 周林彬、王佩佩：《商事惯例初论——以立法构建为角度》，载《2007年中国商法年刊》，北京大学出版社2007年版。
② 参见宋阳、陈莹：《民商事习惯司法适用地位研究》，载《民间法》2021年第2期。
③ 参见姜波：《连续多笔交易情形单笔交易有无开票约定的判定》，载《人民法院报》2021年7月8日，第07版。

订单写有"后道工序在本厂"的字样,可以印证乙"因工序变化,双方对于第 7 笔订单作出了免开税票的特别约定"的证言。

最后,重视公权力的运用。现代商事交易行为离不开登记,登记管理是公权力在商法领域的体现,强调公法上的国家主体对商事主体的管理权。2023 年新修《公司法》新增了"公司登记"一章,明确公司设立、变更、注销过程中有关登记的程序和具体内容,并对公司登记机关提出了同时注重效率和便利的要求。

3. 对商事程序性规则的需求

随着现代商事交易的快速发展和大量商事纠纷的产生,现有的民事诉讼程序规则已越来越不能满足商人对于诉讼便捷性的需求。因此,对商事程序性规则的变革已成为现实的需要。

拓展知识

商事诉讼与非商事民事诉讼程序的具体差异[①]

1. 律师代理比例更高。商事活动由于专业性强等原因,发生的纠纷往往具备一定的技术性,需要长期从事相关领域工作或者专门针对相关领域工作的人处理,且商事纠纷的法律关系更为复杂,因此解决纠纷时选择专业律师代理的可能性更高。

2. 审理期限较短。商事活动追求效率,通常当事人对纠纷有快速解决的期望,以便恢复到正常的生产经营状态,因此法院会在审理案件时更顾及处理时间问题。

3. 再审启动标准从严。商事主体提起诉讼通常以直接解决纠纷为目的,更加重视恢复秩序,因此法院可以对商事案件的再审程序的启动从严把握标准。

4. 赔偿是常见救济措施。商事审判注重对利益的维护,强调归属,因此常见赔偿损失的主张。而非商事民事诉讼侧重所有权、有形财产的保护,救济措施多为继续履行等实行行为。

5. 法院干预程度低。法院认为商事活动的当事人应具备充分的商事活动经验,有相应的风险评估和承受能力。商事活动具有更高的自主性,且存在商业习惯、行业惯例等,因此法院在审理案件时不会过分探究当事人的内心意思,谨慎介入,充分尊重当事人的诉讼请求。

6. 诉讼程序的发挥空间更大。商事诉讼中的当事人实施的更多是经过反复权衡的"理性决策",且当事人很有可能是互不认识的独立主体,一旦发生纠纷,商事主体更愿意选择通过诉讼方式解决纠纷,诉讼判决具有强制性,可以较为公正、有效率地维护自己的权益。商事纠纷中,当事人一般会存在能够实现双方利益最大化的可能时选择适用调解程序。

商事审判具有一定的指引功能。商事交易的模式创新较快,商事法律的立法具有一定的滞后性,因此商事审判成了交易实践中某一商事行为是否合法的重要参考,在新兴的商业模式中更是如此。商事案件的审理在法律规范依据不足时可以通过相关的商事审判实践作

---

① 江必新:《商事审判与非商事民事审判之比较研究》,载《法律适用》2019 年第 15 期。

为指引,了解新的商事审判理念。因此,商事审判对于法官的自由裁量权具有较为严格的限制,除了需要在判决书明确说明,还要符合社会价值观念和商业惯例。民事审判强调人文关怀,需要法官对当事人的情况进行了解之后在情理之中作出合适的裁决。但在法律适用方面,商事审判仍然是"大民事"格局中的内容,民事审判和商事审判同样要做到"依法保护产权、尊重契约自由、坚持平等保护、坚持权利义务责任相统一、倡导诚实守信、坚持程序公正与实体公正相统一"的六个原则,并在审判实践中贯彻。

二、"如何打官司":商事诉讼的具体程序

对于企业而言,"打赢一场官司"是提起商事诉讼的普遍目的,但是要打赢一场官司,就必须学会如何打官司,首先则必须了解商事诉讼的具体程序,掌握商事诉讼的基本知识与技巧。

(一)诉讼的启动

企业在面对商事纠纷时,或许已经尝试过其他纠纷解决方式,或直接想到通过法院调和矛盾,这都意味着要启动一项具体的商事诉讼。提起商事诉讼的第一步是由合格的诉讼主体向具有管辖权的法院提起诉讼。[1]

1. 商事诉讼的主体

商事主体是否能成为诉讼主体,一般通过商事主体是否为争议的商事法律关系的主体来判断,这就是商事诉讼主体适格问题。商事诉讼主体适格,则当事人能够提起诉讼或出庭参加诉讼。[2] 诉讼主体适格与否是商事诉讼提起中面临的首要问题之一,如果主体并不具备提起诉讼的条件,那么法院将无法作出有实际价值的判决来解决纠纷。

2. 商事诉讼的管辖

商事诉讼中的管辖,是指不同层级的法院,以及同一层级的不同法院,如何确定具有对第一审商事案件的受理权限。具体而言,是指对于发生在我国境内的商事诉讼,应该如何确定特定的法院来受理案件、行使审判权的问题。金融法院专门管辖特定地区的中级人民法院受理的金融民事案件、金融行政案件。管辖又分为级别管辖与地域管辖。在确定管辖法院时,应先考虑有无专属管辖和协议管辖问题,然后考虑级别管辖[3],最后在同级法院中通过地域管辖确认具体的法院。对于商事诉讼而言,案件标的额是划分各级法院受案范围的主要依据之一,对于各地中级人民法院管辖案件的标的额,最高人民法院的规定从各省区分规定变

---

[1] 《民事诉讼法》第122条规定:"起诉必须符合下列条件:(一)原告是与本案有直接利害关系的公民、法人和其他组织;(二)有明确的被告;(三)有具体的诉讼请求和事实、理由;(四)属于人民法院受理民事诉讼的范围和受诉人民法院管辖。"

[2] 诉讼主体适格,对于作为诉讼标的的商事权利或者法律关系有实施诉讼的权能,也即能够以自己的名义起诉或应诉的资格,这种资格又称诉讼实施权。

[3] 《民事诉讼法》第18条规定:"基层人民法院管辖第一审民事案件,但本法另有规定的除外。"第19条规定:"中级人民法院管辖下列第一审民事案件:(一)重大涉外案件;(二)在本辖区有重大影响的案件;(三)最高人民法院确定由中级人民法院管辖的案件。"第20条规定:"高级人民法院管辖在本辖区有重大影响的第一审民事案件。"

更为统一规定。① 地域管辖遵循"原告就被告"原则,在法律没有特别规定、当事人没有约定的情况下,原告应选择被告所在地法院起诉。②

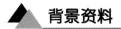 背景资料

国际民商事诉讼程序③

国际民商事诉讼程序是指含有国际因素,或者从某个主权国家的角度来说,含有涉外因素的民商事诉讼,又称涉外民商事诉讼程序。也就是说,在有关的诉讼中涉及两个或两个以上国家的人和事,或同两个或两个以上的国家存在不同程度的联系。由于国际因素的存在,基于诉讼成本、效率甚至国家政治等因素的考虑,在某些方面,国际民商事诉讼适用特殊的法律规范,具体包括:

1. 外国当事人(自然人、法人、国家和国际组织)的民事诉讼地位的法律规范;
2. 国际民商事案件中法院管辖权的法律规范;
3. 国际民商事案件中有关法律适用的法律规范;
4. 国际民商事诉讼程序有关域外文书送达、域外调查取证、国际民事诉讼期间,以及有关法院判决的相互承认与执行法律规范。

目前,基于国际民商事交往的日趋频繁,各国的国际民商事诉讼程序都趋向于便利国外当事人,并尊重外国法院的判决,许多国家之间签订了相互承认与执行民商事判决的国际司法协助条约,从而极大地提高了商事诉讼的效率。

对于企业而言,协议管辖制度是与企业联系最为紧密的。④ 协议管辖制度是《民事诉讼法》规定的地域管辖制度之一。管辖协议包括书面合同中约定了管辖法院的条款,以及特定的约定管辖的书面协议。由于协议管辖可以挑选不同地区的法院,因此可以节省企业的诉讼成本,所谓选择"自家门口"打官司,既省钱又省力。⑤

对于协议管辖制度,应注意以下几点:(1) 双方需以书面形式约定,用口头形式约定管辖法院的,其约定无效;(2) 适用于合同或者其他财产权益纠纷;(3) 当事人双方只能对案件

---

① 根据《最高人民法院关于调整中级人民法院管辖第一审民事案件标准的通知》规定:"一、当事人住所地均在或者均不在受理法院所处省级行政辖区的,中级人民法院管辖诉讼标的额5亿元以上的第一审民事案件。二、当事人一方住所地不在受理法院所处省级行政辖区的,中级人民法院管辖诉讼标的额1亿元以上的第一审民事案件。"

② 《民事诉讼法》第22条规定:"对公民提起的民事诉讼,由被告住所地人民法院管辖。"其中法人的住所地,即法人主要营业地或者主要办事机构所在地。所谓当事人有约定,是指根据《民事诉讼法》第35条、涉外商事纠纷当事人根据《民事诉讼法》第272条的规定,协议选择管辖法院的情形。所谓法律另有规定,是指特殊地域管辖的规定,比如:因保险合同纠纷发生诉讼,由被告住所地或保险标的物所在地法院管辖;因票据纠纷发生诉讼,由票据支付地或被告住所地法院管辖等。

③ 杜新丽、李瑞跃:《WTO规则对国际私法发展的影响》,载《政法论坛》2002年第4期。

④ 协议管辖制度中,法院管辖的确定系双方当事人意思表示达成一致所确定,因此协议管辖又称为"合意管辖"。

⑤ 《民事诉讼法》第35条规定:"合同或者其他财产权益纠纷的当事人可以书面协议选择被告住所地、合同履行地、合同签订地、原告住所地、标的物所在地等与争议有实际联系的地点的人民法院管辖,但不得违反本法对级别管辖和专属管辖的规定。"

一审的法院作出约定,案件二审、再审时的法院应当依法确定管辖法院,当事人不得作出约定;(4) 协议管辖法院的约定必须是单一的、确定的,如不得约定"如本合同发生争议,交由合同签订地或合同履行地人民法院审理"①;(5) 不得变更级别管辖和专属管辖,如不动产纠纷、港口作业等特殊合同纠纷,商标权、著作权、专利权纠纷以及票据纠纷等属于专属管辖的范围,因此不得约定变更。

3. 诉讼请求的提出

我国法律规定,起诉应向人民法院递送起诉状。诉讼状的内容必须包括具体的诉讼请求和事实、理由。其中,确定诉讼请求对于商事诉讼非常关键,它关系到企业利益的维护,不同的诉讼请求往往导致截然相反的后果。当事人提出诉讼请求时,应当在所受损失的大致范围内提出,如果盲目增加索赔或请求给付的金额,既不利于法官考虑诉求的合理性,自己缴纳的诉讼费用也变得更多。

拓展知识

预备合并之诉②

在民商事诉讼中,预备合并之诉通常表现为:原告提出数个诉讼请求,但这些诉讼请求无法同时实现,原告对其设置优先级,则诉讼请求具有顺位,如果法院不支持主请求,原告则主张请求法院支持次请求;如果主请求得到法院支持,次请求自动撤回。

预备合并之诉可以分为客观的预备合并之诉和主观的预备合并之诉,也即诉的合并或诉讼主体的合并。客观的预备合并之诉是指一个原告向一个被告提出了多个诉讼请求,诉讼请求之间有实现的顺位。主观的预备合并之诉中一方当事人为二人以上,可以以此再分类:如果案件中具有多个原告和一个被告,不同原告的诉讼请求中具有顺位,这是原告型的预备合并之诉;或者案件具有一个原告和数个被告,原告针对诉讼标的提出诉讼请求,对不同被告提出的诉讼请求实现有顺位,这是被告型的预备合并之诉。

当事人提起预备合并之诉,通常是为获得效率利益,希望自己的诉讼请求不会落空。大陆法系国家的民事诉讼制度对客观的预备合并之诉基本持支持态度,少数国家的制度或理论明确支持主观的预备合并之诉,如韩国。我国民事诉讼法律制度未对预备合并之诉进行规定,但司法实践中有明确支持客观预备合并之诉的观点。③

---

① 《最高人民法院关于适用〈中华人民共和国民事诉讼法〉的解释》第 30 条第 2 款规定:"管辖协议约定两个以上与争议有实际联系的地点的人民法院管辖,原告可以向其中一个人民法院起诉。"

② 参见张卫平:《主观预备合并之诉及制度建构研究》,载《政法论丛》2020 年第 5 期。

③ "一、关于袁何生提出的诉讼请求是否符合法律规定的问题。经查,袁何生一审提出的诉讼请求为:1. 请求确认袁何生为利达公司的股东,确认袁何生持有利达公司 18% 的股份,并责令利达公司在 10 个工作日内完成袁何生股东身份及持股比例的登记工作;2. 若上述诉请不能得到支持,则请求判令利达公司支付拖欠袁何生的股权转让款 1013.39 万元、利息 719.51 万元,合计 1732.9 万元,并请求责令利达公司向袁何生支付该 1732.9 万元的相应利息。据此可见,袁何生提出的第二项诉讼请求是在第一项诉讼请求不能获得法院支持情况下的预备性诉讼请求,在诉讼法学理论上称之为预备合并之诉,并不违反我国民事诉讼法的相关规定。原审法院在审理认为袁何生第一项诉讼请求不能成立的情况下对第二项诉讼请求予以审理并作出裁判,符合诉讼便利和经济的原则,也有利于法院对当事人争议裁判的协调统一,并无不当。"详见宜春市利达房地产开发有限公司、袁何生合伙协议纠纷,最高人民法院(2019)最高法民申 1016 号。

4. 诉讼时效

诉讼时效是当事人可以向法院请求保护自己的民事权利的期间,如果不在法定期间内行使自己的权利,则会丧失胜诉权。[1]

 背景资料

商事诉讼时效

各国及地区商法为了提高商事交易的效率,保护商事关系的稳定性与安全性,多确立了短期时效制度,例如在保险领域规定了不同于民法上的 2 年时效期间。

在法国,民法规定的一般民事权利救济时效为 30 年,但因商事活动进行迅速,商法规定的时效期间仅为 10 年(《法国商法典》第 189 条)。这一时效期间同样适用于商人与非商人之间的债务纠纷。由此,可以避免商人,尤其是银行,将档案保留 30 年之久。此外,一些特别的商事行为,适用更短的时效,例如,当商人向非商人出售商品时,其要求付款的诉讼时效仅为 2 年。

在日本,民事债权的诉讼时效期间原则上是 10 年,对于商事债权,如果商法典或者其他法律没有规定更短的时效,则 5 年不行使即行消灭。

在我国台湾地区,"民法"上规定诉讼时效由法律规定,但在商法领域,允许当事人变更诉讼时效。如我国台湾地区"保险法"规定,在有利于被保险人的情况下,当事人之间可以约定变更诉讼时效。[2]

我国《民法典》第 188 条规定了诉讼时效期间为 3 年,不适用延长的规定。该条第 2 款规定的 20 年期间不适用中止、中断的规定。同时,诉讼时效法定,当事人不得约定诉讼时效的期间、计算方法以及中止、中断的事由。

对于企业而言,在日常管理中经常需要处理大量的债权债务关系,而如何判定企业的行为是否导致诉讼时效的中断则十分重要。根据最高人民法院有关诉讼时效的司法

---

[1] 《民法典》第 188 条规定:"向人民法院请求保护民事权利的诉讼时效期间为三年。法律另有规定的,依照其规定。诉讼时效期间自权利人知道或者应当知道权利受到损害以及义务人之日起计算。法律另有规定的,依照其规定。但是,自权利受到损害之日起超过二十年的,人民法院不予保护,有特殊情况的,人民法院可以根据权利人的申请决定延长。"第 194 条规定:"在诉讼时效期间的最后六个月内,因下列障碍,不能行使请求权的,诉讼时效中止:(一)不可抗力;(二)无民事行为能力人或者限制民事行为能力人没有法定代理人,或者法定代理人死亡、丧失民事行为能力、丧失代理权;(三)继承开始后未确定继承人或者遗产管理人;(四)权利人被义务人或者其他人控制;(五)其他导致权利人不能行使请求权的障碍。自中止时效的原因消除之日起满六个月,诉讼时效期间届满。"最高人民法院《关于适用〈中华人民共和国民法典〉总则编若干问题的解释》第 35 条规定:"民法典第一百八十八条第一款规定的三年诉讼时效期间,可以适用民法典有关诉讼时效中止、中断的规定,不适用延长的规定。该条第二款规定的二十年期间不适用中止、中断的规定。"

[2] 参见向明华:《中国海事诉讼时效"中断难"法律问题研究——兼析〈海商法(修订征求意见稿)〉相应修改方案》,载《法学杂志》2020 年第 8 期。

解释①,特定情形可以视为"权利人向义务人提出履行请求",产生诉讼时效中断效力。②

企业债权超过诉讼时效的补救方法

诉讼时效届满将导致胜诉权的丧失。当债权超过诉讼时效时,可以用下述一种或多种方法进行补救,降低企业成本和法律风险。这些方法实际上是通过形成新债权,重新获得诉讼时效保护,也即债权的更新。

1. 要求债务人在债务履行通知书上签字或盖章。依据司法解释规定,在债权超过诉讼时效期间后,债务人又在履行债务通知单上签字或者盖章的,视为对旧债务的重新确认。因此,该债权应当得到保护。此规定对于已超过诉讼时效期间的债权的补救提供了最好的办法。

2. 签订还款协议。签订还款协议既有对原债务的确认,也包含了对原债权债务关系的协商调整,相当于债权人与债务人确立了新的法律关系,因此诉讼时效需要重新计算。

3. 更新合同。合同的更新是当事人签订一个新的合同来代替旧的合同,最常见的是"借新还旧",它与还款协议的区别在于:还款协议改变了原有债权债务的关系,而合同更新是确立全新的法律关系,原有债权债务关系被"覆盖",诉讼时效从新的合同成立生效时开始计算。

4. 债务人放弃"超过诉讼时效期间"的抗辩。超过诉讼时效期间是债权人丧失胜诉权的法定事由,如果债务人以超过诉讼时效期间为由行使抗辩权,法院就不能判决债权人胜诉。若债权人能与债务人继续合作或进行友好谈判,债务人放弃丧失胜诉权的抗辩,且自愿履行的,债权人享有受领权。

5. 诉讼代理人

在一般的商事诉讼中,企业通常会聘请律师或其他人员作为诉讼代理人参加诉讼。作为委托人,企业对诉讼代理人的授权可分为一般授权和特别授权两种。一般授权下,诉讼代理人只能代为行使当事人的程序性诉讼行为③,而无权处分委托人的实体权利。特别授权下,委托代理人可以决定与当事人诉讼请求有关的事项④,对案件中涉及当事人实体权利的

---

① 《最高人民法院关于审理民事案件适用诉讼时效制度若干问题的规定》第 8 条规定:"具有下列情形之一的,应当认定为民法典第一百九十五条规定的'权利人向义务人提出履行请求',产生诉讼时效中断的效力:(一) 当事人一方直接向对方当事人送交主张权利文书,对方当事人在文书上签名、盖章、按指印或者虽未签名、盖章、按指印但能够以其他方式证明该文书到达对方当事人的;(二) 当事人一方以发送信件或者数据电文方式主张权利,信件或者数据电文到达或者应当到达对方当事人的;(三) 当事人一方为金融机构,依照法律规定或者当事人约定从对方当事人账户中扣收欠款本息的;(四) 当事人一方下落不明,对方当事人在国家级或者下落不明的当事人一方住所地的省级有影响的媒体上刊登具有主张权利内容的公告的,但法律和司法解释另有特别规定的,适用其规定。"

② 此外,以下情况也可引起诉讼的中断:(1) 申请仲裁;(2) 申请支付令;(3) 申请破产、申报破产债权;(4) 为主张权利而申请宣告义务人失踪或死亡;(5) 申请诉前财产保全、诉前临时禁令等诉前措施;(6) 申请强制执行;(7) 申请追加当事人或者被通知参加诉讼;(8) 在诉讼中主张抵销。

③ 一般授权下,委托代理人可以代当事人起诉、应诉,提出证据,询问证人,进行辩论,申请回避,申请财产保全和证据保全,对管辖权提出异议等。

④ 特别授权下,委托代理人可以代当事人承认、放弃、变更诉讼请求,进行和解,提起反诉或者上诉等。

问题作出表态。必须注意,在授权委托书中如果仅写"全权代理""全权处理"等,实际上这种代理因授权事项不明,依法只能视为一般代理,所以委托书的授权应当列明具体的委托事项,需将授权委托代理人的全部事项展示,法院在查阅授权委托书时会核实代理人的相应权限。

(二)诉讼的审理

当商事诉讼提起并被法院所受理后,案件就进入了审理程序。审理程序可谓商事诉讼的核心部分,是商事纠纷解决的关键环节。商事诉讼的一般审理程序包含审前准备和开庭审理两部分。

1. 审前准备程序

审前准备程序是指在案件被法院受理后、开庭审理前这段时间内,法院与当事人共同完成的案件梳理、意见交换、证据收集等一系列为审理做准备的活动。当前我国民商事司法实践中,审前准备程序的主要内容由《民事诉讼法》及其司法解释规定。①

拓展知识

诉前调解制度

《民事诉讼法》在2012年修改时,将先行调解上升为立法规定:"当事人起诉到人民法院的民事纠纷,适宜调解的,先行调解,但当事人拒绝调解的除外。"诉前调解程序的适用范围没有法律或司法解释的具体规定,最高人民法院于2017年发布了《关于民商事案件繁简分流和调解速裁操作规程(试行)》,其中第9条规定了9种适用的纠纷类型:(1)家事纠纷;(2)相邻关系纠纷;(3)劳动争议纠纷;(4)交通事故赔偿纠纷;(5)医疗纠纷;(6)物业纠纷;(7)消费者权益纠纷;(8)小额债务纠纷;(9)申请撤销劳动争议仲裁裁决纠纷。该条款还规定,其他适宜调解的纠纷也可以引导当事人委托调解,这为法院留下了扩大适用诉前调解程序的空间。

诉前调解制度具有一定的强制性,体现在先将案件强制归于调解纠纷解决平台,如果案件能在这一阶段调解成功,则不用进入诉讼阶段,减轻法院案件审理的负担。将案件先行安排进入调解阶段,既能让适合调解的案件得到有效解决,又有效减少了进入审判环节的案件数量,实现案件"分流",是优化配置司法资源的体现。而需要"强制"设置这一环节的主要原因包括部分当事人起诉的目的不完全是解决纠纷,而是为"争一口气",或者当事人已经做好了充分的审判准备,有强烈的诉讼愿望,因此不愿选择调解程序。但诉前调解制度仍然保留了当事人对程序选择的自主性,案件在诉前调解阶段停留,当事人可以选择是否接受调解结果,之后依然可以选择调解还是诉讼。法官对于当事人是否接受调解也不能干预,只能加以引导。②

---

① 详见《民事诉讼法》第128—136条。
② 参见左卫民:《通过诉前调解控制"诉讼爆炸"——区域经验的实证研究》,载《清华法学》2020年第4期。

2. 开庭审理程序

开庭审理一般包括宣布开庭、法庭调查、法庭质证、法庭辩论、合议庭评议与宣判等阶段。在开庭审理程序中,必须注意其流程以及注意事项。

首先,开庭审理之前有相应的程序,在法庭上需要听从审判员、书记员的指示,配合完成。经法院提醒仍不参加庭审,或不在法庭上积极主张的当事人,自己对诉讼的不利后果负责。①

相关案例
被告不出庭应诉输官司②

鞍山东方钢构桥梁有限公司因沈阳新年代投资有限公司拖欠工程款 40645331.03 元而向法院提起诉讼。法院立案后,通知双方当事人到庭。但被告沈阳新年代投资有限公司经法院传票传唤未到庭,法院依法作出缺席审判,判决被告支付尚欠工程款及工程款利息。

法律意见:根据《民事诉讼法》的有关规定,缺席审判适用于下列情况:(1)原告经传票传唤,无正当理由拒不到庭的,或者未经法庭许可中途退庭的,可以按撤诉处理,被告反诉的则可以缺席判决;(2)被告经传票传唤,无正当理由拒不到庭的,或者未经法庭许可中途退庭的;(3)人民法院裁定不准许撤诉的,原告经传票传唤,无正当理由拒不到庭的;(4)被告方的无民事行为能力的当事人的法定代理人,经传票传唤无正当理由拒不到庭的;(5)再审案件符合缺席判决条件的。缺席判决与对席判决具有同等法律效力。

其次,在法庭调查质证阶段,审判长或审判员将组织双方当事人,针对自己的请求和主张,分别举证、质证。最高人民法院出台有关诉讼证据的司法解释,专门规定了法庭上质证环节进行的顺序③,在法庭调查结束后,庭审就进入法庭辩论阶段。

再次,在法庭辩论阶段,审判长或审判员将组织双方当事人针对争议焦点,围绕全案事实、法律责任等发表意见。在辩论环节,法官先要求原告发表意见,被告和第三人依次发表意见。必须注意,在法庭辩论中,发言要紧紧针对争议焦点,如果发言与案件无关,审判长或审判员有权予以制止。如果当事人觉得在开庭时未能充分发表意见,可以在休庭后将意见写成书面材料提交法庭。法庭辩论结束后,庭审将进入评议、宣判阶段。

---

① 《民事诉讼法》第140条规定:"开庭审理前,书记员应当查明当事人和其他诉讼参与人是否到庭,宣布法庭纪律。开庭审理时,由审判长或者独任审判员核对当事人,宣布案由,宣布审判人员、法官助理、书记员等的名单,告知当事人有关的诉讼权利义务,询问当事人是否提出回避申请。"第146条规定:"原告经传票传唤,无正当理由拒不到庭的,或者未经法庭许可中途退庭的,可以按撤诉处理;被告反诉的,可以缺席判决。"

② 鞍山东方钢构桥梁有限公司、沈阳新年代投资有限公司建设工程合同纠纷,辽宁省沈阳市中级人民法院(2021)辽01民初3335号。

③ 《最高人民法院关于民事诉讼证据的若干规定》第60条规定:"当事人在审理前的准备阶段或者人民法院调查、询问过程中发表过质证意见的证据,视为质证过的证据。"第62条规定:"质证一般按下列顺序进行:(一)原告出示证据,被告、第三人与原告进行质证;(二)被告出示证据,原告、第三人与被告进行质证;(三)第三人出示证据,原告、被告与第三人进行质证。人民法院根据当事人申请调查收集的证据,审判人员对调查收集证据的情况进行说明后,由提出申请的当事人与对方当事人、第三人进行质证。人民法院依职权调查收集的证据,由审判人员对调查收集证据的情况进行说明后,听取当事人的意见。"

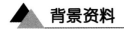 **背景资料**

法庭辩论的技巧

一、辩论要围绕争议焦点。法官在质证环节之后会总结案件争议的要点，法庭辩论要围绕争议焦点进行，如果是复杂的案件更要突出重点，抓住核心的问题并展开论证。

二、补充辩论焦点。法官会在法庭辩论开始之前总结争议焦点，双方当事人需要围绕争议焦点的有关事实和法律适用进行辩论。如果是案件情况复杂等原因，导致法官不能将辩论焦点概括完整、准确，则可以申请补充辩论焦点，并及时补充陈述理由。

三、善于抓住和利用矛盾。法庭调查环节的重点是举证和质证，首先应当明确自己的论证思路，在询问和对方回答的过程中搜寻对自己有利的线索，抓住对方解释中的漏洞，进行反驳和论证，但不能与自己的论证相互冲突，自我矛盾。

四、深入浅出，生动形象。法庭辩论需要对案件中的事实和法律适用进行说明，有时案件复杂，还会涉及理论问题。法庭上不容犹豫，在有限的时间里，如果能够用浅显的语言讲清楚复杂的理论或法律适用问题，就能达到事半功倍的效果。

五、要讲究策略。法庭辩论中，不是仅凭说理就能取胜，在论证的过程中还需进行分析，接下来采用何种方式进行辩论更容易使人接受，这是需要思考的。如在双方陷入僵局的情况下，如果能及时切换角度思考，打开新思路，就有可能找到新的论证方向，进一步证明自己的观点，成为法庭辩论中的优势一方。

六、法庭辩论是两方观点的碰撞，要明确自己的观点和思路，避免被对方的解释"绕进去"，进而打乱了自己的论证思路，失去优势。

七、法庭辩论中的应变能力。在法庭辩论中，常常会遇到一些意想不到的情况，有些情况是不可能提前做好准备的，所以，应变能力非常重要。

最后，在评议、宣判阶段，合议庭或审判员将对庭审情况进行总结，对双方当事人发表的意见进行评析，表明是否予以支持。然后，审判长或审判员将公开宣告判决结果，并将裁判文书送达双方当事人，宣判分为当庭宣判和定期宣判两种情形。[①]

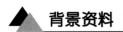 **背景资料**

独任审理范围扩大

审理程序上，我国法院正在探索扩大独任审理制度的适用范围。根据我国《民事诉讼法》第40条、第41条规定，一审案件可以适用前述的普通程序或者简易程序审理，对于基本

---

① 《民事诉讼法》第151条规定："人民法院对公开审理或者不公开审理的案件，一律公开宣告判决。当庭宣判的，应当在十日内发送判决书；定期宣判的，宣判后立即发给判决书。宣告判决时，必须告知当事人上诉权利、上诉期限和上诉的法院。宣告离婚判决，必须告知当事人在判决发生法律效力前不得另行结婚。"

事实清楚、权利义务关系明确的第一审民事案件,可以由审判员一人适用普通程序独任审理。中级人民法院对第一审适用简易程序审结或者不服裁定提起上诉的第二审民事案件,事实清楚、权利义务关系明确的,经双方当事人同意,可以由审判员一人独任审理。现行法律规定了法院审理一审案件可以适用独任审理制度,而二审独任制只能对应于一审简易程序。

2020年1月,最高人民法院发布了《民事诉讼程序繁简分流改革试点方案》以及《民事诉讼程序繁简分流改革试点实施办法》(以下简称《实施办法》),以全面提升司法质量、效率和公信力,努力让人民群众在每一个司法案件中感受到公平正义为根本目标,同时将优化司法资源配置模式,不断激发制度活力,全面提升司法效能,推动优化法治化营商环境等作为改革目标,提出要明确第二审法院可以独任制审理的情形,扩大独任审理的适用范围。根据《实施办法》第18条,除了一审适用简易程序审理的案件,不服民事裁定的案件二审时也可以独任审理。试点范围包括北京、上海市辖区内中级人民法院、基层人民法院,南京、武汉、广州、深圳等市中级人民法院及其辖区内基层人民法院,北京、上海、广州知识产权法院,上海金融法院,北京、杭州、广州互联网法院。

随着《公司法》等法律的不断修订,以及法院审理商事案件的经验累积,针对不同类型的商事案件,人民法院开始对审判工作进行总结,并进行一系列的记录。

拓展知识

商事案件审判的具体问题[①]

1. 证券投资类金融案件

第一,既要保证投资者与卖方机构能根据意思自治完成合同签订,又要注重保证金融消费者对投资及其风险的事先充分了解,对卖方机构课以告知义务。通过分配适当的举证责任等方式,对卖方机构加以适当的限制,保证合同正义。

第二,在审理内幕交易等事由引起的民事赔偿案件时,一方面要注重审理程序的运用,如代表人诉讼制度的适用,专家辅助人对梳理案件的作用,以及法官的多种取证手段等;另一方面要明确归责情形符合侵权责任的构成要件,包括侵权行为的重大性,再明确赔偿数额等赔偿内容。还可以运用多元化的纠纷解决机构,建立证券纠纷诉讼与调解对接机制,积极运用司法等社会资源,提高解决证券投资纠纷的效率。

2. 票据纠纷案件

票据纠纷案件的审理首先要注意法律针对票据的无因性作出了例外情形的规定,法官需要查明贴现人主观善意或恶意,再对行为进行认定。票据追索权的行使需要提供持票人被拒绝承兑或付款的证明,证明形式允许多样化,如拒绝的证明书,或法院的有关司法文书,但必须具备这一形式要件。在适用票据公示催告程序时,要审查申请人的资格,并恰当运用除权判决撤销之诉,发挥其恢复申请人为持票人的形式要件的功能。

3. 保险合同纠纷

保险合同涉及投保人、被保险人以及受益人的权益,法官需要区分不同保险类型的赔偿

---

① 参见杨临萍:《当前商事审判工作中的若干具体问题》,载《人民司法(应用)》2016年第4期。

责任,并准确适用,如第三者责任保险和意外伤害保险。在审理保险代为求偿纠纷案件时,要做好保险合同关系以及与第三人关系的区分,对追偿内容进行确定。

4. 涉外商事纠纷案件

涉外商事案件的审理需要明确的程序内容包括管辖、送达、证据的效力和翻译、域外法的查明等,最高人民法院国际商事法庭专门出具了会议纪要进行总结。审理有关公司的商事纠纷案件,需要通过公司登记地国的法律以及境外公司的章程审查公司内部决议的效力。对于境外公司的意思表示,可以通过公司董事在合同、邮件等载体中代表公司签订合同的签字来认定。①

(三) 诉讼财产保全制度

诉讼程序中有许多重要的基本制度,对于企业而言,诉讼财产保全制度是最为重要的制度之一。诉讼财产保全,是指由当事人在提起商事诉讼过程中,或在提起商事诉讼之前向法院提出申请,法院为避免受争议财产被故意转移、毁损等情况出现,不利于将来判决的实现或执行的落实,依当事人申请或依职权决定,对当事人财产先行采取的一系列强制措施。诉讼财产保全制度是商事诉讼中的重要制度,它是维护企业利益的重要手段。根据《民事诉讼法》第 103 条、第 104 条的规定,依照保全发生的时间,财产保全分为诉讼中财产保全和诉前财产保全。② 除此之外,《民事诉讼法》还规定了财产保全的通知义务、担保解除、先予执行等具体制度。③

此外,我国《专利法》《商标法》和《著作权法》等法律还规定了"诉前行为保全"制度。④ 针对侵犯知识产权行为的诉前保全,最高人民法院为了加大对知识产权领域的保护力度,专门出具了司法解释,作出了更详细的规定。

企业在商事诉讼中采取财产保全措施的作用

第一,采取财产保全措施可以促使被告人主动和解。对于实力比较强的企业来说,对其

---

① 参见《全国法院涉外商事海事审判工作座谈会会议纪要(2021 年)》。
② 《民事诉讼法》第 103 条规定:"人民法院对于可能因当事人一方的行为或者其他原因,使判决难以执行或者造成当事人其他损害的案件,根据对方当事人的申请,可以裁定对其财产进行保全、责令其作出一定行为或者禁止其作出一定行为;当事人没有提出申请的,人民法院在必要时也可以裁定采取保全措施。人民法院采取保全措施,可以责令申请人提供担保,申请人不提供担保的,裁定驳回申请。人民法院接受申请后,对情况紧急的,必须在四十八小时内作出裁定;裁定采取保全措施的,应当立即开始执行。"第 104 条规定:"利害关系人因情况紧急,不立即申请保全将会使其合法权益受到难以弥补的损害的,可以在提起诉讼或者申请仲裁前向被保全财产所在地、被申请人住所地或者对案件有管辖权的人民法院申请采取保全措施。申请人应当提供担保,不提供担保的,裁定驳回申请。人民法院接受申请后,必须在四十八小时内作出裁定;裁定采取保全措施的,应当立即开始执行。申请人在人民法院采取保全措施后三十日内不依法提起诉讼或者申请仲裁的,人民法院应当解除保全。"
③ 详见《民事诉讼法》第 105—111 条,《最高人民法院关于适用〈中华人民共和国民事诉讼法〉的解释》第 152—173 条。
④ 以《专利法》为例,《专利法》第 72 条规定:"专利权人或者利害关系人有证据证明他人正在实施或者即将实施侵犯专利权、妨碍其实现权利的行为,不及时制止将会使其合法权益受到难以弥补的损害的,可以在起诉前依法向人民法院申请采取财产保全、责令作出一定行为或者禁止作出一定行为的措施。"

采取财产保全措施,给其经营造成障碍,可以促使其与债权人协商并尽快履行义务。

第二,可以保证将来的判决书或者裁定书、调解书得到切实履行。适合经营状况比较差的企业,采取财产保全措施是为了胜诉后有财产可供执行,不至于使判决成为一纸空文。

第三,可以防止欠款人转移财产逃避债务。司法实践中很多公司为了逃避将来财产被执行,在诉讼中往往采取财产转移的非法手段,鉴于我国目前司法惩罚措施不到位,使得它们有恃无恐,所以债权人务必要先下手,防止它们转移财产,及时采取保全措施。

(四)证据制度

"法庭之上只有证据,没有事实。"对于诉讼当事人而言,证据的作用在于为当事人提出的事实进行佐证,以证明事实的真实性,从而维护当事人的利益。在法律上,诉讼证据是指客观存在的、与案件有关的并能够在诉讼中证明案件真实情况的客观事实。它有三个基本特征:

一是客观性。证据必须是能够被提供的客观存在的事实,任何主观臆测和虚假材料都不能成为诉讼证据。

二是关联性。证据必须与特定的案件有内在的必然联系,与该案件没关联的事实不能成为诉讼证据。

三是合法性。证据必须符合法律要求的形式,并按法定程序收集、提供和运用,不符合法定形式要求,违反法定程序取得的材料,不能作为诉讼证据。

证据规则指的是在诉讼中证据的搜集、使用、核查应当遵循的规则,是在司法实践中必不可少的标准。对于商事诉讼而言,应重点关注下列证据规则:

1. 举证责任。举证责任是指在诉讼中对所主张的案件事实提供证据证明的责任分配,它意味着负有责任的一方如果收集不到或提供不出相应的证据对案件的事实加以证明时,要承担败诉的风险[1],此即所谓"谁主张谁举证"。不管是原告提出自己的诉讼请求,还是被告提出驳回原告诉讼请求的请求,都要出示能够证明的证据。同理,第三人如果有自己的主张也应提供证据。除此之外,法律规定了"举证责任倒置"的情形,主张的一方当事人可以不用负全部的证明责任。[2]

但是,需要注意的是,《民事诉讼法》的司法解释还规定了"免证事实",当事人不用提供证据证明。[3]

---

[1] 《最高人民法院关于适用〈中华人民共和国民事诉讼法〉的解释》第90条规定:"当事人对自己提出的诉讼请求所依据的事实或者反驳对方诉讼请求所依据的事实,应当提供证据加以证明,但法律另有规定的除外。在作出判决前,当事人未能提供证据或者证据不足以证明其事实主张的,由负有举证明责任的当事人承担不利的后果。"

[2] 商事诉讼中举证责任倒置的情形包括:(1)因新产品制造方法发明专利引起的专利侵权诉讼,由制造同样产品的单位或者个人对其产品制造方法不同于专利方法承担举证责任;(2)因环境污染引起的损害赔偿诉讼,由加害人就法律规定的免责事由及其行为与损害结果之间不存在因果关系承担举证责任;(3)因缺陷产品致人损害的侵权诉讼,由产品的生产者或销售者就法律规定的免责事由承担举证责任;(4)一人有限责任公司的股东不能证明公司财产独立于股东自己的财产的,应当对公司债务承担连带责任。

[3] 《最高人民法院关于适用〈中华人民共和国民事诉讼法〉的解释》第93条规定:"下列事实,当事人无须举证证明:(一)自然规律以及定理、定律;(二)众所周知的事实;(三)根据法律规定推定的事实;(四)根据已知的事实和日常生活经验法则推定出的另一事实;(五)已为人民法院发生法律效力的裁判所确认的事实;(六)已为仲裁机构生效裁决所确认的事实;(七)已为有效公证文书所证明的事实。前款第二项至第四项规定的事实,当事人有相反证据足以反驳的除外;第五项至第七项规定的事实,当事人有相反证据足以推翻的除外。"

相关案例
查账目的是否合理由谁举证？[1]

A投资公司持有B天然气公司100%的股权，甲、乙、丙是A投资公司的股东，分别持有70%、15%、15%的股权。2018年12月，乙、丙向甲发函要求查阅A公司、B公司自公司成立以来所有的账簿及记账凭证。3日后，两公司复函拒绝了乙、丙的要求。

乙、丙以甲与A公司侵犯其知情权为由向法院提起诉讼，要求A公司和甲提供变卖B公司资产的全部账目、财务凭证以及所得资金去向的资料，供二人查阅和复制。A公司辩称，乙、丙经营有一C燃气公司，与A投资公司、B天然气公司的主营业务具有实质性竞争关系，乙、丙查阅公司账簿是为了获得公司商业秘密，存在不正当目的，因此A公司拒绝提供。

法院最终作出判决，A公司应于判决生效后15日内置备公司自2008年7月起至判决生效之日止的会计账簿（包括总账、明细账、日记账）和会计凭证（包括记账凭证和原始凭证）提供予乙、丙及其委托的会计师事务所查阅，并告知了查阅地点和时间。同时，驳回乙、丙的其他诉讼请求。法院认为，乙、丙作为A公司的股东，有权了解公司的运营以及财务状况。乙、丙所经营的C燃气公司，其经营范围确实与A投资公司的经营范围有一定的重合，但经营范围的重合不等同于实际经营业务存在竞争关系，A公司如不能对"实质竞争关系"提供充分的证据证明，则无法进行这一主张。

---

2. 举证时限。举证期限通常由法院决定，当事人需要在对应期限内完成证据证明。当事人可以申请延长举证期限，但如果逾期提供证据，需要承担一定的不利后果。[2] 确立举证时限制度的意义在于：第一，促使当事人积极举证，提高诉讼效率。权利需要当事人的积极主张才能实现，如果没有举证期限限制，当事人可能为力求搜集全部证据而一直不提交证据，也可能一直怠于提供证据主张权利，影响审判的进程，大大降低诉讼程序的效率。第二，防止当事人有意隐瞒证据，有利于法院根据证据掌握案件事实。如果不规定当事人提供证据的期限，当事人可能为避免对方得知自己的证据掌握程度，故意保留证据，等到法庭上再作为"杀手锏"展示出来，这样对法院庭审的进行不利，会造成诉讼延迟的后果；如果双方当事人都不提供证据，诉讼程序也难以推进。我国《民事诉讼法》以及最高人民法院有关举证时限和证据的司法解释对举证期限作了详细的规定。

3. 证据调查。证据调查是指司法人员在职权范围内，依照法定程序，采取有效方法，广泛收集证据的行为。[3]

4. 证据保全。证据保全是指在证据有可能灭失或者以后难以取得的情况下，人民法院

---

[1] 《股东查账目的正当 公司拒绝构成侵权》，载法治网，http://www.legaldaily.com.cn/legal_case/content/2021-09/30/content_8607068.htm，2022年3月29日访问。

[2] 《民事诉讼法》第68条规定："当事人对自己提出的主张应当及时提供证据。人民法院根据当事人的主张和案件审理情况，确定当事人应当提供的证据及其期限。当事人在该期限内提供证据确有困难的，可以向人民法院申请延长期限，人民法院根据当事人的申请适当延长。当事人逾期提供证据的，人民法院应当责令其说明理由；拒不说明理由或者理由不成立的，人民法院根据不同情形可以不予采纳该证据，或者采纳该证据但予以训诫、罚款。"

[3] 《民事诉讼法》第67条规定："当事人对自己提出的主张，有责任提供证据。当事人及其诉讼代理人因客观原因不能自行收集的证据，或者人民法院认为审理案件需要的证据，人民法院应当调查收集。人民法院应当按照法定程序，全面地、客观地审查核实证据。"

根据诉讼参与人的请求或依职权采取一定措施,对证据加以确定和保护的制度。证据保全根据保全措施作出的时间同样分为两类:一类是诉中证据保全,即在民事诉讼开始或进行中作出保全措施,这是比较常见的;另一类是诉前证据保全,主要由公证机关进行保全。在诉讼开始之前,如果情况紧急时,当事人或利害关系人可以向法院提出保全证据的申请。法院作出保全的裁定后,当事人应当尽快在法定期限内提起诉讼。

(五) 诉讼裁决的执行

法院作出的诉讼裁决生效后①,义务人方必须履行判决书中规定的义务,如果当事人自愿履行其义务,则案结事了。但是如果义务人拒绝履行诉讼裁决,那么在此种情况下,权利人可以向人民法院申请强制执行,以实现自己的权利。法院的强制执行措施包括扣押、冻结、变价等。②

背景资料

修改后的《民事诉讼法》关于执行制度的变化

2012年8月31日,第十一届全国人大常委会第二十八次会议通过了《全国人大常委会关于修改〈中华人民共和国民事诉讼法〉的决定》(以下简称《决定》),决定自2013年1月1日起施行。

1. 增加了对被执行人的惩罚性规定。《决定》第24条明确规定:"被执行人与他人恶意串通,通过诉讼、仲裁、调解等方式逃避履行法律文书确定的义务的,人民法院应当根据情节轻重予以罚款、拘留;构成犯罪的,依法追究刑事责任。"

2. 扩大有义务协助执行的单位的范围,从原来的"银行、信用合作社和其他有储蓄业务的单位"扩展为"有关单位",增加了"扣押、变价财产"两种不协助的行为方式。

3. 增加恢复执行的情形。对申请执行人因受欺诈、胁迫与被执行人达成和解协议的,法院可以恢复对原生效法律文书的执行。

4. 增加检察院对执行活动的监督。第53条规定:"人民检察院有权对民事执行活动实行法律监督。"

5. 允许执行员立即采取强制性措施。第55条规定:"执行员接到申请执行书或者移交执行书,应当向被执行人发出执行通知,并可以立即采取强制执行措施。"

6. 法院可以查询被执行人的财产情况中增加了债券、股票、基金份额。第56条规定:

---

① 根据我国民事诉讼制度,生效的判决是指人民法院的第一审民事判决,即按普通程序和简易程序审理案件作出的判决,如果当事人在上诉期间15日内选择不上诉,上诉期限届满即发生法律效力。按特别程序审理案件作出的判决,以及最高人民法院的第一审民事判决、中级以上人民法院所作的第二审民事判决,自判决送达之日起发生法律效力。

② 《民事诉讼法》第235条规定:"发生法律效力的民事判决、裁定,以及刑事判决、裁定中的财产部分,由第一审人民法院或者与第一审人民法院同级的被执行的财产所在地人民法院执行。法律规定由人民法院执行的其他法律文书,由被执行人住所地或者被执行的财产所在地人民法院执行。"第253条规定:"被执行人未按执行通知履行法律文书确定的义务,人民法院有权向有关单位查询被执行人的存款、债券、股票、基金份额等财产情况。人民法院有权根据不同情形扣押、冻结、划拨、变价被执行人的财产。人民法院查询、扣押、冻结、划拨、变价的财产不得超出被执行人应当履行义务的范围。人民法院决定扣押、冻结、划拨、变价财产,应当作出裁定,并发出协助执行通知书,有关单位必须办理。"

"被执行人未按执行通知履行法律文书确定的义务,人民法院有权向有关单位查询被执行人的存款、债券、股票、基金份额等财产情况。人民法院有权根据不同情形扣押、冻结、划拨、变价被执行人的财产。人民法院查询、扣押、冻结、划拨、变价的财产不得超出被执行人应当履行义务的范围。"

7. 加大法院对执行的落实力度。第57条规定:"财产被查封、扣押后,执行员应当责令被执行人在指定期间履行法律文书确定的义务。被执行人逾期不履行的,人民法院应当拍卖被查封、扣押的财产。"

但是,诉讼裁决在执行过程中,常常遭遇执行难的问题,由于执行措施无法落实等原因,申请执行人未能通过法院的强制执行程序将判决转化为现实利益。执行难问题既与法院内部制度规定以及立案、审判、执行等部门之间的关系有关,也与外界经济、政治、社会等综合因素有关。在商事诉讼中,执行难的问题通常与我国经济形势有关,法院辖区的经济形态可以在法院案件的受理状况中得以体现。①

近年来,在我国经济增速放缓的时期,基层法院案件的执行情况也有相应的变化。一方面,企业的经营情况恶化,由此也会产生各种纠纷,法院有关买卖合同、贷款担保合同、劳动合同、建设工程施工合同等案件数量增多。另一方面,企业经营困难也为案件判决的执行带来难度,即使当事人一方胜诉了,其最终也难以通过法院执行弥补所受损失。

除此之外,市场受经济环境不佳的影响,交易的风险增加。部分交易主体并不具备相应的风险承受能力,对风险没有较为准确的预测,进而将填补损失的期望全部寄予法院的判决及执行。法院受限于有限的社会资源,执行时面对的社会场景多变复杂,法官在判决的执行过程中受到太多不可控因素的影响,因此执行困难不一定是法官不积极作为所导致。但当事人对法院执行效果的超高预期如果没有实现,则当事人会对法院等司法机构产生不信任,采取对法官施压等不理性行为。社会主体对司法不信任,则不愿为法院执行提供必要的协助,进一步增加了法院执行难度。②

如何破解执行难问题?③

2016年,最高人民法院提出"用两到三年时间基本解决执行难"的目标。2019年3月12日,最高人民法院院长在第十三届全国人大第二次会议上提出,"基本解决执行难"这一阶段性目标如期实现,下一步需要不断巩固"基本解决执行难"成果,健全解决执行难长效机制,实现"切实解决执行难"的目标。

1. 地方党政机关为法院执行提供有效协助。相比审判,执行对地方机关的依赖度更高。最高人民法院于2019年提出,要健全完善"党委领导、政法委协调、人大监督、政府支

---

① 参见于龙刚:《基层法院的执行生态与非均衡执行》,载《法学研究》2020年第3期。
② 同上。
③ 同上。

持、法院主办、部门联动、社会参与"的综合治理执行难工作大格局,这为构建部门协调机制指明了方向。① 法院要充分考虑到执行案件的社会影响,从大局出发,把握执行的方案和力度,既维护执行案件中申请执行人的利益,又保证执行案件的结果在社会中不会造成负面影响,特别是涉及地方经济和社会稳定的案件,包括涉企案件、民生类案件和涉诉信访案件等。

2. 法院对执行工作展开有效管理。法院内部应处理好不同机构的工作内容,内部机构的协调需探索常态化、规范化的协调机制,不能长期依靠党组成员分管部门工作,在立案、审判阶段就能有效化解案件压力,避免案件负担在最后的执行环节积累。对于执行部门的工作,不再采取"弱激励、强监督"的管理格局,对激励和监督措施作出平衡,避免对执行部门施加过多压力,以至于出现逼责现象。

3. 社会主体树立对法院执行的正确认知。法院执行受到过多社会因素影响,法官对执行的落实程度无法作出保证。当事人在提起诉讼或申请执行之前要对诉讼和执行的成本及作用有合理的认知,意识到诉讼和执行也存在一定的风险,无法对损失完全补救。执行是对现存利益的再分配,无法创造新的利益。社会主体对执行结果有合理的预期,也有助于在社会中提高司法权威。

三、商事诉讼风险防范

商事诉讼风险,通常是指企业"在诉讼中面临的风险",但不包含案件争议事实引发的风险,也不包括当事人法律意识的影响,而是指企业因为争议事实以外的因素而产生的对诉讼不利的风险。

(一)商事诉讼风险的类型

从司法实践中看,企业面临商事诉讼的时候是处于主动还是被动地位,很大程度取决于企业的法律风险知识储备以及日常管理。如果有的官司明明可以打赢,却不得不与对方签订"城下之盟",更有甚者,还会"铩羽而归",这些情况的普遍存在与企业本身对商事诉讼的过程和关键环节不够了解和重视有关。根据实践,企业在诉讼中主要存在以下四类诉讼风险:

1. 程序性风险。程序性风险是指企业在进行诉讼的过程中,忽视或者违反某些法律规定的程序性规则而导致不利于己方的诉讼结果的风险。例如超过诉讼时限起诉,不在举证期限内举证,不在上诉期限内提起上诉或者无故不到庭参加诉讼等,都属于商事诉讼中的程序性风险。②

2. 法律适用风险。法律适用风险是指企业在诉讼过程中,由于在选择实体法律适用上的失误或错误,从而导致不利于己方的诉讼结果的风险。在错综复杂的商事纠纷案件中,当事人之间的法律关系以及纠纷的法律性质的界定并非只有唯一,也就是说,不同的法律规范可以适用于同一个纠纷案件,从而导致不同的判决结果。这一方面是由于目前我国的立法仍不完善,许多法律条文只是原则性规定甚至不存在相关规定,另一方面则是由于现代商业

---

① 《最高人民法院关于印发〈最高人民法院关于深化人民法院司法体制综合配套改革的意见——人民法院第五个五年改革纲要(2019—2023)〉的通知》(法发〔2019〕8号)。

② 有关企业诉讼中的程序性风险可详见《人民法院民事诉讼风险提示书》(2003年12月23日最高人民法院审判委员会第1302次会议通过)。

的快速发展导致商事纠纷日趋复杂化,新型的商事纠纷案件层出不穷。在这种背景下,商事纠纷的法律适用问题就成为决定案件判决结果的关键因素。此外,在涉外商事诉讼中,由于法律赋予了当事人选择准据法的权利,基于不同国家、地区的法律规定往往不同,所以选择适用哪一个国家或地区的法律将直接影响到诉讼的结果。因此,企业对法律的选择适用应该慎之又慎,企业往往因为对法律的选择不当而断送了胜诉的机会。

 背景资料

企业涉外合同的选择适用法律问题

企业在签订涉外商事合同时,可以选择适用不同国家的法律。我国《涉外民事关系法律适用法》第41条规定:"当事人可以协议选择合同适用的法律。当事人没有选择的,适用履行义务最能体现该合同特征的一方当事人经常居所地法律或者其他与该合同有最密切联系的法律。"2020年修正的《最高人民法院关于适用〈中华人民共和国涉外民事关系法律适用法〉若干问题的司法解释(一)》第5条指出:一方当事人以双方协议选择的法律与系争的涉外民事关系没有实际联系为由主张选择无效的,人民法院不予支持。该司法解释第3条规定:"涉外民事关系法律适用法与其他法律对同一涉外民事关系法律适用规定不一致的,适用涉外民事关系法律适用法的规定,但《中华人民共和国票据法》《中华人民共和国海商法》《中华人民共和国民用航空法》等商事领域法律的特别规定以及知识产权领域法律的特别规定除外。"

3. 代理人风险。代理人风险是指企业在诉讼过程中,由于选择的代理人不具备相应的业务能力或者职业道德,从而导致不利于己方的诉讼结果的风险。如有的律师由于经验不足或者做事态度马虎,对调查取证的重视程度不足,没有积极和当事人确认提供证据的真实性和取证程度;没有注重全面收集证据,只收集对自己有利的证据,弄虚作假;又或者查阅案卷时走马观花流于形式或干脆不阅卷。这些都可能导致诉讼的失败。

 背景资料

全国律师诚信公示平台①

2019年,司法部开始开发建设全国律师诚信信息公示平台,建立了诚信信息及时采集更新机制,以信息化手段促进律师和律师事务所规范执业,维护人民群众合法权益。2021年11月中旬,公示平台对外公开测试运行。目前,该平台正式对公众开放,公众可以登录全国律师诚信信息公示平台网站,查询全国专职和兼职律师以及律师事务所的基本信息、年度考核信息、奖励和处罚处分等信息。

---

① 《全国律师诚信信息公示平台正式对公众开放》,载北京市司法局网,https://sfj.beijing.gov.cn/sfj/sfdt/sfxzyw59/21213880/index.html,2023年12月2日访问。

党的十八大以来,我国律师事业取得长足发展,律师队伍规模不断扩大,律师专业分工愈发细化。在此时期,全国律师总人数达到57.6万,律师事务所超过3.6万家。公示平台汇集了律师行政许可信息和执业奖惩信息,为当事人查询律师和律所诚信状况提供窗口,解决了律师法律服务领域信息不对称的问题,有效提高了律师法律服务领域的透明度,进一步提升了人民群众法治获得感、幸福感、安全感。

---

4. 提起诉讼或二审、再审的风险。企业在决定是否提起诉讼时,要对诉讼本身的成本和风险有合理的预估,包括但不限于诉讼成本、时间成本、胜诉或败诉后企业行为的预备方案等,有了充分的考虑和认知后,再作出决定,积极应对。一方面,从企业资金的角度来看,诉讼会给企业带来诉讼费、律师代理费等负担,企业一旦败诉,还需要承担更多的资金付出,可能对企业现金流产生影响,如果影响过大,企业需要调整现有资产配置,增加现金流,才能解决困境。另一方面,从企业参与诉讼的影响来看,诉讼可能会对企业的声誉带来影响,导致企业的声誉不佳,信用形象受损,继而导致融资难度增加。诉讼还会引发公司内部的冲突,产生内部代理等矛盾。① 从社会影响角度来看,诉讼行为对于企业发展是一把"双刃剑":企业面对诉讼采取的一系列策略,都是对外展示公司的一部分,成为企业形象的组成部分。如果企业应对诉讼得当,或是赢得诉讼,或是主动承担责任,都不会对企业的形象造成过多负面影响,企业也可借此审视自己的经营模式等,继续完善自我;如果企业应对失当,企业的声誉和形象都大打折扣,企业的客户、股民以及消费者等都通过企业在诉讼之中的表现了解到企业的不当之处,企业有可能一蹶不振(上市公司一旦涉诉更会严重影响其股价)。

此外,在各类诉讼中,企业及其诉讼代理人虽然竭尽全力,有时也难免在终审中败诉。如果企业决定提起二审或者再审的话,除了花费更多的精力物力外,仍然有可能面临败诉的风险。

拓展知识

企业在日常经营中容易引起诉讼风险的细节②

1. 在合同履行过程中,对于一些重要的送货凭证不够重视。这主要有两类情况:一是根本没有送货回单等凭证,只是将货送到对方,开出发票就认为自己已经履行完毕;二是有送货回单等凭证,后来因保管的问题,遗漏了部分或全部遗失。这种情况下,光依靠发票向对方请求货款,在证据上是有欠缺的,诉讼请求往往得不到法院的支持。

2. 对于一些商业往来的传真和电子邮件等证据的收集和保存工作不够重视。这些材料在日后一旦涉诉,就显得尤为重要。如果哪一方丢失,而另一方又不提供,那么法院会以没有证据来认定和处理。

3. 对合同内容的变更不强调书面手续。

4. 对一些长期债务的催讨多数没有书面材料。债务催讨没有书面材料反映会在以后的诉讼中给对方留有机会,对方往往会在诉讼时效的问题上来纠缠。如果时间超过三年,即

---

① 参见苗妙、邓肖娟:《诉讼风险、资金持有与企业资产配置》,载《经济理论与经济管理》2019年第6期。
② 孙德行:《企业商事诉讼存在的问题与对策》,载《中国学术研究》2008年第11期。

使债务是真实存在的,那也得不到法律的强制力保护。

5. 财务对账不及时,或者是根本没有对账。一旦诉讼,凭对账的情况就可确定结欠的数额,而不需要提供很多的送货依据以及发票等材料,省却了很多麻烦。

6. 对合同争议的解决方式不重视。在格式合同中,对合同争议的解决方式主要是两种,一种是仲裁,另一种是诉讼。有的企业的合同经办人员对这一问题不够重视,忽视了选择纠纷解决的方式。

7. 忽视质量异议的期限约定。一般合同中,对质量异议均有期限的约定。如果在异议期限内对质量问题未提出异议,那么法律上就视为认可质量没有问题,而且质量异议的提出一定要以书面的形式或者可以证明的其他形式,这种提出一定还证明已传达给对方。

(二)企业如何应对诉讼风险

针对上文提出的诉讼风险类型,企业要防范诉讼风险,提高维护自身利益的能力,应该从以下几个方面着手:

1. 了解并善于运用商事诉讼的程序性规范。我国《民事诉讼法》以及相关的司法解释明确规定了诉讼的程序性规范,企业在提起诉讼时,应当仔细阅读并了解有关的诉讼规则制度,以防止程序性风险的发生。

拓展知识

企业在各个诉讼阶段面临的程序性风险[①]

(1) 起诉阶段。包括主体不适格,无法提起诉讼的风险;管辖法院不正确的风险;不按时缴纳诉讼费的风险;起诉被裁定驳回的风险;超过诉讼时效的风险等。

(2) 案件审理阶段。包括诉讼请求不被支持的风险;对方当事人提出反诉的风险;第三人另行起诉的风险;证据提供不充分的风险;超过举证期限的风险;对方补充新证据的风险;当事人对代理授权不当或不明确的风险;当事人申请鉴定或评估的风险;申请证据保全、财产保全或行为保全的风险等。

(3) 二审阶段。包括未能及时提出上诉的风险;提交材料、缴纳费用超过期限的风险;对案件事实掌握情况变化的风险等。

(4) 执行阶段。包括未在期限内申请执行的风险;被执行人没有足够财产供执行的风险;执行受到妨碍的风险;案外人对执行标的异议的风险;被执行人申请再审并成功启动再审程序引起执行中止或终结的风险;被执行一方需履行执行内容,其财产还有被查封、冻结的风险等。

企业如果想尽可能了解经营中的法律风险和诉讼风险,可以通过咨询、聘请专业人士来进行风险的防范与应对。随着律师服务的专业化,已有越来越多针对企业提供法律服务的律师团队出现。

---

① 钱卫清:《避开诉讼风险六项注意》,载《英才》2003年第11期。

 **拓展知识**

企业事前对商事诉讼的防范——非诉业务①

实践中,企业往往忽视对商事诉讼的事前防范。事实上,企业可以通过事前的防范措施将卷入诉讼以及诉讼阶段的风险降至最低。目前,许多律师为企业提供了大量的非诉服务(如下),这些类型的服务就如同为未来不可知的商事诉讼打下了"防疫针",确保企业在面临诉讼风险时"化险为夷",拿到最大的胜算。

(1) 提出公司或企业设立的方案,协调各方投资者的利益关系,起草或审查公司设立所需的各种文件;

(2) 就企业生产、经营、管理方面的重大决策提供法律意见,应企业的要求,从法律上对其决策事项进行论证,提供法律依据;

(3) 草拟、修改、审核企业在生产、经营、管理及对外联系活动中的合同、协议等有关法律事务文书和规章制度;

(4) 参加经济项目谈判,提供咨询服务,审核或准备谈判所需的各类法律文件;

(5) 提供与企业活动有关的法律信息;

(6) 就生产、经营、管理业务和对外联系中的有关问题提供法律建议;

(7) 为企业提供法制宣传和咨询,并对企业内部人员进行法律培训;

(8) 提供企业股份制改造,各类项目投资、金融信贷、国际贸易、收购兼并、合同审核、资信调查、税收保险等专项法律服务;

(9) 提供代理公证、认证、见证及商标、专利申请等其他形式的专项法律服务。

2. 选择适当的法律。选择适当的法律是赢得诉讼、避免败诉的关键。但是现实中,具体个案总是不同的,如何选择适当的法律呢?其一,必须对相关的商事立法有普遍的了解,只有在了解相关立法的前提下,才能从中挑选出最有利于己方的法律规则。其二,必须对一定时期内的司法政策、司法精神有所了解。在不同的经济发展阶段,最高人民法院总会出台一些与当下经济生活密切联系的司法政策或指导意见,其中既包括对特定法条如何解读的倾向性意见,也包括如何处理特定纠纷的司法政策精神,因此,密切关注这些文件,有利于企业了解法院的"办案倾向",从而选择最适当的法律。

 背景资料

创业板改革中针对商事案件的司法政策②

1. 对实行注册制创业板上市公司所涉有关证券民商事案件试点集中管辖。按照改革

---

① 史甫臣:《提供法律服务助推中小企业发展》,载《黄河之声》2012年第13期。
② 参见《最高人民法院印发〈关于为创业板改革并试点注册制提供司法保障的若干意见〉的通知》(法发〔2020〕28号)。

安排,深圳证券交易所履行创业板股票发行审核职责。为统一裁判标准,保障创业板改革并试点注册制顺利推进,对在创业板以试点注册制首次公开发行股票并上市公司所涉证券发行纠纷、证券承销合同纠纷、证券上市保荐合同纠纷、证券上市合同纠纷和证券欺诈责任纠纷等第一审民商事案件,由广东省深圳市中级人民法院试点集中管辖。

2. 依法判令违法违规主体承担以信息披露为核心的证券民事责任。在证券民商事案件审理中,要严格执行《证券法》关于民事责任承担的规定,厘清不同责任主体对信息披露的责任边界,区分不同阶段信息披露的不同要求,严格落实发行人及其控股股东、实际控制人等相关人员信息披露的第一责任和证券中介机构保护投资者利益的核查把关责任。在审理涉创业板上市公司虚假陈述案件时,司法审查的信息披露文件不仅包括招股说明书、定期报告、临时报告、公司债券募集说明书、重组报告书等常规信息披露文件,也包括信息披露义务人对审核问询的每一项答复和公开承诺。严格落实《证券法》第220条的规定,违法违规主体的财产不足以支付全部民事赔偿款和缴纳罚款、罚金、违法所得时,其财产优先用于承担民事赔偿责任。

3. 依法保障证券集体诉讼制度落地实施。人民法院是贯彻落实《证券法》证券集体诉讼制度的责任主体,要认真遵照执行《最高人民法院关于证券纠纷代表人诉讼若干问题的规定》(法释〔2020〕5号),充分发挥证券集体诉讼震慑证券违法和保护投资者的制度功能。在司法办案中,要立足于畅通投资者维权渠道和降低投资者维权成本两大价值导向,鼓励进一步细化和完善证券代表人诉讼各项程序安排。大力开展证券审判信息化建设,通过信息化手段实现证券案件网上无纸化立案,依托信息平台开展代表人诉讼公告、权利登记、代表人推选等群体性诉讼事项;依法加强与证券交易登记数据的信息对接,为损失赔偿数额计算、赔偿款项发放等提供支持,提高办案效率。进一步加强与证券监管部门、投资者保护机构的沟通协调,依法保障投资者保护机构参加特别代表人诉讼的地位和权利,依法维护被代表投资者的合法权利,确保特别代表人诉讼程序行稳致远。

---

3. 选择称职的诉讼代理人。选择称职、合格的诉讼代理人是企业赢得官司的重要一关。对于诉讼代理人的选择,一方面应当根据案件争议的大小、案情是否复杂等因素来决定是否需要诉讼代理人参与诉讼。

(1) 事实清楚、争议不大的案件。倘若原被告双方诉讼案件的事实清楚,是非曲直一目了然,双方均可径行参与诉讼,若聘请诉讼代理人,则略显多余。

(2) 案件标的额较大、事实情节尚有争议的案件。这类案件仅凭一般的法律知识水平无法对案件事实作出客观准确的判断时,当事人可视自身的法律素养和认知能力、是否有充裕的时间和精力等因素来选择是自行参与诉讼还是聘请律师参与诉讼。

(3) 法律关系错综复杂、事实不清、争议较大的疑难案件。这类案件需要具有丰富的、较为专业的法律知识和较强的法律实践能力的律师才能胜任,因此,这类案件聘请专业律师参与诉讼就显得非常必要了。

另一方面,一旦决定需要诉讼代理人参与案件,则应当以如下标准衡量和挑选最佳律师:(1) 律师能否给案件以正确的定义并予以有效驾驭。(2) 律师能否将已知案件的相关"细节"与"信息"同自身专业知识、诉讼经验相联结,就案件发生、发展及其现状提供"真实"的事实影像,完整"再现"案件历史的全貌。

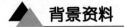

背景资料

律师责任险

律师责任险,是以律师或律师机构执业时因过失行为给委托人或第三人造成的实际损失为保险标的的责任保险。2018年修正的《律师事务所管理办法》规定:"律师事务所应当按照规定,建立执业风险、事业发展、社会保障等基金。律师参加执业责任保险的具体办法另行规定。"济南市律师协会于2012年6月发布了《关于办理律师执业责任保险的通知》,要求济南市律师协会管辖的律师事务所和执业律师均应统一参加执业保险,实习律师按照自愿原则加入执业保险。

4. 认真衡量提起诉讼、二审或再审的成本效益。企业在作出是否提起诉讼或者二审、再审的决策前,最好聘请有经验的律师或专业人士就诉讼的可行性进行周密论证(主要就证据和事实认定问题、法律适用问题),并就诉讼中可能存在的各种风险以及可能出现的费用作出评估和预测,对于社会影响较大的商事纠纷,还必须关注舆论的导向,听取公众的评论与意见,在合法合理的前提下整合社会网络资源,进而确定是否提起诉讼和诉讼方案,以有效降低诉讼风险。

商事诉讼被更多人选择的原因①

商事诉讼作为现代司法程序之一,成为人们解决纠纷的常见途径。社会层面上,熟人社会被陌生人社会所取代,社会中出现了交易等关系,人与人之间的联系不再只依靠情感或道德。因此,熟人社会的调解程序不再适用于所有的纠纷关系,人们无法找到互相熟知的人来居中调和,随之出现了诉讼程序,由权威的国家司法机关作出公正裁判,解决纠纷。

而在司法理念层面上,我国的诉讼理念也发生着变化。在过去,传统的诉讼文化认为实体正义具有重要性,只要能追求真相,裁判者是否按审判程序进行审判可以不追究,因此会出现严刑拷打的"逼供"行为。但这样重实体轻程序的理念,一方面容易使人"屈打成招",造成冤假错案,另一方面也对法官提出了一定要还原案件真相的要求。法官如果要还原全部案件真相,就要搜集全部证据,而当事人通常提交对自己有利的证据,不会将持有证据全部展示,这给法官得出裁判事实带来难度。现代的司法程序确保法官在审判的过程能够保持中立,双方当事人也能平等参与到其中,审判结果具有一定的公正性,法官审判案件也能有效率保证。程序正义的司法理念促进了严密的司法程序形成,有助于树立司法权威,增加社会主体对司法公权力的信任。程序正义可以保证实体正义的实现,有效约束权力的恣意,确

---

① 参见季金华:《司法权威的文化建构机制》,载《理论探索》2021年第1期。

保在合法的框架中促成双方当事人的共识。①

除此之外,程序正义和司法公正不代表法官在诉讼过程中摒弃了社会主流的价值观念。法官在适用法律时,不免要对法律条文进行说理解释,法官在利用司法程序实现公平正义的同时也会注意引入社会主流价值观,不排斥社会理性和社会经验并结合到对疑难案件的事实认定和法律适用中,有助于得到当事人对案件裁判的认同,裁判者与当事人对案件处理结果达成共识,符合社会观念。

本章小结

商事诉讼是指通过商事审判解决商事纠纷的一种纠纷解决机制。随着市场经济的发展,商事诉讼正发挥其独特的优势,解决了大量的商事纠纷,保证商业活动正常有序地开展。与私力救济和商事仲裁这些纠纷解决机制相比,商事诉讼具有自己的突出特点。而基于现有的商事诉讼法律制度并不完善和新的经济形势下商事纠纷的新特点,现代商事诉讼又迎来了自己的新发展。

当企业经营者选择商事诉讼作为纠纷解决的途径时,首先面临的问题就是商事诉讼的提起。商事诉讼的提起涉及主体适格、法院管辖、诉讼请求的提出、诉讼时效等重要问题。并且,在商事诉讼的审理中,还要关注商事诉讼审理的庭审程序,以及财产保全制度、证据制度、两审终审制度等重要制度。

任何一种纠纷解决机制都会有自己的风险,商事诉讼也不例外,企业经营者必须熟知商事诉讼风险的种类以及如何对诉讼风险进行防范,力求将风险对企业经营和商事诉讼的负面影响降到最小。

思考与练习

1. 什么是商事诉讼?其特点是什么?
2. 诉讼中,当事人请求财产保全的条件是什么?
3. 以法律适用风险为例,简述企业如何防范商事诉讼带来的风险。

案例分析

1. 阅读以下案例,假设你是 A 公司聘请的代理律师,请问你将如何最大限度地保护 A 公司的利益?

上海 A 贸易有限公司(下称 A 公司)系某国有大型企业集团在上海的销售公司,负责其酒类产品在上海的销售业务。为了开拓上海市场,A 公司采取了一种预先支付销售返利的营销方式,即在与客户的销售合同中约定总销售量,并按照总销售量的一定比例给予商家返利,且该返利作为进场费在合同签订之时预先支付。

3月,A 公司与 B 酒店订立上述购销合同以及约定预付销售返利的补充协议,约定 B 酒

---

① 孙跃:《在多元与共识之间:论司法中的融合型法律思维》,载《华中科技大学学报(社会科学版)》2019 年第 2 期。

店在一年内销售A公司酒产品200万元,A公司签订合同时预付B公司销售返利50万元。

同年8月,B公司因为经营不善欲转让酒店,此时,该酒店尚欠A公司货款12万元以及应当返还的销售返利47万元,该公司一直未予支付,且该公司的其他供货商也一直对A公司催讨其他的100多万元债权,B公司只愿意部分清偿A公司债务,且要求分期付款,最后一笔款项要过将近一年才能支付,且面临着资不抵债、不能偿还债务的危险。A公司于是将B公司诉诸法庭。

2. 阅读下面的案例,思考A公司如何通过诉讼手段维护自己的利益(如在诉讼过程中,A公司应该向哪个法院提出怎样的诉讼请求?应当提供哪些证据?)以及A公司应当注意防范何种诉讼风险。假设你是律师,请详细描述你的诉讼方案。

2019年8月5日,A公司与B公司在C地签订了一份供销合同,约定A公司于D地将货物交付给B公司,B公司在E地将货款交付给A公司。并且双方约定:一旦出现纠纷,则提交位于A地或B地的法院受理。B公司接收货物后,一直没有付款,A公司多次催促B公司还款未果,2021年9月,A公司向位于E地的法院提起诉讼。起诉前,A公司获悉B公司欠下多处债务,已经濒临破产。此时,B公司亦向法院提出以下异议:一是A公司的起诉已经超过3年的诉讼时效期间;二是法院没有管辖权。

结　语

深化市场化改革背景下的商法与企业经营

观俗立法则治,察国事本则宜

——《商君书·算地》

从1978年开始,中国经历了40多年的市场化改革和法治(法制)建设,成绩斐然。这一时期,与市场化改革同步,中国建立了以"民商法、经济法"为主要内容的市场经济法律体系,有关商事主体、商事行为、商事管理以及商事救济的商法制度,成为市场主体经营与发展的一个重要制度保障,并据此成为促进中国经济增长的一个重要制度根源。

正如本书导论所述,转型期中国的市场法律体系仍要继续臻善,"商法经济"的理念也亦待深植。在一定程度上根深蒂固的习俗、惯例和社会关系网络仍然影响着我国商事法律的有效实施,在某些场合下甚至起到"替代法律"的作用。因此,社会转型背景下中国企业的生产经营和市场交易关系不仅受到国家商事法律、法规等正式制度这一"法内之法"的调整,同时也受到商业社会中社会网络(商业网络)的"潜规则"等非正式制度这一"法外之法"的调整。正是这种"法内之法"与"法外之法"的结合,使得"书本上"的商法理论有可能转变为"行动中"的商法实践。

由此可见,在深化市场化改革背景下研究"商法与企业经营",不仅需要关注与企业经营相关、属于商法体系"内部"的问题,诸如商事主体、商事行为、商事管理、商事纠纷等商法问题,而且应关注与企业经营相关、属于商法体系"外部"的问题,诸如企业层面的"企业产权保护"、社会层面的"商法与商业网络"以及国家层面的"法治经济建设"等商事法律问题,并按照微观到宏观到规范的分析思路,进一步总结新时期深化市场化改革背景下"商法与企业经营"在中国的实践经验与特殊规律。

一、企业层面:民营企业产权法律保护

企业生产经营的目标是财富的积累和增长,它在法律框架内的保障,主要表现为企业产权的依法界定和保护。对于这一问题,中国民营企业的实践经验和发展历程是最具研究价值的"案例"。因为虽然中国民营企业是典型的商事主体,但是其主体地位相对于国有企业而言具有"先天不足"的"弱势",民营企业产权保护一直存在诸多困境。因此,民营企业的产权保护自然成为经济改革和市场法治建设的一个"焦点"。据此,本节主要以民营企业为例,以实证分析为方法来揭示中国企业产权法律保护的特点、经验和现状,以此验证前述商事法律制度在保护商人权益方面的有效性。

"产权"作为一个经济学概念,其在法律上对应的范畴大致包括物权、债权和知识产权三种财产权形态。考察民营企业产权的法律保护现状,除了要分析与企业经营管理密切相关的、狭义的企业产权(即股权)的法律保护外,还要分析广义的企业产权所涉及的物权、债权、知识产权的法律保护现状。

中共中央、国务院先后发布《关于完善产权保护制度依法保护产权的意见》(以下简称《产权保护意见》)和《关于营造企业家健康成长环境弘扬优秀企业家精神更好发挥企业家作用的意见》(以下简称《发挥企业家作用的意见》)是民营企业产权法律保护的"灵魂",是习近平新时代中国特色社会主义道路自信、理论自信、制度自信和文化自信的重要体现。

(一) 民营企业产权法律保护的意义

1. 政治意义:平等保护公私财产的意义

《产权保护意见》强调的两个"毫不动摇"和两个"不可侵犯"即"健全以公平为核心原则的产权保护制度,毫不动摇巩固和发展公有制经济,毫不动摇鼓励、支持、引导非公有制经济发展,公有制经济财产权不可侵犯,非公有制经济财产权同样不可侵犯",是对宪法关于公私财产保护不同表述的重要"补充",对于民营企业产权保护具有重大政治意义。

2. 经济意义:促进经济持续增长的意义

现代法律与经济发展的一个基本规律是,产权制度是影响经济效率以及经济增长的关键因素。

国家统计局数据显示,2016年1—5月民间固定投资增长速度仅为3.9%,创下了2000年5月以来的新低。数据还显示,民营企业贡献了中国60%以上的GDP、50%以上的税收、70%以上的就业,成为推动中国经济发展的重要力量。正如习近平总书记在2018年11月1日的民营企业座谈会上指出的,我国民营经济已经成为推动我国发展不可或缺的力量,成为创业就业的主要领域、技术创新的重要主体、国家税收的重要来源,为我国社会主义市场经济发展、政府职能转变、农村富余劳动力转移、国际市场开拓等发挥了重要作用。[①]

3. 社会意义:维护社会安定团结的意义

无民企不稳,因为没有民营企业大量吸收就业,社会不会稳定。无民企不活,因为民营经济活动具体表现为各类商人从事的商业活动。我国民企财产在不断增加,民营企业家存在的"小富则安,大富不安"情绪也在蔓延,对私人产权安全性保护的要求日趋迫切。这种现象的背后折射了两个突出的问题:一是民企在发展中确实遇到了一些困难,二是民营企业家有些心神不宁。这种问题的存在,与我国长久以来的对民营企业产权保护不够充足有关。近来则是另一番风景,善待民企的声音成为舆论场的主流,尤其是习近平总书记在民营企业座谈会上的发言,及时回应了社会重大关切,对坚定民营企业家的信心具有非同一般的意义。

4. 法律意义:全面依法治国的意义

民营企业产权保护不仅是一个宪法问题,还涉及行政法、民商法、经济法、社会法、刑法、诉讼法等多重法律部门的制度建设与机制配套。"恒产"的前提是"恒法","恒法"的内容不仅指"良法",还包括"善治"。《产权保护意见》指导"良法"逐步完善,使法律能够落地生根,

---

① 习近平:《在民营企业座谈会上的讲话》,载新华网,http://www.xinhuanet.com/politics/leaders/2018-11/01/c_1123649488.htm,2023年12月2日访问。

执行到实处。

5. 文化意义：弘扬优秀企业家精神的文化意义

《发挥企业家作用的意见》提出"营造依法保护企业家合法权益的法治环境"的三方面的产权措施，一是依法保护企业家财产权，二是依法保护企业家创新权益，三是依法保护企业家自主经营权，旨在"营造尊重和激励企业家干事创业的社会氛围"，让优秀企业家精神代代传承。对于产权保护作用下的企业家精神核心，张维迎总结为"创新精神""合作精神""敬业精神"。在"优秀企业家精神"激励下所产生的民营企业家创新创业活动和拼搏开拓行为，既反映了时代精神，也反映了优秀文化的传承。

(二) 民营企业产权法律保护现状与问题

随着《产权保护意见》出台，我国已形成产权保护的法律框架，在《宪法》《民法典》《刑法》《公司法》《合伙企业法》《个人独资企业法》《土地管理法》《商标法》《专利法》《著作权法》《中小企业促进法》等重要法律中，都对民营企业产权界定和归属作出了直接或间接的规定。

习近平总书记在民营企业座谈会上指出："有些部门和地方对党和国家鼓励、支持、引导民营企业发展的大政方针认识不到位，工作中存在不应该有的政策偏差，在平等保护产权、平等参与市场竞争、平等使用生产要素等方面还有很大差距。"具体表现在：(1) 产权保护中重政策保护、轻法律保护(例如对民营企业产权保护有专项政策，无专项法律导致不平等保护的问题)；(2) 产权保护中重刑事(行政)法的公法保护、轻民法的私法保护[例如查处民营企业违法经营案件中，重刑事(行政)处罚，轻民事赔偿导致不平等保护的问题]；(3) 产权保护中重国有资产法保护、轻私有财产法保护(例如民营企业与国企产权纠纷的诉讼与仲裁中，国有资产管理相关法律优先于《民法典》有关合同和物权的规定适用，导致公私财产不平等保护的问题，又如实践中司法机关以防止国有资产流失、维护公共利益等为由，置民营企业和企业家的正当诉求于不顾，损害其合法权益的现象)；(4) 产权保护中重公力保护、轻私力保护(例如在民营企业侵权救济中，重国家机关依国家法律救济、轻视民间组织依民间规范救济导致的不平等保护的问题)；(5) 产权保护中重权利保护、轻责任保护(立法层面对抽象权利保护得较多，而从司法和执法层面的责任保护偏弱导致的不平等保护的问题)；(6) 产权保护中重有形财产保护、轻无形财产保护(例如对民营企业、企业家的财产权益保护，重视有形财产权保护，轻视无形财产权保护导致的不平等保护的问题)。

(三) 民营企业产权法律保护的基本原则、主要思路与具体对策

2016年11月27日，《产权保护意见》正式对外公布，这份中央文件"是完善产权保护制度的纲领性文件"，"是党和国家保护各种所有制经济组织和公民财产权的重大宣示、庄严承诺"。这是中央首次出台的关于产权保护意见，是对产权保护制度所做的顶层设计。

1. 保护民营企业产权的基本原则：《产权保护意见》解读

——坚持平等保护。健全以公平为核心原则的产权保护制度，毫不动摇巩固和发展公有制经济，毫不动摇鼓励、支持、引导非公有制经济发展，非公有制经济财产权与公有制经济财产权同样不可侵犯。

——坚持全面保护。保护产权不仅包括保护物权、债权、股权，也包括保护知识产权及其他各种无形财产权。

——坚持依法保护。不断完善社会主义市场经济法律制度，强化法律实施，确保有法可

依、有法必依。

——坚持共同参与。做到政府诚信和公众参与相结合,建设法治政府、责任政府、诚信政府,增强公民产权保护观念和契约意识,强化社会监督。

——坚持标本兼治。着眼长远,着力当下,抓紧解决产权保护方面存在的突出问题,提高产权保护精准度,加快建立产权保护长效机制,激发各类经济主体的活力和创造力。

 背景资料

《中共中央、国务院关于完善产权保护制度依法保护产权的意见》
（2016 年 11 月 4 日）

产权制度是社会主义市场经济的基石,保护产权是坚持社会主义基本经济制度的必然要求。有恒产者有恒心,经济主体财产权的有效保障和实现是经济社会持续健康发展的基础。改革开放以来,通过大力推进产权制度改革,我国基本形成了归属清晰、权责明确、保护严格、流转顺畅的现代产权制度和产权保护法律框架,全社会产权保护意识不断增强,保护力度不断加大。同时也要看到,我国产权保护仍然存在一些薄弱环节和问题:国有产权由于所有者和代理人关系不够清晰,存在内部人控制、关联交易等导致国有资产流失的问题;利用公权力侵害私有产权、违法查封扣押冻结民营企业财产等现象时有发生;知识产权保护不力,侵权易发多发。解决这些问题,必须加快完善产权保护制度,依法有效保护各种所有制经济组织和公民财产权,增强人民群众财产财富安全感,增强社会信心,形成良好预期,增强各类经济主体创业创新动力,维护社会公平正义,保持经济社会持续健康发展和国家长治久安。

2. 民营企业产权法律保护的主要思路与具体对策

（1）一体保护与特别保护相结合。一体保护的核心是扩大作为私人财产法的私法的适用范围,特别保护的核心是扩大民营企业产权保护的特别公法的适用范围——当务之急是依法废止或修改按照所有制不同类型制定市场主体法律和行政法规,开展部门规章和规范性文件的专项清理。

（2）政策保护与法律保护相结合。例如民企产权保护政策一般指导与民企产权保护司法政策具体落实相结合——当务之急是政府及国企全面履行在招商引资、政府与社会资本合作等活动中与民企订立的各类合同,建立政府及国企违约失信责任追究制度及倒查机制。

（3）公法保护与私法保护相结合。例如民企产权刑法及行政法保护中的"处罚性保护"与民法保护中"赔偿性保护"相结合——当务之急是防范刑事与行政执法介入经济纠纷,严格区分经济纠纷与经济犯罪的界限、企业正当融资与非法集资的界限、民营企业参与国有企业兼并重组中涉及的经济纠纷与恶意侵占国有资产的界限。在实践中存在某些人将普通的涉及民企和国企的民事纠纷,强行画上了意识形态"红杠杠",这是对司法机关的绑架。在司法判决中,国有企业违反合同了、侵权了,向民营企业支付违约金、赔偿损失,是依法承担民事责任,而非"国有资产的流失"。

（4）公力保护与私力保护相结合。例如民企产权国家机关依国家法保护中"刚性保护"与民间机构依民间规范"柔性保护"相结合——当务之急是细化涉嫌违法的企业和人员财产处置规则，依法慎重决定是否采取相关强制措施。对此问题，习近平总书记强调，纪检监察机关在履行职责过程中，有时需要企业经营者协助调查，这种情况下，要查清问题，也要保障其合法的人身和财产权益，保障企业合法经营。

（5）实体法保护与程序法保护相结合。例如民企产权保护中法定实体权利的"确权保护"与法定程序权利保护的"请求权保护"相结合——当务之急是按合同约定的仲裁、诉讼程序解决民企产权纠纷，严禁党政领导干预司法活动、介入司法纠纷、插手具体案件处理。坚持各类市场主体诉讼地位平等、法律适用平等、法律责任平等，唯如此才能维护市场经济的健全发展，才能从根本上保障所有产权的安全。

（6）有形财产权保护与无形财产保护相结合。例如民企产权保护中"动产与不动产保护"与"无形财产权"保护相结合——当务之急是研究制定商业模式、文化创意等创新成果的民企人力资本保护办法。

（7）权利保护与责任保护相结合。例如民企产权保护中"排除妨害"等物权请求权之"事先"保护与"赔偿损失"之"事后"保护方法相结合——当务之急是研究建立因政府规划调整、政策变化造成企业投资权益受损的依法依规补偿救济机制。

（8）内部保护与外部保护相结合。例如以民企产权风险防控为核心的民企内部产权保护与党政机关、司法机关、社群组织的多层次多领域保护民企产权的外部保护相结合——当务之急是在立法、执法、司法、守法等各方面各环节全面推进民企产权保护法治化，要健全以公平为核心原则的产权保护制度，加强对各种所有制经济组织和自然人财产权的保护，营造法治、透明、公平的营商环境。

（9）平等全面保护与区分对待相结合。例如对民企产权虽应当给予与国有财产平等全面的保护，但面对民企实施违法行为确应没收非法财产的情况，应当对不同类型的财产予以区别——当务之急是划清三个界限，即合法财产与非法财产的界限，家庭财产和私人财产的界限，以及公司财产和私人财产的界限。既要纠清违法犯罪所得，也要保护合法财产。

民营企业产权法律保护，离不开对完善民营企业产权法律保护重点问题的特殊关照和对具体制度机制的悉心设计。面对公权力不当侵害民营企业产权、知识产权保护不力等问题，针对民营企业复杂性、历史性产权案件，必须采取重点领域优先突破的策略，加快完善民营企业产权法律保护制度。在洞悉产权保护现实问题的基础上，梳理并廓清民营企业产权法律保护思路，探索产权保护的创新方式、规则、程序，充分实现民营企业产权法律保护合法性与合理性的有效统一。

二、社会层面："商法与商业网络"的交织和互动

由于中国经济改革的过程中社会转型尚未完成，因此在市场经济法制发展的同时，复杂的商业网络（商事领域的社会网络）、传统的交易习惯、处于"灰色地带"的商业"潜规则"等非正式商法制度，也仍然在深刻地影响着商法经营（不一定是消极作用）；在某些场合下它们甚至成为商法的"替代品"。各类商事诉讼案件中流行的"打官司就是打关系"的潜规则，就是

一个的例证。

应该承认,无论是在成熟的市场经济还是新兴的转轨国家,都存在"商法与社会网络(商业网络)"之间的共存和互动。在中国经济改革和社会转型的特殊阶段和背景下,"商法与社会网络(商业网络)"之间的这种实践关系更呈现出放大效应。在经济改革和社会转型背景下的企业,为了降低包括商法成本在内的交易成本,不仅要关注商法的制定与实施,同时也要关注如何"合法""合理"地利用"社会网络(商业网络)"使"书本上的商法"变为"行动中的商法",以实现自身的"财富最大化"。

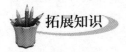

什么是"社会网络"?

自英国人类学家拉德克利夫·布朗首次提出了"社会网络"(social networks)概念后,社会网络逐渐成为经济社会学中的一个重要研究领域。学者们将社会网络定义为,人与人之间相互联系所形成的一个整体结构,它不仅是一个立体交错的空间网络,而且是一个动态的变化过程。

经济社会学家认为,整个社会就是由一个相互交错或平行的网络所构成的大系统,社会网络的结构及其对社会行为的影响模式成为社会网络的研究重点。哈里森·怀特认为社会网络是经济交易发生的基础,市场本身就是由社会网络发展而来的。[1] 林南认为,人们通过嵌入的社会网络所能直接或间接获取社会资源的能力构成了人们的社会资本。[2]

社会关系网络在中国的对应版本"关系",一般被认为是基于互利互益之上的社会关系,它通过一种互惠的义务约束交易双方通过不断的合作和相互提供帮助来获取资源。这一关系与友谊或单纯的个人关系不同,它包含着互惠的义务。"社会网络"中"关系"的特性是:(1)一种社会资源;(2)相互联系的连续性;(3)信任和合作的共存。在中国,无数的关系网络成为当今中国社会一个重要的秩序要素,实际上几乎每一个中国人都包容在这些关系网络之中。

(一) 商业网络的性质和特点

1. 从制度特性来看,商业网络属于非正式制度

"法律"和"社会网络"分别属于典型的正式制度和非正式制度。商业实践中,主导商人日常商业行为的规则很大一部分是由商业网络而不是商事法律所决定。中国的市场经济发展至今,资源的配置手段和社会的调节机制呈现出一种鲜明的复合性特征,既有公开化的商事法律制度规则,又有隐蔽性的商业网络的关系"潜规则"。

---

[1] See generally, Harrison C. White, "Where Do Markets Come From?", 87 *Am. J. Sociol.* 517 (1981).

[2] See Lin Nan, "Social Resources and Instrumental Action", in Peter V. Marsden and Nan Lin, eds., *Social Structure and Network Analysis*, Sage Publications, 1982, pp. 131-147.

结语 深化市场化改革背景下的商法与企业经营

商业网络的出现

对于商法体系建设过程中"社会网络(商业网络)"为何出现这一问题,美国学者拉嘉·卡莉提出了以下几个重要观点①:

其一,"当法律制度不可信任或不存在时,商业网络才会出现;而且正式法律制度越薄弱,商业网络在经济中的作用就越大。"

其二,"很多转轨国家都这样,正式法律制度薄弱时,个人化的商业网络就会出现,作为填补空白的内生性回应,并促使商事合同交易。"

其三,"随着法律改革的进步,法律制度的信任度也随之增加,网络运作的精细规范越来越成为负担而不再是利益。法律制度的边际增量对经济具有双重作用。第一,削弱了网络的吸引力。如果其他条件平等,那么这就会缩小网络的规模,减少网络对剩余经济的消极作用。第二,通过提高在匿名市场中交易的可得利益,它使更广泛的人们参与盈利性贸易。这反过来也有利于确定风险,增加生产力,进而扩大市场,最终促进经济发展。"

2. 从适用范围来看,商业网络主要适用于熟人社会的乡土经济

在传统的乡土经济中,由于经济活动仅限于较小的社区范围内,拥有特殊信任关系的人格化交易成本就会比较低,但由于人格化的交易不具有交易扩展的潜能,不能扩展到一般的社会成员之间,不能成为一般的社会关系准则,因此一旦超出熟人或社区的圈子,就无法仅靠声誉和关系来进行商事交易,交易的成本急剧上升以至于很多交易无法实现,结果限制了企业和市场的规模。

在市场经济体制当中,商人的交易对象将面向整个"陌生人社会",此时商事契约可以使商人们通过契约而相互信任,这种信任关系是一种非人格化的普遍信任或契约信任。西方市场经济存在、演变和发展的一个重要基础就是商人们对契约的认同和遵从,以及由此而形成的整个社会普遍主义的信任关系。

但是在中国的经济转轨过程中,一方面,熟人社会的"关系信任"仍在延续,商人们在日常交易中,无论是市场竞争还是行政审批,也无论是交易合作还是纠纷解决,都把找关系、托熟人视为"习惯";另一方面,市场经济的"契约信任"并没有完全确立,恶意违约等现象仍然大量存在。在这个信任缺失的转轨阶段,"不要和陌生人说话""杀熟"已经成了预防各种商业欺诈行为的谆谆告诫之辞。

---

① 〔美〕拉嘉·卡莉:《转轨经济中的商业网络:规范、合同与法律制度》,载〔美〕彼得·穆雷尔编:《法律的价值:转轨经济中的评价》,韩光明译,法律出版社 2006 年版,第 275—284 页。

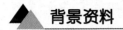 **背景资料**

国家市场监管总局《关于推进企业信用风险分类管理进一步提升监管效能的意见》

首先,该《意见》明确了企业信用风险分类管理的基础构建,主要包括企业信用风险分类指标体系、归集路径、系统支持、分类分级评价等基础性安排,即:

(1) 指标体系。包括通用型指标、专业型指标。

(2) 归集路径。明确要通过国家企业信用信息公示系统全面、及时归集企业的注册、备案、许可以及相关重点领域的信用风险信息,更加精准地衡量企业的信用风险状况。

(3) 技术支持。建设企业信用风险分类管理系统,实现相关系统之间的对接。

(4) 风险等级划分。将企业的信用风险状况分为四大类,即信用风险低(A 类)、信用风险一般(B 类)、信用风险较高(C 类)、信用风险高(D 类)四类。

其次,该《意见》细化了企业信用风险分类管理的结果应用。市场监管部门对企业进行信用风险分类管理,可以更加准确地判断特定企业的信用风险状况,科学合理地配置监管资源。信用风险分类管理的结果,可以应用于以下市场监管活动:

(1) 与"双随机、一公开"监管有机融合,根据企业信用风险分类结果,合理确定、动态调整抽查比例和频次,实施差异化监管。

(2) 与专业领域风险防控有效结合。针对食品、药品、特种设备等直接涉及公共安全和人民生命健康等特殊重点领域,根据企业信用风险分类的结果,实施重点检查和控制。

(3) 探索与包容审慎监管相结合的机制。针对新技术、新产业、新业态的模式,则提出要分别针对低风险和高风险的企业实施差异化监管,对低风险企业给予更加充分的发展空间;对信用风险高的企业实施重点管理,有针对性地采取严格监管措施,防止风险扩散。

最后,该《意见》涉及了企业信用风险监测预警和处置相关事项。市场监管部门结合企业的风险分类状况,可以及时有效地监测预警、研判处置企业风险,提高风险管理的可预见性。其中,高风险区域、高风险行业、高风险企业是开展企业信用风险分类管理的重中之重,也是开展风险监测预警等工作的重点领域。

---

3. 从契约合作机制来看,商业网络属于商事契约的自我实施机制

企业经营中订立的大量商事契约,依靠法律机制来保障实施的可能只是其中的一部分。即便在美国这样一个相对有效、健全的法律体制下,契约的执行也并不仅仅依赖于法院,而更依赖企业之间的相互关系。[①] 商业网络下的重复博弈和关系型契约的执行依靠的是一种并不借助外部力量的自我实施机制。它是博弈的各参与方在特定的交易环境和支付结构下,根据各自的不同目标,自主选择各自的最优策略,所达到的一种自我均衡状态。

商业网络下之所以能实现商事契约的自我执行,其原因在于:(1) 商业关系网络的封闭

[①] See generally, Stewart Macaulay, "Non-Contractual Relations in Business: A Preliminary Study", 28 *Am. Sociol. Rev.* 55 (1963).

性会导致网络内部的重复性交易频繁发生,理性的参与人会认为维持长期的合作关系会比短期的背叛行为能带来更大的收益;(2)商业内部的信息共享会使得参与人遵守或违反契约的信息得以迅速地扩散,声誉机制的作用会使参与人将有可能丧失未来交易机会的预期损失纳入其决策活动中;(3)商业网络内部的集体惩罚机制的存在,会使欺骗者面临被驱逐出网络,不仅失去未来的网络内部交易机会,而且与进入网络相关的专用性投资也会丧失殆尽的风险。

4. 从产品经济属性来看,商业网络属于"俱乐部产品"

在经济学意义上,"商法"和"社会网络"可分别归属于公共产品和俱乐部产品的范畴,其区别在于:(1)作为公共产品的商法秩序是一种开放性的公共资源,受益的是全体的社会公众,而作为俱乐部产品的商业网络则是一种封闭性的网络内共享资源,受益的仅限于圈子内的成员;(2)公共产品的供给中由于存在着严重的"搭便车"问题,因而需要政府来提供,商法制度更是如此,俱乐部产品供给中的一个突出问题就是"俱乐部的规模限制问题",其规模具有临界点而不能无限扩展;(3)在公共产品的商法秩序下,个体交易对象的选择是开放、竞争的,其交易合作主要由商事法律、商事契约来保障,在封闭的商业网络下,个体交易对象的选择则限于网络内部成员,其交易合作则受到关系型契约的保障;(4)在公共选择的利益博弈格局中,商法的公共秩序是公共利益的象征,而社会网络内的圈子利益则代表着特殊的集团利益。

5. 从交易成本看,商业网络具有特殊的成本结构属性

商法制度和商业网络不仅对交易合作有着不同的实施保障机制,而且不同的规则系统对交易者带来的交易成本影响也是不同的。商法制度下的交易成本结构特征具有低固定成本和高可变成本的属性。因为商法制度(主要是正式商法制度)的生产依靠政府财政投入,因此使用者越多,则意味着初始投资的每单位投入越低。但是在每次进行交易时,商人们谈判和签订契约的成本、对契约实施进行监督的成本、发生争议时的诉讼成本则往往较高。如果一个商业环境存在高度的机会主义,违约现象频繁,而个人负担的商事诉讼成本又非常高,即商法的执行成本很高,将意味着个体在交易前对于交易的真实可变成本有很高的事前不确定性,高额的交易成本风险就有可能会阻碍或减少交易量。

与此相反的是,在商业网络体制下,其交易成本则具有高固定成本和低可变成本的属性。企业如果要加入某一关系网络或获得某种关系资本,就必须要花费一定的投资,如馈赠礼物、往来宴请、相互帮忙等。建立关系网络的初始投资不仅相当高,而且还是一种沉没成本,但只要能成为网络中的一员,在关系契约的重复博弈机制下每次交易的边际可变交易成本就会比较低,因为企业自身也会为了长期的交易关系避免短期的机会主义行为而自觉履约。

(二) 商法与商业网络的关系

作为制度系统的两个重要构成部分,商法和商业网络之间既存在着不可或缺的互补关系,又有着相互替代的竞争和角力,而且两者之间的内在冲突又会使商业网络对法律秩序的确立、运行构成阻碍和侵蚀。

1. 商法和商业网络的内在互补

(1)商业网络有助于企业更便捷地获取各种信息、资源和商业机会,个体所拥有的关系网络越广泛、层次越高就越具有获取关键资源的控制力。特别是在经济转轨阶段,正式商法

制度的缺失使人们从正常渠道获取资源、信息相对困难时,人们就会借助于关系网络。例如,企业与政府部门的关键人物建立友好关系就更容易获得优惠产业政策,与银行保持良好关系就更容易获得经营贷款,结交和认识的社会层面越广就越容易获得各种商业机会。

(2) 商业网络下的特殊信任和合作关系能有效降低制度运作实施中的交易成本和道德风险。在关系网络所组成的共同体中,企业具有普遍认同的习俗、价值、社会规范以及人格化的特殊信任关系,它保证了经济交往合作的顺利进行,降低了商事契约的谈判、执行、监督的交易成本和未来的商业风险,避免了机会主义的欺诈和违约行为。

(3) 商业网络为知识的扩散和溢出提供了有利的平台,是隐性知识传播的主要途径,是企业创新和核心竞争力的重要源泉。越来越多的研究表明非正式的社会网络对企业营业转让起着很重要的作用,因为隐性的营业知识的转移主要是通过一些非正式的商业网络来实现的。

2. 商法和商业网络的相互替代

(1) 在市场经济和法治秩序建立之初,商业网络机制在人们的行为互动中发挥着主要的调节功能,商法秩序的影响力则相对微弱。

(2) 当社会进入经济转轨阶段时,各种商法制度开始逐步确立和完善,人们此时既可以选择商业网络机制下的关系契约在网络内部进行交易,也可以选择以商法为保障签订正式契约与网络外部成员进行交易,该阶段属于商法和商业网络共同发挥作用的混合控制阶段,也是两种力量互动、交锋最为激烈的阶段。

(3) 当商业社会进入商法为主导秩序的商法经济阶段时,商业网络的影响力虽日渐式微但并不会消失,这是由于商业网络所具有的自身优势并不能被商法秩序所完全替代,两者在社会中是共存而互补的。

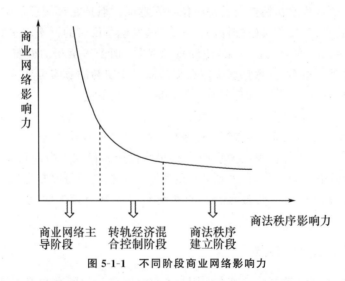

图 5-1-1　不同阶段商业网络影响力

3. 商法和商业网络的冲突

商业关系网络虽然在缺乏正式制度稳固保障的交易环境中充当一种机制替代,但很多情况下它并不是一个良好的替代。因为商业网络常常导致商业交易关系的扭曲发展,容易滋生寻租、腐败,并进而给社会的经济发展带来各种损失和低效率。

例如,由于缺乏非人格化的制度信任,企业家在组建企业时只能凭借关系信任而相信

"自家人",尽管《公司法》规定公司设立的股东为两人以上,但实际上在许多民营企业中,借用亲友、子女名字暂挂股东以满足法律规定的硬性要求,但实质为"一人"公司的现象普遍存在。正是由于民营企业家族化的内部管理,对于公司法所规定的董事、监事的权力制约、各种会议机制等不过是应付工商登记、年检的表面文章而已。而公司治理的不规范以及法律对企业产权,特别是少数股东产权保护的乏力,又会造成"外人"不敢对民营企业增资投资来趟这趟浑水,民营企业股权融资道路的萎缩又会形成企业进一步发展壮大的瓶颈以及带来股权的高度集中,这就像一个"怪圈",民营企业困入其中而难以纳入规范的发展轨道。

在商法和商业网络的交互影响下,企业的发展过程中既融合着合法的制度规范的色彩,又包含着不合法的人情纽带、权力滥用的内容,更何况企业往往是在关系变通下突破体制障碍才获得发展机遇的,这就像一个有着癌细胞的肌体,用药过猛则有可能"玉石俱焚",而听之任之则癌细胞就会逐步扩散、吞噬到整个健康的肌体。譬如国企的管理层持股和国资的逐步退出,民营化的经营从经济学的思维逻辑和企业的长远发展来看,确实能通过建立有效的激励、约束机制,减少代理成本,优化公司治理结构来促进企业的发展和国企的改革。然而,在商法制度和程序保障无力而关系网络又混杂其中时,暗箱操作、关系交易、低价收购所带来的却是管理层在这场免费的盛宴中一夜暴富,而社会大众积累多年的国有资产化为泡影。①

三、国家层面:新时代中国法治经济建设的新特点

中国经济改革的渐进性和政府主导的自上而下改革的特征,产生了先交易改革后产权改革、先经济体制改革后政治体制改革的改革路径特点。② 与之相对应的是,在改革初期呈现出先立法后司法、先公法后私法、先经济立法后宪政立法、先涉外立法后国内法、先实体法后程序法、先国家法后民间法的法律与经济发展的中国经验特点,或曰中国法治经济建设路径特点。③ 这些特点在改革初期有效推动了市场经济的建设,帮助中国以较低的法律成本建

---

① 在一则名为《2004 股市制造 48 位亿万富豪 中小投资者损失过半》的财经新闻中分析道,一方是上市公司的小股东,一方是上市公司的大股东,尽管同为股市投资者的身份,但投资回报却有着天壤之别。有两组几乎同时出炉的数据引人关注:一个是自 2001 年中国股市步入调整期到 2005 年,二级市场投资者平均亏损幅度为 53%;一个是在已经披露年报的上市公司中,出现了 160 名千万富豪高管,其中包括 48 位亿万富豪,比 2003 年增加近 50%。低迷不振的股市成了投资者损失惨重的伤心地,却依旧是公司高管一夜暴富的最大梦工厂,参见《2004 股市制造 48 位亿万富豪 中小投资者损失过半》,载新浪网,http://finance.sina.com.cn/stock/t/20050407/07001495202.shtml。

② 中国的经济改革以其渐进性为主要特征,并被形象地誉为"摸着石头过河",同时由于我国的经济体制长期采用计划经济且在政治上一直实行中央集权制,我国的经济改革还表现出以政府主导改革的强制性制度变迁。在改革路径的选择上,具有"先交易后产权"即在不触动公有财产所有权的前提下,首先通过契约制度进行公有财产经营方式改革,及"先经济体制改革后政治体制改革",即中国改革首先从经济领域开始,而关于政治文明、民主建设的问题被暂时搁置两大路径特点。详见周林彬、黄健梅:《法律与经济增长:中国经验及实证研究》,载 2007 年全国法经济学论坛论文集。

③ "先后"是相对的概念,且应当从整体上进行比较。"先立法后司法"指的是对比于迅速上升的立法数量和逐渐完善的立法体系,中国的法律实施情况要稍显滞后;"先公法后私法"指的是鉴于计划经济的路径依赖、为巩固改革成果及资源的稀缺,中央在法制建设上更多的是侧重于公法的建设,而将私法建设放在了相对靠后的位置;"先经济立法后宪政立法"指的是与"从经济改革到政治改革"的改革路径相适应,改革之初经济立法的立法数量和进展远快于宪政性立法;"先涉外立法后国内法"指的是与渐进性经济改革特点相适应,中国经济立法也呈现出"双轨制立法""试点立法"先行的特点,调整涉外经济关系的立法先行于调整涉内经济关系的立法;"先实体法后程序法"指的是改革开放初期实体法体系在大量立法的出现下迅速完善,而程序法的立法要明显滞后;"先国家法后民间法"指的是与"从正式制度到非正式制度"的改革路径相适应,中国在改革初期更加注重作为正式制度的国家立法而轻民间法[如民俗习惯和乡(行)规民约等民间规范]的作用。更详尽的论述,请见周林彬等:《法律经济学:中国的理论与实践》,北京大学出版社 2008 年版,第 271—323 页。

立了具有中国特色的市场经济法律体系[1],促进了经济改革与社会发展。然而随着经济改革的进一步深入,这些特点的下述弊端也开始显露并日趋明显。

其一,"先立法后司法"虽然符合立法先行于执法和司法之法治进程的规律,且得以通过宽松的法律实施环境为市场主体提供更多创新的空间,然而法律制度的有效性除了取决于规则是否完善外,更重要的是取决于实施机制是否完善,执法与司法等实施机制的缺失带来"有法不依"的后果。对于一个社会而言,"有法不依"所带来的负面效果更甚于"无法可依",因为无法得到实施的法律将失去其稳定性和权威性,且会使人们产生不正常的预期,长此以往将使法律丧失约束社会的功能。当下中国因知识产权法律实施不严、维权成本过高而造成的"盗版泛滥"就是例证。[2]

其二,"先公法后私法"体现了政府主导改革的强制性制度变迁的特点[3],旨在通过政府的公法干预在市场不成熟时进行有效引导和扶持,克服市场缺陷和维护交易安全。但是,"先公法后私法"导致政府经济管理中"经济行政法规泛化"[4],为政府留下了大量的"依法"管理寻租空间。当下中国在一些掌握稀缺资源权力部门存在的"塌方式腐败"案件的发生,就是例证。[5]

其三,"先经济立法后宪政立法"有效地降低了改革成本,符合帕累托改善原则,但是随着改革的深入发展,宪政立法的落后却会掣肘经济的发展,改革的深层次治理体制问题的解决取决于宪政改革问题的有效解决。

其四,"先涉外立法后国内法"符合渐进式改革,有利于提高改革效率,实现帕累托改善,并且能够减少改革阻力,然而"双轨制立法"在事实上提高了法律的实施成本(包括法律寻租成本)和造成市场主体不平等竞争。当下中国普遍存在的外资企业与内资企业、公有制企业与民营企业之间的不平等竞争现象,同时大量境内的资金通过外资公司的"壳"对内进行投资的现象就是例证。[6]

其五,"先实体法后程序法"在改革开放之初是将有限的立法资源优先分配到对市场主体实体权利的保护上,然而却造成"重实体轻程序"的不当引导,不利于市场主体守法意识的提高,同时也无益于司法机关维护当事人权益,正确适用法律。当下中国因证券诉讼程序制度不完善造成许多中小投资者的投资权利受损救济难的现象就是例证。[7]

其六,"先国家法后民间法"适应政府主导经济改革和经济发展的国情,有利于创建统一

---

[1] 市场经济法律制度,主要是在宪法统率下,由民商法、经济法等部门法所组成的调整经济关系的法律制度,包括规范市场主体、维护市场交易秩序、确认和保护财产权益、维护公平竞争市场四大方面的法律制度。详见王利明:《我国市场经济法律体系的形成与发展》,载《社会科学家》2013年第1期。

[2] 相对于物权,知识产权的权利界定、保护难度大,知识产权的侵权成本低,然而维权成本却很高,形成"侵权容易维权难"的怪圈。

[3] 诱致性制度变迁由个人和非政府组织在追求潜在利润时自发倡导、组织和实行,改革主体来自基层,程序为自下而上,具有边际革命和增量调整的性质;强制性制度变迁一般由政府行政命令或法律引入和实行,是国家在追求租金最大化和产出最大化目标下依照自上而下的程序进行的激进性质的存量革命。

[4] 仅以1979—1989年间的统计数据为例,政府颁布的经济行政法规的数量高达616件,由全国人大制定的经济法律仅为38件,前者是后者的16倍多。

[5] 国家发改委及其管理的相关单位拥有非常大且集中的经济管理和调控权限,集各领域的审批权于一身,在缺乏有效监管的情况下自然容易产生权力寻租,成为官员腐败的重灾区。

[6] 立法为外商提供的若干特殊优惠条件,如税收、土地使用、劳动用工等优惠,使得内资民营企业处于不平等的竞争地位,许多民营企业为了获得"外资企业"优惠,往往通过改变注册登记地等手段规避法律,造成"伪外资"的假象。

[7] 在我国证券交易市场中,中小投资者的占比大,但他们往往处于弱势地位,是权益受损的"重灾区"。然而由于在证券市场维权中,对中小投资者权益的损害存在金额小、数量多的情况,导致中小投资者的维权成本较高。

的市场交易规则,打破区域交易壁垒,从而降低市场交易成本,却忽视了非正式制度(民间法)在填补正式制度(国家法)空白、降低交易成本、解决纠纷等方面的重要作用。我国的市场化改革法治建设初期中重视国家法而忽视民间法的弊端在于,不利于有效解决市场经济纠纷,并导致法律运行成本的增加。

为了克服上述主要产生于改革初期的"先与后"特点导致的弊端,为了落实党的十八届四中全会确立的全面依法治国战略,党中央提出了一系列推进中国法治经济建设和经济发展的若干新举措,形成了新时代中国法治经济建设的新特点,主要表现在以下四方面:

其一,从重视公法到公法私法并重。由于市场配置资源强调的"市场自发调节"与私法强调的"意思自治"价值取向高度吻合,所以完善与市场机制有高度"亲合力"的私法制度,是依法促进与保障市场配置资源决定作用的一项重要内容。良好的私法可以优化权利和义务在市场主体中的配置,有效地提高资源利用的效率。将更多的法律资源用在强调"意思自治"和"约定大于法定"的私法领域,有利于市场主体在法律制度不完备的情况下通过谈判确定各方的权利与义务,有利于发挥市场配置资源决定性作用的发挥,从而提高市场交易的效率。

其二,从重视经济立法到重视宪政立法。公共选择理论认为,宪政作为制度的制度、规则的规则,在社会选择的规则系统中居于基础性的地位。出于减少改革阻力的考虑,中国的改革从经济领域开始,而政治体制改革的问题则被暂时搁置。随着改革进一步深入,政治文明和民主建设必须与市场经济体制相协调,否则不完善的宪政立法将掣肘市场经济的发展。在市场经济趋于完善的情况下重视宪政立法,符合新制度经济学国家理论揭示的"国家悖论"的判断。① 当民主与法治的问题成为制约中国市场化改革深入的一个问题时,作为经济人的政府只有通过大胆而又稳妥的宪政改革,才能有效地克服"国家悖论"的消极因素,成为中国经济增长的"发动机"。② 党的十八大以来,党中央重视宪政方面的改革立法,如 2014 年和 2017 年 3 年间两次修改《行政诉讼法》,为"民告官"进一步提供便捷;2015 年对《立法法》进行修改,进一步明晰了立法机关的权限和不同立法文件的效力关系;特别是 2018 年通过的《宪法修正案》设立了"宪法日"、宪法宣誓制度及成立全国人大宪法和法律委员会等措施来推进宪法实施。

其三,从重视立法到重视司法。改革开放至今我国出台了大量的经济立法,特别是在 1992 年提出建设"社会主义市场经济体制后",更是出现了经济立法的"爆炸式"增长,原因既有改革立法的成本低的原因,也符合立法先行于执法和司法之法治进程的规律。但是,在中国经济立法快速发展的同时,出现了法律的实施效果与立法预期的偏离。目前中国司法体系的负担越来越重,需要处理的诉讼量快速增加,且"执行难"的问题日益加重,提高司法系统效率亟待解决。在这种需求的推动下,新时代的法治建设更加注重法律实际效果,进一步加强我国的司法建设。如十八届四中全会对深化司法体制改革进行全面部署以来,我国司法系统进行了通过去除司法行政化完善司法责任制、通过法官员额制推动司法队伍职业化、通过设立巡回法庭完善法院组织体系和管理体制等改革措施,有效完善内部架构,提高

---

① 国家悖论又称"诺斯悖论",即国家的存在既是经济增长的关键,国家又是人为经济衰退的根源。更详细的论述请参见周林彬等:《法律经济学:中国的理论与实践》,北京大学出版社 2008 年版,第 271—323 页。

② 目前就宪政体制改革与经济改革的次序孰优孰劣问题尚无定论。林毅夫认为从长期经济发展的绩效来说,宪政体制改革先行的国家并不一定好于宪政改革后行的国家,主张宪政改革后行。参见林毅夫:《后发优势与后发劣势——与杨小凯教授商榷》,载《经济学(季刊)》2003 年第 4 期。

审判效率。

其四,从重视国家法到重视民间法。中国改革从正式制度改革向非正式制度改革的转变,在法律上的一个典型表现是:有关改革的经济立法重点,正在从国家正式规范向民间自发规范转变。随着市场经济法律体系的完善,通过国家法进行制度创新的路径将出现边际递减效应,而通过民间法实现制度创新则是一种行之有效的替代措施。民间法是一种自下而上、自发形成的非正式制度,其形成和实施的成本相对较低,通过与作为正式制度的国家法的相容、互补,民间法为国家法的有效实施提供了强有力的支撑。进一步来说,民间法的自我实施机制可以有效弥补第三方实施机制(主要指国家实施机制)的不足,可以有效提高国家法的实效,降低国家法实施成本,同时,民间法的演化与实施可以挖掘中国法治建设的本土化资源,避免国家法与民间法的内在背离而造成的扭曲,以实现两者刚柔并济的互补均衡。① 我国《民法典》首次将习惯作为民法渊源,奠定民间法的司法适用的立法基础,而《中共中央、国务院关于加强和完善城乡社区治理的意见》中关于"充分发挥自治章程、村规民约、居民公约在城乡社区治理中的积极作用"的规定,则为民间法的适用奠定了坚实的政策基础并提供了方向指引。

背景资料

《优化营商环境条例》(以下简称《条例》),自 2020 年 1 月 1 日起施行。《条例》的出台具有里程碑意义,标志我国优化营商环境制度建设进入新阶段。

一、《条例》出台背景

党中央、国务院高度重视优化营商环境工作。近年来,各地区、各部门按照党中央、国务院部署,顺应社会期盼,持续推进"放管服"等改革,我国营商环境明显改善。为了持续优化营商环境,加快建设现代化经济体系,推动高质量发展,有必要制定专门的行政法规,从制度层面为优化营商环境提供更为有力的保障和支撑。

二、《条例》主要内容

《条例》共 7 章 72 条,涵盖市场主体保护、市场环境、政务服务、监管执法、法治保障等营商环境建设的各方面内容,对当前营商环境建设涉及的各个领域都进行了制度化规范。

(一)原则方向和管理职责方面。《条例》将营商环境界定为市场主体在市场经济活动中所涉及的体制机制性因素和条件,明确优化营商环境工作应当坚持市场化、法治化、国际化原则,以市场主体需求为导向,以深刻转变政府职能为核心,为各类市场主体投资兴业营造稳定、公平、透明、可预期的良好环境。

(二)市场主体保护方面。《条例》明确规定国家平等保护各类市场主体,保障各类市场主体依法平等使用各类生产要素和依法平等享受支持政策,保护市场主体经营自主权、财产权和其他合法权益。

(三)优化市场环境方面。《条例》对保障平等市场准入、压减企业开办时间、维护公平竞争市场秩序、落实减税降费政策、规范涉企收费、解决融资难融资贵、简化企业注销流程等作出了规定。

---

① 详见周林彬等:《法律经济学:中国的理论与实践》,北京大学出版社 2008 年版,第 271—323 页。

（四）提升政务服务能力和水平方面。《条例》对推进全国一体化在线政务服务平台建设、精简行政许可和优化审批服务、优化工程建设项目审批流程、规范行政审批中介服务、减证便民、促进跨境贸易便利化、建立政企沟通机制等作了规定。

（五）规范和创新监管执法方面。《条例》对健全监管规则和标准，推行信用监管、"双随机、一公开"监管、包容审慎监管、"互联网＋监管"等作了规定。

（六）强化法治保障方面。《条例》对法律法规的立改废和调整实施，制定法规政策听取市场主体意见，为市场主体设置政策适应调整期等作了规定。

四、后续发展与持续关注

最后，作为本书的总结和延伸，作者认为，在深化改革与经济转型的大背景下，围绕"商法与企业经营"这一主题，中国商法理论与实践中后续发展和持续关注的重要问题是：

第一，商法在促进企业发展的过程中，采取何种权利和义务规范，以有效保障企业的个体利益与社会责任的契合。因为企业发展的首要动机是个体的经济利益，这必须为商法所认可和保护。企业发展也肩负着一定的社会责任，因此商法必须依法适当协调个体利益与社会责任的关系。

第二，商法在依法促进企业发展的过程中，采取何种立法和司法技术，以有效保障私法与公法的契合。传统商法虽具有"正统"的私法性质，但是现代商法开始注入公法因素，将商人的内部治理和外部管理有效结合起来，以实现向依法管理要效益。

第三，商法在依法促进企业发展的过程中，通过何种正式和非正式规范，以有效保障市场法治化与道德化的契合。由于法律的滞后及法律人的有限理性，商法不能解决所有企业管理问题。因此具有道德化意义的、理性的、非正式商法规范（包括一些商业网络），对于提高企业效益同样至关重要。

第四，更大范围的问题是，商法在依法促进中国经济发展的过程中，有无特殊规律、特殊作用机制。

我国商法与企业经营的理论与实践表明，当代中国从盲目推崇西方商法到理性对待西方商法，开始认识到商法制度形成的演进性、过多商事立法对经济与社会及企业经营的负面影响，商法实施及民众对商法的态度的重要性、非正式商法制度的积极作用等商法与经济增长关系的中国经验，使得中国商法同仁切身体验到经济学大师（米勒）关于"中国需要更多的法律而不是经济学"著名论断的深远含义。[①] 据此，强调以下几点：

第一，由于商法体系提供了一套类似的价格体系，对不同种类的企业经营行为产生了隐含的费用，影响着企业经营的决策行为。具体而言，商法通过影响各类商事主体的偏好、机会、激励机制、行为的成本与收益，最终对商事主体的经营行为决策产生影响。其中，投资、储蓄、技术发展、劳动力供求这些均是受商法影响的经营行为，商法对经济增长的重要性可见一斑。所以商法学界有必要也有可能通过分析商法在中国经济增长中的特殊性及其变化，力图探索其作用机制和原理，并利用这些作用机制来构建、制定和实施有利于培育经济

[①] 这一成熟的、富有理智的观点，是由著名经济学家盛洪著《经济学精神》一书第264页的内容中概括出的观点。该书由四川文艺出版社1996年5月出版。莫顿·米勒，1990年诺贝尔经济学奖获得者，美国芝加哥大学经济学教授。

增长的商法制度。

第二,我国持续优化的商法环境已成为经济发展的强大引擎。因为无论是与增长方式转变息息相关的自主创新能力的提高还是经济改革的深化,都离不开商法制度。进一步而言,科学发展观背景下企业提高生产效率与资源利用效率、鼓励能源节约与环境保护、规范政府的市场管理行为与政府经济管理职能转变、强化商事领域的司法与行政执法效率等深化我国市场化改革的关键问题的解决,在于完善包括商法在内的我国相应的市场法律制度,依法规范政府市场管理行为,全面深入地推行市场法治。2017年末的中央经济工作会议将"建设法治化市场营商环境"作为振兴我国实体经济的一个重要举措,法治化营商环境建设成为当下中国法治经济建设的"重中之重",同时也是法律促进经济发展的一个新作用点。[①] 相关的问题是:法治与营商环境的内在关系是什么?法治如何作用于营商环境?由于法治是社会主义市场经济的基石,所以营商环境的"优化"本质上就是"法治化"。营商环境的"法治化"的作用机制简言之有三点:一是通过促进公开透明市场交易的法律为市场主体提供稳定的预期,从而鼓励市场主体投资创业,充分使用资源创造效益最大化;二是依法明晰各级政府经济管理职权、各类市场主体及相关利益主体的权利和义务,实现市场主体各行其道、各得其所、各尽其责;三是为营商环境提供交易缺省规则,有效降低交易成本,优化资源配置。[②]

第三,西方主流经济学界和法学界提出的能够推动经济发展的"法治标准"(产权保护、契约履行、政府监管、独立司法)对中国市场营商环境建设是否具有普适意义?与中国政治经济体制相契合的"市场营商环境法治化"标准应当是什么?中国如何通过自身实践,构建出比西方国家更具制度竞争优势的法治化市场营商环境?等等。总体而言,新时期法律与经济发展的中国新特点在一定程度上与西方理论相接轨,然而这并不能够说明这些标准对中国市场营商环境建设具有普适意义,法治化市场营商环境的建设要走"中国道路"。西方学者关于法律与经济发展的理论在近几年已经出现了比较大的修正,如法律与经济发展的系统学理论提出法律对经济发展的作用评估不能单一地考虑法律的因素,而是应当将法律视为一个系统,同时将政治、社会、文化等因素作为独立系统,综合考虑不同系统之间的相互作用而形成的环境。[③] 因此,中国法治化营商环境的建设不能"唯法律论",更不能"唯立法论",而应当根据中国的实际国情,以法治为基础充分结合政治、社会、文化等因素,形成"整体大于部分"的合力。

尽管许多国内外学者认为中国商法制度在转轨的初期并没有对中国经济增长发挥关键性的作用,但经济增长的后续动力和市场经济的良性发展却依赖于商法秩序的支撑和保障,也是客观现实。而且,可以肯定的是,新时期商法在中国经济发展中正在扮演十分重要的"主动型法律"角色。问题在于,如何厘清各种因素在经济发展中所占的比重,而更重要的是,在未来的中国经济发展中,应选择何种法治经济建设模式以促进经济发展?法律与经济发展"中国经验"是回归到西方"正统"的法律与经济发展理论,还是在多种理论并存与制度竞争的前提下继续前行?抑或是促进各种理论的有效融合?因此,重视商法制度的作用,强

---

① 营商环境主要是指市场主体从事相关生产经营或商业贸易活动的环境,是一个复合性的概念,包括政治、法律、社会、文化、教育、发展状况等多种因素,良好的营商环境可以为市场主体提供稳定的预期、适当的激励,并有效降低交易成本,形成充分的公平竞争。

② 参见周林彬、王睿:《法律与经济发展"中国经验"的再思考》,载《中山大学学报(社会科学版)》2018年第6期。

③ Xiao, L. I., "Legal And Economic Development With Sui Generis Chinese Characteristics: A Systems Theorist's Perspective", *Brooklyn Journal of International Law*, 2014, 39(1), pp. 160-228.

调《民法典》实施框架下商事基本法律建设的重要性仍是法治中国、"商法经济"所要坚持的基本方向。然而,要成功地利用商法来促进中国市场经济发展,必须要把握法律在中国经济增长中作用的规律,尤其是其特殊规律以及作用机制。惟其如此,才能有针对地、有计划地推进有益于经济增长的商法改革,才能有效地发挥商法在我国经济增长中的积极作用并减少消极作用。这些正是中国商法理论与实务界日后有待深入研究的领域。

修订后记

作始也简,将毕也巨

本书是在笔者多年来给所任教大学的法学、经济学、管理学专业的全日制本科生、研究生、在职专修生和研究生以及法律实务部门的律师、仲裁员、法官讲授《商法》课程或专题讲座的讲义基础上扩充完善之作,也是多年来与笔者指导的民商法专业研究方向的博士生弟子们读书会上屡次讨论中国商法理论和实践问题的师生集成结晶之作。

一直以来,受传统大陆法系(民法法系)"就法论法"法解释学传统的束缚,产生并发达于英美法系的商法领域的经济与法律的"联姻"没有得到很好的重视,跨学科与专业语境的沟通机制亟待建构。英国著名商法学家施米托夫指出:"传统商法的概念的不足之处已明显地暴露出来。这一法学分支变得陈旧乏味,已成为'法学家的法',丧失了来自实践的灵感与商业现实的联系。"这似乎一语中的成了中国商法仍未摆脱传统大陆法系民商法传统的真实情由之写照;同时,市场经济实践的迫切需求使得商法学科脱颖而出,日渐成为一门跨专业和跨学科的显学,同时成为工商管理学科中MBA、EMBA教学中不可或缺的重要课程之一。为此,编写一本与企业经营密切相关,满足法律、经济、管理专业人士学以致用且跨学科(法律与经济管理学科)与专业(不同部门法专业)的商法教科书成为当代中国商法理论与实务创新的题中之意。本书初版以来,在中山大学、华南理工大学、广州南方学院等高校法学院、经济管理学院的商法教学中得到广泛使用,并多次重印;本书此次修订再版也被纳入广州南方学院(原中山大学南方学院)政商研究院的"商法与企业经营"精品课程建设项目。

2000年笔者与任先行教授合著出版了传统商法意义上的《比较商法导论》。多年来笔者忙于涉足民法、经济法、法律经济学领域的教学与科研,却从未放弃对商法的关注、探索与研究,并着力于思索如何把商法与企业经营实践、法律与经济分析方法熔于一炉,开辟出一片兼容大陆法系与英美法系、法律与经济管理学科专业知识的"实用商法"教学与科研的新天地。

诚然,市面上商法教科书已琳琅满目,但如何能把商法的实用知识、教学案例、理论前沿比较恰当地反映到位,在有限篇幅里把握好商法精髓,使其"进讲堂、进头脑、进实践",则是大有可为、有待创新的好事、难事。为此,本书在初版的基础上又作了修订,并期待通过再版达致如下目标:

1. 学有所思。在内容安排上重点围绕与企业经营密切相关的商法制度及理论、实务作了有所侧重的阐述,打破了一般教科书从商法总论到商事部门法各论编写的惯例,突出了商法专题性的取材和写作,并适当引入了对商法的理论前沿与疑难实务问题的探讨(其中许多问题源于笔者主持的国家和教育部社会科学基金项目研究成果),从而使该书不单是一本普及商法"ABC"知识的通俗读本,而且在一定程度上引领读者迈向商法前沿领域,对持续优化中国企业经营的商法环境"学有所思"。

2. 学有所用。本书编入了大量案例,从企业法律风险防范、商事纠纷解决、非正式商法规范、法律经济分析诸多新视角和新方法研讨商法理论与实践问题,并从文字的可读性、新法规的适用性、观点的启发性等方面作了探索,使商法学习做到"学有所用"。商事法律近年推陈出新频率较快,本书尽可能对市场前沿所及的案例及新规适用作了相应葺新,使其更接"地气"、也更具"烟火气",真正做到开卷有益、"学有所用"。

3. 学有所依。本书在体例结构上遵照实用商法体系,设置"商事主体、商事行为、商事管理、商事救济"四编,为案例教学需要,每一编以案例引出,且有概括性地介绍本编的基本理论,每一章也以一个相关案例引出本章内容,各编、章、节的正文主要用于本科生层次的学生学习商法基础知识;各编、章、节的拓展知识、背景资料及注释,主要用于研究生层次的学生学习商法专题知识。各章还设有本章小结、思考与练习、案例分析等内容,并适当穿插了图表,这样使商法的系统学习钻研"学有所依",能够最大程度地满足阅读参考及课外自学需要。

庄子有云:作始也简,将毕也巨。诚哉斯言!本书自初版以来,市场反映较好,多次重印,很大程度上弥补了我国法律类、经济管理类硕士研究生商法教育适配教材空缺之憾。本次修订不仅在内容、案例及相关法律上作了较大更新;而且参与本书写作及修订的作者几乎都出自笔者指导的民商法专业的博士生弟子,且近年来他们在专业职称上也有新的进步(多数作者具有教授和副教授职称),他们虽在不同高等学校从事法学专业的教学与科研工作,但均是有关商法本科、硕士、博士层次的教学与科研工作,从而在较大程度上为高质量完成本书的写作及修订提供了坚实且专业的保障。

本书第二版写作及修订作者分工如下:

周林彬(法学博士,中山大学法学院教授、博士生导师):本书各章节的提纲设计、本书的导论和结语、本书各编引言、本书各章的最后修稿和定稿。

官欣荣(法学博士,华南理工大学法学院教授):第一编引言、第一编第一章、第一编第二章的编写以及第一编的统稿。

董淳锷(法学博士,中山大学法学院教授):第三编第二章、第四编引言、第四编第一章的编写以及第四编的修改、第二编的统稿。

冯曦(经济学博士,南方医科大学卫生管理学院法学系副教授):第三编第三章的编写以及第三编的统稿。

陈胜蓝(法学博士,暨南大学法学院副教授):第二编引言、第二编第一章的编写以及第二编的统稿。

张瀚(法学博士,华南理工大学法学院教授):第二编第五章、第四编第四章的编写以及第四编的统稿。

余斌(法学博士,中山大学马克思主义学院助理教授):第一编第三章的编写。

宋鹏(法学博士,兰州大学法学院副教授):第一编第四章的编写。

孙琳玲(法学博士,执业律师):第二编第一章、第二编第五章、第三编引言的编写。

于凤瑞(法学博士,广东外语外贸大学法学院副教授):第二编第二章的编写。

欧洁梅(法学博士,广州华立学院副校长、副教授)、陈晶(法学博士,北京师范大学珠海分校管理学院副教授):第二编第三章的编写。

高菲(法学博士,广东金融学院法学院讲师):第二编第四章、第四编第三章的编写。

郃庆(法学博士,中国政法大学法律硕士学院副教授):第三编第一章的编写。

王爽(法学博士,执业律师):第四编第二章的编写。

廖艳嫔(法学博士,中山大学法学院副教授):参与本书导论与结语部分内容的编写。

此外,赵一瑾博士等参与了本书第一版的编写工作,分工如下：

赵一瑾博士:第二编第三章。

文雅靖博士:第二编第三章、第二编第四章。

方斯远博士、赵达三博士:第二编第四章。

王佩佩博士:第二编第二章。

何朝丹博士:第三编第三章。

周宴峰:第二编第五章、第四编第三章。

李扬:第四编第四章。

中山大学岭南学院李胜兰教授、华南理工大学经济与金融学院黄健梅博士等在本书的经济学理论运用方面提供了重要指导和帮助；北大英华公司张晓秦先生和北大出版社编辑邓丽华女士、吴佩桢女士为本书编辑、出版与再版作出了重要贡献。在此,一并致以敬意与谢意。

本书参考了国内外大量相关文献及前沿研究成果,罗列书后有挂一漏万之处,在此一并祈盼贤达及读者指正。

周林彬

2024年2月1日于中山大学康乐园